Enquete-Kommission „Schutz des Menschen und der Umwelt"
des Deutschen Bundestages (Hrsg.)

Die Industriegesellschaft gestalten
– Perspektiven für einen nachhaltigen Umgang mit Stoff-
und Materialströmen

Die Industriegesellschaft gestalten

Perspektiven für einen nachhaltigen Umgang mit Stoff- und Materialströmen

Bericht der Enquete-Kommission
„Schutz des Menschen und der Umwelt – Bewertungskriterien und Perspektiven für Umweltverträgliche Stoffkreisläufe in der Industriegesellschaft"
des 12. Deutschen Bundestages

Economica Verlag, Bonn

Der Bericht „Die Industriegesellschaft gestalten – Perspektiven für einen nachhaltigen Umgang mit Stoff- und Materialströmen" ist auch als Sonderausgabe des Deutschen Bundestages erschienen. Nummer der amtlichen Drucksache: 12/8260

Bildnachweis Titelseite:

1994 Economica Verlag GmbH, Bonn
Satz/Druck: Bonner Universitäts-Buchdruckerei
Umschlaggestaltung: D. Schulz
Grafiken: Davis Bonn, Bonn
ISBN 3-87081-364-4

Diese Veröffentlichung wurde auf 100% Recyclingpapier gedruckt

Vorwort

„Das Geheimnis auch der großen und umwälzenden Aktionen besteht darin, den kleinen Schritt herauszufinden, der zugleich ein strategischer Schritt ist, in dem er weitere Schritte in Richtung einer besseren Wirklichkeit nach sich zieht. Darum hilft es nichts, das Unvollkommene heutiger Wirklichkeit zu höhnen oder das Absolute als Tagesprogramm zu predigen."

(Gustav Heinemann, Ansprache vor dem Deutschen Bundestag am 1. Juli 1969)

Die Enquete-Kommission „Schutz des Menschen und der Umwelt" legt zum Abschluß ihrer Tätigkeit in der 12. Wahlperiode einen zweiten Bericht vor, der einen weiteren Schritt in die Richtung einer an ökologischen Kriterien orientierten Volkswirtschaft bedeutet.

Das Leitbild einer nachhaltig zukunftsverträglichen Entwicklung, international mit dem Begriff „sustainable development" belegt, war für alle Mitglieder der Kommission von Anfang an unumstritten, während die Wege dahin kontrovers diskutiert wurden. So ist es angesichts der gewünschten und zu initiierenden strukturellen Veränderungen nicht überraschend, daß sich die Enquete-Kommission zunächst nur mit dem Instrumentarium zur Durchsetzung der Ziele kritisch befaßte, während abschließende Empfehlungen letztlich noch fehlen — war die Kommission doch beauftragt, nicht nur ökologische, sondern auch ökonomische und soziale Kriterien zugleich in die Waagschale zu werfen.

Wie sieht eine umweltverträgliche Industriegesellschaft der Zukunft aus? Welche Umweltziele haben wir dafür in Deutschland? Wie sind die ökonomischen und sozialen Ziele zu definieren? Welche Informationsinstrumente benötigen wir dazu? In welchem Umfang sind Stoffstromanalysen von der Gewinnung des Rohstoffes bis zum Ende des Produkts, seiner Wiederverwertung oder Beseitigung hilfreich?

Diese und andere Fragen sind nur ansatzweise in diesem Bericht beantwortet worden. Auf andere Fragen gelang es der Enquete-Kommission dagegen, ausführlichere Antworten zu geben. So wird die Rolle und Bedeutung der einzelnen Akteure in der Produktkette von der Herstellung bis zur Verwertung oder Beseitigung intensiv beleuchtet. Der Eigenverantwortung der direkten Akteure kommt in diesem Umstrukturierungsprozeß eine entscheidende Rolle zu. Dies umfaßt die Übernahme der Verantwortung für die Produkte vom Produzenten bis zum Handel. Selbst Versicherungen und Banken sind indirekte Akteure in dieser Kette. Konsumenten und Arbeitnehmer können durch Nachfragemacht und Mitgestaltung in den Unternehmen die Umstrukturierung der Wirtschaft in erheblichem Maße vorantreiben. Dazu sind Informationen unerläßlich, die die Akteure befähigen, zukunftsverträgliche Entscheidungen zu treffen.

Welche Funktion hat nun der Staat in diesem Umstrukturierungsprozeß? Eher eine gestaltende, indem er geeignete Rahmenbedingungen schafft. Nicht die Einzelregelung, das ordnungsrechtliche Gebot oder Verbot soll an der Spitze der Handlungsoptionen stehen. Mit marktwirtschaftlichen Mitteln gilt es zu erreichen, daß die Preise die ökologische Wahrheit sagen. Die Nutzung von Umwelt und Natur muß Eingang in die Kostenrechnungen der Unternehmen finden. Dazu kann eine ökologische Steuerreform ebenso dienen wie Zertifikatsregelungen oder haftungsrechtliche Lösungen. Diese und andere Instrumente werden Gegenstand der Arbeit einer Enquete-Kommission in der nächsten Wahlperiode sein müssen.

Daß mit ganz wenigen Ausnahmen alle bewertenden Aussagen in der Kommission einstimmig getroffen wurden, ermutigt, die Arbeit fortzuführen. Die Enquete-Kommission hat deshalb einstimmig die Empfehlung ausgesprochen, in der 13. Wahlperiode eine Enquete-Kommission mit der Fortsetzung der Arbeit zu betrauen, und hat dazu entsprechende Fragestellungen formuliert.

Eine Fortführung und eine begleitende, möglichst breite Diskussion auf allen gesellschaftlichen Ebenen gibt uns gemeinsam die Chance, Strategien zu entwickeln, die inter- und intragenerative Gerechtigkeit zum Leitbild einer vorausschauenden Politik zu machen. Der Gedanke der „einen Erde" wird an keiner Stelle so deutlich wie beim intensiven Nachdenken über Stoff- und Energieeffizienz, beim Nachdenken über die Frage, wie wir die Industriegesellschaft der Zukunft vorbildhaft für die nicht und weniger industrialisierten Länder gestalten können, damit wir gemeinsam in einem neuen Wohlstandsmodell unsere Bedürfnisse befriedigen können und zugleich unseren Kindern und Kindeskindern eine lebensfähige Welt und gleiche Entwicklungschancen hinterlassen.

Bonn, den 20. Juni 1994

Ernst Schwanhold

Ernst Schwanhold, MdB
Vorsitzender der Enquete-Kommission
„Schutz des Menschen und der Umwelt"

Zusammensetzung der Enquete-Kommission „Schutz des Menschen und der Umwelt"

Mitglieder

Ernst Schwanhold, MdB (SPD)
Vorsitzender

Erich G. Fritz, MdB (CDU/CSU)
Stellvertretender Vorsitzender

Prof. Dr. Immo Lieberoth, MdB (CDU/CSU)
Dr. Manfred Lischewski, MdB (CDU/CSU)
Ulrich Petzold, MdB (CDU/CSU)
Prof. Dr. Norbert Rieder, MdB (CDU/CSU)
Wolfgang Zöller, MdB (CDU/CSU)
Thea Bock, MdB (SPD)
Ulla Burchardt, MdB (SPD)
Marion Caspers-Merk, MdB (SPD)
Reinhard Weis, MdB (SPD)
Dr. Klaus Röhl, MdB (F.D.P.)
Prof. Dr. Jürgen Starnick, MdB (F.D.P.)
Ingeborg Philipp, MdB (Gruppe PDS/Linke Liste)
Dr. Klaus-Dieter Feige, MdB (Gruppe BÜNDNIS 90/DIE GRÜNEN)
Prof. Dr. Holger Bonus
Prof. Dr. Klaus Fischwasser
Dr. Henning Friege
Prof. Dr. Fritz Hartmann Frimmel
Prof. Dr. Georges M. Fülgraff
Prof. Dr. Helmut Greim
Dr. Rainer Grießhammer
Dr. Martin Held
Prof. Dr. Joachim Klein
Prof. Dr. Paul Klemmer
Dr. Adolf von Röpenack
Dr. Wilfried Sahm
Prof. Dr. Günther Streibel
Jürgen Walter
Prof. Dr. Reinhard Zellner

Sekretariat

MR Friedhelm Dreyling (Leiter)

Dörte Bernhardt
Thomas Broszinski
Dr. Peter Büchler
Claudia Engelhardt
Ellen Frings
Dr. Karl Otto Henseling
Dr. Wolfgang Linden
Dr. Gisela Lück
Barbara Bodde
Elisabeth Fischer
Christiane Kahlert
Ilke Benkel

Inhaltsverzeichnis

Vorwort V

**Zusammensetzung der Enquete-Kommission
„Schutz des Menschen und der Umwelt"** IX

1	**Auftrag und Hintergrund der Enquete-Kommission**	1
1.1	Einsetzung der Enquete-Kommission und Auftrag ...	1
1.2	Ausgangslage	2
1.3	Nutzen und Risiken von Stoffen	2
1.4	Hintergrund und Problembeschreibung	5
2	**Organisation und Vorgehen**	10
2.1	Organisation	10
2.1.1	Zusammensetzung der Enquete-Kommission	10
2.1.2	Kommissionssekretariat	12
2.1.3	Arbeitsgruppen	13
2.2	Vorgehen	14
3	**Leitbilder einer Stoffpolitik**	26
3.1	Nachhaltig zukunftsverträgliche Entwicklung als Leitbild einer Stoffpolitik	26
3.2	Operationalisierung des Leitbildes	33
3.2.1	Allgemeine Fragen	33
3.2.2	Stoffpolitik, Entwicklungspolitik und Bevölkerungswachstum	34
3.2.2.1	Stoffpolitik und Entwicklung	34
3.2.2.2	Länder- und regionsspezifische Differenzierungen ...	36
3.2.2.3	Bevölkerungsentwicklung	38
3.2.3	Grundlegende Regeln	42
3.2.3.1	Erste grundlegende Regel: Nutzung erneuerbarer Ressourcen	45
3.2.3.2	Zweite grundlegende Regel: Nutzung nicht-erneuerbarer Ressourcen	47
3.2.3.3	Dritte grundlegende Regel: Inanspruchnahme der Aufnahmekapazität der Umwelt	51

3.2.3.4	Vierte grundlegende Regel: Beachtung der Zeitmaße	53
3.3	Soziale, ökonomische und ökologische Ziele als tragende Säulen des Leitbildes einer nachhaltig zukunftsverträglichen Entwicklung	54
3.3.1	Ökologische Ziele	55
3.3.2	Ökonomische Ziele	57
3.3.3	Soziale Ziele	60
3.4	Strategische Handlungsansätze einer Stoffpolitik	64
3.4.1	Forschung und technologische Entwicklung	66
3.4.2	Technologische Neuorientierung: Entwicklung umweltverträglicherer Stoffe, Produktionsverfahren und Produkte	72
3.4.2.1	Integrierter Umweltschutz	72
3.4.2.2	Ökologisches Design	73
3.4.2.3	Orientierung an der Natur und den Grundprinzipien ihrer Stoffumsätze	74
3.4.3	Kreislaufwirtschaft, Recycling und Abfallvermeidung	75
3.4.3.1	Kreislaufwirtschaft	75
3.4.3.2	Ziele und Grenzen des Recycling	77
3.4.3.3	Abfallvermeidung	78
3.4.4	Ökologischer Strukturwandel	79
3.4.5	Umweltmanagement und Stoffstrommanagement	81
3.4.6	Wandel der Wertvorstellungen und Lebensstile	85
4	**Beispielhafte Betrachtung von Stoffströmen**	90
4.1	Einzelbeispiele	91
4.1.1	Cadmium	91
4.1.2	Benzol	95
4.1.3	R 134a und andere FCKW-Ersatzstoffe	98
4.2	Bedürfnisfeld Textilien/Bekleidung	101
4.2.1	Einordnung in die Arbeit der Enquete-Kommission	101
4.2.2	Begründung für die Themenauswahl	102
4.2.3	Vorgehensweise	106
4.2.4	Stoffstrombetrachtung entlang der textilen Kette	110
4.2.4.1	Faserarten, Produktions- und Verbrauchsmengen	111
4.2.4.2	Haupt- und Nebenlinien der textilen Kette	114
4.2.4.2.1	Unterscheidung zwischen Haupt- und Nebenlinien der textilen Kette	114
4.2.4.2.2	Stoffstrombetrachtung entlang der Hauptlinie der textilen Kette	118
4.2.4.2.3	Ökologische und toxikologische Problemfelder entlang der Hauptlinie der textilen Kette	141

4.2.4.2.3.1	Ökologische und toxikologische Problemfelder bei der Primärproduktion von Naturfasern am Beispiel der Baumwolle	145
4.2.4.2.3.2	Ökologische Problemfelder bei der Primärproduktion von Chemiefasern	150
4.2.4.2.3.3	Ökologische und toxikologische Problemfelder bei der Textilveredlung	153
4.2.4.2.4	Soziale Aspekte entlang der Hauptlinie der textilen Kette	158
4.2.4.2.5	Ökonomische Aspekte entlang der Hauptlinie der textilen Kette	161
4.2.4.2.5.1	Internationale Bedeutung der textilen Kette	162
4.2.4.2.5.2	Bedeutung für die Bundesrepublik Deutschland	167
4.2.4.2.6	Rechtliche Rahmenbedingungen zum Themenfeld Textilien/Bekleidung	173
4.2.5	Aus dem Leitbild einer nachhaltig zukunftsverträglichen Entwicklung hergeleitete Schutz- und Gestaltungsziele mit Relevanz für den textilen Bekleidungsbereich	181
4.2.6	Übertragung der Schutz- und Gestaltungsziele auf die Sachstandsergebnisse zur Auffindung der Problemschwerpunkte	184
4.2.7	Stoffstrommanagement	190
4.2.8	Handlungsempfehlungen und Instrumente	203
4.2.8.1	Ansatzpunkte	204
4.2.8.2	Instrumente	204
4.2.8.3	Empfehlungen zu ökologischen Problemschwerpunkten	206
4.2.8.4	Übergeordnete Empfehlungen zur Textilkette	214
4.2.9	Übertragbarkeit der aus der Bearbeitung des Bedürfnisfeldes Textilien/Bekleidung gewonnenen Erkenntnisse auf weitere Themenfelder	219
4.3	Bedürfnisfeld Mobilität	223
4.3.1	Darstellung und Bedeutung des Problemkreises Mobilität	223
4.3.1.1	Mobilität als Bedürfnis	223
4.3.1.2	Verkehrsaufkommen	226
4.3.1.2.1	Verkehrsleistungen auf Straßen, Schienen, Wasserstraßen	226
4.3.1.2.2	Besonderes Problemfeld: Verkehr in Innenstädten	228
4.3.1.2.3	Entwicklung des Pkw-Bestandes	233
4.3.1.3	Bedeutung für die Volkswirtschaft	233
4.3.2	Intention und Vorgehen der Enquete-Kommission	238
4.3.2.1	Intention	238

4.3.2.2	Vorgehensweise	240
4.3.3	Darstellung, Analyse und Vergleich der Stoff- und Energieströme von vier verschiedenen Verkehrsträgern	241
4.3.3.1	Bilanzgrenzen	241
4.3.3.2	Datenzugang und -verfügbarkeit	243
4.3.3.3	Kurze Beschreibung der Produktlinie von Fahrzeugen	245
4.3.3.4	Verkehrsleistungen	248
4.3.3.5	Stoffliche Zusammensetzung der Fahrzeuge	251
4.3.3.6	Stoff- und Energieeffizienz der Fahrzeuge	254
4.3.3.6.1	Produktion der Fahrzeuge	254
4.3.3.6.2	Gebrauch der Fahrzeuge	263
4.3.3.6.3	Verwertung und Entsorgung der Fahrzeuge	270
4.3.3.7	Fahrwege	283
4.3.4	Innovationen und Perspektiven	289
4.3.4.1	Fahrzeugproduktion	291
4.3.4.1.1	Personenkraftwagen	291
4.3.4.1.2	Schienenfahrzeuge	303
4.3.4.2	Altfahrzeugrecycling	303
4.3.4.2.1	Personenkraftwagen	303
4.3.4.2.2	Lastkraftwagen	311
4.3.4.2.3	Eisenbahn	311
4.3.4.2.4	Binnenschiffe	312
4.3.5	Bewertung der Ergebnisse im Bedürfnisfeld Mobilität	312
4.3.5.1	Materialintensität	313
4.3.5.2	Emissionen und Abfälle	314
4.3.5.3	Stoffstromdaten	315
4.3.5.4	Effizienzsteigerung im Hinlick auf die Material- und Energieströme	316
4.3.5.5	Schad- und Problemstoffe	317
4.3.5.6	Ökonomische und soziale Bewertung von Mobilität	317
4.3.6	Überlegungen zum Stoffstrommanagement im Bereich Mobilität	319
4.3.6.1	Ziele des Stoffstrommanagements im Bereich Mobilität	319
4.3.6.2	Folgerungen aus dem Vergleich der Verkehrsträger	319
4.3.6.3	Ansätze für ein Stoffstrommanagement	321
4.3.7	Verkehrspolitische Anregungen	325
4.3.8	Übertragbarkeit der aus der Bearbeitung des Bedürfnisfeldes Mobilität gewonnenen Erkenntnisse auf weitere Themenfelder	327
4.4	Produktionssektor Chlorchemie	329
4.4.1	Bedeutung von Chlor in der chemischen Industrie	330
4.4.2	Probleme der Chlorchemie	333

4.4.3	Vorgehen und Arbeitsweise der Enquete-Kommission	334
4.4.4	Produktions- und Anwendungsbereiche	335
4.4.4.1	Polyvinylchlorid (PVC)	335
4.4.4.1.1	Produktion und Verwendung von PVC	336
4.4.4.1.2	Abfallaufkommen	340
4.4.4.1.3	Entsorgungstrategien und Recycling	341
4.4.4.1.4	Substitution von PVC	350
4.4.4.1.5	Auswirkungen auf den Chlorstoffstrom	351
4.4.4.1.6	Bewertung und Stoffstrommanagement	353
4.4.4.1.7	Fazit und Handlungsempfehlungen	362
4.4.4.2	Chlorkohlenwasserstoffe (CKW)	366
4.4.4.2.1	Produktion und Verwendung	370
4.4.4.2.2	Emissions- und Verbrauchsentwicklung in der Bundesrepublik Deutschland	378
4.4.4.2.3	Recycling und Kreislaufführung der CKW-Lösemittel in den Anwendungsbereichen	387
4.4.4.2.4	Ersatzstoffe für CKW-Lösemittel	390
4.4.4.2.5	Entwicklung des CKW-Lösemittelmarktes und Einfluß der Kreislaufführung und Substitution der CKW-Lösemittel auf den gesamten Chlorstoffstrom	391
4.4.4.2.6	Bewertung und Stoffstrommanagement	393
4.4.4.2.7	Fazit und Handlungsempfehlungen	398
4.4.4.3	Propylenoxid	400
4.4.4.3.1	Produktion und Verwendung von Propylenoxid	401
4.4.4.3.2	Folgeprodukte des Propylenoxids	410
4.4.4.3.3	Verfahrensvergleich und Entscheidungsfaktoren	414
4.4.4.3.4	Fazit und Handlungsempfehlungen	417
4.4.5	Chemiepolitische Diskussion und Perspektiven	418
4.4.5.1	Nachhaltig zukunftsverträgliche Entwicklung	418
4.4.5.2	Unterschiedliche Positionen in der chemiepolitischen Diskussion	420
4.4.5.3	Strukturveränderungen in der Chlorchemie	422
5	**Bewertung von Stoffströmen**	427
5.1	Verhältnis zwischen Mensch und Natur	430
5.2	Wissen, Nicht-Wissen, Unsicherheit	432
5.3	Vorgehen	433
5.3.1	Induktives Vorgehen	436
5.3.2	Deduktives Vorgehen	444
5.3.2.1	Ökologische Schutz- und Gestaltungsziele sowie Bewertungskriterien	446

5.3.2.2	Ökonomische Schutz- und Gestaltungsziele sowie Bewertungskriterien	480
5.3.2.3	Soziale Schutz- und Gestaltungsziele sowie Bewertungskriterien	491
5.3.2.4	Konkretisierung und Operationalisierung ökonomischer und sozialer Bewertungskriterien	501
5.4	Bewertung bezüglich der Beeinträchtigung einzelner Schutz- und Gestaltungsziele	502
5.5	Bewertung durch Gewichtung verschiedener Schutz- und Gestaltungsziele unter Einbeziehung von Schaden und Nutzen	510
5.5.1	Nutzen-Schaden-Abwägung	511
5.5.2	Vergleichende Bewertung verschiedener Belastungen bezogen auf ein Schutzziel	516
5.5.3	Konkurrierende Schutz- und Gestaltungsziele	519
5.6	Bewertungsverfahren und -gremien	524
5.6.1	Expertengremien	525
5.6.2	Gesetzlich verankerte Beteiligungsverfahren	534
5.6.3	Selbstorganisierte Bewertungsverfahren	535
5.7	Forschungsbedarf	541
5.8	Empfehlungen	544
6	**Management von Stoffströmen**	547
6.1	Begriffsdefinition der Enquete-Kommission	547
6.2	Ziele und Prinzipien des Stoffstrommanagements	550
6.3	Herangehensweise der Enquete-Kommission	552
6.4	Diskussions- und Sachstand im Stoffstrommanagement	554
6.4.1	Fragestellungen beim Stoffstrommanagement	554
6.4.2	Schritte eines Stoffstrommanagements	555
6.4.3	Gezielte Vereinfachung des Stoffstrommanagements	561
6.4.4	Akteure und die Verteilung der Verantwortung im Stoffstrommanagement	566
6.4.5	Informationsbasis für das Stoffstrommanagement	567
6.4.6	Neue ökologische Publizitätspflichten für Unternehmen	572
6.5	Relevante Stoffströme für das Stoffstrommanagement	577
6.5.1	Problembereich „Treibhauseffekt"	578
6.5.2	Problembereich „Abbau des stratosphärischen Ozons"	582
6.5.3	Problembereich „Photooxidation"	584
6.5.4	Problembereich „Versauerung von Böden und Gewässern"	585
6.5.5	Problembereich „Eutrophierung von Gewässern"	588

6.5.6	Problembereich „Eintrag toxischer und ökotoxischer Stoffe in die Umwelt"	589
6.6	Die Rolle der Akteure im Stoffstrommanagement	591
6.6.1	Produktionsunternehmen	592
6.6.2	Handelsunternehmen, Banken und Versicherungen	595
6.6.2.1	Handelsunternehmen	595
6.6.2.2	Banken	596
6.6.2.3	Versicherungen	597
6.6.3	Wirtschaftsverbände	599
6.6.4	Staat	600
6.6.5	Sonstige Akteure	604
6.6.5.1	Gewerkschaften	604
6.6.5.2	Verbraucher und Verbraucherverbände	605
6.6.5.3	Umweltverbände und Bürgerinitiativen	608
6.7	Kooperationen	609
6.7.1	Hersteller-Nutzer-Kooperationen	611
6.7.2	Kooperationen Wirtschaft-Staat	614
6.8	Beispielhafte Ansätze für ein Stoffstrommanagement	620
6.8.1	Fallbeispiel Cadmium	620
6.8.2	Bedürfnisfeld Textilien/Bekleidung	622
6.8.3	Schlußfolgerungen aus den Fallbeispielen und Bedürfnisfeldern für das Stoffstrommanagement	624
6.9	Empfehlungen	626
7	**Instrumente der Stoffpolitik**	**632**
7.1	Zielvorgaben	633
7.2	Bewertungskriterien	636
7.3	Unterscheidung der Instrumente	638
7.4	Kritische Darstellung der Instrumente	641
7.4.1	Ordnungsrechtliche Instrumente	641
7.4.1.1	Bewertung des ordnungsrechtlichen Instrumentariums aus ökonomischem und ökologischem Blickwinkel	643
7.4.1.2	Defizite des stoffbezogenen Umweltrechts	645
7.4.1.3	Reformbedarf für das stoffbezogene Umweltrecht und Neukonzeption eines Stoffgesetzes	649
7.4.2	Ökonomische Instrumente	654
7.4.2.1	Umweltabgaben	654
7.4.2.1.1	Sonderabgaben	655
7.4.2.1.2	Ökologische Steuerreform	656
7.4.2.2	Lizenzen oder Zertifikate	658
7.4.2.3	Umwelthaftungsrecht	661
7.4.2.4	Deposit refund-Systeme	665

7.4.3	Informatorische und freiwillige Maßnahmen	666
7.4.3.1	Betriebsbezogene Umweltmanagement- und Umweltberichtssysteme	669
7.4.3.1.1	Betriebliches Umweltmanagement	669
7.4.3.1.2	Umweltberichtssysteme	671
7.4.3.1.3	Ökomarketing	673
7.4.3.1.4	Ökobilanzen und Produktlinienanalysen	673
7.4.3.2	Kooperationen	678
7.4.3.2.1	Branchenspezifische Kooperationen	678
7.4.3.2.2	Freiwillige Selbstverpflichtungen und Vereinbarungen .	680
7.4.3.2.3	Kooperationen Unternehmen-Anwohner	681
7.4.3.3	Ökologische Dienstleistungen und Umstellungen im Handel	682
7.4.3.3.1	Öko-Dienstleistungen	682
7.4.3.3.2	Sortimentsumstellung im Handel	686
7.4.3.4	Umweltinformationen für Nachfrager	686
7.4.3.4.1	Information der Verbraucher	686
7.4.3.4.2	Öffentliches Beschaffungswesen	689
7.4.3.4.3	Umweltinformationen für die Öffentlichkeit	690
7.4.3.5	Umweltbildung	692
7.4.4	Indirekte Wirkungen auf Stoffströme anderer Politik- und Regelungsbereiche	692
7.5	Prüfaufträge	694
8	**Empfehlung zur Fortsetzung der Arbeit der Enquete-Kommission in der nächsten Wahlperiode** .	696

Anhang 699

Auftrag 700

Glossar 707

Abkürzungsverzeichnis 724

Verzeichnis der Abbildungen und Tabellen 732

Literaturverzeichnis 738

Verzeichnis der Kommissionsdrucksachen 750

1 Auftrag und Hintergrund der Enquete-Kommission

1.1 Einsetzung der Enquete-Kommission und Auftrag

In der 12. Wahlperiode beantragte die SPD-Bundestagsfraktion die Einsetzung einer Enquete-Kommission „Schutz des Menschen und der Umwelt – Bewertungskriterien und Perspektiven für umweltverträgliche Stoffkreisläufe in der Industriegesellschaft" (BT-Drucksache 12/1290). Auf Beschlußempfehlung des Ausschusses für Umwelt, Naturschutz und Reaktorsicherheit nahm der Deutsche Bundestag in seiner 77. Sitzung am 14. Februar 1992 den entsprechend geänderten Antrag an. Der Einsetzungsbeschluß formuliert den Auftrag der Enquete-Kommission u. a. wie folgt (BT-Drucksache 12/1951, abgedruckt im Anhang):

„– Bestandsaufnahme der wichtigsten Problemkreise der industriellen Stoffwirtschaft einschließlich ihrer historischen Entwicklungszusammenhänge und Erarbeitung von Lösungsansätzen;
- Entwicklung wissenschaftlich begründeter und gesellschaftlich konsensfähiger Bewertungskriterien für vergleichende Ökobilanzen;
- Bewertung von Anwendungsfeldern, größeren Stoffgruppen und Endprodukten sowohl aus der Perspektive der erzeugenden und der verarbeitenden Wirtschaft, wie auch aus der Perspektive der Endverbraucher;
- Darstellung möglicher Entwicklungsalternativen bei der Gewinnung, Verarbeitung und Entsorgung von Stoffen (Zukunftspfade) unter Berücksichtigung technischer, ökonomischer, ökologischer und sozialer Parameter;
- Vertiefung des chemie- und industriepolitischen Dialogs, um die Voraussetzung für eine gesellschaftliche Konsensbildung zu verbessern;
- Abgabe von Empfehlungen an den Deutschen Bundestag für gesetzgeberisches und politisches Handeln."

Enquete-Kommissionen sind neben den auf Kontroll- und Mißstandsuntersuchungen ausgerichteten Untersuchungsausschüssen eine Institution des Parlaments, mit deren Hilfe größere Sachkomplexe im Zusammenwirken mit Wissenschaft und Praxis aufgearbeitet werden können.

Im Hinblick auf den vom Deutschen Bundestag festgelegten Untersuchungsgegenstand soll die Enquete-Kommission Vorschläge für eine nachhaltig zukunftsverträgliche Entwicklung unterbreiten und nicht nur stoffbezogene Bewertungen vornehmen und hierfür Problemlösungen erarbeiten. Dabei wird auch die Weiterentwicklung des Wirtschaftsstandortes Bundesrepublik Deutschland thematisiert. Hierfür müssen ökologische, ökonomische und soziale Aspekte in ihrer gegenseitigen Verflechtung gleichermaßen berücksichtigt werden.

1.2 Ausgangslage

Menschliches Leben ist ohne Austausch von Stoffen nicht denkbar. Dieser Sachverhalt ist aber durch die Menge der Stoffe, die durch menschliches Handeln in die Umwelt gelangen, zu einem fundamentalen Problem der industrialisierten Welt geworden. Stoffe werden nicht mehr nur zur Erfüllung von Grundbedürfnissen wie z. B. Ernähren, Kleiden und Wohnen einer wachsenden Weltbevölkerung umgesetzt, sondern seit Beginn der Industrialisierung in zunehmendem Maße auch zur Erfüllung unserer gestiegenen Konsumansprüche. Alle Stoffe werden in anderer Form oder Zusammensetzung wieder in die Umwelt zurückgeführt, z. B. als Abfälle, Abwässer oder Abgase, sowohl nach dem Gebrauch als auch bereits in der Produktion oder im Gebrauch. Stoffumsätze erfolgen also in der gesamten Produktlinie, von der Ausbeutung von Bodenschätzen über die Herstellung, die Verteilung und Verwendung des Produktes, dessen Lagerung und Transport bis hin zur Entsorgung oder Wiederverwertung. Vor allem auch die Erzeugung von Energie ist mit großen Stoffumsätzen verbunden.

1.3 Nutzen und Risiken von Stoffen

Die Entwicklung der menschlichen Zivilisation in den letzten zwei Jahrhunderten ist eng verbunden mit den Ergebnissen naturwissenschaftlicher Forschung und dem Einsatz neuer Techniken.

So ist beispielsweise der Rückgang von Seuchen, die seit Jahrtausenden immer wieder ganze Landstriche entvölkerten, aber auch die Zunahme der Lebenserwartung insgesamt eng mit diesen Entwicklungen verbunden. Dazu gehören technische Verbesserungen im Bereich der Hygiene

(z. B. Kanalisation, Trinkwasserversorgung) ebenso wie Verdienste der chemischen und medizinischen Forschung und der hierauf beruhenden Pharmazie.

Hungersnöte in den industrialisierten Staaten gehören unter anderem auch deshalb der Geschichte an, weil durch den Einsatz von Dünger-, Pflanzenschutz-, Transport- und Konservierungsmitteln Nahrungsmittel in größerem Umfang und besserer Qualität erzeugt sowie haltbar gemacht werden können.

Die dramatische Armutsentwicklung in der nicht industrialisierten Welt konnte dadurch bisher allerdings nicht verhindert werden.

Die Befriedigung des Bedarfs an Kleidung und Textilien aller Art ist aufgrund industrieller Methoden der Bereitstellung und Verarbeitung von Stoffen kein Problem mehr. Kleidung und Textilien werden z. B. aus Kunstfasern hergestellt, durch chemische Behandlung qualitativ verbessert und gegen Schadorganismen geschützt. Gleichzeitig führt aber auch die Gewinnung und Veredlung von Textilfasern zu ökologischen und gesundheitlichen Schäden, z. B. durch Gewässerbelastung.

Gutausgestattete Wohnungen und Gebäude stehen heute der Bevölkerung mit ihren gewachsenen Ansprüchen an Größe und Komfort weitgehend zur Verfügung, auch wenn der Mangel an kostengünstigem Wohnraum aktuell ein Problem ist. Sie werden mit Baustoffen errichtet und mit Schutzmitteln, Anstrichen und Farben behandelt, die es früher nicht gegeben hat. Zunehmend wird aber auch das gesundheitliche und ökologische Gefährdungspotential vieler Baustoffe diskutiert.

Industrie und Gewerbe insgesamt beruhen in hohem Maße auf den Fortschritten von Naturwissenschaften und Technik bei Ver- und Bearbeitung, Veredelung und sonstiger Nutzung von Rohstoffen, auf der Herstellung neuer, synthetischer Stoffe sowie auf der Entwicklung neuer Produkte, Produktions- und Energieumwandlungsverfahren.

Der hohe Lebensstandard in der Bundesrepublik Deutschland beruht zum großen Teil auf der umfassenden wirtschaftlichen Nutzung von Stoffen. Der verantwortungsbewußte Einsatz moderner Technologien und Stoffe bietet zugleich die Chance, den Bedürfnissen der wachsenden Weltbevölkerung nach Nahrung, Kleidung und Unterkunft sowie medizinischer Versorgung besser nachzukommen.

Für ein Land wie die Bundesrepublik Deutschland, das über keine nennenswerten Bodenschätze und eine vergleichsweise geringe Agrarfläche verfügt, sind Innovationen und Know-how, die zu einem qualitativen Vorsprung auf den Weltmärkten führen, für die Beschäftigungssituation und das Bruttosozialprodukt auch in Zukunft von besonderer Bedeutung.

Die intensive, alle Lebensbereiche erfassende und ständig wachsende Nutzung von Stoffen ist aber zunehmend auch mit ernsten Risiken für Mensch und Umwelt verbunden. Diese Risiken lösten zunächst umweltpolitische Maßnahmen zur Abwehr unmittelbarer Gefahren für die menschliche Gesundheit und die Ökosysteme durch den Einsatz bestimmter Stoffe aus. Derzeit tritt immer mehr die Vermeidung mittelbarer und langfristiger Schäden sowohl für Menschen als auch für Tiere, Pflanzen und Sachgüter durch eine große Zahl von Stoffen unterschiedlicher Art, sowie der Erhalt der Leistungsfähigkeit des Naturhaushaltes in den Mittelpunkt der Umweltschutzbestrebungen. Bei der Beurteilung der Risiken eines Stoffes kommt es nicht nur darauf an, ob er bei Mensch oder Umwelt akute Schäden hervorruft. Genauso wichtig ist es, ob er für sich allein oder zusammen mit anderen Stoffen, ob sofort oder nach längerer Zeit, ob in seiner ursprünglichen Identität oder in seinen eventuellen Umwandlungsprozessen, Schaden für Mensch oder Umwelt verursacht.

Dabei war und ist es in vielen Fällen nicht möglich, die Risiken von Stoffen von vornherein zu erkennen oder sogar zu berechnen. Der Grund hierfür ist, daß sich die Umweltrisiken von Stoffen, wie auch ihr gesamtwirtschaftlicher und gesellschaftlicher Nutzen nur schlecht quantifizieren lassen. Es ist in den meisten Fällen nur eine qualitative Beschreibung und sorgfältige Abschätzung der Risiken möglich. Die Enquete-Kommission hat es sich gleichwohl zur Aufgabe gemacht, Lösungsvorschläge für eine umwelt- und gesundheitsverträgliche Gestaltung der Industriegesellschaft zu entwickeln.

Einem möglichen Lösungsansatz liegt die Idee einer dauerhaften Entwicklung zugrunde. Darunter versteht man, daß eine erneuerbare Ressource nicht über das Maß hinaus verbraucht werden darf, in dem sie sich erneuern kann. Wird dieses Prinzip nicht beachtet, erfolgt die Zerstörung der Lebensgrundlagen der Menschen, die die jeweilige Ressource nutzen. Das Naturkapital wird aufgebraucht.

Sieht man sich die Wirtschaftsweise der heutigen Industriegesellschaften an, so läßt sich feststellen, daß zudem ein hoher Verbrauch an nichterneuerbaren Ressourcen, wie z. B. fossilen Brennstoffen, im Vordergrund steht.

Bereits 1972 führte der „Club of Rome" in seinem Bericht „Die Grenzen des Wachstums" der Weltöffentlichkeit vor Augen, daß die Bevölkerung und der Verbrauch an begrenzten Ressourcen exponentiell ansteigen. Dies führe zu einer Verknappung der Ressourcen, zu unkontrollierbaren Umweltzerstörungen und zu einer ansteigenden Verelendung in den Entwicklungsländern (Meadows et al., 1972).

In dem neuen Bericht des „Club of Rome" von 1992 („Die neuen Grenzen des Wachstums") liegt der Schwerpunkt der Problematik bei den Grenzen der ökologischen Abbauvorgänge für die Stoffe, mit denen die Umweltmedien in Berührung kommen. Denn Wasser, Luft und Boden sind nur begrenzt in der Lage, Immissionen und Rückstände ohne Schaden aufzunehmen (Meadows et al., 1992).

Einen weiteren zentralen Aspekt stellen die Auswirkungen der Umweltbelastungen auf die Gesundheit dar. Aufgrund der Komplexität dieses Aspekts verzichtet die Kommission darauf, neben Ökologie, Ökonomie und dem sozialen Aspekt, „Gesundheit" als eigenständiges Ziel ebenfalls aufzuführen. Sie betont aber die Bedeutung der Gesundheit als Ziel des Umweltschutzes und sieht diese als wesentlichen Bestandteil sowohl der ökologischen als auch der sozialen Ziele an.

1.4 Hintergrund und Problembeschreibung

Die umweltpolitische Diskussion wird in der Bundesrepublik Deutschland intensiver geführt als in den meisten vergleichbaren Industrieländern. Dieses hat unterschiedliche Hintergründe. Ein entscheidender Grund ist die Begrenztheit des Raumes, auf dem viele Menschen leben, zudem aber auch die Intensität der Produktion und der damit verbundene Wohlstand.

Die globalen ökologischen Probleme und deren Verknüpfung mit der Produktion und dem Konsumverhalten werden bei den Faktoren Luft, Klima, Wasser, Artenvielfalt, Wald und Boden eindrucksvoll deutlich. Diese seit Anfang der 70er Jahre festgestellten Probleme haben ein Anwachsen der Umweltbewegung und die Zunahme einer öffentlich geführten Diskussion nach sich gezogen. Seitdem sind viele Veränderungen durch die Politik erreicht worden.

Wer einerseits den weniger entwickelten Ländern das „Recht auf Entwicklung" – sei es aus Gerechtigkeitsgründen oder aus Gründen der politischen Klugheit – einräumt und andererseits anerkennt, daß eine weltweite Orientierung an der Wirtschaftsweise der Industrieländer einen „ökologischen Kollaps" verursachen würde (UNCED, 1992), steht vor der Aufgabe, ein neues Wohlstandsmodell zu entwickeln, das eine Überbeanspruchung des Naturhaushaltes verhindert.

In dem jüngst veröffentlichten Prüfbericht „Deutschland" der OECD (Organization for Economic Cooperation and Development) werden die Umweltsituation, ihre Entwicklung und die Umweltpolitik des Landes beschrieben (OECD, 1993). Die Umweltprüfberichte orientieren sich inhaltlich an folgenden Zielen, die von den Umweltministern der OECD-Mitgliedsstaaten formuliert wurden:

– Reduzierung der Schadstoffbelastung
  Themen: Luftreinhaltung, Abfallwirtschaft, Gewässerschutz, Umweltschutzinvestitionen, Forschung und Entwicklung;
– Politikintegration, d. h. generelle Integration von Umweltpolitik in die Wirtschaftspolitik, aber auch von Umweltpolitik in die Energie-, Verkehrs- und Landwirtschaftspolitik;
– Verstärkung der internationalen Zusammenarbeit auf dem Gebiet des Umweltschutzes, z. B. hinsichtlich internationaler Verpflichtungen, bilateraler Zusammenarbeit und der Berücksichtigung von Umweltaspekten in der Entwicklungszusammenarbeit.

Die OECD kommt dabei zu nachstehenden Schlußfolgerungen:

„Deutschlands große Bevölkerungsdichte, sein hoher Industrialisierungsgrad, seine Lage in Mitteleuropa und seine starke Abhängigkeit von fossilen Brennstoffen für die Energieversorgung sind Faktoren, die dazu beigetragen haben, den Umweltschutz zu einem öffentlichen Anliegen und zu einer Priorität für die staatliche Politik zu machen. In den letzten zwanzig Jahren ist es gelungen, die Entwicklung des Ausstoßes an mehreren wichtigen Schadstoffen vom Wirtschaftswachstum abzukoppeln."

Sie urteilt aber auch:

„Indessen bleiben noch große Herausforderungen in den Bereichen wie Abfallentsorgung, Umweltbelastung durch Landwirtschaft und Verkehr, um nur einige Prioritäten auf nationaler Ebene zu nennen, sowie die großräumige Umweltverschmutzung und die Klimaveränderungen auf internationaler Ebene, wo Deutschland ein existenzielles Interesse daran hat, Fortschritte zu sichern sowie den Willen und die Möglichkeit der internationalen Staatengemeinschaft fördern zu helfen ..."

Bezogen auf die chemische Industrie stellt der OECD-Bericht unter anderem fest:

„Die chemische Industrie spielt heute eine maßgebliche Rolle beim Gesamtbeitrag der deutschen Industrie zu Umweltverbesserungen. Bereits in der Vergangenheit sind Investitionen – teils durch Selbstverpflichtungen von Seiten der Industrie, teils als Folge staatlicher Auflagen – in umweltverträglichere Verfahren und Produkte getätigt und dadurch Schadstoffemissionen vermieden bzw. vermindert worden. Das Vorsorgeprinzip konnte mittels verschiedener Melde- und Bewertungsmaßnahmen, an denen sich die Chemieindustrie sehr aktiv beteiligt hat, weiterentwickelt werden."

Ferner heißt es im OECD-Bericht:

„In Zukunft würde die Offenlegung von Informationen über Schadstoffbelastungen durch Einzelunternehmen zu einem noch besseren Umweltschutz beitragen und die in dieser Hinsicht zurückhaltenden Firmen veranlassen, zu den in ihrem Sektor beispielgebenden Unternehmen aufzuschließen. In der Chemieindustrie dürfte ein verstärkter Rückgriff auf Risikoanalysen und das Lebenszykluskonzept ebenfalls zu einer kosteneffizienteren Bewältigung der durch Chemikalien verursachten Umweltprobleme beitragen."

In den Anstrengungen, eine bessere Umweltqualität zu erreichen – so unzureichend dem ein oder anderen das ingesamt in Deutschland auch noch vorkommen mag – steckt harte Arbeit. Darin vereinigt sich das Bemühen vieler, z. B. der Parteien, der Umweltbewegung, der Gewerkschaften, der Industrie, der Wissenschaft und anderer gesellschaftlicher Gruppen. Nicht außer acht gelassen werden darf dabei, daß sich in den neuen Bundesländern ein Wandel hin zur Marktwirtschaft vollzieht. Eine derartig tiefgreifende Umstrukturierung ist allerdings auch von hoher Arbeitslosigkeit, verbreiteter Desorientierung sowie sozialer Unsicherheit geprägt.

Die vielfältigen Anregungen zur Verbesserung der Umwelt wurden in den letzten Jahren von der Politik als Konzepte aufgegriffen. Sie enthalten beispielhafte Lösungsansätze für Umwelt- und Gesundheitsprobleme, die den Umgang mit Stoffen zum Politikum gemacht und den Einsetzungsbeschluß für die Enquete-Kommission gefördert haben.

Für eine zukünftige Umweltpolitik sind einige grundlegende Probleme zu beachten, so etwa die große Stoff- und Produktvielfalt, die das klassische Ordnungsrecht an seine Grenzen geführt hat, die oft um Jahrzehnte verzögerten Auswirkungen von Stoffeinträgen in die Umwelt oder die prinzipiell beschränkte Vorhersagbarkeit der ökologischen Wirkungen von Stoffen. Leitbilder, Bewertungskriterien und Instrumente müssen solche stoffbezogenen Schwierigkeiten angemessen berücksichtigen.

Als ein Ergebnis ist die Notwendigkeit einer integrierten Stoffpolitik anzusehen. Damit ist nicht nur die Beschränkung einer Stoffpolitik auf einzelne Sektoren wie etwa die Ressourceninanspruchnahme, die Produktherstellung oder die Abfallentsorgung gemeint. Integrierte Stoffpolitik muß gezielt umweltverträgliche Stoffströme anstreben. Dies beinhaltet eine Optimierung des Stoffeinsatzes und der Transportwege, neue Produktionsverfahren sowie die umweltgerechte Gestaltung von Produkten.

Bei den hier beschriebenen Maßnahmen handelt es sich um Primärmaßnahmen, um Umweltschutz „an der Quelle", was ökologisch sinnvoll ist. Gerade unter diesem Gesichtspunkt bestehen noch große Defizite, da heute noch weitgehend die „End of the Pipe-Technologien" (Sekundärmaßnahmen) dominieren.

Diese Sekundärmaßnahmen waren ein erster wesentlicher Schritt, weil dadurch Umweltbelastungen gebündelt und kontrolliert wurden. Letztlich wurden Umweltbelastungen durch Sekundärmaßnahmen aber nicht beseitigt, sondern teilweise in andere Medien verlagert. Auch lösen „End of the Pipe-Maßnahmen" das Problem der übermäßigen Ressourcennutzung nicht.

Das Ziel eines neuen Umweltschutzansatzes läßt sich nur durch ein geändertes Werteverständnis erreichen. Beispielsweise muß man sich fragen,
- ob in einer Gesellschaft Autos gefahren werden sollten, mit denen 100 km in 30 Minuten bei einem Verbrauch von 20 l Treibstoff oder in einer Stunde bei einem Verbrauch von 3 l Treibstoff zurückgelegt werden können,
- ob in einer Gesellschaft Früchte aus dem anderen Teil der Welt oder von der Obstwiese „um die Ecke" gegessen werden sollten.

Es ist daher unstrittig, daß weitere Umweltschutzmaßnahmen notwendig sind. Wenn dann durch die bereits beschriebenen Primärmaßnahmen neben ökologischen Verbesserungen auch ökonomische und soziale Vorteile erreicht werden können, sollten diese Maßnahmen als marktwirtschaftliche Antwort auf notwendige Umweltschutzanforderungen verstanden werden.

In der Enquete-Kommission ist nicht strittig, daß in der Bundesrepublik Deutschland produziert werden muß. Es ist die Aufgabe der Enquete-Kommission, Lösungsansätze für die industrielle Stoffwirtschaft zu erarbeiten, um so zu einer langfristigen Sicherung der Industriegesellschaft beizutragen. Veränderungen müssen langfristig kalkulierbar sein. Die ökologische Modernisierung der Industriegesellschaft ist kein isoliertes Politikfeld, sondern eröffnet eine Perspektive für die Entwicklung der Gesellschaft ingesamt. Dies ist ein wichtiger Beitrag zur Reform der Industriegesellschaft. Ökologie ist ein Organisationsprinzip für die Entwicklung unserer Gesellschaft, um sie auf eine dauerhafte Grundlage zu stellen.

Die Enquete-Kommission hat die Aufgabe, mittelfristig und langfristig umsetzbare Ideen und Vorschläge für eine nachhaltig zukunftsorientierte Entwicklung, die die Ökonomie- und Sozialverträglichkeit einschließt, am Ende der Legislaturperiode dem Deutschen Bundestag vorzulegen.

2 Organisation und Vorgehen

2.1 Organisation

2.1.1 Zusammensetzung der Enquete-Kommission

Die Enquete-Kommission setzt sich aus 13 Abgeordneten der im Deutschen Bundestag vertretenen Fraktionen und 13 Sachverständigen zusammen. Die Gruppen BÜNDNIS 90/DIE GRÜNEN und PDS/Linke Liste wirken entsprechend den Beschlüssen des Bundestages und den Vereinbarungen im Ältestenrat mit je einem Mitglied beratend mit. Außerdem haben sie von der vereinbarten Möglichkeit, je einen Sachverständigen – ebenfalls ohne Stimmrecht – zu benennen, Gebrauch gemacht. Von den Fraktionen und Gruppen wurden folgende Mitglieder des Deutschen Bundestages benannt:

Fraktion der CDU/CSU

Erich G. Fritz, stellvertretender Vorsitzender
Prof. Dr. Immo Lieberoth
Dr. Manfred Lischewski
Ulrich Petzold
Prof. Dr. Norbert Rieder, Sprecher
Wolfgang Zöller

Fraktion der SPD

Thea Bock
Ulla Burchardt
Marion Caspers-Merk, Sprecherin seit 12. November 1992
Ernst Schwanhold, Sprecher bis 15. Oktober 1992,
Vorsitzender seit 15. Oktober 1992
Reinhard Weis, seit 22. Januar 1993
Michael Müller, Düsseldorf, Vorsitzender bis 15. Oktober 1992, ausgeschieden am 22. Januar 1993

Fraktion der F.D.P.

Dr. Klaus Röhl
Prof. Dr. Jürgen Starnick, Sprecher

Gruppe PDS/Linke Liste

Ingeborg Philipp

Gruppe BÜNDNIS 90/DIE GRÜNEN

Dr. Klaus Dieter Feige

Auf Vorschlag der Fraktionen und Gruppen berief die Präsidentin des Deutschen Bundestages als *sachverständige Kommissionsmitglieder:*

Prof. Dr. Holger Bonus, Professor für Volkswirtschaftslehre, Geschäftsführender Direktor des Instituts für Genossenschaftswesen der Westfälischen Wilhelms-Universität Münster

Prof. Dr. Klaus Fischwasser, Professor für Wasserchemie, Wissenschaftlicher Leiter der Gesellschaft für umweltverträgliche Verfahrensinnovation mbH, Teltow, (Kommissionsmitglied seit 14. Mai 1993)

Dr. Henning Friege, Beigeordneter der Landeshauptstadt Düsseldorf, Dezernent für Umweltschutz, Abfallwirtschaft, Garten-, Friedhofs- und Forstwesen

Prof. Dr. Fritz Hartmann Frimmel, Professor für Wasserchemie an der Technischen Universität Karlsruhe und DVGW-Forschungsstelle am Engler-Bunte Institut, Karlsruhe

Prof. Dr. Georges M. Fülgraff, Professor für Gesundheitswissenschaften an der Technischen Universität Berlin

Prof. Dr. Helmut Greim, Professor für Toxikologie und Umwelthygiene, Institut für Toxikologie und Umwelthygiene der Technischen Universität München

Dr. Rainer Grießhammer, Öko-Institut, Freiburg/Br.

Dr. Martin Held, Studienleiter für den Bereich Wirtschaft an der Evang. Akademie Tutzing

Prof. Dr. Joachim Klein, Professor für Chemie, GSF Forschungszentrum für Umwelt und Gesundheit GmbH, Neuherberg

Prof. Dr. Paul Klemmer, Professor für Wirtschaftslehre, Präsident des Rheinisch-Westfälischen Instituts für Wirtschaftsforschung e.V. (RWI), Essen

Dr. Adolf von Röpenack, Beauftragter für umweltpolitische Sonderaufgaben des Bundesverbandes der Deutschen Industrie e.V. (BDI)

Dr. Wilfried Sahm, Hauptgeschäftsführer des Verbandes der Chemischen Industrie e.V. (VCI), Frankfurt

Prof. Dr. habil. Günter Streibel, Professor für Volkswirtschaft an der Humboldt Universität Berlin (bis 1993), Kommissionsmitglied seit 24. September 1993

Jürgen Walter, Mitglied des geschäftsführenden Hauptvorstands der IG-Chemie-Papier-Keramik, Hannover

Prof. Dr. Reinhard Zellner, Professor für Physikalische Chemie, Institut für Physikalische und Theoretische Chemie, Universität Gesamthochschule Essen

2.1.2 Kommissionssekretariat

Die Verwaltung des Deutschen Bundestages stellte der Enquete-Kommission ein Sekretariat zur Verfügung, das wie folgt besetzt wurde:

Leitung des Sekretariats:

Ministerialrat Friedhelm Dreyling

Wissenschaftliche Aufgaben:

Dörte Bernhardt	Diplom-Chemieingenieurin
Thomas Broszinski	Diplom-Biologe
Dr. rer. nat.	
Peter Büchler	Diplom-Biologe
Claudia Engelhardt	Diplom-Biologin
Ellen Frings	Diplom-Agraringenieurin
Dr.-Ing. Karl Otto Henseling	Diplom-Ingenieur
Dr. rer. nat. Wolfgang Linden	Diplom-Chemiker
Dr. phil. Gisela Lück	Philosophie/Chemie

Organisatorische Aufgaben:

Oberamtsrat Hartmuth Groß, Susanne Schweikardt, Silvia Mollekopf, Rudolf Graaff, Barbara Bodde

Sekretariatsaufgaben:

Elisabeth Fischer, Christiane Kahlert, Ilke Benkel

2.1.3 Arbeitsgruppen

Wegen des breiten Arbeitsspektrums und der großen Themenvielfalt, die vor allem zu Beginn durch die unterschiedlichen Einzelbeispiele die Kommissionsarbeit bestimmte, einigte sich die Enquete-Kommission darauf, zu den einzelnen Themengebieten Vorarbeiten im Rahmen von Arbeitsgruppen zu leisten. In das Aufgabengebiet der Arbeitsgruppen fielen neben der thematischen Vorstrukturierung und der Vorbereitung öffentlicher und interner Anhörungen auch die Erarbeitung von Vorschlägen für die Vergabe von Studien und Berichtstexten. Von den Sprechern der Arbeitsgruppen wurden die Ergebnisse der gesamten Enquete-Kommission zur Diskussion vorgestellt. Nach Beendigung der vorbereitenden Aufgaben wurden die jeweiligen Arbeitsgruppen wieder aufgelöst.

2.2 Vorgehen

Konstituierende Sitzung

Die Enquete-Kommission „Schutz des Menschen und der Umwelt" wurde am 18. März 1992 vom Vizepräsidenten des Deutschen Bundestages, Helmuth Becker (Nienberge), konstituiert. Zum Vorsitzenden der Kommission wurde der Abgeordnete Michael Müller (Düsseldorf), SPD, bestimmt, zu dessen Stellvertreter der Abgeordnete Erich G. Fritz (Dortmund), CDU/CSU. In der konstituierenden Sitzung hob der Vorsitzende Michael Müller hervor, es sei übereinstimmende Auffassung aller Fraktionen und Gruppen, zu gesicherten Erkenntnissen über die Stoffströme zu kommen, um darauf basierend Bewertungskriterien entwickeln zu können, die letztlich einen wirksamen präventiven Umweltschutz ermöglichten. Die Kommission hat nach den Worten des Vorsitzenden die Aufgabe, Lösungsvorschläge für eine umwelt- und gesundheitsverträgliche Gestaltung der Industriegesellschaft insgesamt, im Sinne einer dauerhaften Entwicklung, zu erarbeiten. Dabei gelte es, wirtschaftliche Leistungsfähigkeit, ökologische Verträglichkeit und soziale Verantwortung miteinander in Einklang zu bringen.

Sitzungen

Von ihrer konstituierenden Sitzung am 18. März 1992 bis zur Verabschiedung des Abschlußberichts in der Sitzung am 20. Juni 1994 führte die Enquete-Kommission 63 Sitzungen und acht weitere Besprechungen und Klausurtagungen durch. An den Sitzungen nahmen Vertreter des Bundesministeriums für Umwelt, Naturschutz und Reaktorsicherheit (BMU), des Umweltbundesamtes (UBA), des Bundesgesundheitsamtes (BGA), der Bundesanstalt für Arbeitsschutz (BAU), des Bundesministeriums für Forschung und Technologie (BMFT), des Bundesministeriums für Wirtschaft (BMWi), des Bundesministeriums für Gesundheit (BMG) und Vertreter der Länder teil. Die Arbeitsgruppen haben insgesamt 109mal getagt.

Anhörungen

Die Kommission hat öffentliche Anhörungen namhafter Sachverständiger aus dem In- und Ausland zu den Themen „Ökobilanzen/Produktlinienanalysen", „Benzol", „R 134 a", „Textilien/Bekleidung", „Mobilität", „Chlorchemie" und „Leitbilder einer Stoffpolitik" durchgeführt. Darüber hinaus fanden nichtöffentliche Anhörungen zu den Themen „Cadmium",

„Risikoabschätzung am Beispiel Benzol", „R 134a", „Einordnung des Instruments Ökobilanzen", „Chlorchemie", „Grundlagen der Stoffstromanalyse", „Dioxinemissionen beim Recycling von Metallen (Fahrzeugschrott), „Rechtliche Rahmenbedingungen bei der textilen Kette" sowie „Verbraucher- und Umweltschutz bei der textilen Bekleidung" statt. Unter den Experten wurden auch jeweils Vertreter der obersten und oberen Bundesbehörden gehört. Die Ergebnisse aus den Anhörungen bilden eine Grundlage für diesen Bericht.

Informationsreisen und auswärtige Sitzungen

Zur Vertiefung des „chemie- und industriepolitischen Dialogs" führte die Enquete-Kommission auswärtige Sitzungen bei den Chemieunternehmen Hoechst AG in Frankfurt, Bayer AG in Leverkusen und BASF AG in Ludwigshafen sowie im Rahmen einer Besichtigung der Recycling-Versuchsanlage für Altautos bei dem Automobilhersteller BMW AG in München durch.

Sie informierte sich über die Lage der ostdeutschen Chemieindustrie bei Besuchen an den Chemiestandorten Bitterfeld und Schkopau durch die Unternehmen Bitterfeld AG und Buna AG sowie durch das Bitterfelder Beratungsbüro der Stiftung „Arbeit und Umwelt" der IG Chemie-Papier-Keramik. Im wesentlichen informierte sich die Kommission über beschäftigungspolitische Maßnahmen und die Sanierungskonzepte im Rahmen des Umbaus der Chemieregion. Daran schloß sich die öffentliche Anhörung zu Mobilität im brandenburgischen Landtag in Potsdam an.

Gegenstand einer weiteren auswärtigen Sitzung beim Ministerium für Wohnungswesen, Raumordnung und Umweltschutz der Niederlande war die Studie „Integrated Substance Chain Management" (Integriertes Stoffstrommanagement), die im Auftrag des niederländischen Verbandes der Chemischen Industrie (VNCI) mit Unterstützung internationaler Wirtschaftsunternehmen und der Ministerien für Umwelt und Wirtschaft der Niederlande erstellt wurde. In die wissenschaftliche Unterstützung der Studien waren zudem Wissenschaftler und Vertreter von Umweltverbänden einbezogen. Gegenstand war die Methodik des Stoffstrommanagements anhand von Beispielen aus der Chlorkette. Ziel war die Entwicklung einer praktischen Methode für ein Stoffstrommanagement, mit deren Hilfe man unter Berücksichtigung aller Umweltaspekte einer Kette von Produkten und Produktionen zu Entscheidungen über die besten Möglichkeiten für Umweltmaßnahmen gelangen soll. Es galt, dabei auch die wirtschaftlichen Folgen zu berücksichtigen und, soweit wie möglich, eine Übereinstimmung zwischen allen beteiligten Akteuren zu erreichen. Für die Enquete-Kommission war dieser Besuch im Hinblick auf die beabsichtigte Vergabe eigener Expertisen und Studien von Bedeutung. Im Rahmen dieser Sitzung in den Niederlanden besuchte die Kommission auch die Akzo AG in Rotterdam, um sich über das betriebliche Umweltmanagement der Firma zu unterrichten.

Im Auftrag der Enquete-Kommission reisten Delegationen zu Gesprächen mit der Kommission der Europäischen Gemeinschaften (EG) nach Brüssel sowie nach Portugal, Spanien, Italien, Frankreich, Großbritannien, Schweden, Finnland, Japan und in die USA.

Der Besuch bei der EG-Kommission diente der Information über das Fünfte Umweltaktionsprogramm der EG, die Abfallwirtschafts- und Stoffpolitik der EG sowie über die Richtlinie des Rates über den freien Zugang zu Informationen über die Umwelt, den Entwurf einer EG-Verordnung über ein Öko-Audit sowie Umwelt-Instrumentarien im Verhältnis Umweltpolitik zu Wirtschaft. Nach einem Beschluß der EG-Kommission vom 2. Juni 1993 will sie den Umweltschutz in alle anderen Politikbereiche integrieren.

Die Besuche in den Mitgliedsstaaten der EG bzw. der Europäischen Union (EU) verfolgten insbesondere das Ziel, den in der EU unterschiedlichen Stand in Praxis und Gesetzgebung auf dem Feld der Umwelt, namentlich hinsichtlich eines nachhaltigen Umgangs mit Stoff- und Materialströmen unter die Lupe zu nehmen.

Eine Umweltschutzgesetzgebung, die mit der in Deutschland vergleichbar ist, existiert in Portugal und Spanien nur in Ansätzen. Man beschränkt sich dabei im wesentlichen auf die Umsetzung des EG-Rechts. Dies gilt insbesondere für Portugal. Auch der Vollzug der Gesetze stellt ein großes Problem dar.

Ähnliche Schwierigkeiten wurden in den Gesprächen und Begegnungen in Italien deutlich, wenngleich auch nicht in dem Maße wie in den iberischen Staaten. Insbesondere hinsichtlich einer präventiven Umweltpolitik im Sinne des Leitbildes der nachhaltig zukunftsverträglichen Entwicklung wird die Diskussion noch zurückhaltend geführt. Bei dem Besuch des italienischen Automobilherstellers FIAT erhielt die Delegation einen ausführlichen Überblick über die Aktivitäten der Unternehmensgruppe namentlich hinsichtlich der Einführung von Umweltmanagementsystemen, der Produktpolitik mit den Zielen der Vermeidung von Emissionen, von Abfall durch verstärktes Recycling sowie der optimalen Ressourcenverwendung durch ein entsprechendes Produktdesign. FIAT ist gemeinsam mit dem französischen Automobilhersteller Renault und der BMW AG in ein Projekt zur Demontage und zum Recycling von Altfahrzeugen eingebunden (s. Kap. 3).

Neben der Unterrichtung über die nationale Umweltgesetzgebung prägten die Gespräche in Frankreich und Großbritannien insbesondere die Themen „Strategien zur Umsetzung einer präventiven Umweltpolitik", „Gewichtung von ordnungspolitischen gegenüber ökonomischen und marktwirtschaftlichen Instrumenten sowie informatorische Instrumente im Verbund der europäischen Politik". Die Frage der Abfallströme spielte insoweit eine herausragende Rolle. Die Kommission nahm in Paris die Gelegenheit wahr, sich auch über die aktuellen Aktivitäten der OECD und deren Umweltprogramm zu unterrichten.

Bei dem Besuch in Paris wurde deutlich, daß die französische Umweltpolitik von der Philosophie geleitet wird, es zunächst der Industrie zu überlassen, wie die umweltpolitisch gesteckten Ziele erreicht werden können. Eine umweltverträglichere Wirtschaft soll vor allem auf freiwilliger Basis erreicht werden.

Im Mittelpunkt der Gespräche in London stand die ausführliche Unterrichtung über den im Januar 1994 von der britischen Regierung dem Parlament vorgelegten Bericht „Sustainable Development – the UK Strategy", der die Anforderungen, denen sich Großbritannien in den nächsten 20 Jahren gegenübersieht, aus den Beschlüssen der UN-Konferenz für Umwelt und Entwicklung von Rio de Janeiro im Jahr 1992 formuliert. Der Bericht fußt auf den seit dem Jahr 1990 herausgegebenen White Papers, mit denen alle Ministerien ihrer Verpflichtung nachkommen, in jährlichen Synopsen ihre Ziele, die erreichten Fortschritte und die für die Zukunft geplanten Maßnahmen zum Schutz der Umwelt aufzulisten. Anknüpfend an die Prinzipien einer nachhaltig zukunftsverträglichen Entwicklung folgt im Strategie-Bericht eine Beschreibung der wesentlichen Umweltprobleme unter Berücksichtigung ökonomischer Aspekte bis hin zu einer Strategie der Umsetzung des Leitbildes über verschiedene Gremien. An diese Unterrichtung schloß sich ein Gespräch mit dem beim House of Lords eingerichteten Committee on sustainable development an, das die Aufgabe hat, bis zum Ende des Jahres 1994 die von der Regierung vorgelegte Strategie zur Verwirklichung des Leitbildes der nachhaltig zukunftsverträglichen Entwicklung zu prüfen, insbesondere wie Mechanismen entwickelt werden können, das Konzept bis in alle Ebenen einer Umsetzung zuzuführen.

Bei den Besuchen in Schweden und Finnland als künftige Mitgliedsstaaten der Europäischen Union, wurde deutlich, daß in beiden skandinavischen Staaten von staatlichen Institutionen, von Regierungs- und Parlamentsseite, aber auch von den privaten Unternehmen, der Industrie her, sehr intensiv die Entwicklung namentlich der Umweltpolitik in der Bundesrepublik Deutschland und im Rahmen der Europäischen Union verfolgt wird. Die schwedische Politik ist außerordentlich stark von dem Bemühen um eine präventive Umweltpolitik im Sinne einer nachhaltig zukunftsverträglichen Entwicklung geprägt. Umweltverträgliche Produktentwicklungen, Wiederverwertung, stoffliche Rückgewinnung sind kennzeichnende Stichworte der Debatte. Neben einem im Jahr 1993 verabschiedeten Kreislaufgesetz, das den Umgang mit Produkten einschließlich des Prozesses von der Rohstoffgewinnung bis zur Deponierung des Abfalles umfaßt, arbeitet gegenwärtig eine von der Regierung eingerichtete „Öko-Kreislaufkommission" unter Beteiligung von Industrieverbänden, Wissenschaft, Forschung und Umweltorganisationen. Die Chemikalienkontrolle als Aufgabenbereich des staatlichen Kontrollamtes für Chemikalien (Kemikalieninspektionen – KEMI) war ein weiterer Schwerpunkt der Delegationsreise.

In Finnland bestimmte der Umstand, daß „Finnland vom Wald lebt" die Gesprächsinhalte. Fragen der Stoff- und Energiekreisläufe nehmen vor diesem Hintergrund zunehmend eine zentrale Rolle ein.

Die Delegationsreise nach Japan war von dem Interesse geleitet, die Umweltschutzstandards einer mit der Bundesrepublik Deutschland vergleichbaren Industrie- und Exportnation kennenzulernen und dort über den Umgang mit knapper werdenden Ressourcen und produktionsbedingten Umweltproblemen zu diskutieren.

Einen Schwerpunkt der Reise bildete der Besuch beim MITI (Ministry of Trade and Industry), das insbesondere seit der Einführung des Projekts „Eco-Factory" den Ruf hat, in Fragen einer präventiven Ökologie über besonders hohe Kompetenz zu verfügen. Es zeigte sich, daß die anfänglich hohen Erwartungen an japanische Umweltschutzbestrebungen nicht erfüllt werden konnten, da es zum einen an langfristigen, über das Jahr 2000 hinausgehende Strategien fehlt und zum anderen im japanischen Umweltschutzkonzept „ganzheitliche" Ansätze im Sinne einer Stoffstrombetrachtung völlig unberücksichtigt bleiben. Die Umweltschutzinteressen sind dagegen vielmehr auf die sich verändernden rechtlichen Rahmenbedingungen in den Exportländern konzentriert, denen die japanische Wirtschaft durch innovative Produktentwicklung zu begegnen versucht.

Die Delegationsreise in die USA bot der Enquete-Kommission die Gelegenheit, sich durch Gespräche im Weißen Haus, im Repräsentantenhaus, in verschiedenen Ministerien, wissenschaftlichen Instituten sowie mit Vertretern anderer Organisationen ein umfassendes Bild von den Schwerpunkten, langfristigen Strategien und konkreten Maßnahmen der US-amerikanischen Umweltpolitik zu verschaffen.

Ein Themenschwerpunkt war die Arbeit des von Präsident Clinton im Jahr 1993 eingerichteten „Council for Sustainable Development", einem Gremium, das auf nationaler Ebene Rahmenbedingungen für ein nachhaltig zukunftsverträgliches Wirtschaften definieren soll. Zweites zentrales Thema war das im „Emergency Planning and Community Right-to-know Act" (EPCRA) von 1986 verankerte Toxic Release Inventory (TRI), ein Programm, das definierte Industriebereiche dazu verpflichtet, Emissionsdaten öffentlich zugänglich zu machen. Das Programm wurde einvernehmlich als erfolgreich und ausbaufähig angesehen (s. Kap. 7.4.3.1.2).

Die Arbeit der Enquete-Kommission wurde mit sehr großem Interesse aufgenommen. Vor allem Untersuchungen und Darstellungen von Stoffströmen und Materialflüssen wurden einhellig als wegweisend bezeichnet, entsprechende Ansätze fehlen in den USA. In den USA wurden die Fortschritte der Umweltpolitik in der Bundesrepublik Deutschland, nicht zuletzt deren Bedeutung innerhalb der Europäischen Union, intensiv verfolgt und in weiten Teilen als Anregung verstanden. Gleichzeitig beklagten die Gesprächspartner die mangelnde Initiativbereitschaft sowohl in den USA als auch in der EU.

In den Gesprächen bei den Vereinten Nationen hatte die Delegation Gelegenheit, sich über die Erwartungen der G 77-Staaten an die Arbeit der VN-Kommission für Sustainable Development zu informieren und Perspektiven für die 1995 in Berlin stattfindende Rio-Folge-Konferenz zu diskutieren.

Der Wunsch nach internationaler Zusammenarbeit war ein Anliegen der Gesprächsteilnehmer bei allen Delegationsreisen. Entsprechend nutzte die Kommission die Besuche, den Gesprächspartnern ihre Aufgabenstellung innerhalb der Europäischen Union, aber auch auf internationaler Ebene näherzubringen, in der Überzeugung, daß eine wirksame Stoffpolitik nur im internatonalen Kontext verankert werden kann. Zu diesem Zweck fanden Gespräche mit den zuständigen Ausschüssen der jeweiligen Parlamente, Vertretern von Regierung, der Industrie und Gewerkschaften statt. Die Gespräche verharrten, gleichgültig ob mit staatlichen oder privaten Organisationen bzw. Wissenschaftsvertretern, nicht im Unverbindlichen, sondern gaben neben einem gut illustrierten Überblick über die Umweltschutzbestrebungen der besuchten Staaten auch Gelegenheit, die Konzeptansätze und Konturen der bisherigen Tätigkeit der

Enquete-Kommission und die Notwendigkeit internationaler Zusammenarbeit frei und offen zu diskutieren. Die Informationsbesuche sowie die Einzelgespräche am Rande der offiziellen Termine leisteten zudem einen beachtlichen Beitrag zur Intensivierung der Kontakte zwischen den Staaten. Die Konzeption einer Stoffwirtschaft verlangt internationale Kooperation. Ohne aber die Bedingungen vor Ort und die Gedanken und Ansätze – in Europa, Japan und den USA namentlich – näher zu kennen, vermag der Versuch einer national wirkenden Kommission nur zu scheitern.

Berichte der Bundesminister vor der Enquete-Kommission

Über Erfahrungen mit der Novelle des Chemikaliengesetzes 1990 und über den Stand der Altstoffbearbeitung sowie über künftige Entwicklungen hinsichtlich Gesetzgebung, Bewertungskriterien und Forschung unterrichtete der Bundesminister für Umwelt, Naturschutz und Reaktorsicherheit die Kommission am 5. November 1992 (KDrs 12/7).

In der Kommissionssitzung am 10. Dezember 1992 erläuterte der Bundesminister für Forschung und Technologie die Prinzipien seiner Forschungsförderung und skizzierte den Stand der Forschung auf den Gebieten des Kommissionsauftrages (KDrs 12/9).

Das Thema „Integration der Umweltbelange in die Wirtschaftspolitik" war Gegenstand des Meinungsaustausches der Enquete-Kommission mit dem Bundesminister für Wirtschaft in der Sitzung am 10. November 1993.

Studienprogramm der Enquete-Kommission

Die Fragestellungen der Enquete-Kommissionen wurden durch Diskussionen und Arbeitspapiere der Mitglieder der Kommission, durch externe und interne Anhörungen und durch die Vergabe von Studien bearbeitet.

Studien wurden für vier Themengebiete der Enquete-Kommission vergeben:
- Übersicht und Konzeption von Stoffstromanalyse und -management
- Anwendungsbeispiele für Stoffstromanalyse und -management (Einzelstoffe und Bedürfnisfelder)
- Bewertungsaspekte
- Instrumente

Durch Abstimmung mit den Bundesressorts wurde sichergestellt, daß einerseits keine Doppelvergabe erfolgt und andererseits die Ergebnisse von anderweitig veranlaßten Studien von der Enquete-Kommission verwendet werden konnten (z. B. TAB, 1993; SRU, 1994).

Das vollständige Studienprogramm wird parallel zum Abschlußbericht veröffentlicht (Umweltverträgliches Stoffstrommanagement Konzepte – Instrumente – Bewertung – Anwendungsbereiche, 1994).

Übersicht und Konzeption von Stoffstromanalyse- und management

Zur Konkretisierung und Umsetzung des Leitbildes einer nachhaltig zukunftsverträglichen Entwicklung (sustainable development) ist eine Analyse der Stoffströme in betrieblichem, regionalem, nationalem und globalem Kontext erforderlich (Stoffstromanalyse). Entsprechende Informationssysteme sollen klare Konzeptionen zum Umgang mit den vielen Daten haben und eine Grundlage für Lenkungsmöglichkeiten für die jeweils beteiligten Akteure geben (Stoffstrommanagement). Hierbei sollen ökologische, ökonomische und soziale Aspekte berücksichtigt werden.

Hierzu wurden zwei Studien vergeben. Die erste Studie stellt die grundsätzlichen methodischen Anforderungen an Datenbasen für Stoffstromanalysen und -management dar (de Man, 1994). Die zweite Studie leistet eine vergleichende und bewertende Darstellung der wichtigsten Konzeptionen auf diesem Gebiet und die Schwerpunktsetzung auf besonders relevante Stoffströme (Prognos, 1994).

Bewertungsaspekte

Die Festlegung von Bewertungskriterien ist in hohem Maß eine politische Entscheidung. Es wurden drei Studien für bestimmte, bisher wenig beleuchtete Teilgebiete vergeben. In einem systematischen Vergleich wurde untersucht, nach welchen Kriterien und Methoden die vielen bereits existierenden Sachverständigengremien Bewertungen vornehmen und wie dies die jeweilige Entscheidungsfindung bestimmt (Kluge/Schramm/Hien, 1994). In einer zweiten Studie wurden der Kenntnisstand und die herangezogenen Bewertungskriterien bei den oft vorkommenden Kombinationswirkungen von Chemikalien untersucht (Bolt/Westphal/Riemer, 1994). Eine dritte Studie konzentrierte sich auf Bewertungskriterien für soziale Folgewirkungen und die mögliche Integration der ökologischen und sozioökonomischen Aspekte zu einem „Sozialen Nettonutzen" (Pfaffenberger et al., 1994).

Instrumente

Zur Umsetzung der im Leitbild sustainable development verfolgten und durch das Stoffstrommanagement konkretisierten Ziele steht grundsätzlich ein Bündel verschiedenster Instrumente zur Verfügung: ordnungsrechtliche, ökonomische sowie informatorische und freiwillige bzw. proaktive Instrumente. In den hierfür vergebenen Studien wurden Vor- und Nachteile sowie die Anwendbarkeit der jeweiligen Instrumente systematisch untersucht; hierfür wurden auch neue oder denkbare Instrumente wie etwa das Ökoleasing geprüft (Ewers/Brenck, 1994; Führ, 1994; IÖW, 1994). Begleitend wurde begutachtet, wie ein in sich geschlossenes und konsistentes Stoffrecht aussehen sollte (Rehbinder, 1994) und wie der Vollzug prinzipiell und – gesondert – in den neuen Bundesländern verbessert werden kann (Lübbe-Wolff, 1994; Müller, 1994).

Anwendungsbeispiele für Stoffstromanalyse und -management

Die Tragfähigkeit der theoretischen Modelle, der methodischen Ansätze und der instrumentellen Konzepte sollte durch eine Prüfung ihrer Anwendbarkeit auf konkrete Anwendungsfelder erhärtet werden; umgekehrt gab es aus den Anwendungsbeispielen wertvolle Hinweise für die theoretischen Konzeptionen.

Zur Bearbeitung der exemplarisch ausgewählten Stoffe Cadmium und Benzol wurde jeweils eine Kurzstudie mit dem Ziel einer zusammenfassenden Darstellung des Kenntnisstandes durchgeführt. Zu den Bedürfnisfeldern Kleidung/Textilien und Mobilität/Verkehr wurden Vorstudien und Hauptstudien vergeben. In den Vorstudien im Bereich Kleidung/Textilien wurde der Sachstand bezüglich der Stoffströme, der Bedürfnisstrukturen und der Gebrauchseigenschaften der Produkte dargestellt und die Schwerpunktsetzung für die Hauptstudie bestimmt. Im Bereich Mobilität/Verkehr konnte hierfür zum großen Teil auf Vorarbeiten der Klima-Enquête-Kommission zurückgegriffen werden. Die Vorstudie konzentrierte sich deshalb auf den Stofffluß bei Produktion, Betrieb und Entsorgung verschiedener Fahrzeuge und bereitete die Hauptstudie (Fichtner, 1994) zur Entwicklung stofflicher, betrieblicher und politischer Handlungsperspektiven im Bedürfnisfeld Mobilität vor. In den zwei Hauptstudien im Bereich Kleidung/Textilien wurden zum einen exemplarisch eine Sachstandsanalyse erstellt und zum anderen unter Einbezug der beteiligten Akteure die Optimierungsmöglichkeiten des Stoffstrommanagements entlang der textilen Kette aufgezeigt (COGNIS, 1994; Arge Textil, 1994).

In einer vor allem auf die neuen Bundesländer bezogenen Studie wurde untersucht, welche neuen Wege es zur Erfassung und Verwertung von Sekundärrohstoffen gibt (Stiftung Arbeit u. Umwelt, 1994). Diese Fragestellung liegt „quer" zu den einzelnen Anwendungsfeldern und ist im Hinblick auf eine stärkere Schließung der Stoffkreisläufe nach Gebrauch der Produkte von besonderem Gewicht.

Monitoring des Studienprogramms

Für die Begleitung und Koordination des umfangreichen Studienprogramms wurde ein Monitoring eingerichtet.

Die im Monitoring des Studienprogramms behandelten Studien werden zur schnelleren Übersicht nachfolgend mit vollem Titel und in alphabetischer Reihenfolge aufgeführt:

- Arge Textil – Arbeitsgemeinschaft Textil: Claus, F.; de Man, R.; Völkle, E.; Wiedemann, P. M., „Die Organisation des ökologischen Stoffstrommanagements – Gestaltung der textilen Kette", Leiden/Dortmund/Jülich, 1994
- Bolt, H.M.; Westphal, G.; Riemer, F., „Kenntnisstand und Bewertungskriterien für Kombinationswirkungen von Chemikalien", Dortmund, 1994
- COGNIS – Gesellschaft für Bio- und Umwelttechnologie mbH, „Untersuchung des Bekleidungsverbrauchs einer bundesdeutschen Behörde", Düsseldorf, 1994
- de Man, R., „Akteure, Entscheidungen und Informationen im Stoffstrommanagement", Leiden, 1994
- Ewers, H.J.; Brenck, A., „Divergenz zwischen Stoff- und Wertströmen – Ökonomische Lösungen des Problems der Gefährlichkeit von Stoffen", Münster, 1994
- Fichtner, „Beispielorientierte Aufarbeitung des Bedürfnisfelds ‚Mobilität' für eine stoffstromorientierte Diskussion zur Entwicklung stofflicher und politischer Handlungsperspektiven – Stoffluß bei Produktion, Betrieb und Entsorgung verschiedener Fahrzeuge", Stuttgart, 1994
- Führ, M., „Ansätze für proaktive Strategien zur Vermeidung von Umweltbelastungen im internationalen Vergleich", Fulda/Dreieich, 1994

- ISOE – Institut für sozial-ökologische Forschung: Kluge, T.; Schramm, E.; Hien, W., „Sammlung von Methoden und Kriterien, nach denen Sachverständige Stoffe bewerten", Frankfurt, 1994
- IÖW – Institut für ökologische Wirtschaftsforschung GmbH, „Elemente volkswirtschaftlichen und innerbetrieblichen Stoffstrommanagements (Ökoleasing, Chemiedienstleistung)", Berlin, 1994
- Lübbe-Wolff, G., „Modernisierung des umweltbezogenen Ordnungsrechts", Bielefeld, 1994
- Müller, R., „Darstellung der Vollzugsdefizite bei der kommunalen Umsetzung umweltrechtlicher Normen am Beispiel der Bundesländer Sachsen und Sachsen-Anhalt", Halle, 1994
- Pfaffenberger, W.; Scheele, U.; Ströbele, W.; Wacker, H., „Bewertungskriterien für soziale Folgewirkungen stoffwirtschaftlicher Innovation – Ökobilanzen und Schattenpreise ökologischer Ressourcen in der ökonomischen Theorie", Oldenburg, 1994
- Prognos: Plinke, E.; Schulz, J.; Kämpf, K., „Erfassung von Stoffströmen aus naturwissenschaftlicher und wirtschaftswissenschaftlicher Sicht zur Schaffung einer Datenbasis für die Entwicklung eines Stoffstrommanagements", Basel, 1994
- Rehbinder, E., „Konzeption eines in sich geschlossenen Stoffrechts", Frankfurt, 1994
- Stiftung Arbeit und Umwelt, „Neue Wege zur Erfassung und Verwertung von Sekundärrohstoffen", Hannover, 1994

Zwischenbericht

Der vorliegende Bericht baut auf dem Zwischenbericht der Enquete-Kommission auf, den sie unter dem Titel „Verantwortung für die Zukunft – Wege zum nachhaltigen Umgang mit Stoff- und Materialströmen" dem Deutschen Bundestag am 27. Oktober 1993 vorgelegt hat (Enquete-Kommission „Schutz des Menschen und der Umwelt", 1993). Im wesentlichen werden in diesem Zwischenbericht die Grundlagen der Arbeit referiert, die Diskussion von Leitbildern einer Stoffwirtschaft aufgenommen und erste Konturen eines Stoffstrommanagements angedeutet. An ausgewählten Beispielen hat die Enquete-Kommission auf dem Weg über Stoffstromanalysen Bewertungsansätze formuliert, die der Erarbeitung eines Instrumentariums zur Vermeidung von Umweltbelastungen dienen sollen. Hierfür wählte sie das Schwermetall Cadmium, den krebserregenden Kohlenwasserstoff Benzol, den neuen chlorfreien FCKW-Ersatzstoff R 134a sowie die Themenfelder Textilien/Bekleidung und Mobilität aus.

Der Abschlußbericht fügt das Anwendungsfeld Chlorchemie hinzu und ergänzt die Themenfelder Textilien/Bekleidung und Mobilität. Er beleuchtet die Idee des Stoffstrommanagements und Instrumente der Stoffpolitik vor dem Hintergrund des Leitbildes einer nachhaltig zukunftsverträglichen Entwicklung.

3 Leitbilder einer Stoffpolitik

Die Enquete-Kommission hat bei der Suche nach einem geeigneten Leitbild für eine Stoffpolitik an die Diskussion über das Konzept einer nachhaltig zukunftsverträglichen Entwicklung (sustainable development) angeknüpft. Im Zwischenbericht der Enquete-Kommission wurde die Entstehung dieses Konzepts (WCED, 1987) beschrieben. Auf der UN-Konferenz für Umwelt und Entwicklung, die 1992 in Rio de Janeiro stattfand, wurde dieses Konzept weiterentwickelt und ausdifferenziert. Im Fünften EG-Umweltprogramm „Für eine dauerhafte und umweltgerechte Entwicklung" wurden die Vorstellungen eines sustainable development aufgegriffen und weiter konkretisiert. Diese Entwicklung und die Beiträge unterschiedlicher gesellschaftlicher Gruppen zur Diskussion über ein sustainable development wurden ebenfalls bereits im Zwischenbericht der Enquete-Kommission skizziert (Enquete-Kommission „Schutz des Menschen und der Umwelt", 1993, S. 21–35).

3.1 Nachhaltig zukunftsverträgliche Entwicklung als Leitbild einer Stoffpolitik

Die Eignung des Konzepts einer nachhaltig zukunftsverträglichen Entwicklung als Leitbild einer Stoffpolitik ergibt sich daraus, daß dieses Konzept umweltpolitische und entwicklungspolitische Aspekte unter einem globalen Blickwinkel verknüpft. Es kommt damit der Grundproblematik der Stoffpolitik nahe, die die ökonomische und soziale Bedeutung der globalen Stoff- und Güterströme ebenso im Blick haben muß wie deren ökologische Folgewirkungen. Leitbilder einer Stoffpolitik haben eine grundsätzliche Orientierung zu leisten, in welche Richtung sich die Stoffwirtschaft und allgemein der Umgang mit Stoffen in der Industriegesellschaft entwickeln sollten (Held, 1991). Sie sollen grundsätzliche Orientierungspunkte für Entwicklungs- und Gestaltungsalternativen für die Stoffströme liefern, in der der Mensch gegenüber natürlichen Prozessen handelnd eingreift bzw. die er nutzungsbezogen in Gang setzt.

Ausgangspunkt für die Forderung nach einer zukunftssichernden Stoffpolitik war die Erkenntnis, daß Umweltrisiken heute trotz einer hohen Regeldichte und nachweislicher Einzelerfolge in zeitlicher und räumlicher Reichweite neue Dimensionen annehmen und daher möglicherweise neue Politikkonzepte verlangen. Treibhauseffekt, Ausdünnung der Ozonschicht, Meeresverschmutzung, Bodendegradation, Arten- und Biotopschwund sowie wachsende Müllberge sind beispielhafte Stichworte für die neue Dimension von Umweltbelastungen. Mit diesen neuen Belastungen sind auch neuartige Risiken für die menschliche Gesundheit, für die belebte und unbelebte Natur sowie für Kulturgüter und andere Güter verbunden. Viele dieser Probleme haben mit der Art unseres Wirtschaftens, insbesondere mit dem Ressourcenabbau, der Ressourcennutzung, dem Abfallvolumen bzw. der Abfallstruktur, d. h. letztlich mit den Stoffströmen und mit der grundsätzlich als Durchflußwirtschaft zu charakterisierenden Art der Stoffnutzung zu tun. Die Folgen gefährden zugleich die wirtschaftlichen und sozialen Voraussetzungen für das Leben und Wirtschaften zukünftiger Generationen.

Diese Problematik bleibt dem einzelnen in der Regel weitgehend verborgen, da er als Produzent oder Konsument nur mit wenigen Stufen des vielstufigen und oft globalen Lebensweges der Stoffe und Produkte in Berührung kommt. Erst eine Übersicht über die gesamte Produktlinie von der Rohstoffgewinnung über die Produktions- und Gebrauchsphase bis zur Entsorgung verschafft eine Einsicht über das Ausmaß und die Struktur der Inanspruchnahme von Umwelt für einen bestimmten Zweck. Die Enquete-Kommission hat aus diesem Grund exemplarische Stoffstrombetrachtungen durchgeführt.

So wurden beispielsweise die Stoffströme in der textilen Kette von der Primärproduktion der Fasern über die Produktion von Garnen und Flächengebilden, die Veredelung, die Konfektionierung und den Gebrauch bis zur Entsorgung verfolgt. Auf jeder dieser Stufen finden Transportvorgänge statt, werden Hilfsstoffe eingesetzt, treten Emissionen in die Umwelt auf und entstehen Abfälle. Bei einer solchen Betrachtung werden der Gesamtumfang der Inanspruchnahme der Umwelt als Produktionsfaktor und systematische Beziehungen zwischen unterschiedlichen Umweltbelastungen deutlich. Im Falle der textilen Kette reicht das Spektrum u. a. von Beeinträchtigungen von Böden, Grund- und Oberflächengewässern durch den Pestizideinsatz im Baumwollanbau über die Emission von klimawirksamen Gasen wie Kohlendioxid durch den Energieverbrauch bei Produktions- und Transportvorgängen bis zur Belastung von Oberflächengewässern durch Textilveredelungsprozesse. Deutlich wurden auch die Größenordnungen des Verbrauchs an nicht-erneuerbaren Ressourcen und Wasser, der anthropogenen Flächennutzung und des Abfallaufkommens (s. Kap. 4.2).

Kumuliert mit den anderen Beanspruchungen der Umwelt als Quelle von Ressourcen und als Senke für Emissionen und Abfälle ergeben sich in sensiblen Bereichen Gefährdungen der Lebensgrundlagen und der Produktivität der Natur.

Leitbilder einer Stoffpolitik sind auf sehr unterschiedliche Ebenen bezogen. Das Leitbild einer nachhaltig zukunftsverträglichen Entwicklung ist als Reaktion auf globale Umwelt- und Entwicklungsprobleme zu verstehen. Aus der Diskussion konkreter stoffbezogener Umweltprobleme haben sich in den letzten Jahren Leitbilder der Abfallwirtschaft und der Chemiepolitik herausgebildet. Im Zwischenbericht der Enquete-Kommission wurden Bezüge zwischen Stoffpolitik, Entwicklungspolitik und Bevölkerungswachstum beschrieben und es wurde eine Übersicht über Konzepte gegeben, die als unterschiedliche, sich teilweise überschneidende und ergänzende Handlungsansätze zur Operationalisierung des übergeordneten Leitbildes einer nachhaltig zukunftsverträglichen Entwicklung angesehen werden können. Darüber hinaus wurden Ansätze für eine stoffpolitisch begründete technologische Neuorientierung, Kriterien der Sozial- und Ökonomieverträglichkeit und Vorstellungen über eine Neuorientierung der Wertvorstellungen beschrieben (Enquete-Kommission „Schutz des Menschen und der Umwelt", 1993, S. 35–62).

Im Oktober 1993 führte die Enquete-Kommission eine öffentliche Anhörung zum Thema *„Leitbilder einer Stoffpolitik"* durch (KDrs 12/13 a–e). Im vorliegenden Bericht werden die im Zwischenbericht behandelten Themen wieder aufgegriffen und entsprechend den Ergebnissen der Anhörung und der weiteren Diskussionen in der Kommission fortgeführt.

Die Entwicklung von Leitbildern einer Stoffpolitik wird von der Enquete-Kommission als Suchprozeß nach einem allgemeinen Orientierungsrahmen mit einer eher qualitativ gehaltenen Umschreibung seiner Zielelemente bzw. Gestaltungsprinzipien verstanden. Die Verständigung über die Elemente eines solchen Orientierungsrahmens und über Gestaltungsprinzipien erleichtert die Bestimmung von Zielen und die Einigung über Wege zu ihrer Erreichung.

Die Vielschichtigkeit stoffpolitischer Problemstellungen, die neben ökologischen auch immer ökonomische und soziale Aspekte umfassen, macht die inhaltliche Festlegung einer Stoffpolitik zur Aufgabe eines stets neu zu bewältigenden gesellschaftlichen Suchprozesses. Die grundlegenden Regeln des Leitbildes nachhaltig zukunftsverträgliche Entwicklung geben die Richtung für diesen Suchprozeß an (s. Kap. 3.2.3). Dabei gilt es, sich mit zahlreichen Operationalisierungsproblemen auseinanderzusetzen, wie sie im Rat von Sachverständigen für Umweltfragen (SRU) oder im Wissenschaftlichen Beirat der Bundesregierung Globale Umweltveränderungen (WBGU) diskutiert werden.

Die ökologischen Herausforderungen, denen sich eine Stoffpolitik zu stellen hat, stehen in einem engen Zusammenhang mit den Problemen der extremen Ungleichverteilung der Einkommen zwischen Industrieländern und den nicht industrialisierten Ländern (zur Vereinfachung wie üblich im folgenden als Entwicklungsländer bezeichnet) und des globalen Bevölkerungswachstums. Umweltprobleme sind die Folge der ressourcenintensiven Durchflußwirtschaften der hochentwickelten Industrieländer und des armutsbedingten Raubbaues in den Entwicklungsländern. Das Konzept einer nachhaltig zukunftsverträglichen Entwicklung versucht gleichermaßen Antworten auf die entwicklungspolitischen und umweltpolitischen Herausforderungen zu finden und damit ökonomische, ökologische und soziale Ziele im Zusammenhang zu sehen und anzugehen.

Der Rat von Sachverständigen für Umweltfragen verbindet in seinem Umwelt-Gutachten 1994 mit dem Leitbegriff sustainable development dementsprechend die Erkenntnis, „daß ökonomische, ökologische und soziale Entwicklungen notwendig als innere Einheit zu sehen sind." (SRU, 1994, Tz. 1)

Weiter heißt es an gleicher Stelle: „Soziale Not kann einem verantwortungslosen Umgang mit den Ressourcen der Natur ebenso Vorschub leisten wie rücksichtsloses wirtschaftliches Wachstumsdenken. Dauerhafte Entwicklung schließt sonach eine umweltgerechte, an der Tragekapazität der ökologischen Systeme ausgerichtete Koordination der ökonomischen Prozesse ebenso ein wie entsprechende soziale Ausgleichsprozesse zwischen den sich in ihrer Leistungskraft immer weiter auseinanderentwickelnden Volkswirtschaften. Gleichzeitig bedeutet dies eine tiefgreifende Korrektur bisheriger Fortschritts- und Wachstumsvorstellungen, die sich so nicht länger als tragfähig erweisen. Das Schicksal der Menschheit wird davon abhängen, ob es ihr gelingt, sich zu einer Entwicklungsstrategie durchzuringen, die der wechselseitigen Abhängigkeit dieser drei Entwicklungskomponenten – der ökonomischen, der sozialen und der ökologischen – gerecht wird." (SRU, 1994, Tz. 1)

Zur Zeit leben nach Angaben der Weltbank und des United Nations Development Programme (UNDP) über eine Milliarde Menschen mit einem Jahreseinkommen von unter 370 Dollar jährlich (Weltbank, 1990 und 1992; UNDP, 1992) in tiefster Armut. Entsprechend einer Hochrechnung der derzeitigen Entwicklung würde die Weltbevölkerung in den nächsten 30 Jahren um fast vier Milliarden Menschen wachsen. Das ist der größte absolute Zuwachs in der gesamten Menschheitsgeschichte. Das Konzept einer nachhaltig zukunftsverträglichen Entwicklung versucht, Auswege aus einem globalen entwicklungspolitischen Dilemma zu finden. Einerseits wird immer deutlicher, daß der von den Industrieländern bislang beschrittene Weg aus ökologischen Gründen in Zukunft nicht weiterverfolgt werden kann. Andererseits ist es nach wie vor das erklärte Ziel der armen Mehrheit der Weltbevölkerung, eben diesem historischen Entwicklungskurs der heutigen Industrieländer nachzueifern.

Würde dies den Entwicklungs- und Schwellenländern unter Übernahme der in den hochentwickelten Industrieländern pro Kopf und pro Konsumeinheit vorherrschenden Ressourcenverbrauchs-, Emissions- und Abfallmengen gelingen, so wäre dies mit nicht mehr akzeptablen ökologischen Folgen verbunden. Die sehr rasche wirtschaftliche Entwicklung der letzten Jahre etwa in China veranschaulicht, daß die damit verbundenen Probleme rascher auf uns zukommen, als uns das in den industrialisierten Ländern derzeit bewußt ist (Weltbank, 1993). Infolge des Zusammenbrechens von Ökosystemen müßte dann auch mit katastrophalen ökonomischen Folgen gerechnet werden. Dies verschärft das ökologische Problem in zweifacher Weise:

(1) Bevölkerungswachstum und Armut bedingen sich gegenseitig. Die Weltbevölkerung wächst dort, wo große Armut herrscht, schneller, als dies bei erfolgreicher wirtschaftlicher Entwicklung der Fall wäre. Damit verschärfen sich die aus dem Bevölkerungsanstieg resultierenden Umweltprobleme.

(2) Menschen, die ums Überleben kämpfen, verfügen in der Regel über ein geringes Umweltbewußtsein, arbeiten aufgrund von Kapitalmangel zumeist mit unbefriedigenden Umwelttechnologien und sind aus Überlebensgründen vielfach gezwungen, ihre eigenen ökologischen Lebensgrundlagen zu zerstören.

Mit dem Leitbild einer nachhaltig zukunftsverträglichen Entwicklung wird ein Entwicklungskonzept beschrieben, das den durch die bisherige Wirtschafts- und Lebensweise in den Industrieländern verursachten ökologischen Problemen und den Bedürfnissen in den Entwicklungsländern unter Berücksichtigung der Interessen künftiger Generationen gleichermaßen Rechnung trägt.

Um den unterschiedlichen Ausgangsbedingungen in Industrieländern und Entwicklungsländern gerecht zu werden, sind differenzierte Konzepte zu entwickeln. Allgemein sind die vorherrschenden Ressourcenverbrauchs-, Emissions- und Abfallmengen pro Kopf und pro Konsumeinheit zu berücksichtigen. Die Beeinflussung (bedeutet hier nicht nur staatliche Maßnahmen) von Stoffströmen im Sinne einer Verminderung durch geringeren Materialverbrauch bei gleichem Nutzeffekt bzw. einer Orientierung an „Ökodienstleistungen" ist für Industrieländer von übergeordneter Bedeutung.

Der aus der entwicklungspolitischen Diskussion stammende Begriff „sustainable development", der mit der Veröffentlichung des Brundtland-Berichtes 1987 bekannt wurde (Hauff, 1987; WCED, 1987), hat insbesondere in den Beschlüssen und Veröffentlichungen der VN-Konferenz für Umwelt und Entwicklung, die 1992 in Rio stattfand, und im Fünften Umweltaktionsprogramm der Europäischen Gemeinschaft seinen Niederschlag gefunden (UNCED, 1992; BMU, 1992; EG, 1992a). Mehr als 150 Regierungen sowie die Internationale Handelskammer (ICC) haben sich diesem Leitbild verpflichtet.

Heute wird in der Diskussion der Idee einer nachhaltig zukunftsverträglichen Entwicklung neben anderen Kategorien von Kapital vor allem die Erhaltung des „natürlichen Kapitals" betont. Deshalb wird die Sicherung der ökologischen Leistungsfähigkeit bzw. des natürlichen Produktionssystems im Interesse der künftigen Generationen in den Vordergrund gestellt. Die Idee einer nachhaltig zukunftsverträglichen Entwicklung geht bei der Problembeschreibung des Begriffs „natürliches Kapital" somit von den Funktionen aus, die das natürliche System (Ökosphäre) für das wirtschaftliche System (Technosphäre) wahrnimmt (SRU, 1987, Tz. 5, S. 15):

– Die Produktionsfunktionen haben die Versorgung der Gesellschaft mit Produkten und Gütern der natürlichen Umwelt zum Gegenstand, um Elementarbedürfnisse zu erfüllen bzw. natürliche Ressourcen verfügbar zu machen.

– Die Trägerfunktionen bestehen darin, daß die Aktivitäten, Erzeugnisse und Abfälle menschlichen Handelns von der Umwelt aufgenommen und „ertragen" werden müssen.

– Die Informationsfunktionen erfüllen den Fluß oder Austausch von Informationen zwischen Umwelt und Mensch bzw. Gesellschaft sowie anderen Lebewesen. Informationen dienen zur Orientierung und vor allem zur Regelung von Bedürfnisbefriedigungen.

– Die Regelungsfunktionen werden benötigt, um grundsätzlich wichtige Vorgänge des Naturhaushaltes, die durch Mensch oder Gesellschaft

beansprucht oder erwartet werden, im Gleichgewicht zu halten, um die Folgen von Eingriffen aufzufangen oder auszugleichen.
- Ästhetische und Erholungsfunktionen der Natur haben eine große soziale und kulturelle Bedeutung.

Insbesondere die Funktionen der Ressourcenbereitstellung und der Aufnahme von Rückständen werden als nicht ersetzbare Leistungen der Natur angesehen, die die Möglichkeiten menschlichen Wirtschaftens begrenzen können. Um spätere Generationen bezüglich der Umweltqualität und der Versorgung mit natürlichen Ressourcen nicht schlechter zu stellen, soll der natürliche Kapitalstock daher zumindest konstant gehalten werden. Damit ist weniger die mengenmäßige Erhaltung, sondern vor allem die Sicherung der oben angesprochenen Umweltfunktionen gemeint.

Aus der so verstandenen Forderung nach Erhalt des natürlichen Kapitalstocks lassen sich nun auf einer ersten operativen Ebene folgende grundlegende Regeln, auch Managementregeln genannt, für den Umgang mit Stoffen formulieren. Angelehnt an die Formulierungen des Zwischenberichts (Enquete-Kommission „Schutz des Menschen und der Umwelt", 1993, S. 25f.) lauten diese Regeln:

(1) Die Abbaurate erneuerbarer Ressourcen soll deren Regenerationsraten nicht überschreiten. Dies entspricht der Forderung nach Aufrechterhaltung der ökologischen Leistungsfähigkeit, d. h. (mindestens) nach Erhaltung des von den Funktionen her definierten ökologischen Realkapitals.

(2) Nicht-erneuerbare Ressourcen sollen nur in dem Umfang genutzt werden, in dem ein physisch und funktionell gleichwertiger Ersatz in Form erneuerbarer Ressourcen oder höherer Produktivität der erneuerbaren sowie der nicht-erneuerbaren Ressourcen geschaffen wird.

(3) Stoffeinträge in die Umwelt sollen sich an der Belastbarkeit der Umweltmedien orientieren, wobei alle Funktionen zu berücksichtigen sind, nicht zuletzt auch die „stille" und empfindlichere Regelungsfunktion.

In Ergänzung zu diesen bereits im Zwischenbericht formulierten grundlegenden Regeln einer nachhaltig zukunftsverträglichen Entwicklung ist als vierte Regel zu ergänzen:

(4) Das Zeitmaß anthropogener Einträge bzw. Eingriffe in die Umwelt muß im ausgewogenen Verhältnis zum Zeitmaß der für das Reaktionsvermögen der Umwelt relevanten natürlichen Prozesse stehen.

3.2 Operationalisierung des Leitbildes

3.2.1 Allgemeine Fragen

Die grundlegenden Regeln machen die fundamentale Bedeutung des Leitbildes einer nachhaltig zukunftsverträglichen Entwicklung für den Umgang mit Stoffen deutlich. Sie konkretisieren das Leitbild und geben damit Orientierungen für Innovationen und Weiterentwicklungen der Stoffwirtschaft. Der Versuch einer weiteren Operationalisierung und Konkretisierung der grundlegenden Regeln (s. Kap. 3.2.3) bedeutet nicht, daß aus ihnen mit letzter Präzision eindeutige Handlungsanweisungen abgeleitet werden könnten. Vielmehr geben diese Regeln die Richtung der Konkretisierung an und machen deutlich, welche Folgen des Wirtschaftens unter stofflichen Gesichtspunkten beachtet werden müssen, um die Voraussetzungen des Wirtschaftens im Zeitablauf zu erhalten.

Um zu politisch umsetzbaren Konzepten zu gelangen, bedarf es neben der weiteren Operationalisierung der grundlegenden Regeln einer Präzisierung der entwicklungspolitischen Komponente des Leitbildes (s. Kap. 3.2.2) und einer Klärung der ökonomischen, ökologischen und sozialen Ziele sowie ihrer wechselseitigen Beziehungen (s. Kap. 3.3).

Erst im Zusammenhang entwicklungspolitischer Fragen und Problemstellungen sowie der ökonomischen, ökologischen und sozialen Zielsetzungen können die aus dem Leitbild einer nachhaltig zukunftsverträglichen Entwicklung abgeleiteten grundlegenden Regeln zu Handlungsansätzen für eine Stoffpolitik führen.

Stoffpolitik umfaßt die Gesamtheit der Maßnahmen, mit denen Einfluß auf Art und Umfang der Stoffbereitstellung, der Stoffnutzung sowie der Abfallbehandlung und -lagerung genommen wird, um angesichts der Begrenztheit der Ressourcen und der eingeschränkten Belastbarkeit der Umweltmedien die stoffliche Basis der Wirtschaft langfristig zu sichern (s. hierzu näher Kap. 3.4, 6 und 7).

Stoffpolitik hat zu beachten, daß Formen und Ausmaß der Umweltnutzung in enger Wechselbeziehung zu wirtschaftlichen und sozialen Strukturen und Entwicklungen stehen. Strategien für einen ökologischen Strukturwandel müssen die Anpassungsfähigkeit des ökonomischen und des sozialen Systems genau so berücksichtigen wie die begrenzten Umweltnutzungsmöglichkeiten.

3.2.2 Stoffpolitik, Entwicklungspolitik und Bevölkerungswachstum

3.2.2.1 Stoffpolitik und Entwicklung

Im Anschluß an die VN-Konferenz für Umwelt und Entwicklung von 1992 in Rio wurde der Begriff „sustainable development" gleichsam zum übergreifenden Ziel der Entwicklungs- und Umweltpolitik erklärt. Allein an zwölf Stellen der 27 Prinzipien der Rio-Deklaration findet sich dieser Begriff; in der Agenda 21 wird er zur tragenden Leitidee. Versucht man sich an eine Konkretisierung des mit dem Begriff „sustainable development" verbundenen Leitbildes heranzuarbeiten, sollten die beiden zentralen Begriffe „Entwicklung" und „Dauerhaftigkeit" bzw. „Nachhaltigkeit" einer genaueren Betrachtung unterzogen werden. Bereits der Entwicklungsbegriff läßt vielfältige Interpretationen zu. Heute herrscht hier die Auffassung vor, daß er mehr beinhaltet als allein wirtschaftliches Wachstum. Folgt man etwa den Interpretationen namhafter Experten der Entwicklungsländer-Forschung (Pearce et al., 1990), sollte der Entwicklungsbegriff nicht nur

- die Erhöhung des realen Pro-Kopf-Einkommens, sondern auch
- die Verbesserung des Gesundheitszustandes und der Ernährungssituation,
- die Verbesserung des Bildungsstandes,
- den Zugang zu den Ressourcen,
- eine „faire" Einkommensverteilung und
- die Erhöhung der Basis-Freiheiten

umfassen. Nach Ansicht der Enquete-Kommission ist diese Liste noch um die folgenden Punkte zu erweitern:

- Erhöhung des Anteils der Bevölkerung mit Erwerbsarbeit,
- Verbesserung der Situation der Frauen,
- Verbesserung der Situation der Kinder und
- Gestaltung einer Kultur der Menschenfreundlichkeit.

Selbst diese Komponenten sind aber noch sehr unbestimmt und bedürfen einer weiteren Operationalisierung. Solche Operationalisierungsversuche liegen inzwischen vor. Relevant erscheinen vor allem die Arbeiten des „United Nations Development Programme" (UNDP), die sich seit geraumer Zeit intensiver mit dem Begriff des „sustainable development" auseinandersetzen. So wird im neuesten „Human Development Report" (UNDP, 1992) ein bereits im „Human Development Report" 1990 bzw.

1991 (UNDP, 1990 und 1991) vorgeschlagener „Human Development Index" (HDI) weiter entwickelt und noch um einen „Political Freedom Index" (PFI) ergänzt und weltweit berechnet. Diese mit der Forderung nach Gerechtigkeit zwischen den derzeit lebenden Menschen (intragenerative Gerechtigkeit) verbundenen Elemente des Entwicklungsbegriffs werden im Konzept eines „sustainable development" mit der Forderung nach Gerechtigkeit gegenüber künftigen Generationen (intergenerative Gerechtigkeit) verknüpft. Die geforderte Verteilungsgerechtigkeit gegenüber künftigen Generationen kann dahingehend interpretiert werden, daß diesen die gleichen Möglichkeiten wie der gegenwärtigen Menschheit zum Erreichen eines befriedigenden Wohlstandsniveaus zur Verfügung stehen sollen.

Die Enquete-Kommission hat sich in der Anhörung über Leitbilder einer Stoffpolitik und durch die Auswertung der schriftlichen Stellungnahmen (KDrs 12/13 a–e) damit auseinandergesetzt, wie wirtschaftliches Wachstum und die Dauerhaftigkeit sozialer Systeme mit den Erfordernissen einer dauerhaft umweltgerechten Entwicklung vereinbart werden können.

Der „Human Development Index" (HDI) erfaßt nur in sehr unvollkommener Weise die Probleme, die der Menschheit durch die fortdauernde Übernutzung der Umwelt drohen. Es wurde bisher kein Umweltfaktor in den HDI integriert. Weder die Umweltzerstörung als Minderung wirtschaftlicher Potentiale noch der Verbrauch nicht-erneuerbarer Ressourcen als Input-Variable werden erfaßt. Der HDI berücksichtigt das Problem der ausufernden, auf die Dauer nicht tragfähigen Stoffströme weder im weltweiten Maßstab noch auf einzelne Länder oder Regionen bezogen. Indirekt kann der HDI einen Beitrag zu einer nachhaltig zukunftsverträglichen Entwicklung leisten, indem er den Zusammenhang zwischen Pro-Kopf-Einkommen, Lebenserwartung, Bildung, Gesundheitswesen und der durchschnittlichen Kinderzahl aufzeigt und damit auf eine Verringerung von Umweltzerstörungen hinwirken kann, die durch Armut und Bevölkerungswachstum bedingt sind (KDrs 12/13b, UBA, S. 39 f.).

Die Integration von Umweltindikatoren in den HDI erscheint wenig sinnvoll. Es besteht die Gefahr, daß aus dem Entwicklungsbegriff eine äußerst komplexe Größe wird, deren Merkmalsausprägungen von der Kriterienauswahl, deren Gewichtung, der Art der Variablenhomogenisierung sowie der Aggregation abhängig und damit der Manipulation zugängig werden (Klemmer, 1994). Umweltindikatoren sollten daher ergänzend zum HDI entwickelt werden.

Der „Political Freedom Index" (PFI) hat für eine nachhaltig zukunftsverträgliche Entwicklung ebenfalls indirekte Bedeutung, indem er Kriterien für die notwendigen politischen Freiräume für eine nachhaltig zukunftsverträgliche Entwicklung beschreibt (KDrs 12/13b, UBA, S. 40).

Für die Erfordernisse einer auf nachhaltig zukunftsverträgliche Entwicklung ausgerichteten Entwicklungspolitik wären beispielsweise Indikatoren zu entwickeln, die die hohen Verluste berücksichtigen, die Entwicklungsländern durch Wald- und Bodenzerstörung entstehen. Indonesien hat hierdurch zwischen 1971 und 1984 etwa 38 Mrd. US-$, d. h. etwa 9% des BSP verloren (KDrs 12/13b, UBA, S. 40). Insbesondere im Hinblick auf die hochentwickelten Länder müßten auch der Verbrauch nichterneuerbarer Ressourcen erfaßt sowie Maßzahlen hinsichtlich der Wiederverwertung von Produkten entwickelt werden.

Grundsätzlich haben allgemeine Indizes nur einen geringen Informationsgehalt. Sie besitzen lediglich eine relative Aussagekraft und können keine unmittelbare Entscheidungshilfe für die Gestaltung von Maßnahmen im Umweltbereich sein. Besser geeignet sind hierzu spezifische Umweltkennziffern, wie Materialkennzahlen, Energieverbrauch oder „critical loads". Mit ihrer Hilfe läßt sich beispielsweise der Zusammenhang zwischen Wirtschaftswachstum und Ressourcenverbrauch beschreiben.

Hohe Bedeutung kommt den Bemühungen des Statistischen Bundesamtes zu, die traditionelle Volkswirtschaftliche Gesamtrechnung zu einer Umweltökonomischen Gesamtrechnung zu erweitern und zu ergänzen. Hierbei sollen wirtschaftsstatistische Elemente mit Elementen aus Umweltinformationssystemen verbunden werden. Dabei sollen u. a. mittels einzelner Umweltkennzahlen wichtige Umweltveränderungen erfaßt werden, um negative Begleit- und Folgeerscheinungen von wirtschaftlichen Aktivitäten in gesellschaftspolitischen Entscheidungsprozessen angemessen berücksichtigen zu können (KDrs 12/13b, UBA, S. 40; Radermacher, 1993).

3.2.2.2 Länder- und regionsspezifische Differenzierungen

Aufgrund regional unterschiedlicher Präferenzen und spezifischer Problemlagen sind länder- und regionsspezifische Differenzierungen erforderlich. Ungeachtet zahlreicher noch ungeklärter Probleme bei der Operationalisierung des Leitbildes einer nachhaltig zukunftsverträglichen Entwicklung lassen sich in bezug auf ländergruppenspezifische Unterschiede bereits einige erste Aussagen treffen.

Eine gerechte und dauerhafte Entwicklung auf unserem Planeten erscheint nur möglich, wenn die regionalen Unterschiede des Ressourcenverbrauches ein verträgliches Maß nicht überschreiten. Der Status quo, bei dem 20% der Menschheit 80% der Ressourcen verbrauchen, ist sicher nicht zukunftsfähig. Welches Maß des Unterschiedes im Ressourcenverbrauch noch „sustainable" wäre, ist letztlich eine verteilungspolitische Frage (KDrs 12/13a, von Weizsäcker, S. 60).

Für verschiedene Ländergruppen ergeben sich unter Berücksichtigung des unterschiedlichen wirtschaftlichen und technischen Entwicklungsstandes und der unterschiedlichen Ressourcenverfügbarkeit verschiedene stoff- und entwicklungspolitische Schwerpunkte (KDrs 12/13a, Wiemann, S. 38–41):

(1) OECD-Länder: Diesen Ländern kommt bei der Anpassung der Stoffströme an die global-ökologischen Rahmenbedingungen eine Schlüsselrolle zu. Wichtig ist es für sie, insbesondere auf eine Effizienzsteigerung ihres Verbrauchs an Ressourcen zu achten. Dabei ist die gesellschaftliche Akzeptanz für eine Ablösung der Ausrichtung auf materialintensives Wachstum zu fördern. Gleichzeitig kommt der Aufrechterhaltung und Weiterentwicklung einer hohen Technologieentwicklungskapazität eine hohe Bedeutung zu, damit die erhofften technologischen Lösungen für das Einschwenken auf einen nachhaltigen Entwicklungspfad hervorgebracht werden können.

(2) Ehemalige Ostblock-Länder: In diesen Ländern kommt es darauf an, neben dem Systemumbruch mehrere Umweltaufgaben gleichzeitig zu lösen: Die Ablösung von ökologisch verantwortungslosen Industrialisierungsstrategien der Vergangenheit, die Sanierung der Altlasten und die Suche nach nachhaltigen zukunftsverträglichen Wirtschafts- und Lebensstilen. Diese Länder können sich, ebenso wie Schwellen- und Entwicklungsländer, nicht darauf beschränken, den bisherigen Entwicklungsweg der westlichen Industrieländer in Form einer nachholenden Entwicklung zu kopieren.

(3) Newly industrializing countries (NICs): Für diese Länder werden die in den OECD-Ländern gültigen Umweltstandards zunehmende Bedeutung gewinnen. Dies gilt insbesondere für ihre Exporte.

(4) Rohstoffländer, die erneuerbare Rohstoffe exportieren: In diesen Ländern kommt es vor allem darauf an, Formen für eine nachhaltige Bewirtschaftung der Rohstoffe bei verringerter Umweltbelastung zu entwickeln. Dazu sind weltwirtschaftliche Wettbewerbsbedingungen anzustreben, die dazu führen, daß alle Länder und Regionen entsprechend ihren relativen Standortvorteilen ökologisch produzieren und entsprechend austauschen können.

(5) Rohstoffländer, die nicht-erneuerbare Rohstoffe exportieren: In diesen Länder ist neben der Verringerung von Umweltschäden bei der Rohstofförderung die Aufgabe vorrangig, zusammen mit den Verbraucherländern geeignete Formen zu entwickeln, um den Abbau und Verbrauch der nicht-erneuerbaren Ressourcen zeitlich zu strecken, ohne daß den Produzentenländern dadurch unzumutbare Exporterlöseinbußen zugemutet werden (neue Rohstoffabkommen). Außerdem müssen diese Länder aus ihren Exporterlösen geeignete Diversifizierungsprogramme finanzieren, um für den Tag Vorsorge zu treffen, an dem die Ressourcen erschöpft sein werden.

(6) Länder, die dauerhaft auf Nahrungsmittelimporte angewiesen sind, bzw. Länder, die ihre natürlichen Ressourcen übernutzen: In diesen Ländern steht vor allem die Entwicklung alternativer Einkommensquellen und die Ausschöpfung bevölkerungspolitischer Möglichkeiten einer mittel- bis längerfristigen Anpassung der Bevölkerung an die natürliche Tragfähigkeit ihrer Fläche im Vordergrund.

3.2.2.3 Bevölkerungsentwicklung

Für ein Einschwenken auf einen nachhaltig zukunftsverträglichen Entwicklungspfad ist die Bevölkerungsentwicklung eine zentrale Größe. Bedenkt man, daß – bei einer Hochrechnung der derzeitigen Entwicklung – die Weltbevölkerung in den nächsten 30 Jahren auf fast 10 Milliarden Menschen und in 40 Jahren auf möglicherweise 15 Milliarden Menschen wachsen würde, schrumpft der rechnerische Handlungsspielraum der heute lebenden Menschen bei den endlichen Ressourcen stark zusammen. Es stellt sich die Frage, welche bevölkerungspolitischen Ziele und Strategien formuliert und verwirklicht werden müssen, um die Zunahme der Weltbevölkerung in einer Größenordnung zu halten, die mit einer nachhaltigen und zukunftsverträglichen Entwicklung vereinbar ist.

Für das starke und regional sehr ungleichmäßige Bevölkerungswachstum ist eine ganze Reihe von Gründen verantwortlich. Hierzu zählen insbesondere:

– Die steigende Lebenserwartung bzw. der Rückgang der Sterberaten: Die bessere Versorgung mit medizinischen Dienstleistungen hat zu einem allgemeinen Rückgang der Sterberaten, insbesondere der Kindersterblichkeit geführt.

– Die Rentenfunktion der eigenen Nachkommen in Ländern ohne staatliche Altersversorgung:
In armen Ländern ersetzt eine hohe Kinderzahl teilweise noch immer die staatliche Altersversorgung.

- Die gesellschaftliche Stellung der Frauen:
  Mangelhafter Bildungsstand, eine schlechte Gesundheitsversorgung, fehlende körperliche Selbstbestimmung, fehlende berufliche Möglichkeiten und ein fehlender Zugang zu Mitteln der Empfängnisverhütung bei Frauen stehen in direktem Zusammenhang mit hohen Geburtenraten.
- Defizite im Bereich der Familienplanung und der Bevölkerungspolitik:
  Familien werden in den meisten Entwicklungsländern zu wenig über Methoden der Familienplanung aufgeklärt und es fehlt auch an Mitteln hierzu.
- Stagnierende bzw. rückläufige Volkswirtschaften ohne jede Perspektive für den einzelnen:
  Wo kein Weg aus der Armutsfalle herauszuführen scheint, da wird früh geheiratet und bleiben die Geburtenzahlen vergleichsweise hoch.

Ein zentrales Problem der globalen Bevölkerungsentwicklung ist die zeitliche Verzögerung zwischen den positiven und erwünschten Wirkungen verbesserter medizinischer Versorgung, die sich in der Abnahme der Kinder- und Müttersterblichkeit zeigt, und der Abnahme der Kinderzahlen. In vielen Staaten nimmt die Kinderzahl pro Familie derzeit ab. Aufgrund des demographischen Aufbaus, d. h. wegen der vielen Kinder der vorherigen Generation, die jetzt in das heiratsfähige Alter kommen, ist eine starke Steigerung der Bevölkerung in vielen Ländern für die nächsten Jahre noch unvermeidlich. Erst dann ist eine Stabilisierung der Bevölkerungszahl in diesen Ländern möglich.

In der Vergangenheit wurden im wesentlichen zwei ganz unterschiedliche Strategien zur Verringerung des Bevölkerungswachstums verfolgt. Es sind dies die rigide Geburtenkontrolle „von oben" und die – flexiblere und rechtsstaatlichen Maßstäben genügende – Angleichung des demographischen Verhaltens der Entwicklungsländer an die Industrieländer durch die Aufwertung des Individuums, vor allem der Frau. Für die zuerst genannte Strategie steht vor allem die Volksrepublik China, die zweite ist überall dort zu beobachten, wo sich das Pro-Kopf-Einkommen, der Zugang zu Bildung und Ausbildung, das Gesundheitswesen, die Stellung der Frau in der Gesellschaft und der Zugang zu empfängnisverhütenden Mitteln deutlich verbessert haben. In der Grundrichtung wird man sagen können: Je weniger die hochentwickelten Industrieländer dazu bereit sind, ökonomische Entwicklungschancen auch den Armen zuzubilligen, desto rigider werden die Maßnahmen sein müssen, um eine Stabilisierung der Bevölkerung auf einem langfristig tragfähigen Niveau zu erreichen (KDrs 12/13b, UBA, S. 48)

Für eine Bevölkerungspolitik gibt es keine allgemeingültigen Rezepte. Die Entwicklung bevölkerungspolitischer Strategien, die insbesondere auch Gegenstand der Weltgipfelkonferenz zur sozialen Entwicklung (World Summit for Social Development) der VN sein werden, die im März 1995 in Dänemark stattfinden wird, stellt erhebliche und vielfältige Anforderungen, wobei folgende Aspekte besonders berücksichtigt werden sollten (KDrs 12/13a, Leisinger; ders., 1993):

Auf allgemeinpolitischer Ebene:

- Zukunftsperspektiven der Menschen eines Landes
- Gouvernanz (Mit dem Begriff Gouvernanz ist die Hierarchie eines sozialen Systems und seiner Aktivitäten gemeint, die dazu dient, dem System Sicherheit, Wohlstand, Zusammenhalt, Ordnung und Kontinuität zu sichern)
- Übereinstimmung mit den von den Vereinten Nationen verabschiedeten Menschenrechten
- aufgeklärte Zustimmung aller Betroffenen zu bevölkerungspolitischen Maßnahmen

Auf wirtschafts- und entwicklungspolitischer Ebene:

- Verbesserung der weltwirtschaftlichen Rahmenbedingungen für Entwicklungsländer
- Befreiung der Entwicklungsländer von Überschuldung
- eine grundbedürfnisorientierte Entwicklungspolitik
- Steigerung des Pro-Kopf-Einkommens
- Verteilungsgerechtigkeit
- Stärkung der wirtschaftlichen Position der Frauen

Auf sozialpolitischer Ebene:

- Vorhandensein sozialer Sicherungssysteme
- Verfügbarkeit von Gesundheitsdienstleistungen
- Verbesserung der Situation der Frauen, insbesondere bezüglich der Menschenrechte, des Geschlechterverhältnisses, der Bildungschancen, des Abbaus politischer, beruflicher und wirtschaftlicher Diskriminierung sowie der Verbesserung der gesellschaftlichen Stellung

Auf direkt bevölkerungspolitischer Ebene:

– Verfügbarkeit von Mitteln und Methoden der Geburtenkontrolle
– Aufklärung über Gebrauch von Mitteln und Methoden der Geburtenkontrolle
– Offenlegung und öffentliche Diskussion der Notwendigkeit bevölkerungspolitischer Maßnahmen und Partizipation der Betroffenen an Entscheidungsprozessen
– individuelle Entscheidungsfreiheit über die Art der Empfängnisverhütung

Neuere Untersuchungen der Bevölkerungsentwicklung und des demographischen Verhaltens in Entwicklungsländern zeigen, daß dort die Zuwachsrate der Bevölkerung in Folge eines kulturellen Wandels in Verbindung mit einem besseren Zugang zu Verhütungsmitteln zurückgeht, daß also die Erhöhung der Lebensdauer und die Abnahme der Zahl der Kinder sich nach der oben angesprochenen Zeitverzögerung einem Gleichgewicht zubewegt. Dieser Prozeß kann nur durch eigene Anstrengungen in den jeweiligen Ländern vorangebracht werden (Robey et al., 1994). Eine direkte Einmischung der Industrieländer verbietet sich, haben diese doch ihren starken Bevölkerungsanstieg lediglich zeitlich versetzt früher erlebt.

Die Industrieländer können den Prozeß der Stabilisierung der Bevölkerungsentwicklung in den Entwicklungsländern jedoch indirekt unterstützen und in Teilbereichen wirksame Hilfe leisten. Ein ökologischer Kurswechsel der Industrieländer würde die globale Umweltbelastung vermindern und damit den Entwicklungsländern – ohne die Gefahr eines Umkippens ökologischer Systeme zu erhöhen – den „Verschmutzungsspielraum" gewähren, den die Entwicklungsländer brauchen, um das Wirtschaftswachstum realisieren zu können, das sie zur Finanzierung ihrer sozialen Entwicklung brauchen. Und diese wiederum ist Voraussetzung für sinkende Geburtenraten (KDrs 12/13a, Leisinger).

In vielen Entwicklungsländern kann die Nachfrage nach Verhütungsmitteln nur zu einem Teil befriedigt werden, da die Mittel zu ihrer Beschaffung nicht zur Verfügung stehen. Hier können die Industrieländer durch einen vergleichsweise einfachen und kostengünstigen Beitrag die Entwicklungsländer auf dem Weg zu einer nachhaltig zukunftsverträglichen Entwicklung wirksam unterstützen. Für die Bundesrepublik Deutschland ergibt sich aus diesen Ausführungen, daß im Rahmen der Entwicklungspolitik entsprechende familienpolitische Maßnahmen zur Umorientierung in Richtung einer nachhaltig zukunftsverträglichen Entwicklung hohe Priorität zukommt.

3.2.3 Grundlegende Regeln

Das Konzept einer nachhaltig zukunftsverträglichen Entwicklung geht einschließlich der daraus abgeleiteten grundlegenden Regeln von ökonomischen Gesichtspunkten aus. Deutlich wird dies an den Formulierungen „natürliches Kapital" bzw. „natürlicher Kapitalstock" (s. Kap. 3.1). Hinter den grundlegenden Regeln steht die Erkenntnis, daß sich bei ihrer Mißachtung die Bedingungen für das Wirtschaften in der Zukunft verschlechtern werden. Bestimmte Grundlagen des Wirtschaftens können möglicherweise sogar insgesamt zerstört bzw. auf lange Dauer gestört werden. Über den Ressourcenabbau greift der Mensch laufend auf nicht-erneuerbare Rohstoffvorräte zurück, hebt quasi laufend – ohne neu einzuzahlen – vom begrenzten „Sparbuchguthaben" dieser Erde ab, und nutzt erneuerbare Ressourcen oft über ihre Regenerationsfähigkeit hinaus. Über die Abgabe von Emissionen und Abfällen in das Ökosystem wird die begrenzte Deponiekapazität der Erde in Anspruch genommen und vielfach überlastet, was dann zu nicht mehr akzeptablen ökologischen Folgekosten führt (Klemmer, 1994).

Für die Wirtschaftswissenschaften bedeutet die Diskussion um die grundlegenden Regeln des „sustainable-development"-Ansatzes eine Renaissance der Einbeziehung des Faktors Natur in das theoretische Konzept der Produktionsfunktion. Zu Beginn der Nationalökonomie und der klassischen Ökonomie im 18. und 19. Jahrhundert war den Ökonomen die Tatsache noch stärker bewußt, daß das Wirtschaften auch auf natürlichen Ressourcen aufbaut und diese zu einem Engpaßfaktor werden können. Dies geriet jedoch, insbesondere in der sog. Neoklassik, immer stärker in den Hintergrund oder kam dort höchstens noch im Zusammenhang mit dem Produktionsfaktor Boden ins Spiel. Unter längerfristigen Überlegungen wurde dabei zumeist unterstellt, Engpaßeffekte eines Faktors – sei es des Bodens oder des Faktors Arbeit – über den technischen Fortschritt und/oder Substitutionsvorgänge, insbesondere durch den Faktor Realkapital, ausschalten zu können. Demzufolge konzentrierten sich fast alle Überlegungen der Wachstumstheorie auf die Gesetzmäßigkeiten und Implikationen der Realkapitalbildung. Erst im Zusammenhang mit den ökologischen Folgeproblemen öffnete sich der Blick wieder für mögliche natürliche Engpaßeffekte, wobei die ersten globalen Wachstumsmodelle des Club of Rome die endlichen Ressourcen und die neueren Modelle die begrenzte Senkenkapazität der Erde in den Vordergrund stellen. Das Konzept „sustainable development" bietet derzeit im Rahmen der ökonomischen Theoriebildung den übergeordneten Ansatzpunkt, die Funktion der natürlichen Produktivität zu analysieren und wieder in die Theorie einzubeziehen (Biervert/Held, 1994).

In der Öffentlichkeit wird die Diskussion um ein sustainable development jedoch immer noch bevorzugt als primärer Teil einer umweltpolitischen Diskussion, insbesondere als Naturschutzanliegen, aufgefaßt. Um so wichtiger ist es, darauf aufmerksam zu machen, daß hier auch handfeste ökonomische Interessen angesprochen werden, die die ökologischen Voraussetzungen des Wirtschaftens betreffen. Die neuere ökonomische Diskussion kreist daher um die Frage, wie streng die behaupteten Komplementaritätsbeziehungen zwischen dem sog. Öko-Realkapital und dem künstlichen Realkapital sind. Hier haben sich bereits mehrere Denkrichtungen entwickelt, die zwischen harten und weichen Beziehungen unterscheiden. Auf alle Fälle bewegen sich Umweltforschung und Ökonomie wieder stärker aufeinander zu und weisen bereits beachtliche Überlappungsbereiche auf. Insgesamt geht es hierbei um eine Verfeinerung der Nachhaltigkeitsregeln durch Berücksichtigung der Zeitachse sowie aller Funktionen der natürlichen Ressourcen.

Zugleich liegt aber doch auf der Hand, daß mit der Einhaltung der grundlegenden Regeln des „sustainable development" auch wichtige ökologische Schutzziele realisiert werden. Mit anderen Worten: Es gibt einerseits einen erheblichen Überlappungsbereich. Andererseits kann jedoch am Beispiel der ersten, auf erneuerbare Ressourcen bezogenen grundlegenden Regel auch gezeigt werden, daß bei einer zu engen Auslegung des Nachhaltigkeitsbegiffs mit den grundlegenden Regeln allein nicht alle relevanten ökologischen Schutzziele berücksichtigt werden:
- Auch bei einer in bezug auf eine bestimmte Fläche nachhaltigen Nutzung erneuerbarer Ressourcen kann durch eine Überbeanspruchung von Flächen bzw. Lebensräumen insgesamt eine irreversible Schädigung der Umwelt bzw. ihrer Funktionen resultieren, z. B. durch Artenverluste in Folge verlorener Lebensräume.
- Ähnlich kann in bezug auf Nutzungsformen wie Forstplantagen argumentiert werden, die dem Kriterium der Nachhaltigkeit in bezug auf die jährlich zu erzielende Holzernte durchaus genügen können, ohne in der Art der Nutzung und über eine lange Zeitdauer umweltverträglich zu sein.

Die grundlegenden Regeln des sustainable development unterscheiden die Leistungen des natürlichen Systems für das wirtschaftliche System in Ressourcenbereitstellung (input-Seite) – differenziert nach erneuerbaren und nicht-erneuerbaren Ressourcen – und Aufnahme bzw. Assimilation von Stoffeinträgen (output-Seite). Dabei sind als weitere Funktionen die Informationsfunktionen, die Regelungsfunktionen, eine generelle Ökosystemfunktion sowie ästhetische und Erholungsfunktionen mit zu berücksichtigen. Bei dem Versuch einer Operationalisierung der grundlegenden Regeln muß beachtet werden, daß es erhebliche Interdependenzen und Überschneidungen sowohl zwischen input- und output-Seite als auch zwischen erneuerbaren und nicht-erneuerbaren Ressourcen gibt. Nach dem ersten Hauptsatz der Thermodynamik, dem Massen- und Energieerhaltungssatz, kann Materie auf der Erde weder neu erschaffen werden noch verlorengehen. Jede Stoffentnahme aus der Natur ist daher naturgesetzlich an anderer Stelle und zu einem anderen Zeitpunkt mit einem Stoffeintrag verbunden. Die damit verbundene Vermischung stellt nach dem zweiten Hauptsatz der Thermodynamik, dem Entropiesatz, eine ständige Entwertung von Stoffen und Energie durch menschliche Tätigkeit dar. In der Durchflußwirtschaft sind die Übernutzung der Ressourcen und die Überbeanspruchung der Aufnahmefähigkeit der Umweltmedien für Stoffeinträge zwei Seiten der gleichen Medaille. Eine effizientere Nutzung von Ressourcen kann gleichzeitig auch eine Entlastung der Senkenfunktion bedeuten.

Die Unterscheidung zwischen erneuerbaren und nicht-erneuerbaren Ressourcen stellt eine Vereinfachung eines komplexen Sachverhaltes dar. Die Bezeichnung einer Ressource als erneuerbar oder nicht-erneuerbar ergibt sich aus der Relation der Zeitskalen der Neubildung bzw. des Nachwachsens einer Ressource zur Zeitskala der Nutzung einer Ressource. Während die Zeitskala der Nutzung von Ressourcen in den zeitlichen Dimensionen eines Menschenlebens oder weniger Generationen liegt, reicht die Zeitskala der Reproduktion von Ressourcen von der Zeitspanne der Vegetationszyklen bis zu geologischen Zeiträumen. Organische Kohlenstoffverbindungen, die als Rohstoffe oder Energielieferanten nutzbar sind, können aus Elefantengras, Holz, Torf, Braunkohle, Steinkohle oder Erdöl stammen. Die Zeitspanne der (Neu-)Bildung dieser Ressourcen reicht von Monaten über Jahre und Jahrzehnte bis zu Jahrmillionen. Die Frage der Erneuerbarkeit einer Ressource hängt sowohl vom Verhältnis der Regenerationsrate zur Nutzungsrate als auch von der Art der Nutzung ab:

– Erdöl wird auch heute noch durch geochemische Prozesse neu gebildet. Da die Neubildungsrate pro Zeiteinheit jedoch nur etwa den millionsten Teil der in dieser Zeiteinheit verbrauchten Menge ausmacht, der Verbrauch also nahezu ausschließlich zu Lasten der Vorräte geht, zählt das Erdöl praktisch gesehen zu den nicht-erneuerbaren Ressourcen.

– Zu den nicht-erneuerbaren Ressourcen können jedoch auch Ressourcen mit einer sehr viel kürzeren natürlichen Regenerationsrate gehören, wenn die Bedingungen für eine Regeneration durch die Art der Inanspruchnahme zerstört werden. Hierfür ist der Raubbau an den Regenwäldern ein Beispiel.

- Wirtschaftlich nutzbare Lagerstätten abiotischer Ressourcen (Mineralien, Erze etc.) sind in der Regel in geologischen Zeiträumen durch Ausschleusung aus geochemischen Stoffkreisläufen und Aufkonzentrierung entstanden. Werden diese Stoffe durch wirtschaftliche Nutzung verbraucht und in der Umwelt fein verteilt, ist eine erneute Nutzung in vorhersehbarer Zeit nicht mehr möglich. Dieser Verlust an nicht-erneuerbaren Ressourcen kann durch die Erhöhung der Lebensdauer von Produkten und die Wiederverwendung und -verwertung von Produkten und Werkstoffen verlangsamt werden. Er kann jedoch – entsprechend dem zweiten Hauptsatz der Thermodynamik – grundsätzlich nicht verhindert werden. Zusätzlich zu dem Verlust an Nutzbarkeit von Ressourcen ist die durch eine neue Stoffverteilung mögliche ökologische Gefährdung zu berücksichtigen, wie sie z. B. bei Schwermetallen auftreten kann.
- Zu den erneuerbaren Ressourcen zählen überwiegend aber nicht ausschließlich Ressourcen biogenen Ursprungs. Unter den abiotischen Ressourcen ist es vor allem das Wasser, das im ungestörten klimabedingten Kreislauf in ständig regenerierter Form zur Verfügung steht. Wasser kann jedoch auch zur nicht-erneuerbaren Ressource werden, wenn beispielsweise die Neubildung von brauchbarem Grundwasser durch Bodendegradation verhindert wird oder die Nutzungsrate (beispielsweise in Wüstengegenden) erheblich über der Neubildungsrate liegt.

Für die weitere Operationalisierung der grundlegenden Regeln bedarf es aus ökologischer Sicht neben einer weiteren Präzisierung der stoff- und wirkungsbezogenen Kriterien für die Ressourcennutzung und die Inanspruchnahme der Aufnahmekapazität von Umweltmedien vor allem zeit- und raumbezogener Kriterien bzw. Indikatoren (s. Kap. 5).

3.2.3.1 Erste grundlegende Regel: Nutzung erneuerbarer Ressourcen

In diesem Kontext ist die Formulierung der ersten grundlegenden Regel zu verstehen, die lautet:

(1) Die Abbaurate erneuerbarer Ressourcen soll ihre Regenerationsrate nicht überschreiten. Dies entspricht der Forderung nach Aufrechterhaltung der ökologischen Leistungsfähigkeit, d. h. (mindestens) nach Erhaltung des von den Funktionen her definierten ökologischen Realkapitals.

Wie an den oben aufgeführten Beispielen gezeigt werden konnte, ist die Erneuerbarkeit oder Nichterneuerbarkeit von Ressourcen keine feststehende Eigenschaft. Sie hängt vielmehr wesentlich von der Nutzungsintensität und der Nutzungsart ab. Bei dem Versuch einer Operationalisierung der grundlegenden Regel zum Umgang mit erneuerbaren Ressourcen ist daher zusammen mit der Frage zulässiger Nutzungsintensitäten die Frage der Nutzungsart zu beachten. Dabei geht es um die Beachtung der Voraussetzungen der Produktivkraft Natur in ihren raum-zeitlichen Dimensionen. Von besonderer Bedeutung ist für uns Menschen dabei die Art der Nutzung der natürlichen Bodenproduktivität. Dabei sind die Flächenbeanspruchung insgesamt und die Qualität der Beanspruchung pro Flächeneinheit im Zusammenhang zu sehen. Die ökologischen Folgen einer intensiven Bewirtschaftung sind ebenso zu beachten, wie die Probleme, die sich aus einer Übernutzung der insgesamt zur Verfügung stehenden Fläche insbesondere bezüglich der Artenvielfalt ergeben.

Am Beispiel der Forstwirtschaft lassen sich die Anforderungen, die mit der ersten grundlegenden Regel verbunden sind, verdeutlichen. Hier stellt sich zunächst die Frage nach der geeigneten zeitlichen Dimension für die Beurteilung der Nachhaltigkeit der Bewirtschaftung einer Waldfläche. Um die Frage der langfristigen Erhaltung der Bodenfruchtbarkeit berücksichtigen zu können, muß der Betrachtungszeitraum über mehrere Baumgenerationen reichen. Besondes wichtig ist daneben die Beachtung der Stabilität des Produktionssystems Wald. Bereits im vorigen Jahrhundert wurde die steigende Anfälligkeit von jahrgangsgleichen Wirtschaftswäldern mit einer einzigen Baumart problematisiert (Bernhardt, 1875). Die Zunahme von Sturmschäden und Schädlingskatastrophen ist eine Folge der Destabilisierung der Waldökosysteme. Diese Destabilisierung wird heute durch Schadstoffbelastungen wie den atmosphärischen Säureeintrag verstärkt. Eine Forstwirtschaft, die entsprechend der ersten grundlegenden Regel nachhaltig sein soll, muß insbesondere auf die langfristige Stabilität des Ökosystems Wald ausgerichtet sein. Das Beispiel zeigt, daß hier eine nachhaltig zukunftsverträgliche Entwicklung nur durch das Zusammenwirken verschiedener Akteure möglich ist. Der Destabilisierung der Wälder durch Schadstoffeinträge zu begegnen, ist eine primär politische Aufgabe. Die Stabilität der Wälder durch geeignete Maßnahmen bei der Anpflanzung, der Pflege und dem Holzeinschlag zu sichern, ist in erster Linie Aufgabe der Waldbesitzer bzw. -nutzer.

In bezug auf die wichtigste von der Forstwirtschaft produzierte Ressource, das Holz, reicht es nicht aus, auf eine der ersten grundlegenden Regel entsprechende Forstwirtschaft zu achten. Die Verarbeitung und Verwendung von Holz ist mit einem beachtlichen Verbrauch von Energie und Hilfsstoffen (z. B. Holzschutzmittel) verbunden. Für die Beurteilung der Nachhaltigkeit der Nutzung der Ressource Holz ist dieser Energie- und Stoffumsatz auf anderen Stufen der Produktlinie mit zu berücksichtigen, da auf diesen Stufen vielfach nicht-erneuerbare Ressourcen in relevantem Umfang eingesetzt werden und Emissionen auftreten. Da hier auch der Verbrauch nicht-erneuerbarer Ressourcen und Schadstoffeinträge eine Rolle spielen, sind alle grundlegenden Regeln gleichermaßen zu beachten.

Für eine weitere Operationalisierung der ersten grundlegenden Regel sind insbesondere ressourcen-ökonomische Kriterien sowie eine stoff- und wirkungsbezogene, zeitliche und räumliche Spezifizierung der ökologischen Ziele erforderlich (s. Kap. 5).

3.2.3.2 Zweite grundlegende Regel: Nutzung nicht-erneuerbarer Ressourcen

In der Formulierung der zweiten grundlegenden Regel wird die soziale und ökonomische Komponente des Leitbildes besonders deutlich:

(2) Nicht-erneuerbare Ressourcen sollen nur in dem Umfang genutzt werden, in dem ein physisch und funktionell gleichwertiger Ersatz in Form erneuerbarer Ressourcen oder höherer Produktivität der erneuerbaren sowie der nicht-erneuerbaren Ressourcen geschaffen wird.

Hier steht das Ziel der intergenerativen Verteilungsgerechtigkeit im Vordergrund. Akzeptiert man das Ziel der Chancengleichheit, kann man die heutige Nutzung der nicht-erneuerbaren Ressourcen nur rechtfertigen, wenn sie keinen unverzichtbaren Beitrag zum Lebensstandard späterer Generationen leisten. Das kann im Prinzip nur der Fall sein, wenn die Ressourcen

– nicht mehr benötigt werden,
– anderweitig ersetzt werden können oder wenn
– eingetretene Nutzungsschäden rückgängig gemacht werden können.

Dies setzt in der Regel voraus, daß sich ein technischer Handlungsspielraum eröffnet, der eine Entkopplung von Entwicklung bzw. Wachstum und spezifischem Naturverbrauch gestattet.

Die zweite grundlegende Regel ist eine notwendige Ergänzung der ersten grundlegenden Regel. Für Ressourcen, bei denen eine sehr geringe Neubildungsrate einer hohen Verbrauchsrate gegenübersteht, käme die Anwendung der ersten grundlegenden Regel einem Verwendungsverbot nahe. Die großmaßstäbliche Nutzung der fossilen Kohlenstoffdepots (Erdöl, Erdgas, Braun- und Steinkohle) für die Energieerzeugung ist mit der ersten grundlegenden Regel nicht vereinbar und entspricht nicht dem Leitbild einer nachhaltig zukunftsverträglichen Entwicklung. Das gilt im Prinzip trotz der geringeren absoluten Verbrauchsmengen in längerfristiger Perspektive beispielsweise auch für die Nutzung der fossilen Kohlenstoffdepots als Rohstoffe für die synthetische Chemie.

Auf der anderen Seite ist aber ebenso eindeutig, daß ein kurzfristiger Verzicht auf die Nutzung nicht-erneuerbarer Ressourcen Verwerfungen im ökonomischen und sozialen System verursachen würde, die im Widerspruch zu den ökonomischen und sozialen Zielen eines sustainable development ständen.

Die Frage, auf die mit der zweiten grundlegenden Regel eine Antwort gesucht wird, lautet daher: Wie kann der Übergang von der jetzigen Wirtschaftsweise, die in so starkem Maß auf der Nutzung nichterneuerbarer Ressourcen beruht, zu einer Wirtschaftsweise erfolgen, die von der Nutzung dieser endlichen Ressourcen unabhängig ist?

Als ein Beispiel für die Umsetzung der zweiten grundlegenden Regel in die politische Praxis kann die Situation Norwegens hinsichtlich der Nutzung seiner Erdöl- und Erdgasvorräte angesehen werden. Die Erdöl/Erdgasförderung ist derzeit eine wichtige Grundlage der Wirtschaftskraft und der Entwicklungspotentiale in Norwegen. Die wirtschaftlich nutzbaren Vorräte sind nach derzeitigem Kenntnisstand jedoch auf wenige Jahrzehnte begrenzt. Würde die durch das Erdöl/Erdgas gewonnene Wirtschaftskraft überwiegend für konsumtive Zwecke verwendet werden, träte mit Erschöpfung der Erdölvorrate eine kritische Schwächung der Wirtschaftskraft ein. Daher verfolgt die norwegische Regierung die Vorsorgestrategie, einen so großen Teil der Erlöse aus dem Erdöl für den Aufbau von Nutzungsmöglichkeiten erneuerbarer Ressourcen zu verwenden, daß nach der Erschöpfung der Erdöl/Erdgasvorräte auf ähnlich hohem Niveau weitergewirtschaftet werden kann. Diese Strategie der Bildung von Rückstellungen zur Entwicklung erneuerbarer Substitute als Kompensation für die sinkende Nutzbarkeit nicht-erneuerbarer Ressourcen wird auch als „Hartwick-Regel" bezeichnet (KDrs 12/13a, von Weizsäcker, S. 74).

Im Kern geht es bei der Operationalisierung der zweiten grundlegenden Regel darum, die Innovationskraft in eine Richtung zu lenken, daß die Abhängigkeit von nicht-erneuerbaren Ressourcen abnimmt und der Anteil erneuerbarer Ressourcen kontinuierlich zunimmt. Gleichzeitig ist bei allen Einzelmaßnahmen und Innovationen zu beachten, daß Fortschritte im Sinne einer effizienteren Nutzung der Ressourcen für spezifische Zwecke nicht durch ein mengenmäßiges Wachstum insgesamt aufgezehrt werden dürfen. Insgesamt ist eine Entkopplung der wirtschaftlichen Entwicklung von dem Verbrauch nicht-erneuerbarer Ressourcen anzustreben. Dabei reicht eine Verringerung des Zuwachses beim Verbrauch nicht-erneuerbarer Ressourcen, die als erster Schritt erforderlich ist, langfristig nicht aus. Letzlich muß eine Abnahme des absoluten Verbrauchs nicht-erneuerbarer Ressourcen angestrebt werden, wobei auf volkswirtschaftliche Implikationen Rücksicht zu nehmen ist.*)

Das kann sowohl durch eine Substitution von Ressourcen als auch durch weiterreichende Innovationen erfolgen. Die Wirtschaft arbeitet für die Erfüllung menschlicher Bedürfnisse. Diese unterlagen bereits in der Vergangenheit einem großen Wandel, so daß man auch für die Zukunft mit erheblichen Veränderungen rechnen kann. Entscheidend ist dabei, daß die hergestellten Produkte und angebotenen Dienstleistungen die nachgefragten Funktionen erfüllen.

Substitution

Die Substitution z. B. von Werkstoffen kann einen wichtigen Beitrag zu einer nachhaltig zukunftsverträglichen Entwicklung leisten. Bei der Verwendung der Ressourcen kommt es nicht auf die einzelne Ressource an, sondern auf die Gesamtheit der Ressourcen. Zur Erstellung eines Produktes gibt es in der Regel viele Verfahren, und es können unterschiedliche Werkstoffe eingesetzt werden. In der Vergangenheit wurden häufig für einen bestimmten Zweck eingesetzte Werkstoffe durch andere ersetzt. Beispielsweise wurden früher die Beschläge beim Auto überwiegend aus Zinkdruckguß hergestellt. Dann kam Aluminium hinzu und heute wird überwiegend Kunststoff für diesen Verwendungszweck eingesetzt.

Die Gründe für die Substitution von Werkstoffen waren entweder die Kosten des Rohstoffes, die Kosten seiner Verarbeitung bis zum Produkt,

---

*) *Sondervotum von Prof. Dr. Paul Klemmer:*

„Ich vermag mich dieser Schlußfolgerung, die sich auf die Gesamtheit aller nicht erneuerbaren Ressourcen bezieht, nicht anzuschließen. Sie stellt letztlich ein Minimierungsanliegen unter Berücksichtigung einer ökonomischen Nebenbedingung dar, die nicht von der Wirkungsseite (ökologische Folgekosten) begründet wird und die Materialintensität der volkswirtschaftlichen Produktion zur entscheidenden Zielvariable erklärt. Nach meiner Ansicht lassen sich das Umweltschutzanliegen und die Nebenbedingung ‚volkswirtschaftliche Implikation' nicht in wenigen Indikatoren zum Ausdruck bringen."

die technischen Möglichkeiten der Verarbeitung oder die bessere Funktionserfüllung für den jeweiligen Anwendungsfall. Heute kommen die in den grundlegenden Regeln formulierten Anforderungen hinzu. Sie machen es erforderlich, den Energie- und Ressourcenverbrauch, die Recycling- bzw. Demontagefähigkeit sowie Schadstoffemissionen bei der Werkstoffwahl frühzeitig zu bedenken.

Innovation

Über die Möglichkeit der Substitution verschiedener Werkstoffe zur Erfüllung der gleichen Funktion hinaus, ist vor allem die Fähigkeit zur Entwicklung neuer Werkstoffe, Verfahren und Produkte durch die Entfaltung des menschlichen Erfindungsreichtums zu betonen. Zur Verwirklichung des Leitbildes einer nachhaltig zukunftsverträglichen Entwicklung sind unter dem Aspekt der zweiten grundlegenden Regel insbesondere zwei Richtungen für Innovationen zu betonen:

– Innovationen, die eine Effizienzsteigerung bei der Nutzung nichterneuerbarer Ressourcen bewirken. Damit kann mehr Zeit für den Übergang zu erneuerbaren Ressourcen gewonnen werden. Hierzu gehören auch verbesserte Methoden der Exploration und der Nutzung von Lagerstätten.

– Innovationen, die eine Effizienzsteigerung bei der Nutzung erneuerbarer Ressourcen im Sinne der ersten grundlegenden Regel bewirken. Die Nutzung erneuerbarer Ressourcen kann so kostengünstiger gestaltet und systematisch ausgebaut werden und damit zur Schonung nicht-erneuerbarer Ressourcen beitragen.

Die Nutzung der Innovationsfähigkeit ist der geeignetste Weg zur Verwirklichung des Leibildes einer nachhaltig zukunftsverträglichen Entwicklung. Damit kann die Verwendung von bestimmten Ressourcen technisch und ökonomisch unnötig gemacht werden und eine Verminderung des Ressourcenverbrauchs insgesamt erreicht werden. Strukturveränderungen sind durch eine Innovationsoffensive zu bewältigen. Es wird die Aufgabe sein, hierfür die nötige Motivation zu schaffen und den geeigneten Rahmen dafür zu setzen. Die Ausschöpfung der innovativen Potentiale einer Gesellschaft kann nur erfolgen, wenn verschiedene soziale und ökonomische Bedingungen erfüllt sind. Dazu gehören unter anderem eine freiheitliche Gesellschaftsordnung, ein hoher Bildungsstand, ein ausreichendes Finanz- und Anlagenkapital und eine hohe gesellschaftliche Akzeptanz.

Die zweite grundlegende Regel macht deutlich, daß Innovationen und damit das kreative Erweitern des Möglichkeitsraumes einen zentralen

Stellenwert im Konzept einer nachhaltig zukunftsverträglichen Entwicklung einnehmen. Gleichzeitig machen die grundlegenden Regeln deutlich, daß nicht jede Innovation einen Fortschritt im Sinne des Leitbildes bedeutet. Die grundlegenden Regeln geben eine Orientierung für innovationsorientierte Handlungsansätze einer Stoffpolitik an (s. Kap. 3.4).

3.2.3.3 Dritte grundlegende Regel: Inanspruchnahme der Aufnahmekapazität der Umwelt

In den letzten Jahren hat sich immer deutlicher herausgestellt, daß die natürlichen Grundlagen des Wirtschaftens durch die Überbeanspruchung der Aufnahmekapazität der Umwelt für anthropogene Stoffeinträge schneller und stärker gefährdet werden, als durch die Erschöpfung nicht-erneuerbarer Ressourcen. Im Bereich der Senken scheint die Grenze der Belastbarkeit des natürlichen Produktionssystems früher erreicht zu sein als durch die Verknappung der Ressourcen. Die Beachtung der dritten grundlegenden Regel ist daher als eine besonders vordringliche Bedingung für die Verwirklichung einer nachhaltig zukunftsverträglichen Entwicklung anzusehen. Innovationen müssen sich insbesondere an dieser Regel orientieren:

(3) Stoffeinträge in die Umwelt sollen sich an der Belastbarkeit der Umweltmedien orientieren, wobei alle Funktionen zu berücksichtigen sind, nicht zuletzt auch die „stille" und empfindlichere Regelungsfunktion.

In der Anhörung der Enquete-Kommission zum Thema „Leitbilder einer Stoffpolitik" hat das Umweltbundesamt Kriterien zur Operationalisierung dieser grundlegenden Regel vorgestellt (KDrs 12/13b, UBA, S. 49):

„Bei Kriterien für die Aufnahmefähigkeit von Rückständen kann es sich um kritische Schwellenwerte für bestimmte, in das betrachtete Ökosystem eingebrachte Schadstoffe handeln. Ein Beispiel, das die Festlegung solcher Kriterien beinhaltet, ist das critical loads-Konzept, das in die ‚UN ECE Convention on Long-Range Transboundary Air Pollution' eingebunden ist. Laut Definition sind critical loads diejenigen Eintragsraten von Schadstoffen, z. B. von Verbrennungsrückständen wie Schwefel- und Stickstoffverbindungen, die nach dem aktuellen Stand der wissenschaftlichen Erkenntnis keine signifikanten Schädigungen bei dem gewählten Rezeptor bewirken (Gregor, 1993). Die Rezeptoren können z. B. Wälder (Waldböden), Gewässer oder Grundwasser sein, die als natürliche Produktionsgrundlagen (z. B. Holz, Fische, Trinkwasser) oder zum ‚direkten' Konsum (z. B. Erholung) erhalten werden sollen.

Bei den Kriterien, die im Rahmen des critical loads-Konzeptes festgelegt werden, um die Belastungsgrenzen der Rezeptoren zu ermitteln, handelt es sich einmal um chemisch-physikalische Parameter: Ist der Rezeptor ein Waldökosystem, können Schädigungen, die die genannten Funktionen gefährden, dann auftreten, wenn bestimmte chemisch-physikalische Werte in der Bodenlösung über- bzw. unterschritten werden. Solche Parameter sind z. B. der pH-Wert oder die Konzentration toxischer Aluminium-Ionen, die bei einer Versauerung des Bodens freigesetzt werden. Zur Ermittlung z. B. der critical loads für die Gesamtsäurebelastung wird eine einfache Massenbilanz (simple mass balance) der wichtigsten säureproduzierenden und säureverbrauchenden Prozesse im Ökosystem aufgestellt. Um die deponierten Säureeinträge (besonders über Schwefel- und Stickstoffverbindungen) der Pufferfähigkeit eines Bodens bzw. Ökosystems gegenüberstellen zu können, wird die eingetragene Stoffmenge oft nicht in Kilogramm, sondern in Säureäquivalenten angegeben. Für die jeweiligen critical loads wird dann dieselbe Einheit verwendet. Bei der Ermittlung von critical loads nur für Stickstoff werden (auch) empirische Kriterien herangezogen. Ein Beispiel sind Vegetationsveränderungen in einer durch anthropogene Einflüsse entstandenen Heide, die in ihrem Ist-Zustand erhalten werden soll (Ästhetik, Erholung).

In gleicher Weise wie kritische Depositionsraten (critical loads) lassen sich Schwellenwerte für gasförmige Schadstoffe (critical levels) ermitteln. Bei ihnen wird die Konzentration des betreffenden Gases als Masse pro Volumen Luft angegeben."

Stoffbezogene Indikatoren wie critical loads oder critical levels müssen durch weitere Indikatoren ergänzt werden. Hierzu gehören raum- und flächenbezogene Kriterien wie „ecological footprints" oder „kritische strukturelle Veränderungen" (SRU, 1994, Tz. 183; s. auch Kap. 5).

Die dritte grundlegende Regel betrifft auch die Inanspruchnahme von Deponieflächen. Deponien sollen in Zukunft so gestaltet werden, daß sie keine neuen Altlasten für künftige Generationen werden können. Abzulagernde Abfälle müssen daher bestimmte Qualitätskriterien erfüllen, inertisiert werden oder wieder rückholbar eingelagert werden (Baccini, 1993).

3.2.3.4 Vierte grundlegende Regel: Beachtung der Zeitmaße

Mit der vierten Regel werden die Zeitmaße anthropogener Eingriffe und natürlicher reaktiver Prozesse verknüpft:

(4) Das Zeitmaß anthropogener Einträge bzw. Eingriffe in die Umwelt muß im ausgewogenen Verhältnis zum Zeitmaß der für das Reaktionsvermögen der Umwelt relevanten natürlichen Prozesse stehen.

Entscheidende Voraussetzung dieser Betrachtungsweise ist die Tatsache, daß die in der biotischen und abiotischen Natur ablaufenden Prozesse eine Gliederung in jeweils typische und diskrete Zeitskalen vom Sekundenbereich bis hinein in Zeiträume von Jahrhunderten oder Jahrtausenden gestatten.

Weiterhin gilt die Feststellung, daß die Umwelt nicht als statisches System in einem permanenten, stationären Gleichgewicht betrachtet werden darf. Sowohl bei allen abiotischen als auch biotischen Prozessen befinden wir uns überwiegend in einem quasi reversiblen Fließgleichgewichtszustand, dem eine zeitlich gerichtete Evolution als irreversibler Prozeß überlagert ist. Da auch das menschliche Handeln im Umgang mit Stoffströmen naturgemäß einen dynamischen Prozeß mit eindeutig definierbaren Zeitkonstanten darstellt, ist es im Sinne einer nachhaltig zukunftsverträglichen Entwicklung bei heutiger Betrachtung nahezu trivial, die Anpassung oder „Fehlpassung" anthropogener und natürlicher Prozesse in den Blick zu nehmen. Hier wäre der Einwand denkbar, daß dieser Aspekt bereits in den ersten drei grundlegenden Regeln implizit enthalten sei. Dem ist entgegenzuhalten, daß vor allem die praktische Umweltpolitik und -gesetzgebung noch stark an statischen Grenzwertmodellen orientiert sind und die Orientierung am Zeitverhalten in der hier beschriebenen prinzipiellen Bedeutung noch nicht aufgegriffen haben.

Es ist die Auffassung der Enquete-Kommission, daß keine der vier Regeln sich scharf von den anderen abgrenzen läßt und daß in jeder Regel ein spezifischer Aspekt im Hinblick auf das Systemverständnis und als Verhaltensgebot beim Umgang mit Stoffströmen in den Vordergrund rückt. Die Frage, wie weit diese ökologische Betrachtungsweise auf die ökonomischen und sozialen Zielbereiche in Analogie Anwendung finden kann und ob es sich auch bei der vierten Regel um ein alle drei Zielbereiche betreffendes Handlungsgebot handelt, ist damit noch nicht beantwortet und bedarf einer weitergehenden Analyse (s. Kap. 5.3.1.2 und 5.3.1.3).

3.3 Soziale, ökonomische und ökologische Ziele als tragende Säulen des Leitbildes einer nachhaltig zukunftsverträglichen Entwicklung

Die Menschheit steht an einer Wegscheide. Es wird immer klarer, daß die verfügbaren Umweltressourcen, vor allem die Aufnahmekapazitäten der Umwelt, begrenzt sind, was die Möglichkeit ihrer Nutzung durch uns dramatisch einschränkt. Wechselwirkungen zu wirtschaftlichen und sozialen Krisenerscheinungen werden deutlich. Aus dieser existentiell bedrohlichen Situation gibt es nur dann einen wirklichen Ausweg, wenn Ökonomie, Ökologie und sozialer Ausgleich als Einheit begriffen werden, wenn politisches wie wirtschaftliches Handeln künftig alle drei Aspekte gleichermaßen ins Kalkül einbezieht, statt sie gegeneinander auszuspielen. Um die wechselseitigen Beziehungen zwischen ökologischer, sozialer und ökonomischer Dimension anschaulich darzustellen, schlägt Dierkes vor, den aus der Stabilitätspolitik bekannten Begriff des „magischen Dreiecks" zu verwenden (Dierkes, 1985). Im magischen Dreieck einer nachhaltig zukunftsverträglichen Entwicklung stehen sich wirtschaftliche, soziale und ökologische Ziele gegenüber. Auch Umweltpolitik gehört in diese ganzheitliche Konzeption. Sie darf mithin nicht länger auf die Durchführung dringendster Reparaturarbeiten beschränkt bleiben. Sie muß vielmehr im Interesse der Funktionsfähigkeit des Ganzen mit ins Zentrum der Gesellschaftsordnung gerückt und zum integralen Bestandteil der Wirtschaft gemacht werden. Dazu müssen sich ökologisch bedingte Knappheiten auf Märkten artikulieren können: Die Wirtschaft muß lernen, mit der Umwelt zu rechnen. Die soziale Marktwirtschaft ist zur ökologisch sozialen Marktwirtschaft fortzuentwickeln.

Das Leitbild einer nachhaltig zukunftsverträglichen Entwicklung zielt darauf ab, die Natur als Produktivkraft und Lebensgrundlage einschließlich ihres kulturellen, ästhetischen und Erholungswertes zu erhalten und damit eine wichtige Voraussetzung für eine stabile wirtschaftliche und soziale Entwicklung zu sichern. Es verlangt nach längerfristiger Absicherung der ökonomischen und sozialen Entwicklungschancen sowie nach Verteilungsgerechtigkeit, sowohl was die heute lebenden Menschen als auch was künftige Generationen angeht. In den grundlegenden Regeln werden Ziele angesprochen, die sich auf eine nachhaltige Ressourcennutzung und darauf richten, die vorhandenen Senken nicht zu überlasten. Das kann nur erreicht werden, wenn sich die Umweltpolitik gleichzeitig am Ziel einer ökonomisch und sozial nachhaltigen Entwicklung orientiert. Damit eine Entwicklung nachhaltig zukunftsverträglich sein kann, muß sie also gleichzeitig ökologische, ökonomische und soziale Ziele gleichermaßen berücksichtigen.

Die Konturen einer Umwelt- und Stoffpolitik, die am Leitbild einer nachhaltig zukunftsverträglichen Entwicklung ausgerichtet ist, bilden sich allmählich heraus. Es zeichnet sich ab, daß diese Politik weitreichende Änderungen der Art des Wirtschaftens mit sich bringen wird. Betrachtet man zum Beispiel Abschnitt 2 der Klimakonvention von Rio und vergleicht sie mit den Rechnungen der Enquete-Kommission „Schutz der Erdatmosphäre", so muß der Einsatz fossiler Energieträger bis zum Jahr 2050 weltweit um ca. 50% und in den Industrieländern um ca. 80% zurückgefahren werden (Enquete-Kommission „Schutz der Erdatmosphäre", 1992, S. 177). Dies wird nicht ohne drastisch steigende Energiepreise möglich sein, was wiederum erhebliche sektorale und regionale Strukturänderungen mit sich bringt. Diese können mit schweren Anpassungskrisen verbunden sein, in deren Verlauf es zu Arbeitslosigkeit und Einkommensverlusten kommen kann. Aber die Fähigkeit einer Gesellschaft, notwendige und schmerzhafte Anpassungsprozesse zu bewältigen, ist begrenzt. Es kann nicht ohne weiteres vorausgesetzt werden, daß die an sich notwendigen Schritte immer gesellschaftlich akzeptiert werden, zumal wenn sich der Verteilungsspielraum verringert.

Nachhaltig zukunftsverträgliches Wirtschaften verlangt also auch eine erhöhte Anpassungsbereitschaft der Bevölkerung und Wirtschaft. Solche Anpassungsbereitschaft ist aber angesichts von Verteilungs- und Arbeitsmarktkonflikten begrenzt. Hierin könnte sogar ein größeres Problem künftiger Entwicklung liegen als in der ökologischen und ökonomischen Anpassungsfähigkeit. Daher muß die Sozialverträglichkeit der künftigen Wirtschaftsentwicklung stets mitberücksichtigt werden. Diese hängt aber stark von der Lernfähigkeit eines Systems und damit von der Vermittlung der Sinnhaftigkeit umweltpolitischen Handelns ab.

3.3.1 Ökologische Ziele

Die ökologischen Ziele einer Stoffpolitik müssen sich insbesondere auf solche Umweltprobleme hin orientieren, die trotz hoher Regelungsdichte und nachweislicher Einzelerfolge neue bedrohliche Dimensionen angenommen haben. Zu diesen Umweltproblemen neuer bedrohlicher Dimension gehören etwa die Gefährdung der menschlichen Gesundheit, der Treibhauseffekt, die Ausdünnung der Ozonschicht, Versauerung, Photosmog, Meeresverschmutzung, Bodendegradation, Arten- und Biotopschwund sowie die wachsenden Abfallmengen. Der anthropogene Anteil an natürlichen Stoffkreisläufen wie dem Kohlenstoffkreislauf oder den Nährstoffkreisläufen nimmt ebenso besorgniserregend zu wie der Eintrag an Schadstoffen in die Umwelt.

Die Gesellschaft hat bislang auf viele ökologische Folgen von Produktion und Verbrauch zu wenig Rücksicht genommen. Erst allmählich wird der Blick dafür frei, daß die Erde ein Raumschiff ist: Materie läßt sich in nennenswertem Ausmaß weder von außen in das Raumschiff hereinbringen noch von innen aus ihm hinausschaffen. Dieser stofflichen Seite des Wirtschaftens läßt sich nicht länger ausweichen.

Bei der Sicherung der natürlichen Lebensgrundlagen sind landwirtschaftliche und industrielle Produktionsprozesse in Verbindung mit dem menschlichen Konsumverhalten von entscheidender Bedeutung. Angesichts des hohen Stoffumsatzes müssen im Rahmen der Industrieproduktion auch die Produkte selbst berücksichtigt werden. Die produktinduzierten Stoffströme (einschließlich der Produkte) müssen auf ihre ökologischen Auswirkungen hin beurteilt werden. Es sei allerdings daran erinnert, daß auch andere Aspekte für die ökologische Gesamtsituation von großer Bedeutung sind, die von der Stoffstromproblematik im engeren Sinne allenfalls indirekt tangiert werden.

Hierzu gehören u. a.

- intensive Flächennutzung und Zersiedelung,
- die Ausdehnung arider Böden (Wüstenbildung) und zunehmende Bodenverluste durch Erosion und Windverwehung,
- eine alarmierende Verknappung geeigneter Rohwasserressourcen für Trinkwasser,
- progressive Entforstung und Brandrodung,
- massiver Artenverlust von Fauna und Flora und
- Lärm.

Diese für die Gesamtbeurteilung der Biosphäre wichtigen Aspekte sind selbst nicht Gegenstand der Stoffstrombetrachtung – es sei denn, daß sie bei der Gewinnung von Rohstoffen oder von Vorprodukten direkt oder indirekt berührt werden.

Unter dem Gesichtspunkt der ökologischen Zukunftsfähigkeit unseres Wirtschaftens sind insbesondere zu beachten: die Ressourcenschonung, der verantwortbare Umgang mit globalen und lokalen Senken, aber auch die räumliche Verteilung von Stoffen in der Umwelt und die möglichen ökotoxikologischen Wirkungen.

Um für die Verwirklichung ökologischer Ziele im Rahmen des Stoffstrommanagements verbindliche Leitlinien zu erhalten, sollten Umweltziele auf verschiedenen Ebenen festgelegt werden. Dazu gehört neben der

Entwicklung globaler vor allem die Formulierung nationaler Umweltziele, wie sie beispielsweise in den Niederlanden im National Environmental Policy Plan von 1989 festgelegt worden sind. Solche Umweltziele müssen mit realistischen Zeithorizonten ausgestattet werden. Die nationalen sind durch regionale Umweltziele zu ergänzen, weil die regional unterschiedlichen Nutzungs- und Belastungsintensitäten der Umweltpotentiale angemessen berücksichtigt werden sollten.

Da Grenzen der ökologischen Belastbarkeit der Umwelt derzeit nur in begrenztem Umfang und nur für einzelne Teilbereiche und Schutzziele bestimmt werden können, ist eine Hierarchisierung von Umweltzielen auf der politischen Ebene nur in wenigen Fällen möglich (s. Kap. 5). Es gibt keine Meßgrößen, die die Qualitäten von Wasser, Boden, Luft in einem einheitlichen Indikator angeben und damit vergleichbar machen. Es gibt nur Indikatorsysteme, mit deren Hilfe konkrete stoff- und medienbezogene Umweltqualitätsziele auf Bundes-, Landes- und kommunaler Ebene formuliert werden können. Dabei kann nicht wissenschaftlich entschieden werden, was optimale Zustände einer Umweltqualität sind. Vielmehr müssen Gesellschaft und Parteien bereit sein, in demokratischen und notfalls auch konflikterfüllten Verfahren einen Konsens über die jeweils anzustrebende Umweltqualität und die daraus abzuleitenden Standards zu suchen (SRU, 1987).

Für diese Konsensfindung ist die Beteiligung von Behörden, Wissenschaft und Industrie, von Gewerkschaften sowie Verbraucher- und Umweltverbänden sinnvoll. Ohne grundlegendes Einvernehmen darüber, welche Zielvorgaben und Bewertungskriterien zugrundegelegt werden sollen, wird eine konsensfähige Abschätzung der Chancen und möglichen Risiken wirtschaftlich induzierter Stoffströme kaum möglich sein. Entscheidungen müssen auf parlamentarischer Ebene getroffen werden.

Die Abwägung ökologischer Ziele im Rahmen des Stoffstrommanagements sollte problemorientiert und im Zusammenhang mit der Abwägung ökonomischer und sozialer Ziele erfolgen.

(Zu den ökologischen Schutz- und Gestaltungszielen sowie den daraus abgeleiteten Bewertungskriterien s. ausführlicher Kap. 5)

3.3.2 Ökonomische Ziele

Eine am Leitbild der nachhaltig zukunftsverträglichen Entwicklung orientierte Stoffpolitik hat den Erhalt des ökologischen Kapitals zum Gegenstand und ist deshalb per se ökonomischer Natur. Sie verfolgt also nicht zuletzt auch ökonomische Ziele. Diese können jedoch in einem problematischen Spannungsverhältnis zu anderen ökonomischen Zielen stehen.

Einerseits kann Umweltpolitik langfristig unmittelbar positive wirtschaftliche Wirkungen ausüben; die Internalisierung externer Kosten ist volkswirtschaftlich erstrebenswert. Zudem ist erfolgreicher Umweltschutz teilweise auch zu einem wichtigen Standortfaktor geworden. Er bietet Unternehmen, die rechtzeitig umweltschonende Technologien und Produkte entwickelt haben, neue Absatzchancen und verbessert die Akzeptanz von Standorten, während umweltbelastete Regionen von den Unternehmen mehr und mehr gemieden werden.

Andererseits kann Umweltschutz ein Kostenfaktor sein und insoweit die internationale Konkurrenzfähigkeit von Unternehmen schwächen. Die ökologisch gesehen dringend nötige Verschärfung der ökologischen Rahmenbedingungen des Wirtschaftens bringt zudem beträchtliche sektorale und regionale Strukturänderungen mit sich, die mit einschneidenden Anpassungsprozessen verbunden sein können.

Das Verhältnis von Ökonomie und Ökologie ist also von gegensätzlichen Aspekten geprägt. In das Stoffstrommanagement müssen deshalb auch ökonomische Ziele so einbezogen werden, daß die Anpassungsfähigkeit der Wirtschaft und ihre Bereitschaft zur Anpassung an neue ökologische Rahmenbedingungen gestärkt werden.

Die Integration ökonomischer Ziele in das Stoffstrommanagement könnte auf mehrfache Weise erfolgen. Zunächst könnte man die wirtschaftliche Vertretbarkeit ökologisch motivierter Restriktionen als Nutzen-Kosten-Verhältnis interpretieren und auf diese Weise nach der ökonomischen Rechtfertigung solcher Restriktionen fragen. In diesem Sinne wirtschaftlich vertretbar wären Eingriffe dann, wenn der ökonomische Nutzen einer ökologisch motivierten Restriktion die Kosten deutlich übersteigt.

Eine zweite Art, die Rückwirkungen ökologischer Restriktionen auf die Umwelt zu erfassen, besteht darin, die „Schattenpreise" solcher Restriktionen zu ermitteln. Das sind – in Geld gerechnet – diejenigen Wohlfahrtsverluste, die sich aus einer marginalen Verschärfung der ökologischen Rahmenwerte ergeben. Zu einer solchen Verschärfung kommt es, wenn knappe Umweltressourcen durch individuelle Nutzung anderen potentiellen Nutzern entzogen werden. In funktionierenden Märkten treten Schattenpreise in Form von Marktpreisen in Erscheinung. Dies bewirkt, daß der individuelle Nutzer knapper Ressourcen in Form von Preisen mit seiner wirtschaftlichen Verantwortung konfrontiert wird.

Für Umweltressourcen, die als öffentliche Güter auf dem Markt keine (oder viel zu niedrige) Marktpreise erzielen, gilt dies in der Regel nicht. Die Folge ist „kollektive Selbstschädigung" durch wirtschaftlich unverantwortliches Handeln – und damit Umweltzerstörung. Zur Behebung werden in der Literatur ökonomische Instrumente wie beispielsweise übertragbare Umweltnutzungsrechte („Lizenzen" bzw. „Zertifikate") diskutiert, die auf dem Markt Preise erzielen würden. Solche Preise wären die Schattenpreise ökologischer Restriktionen.

Längerfristig von größter Bedeutung ist die Anpassungsfähigkeit der Wirtschaft. Diese ist ein komplexes Großsystem im kybernetischen Sinne und ökologischen Systemen insoweit ähnlich, als sie sich durch beachtliche Interdependenzen und durch Schockabsorptionsfähigkeit auszeichnet. Im Falle der Überlastung tendiert sie zu einer Überreaktion (Kollapseffekt). Die Anpassungsfähigkeit eines dezentral operierenden marktwirtschaftlichen Systems erscheint vor allem dann gewährleistet, wenn

- die politischen Rahmenbedingungen kalkulierbar bleiben, und damit eine Verläßlichkeit für wirtschaftliche Entscheidungen gewährleistet ist,
- der unternehmerische Handlungsspielraum gewahrt bleibt, d. h. nicht nur mit direkten Vorschriften gearbeitet wird, sondern eher mit Hilfe von Rahmenbedingungen, welche die individuelle Anpassung den Unternehmen selbst überlassen und klare wirtschaftliche Anreize in Richtung auf ein umweltschonendes Wirtschaften geben,
- bei der Geschwindigkeit des angestrebten ökologischen Strukturwandels die begrenzte Anpassungskapazität von Wirtschaft, privaten Haushalten und Staat berücksichtigt wird,
- die Umweltpolitik durch die verbindliche Festlegung von langfristigen ökologischen Zielvorgaben und Stufenplänen bezüglich des Instrumenteneinsatzes kalkulierbar ist, um Fehlallokationen und Investitionsrisiken zu vermeiden und
- betriebliche Innovationsprozesse im Rahmen eines Strukturwandels nicht über Gebühr durch bürokratische Barrieren blockiert werden.

Besonders hervorzuheben ist die Notwendigkeit, eine gravierende Verzerrung internationaler Wettbewerbsprozesse dadurch zu verhindern, daß die Umweltpolitik international harmonisiert wird und Abwehrmaßnahmen dort zu ergreifen, wo es zu Umweltdumping kommt.

Das Problem des Einflusses von Umweltschutzmaßnahmen auf den internationalen Handel wurde im eigentlichen Vertragstext der am 15. April 1994 verabschiedeten Uruguay-Runde des Allgemeinen Zoll-

und Handelsabkommens (GATT) nicht behandelt. In der Erklärung zum Vertragsabschluß wurde jedoch festgehalten, daß die GATT-Arbeitsgruppe für Umweltfragen (Committee on Trade and Environment), die 1992 ihre Tätigkeit aufnahm, in den laufenden Verhandlungen für die Ausgestaltung der neuen Welthandelsorganisation (WTO) zum ersten mal die Möglichkeit erhalten soll, Umweltfragen im internationalen Handel Bedeutung zu verleihen. Der Verzicht auf Umweltschutzmaßnahmen in einem Land ist bis jetzt nie als Subvention im Sinne des Artikel XVI GATT angesehen worden.

Für deutsche Unternehmen hat sich die in manchen Bereichen eingenommene Vorreiterrolle im Umweltschutz bezahlt gemacht. Mit einem Ausfuhrwert von 35 Milliarden DM war Deutschland 1990 der mit Abstand größte Exporteur von Umweltschutzgütern in der Welt. Die ökonomische Bedeutung dieser „first mover advantages" im Umweltschutz wird in Zukunft noch erheblich zunehmen. So schätzt die OECD, daß der Markt für Umweltschutzgüter weiterhin weltweit überdurchschnittlich expandieren wird, und zwar bis zum Jahr 2000 auf 300 Milliarden Dollar (in konstanten Preisen). Andere Schätzungen gehen sogar von einem Weltmarktvolumen von bis zu 870 Milliarden DM im Jahr 2000 aus (OECD, 1992, S. 12 ff.).

Eine Vorreiterrolle im Umweltschutz kann jedoch auch auf anderen Märkten Wettbewerbsvorteile mit sich bringen. Vor dem Hintergrund zunehmender ökologischer Knappheiten und eines wachsenden Umweltbewußtseins in den meisten Industrieländern dürfte jenen Produkten die Zukunft gehören, die sich durch eine hohe Umweltverträglichkeit auszeichnen. Eine Umweltpolitik, welche die Unternehmen durch entsprechende Rahmenbedingungen frühzeitig dazu anregt, bereits bei der Entwicklung neuer Produkte und Werkstoffe Umweltkriterien stärker zu berücksichtigen als bisher, wird sich daher zumindest mittel- und langfristig positiv auf die Wettbewerbsfähigkeit der Unternehmen auswirken (KDrs 12/13b, UBA, S. 73). Kurzfristig kann es jedoch zu wirtschaftlichen Spannungen kommen. Auch hier kommt es darauf an, das Maß zu wahren und die Anpassungsfähigkeit von Wirtschaft und Gesellschaft nicht überzustrapazieren.

3.3.3 Soziale Ziele

Das Leitbild einer nachhaltig zukunftsverträglichen Entwicklung hat aufgrund seiner Herkunft aus der entwicklungspolitischen Diskussion auch soziale Ziele zum Inhalt, die sich in erster Linie auf Entwicklungschancen und intragenerative Verteilungsgerechtigkeit beziehen (häufig auch als Nord-Süd-Problematik bezeichnet). Das Ziel der intergenerativen Verteilungsgerechtigkeit bezieht darüber hinaus die Interessen künftiger Generationen in das Leitbild mit ein.

Zum anderen sind die sozialen Voraussetzungen für einen bruchlosen ökologischen Strukturwandel zu gewährleisten. Ökologische Modernisierung ist ohne Sozialverträglichkeit nicht durchsetzbar. Die sozialen Aspekte des Strukturwandels verlangen in der Marktwirtschaft nach angemessenen Regelungen.

Die Bedeutung sozialer Probleme wird in den nächsten Jahren weiter zunehmen. Vor dem Hintergrund regional wie national sehr unterschiedlicher Bedingungen ist das sorgfältige Herausarbeiten sozialer Ziele eine zwingende Voraussetzung dafür, die Zusammenhänge unseres Handelns besser zu verstehen und daraus Konsequenzen für die internationale Kooperation zu ziehen. Neben der Versorgungssicherheit und der Beseitigung der Arbeitslosigkeit sind als weitere soziale Ziele insbesondere zu nennen

– Frieden, als Vorausetzung der Funktionsfähigkeit unseres gesellschaftlichen Systems,

– vorsorgender Gesundheits- und Arbeitsschutz,

– soziale Stabilität,

– Rechtssicherheit und parlamentarische Demokratie als Garant und Eckpfeiler der Funktionsfähigkeit von Gesellschaft,

– Erhaltung und Weiterentwicklung des Sozialstaates,

– Lebensqualität,

– Erhaltung der Handlungsautonomie und

– Akzeptanz in der Bevölkerung.

Was die soziale Komponente einer nachhaltig zukunftsverträglichen Entwicklung angeht, muß vor allem beachtet werden, daß die Fähigkeit einer Gesellschaft, die nötigen Anpassungsprozesse zu bewältigen, keineswegs gesichert ist. Aus den aktuellen Diskussionen zur Umwelt- und Stoffpolitik wird immer deutlicher, daß ökologische Erfordernisse eine weitreichende Änderung unserer Art des Wirtschaftens und auch unseres Lebensstils erfordern werden.

Auf der internationalen Ebene bringen globale Umweltveränderungen, wie sie insbesondere durch die anthropogene Beeinflussung des Klimas drohen, gefährliche und unabsehbare Risiken mit sich. Verbunden mit den Folgen von Bevölkerungsexplosion, Unterentwicklung und Verschuldung und mit weltweiter Migration und aufflammenden regionalen Spannungen führen Umweltveränderungen zu Bedrohungen von bislang unbekannten Dimensionen. Hieraus ergeben sich Konfliktszenarien, die neue globale Lösungen erfordern.

Um in der Stoffpolitik neben den ökologischen und wirtschaftlichen auch die sozialen Ziele berücksichtigen zu können, muß der Übergang von einer „high-volume"- zu einer „high-value"-Wirtschaft transparent gemacht werden. Die Voraussetzungen, Zielvorstellungen und Umsetzungsinstrumente eines solchen Überganges sind also offenzulegen. Da in der Dreiecksbeziehung von Ökonomie, Ökologie und Sozialem klassische Konflikte angelegt sind, die nicht spannungsfrei ausgetragen werden können, geht es darum, zwischen diesen drei Bereichen eine Balance zu finden. Diese ist nicht von vornherein gegeben. Deshalb sind viele Entscheidungen unter Ungewißheit zu treffen, und viele davon werden sich im Nachhinein als falsch erweisen. Aber überhaupt nicht zu handeln oder alles sofort zu verlangen, ist noch weniger aussichtsreich als der Versuch, mit Fingerspitzengefühl die Proportionen einer Entwicklung zu bestimmen, in deren Verlauf menschliche und natürliche Ressourcen in Einklang miteinander zu bringen sind (KDrs 12/13d, Hulpke, S. 15f.).

Für die Sozialverträglichkeit eines Instruments oder einer Maßnahme ist auch ihre Akzeptanz von Bedeutung. Solche Akzeptanz ergibt sich nicht von selbst, sondern wird stark beeinflußt durch den Prozeß der Vermittlung. „Je mehr es gelingt, den Entscheidungsvorgang selbst transparent zu machen und die Gründe zu verdeutlichen, die letztendlich die Auswahl aus den Lösungsmöglichkeiten bestimmt haben, desto eher ist mit einer breiten Akzeptanz in der Bevölkerung zu rechnen" (Renn, 1986, S. 199). Zugespitzt läßt sich diese Erkenntnis so ausdrücken: Sozialverträglichkeit kann nicht postuliert werden, sie muß wachsen und herausgebildet werden. In welchem Maße dies möglich sein wird, hängt ab von den Kommunikationsformen, von Umfang und Offenheit der Kommunikation sowie von dem vermittelten Problembewußtsein, mit dem die Leitbilder präsentiert werden (KDrs 12/13b, UBA, S. 66).

Spätestens mit dem Bericht des Club of Rome zur Lage der Menschheit (Meadows et al., 1972) und der Energiekrise im Jahr 1973 mußte jedermann klar sein, daß der für die soziale Stabilität der Industriegesellschaft so zentrale Traum immerwährender Prosperität, d. h. die Vision einer problemlosen und stetigen Wohlstandsmehrung, so nicht mehr fortgesetzt werden kann. Unser Verhältnis zum technischen Fortschritt wurde polarisiert und politisiert. Dies bezog sich zunächst vor allem auf die Energiepolitik (Kitschelt, 1983). Das hat Konsequenzen für die klassischen Themen der Gewerkschaften, wie ein gerechter Anteil am Sozialprodukt und Mitbestimmung am Arbeitsplatz. In der „Risikogesellschaft" (Beck, 1986) kann es nicht mehr nur um die Modalitäten der Verteilung gehen. Die bisherigen Muster sozialer Ungleichheit verlieren an Bedeutung. Bisher waren primär die „oberen" sozialen Schichten daran zu hindern, von den Benachteiligungen der „unteren" Schichten zu profitieren (= das klassische Verteilungsproblem). Hingegen lassen sich die ökologischen Gefährdungen nicht durch soziale Differenzierungen neutralisieren oder auch nur kompensieren.

Die Gewerkschaften haben auf diese Herausforderung zunächst vor allem durch die Förderung von Umweltbildung auf Arbeitnehmerseite und durch das Einbeziehen des Umweltschutzes in gewerkschaftliche Forderungskataloge reagiert (KDrs 12/13b, UBA, S. 70). Umweltqualität stellt aber ein genuin öffentliches Gut dar, von dem niemand ausgeschlossen werden kann, das allen in gleicher Weise zur Verfügung steht (oder eben nicht), und auf das alle existentiell angewiesen sind. Die Entscheidung darüber, welches Niveau von Umweltqualität bereitgestellt werden soll, berührt alle ganz unmittelbar, ohne daß sie – wie im Falle gewöhnlicher, „privater" Güter – ihre Präferenzen auf dem Markt artikulieren können. In dieser Situation ist es wichtig, daß sich der einzelne Bürger in den Entscheidungsprozeß eingebunden fühlt, daß er daran mitwirken und sich am Ende mit seinem Ergebnis identifizieren kann. Hierfür sind Dialog und Kompromißbereitschaft unter den sozialen Gruppen und insbesondere die Partizipation von Arbeitnehmerinnen und Arbeitnehmern über ihre Gewerkschaften wichtige Elemente. Der Entscheidungsprozeß muß also öffentlich und für den Bürger nachvollziehbar sein, damit eine nachhaltige Nutzung der Umweltgüter sozial akzeptabel wird.

Bei der Verwirklichung eines ökologischen, ökonomischen und sozialen Zielen verpflichteten Stoffstrommanagements spielt das Umweltbewußtsein der Beteiligten eine erhebliche Rolle.

Der Rat von Sachverständigen für Umweltfragen hat 1978 Umweltbewußtsein definiert als „Einsicht in die Gefährdung der natürlichen Lebensgrundlagen des Menschen durch diesen selbst, verbunden mit der Bereitschaft zur Abhilfe" (SRU, 1978, S. 445). Das setzt so etwas wie eine „pädagogische Situation" voraus, in der es objektive Erkenntnisse gibt, denen man sich nur stellen muß, und die von Wissenden an Unwissende weitergegeben werden können. Aber bei Zielvorstellungen, denen neben Erkenntnissen unweigerlich auch Wertungen zugrundeliegen, kann man nicht ohne weiteres von einer solchen Situation ausgehen. Die Entwicklung eines zukunftsverträglichen Stoffstrommanagements wird diese Schwierigkeit in Zukunft mit hoher Wahrscheinlichkeit noch verstärken. Angesichts solcher Schwierigkeiten wird es nicht ausreichen, vage nach einer „Förderung des Umweltbewußtseins" zu rufen. Es bedarf viel grundlegenderer Bemühungen, sowohl in der Forschung als auch in der darauf aufbauenden Bildung, um erst einmal das Verständnis für die völlig neuartige Problematik zu wecken. Nicht zuletzt muß auch eine gemeinsame Sprache gefunden werden, um den gesellschaftlichen Diskurs zu ermöglichen (KDrs 12/13b, UBA, S. 75). Wir müssen darüber nachdenken, wie wir in dieser Hinsicht die Bereitschaft zum Lernen wecken und ermutigen können.

3.4 Strategische Handlungsansätze einer Stoffpolitik

Die Umsetzung des Leitbildes einer nachhaltig zukunftsverträglichen Entwicklung bedeutet die Integration des Umweltschutzes in die soziale Marktwirtschaft und ihre Entwicklung zu einer ökologisch-sozialen Marktwirtschaft. Der hiermit verbundene ökologische Strukturwandel ist durch ein proaktives Handeln der Akteure und entsprechende Rahmensetzungen durch den Staat erreichbar.

Zur Verwirklichung dieser Strategie kann auf Zielvorstellungen und Handlungsmaximen zurückgegriffen werden, die bei der Entwicklung eines Umweltmanagements und im Rahmen der abfallwirtschaftlichen und chemiepolitischen Diskussion der letzten Jahre entwickelt worden sind. Sie können als Handlungsansätze für ein Stoffstrommanagement und die Stoffpolitik verstanden werden. Hierzu zählen u. a.

- die Konzeption des produktions- und produktintegrierten Umweltschutzes,
- der Grundsatz des ökologischen Designs,
- die Orientierung an der Natur und den Grundprinzipien ihrer Stoffumsätze,
- die Prioritätensetzung der Vermeidung vor Verwertung sowie sicheren Behandlung und Deponierung von Abfällen,
- die regulative Idee, die mit dem Begriff Kreislaufwirtschaft verbunden ist,
- die recyclinggerechte Konstruktion von Produkten,
- die Förderung und Entwicklung kreislauffähiger Werkstoffe,

- die Förderung von umweltverträglichen Innovationen und
- die Produktverantwortung.

Diese strategischen Handlungsansätze orientieren sich überwiegend an ökologischen Kriterien und stellen somit im Sinne einer angestrebten umweltschonenden Wirtschaftsweise eine Komponente für eine zukunftsfähige Entwicklung dar. Sie können im Rahmen des systemaren umfassenderen „sustainable development"-Ansatzes nicht alleine hinreichend sein, sondern sind in jedem Fall um soziale und ökonomische Zielsetzungen zu ergänzen.

Konzepte für einen ökologischen Strukturwandel gehen unterschiedlich weit über eine technisch-ökologische Sichtweise hinaus und kommen der systemaren Sichtweise des Stoffstrommanagements bzw. des Umweltmanagements nahe.

Ansätze wie Abfallvermeidung oder produktions- bzw. produktintegrierter Umweltschutz greifen zu kurz, wenn nicht insgesamt der Umgang mit Stoffen in den Naturhaushalt eingebettet wird.

Ein gemeinsames Merkmal der meisten Handlungsansätze zur Operationalisierung des Leitbildes einer nachhaltig zukunftsverträglichen Entwicklung ist der hohe Stellenwert, der Innovationen und damit Forschung und Entwicklung beigemessen wird. Der Schwerpunkt liegt hier bisher in der Praxis bei der Entwicklung ökologisch angepaßter Technologien, die zu einer Minderbelastung der Umweltmedien und einem Minderverbrauch der natürlichen Ressourcen führen sollen.

Neue Technologien sind eine wichtige aber nicht die alleinige Antwort auf die Umweltkrise. Die Analyse neuerer technischer Entwicklungen zeigt, daß durch technologische Modernisierung ein erheblicher Beitrag zur Ressourcenschonung geleistet werden kann. Andererseits muß aber vor dem allzu großen Optimismus, eine Ressourcenschonung sei alleine oder hauptsächlich durch neue Technologien zu erreichen, gewarnt werden. Technische Innovationen müssen durch einen Wertewandel bei Produzenten und Verbrauchern getragen werden, der auf eine Erhöhung der Bereitschaft zu innovativem Verhalten und den Abbau vorhandener Aversionen gegenüber technischen und strukturellen Innovationen orientiert ist.

Die Entwicklung des Ressourcenverbrauchs und der Schadstoffbelastung zeigen bislang vielfältige Verlagerungstendenzen. Insgesamt hat sich der Problemdruck per Saldo nicht vermindert. Die Existenz technischer Problemlösungspotentiale ist nicht gleichbedeutend mit tatsächlich realisierter Ressourcenschonung, da oft der Einsatz additiver End-of-Pipe

Techniken oder ein nur zögerlicher Einsatz der ressourcenschonenden Techniken festzustellen ist. Es besteht Bedarf zur Identifizierung derartiger Hemmnisse und zur Entwicklung von Maßnahmen zu ihrer Überwindung.

Das Leitbild einer nachhaltig zukunftsverträglichen Entwicklung bezieht sich nicht ausschließlich auf den Erhalt von Natur und Umwelt als Produktionsfaktor und ist damit nicht augeschöpft. Nachhaltig zukunftsverträgliche Entwicklung beinhaltet auch die Erhaltung der belebten und unbelebten Natur und von Kulturgütern als ästhetischem Wert. Der Verlust von Vielfalt und Vitalität der Umwelt stellt die menschliche Identität in Frage und entzieht damit künftigen Generationen die Grundlage für die Entfaltung ihres Lebensstils. Die am Erhalt von Natur und Umwelt als Produktionsfaktor orientierte technologische und sozioökonomische Neuorientierung ist daher Voraussetzung für eine dauerhafte Weiterentwicklung menschlicher Kultur. Dieses Ziel würde allerdings verfehlt, wenn dabei Natur und Umwelt ausschließlich als Produktionsfaktor in den Blick genommen würden.

3.4.1 Forschung und technologische Entwicklung

Forschung und Entwicklung können entscheidende Beiträge zur Konkretisierung und Operationalisierung von Leitbildern für eine nachhaltig zukunftsverträgliche Entwicklung im Umgang mit Stoffströmen liefern. Zugleich ergeben sich aus den ökologischen, ökonomischen, sozialen sowie kulturellen, rechtlichen und politischen Erfordernissen neue Anforderungen an bzw. Aufgaben für Forschung und Entwicklung. Um diesen gerecht werden zu können, muß die Forschungs- und Technologiepolitik ihrerseits einen Paradigmenwechsel vollziehen, neue Schwerpunkte verankern und bereits vorhandene Ansätze intensivieren. Die Anhörung der Enquete-Kommission am 7. Oktober 1993 hat hierzu wichtige Hinweise ergeben (KDrs 12/13 a–d):

(1) Stoffstromrelevante Forschung und Entwicklung muß Abschied nehmen vom Paradigma der absoluten Naturbeherrschung und dem Erarbeiten rein technikorientierter Lösungen. Umwelt- und Sozialverträglichkeit, Nachhaltigkeit der wirtschaftlichen Nutzung von Umweltpotentialen, Fehlerverträglichkeit und Verringerung der Eingriffstiefe in die Natur müssen zu entscheidenden Kriterien der Forschungs- und Technologiepolitik werden.

Für eine entsprechende Neuorientierung von Technik, Wirtschaft, Wissenschaft und Gesellschaft im Sinne einer nachhaltig zukunftsverträglichen Entwicklung ist ein grundlegender Paradigmenwechsel notwendig, der stichwortartig wie folgt plakativ beschrieben werden kann:

Weg von ⟶	Hin zu
Durchflußwirtschaft	ökologisch geordneten Stoffströmen
Materialverschwendung	Materialproduktivität
Energieverschwendung	Energieeffizienz
Produktorientierung	Funktionsorientierung
nachsorgender Umweltschutz	vorsorgender Umweltschutz
Verbrauch von Naturkapital	nachhaltige Nutzung von Naturkapital
Naturbeherrschung	Orientierung an der Natur
Wegwerfmentalität	Wertschätzungsmentalität*)

(2) Umweltprobleme können mit rein naturwissenschaftlichen Methoden und Fragestellungen zur Zeit nur bis zu einer gewissen Grenze beschrieben und gelöst werden. Obwohl hier weitere Fortschritte zu erwarten sind, kann nicht davon ausgegangen werden, daß die Naturwissenschaften allein Fortschritte bei der Lösung von Umweltproblemen zeigen werden. Zur Ableitung zukunftsverträglicher Lösungen müssen natur- und ingenieurwissenschaftliche im Verbund mit wirtschafts-, sozial- und rechtswissenschaftlichen Fragestellungen untersucht werden. Notwendig ist – über die Förderung der naturwissenschaftlichen Umweltforschung hinaus – die Intensivierung interdisziplinärer, problem- und lösungsorientierter Forschungsarbeiten, um gesellschaftliche Handlungsoptionen erarbeiten zu können. Diese können sowohl technische, rechtliche oder sozioökonomische Maßnahmen als auch eine Kombination verschiedener Maßnahmen beinhalten (s. z. B. BMFT Umwelt FuE-Strategie, März 1994).

(3) Vorrangige Aufgabe einer um soziale und ökonomische Fragestellungen erweiterten Umweltforschung ist die weitere Konkretisierung und Operationalisierung des Leitbildes einer nachhaltig zukunftsverträglichen Entwicklung. Daraus lassen sich insbesondere folgende Themen ableiten:

---

*) *Sondervotum von Prof. Dr. Paul Klemmer:*
„Die Indikatoren zur Umschreibung des als notwendig erachteten Paradigmenwechsels enthalten nicht nachvollziehbare Werturteile. Die Begriffe ‚Material- und Energieverschwendung' lassen sich nicht generalisierend definieren. Entweder beziehen sie sich auf eine kaum zu bestimmende Vorstellung von der ‚Angemessenheit' eines Konsums, das ‚technisch Mögliche' oder das ‚wirtschaftlich Vertretbare'."

a) Konkretisierung und Operationalisierung der grundlegenden Regeln des „sustainable development"-Ansatzes, vor allem:
- Untersuchungen zum Verständnis von Belastbarkeit und Stabilität von Umweltsystemen,
- Untersuchungen der Regenerationskapazität natürlicher Ressourcen,
- Untersuchungen des Ressourcenverbrauchs von Produktion und Dienstleistungen,
- Fragen der Kompensationsmöglichkeit für nicht-erneuerbare Ressourcen und
- Entwicklung von Konzeptionen zur Bewertung des Umweltbelastungspotentials von wirtschaftlichen Aktivitäten und Gütern.

b) Untersuchung der stoffpolitischen Aspekte eines sustainable development für die globale, nationale und regionale Entwicklung. Dazu gehören u. a.:
- Forschungen über anthropogen verursachte Stoffströme und deren Kopplung mit und in natürliche Stoffströme,
- wirtschafts- und sozialgeographische Untersuchungen der Nutzung des natürlichen Kapitals,
- Entwicklung von weiteren Methoden und Instrumenten des Stoffstrommanagements und
- Abschätzungen von Gefahren und Risiken bei Stoffeinträgen.

c) Erarbeitung von systemübergreifenden, ganzheitlichen Problemanalysen und Problemlösungen. Das bedeutet z. B.
- im Bereich des Verkehrs die Entwicklung von Konzepten, Strategien und Technologien zur Sicherung von Mobilität unter Berücksichtigung der Kriterien einer nachhaltig zukunftsverträglichen Entwicklung anstelle von Projekten zu Einzeltechnologien,
- im Bereich der Landwirtschaft die Entwicklung von Konzepten einer ökologisch, ökonomisch und sozial zukunftsverträglichen Sicherstellung der Nahrungsmittelversorgung. Dies gilt sowohl für unsere Regionen als auch in bezug auf die Zusammenarbeit mit Entwicklungs- und Schwellenländern und
- im Bereich der neuen Werkstoffe die verstärkte Ausrichtung auf die Erhaltung des natürlichen und künstlichen Realkapitals – auch unter Berücksichtigung der Auswirkungen auf die Umwelt. Dieses bedeutet einen ganzheitlichen Ansatz, der auch Substitutionsvorgänge umfaßt und der weit über die Merkmale

integrierter Werkstofforschung hinausgeht. Die zukünftige Werkstofforschung sollte sich im Sinne des produktintegrierten Umweltschutzes stark funktional ausrichten und Kriterien wie Recyclingfähigkeit, Kreislauffähigkeit und Demontagefähigkeit auf möglichst hoher Wertschöpfungsstufe erfüllen. Dies entspricht der Ergänzung der heutigen Werkstofforschung, die sich bereits zu einem interdisziplinären und bereichsübergreifenden Prozeß entwickelt hat, um weitere ökologische Aspekte.

(4) Die Förderung von Umweltschutztechnik ist auch weiterhin von hoher Bedeutung. Kurz- und mittelfristig kann die spezielle Förderung von Umwelttechnik den ökologischen Optimierungsprozeß sowie die Anwendung umweltverträglicher Technik beschleunigen. Dabei liegt die Betonung nicht bei den nachgeschalteten Technologien. Erste Priorität in der staatlichen Forschungs- und Technologieförderung müssen integrierte Lösungen haben, die die Aspekte „Umweltmanagement" und „Logistik" einbeziehen. Dies wird durch den Begriff „Produktionsintegrierter Umweltschutz" und die entsprechenden Projekte der Industrie- und Förderungsprogramme des Staates verdeutlicht.

(5) Die Problemlösungskapazität der Technik kann nur dann umfassend genutzt werden, wenn sie im Verbund mit anderen Maßnahmen sozioökonomisch-struktureller Art zur Gestaltung einer nachhaltig zukunftsverträglichen Entwicklung eingesetzt wird.

Der Erfolg staatlicher Forschungsförderung und der innovativen Anstrengungen der Industrie ist insbesondere davon abhängig, daß die Rahmenbedingungen so geändert werden, daß ökologisch angepaßte Techniken im Wettbewerb mit nicht angepaßten Techniken konkurrieren können.

Für eine ökologisch bzw. an stoffpolitischen Leitbildern begründete technologische Neuorientierung ist es unerläßlich, Verwendungszusammenhänge und Nutzungsintensitäten von Technik und die sie bestimmenden gesellschaftlichen Wertvorstellungen und Lebensstile mit zu berücksichtigen. Technologieförderung muß demnach in die Suche nach ganzheitlichen Problemlösungen integriert werden.

(6) Neue Konzepte der Umweltforschung zur Lösung der unter (1) bis (5) angesprochenen Probleme erfordern auch neue Strukturen und Konzepte, sowohl in der Wissenschaft und Forschung selbst als auch in der Förderung beider Bereiche an Universitäten und anderen Forschungseinrichtungen.

Die Forschung ist aufgerufen, nicht disziplinorientiert, sondern problemorientiert zu planen und zu arbeiten. Dies stellt hohe

Anforderungen an die Bereitschaft zur interdisziplinären und multidisziplinären Arbeit unter Überschreitung institutioneller Grenzen. Darüber hinaus ist die gegenseitige Information und Kooperation der öffentlich geförderten Forschung und der privaten Wirtschaft zu verbessern, um Synergieeffekte ausschöpfen zu können. Dies dient sowohl der gesamtheitlich orientierten Problemdefinition, nutzt aber auch die komplementären Strukturen und Arbeitsweisen, um Erkenntnisse in die Praxis umzusetzen.

Die Forschungsförderung ist zu einer langfristigen Sicherung entsprechender Forschungs- und Entwicklungskapazitäten (FuE-Kapazitäten) aufgefordert. Die hier zu lösenden Probleme sind nicht in üblichen Programm- und Projektzeiträumen von drei bis fünf Jahren zu lösen. Angesichts der zeitlichen Dimension der Problematik des sustainable development sind FuE-Programme im Zeitraum von 10 bis 20 Jahren zu entwerfen, die natürlich mit Hilfe transparenter und kontinuierlicher Evaluierungs- und Entscheidungsmechanismen flexibel an den Stand des Wissens angepaßt werden müssen. Finanzielle Stabilität und inhaltliche Flexibilität sind – in geeigneter Gestaltungsform – kein Widerspruch. Zur Gewährleistung von Effektivität und Qualität sind verstärkt Fachgutachtersysteme, wie sie sich z. B. bei der Deutschen Forschungsgemeinschaft (DFG) bewährt haben, einzusetzen.

Da die Umsetzung des Leitbildes einer nachhaltig zukunftsverträglichen Entwicklung eine gesamtgesellschaftliche Aufgabe ist, empfiehlt die Enquete-Kommission darüber hinaus, die Erarbeitung und Definition der längerfristigen programmatischen Zielsetzungen entsprechend parlamentarisch zu beraten und zu verabschieden.

Die Forschungsförderung muß in geeigneter Weise die Randbedingungen für die geforderte Vernetzung der Forschungsstrukturen und -inhalte schaffen. Die Förderung der Ökosystemforschung durch das BMFT ist ein positiver und auszubauender Ansatz strukturschaffender Förderung, die sowohl der weiteren inhaltlichen und strukturellen Vernetzung als auch dem notwendigen Ausbau einer interdisziplinären und gesamtheitlichen Umweltforschung an den Universitäten und Forschungszentren zugute kommen kann. Zusätzlich wird der Bundesregierung empfohlen, zu überprüfen, in welcher geeigneten Form unabhängige ökologische Forschungsinstitute in ihrer Existenz abgesichert werden können, ohne daß deren Flexibilität und Unabhängigkeit verloren gehen.

An den Universitäten als effektiven Multiplikatoren für zukunftsorientierte Leitbilder sind die umweltbezogenen Lehr- und Forschungsbereiche weiter auszubauen. Damit ist nicht nur sicherzustellen, daß das vorhandene Potential der Grundlagenfächer im Sinne einer nachhaltig zukunftsverträglichen Entwicklung genutzt wird, sondern daß auch das Leitziel sustainable development die wesentlichen Teile der akademischen Ausbildung und Forschung durchdringt. Zur Vermittlung der universitären Forschungsergebnisse sind vermehrt interdisziplinäre und öffentliche Informationsveranstaltungen zu fördern. Sie sollen kosteneffektiv sowohl der breiten Bewußtseinsbildung dienen als auch in Form einer Ideenbörse die Kooperation von Forschern und Anwendern stimulieren. Bund und Länder sind aufgefordert, gemeinsam mit den Hochschulen nach weiteren Wegen zur Entfaltung leistungsfähigerer und disziplinübergreifend arbeitender Umweltwissenschaften an den Universitäten zu suchen und entsprechende Projekte und Strukturen zu fördern.

Des weiteren sind die positiven Ansätze der deutschen Beteiligung an internationalen Umweltforschungsprogrammen auszubauen. Da die Umweltproblematik sich zunehmend in globaler Dimension darstellt, ist die internationale Zusammenarbeit in der Forschung und Entwicklung unverzichtbar. Mit der deutschen Beteiligung an einigen internationalen Programmen der Umweltforschung (z. B. UN-Programme „International Decade for Natural Desaster Reduction (IDNDR)", Global Change Programme; EG-Programme EUROMAR, EUROTRAC, EUROSILVA; Klimaforschungsprogramme) ist ein wichtiger Anfang gemacht. Zusätzlich zum systematischen Ausbau dieser Aktivitäten ist auch ein Austauschprogramm für den Wissenschaftsnachwuchs zu fördern, das es erlaubt, die weltweit anstehenden Probleme der Umweltforschung vor Ort zu studieren und die gewonnenen Erkenntnisse zuhause umzusetzen.

In der Forschungsförderung gilt es schließlich, neue Formen der ressortübergreifenden Programmgestaltung und -finanzierung zu entwickeln. Die für Wissenschaft, Forschung und Entwicklung in umweltrelevanten Bereichen unmittelbar (BMFT, BMBW) oder mittelbar (z. B. BMV, BML) zuständigen Ministerien des Bundes und der Länder müssen im Hinblick auf Ziele und Schwerpunkte von Forschungsprogrammen wesentlich stärker integrativ vorgehen. So wird u. a. am Beispiel des Bedürfnisfeldes Mobilität (s. Kap. 4.3) offensichtlich, daß allein auf der Bundesebene BMFT, BMU, BMZ, BMV und BMWi ein gemeinsames Problemlösungsinteresse haben müßten und mit unterschiedlicher Kompetenz zur systemaren Gesamtlösung beitragen könnten (Kohärenz). Ausgehend von dem gemeinsamen Problemlösungsinteresse können vorhandene Forschungskapazitäten (u. a. auch Ressortforschungsanstalten) besser gebündelt, Forschungsergebnisse schneller in transparente Handlungsstrategien umgesetzt und ein unökonomischer Ressourceneinsatz verhindert werden. Zur wirksameren Forschungskoordination im Umweltbereich ist die regelmäßige Vorlage eines Umweltforschungsberichtes empfehlenswert, in dem die vorhandenen Problemlagen skizziert sowie vorrangige und nachrangige Forschungsaufgaben benannt werden.

3.4.2 Technologische Neuorientierung: Entwicklung umweltverträglicherer Stoffe, Produktionsverfahren und Produkte

3.4.2.1 Integrierter Umweltschutz

Der integrierte Umweltschutz strebt durch verfahrenstechnische Optimierung mit Hilfe aller chemischen, physikalischen und biologischen Möglichkeiten die Minimierung des Rohstoff- und Energieeinsatzes, die Vermeidung und Verminderung von Reststoffen im Prozeß, die Verwertung von Reststoffen im Produktionsverbund oder zur Energieerzeugung und schließlich die umweltgerechtere Entsorgung nicht verwertbarer Stoffe an (DECHEMA et al., 1990). Integrierter Umweltschutz umfaßt auch die Entwicklung von Produkten mit umweltverträglichen Eigenschaften.

Integrierte Umweltschutzmaßnahmen können im Gegensatz zum nachsorgenden Umweltschutz mit End-of-Pipe-Techniken wirtschaftliche Vorteile bieten. Integrierter Umweltschutz setzt prozeßtechnische Innovationen und Produktinnovationen voraus und benötigt daher zeit- und kostenintensive Forschungs- und Entwicklungsvorleistungen. Fortschritte beim Abbau von Umweltbelastungen sind damit eng mit Investitionstätigkeiten und der Erneuerung von Anlagen verknüpft.

Orientiert an den Grundregeln einer nachhaltig zukunftsverträglichen Entwicklung strebt der integrierte Umweltschutz langfristig eine Verminderung des dissipativen Einsatzes von Produkten, einen Mindereinsatz von fossilen Energieträgern, eine Hinwendung zu langlebigen und reparaturfreundlichen Produkten sowie einen verstärkten Einsatz alternativer Energieversorgung und nachwachsender Rohstoffe an.

Grenzen dieses Konzepts können sich durch eine Beschränkung auf gegebene betriebliche Optimierungspotentiale ergeben. Auch eine *saubere* Produktion von *sauberen* Produkten kann die Umwelt ruinieren, wenn die

Stoffströme – über den ganzen Lebensweg betrachtet – nicht ökologisch angepaßt sind.

3.4.2.2 Ökologisches Design

Im Zuge der wachsenden Durchdringung des Industrie- und Produktdesigns mit Umweltschutzzielen hat sich dieser Begriff in den letzten Jahren vornehmlich in der „Designerscene" breit durchgesetzt. In einem weiteren Sinn gehört auch die umweltgerechte Gestaltung von Herstellungsverfahren und Stoffen zum ökologischen Design.

Im Industrie- und Produktdesign wird unter ökologischem Design im wesentlichen die Ausrichtung der Produktgestaltung, z. B. bei Verpackungen, an ökologischen Kriterien, wie Rohstoffeinsparung, umweltorientierte Werkstoffauswahl, Altstoffeinsatz, Reparaturfreundlichkeit und insbesondere die recycling- bzw. demontagegerechte Gestaltung verstanden. Im Rahmen mehrerer Wettbewerbe bemühte man sich, diese Zielsetzungen umzusetzen.

Als ein Beispiel für die Förderung ökologischen Designs mit dem Schwerpunkt auf dem Aspekt der Abfallvermeidung kann das vom Bundesminister für Forschung und Technologie geförderte Projekt „Entsorgungsfreundliche Gestaltung komplexer Produkte (EKOP)" angesehen werden (Rogall, 1991). Im Rahmen dieses Projektes wurde u. a. ein Fernsehapparat entwickelt, dessen Gehalt an schadstoffhaltigen Materialien wesentlich gesenkt werden konnte und der zu über 95% stofflich verwertbar ist. Der Serienanlauf für dieses Gerät ist für das Jahr 1995 vorgesehen (Behrendt, 1994). Es wurde allerdings in einem Vortrag auf der UTECH '94 deutlich, daß die Serienproduktion nur dann anlaufen wird, wenn staatliche Rahmenbedingungen, hier die Elektronikschrottverordnung, dies lohnend machen.

Um wesentliche umweltrelevante Produktmerkmale, z. B. Energieverbrauch oder Emissionseigenschaften, erfassen zu können, muß das ökologische Design alle Elemente bzw. Einzelteile eines Produktes und deren Funktionen in die Betrachtung einbeziehen.

Die niederländische Organisation für Technikbewertung (NOTA) erstellt derzeit mit dem Institute for Applied Environment Economy (TME) ein Handbuch für umweltbewußte Produktentwicklung, das Anleitungen für die erforderlichen Arbeitsschritte eines Ecodesign beinhaltet. In Österreich wurde 1993 im Auftrag des Bundesministeriums für Umwelt,

Jugend und Familie eine „ECODESIGN – Fibel für Anwender" herausgegeben (Geißler et al., 1993).

Als Grundsatz für die Konzipierung von Chemikalien bedeutet ökologisches Design, daß diese störungsfrei in natürliche Stoffkreisläufe eingebunden werden können. Dieser Grundsatz ist insbesondere bei solchen Stoffen zu beachten, die bei ihrem Einsatz offen in die Umwelt eingebracht werden. Hierauf müssen verstärkte Forschungsanstrengungen (Innovationen) und ein erhöhter Prüfaufwand konzentriert werden. Für den Bereich Textil gehört hierzu beispielsweise die Berücksichtigung gewässerschädigender und allergener Eigenschaften bereits bei der Entwicklung und Formulierung von Farbstoffen und Textilhilfsmitteln.

3.4.2.3 Orientierung an der Natur und den Grundprinzipien ihrer Stoffumsätze

Dieses Konzept hebt darauf ab, daß das vielfältige biologische Potential in Form von beispielsweise Naturstoffen, Leitstrukturen und Rohstoffen noch weitgehend unerschlossene Nutzungsmöglichkeiten in sich birgt. Einen wichtigen Forschungsansatz in dieser Richtung stellt die Bionik dar.

Die Strategie der Orientierung an der Natur wird u. a. von folgenden Grundsätzen getragen (KDrs 12/13d, von Gleich, S. 27f.):

(1) Nutzung der stofflichen Vielfalt der Natur

Die Natur hat im Laufe ihrer Naturgeschichte einen ungeheuren Reichtum an Formen, Strukturen, Stoffen und Organismen hervorgebracht. Mit dieser evolutionären „Produktivität" der Natur gilt es primär zusammenzuarbeiten. Bisher ist von diesem natürlichen Reichtum erst sehr wenig bekannt. Gleichzeitig wird durch die derzeitige Form der Umweltnutzung dieser natürliche Reichtum rasant zerstört. Von den rund zwei Millionen Organismenarten auf der Erde sind allenfalls fünf Prozent auf biologische Inhaltsstoffe, noch weniger auf biologische Leistungen hin untersucht worden.

(2) Orientierung an den natürlichen Funktionen von Naturstoffen

Naturstoffe haben in der Regel eine „Funktion" im Naturhaushalt und für den einzelnen Organismus. Diesen „natürlichen" Funktionen gilt es nachzuspüren, um für einen möglichen technischen Einsatz dieser Stoffe Hinweise zu erhalten. Generell kann dabei zwischen abiotischen und biotischen Stoffkreisläufen und innerhalb der letzteren zwischen (öko-)toxikologisch relativ unproblematischen (Massen-)Stoffen des Primärstoffwechsels bzw. des Stütz- bzw. Bewegungsapparats und biologisch aktiven Naturstoffen unterschieden werden. Letztere bieten aufgrund ihres unüberschaubaren Reichtums stofflich-technisch und ökonomisch die größeren Chancen. Für den verantwortbaren Einsatz biologisch aktiver Naturstoffe ist allerdings eine sehr weitgehende Kenntnis ihrer natürlichen Funktionen gefordert, denn gerade mit dem Einsatz von Stoffen mit biologischen Schutz-, Regulations- und Kommunikationsfunktionen können nicht nur große technische Chancen sondern auch große (öko-)toxikologische Risiken verbunden sein.

(3) Orientierung an der gewachsenen Struktur und Komplexität

Hier geht es erstens um die Nutzung der gewachsenen natürlichen Strukturen möglichst auf dem jeweils höchsten molekularen und energetischen Niveau, und es geht zweitens um die Art und Weise dieser Nutzung, möglichst in Form einer Kaskade, bei der das Ergebnis der vorherigen Nutzung zum immer noch wertvollen Ausgangspunkt der nächsten Nutzungsform wird. Hierher gehört auch die Beachtung und Nutzung der „Multifunktionalität" von Strukturen und Stoffen in Organismen bzw. von biologischen Ressourcen in Ökosystemen und damit auch die optimierte Mehrfachnutzung von Pflanzen bzw. ihrer verschiedenen Teile.

3.4.3 Kreislaufwirtschaft, Recycling und Abfallvermeidung

3.4.3.1 Kreislaufwirtschaft

Das in den letzten Jahren in der abfallwirtschaftlichen Diskussion populär gewordene Leitbild der Kreislaufwirtschaft stellt eine regulative Idee dar, die sich am Vorbild natürlicher Stoffkreisläufe, insbesondere den biogeochemischen Kreisläufen, orientiert.

Die in der Evolution entstandene Stoffströme – des Kohlenstoffs, des Stickstoffs, des Wasserstoffs, des Sauerstoffs – folgen dem Bild des biogeochemischen Kreislaufs. Diese Kreisläufe gewährleisten die Reproduktions- und Überlebensfähigkeit lebender Systeme, indem sie sich in einem dynamischen Gleichgewicht (Fließgleichgewicht) befinden, das durch ständige Energiezufuhr von der Sonne aufrechterhalten wird. Die Herausbildung eines Fließgleichgewichts bedeutet, daß sich die am Stoffwechsel dieser Kreisläufe beteiligten Verbindungen in einem sogenannten steady-state, einem quasi-stationären Zustand, bewegen. Die Stoffströme in der Technosphäre lassen sich mit dem Bild des Stoffkreislaufes nur sehr bedingt beschreiben (s. Kap. 5.3.2.1).

Die industriellen Produktionssysteme haben, rückblickend betrachtet, in den letzten 100 Jahren zu einem enormen Wachstum des jährlichen Stoff- und Energiedurchsatzes der Volkswirtschaften geführt, die dadurch den Charakter von Durchflußwirtschaften angenommen haben. Die Idee der Kreislaufwirtschaft will diese Entwicklung korrigieren. Hierbei sollen die Rückstände des Wirtschaftens gleichzeitig als Rohstoffe der Wirtschaft verwendbar sein.

Es gibt zahlreiche erfolgreiche Beispiele dafür, daß einzelne Betriebe eine weitgehend geschlossene Kreislaufführung ihrer Schadstoffe und Rückstände geschaffen haben (Galvanikbetriebe, CKW-Lösemittel-Hersteller u. a.). Aber diese Beispiele lassen sich nicht verallgemeinern, da eine geschlossene Kreislaufführung an bestimmte technische Bedingungen gebunden ist, die in vielen Branchen nicht vorliegen und – nach heutigem Stand des Wissens – vielfach auch nicht geschaffen werden können. Daher gehört zu dem Bild der Kreislaufwirtschaft auch die umweltverträgliche Deponierung des letzten Abfalles. Viele Werkstoffe und Produkte sind noch nicht auf eine Kreislaufführung ausgerichtet. Hier gibt es – beispielsweise im Bereich der Kunststoffe – noch erhebliche Potentiale, die es auszuschöpfen gilt.

Die Idee der Kreislaufwirtschaft ist als Konzept für eine nachhaltig zukunftsverträgliche Entwicklung unzureichend, wenn darunter nur die Installierung geschlossener Kreisläufe von Rückständen industrieller Produktionsprozesse und Altprodukten des industriellen und privaten Konsums zur Wiederverwertung im Wirtschaftskreislauf verstanden wird. Ein umfassendes Konzept der Kreislaufwirtschaft muß darüber hinaus berücksichtigen, daß zahlreiche Produkte (Düngemittel, Hygieneartikel, Arzneimittel etc.) im engeren Sinne nicht kreislauffähig sind, weil sie umweltoffen angewendet werden. Es kommt darauf an, diese Stoffe und Produkte so zu gestalten und anzuwenden und Abfälle so zu behandeln, daß sie in die biogeochemischen Stoffkreisläufe ökologisch eingepaßt werden können. Ein umfassendes Konzept der Kreislaufwirtschaft beinhaltet neben dem Recycling daher auch das ökologische Design und die Orientierung an der Natur und den Grundprinzipien ihrer Stoffumsätze.

3.4.3.2 Ziele und Grenzen des Recycling

Das Recycling dient der Ressourcenschonung und der Verringerung von Abfällen aus bereits im Handel befindlichen Produkten. Der Begriff des Recycling sollte ausschließlich für die stoffliche Wiederverwertung von Werkstoffen verwendet werden, um Mißverständnissen und Mißbrauch vorzubeugen. Allgemeines Ziel sollte es sein, die Werkstoffe, Bauteile und Produkte auf einer möglichst hohen Wertschöpfungsstufe zu erhalten.

Das Recycling läßt sich in die abfallwirtschaftliche Hierarchie in folgender Weise einordnen:
- Wiederverwendung (von Produkten oder Bauteilen)
- Recycling (stoffliche Wiederverwertung)
- rohstoffliche Verwertung (Hydierung, Hydrolyse etc.; insbesondere bei Kunststoffen)
- Verbrennung (thermische Verwertung).

Diese Reihenfolge ist nur grundsätzlich als Rangfolge zu sehen; sie sagt nichts über die ökologische und ökonomische Sinnhaftigkeit im Einzelfall aus. Sie ist jeweils – insbesondere im Hinblick auf den Verbrauch externer Energie – zu überprüfen.

Recyclingmaßnahmen, Verwertung und Wiederverwendung setzen eine geeignete Sammellogistik, eine geeignete Aufbereitungstechnik und einen aufnahmefähigen Markt für die dabei entstehenden Stoffe bzw. Produkte voraus. Methoden und Verfahren müssen so gestaltet werden und die Werkstoffauswahl muß so erfolgen, daß marktgängige Recyclate entstehen.

Die Art des zu recycelnden Werkstoffes und seine Verteilung in Produkten sowie der Gehalt an Schadstoffen im Produkt werden bei vielen Recyclingmaßnahmen bisher unzureichend beachtet:
- Recycling führt – je nach Werkstoff – zu einer mehr oder weniger starken Produktdegradation.
- Wiederverwertung von Verbundwerkstoffen, Gemischen usw. wird durch die produktimmanente höhere Entropie (hier als „Unordnung" zu verstehen) erschwert, zu deren Beseitigung zumindest zusätzliche Energie aufgebracht werden muß; u. U. kann ein Recycling dadurch unwirtschaftlich und auch ökologisch fragwürdig werden.
- Jede Produktdissipation durch Verkauf an Millionen von Konsumenten führt zu einer Erhöhung der Entropie. Beim Aufbau eines Sammelsystems muß darauf geachtet werden, daß diese Systeme zu möglichst

sortenreinen Stoffen führen und daß die Sammellogistik je nach Produkt und Sammelsystem erhebliche Mengen an Material und Energie verschlingen kann.

- Bei der Sammlung, Erfassung und Aufarbeitung von Altmaterialien stellt die Verunreinigung mit Fremdstoffen ein Problem dar, dem durch die Ausgestaltung der Systeme Rechnung zu tragen ist.
- Einschleppen bzw. Verschleppung von besonders kritischen Schadstoffen kann ein ansonsten selbst ökonomisch interessantes Recycling ökologisch fragwürdig machen (z. B. Verbreitung von Cadmium aus PVC-Profilen in andere Anwendungsbereiche).
- Aufgrund der hohen Entropie, der Unvollkommenheit der Sammelsysteme und der technischen Ausbringungsfaktoren ist ein vollständiges Recycling nicht möglich. Ein Verlust an Ressourcen ist daher unvermeidbar.

3.4.3.3 Abfallvermeidung

In dem richtungsweisenden Abfallwirtschaftsprogramm der Bundesregierung von 1975 wurden erstmals die Ziele der Vermeidung und Verwertung von Abfällen als neue Aufgaben der Abfallwirtschaft und der Abfallpolitik formuliert. Die Ziele der Vermeidung und Verwertung wurden 1986 in der 4. Novelle des Abfallgesetzes gesetzlich verankert; ihnen wurde der Vorrang vor der umweltverträglichen Entsorgung eingeräumt.

Die damit rechtlich abstrakt kodifizierte Rangfolge – Vermeidung vor Verwertung vor umweltverträglicher Entsorgung – stößt in der Praxis auf Probleme, da der Begriff Abfallvermeidung bisher nicht eindeutig definiert ist. Unter Abfallvermeidung wird Totalverzicht oder Teilvermeidung, die Einbeziehung von Mehrwegsystemen oder die Substitution durch einen anderen Stoff, ein anderes Produkt/Verfahren verstanden.

Die Unschärfe des Begriffs Abfallvermeidung hängt auch damit zusammen, daß eine Abfallvermeidung sowohl unter dem Aspekt der Mengenreduzierung als auch unter dem Aspekt der Reduzierung der Schädlichkeit betrachtet werden muß.

Das Ziel der Abfallvermeidung muß im Zusammenhang mit den Erfordernissen einer sicheren Entsorgung gesehen werden. Die Entsorgung hat als Ganzes umweltverträglich zu sein. Abfälle müssen in eine Form gebracht werden, daß für spätere Generationen keine Altlasten, d. h. keine zu behandelnden Ablagerungen entstehen (Baccini, 1993).

Neben der Quantität muß auch die Qualität beachtet werden. Die sichere Entsorgung des letzten Abfalls durch einen geeigneten Prozeß mit dem Ziel einer Inertisierung muß gewährleistet sein. Die Randbedingungen bei der Abfallvermeidung und -verwertung sind grundsätzlich so zu formulieren, daß dabei keine höheren Belastungen als bei der Behandlung und Deponierung auftreten dürfen.

Aus systemtheoretischer Sicht ergibt sich überdies, daß eine abstrakte, generelle Unterscheidung zwischen Vermeidung und Verwertung nicht getroffen werden kann, da derselbe Vorgang – je nach Festlegung der Systemgrenze bei der Anlage, dem Betrieb, dem Unternehmen, dem Industriezweig oder der Volkswirtschaft – einmal als Verwertung, das andere Mal als Vermeidung definiert werden kann. Eine eindeutige, strenge Definition von Abfallvermeidung in Abgrenzung zur Abfallverwertung ist daher aus wissenschaftlicher Sicht nicht möglich. Wird dennoch eine Definition von Vermeidung angestrebt, die die Erwartungen der Öffentlichkeit annähernd erfüllt, könnte sie lauten:

Maßnahmen, die vor Entstehen des Abfalls greifen und die Abfallmenge verringern, werden als Abfallvermeidung bezeichnet.

In der Praxis wurde eine Verringerung bzw. Vermeidung der Abfallmengen in einzelnen Branchen, Unternehmen, Betrieben sowie bei diversen Produkten in der Vergangenheit mehrfach mit Erfolg praktiziert. Mit diesen, in einer partialanalytischen Betrachtung aufzeigbaren Erfolgen korrespondieren jedoch keine entsprechenden Erfolge auf gesamtwirtschaftlicher Ebene. Denn bezogen auf die nationale Ebene setzt eine Verringerung/Vermeidung von Abfallmengen voraus, daß der volkswirtschaftliche Stoffdurchsatz insgesamt reduziert wird.

Zusammenfassend ist festzuhalten, daß der Begriff Abfallvermeidung als Teilziel einer Stoffpolitik, die auf weniger Umweltbelastung und mehr Ressourcenschonung abzielt, nach wie vor wichtig ist. Er sollte jedoch inhaltlich wie vorgeschlagen ausgestaltet werden.

3.4.4 Ökologischer Strukturwandel

Die Forderung nach einem ökologischen Strukturwandel – d. h. nach einer stärkeren ökologischen Ausrichtung der Wirtschaftsstruktur – basiert auf der Erkenntnis, daß die Knappheit der natürlichen Ressourcen sowie die Kosten der Umweltverschmutzung nicht oder nur sehr unzureichend in das Entscheidungskalkül der Produzenten und Konsumenten einfließen. Die benutzten Umweltmedien haben bislang keinen Preis. Die Folge sind nicht zukunftsverträgliche Produktions- und

Konsummuster sowie eine weiterhin zu geringe Berücksichtigung von Umweltschutzaspekten bei der Entwicklung von neuen Produkten und Technologien.

Im Kontext des sustainable development-Ansatzes ergibt sich daraus die Notwendigkeit, dieses Versäumnis nachzuholen, wozu verschiedene Instrumente und Methoden vorgeschlagen wurden (z. B. eine verschärfte Umwelthaftung, Abgaben auf Umweltbelastungen, Zertifikatslösungen, Kompensationslösungen, Internalisierung der externen Kosten). Entscheidend bei der Umsetzung dieser Vorschläge ist der politische Rahmen, in dem die sachgerechte Integration des Umweltschutzes erfolgen soll. Hier besteht die Gefahr, daß ein Übermaß an ordnungsrechtlichen Detailregelungen die notwendigen Freiräume für ein proaktives Handeln von Unternehmen und anderen Akteuren zu sehr einengt (s. Kap. 7).

Ein ökologischer Strukturwandel muß auf alle Fälle durch eine verbesserte Information über die Zusammenhänge, Qualifikation der Akteure, Bildung und Ausbildung sowie Kommunikation begleitet werden. Dieser Wandel kann nur bei Erhaltung der Wettbewerbsfähigkeit erreicht werden, die eine Harmonisierung der Methoden und eine Innovationsoffensive voraussetzt. Die marktwirtschaftlichen Systemen innewohnende Entwicklungsdynamik sollte in den Dienst des Umweltschutzes gestellt werden.

Eine entscheidende Voraussetzung für den Erfolg eines ökologischen Strukturwandels liegt darin, daß die wirtschaftlichen Akteure auf die Änderung der ökonomischen und umweltpolitischen Rahmenbedingungen konstruktiv reagieren. Hierzu gehört vor allem die Einführung eines Umweltmanagementsystems.

Ein wichtiger Beitrag in dieser Richtung ist das weltweite „Responsible Care-Programm" der chemischen Industrie.

„Responsible Care" steht für den Willen zu einer ständigen Verbesserung von Sicherheit, Gesundheit und Umweltschutz- unabhängig von ordnungsrechtlichen Vorgaben. Zugleich sollen Vertrauen und Akzeptanz der Bürger gewonnen werden.

Die Grundzüge des internationalen Programms, das in Deutschland unter dem Begriff „Verantwortliches Handeln" ausgebaut wird, sind:
- eine förmliche Verpflichtung jeder Firma zu Leitlinien,
- eine Reihe von Regeln, Hilfen und Checklisten, die den Firmen bei der Umsetzung der Verpflichtung helfen sollen,

- die Entwicklung von Indikatoren, an denen Verbesserungen gemessen werden können,
- ein fortlaufender Kommunikationsprozeß über Gesundheit, Sicherheit und Umwelt,
- das Bereitstellen von Foren, in denen die Mitgliedsfirmen Meinungen und Erfahrungen über die Umsetzung der Verpflichtung austauschen können,
- die Übernahme eines Namens und Logos, die eindeutig klarmachen, daß das nationale Programm mit dem Konzept von „Responsible Care" übereinstimmt und ein Beitrag dazu sind und
- Überlegungen, wie am besten erreicht wird, daß sich alle Mitgliedsfirmen zu „Responsible Care" verpflichten.

Innerhalb dieses Rahmens haben die nationalen Verbände einen Gestaltungsspielraum, um die kulturelle, rechtliche oder politische Situation ihres Landes berücksichtigen zu können.

3.4.5 Umweltmanagement und Stoffstrommanagement

Die freiwillige Einführung eines Umweltmanagementsystems ist eine ethische Grundlage eines ganzheitlichen Stoffstrommanagements. Damit kann das Leitbild einer nachhaltig zukunftsverträglichen Entwicklung mit den Verhaltensweisen der handelnden Personen in Verbindung gebracht werden.

Mit der Einführung eines Umweltmanagementsystems wird das Ziel verfolgt, den Umweltschutz in alle Aufgabenfelder, Tätigkeiten, Produkte und Produktionen eines Unternehmens zu integrieren. Es ist vornehmlich eine innerbetriebliche Maßnahme und umfaßt alle Ebenen einer Betriebsorganisation und soll zu einem integrierten Gesamtmanagement führen. Die Unternehmen können damit ihrer Verantwortung für die Umwelt wirkungsvoll gerecht werden.

Die Einführung eines Umweltmanagements bedeutet, daß das Unternehmen eine betriebsinterne Umweltpolitik festlegt. Dieses erfordert, neben den traditionellen Unternehmenszielen, die Festlegung und kontinuierliche Fortschreibung von Umweltzielen, die Verpflichtung zur fortlaufenden Verbesserung der umweltorientierten Leistung und die Verpflichtung zur periodischen Veröffentlichung dieser Umweltpolitik, dieser umweltpolitischen Ziele und der erreichten Leistungen in einer Umwelterklärung. Die Verantwortung für die Umweltpolitik liegt bei der jeweils höchsten Managementebene und ist für alle Beteiligten des Unternehmens verpflichtend.

Umweltmanagement bedeutet auch die Ausbildung des Personals für eine qualifizierte Wahrnehmung der Verantwortung für die Umwelt im Rahmen der Tätigkeiten für das Unternehmen. Diese Aufgabe kann nicht hoch genug eingeschätzt werden. Nur mit entsprechend qualifizierten, informierten und motivierten Mitarbeitern kann ein Unternehmen die Verantwortung für seine Produktion und seine Produkte wirklich übernehmen. Die Qualifizierung der Mitarbeiter zu umweltbewußtem Verhalten sollte jedoch auch außerhalb des Unternehmens geleistet werden. Die Bildung und Ausbildung zu umweltverträglichem Verhalten muß ein integraler Bestandteil der Ausbildungsgänge in Schulen, Hochschulen, beruflicher Bildung und Erwachsenenbildung werden.

Die Einführung eines Umweltmanagements bedeutet auch die Verpflichtung zur Weiterentwicklung der Produktionsverfahren und Produkte und zur Kontrolle, Erfassung und Verminderung der Umweltauswirkungen durch die Produktion der Produkte in einem ganzheitlichen medienübergreifenden Ansatz am Produktionsstandort. Hierzu gehört auch der Energie- und Materialverbrauch von primären und sekundären Rohstoffen. Dieses gilt sowohl für den Normalbetrieb als auch für den Störfall.

Umweltmanagement bedeutet letzlich die kontinuierliche Optimierung der gesamten Produktlinie eines Unternehmens auch nach umweltspezifischen Aspekten. Zu dieser Produktlinienoptimierung gehören die Aspekte der recyclinggerechten Konstruktion, des produkt- und produktionsintegrierten Umweltschutzes, der Transportoptimierung und der Abfallreduzierung in quantitativer und qualitativer Hinsicht. Es bedeutet die Verpflichtung zur Innovation.

Ein wichtiger Teil des Umweltmanagementsystems ist ein periodisch zu wiederholendes Öko-Audit, zu dem auch ein Ist-Soll-Vergleich mit der nationalen bzw. europäischen Gesetzgebung gehört, wie es in der EWG-Verordnung 1836/93 beschrieben ist. Ein wesentliches Ziel des Umweltmanagements soll die Orientierung an der best available technology (BAT) sein, die zu einer kontinuierlichen technologischen Verbesserung führen soll.

Mit diesem Öko-Audit soll die Umweltleistung erfaßt und dokumentiert werden. Sie ist durch staatlich bestellte Umweltgutachter zu überprüfen und dann durch das Management des Unternehmens in einer Umwelterklärung zu veröffentlichen.

Die Kommunikation mit der Öffentlichkeit ist ein integraler Bestandteil des Systems und soll auch durch regelmäßige Gespräche und Informationsveranstaltungen mit der Öffentlichkeit und den Medienvertretern ergänzt werden. Sie beinhaltet auch die Information der Verbraucher. Zur Wahrnehmung der Verantwortung der Produzenten für ihre Produkte gehört die Unterstützung und Anleitung der Verbraucher zu einem verantwortungsbewußten Umgang mit den Produkten. Hierzu sind vor allem ausreichende und verständliche Informationen über die umweltrelevanten Eigenschaften der Produkte erforderlich.

Neben diesen von den Unternehmen als verpflichtend übernommenen Aufgaben sind viele Unternehmen darüber hinaus freiwillig auch im Verwendungsbereich ihrer Produkte tätig. Hier ist im Bereich der Mobilität die Reduzierung des Kraftstoffverbrauchs beim Betrieb der PKW zu nennen. Einige Automobilunternehmen führen z. B. auch erhebliche Forschungen u. a. auf den Gebieten Infrastruktur, Verkehrsprobleme und Integration von öffentlichem und privatem Verkehr durch.

Produktlinienoptimierung

Im vorstehenden Kapitel zum Umweltmanagement wurde bereits über die Bedeutung der betrieblichen Produktlinienoptimierung gesprochen. Sie umfaßt die Produktionsstufen eines Produktes am jeweiligen Produktionsstandort. Sie umfaßt die Vorlieferanten und deren Produkte jedoch nur zum Teil. Trotzdem bedeutet sie eine erhebliche Innovationsleistung des Unternehmens und ist daher für die Fortentwicklung des Produktes und auch der Produktionsverfahren von großer Bedeutung.

Eine Produktlinienanalyse will darüber hinaus die Herstellung eines Produktes von der Wiege bis zur Bahre – von der Rohstoffgewinnung über die Produktion und den Konsum bis zur Abfallbehandlung – erfassen. Sie erhebt auch den Anspruch, die verschiedenen ökologischen, ökonomischen und sozialen Probleme auf den verschiedenen Stufen des Produktlebenszyklus mit in die Analyse einzubeziehen. Die Produktlinienanalyse geht in ihrem Betrachtungshorizont also weit über die Produktlinienoptimierung hinaus. Die Produktlinienoptimierung ist auf die effektive Optimierung von Betriebsabläufen und Produkteigenschaften im Verantwortungsbereich eines Unternehmens ausgerichtet. Die Produktlinienanalyse dient hauptsächlich der Schwachstellenanalyse entlang des gesamten Lebensweges eines Produktes. Beide stehen in einem inneren Zusammenhang zueinander. Ein Unternehmen kann durch eine Produktlinienanalyse erkennen, welchen Stellenwert die im eigenen Verantwortungsbereich durchgeführten Verbesserungen in Relation zu anderen Problembereichen der Produktlinie außerhalb seines direkten Verantwortungsbereiches haben. Eine Produktlinienanalyse kann auch Anstöße für Unternehmen geben, kooperativ auf verschiedenen Stufen des Produktlebensweges Produktlinienoptimierungen durchzuführen. Hierbei können erhebliche Synergieeffekte erzielt werden.

In diesem Zusammenhang können Ökobilanzen unterschiedlicher Detailtiefe sehr hilfreich sein. Aus der Sicht des Umweltschutzes geht es im wesentlichen darum, die Umwelteigenschaften der Produkte über den gesamten Lebensweg, also nicht nur im Bereich der Produktion zu verbessern. Voraussetzung hierfür ist die Erfassung aller Umweltbeeinflussungen und der möglichen Änderungspotentiale. Die ökologische Optimierung der Produkte ist also als die wesentliche Zielsetzung bei der Aufstellung von Ökobilanzen zu bewerten. In einem nationalen Grundsatzpapier für produktbezogene Ökobilanzen des Deutschen Instituts für Normung (DIN) wird dies entsprechend ausgeführt (DIN, 1994, S. 208 ff.).

Die Produktlinienanalyse kann als eine sehr umfangreiche Form der Ökobilanz angesehen werden, die auch ökonomische und soziale Betrachtungen sowie eine Nutzenbewertung umfaßt. Sie kann in einigen ausgewählten Fällen sicher eine fundierte Entscheidungshilfe sein. Sie ist jedoch so kompliziert und aufwendig, daß sie als Instrument im Umweltmanagement nur in Ausnahmefällen in Frage kommt.

Stoffstrommanagement

Neben dem eingangs beschriebenen Begriff „Umweltmanagement" wird von der Enquete-Kommission auch der Begriff „Stoffstrommanagement" verwendet. Umweltmanagement und Stoffstrommanagement sind nicht dasselbe. Es gibt jedoch zwischen beiden Bereichen auch Überschneidungen und Gemeinsamkeiten. Das Umweltmanagement beinhaltet die Einführung ökologischer Aspekte in alle Bereiche betrieblicher Tätigkeit – Produktion, Produkte, Ressourcenverbrauch, Störfallvorsorge, Lärmschutz, Ausbildung, Zulieferer – sowie das Gespräch mit der Öffentlichkeit. Es beinhaltet ferner die Verpflichtung zur Weiterentwicklung betrieblicher Umweltstandards und Umweltziele und setzt das Vorhandensein einer Umweltpolitik des Unternehmens voraus.

Während der Betrachtungsschwerpunkt des Umweltmanagements von dem spezifischen Standort eines Unternehmens und seinen unterschiedlichen Auswirkungen auf die Umwelt ausgeht, liegt der Schwerpunkt des

Stoffstrommanagements bei der Betrachtung bestimmter Stoffströme „von der Wiege bis zur Bahre". Das Stoffstrommanagement ist auf die zielorientierte, ganzheitliche und effiziente Beeinflussung von Stoffsystemen ausgerichtet. Stoffströme und Stoffsysteme können mit sehr unterschiedlichen Zielen beeinflußt werden. „Im allgemeinen beinhaltet jede Form von Produktion eine Form von Stoffstrommanagement. Ökologisches Stoffstrommanagement ist die Beherrschung (des Risikos) unerwünschter Stoffströme in der Umwelt" (Man, 1994, S. 4). Die Enquete-Kommission unterscheidet nicht zwischen Stoffstrommanagement und ökologischem Stoffstrommanagement, da das Stoffstrommanagement immer ökologische Zielvorgaben einschließen sollte.

Der unternehmens- und branchenübergreifende Charakter ökologisch relevanter Stoffströme bedingt, daß am Stoffstrommanagement in der Regel mehrere Akteure in unterschiedlichen Formen des Zusammenwirkens beteiligt sind. Hierzu gehören neben den wirtschaftlichen Akteuren auch der Staat und indirekt beteiligte Akteure. Die Ziele des Stoffstrommanagements können auf betrieblicher Ebene, in der Kette der beteiligten Akteure oder auf staatlicher Ebene entwickelt werden. Die Rolle des Staates im Stoffstrommanagement wird sich – ebenso wie im Umweltmanagement – im wesentlichen auf das Setzen von Rahmenbedingungen beschränken.

Ziele und Aufgaben des Managements von Stoffströmen werden in Kapitel 6 genauer beschrieben.

3.4.6 Wandel der Wertvorstellungen und Lebensstile

Annäherungen an das Leitbild einer nachhaltig zukunftsverträglichen Entwicklung durch einen ökologischen Strukturwandel verlangen Änderungen von Produktions- und Konsumgewohnheiten, die mittel- bis langfristig einen tiefgreifenden Wandel von Wertvorstellungen sowohl zur Folge als auch zur Voraussetzung haben.

Diese Annäherung vollzieht sich durch die Verwirklichung operationalisierter umweltpolitischer Ziele, für die Handeln und Verhalten der Akteure wichtiger sind als Einstellung und Wissen, die zwar notwendige, allein jedoch nicht hinreichende Voraussetzungen für umweltgerechtes Handeln darstellten. Akteure sind in diesem Zusammenhang sowohl die verantwortlichen Leitungspersonen und die Mitarbeiter in der Produktion, im Handel, im Gewerbe und im Dienstleistungssektor, als auch alle Bürger als Konsumenten. Es ist unwahrscheinlich, daß sich grundlegende Veränderungen in Entscheidungs- und Handlungsgewohnheiten kurzfristig und innerhalb einer Generation erzielen lassen. Eher vollziehen sie sich im Wechsel der Generationen bzw. im Verlauf des Heranwachsens neuer Generationen, die ihr Erwachsenenleben bereits mit veränderten Wertvorstellungen beginnen. In diesen Prozessen haben institutionelle Leitbilder und Organisationskulturen prägenden Einfluß auf Urteils- und Verhaltensgewohnheiten der Einzelnen. So wie Max Planck darauf hinwies, daß ein neues Paradigma in den Wissenschaften sich nicht dadurch durchsetzt, daß die Anhänger des Alten überzeugt werden, sondern dadurch, daß sie aussterben, und die Anhänger des Neuen nachwachsen, so gewöhnt man die ältere Generation, die 50 Jahre auf weißes Papier geschrieben hat, nicht mehr an graues; aber deren Kinder und Enkel verlangen danach.

Änderungen im Denken und Handeln können vom Staat nicht erzwungen werden. Eine langfristig angelegte Politik kann diesen Wandel jedoch unterstützen. Auch Schul- und Berufsausbildung spielen dabei eine entscheidende Rolle. In diesem Zeitraum findet ein entsprechendes soziales Lernen statt, in dessen Verlauf die neuen Verhaltens- und Lebensweisen angeeignet und eingeübt werden. Rückblickend betrachtet kann diese Veränderung der Lebensweisen und Lebensstile unter dem Begriff des Mentalitätswandels zusammengefaßt und beschrieben werden. Ein solcher Umschwung der Einstellungs- und Verhaltensweisen ist vergleichbar mit den grundlegenden Prozessen des Wandels von Mentalitäten zu Beginn der Moderne sowie während der industriellen Revolution.

Der heutige Lebensstil der Industrieländer ist per se nicht zukunftsverträglich. Dies wird sofort deutlich, wenn wir uns vorstellen, alle Menschen dieser Erde würden auf dem Niveau des Energieverbrauchs pro Kopf leben, den die Bürger der Industrieländer sich leisten. Von anderen Ressourcen oder der Verkehrsdichte oder dem Verzehr von Lebensmitteln tierischer Herkunft gar nicht zu reden.

In Anerkennung dieser Tatsache haben sich 1992 über 170 Länder dieser Erde auf der UN-Konferenz für Umwelt und Entwicklung in Rio de Janeiro zum Leitbild der „nachhaltigen Entwicklung" bekannt. Diese Verpflichtung bedeutet, der Verschwendung natürlicher Ressourcen Einhalt zu gebieten und die Inanspruchnahme dieser Ressourcen der Leistungsfähigkeit des Naturhaushaltes anzupassen.

So wird denn auch in der Rio-Deklaration im Grundsatz 8 gefordert:
„Um eine nachhaltige Entwicklung und eine bessere Lebensqualität für alle Menschen zu erlangen, sollen die Staaten nicht nachhaltige

Produktions- und Verbrauchsstrukturen abbauen und beseitigen und eine geeignete Bevölkerungspolitik fördern." (BMU, 1993, S. 45f.)

Es besteht wohl kein Zweifel mehr, daß die ressourcenaufwendige Wirtschaftsweise wie sie die Industrieländer heute prägt, bei einer weltweiten Nachahmung in den ökologischen Kollaps führen würde (Nationales Komitee zur Vorbereitung der UN-Konferenz für Umwelt und Entwicklung in Brasilien, 1992). Nun können und dürfen wir schwerlich erwarten, daß die nicht oder gering industrialisierten Länder Verzicht üben, während wir in den Industrieländern mehr oder minder weitermachen wie bisher.

Auf Seiten der Konsumenten ist eine Änderung der Verhaltensweisen vor allem im Bereich der jüngeren Generation und der gesellschaftlichen Mittelschichten bereits in Ansätzen zu beobachten. Dies drückt sich vor allem in veränderten Qualitätsmaßstäben im Bereich nachgefragter naturbelassener Lebensmittel und Textilien oder im Verzicht auf das Automobil als vorrangiges Verkehrsmittel in Großstädten aus.

Worauf es ankommt ist, einen Weg zwischen Askese und permissiver Bequemlichkeit zu finden. Askese kann jeder für sich selbst leben und er oder sie wird nicht nur den Vorteil des höheren Lebensgenusses haben, sondern auch die Befriedigung, sich umweltgerecht und zukunftverträglich zu verhalten, aber Askese ist weder eine Lebensform von Mehrheiten, noch kann sie anderen verordnet oder aufgezwungen werden. Die Kirche weiß, daß es auf die Dauer auch nicht besonders erfolgreich ist, Askese zu predigen. Die permissive Bequemlichkeit der vergangenen Jahrzehnte andererseits ist nicht zukunftsfähig. Sie ist eine andere Form von „no future" verbunden mit struktureller Gewalt, da die Welt für künftige Generationen unbewohnbar wird.

Der zukunftsfähige Lebensstil braucht Schick und Glanz. Anders leben heißt bewußter genießen, es heißt nicht auf Genuß verzichten. Es ist nicht wahr, daß nur kratzige Wäsche und Sandalen umweltverträglich sind. Sorgen wir dafür, daß die zukunftsverträglichen Lebensformen nicht mit Verzicht, sondern mit Freude, nicht mit Grau, sondern mit allen Farben der Natur, nicht mit Verboten, sondern mit Lebensbejahung und Sinnenlust verbunden werden. Damit gewinnen wir eine Mehrheit für das Leben und für das Leben eine Zukunft.

Auch im Bereich von Produktion und Handel sind Verhaltensänderungen erkennbar, ohne daß im einzelnen untersucht werden soll, wodurch sie angestoßen sind. Umweltschutz wurde bereits vor Jahren zur „Chefsache" erklärt. Wenngleich in der Breite Umweltmanagement und proaktives unternehmerisches Handeln sich nur langsam durchsetzt, und wenn auch Vertreter von Verbänden über die übertriebene und nicht harmonisierte Umweltpolitik klagen, gibt es doch eine große Zahl von Beispielen von Unternehmen, die mit eigenen Initiativen hervorgetreten sind. Hierzu zählen u. a. Handelsketten, die bestimmte umweltbelastende Produkte aus ihrem Sortiment genommen haben oder die Produkte im Hinblick auf belastende Verpackungsstoffe durchforstet haben, ebenso wie Textilunternehmen, die auf schwermetallhaltige Farbstoffe verzichten oder Chemieunternehmen, die den Nutzen ihrer in der Produktionspalette enthaltenen Güter hinterfragen.

Ein weiteres Anzeichen für diese Tendenz kommt aus dem Verband junger Unternehmer. Sie sprechen sich aus für einen ökologischen Umbau des Steuersystems, dafür, daß Produkte so konstruiert sein sollten, daß sie am Ende ihrer Nutzungsdauer stofflich verwertet werden können oder auch dafür, daß nicht Güter sondern Dienstleistungen im Sinne eines Ökoleasing nachgefragt werden. Insgesamt werden im Bereich der Unternehmen mehr und mehr Elemente eines proaktiven Umweltmanagements in die Unternehmensführung integriert. Dazu zählen u. a. Selbstverpflichtungen im Hinblick auf Emissions- und Abfallminderungsziele, das Öko-Audit, die Bereitstellung von Investitionskapital für Emissions- und Abfallminderungsziele oder der erklärte Verzicht auf als kritisch erkannte Produkte. Es ist dabei nicht erheblich, ob dies deswegen geschieht, weil damit einem veränderten Nachfrageverhalten von Verbrauchern Rechnung getragen wird, oder ob der Verzicht eigener Einsicht entspricht.

Die Suche nach zukunftsfähigen Lebensstilen wird durch die Suche nach einer entsprechenden ethischen Fundierung begleitet. Viele Verlautbarungen zu einer nachhaltigen Weltentwicklung stimmen darin überein, daß der hierfür notwendige ökologische Umbau der Wirtschaft nicht denkbar ist ohne einen Wandel in den Wertsystemen, ohne einen Übergang zu einer Art von ökologischer Ethik.

Fragt man nun nach den Grundwerten einer solchen Ethik, so schälen sich – grosso modo – zwei Orientierungen heraus. Für die eine – die anthropozentrische – Variante steht der Mensch im Mittelpunkt. Die Umwelt ist zu schützen, sofern und soweit sie auch langfristig die Lebensgrundlage des Menschen ist. Der Mensch hat daher nur eine von seinen Überlebensinteressen diktierte – abgeleitete – Verantwortung für die Natur. Was diesen Interessen nicht dienlich ist, kann auch nicht Gegenstand ethischer Forderungen sein.

Die von Albrecht Schweitzer geprägte Formel „Ehrfurcht vor der Natur" steht für eine Ethik, für die der Mensch nicht mehr der Mittelpunkt ist. Mensch und Natur sind hier als gleichursprünglich gedacht; ein rein instrumentelles Verhältnis von Mensch und Natur wird daher abgelehnt. Die Umwelt ist immer auch um ihrer selbst willen zu schützen. „Ehrfurcht" steht für das Gefühl des Nichtverfügen-Könnens bzw. -Dürfens.

Für die Umsetzung des sustainable development-Ansatzes in das Alltagshandeln genügt an sich ein anthropozentrisch definiertes Selbstinteresse. Dieses würde jedoch unterstützt und verstärkt durch die eher biozentrische Grundorientierung im Sinne Albrecht Schweitzers und seiner Ehrfurcht vor der Natur.

4 Beispielhafte Betrachtung von Stoffströmen

Die Enquete-Kommission näherte sich der Aufgabe, Bewertungskriterien und Perspektiven für umweltverträgliche Stoffströme zu entwickeln, auf zwei Wegen. Sie ging zum einen vom Konzept einer nachhaltig zukunftsverträglichen Entwicklung aus, dem übergeordneten Leitbild einer Stoffpolitik (s. Kap. 4), und prüfte die Tauglichkeit dieses theoretischen Modelles für den Umgang mit Stoffen. Zum anderen nahm sie beispielhafte Stoffstrombetrachtungen zum Ausgangspunkt, um aus den hierbei gewonnenen Erkenntnissen über konkrete Stoffströme und deren ökologische, ökonomische und soziale Implikationen verallgemeinerbare Schlüsse für den verantwortungsvollen Umgang mit Stoff- und Materialströmen zu ziehen.

Für beipielhafte Stoffstrombetrachtungen wählte die Enquete-Kommission drei Einzelstoffe, zwei sogenannte Bedürfnisfelder sowie einen Produktionssektor aus. Stoffstromanalysen der drei Einzelstoffe, nämlich des Schwermetalls Cadmium, des Aromaten Benzol und des neuen FCKW-Substitutes R 134a sind im Zwischenbericht der Enquete-Kommission dargestellt (Enquete-Kommission „Schutz des Menschen und der Umwelt", 1993, S. 106–225). Es wurden ökologische, ökonomische und soziale Aspekte berücksichtigt und stoffpolitische Handlungsempfehlungen abgegeben. Im folgenden werden die drei Stoffstrombetrachtungen zusammengefaßt dargestellt.

Als Beispiele für Bedürfnisfelder entschied sich die Enquete-Kommission für „Textilien/Bekleidung" und „Mobilität". Bedürfnisfelder werden als komplexe Systeme von Stoffströmen aufgefaßt, die der Erfüllung menschlicher bzw. gesellschaftlicher Bedürfnisse dienen. Die Darstellung des Stoffstromsystems „Textilien/Bekleidung" im Zwischenbericht (Enquete-Kommission „Schutz des Menschen und der Umwelt", 1993, S. 225–271) wird hier um Erkenntnisse aus zwei nicht öffentlichen Anhörungen und aus zwei Studien ergänzt.

Die Stoffströme des Bedürfnisfeldes Mobilität konnten im Zwischenbericht noch nicht dargestellt werden. Dies wird an dieser Stelle nachgeholt, wobei Ergebnisse einer öffentlichen und einer nicht öffentlichen Anhörung sowie einer Studie berücksichtigt werden.

Schließlich befaßte sich die Enquete-Kommission mit dem Produktionssektor Chlorchemie, welcher seit einigen Jahren im Brennpunkt stoffpolitischer Auseinandersetzungen steht.

4.1 Einzelbeispiele

4.1.1 Cadmium

Cadmium ist von der Enquete-Kommission als Einstiegsbeispiel ausgewählt worden, da bei dem Schwermetall von einer guten Datenlage, einer eindeutigen toxikologischen Bewertung und der fehlenden Abbaubarkeit des Metalls ausgegangen werden konnte. Cadmium ist ein ubiquitäres Element und als natürliche Beimengung in nahezu allen Roh- und Naturstoffen enthalten.

Stoffstromanalyse

Um einen allgemeinen Überblick über die Cadmiumstoffströme in der Bundesrepublik Deutschland zu erhalten, hat die Enquete-Kommission eine Studie beim Fraunhofer-Institut für Systemtechnik und Innovationsforschung (FhG/ISI) in Karlsruhe in Auftrag gegeben (Bätcher/Böhm, 1994) und eine interne Anhörung mit sechs Sachverständigen durchgeführt.

Auf dieser Basis hat die Enquete-Kommission in ihrem Zwischenbericht den gesamten Cadmium-Stoffstrom, bezogen auf das Jahr 1986 (alte Bundesländer), bilanziert und in Form eines Mengenflußschemas dargestellt (Enquete-Kommission „Schutz des Menschen und der Umwelt", 1993).

Danach wurden im Jahr 1986 insgesamt ca. 3 200 t Cadmium in das Gebiet der Bundesrepublik Deutschland eingetragen, wobei ca. 53% von metallhaltigen Erzen (insbesondere Zinkerzen), Brennstoffen (insbesondere Steinkohle) und anderen diversen Rohstoffen (u. a. Phosphaterzen) stammten. Der Rest wurde als reines Cadmiummetall oder als Bestandteil von Halbfertigprodukten und sekundären Rohstoffen importiert.

Trotz der sinkenden Nachfrage blieb in der Bundesrepublik Deutschland in den achtziger Jahren die Produktionsrate von reinem Cadmiummetall mit jährlich ca. 1 200 t konstant. Dies war in der unverändert hohen Nachfrage nach Zink begründet, bei dessen Gewinnung aus primären und sekundären Rohstoffen das Schwermetall zwangsweise aufgrund von Qualitätserfordernissen für Zink anfällt. Cadmium wird gezielt eingesetzt in Nickel/Cadmium-Akkumulatoren (NC-Akku) und Pigmenten, als chemischer Stabilisator für Kunststoffe sowie in metallischen Beschichtungen, Glasprodukten und Legierungen.

Im gleichen Jahr gelangten ca. 460 t des Schwermetalls als Bestandteil von Abfällen des privaten Verbrauchs und der Industrie auf Deponien.

Die Cadmiumemissionen, für die im wesentlichen die Eisen- und Stahlindustrie, die Feuerungsanlagen, die Steine- und Erdenindustrie, die Nicht-Eisenmetallindustrie und die Abfallverbrennung verantwortlich sind, weisen aufgrund von behördlichen Auflagen und technischen Verfahrensänderungen eine rückläufige Tendenz auf.

Das Cadmium-Mengenflußschema zeigt, daß die Zinkproduktion eine Senke für nahezu alle cadmiumhaltigen Produkte, Zwischenprodukte und Rückstände anderer Branchen ist. Daher ist die Zinkproduktion für die geforderte Erfassung und Produktion von Cadmium von großer Bedeutung.

Belastung der Bevölkerung

Die Immissionsbelastung der Bevölkerung, gemessen an den Überwachungsmeßstellen des Umweltbundesamtes, ist ebenfalls rückläufig und erreichte im Jahr 1992 den Wert von 0,2 ng/m^3 für ländliche Gebiete. In Nordrhein-Westfalen, einem industriellen Kerngebiet Deutschlands, gingen die Immissionswerte in den Jahren 1985 bis 1992 von 4 auf 1,6 ng/m^3 zurück. Sie liegen damit im unteren Normbereich.

Die Cadmiumbelastung von landwirtschaftlich genutzten Flächen durch atmosphärische Einträge lag im Jahr 1991 bei ca. 41,5 t (ca. 3,5 g/ha). Dazu kamen u. a. noch rund 25 t (ca. 2,1 g/ha) durch die Aufbringung von mineralischen Phosphatdüngern.

Die aktuelle Belastung der Bevölkerung wird durch die Blut-Cadmiumwerte erfaßt. 99,2 % der Menschen haben inzwischen unauffällige oder leicht erhöhte Werte. Der Median liegt bei 0,3 µg/l. Allerdings haben Raucher einen 6,6fach höheren Wert als Nichtraucher (UBA, 1994 e, S. 27–31).

Die Hauptaufnahmequellen von Cadmium bei Menschen ohne Arbeitsplatzbelastung sind die Nahrung (ca. 7 bis 30 µg/d) und der Tabakkonsum (20 Zigaretten entsprechen ca. 30 µg). Durch die Nahrungsaufnahme wird die vom „Joint FAO/WHO Expert Committee on Food Additives" (JECFA) bekannt gegebene vorläufig tolerierbare maximale Cadmiumaufnahme zu 40 % mit fallendem Trend ausgeschöpft.

Ökonomische und soziale Auswirkungen

Im Vergleich zu den siebziger und achtziger Jahren sind die ökonomischen Erlöse aus dem Verkauf des bei der Zinkproduktion zwangsweise bzw. nachfrageunabhängig anfallenden Cadmiums für die Produzenten relativ gering und werden sich infolge der zurückgehenden Verwendung und Nachfrage weiter reduzieren. Dies hat bereits zu einer Belastung der Zinkindustrie geführt. Bei weiter rückläufigen Erlösen aus dem Cadmiumverkauf kann die Zinkproduktion und damit die Senkenfunktion dieser Industrie für Cadmium gefährdet werden. Gleiches gilt für die entsprechenden Arbeitsplätze.

In der cadmiumverarbeitenden Industrie dagegen kann Cadmium weitgehend ohne wesentliche wirtschaftliche Einbußen durch entsprechende Substitute ersetzt werden. Eine Ausnahme bildet derzeit die Verwendung als aktive Masse in Nickel/Cadmium-Akkumulatoren, dem derzeitigen Hauptverwendungszweck für das Schwermetall.

Landwirte müßten bei ausschließlicher Verwendung cadmiumärmerer Phosphatdünger mit höheren Kosten rechnen.

Empfehlungen der Enquete-Kommission

In ihrem Zwischenbericht hat sich die Enquete-Kommission dafür ausgesprochen, den anthropogenen Eintrag von Cadmium in die Umwelt durch ein effektives Stoffstrommanagement weiter zu kontrollieren. Dies gilt insbesondere für die landwirtschaftlich genutzten Flächen.

Empfehlungen im einzelnen:

– Ausschleusung aus dem Stoffstrom
  Die Zinkindustrie darf ihre Funktion als Senke für primäres und sekundäres Cadmium nicht verlieren. Daher sollte das für die Zinkindustrie unverkäufliche Cadmiummetall durch die öffentliche Hand in nicht bioverfügbarer Form kostenfrei deponiert werden.

- Anwendungsverbote

    Für Cadmium sollte ein Anwendungsverbot in den Bereichen erlassen werden, in denen keine wirkungsvollen Recyclingwege aufgebaut werden können. Diese einschränkenden Maßnahmen sind rechtzeitig anzukündigen.

- Kennzeichnungs-, Rücknahme- und Verwertungspflicht

    Eine künftige Verwendung von Cadmium in Konsumprodukten sollte die Kennzeichnung, die Rückgabe und Rücknahme, die getrennte Sammlung und die Verwertung zur Voraussetzung haben. Die Rückführung von Cadmium in die Verwertung ist zu dokumentieren und regelmäßig nachzuweisen. Es ist Aufgabe der Produzenten, Händler und Importeure, eine Logistik zu entwickeln, die das Recycling möglich macht. Bei Nickel/Cadmium-Akkumulatoren ist das Recycling ohne ein spürbares Pfand schwer vorstellbar. Batteriebetriebene Geräte sind so zu konstruieren, daß ein Ausbau der Batterien möglich ist. Die stärkste Belastung für den Menschen ist heute durch das Rauchen gegeben. Darauf ist durch Kennzeichnung hinzuweisen.

- Verminderung des Eintrags über Dünger und Klärschlamm

    Die Verwendung von Phosphatdüngern sollte sich auf das notwendige Maß beschränken. Entsprechende EDV-Programme sind inzwischen entwickelt worden. Mittelfristig ist zusätzlich eine Entfernung des Cadmiums aus Rohphosphaten zu prüfen. Die Klärschlammaufbringung ist mit den gleichen Methoden zu überwachen.

- Emissionsminderung

    Die eingeleiteten Emissionsminderungsmaßnahmen sollten konsequent fortgesetzt werden.

- Monitoring der Stoffströme

    Die Cadmiumemissionen und -immissionen, die Cadmiumaufnahme des Menschen über die Nahrung sowie die Cadmiumgesamtgehalte im Abfall sollten in regelmäßigen Abständen erfaßt und protokolliert werden. Cadmium sollte weiter ein Bestandteil der Umweltsurveys des Umweltbundesamtes sowie der Wirkungskataster der Länder bleiben. Diese Berichte sollten routinemäßig dem Parlament zugeleitet werden.

- Importe von Zink

    Um zu verhindern, daß Zinkimporte mit hohen Cadmiumkonzentrationen eingeschleust werden, sollten diese auf ihren Cadmiumgehalt untersucht werden.

- Qualitätsnormen für Zink

  Die DIN-Normen für Zink sollten ständig dem Stand der Cadmiumminderungstechnik angepaßt werden. Es muß sichergestellt werden, daß Cadmium aus primären und sekundären Rohstoffen weiterhin abgeschieden und rein gewonnen wird.

4.1.2 Benzol

Die Untersuchung des Benzol-Stoffstroms wurde von der Enquete-Kommission unter dem Aspekt ausgewählt, daß der Umgang mit Benzol beispielhaft für den Umgang mit einem kanzerogenen Stoff betrachtet werden kann. Der Toxizität des Benzols steht der mit der Nutzung von Erdöl zwangsläufig verbundene Anfall dieses Stoffes sowie dessen Nutzung als Chemie-Rohstoff gegenüber.

Die Analyse des Stoffstromes von Benzol sollte zeigen, ob und an welchen Stellen des Stoffstromes Handlungsspielraum besteht, um die Risiken im Umgang mit Benzol zu verringern. Darüber hinaus diente Benzol der Enquete-Kommission dazu, den gesundheits- und umweltpolitischen Umgang mit einem Kanzerogen zu untersuchen. Da dieser Umgang nicht zuletzt von der Kenntnis und der Akzeptanz des Gesundheitsrisikos der Betroffenen abhängt, untersuchte die Kommission auch, inwieweit die benzolbedingten Gesundheitsrisiken in der Bevölkerung überhaupt bekannt sind und unter welchen Kriterien diese Risiken akzeptiert werden.

Die Enquete-Kommission führte zur Ermittlung des aktuellen Kenntnisstandes am 22. und 23. Oktober 1992 eine öffentliche Anhörung durch (KDrs 12/2; KDrs 12/2a–c) und beauftragte das Fraunhofer-Institut für Aerosolforschung mit der Erstellung einer Studie zu dem „Aktuellen Kenntnisstand über Herkunft und Verbleib von Benzol und seinen industriell bedeutendsten Folgeprodukten". Am 28. Mai 1993 schloß sich eine interne Anhörung zum Thema „Risikoabschätzung und Risikoakzeptanz" an. Die auf der Basis der Anhörungen und der Studie gewonnenen Fakten und Erkenntnisse sowie daraus abgeleitete Folgerungen und Handlungsempfehlungen sind im Zwischenbericht der Enquete-Kommission en detail ausgeführt (Enquete-Kommission „Schutz des Menschen und der Umwelt", 1993, S. 137 ff.). Daher sollen an dieser Stelle lediglich die wichtigsten Ergebnisse und die Handlungsempfehlungen der Enquete-Kommission dargestellt werden.

Benzol ist durch sein natürliches Vorkommen im Rohöl zwangsläufig in bestimmten Raffinierungsfraktionen enthalten bzw. wird bei den heutigen Raffinierungsverfahren während der Raffinierung gebildet. Dies betrifft zum einen solche Raffinierungsfraktionen, die als Komponenten direkt in die Kraftstoff-Herstellung eingehen. Zum anderen fällt bei dem zur Ethylen-Herstellung durchgeführten Steam-Cracken von Naphtha sogenanntes Pyrolysebenzin mit einem Benzolgehalt von bis zu 40% als Nebenprodukt an. Pyrolysebenzin geht ebenfalls in die Kraftstoff-Herstellung ein. Den Kraftstoff-Komponenten kann Benzol teilweise als Reinbenzol entzogen werden, wie es vor allem bei Pyrolysebenzin praktiziert wird.

Nicht extrahiertes Benzol geht über die einzelnen Komponenten in die Kraftstoffe und hier insbesondere in Otto-Kraftstoffe ein, deren Benzolgehalt in der Bundesrepublik Deutschland derzeit zwischen 1,7 und 2,5 Vol.% beträgt.

Aus den oben beschriebenen Raffinierungsfraktionen gezielt extrahiertes Reinbenzol ist neben Ethylen (s.o.) der wichtigste Grundstoff für die chemische Industrie. Bei Bedarf kann Reinbenzol zusätzlich durch Dehydroalkylierung von Toluol gewonnen werden. Reinbenzol geht in eine große Palette von Folgeprodukten ein, von denen als mengenmäßig bedeutendste hier Ethylbenzol (Folgeprodukt: Polystyrol) und Cumol (Folgeprodukte: Kunststoffe, Phenolharze, Lösemittel) genannt sein sollen. Bei einer Verminderung des Benzolgehalts in Kraftstoffen durch verstärkte Extraktion von Reinbenzol, wäre dessen vergleichsweise teure Synthese aus Toluol nicht mehr erforderlich.

Zusätzlich wird Benzol in erheblichem Maße während der Verbrennungsprozesse im Motor neu gebildet und gelangt mit den Autoabgasen in die Umwelt. Die jährliche Gesamtemissionsmenge von etwa 56 000 Tonnen Benzol in der Bundesrepublik Deutschland wird zu mehr als 90% durch den Kraftfahrzeug-Verkehr verursacht. Die Wirkung des Katalysators zur Verringerung des Benzolgehaltes von Autoabgasen ist zumindest verbesserungsbedürftig. Darüber hinaus wird sie in Hinblick auf die Gesamtemissionen durch die Zunahme des Verkehrsaufkommens teilweise kompensiert. Andere Emissionsquellen wie Lagerung und Umschlag benzolhaltiger Flüssigkeiten sowie Emissionen aus Industrie und Gewerbe sind im Vergleich zum Kraftfahrzeugverkehr von untergeordneter Bedeutung. Doch auch hier bedarf es vor allem unter dem Gesichtspunkt des Arbeitsschutzes gezielter Maßnahmen zur Emissionsminderung.

Benzol ist ein kanzerogener Stoff. Daher können keine Konzentrationen angenommen werden, unterhalb derer keine Gesundheitsrisiken bestehen. Die Belastung durch Benzolexposition insbesondere an mit Kraftstoffen verbundenen Arbeitsplätzen (Tankstellen, Kfz-Werkstätten etc.) und in Ballungsräumen durch die beschriebenen Emissionen aus dem Kraftfahrzeugverkehr ist unter gesundheitspolitischen Gesichtspunkten erheblich zu hoch. Eine Absenkung durch eine Reihe von Maßnahmen wird für dringend erforderlich gehalten. Die von der Enquete-Kommission ausgesprochenen Handlungsempfehlungen setzen an verschiedenen Stellen des Benzolstoffstromes an:

Reduktion des zwangsläufigen Benzolanfalls mittels langfristiger Minderung des Kraftsstoffverbrauchs durch:

– Verringerung der Gesamtfahrleistung
– Verringerung des Kraftstoffverbrauchs durch die Entwicklung von sparsameren Motoren etc.

Minderung des Übertritts in die Ökosphäre durch:

– Senkung des Benzolgehalts von Ottokraftstoff auf ≤1 Vol.%
– Verringerung des Kraftstoffverbrauchs (s.o.)
– Erhöhung der Katalysatorwirksamkeit und Einrichtung von Prüfpflichten
– Einrichtung von Gaspendelsystemen beim Umschlag von Benzol und Kraftstoffen (nach 21. BImSchV, die seit 1. Januar 1993 in Kraft getreten ist)
– Adsorption von Kraftstoffdämpfen im Tank und Tankabdichtung
– Verringerung des Grenzwertes für Benzol in der Verordnung nach § 40 Abs. 2 BImSchG auf den vom LAI empfohlenen Wert von ≤2,5 µg/l.

Minderung der Benzolaufnahme in den Organismus durch:

– Einsatz von Atemschutzgeräten und Schutzkleidung an relevanten Arbeitsplätzen sowie Einsatz von direkt anzeigenden Meßgeräten
– Aufklärung benzolexponierter Arbeitnehmer/innen und strikter Vollzug von bestehenden Arbeitsschutzbestimmungen.

Die Kenntnis über benzolbedingte Gesundheitsrisiken in der Bevölkerung sowie bei betroffenen Arbeitnehmern wird als gering eingestuft. Vermutlich hängt die vergleichsweise geringe Wahrnehmung des Benzol-Risikos in der Bevölkerung damit zusammen, daß als Hauptverursacher der Autoverkehr auszumachen ist.

Übergreifende Maßnahme zur Minderung benzolbedingter Risiken ist daher eine detaillierte Aufklärung der Betroffenen. Sie ist die Voraussetzung für einen bewußten und verantwortungsvollen Umgang mit Benzol bzw. benzolhaltigen Kraftstoffen.

Das Instrumentarium für die Abschätzung gesundheitlicher Auswirkungen krebserzeugender Stoffe allgemein und zur Festlegung von Grenzwerten kann als ausgesprochen unsicher bezeichnet werden. Über die bewußte Akzeptanz eines Krebsrisikos wurde bisher in der Bundesrepublik Deutschland noch kein Konsens gesucht. Ein völliger Ausschluß der Gesundheitsrisiken durch Benzol wäre nur durch den Verzicht auf die Benzol-induzierenden Stoffnutzungen möglich, allerdings ist dies derzeit nicht praktizierbar. Wenn auch eine Belastung durch Benzol nicht gänzlich ausgeschlossen werden kann, so ist in jedem Fall ihre Minimierung anzustreben.

4.1.3 R 134a und andere FCKW-Ersatzstoffe

Anlaß für die Auswahl des Fluorkohlenwasserstoffes R 134a als Einzelstoffbeispiel war die Aktualität der Ersatzstoff-Diskussion um die Fluorchlorkohlenwasserstoffe (FCKW). FCKW gelten als die hauptsächlichen Verursacher des stratosphärischen Ozonabbaus. R 134a, ein chlorfreier Fluorkohlenwasserstoff (H-FKW), ist einer der möglichen Ersatzstoffe. Das Beispiel verdeutlicht die Abwägungsschwierigkeiten bei Substitutionsprozessen vor dem Hintergrund drängender Umweltprobleme. Als Substitut, das einen raschen Ausstieg aus der Produktion und Verwendung der ozonabbauenden FCKW ermöglicht, gleichzeitig aber zum zusätzlichen Treibhauseffekt beiträgt, wird R 134a in der interessierten Öffentlichkeit kritisch und kontrovers diskutiert.

Die Analyse des Stoffstroms diente mehreren Zielen: Zum einen sollten Erfahrungen mit einem bereits relativ komplexen Stoffstrom, der ab der Gebrauchsphase aufgefächert ist, gesammelt werden. Auf dieser Basis sind Stellen im Stoffstrom zu identifizieren, an denen Maßnahmen zur Verringerung der ökologischen Schadwirkung von R 134a-Emissionen ansetzen können. Zum anderen bietet das Beispiel die Möglichkeit, unternehmerische und politische Entscheidungen bzw. Prozesse bei der Ersatzstoffauswahl zu überprüfen.

Die für die Erfassung des Stoffstroms notwendigen Daten wurden im Rahmen einer öffentlichen Anhörung relevanter Akteure entlang des Stoffstroms zusammengestellt. Bereits im Vorfeld der Anhörung zeigte sich, daß es zu Emissionen von R 134a vor allem in der Gebrauchs- und

Entsorgungsphase kommt. Diesen Phasen wurde daher ein besonderes Augenmerk gewidmet. Während einer weiteren, nicht-öffentlichen Anhörung befragte die Enquete-Kommission Experten, die an den Auswahlprozessen für die FCKW-Ersatzstoffe beteiligt waren, nach der Gewichtung der Auswahlkriterien.

Die quantitative Abschätzung des Stoffstroms von R 134a ist aufgrund der Umstellungsphase von FCKW auf Ersatzstoffe nur begrenzt möglich. Daten über die aktuelle Situation sind kaum erhältlich. Insgesamt erwies sich die Erfassung des Stoffstroms im Sinne einer Produktlinie vor allem in den Stufen Rohstoffgewinnung, Vorproduktion und Produktion als äußerst schwierig. Die Daten sind nur fragmentarisch vorhanden und unter großem Aufwand zusammenzutragen. Die Erstellung und Veröffentlichung von Produktionsdaten für R 134a wurde im Rahmen von AFEAS, einem Forschungsprogramm der weltweit führenden, mit der Entwicklung von FCKW-Ersatzstoffen befaßten Industrieunternehmen, angekündigt.

Für die Gebrauchs- und Entsorgungsphase liegen globale Emissions-Abschätzungen für den Zeitraum zwischen den Jahren 1995 und 2020 vor. Diese Daten sind jedoch mit Unsicherheiten behaftet. Unterschiedliche Einschätzungen über die zukünftigen Emissionsmengen resultieren im wesentlichen aus unterschiedlichen Einschätzungen über die zukünftigen Anwendungsbereiche sowie über die Durchsetzbarkeit von Emissionsminderungsmaßnahmen in weniger entwickelten Ländern.

R 134a wird aufgrund der wachsenden Nachfrage zukünftig in steigenden Mengen in die Atmosphäre eingetragen. Schätzungen lassen bis zum Jahr 2020 Emissionen von ca. 150 000 t pro Jahr erwarten. Die möglichen Umweltauswirkungen dieser Freisetzungsmenge sind nach derzeitigem Kenntnisstand und heute relevanten Kriterien intensiv untersucht worden. Danach beträgt der Beitrag von R 134a zum zusätzlichen anthropogenen Treibhauseffekt im Jahr 2020 ca. 1 %, im schlechtesten Fall 2 %. Die Auswirkungen seiner Abbauprodukte auf den Ozonabbau in der Stratosphäre, die Ozonbildung in der Troposphäre und auf aquatische Systeme sind nach heutigem Kenntnisstand vernachlässigbar. Die vergleichsweise lange Lebensdauer von 16 Jahren birgt allerdings vor dem Hintergrund des prinzipiell begrenzten Wissens (s. Kap. 5.2) ein gewisses unbekanntes Risiko.

Zur näheren Betrachtung der Gebrauchs- und Entsorgungsphase wählte die Enquete-Kommission aufgrund der Bandbreite der Einsatzbereiche von R 134a zwei Beispiele aus und zeigte dabei einen Vergleich mit anderen Substituten auf: Im Anwendungsbereich Haushalts-Kühlschrank wurde R 134a mit dem Ersatzstoffgemisch Propan/iso-Butan, im Anwendungsbereich Autoklimaanlage mit einer Zeolith-Wasser-Sorptionsanlage, die noch nicht in der Serienfertigung ist, verglichen. Die Einschätzung von R 134a bezieht sich deshalb ausschließlich auf diese Anwendungsbereiche.

Die Konzentration auf einzelne Anwendungsbereiche bot den Vorteil, das Zusammenwirken zwischen der jeweiligen Anwendungstechnik und den betrachteten Ersatzstoffen bzw. -technologien unter den Aspekten Energieverbrauch und Treibhauswirkung zu erfassen. Gleichzeitig wurden die ökologischen Auswirkungen der Ersatzstoffe auf eine Funktion bezogen.

Sowohl R 134a als auch das Ersatzstoffgemisch Propan/iso-Butan ermöglichen im Bereich der *Haushalts-Kühlschränke* einen sofortigen FCKW-Ausstieg. Eine eindeutige Aussage darüber, welches Substitut unter dem Aspekt des Treibhauseffekts die bessere Alternative ist, konnte aufgrund verschiedener Datenlücken und unterschiedlicher Bewertungen innerhalb der Enquete-Kommission nicht getroffen werden. Der zusätzliche Treibhauseffekt wird beim Haushalts-Kühlschrank durch den direkten Beitrag des Kältemittels und des Dämmgases für die Isolierung sowie durch den indirekten Beitrag aufgrund des Betriebsenergieverbrauchs bestimmt. Eine geeignete Berechnungsmethode, die sowohl den stofflichen als auch den energetischen Beitrag berücksichtigt, ist der TEWI (total eqivalent warming impact). Der Beitrag zum zusätzlichen Treibhauseffekt ist im wesentlichen durch die Reduzierung des Betriebsenergieverbrauchs zu senken. Marktübersichten und Warentests weisen darauf hin, daß das verwendete Kältemittel keinen entscheidenden Faktor für die großen Spannweiten des Energieverbrauchs innerhalb gleicher Gerätekategorien darstellt.

Im Anwendungsbereich *Autoklimaanlage* ist R 134a die derzeit einzige serienmäßig produzierte Alternative für FCKW.

Die Handlungsempfehlungen, die die Enquete-Kommission für den Umgang mit R 134a und den anderen FCKW-Ersatzstoffen aufgestellt hat, verfolgen im wesentlichen zwei Ziele:
– Sicherstellung eines raschen globalen Ausstiegs aus Produktion und Verwendung der FCKW zum Schutz der stratosphärischen Ozonschicht und
– Begrenzung des Treibhauseffekts.

Aus den Zielen ergibt sich die Forderung nach einem möglichst baldigen Umstieg von FCKW auf R 134a und weitere Ersatzstoffe sowie nach einer

Begrenzung der R 134a-Emissionen und nach einer Senkung des Energieverbrauchs der Anwendungstechnologien. Unterschiedliche Einschätzungen bestanden in der Enquete-Kommission, ob auf den Einsatz von R 134a lediglich in „offenen" Anwendungen (außer Medizinalsprays) oder in „offenen" und „halboffenen" Produktlinien (Definition: s. Glossar) verzichtet werden solle. Umstritten blieb auch, ob bei der Auswahl geeigneter Instrumente des Stoffstrommanagements der Gebrauchsnutzen – insbesondere im Anwendungsbereich Autoklimaanlage – gegenüber den ökologischen Schäden abgewogen werden muß.

Über die geeigneten Instrumente zur Umsetzung der Ziele und Strategien besteht in der Enquete-Kommission keine Einigkeit. Als rechtliche *Instrumente zur Sicherung des Informationsflußes* zwischen Industrie und Behörden wurden vorgeschlagen:
- Freiwillige Selbstverpflichtung der Industrie zum Monitoring von Produktions- und Recyclingmengen,
- Erlaß einer Rechtsverordnung zur Erfassung von Produktions-, Import-, Export- und Recyclingmengen sowie
- Aufnahme einer Berichtspflicht in das Umweltstatistikgesetz.

Zu den *Instrumenten zur Minderung des Treibhauseffekts* zählen im einzelnen:
- freiwillige Selbstverpflichtung der Industrie zur Entwicklung umfassender Rückgewinnungs- und Recyclingkonzepte,
- Rücknahmeverpflichtung für Hersteller und Vertreiber sowie
- Formulierung von Zielvorgaben für die Anwenderindustrien bzgl. Recyclingquoten, Emissionsminderung, Minderung des Betriebsenergieverbrauchs.

Die Notwendigkeit weitergehender Instrumente wie Besteuerung, Abgaben, Aufnahme von Fluorkohlenwasserstoffen (FKW) in die Klimakonvention mit eigenem Protokoll zu R 134a blieb umstritten.

4.2 Bedürfnisfeld Textilien/Bekleidung

4.2.1 Einordnung in die Arbeit der Enquete-Kommission

Um auf dem Wege von Stoffstrombetrachtungen zu Bewertungen und schließlich zu Empfehlungen zu gelangen, hat sich die Enquete-Kommission nicht nur mit Einzelbeispielen befaßt, sondern auch komplexere Beispielfelder untersucht. Ausgewählt wurden die Bedürfnisfelder Mobilität und Textilien/Bekleidung. An ihnen sollen einerseits die Tragfähigkeit der an Hand der Einzelbeispiele gewonnenen Erkenntnisse überprüft und andererseits der Umgang mit schwieriger erfaßbaren, vernetzten Stoffströmen erprobt werden.

Das Thema Textilien begleitete die Kommissionsarbeit als einziges Beispielfeld kontinuierlich seit ihrer Einsetzung. Entsprechend der intensiven und langen Bearbeitungszeit liegen zu dem Themenfeld Textilien/Bekleidung zwischenzeitlich eine Fülle von Informationen vor. Ein Großteil der Ergebnisse wurde bereits im Zwischenbericht dargestellt. Insbesondere die Stoffstrombetrachtung wurde dort ausführlich behandelt. Trotzdem werden im vorliegenden Bericht manche Ergebnisse erneut aufgegriffen, soweit dies für das Verständnis der Vorgehensweise der Enquete-Kommission, die Herleitung der Bewertungen oder die Empfehlungen erforderlich ist.

4.2.2 Begründung für die Themenauswahl

Der Entscheidung für die Wahl des Bedürfnisfeldes ging eine intensive Diskussion in der Enquete-Kommission voraus. Ein wichtiges Argument gegen dieses Thema lag in der anfänglichen Befürchtung, daß aufgrund der Komplexität und mangelnden Datenverfügbarkeit keine klare Struktur in der Bearbeitung zu erzielen sei, so daß deshalb auch die Herleitung von Bewertungen und Empfehlungen nicht nachvollzogen werden könne. Aus diesem Grund wurden in die Diskussion andere essentielle Bedürfnisfelder menschlicher Existenz wie Landwirtschaft/Ernährung, Bauen/Wohnen oder Unterhaltung/Medien eingebracht, bei denen man von einer größeren Datenverfügbarkeit ausging.

Diesen Befürchtungen wurde eine Vielzahl von Vorzügen des Themenfeldes gegenübergestellt. In der Abwägung der Argumente erhielt die Thematik letzlich in der Enquete-Kommission allgemeine Zustimmung. Einige der Auswahlkriterien werden im folgenden vorgestellt, wobei die Reihenfolge keine Aussage über die Gewichtigkeit der Argumente geben soll.

Ein entscheidendes Argument stellte die teilweise recht emotional geführte öffentliche Diskussion über das Thema Textilien/Bekleidung dar, die sich durch Schlagworte wie „Gift im Kleiderschrank" oder „Weshalb unsere Kleider krank machen" öffentlich Ausdruck verlieh und in Entwicklungen verschiedener Konzepte möglicher Textilkennzeichnungen (so beispielsweise Öko-Labeling) mündete. Die Tatsache, daß trotz des öffentlichen Interesses bislang keine systematische Stoffstromerfassung vorlag, die zu einer Versachlichung der Diskussion beitragen könnte, stellte für die Enquete-Kommission eine besondere Herausforderung dar.

Auch die Diskrepanz zwischen der umfangreichen Literaturfülle zu manchen Einzelaspekten einerseits und dem nur ungenügend bzw. kaum vorhandenen aktuellen Datenmaterial zum Stoffstrom von Bekleidungstextilien andererseits stellt einen entscheidenden Unterschied gegenüber den bisher in der Enquete-Kommission untersuchten Einzelstoffen dar, zu denen aktuelles Datenmaterial in sehr viel größerem Umfang vorlag. Sicherlich liegt ein Grund für die mangelnde Datenlage innerhalb des Bedürfnisfeldes Textilien/Bekleidung darin, daß bislang noch nie eine Stoffstromerfassung wie im vorliegenden Fall angestrebt wurde.

Das Beispielfeld diente unter dem Aspekt der Datenerhebung als Prüfstein für die Fähigkeit, wichtige Informationen von weniger wichtigen zu unterscheiden, um das Ziel der Optimierung der Stoffströme realisieren zu können. Da die zur Zeit verfügbaren amtlichen Statistiken fast ausschließlich ökonomische Aspekte berücksichtigen – allerdings auch diese nicht für eine systematische Erfassung der Wertschöpfungskette ausreichen – und sich viele der verfügbaren Daten auf unterschiedliche Bezugsgrößen beziehen, leistete die Enquete-Kommission mit diesem Versuch einer übergreifenden Stoffstrombetrachtung entlang der gesamten Produktlinie eine Art Pionierarbeit.

Die Vielzahl unterschiedlicher Stoffe – hier „Stoff" einmal sowohl in der allgemein materiellen als auch in der textilen Bedeutung verwendet – erwies sich als Hürde für eine systematische Stoffstrombetrachtung, an der die bislang gewonnenen Erkenntnisse aus den Einzelstoffbetrachtungen erprobt werden sollten. So läßt z. B. bei einem Baumwollhemd die Bezeichnung Baumwolle vermuten, daß das betreffende Bekleidungsstück nur aus der Naturfaser Baumwolle besteht. Dabei wird nicht deutlich, daß bei der Herstellung des Kleidungsstücks eine Vielzahl chemischer Substanzen verwendet wurden, die zwar zum Teil weitgehend vom Textilgut entfernt wurden, in vielen Fällen jedoch in Form von Farbmittelgemischen oder Ausrüstungsmitteln in oft erheblicher Menge auf dem Kleidungsstück verbleiben. Ein Ziel der Enquete-Kommission war es, trotz der unübersichtlichen Verflechtung von Arbeitsschritten und der Vielzahl eingesetzter Stoffe eine Systematik bei der Erfassung sämtlicher Einzelaspekte zu erreichen, die eine nachvollziehbare Herleitung von Bewertungen und Empfehlungen zuläßt.

Zur Komplexität der Stoff- und Warenströme und der eingesetzten Stoffe und Stoffgemische kommt noch die Vielzahl unterschiedlicher Akteure innerhalb der einzelnen Produktionsstufen textiler Bekleidung hinzu: Anders als bei den bisherigen Einzelbeispielen, bei denen im großen und ganzen eine überschaubare Zahl von Produzenten oder Verarbeitern innerhalb der Stoffströme identifiziert werden können, sind bei der textilen Kette völlig verschiedenartige Unternehmen mit unterschiedlicher Struktur und Größe beteiligt. Sie reichen vom Kleinbauern in den Rohstoffanbauländern sowie kleinen und mittelständischen Verarbeitungsbetrieben im In- und Ausland bis hin zur chemischen Großindustrie als Produzenten für Chemiefasern, Textilfarbstoffe und Textilhilfsmittel. Eine bedeutende Rolle nimmt auch der Handel ein, der jeweils zwischen den einzelnen Stufen der textilen Kette, vor allem aber als Bindeglied zum Verbraucher agiert.

Die Tatsache, daß alle für die Bewertungsproblematik entscheidenden Zielbereiche – nämlich der ökologische, der ökonomische und der soziale – bei dem Beispielfeld eine hohe Relevanz haben – und dies in den meisten Fällen sowohl weltweit, EU-weit als auch national – ‚war ebenfalls ausschlaggebend für die Wahl des Themas. Es war abzusehen, daß diese Relevanz für die drei Zielbereiche des Leitbildes einer nachhaltig zukunftsverträglichen Entwicklung (s. Kap. 3.3) für die Herleitung von Bewertungskriterien hilfreich sein kann.

So zeichnete sich bereits im Vorfeld die hohe ökologische Relevanz beispielsweise durch den weltweit großen Pestizideintrag bei der Primärproduktion, insbesondere von Naturfasern im Monokultur-Anbau, ab. National stellen die Abwasserbelastungen durch die Betriebe der Textilveredlung ein wichtiges ökologisches Problem dar, das bei der Bewertungsfrage mit berücksichtigt werden muß.

Die große soziale Bedeutung zeigt sich beim Bedürfnisfeld Textilien/Bekleidung gleich in mehreren Aspekten. Hier ist zunächst einmal der Nutzenaspekt von Kleidung zu nennen: Wohl kaum ein anderes Bedürfnisfeld ist so stark mit dem menschlichen Wunsch nach Individualität und Persönlichkeitsdarstellung verknüpft. Kleidung – ein im wahrsten Sinne des Wortes „hautnahes" Thema – dient eben nicht nur dem Schutz vor Kälte und Wärme. Sie trägt vielmehr unmittelbar zum Erscheinungsbild des Menschen bei und dient in allen Kulturen als entscheidendes soziales Statussymbol. Fest steht, daß sich niemand dem Thema Kleidung entziehen kann, ganz gleich, welche Einstellung oder welche Vorbehalte er hat, so daß das Thema eine uns alle betreffende – auch soziale – Tragweite hat.

Ein weiterer sozialer Aspekt kommt auf einer ganz anderen Betrachtungsebene zum Tragen: Durch die internationale Arbeitsteilung erhält das ausgewählte Beispiel eine entwicklungspolitische Bedeutung, die bei der Stoffstrombetrachtung und bei der Bewertung mit zu beachten ist.

Vor dem Hintergrund der teilweise schweren Arbeitsbedingungen, des vergleichsweise niedrigen Lohnniveaus, des hohen Anteils an Arbeitnehmerinnen insbesondere in Kleinbetrieben und des drastischen Verlusts an Arbeitsplätzen in den letzten zwei Jahren in der Bundesrepublik Deutschland, vor allem in den neuen Bundesländern, sind soziale Fragen auch in dieser Diskussion wichtig.

Die große ökonomische Relevanz ist ebenfalls vielschichtig. Die Textil- und Bekleidungsindustrie ist durch ein hohes Maß an internationalen Handelsverflechtungen gekennzeichnet: Die Odyssee einer Baumwollfaser etwa zur Fertigung eines Baumwollhemdes, beginnend mit der Rohstoffgewinnung in einem Baumwollanbaugebiet, z. B. Nicaragua, Ägypten oder den USA, bis hin zur Konfektionierung, beispielsweise in einem südostasiatischen Niedriglohnland, macht diese internationale Verflechtung deutlich. Fragen des Im- und Exports sowie der bestehenden Welthandelsordnung können hieran thematisiert werden. Wichtig ist in diesem Zusammenhang auch die Frage, wie hoch die Exporte der Bundesrepublik Deutschland entlang der textilen Kette genau sind, wenn man beispielsweise die Exporte von Pestiziden, Chemiefasern oder Textilhilfsmitteln mit berücksichtigt. Aber auch der inländische Absatzmarkt für Bekleidungstextilien ist von Interesse: Mit rund 6,3 % eines mittleren Monatseinkommens (bezogen auf einen 4-Personen-Haushalt im Jahre 1991), das entspricht ca. 240 DM, sind die Ausgaben für Bekleidung in der Bundesrepublik Deutschland anteilig höher als in anderen Industrieländern.

Dieses Bündel neuer Aspekte, die über die Einzelstoffstrombetrachtung hinausgehen, gaben – trotz aller Befürchtungen vor einer erschlagenden Komplexität – den Ausschlag für die Wahl des Themenfeldes.

An dieser Stelle soll nochmals hervorgehoben werden, daß es bei der Stoffstrombetrachtung nicht allein um einen Erkenntnisgewinn innerhalb des Themengebiets ging. Dieses Untersuchungsfeld diente vielmehr – wie auch alle anderen Themen – als Beispiel, anhand dessen Bewertungskriterien für den Umgang mit Ressourcen und Energie sowie die Umweltrelevanz von Stoffen und Stoffströmen entwickelt werden können, die dann wiederum Grundlage für den Versuch eines integrierten Stoffstrommanagements der verschiedenen Akteure in der textilen Kette bilden sollen.

4.2.3 Vorgehensweise

Schon zu einem möglichst frühen Zeitpunkt sollte die Durchführbarkeit der Untersuchung des Beispielfeldes Textilien/Bekleidung sichergestellt werden, um so die anfänglichen Bedenken über eine zu große Stoff- und Informationsfülle, die jedem Versuch einer systematischen Bearbeitung im Wege steht, auszuräumen.

Vergabe von Vorstudien

Im Oktober 1992 wurden deshalb zwei Institute im Rahmen von Vorstudien beauftragt, eine aktuelle Übersicht über den Sachstand zu Textilien/Bekleidung zu erstellen:

Eine der beiden Studien mit dem Titel *"Stoff- und Informationsströme in der Produktlinie Bekleidung"* wurde an die Arbeitsgemeinschaft Textil (Arge Textil) vergeben, die sich aus den drei Instituten iku, Institut Kommunikation & Umweltplanung GmbH (Federführung), MUT, Programmgruppe Mensch – Umwelt – Technik, Forschungszentrum Jülich GmbH, sowie dem Beratungsbüro für Umweltpolitik, Leiden, zusammensetzt.

Das Hauptziel dieser Vorstudie lag in einer überblicksorientierten Materialsammlung zur Produktion von Kleidung, zu ihrer Veredlung und zu ihrem Gebrauch. Im Rahmen dieser Bestandsaufnahme sollten auch die relevanten Stoff-, Informations- und Warenströme dargestellt werden sowie eine kurze Analyse des Verbrauchermarktes und Verbraucherverhaltens enthalten sein. Die Identifizierung der Datendefizite und Wissenslücken gehörte ebenfalls zu den wesentlichen Inhalten der Vorstudie. Literaturauswertungen und Interviews mit Entscheidungsträgern aus Produktion, Handel und Verbänden sollten dieser Vorstudie methodisch zugrundeliegen.

Eine weitere Vorstudie mit dem Titel *"Textilien/Kleidung"* wurde an die COGNIS Gesellschaft für Bio- und Umwelttechnologie mbH, Düsseldorf, vergeben.

Ziel dieser Vorstudie war es, im Rahmen einer Feasibility-Untersuchung (d. h. Untersuchung über die Durchführbarkeit) die Stoffströme entlang der textilen Kette vom Rohstoff bis zur Entsorgung der textilen Bekleidung darzustellen. Zudem sollten die unterschiedlichen Bekleidungssegmente quantifiziert und das vorhandene Datenmaterial zu den eingesetzten Roh- und Hilfsstoffen zusammengestellt werden.

Beide Studiennehmer hatten darüber hinaus zur Aufgabe, konkrete Untersuchungsfelder innerhalb des Bedürfnisfelds Textilien/Bekleidung vorzuschlagen, anhand derer die Stoffstromanalyse, -bewertung und mögliche Ansätze für ein Stoffstrommanagement vertiefend betrachtet werden können.

Öffentliche Anhörung

Die Ergebnisse beider Vorstudien machten deutlich, daß Daten zum Stoffstrom entlang der textilen Kette nur in ungenügendem Maße zur Verfügung standen oder zur Verfügung gestellt werden konnten.

Da exaktes Datenmaterial aber eine wesentliche Voraussetzung für die Analyse des Stoffstroms und damit letztlich auch für die Bewertung und das Management von Stoffströmen darstellt, führte die Enquete-Kommission am 16./17. März 1993 eine öffentliche Anhörung mit dem Titel „Die Stoffe, aus denen unsere Kleider sind – Stoffströme entlang der textilen Bekleidungskette" – durch.

Von der Anhörung erhoffte sich die Enquete-Kommission, aktuelles Datenmaterial zu den Stoffströmen von Textilien entlang der Produktlinie, d. h. von der Primärproduktion der Rohstoffe und Herstellung der Chemiefasern bis hin zur Entsorgung, zu erhalten. Zudem sollten die in den beiden Vorstudien ermittelten Informationsdefizite und Wissenslücken thematisiert und die Ursachen für die mangelnde Datenverfügbarkeit ausgemacht werden.

In einem Fragenkatalog (KDrs 12/8 neu) stellte die Enquete-Kommission rund 150 Fragen zusammen. Den Schwerpunkt der Anhörung stellte die Stoffstrombetrachtung entlang der textilen Kette bei Bekleidungstextilien dar. Dieser Teil wurde in die einzelnen Stufen der Produktlinie untergliedert: Rohstoffgewinnung/Primärproduktion; Produktion von Fasern, Garnen und Flächengebilden; Textilveredlung; Konfektionierung; Transportaufwand; Handel, Distribution, Verpackung; Gebrauch und Entsorgung. Vertiefende Fragen wurden zum Themenfeld Information und Kommunikation gestellt, um so die Ursachen für die mangelnde Datenverfügbarkeit, aber auch die Kommunikationswege zwischen den einzelnen Akteuren auszumachen. Der Fragenkatalog schloß mit sozialökonomischen Fragestellungen.

Aus der Vielzahl der für Bekleidungstextilien verwendeten Natur- und Chemiefasern wurden die mengenmäßig bedeutsamsten ausgewählt: Bei den Naturfasern beschränkte sich der Fragenkatalog auf Baumwolle, Leinen, Wolle und Seide. Unter den Chemiefasern wurden die cellulosischen Chemiefasern und die synthetischen Chemiefasern Polyester, Polyamid sowie Polyacryl einer Stoffstrombetrachtung unterzogen.

Fragen zur Ökologie und Toxikologie wurden ausgeklammert, da diese den Rahmen einer anderthalbtägigen öffentlichen Anhörung gesprengt hätten. Lediglich im Zusammenhang mit dem Themenfeld Pestizideinsatz bei der Baumwollproduktion und allgemein bei dem Thema Arbeitsschutzbestimmungen fanden Fragen zur Toxikologie Berücksichtigung. Der Bereich Textilpflege wurde ebenso ausgeklammert, da hierzu vom Umweltbundesamt eine groß angelegte Studie unter dem Titel „Entwicklung eines Verfahrens zur ökologischen Beurteilung und zum Vergleich verschiedener Waschmittel" in Auftrag gegeben worden war, deren Ergebnisse in der Enquete-Kommission verwertet werden sollten.

Die beiden Vorstudien und die Anhörungen (eine öffentliche und zwei interne Anhörungen, auf die später eingegangen wird) sind im wesentlichen die Quellen, auf denen die Stoffstromerfassung zum Bedürfnisfeld Textilien/Bekleidung basiert (KDrs 12/8a–d). Diese ist ausführlich im Zwischenbericht der Enquete-Kommission „Verantwortung für die Zukunft – Wege zum nachhaltigen Umgang mit Stoff- und Materialströmen" dargestellt. Im vorliegenden Bericht werden nur die wichtigsten Ergebnisse zusammengefaßt wiederholt, um den Zusammenhang der Stoffstrombetrachtung entlang der textilen Kette herzustellen.

Vergabe von Hauptstudien

Die aus den beiden Vorstudien und der öffentlichen Anhörung gewonnene Datenvielfalt machte deutlich, daß eine Fokussierung auf einen Teilaspekt der Bekleidungstextilien erforderlich ist. Dieser Bereich sollte idealerweise so ausgewählt sein, daß die daraus gewonnenen Erkenntnisse auf die anderen Themenbereiche übertragen werden können.

Die Enquete-Kommission entschied sich für eine intensive Untersuchung der Bundeswehr-Bekleidung, weil hierzu bereits viele Daten vorlagen, die Bereitschaft zur Kooperation seitens der Bundeswehr sehr hoch war und, last not least, das Bekleidungssortiment trotz einiger weniger anwendungsspezifischer Ausnahmen in der Faserzusammensetzung, der Pflege, der Gebrauchseigenschaften u. a.m. von Privatkleidung gar nicht so stark abweicht, so daß eine Verallgemeinerung durchaus zulässig erschien.

Im Juni 1993 wurde die Studie *„Untersuchung des Kleidungsverbrauchs einer bundesdeutschen Behörde"* an die COGNIS Gesellschaft für Bio- und Umwelttechnologie mbH, Düsseldorf, vergeben. Aufgabe der Studie war es, eine Analyse der Beschaffung von Bekleidung nach ökologischen

Kriterien vorzunehmen, den Verbrauch (Einkauf, Bestand, Ausmusterung) von textiler Bekleidung und die stoffliche Zusammensetzung zu quantifizieren, die Tragedauer und den Aufwand für die Pflege zu analysieren und Unverträglichkeitsreaktionen, die im Zusammenhang mit dem Tragen von Kleidung auftreten, zu identifizieren. Abschließend sollten die Daten hinsichtlich ökologischer Verbesserungspotentiale ausgewertet und Vorschläge für ein Stoffstrommanagement, bezogen auf eine ökologisch verträglichere Beschaffung bzw. einen optimalen Einsatz von textiler Bekleidung, formuliert werden (COGNIS, 1994 b). Die Ergebnisse der Studie werden im vorliegenden Bericht berücksichtigt.

Neben der detaillierten, beispielhaften Betrachtung eines ausgewählten Bekleidungssegments sollten parallel – von einer allgemeineren Betrachtungsebene – die Probleme eines Stoffstrommanagements anhand der textilen Kette untersucht und dargestellt werden.

Deshalb wurde eine weitere Hauptstudie mit dem Titel *„Interaktion der Hauptakteure innerhalb der textilen Kette zum Stoff- und Informationsfluß: Die Organisation des ökologischen Stoffstrommanagements – Gestaltung der textilen Kette"* an die Arbeitsgemeinschaft Textil (Arge Textil), dem genannten Verbund aus den drei Instituten iku, MUT sowie dem Beratungsbüro für Umweltpolitik (Federführung) vergeben.

Ziel der Studie war es, am Beispiel der Bekleidungstextilien die allgemeinen Probleme des Stoffstrommanagements für vergleichbare Stoff- und Produktströme aufzuzeigen und für die Enquete-Kommission sowohl praktikable als auch politisch umsetzbare Lösungsansätze in einem kooperativen Arbeitsverfahren zu formulieren. Dazu sollten die aktuellen und die zukünftigen Rollen der Hauptakteure in bezug auf eine ökologisch orientierte Gestaltung des Stoffstrommanagements untersucht und diskutiert, d. h. eine Weiterentwicklung der in der Vorstudie allgemein formulierten methodischen Ansätze vorgenommen werden. Zentrales Thema der Studie stellen die Möglichkeiten und die Barrieren für die Gestaltung eines Stoffstrommangements aus der Sicht der Hauptakteure in der textilen Kette (chemische Industrie, Textilveredler, Kleidungshersteller, Handel sowie Konsument) dar.

Hierzu wurde eine Interviewstudie mit Vertretern der Hauptakteure der textilen Kette durchgeführt und ein Workshop veranstaltet, an dem wiederum die o. g. Hauptakteurgruppen teilnahmen. Die Ergebnisse der Studie werden im vorliegenden Bericht im wesentlichen in Kapitel 4.2.8 „Handlungsempfehlungen und Instrumente" vorgestellt.

Interne Anhörungen

Da wegen der Stoffülle die ökologischen, toxikologischen und ökotoxikologischen Aspekte bei der Erfassung des Stoffstroms zunächst ausgeklammert waren, wurde am 8. Dezember 1993 eine interne Anhörung zum Thema *"Verbraucher- und Umweltschutz bei der textilen Bekleidung"* durchgeführt.

Dabei stand zunächst die Frage im Mittelpunkt, welche toxikologischen und ökotoxikologischen Schwachstellen entlang der textilen Kette bisher gesehen werden; entsprechend der Stoffstromerfassung sollte damit lediglich vermieden werden, daß aufgrund von Vorwissen, bei dem nicht mehr die gesamte Bandbreite möglicher Problemfelder in den Blick genommen wird, wichtige Aspekte vernachlässigt werden.

Da sich bereits im Vorfeld gezeigt hatte, daß bei der Primärproduktion von Naturfasern und bei der Herstellung und Verwendung von Textilhilfsmitteln, Textilveredlungsmitteln und Farbstoffen große ökologische und toxikologische Problemfelder liegen, wurde bei der internen Anhörung hierauf ein besonderer Schwerpunkt gelegt.

Um bei den Empfehlungen zur Optimierung des Stoffstrommanagements und bei Vorschlägen für Instrumente die bestehenden ordnungspolitischen Rahmenbedingungen berücksichtigen zu können, wurde ebenfalls am 8. Dezember 1993 eine weitere interne Anhörung mit dem Thema *"Rechtliche Rahmenbedingungen bei der textilen Kette"* durchgeführt.

Dabei standen die Themen „Übersicht über die Welthandelsordnung bei Textilien/Bekleidung", „Übersicht über die gesundheits- und umweltpolitischen Bestimmungen im Bereich des Handels von Bekleidung und ihren Vollzug" sowie „Übersicht über die Möglichkeiten von Veränderungen der derzeitigen rechtlichen Rahmenbedingungen unter gesundheits- und umweltpolitischen Aspekten" im Mittelpunkt.

4.2.4 Stoffstrombetrachtung entlang der textilen Kette

Der Stoffstrom entlang der textilen Kette wurde im Zwischenbericht detailliert wiedergegeben. Da die quantitative Betrachtung eine wesentliche Grundlage für die weitere Vorgehensweise der Enquete-Kommission darstellt bzw. Einfluß auf die Vorgehensweise nimmt, soll an dieser Stelle nicht nur auf den Zwischenbericht verwiesen werden, sondern in einem Überblick der Stoffstrom und die Probleme, die mit seiner Erfassung verbunden waren, aufgezeigt werden.

4.2.4.1 Faserarten, Produktions- und Verbrauchsmengen

Einen Überblick über die Vielfalt verwendeter Natur- und Chemiefasern geben die Abbildungen 4.2.1 und 4.2.2. Diese sind jedoch nicht annähernd vollständig.

Die Enquete-Kommission hat sich entschieden, auf eine vollständige Betrachtung aller Faserarten zu verzichten. Statt dessen hat sie sich zugunsten einer systematischeren Vorgehensweise auf die mengenmäßig bedeutendsten Faserarten konzentriert: Bei den Naturfasern wurden Baumwolle, Leinen, Wolle und Seide untersucht. Unter den Chemiefasern wurden die cellulosischen Chemiefasern, z. B. Viskose, und die synthetischen Chemiefasern Polyester, Polyamid sowie Polyacryl ausgewählt, wobei die Betrachtung allerdings nicht so detailliert war, wie bei den Naturfasern. Insgesamt wurden durch diese Schwerpunktsetzung mehr als 80% des Bekleidungsmarktes erfaßt. Bei einer entsprechenden Vorgehensweise kann die entwickelte Systematik der Stoffstrombetrachtung entlang der textilen Kette auch bei weiteren Faserarten angewandt werden.

Methodisch läßt sich diese Vorgehensweise dadurch rechtfertigen, daß die Stoffströme der anderen Faserarten allein aufgrund der geringeren Mengenumsätze nicht so gravierenden Einfluß haben können, daß dadurch sämtliche auf dem Stoffstrom aufbauenden Empfehlungen und Bewertungen der Enquete-Kommission hinterfragt werden müssen.

Wie die einzelnen Produktions- und Verbrauchsmengen auf die unterschiedlichen Faserarten verteilt sind, verdeutlichen folgende Zahlen:
– Weltweit wurden 1991 ca. 40,3 Mio. t Textilfasern produziert. Der Anteil an Baumwolle betrug mengenmäßig 47% (18,94 Mio. t), an Wolle 5% (2,02 Mio. t) und an Chemiefasern 48% (19,34 Mio. t) (COGNIS, 1994 a, S. 9).
– In der Bundesrepublik Deutschland (alte Bundesländer) wurden 1991 ca. 670 000 t textile Bekleidung verbraucht. Den in der Bundesrepublik Deutschland mengenmäßig bedeutendsten Faserrohstoff-Anteil hat mit 354 000 t (53%) die Baumwolle, gefolgt von den Chemiefasern mit rund 143 000 t (21%); Wolle steuert mit ca. 36 000 t nur ca. 5% zum Rohstoffeinsatz bei.

Der jährliche Pro-Kopf-Verbrauch von Bekleidungstextilien beträgt in der Bundesrepublik Deutschland nach Berechnungen von COGNIS im Durchschnitt etwa 11 kg. Alle anderen Quellen gingen bislang von ca. 20 bis 23 kg aus, wobei in diesen Angaben vermutlich auch der Verbrauch

```
Naturfasern
├── Pflanzenfasern
│   ├── Pflanzenhaare
│   │   ├── Baumwolle*
│   │   └── Kapok
│   ├── Bastfasern
│   │   ├── Flachs*
│   │   ├── Hanf
│   │   ├── Jute
│   │   ├── Kenaf
│   │   ├── Ramie
│   │   └── Ginster
│   └── Hartfasern
│       ├── Manila
│       ├── Alfe
│       ├── Kokos
│       └── Sisal
├── Tierfasern
│   ├── Wolle und Haare
│   │   ├── Wolle*
│   │   ├── Alpaka
│   │   ├── Lama
│   │   ├── Kamel
│   │   ├── Kaschmir
│   │   ├── Mohair
│   │   ├── Angora(-Kanin)
│   │   ├── Vikunja
│   │   ├── Yak
│   │   └── Guanako
│   │       (Roß-)Haar
│   └── Seiden
│       ├── Echte Seide*
│       │   (Maulbeerseide)
│       └── Wildseiden
│           (Tussahseide)
└── Mineralfasern
    └── Asbest
```

* Mit diesen Naturfasern hat sich die Enquete-Kommission näher befaßt.

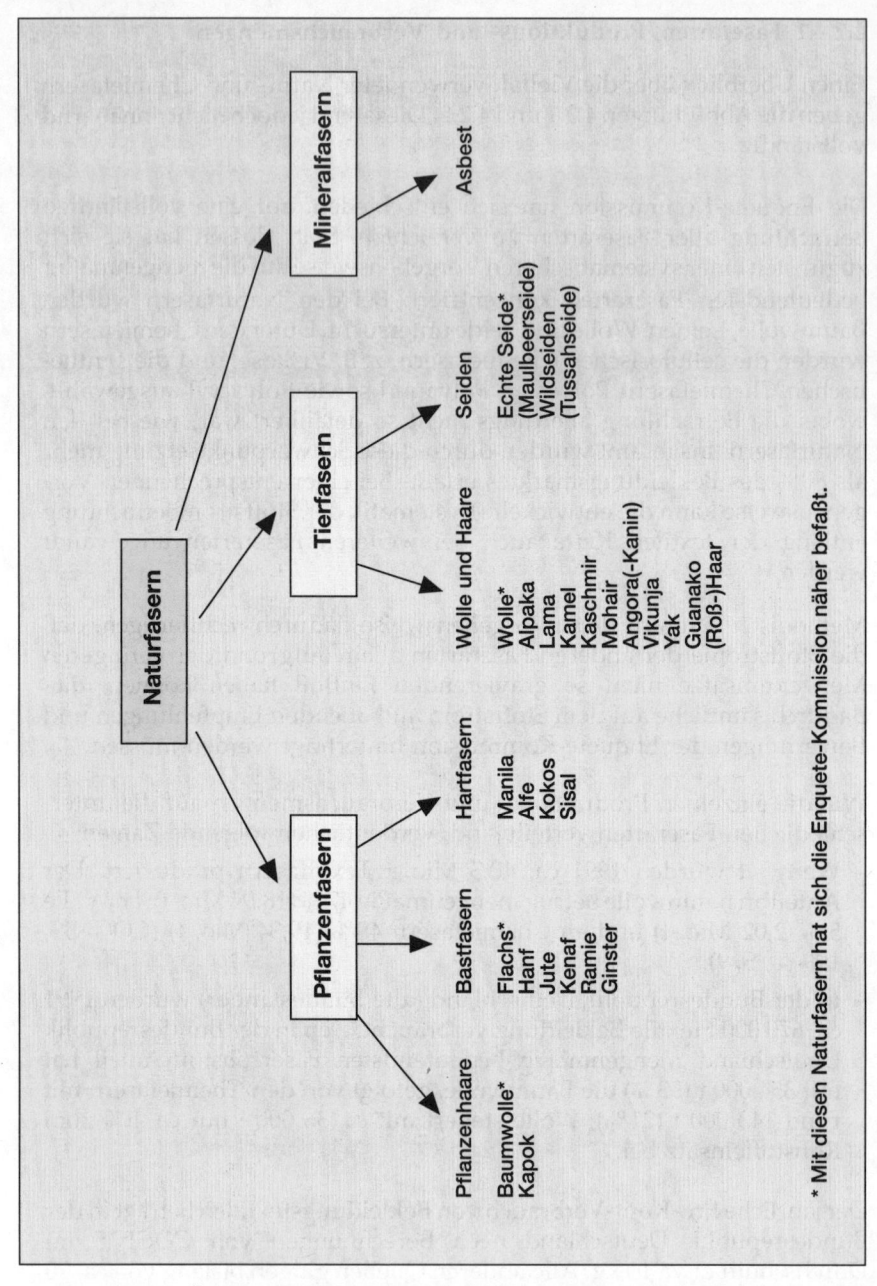

Abb. 4.2.1: Übersicht über Naturfasern, die im textilen Bereich verwendet werden

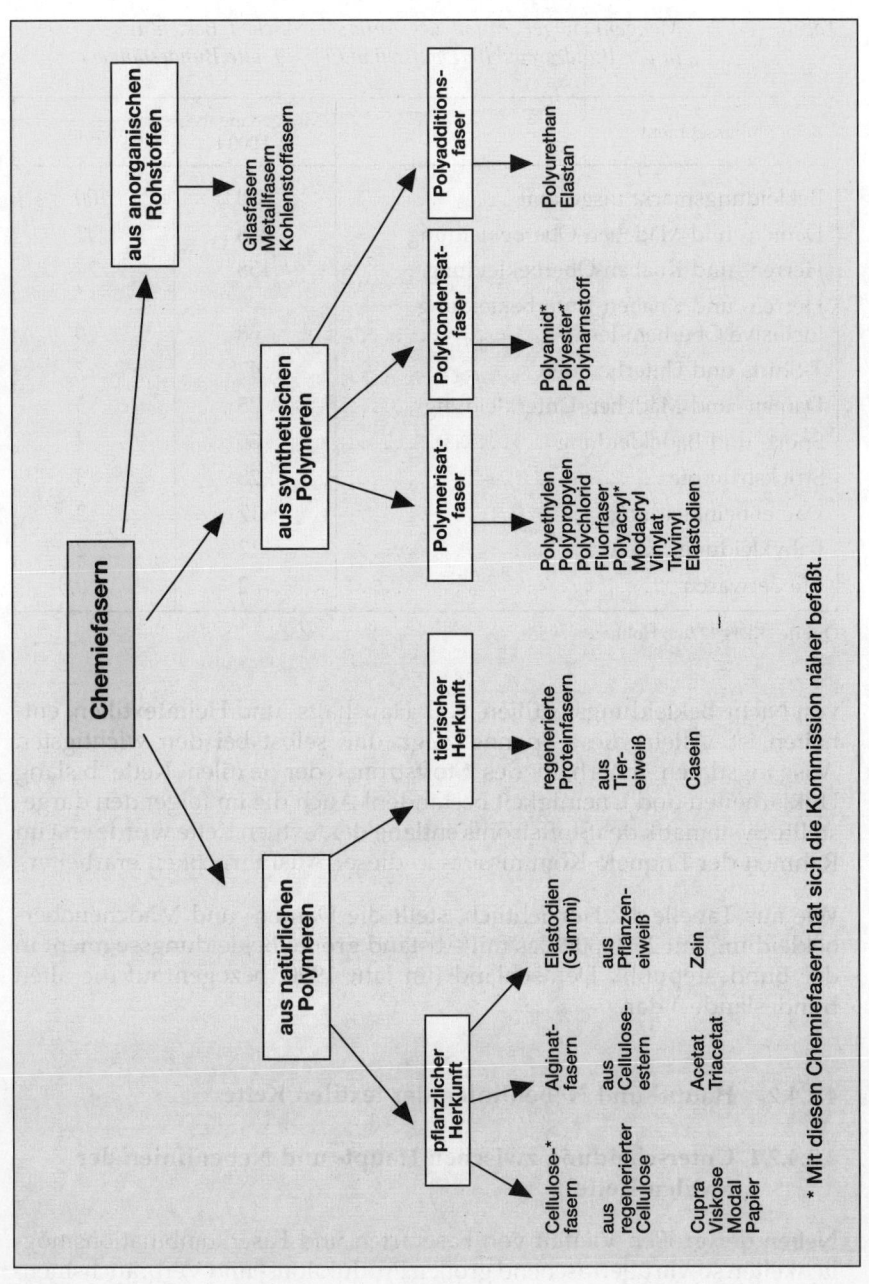

Abb. 4.2.2: Übersicht über Chemiefasern, die im textilen Bereich verwendet werden

Tabelle 4.2.1: *Mengenmäßiger Anteil der unterschiedlichen Bekleidungssegmente in der Bundesrepublik Deutschland (1990, alte Bundesländer)*

Bekleidungssegment	Mengenangabe in 1000 t	Anteil in %
Bekleidungsmarkt insgesamt	680	100
Damen- und Mädchen-Oberbekleidung	288	42
Herren- und Knaben-Oberbekleidung	158	24
Herren- und Knaben-Unterbekleidung inclusive Oberhemden	68	10
T-Shirts und Unterhemden	47	7
Damen- und Mädchen-Unterkleidung	35	5
Sport- und Badekleidung	30	4
Strickstrümpfe	23	3
Damenbeinkleidung	17	2
Babykleidung	12	2
Miederwaren	2	0,3

Quelle: KDrs 12/8a, Holthaus

von Nicht-Bekleidungstextilien, z. B. Haushalts- und Heimtextilien, enthalten ist. Allein diese Spanne zeigt, daß selbst bei den wichtigsten Ausgangsdaten innerhalb des Stoffstroms der textilen Kette bislang Unklarheiten und Uneinigkeit bestanden! Auch die im folgenden dargestellte Systematik des Stoffstroms entlang der textilen Kette wurde erst im Rahmen der Enquete-Kommission in dieser Ausführlichkeit erarbeitet.

Wie aus Tabelle 4.2.1 ersichtlich, stellt die Damen- und Mädchenoberbekleidung mit 288 000 t das mit Abstand größte Bekleidungssegment in der Bundesrepublik Deutschland (im Jahr 1990, bezogen auf die alten Bundesländer) dar.

4.2.4.2 Haupt- und Nebenlinien der textilen Kette

4.2.4.2.1 Unterscheidung zwischen Haupt- und Nebenlinien der textilen Kette

Neben der großen Vielfalt von Faserarten und Faserkombinationsmöglichkeiten sowie überraschend großen Produktions- und Verbrauchsmengen von Textilfasern sind auch die einzelnen Stadien der Fasern entlang der Produktlinie, beispielhaft ausgedrückt „vom Baumwoll- oder Erdölfeld bis zur Deponie", vielfältig.

Dabei können zwei verschiedene Linien innerhalb der Stufen der textilen Kette unterschieden werden:
- Zum einen ist es möglich, lediglich den Stoffstrom zu betrachten, an dem die Faser unmittelbar beteiligt ist. Dazu zählen z. B. Bearbeitungsschritte wie die Veredlung oder die Konfektionierung, die direkt an der Faser bzw. dem Garn oder Flächengebilde erfolgen. Dieser Stoffstrom wird im folgenden als *Hauptlinie der textilen Kette* bezeichnet.
- Neben dieser Hauptlinie der textilen Kette gibt es aber zum anderen eine Vielzahl weiterer Schritte, die analysiert werden müssen, um überhaupt die einzelnen Stufen der Hauptlinie umfassend betrachten zu können. So ist z. B. bei der Stoffstrombetrachtung für den Primäranbau der Baumwollfaser nicht nur die Düngung oder der Einsatz von Pestiziden relevant (Hauptlinie), sondern auch die Bereitstellung der Düngemittel, beispielsweise deren Produktion oder Transport, zu berücksichtigen. Diese innerhalb der Hauptlinie zuarbeitenden Schritte machen die sogenannten *Nebenlinien der textilen Kette* aus. Hinter dieser Unterscheidung zwischen Haupt- und Nebenlinien verbirgt sich – wie so oft – eine sprachliche Vereinfachung, die eine eindeutige Trennung vorgibt, obgleich in Wirklichkeit ein fließender Übergang vorherrscht. Vielleicht käme der Ausdruck „Netzwerk" der Realität etwas näher, da zwischen Haupt- und Nebenlinien enge Vernetzungen, zum Teil über mehrere Stufen der textilen Kette, bestehen.

Bei der Stoffstromerfassung hat sich die Enquete-Kommission zunächst ausschließlich auf die Hauptlinie der textilen Kette konzentriert, die sich entsprechend den Erwartungen als höchst komplexer Weg erwies und sehr vereinfacht in Abbildung 4.2.3 wiedergegeben ist.

Berücksichtigt man zudem auch die Nebenlinien der textilen Kette, ergibt sich die in Abbildung 4.2.4 dargestellte Systematik.

Zu den Nebenlinien wurden bei der Bearbeitung des Bedürfnisfelds Textilien/Bekleidung von der Enquete-Kommission keine Daten erhoben. Einige Aspekte wurden jedoch im Zusammenhang mit der Interaktionen zwischen den verschiedenen Akteuren der textilen Kette betrachtet (s. Kap. 4.2.7 und 4.2.8).

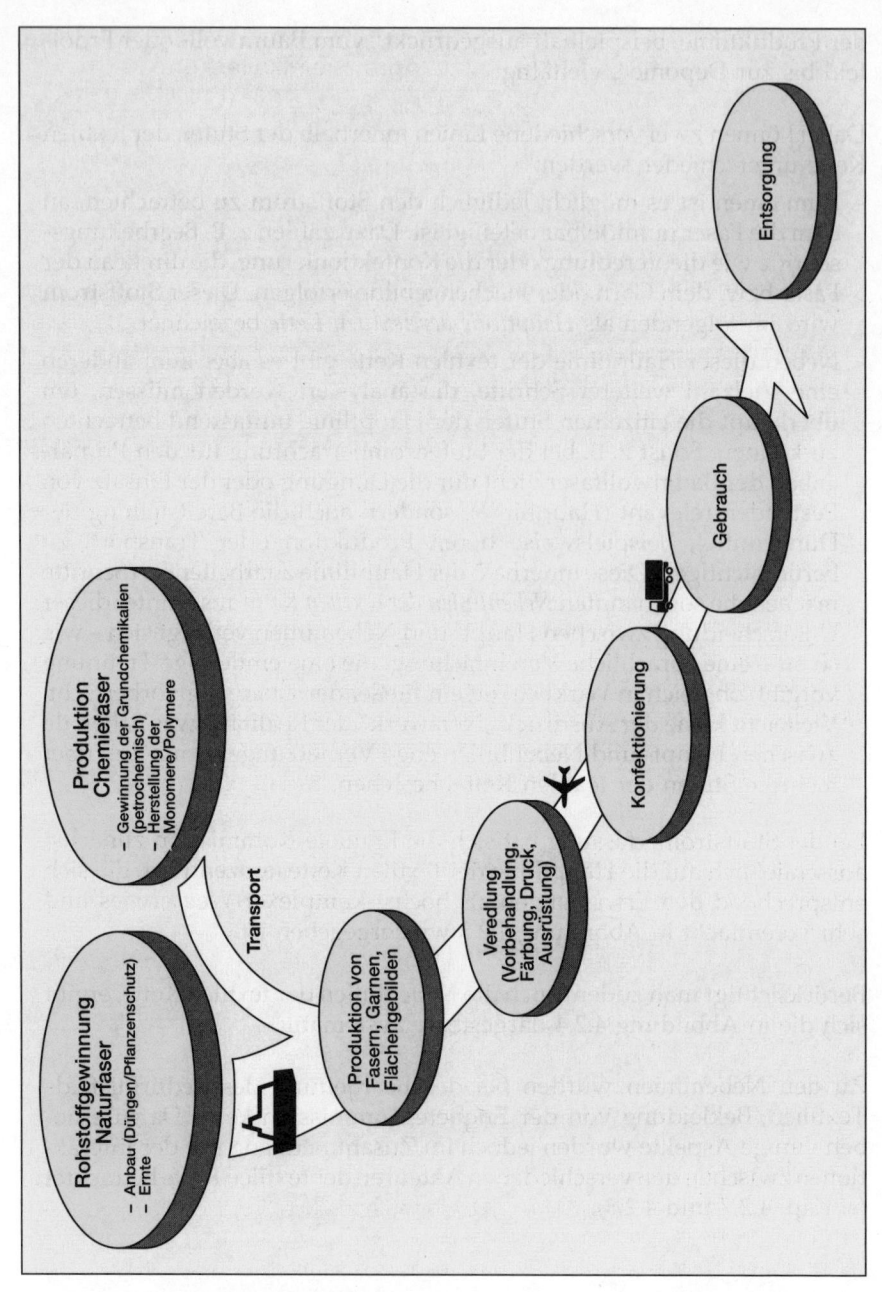

Abb. 4.2.3: Stoffstrombetrachtung der Hauptlinie entlang der textilen Kette (ohne Berücksichtigung des Transports)

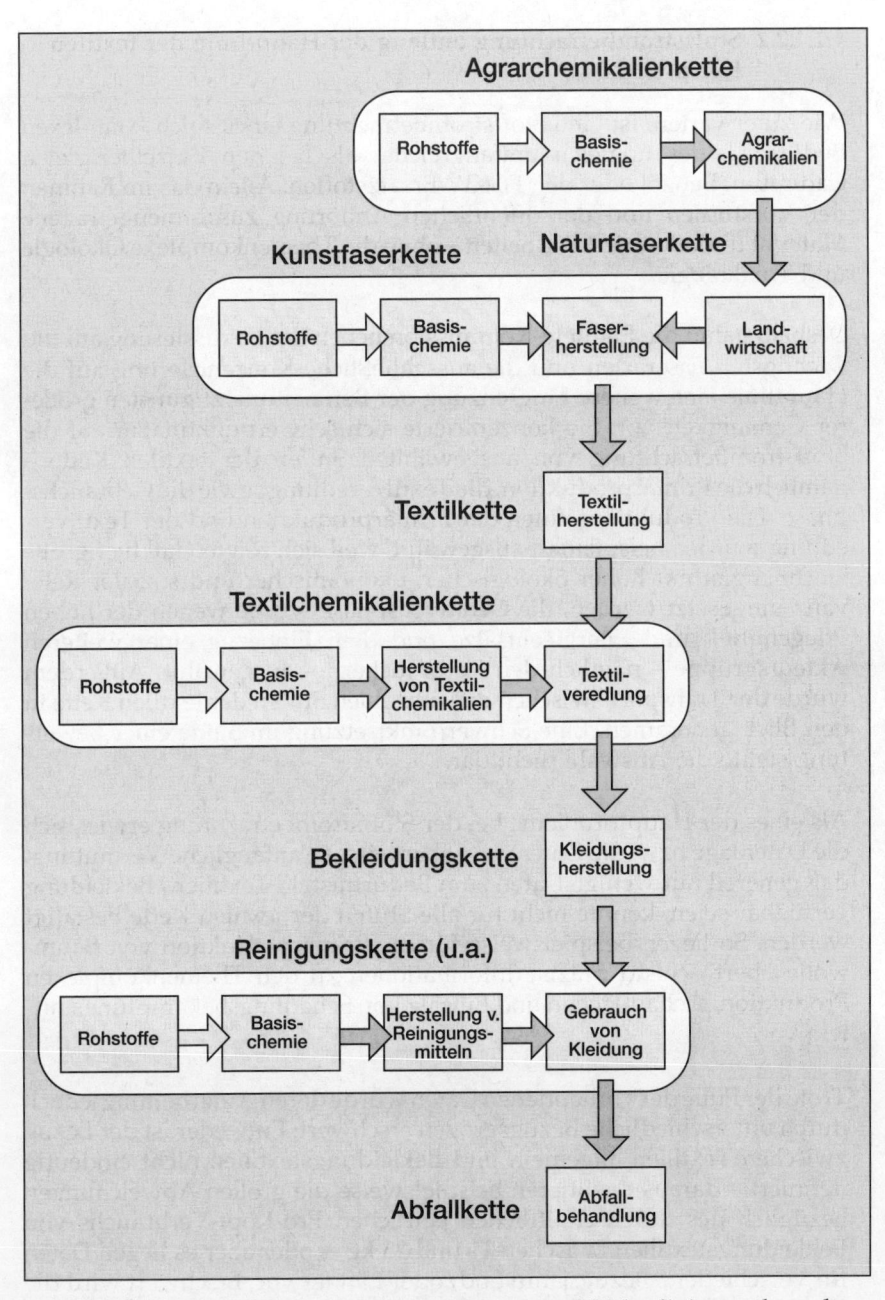

Abb. 4.2.4: Stoffstrombetrachtung der Haupt- und Nebenlinien entlang der textilen Kette (ohne Berücksichtigung des Transports)

4.2.4.2.2 Stoffstrombetrachtung entlang der Hauptlinie der textilen Kette

Wie zu erwarten, ist eine Stoffstrombetrachtung eines solch komplexen Bedürfnisfeldes ungleich umfangreicher als bei den Einzelbeispielen Cadmium, Benzol oder den FCKW-Ersatzstoffen: Allein das im Rahmen der Vorstudien und der öffentlichen Anhörung zusammengetragene Material umfaßt über 1 000 Seiten – ohne die Themenkomplexe Ökologie und Toxikologie.

Deshalb nahm die Enquete-Kommission neben der Fokussierung auf die wichtigsten Faserarten und die ausschließliche Konzentrierung auf die Hauptlinie eine weitere Eingrenzung der Betrachtung zugunsten größerer Genauigkeit vor: Sie konzentrierte sich schwerpunktmäßig auf die Stoffstrombetrachtung von ausgewählten Stufen der textilen Kette – nämlich die Primärproduktion, die Textilveredlung sowie die Gebrauchsphase. Die Produktionsstufen der Primärproduktion und der Textilveredlung wurden beispielhaft ausgewählt, weil sich zeigte, daß hier große Stoffmengen mit hoher ökologischer, ökonomischer und sozialer Relevanz umgesetzt werden, die Gebrauchsphase wurde wegen der hohen Pflegemittel- und Energieeinsätze und dem Einbezug einer weiteren Akteursgruppe – nämlich den Verbrauchern – ausgewählt. Außerdem wurde der Transport zwischen den einzelnen Stufen der textilen Kette in den Blick genommen. Eine Schwerpunktsetzung im Sinne einer Bewertung stellte die Auswahl nicht dar.

Als eines der Hauptprobleme bei der Stoffstrombetrachtung erwies sich die Datenlage bzw. die Datenverfügbarkeit. Die anfängliche Vermutung, daß generell nur wenige Daten zum Bedürfnisfeld Textilien/Bekleidung verfügbar seien, konnte nicht für alle Stufen der textilen Kette bestätigt werden. So liegen beispielsweise für die Primärproduktion von Baumwolle überraschend präzise Informationen zu den Themenkomplexen Produktion, Anbauflächen und Einsatz von Schädlingsbekämpfungsmitteln vor.

Trotz der Fülle der vorhandenen Daten wurde deren Aufarbeitung jedoch durch unterschiedliche Bezugsgrößen erschwert: Entweder ist der Bezug zwischen Textilien allgemein und Bekleidungstextilien nicht eindeutig definiert – daraus resultieren beispielsweise die großen Abweichungen bezüglich des durchschnittlichen jährlichen Pro-Kopf-Verbrauchs von Bekleidungstextilien zwischen 11 und 23 kg –, oder aber es liegen Daten für verschiedene Bezugsjahre und/oder Länder vor. Erschwert wird die Datensituation für die Bundesrepublik Deutschland noch dadurch, daß manche Informationsquellen bereits die neuen Bundesländer berücksichtigen, manche sich jedoch wiederum nur auf die alten Länder beziehen.

Daneben konnten auch Informationsdefizite, so beispielsweise bei der Textilveredlung, ausgemacht werden.

Beispielhaft für alle Stufen der textilen Kette werden im folgenden die Primärproduktion der Natur- und Chemiefasern sowie die Textilveredlung zusammenfassend dargestellt. Zudem wird die Bedeutung des Transports als Prozeß zwischen den einzelnen Stufen der textilen Kette beleuchtet.

Stoffstrombetrachtung der Primärproduktion
von Naturfasern am Beispiel der Baumwolle

Da weltweit 47 % der produzierten Textilfasern aus Baumwolle bestehen und in der Bundesrepublik Deutschland der Baumwollanteil der textilen Bekleidung 53 % beträgt, hat sich die Enquete-Kommission auf diese mengenmäßig bedeutendste Naturfaser konzentriert. Neben der mengenmäßigen Bedeutung der Baumwolle spielen aber auch die gerade in der jüngsten Zeit vermehrt zu beobachtenden Entwicklungen einer umweltverträglicheren Baumwollproduktion einen wesentlichen Aspekt für die Schwerpunktsetzung.

Insbesondere den Eigeninitiativen umweltbewußter Unternehmer (vor allem den Textil- und Pflanzenschutzmittelherstellern sowie dem Handel) ist es zu verdanken, daß mit geringerem, aber effizienterem Pestizid- und Düngemitteleinsatz auf umweltschonendere Weise Baumwolle produziert werden kann, die auf dem Weltmarkt wettbewerbsfähig ist. So können heute z. B. durch die gezielte Baumwollsaatgutbehandlung mit einem neu entwickelten Pflanzenschutzmittel bis zu drei Flächenbehandlungen eingespart werden.

Maßnahmen des Integrierten Umweltschutzes und des ökologischen Baumwollanbaus sind als Beispiele für neu beschrittene Wege zu nennen. Hinsichtlich des Inverkehrbringens und der Anwendung von Pflanzenschutzmitteln legt der FAO-Verhaltenskodex (s. auch Kap. 4.2.4.2.6) Verantwortungen und Verhaltensnormen fest, die die am Pflanzenschutz Beteiligten (Regierungen, Industrie und Landwirte sowie den NGO (Nichtregierungsorganisationen, auch mit NRO abgekürzt), die in den einzelnen Ländern Kontrollfunktionen wahrnehmen) im Rahmen ihrer Zuständigkeiten umsetzen sollen.

Baumwolle als Beispiel für einen bedeutenden nachwachsenden Rohstoff und die Aspekte der verschiedenen Anbaumethoden werden im Zusammenhang mit dem Thema „sustainable agriculture and rural development" diskutiert.

Bei den im folgenden genannten Daten zu den stoffstromrelevanten Kriterien handelt es sich um Durchschnittswerte, aus denen diese beispielhaften, positiven Abweichungen nicht hervorgehen.

Einige der bedeutsamsten stoffstromrelevanten Kriterien, die auf der Stufe der Primärproduktion von Naturfasern allgemein – und damit auch bei der Stoffstrombetrachtung von Baumwolle – zu berücksichtigen sind, gibt die nachfolgende Zusammenstellung wieder:

(1) Produktion,

(2) Anbauländer und Größe der Anbauflächen,

(3) Kuppelprodukte,

(4) Art und Menge der eingesetzten Hilfs- und Betriebsmittel,

(5) Verbleib der eingesetzen Hilfs- und Betriebsmittel,

(6) Menge des eingesetzten Trink- und Brauchwassers sowie

(7) Menge eingesetzter nicht regenerativer Energie.

(1) Produktion

Die Weltproduktion an Rohbaumwolle betrug im Jahr 1991 rund 19 Mio. t. Zwischen 1970 und 1990 stieg die Produktion um durchschnittlich 2,2–2,5% pro Jahr, obwohl die Anbauflächen in diesem Zeitraum – abgesehen von geringfügigen jährlichen Schwankungen – nahezu stagnierten. Demnach konnten die Flächenerträge um etwa 2,0% p.a. gesteigert werden. Die Flächenertragssteigerung ist vor allem auf vermehrte Bewässerung, Intensivierung der mineralischen Düngung und chemische Schädlingsbekämpfung zurückzuführen. In einigen Entwicklungs- und Schwellenländern (der Begriff wird hier in der üblichen, durchaus problematischen Sprachregelung verwendet) wie z. B. Indien, Brasilien oder in einigen ostafrikanischen Ländern bestehen noch beträchtliche Flächenertragsreserven. Allerdings werden in einigen Ländern ca. 40–50% der höherwertigen Anbauflächen, die sich auch zum Anbau von Nahrungsmitteln eignen würden, zur Baumwollgewinnung genutzt.

Der Import von Baumwollfasern in die Bundesrepublik Deutschland betrug im Jahr 1990 (alte Bundesländer) 260 000 t. Darin sind Baumwollflächengebilde sowie konfektionierte baumwollhaltige Bekleidungstextilien nicht enthalten.

(2) Anbauflächen und Anbauländer

Die Weltanbaufläche für Baumwolle liegt im Durchschnitt der letzten drei Jahre bei etwa 33 Mio. ha, das sind etwa 4,7% der Weltgetreidefläche bzw. 2,4% der Weltackerfläche (zum Vergleich: Die gesamte Fläche der Bundesrepublik Deutschland, alte und neue Bundesländer, umfaßt ca. 35,9 Mio. ha; KDrs 12/8a, Brandt).

Zu den wichtigsten Baumwollerzeugerländern zählen die USA (17,3%), die GUS (13,6%), die VR China (24,4%), Indien (11,1%) und Pakistan (9,2%), die zusammen rund 75% der gesamten Baumwollproduktion erzeugen (KDrs 12/8a, Brandt).

(3) Kuppelprodukte

Nur ein Drittel der geernteten Baumwollrohfasern wird als Ausgangsmaterial für die Faserherstellung verwendet. Der Rest, die sogenannten Linters, d. h. kurze Baumwollfasern, werden zur Herstellung von Cellulose-Chemiefasern (z. B. Viskose) eingesetzt sowie bei der Papierproduktion verwendet.

1 000 kg geerntete Saatbaumwolle enthalten im Durchschnitt:

für die Textilfaserherstellung geeignete Rohfasern:		420 kg
andere Naturprodukte:	Saatkuchen	200 kg
	Öl	110 kg
	Schalen	210 kg
	zurückbehaltenes Saatgut	20 kg
Abfälle:	Verunreinigungen	40 kg

(4) Art und Menge der eingesetzten Hilfs- und Betriebsmittel

Der Einsatz von Pflanzenschutzmitteln (d. h. Insektizide, Herbizide und Fungizide) sowie Entlaubungsmitteln (auch Defoliants und Pflanzenhormon-Abspalter genannt) und deren Verbleib in der Umwelt wird in Kapitel 4.2.4.2.3 „Ökologische und toxikologische Problemfelder entlang der Hauptlinie der textilen Kette" thematisiert.

Düngemittel: Bei intensivem Anbau werden 80 bis 120 kg Stickstoff/ha sowie 20 bis 40 kg Phosphorpentoxid/ha an Mineraldünger eingesetzt. Auf Kali-Düngung wird in den semi-ariden Anbaugebieten meist verzichtet.

(5) Verbleib der eingesetzten Hilfs- und Betriebsmittel

Umfassende, systematische Daten über den Verbleib der eingesetzten Hilfs- und Betriebsmittel liegen nicht vor. Lediglich über den Verbleib der Pestizide sind einige Fakten bekannt, die in Kapitel 4.2.4.2.3 dargestellt werden.

(6) Menge des eingesetzten Trink- und Brauchwassers

Man unterscheidet bei der Baumwollgewinnung den Trockenfeldanbau und den Bewässerungsanbau. Beim Bewässerungsanbau werden z. B. im Sudan, im Senegal, am Tana-See, am Indus und an den Aral-Zuflüssen ca. 29 m^3 Wasser für 1 kg Rohbaumwolle benötigt. In Israel liegt der Wasserbrauch bei etwa 7 m^3/kg Rohbaumwolle (KDrs 12/8a, Brandt).

(7) Menge eingesetzter nicht-regenerativer Energie

Der Einsatz von nicht-erneuerbarer Energie in der Primärproduktion ist je nach Standort und Grad der Mechanisierung unterschiedlich: Mit steigenden Personalkosten steigt auch die Kapital- und Energieintensität für die Erzeugung.

Folgender Energiebedarf ist in den unterschiedlichen Baumwollanbaugebieten für die Produktion von 1 kg Rohbaumwolle erforderlich:

USA	41,87 MJ
GUS	41,87 MJ
Australien	41,87 MJ
Sudan	12,56 bis 20,94 MJ

Zur Veranschaulichung: 41,87 MJ entsprechen 1 kg Rohöläquivalent.

Neben diesem Energieeinsatz für Transport und Maschinen „vor Ort" ist auch der Einsatz nicht-erneuerbarer Ressourcen etwa für die Herstellung und den Vertrieb der Pestizide erforderlich. Da dieser Stoffstrom jedoch in eine der Nebenlinien fällt, wurden hierzu keine Daten erhoben.

Stoffstrombetrachtung der Primärproduktion
von Chemiefasern

Zur Gegenüberstellung des Stoffstroms der Primärproduktion von Naturfasern hat die Enquete-Kommission auch die Chemiefasern am Beispiel Polyester, Polyamid und Polyacryl sowie cellulosische Chemiefasern untersucht. Dieser Vergleich sollte allerdings nicht dazu dienen, einen Sieger oder Verlierer zu ermitteln, vielmehr sollten auf dem Wege der Stoffstrombetrachtung und anschließenden Bewertung bei beiden Primärproduktionswegen Schwachstellen identifiziert werden, die möglicherweise verringert werden können.

Wie bei den Naturfasern ist es auch bei den Chemiefasern schwierig, den für Bekleidungstextilien verwendeten Anteil auszumachen, denn Chemiefasern werden in beträchtlichen Mengen zu technischen Textilien und Heimtextilien verarbeitet. Außerdem ist die Datenlage nach Ergebnissen der COGNIS-Vorstudie unbefriedigend, da viele Einzeldaten der amtlichen Statistiken zum Teil gesperrt sind. Erschwerend kommt hinzu, daß sich zwischen den Angaben der IVC (Industrievereinigung Chemiefaser e.V.) und den Angaben der Außenhandelsstatistik hinsichtlich Produktion, Import und Export große Abweichungen ergeben. Im folgenden werden entsprechend der COGNIS-Vorstudie und der öffentlichen Anhörung die IVC-Daten zugrundegelegt (s. COGNIS 1994a, S. 22 ff. und KDrs 12/8a, Kamerbeek). Der grundlegende Unterschied zu den Naturfasern ist der Einsatz nicht-erneuerbarer Ressourcen als Ausgangsstoff.

(1) Produktion

Weltweit wurden im Jahre 1991 rund 19,34 Mio. t Chemiefasern produziert. Davon wurden in der Bundesrepublik Deutschland 1,046 Mio. t hergestellt. Im Gegensatz zu den Naturfasern, die fast ausschließlich importiert werden, ist die Bundesrepublik Deutschland mit 714 000 t Export (überwiegend nach Westeuropa) gegenüber einem Import von 358 000 t ein Netto-Exporteur. Der Bekleidungsanteil am Chemiefaserverbrauch beträgt in der Bundesrepublik Deutschland ca. 31% (Bezugsjahr 1991, alte Bundesländer).

Im Zeitraum von 1973 bis 1991 ist eine deutliche Verschiebung der Faserproduktion von den Industriestaaten in die Entwicklungs- und Schwellenländer zu beobachten: Wurden 1973 dort erst 1,3 Mio. t produziert, stieg die Produktion bis zum Jahre 1991 um rund 500% auf 7,7 Mio. t an. Damit werden rund 40% der Weltproduktion von Chemiefasern heute in den Entwicklungs- und Schwellenländern hergestellt. Dies hatte im gleichen Zeitraum den Abbau von etwa einem Drittel der europäischen Faserkapazität zur Folge. Für die Bundesrepublik Deutschland bedeutet dies eine Produktionssteigerung von lediglich 7 % innerhalb der letzten 18 Jahre. Neben einer Gesamtimportsteigerung von 33 % seit 1973 ist bei manchen Halbfertigprodukten ein Importanstieg von 700 % zu verzeichnen, was in der Bundesrepublik Deutschland zu vielen Betriebsschließungen führte (KDrs 12/8a, Kamerbeek).

Im Jahr 1990 wurden in der Bundesrepublik Deutschland (alte Bundesländer) überwiegend folgende Chemiefasern im Bekleidungsbereich verarbeitet:

Polyester (PES)	ca. 90 000 t
Polyacryl (PAN)	ca. 20 000 t
Polyamid (PA)	ca. 30 000 t
cellulosische Chemiefasern	ca. 60 000 t

(2) Einsatz nicht-erneuerbarer Ressourcen

Rohstoffbasis für die synthetischen Chemiefasern sind petrochemische Rohstoffe, d. h. in menschlichen Zeitskalen betrachtet nicht-erneuerbare Rohstoffe. Dieser Aspekt ist hinsichtlich der Operationalisierung des Leitbildes einer nachhaltig zukunftsverträglichen Entwicklung bedeutsam.

(2a) Einsatz nicht-erneuerbarer Ressourcen als Energieträger

Als Energieträger werden bei der Chemiefaserproduktion Erdöl, Kohle und Erdgas verwendet. Nach einer Studie des Internationalen Chemiefaserverbandes im Jahr 1980 betrug der damalige Energieverbrauch für die Polymerisation und die Spinnerei aufgeteilt nach den einzelnen Faserarten:

Polyester	25,8 MJ/kg Faser
Polyamid (PA 6)	24,5 MJ/kg Faser
Polyamid (PA 6.6)	25,9 MJ/kg Faser
Polyacryl	34,6 MJ/kg Faser
cellulosische Chemiefaser	33,3 MJ/kg Faser

Allein bei der Produktion von Polyacryl hat sich gegenüber 1980 der Energieaufwand um ca. 40 % verringert. Über den derzeitigen Energieverbrauch für die anderen Fasertypen liegen keine Informationen vor.

(2b) Einsatz nicht-erneuerbarer Ressourcen als Ausgangsstoffe für die Chemiefaserproduktion

Ausgangsstoff für die Chemiefasern Polyester, Polyacryl und Polyamid ist Rohöl. Von den Rohölfraktionen ist jedoch nur eine bestimmte Fraktion, nämlich Naphtha, einsetzbar, aus der die petrochemischen Vorprodukte Benzol, Toluol, Xylol, Propylen und Ethylen gewonnen werden. Naphtha ist zu 25% im Rohbenzin enthalten, das wiederum 20% des Rohöls ausmacht.

Naphtha wird überwiegend für die Herstellung von Thermoplasten (54%) und von Lösungsmitteln (13%) eingesetzt. Nur 6% des Naphthas sind Ausgangsstoff für die Faserproduktion (bezogen auf alle Fasern, nicht nur auf Bekleidungstextilien). Damit liegt der Anteil des Rohöls für die Faserproduktion bei knapp 0,4%. Diese verteilen sich auf die verschiedenen Fasertypen wie folgt: 0,16% werden für die Polyesterherstellung, 0,1% für die Polyamidherstellung, 0,1% für die Polyacrylproduktion und 0,04% für andere Fasern verwendet.

Der Bekleidungsanteil der aus Rohöl gewonnenen Fasern beträgt 31%. Die restlichen aus Rohöl gewonnenen Fasern verteilen sich zu 33% auf Fasern für technische Einsatzzwecke und zu 36% auf Heimtextilien.

Absolute Verbrauchsmengen von Naphtha für die Bekleidungsherstellung aus Chemiefasern sind nach Angaben des IVC nicht verfügbar, da entsprechend den jeweiligen Herstellverfahren unterschiedliche Mengen petrochemischer Ausgangsstoffen verbraucht werden.

Eine Untersuchung aus dem Jahr 1981 (Steeman/Cooten/Jacobs, 1981, S. 912ff.) ermittelte für die Produktion von einem kg Chemiefaser folgende Werte, die einen Anhaltspunkt für die Größenordnung geben:

Polyester	45 MJ Naphtha	2 MJ Naturgas
Polyamid (PA 6)	60 MJ Naphtha	25 MJ Naturgas
Polyamid (PA 6.6)	54 MJ Naphtha	39 MJ Naturgas

Zur Veranschaulichung: 41,87 MJ entsprechen 1 kg Rohöläquivalent.

Legt man am Beispiel von Polyester die im Jahr 1990 in der Bundesrepublik Deutschland verarbeitete Menge von 90 000 t zugrunde (s.o.), kommt man zu folgendem Ergebnis:

Polyester	4 050 000 GJ
Naphtha	180 000 GJ

Es ist allerdings nicht abzuschätzen, ob sich aufgrund von technologischen Fortschritten der Bedarf an Ausgangsstoffen in den vergangenen dreizehn Jahren seit Erscheinen der Publikation reduziert hat.

Die einzelnen Verarbeitungsschritte, die zwischen der Gewinnung des Rohöls und der Produktion von Polyester, Polyacryl und Polyamid liegen, gibt die Abbildung 4.2.5 (siehe folgende Seite) wieder, auf die hier jedoch nicht im einzelnen eingegangen werden soll. Für die Herstellung cellulosischer Chemiefasern wird als Ausgangsstoff nicht Rohöl, sondern Pflanzencellulose eingesetzt.

Zur Herstellung von 1 000 g *Polyester* werden 1 030 g Dimethylterephthalat (103 Gew.-%) oder 880 g Terephthalsäure (88 Gew.-%) und 360 g Ethylenglycol (36 Gew.-%) eingesetzt.

Für die Herstellung von 1 000 g *Polyacryl* benötigt man ca. 920 g Acrylnitril (ca. 92 Gew.-%), rund 60 g Methylacrylat (6 Gew.-%), etwa 80 g Vinylacetat (8 Gew.-%) und knapp 10 g Methallylsulfonat (1 Gew.-%).

Polyamide werden entweder aus Caprolactam (PA 6) oder aus Adipinsäure und Hexamethylendiamin (PA 6.6) hergestellt.

Cellulosische Chemiefasern – mit Viscose und Triacetat als Hauptvertreter – werden ausschließlich aus Zellstoff hergestellt. Dieser wird aus Europa, Kanada, Südafrika, USA und künftig evtl. auch aus Südamerika importiert.

(3) Kuppelprodukte

Bei der Herstellung cellulosischer Chemiefasern aus Zellstoff über den Xanthogenatprozeß entsteht als Kuppelprodukt Natriumsulfat. Bei den synthetischen Chemiefasern entstehen in der Regel keine Kuppelprodukte (KDrs 12/8a, Kamerbeek).

(4) Art und Menge der eingesetzten Hilfs- und Betriebsmittel

Synthetische Chemiefasern: Bei der Polymerisation bzw. Polykondensation werden in der Regel Katalysatoren und andere Hilfsstoffe eingesetzt. Es werden überwiegend Stoffe verwendet, die in den Empfehlungen des Bundesgesundheitsamtes für Kunststoffe im Lebensmittelverkehr genannt sind. Da es sich hierbei überwiegend um firmenspezifisches Know-how handelt, sind Detailinformationen nicht zugänglich. Als eine Ausnahme ist beispielsweise dem Umweltbundesamt bekannt, daß

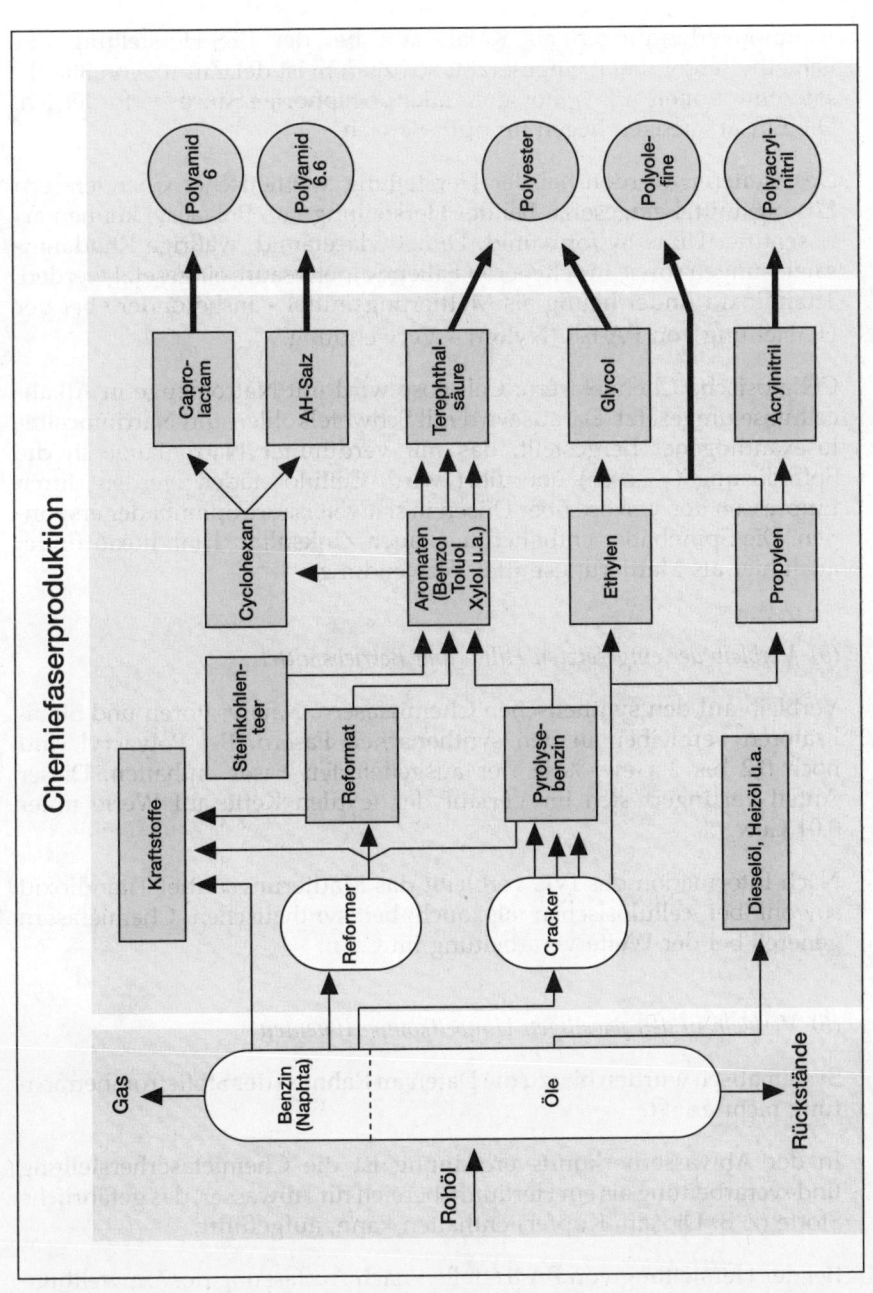

Abb. 4.2.5: Darstellung der einzelnen Verarbeitungsschritte zwischen Rohölgewinnung und Chemiefaserproduktion

Antimonverbindungen als Katalysator bei der PES-Herstellung aus Dimethylterephthalat eingesetzt wird. Zudem ist der Zusatz von Stabilisatoren – zumeist Phosphorsäure oder phosphorige Säure – erforderlich. Die Einsatzmengen liegen im ppm-Bereich.

Des weiteren werden bei der Herstellung synthetischer Chemiefasern Lösungsmittel eingesetzt. Bei der Herstellung von Polyacryl können als Lösemittel Dimethylformamid, Dimethylacetamid, wäßrige Rhodanidsalzlösungen sowie in selteneren Fällen Salpetersäure eingesetzt werden. Titandioxid findet häufig als Mattierungsmittel – insbesondere bei der Herstellung von PA 6.6 (Nylon) – Verwendung.

Cellulosische Chemiefasern: Cellulose wird mit Natronlauge in Alkalicellulose umgesetzt. Daraus wird mit Schwefelkohlenstoff Natriumcellulosexanthogenat hergestellt, das mit verdünnter Natronlauge in die Spinnlösung (Viscose) überführt wird. Cellulosefäden werden durch Einpressen der Viskose über Düsen in schwefelsaure Spinnbäder ersponnen. Die Spinnbäder enthalten u. a. auch Zinksulfat. Titandioxid findet auch hier als Mattierungsmittel Verwendung.

(5) Verbleib der eingesetzten Hilfs- und Betriebsmittel

Verbleib auf den synthetischen Chemiefasern: Katalysatoren und Stabilisatoren verbleiben in den synthetischen Fasern. Bei Polyacryl sind noch 0,2 bis 2 Gew.-% in der ausgelieferten Faser enthalten. Dieser Anteil verringert sich im Verlauf der textilen Kette auf Werte unter 0,01 Gew.-%.

Nach Information des IVC verbleibt das Mattierungsmittel Titandioxid sowohl bei cellulosischen als auch bei synthetischen Chemiefasern generell bei der Weiterverarbeitung im Garn.

(6) Verbleib in den jeweiligen Umweltkompartimenten

Systematisch wurden hierzu die Daten im Rahmen der Stoffstrombetrachtung nicht erfaßt.

In der Abwasserherkunftsverordnung ist die Chemiefaserherstellung und -verarbeitung als ein Herkunftsbereich für Abwasser, das gefährliche Stoffe (z. B. Dioxan, Kupfer) enthalten kann, aufgeführt.

Bei der Herstellung von PA 6.6 fallen nach Auffassung des Umweltbundesamtes auch titandioxidhaltige Produktionsabwässer an, die aufgrund des Gehalts an Titandioxid nicht in den Caprolactamprozeß zurückgeführt werden können. Zur Viskoseherstellung eingesetztes Zinksulfat führt in den darauffolgenden Prozeßabschnitten zu problematischen Wasserbelastungen. Maßnahmen zur Reduzierung der Zinkemissionen befinden sich in der Erprobung.

Emissionen gefährlicher Stoffe in die Luft sind besonders bei der Polyacrynitrilherstellung (Blausäure) und bei der Viskosefaserherstellung (schwefelhaltige Emissionen) von Bedeutung.

(7) Menge des eingesetzten Trink- und Brauchwassers

Der Wassereinsatz ist je nach Hersteller, Fasertyp und Herstellverfahren unterschiedlich. Bei Polyacryl beträgt der Trinkwasserbedarf im Durchschnitt 0,3 m^3/t Faser. An entionisiertem Wasser werden 15 m^3/t Faser eingesetzt. Für die Produktion von Polyester (von der Polymerisation bis zur Faserherstellung) beträgt der Bedarf an entionisiertem Wasser 2,3 m^3/t.

Stoffstrombetrachtung der Textilveredlung

Die Textilveredlung umfaßt eine Vielzahl von Verfahrensschritten innerhalb der textilen Kette. Unter diesem Begriff werden sämtliche Arbeitsprozesse zusammengefaßt, die dazu dienen, die optischen sowie die Verarbeitungs- und Gebrauchseigenschaften (z. B. durch Färben, Bleichen, Bedrucken oder Mercerisieren) eines Textils zu optimieren. Die Art der Anwendungen bei den zahlreichen Verfahren der Textilveredlung hängt von der Zusammensetzung sowie der Form des textilen Rohstoffs und der vorgesehenen Verwendung ab.

Die einzelnen Veredlungsarbeiten an Textilien werden auf unterschiedlichen Verarbeitungsstufen der Textilien durchgeführt, nämlich im unversponnenen Zustand der Textilfaser, der sog. Flocke, am Garn und an der Web-, Strick- und Wirkware, d. h. an der textilen Fläche. Somit stellt – streng genommen – die Einreihung der Textilveredlung innerhalb der textilen Kette zwischen Produktion von Fasern, Garnen und Flächengebilden und der Konfektionierung wiederum eine Vereinfachung dar. Die unterschiedlichen Veredlungsverfahren sind im Zwischenbericht der Enquete-Kommission dargestellt (Enquete-Kommission „Schutz des Menschen und der Umwelt", 1993, S. 252 ff.).

Wie bei der Primärproduktion untergliedert sich auch die Stoffstrombetrachtung bei der Textilveredlung in eine Vielzahl von Einzelaspekten, wobei ökologische und toxikologische Fragestellungen zunächst unberücksichtigt bleiben und in Kapitel 4.2.4.2.3 dargestellt werden.

Die einzelnen Verfahren bei der Textilveredlung können nach folgenden Kategorien untergliedert werden:
- Vorbehandlung,
- Färbung,
- Textildruck sowie
- Ausrüstung.

Bei der *Produktion der Veredlungsmittel* sind unter dem Aspekt der Stoffstrombetrachtung im wesentlichen folgende Aspekte zu beachten:
- Produktionsmengen,
- Rohstoffeinsatz,
- Art und Menge der Kuppelprodukte,
- Art und Menge der eingesetzten Hilfs- und Betriebsmittel,
- Verbleib der eingesetzten Hilfs- und Betriebsmittel,
- Art und Menge der eingesetzten Energie,
- Menge des eingesetzten Trink- und Brauchwassers,
- Menge eingesetzter nicht regenerativer Energie (z. B. für Transport und Maschineneinsatz) sowie
- Art und Menge der Abfälle.

Bei der *Anwendung der Veredlungsmittel* sind folgende Aspekte zu unterscheiden:
- Menge der verwendeten Veredlungsmittel,
- Energieeinsatz,
- Menge des eingesetzten Trink- und Brauchwassers,
- Art und Menge der Emissionen, Verbleib der Veredlungsmittel auf den Textilien und Verteilung der Emissionen in die Umwelt,
- Menge und Art der Abfälle sowie
- Verbleib der Veredlungsmittel nach dem Gebrauch bei der Entsorgung.

Schätzungen gehen von 7 000 bis 8 000 im Handel befindlichen Textilhilfsmitteln aus, die auf 400 bis 600 verschiedenen Wirkstoffen basieren. Diese Zahlen machen deutlich, welchen Umfang eine Stoffstrombetrachtung entlang der textilen Kette annehmen müßte, wollte man wirklich alle Einzelstoffe berücksichtigen.

Neben Textilhilfsmitteln werden bei der Textilveredlung auch Farbmittel (Farbstoffe und Pigmente) eingesetzt. Der Colour Index umfaßt derzeit ca. 4 000 unterschiedliche Substanzen. Von diesen werden rund 1 500, in größerem Umfang lediglich 800 in der Färberei und Druckerei verwendet. Die Zahl der Handelsprodukte beträgt ein Vielfaches der hier genannten Anzahl.

Da es sich im Rahmen der Textilveredlung bei vielen Bearbeitungsschritten um umweltoffene Anwendungen handelt, hat diese Stufe innerhalb der textilen Kette eine große ökologische Relevanz.

Die bei der folgenden Stoffstrombetrachtung genannten Daten beziehen sich auf die Gesamtmenge aller Textilhilfsmittel und nicht auf Einzelstoffe. Ob Daten zum Stoffstrom der einzelnen Textilhilfsmittel vorliegen, kann hier nicht entschieden werden, da weder in den beiden Vorstudien noch im Fragenkatalog zur öffentlichen Anhörung eine Einzelbetrachtung thematisiert wurde.

Produktion der Veredlungsmittel

Produktionsmengen: Schätzungen gehen für das Jahr 1992 von einer weltweiten Textilhilfsmittelproduktion von ca. 1,6 bis 1,7 Mio. t aus. In der Bundesrepublik Deutschland werden im gleichen Zeitraum nach Schätzungen der TEGEWA rund 340 000 t Textilhilfsmittel produziert (KDrs 12/8b, Schmidt).

Die Produktionsmengen für synthetische organische Farbstoffe betrugen in der Bundesrepublik Deutschland nach Angaben des VCI im Jahre 1990 rund 180 000 t. Für den textilen Bereich betrug die Farbmittelproduktion weltweit 550 000 t, in der EU 120 000 t und in der Bundesrepublik Deutschland 67 000 t. Verbraucht wurden in der Bundesrepublik Deutschland ca. 12 000 t bis 15 000 t, davon entfielen 9 000 t auf die Einfärbung von Bekleidungstextilien.

Für die Textilindustrie werden ca. 7 000 t Farbmittel importiert und ca. 59 000 t exportiert (KDrs 12/8a, Moll).

Rohstoffeinsatz: Bei der Vielzahl unterschiedlicher Textilhilfsmittel ist zu diesem Aspekt keine sinnvolle Antwort möglich.

Ausgangstoffe für die Farbstoffherstellung sind Aromaten und ihre durch Chlorierung, Nitrierung und Sulfonierung gewonnenen Folgeprodukte (Substitutionsprodukte).

Art und Menge der Kuppelprodukte: Bei der Produktion von Textilhilfsmitteln entstehen nach Sachverständigenaussagen im Rahmen der öffentlichen Anhörung keine Kuppelprodukte, da in der Regel im Eintopfverfahren ohne nachfolgende Aufarbeitungsschritte produziert wird. Im Falle der Farbstoffherstellung, die über mehrstufige Syntheseschritte erfolgt, können Kuppelprodukte entstehen, die im Produktionsverbund weiterverarbeitet werden (KDrs 12/8a, Moll und 12/8b, Schmidt). Diese Aussagen stehen im Widerspruch zum Handbuch Chlorchemie II – Ausgewählte Produktlinien – des Umweltbundesamtes (UBA, 1992; s. insbesondere Kap. 8.1.2 Reaktivfarbstoffe).

Art und Menge der eingesetzten Hilfs- und Betriebsmittel und Verbleib der eingesetzten Hilfs- und Betriebsmittel: Auch hierzu ist bei der unterschiedlichen Art der Textilhilfsmittel und den entsprechend unterschiedlichen Produktionswegen keine Aussage zu treffen.

Art und Menge der eingesetzten Energie: Der wertmäßige Anteil der durchschnittlich eingesetzten Energie beträgt ca. 7% der Herstellkosten (KDrs 12/8b, Schmidt). Außer dieser wertmäßigen Aussage liegen keine Informationen vor.

Als primäre Energieträger werden Öl, Gas, Kohle und als sekundäre Energieträger Wasser, Dampf, Eis und Strom eingesetzt.

Menge des eingesetzten Trink- und Brauchwassers: Trinkwasser wird nur für sanitäre Zwecke und für Sicherheitseinrichtungen verwendet. Bei der Textilhilfsmittelproduktion werden ca. 50–100 l/kg behandeltes Textilgut Brauchwasser als Kühl-, Reinigungs- und Synthesewasser (z. B. bei der Diazotierung) eingesetzt (KDrs 12/8b, Schmidt).

Menge eingesetzter nicht regenerativer Energie (z. B. für Transport und Maschineneinsatz): Hierzu liegen keine Informationen vor.

Art und Menge der Emissionen und Verteilung der emittierten Stoffe in die Umwelt: Bei der Produktion von Textilhilfsmitteln entstehen Emissionen in die Luft und das Abwasser. Nach derzeitigem Kenntnisstand liegen die Emissionen in die Luft im Mittel im ppm-Bereich, in das Abwasser im Bereich unter 1% (bezogen auf das Endprodukt) (KDrs 12/8b, Schmidt).

Bei der Produktion von Farbmitteln entstehen im wesentlichen Emissionen in die Umweltkompartimente Boden und Wasser. Dabei verbleibt pro Tonne produzierter Farbmittel ca. 0,1 t als Deponierückstand. In das Umweltkompartiment Wasser werden nach Auskunft von TEGEWA pro

Tonne Farbmittel 150 m³ biologisch zu reinigendes Abwasser, 120 kg chemischer Sauerstoffbedarf (CSB), 30 kg Ammonium, 1 kg adsorbierbares organisches Halogen (AOX) und 0,1 kg Schwermetall wie z. B. Chrom oder Kupfer emittiert (KDrs 12/8a, Moll).

Nach Information des Umweltbundesamtes sind relevante Emissionen bei der Diazotierung bekannt, da Reaktionswasser als Nebenprodukt anfällt und belastetes Prozeßwasser aufgereinigt bzw. entsorgt werden muß.

Art und Menge der Abfälle: Hierzu liegen keine Informationen vor.

Art und Menge der Emissionen und Verteilung der emittierten Stoffe in der Umwelt: Dieser Aspekt wird in Kapitel 4.2.4.2.3 „Ökologische und toxikologische Problemfelder entlang der Hauptlinie der textilen Kette" thematisiert.

Anwendung der Veredlungsmittel

Menge der verwendeten Veredlungsmittel: In der Bundesrepublik Deutschland (alte Bundesländer) wurden im Jahr 1990 rund 110 000 t Textilhilfsmittel verbraucht, wobei knapp die Hälfte als Ausrüstungsmittel eingesetzt wurden (COGNIS 1994a, S. 62). Die Tabelle 4.2.2 gibt einen Überblick über die Mengenverteilung.

Tabelle 4.2.2: Mengenverteilung der Textilhilfsmittel auf die einzelnen Einsatzgebiete in der Bundesrepublik Deutschland (1990, alte Bundesländer)

Art der Hilfsmittel	t/a
Hilfsmittel für Fasern und Spinnen	10 000
Hilfsmittel für Weberei und Wirkerei	12 000
Hilfsmittel für Vorbehandlung und Veredlung	3 000
Hilfsmittel für Färben und Drucken	25 000
Ausrüstungsmittel	50 000
universelle Hilfsmittel	10 000

Quelle: COGNIS, 1994a

Bislang ist noch wenig untersucht worden, wie viele Textilhilfsmittel durch Importe bereits auf der Textilware in die Bundesrepublik Deutschland gelangen. Da ca. 85 % der Textilien aus ausländischer Produktion stammen, ist eine genaue Erfassung der eingesetzten Zusätze schwierig (s. Arge Textil, 1994). Allerdings werden 40% der Textilien in der Bundesrepublik Deutschland veredelt, auch wenn sie anschließend zur Konfektionierung ins Ausland transportiert werden, so daß über diesen Teil, der jedoch identifiziert werden müßte, durchaus Informationen über die Veredlungsmittel erhältlich sein müßten.

Neben den Textilhilfsmitteln werden bei der Textilveredlung noch 100 000 t sonstige Chemikalien wie Säuren, Laugen oder Natriumchlorid sowie fast 12 000 t Farbstoffe – bezogen auf das Jahr 1986 – angewendet.

Energieeinsatz: Der Energieeinsatz für das Vorbehandeln und Färben ist etwa gleich groß, für das Ausrüsten deutlich geringer. Für Vorbehandlung, Färbung, Druck und Ausrüstung müssen bei Naturfasern rund 10 bis 20 MJ/kg Textil an Energie eingesetzt werden. Für Chemiefasern beträgt der Energieeinsatz ca. 5 bis 10 MJ/kg (KDrs 12/8a, Moll und KDrs 12/8b, Schmidt).

Von der Garnveredlung über die Maschenveredlung zur Gewebeveredlung steigt der spezifische Energieeinsatz an (KDrs 12/8b, Schönberger). Insgesamt ist der Energieverbrauch bei der Textilveredlung sehr hoch. Die dadurch entstehenden Emissionen zählen zu den bei weitem größten Umweltbelastungen in Textilveredlungsbetrieben (KDrs 12/8b, Schönberger).

Menge des eingesetzten Trink- und Brauchwassers: Der Wassereinsatz ist abhängig vom jeweiligen Veredlungsverfahren. Wie beim Energieeinsatz nimmt der Wasserbedarf von der Garnveredlung (60 bis 160 l/kg) über die Maschenveredlung (150 bis 230 l/kg) bis hin zur Gewebeveredlung (200 bis 350 l/kg) kontinuierlich zu (KDrs 12/8a, Moll).

Die Anforderungen an die Wasserqualität für das Prozeßwasser (als Kühlwasser wird in der Regel Brauchwasser eingesetzt) sind sehr hoch und liegen zum Teil über denen für Trinkwasser. Die Wasserhärte darf 3 bis 4°dH nicht überschreiten; der Gehalt an Schwermetallen wie Eisen, Kupfer oder Mangan ist auf max. 0,1 mg/l beschränkt (KDrs 12/8a, Moll).

Menge und Art der Abfälle: Es liegen unterschiedliche Angaben über die bei der Textilveredlung anfallenden Mengen an Klärschlamm vor: Die beiden Vorstudien gehen von ca. 50 000 t Klärschlamm aus (s. Arge Textil, 1994a, S. 47 und COGNIS, 1994a, S. 60). Dies steht im Widerspruch zu Aussagen des Statistischen Bundesamtes über Schlämme aus der Aufarbeitung und

Veredlung von Textilien aus dem Jahr 1987, nach denen rund 12 000 t Klärschlamm pro Jahr anfallen.

Verbleib der Veredlungsmittel nach dem Gebrauch bei der Entsorgung: Hierzu liegen keine Informationen vor.

Stoffstrombetrachtung für die Gebrauchsphase textiler Bekleidung

Mit der Stoffstrombetrachtung der Gebrauchsphase ist erstmals der Verbraucher als Akteur einbezogen, während bei den anderen Stufen der textilen Kette der Handel, die chemische Industrie oder die Textilveredler im Mittelpunkt der Betrachtung stehen.

Entscheidenden Einfluß auf den Stoffstrom haben die Aspekte „Tragedauer" sowie „Wäschepflege", die im folgenden näher beleuchtet werden.

Verwendungszeit und Haltbarkeit

Die Verwendungszeit, d. h. der Zeitraum, in dem ein bestimmtes Bekleidungstextil vom Verbraucher mehr oder weniger häufig bestimmungsgemäß genutzt wird, liegt meistens deutlich unter der Haltbarkeit, wobei darunter der Zeitraum zwischen der ersten Nutzung und dem endgültigen Verschleiß mit Verlust der Funktionserfüllung verstanden wird. In der Regel wird Bekleidung in Wohlstandsgesellschaften ausgemustert, bevor sie verschlissen ist. Mode, finanzielle Verhältnisse des Konsumenten und soziales Umfeld sind im Vergleich zur Haltbarkeit die wesentlich entscheidenderen Determinanten für die Verwendungszeit von Bekleidungstextilien.

Abbildung 4.2.6 (siehe folgende Seite) gibt einen Überblick über die durchschnittliche Verwendungszeit und die Kaufhäufigkeit von verschiedenen Oberbekleidungstextilien.

Auch wenn die Faserhaltbarkeit kaum Einfluß auf die Verwendungszeit hat, so ist dennoch folgender Vergleich von Interesse: Kleidungsstücke aus 100% Chemiefaser haben eine doppelt so hohe „Lebenserwartung" wie Bekleidungstextilien aus 100% Naturfasern. Eine deutliche Erhöhung der Tragedauer von Kleidungsstücken aus Naturfasern läßt sich erreichen, wenn die Naturfasern mit synthetischen Chemiefasern wie Polyester, Polyamid oder Polyacryl gemischt werden (Mischgewebe) (KDrs 12/8, Mecheels).

Verwendungszeit von Damenoberbekleidung
(ausgewählte Beispiele, Studie von 1981)
Kaufhäufigkeit (Der Spiegel, 1978)

Kaufhäufigkeit

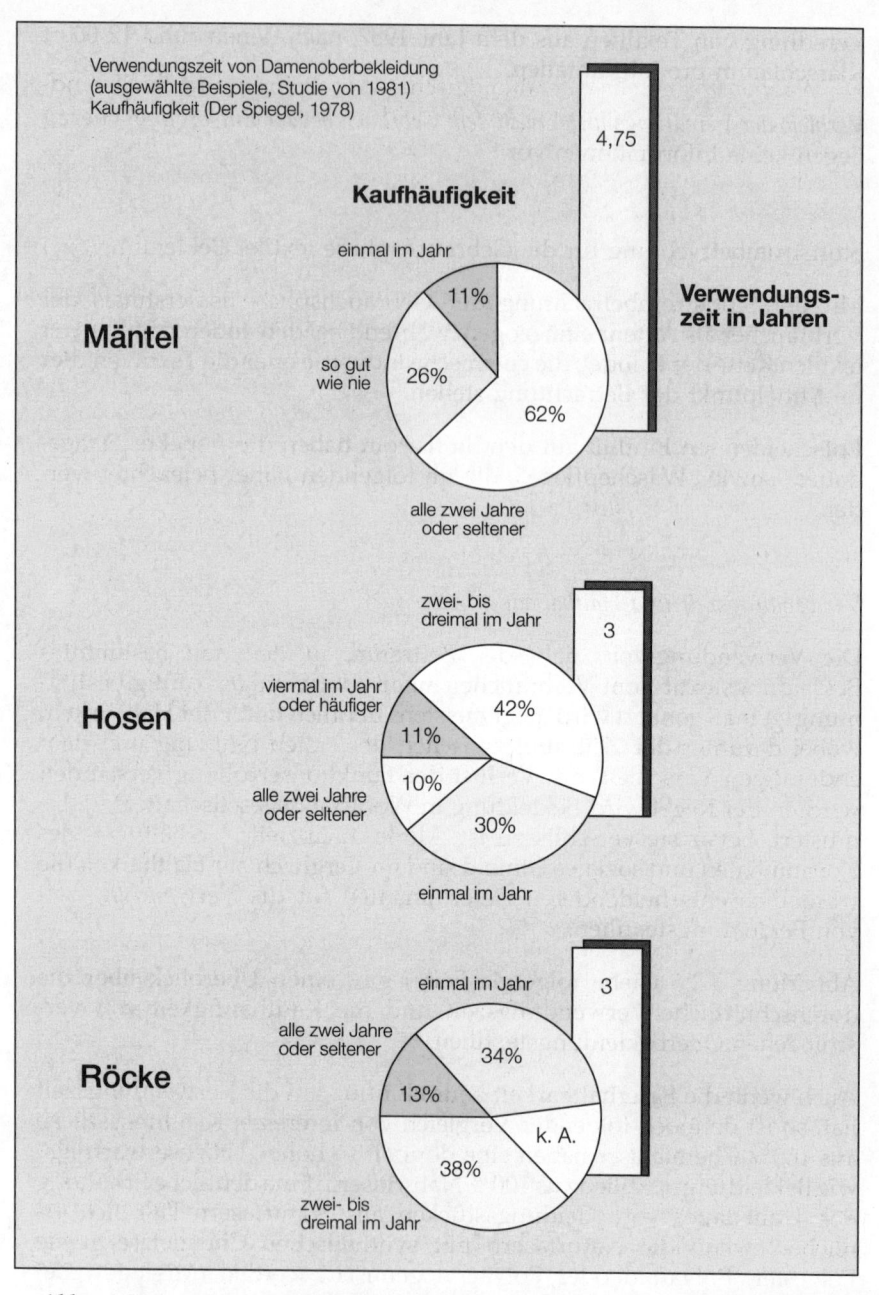

Mäntel
- einmal im Jahr: 11%
- so gut wie nie: 26%
- alle zwei Jahre oder seltener: 62%
- Verwendungszeit in Jahren: 4,75

Hosen
- zwei- bis dreimal im Jahr: 42%
- viermal im Jahr oder häufiger: 11%
- alle zwei Jahre oder seltener: 10%
- einmal im Jahr: 30%
- Verwendungszeit: 3

Röcke
- einmal im Jahr: 34%
- alle zwei Jahre oder seltener: 13%
- k. A.
- zwei- bis dreimal im Jahr: 38%
- Verwendungszeit: 3

Abb. 4.2.6: Durchschnittliche Verwendungszeit und Kaufhäufigkeit von verschiedenen Oberbekleidungstextilien

Wäschepflege

Die Wäschepflege stellt unter ökologischen Aspekten eine der bedeutendsten Phasen im Lebenszyklus von Bekleidung dar. Dies ist vor allem in dem enormen Wasser-, Chemikalien- und Energieverbrauch während der Wäsche, bei der maschinellen Trocknung sowie beim Bügeln und Mangeln der Kleidung begründet.

Jährlich werden in der Bundesrepublik Deutschland etwa 200 000 t Schmutz durch Prozeßwasser von Bekleidungstextilien entfernt. Hierfür wurden im Jahr 1988 ca. 85 000 t Waschmittel und 315 000 t Waschhilfsmittel wie z. B. Weichspüler hergestellt.

Hinter der Wäschepflege steht das Grundbedürfnis nach Hygiene, das je nach ästhetischem bzw. modischem Anspruch den Waschmittelverbrauch individuell beeinflußt.

Für den Herbst 1994 werden die Ergebnisse vergleichender Produktlinienanalysen verschiedener Waschmittelkonzepte und -kombinationen sowie Vorschläge zur Bewertung erwartet, die das Öko-Institut im Auftrag des Umweltbundesamtes erarbeitet. Soziale Gesichtspunkte wie Verbraucherverhalten und Gebrauchsnutzen, aber auch die Waschmittelherstellung, die Dosierung und ökologische Optimierungsmöglichkeiten der Akteure sind Gegenstand der Studie. Eine Auswahl der zu berücksichtigenden Aspekte enthält die Vorstudie „Entwicklung eines Verfahrens zur ökologischen Beurteilung und zum Vergleich verschiedener Wasch- und Reinigungsmittel" (UBA, 1991a).

Ergebnisse einer Ökobilanz, die im Rahmen der Erstellung von Kriterien für das EG-Umweltzeichen (dem Pendant zum deutschen „Blauen Engel") für Waschmaschinen erstellt wurde, verdeutlichen die hohe Umweltbelastung im Zusammenhang mit der Wäschepflege in Privathaushalten, wobei hier auch Nicht-Bekleidungstextilien wie Handtücher oder Bettwäsche mit einfließen.

Mit der Annahme, daß eine Waschmaschine eine Lebensdauer von 14 Jahren hat, 250 mal pro Jahr benutzt wird, 1,16 kWh Strom und 80 l Wasser pro Waschvorgang verbraucht, ergab eine Gegenüberstellung von Produktion und Gebrauch einer Waschmaschine folgende Resultate: Während für die Produktion der Waschmaschine 2 000 MJ an Energie aufgewendet werden müssen, beträgt der Gesamtenergieverbrauch für die Waschvorgänge mit 48 000 MJ genau das 24fache. Die Höhe des Wasserverbrauchs ist noch überraschender: Für die Herstellung des Gerätes sind 6 150 l erforderlich, die Waschvorgänge benötigen insgesamt

280 000 l Wasser (!). Dies macht deutlich, daß vor allem in verbraucherabhängigen Maßnahmen zur Einsparung von Energie und Wasser ein großes Potential liegt (COGNIS, 1994b, S. 75 ff.).

Über den Primärenergieverbrauch für die Pflege privater Arbeitskleidung (z. B. „Baumänner" für Handwerker) liegen genaue Daten vor, die in Tabelle 4.2.3 wiedergegeben sind.

Bekleidung aus Chemiefasern und Mischfasergeweben ist in der Regel pflegeleichter als Bekleidung aus reiner Baumwolle und kann deshalb bei niedrigeren Waschtemperaturen gewaschen werden. Allerdings ist zu bedenken, daß Bekleidungstextilien aus reinen Chemiefasern schneller anschmutzen und aufgrund ihrer Fasereigenschaften weniger luftdurchlässig sind und schlechter die Körperfeuchtigkeit aufnehmen können, so daß diese Textilien häufiger gewaschen werden müssen.

Beim Trocknen und Bügeln erweisen sich die Chemie- und Mischfasergewebe als energiesparend, weil diese eine geringere Wasseraufnahmefähigkeit haben als solche aus Naturfasern. So ist der Energieverbrauch

Tabelle 4.2.3: *Primärenergieverbrauch für die Pflege von privater Arbeitskleidung*

	private Arbeitskleidung
Menge	1 kg
Nutzungszeit	4 Jahre
Pflegezyklus	wöchentlich
Anzahl der Pflege- bzw. Tragezyklen	ca. 208
Verbrauch Vollwaschmittel	1 kg/46 kg Trockenwäsche
Wasserverbrauch	4 620 l
Prozeßenergieverbrauch zur Herstellung des Waschmittels	100 MJ
Primärenergieverbrauch beim Waschen	625 MJ
Primärenergieverbrauch durch Trocknen	915 MJ
Primärenergieverbrauch beim Bügeln	260 MJ
Primärenergieverbrauch für den Pflege-Transport	–

Quelle: COGNIS GmbH, Untersuchung des Bekleidungsverbrauchs einer bundesdeutschen Behörde, 1994b, S. 79

beim Trocknen im Trockner oder beim Bügeln bei reiner Baumwolle um den Faktor 2,5 bzw. 3 höher als bei einem Polyester/Baumwolle-Gemisch (COGNIS, 1994b, S. 77).

In der Hauptstudie „Untersuchung zum Bekleidungsverbrauch einer bundesdeutschen Behörde" kommt COGNIS zu dem Ergebnis, daß die Gebrauchsphase mit ca. 85% vom Gesamtenergieverbrauch in der Regel die Phase mit dem höchsten Energieverbrauch darstellt, wenn man für Waschen und Bügeln ca. 885 MJ/kg zugrundelegt und für die Herstellung der Rohfaser, das Spinnen, Weben, Veredeln und den Transport insgesamt von einem Energieverbrauch von näherungsweise 135 MJ/kg ausgeht.

Die Bedeutung des Transports innerhalb des Stoffstroms der textilen Kette

Im Verlauf der Stoffstrombetrachtung der textilen Kette kristallisierte sich zunehmend die Bedeutung des Transports der Rohstoffe, Halbfertig- und Fertigprodukte heraus, der in der internationalen Arbeitsteilung und den globalen Handelsverflechtungen in der textilen Kette begründet ist. Aber auch die Entfernung zwischen den Anbaugebieten der Naturfasern einerseits und den Absatzmärkten andererseits erklärt den hohen Transportaufwand.

Im Rahmen der Hauptstudie „Untersuchung des Bekleidungsverbrauchs einer bundesdeutschen Behörde" hat sich COGNIS auch der Frage des Transportaufwands gewidmet und ist diesem Thema zum einen bei der Herstellung des Textils und zum anderen bei dessen Pflege nachgegangen.

Als Fallbeispiel für die Studie diente die Feldbekleidung, d. h. die „normale" Dienst- und Einsatzbekleidung des Heeres, bestehend aus Feldjacke, Feldhose und Feldbluse. Alle drei Bekleidungsstücke bestehen aus Baumwoll/Polyester-Mischgewebe und sind in Zusammensetzung, Herstellung und Gebrauch vergleichbar mit privat genutzten Bekleidungstextilien.

Aus den Untersuchungen zum Werdegang der Feldbekleidung wurde im Verlauf der Studie deutlich, daß für den Transport der Halbzeuge und Fertigwaren zwischen den einzelnen Akteuren der textilen Kette erhebliche Strecken – meist per LKW – zurückgelegt werden. Der Energieverbrauch und die CO_2-Emissionen wurden anhand zweier Modellrechnungen, die aus Wettbewerbsgründen nur geringfügig von der tatsächlichen Situation abweichen, mit Hilfe des Boustead-Modells abgeschätzt.

Das erste Modell geht davon aus, daß die für die Feldbekleidung verwendete Rohbaumwolle aus den USA kommt, Polyester in der Bundesrepublik Deutschland hergestellt wird, die Verarbeitungsschritte Spinnen, Weben und Veredeln ebenfalls in der Bundesrepublik Deutschland durchgeführt werden, die Konfektionierung in Tunesien erfolgt und schließlich die Fertigware wieder in die Bundesrepublik Deutschland transportiert wird.

In diesem Fall legt die Ware ca. 19 000 km zurück, davon ca. 13 800 km per Schiff, 4 040 per LKW und 1 170 per Eisenbahn. Als Energieverbrauch für die Transportvorgänge wurden 4,3 MJ pro kg hergestellter Feldbekleidung ermittelt. Die CO_2-Emission beträgt 300 g, anschaulicher ausgedrückt: 30% des Kleidungsgewichts! Hinzu kommt noch der für die Gewinnung und den Transport des Erdöls erforderliche Energiebedarf. Weiterhin müssen dabei anteilig die Verluste von Rohstoffen für die Chemiefasern berücksichtigt werden, die bei der Förderung und dem Transport – durch z. B. undichte Leitungen oder schadhafte Transportbehälter – verloren gehen. Dieser Verlust wurde bei den COGNIS-Daten noch nicht berücksichtigt.

Das andere Modell basiert auf der Annahme, daß die Rohbaumwolle in Ägypten und das Polyester in der Bundesrepublik Deutschland hergestellt wird. Gesponnen und gewebt wird in Belgien, die Veredlung erfolgt in der Bundesrepublik Deutschland. Anschließend wird die Ware in der Türkei konfektioniert und die Fertigware in die Bundesrepublik Deutschland geliefert.

Die Ware legt insgesamt 9 800 km zurück, davon ca. 3 000 km per Schiff und 6 800 per LKW. Trotz der deutlich geringeren Entfernung liegt der Energieverbrauch mit 5,5 MJ deutlich höher als beim ersten Modell. Auch die CO_2-Emissionen liegen mit 390 g pro kg hergestellter Feldbekleidung höher. Dies ist in dem höheren LKW-Anteil begründet. Auch in diesem Fall müßte noch eine Betrachtung über den Energieeinsatz für den Transport des Erdöls anschließen.

COGNIS kommt in dieser Untersuchung zum Ergebnis, daß der Energieverbrauch für den Transport jeweils ca. 10 % der Prozeßenergie, die für die Herstellung der Rohfaser bzw. für die Veredlung benötigt werden, entspricht. (COGNIS, 1994b, S. 62 ff.).

Noch größer ist der Transport-Energieverbrauch im Zusammenhang mit der Pflege, wenn – wie im Falle der Bundeswehr-Kleidung – externe

Wäschereien mit langen Anfahrtswegen in Anspruch genommen werden. Da hierzu eine Übertragbarkeit auf private Haushalte nicht gegeben scheint, wird darauf nicht näher eingegangen.

Es ist davon auszugehen, daß in besonders hohem Maße der Bekleidungstransport per Flugzeug – z. B. beim Import modischer Artikel aus Fernost – in der Transportenergiebilanz zu Buche schlägt. Dies wurde jedoch nicht eingehend untersucht.

4.2.4.2.3 Ökologische und toxikologische Problemfelder entlang der Hauptlinie der textilen Kette

Die Enquete-Kommission bemühte sich zunächst um eine methodische Erfassung der wichtigsten ökologischen und toxikologischen Schwachstellen, um dann – entsprechend ihrer allgemeinen Vorgehensweise – eine Eingrenzung auf ausgewählte Themengebiete mit exemplarischem Charakter für alle Stufen entlang der textilen Kette vorzunehmen.

Im wesentlichen beziehen sich die folgenden Aussagen auf die schriftlichen und mündlichen Stellungnahmen zur internen Anhörung „Verbraucher- und Umweltschutz bei der textilen Bekleidung", die am 8. Dezember 1993 durchgeführt wurde, sowie auf ausgewählte Stellungnahmen zur öffentlichen Anhörung „Die Stoffe, aus denen unsere Kleider sind" vom 16./17. März 1993. Die wichtigsten Schwachstellen, untergliedert in ökologische und toxikologische Problemfelder, sind zunächst stichwortartig im Überblick zusammengefaßt, wobei die Zusammenstellung nicht annähernd den Anspruch auf Vollständigkeit erfüllt. Bei den nachfolgend genannten Belastungsschwerpunkten entlang der textilen Kette handelt es sich zunächst nur um eine „neutrale" Darstellung des Sachstands ohne Bewertung. Diese wird auf der Grundlage der Sachstandsdarstellung in Kapitel 4.2.4 vorgenommen.

Ökologische Relevanz

Primärproduktion, Naturfasern:

- hoher Landschaftsverbrauch durch den Naturfaseranbau
- Verdrängung von Wildtieren aus den Anbau- und Schafweidegebieten
- große Mengen an N_2O-Emissionen durch den Baumwollanbau
- hoher Einsatz von Pestiziden, Herbiziden und Entlaubungsmitteln mit ökologisch negativen Folgen (z. B. Wasserbelastung)

- Resistenzbildung durch Pestizide, die einen Pestizideinsatz mit ständig neuen Wirkstoffkombinationen erforderlich macht
- Einsatz von Konservierungsstoffen für den Transport und die Lagerung von Naturfasern
- hoher Wasserbedarf mit ökologisch negativen Folgen
- Probleme bei der Entsorgung der Schädlingsbekämpfungsbäder gegen Ektoparasitenbefall von Schafen
- Düngemitteleinsatz (Nitrifizierung des Bodens)
- Einsatz nicht-erneuerbarer Ressourcen für den Transport und die verwendeten Einsatzstoffe

Primärproduktion, Chemiefasern:

- Einsatz ausschließlich nicht-regenerativer Ressourcen als Rohstoff und für die Prozeßwärme
- Emissionen bei der Herstellung synthetischer Fasern
- Einsatz von zum Teil schwermetallhaltigen Katalysatoren
- Abwasserbelastung bei der Produktion der Chemiefaser
- große Mengen an N_2O-Emissionen bei der Nylongewinnung aus Adipinsäure

Produktion von Fasern, Garnen und Flächengebilden:

- Einsatz von Hilfsmitteln, die bei nachfolgenden Verarbeitungsschritten zu Emissionen führen

Veredlung:

- hohe Emissionen in die Umweltkompartimente Wasser und Luft sowie hoher Abfallanteil
- hoher Energieeinsatz (Ressourcenverbrauch) bei der Produktion
- Abbauverhalten der synthetischen Schlichten und der Textilfarbstoffe unter aeroben Bedingungen
- PCP-Emissionen bei Textilien, die mit PCP behandelt wurden (Importproblematik)

Konfektionierung:

- Hier wurden keine Schwachstellen hervorgehoben.

Gebrauch:

- Einsatz ökotoxischer Stoffe bei der Textilreinigung
- hoher Einsatz nicht-erneuerbarer Ressourcen für die Bekleidungspflege (Waschen, Trocknen, Bügeln, Transport)

Entsorgung:

- schlechte Abbaubarkeit von bestimmten Fasern
- derzeitige Unkenntnis über mögliche Transferprozesse vor allem bei unbekannten Textilchemikalien in der Deponie
- große Stoffströme

Transport zwischen den einzelnen Stufen der textilen Kette:

- hohe CO_2-Emissionen
- hoher Ressourcenverbrauch überwiegend nicht-erneuerbarer Ressourcen
- Verwendung von Transportkonservierungsmitteln
- Wasserverschmutzung durch Öltransporte

Toxikologische Relevanz

Allgemein wurden hier folgende Schwachstellen ausgemacht:

Primärproduktion, Naturfasern:

- hohe Toxizität der eingesetzten Pflanzenschutz- und Düngemittel
- hohe Unfallraten durch unsachgemäßen Umgang mit den Stoffen (Langzeitschädigungen und Todesfälle)

Primärproduktion, Chemiefasern:

- Hier wurden keine toxikologischen Schwachstellen hervorgehoben.

Produktion von Fasern, Garnen und Flächengebilden:

- bei der Verarbeitung Gefahr der Entstehung von Baumwollstaublungen (Byssinose) als Berufserkrankung

Veredlung: Produktion:

- bestimmte aromatische Amine (gemäß MAK-Klasse III-A.1 und III-A.2) als Auslöser für Erkrankungen der Harnwege
- bestimmte Reaktivfarbstoffe als Auslöser allergischer Atemwegserkrankungen

Veredlung: Anwendung:

- trotz Sicherheitsdatenblätter Kenntnislücken über mögliche toxische Wirkungen der Veredlungsmittel
- mögliche toxische Wirkung von Lösemitteln, Ausrüstungs- und Farbmitteln

Konfektionierung:

- Entwicklung von Stäuben, Lärmbelästigung

Gebrauch:

- faserspezifische Unverträglichkeitsreaktionen sowie Unverträglichkeitsreaktionen durch Rückstände auf der Kleidung
- Unverträglichkeitsreaktionen durch bestimmte Dispersionsfarbstoffe

Textiltransport zwischen den einzelnen Stufen der textilen Kette:

- Lärmbelästigung
- Schadstoffbelastung durch Emissionen (Benzol etc.)
- Transportkonservierung

Nach der Erarbeitung dieser Übersicht über ökologische und toxikologische Schwachstellen entlang der textilen Kette konzentrierte sich die Enquete-Kommission in ihrer weiteren Analyse auf die textilen Stufen „Primärproduktion" und „Textilveredlung" als Beispielfelder für sämtliche Stufen der textilen Kette. Die Wahl fiel auf diese beiden Produktionsstufen, weil zu ihnen bereits eine Stoffstrombetrachtung durchgeführt wurde und sich zudem bei der Überblicks-Betrachtung zeigte, daß hier eine Häufung von Schwachstellen zu beobachten ist.

4.2.4.2.3.1 Ökologische und toxikologische Problemfelder bei der Primärproduktion von Naturfasern am Beispiel der Baumwolle

Im folgenden werden die oben genannten Schwerpunkte ausgeführt.

Ökologische Aspekte

Landschaftsverbrauch durch Baumwollanbau: Wie bereits bei der Stoffstrombetrachtung dargestellt, wurden im Durchschnitt der letzten drei Jahre ca. 320 000 km^2 mit Baumwolle angebaut. Dies entspricht 4,7 % der Weltgetreidefläche bzw. 2,4 % der Weltackerfläche. Wollte man sämtliche derzeit für Bekleidungstextilien eingesetzten Chemiefasern durch Baumwolle ersetzen, müßte sich die Weltanbaufläche auf ca. 640 000 km^2 vergrößern – ein Vorhaben, das natürlich nicht ernstlich angestrebt wird, da in Anbetracht der prognostizierten Weltbevölkerungszunahme diese Flächen zum Anbau von Nahrungsmittelkulturen verwendet werden müssen.

Verdrängung von Tieren und Pflanzen in Baumwollanbaugebieten: Durch Baumwollplantagen verlieren Tiere und Pflanzen ihren natürlichen Lebensraum, wie dies bei allen Kultur-Nutzungen in mehr oder weniger starkem Ausmaß der Fall ist.

Einsatz von Schädlingsbekämpfungsmitteln (Insektiziden), Herbiziden und Entlaubungsmitteln und deren Verbleib in der Umwelt: Die in Monokulturen großflächig angebaute Baumwollpflanze ist wie kaum eine andere tropische Kulturpflanze anfällig für Schädlinge. Dies macht den Einsatz großer Mengen Schädlingsbekämpfungsmittel unverzichtbar. Durch sie werden aber auch Nützlinge verdrängt, so daß der Pflanzenschutz weiter ausgebaut werden muß (KDrs 12/8d, Knirsch).

Zunehmend kommen auch biologische Präparate auf Basis von Bacillus thuringiensis zum Einsatz. Ebenso sind integrierte Pflanzenbaumaßnahmen (z. B. Fruchtfolge oder Bewässerung als Pflanzenschutzmaßnahmen) zu erwähnen. Letztere ermöglichen die Optimierung der Anwendung von Pflanzenschutzmitteln auf einem niedrigen Niveau.

Als Schädlingsbekämpfungsmittel werden heute in erster Linie Pyrethroide und Phosphorverbindungen eingesetzt. Allerdings wurde für das Jahr 1991 noch der Einsatz des in vielen Ländern mit Verboten belegten Chlorkohlenwasserstoff-Insektizides DDT beispielsweise für Tansania dokumentiert. Das Insektizid Lindan (gamma-HCH) wird auch heute noch beim Baumwollanbau angewendet (KDrs 12/8d, Knirsch).

Neben dem hohen Einsatz von Schädlingsbekämpfungsmitteln bei der Baumwollproduktion werden – insbesondere dann, wenn die Baumwolle maschinell geerntet wird – auch große Mengen Entlaubungsmittel zur Ernteerleichterung sowie Herbizide eingesetzt, auf deren Einsatz im Rahmen der Stoffstrombetrachtung lediglich hingewiesen werden soll.

Umfassende, systematische Daten über den Verbleib der eingesetzten Hilfs- und Betriebsmittel liegen nicht vor. Lediglich über den Verbleib der Pestizide sind einige Fakten bekannt (KDrs 12/8d, Knirsch): Zu beachten ist hierbei, daß der Einsatz in Abhängigkeit von Land zu Land, von Region zu Region (verschiedene Schädlinge, unterschiedliche Böden und unterschiedliches Klima) und von Jahr zu Jahr (unterschiedlicher Schädlingsbefall) stark schwanken kann.

– *Verbleib auf Rohbaumwolle und Baumwolltextilien:* Bezüglich der Pestizidrückstände auf importierter Rohbaumwolle wurde im Auftrag der Bremer Baumwollbörse eine umfangreiche Untersuchung durchgeführt. Es konnten Phosphorsäureester und Pyrethroide identifiziert werden. Da diese nicht alkalibeständig sind, verringern sich die Rückstandsmengen bei den alkalischen Veredlungsprozessen nochmals (KDrs 12/8b, Neundörfer).

– *Verbleib in den jeweiligen Umweltkompartimenten:* Genaue Daten über den Verbleib der eingesetzten Hilfs- und Betriebsmittel in den einzelnen Umweltkompartimenten liegen nicht vor. Es sind lediglich Stichprobenuntersuchungen bekannt.

– *Verbleib im Boden:* Stichprobenuntersuchungen im ägyptischen Baumwollanbaugebiet ergaben, daß vor allem in den obersten Bodenschichten Pestizide noch bis zu 4 Monate nach der Ausbringung im Boden nachweisbar sind. Aufgrund des nachgewiesenen kontinuierlichen Abbaus der Pestizide ist allerdings nicht von einer Anreicherung im Erdreich auszugehen.

– *Verbleib im Wasser:* Durch den Einsatz von Pflanzenschutzmitteln kann eine Belastung des Grundwassers und der Oberflächengewässer erfolgen. Die Pestizidbelastung des Grundwassers ist abhängig von dem Versikkerungsverhalten des Pestizids und den Bodeneigenschaften. Eine Belastung der Oberflächengewässer tritt vor allem durch Abdrift während des Sprühens auf.

– *Verbleib in der Luft:* Die Belastung der Atmosphäre durch Pestizide ist vor allem aufgrund von Pestizidfunden in Niederschlägen diskutiert worden. Eine Belastung der Luft erfolgt insbesondere durch Abdrift bei der

Ausbringung der Pestizide durch Flugzeuge. Spezifische Erkenntnisse durch den Pestizideinsatz bei Baumwolle sind bisher nicht bekannt.

– *Resistenzbildung durch Pestizide:* Bei keiner anderen Anbaukultur ist das Resistenzproblem so ausgeprägt wie beim Baumwollanbau. Der intensive Pestizideinsatz führt im Zeitablauf zur Entwicklung von resistenten Schädlingen. Ursache hierfür ist die einseitige Anwendung gleicher Produkte bei wiederholtem Befall des gleichen Schädlings. Um die ökologischen Schäden durch Pflanzenschutzmittel zu verringern, ist ein Wechsel der Wirkstoffe sinnvoll. Dadurch wird die Resistenzbildung verhindert. Dies hat gleichzeitig den positiven Effekt, daß der Mensch nicht denselben Schädigungen ausgesetzt wird.

Einsatz von Düngemitteln: Bei der Düngung sind vor allem die anorganischen Stickstoffverbindungen (Ammonium und Nitrat) zu beachten. Die bei Spezialkulturen häufig auftretenden Überdüngungen führen durch Abschwemmungen und Versickerungen zu einer erheblichen Belastung von Oberflächen- und Grundwässern. Daraus leitet sich eine Gefährdung der Gewässerbiologie und des Trinkwassers ab. Überdüngung mit Phosphatdüngern führt zum Problem der Eutrophierung von Oberflächengewässern.

Einsatz von Konservierungsstoffen für den Transport und die Lagerung: Nach der Ernte ist es erforderlich, die Rohbaumwolle erneut mit Pyrethroiden und Phosphorsäureestern zu besprühen, um einen möglichen Schädlingsbefall beim Transport zu verhindern. Außerdem wird als Konservierungsstoff PCP gegen Cellulose abbauende Bakterien und Pilze eingesetzt. Nach der in der Bundesrepublik Deutschland geltenden PCP-Verbotsverordnung und der Regelungen in Anhang IV, Nr. 12 der Gefahrstoffverordnung ist die Herstellung und Verwendung von PCP sowie die Einfuhr einer so behandelten Baumwolle verboten. Aufgrund mangelnder Kontrollen gelangt PCP-behandelte Rohbaumwolle jedoch immer wieder auf den bundesdeutschen Markt. Eine im Jahr 1993 durchgeführte Studie an der Universität Bayreuth hat ergeben, daß aufgrund der PCP-Behandlung Dioxin-Rückstände (PCDD/PCDF) auf naturfaserhaltigen Textilien nachzuweisen sind. Diese Dioxine gelangen mit dem Waschwasser ins Abwasser und verursachen dort zusammen mit der Dioxin-Belastung durch Farbstoffe eine Klärschlammbelastung von 50 bis 60 ng pro kg Trockenklärschlamm-Masse (Horstmann/McLachlan, 1994).

Es liegt derzeit eine Entwurfsfassung der Biozidrichtlinie der EU vor, die zukünftig das Inverkehrbringen von Biozidprodukten regeln soll. Inhalt des vorliegenden Entwurfs ist auch eine Bestandsaufnahme der geltenden

Biozidregelungen der EU-Mitgliedsstaaten. Unter der Federführung des BGA hat sich eine Unterarbeitsgruppe der Textil-Arbeitsgruppe konstituiert, die sich der Biozidproblematik widmet.

Wasserbedarf: Genaue Daten liegen über den Wasserverbrauch in afrikanischen Ländern und Israel vor: In der westafrikanischen Trocken- und Feuchtsavanne wird die Baumwolle in der Regel im Trockenfeldbau angebaut. In Israel liegt der Wasserverbrauch aufgrund hoher Flächenerträge bei etwa 7 m^3/kg Rohbaumwolle. In der Wüstensteppe des Sudan hingegen werden pro Jahr etwa 13 000 m^3/ha aus dem Nil zur Bewässerung der Baumwolle entnommen. Diese Mengen sind in Dürrejahren als durchaus kritisch für das Brauchwasseraufkommen im Assuan-Stausee und im Unterlauf des Nils anzusehen. Im Durchschnitt werden im Sudan für 1 kg Rohbaumwolle etwa 29 m^3 Nilwasser verbraucht. Mit ähnlichen Größenordnungen rechnet man in den Anbaugebieten im Senegal, am Tana-See, am Indus und an den Aral-Zuflüssen. Auf die Bewässerung der Baumwollplantagen wird eines der größten Umweltprobleme Zentralasiens – die Austrocknung des Aralsees – zurückgeführt (KDrs 12/8a, Brandt). Der See hat in den vergangenen dreißig Jahren mehr als drei Viertel seines Wassers verloren. Wüstenbildung am ehemaligen Seeufer, in dessen Erdreich große Mengen Giftstoffe nachgewiesen wurden, sind die Folge. Durch Winde wird der Staub des ehemaligen Seebodens, der große Mengen an Salz und Pestiziden enthält, bis nach Pakistan verweht (Nature, S. 206).

Toxikologische Aspekte

Toxizität der eingesetzten Pflanzenschutzmittel: Die beiden wichtigsten im Baumwollanbau eingesetzten Insektizidgruppen, die Phosphorsäureester und die Pyrethroide, sind aus toxikologischer Sicht als bedenklich einzustufen. Die Phosphorsäureester zeigen eine hohe akute Toxizität, so daß die meisten Wirkstoffe aus dieser Gruppe von der Weltgesundheitsorganisation (WHO) als „extrem gefährlich", „hoch gefährlich" oder „mäßig gefährlich" eingestuft werden.

Unfallgefahr und Todesfälle durch unsachgemäßen Umgang mit Pestiziden: Seit rund 20 Jahren (1976, 1986 und 1990) führt die WHO Abschätzungen zur Anzahl der Vergiftungs- und Todesfälle durch Pestizide durch (dabei sind jedoch alle Pestizide erfaßt, nicht nur diejenigen, die bei der Baumwollproduktion eingesetzt werden). Diese Abschätzungen beruhen nur auf einzelnen nationalen Vergiftungsstatistiken, da nicht in allen Ländern Unfall- und Todesfallstatistiken geführt werden. Berücksichtigt werden in den WHO-Schätzungen ausschließlich akute Vergiftungsfälle, nicht jedoch Langzeitschäden, wie etwa die Entstehung von Krebs. Die umfassendste Abschätzung aus dem Jahr 1986 konzentriert sich auf Vergiftungs- und Todesfälle durch unsachgemäßen Gebrauch. Suizide, die insbesondere in südostasiatischen Ländern mit Hilfe von Pestiziden begangen werden, wurden nicht berücksichtigt. Aus diesem Grund wurde beispielsweise Sri Lanka, wo es sich bei mindestens 90% der durch Pestizide verursachten Todesfälle um Suizide handelt, nicht in die Abschätzung aufgenommen.

Entsprechend der zwangsläufig lückenhaften Erfassung weisen die Hochrechnungen eine hohe Schwankungsbreite auf: Statistisch gesehen wird davon ausgegangen, daß sich jährlich (!) zwischen 500 000 und 2 000 000 Vergiftungsfälle und zwischen 3 000 und 40 000 Todesfälle ereignen. Vermutlich kommen Schätzungen von jährlich 1 500 000 (dies entspricht rund 4 000 pro Tag!) Vergiftungsfällen, von denen 28 000 einen tödlichen Ausgang nehmen (pro Tag im Durchschnitt 75 Menschenleben!), der Realität am nächsten.

Obwohl die Entwicklungsländer nur zu 20 bis 25% am globalen Pestizidverbrauch beteiligt sind, werden dort 50% aller Vergiftungsfälle und 75% aller Todesfälle verzeichnet. Da in den Entwicklungsländern insbesondere beim Baumwollanbau Pestizide eingesetzt werden und die beim Baumwollanbau zum Einsatz kommenden Pestizide den größten Anteil in den einzelnen Ländern – wie etwa in Ägypten oder Indien – ausmachen, liegt die Vermutung nahe, daß viele der Vergiftungsfälle auf den Pestizideinsatz beim Baumwollanbau zurückführen sind (KDrs 12/8d, Knirsch). Durch die Verwendung hochselektiver und dadurch noch wirksamerer Pflanzenschutzmittel könnte diesem schwerwiegenden Problem begegnet werden. Da es sich bei diesen selektiveren Wirkstoffen jedoch in der Regel auch um kostenintensivere Produkte handelt, kommen diese in Zeiten sinkender Rohbaumwollpreise weniger zum Einsatz.

Weltweit werden jährlich Pestizide im Wert von rund 7 Mrd. US$ exportiert. Die Bundesrepublik Deutschland ist mit einem Pestizidexport im Wert von rund 1,5 Mrd. US$ noch vor den USA (1,16 Mrd. US$) und Frankreich (1,0 Mrd. US$) der mit Abstand größte Pestizidexporteur (FAO, 1990). Durch Entwicklung kostengünstiger, selektiver und hochwirksamer Pflanzenschutzmittel-Alternativen könnte die Bundesrepublik Deutschland als Hauptexporteur einen entscheidenden Beitrag zur Reduzierung der Unfallproblematik leisten.

Toxizität der eingesetzten Düngemittel: Die toxikologische Bedeutung der Düngemittel resultiert aus der Möglichkeit der Bildung krebserregender

N-Nitrosamine. Darüber hinaus kann im Falle sehr hoher Nitratkonzentrationen bei Kleinkindern Methämoglobinämie aufteten, die in ungünstigen Fällen zur Blausucht führen kann.

4.2.4.2.3.2 Ökologische Problemfelder bei der Primärproduktion von Chemiefasern

Die Übersicht in Kapitel 4.2.4.2.3 „Ökologische und toxikologische Problemfelder entlang der Hauptlinie der textilen Kette" weist bei der Primärproduktion von Chemiefasern – was die Länge der Aufzählung betrifft – deutlich weniger Schwachpunkte auf als bei der Primärproduktion von Naturfasern. Damit ist jedoch noch keinerlei Gewichtung verbunden.

Im Unterschied zur Primärproduktion von Naturfasern konnten bei der Chemiefaserproduktion keine schwerwiegenden toxikologischen Problemfelder identifiziert werden, so daß die allgemeine Systematik verlassen wird und im folgenden ausschließlich die ökologischen Aspekte dargestellt werden.

Einsatz nicht regenerativer Ressourcen als Rohstoff
und für die Prozeßwärme

Da für die Chemiefaserproduktion ausschließlich nicht-erneuerbare Ressourcen sowohl zur Gewinnung von Prozeßenergie als auch unmittelbar als Ausgangsstoffe eingesetzt werden, ist der Verbrauch hier besonders hoch. Neben dem hohen Ressourcenverbrauch müssen noch die bei der Exploration, der Förderung und dem Transport des Erdöls entstehenden ökologischen Folgen sowie der für die Gewinnung, den Transport und die Fraktionierung erforderliche Energieaufwand berücksichtigt werden. Zu denken ist beispielsweise – je nach Standort der Ölquellen – an Meeresverschmutzungen bei Förderung auf See, Belastungen sensibler Ökosysteme wie etwa bei der Erdölförderung in Alaska, Sibirien oder dem heimischen Wattenmeer. Die ökologischen Folgen sind im einzelnen sehr stark von der Ausgestaltung und der Sorgfalt abhängig, mit der die Exploration vorgenommen und die Förderung betrieben wird. Das bisher vielfach übliche Abfackeln verbraucht zusätzlich nicht-erneuerbare Ressourcen und belastet mit den Emissionen die Umwelt. Dies gilt sowohl lokal und regional als auch global, da die beim Abfackeln entstehenden Gase einen hohen Beitrag zum anthropogenen Treibhauseffekt haben.

Ebenso sind die ökologischen Folgen des Transports von Erdöl in hohem Maße von der Sorgfalt der Betreiber abhängig. Vergleichbar der großräumigen Belastung in Zentralasien durch die problematische Form der Baumwollproduktion (Aralsee) gibt es auf dem Gebiet der ehemaligen Sowjetunion hohe Leitungsverluste mit zusätzlichem Verlust nichterneuerbarer Ressourcen und ökologischen Folgen der Leckagen. Bei den zum Teil immer noch üblichen einwandigen Öltankern besteht eine höhere Unfallgefahr mit lokalem Schadenspotential (Bsp.: Unfall der Exxon Valdez in Alaska). Schwerwiegender ist z. B. das Waschen der Tanks auf See, um Entsorgungskosten in den Häfen zu entgehen.

Emissionen bei der Herstellung synthetischer Fasern

Insbesondere sind die Umweltkompartimente Wasser und Luft durch die Chemiefaserproduktion betroffen. Diese sind produktions- und betriebsspezifisch, da es unterschiedliche Herstellungsmethoden und unterschiedliche Vermeidungs- und Verwertungsstrategien gibt.

Wasser: Insbesondere beim Fällungsspinnen, bei dem Schwefelsäure, Natriumsulfat und Zinksulfat zum Einsatz kommen und Spinnbadzusätze aus stickstoff-, schwefel- und phosphorhaltigen Verbindungen, Ruß, Pigmenten und zum Teil als Nebenprodukt auch aus Schwefelwasserstoff bestehen, entstehen Abwasserbelastungen. Auch das Modifizieren der Chemiefaser, ein Prozeß, bei dem durch bestimmte Spinnbadzusätze die Fasereigenschaften beeinflußt werden, ist abwasserintensiv. Als Chemikalien kommen Verbindungen mit tertiären Aminogruppen, Sulfoverbindungen, Titandioxid, Mangan- oder Kupferverbindungen, phenolische Antioxidantien sowie Kupferphthalocyanin zum Einsatz. Auch der Spinnprozeß, zu dem unterschiedliche organische Lösungsmittel verwendet werden, und der abschließende Waschprozeß, bei dem Lösemittelreste und Salze von der Chemiefaser entfernt werden, führen zu einer Abwasserbelastung.

Bei der Herstellung von Cellulose-Chemiefasern bildet die Zellstoffgewinnung, die durch hohe BSB-Frachten (mit hohem *b*iologischem *S*auerstoff*b*edarf) und bei der Anwendung von chlorabhängigen Bleichverfahren auch durch den Eintrag erheblicher Mengen PCDD/PCDF ins Abwasser gekennzeichnet ist, einen Belastungsschwerpunkt. Genaue Daten über die Größenordnung dieser Abwasserbelastungen sind nicht bekannt.

Luft: Die Xanthogenierung, d. h. die Herstellung einer löslichen Form der Cellulose, führt aufgrund des Einsatzes von Schwefelkohlenstoff zur

Geruchsbelästigung. Die Bildung von Schwefelwasserstoff als Nebenprodukt beim Fällungsspinnen hat ebenfalls Geruchsbelästigungen zur Folge. Abluftbelastung sind schließlich auch beim Spinnen der Chemiefasern zu verzeichnen.

Die Nylongewinnung aus Adipinsäure ist nach Aussagen des UBA mit erheblichen Lachgasemissionen verbunden, die in der Bundesrepublik Deutschland ca. 64 000 t/a betragen. Da Lachgas ein hohes Treibhauspotential besitzt, ist diese Emission von besonderer Klimarelevanz.

Einsatz von teilweise schwermetallhaltigen Katalysatoren

Zur Polymerisation bzw. -kondensation werden üblicherweise Katalysatoren eingesetzt. So kommt z. B. bei der Polyesterherstellung Antimontrioxid zum Einsatz. Katalysatorreste gelangen in den nachfolgenden Verarbeitungsschritten aus dem Polykondensat ins Abwasser. In der Regel verbleiben die eingesetzten Katalysatoren in den synthetischen Fasern und werden damit nicht unmittelbar in die jeweiligen Umweltkompartimente emittiert, sondern erst bei der Entsorgung des Textils freigesetzt. Da die Verwendung der Katalysatoren zum großen Teil zum firmenspezifischen Know-how zählt, liegen über deren Verwendung und Verbleib nur wenige Informationen vor (s. auch dieses Kapitel zum Thema „Primärproduktion von Chemiefasern").

Erkenntnisse zu ökologischen Problemfeldern
bei der Primärproduktion von Wolle

Eine systematische Erfassung der ökologischen Problemfelder bei der Primärproduktion von Naturfasern wurde von der Enquete-Kommission am mengenmäßig bedeutendsten Anteil, der Baumwolle, vorgenommen. Mit dem folgenden Beispiel soll verdeutlicht werden, daß auch bei der Produktion anderer Naturfasern durchaus ökologische Schwachstellen vorliegen. Es ist zu vermuten, daß eine detaillierte Analyse – beispielsweise auch bei der Seidenproduktion – neue Aspekte aufdecken würde. Interessant wäre auch eine vergleichbare Untersuchung des Flachsanbaus (Rohstoff für Leinen), da dieser auch in unserer Klimazone möglich ist.

Schädlingsbekämpfungsmittel gegen Ektoparasitenbefall von Schafen: Bei der Schafzucht rufen Parasiten wie Zecken, Milben und Läuse insbesondere in wärmen Klimazonen wirtschaftlich bedeutsame Schäden hervor. Dabei wird durch die häufig vergleichsweise intensive und teilweise auch industrielle Tierproduktion die Parasitenübertragung erhöht. Die extensive Schafhaltung ist weniger parasitenanfällig.

Zur Bekämpfung der Ectoparasiten werden in der Regel Insektizide bzw. Akarizide eingesetzt. Als Insektizide bzw. Akarizide kommen Carbamate, Chlorkohlenwasserstoffe, Organophosphate sowie Pyrethroide zum Einsatz (KDrs 12/8d, Knirsch).

Das Baden („Dip") in Insektizidemulsionen oder -suspensionen ist vor allem in den Entwicklungsländern die gängige Behandlungsmethode. Praktische Probleme entstehen hierbei durch Schwierigkeiten beim exakten Einhalten der Lösungskonzentration. Eine Unterdosierung führt zu einer schlechteren Wirksamkeit und eine Überdosierung fördert die Resistenzbildung. Da beim Passieren dieser Bäder leicht Verunreinigungen auftreten, wird die Wirkung des Mittels oft beeinträchtigt.

Das wohl größte ökologische Problem im Zusammenhang mit der Schädlingsbekämpfung von Schafen bildet die Entsorgung der verbrauchten Insektizidemulsionen und -suspensionen, da die Bäder ca. 15 bis 20 000 l umfassen und in der Regel in der Nähe von Wasserstellen angelegt sind (Vaagt, GTZ, nicht öffentliche Anhörung, 8. Dezember 1993)

4.2.4.2.3.3 Ökologische und toxikologische Problemfelder bei der Textilveredlung

Ökologische Aspekte

Wie bereits bei der Stoffstrombetrachtung dargestellt, handelt es sich bei der Textilveredlung um eine höchst komplexe Stufe innerhalb der textilen Kette, so daß hier zum Thema Ökologie nur allgemein in bezug auf ganze Stoffklassen eine Aussage getroffen werden kann und Einzelstoffbetrachtungen unberücksichtigt bleiben müssen.

Energieeinsatz/Ressourcenverbrauch: Wie bereits bei der Stoffstrombetrachtung dargestellt, muß hier zwischen der Produktion der Veredlungsmittel und deren Anwendungen unterschieden werden.

Produktion: Als primäre Energieträger werden Öl, Gas, Kohle und als sekundäre Energieträger Wasser, Dampf, Eis und Strom eingesetzt.

Der wertmäßige Anteil der durchschnittlich eingesetzten Energie beträgt – wie oben ausgeführt – ca. 7% der Herstellkosten (KDrs 12/8b, Schmidt).

Außer dieser monetären Aussage liegen keine Informationen über die erforderlichen Mengen von Energieträgern vor.

Anwendung: Insgesamt ist der Energieverbrauch bei der Textilveredlung sehr hoch und die dadurch entstehenden Emissionen zählen zu den bei weitem größten Umweltbelastungen in Textilveredlungsbetrieben (KDrs 12/8b, Schönberger). Dabei steigt der Energieverbrauch von der Garnveredlung über die Maschenveredlung zur Gewebeveredlung an (KDrs 12/8b, Schönberger).

Der Energieeinsatz für das Färben ist in etwa genauso groß wie für das Vorbehandeln, für das Ausrüsten ist der Energieeinsatz dagegen deutlich geringer. Für Vorbehandlung, Färbung, Druck und Ausrüstung müssen bei Naturfasern rund 10 bis 20 MJ/kg an Energie eingesetzt werden, für Chemiefasern ist der Energieeinsatz mit rund 5 bis 10 MJ/kg deutlich geringer (KDrs 12/8a, Moll und KDrs 12/8b, Schmidt).

Emissionen der Textilveredlungsmittel in die Umweltkompartimente: Von den bei der Textilveredlung entstehenden Emissionen sind die Umweltkompartimente Wasser und Luft am stärksten betroffen.

– Wasser: Nach dem im Rahmen des UFOPLAN durchgeführten Vorhaben „Quantitative Untersuchungen zur Erfassung der Umweltexposition im Bereich der in der Textilveredlung eingesetzten Chemikalien" gelangten im Jahr 1986 71% der Textilhilfsmittel, 100% der Grundchemikalien (Säuren, Laugen und Natriumchlorid) sowie 20% der Farbstoffe ins Abwasser. Bei der Vielfalt unterschiedlicher Chemikalien kann über das Abbauverhalten keine allgemeine Aussage getroffen werden. Oft werden aus Gründen der Produktqualität schwer abbaubare Stoffe eingesetzt. Ein anaerober Abbau findet in den Faultürmen der Klärschlammbehandlungsanlagen statt (KDrs 12/8b, UBA).

Die eingesetzten Textilveredlungsmittel, die nicht auf dem Textil haften bleiben, gelangen zum größten Teil ins Abwasser und anschließend wegen der in der Bundesrepublik Deutschland vorherrschenden Entsorgungsstruktur in die kommunalen Kläranlagen. Hier hängt der Verbleib der Stoffe vor allem von ihrer Abbaubarkeit ab.

Stärkeschlichten, Schlichten auf Basis modifizierter Stärke sowie Proteinschlichten sind abbaubar. Auch synthetische Schlichten aus Polyvinylalkoholen können unter günstigen Bedingungen von adaptierten Mikroorganismen in effizient arbeitenden Kläranlagen biologisch abgebaut werden. Nicht abbaubare Schlichten würden ein ökologisches Problem darstellen, wenn die Abbaubarkeit der einzige Weg wäre, die

Stoffe aus dem Umweltkompartiment zu entfernen. Inzwischen sehen jedoch die Behörden auch die Eliminierung von Schlichten in einer Kläranlage als ökologisch vertretbar an. Neu entwickelte Polyacrylatschlichten sind gut eliminierbar. Mittlerweile existieren auch Verfahren, um Schlichten zu recyclieren. Dafür können jedoch nur Schlichten eingesetzt werden, die nicht abbaubar sind.

– *Luft:* Hohe Abluft- und Abwärmebelastungen entstehen bei Trocknungs- und Fixierprozessen während des Färbens und Druckens, vor allem beim Fixieren der Farbstoffe mittels Heißluft oder heißem Dampf. Die Spannrahmentrocknung in der Appretur zählt ebenfalls zu den emissionsträchtigen Prozessen. Dabei belasten Begleitstoffe wie Wollfett, Schlichtestäube, Chemikalien, Farbstoffe, Kohlenstoffoxide und Stickstoffoxide die Luft. Bei verschiedenen Dämpfungs- und Trocknungsprozessen gelangen flüchtige Hilfsmittel wie z. B. Carrier, Harnstoff, Testbenzin, organische Säuren und Schwefelgase in die Abluft. Die Abgase können sehr geruchsintensiv sein. Im Rohgas betragen die Emissionskonzentrationen über 400 mg/m^3 (KDrs 12/8b, UBA und Arge Textil, 1994a, S. 46).

– *Verbleib auf dem Textilgut:* Nach Schätzungen der TEGEWA verbleiben von den Farb- und Druckhilfsmitteln zwischen 0,1 bis 2 Gew.-% auf dem Textil. Bindemittel für den Pigmentdruck und die Pigmentfärbung können bis zu 6% des Textilgewichts ausmachen. Die Farbstoffanteile liegen zwischen 2 und 6%. Der Anteil an Appreturchemikalien schwankt zwischen 1% und über 15%. Der im Textil verbleibende Chemikalienanteil beträgt bei Baumwolle üblicherweise unter 5% und kann nur in seltenen Ausnahmefällen bis zu 30% des Gewichts ausmachen (s. Arge Textil, 1994a, S. 48).

Toxikologische Aspekte

Im April 1992 hat das Bundesgesundheitsamt auf Initiative des Bundesministeriums für Gesundheit eine Arbeitsgruppe „Textilien" eingerichtet, die es sich zur Aufgabe gemacht hat, wissenschaftliche Grundlagen für die Beurteilung von Ausrüstungs- und Hilfsstoffen zu erarbeiten, die für textile Bekleidungsgegenstände verwendet werden und darauf verbleiben.

Zunächst steht eine Bestandsaufnahme der relevanten Stoffgruppen im Vordergrund. Darüber hinaus sind aber für die toxikologische Einstufung der Substanzklassen genaue Kenntnisse über die Migration (Abgabe/Wanderung) aus den Textilien erforderlich. Dazu hat das Bundesministerium für Gesundheit ein Forschungsvorhaben vorgesehen, bei dem ein Expositionsmodell für den Übergang chemischer Stoffe aus Textilien entwickelt werden soll. Aus diesem sollen Informationen abgeleitet werden, ob und welche gesundheitlich relevanten Stoffe in welchen Mengen vom Textil auf den Körper übergehen, von diesem resorbiert werden und damit den Organismus belasten können. Das toxikologische Potential dieser Ausrüstungs- und Hilfsstoffe kann nicht allein mit den Angaben der deutschen Hersteller abgeschätzt werden.

In der Bundesrepublik Deutschland sind Produkte mit cancerogenem, mutagenem oder teratogenem (CMT) Potential entsprechend der Gefahrstoffverordnung zu kennzeichnen. Nach Angaben des VCI fallen die von den Mitgliedsunternehmen hergestellten Textilhilfsmittel und Farbmittel nicht unter diese Kennzeichnungspflicht. Bei importierten Textilien ist das Vorkommen solcher Produkte jedoch nicht auszuschließen.

Textilfarben

– *Azo-Farbstoffe:* Etwa 60 bis 70% der heute verwendeten Textilfarbstoffe gehören zur Substanzklasse der Azo-Farbstoffe, die unter reduktiven Bedingungen zu aromatischen Aminen abgebaut werden können. Ein Risiko ist lediglich bei solchen Farbstoffen gegeben, die in aromatische Amine gemäß MAK-Klasse III-A.1 und III-A.2 reduktiv gespalten werden können. Insbesondere sind von diesen Gefährdungen Färber und Chemiefacharbeiter betroffen, die mit größeren Mengen dieser Farbstoffe berufsbedingt umgehen müssen.

Azofarbstoffe, die in krebserzeugende Amine gespalten werden können, werden von den bundesdeutschen Farbstoffherstellern für die Textilfärberei weder hergestellt noch vermarktet. Eine Verwendung derartiger Farbstoffe bei importierten Textilien ist durch neuere Untersuchungen belegt.

– *Dispersionsfarbstoffe:* Dispersionsfarbstoffe werden zum Färben und Bedrucken synthetischer Materialien wie z. B. Polyester, Polyamid, Acetat oder Polyacryl eingesetzt. Einige dieser Farbstoffe können vor allem bei Kleidungsstücken, die eng auf der Haut getragen werden, Kontaktallergien hervorrufen. Dieses Phänomen, das zunächst als Strumpffarbenallergie beschrieben wurde, wird in jüngster Zeit zunehmend auch bei Leggings, insbesondere Samtleggings, und Bodies beobachtet. In einigen dermatologischen Kliniken wurden derartige textilbedingte Kontaktallergien bei 1–2% der Patienten beobachtet.

– *Färbebeschleuniger:* Färbebeschleuniger bewirken ein schnelles und gleichmäßiges Aufziehen der Farbstoffe und werden beim Färben von Polyesterwolle mit Dispersionsfarbstoffen angewandt, wenn der Färbevorgang bei hohen Temperaturen durchgeführt wird.

Folgende Carriergruppen kommen zum Einsatz: aromatische Ether, aromatische Carbonsäuren, aliphatisch-aromatische Carbonsäureester, Phthalsäurederivate. Vor allem bei importierter Ware wurden folgende Stoffgruppen nachgewiesen: Trichlorbenzol, Kresotinsäuremethylester, Methylnaphthalin, Phenylphenol, Diphenyl, Butylbenzoat, Diphenylether und Maleinsäureester.

Über die Migration dieser Stoffe aus den Bekleidungstextilien auf die Haut liegen bislang noch wenige Erkenntnisse vor. Die Arbeitsgruppe „Textilien" des BGA sieht hierin einen erheblichen Forschungsbedarf.

– *Formaldehyd:* Zur Hochveredlung (Pflegeleichtausrüstung durch Verbesserung des Knitter- und Krumpfverhaltens, d. h. der Formbeständigkeit) von Bekleidungstextilien aus Baumwolle, Viskose, Leinen und deren Mischungen mit Synthesefasern werden Vernetzer auf Basis von Formaldehyd eingesetzt. Auf der Ware verbleiben nach Aussagen der TEGEWA maximal 3% der Vernetzer. Die Formaldehydgehalte der Gewebe sind wesentlich geringer. Nach Auskunft des BGA beträgt die in Textilien verbleibende Menge des Kunstharzes bis zu 8% des textilen Warengewichts. Nach der Gefahrstoff-Verordnung sind Gewebe mit einem Gehalt an freiem Formaldehyd über 0,15% zu kennzeichnen. Solche Bekleidungstextilien sind heute nach Aussagen von TEGEWA im Handel praktisch nicht mehr anzutreffen.

Formaldehyd wird als giftig eingestuft und zeigt ein allergenes Potential. Grundsätzlich ist eine Auslösung von allergischen Reaktionen auch durch sehr niedrige Formaldehyd-Gehalte nicht auszuschließen. Allerdings führt ein Formaldehyd-Gehalt unterhalb von 0,05% in Bekleidungstextilien, die direkt mit der Haut in Berührung kommen, in der Regel auch bei bereits sensibilisierten Personen nicht zu allergischen Reaktionen.

– *Glyoxal als Formaldehydsubstitut:* Aufgrund der anhaltenden Diskussion über toxische Eigenschaften von Formaldehyd ist gelegentlich Glyoxal als Substitut zum Einsatz gekommen. Aus technischen und wirtschaftlichen Gründen hat es sich jedoch gegen die modernen formaldehydarmen Vernetzer nicht durchgesetzt.

Glyoxal ist bezüglich der chemischen Struktur, Reaktivität, Molekülgröße sowie auch seiner Toxizität dem Formaldehyd sehr ähnlich. In der

Gefahrstoffverordnung wird Glyoxal als augen- und hautreizend angegeben. Hinweise auf ein mutagenes sowie ein sensiblisierendes Potential des Glyoxals sind bekannt. Es sind aber – im Gegensatz zu Formaldehyd – keine textilbedingten allergischen Reaktionen beschrieben.

4.2.4.2.4 Soziale Aspekte entlang der Hauptlinie der textilen Kette

Schon zu Beginn der Analyse des Bedürfnisfeldes Textilien/Bekleidung (und aller anderen Beispiele) hat sich die Enquete-Kommission entschieden, nicht allein ökologische und toxikologische Aspekte zu berücksichtigen, sondern zudem auch die für das Beispielfeld relevanten sozialen und ökonomischen Aspekte zu untersuchen.

Methodisch streng genommen hätte sich diese Vorgehensweise erst nach Konkretisierung des Leitbildes einer nachhaltig zukunftsverträglichen Entwicklung und der sich daraus hergeleiteten „drei Säulen", nämlich Ökologie, Ökonomie und Soziales, herauskristallisieren können (s. Kap. 3.3 „Soziale, ökonomische und ökologische Ziele als tragende Säulen des Leitbildes").

Inhaltlich wurde das Leitbild allerdings erst allmählich, parallel zur Analyse der Bedürfnisfelder ausgestaltet, wobei sich die Entwicklung der Vorgehensweise bei der Analyse des Bedürfnisfeldes und die Konkretisierung von Vorstellungen zu einer nachhaltig zukunftsverträglichen Entwicklung gegenseitig bedingten. Dieses Beispiel zeigt, daß der Versuch eines stringenten methodischen Vorgehens teilweise durch die – auf den verschiedenen Themengebieten parallele – prozeßhafte inhaltliche Ausgestaltung der Themenfelder, teilweise aber auch durch Vorwissen und durch Intuition beeinflußt wurde.

Beim Themenfeld Textilien/Bekleidung können zwei unterschiedliche Aspekte der sozialen Relevanz festgemacht werden. Zum einen wird darunter – wie auch bei den anderen Beispielfeldern – die Arbeitsplatzsituation verstanden. Zum anderen hat Kleidung aber auch bei seiner Verwendung eine soziale Bedeutung, da sie über die Stellung in der Gesellschaft, die wirtschaftliche Situation oder die Gruppenzugehörigkeit informiert.

Anzahl der Arbeitsplätze und durchschnittliche Lohnverhältnisse entlang der Hauptlinie der textilen Kette

Streng genommen müßten an dieser Stelle – ähnlich wie bei einer systematischen Stoffstrombetrachtung – sämtliche Arbeitsplätze innerhalb der textilen Kette erfaßt und analysiert werden.

Erwartungsgemäß liegen nicht zu allen Stufen der textilen Kette aktuelle Daten vor. Eine genaue Differenzierung zwischen Arbeitsplätzen der Textilindustrie und der Bekleidungsindustrie ist ebenfalls nicht möglich. Es kommt bei dieser Analyse allerdings auch nicht auf eine vollständige Übersicht über sämtliche Arbeitsplätze an. Vielmehr soll die Bedeutung der Textilproduktion für den Arbeitsmarkt national und international verdeutlicht werden.

International

Exemplarisch wird die Arbeitsplatzsituation für die Primärproduktion von Baumwolle dargestellt, da hierzu sehr genaue Daten vorliegen.

In westlichen Industrieländern – so z. B. in den USA oder Australien – sind je nach Anbauverfahren 15 bis 25 Arbeitskraftstunden (Akh) pro Hektar erforderlich. Dies entspricht einer Erntemenge von 50 kg Rohbaumwolle/Akh. Im Bewässerungsanbau des Sudan, Ägypten, Indien und Pakistan sind dagegen mindestens 1 500 Akh/ha erforderlich (0,3 kg Rohbaumwolle/Akh), weil dort die Unkrautbekämpfung und Ernte von Hand erledigt werden. Im westafrikani schen Trockenfeldbau liegt der Arbeitsaufwand mit 800 bis 1 000 Akh/ha deutlich niedriger (0,45 kg Rohbaumwolle/Akh).

Anhand der Anbauflächenverteilung und der o.a. Arbeitsbedarfszahlen ergibt sich folgende Grobschätzung von Arbeitsplätzen in der Primärproduktion von Baumwolle, wenn man von jährlich 2 200 Stunden pro Arbeitsplatz ausgeht:

Industrieländer (einschließlich GUS)	0,1 Mio.
Ägypten, Sudan, China, Indien, Pakistan	10,0 Mio.
sonstige	3,0 Mio.
Welt insgesamt	13,1 Mio.

Darin sind die Arbeitsplätze, die mit der Entkernung, dem Schälen und dem Ölpressen verbunden sind, noch nicht enthalten.

Die Löhne in Afrika liegen bei durchschnittlich 0,30 US$/h (bei einem US$-Kurs von derzeit 1,71 DM entspricht dies 0,51 DM/h). Die Löhne in Indien und Pakistan liegen durchschnittlich bei 0,06 US$ bis 0,09 US$/h (0,10 DM/h bis 0,15 DM/h) (KDrs 12/8a, Brandt).

National

Die folgenden Daten beziehen sich im wesentlichen auf die bundesdeutsche Bekleidungsindustrie. Eine Differenzierung nach den unterschiedlichen Produktionsstufen konnte nicht vorgenommen werden.

In der Bundesrepublik Deutschland waren in der Chemiefaserindustrie 1991 im Durchschnitt 35 000 Mitarbeiter beschäftigt. Wieviele Arbeitsplätze davon auf die Produktion von Chemiefasern für die Bekleidungsindustrie entfielen, kann nicht nachvollzogen werden.

In rund 2 000 Betrieben beschäftigte die Bekleidungsindustrie im Durchschnitt des Jahres 1991 ca. 160 000 Arbeitnehmer (alte Bundesländer), was einem Anteil von 2,7% aller Industriebeschäftigen entsprach.

Vor dem Hintergrund steigender Produktionsverlagerungen, Zunahme der Importe, dem Ausbau der passiven Lohnveredlung sowie der herrschenden Rezession auf dem inländischen Markt und den wichtigsten ausländischen Absatzmärkten nahm die Zahl der Beschäftigten in der Bekleidungsindustrie um rund 13 500 auf nur noch 147 000 zum Jahresende 1992 ab.

In den neuen Bundesländern war der Stellenabbau in der Bekleidungsindustrie einschneidender und rigoroser als in den meisten anderen Branchen. Konkrete Strukturdaten hinsichtlich der Beschäftigung in der Textil- und Bekleidungsindustrie der neuen Länder liegen zur Zeit nicht vor. Die letzten statistischen Daten ergeben, daß in der Textilindustrie in knapp 400 Betrieben rund 85 000 Arbeitnehmer und in der Bekleidungsindustrie in 300 Betrieben rund 53 000 Arbeitnehmer im Jahresdurchschnitt 1991 beschäftigt wurden. Die Arbeitsplätze reduzierten sich bis Mitte 1993 auf nur noch 12 000 Arbeitsplätze in der Bekleidungsindustrie. Zum Vergleich: In der ehemaligen DDR waren im Jahre 1989 durchschnittlich rund 320 000 Arbeitnehmer in den beiden Branchen beschäftigt. Die augenblicklichen Beschäftigungszahlen für beide Branchen werden auf nur noch 55 000 geschätzt.

Der durchschnittliche Stundenlohn in der deutschen Bekleidungsindustrie lag im Jahr 1992 bei 15,60 DM. Berücksichtigt man noch einen Sozialkostensatz von 75%, so entstanden Personalkosten in Höhe von 27,30 DM pro Stunde (s. KDrs 12/8a, Hartmann)

Arbeitsbedingungen

Im Sinne des Leitbilds einer nachhaltig zukunftsverträglichen Entwicklung müßte bei der systematischen Sachstandserfassung entlang der textilen Kette auch die Frage nach den Arbeitsbedingungen detailliert betrachtet werden. Eine solche systematische Erfassung wurde jedoch nicht ausgeführt; das Thema wurde bei den Anhörungen lediglich gestreift, ohne ihm damit eine untergeordnete Gewichtung zukommen lassen zu wollen. Hinweise auf Kinderarbeit in Niedriglohnländern und extrem schlechte Arbeitsbedingungen insbesondere in der VR China kamen dabei immer wieder zur Sprache.

Die gesundheitlichen Aspekte der Arbeitsplatzbedingungen in der Bundesrepublik Deutschland entlang der textilen Kette wurden in Kapitel 4.2.4.2.3 „Ökologische und toxikologische Problemfelder entlang der Hauptlinie der textilen Kette" gestreift; auch hier wäre eine vertiefte Betrachtung erforderlich.

Kleidung als Statussymbol

Die Art des Sich-Kleidens gibt unmittelbar Informationen über die soziale Stellung des Trägers, was vor allem auch darin begründet ist, daß die frühere Konformität des Bekleidungsverhaltens heute einer starken Differenzierung in Bekleidungsstilen gewichen ist. Gerade wegen dieser Aufweichung von Bekleidungsnormen und damit der eindeutigen sozialen Information, kommt dem Sich-Kleiden heute als Persönlichkeitsausdruck eine bedeutende Rolle zu. Der Aspekt der Bekleidung als Statussymbol und die damit verbundene Bedeutung für die soziale Säule ist im Zwischenbericht der Enquete-Kommission ausführlich behandelt worden (Enquete Kommission „Schutz des Menschen und der Umwelt, 1993, S. 266 ff.).

4.2.4.2.5 Ökonomische Aspekte entlang der Hauptlinie der textilen Kette

So wie im Falle der Stoffstrombetrachtung idealerweise für jede Stufe der textilen Kette und alle jeweils relevanten Detailaspekte eine Art Bilanz über Input und Output erstellt werden müßte, wäre entsprechend auch die ökonomische Relevanz als Wertschöpfungskette entlang der einzelnen Produktionsstufen darstellbar.

In dieser Systematik liegen der Enquete-Kommission zur Zeit jedoch keine vollständigen Daten vor. Wie schon bei der Stoffstrombetrachtung bereitet auch hier die Identifizierung des Bekleidungsanteils am textilen Markt große Schwierigkeiten. Viele Daten beziehen sich auf den gesamten Textilsektor, während gesondert für textile Bekleidung keine Daten vorhanden sind.

Die folgenden Ausführungen sollen als Einstieg in die Thematik verstanden werden, in der lediglich Umsatzzahlen auf der Stufe der konfektionierten Ware berücksichtigt werden.

Gerade die in der Textil- und Bekleidungsindustrie ausgeprägte internationale Arbeitsteilung entlang der vielstufigen Produktionskette trägt ihren Teil zu diesen Schwierigkeiten bei. Importe und Exporte unterschiedlicher Fasertypen auf allen Stufen der Produktionskette erschweren die Gewinnung und Interpretation geeigneter Informationen zur Erstellung einer Wertschöpfungskette von der Rohfaserproduktion bis zur Entsorgung ebenso wie die Vielfalt der benötigten Daten.

Die Enquete-Kommission beschränkte sich darauf, die ökonomische Bedeutung der Produktion, des Handels und des Verbrauchs von Textilien und Bekleidung weltweit und – soweit Daten verfügbar waren – für die verschiedenen Länder übersichtsartig für die textile Hauptkette zu untersuchen. Vergleichbar könnten auch die Nebenlinien, so z. B. die Produktion von Dünge- und Pflanzenschutzmitteln, Veredlungsmitteln u. a.m. einbezogen werden. In der Bundesrepublik Deutschland gibt es beispielsweise auf dem Gebiet der Textilhilfsmittel, Veredlungsmittel und Farbstoffe ein großes Know-how mit einer entsprechend hohen Wertschöpfung. Im Jahr 1990 konnte die Bundesrepublik Deutschland Pflanzenschutzmittel im Wert von über 1,5 Mrd. US$ exportieren, womit sie weltweit eine Spitzenposition einnimmt. Dies zeigt, daß nicht nur die Fasern selbst, sondern auch die Zusatz- und Hilfsstoffe eine große ökonomische Bedeutung haben. Unvollständig blieb die Untersuchung, was die Betrachtung der Kuppelprodukte und deren ökonomische Bedeutung betrifft. So müßten beispielsweise die Schaffleischproduktion – quasi als „Kuppelprodukte" der Wollproduktion anzusehen – in die Betrachtung einbezogen werden, da diese für die Schafhaltung einen wesentlichen Ertrag bedeuten. In der Bundesrepublik Deutschland machen sie sogar 85 bis 90 % der Gesamterträge der Schafhaltung aus (KDrs 12/8b, Neundörfer).

4.2.4.2.5.1 Internationale Bedeutung der textilen Kette

Die im Vergleich zu anderen Bereichen ausgeprägte weltweite Arbeitsteilung läßt sich auf vielfältige Ursachen zurückführen, wobei klimatische Bedingungen insbesondere für die Produktion von Naturfasern hier ebenso eine wichtige Rolle spielen wie die Verfügbarkeit von Kapital oder die Kosten der Arbeitskraft. Textilien und Bekleidung gehören aus diesem Grund weltweit zu den wichtigsten Handelsgütern. Mit einem gemeinsamen Anteil von 6,8 % der Gesamtausfuhren (1991, weltweit) und einem Anteil von knapp 10 % der weltweit exportierten Fertigprodukte sind sie zwar weniger bedeutend als chemische Erzeugnisse, übersteigen aber in ihrem Wert deutlich z. B. das Handelsvolumen von Eisen und Stahl. Diese ausgeprägte Form der internationalen Arbeitsteilung verursacht einen intensiven globalen Wettbewerb bei der Produktion und dem Verkauf dieser Güter. Wie im Kapitel 4.2.4.2.6 „Rechtlichen Rahmenbedingungen zum Themenfeld Textilien/Bekleidung" ausgeführt, gilt für den Bereich Textilien und Bekleidung das Welttextilabkommen, das nach einer zehnjährigen Übergangsperiode nach Abschluß des GATT-Vertrags am 15. April 1994 in Marrakesch ausläuft. Darin wurden zulässige Exportmengen geregelt.

Die schrittweise Ausdehnung des Weltextilhandels führte in den letzten Jahrzehnten zu einer starken Bedeutungszunahme. So stieg der Anteil des Handels mit Textilien und Bekleidung am gesamten Welthandel zwischen 1980 und 1991 um mehr als 50 %. Mit jährlichen Zuwachsraten von 10,5 % wuchs der Handel mit Bekleidung zwischen 1980 und 1992 stärker als der Handel mit anderen Fertigprodukten.

Bedeutung für die Entwicklungs- und Schwellenländer

Für einige Entwicklungsländer ist die Produktion von Textilrohstoffen wie z. B. der Baumwollanbau ein wichtiger wirtschaftlicher Faktor. Angesichts der weltweit zurückgehenden Exporterlöse aus dem Verkauf von Rohstoffen nimmt die Bedeutung der Produktion und des Exportes von Textilien und Bekleidung immer stärker zu. Mehr als 25 % der Ausfuhr von Fertigwaren aus Entwicklungsländern bestehen aus Textilien und Bekleidung. Damit ist ihr Exportanteil in diesem Bereich etwa dreimal so hoch wie im Durchschnitt aller Sektoren. In den 80er Jahren stieg die Ausfuhr von Textilien und Bekleidung weltweit überdurchschnittlich. Die Wachstumsraten der Entwicklungsländer im Bereich der Bekleidungsausfuhr von jährlich 12,7 % übertrafen dabei noch die weltweit ohnehin sehr hohen durchschnittlichen Zuwachsraten von rund 10,5 %. Dies ist ein Zeichen für die zentrale Bedeutung dieses Sektors als Fundament für die wirtschaftliche Weiterentwicklung dieser Länder.

Die Bekleidungsproduktion ist arbeitsintensiv. Die Kapitalausstattung ist für die meisten Produktionsschritte relativ niedrig und damit vergleichsweise leicht verfügbar. Da auch keine besonderen Qualifikationsanforderungen an die Arbeitskräfte gestellt werden, bilden das große Arbeitskräftereservoir und das niedrige Lohnniveau wesentliche Faktoren, die die Expansion der arbeitsintensiven Bekleidungsindustrie begünstigt haben.

Allgemein gehören Textil- und Bekleidungsgüter zu den ersten Produkten, die Volkswirtschaften beim Übergang von der Primärproduktion zur Produktion von Verbrauchsgütern mit beginnender Diversifikation ihrer

Volkswirtschaft typischerweise produzieren und exportieren. Tabelle 4.2.4 gibt einen Überblick über die Struktur und Entwicklung der Ausfuhr weltweit und in den Entwicklungsländern nach Produktgruppen wieder, aus der die o. g. Entwicklung ersichtlich ist.

Einen Eindruck von der Dynamik, die diese wirtschaftliche Entwicklung in den einzelnen Ländern erreichen kann, vermittelt z. B. die Betrachtung Sri Lankas (s. Tab. 4.2.6, übernächste Seite). Der Anteil der Bekleidungsexporte an den Gesamtexporten stieg hier von 1980 bis 1991 auf mehr als das Fünffache von 10,2 % auf 52,3 % an. Mehr als die Hälfte der Deviseneinnahmen Sri Lankas stammen demnach aus dem Verkauf von Bekleidung.

Die Steigerung des Exports von Textilien (ohne Bekleidung) im Welthandel blieb in den 80er Jahren mit jährlichen Wachstumsraten von 6,9 % hinter der rasanten Entwicklung auf dem Bekleidungssektor zurück. Dies läßt sich darauf zurückführen, daß die Produktion von Textilien mit einem größeren Kapitaleinsatz verbunden ist und technologische Weiter-

Tabelle 4.2.4: *Struktur und Entwicklung der Ausfuhr – Welt und Entwicklungsländer (EL) – nach Produktgruppen: 1980–1991*

	Weltanteile		Zuwachsraten[a]	
			Welt	EL
	1980	1991	1980–82	1980–90
Insgesamt	2 031[b]	3 506[b]	5,1	2,0
Rohstoffe	42,3	24,9	0,1	–3,0
Fertigwaren	54,0	71,9	7,9	14,1
Eisen und Stahl	3,8	3,0	2,8	12,9
Chemische Erzeugnisse	7,0	8,8	7,3	11,4
Andere Halbfertigwaren ...	6,8	7,7	6,3	12,9
Maschinen und Fahrzeuge .	25,8	30,4	8,4	18,8
Textilien	2,7	3,3	6,9	6,9
Bekleidung	2,0	3,5	10,5	12,7
Andere Konsumartikel	5,9	9,2	9,5	13,2

[a] jährliche
[b] Mrd. US$

Quelle: nach D. Spinanger, Institut für Weltwirtschaft, Kiel, nicht öffentliche Anhörung, 8. Dezember 1993

Tabelle 4.2.5: Anteil der Textil- und Bekleidungsexporte an Gesamtexporten ausgewählter Entwicklungsländer

	Textilien		Bekleidung	
	1980	1991	1980	1991
Bangladesch	52,2	18,3	0,2	35,0
Brasilien	3,3	2,7	0,7	0,9
China	14,0	11,1	8,9	17,8
Taiwan	9,0	9,7	12,3	5,9
Kolumbien	3,4	2,4	3,0	8,2
Hongkong	4,6	2,3	23,6	9,9
Indien	13,3	12,1	6,9	18,8
Indonesien	0,2	6,0	0,4	7,7
Jamaika	–	–	0,7	23,2
Korea	12,6	10,2	16,8	10,3
Macau	19,2	10,1	78,4	66,8
Malaysia	1,2	1,2	1,2	4,5
Mauritius	–	–	17,0	48,6
Marokko	4,9	4,8	4,4	16,9
Pakistan	33,5	47,6	3,9	18,1
Sri Lanka	0,3	2,7	10,2	52,3
Thailand	5,1	4,0	4,1	13,0
Tunesien	–	–	15,4	31,9
Türkei	11,8	10,7	4,5	27,2

entwicklungen und Innovationen in den Industriestaaten – z. B. bei der Produktion synthetischer Fasern – den Ausbau dieser Industrien in den Entwicklungs- und Schwellenländern leicht gebremst haben.

Dennoch wurden vor allem in Schwellenländern (z. B. in Süd-Korea oder Indien) schon seit den 70er Jahren massiv Produktionskapazitäten aufgebaut. Während der Anteil der Industriestaaten an der Chemiefaserproduktion weltweit von 1973 bis 1991 um 33 % auf 50 % zurückging, stieg der Anteil der Entwicklungs- und Schwellenländer auf mehr als das 3,5fache. Im Jahr 1991 erreichten sie bei den Chemiefasern einen Weltmarktanteil von rund 40 % (KDrs 12/8a, Kamerbeek).

Tabelle 4.2.6: Bekleidungs-, Textil- und Fertigwarenimporte in vH vom jeweiligen Endverbrauch[a] in der EG, den USA und Japan

Importierende Länder/ Ursprungsregionen	Bekleidung					Textilien					Fertigwaren				
	1976/ 1977	1980/ 1981	1984/ 1985	1987/ 1988	1989/ 1990	1976/ 1977	1980/ 1981	1984/ 1985	1987/ 1988	1989/ 1990	1976/ 1977	1980/ 1981	1984/ 1985	1987/ 1988	1989/ 1990
EG 12															
Insgesamt	17,8	23,8	22,9	26,3	30,8	8,8	12,6	10,7	11,0	12,0	9,1	11,4	11,7	11,7	12,7
Entwicklungsländer	11,1	14,2	16,1	19,1	22,4	3,8	4,9	4,6	4,9	5,4	2,0	2,7	2,9	2,9	3,2
Industrieländer.....	4,9	6,6	3,5	3,3	3,4	4,2	6,3	4,7	4,8	5,0	6,1	7,5	7,5	7,7	8,3
EG 12[b]	(21,8)	(26,5)	(29,0)	(28,8)	(30,2)	(18,1)	(21,7)	(22,8)	(22,7)	(25,2)	(15,2)	(16,7)	(18,4)	(19,8)	(21,1)
USA															
Insgesamt	14,9	18,9	30,4	36,8	40,8	4,2	4,7	7,1	7,8	7,6	5,2	6,7	9,4	11,4	11,5
Entwicklungsländer	10,6	14,4	23,1	27,9	29,9	1,7	2,1	2,9	3,6	3,5	1,8	2,4	3,3	4,1	4,3
Industrieländer.....	3,9	3,4	5,4	5,3	5,2	2,3	2,2	3,4	3,4	3,2	1,5	1,8	2,5	3,0	6,7
EG 12	2,4	2,3	4,4	4,8	4,5	1,2	1,3	2,1	2,2	2,3	1,5	1,8	2,5	3,0	2,9
Japan															
Insgesamt	10,6	12,8	16,0	17,3	28,5	3,5	4,5	5,4	5,7	6,9	4,3	5,0	5,2	5,2	6,5
Entwicklungsländer	6,9	6,8	9,2	13,1	14,5	1,8	2,0	2,3	2,3	2,7	1,6	1,7	1,7	1,8	2,1
Industrieländer.....	3,0	4,3	4,0	4,4	7,6	1,2	1,6	1,6	1,9	2,6	2,5	3,0	3,1	3,1	3,9
EG 12	2,2	3,1	3,0	3,1	6,3	0,8	1,1	1,1	1,3	1,8	0,7	0,8	0,8	1,0	1,4

[a] Einfuhr in vH von (Produktion + Einfuhr − Ausfuhr)
[b] Die () bedeuten Intra-EG-Handel

Quelle: D. Spinanger, Institut für Weltwirtschaft, Kiel, nicht öffentliche Anhörung 8. Dezember 1993

Bedeutung für die Industriestaaten

Spiegelbild für die sprunghaft gestiegenen Exporte der Entwicklungsländer sind auf der anderen Seite wachsende Importe der Industriestaaten. Gemessen an den Steigerungsraten zeigt die Entwicklung der letzten 15 Jahre einen starken Anstieg von importierter Bekleidung am Endverbrauch sowohl in der EU als auch in Japan und den USA und einen weniger starken Anstieg bei Textilwaren.

Die Direktimporte von Bekleidung machten in den Jahren 1989/90 für die damalige EG(12) 30,8% des Endverbrauchs aus, d. h. fast jedes dritte verkaufte Kleidungsstück wurde im außergemeinschaftlichen Ausland produziert. Mehr als 70% dieser Bekleidung (insgesamt 22,4%) stammte aus Entwicklungsländern. Im Vergleich zu den Jahren 1980/81 bedeutet dies eine Steigerung des Marktanteils dieser Länder um mehr als 50%.

Gemessen an ihrem Importanteil lag die EU international bei Bekleidungstextilien im Mittelfeld zwischen den USA mit einem vergleichsweise höheren und Japan mit einem geringeren Anteil der Importe am Endverbrauch. Im Bereich der Textilwaren hatte die EG(12) 1989/90 den mit Abstand höchsten Importanteil unter den Industriestaaten, wobei die Bedeutung der Importe aus Entwicklungsländern mehr als doppelt so groß war wie z. B. in Japan.

Da praktisch alle Länder zur Befriedigung des menschlichen Grundbedürfnisses nach Bekleidung diese selbst produzieren, haben die beschriebenen Importzuwächse fast überall in den Industriestaaten zu teilweise erheblichem wirtschaftlichem Anpassungsbedarf geführt. Im Rahmen dieser Problematik spielen Importe aus anderen Industriestaaten eine eher untergeordnete Rolle. Innerhalb der EU verteilen sich die Einfuhren ungleichmäßig. Neben der ungleichen Verteilung der Importe auf die verschiedenen EU-Staaten bestehen auch innerhalb der EU zwischen den Mitgliedsstaaten große Handelsströme.

4.2.4.2.5.2 Bedeutung für die Bundesrepublik Deutschland

In der Bundesrepublik Deutschland wurden 1992 Textilien und Bekleidung im Wert von etwa 24 Mrd. DM produziert. Dies entspricht einem Anteil von etwa 1% des Bruttoinlandsproduktes (KDrs 12/8b, Neundörfer).

Gemeinsam mit den USA ist die Bundesrepublik Deutschland weltweit größter Importeur von Textilien und Bekleidung. Pro Kopf der Bevölkerung führt die Bundesrepublik Deutschland mit deutlichem Abstand die meisten Textilgüter ein.

Obwohl die Bundesrepublik Deutschland weltweit bei den Exporten von Textilien und Bekleidung hinter Hongkong und Italien an dritter Stelle liegt und der größte Exporteur von Textilien (ohne Bekleidung) ist, weist die deutsche Außenhandelsbilanz im Jahr 1992 einen Importüberschuß beim Handel mit Textil- und Bekleidungserzeugnissen von 22,3 Mrd. DM aus.

In der Bundesrepublik Deutschland wurde im Jahr 1991 textile Bekleidung im Wert von ca. 35 Mrd. DM gekauft. Der jährliche Pro-Kopf-Verbrauch beträgt ca. 11 kg (COGNIS, 1994 a), wobei frühere Untersuchungen von 20 bis 23 kg ausgehen, in denen allerdings sämtliche Textilien (auch Heimtextilien) berücksichtigt wurden. Der Ausgabenanteil der Haushalte für Bekleidung ist insgesamt rückläufig. Dieser Anteil fiel von 1975 bis 1991 von 8,8% auf 6,3% des Haushaltseinkommens bei einem 4-Personen-Haushalt mit mittlerem Einkommen. Monatlich entsprach dies etwa 240 DM. Bei einem entsprechenden Haushalt mit höherem Einkommen lag der Anteil von Bekleidung bei 6,9% oder etwa 376 DM.

Im Vergleich mit den anderen bedeutenden Industrieländern erreicht die Bundesrepublik Deutschland damit einen Spitzenplatz. In Japan beträgt der Anteil von Bekleidung 6,2% und in den USA 5,7%.

Strukturwandel

Die dramatische Steigerung der Importe von Textilien und Bekleidung führte zu einer Verminderung der realen Produktion in den betroffenen Sektoren. Damit einher gingen wirtschaftliche Anpassungsprobleme in der Bundesrepublik Deutschland, die strukturelle Veränderungen verursachten. Von 1970 bis 1992 stiegen die Importe im Bekleidungssektor im Wert von 1,8 Mrd. DM auf 22,3 Mrd. DM um mehr als das elffache an. Im Textilsektor kam es im gleichen Zeitraum zu einer Steigerung um mehr als das fünffache von 6,2 Mrd. DM auf 32,6 Mrd. DM. Diese Importsteigerung ging sowohl bei der Textil- als auch bei der Bekleidungsindustrie mit einer schon längerfristig wirkenden Tendenz der Stagnation und Sättigung der Inlandsnachfrage einher. Die in den 80er Jahren vorgenommenen Umstrukturierungsprozesse in Form von Produktdifferenzierung und Spezialisierung, Qualitätssteigerungen und der Betonung der Mode, Ausprägungen des Markenprofils usw. konnten nur begrenzte Wirkungen auf die Nachfrage entfalten (KDrs 12/8a, Hartmann).

Der Produktionsindex sank – gemessen am Jahr 1985 (=100%) – von 1970 bis 1992 im Bekleidungsgewerbe von 144,4% auf 79,7% um fast die Hälfte.

Die Beschäftigung sank um 61,8% von ca. 384 000 auf ca. 147 000 und die Zahl der produzierenden Betriebe ging um 64,4% von 5 207 auf 1 855 zurück.

Im gleichen Zeitraum sank in der westdeutschen Textilindustrie die Anzahl der Beschäftigten um ebenfalls 61,8% von ca. 497 000 auf 190 000 Beschäftigte. Die Zahl der Betriebe ging gleichzeitig von 3 615 auf 1 380 zurück. Im gleichen Zeitraum ging im Textilgewerbe der Produktionsindex von 109,8% um mehr als 20% auf 86,4% zurück (BMWi, nicht öffentliche Anhörung, 8. Dezember 1993).

Die mittelständische Textil- und Bekleidungsindustrie hat in der Vergangenheit diesen importinduzierten Strukturwandel weitgehend ohne staatliche Unterstützung gemeistert. Negative Auswirkungen auf die gesamtwirtschaftliche Produktion und Beschäftigung fielen vor allem regional ins Gewicht. In der Periode des langanhaltenden wirtschaftlichen Aufschwungs in den 80er Jahren entstanden an anderer Stelle neue Produktionen, die für die freigesetzten Arbeitskräfte neue Arbeitsplätze zur Verfügung stellten.

Eine wesentliche Ursache für den beschriebenen strukturellen Wandel liegt in den hohen Differenzen der Lohnstückkosten zwischen den am Textilhandel beteiligten Ländern. Bei einem Durchschnittslohn in der gesamten deutschen Industrie von 22,89 DM liegt ein Beschäftigter in der Bekleidungsindustrie mit einem Stundenlohn von 15,91 DM im untersten Bereich der nationalen Lohnskala. Im Vergleich zu den Beschäftigten in anderen Ländern beträgt sein Stundenlohn dennoch ein Vielfaches.

Diese Differenzen resultieren nur zum Teil aus Produktivitätsunterschieden. So sind z. B. die hohen Lohnnebenkosten Ausdruck eines höheren Niveaus der sozialen Sicherung in der Bundesrepublik Deutschland.

In der internen Anhörung gab es Hinweise auf Wettbewerbsverzerrungen durch moralisch zweifelhafte Praktiken in einigen Entwicklungsländern, in denen in Extremfällen zum Teil sogar Kinder und Gefangene zum Produzieren gezwungen oder mit Hungerlöhnen abgespeist werden, woran sich der Vorwurf des „Sozialdumpings" knüpft.

Passive Lohnveredelung

Als Strategie zum Erhalt von Produktionskapazitäten in der Bundesrepublik Deutschland haben die inländischen Unternehmen sich nicht nur verstärkt auf das höherpreisige Marktsegment konzentriert, sondern in

Daten zur Bekleidungsindustrie

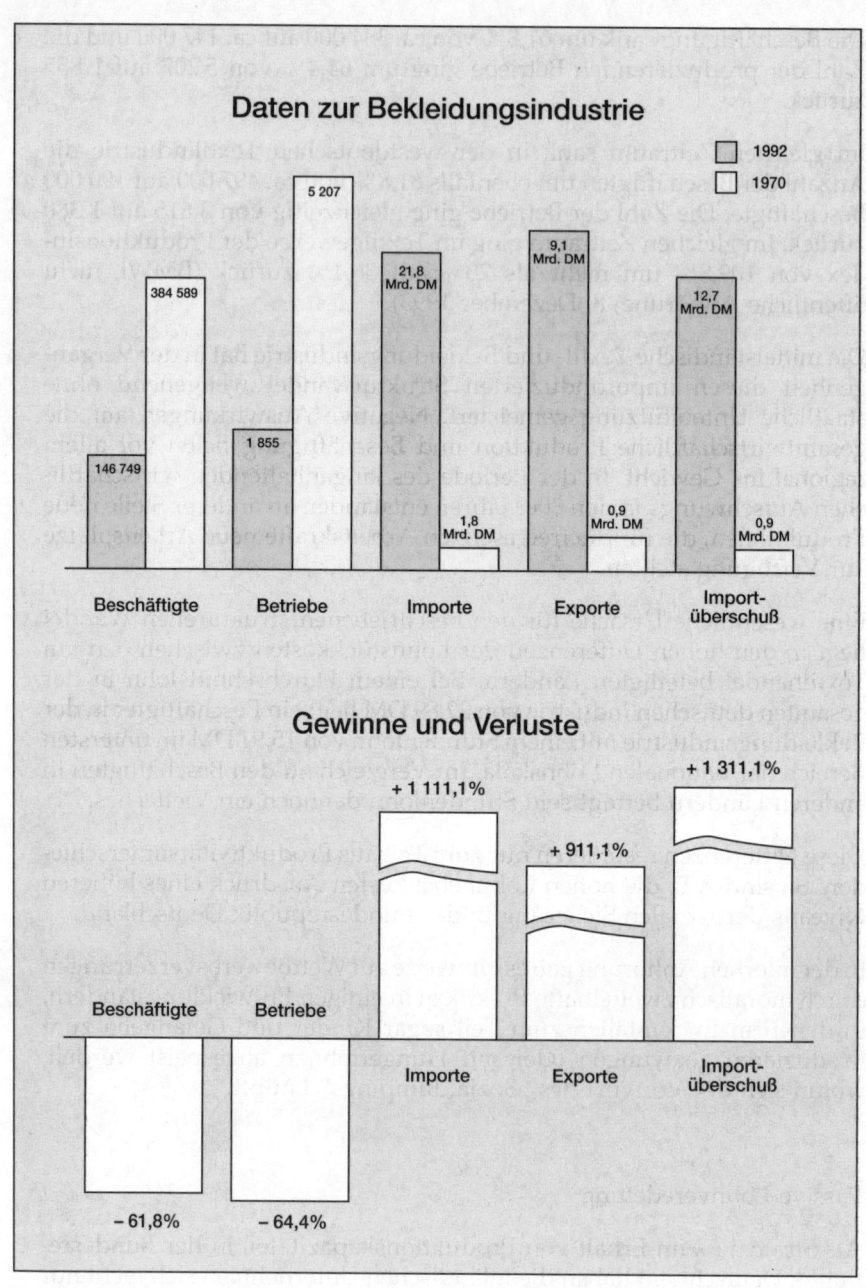

■ 1992
□ 1970

	1992	1970
Beschäftigte	146 749	384 589
Betriebe	1 855	5 207
Importe	21,8 Mrd. DM	1,8 Mrd. DM
Exporte	9,1 Mrd. DM	0,9 Mrd. DM
Import-überschuß	12,7 Mrd. DM	0,9 Mrd. DM

Gewinne und Verluste

- Beschäftigte: −61,8%
- Betriebe: −64,4%
- Importe: +1 111,1%
- Exporte: +911,1%
- Importüberschuß: +1 311,1%

Abb. 4.2.7: Entwicklung in der westdeutschen Bekleidungsindustrie seit 1970

den letzten 10 Jahren vor allem arbeitsintensive Produktionsschritte ins nahegelegene Ausland verlagert. Auf diese Weise ergriffen sie die Chance, in Drittländern die wesentlich günstigeren Lohnkosten mit dem Ziel einer Mischkalkulation zugunsten nationaler Bekleidungshersteller zu nutzen. Etwa ein Drittel der in der Bundesrepublik Deutschland verkauften Ware wird auf diese Weise produziert. Diese sogenannte „Passive Lohnveredelung" erscheint derzeit als einzige Alternative zum Vollimport von Bekleidung aus Drittstaaten.

Insbesondere für die Transformationsländer Mittel- und Osteuropas kann dies einen Beitrag zur Entwicklung ihrer Volkswirtschaften leisten. Angemerkt sei an dieser Stelle, daß sich dadurch auch die Transportwege verändern, was Einfluß auf den dafür erforderlichen Energieaufwand hat.

Kosten des Umweltschutzes

Die Erhöhung der fixen, wie auch der variablen Kosten der inländischen Unternehmen zur Erfüllung verschärfter Umweltauflagen haben in jüngerer Vergangenheit in fast allen Bereichen der textilen Kette die Produktion in der Bundesrepublik Deutschland relativ zu anderen Produktionsstandorten verteuert. Besonders deutlich zeigt sich diese Entwicklung am Beispiel der Textilveredlungsindustrie. Hier beliefen sich die Ausgaben für Umweltmaßnahmen zur Wasser- und Luftreinhaltung im Jahr 1990 bereits auf 5%, die Investitionskosten auf 3% des Umsatzes. Bei weiter steigenden Anforderungen an die Wasser- und Luftreinhaltung werden Investitionskosten erwartet, welche annähernd einen Jahresumsatz der gesamten Branche ausmachen (KDrs 12/8a, Moll).

Weil eine solche Entwicklung wirtschaftlich nicht zumutbar erschien, scheiterte ein Entwurf zur Verschärfung der gesetzlichen Vorschriften des Anhangs 38 zur Rahmen-Abwasserverwaltungsvorschrift vom Mai 1993.

Die dann zu erwartende massive Verlagerung von Poduktionsstätten ins Ausland müßte auch Auswirkungen auf andere inländische Sektoren wie z. B. den Maschinenbau und die chemische Industrie haben (KDrs 12/8a, Meckel). Eine solche Entwicklung wäre aus ökologischer Sicht nicht erstrebenswert, da in anderen textilproduzierenden Staaten geringere oder überhaupt keine Umweltschutzbestimmungen gelten und sich die ökologische Gesamtbelastung global erhöhen würde.

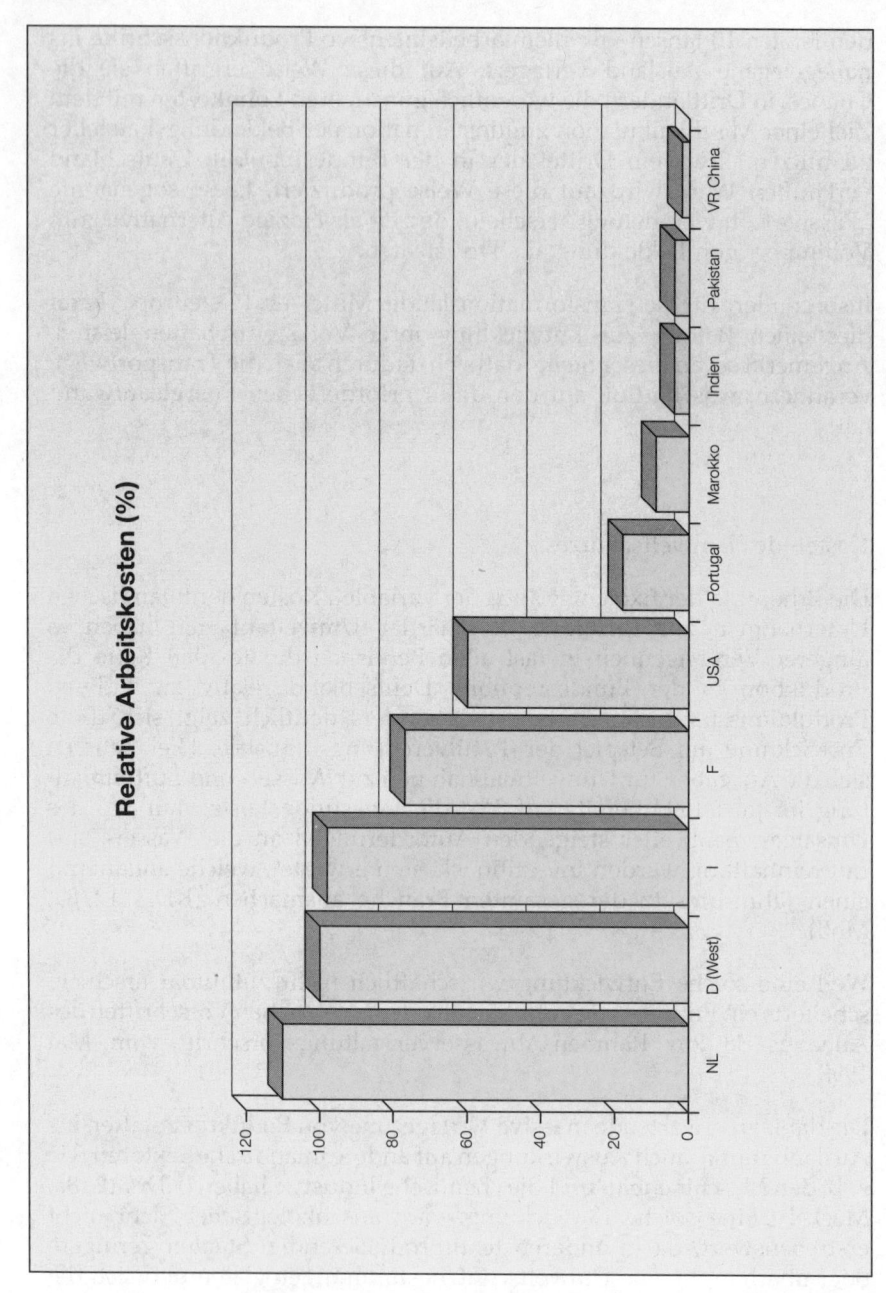

Abb. 4.2.8: Arbeitskosten in der Textilindustrie

4.2.4.2.6 Rechtliche Rahmenbedingungen zum Themenfeld Textilien/Bekleidung

Um innerhalb des Bedürfnisfeldes Textilien/Bekleidung im Anschluß an die Bewertung zu Vorschlägen für ein optimiertes Stoffstrommanagement zu gelangen, ist es zunächst erforderlich, die derzeit geltenden rechtlichen Rahmenbedingungen zu sichten, um einerseits die Bandbreite realisierbarer Eingriffe in die textile Kette abzustecken und andererseits den notwendigen Handlungsbedarf in bezug auf Umwelt- und Verbraucherschutzfragen zu spezifizieren.

Aus diesem Grund wurden im Rahmen der öffentlichen Anhörung „Die Stoffe, aus denen unsere Kleider sind" allgemeine Fragen zu den rechtlichen Rahmenbedingungen in der Bekleidungsindustrie erörtert, die dann in der internen Anhörung „Rechtliche Rahmenbedingungen bei der textilen Kette" vertieft behandelt wurden.

Inhaltlich können die rechtlichen Rahmenbedingungen nach folgenden Kriterien entsprechend den aus dem Leitbild einer nachhaltig zukunftsverträglichen Entwicklung hergeleiteten Zielbereichen unterteilt werden:

– Handel (Zielbereich Ökonomie)
– Arbeitsschutz (Zielbereich Soziales)
– Verbraucher-, Gesundheits- und Umweltschutz (Zielbereich Ökologie)

Zudem muß noch unterschieden werden zwischen nationalem Recht, Rechtsetzung der Europäischen Union sowie internationalem Recht. Hierbei ist zu beachten, daß wir auf internationaler Ebene in einer Umbruchsituation leben, da bei der Unterzeichnung des GATT-Vertrags am 15. April 1994 in Marrakesch zum Abschluß der Uruguay-Runde Erklärungen zum Welthandel und Umweltschutz vereinbart wurden. Darin wird festgehalten, daß bei der Überleitung der bisherigen Organisationsform eines Sekretariats für das „General Agreement on Tariffs and Trade" (GATT) in eine multilaterale Welthandelsorganisation zukünftig dem Zusammenhang von Welthandel und Umweltschutz eine verstärkte Bedeutung im Rahmen der internationalen Welthandelsabkommen und Institutionen zukommen soll.

Die folgende Auflistung gibt einen Überblick über die derzeit wichtigsten rechtlichen Rahmenbedingungen auf dem Textilsektor:

Internationale Rahmenbedingungen

Welttextil- und Multifaserabkommen	(Handel)
GATT	(Handel)
Lome-Abkommen	(Handel)
UN-Normen	(Handel)
FAO-Richtlinie	(Arbeits- und Umweltschutz)
ILO-Abkommen	(Arbeitsschutz)
Textilkennzeichnungsgesetz	(Verbraucherschutz)

Europäische Rahmenbedingungen

Harmonisierte Gesetze und nicht harmonisierte Gesetze, die nach Artikel 30 des EWG-Vertrags überprüft werden können

Nationale Gesetze und Rahmenbedingungen

Lebensmittel- und Bedarfsgegenständegesetz	(Umwelt- und Verbraucherschutz)
Chemikaliengesetz	(Umwelt- und Verbraucherschutz)
Technische Regeln für ausgewählte Gefahrstoffe	(Umwelt- und Verbraucherschutz)
PCP-Verbotsverordnung	(Umwelt- und Verbraucherschutz)
PCB-, PCT-, VC-Verbotsverordnung	(Umwelt- und Verbraucherschutz)
CKW-Halon-Verbotsverordnung	(Umwelt- und Verbraucherschutz)
Dioxin-Verbotsverordnung	(Umwelt- und Verbraucherschutz)

Auf die für die vorliegende Sachstandserfassung und die Bewertung wesentlichen rechtlichen Rahmenbedingungen wird im folgenden beispielhaft näher eingegangen.

Internationale Rahmenbedingungen

(1) Handelsabkommen (Zielbereich Ökonomie)

WTA und GATT: Naturgemäß werden sämtliche Vereinbarungen, die den Welthandel betreffen, über internationale Vereinbarungen geregelt. Für diesen Bereich liegt die Kompetenz für die Mitgliedsländer bei der EU. Mitwirkungsmöglichkeiten der nationalen Regierungen bestehen wie allgemein im Rahmen der Mitentscheidung im Ministerrat der EU. Die nationalen Regierungen können dort entsprechend initiativ werden.

Einen wichtigen Aspekt innerhalb der Handelsabkommen stellen die bilateralen Selbstbeschränkungsabkommen dar, die im WTA (Welttextilabkommen) abgeschlossen worden sind. Das erstmals 1962 im GATT abgeschlossene Baumwollwaren-Abkommen ist 1974 in das WTA – auch Multifaserabkommen (MFA) genannt – überführt worden.

Ausgangspunkt dieser internationalen Vereinbarung im GATT waren in den 60er und 70er Jahren Marktstörungen in der Textil- und Bekleidungsindustrie durch stark steigende Importe zu äußerst niedrigen Preisen insbesondere aus asiatischen und südamerikanischen Ländern. Da es nach Artikel XIX des GATT nicht zulässig ist, diskriminierende Maßnahmen gegenüber anderen Handelspartnern zu ergreifen, wurden im WTA bestimmte Vereinbarungen getroffen, nach denen Selbstbeschränkungen vorgenommen werden können. So muß beispielsweise dargelegt werden, daß die Einfuhren eines betreffenden Landes bei dem jeweiligen Produkt im Einfuhrland zu Marktstörungen führen oder führen können. Geprüft werden die Angaben und die Einhaltung der Abkommen vom Textile Surveillance Body (TSB).

Bei den Selbstbeschränkungsabkommen werden für den Zeitraum der Geltungsdauer des WTA konkrete Einfuhrzahlen festgelegt und entsprechende Mengenbeschränkungen vereinbart. Diese gelten entweder auf Tonnenbasis (für Garne, Gewebe und andere Waren, die in Gewichtseinheiten gehandelt werden) oder in Stückzahlen.

Die Einfuhren in die Bundesrepublik Deutschland sind in den letzten zehn Jahren von 356 000 t im Jahre 1982 auf 851 000 t im Jahr 1991 gestiegen; dies entspricht Einfuhrzuwächsen von jährlich etwa 6%. Da sich die Inlandsnachfrage für Textilien durchschnittlich nur um 4% gesteigert hat, wird ein Großteil des inländischen Arbeitsplatzabbaus auf das Überangebot von Importware zurückgeführt (KDrs 12/8 b, Neundörfer). Allerdings ist anzunehmen, daß der Importüberschuß und damit die Verdrängung bundesdeutscher Textilproduktion ohne das WTA deutlich höher ausgefallen wäre (Paschen, GTB, nicht öffentliche Anhörung vom 8. Dezember 1993)

Im GATT-Vertrag, der am 15. April 1994 in Marrakesch unterzeichnet wurde, ist vorgesehen, das WTA ausgehend von 1995 in einem Zehnjahreszeitraum auslaufen zu lassen. Es ist geplant, daß im Januar 1995 in einer ersten Stufe 16% des Gesamtvolumens liberalisiert, d. h. unter GATT-Bedingungen gehandelt werden. Die Produkte, die unter diese Regelungen fallen, sowie die technischen und administrativen Aspekte der Regelungen, wurden im ersten Quartal 1994 festgelegt. Weiter sieht der Vertrag vor, daß bei der Liberalisierung bestimmte Produktkategorien aus dem WTA herausgenommen werden. Auch eine bevorzugte Behandlung einzelner Länder bei der Ausweitung und Aufhebung der Quoten ist möglich.

(2) Arbeitsschutzabkommen (Zielbereich Soziales)

Die International Labour Organisation (ILO), der 149 Mitgliedsstaaten angeschlossen sind (1991), wurde im Jahr 1919 gegründet und ist heute eine UN-Sonderorganisation. Die ILO legt die Grundsätze für die internationale Sozialpolitik, insbesondere internationale Arbeitsnormen, gezielte technische Zusammenarbeit, sowie Bildungs-, Forschungs- und Informationstätigkeiten fest. Die Aktivitäten der ILO betreffen den Schutz vor Strahlung, karcinogenen Stoffen und Lärm, die Hilfe bei Unfällen, die Vereinheitlichung von Sicherheitsnormen und die Dokumentation.

Im Rahmen der ILO-Abkommen müßten auch die Problemfelder Kinderarbeit, schlechte Arbeitsbedingungen in den Entwicklungs- und Schwellenländern – zusammengefaßt unter dem Begriff „Sozialdumping" – berücksichtigt werden.

(3) Verbraucher-, Gesundheits- und Umweltschutz (Zielbereich Ökologie)

FAO-Kodex: Die Food and Agriculture Organisation (FAO) wurde im Jahr 1945 gegründet und 1946 der UNO als Sonderorganisation zugeordnet. Der Welternährungsorganisation sind 158 Mitgliedsstaaten angeschlossen. Zu ihren wichtigsten Aufgaben gehört die Sicherung und Verbesserung der Ernährung der Bevölkerung und des Lebensstandards der Landbevölkerung durch Sammlung, Auswertung und Verbreitung von Informationen über Ernährungsweisen, Nahrungsmittel, Erzeugungs- und Absatzmethoden in Land-, Fischerei- und Forstwirtschaft. In diesem Zusammenhang befaßt sie sich auch mit dem Pestizideinsatz. Das wohl wichtigste Regelwerk für Pestizide ist der freiwillige FAO Kodex, der „Internationale Verhaltenskodex für das Inverkehrbringen und die Anwendung von Pestiziden". Dieser legt in insgesamt zwölf Artikeln Regeln zum Umgang mit und zur Prüfung, Verfügbarkeit und Anwendung sowie dem Inverkehrbringen und Handel von Pestiziden fest. Auch die Werbung sowie die Kennzeichnung, Verpackung, Lagerung und Beseitigung von Pestiziden ist darin geregelt.

Der Kodex soll insbesondere denjenigen Entwicklungsländern, die bisher über keine eigene oder keine ausreichende Pflanzenschutzgesetzgebung verfügen, als Grundlage für ein zukünftiges Pflanzenschutzrecht bzw. als Rahmen für staatliche Regelungen dienen.

In der Bundesrepublik Deutschland haben sich Regierung und Industrie zur Einhaltung des Kodex verpflichtet. Der Kodex fand als Empfehlung auch Eingang in das bundesdeutsche Pflanzenschutzgesetz. Sanktionen sind jedoch nicht vorgesehen. Kontrollen werden ebenfalls nur in äußerst seltenen Ausnahmefällen durchgeführt.

WTA und GATT: In beiden Regelwerken des internationalen Handels sind gesundheits- und umweltpolitische Bestimmungen zunächst nicht vorgesehen. Nach Artikel XX der GATT-Verträge sind gesundheits-, sicherheits- und umweltpolitische Maßnahmen jedoch unter bestimmten Bedingungen zulässig: „Maßnahmen zum Schutz des Lebens und der Gesundheit von Menschen, Tieren und Pflanzen sind entsprechend zulässig, wenn dies keine Diskriminierung anderer Staaten zur Folge hat", so der Artikel XX des GATT-Vertrags (1947). Das GATT-Regelwerk sieht keine Sanktionsmechanismen vor, mit denen Einfuhren von Textilien und Bekleidung verhindert werden können, die unter umweltgefährdenden und gesundheitsschädigenden Bedingungen erstellt werden (die Produktion betreffend). Hingegen sind Produktregelungen auf der Ebene der EU bzw. national zulässig, solange sie nicht-diskriminierend wirken, d. h. für die Importe keine anderen Regelungen gelten als für die im Inland erzeugten Produkte.

Artikel XX des GATT-Vertrages

Allgemeine Ausnahmen

Unter dem Vorbehalt, daß die folgenden Maßnahmen nicht so angewendet werden, daß sie zu einer willkürlichen und ungerechtfertigten Diskriminierung zwischen Ländern, in denen gleiche Verhältnisse bestehen, oder zu einer verschleierten Beschränkung des internationalen Handels führen, dürfen keine Bestimmungen dieses Abkommens so ausgelegt werden, daß sie eine Vertragspartei daran hindern, folgende Maßnahmen zu beschließen oder durchzuführen:

a) Maßnahmen zum Schutze der öffentlichen Sittlichkeit,

b) Maßnahmen zum Schutze des Lebens und der Gesundheit von Menschen, Tieren und Pflanzen,

c) Maßnahmen für die Ein- und Ausfuhr von Gold oder Silber,

d) Maßnahmen, die zur Anwendung von Gesetzen oder sonstigen Vorschriften erforderlich sind, welche nicht gegen dieses Abkommen verstoßen, einschließlich der Bestimmungen über die Durchführung der Zollvorschriften, über die Ausführung der nach Artikel II, Abs. 4 und Artikel XVII gehandhabten Monopole, über den Schutz von Patenten, Warenzeichen und Urheberrechten sowie über die Verminderung irreführender Praktiken,

e) Maßnahmen hinsichtlich der in Strafvollzugsanstalten hergestellten Waren,

f) Maßnahmen zum Schutz nationalen Kulturgutes von künstlerischem, geschichtlichem oder archäologischem Wert,

g) Maßnahmen zur Erhaltung erschöpflicher Naturschätze, sofern solche Maßnahmen im Zusammenhang mit Beschränkungen der inländischen Produktion oder des inländischen Verbrauchers angewendet werden,

h) Maßnahmen zur Durchführung von Verpflichtungen im Rahmen eines zwischenstaatlichen Grundstoffabkommens, das bestimmten, den VERTRAGSPARTEIEN vorgelegten oder von ihnen nicht abgelehnten Merkmalen entspricht oder das selbst von VERTRAGSPARTEIEN vorgelegt oder von ihnen nicht abgelehnt wird,

i) Maßnahmen, die Beschränkungen der Ausfuhr inländischer Rohstoffe zur Folge haben, welche benötigt werden, um für eine Zeit, in der ihr Inlandspreis im Rahmen eines staatlichen Stabilisierungsplanes unter dem Weltmarktpreis gehalten wird, einem Zweig der inländischen verarbeitenden Industrie die erforderlichen Mengen dieser Rohstoffe zu sichern: derartige Beschränkungen dürfen jedoch keine Steigerung der Ausfuhr dieses inländischen Industriezweiges und keine Erhöhung des ihr gewährten Schutzes bewirken und auch nicht von den Bestimmungen dieses Abkommens über die Nicht-Diskriminierung abweichen,

j) Maßnahmen, die für den Erwerb oder die Verteilung von Waren wesentlich sind, an denen ein allgemeiner oder örtlicher Mangel besteht: diese Maßnahmen müssen jedoch dem Grundsatz entsprechen, daß allen Vertragsparteien ein angemessener Anteil an der internationalen Versorgung mit solchen Waren zusteht. Sind diese Maßnahmen mit den anderen Bestimmungen dieses Abkommens nicht vereinbar, so müssen sie aufgehoben werden, sobald die Gründe für ihre Einführung nicht mehr bestehen. Die VERTRAGSPARTEIEN werden spätestens am 30. Juni 1960 prüfen, ob es notwendig ist, diesen Buchstaben beizubehalten.

Wortlaut des Artikel XX des GATT-Vertrags

Europäische Rahmenbedingungen

Bei den rechtlichen Rahmenbedingungen der EU muß in bezug auf die Mitgliedsstaaten zwischen dem harmonisierten und dem nicht-harmonisierten Bereich unterschieden werden.

Nicht-harmonisierter Bereich: Für den nicht-harmonisierten Bereich besteht die Möglichkeit, auf nationaler Ebene eigenständige Gesetzesvorgaben vor In-Kraft-Treten bei den zuständigen Gremien der EU zu notifizieren. Der Artikel 30 des EWG-Vertrags gilt hierzu als Prüfnorm für die nationalen Maßnahmen. Vorbeugender Gesundheitsschutz ist der wichtigste zulässige Zielbereich für nationale Maßnahmen. Dies ist für die Empfehlungen der Enquete-Kommission insbesondere deshalb wichtig, da viele der problematischen Einsatzstoffe im Ablauf der textilen Kette ausgewaschen werden und deshalb nicht auf dem Textil verbleiben. Somit sind keine gesundheitlichen Probleme für die Verbraucher zuordnenbar. In die Produktion anderer Länder kann jedoch nicht eingegriffen werden (s. hierzu die Ausführungen zu den internationalen Rahmenbedingungen).

Harmonisierter Bereich: Für den harmonisierten Bereich liegt die Gesetzgebungskompetenz auf europäischer Ebene. Die EG-bzw. EU-Rechtsetzung ist entsprechend auf nationaler Ebene umzusetzen. Die Mitgliedsregierungen haben ihrerseits in den entsprechenden Gremien der EU ein Initiativrecht.

Nationale Spielräume sind in Artikel 100a Abs. 4 des EWG-Vertrags – allerdings in engen Grenzen – vorgesehen. Danach kann ein von der EU überstimmter Mitgliedsstaat Widerspruch einlegen. So ist es z. B. möglich, auf nationaler Ebene strengere Umweltschutzbestimmungen beizubehalten, als es die EU vorsieht, vorausgesetzt, daß diese einzelstaatliche Regelung keine willkürliche Diskriminierung des Handels bedeutet.

Textilkennzeichnungsgesetz: Das Kennzeichnungsgesetz sieht eine Deklaration der Rohstoffe vor. Darüber hinaus sind Angaben über Zusatzstoffe, so z. B. über verwendete Farbstoffe, Textilhilfsmittel etc. nach derzeitigem Kenntisstand nicht erforderlich. Eine einseitige Änderung durch die Bundesrepublik Deutschland ist nicht möglich, da es sich um eine Rechtsprechung auf EU-Ebene handelt. Deshalb ist eine in der Bundesrepublik Deutschland diskutierte Ausweitung der Textilkennzeichnung, die auch eine Deklaration der verwendeten Hilfsmittel berücksichtigt, im nationalen Alleingang nicht möglich. Die Bundesregierung kann jedoch auch hier bei der EU in diesem Sinne initiativ werden.

Best available techniques (BAT) und best environmental practice (BEP): In einem noch vorläufigen Einigungsentwurf der PARCOM (Paris Convention for the Prevention of Marine Pollution) werden derzeit Maßnahmen für best available techniques (BAT) und best environmental practice (BEP) für die Textilverarbeitung diskutiert.

Nationale Rahmenbedingungen

Lebensmittel- und Bedarfsgegenstände-Gesetz: Bekleidung und Bekleidungsgegenstände unterliegen dem Lebensmittel- und Bedarfsgegenstände-Gesetz (LMBG), da sie gemäß der Definition nach § 5 Abs. 1 Nr. 6 den Bedarfsgegenständen zugerechnet werden. Nach § 30 Abs. 1 LMBG ist es verboten, sie „derart herzustellen oder zu behandeln, daß sie ... geeignet sind, die Gesundheit durch ihre stoffliche Zusammensetzung ... zu schädigen."

Dieses allgemeine Verbot wird in der Bedarfsgegenständeverordnung konkretisiert, die u. a. die Verwendung von bestimmten Flammschutzmitteln verbietet und bei bestimmten nickelhaltigen Erzeugnissen eine entsprechende Kennzeichnung vorschreibt. Tatsächlich sind entsprechende Kontrollen bisher nahezu nicht erfolgt, und das Gesetz greift nur in seltenen Ausnahmefällen.

Innerhalb dieser Verordnung wäre beispielsweise ein Verbot kanzerogener Amine enthaltender Azofarbstoffe sowie ein Verbot oder eine Kennzeichnungspflicht sensibilisierender Farbstoffe denkbar.

Chemikaliengesetz (ChemG): Hierbei handelt es sich um ein stoffbezogenes, medienübergreifendes Regelwerk mit dem Ziel, Mensch (Arbeitnehmer, Verbraucher als Zielgruppen) und Umwelt vor schädigenden Einwirkungen durch gefährliche Stoffe und Zubereitungen nach dem Vorsorgeprinzip zu schützen. Das Gesetz enthält die Verpflichtung, Stoffe, die nach dem 18. September 1981 auf den Markt gebracht wurden (sog. Neustoffe), vor der Vermarktung auf gefährliche Eigenschaften zu überprüfen und die Ergebnisse der zuständigen Behörde zu melden. Das Gesetz enthält detaillierte Anforderungen zur Prüfung und Kennzeichnung neuer Stoffe. Als neu gilt jeder Stoff, der nicht in dem von der Europäischen Union herausgegebenen Altstoffinventar aufgeführt wird.

Seit Inkrafttreten des ChemG wurden 1 040 neue Stoffe angemeldet; davon sind 16% dem Textilsektor zuzuordnen (155 Textilfarbstoffe und 13 Textilhilfsmittel).

4.2.5 Aus dem Leitbild einer nachhaltig zukunftsverträglichen Entwicklung hergeleitete Schutz- und Gestaltungsziele mit Relevanz für den textilen Bekleidungsbereich

Bei allem, was bislang im Rahmen des vorliegenden Berichts zum Thema Textilien/Bekleidung dargestellt wurde, handelt es sich – wenn auch zum Teil sehr ausführlich und teilweise erstmalig – „nur" um eine Beschreibung des Sachstandes. Eine Bewertung im Sinne von „dieser Sachverhalt ist dringend änderungsbedürftig, weil ..." sollte bewußt vermieden werden, da die Kriterien, die letztendlich der Bewertung des vorliegenden Beispiels zugrundegelegt werden sollen, sich erst allmählich in der Enquete-Kommission parallel zur Bearbeitung des Bedürfnisfeldes herauskristallisierten.

Inhaltlich konkretere Umrisse nahmen die aus dem Leitbild einer nachhaltig zukunftsverträglichen Entwicklung deduktiv abgeleiteten Kriterien zu den ökologischen, sozialen und ökonomischen Zielen an (s. Kap. 3.3 und Kap. 5.3), die parallel zur Bearbeitung der Beispielfelder in der Enquete-Kommission formuliert worden sind. Aus diesem Grund besteht beim vorliegenden Bedürfnisfeld methodisch ein Unterschied zur Bewertung des Sachstands der Themenfelder Benzol, Cadmium und R-134a, da zum Zeitpunkt des Bewertungsverfahrens zu diesen Einzelbeispielen die deduktiven Bewertungsparameter noch nicht vorlagen.

Der Bewertungsprozeß für das Anwendungsfeld Textilien/Bekleidung durchlief mit zunehmender Kenntnis des Sachstands und parallel zu den anderen von der Enquete-Kommission erarbeiteten Themen mehrere unterschiedliche Stadien, die vereinfacht im folgenden zusammengefaßt dargestellt werden:

Zu Beginn waren aus der bisherigen öffentlichen Diskussion zum Thema Textilien/Bekleidung mehrere Problemschwerpunkte bekannt, die als Vorwissen in die Kommissionsarbeit eingebracht wurden.

Hierzu zählten vor allem die Problembereiche
- gesundheitliche Aspekte beim Gebrauch der Bekleidung,
- Einsatz von Schädlingsbekämpfungs- und Düngemitteln bei der Primärproduktion von Naturfasern sowie
- Emissionen bei der Textilveredlung.

Im Rahmen der systematischen Stoffstrombetrachtung vertieften sich die o. g. Aspekte und konnten zunehmend konkretisiert werden; zudem erweiterte sich die Bandbreite der relevanten Problemschwerpunkte beispielsweise um die Themenbereiche
- Ressourcenbeanspruchung und
- Transport entlang den einzelnen Stufen der textilen Kette.

Auch die Entsorgung erwies sich als ein Thema, das einer detaillierten Sachstandanalyse unterzogen werden sollte, da Hinweise auf Problemschwerpunkte vorlagen. Da sich diese Erkenntnis aber erst zu einem späteren Zeitpunkt in der Kommissonsarbeit herauskristallisierte, verblieb zur nachträglichen Bearbeitung des Sachstands keine Zeit mehr.

Im dritten und letzten Stadium wurden die aus dem Leitbild einer nachhaltig zukunftsverträglichen Entwicklung hergeleiteten Schutz- und Gestaltungsziele sowie die daraus entwickelten Bewertungskriterien einer Analyse des erarbeiteten Sachstands zum Themenfeld Textilien/Bekleidung zugrundegelegt. Erst in diesem Stadium konnte sich zeigen, ob die o. g., im Vorwissen begründeten Problemschwerpunkte der Bewertung standhielten.

Im folgenden werden die in Kapitel 3.3 „Soziale, ökonomische und ökologische Ziele als tragende Säulen des Leitbildes einer nachhaltig zukunftsverträglichen Entwicklung" und 5 „Bewertung von Stoffströmen" hergeleiteten Zielbereiche, die für die textile Kette von Bedeutung sind, zusammengefaßt dargestellt.

Ökologische Ziele

Die ökologischen und toxikologischen Schutz- und Gestaltungsziele einer Stoffpolitik konzentrieren sich insbesondere auf Umweltprobleme, wie z. B. Treibhauseffekt, Abbau der Ozonschicht in der Stratosphäre, Versauerung des Bodens, Photosmog, Verschmutzung der Gewässer, Bodendegradation, Arten- und Biotopenschwund und wachsende Abfallmengen.

Unter dem Aspekt der Zukunftsfähigkeit unseres Wirtschaftens sind insbesondere folgende Parameter zu beachten:
- die menschliche Gesundheit sowie
- ökotoxikologische Aspekte

und weitere stoffbezogene Schutz- und Gestaltungsziele wie
- Ressourcenschonung,
- verantwortlicher Umgang mit globalen und lokalen Senken sowie
- räumliche Verteilung von Stoffen in der Umwelt.

Neben diesen Aspekten sind für die ökologische Gesamtsituation aber auch noch folgende Parameter von Bedeutung, die nicht unmittelbar Betrachtungsgegenstand des eigentlichen Stoffstroms sind. Hierzu zählen:
- Vermeidung des Landschaftverbrauchs
- Vermeidung des Artenverlusts bei Fauna und Flora.

Ökonomische Ziele

Eine an dem Leitbild einer nachhaltig zukunftsverträglichen Entwicklung orientierte Stoffpolitik beinhaltet durch das Ziel der Erhaltung des ökologischen Kapitals zugleich immer auch schon ökonomische Ziele, obwohl diese in einem Spannungsverhältnis zu anderen ökonomischen Zielen stehen können (s. Kap. 5.3.2). Deshalb sind die Ziele der
- Ressourcenschonung und
- Schonung der Senken

auch unter ökonomischen Aspekten von zentraler Bedeutung und vor allem in Hinblick auf den Einsatz möglicher Instrumente zur Optimierung des Stoffstroms von Interesse. Darüber hinaus einigte sich die Enquete-Kommission auf folgende für die textile Kette relevanten Schutz- und Gestaltungsziele:
- dauerhaft verträgliches wirtschaftliches Wachstum,
- Stabilität der Beschäftigung/Annäherung an Vollbeschäftigung,
- Wettbewerbsfähigkeit,
- Außenhandelsbalance sowie
- Stabilität der wirtschaftlichen Entwicklung.

Soziale Ziele

Zu den wichtigste sozialen Schutz- und Gestaltungszielen zählen
- Entwicklungschancen und
- intragenerative Verteilungsgerechtigkeit.

Neben diesen entwicklungspolitisch relevanten Parametern kristallisieren sich als weitere soziale Kriterien die folgenden Aspekte heraus:
- Erhalt der Gesundheit, verstanden in ihrer sozialen Dimension,
- soziale Stabilität,
- Erhalt und Weiterentwicklung des Sozialstaates,
- Lebensqualität,
- Erhaltung der Handlungsautonomie und
- Akzeptanz.

Der Vollständigkeit halber sind hier noch zwei weitere Parameter – nämlich Frieden als Voraussetzung zur Funktionsfähigkeit eines gesellschaftlichen Systems und Rechtssicherheit und Demokratie als Garant und Eckpfeiler der Funktionsfähigkeit von Gesellschaft – zu nennen, die eine notwendige Voraussetzung für alle anderen sozialen Parameter darstellen. Auf diese Aspekte wurde im Rahmen des Beispielfeldes jedoch nicht näher eingegangen.

4.2.6 Übertragung der Schutz- und Gestaltungsziele auf die Sachstandsergebnisse zur Auffindung der Problemschwerpunkte

Die aus dem Leitbild einer nachhaltig zukunftsverträglichen Entwicklung hergeleiteten Schutz- und Gestaltungsziele wurden im Rahmen der Kommissionsarbeit als Bewertungsmaßstab den Sachstandsergebnissen der einzelnen Stufen der textilen Kette zugrundegelegt.

In einem ersten Schritt der Bewertung wurde zunächst ermittelt, ob überhaupt eine Relevanz der Parameter in bezug auf den Sachstand der textilen Kette vorliegt, ohne daß bei dieser Zuordnung bereits eine Prioritätensetzung der Problemfelder erfolgte. Nach dieser Zusammenstellung eines Überblicks über die Schwachstellen in der textilen Kette wurden dann in einem zweiten Schritt Schwerpunkte gebildet.

Zielbereich Ökologie

Wie zu erwarten, fiel die Zuordnung der Parameter zu den Sachstandsergebnissen entlang der textilen Kette bei den ökologischen Schutzzielen am leichtesten, da die Enquete-Kommission dieses Themenfeld vergleichsweise intensiv bearbeitet hat. Daß außerdem auch den ökonomischen und sozialen Aspekten eine große Bedeutung zukommt, ist der Enquete-Kommission bewußt.

Da nicht zu allen Stufen entlang der textilen Kette der Sachstand ermittelt wurde – vor allem die Produktion von Fasern, Garnen und Flächengebilden, die Konfektionierung und die Entsorgung wurden nicht näher untersucht – beschränkt sich die Bewertung zunächst auf die bislang zusammengetragenen Ergebnisse. Die Abbildung 4.2.9 verdeutlicht, daß weitaus mehr ökologische Schwachstellen auszumachen sind, als dies anfänglich vermutet wurde. Dies betrifft sowohl die Vielfalt unterschiedlicher ökologischer Problemfelder als auch deren Ausmaß. (Die ökologischen Problemschwerpunkte werden in der Abbildung 4.2.9 durch graue Hinterlegung hervorgehoben).

Beim derzeitigen Stand der Bewertung konnten – obwohl der Bewertungsprozeß methodisch noch nicht abgeschlossen ist (s. Kap. 5) – aus der Vielzahl ökologischer Schwachstellen die im folgenden aufgeführten Probleme als schwerwiegend herausgearbeitet werden:

Insbesondere die enorme *Ressourcenbeanspruchung* auf nahezu allen Stufen der textilen Kette als Prozeßenergie, als Betriebsmittel oder als Ausgangsstoff für die Produktion wurde durch die überblicksartige Zusammenstellung offenkundig. Ein Vergleich zwischen der Primärproduktion von Naturfasern und Chemiefasern macht deutlich, daß für beide Faserarten ein erheblicher Einsatz nicht-erneuerbarer Rohstoffe erforderlich ist. Da aber im Falle der Naturfaserprimärproduktion die Faser selbst nachwachsend ist, während für die Chemiefaserproduktion als Edukte nicht-erneuerbare Rohstoffe zum Einsatz kommen, liegt bei letzteren der Bedarf an fossilen Rohstoffen deutlich höher. Der Verbrauch nicht-erneuerbarer Ressourcen entlang der gesamten textilen Kette wurde von der Enquete-Kommission als ökologisches Problemfeld identifiziert. Insbesondere die Gebrauchsphase, aber auch der Transport, die Veredlung und die Produktion der Chemiefasern tragen zum Verbrauch nicht-erneuerbarer Ressourcen bei.

Bei der *Primärproduktion der Naturfasern* konnte am Beispiel der Baumwolle für sämtliche aus dem Leitbild einer nachhaltig zukunftsverträglichen Entwicklung hergeleiteten ökologischen Schutz- und Gestaltungsziele eine Relevanz ermittelt werden. Ein ökologisch besonders schwerwiegender Schwachpunkt liegt nach Ansicht der Enquete-Kommission in der Belastung der Umweltkompartimente durch den hohen Pestizid- und Düngemitteleinsatz. Als humantoxikologischen Schwerpunkt machte die Enquete-Kommission die hohe Anzahl von Vergiftungsfällen aus, die auf den unsachgemäßen Gebrauch der eingesetzten Pestizide zurückzuführen ist.

Stufe	Ressourcenbelastung	Belastung der Umweltkomponenten	Emissionsquellen	Humantoxizität	Ökotoxizität	Landschaftsverbrauch	Artenerhalt
Rohstoffgewinnung der Naturfaser	Einsatz nicht-erneuerbarer Ressourcen als Betriebsmittel	Pestizide und Düngemittel: Luft/Wasser/Boden; Kraftstoff: Luft (Klima)	Pestizide; Kraftstoff (CO_2, NO_x)	Vergiftungsfälle, z.T. mit Todesfolge durch Pestizide	Pestizide Düngemittel Konservierungsmittel	große Anbauflächen	Verdrängung von Tieren und Pflanzen aus dem natürlichen Lebensraum
Produktion der Chemiefaser	Einsatz nicht-erneuerbarer Ressourcen als Prozeßenergie und als Ausgangsstoff	jeweilige Aufbereitungsschritte: Luft (Klima) Wasser	bei der Faserherstellung eingesetzte Chemikalien Energieerzeugung	beim Arbeitsschutz keine Probleme bekannt (wurde ansonsten nicht näher untersucht)	Katalysatoren Metallsalze Lösemittelfrachten im Abwasser	gering, nur durch Produktionsstätten (da nicht-erneuerbare Ressourcen als Ausgangsstoff)	(wurde nicht näher untersucht)
Produktion von Fasern, Garnen u. Flächengebilden			wurde von der Enquete-Kommission nicht detailliert untersucht				
Veredlung	Einsatz nicht-erneuerbarer Ressourcen als Prozeßenergie	Produktion: Luft/Wasser; Anwendung: Luft/Wasser	bei der Herstellung und Anwendung eingesetzte Chemikalien	im Ausl. Einsatz kanzerogenverdächtiger Azofarbstoffe am Arbeitsplatz: Staubbelastungen (Faser und Farbstoffe)	schlechte Abbaubarkeit der Stoffe, AOX-Gehalt, BSB-Gehalt, Schwermetallemissionen (Farbstoffe)	–	–
Konfektionierung			wurde von der Enquete-Kommission nicht detailliert untersucht				
Gebrauch	Einsatz nicht-erneuerbarer Ressourcen für den Waschprozeß, das elektrische Trocknen und Bügeln	Luft Wasser	Tenside und andere Waschmittelinhaltsstoffe	Hautunverträglichkeitsreaktionen	Tenside		
Entsorgung			wurde nicht systematisch untersucht/Probleme zeichnen sich ab				
Transport	Einsatz nicht-erneuerbarer Ressourcen als Kraftstoff	Luft (Klima)	Kraftstoff (CO_2, NO_x)	die bekannten Folgen des Verkehrs	die bekannten Folgen des Verkehrs	durch Infrastruktur	die bekannten Folgen des Verkehrs

Abb. 4.2.9: Übertragung der aus dem Leitbild einer nachhaltig zukunftsverträglichen Entwicklung hergeleiteten ökologischen Parameter auf die Sachstandsergebnisse der Stufen entlang der Hauptlinie der textilen Kette

Neben dem bereits angesprochenen Einsatz nicht-erneuerbarer Ressourcen bei der *Primärproduktion von Chemiefasern* legte die Enquete-Kommission auf dieser Stufe der textilen Kette einen weiteren ökologischen Schwerpunkt auf die Belastung der Umweltkompartimente durch die bei den jeweiligen Aufarbeitungsschritten eingesetzten Chemikalien. Die Sachstandserfassung bei der Primärproduktion von Chemiefasern war weniger umfassend als bei den Naturfasern. Die Enquete-Kommission konnte deshalb keine humantoxikologischen Schwachstellen feststellen.

Die Belastung der Umweltkompartimente, die bei der Herstellung und *Veredlung* der Textilien zu betrachten ist, erfolgt weniger bei der Produktion der Textilhilfsmittel als bei deren Anwendung. Problemschwerpunkte bilden im Hinblick auf den Gewässerschutz einerseits schlecht abbaubare Stoffe und andererseits Stoffe mit besonders hohem biologischen Sauerstoffbedarf (BSB) sowie Stoffe mit AOX-Werten im Abwasser. Schwermetalle treten zwar nur in geringem Maße auf, sind aber wegen ihrer Stoffeigenschaften problematisch.

In der *Gebrauchsphase* steht als ökologischer Schwerpunkt vor allem der hohe Einsatz nicht-erneuerbarer Ressourcen für den Waschprozeß, das zunehmend elektrische Trocknen und das Bügeln im Vordergrund. Aus humantoxikologischer Sicht sind Hautunverträglichkeitsreaktionen – hervorgerufen durch das Tragen von Textilien – zu erwähnen.

Für den *Transport* – im eigentlichen Sinne keine Stufe der textilen Kette, sondern entlang der gesamten Produktlinie bedeutsam – wurde als ökologischer Schwerpunkt wiederum der Einsatz nicht-erneuerbarer Ressourcen für den Kraftstoffverbrauch sowie die daraus entstehenden Emissionen ausgemacht. Da die Bedeutung des Transports erst im Verlauf der Untersuchung des Themenfelds offensichtlich wurde, konnte keine genaue Sachstandsanalyse durchgeführt werden, so daß zusätzlich zu den anderen Schutz- und Gestaltungszielen lediglich die Aspekte berücksichtigt wurden, die allgemein aus den Folgen des transportbedingten Verkehrsaufkommens bekannt sind.

Zielbereich Ökonomie

Die Übertragung der ökonomischen und sozialen Parameter blieb unvollständiger als bei den ökologischen Schutz- und Gestaltungszielen. Deshalb werden im folgenden nur einige ausgewählte ökologische Schwachstellen bewertet.

Der *Erhalt des Naturkapitals* ist die übergeordnete ökonomische Zielrichtung des Leitbildes sustainable development. Vor diesem Hintergrund ist die starke Beanspruchung nicht-erneuerbarer Ressourcen sowie die Senkenbelastung bei der textilen Kette auch aus wirtschaftlichen Gesichtspunkten von besonderer Bedeutung.

Wenn man das Ziel *Stabilität der Beschäftigung* nur in bezug auf die Bundesrepublik Deutschland bewertet, ist die gesamte textile Kette von einem massiven Arbeitsplatzverlust betroffen. Dehnt man die Betrachtung jedoch länderübergreifend aus, stehen diesem Arbeitsplatzverlust hierzulande Arbeitsplatzgewinne in den Schwellenländern, einigen Entwicklungsländern sowie in jüngster Zeit auch den Transformationsstaaten Mittel- und Osteuropas gegenüber. Dies ist die Folge der internationalen Arbeitsteilung. Ein positives Beispiel hierfür stellt die Nutzung natürlicher Produktionsvorteile bei der Produktion von Baumwolle durch die Baumwollproduzenten dar. Sie gibt in den Entwicklungs- und Schwellenländern ca. 13 Millionen Menschen Arbeit und spielt aus diesem Grund eine wichtige Rolle für die Stabilität dieser Länder.

Auf der textilen Stufe der Konfektionierung ist für die Bundesrepublik Deutschland bei bestehenden Rahmenbedingungen eine nachlassende *Wettbewerbsfähigkeit* festzustellen. Dem steht ein Wettbewerbsvorteil anderer Länder gegenüber. Dies ist zum Teil dadurch bedingt, daß entsprechende Rahmenbedingungen wie z. B. geringere Arbeitskosten und niedrigere ökologische Standards sowie Subventionen, die Abschottung von Märkten oder Diebstahl geistigen Eigentums zu teilweise erheblichen Wettbewerbsverzerrungen führen.

Probleme für die *Stabilität der wirtschaftlichen Entwicklung* können potentiell in den Ländern auftreten, in denen die textile Kette einen sehr hohen Wertschöpfungsanteil der gesamten volkswirtschaftlichen Leistung sowie einen hohen Anteil am Außenhandel hat (z. B. Sri Lanka). Besondere Probleme können auch dann auftreten, wenn die Abhängigkeit von einem spezifischen Produkt – etwa einer bestimmten Naturfaser – hoch ist. Schwankungen, beispielsweise in den Ernteerträgen, sowie ein schneller Strukturwandel bringen für diese Länder die Gefahr wirtschaftlicher Instabilität mit sich.

Ein Problemfeld in bezug auf das *Schutzziel des dauerhaft verträglichen wirtschaftlichen Wachstums* sieht die Enquete-Kommission in manchen derzeitigen Produktionbedingungen – so z. B. im Monokultur-Anbau von Naturfasern –, die langfristig nicht tragfähig sind. Auch die Reduzierung des Naturkapitals durch den enormen Verbrauch nicht-erneuerbarer Ressourcen sowie die Senkenbelastung entlang der textilen Kette steht dem Ziel eines dauerhaft verträglichen wirtschaftlichen Wachstums entgegen.

Zielbereich Soziales

Der dritte Zielbereich wurde beim vorliegenden Beispielfeld noch nicht erschöpfend untersucht, so daß in diesem Stadium noch keine Bewertung und Schwerpunktsetzung erfolgen kann.

Es zeichnet sich ab, daß die Parameter „gleiche Entwicklungschancen" und „intragenerative Verteilungsgerechtigkeit" – wesentliche Ableitungen aus dem Leitbild einer nachhaltigen zukunftsverträglichen Entwicklung – beim vorliegenden Untersuchungsfeld eine hohe Relevanz haben, wenn man die Betrachtung nicht nur auf die Bundesrepublik Deutschland beschränkt.

Schlechte Arbeits(schutz)bedingungen in den Entwicklungsländern – ein noch weiter Weg zur intragenerativen Verteilungsgerechtigkeit

Extrem schlechte Arbeitsbedingungen und Kinderarbeit sind sowohl bei der Primärproduktion von Naturfasern als auch bei der Konfektionierung anzutreffen. Dies ist vor allem unter humanen Aspekten zu beklagen, bedenkt man allein die Konsequenzen der Kinderarbeit, die den Weg einer ausreichenden schulischen Bildung und damit einer verbesserten beruflichen Qualifikation ein für allemal versperrt. Daneben hat diese Form des „Sozial-Dumping" aber auch Folgen für das Lohngefälle und steht somit in Zusammenhang mit dem Arbeitsplatzabbau in der Bundesrepublik, vor allem bei der Konfektionierung.

Die sozialen Aspekte der Lebensqualität durch Bekleidung

Einen völlig anderen sozialen Aspekt deckt der Parameter „Lebensqualität" ab, zu dem Bekleidung als individuelle Ausdrucksmöglichkeit, als Statussymbol und Zeichen der Zugehörigkeit zu einer bestimmten sozialen Gruppe, aber auch durch Lust am Sich-Verändern und Sich-Schmücken – oder einfach durch die Möglichkeit, sich für den jeweiligen Anlaß „passend" anziehen zu können, beiträgt.

Man bedenke nur die Beeinträchtigung beim Ausüben mancher Sportarten, wie z. B. dem Wintersport, wenn hierfür nicht die entsprechende Bekleidung zur Verfügung stünde. Es ist zu vermuten, daß zwischen der Entwicklung mancher Sportarten zum Breitensport und dem Angebot von finanziell erschwinglichen Bekleidungsfasern ein unmittelbarer Zusammenhang besteht.

Mode zwischen Ökonomie und Ökologie

Es würde sich sicherlich gerade im Zusammenhang mit den ökologischen und ökonomischen Schutzzielen lohnen, den sozialen Aspekten in einer vertieften Betrachtung des Bedürfnisfeldes Textilien/Bekleidung nachzugehen: So sind neben dem sozialen Bezug der Mode nicht nur ökonomische Aspekte (beispielsweise höherer Konsum durch häufigen Wechsel der Moderichtungen oder Export von Haute Couture á la Lagerfeld) von Bedeutung, – Mode hat auch einen unmittelbaren Einfuß auf die Ökologie. Sie legt beispielsweise fest, wie schnell auch noch nicht abgetragene Bekleidung „aus der Mode" kommt, aus welchen Materialien Bekleidung hergestellt wird oder welche Farben verwendet werden und hat schließlich auch Auswirkungen auf die Gebrauchsphase. Die blütenweiße, völlig knitterfreie Baumwollbluse erfordert zu ihrer Pflege wesentlich mehr Energie- und Waschmitteleinsatz als ein naturfarbenes Oberteil, dessen Schick gerade im Schlabberlook besteht. Und alles, was „edel knittert", tut dies keineswegs nur von Natur aus; hier hilft oft erst die Veredlung mit Ausrüstungschemikalien nach.

Der enge Zusammenhang zwischen Ökologie und Mode wurde kürzlich auch von exklusiven Modeschöpfern entdeckt, so z. B. vom Pariser Couturier Xuly Bet, der als Kontrastprogramm zum Wegwerfverhalten Prêt-a-porter-Mode aus Fundstücken vom Flohmarkt über die Laufstege schickt. Einen ganz überraschenden Appell an die Ökologie übermittelt dagegen Versace, dessen neueste Collektion als „dernier cri" eine Collage aus recycelten Materialien darstellt. Inwieweit hier allerdings dem oben angesprochenen Aspekt der Lebensqualität Rechnung getragen wird – in Bekleidungsstücken aus Kunststoff-Folien und Aluminiumteilen sitzt es sich einfach auf Dauer nicht so gut – soll hier zunächst nicht eingehender hinterfragt werden.

4.2.7 Stoffstrommanagement

Im Unterschied zu den Einzelbeispielen Benzol, Cadmium und R134a erforderte die Komplexität des Bedürfnisfeldes Textilien/Bekleidung einen wesentlichen höheren Aufwand zur Ermittlung des Sachstands, um zu Bewertungen und darauf aufbauend zu Empfehlungen zu gelangen. Dieser Sachstand wurde deshalb beispielhaft an ausgewählten Segmenten der Produktlinie ermittelt und nachfolgend an diesen Segmenten eine Bewertung vorgenommen.

Um anhand der bereits vorgenommenen Bewertungen Empfehlungen für Instrumente geben zu können, ist es erforderlich, das derzeitig praktizierte Stoffstrommanagement entlang der textilen Kette zu erfassen. Dazu wurden von der Enquete-Kommission Studien vergeben.

Stoffstrommanagement der Akteure der textilen Kette – Vom Stofffluß zum Informationsfluß

Bei der Erfassung des Stoffstroms entlang der textilen Kette zeigt sich, daß zu einigen Fragen keine Informationen vorliegen oder aber die verfügbaren Daten aufgrund unterschiedlicher Bezugsgrößen nicht miteinander in Beziehung gebracht werden können. Eine Ursache für die Informationsdefizite wird in den bestehenden Informationsbarrieren gesehen, die zwischen den einzelnen Akteuren entlang der textilen Kette existieren. In der Studie „Die Organisation des ökologischen Stoffstrommanagents" wird die Ursache für diese Informationsbarrieren wie folgt erklärt:

„Durch die Komplexität der Bekleidungsherstellung (Vielfalt der Inputs, Diversität der Produkte), durch die Vielfalt und die Instabilität der vielen Handelsbeziehungen und durch den internationalen Charakter der textilen Kette ist die gesamte Kette fragmentiert.

Die Verbindungen (Kommunikation, Beeinflussung) zwischen den Gliedern der textilen Kette beziehen sich fast ausschließlich auf technische und betriebswirtschaftliche Parameter hinsichtlich Preis und Qualität (bezogen auf Weiterverarbeitungs- oder Gebrauchseigenschaften). Direkte Verbindungen zwischen Produzenten und Abnehmern fehlen oft: Im Handel geht die Information über die Produktionsgeschichte teilweise oder völlig verloren. In solchen Fällen ist eine direkte Einflußnahme vom Käufer auf den Produzenten nicht realisierbar" (Arge Textil, 1994b, S. 14).

In diesem Informationsverlust sieht der Studiennehmer, die Arge Textil, ein wesentliches Hindernis für die Durchführung eines ökologisch orientierten Stoffstrommanagements. Dies wird weniger auf die dadurch bedingten Daten-Defizite zurückgeführt, „denn", so die Studie, „auch, wenn alle Daten vorlägen und Ziele perfekt beschrieben wären, gäbe es heute kein Stoffstrommanagement". Hinderlich für ein ökologisch orientiertes Stoffstrommanagement ist es vor allem, daß die Akteure die Synergien ihres unterschiedlichen Wissens nicht zu einer ökologischen Umgestaltung des Stoffstroms nutzen können. Dies bedarf einer Erläuterung. Zu unterscheiden ist zwischen zwei unterschiedlichen Arten von Wissen, die unmittelbar Einfluß auf die Art des Stoffstrommanagements nehmen:

– Zum einen liegt beispielsweise bei der chemischen Industrie, den Veredlern und allen anderen Akteuren, die für die Produktion von Stoffen, d. h. Materialien oder Chemikalien, in der textilen Kette verantwortlich sind, Stoffwissen im Sinne eines Sachstands vor (z. B. Sicherheitsdatenblätter etc.), der Einzeldaten entlang der Produktlinie erfaßt.

- Zum anderen verfügen der Handel und zum Teil auch die Konfektionäre in besonderer Weise über Marktwissen, das Konsumentenforderungen und deren Veränderungen berücksichtigt.
- Eine Verzahnung zwischen beiden Akteursgruppen liegt in der Regel nicht vor, so daß der Austausch des unterschiedlichen Wissens nicht genutzt werden kann.
- Die Folge: Der Handel kennt die Stoffdaten der Produkte, die er auf den Markt bringt, nicht, wird aber mit Fragen der Verbraucher konfrontiert, die von ihm dieses Wissen erwarten.

Vor diesem Hintergrund des mangelnden Wissensaustauschs und den damit einhergehenden Nachteilen hat sich in letzter Zeit eine Vielzahl unterschiedlicher Initiativen entwickelt, die diese Informationsbarrieren abzubauen versuchen.

Größere Handelsunternehmen haben ein Qualititätssicherungssystem eingeführt, mit dem sie von den Vorproduzenten in der textilen Kette Stoff-Daten abfragen. Damit wird die Lücke zwischen Stoff- und Marktwissen verkleinert. Zudem bietet ihnen dieses Qualitätssicherungssystem die Möglichkeit, ihre Zulieferer zu beeinflussen und die Einhaltung von Qualitätsmerkmalen zu kontrollieren. Auch Produktionsunternehmen gehen zunehmend dazu über, von ihren Zulieferanten Stoffdaten zu erfragen bzw. in Form eines Qualitätssicherungssystems mit definierten Ausschlußkriterien Qualitätsbedingungen an ihre Zulieferer zu stellen. Der Dialog-Textil-Bekleidung e.V. (DTB) hat eine Art Verbund-Informationssystem gebildet. In diesem Verbund sind Vertreter der Konfektionierung sowie der vorgelagerten Stufen der textilen Kette am Informationsaustausch beteiligt.

In der Studie „Die Organisation des ökologischen Stoffstrommanagements" werden zur Überwindung des trotz der genannten positiven Ansätze noch weiter zu verbessernden Informationsaustauschs verschiedene Kooperationsmodelle diskutiert, die in Kapitel 6 des vorliegenden Berichts allgemein beschrieben werden.

Im Rahmen eines Workshops, in dem die Studiennehmer mit Vertreterinnen und Vertretern der Textilwirtschaft über diese Fragen diskutierten, wurde eine Organisation der textilen Kette favorisiert, die in Abbildung 4.2.10 wiedergegeben ist.

In diesem Modell wird von den Studiennehmern vorgeschlagen, daß ein weiterer Akteur, als eine Art „Informationsvermittler in der textilen Kette", die Kommunikation der Kette unter ökologischer Perspektive organisiert.

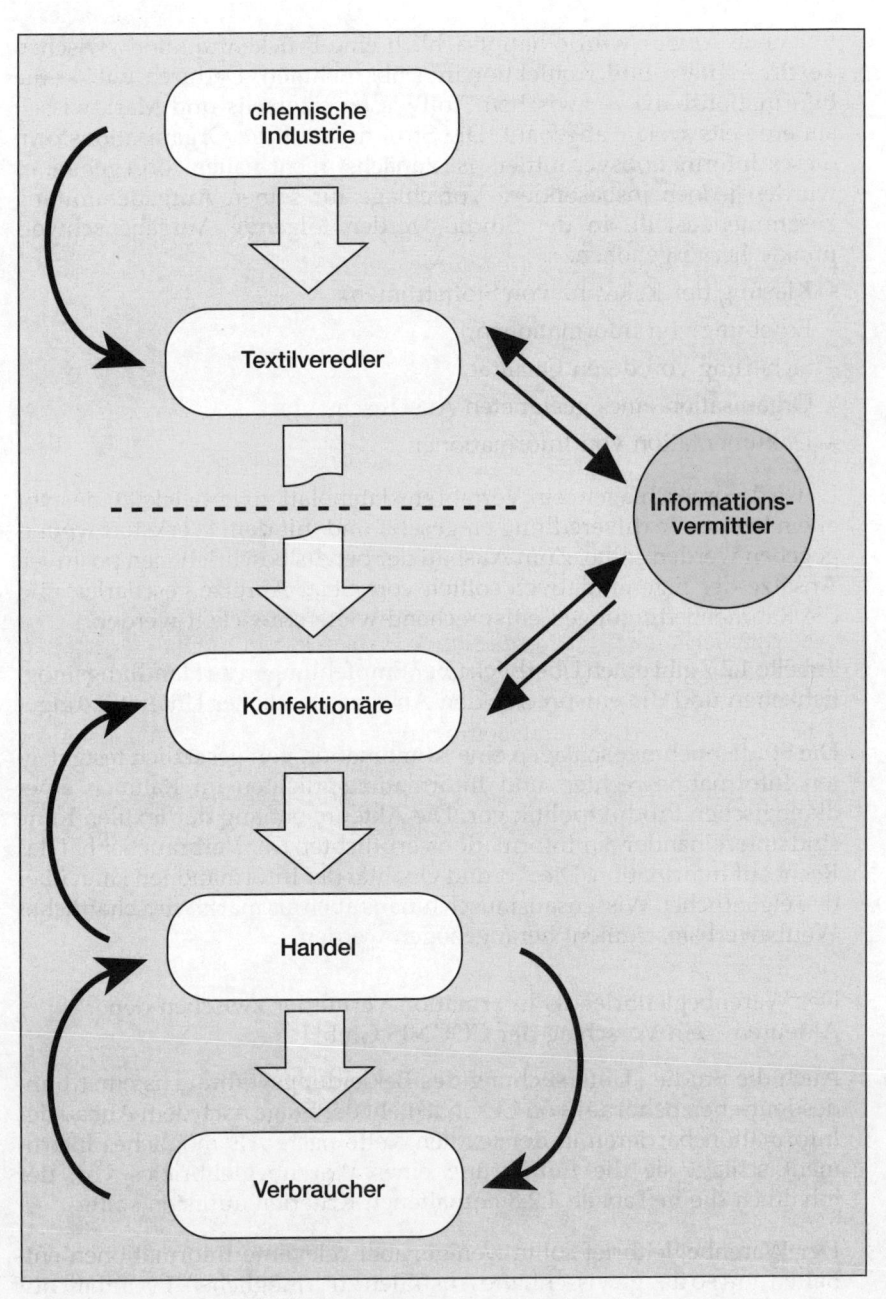

Abb. 4.2.10: Kooperationsmodell für die textile Kette
Quelle: Arge Textil, 1994b

Der neue Akteur würde hauptsächlich eine Brückenfunktion zwischen Textilveredlern und Konfektionären übernehmen. Dadurch würde die Informationsbarriere zwischen Stoffwissen einerseits und Marktwissen andererseits weiter abgebaut. Die Struktur und die Organisationsform dieses Informationsvermittlers ist zunächst nicht näher vorgegeben, es wurden jedoch insbesondere Vorschläge für seinen Aufgabenumfang zusammengestellt. In der Studie werden folgende Aufgabenschwerpunkte hervorgehoben:

- Klärung der Relevanz von Stoffströmen,
- Erhebung von Informationen,
- Sicherung von deren Qualität,
- Organisation eines geeigneten Austauschs und
- Dokumentation von Informationen.

Es wird vorgeschlagen, ein Verfahrensdatenblatt zu entwickeln, das vor allem bei der Textilveredlung eingesetzt und mit dem Werkstoff weitergegeben werden sollte. Zum Ausbau der bereits beschriebenen positiven Ansätze der Eigeninitiativen sollten vom Staat Anreize geschaffen und die Rahmenbedingungen entsprechend weiterentwickelt werden.

Tabelle 4.2.7 gibt einen Überblick über Empfehlungen zu Handlungsmöglichkeiten und die entsprechenden Ansätze staatlicher Unterstützung.

Die Studiennehmer schlagen eine Kombination von gesetzlich festgelegten Informationsrechten und Informationspflichten im Rahmen einer ökologischen Produktpolitik vor. Die Akteure entlang der textilen Kette sind untereinander zur Information verpflichtet. Der Verbraucher hat das Recht auf Information. Die Art und Qualität der Informationen kann über den eigentlichen Wissensaustausch hinaus auch als marktwirtschaftliches Wettbewerbsinstrument herangezogen werden.

Der Warenbegleitbrief als Informationsvermittler zwischen den Akteuren – ein Vorschlag der COGNIS GmbH

Auch die Studie „Untersuchung des Bekleidungsverbrauchs einer bundesdeutschen Behörde" von COGNIS geht der Frage nach dem Abbau der Informationsbarrieren in der textilen Kette nach. Als mögliches Instrument schlägt sie die Einführung eines Warenbegleitbriefes vor, der inhaltlich die in Tabelle 4.2.8 enthaltenen Kriterien auflisten sollte.

Der Warenbegleitbrief sollte wenige, aber relevante Informationen enthalten, um so das gewissenhafte Ausfüllen zu ermöglichen. Er umfaßt nur die Substanzen, die für den Weiterverarbeiter aus technischer, ökologi-

Tabelle 4.2.7: Arbeitsgemeinschaft Textil: Überblick über Empfehlungen zu neuen Handlungsmöglichkeiten und entsprechenden Ansätzen staatlicher Unterstützung

	Handlungsmöglichkeiten	Ansätze staatlicher Unterstützung
Chemische Industrie	● Verschlankung des Textilhilfsmittelkatalogs ● Informationspflicht (auch als Verkauf mit Produkt/Wettbewerb) erfüllen	● Stoff- und Rezeptur-Datenbank einrichten ● Gebote/Verbote für Stoffe aufgrund von Stoffstromanalysen aussprechen ● Ziele und Bewertungskriterien für Stoffströme aufstellen ● Informationspflicht garantieren
Textil-Veredlung	● Verfahrens-Datenblatt ausfüllen ● Verwendungsbilanz (an chemische Industrie) erstellen ● Qualitätssicherung (produkt- und verfahrensbezogen) ● Informationspflicht erfüllen	● „Gute Veredlungs-Praxis" definieren ● Bewertungskriterien für Verfahren aufstellen ● Verwendungs-Datenbank einrichten ● Informationspflicht festlegen
„X"	● Stoffstromanalysen und -bilanzen anfertigen ● Audits durchführen ● Normung vornehmen ● Organisation der Kommunikation stimulieren	● Exklusivitätsgarantie für „X" geben ● Verläßlichkeit unterstützen
Konfektionäre/ Handel	● Qualitätssicherung produkt- und verfahrensbezogen integrieren ● Labelling als Wettbewerbsgröße einführen ● Informationspflicht erfüllen	● Prozeßhaftung einführen ● Informationspflicht festlegen
Verbraucher	● Informationsrecht wahrnehmen	● Informationsrecht garantieren

Quelle: Arge Textil, 1994b, S. 39

Tabelle 4.2.8: Cognis GmbH: Vorschlag für einen Warenbegleitbrief

		Kriterium (enthält das Produkt ?)	N	?	ja	nähere Angaben (Art, Menge)
Rohstoff	1	PIC–Pestizide (z. B. PCP) (bei Naturfasern)				
	2	Schwermetalle (Z. B. Zn) (bei Naturfasern)				
	3	Antimikrobielle Mittel (Konservierungsmittel)				
Spinnerei	4	Präparations-, Schmälzmittel und Spulöle				
Weberei	5	Schlichte (genaue Angabe!)				
	6	Konservierungsmittel				
Veredlung	7	Weichmachungsmittel				
	8	Farbstoffe, die MAK III Amine abspalten können				
	9	Formaldehyd- oder -Abspalter (z. B. Knitterfrei)				
	11	Flammschutz-Ausrüstung (z. B. Antimontrioxid)				
	12	Antimikrobielle Mittel (Konservierungsmittel)				
	13	Fraßschutzmittel (bei Wolle)				

Quelle: COGNIS GmbH: „Untersuchung des Bekleidungsverbrauchs einer bundesdeutschen Behörde", 1994b, S. 86

scher und toxikologischer Sicht relevant sind. Substanzen, die nur vorübergehend während des Herstellprozesses mit dem Produkt Kontakt hatten, sind im vorliegenden Beispiel nicht mit aufzuführen. Diese könnten aber in einer Checkliste zur ökologisch orientierten Beschaffung von Bekleidung berücksichtigt werden, wie sie beispielhaft in Tabelle 4.2.9 nach einem Vorschlag von COGNIS in der Studie „Untersuchung des Bekleidungsverbrauchs einer bundesdeutschen Behörde" wiedergegeben ist.

Öko-Label – Öko-Kommunikation mit dem Verbraucher

Derzeit sind eine Vielzahl unterschiedlicher Label in der Diskussion bzw. geplant oder bereits im Markt eingeführt (ausführliche Übersicht s. Studie Arge Textil S. 28). Im Mai 1994 wurden die von der „Internationalen Gemeinschaft Öko-Tex" entwickelten Kriterien zum Öko-Tex Label verbindlich vereinbart, denen sich auch der von Gesamttextil gestützte Verein für umweltfreundliche Textilien – M.S.T." unter Aufgabe seines eigenen Öko-Labels anschloß. Es wird garantiert, daß Kleidung, die mit diesem Label ausgezeichnet ist,

- Pestizide, Formaldehyd und Schwermetalle höchstens in für die Verbraucherinnen und Verbraucher nicht bedenklichen Mengen enthält und
- der Einsatz Krebs und Allergien auslösender Farbstoffe ausgeschlossen ist.

Wie auch dieses jüngste Beispiel zeigt, sind die gebräuchlichen Öko-Label weitgehend produktorientiert und konzentrieren sich vorrangig auf den Ausschluß humantoxischer Schadenspotentiale. Umwelt- und gesundheitliche Risiken, die aus den Produktionsverfahren entlang der textilen Kette resultieren und die sowohl Arbeitnehmer als auch Anwohner von Produktionseinrichtungen und die Umwelt betreffen, sind in der Regel nicht berücksichtigt. Deshalb wird eine Ausweitung der Vergabekriterien für Öko-Label gefordert, die nicht nur Produktverwendungsrisiken sondern auch Produktverfahrensrisiken offenlegen.

Da derzeit 95 bis 99% der deutschen Produkte die Kriterien für ein Produktverwendungs-Label erfüllen – was eher dem Charakter eines Qualitätssiegels entspricht – könnte durch höhere Zertifizierungsanforderungen, bei denen lediglich 15 bis 20% der Produkte die Kriterien erfüllen, der eigentliche Label-Gedanke als Auszeichnung im Sinne einer positiven Hervorhebung erfüllt werden.

Tabelle 4.2.9: Cognis GmbH: Vorschlag für eine Checkliste zur ökologischen Produktbewertung

		Kriterium	?	1	2	3
Rohstoff	1	Naturfaser aus kontrolliertem Anbau		▓	▓	▓
	2	Naturfaser aus IRM (Insecticide Resistance Management)- bzw. IPM (Integrated Pest Management)-Anbau			▓	▓
	3	Schafzucht ohne Einsatz von Pestiziden		▓	▓	▓
	4	Naturfaser aus heimischen Beständen (z. B. Flachs, Wolle)			▓	▓
	5	Übersee-Transport aller Faserrohstoffe (Natur- u. Chemiefasern/Filamente) per Schiff		▓	▓	▓
	6	Land-Transport von Fasern u. Filamenten zur Spinnerei per Bahn und/oder (Binnen-)Schiffahrt			▓	▓
Spinnerei	7	Spinnerei nach EG-Öko-Audit-Verordnung zertifiziert		▓	▓	▓
	8	Präparationsmittel ohne schwer abbaubare Weißöle und hochmolekulare (EO+PO > 15) EP/PO-Addukte			▓	▓
	9	Transport des Garns zur Web- oder Maschinenindustrie per Bahn und/oder (Binnen-)Schiffahrt		▓	▓	▓
Weberei	10	Weber nach EG-Öko-Audit-Verordnung zertifiziert		▓	▓	▓
	11	Verzicht auf synthetische Schlichten oder Schlichterückgewinnung bei Veredler		▓		▓
	12	Transport des Gewebes zum Veredler per Bahn und/oder (Binnen-)Schiffahrt		▓	▓	▓

noch Tabelle 4.2.9

		Kriterium	?	1	2	3
Veredlung	13	Veredler nach EG-Öko-Audit-Verordnung zertifiziert				■
	14	Veredler betreibt effektive Wasser-Einsparung und/oder Rückgewinnung		■		■
	15	Veredler betreibt effektive Energie-Einsparung und/oder Rückgewinnung		■		■
	16	Für alle verwendeten Textilhilfsmittel liegen detaillierte Sicherheitsdatenblätter vor			■	■
	17	Komplexbildner (z. B. in Abkoch-, Bleich-, Mercerisier-, Laugier-, Entschlichtungs-, Färberei-, Druck-Hilfsmitteln) ohne biologisch schwer abbaubare Polycarboxylate, EDTA und DTPA		■	■	■
	18	Verzicht auf Chlor(verbindungen) als Bleichmittel				■
	19	Wolle nicht carbonisiert			■	■
	20	Baumwolle nicht mercerisiert				■
	21	Färben von Polyesterfasern ohne chlororganischen Carrier			■	■
	22	Farbmittel enthalten keine (organisch gebundenen) Halogene (F, Cl, Br, J)				■
	23	Farbmittel enthalten keine Schwermetalle				■
	24	Azofarbstoffe setzen keine MAK III A1/A2-Amine frei			■	
	25	Effiziente Färbe- und Druckverfahren und Farbmittel (Farbmittelausbeute > 80%)		■	■	■

noch Tabelle 4.2.9

		Kriterium	?	1	2	3
Veredlung	26	Farbstoffe gut aus Abwasser eliminierbar (> 80 % nach OECD-Test 302 B)		■		
	27	Dispergiermittel und Schutzkolloide ohne Polyacrylate, Ligninsulfonate, Kondensationsprodukte aus β-Naphthalinsulfonsäuren+Formaldehyd			■	■
	28	Färbebeschleuniger ohne N-Alkylphthalinmide, Methylnaphthalinderivate, o-Phenylphenolderivate			■	■
	29	Verbesserung der Echtheit ohne Chromverbindungen			■	■
	30	Alle Wasch-, Dispergier- und Emulgiermittel entsprechen Tensid-VO		■		■
	31	Alle Weichmachungsmittel gut biologisch abbaubar			■	■
	32	Keine optischen Aufheller			■	■
	33	Hochveredlung ohne Substanzen, die N-Hydroxymethyl- oder N-Methoxymethylgruppen enthalten			■	■
	34	Phoblermittel ohne Chromverbindungen oder Fluorcarbonharze				■
	35	Soil-Release-Mittel ohne Fluorcarbonharzen				■
	36	Filzfreiausrüstung von Wolle ohne Chlor(verbindungen) und Schwermetallverbindungen			■	■
	37	Keine antimikrobielle und Fraßschutz-Ausrüstung				■
	38	Mittel für die Faser- und Fadenbindung ohne chlorierte Polymere (z. B. PVC)				■

noch Tabelle 4.2.9

		Kriterium	?	1	2	3
Veredlung	39	Beschichtungsmittel ohne chlorierte Polymere (z. B. PVC)		■	■	■
	40	Kaschiermittel ohne chlorierte Polymere (z. B. PVC)		■	■	
	41	Transport des Gewebes zum Konfektionär mit Bahn und/oder Schiff		■		
Konfektion	42	Zuschnittverluste beim Konfektionieren < 15 %				■
	43	Entsorgung der textilen Abfälle beim Konfektionär nach deutschem AbfallG				
	44	Transport der konfektionierten Ware zur Bundeswehr per Bahn und/oder Schiff		■		
Gebrauch	45	Artikel erfüllt M.S.T.-Kriterien			■	■
	46	Artikel kann bei niedrigen Temperaturen gewaschen werden			■	
	47	Artikel erfordert keine Chemisch-Reinigung				■
	48	Verschleißgefährdete Teile (z. B. Ellenbogen) sind besonders verstärkt				■
	49	Verschleißteile können leicht und separat ausgetauscht werden		■		
	50	Artikel erzeugt beim Verbrennen, Deponieren oder Verrotten keine umweltgefährlichen Emissionen		■	■	■

Quelle: COGNIS GmbH: „Untersuchung des Bekleidungsverbrauchs einer bundesdeutschen Behörde", 1994b, S. 88

Internationale Arbeitsteilung – Mindeststandards und weltwirtschaftliche Entwicklungen

Ausdruck internationaler Arbeitsteilung ist im Bereich Textilien/Bekleidung z. B. der Transport von Baumwolle oder konfektionierten Bekleidungstextilien vor allem aus Entwicklungs- und Schwellenländern, oftmals bei gleichzeitigem Import von Pflanzenschutz- und Düngemitteln aus den bekleidungsimportierenden Industriestaaten.

Die hohen Importmengen sind auf eine stärkere Wettbewerbsfähigkeit dieser Länder gegenüber der Bundesrepublik Deutschland zurückzuführen, die ihre Ursache darin hat, daß die Menschen in Entwicklungs- und Schwellenländern für ihre Arbeitskraft vergleichsweise deutlich geringere Entlohnung erhalten. Die Teilnahme am Handel mit Textilien und Bekleidung ermöglicht es ihnen einerseits, am Wohlstand der Industrienationen zu partizipieren und schafft für diese Länder auf der anderen Seite die Voraussetzungen, durch den Transfer und die Akkumulation von Kapital die Grundlagen für die eigene wirtschaftliche Weiterentwicklung zu legen. Im Zuge dieser Weiterentwicklung ändern sich die wirtschaftlichen Verhältnisse dahingehend, daß der Wertschöpfungsanteil der Entwicklungs- und Schwellenländer an der Produktion von Textilien und Bekleidung weiter steigt.

Die Verlagerung der Wertschöpfung im Rahmen des internationalen Wettbewerbs aus unrentablen Betrieben in den Industriestaaten in wettbewerbsfähige Betriebe in den Entwicklungs- und Schwellenländern wird diese Länder eher in die Lage versetzen, gleichberechtigte Partner im Rahmen einer weltwirtschaftlichen Integration zu sein und die notwendigen Devisen für den Schuldenabbau und den wirtschaftlichen Aufbau selbst zu erarbeiten, so daß ihre Abhängigkeit von der zum Teil überlebensnotwendigen Ausbeutung der Naturschätze sinkt.

Die Verbraucher in den Industriestaaten profitieren – im Vergleich zu heimischen Produkten – durch niedrigere Preise für die Bekleidung, so daß die Kaufkraft gesteigert wird und sie größere Teile ihres Einkommens für andere Zwecke verwenden können.

Neben natürlichen Produktionsvorteilen (Klima, Arbeitsreichtum), wie sie nicht nur beim Anbau von Baumwolle, sondern auch bei der Produktion von Bekleidung eine bedeutende Rolle spielen, ist bei einer Betrachtung der internationalen Arbeitsteilung insbesondere auch im Bereich der Textilproduktion und -veredlung der Einfluß institutioneller Unterschiede auf die Wettbewerbssituation zu berücksichtigen.

Differenzen in der Sozialgesetzgebung oder der Umweltgesetzgebung führen u. a. weltweit zu unterschiedlicher Lebensqualität und bedingen gleichzeitig teilweise erhebliche Verzerrungen der Wettbewerbsfähigkeit verschiedener Produktionsstandorte. Zwar vermehren internationale Arbeitsteilung und der damit verbundene Welthandel mit Gütern und Dienstleistungen im allgemeinen den Wohlstand aller daran Beteiligten. Die Wohlfahrtseffekte eines freien Welthandels stellen sich jedoch letztlich nur dann in vollem Umfang ein, wenn sich jeder Teilnehmer an gewisse Spielregeln hält.

Im Rahmen der Suche nach diesen Bedingungen für einen „fairen Wettbewerb" ist in diesem Zusammenhang die Frage zu klären, inwieweit für alle Wettbewerber vergleichbare Rahmenbedingungen gelten können und sollen, d. h. inwieweit ökologische und soziale Standards für alle am Weltmarkt Beteiligten bindend sein sollen.

4.2.8 Handlungsempfehlungen und Instrumente

Die textile Kette ist – einschließlich der zum Teil mit in den Blick genommenen Nebenkette (z. B. der Produktion von Pflanzenschutz- und Veredlungsmitteln) – ein Beispiel für komplexe Stoffströme, wie sie die verschiedenen Bereiche des Wirtschaftens prägen. Anhand der Primärproduktion der mengenmäßig bedeutsamsten Naturfaser, der Baumwolle, sowie der wichtigsten Chemiefasern und ausgewählter Stufen der textilen Kette wurden exemplarisch Problemschwerpunkte ermittelt. Die Handlungsempfehlungen orientieren sich an der Gesamtausrichtung der Enquete-Kommission bezüglich der Instrumente der Stoffpolitik und des Stoffstrommanagements.

Im Mittelpunkt der Empfehlungen steht das Stoffstrommanagement der Akteure. Eine wichtige Aufgabe des Staates ist es, geeignete Rahmenbedingungen und Anreize zu geben, die zu einer Reduzierung der Problemschwerpunkte führen. Die staatliche Aufgabe der Gefahrenabwehr bleibt davon unberührt.

Im Hinblick auf das Verhalten der Verbraucherinnen und Verbraucher gilt es, die Transparenz (Verfügbarkeit und Verständlichkeit) der Informationen über ökologische und gesundheitliche Wirkungen der textilen Kette zu erhöhen. Damit werden die Voraussetzungen für bewußte Konsumentscheidungen verbessert, bei denen ökologische und gesundheitliche Aspekte Berücksichtigung finden. Die Unterstützung entsprechender aktueller Trends ist auch über das Beispielfeld der textilen Kette hinaus von Interesse, da ja Mode und Ökologie nicht gerade als Zwillingsschwestern anzusehen sind.

4.2.8.1 Ansatzpunkte

Ansatzpunkte für Stoffstrommanagement und Stoffpolitik sind zum einen die Problemschwerpunkte (Kap. 4.2.6) und zum anderen darauf bezogen die relevanten Rahmenbedingungen für die Akteure der textilen Kette. Dementsprechend werden die Handlungsempfehlungen der Enquete-Kommission gemäß der ausführlicher ermittelten ökologischen und gesundheitlichen Problemschwerpunkte strukturiert. Die ökonomischen und sozialen Schutzziele werden dabei – soweit identifiziert – mit einbezogen. Sie sind bei der Ausgestaltung der vorgeschlagenen Instrumente zu beachten.

Daneben werden Handlungsempfehlungen ausgesprochen, die den Ablauf der gesamten textilen Kette betreffen und sich nicht unmittelbar auf einen einzelnen Problemschwerpunkt konzentrieren, deren Realisierung aber positive Auswirkungen auf mögliche Lösungen der Problemschwerpunkte haben. Dieser Kategorie von Empfehlungen liegt die Erkenntnis zugrunde, daß ökologische Effekte innerhalb einer Produktionskette dem einzelnen Produkt oft nicht mehr unmittelbar zuzuordnen sind. Deshalb ist auch eine alleinige Orientierung auf ökologische Anforderungen an Produkte nicht ausreichend. Vielmehr muß übergreifend die ganze textile Kette im Blick sein.

4.2.8.2 Instrumente

Noch ausgeprägter als für die Einzelstoffe Cadmium, Benzol und die FCKW-Ersatzstoffe gilt für das komplexe Anwendungsfeld Textilien/ Bekleidung, daß es nicht ein einziges optimales stoffpolitisches Instrument gibt, das zu einer Reduzierung der Problemschwerpunkte gleichermaßen beiträgt. Vielmehr ist ein Instrumentenmix zu entwickeln, der der Vielzahl unterschiedlicher Akteure, den gegebenen rechtlichen Rahmenbedingungen, den internationalen Handelsverflechtungen und dem vernetzten Produktionsablauf in der textilen Kette Rechnung trägt.

Im folgenden werden Kategorien von Instrumenten, die in die Handlungsempfehlungen der Enquete-Kommission einbezogen werden, übersichtsartig vorgestellt. Dabei handelt es sich um eine beispielhafte Darstellung von Impulsen, mit denen der Instrumentenmix weiterentwickelt werden kann. Die aufgelisteten Kategorien folgen der in diesem Bedürfnisfeld üblicherweise verwendeten Systematik entlang der textilen Kette. Die in diesem Kapitel noch allgemein formulierten Instrumente werden in angelehnter Abfolge in den folgenden Empfehlungsabschnitten konkretisiert. Eine alternative Vorgehensweise, nämlich die bisherige

Systematik zu verlassen und akteursbezogene Empfehlungen auszusprechen, wurde nicht verfolgt.

Folgende Kategorien von Instrumenten werden in den Empfehlungen angewendet:

- Anreize für die Effizienzsteigerung bei der Nutzung nicht-erneuerbarer Ressourcen und der korrespondierenden Senkenbelastung (national, EU-weit, international),
- Initiative zur Erarbeitung eines internationalen Mindeststandards „Gute Anbaupraxis Naturfasern" (GAN) (OECD sowie bei GATT/WTO)
- Einrichtung einer Informations- und Sammelstelle zur ökologischen Klassifizierung von Veredlungsmitteln (Textilhilfsmittel, Farbstoffe) auf nationaler und EU-Ebene,
- Initiative zur Erarbeitung eines internationalen Mindeststandards „Gute Veredlungspraxis Textilien" (GVT) (OECD sowie bei GATT/WTO),
- Forcierte Aufarbeitung von Altstoffen für Hilfsmittel und Farbstoffe; dazu unterstützend die Einrichtung eines Prüfprogramms mit der Exposition als zentrales toxikologisches sowie der Abbaubarkeit als wichtiges ökologisches Prüfkriterium,
- Änderung der Bedarfsgegenständeverordnung, um die Verwendung gesundheitlich nicht unbedenklicher Stoffe auszuschließen (z. B. Farbstoffe, die in kanzerogene Amine gespalten werden können),
- Abbau der Kontrolldefizite in der Bundesrepublik Deutschland insbesondere bei Importen, die unter Verdacht stehen, Schadstoffe (z. B. PCP und kanzerogenverdächtige Azofarbstoffe) zu enthalten und entsprechend in der Bundesrepublik Deutschland bereits verboten sind oder verboten werden sollen,
- Entwicklung nachhaltig zukunftsverträglicher Entsorgungskonzepte für Textilien und relevante Rückstände aus der Herstellung und dem Gebrauch von Textilien,
- Prüfung einer Erweiterung der Kennzeichnungspflicht von Textilien über die Kennzeichnung von Faseranteilen hinaus (jedoch keine Volldeklaration),
- Unterstützung der Arbeiten zur Entwicklung eines „EU-Umweltzeichens für Textilien"/Öko-Label (Einführung von stoff- und produktionsspezifischen Anforderungen),
- Einführung eines Warenbegleitbriefes als unterstützende Maßnahme zur Einführung eines einheitlichen Öko Labels und einer erweiterten Textilkennzeichnung (anknüpfend an EU-Sicherheitsdatenblätter),

- Schaffung von Anreizen zur freiwilligen Einrichtung eines „Informationsvermittlers in der textilen Kette" (InteK) zur Weiterentwicklung bestehender Initiativen zum Umwelt- und Gesundheitsschutz,
- Innovationsförderung für neue Produktionsverfahren und Produkte zur Steigerung der Stoff- und Energieeffizienz (integrierter Umweltschutz),
- Förderung der Forschung entlang der textilen Kette zum Abbau von derzeitigen Informationsdefiziten; dabei vertiefte Aufarbeitung der von der Enquete-Kommission noch nicht intensiv behandelten Fasern (insbesondere Flachs als nachwachsender heimischer Rohstoff) und Stufen der textilen Kette – vor allem auch der Nebenketten,
- Einbeziehung von Kriterien für nachhaltig zukunftsverträgliche Bekleidungstextilien im öffentlichen Beschaffungswesen,
- Vermittlung umwelt- und gesundheitsrelevanter Informationen für Verbraucherinnen und Verbraucher zur bewußten Kaufentscheidung.

4.2.8.3 Empfehlungen zu ökologischen Problemschwerpunkten

(1) Ressourcenbeanspruchung: Der Verbrauch nicht-erneuerbarer Ressourcen entlang der textilen Kette – insbesondere in der Gebrauchsphase, beim Transport und bei der Veredlung von Textilien, aber auch der Produktion von Chemiefasern – wurde von der Enquete-Kommission als ökologisches und ökonomisches Problemfeld ermittelt.

Empfehlungen: Entsprechend der zweiten grundlegenden Regel des Leitbildes einer nachhaltig zukunftsverträglichen Entwicklung kann die Effizienz des Einsatzes nicht-erneuerbarer Ressourcen auf allen Stufen der textilen Kette durch verbesserte Technologien gesteigert werden; damit können zugleich die Belastungen der Senken verringert werden.

Im Transportbereich sind beispielsweise energiesparende Transportmittel zu fördern. Hierzu zählt vor allem die Entwicklung von Kraftfahrzeugen mit geringem Energieverbrauch durch z. B. neue Motorenkonzepte, durch Verwendung gewichtsreduzierender Materialien im KFZ-Bau und durch Entwicklung effizienter Verkehrsleitsysteme. Solche Innovationen erfordern die branchenübergreifende Kooperation verschiedener Industriebranchen, in erster Linie der Automobilindustrie, der chemischen Industrie und der Elektronikindustrie, sowie von staatlichen und privaten Einrichtungen der Grundlagen- und angewandten Forschung. Durch gezielte Forschungs-, Entwicklungs- und Innovationsförderung und indirekte, z. B. steuerliche Fördermaßnahmen, können solche Entwicklungen beschleunigt werden. Lange Genehmigungszeiten – beispielsweise für neue Produktionsanlagen – sollten zugunsten einer schnelleren Umsetzung umweltverträglicherer Technologien verkürzt werden. (s. Kap. 4.3.4 des vorliegenden Berichts sowie die Aussagen der Enquete-Kommission „Schutz der Erdatmosphäre")

Der Energie- und Ressourcenverbrauch im Faserproduktionsprozeß kann durch Maßnahmen des integrierten Umweltschutzes weiter gesenkt werden. Hierzu ist in erster Linie die Schaffung innovations- und investitionsfreundlicher Rahmenbedingungen notwendig. Angesichts der großen und schnell wachsenden Faserproduktionskapazitäten außerhalb der Bundesrepublik Deutschland und Europas ist die internationale Harmonisierung von Umweltschutzstandards eine wichtige Voraussetzung für weitere Fortschritte. Zum Aufbau energieeffizienter umweltfreundlicher Produktionskapazitäten in Schwellen- und Entwicklungsländern empfiehlt die Enquete-Kommission, den Technologietransfer und die technologische Kooperation zwischen Unternehmen und staatlichen Einrichtungen in Industrie- und Entwicklungsländern zu verbessern.

Die Enquete-Kommission diskutiert darüber hinaus auch Empfehlungen, die verstärkte Anreize (s. hierzu ausführlicher die allgemeinen Ausführungen zu den Instrumenten in Kap. 7) zur Senkung der Transportleistung zum Inhalt haben. Im Transportbereich ist bezüglich des Anwendungsfeldes Textilien/Bekleidung eine weitergehende, verbrauchsbezogene Internalisierung anzustreben. Die Bundesrepublik Deutschland sollte hierzu in eigener Verantwortung die Weichen stellen und zugleich in der Europäischen Union für eine abgestimmte Weiterentwicklung der verbrauchsbezogenen Besteuerung des Verkehrs initiativ werden. Zur Reduzierung des nicht-regenerativen Energieverbrauchs in der Gebrauchsphase der textilen Kette empfiehlt die Enquete-Kommission als Einstieg eine Regelung, wie sie für den Stromverbrauch in Privathaushalten in Dänemark eingeführt wurde. Für den weitergehenden Schritt, der auch den Bereich der Industrieproduktion und damit die Veredlung und Chemiefaserproduktion umfaßt, ist eine international abgestimmte Initiative erforderlich.

Neben den Anreizen zur Effizienzsteigerung ist eine verbesserte Transparenz hinsichtlich der Beanspruchung von Ressourcen in der textilen Kette wichtig, um damit den Akteuren bzw. den Verbrauchern relevante Informationen als Entscheidungsgrundlage an die Hand zu geben. Bei der Gebrauchsphase ist für das Waschen ein hoher Energieverbrauch erforderlich, der auch darauf zurückzuführen ist, daß häufig bei unnötig hohen Temperaturen und zu langer Waschprogrammdauer gewaschen wird. Aufgrund veränderter Waschmittelrezepturen ist heute davon auszugehen, daß Haushaltswäsche nicht mehr bei 90 °C gewaschen werden muß. Die Enquete-Kommission schlägt daher vor zu prüfen, ob Waschmaschinenhersteller nicht zukünftig auf das Angebot von Waschprogrammen über 60 °C verzichten sollten. Entsprechend wäre auch die nächste Waschmaschinengeneration auszulegen. Zudem sollten die Anstrengungen fortgesetzt werden, den Wasser- und Energieverbrauch während des Waschvorgangs durch weitere Entwicklungsfortschritte für verbrauchsarme Haushaltswaschmaschinen zu senken.

Durch die Umsetzung dieser Maßnahmen und Instrumente kann die Effizienz der Nutzung nicht-erneuerbarer Ressourcen weiter gesteigert werden. Damit kann wichtige Zeit für die Entwicklung weiterer ressourcensparender Technologien und Konzepte gewonnen werden. Zudem empfiehlt die Enquete-Kommission die Unterstützung von Forschungsanstrengungen, um gezielt nachwachsende Rohstoffe in ihren Einsatzmöglichkeiten und ihrer Nutzungseffizienz zu verbessern. Beispielsweise bietet sich in der Bundesrepublik Deutschland der früher traditionell angebaute Flachs als Grundstoff für Leinen an. Entsprechend der Konkretisierung der ersten grundlegenden Regel des übergeordneten stoffpolitischen Leitbildes sollen dabei der gesamte Ressourceneinsatz (einschließlich Transporte und Energie- und Stoffeinsatz für Hilfsmittel etc.) sowie der Erhalt der Bodenfruchtbarkeit von Anfang an mit beachtet werden.

(2) Primärproduktion der Naturfasern am Beispiel der Baumwolle: Einen weiteren ökologischen Problemschwerpunkt stellt bei der Naturfaserprimärproduktion der hohe Einsatz von Pestiziden und Düngemitteln dar. Als humantoxikologischen Schwerpunkt machte die Enquete-Kommission die hohe Anzahl von Vergiftungsfällen – zum Teil mit Todesfolge aus – die auf den unsachgemäßen Gebrauch der eingesetzten Schädlingsbekämpfungsmittel zurückzuführen ist. Auch der Einsatz von PCP in tropischen Naturfaser-Anbauländern als Konservierungsmittel gegen Cellulose abbauende Bakterien und Pilze und die Einfuhr der so behandelten Naturfasern in die Bundesrepublik Deutschland wird als Problemfeld angesehen, da PCP wahrscheinlich die Dioxine im Klärschlamm mitverursacht. Hier fehlt es an Importkontrollen.

Empfehlungen: Die Enquete-Kommission empfiehlt, daß die Bundesregierung im Rahmen der Mitgliedschaft bei der OECD initiativ wird, um Mindeststandards in der Form einer „Gute Anbaupraxis Naturfasern" (GAN) zu erarbeiten. Die von der Chemical Group der OECD im Rahmen der ersten Phase der Chemikaliengesetzgebung erarbeiteten Standards wie etwa „Die gute Laborpraxis" und „Good manufactoring praxis" (GMP) der WHO können hierzu als Beispiel dienen.

Zugleich empfiehlt die Enquete-Kommission, daß die Bundesregierung bereits in der aktuellen Vorbereitungsphase der Überleitung des bisherigen GATT in eine Welthandelsorganisation (WTO) mit dem Ziel initiativ wird, die zu erarbeitenden Mindeststandards GAN international verbindlich zu machen. Der Vorteil dieser Initiative besteht darin, daß damit im direkten Anschluß an das Auslaufen des bisher im Rahmen von GATT geltenden Welttextilabkommens eine Regelung gefunden werden kann, die die ökologischen Voraussetzungen einer nachhaltigen Faserproduktion in einer internationalen Wettbewerbsordnung gewährleistet.

In dem vorgeschlagenen Mindeststandard „Gute Anbaupraxis Naturfasern" sind u. a. Festlegungen zu folgenden Aspekten der Naturfaserproduktion aufzunehmen: Anbauweise (Fruchtfolge etc.) bzw. Tierhaltung, eingesetzte Stoffe (charakteristische Eigenschaften, Mengen etc.), ökologische und gesundheitliche Wirkungen, Ressourcenbeanspruchung (Nachhaltigkeit von Stoffen, Energie, Wasser), Verhaltensempfehlungen (Lagerung, Transport, Dosierung, Fruchtfolge, Schulungen etc.).

Zu prüfen ist, ob in GAN auch soziale Mindeststandards aufzunehmen sind und auf welche Weise diese Mindeststandards weltweit erreicht werden können.

Die Ausarbeitung internationaler Mindeststandards benötigt Zeit und setzt zudem Erfahrungen vor Ort sowie auf nationaler Ebene voraus. Die Enquete-Kommission empfiehlt deshalb, unterstützend zur Initiative bei der OECD und bei GATT/WTO auf nationaler Ebene sowie bei der Europäischen Union für einheimische Naturfasern (Flachs, Wolle), Standards auszuarbeiten. Im Zuge der Weiterentwicklung der europäischen Agrarpolitik kommt den nachwachsenden Rohstoffen über die textile Kette hinaus Bedeutung zu. Um so wichtiger ist es, daß hierfür die ökologischen und gesundheitlichen Anforderungen des Leitbildes einer nachhaltig zukunftsverträglichen Entwicklung beachtet werden.

Die Enquete-Kommission empfiehlt ferner eine gezielte Forschungsförderung und Innovationsanreize auf dem Gebiet des Pflanzenschutzes und übergreifender Anbaumethoden. Die Möglichkeiten der technischen Zusammenarbeit sind hier ebenso zu nutzen wie deren konkrete Umsetzung in Entwicklungsprojekten.

Deutsche Firmen haben bei der Produktion von Pflanzenschutzmitteln ein besonderes Know-how. Einige Firmen haben in Selbstverpflichtungen Aussagen darüber gemacht, daß sie in ihren ausländischen Produktionsanlagen vergleichbare Standards wie in deutschen Anlagen einhalten. Sie vertreiben Pflanzenschutzmittel in die Dritte Welt nur, wenn die darin enthaltenen Wirkstoffe wenigstens in einem Land mit hohen Registrierungsanforderungen zugelassen sind. Sie befolgen die im FAO-Verhaltenskodex festgelegte Exportregelung. Für Pestizide, die in anderen Klimazonen, wie etwa im Baumwollanbau, zum Einsatz kommen, ist die Frage zu prüfen, wie diese allgemeine Regelung konkretisiert werden kann.

Der Rat von Sachverständigen für Umweltfragen fordert in seinem jüngsten Gutachten (SRU, 1994, S. 73), „die von der Landwirtschaft ausgehenden negativen Effekte ... gemäß dem Verursacherprinzip mit Abgaben zu belegen. Dies betrifft vor allem den Einsatz von Dünge- und Pflanzenschutzmitteln." Für die anstehende internationale Abstimmung zur Umorientierung in Richtung sustainable development ist dieser Vorschlag, etwa für den Baumwollanbau und andere nachwachsende Naturfasern, zu diskutieren. Dies ist im Zusammenhang mit der oben angesprochenen internationalen Abstimmung über die Internalisierung bei nicht-erneuerbaren Ressourcen zu sehen, da ansonsten die relative Wettbewerbsposition erneuerbarer Ressourcen verschlechtert würde.

Hinsichtlich des Einsatzes von PCP als Konservierungsmittel werden strengere Importkontrollen gefordert. Nach der in der Bundesrepublik Deutschland geltenden Chemikalien-Verbotsverordnung vom 14. Oktober 1993 und der Regelung in Anhang IV, Nr. 12, der Gefahrstoffverordnung ist das Inverkehrbringen von Erzeugnissen mit mehr als 5 ppm PCP verboten. Damit ist die rechtliche Grundlage für Einfuhrverbote bereits geschaffen. Das bestehende Kontrolldefizit ist abzubauen.

(3) Produktion der Chemiefasern: Neben dem Transport und anderen Stufen der textilen Kette ist die Beanspruchung nicht-erneuerbarer Ressourcen für die Produktion der Chemiefasern ein Problemschwerpunkt. Daneben wurden insbesondere Emissionen in die Umweltkompartimente Wasser und Luft bei den jeweiligen Verarbeitungsschritten als weitere, zu beachtende Probleme identifiziert.

Empfehlungen: Zur Frage der Nutzung nicht-erneuerbarer Ressourcen wird auf die obigen Ausführungen in (1) verwiesen.

Für die weiteren ökologischen und gesundheitlichen Folgen der Chemiefaserproduktion ist daran zu erinnern, daß die Sachstandsanalyse nicht so intensiv wie für den Baumwollanbau vorgenommen wurde. Deshalb können hierzu keine entsprechend ausgearbeiteten Empfehlungen abgeleitet werden. Beispielhaft soll jedoch zumindest angedeutet werden, in welche Richtung mögliche Empfehlungen zielen könnten. Die Beispiele werden so gewählt, daß sie über die Produktion der Chemiefasern hinausgehend, beispielsweise auch für die Transporte der textilen Kette relevant sind.

Ein Problem ist etwa in den langen Übergangszeiten zu sehen, in denen noch einwandige Öltanker auf den Weltmeeren gestattet sind. Eine beschleunigte Ausmusterung entsprechender Altschiffe und klare international koordinierte Termine für kürzere Übergangsfristen, bis ausschließlich doppelwandige Öltanker zulässig sind, sind dringend erforderlich.

Neben den Unfallrisiken ist das Ablassen von Öl und Waschwasser auf See als ökologisches Problem zu nennen. Die mit der modernen Satellitentechnik möglichen Überwachungsmethoden sind so effektiv einzusetzen, daß eine derartige Vermeidung von Hafengebühren für Abwasser nicht länger lohnend ist.

(4) Veredlung: Wasserbelastung durch Emissionen von zum Teil schwer abbaubaren Stoffen wurde als ein weiterer Problemschwerpunkt identifiziert.

Empfehlungen: Es sind zur Zeit verschiedene Systeme zur Erfassung und ökologischen Klassifizierung von Veredlungsmitteln in der Diskussion. Den folgenden Empfehlungen liegt der Gedanke zugrunde, daß die Bundesrepublik Deutschland nicht im nationalen Alleingang ein neues Klassifizierungssystem entwickeln sollte, sondern sich einem der bereits vorhandenen Systeme anschließen soll, um dadurch den Anstoß zu einer europäischen – und in der zeitlichen Abfolge vielleicht weltweiten – Harmonisierung zu geben.

Es wird die Einrichtung einer Informations-Sammelstelle zur ökologischen Klassifizierung von Veredlungsmitteln (Textilhilfsmittel und Farbstoffe) auf europäischer Ebene empfohlen. Diese Sammelstelle sollte für die Klassifizierung von Veredlungsmitteln nicht nur ökotoxikologische Daten zugrunde legen, sondern Risikobetrachtungen anstellen. Eine solche Informations-Sammelstelle sollte unabhängig sein und das Vertrauen aller Akteure der textilen Kette genießen.

Die Beurteilung der Umweltverträglichkeit von Textilchemikalien im Bereich Abwasser könnte sich an dem in Vorbereitung befindlichen EU-Modell zur Einstufung als umweltgefährlich mit R- und S-Sätzen orientieren, die für die Beurteilung der Umweltrelevanz ausreicht. Als vereinfachtes Modell könnte eine modifizierte Form des dänischen Score-Systems in Betracht gezogen werden.

Als weiteres Modell für die Beurteilung der Umweltverträglichkeit von Textilchemikalien im Bereich Abwasser käme eine in der Schweiz entwickelten Methodik in Betracht. Die Schweizer GLATT-Kommission wurde im Jahr 1984 durch Vertreter von Bund, Kantonen, Gemeinden und der Industrie ins Leben gerufen, um Vorschläge für die Verbesserung der Wasserqualität des Flusses Glatt zu erarbeiten. Basis hierfür ist die freiwillige Zusammenarbeit zwischen Textilbetrieben und der GLATT-Kommission.

Die Beurteilung und Klassifizierung einzelner Handelsprodukte wird auf der Grundlage von Sicherheitsdatenblättern und zusätzlicher Angaben der Hersteller vorgenommen. Auf Anfrage ist auch eine Beratung der Textilveredlungsindustrie zur Substitution von Textilhilfsmitteln oder Prozeßveränderungen möglich. Bis September 1993 sind ca. 650 Textilhilfsmittel bewertet worden. Die Ergebnisse sind nicht publiziert, da Regressansprüche durch die Hersteller befürchtet werden. Die Textilveredlungsbetriebe haben die Möglichkeit, eine direkte Bewertung durch die Vorlage ihrer Hilfsmittelliste vornehmen zu lassen. Nach der Bewertung der Chemikalien und dem Abruf der Informationen hat der Textilveredler die Möglichkeit, gewässerökologisch verträglichere Textilhilfsmittel auszuwählen.

Für humantoxikologisch bedenkliche Stoffe ließen sich Einstiegs- oder Ausschlußkriterien formulieren, die dem GLATT-Modell vorangestellt werden können. Diese Informationen könnten auch einen wichtigen Beitrag zu einer genaueren Ausgestaltung des Abwasserabgabengesetzes (Meßlösung statt Bescheidlösung) liefern.

Die Enquete-Kommission empfiehlt zu prüfen, inwieweit sich die Bundesrepublik Deutschland, bzw. die EU an dem dänischen Score-Modell oder dem in der Schweiz eingerichteten GLATT-Modell beteiligen kann, um unnötige Doppelarbeiten und Kosten zu sparen. Die Enquete-Kommission empfiehlt ferner zu prüfen, inwieweit sich dieser Ansatz auch für den Abluftbereich eignet. Wichtig ist hierzu die Bewertung emissionsarmer Einsatzstoffe. Hierunter sind Einsatzstoffe zu verstehen, die im wesentlichen frei von krebserzeugenden, krebsverdächtigen, leichtflüchtigen Halogenkohlenwasserstoffen sind.

Ziel der Empfehlungen der Enquete-Kommission ist es, neben den ökologischen Problemlösungen die Verbraucherinnen und Verbraucher sowie Arbeitnehmerinnen und Arbeitnehmer vor einer Exposition mit schädlichen Stoffen zu bewahren, bzw. die Expositionen so gering zu halten, daß das Herstellen und Tragen von Textilien gesundheitlich unbedenklich ist.

Da konkrete Gesundheitsbeeinträchtigungen von Verbrauchern durch Bekleidungstextilien nach derzeitigem Kenntnisstand selten sind, haben die folgenden Empfehlungen einen eher vorsorgenden Charakter.

Die wichtigste nachhaltig wirksame Maßnahme ist es, bei Textilchemikalien und Farbmitteln die Prüfung im Rahmen der Aufarbeitung der EG-Altstoffe beschleunigt vorzunehmen und die Prüfergebnisse in verständlicher Form zu vermitteln. Zu prüfen ist auf subakute bzw. auf subchronische Toxizität, auf Hautverträglichkeit (hautreizende und sensibilisierende Wirkung) sowie auf Genotoxizität. Ein wichtiges Kriterium ist dabei die Migration, d. h. das Maß, in dem die Substanzen aus den Textilien freigesetzt werden und den Verbraucher erreichen. Die Enquete-Kommission unterstützt eine entsprechende Initiative der Arbeitsgruppe des Bundesgesundheitsamtes. Damit soll sichergestellt werden, daß die chemischen Substanzen, die den Verbraucher über die Textilien erreichen, vor ihrem Einsatz in allen Fällen ausreichend toxikologisch geprüft werden.

Für Substanzen, die im Hinblick auf die genannten toxikologischen Parameter auffällig sind, sollten Maßnahmen getroffen werden, die eine gesundheitlich nicht unbedenkliche Exposition der Verbraucher soweit wie möglich ausschließen. So sollten z. B. Farbstoffe, die in kanzerogene Amine gespalten werden können, bei Bekleidungstextilien und anderen körpernah eingesetzten Textilien (z. B. Bettwäsche), nicht verwendet werden. Hier ist eine Änderung der Bedarfsgegenständeverordnung in Aussicht.

Die Exposition mit sensibilisierend wirkenden Substanzen ist zu minimieren. Hier ist im Einzelfall abzuwägen, ob ein allgemeines oder speziell für körpernah eingesetzte Textilien geltendes Verwendungsverbot notwendig ist oder ob eine Kennzeichnungspflicht bzw. andere expositionsmindernde Maßnahmen (beispielsweise Begrenzung der Freisetzung) ausreichen.

Komplementär zu den vorgeschlagenen Weiterentwicklungen der Rahmenbedingungen für das Stoffstrommanagement auf nationaler bzw. EU-Ebene empfiehlt die Enquete-Kommission, daß die Bundesregierung bei der OECD initiativ wird, internationale Mindeststandards in Form einer „Gute Veredelungspraxis Textilien (GVT)" zu erarbeiten. Vergleichbar zur „Gute Anbaupraxis Naturfasern" empfiehlt die Enquete-Kommission ferner, daß die Bundesregierung diese Initiative ergänzend während der Überleitungsphase des GATT in die WTO einbringt.

Weiter schlägt die Enquete-Kommission vor, folgende Aspekte in der „Guten Veredelungspraxis Textilien" zu berücksichtigen: Verfahren (insbesondere geschlossene, teiloffene sowie offene Prozeßführung etc.), ökologische und gesundheitliche Wirkungen, Ressourcenbeanspruchung (Stoffe, Energie, Wasser etc.), Senkenbeanspruchung, Handlungsempfehlungen (Betrieb der Anlagen, Lagerung der Stoffe, Maßnahmen bei Störfällen, Arbeitsbedingungen, Maßnahmen für BAT bzw. BEP, Schulungen etc.).

Die bisherigen Diskussionen und Erfahrungen mit der Pariser Konvention für die Verminderung von und Vorbeugung gegen Meeresverunreinigungen (Paris Convention for the Prevention of Marine Pollution, PARCOM) sind hierbei einzubeziehen.

(5) Gebrauch: Die Gebrauchsphase weist Belastungen durch hohe Energieverbräuche, die Verwendung großer Waschmittelmengen sowie durch Auswaschprozesse von Textilchemikalien auf. Aus humantoxikologischer Sicht sind Hautunverträglichkeitsreaktionen zu nennen.

Empfehlungen: Zum zuerst genannten Aspekt kann wiederum auf die bereits genannten Empfehlungen verwiesen werden.

Bezogen auf den vorsorgenden gesundheitlichen Verbraucherschutz begrüßt die Enquete-Kommission, daß zwischenzeitlich die Initiative zum M.S.T. mit dem Öko-Tex Standard 100 zusammengeführt wurde. Um das Auftreten von Unverträglichkeitsreaktionen weitgehend zu vermeiden, wäre für Allergiker eine Verwendungsbeschränkung, mindestens aber eine Kennzeichnung zu empfehlen, damit besonders allergieempfindliche Konsumentinnen und Konsumenten die erforderlichen Informationen erhalten. Ergänzend ist auf die oben ausgeführten Empfehlungen zu gesundheitlichen Aspekten in der Veredlungsstufe zu verweisen.

(6) Entsorgung: Die Phase der Entsorgung in der textilen Kette wurde von der Enquete-Kommission noch nicht systematisch untersucht. Im Fortgang der Arbeiten zeichneten sich jedoch Probleme ab.

Empfehlungen: Die Enquete-Kommission empfiehlt deshalb die Entwicklung nachhaltiger Entsorgungskonzepte für Textilien und relevante Rückstände aus der Herstellung und dem Gebrauch von Textilien. Je nach den Ergebnissen einer eingehenden Analyse der Entsorgungsphase können sich weitere Empfehlungen für Maßnahmen ergeben.

4.2.8.4 Übergeordnete Empfehlungen zur Textilkette

(1) Informationsvermittlung in der Textilkette: Die textile Kette ist ein Beispiel für eine komplexe Produktlinie mit einer Vielzahl von

Stoffströmen. Die Informationen werden teilweise zwischen den verschiedenen Stufen der textilen Kette weitergegeben, der Informationsfluß ist aber noch stark zu verbessern.

Empfehlungen: Die Enquete-Kommission begrüßt Initiativen der Akteure in der textilen Kette, Informationen über ökologische und gesundheitliche Aspekte über die Produktlinie hinweg zu vermitteln und in Richtung einer ökologisch-gesundheitlichen Gestaltung weiterzuentwickeln (Initiativen von Händlern und Konfektionären). Hierzu gehören auch die Aufstellung entsprechender Kriterien für den Einkauf und Qualitätskontrollen zur Einhaltung der Produktanforderungen. Zur weiteren Entwicklung dieser bestehenden Initiative empfiehlt die Enquete-Kommission den Ausbau des bestehenden Informationsflusses zwischen den einzelnen Stufen der textilen Kette (Upstream-Modell).

Zur Weiterentwicklung dieser bestehenden Initiativen empfiehlt die Enquete-Kommission Anreize zur freiwilligen Einrichtung eines „Informationsvermittlers in der textilen Kette" (InteK). Wichtig ist, daß eine derartige freiwillige Einrichtung durch die Akteure dieser textilen Kette selbst organisiert wird. Zusätzlich zu den bereits genannten Akteuren dürfte sich eine Zusammenarbeit beispielsweise mit weiteren relevanten Akteuren, wie Designerinnen und Designern, Anlagenherstellern, aber beispielsweise auch der kommunalen Abwasserentsorgung (Kläranlagen) etc., anbieten. Falls erforderlich können die Bemühungen der Akteure der textilen Kette durch eine entsprechende Anschubfinanzierung unterstützt werden.

Es versteht sich von selbst, daß bei der Entwicklung einer derartigen Einrichtung andere vorgeschlagene Empfehlungen zur Informationsverbesserung – beispielsweise der Vorschlag zur Übernahme der bereits in Dänemark und der Schweiz entwickelten Modelle (s. o.) – in der Stufe der Veredlung entsprechend koordiniert werden, um Doppelaufwand zu vermeiden und den Informationsfluß für die Unternehmungen in den verschiedenen Stufen der textilen Kette möglichst vorteilhaft zu gestalten.

Ergänzend empfiehlt die Enquete-Kommission, die Einführung eines Warenbegleitbriefes für die Wirtschaftsakteure der textilen Kette zu prüfen. Der Warenbegleitbrief ist nicht für die Endverbraucherinnen und Endverbraucher bestimmt, da diese andere Informationsbedürfnisse haben (siehe hierzu die nachfolgenden Ausführungen). Vielmehr kann er unterstützend für den Informationsfluß der textilen Kette sein und insbesondere auch für umweltorientierte Nachfrager, für Ökologie-Großverbraucher, wie Firmen und Behörden, die Informationsbeschaffung erleichtern. Der Entwurf eines Warenbegleitbriefes kann an das

EU-Sicherheitsdatenblatt anknüpfen, geht jedoch in seiner Ausrichtung über diese auf spezifische Gefahrstoffe zugeschnittene Information hinaus (Deutscher Bundestag, 1993 a). Bei der Festlegung, was in den Warenbegleitbrief aufzunehmen ist, sollte darauf darauf geachtet werden, daß verläßliche relevante Informationen erfaßt werden und zugleich der Aufwand in einem sinnvollen Verhältnis zum Informationswert steht. Bei der Gestaltung ist ferner darauf zu achten, daß betriebliches Know-how geschützt bleibt.

(2) Verbraucherinformation und Transparenz: Nach der bisherigen gesetzlichen Lage sind sowohl die Faseranteile als auch Pflegehinweise in der Bekleidung zu kennzeichnen. Seit vielen Jahren gibt es eine Diskussion darüber, die Deklarationspflicht auszudehnen. Damit die Konsumentinnen und Konsumenten bei ihren Entscheidungen bewußt die ökologischen und gesundheitlichen Überlegungen in der textilen Kette neben anderen Aspekten wie Mode, Preis etc. einbeziehen können, ist hierfür die Transparenz zu erhöhen.

Empfehlungen: Die Enquete-Kommission empfiehlt zum einen, daß die Bundesregierung bei der EU-Kommission initiativ wird, in die anstehende Novellierung der EU-Richtlinie für Textilkennzeichnung weitergehende verbraucherrelevante Informationen im Sinne des Leitbildes einer nachhaltig zukunftsverträglichen Entwicklung aufzunehmen. Hierzu wird keine Volldeklaration vorgeschlagen, da eine Auflistung aller nur erdenklichen, im Laufe der textilen Kette eingesetzten Stoffe, für die Verbraucherinnen und Verbraucher keine relevanten Informationen darstellen und dies potentiell eher kontraproduktiv wirken kann. Vielmehr kommt es darauf an, relevante und für die Verbraucherinnen und Verbraucher entsprechend aufgearbeitete Informationen zu geben.

Öko-Label sind nach Auffassung der Enquete-Kommission ein geeignetes Instrument zur Verbraucherinformation, wenn dabei einige wesentliche Aspekte bedacht werden. Wichtig ist vor allem, daß nicht eine zu große Vielfalt sehr unterschiedlicher Label auf dem Markt sind, da dies erfahrungsgemäß die Transparenz für die Verbraucherinnen und die Verbraucher eher verringert. Deshalb begrüßt es die Enquete-Kommission, daß zwischenzeitlich die Initiative zum M.S.T. mit dem Öko-Tex-Standard 100 zusammengeführt wurde. Sofern über ein einheitliches EU-Label für Textilien hinausgehend Öko-Label von Akteuren der textilen Kette Verwendung finden, ist eine Einhaltung von entsprechenden Mindestregeln für Öko-Label wichtig. Hierzu bietet sich eine Zertifizierung im Rahmen des Öko-Audits an.

Neben dieser Kennzeichnung können Öko-Label für Textilien die Transparenz entscheidend hinsichtlich der für das übergeordnete Leitbild der

Stoffpolitik relevanten Kriterien verbessern. Die Enquete-Kommission begrüßt die Arbeiten zur Entwicklung eines einheitlichen gesetzlichen „EU-Umweltzeichens für Textilien". Dieses enthält sowohl verbraucher- als auch umweltrelevante Aspekte und aufgrund der Lebenswegbetrachtung nicht nur produktspezifische oder auf einzelne Stoffe bezogene Anforderungen, sondern übergreifend auch produktionsspezifische Kriterien.

Ein praktisches, aber für die Umsetzung nicht unwichtiges Detail ist die Form. Diese sollte selbstverständlich in der gesetzlichen Grundlage offengehalten werden. Es bietet sich aber an, nicht in das Textil eine Textfassung einzuheften, sondern den Bekleidungstextilien und anderen hautnah verwendeten Textilien eine Art „Waschzettel" beizulegen. Alternativ wird die Einrichtung einer Beratungsstelle diskutiert, die auf Anfrage Informationen bereitstellt.

Wichtig ist insbesondere, daß potentiell allergene Substanzen entsprechend aufgeführt werden. Wünschenswert wären kompakte, nicht zu sehr ins Detail gehende Informationen zu den Veredlungs- und Färbeprozessen, die dem gesundheits- und umweltbewußten Verbraucher entscheidungsrelevante Informationen bieten. Zu erwägen wäre ein Hinweis bei köpernah getragenen Textilien, diese vor dem ersten Tragen zu waschen.

Die Enquete-Kommission empfiehlt dazu entsprechend, daß die Kennzeichnung bei Waschmitteln, Waschmaschinen, Bügelgeräten und elektrischen Trocknern etc. ebenfalls weiterentwickelt wird.

(3) Forschung und Innovation: Die Akteure der Textilkette sind bisher bereits in vielfältiger Weise innovativ (beispielsweise Verbesserung der Stoff- und Energieeffizienz in den verschiedenen Verarbeitungsstufen, nennenswerter Anteil an Farbstoffen und textilen Hilfsmittel an der Gesamtzahl der zur Anwendung gebrachten neuen Stoffe etc.). Die beispielhafte Aufarbeitung der Daten zur textilen Kette in der Enquete-Kommission hat jedoch zugleich deutlich gemacht, daß bisher die Forschungs- und Innovationsanstrengungen auf bestimmte einzelne Stufen der textilen Kette ausgerichtet waren und in wichtigen Aspekten noch ein weiterer Forschungs- und Innovationsbedarf besteht.

Empfehlungen: Die Enquete-Kommission begrüßt die Forschungs- und Innovationsanstrengungen der Akteure in der textilen Kette. Sie empfiehlt ferner eine Förderung der Innovationen für neue Produktionsverfahren und Produkte zur weiteren Steigerung der Stoff- und Energieeffizienz im Sinne eines integrierten Umweltschutzes. Beispielhaft sind hier FuE-Maßnahmen zur Verbesserung der Kreislaufführung von Einsatzstoffen und Wasser, Untersuchungen zur Substitution problematischer Farbstoffe etc. zu nennen.

Die Enquete-Kommission empfiehlt ferner unterstützend zu den Anstrengungen der Industrie eine Förderung der Forschung entlang der textilen Kette zum Abbau derzeit erkennbarer Informationsdefizite. Ein weiteres Beispiel ist das vom Bundesgesundheitsministerium initiierte Forschungsprojekt „Entwicklung praxisgerechter Modelle für die Exposition mit chemischen Stoffen aus Textilien" und das vom Umweltbundesamt in Auftrag gegebene Projekt zur Gebrauchsphase (Waschmittel etc.). Insbesondere empfiehlt die Enquete-Kommission eine vertiefte Aufarbeitung der von ihr noch nicht vergleichbar intensiv behandelten Fasern (insbesondere Flachs als nachwachsender heimischer Rohstoff) und der bisher nicht oder noch nicht vergleichbar intensiv behandelter Stufen der textilen Kette.

(4) Verbraucherverhalten: In letzter Instanz bestimmt der Verbraucher mit seiner Kaufentscheidung über das Produkt. Daneben kommt einer sachgerechten Verbraucheraufklärung und -beratung und damit einer entsprechenden Sensibilisierung hohes Gewicht zu.

Empfehlungen: Die Enquete-Kommission empfiehlt eine verstärkte Einbeziehung von Kriterien zur umweltgerechten und nachhaltigen Beschaffung von Textilien beim öffentlichen Beschaffungswesen, da dem Verhalten der öffentlichen Hand eine Beispielfunktion zukommt.

Ferner empfiehlt die Enquete-Kommission eine Einbeziehung der in diesem Kapitel ausgeführten Kriterien und Überlegungen in unterschiedlichsten institutionellen Zusammenhängen – z. B. Verbraucherberatung, Umweltberatung, Ausbildung der Textilverkäufer, Textilingenieure und Designer etc., um nur einige der Zugänge zu nennen.

Daneben kommt einer verstärkten Aufklärung der Verbraucherinnen und Verbraucher über Medien etc. Bedeutung zu: elektrisches Trocknen versus Lufttrocknen, Art des Bügelns, Waschtemperatur, Dosierung der Waschmittel, Tragedauer der Bekleidung, Achten auf Qualität beim Kauf etc.. Das Bewußtsein für die ökologische Bedeutung dieser Merkmale des Verbrauchs ist zu entwickeln.

4.2.9 Übertragbarkeit der aus der Bearbeitung des Bedürfnisfeldes Textilien/Bekleidung gewonnenen Erkenntnisse auf weitere Themenfelder

Das Themenfeld Textilien/Bekleidung wurde ausgewählt, um an diesem vergleichsweise komplexen Beispiel den Umgang mit schwieriger faßbaren, vernetzten Stoffströmen zu erproben. Gleichzeitig sollten anhand dieses Beispielfeldes mit Hilfe einer detaillierten Sachstandsanalyse auf induktivem Wege Bewertungskriterien entwickelt werden.

Da der Beispiel- und Übungscharakter des Bedürfnisfeldes Textilien/Bekleidung im Vordergrund stand, drängt sich nun die Frage auf, wofür dieses Themenfeld denn eigentlich Beispiel sein kann, d. h. auf welche anderen Themenfelder welche der gewonnen Erkenntnisse übertragbar sind.

Die Bedeutung der Betrachtung des gesamten Stoffstroms für die Schwachstellenanalyse

Wie schon so oft hervorgehoben wurde, ist es in erster Linie das methodische Vorgehen, das der Bearbeitung anderer komplexer Themen zugrundegelegt werden kann.

Unterscheidung zwischen Haupt- und Nebenketten

Entscheidend ist es, in einem ersten Schritt die einzelnen Stufen der Hauptkette zu identifizieren und diese von den Nebenketten, die zur Produktion der in der Hauptkette verarbeiteten Stoffe führen, zu unterscheiden. Im vorliegenden Beispielfeld konzentrierte sich die Betrachtung ausschließlich auf die Hauptkette. Es ist im jeweiligen Untersuchungsfeld zu entscheiden, ob nicht auch Teile der Nebenkette in die Betrachtung mit aufgenommen werden sollten, wenn davon auszugehen ist, daß diese für die Gesamtbetrachtung und die daraus hergeleiteten Empfehlungen von zentraler Bedeutung sind (s. zur Unterscheidung zwischen Haupt- und Nebenlinie Abbildung 4.2.4).

Die Bedeutung des methodischen Ansatzes für den Erkenntnisgewinn

Es hat sich zudem gezeigt, daß nicht die spezifischen Einzelerkenntnisse entlang der Hauptkette für das Aufdecken der Schwachstellen bedeutsam sind, sondern die Art des methodischen Vorgehens. Dabei wird nicht segmentartig ein Detailaspekt untersucht, vielmehr wird der gesamte Stoffstrom unter den ökologischen, ökonomischen und sozialen Aspekten in den Blick genommen. Innerhalb der textilen Kette ist beispielsweise die

Bedeutung des Transports nur dadurch aufgefallen, weil der Versuch unternommen wurde, den gesamten Stoffstrom zu betrachten und die einzelnen Stufen miteinander in Beziehung zu setzen. Hätte beispielsweise lediglich die Veredlung im Mittelpunkt der Betrachtung gestanden, wäre der Transport der zu veredelnden Fasern, Garne und Flächengebilde zu den Veredlungsbetrieben und anschließend der Transport zur Konfektionierung nicht in die Betrachtung einbezogen worden.

„Mut zur Lücke" – oder die Bedeutung des „pars pro toto" als Schwerpunktsetzung im ganzheitlichen Ansatz

Trotz der großen Bedeutung der Datenfülle für den Bewertungsprozeß kommt es aber – wie das vorliegende Beispiel zeigte – nicht auf eine lückenlose Zusammenstellung aller verfügbaren Daten an, wenn es darum geht, systembedingte Schwachstellen aufzudecken. Um im Textil-Beispiel zu bleiben: Obwohl die Seidenproduktion nicht näher untersucht wurde, ist aus den Kenntnissen der Rohbaumwollproduktion zu schließen, daß auch hier der Einsatz von Konservierungsmitteln gegen Schädlingsbefall notwendig ist. Allerdings wird es erforderlich sein, bei konkreten Versuchen zur Optimierung der Seidenproduktion einen vergleichbar genauen Blick auf die einzelnen Prozeßschritte zu werfen. Ähnliche Übertragungen der an einzelnen Beispielen gewonnenen Erkennnisse könnten auch innerhalb anderer Themenfelder – beispielsweise dem Bedürfnisfeld Ernährung – erfolgen.

Dieses Beispiel der Übertragbarkeit von Einzelerkenntnissen, die den Verzicht auf eine lückenlose Erfassung des Sachstands erlaubt, zeigt aber auch, daß exemplarisch sehr wohl ganz konkrete Daten erhoben werden müssen. Bei der Festlegung der genau zu untersuchenden Einzelfelder innerhalb des Stoffstroms kann – wie im vorliegenden Bedürfnisfeld bei der Baumwolle – beispielsweise der Verbrauchsanteil ein sinnvolles Auswahlkriterium darstellen. Ein weiteres Auswahlkriterium könnte die Datenverfügbarkeit oder aber die vermutete ökologische, ökonomische oder soziale Bedeutung eines Untersuchungssegmentes darstellen. Beim Bedürfnisfeld Textilien/Bekleidung wurde beispielsweise die Stufe der Veredlung wegen der ökologischen Bedeutung eingehender untersucht.

Dieser „Mut zur Lücke" einerseits und die exemplarische Detailliertheit der Untersuchung anderseits ermöglichen es erst, komplexe Themenfelder einer Stoffstrombetrachtung zu unterziehen. Der Versuch, sämtliche Daten entlang der textilen Kette zusammenzutragen und sämtlichen noch offenen Fragen nachzugehen, könnte dagegen schnell zur Folge haben, die wesentlichen Schwachstellen aus den Augen zu verlieren.

Die Bedeutung der Akteure für den Stoffstrom

Noch eine weitere Übertragbarkeit auf andere Themenfelder wurde bei der Bearbeitung des Textilfeldes offensichtlich: Da es nie die Stoffe selbst sind, die sich zu einem Stoffstrom organisieren, sondern dieser vielmehr von unterschiedlichen Akteuren gebildet wird, reicht die Fokussierung auf die Stoffeigenschaften in den einzelnen Stadien des Prozesses allein nicht aus. Es muß vielmehr auch die Handlungsmotivation der verschiedenen Akteure in den Blick genommen werden. Erst durch die Beachtung dieses Aspekts wurde es beim vorliegenden Textil-Beispielfeld möglich, die Problematik der bestehenden Informationsbarrieren, die zwischen den einzelnen Stufen der textilen Kette liegen, zu verstehen und Lösungsansätze, wie sie in Kapitel 4.2.7. dargestellt sind, zu formulieren. Daß ähnliche akteursbedingte Kommunikationsbarrieren oder vergleichbare Schwachstellen auch bei anderen komplexen Themenfeldern vorliegen, scheint offensichtlich. Um diese aufdecken zu können, ist es erforderlich, neben der Stoffstromanalyse noch eine Analyse der Akteure in der Produktlinie (Akteurskette) durchzuführen.

Diese Analyse sollte auch eine Betrachtung der Unternehmensstruktur beinhalten. So ist beispielsweise die Akteurskette beim Bedürfnisfeld Textilien/Bekleidung eher heterogen und wenig hierachisch strukturiert, d. h. viele unterschiedliche, von sehr großen Konzernen bis hin zu mittelständischen und kleinen Unternehmen reichende Akteure sind in den Produktionsablauf eingebunden. Im Beispielfeld Mobilität ist dagegen eher eine homogene Akteurskette mit streng hierarchischer Struktur anzutreffen, bei der z. B. zwischen Automobilhersteller und Zulieferern ein hoher Organisationsgrad und Informationsaustausch besteht.

Der Grad der Heterogenität bzw. Homogenität in der Akteurskette ist entscheidend, um den Adressatenkreis für die Empfehlungen, die zum jeweiligen Themenfeld ausgesprochen werden, ausmachen zu können.

Die Notwendigkeit der Erfassung relevanter rechtlicher
Rahmenbedingungen

Es hat sich im vorliegenden Beispielfeld bewährt, eine Analyse der rechtlichen Rahmenbedingungen auf nationaler, EU-weiter und internationaler Ebene vorzunehmen. Der Überblick über bestehende Handelsabkommen, freiwillige Vereinbarungen, anstehende Gesetzesnovellierungen und vor allem über die Möglichkeiten, die die Bundesrepublik Deutschland hat, eigene Regelungen zu erlassen, zu ändern bzw. auf Änderungen supranationaler Regelungen hinzuwirken, ist für die Ableitung von Empfehlungen und deren Realisierungsmöglichkeiten von großer Bedeutung.

Vom Bewertungsansatz zum Bewertungskonzept

Durch das Textil-Beispiel sollte der Versuch unternommen werden, auf induktivem Wege Bewertungskriterien zu entwickeln, die mit den aus dem Leitbild einer nachhaltig zukunftsverträglichen Entwicklung abgeleiteten Schutz- und Gestaltungszielen korrespondieren. Je größer der Erfahrungshorizont für diese induktive Ableitung ist, um so mehr kann einerseits die Bedeutung der einmal aufgestellten Bewertungskriterien erhärtet werden. Andererseits kann dies für den Fall, daß die Bewertungskriterien keinerlei Relevanz zum Untersuchungsfeld aufweisen oder daß sich im Laufe der Zeit die Bedingungen geändert haben, eine Überarbeitung der Bewertungskriterien zur Folge haben. Außerdem kann mit zunehmender Sicherheit über die Relevanz der Bewertungskriterien eine detailliertere Analyse des jeweiligen Untersuchungsfeldes vorgenommen werden. Diese Rückkopplung zwischen den Untersuchungsfeldern und der Bewertungsmethodik wird mit wachsender Anzahl von Stoffstromerfassungen auch zu einem Erkenntnisgewinn innerhalb der Beispielfelder führen. Beispielsweise könnten Daten aus dem Bedürfnisfeld Textilien/Bekleidung auch für das Themenfeld Mobilität verwertbar sein, wenn dort z. B. der Stoffstrom der textilen Ausrüstung untersucht wird.

Die Entscheidung des Konsumenten zwischen Mode und Ökologie

Das Bedürfnisfeld Textilien/Bekleidung zeigte deutlich, daß Modetrends und Ökologie Kehrseiten ein und derselben Medaille sein können. Zum einen ist die modebedingte Verkürzung der Tragedauer weit unterhalb der normalen Verschleißzeiten – wie selten wird ein Kleidungstück noch ausgemustert, weil der Materialverschleiß zu einem unhaltbaren Stadium fortgeschritten ist – und der damit verbundene Materialaufwand ein ökologischer Nachteil. Aber auch die für die jeweiligen Moderichtungen einzusetzenden Hilfs- und Veredlungsmittel – vom Glitzereffekt bis zum Knitterlook – tragen zu ökologisch unerwünschten Folgen bei. Verbraucherinformation ist hier ein wichtiges Instrument zur Bewußtmachung der ökologischen Konsequenzen von Mode. Es ist davon auszugehen, daß es auch in anderen Bedürfnisfeldern trend- und modebedingt Stoffe eingesetzt werden, die ähnliche ökologische Folgen haben, wie „die Stoffe, aus denen unsere Kleider sind". Entsprechend ist auch hier eine Verbraucherinformation zu empfehlen, die der Konsument bei seinen Kaufentscheidungen berücksichtigen kann.

4.3 Bedürfnisfeld Mobilität

4.3.1 Darstellung und Bedeutung des Problemkreises Mobilität

4.3.1.1 Mobilität als Bedürfnis

Die freie Wahl von Wohnort und Arbeitsplatz, freie Konsumwahl und die freie Entscheidung des einzelnen über die Nutzung der ihm zur Verfügung stehenden Freizeit gelten in der Gesellschaft, in der wir leben, ebenso als Selbstverständlichkeit wie die immer vielfältigeren Nachfragen nach Gütern aller Art. Es handelt sich dabei um grundlegende Verhaltens- und Entwicklungsmuster arbeitsteilig und marktwirtschaftlich organisierter Industrie- und Dienstleistungsgesellschaften, deren unverzichtbare Grundlage die Mobilität von Gütern und Personen ist. Personen- und Güterverkehr sind daher Voraussetzung und Folge zugleich der Wahrnehmung dieser Freiheiten.

Das Wohlstands- und Lebensniveau unserer Gesellschaft, mit den uns vertrauten Formen der materiellen Bedürfnisbefriedigung und der zwischenmenschlichen Begegnungen und Kommunikation wäre ohne die uns heute mögliche Art und Weise der Mobilitätsbefriedigung nicht erreichbar gewesen. Wirtschaftliche und gesellschaftliche Aktivitäten bestimmen über eine Vielzahl von Wirkungsketten – direkt oder indirekt – Art und Umfang der Verkehrsbewegungen. Eingriffe in den Verkehrsbereich wirken deshalb in einem oft nicht überschaubaren Maß auf das komplexe Beziehungsgefüge von Gesellschaft und Wirtschaft zurück.

Durch die generelle Öffnung der Märkte (GATT) und den einheitlichen europäischen Binnenmarkt wird es noch zu einem verstärkten Waren- und Personenverkehr kommen. Ob und in welcher Weise die notwendige Infrastruktur zur Verfügung gestellt werden soll, ist allerdings unklar.

Rund ein Fünftel des Volkseinkommens wird jährlich in der Bundesrepublik Deutschland für Verkehrsleistungen ausgegeben. Diese Größenordnung ist einerseits ein Indiz für die gesamtwirtschaftliche Bedeutung, die dem Verkehr in unserer Gesellschaft beigemessen wird und insoweit auch ein Gradmesser für dessen gesellschaftlichen Nutzen. Steigende Verkehrsleistungen bedeuten also einerseits Wohlstand, andererseits aber auch eine verstärkte Belastung der Umwelt.

Es ist daher erforderlich, sich intensiv mit den Vor- und Nachteilen des Verkehrs bzw. der Mobilität auseinanderzusetzen. Ein Masterplan „Verkehr", der die Entwicklung aller Verkehrsträger und Verkehrswege, ihre gegenseitigen Übergänge und Abhängigkeiten erfaßt, sollte daher erstellt werden.

Verkehr ist mit Risiken und dem Verbrauch natürlicher Ressourcen verbunden. Darin unterscheidet er sich nicht von anderen wirtschaftlichen und gesellschaftlichen Aktivitäten. Die enge Verknüpfung des Verkehrsgeschehens mit nahezu allen Lebensbereichen läßt die Auswirkungen in Form von Unfällen, Lärm, Luftverschmutzung, Landschaftsverbrauch und Abfallströmen jedoch besonders deutlich in Erscheinung treten. Aufgrund der selektiven Wahrnehmung der Vor- und Nachteile der Mobilität reagieren die Bürger je nach aktueller persönlicher Situation zwiespältig. Gemeinsames Ziel aller an der Entstehung von Transportvorgängen beteiligten Menschen sollte daher sein, verkehrsbedingte Risiken und Belastungen sowie den Ressourcenverbrauch des Verkehrs auf ein möglichst niedriges Maß zu reduzieren. Diese Zielsetzung ist ökologisch wie ökonomisch und sozial gleichermaßen wichtig. Sie erfordert daher eine mehrdimensionale, über den Verkehrssektor hinausblickende, vorausschauende Planung.

Etwa 90% des Personenverkehrs und 60% des Güterverkehrs werden in der Bundesrepublik Deutschland auf der Straße abgewickelt. Damit stellt die Straße den entscheidenden Teil der Infrastruktur mit dem größten Reduktionspotential beim Ressourcenverbrauch dar.

Beweggründe des Mobilitätsverhaltens
– Analyse des Rates von Sachverständigen für Umweltfragen

„Die rasante Ausweitung heutiger individueller wie kollektiver Mobilitätsmöglichkeiten steht in unmittelbarer Wechselwirkung mit einem Spezifikum der industriellen Entwicklung insgesamt: Der zunehmenden Zentrierung der Güterproduktion in eigenen Produktionsstätten (Fabriken) und der damit gegebenen Auslagerung der Erwerbsarbeit aus der Familie sowie der Vernetzung und Konzentrierung unterschiedlicher Industrien und der nicht zuletzt daraus resultierenden Entstehung dichter städtischer Ballungsräume. Es geht um kultursoziologische Fakten von unabsehbarer Bedeutung: Die Trennung von ökonomisch organisierter Arbeitswelt und personaler Beziehungswelt sowie die Entstehung moderner mittel- und großstädtischer Zentren und ihnen zugeordneter dezentraler Siedlungsräume.

Es ist also dieselbe industrielle Entwicklung, die nicht nur mit der technischen Innovation von Verkehrsmitteln ganz neue Formen von Mobilität ermöglicht, sondern die zugleich auch mit den durch sie hervorgerufenen sozioökonomischen und soziokulturellen Veränderungen ein steigendes Maß an Mobilität induziert. Dies alles hat in den sich entwickelnden Industriegesellschaften bis heute zu immensen Mobilitätssteigerungen geführt, und zwar mit zunehmender Dominanz des motorisierten Individualverkehrs: Die Möglichkeit an individueller Mobilität wird gleichsam zum Indikator des erreichten Wohlstands. Damit aber gewinnt gerade der PKW die Bedeutung eines zentralen Konsumgutes. In einer warenproduzierenden Gesellschaft wird er zum Witschaftsfaktor und Arbeitsplatzbeschaffer ersten Ranges.

Man wird davon ausgehen müssen, daß sich die für die Industriegesellschaften beschriebene Mobilitätssteigerung ihrer Grundtendenz nach global fortsetzt. Dies hängt zum einen mit der durch die Industrieländer initiierten Erschließung neuer Märkte und dem damit einhergehenden Ausbau des Welthandels, zum anderen mit der industriellen und sozioökonomischen Entwicklung der übrigen, in diesem Sinne bisher weithin unterentwickelten Länder zusammen. Dabei wirkt sich das nicht zuletzt hierdurch mitverursachte rasante Wachstum der Weltbevölkerung als ein zusätzlich verstärkender verkehrsinduzierender Faktor aus. (SRU, 1994, Tz. 614–616)

Ein gravierender Faktor sozialer Ungleichbehandlung zeigt sich in bezug auf die ökologischen Auswirkungen des motorisierten Individualverkehrs. Was hier an Folgen für die Umwelt entsteht, hat zusätzliche negative Konsequenzen auch hinsichtlich des Bedürfnisses des Menschen nach Gleichbehandlung. So müssen die durch den motorisierten Individualverkehr anfallenden Umweltschäden auch von denen getragen werden, die Vorteile der individuellen Motorisierung nicht in Anspruch nehmen oder gar nicht in Anspruch nehmen können. Das gilt innergesellschaftlich und erst recht in globalen Zusammenhängen. Weltweit betrachtet ist gerade dies ein besonders beschämendes Beispiel dafür, daß in ökologischen Belangen jene die von anderen verursachte Zeche mitzubezahlen haben, die selber bislang kaum die ersten Schritte zur Industrialisierung zu tun vermochten." (SRU, 1994, Tz. 627)

Die Expansion der Verkehrsinfrastruktur wirkt sich ihrerseits wieder auf das Mobilitätsbedürfnis und die Fahrleistungen wachstumsfördernd aus. Nach dem Bundesverkehrswegeplan (BVWP) 1992, der bis zum Jahr 2012 für die Verkehrsinfrastruktur ein Investitionsvolumen von rund 540 Mrd. DM vorsieht, soll allein das Bundesautobahnnetz von 10 854 km im Jahr 1990 (alte und neue Bundesländer) bis zum Jahr 2010 auf eine Länge von ca. 13 300 km, im wesentlichen durch Investitionen in den neuen Bundesländern, anwachsen (BMV, 1992, S. 43).

Auch aus den unterschiedlichsten Interessenbereichen des Staates, wie Politik, Wirtschaft, Verbänden etc., wird die Befriedigung und Weiterentwicklung des Mobilitätsbedürfnisses weiterhin gefordert und gefördert werden. Denn wirtschaftliche Entwicklung war schon immer mit dem Reisen der Menschen und dem Transport von Waren und Gütern verknüpft. Pflege und Ausbau der verfügbaren Infrastruktur und Verfügbarkeit der zugehörigen Verkehrsmittel werden als Voraussetzung für den Erhalt von Lebensqualität und Prosperität angesehen. (KDrs 12/10a, BASt, S. 190)

Mobilitätshemmende Faktoren, wie die Zunahme der mobilitätsinduzierten Gesundheits- und Umweltbelastungen, die Zunahme der Verkehrsdichte oder die teilweise Verteuerung von Mobilität, zeigten dagegen kaum Wirkungen. Durch technischen Fortschritt erzielte Zeitgewinne wurden nicht etwa im Verkehr eingespart, sondern in größere Aktionsradien (und damit in noch mehr Kilometer) umgesetzt (KDrs 12/10b, Kutter, S. 76).

Das Verhalten der überwiegenden Mehrheit der Bevölkerung zeigt, daß Mobilität – vor allem in Form der Automobilität – nach wie vor einen extrem hohen Stellenwert besitzt. Hierbei spielen nicht nur die wirtschaftlichen und beruflichen Aspekte eine Rolle, sondern insbesondere auch der Wunsch nach einer individuellen Lebensgestaltung. Solchen Grundbedürfnissen an die Mobilität wird der Staat einen Rahmen geben müssen, da es seine Aufgabe ist, Schäden für Mensch und Umwelt – insbesondere durch übermäßige Automobilität – weitestmöglich abzuwehren.

Sondervotum von Prof. Dr. Paul Klemmer zu Kapitel 4.3.1.1

„Prof. Klemmer hält die Forderung nach einem sogenannten Masterplan ‚Verkehr' für utopisch. Die mit einem solchen Plan verbundenen Informationsbeschaffungs- und Bewertungsprobleme sind nicht bewältigbar. Problematisch wäre eine Einengung der Bewertung, wie es im Kommissionsbericht geschieht, auf den Vergleich der Materialintensität je Tonnen- oder Personenkilometer über die verschiedenen Verkehrsträger (vgl. etwa Kap. 4.3.5.1) hinweg. Dieser Indikator liefert keine befriedigenden Informationen über die Umweltauswirkungen bzw. Umweltverträglichkeit und blendet alle Nutzenüberlegungen aus."

4.3.1.2 Verkehrsaufkommen

4.3.1.2.1 Verkehrsleistungen auf Straßen, Schienen, Wasserstraßen

Im Hinblick auf den besonders drastisch ansteigenden Güterverkehr förderten schnelle Verkehrswege und -mittel die Zunahme und Ausdifferenzierung der nationalen und internationalen Arbeitsteilung, die mit der Bildung größerer Wirtschaftsräume einherging. Gleichzeitig nahmen die Warenvielfalt in Verbindung mit großen Transportentfernungen und die Anforderungen an schnelle Lieferung, bei vergleichsweise niedrigen Frachtkosten in Europa, zu. Insbesondere der straßengebundene Güterverkehr wurde zusätzlich durch rechtliche Rahmenbedingungen wie das für die Bundesrepublik Deutschland bisher gültige Kabotageverbot oder durch Nah- und Fernverkehrsbestimmungen (Güterkraftverkehrsgesetz) sowie durch den Mangel an Transfereinrichtungen zwischen verschiedenen Verkehrsträgern forciert. Darüber hinaus ist die Bundesrepublik Deutschland durch die geographische Sonderrolle als Transitland von den zunehmenden Güterverkehrsleistungen besonders betroffen.

Die Verkehrsleistungen auf Straßen, Schienen, Wasserstraßen und in der Luft werden weiter zunehmen. Das in Fahrzeugkilometern gemessene Verkehrsaufkommen hat sich in Westdeutschland in den letzten zwanzig Jahren stetig erhöht und ist rascher gewachsen als das Volkseinkommen. Für einen Großteil des Zuwachses des Verkehrsaufkommens ist die explositionsartige Zunahme des Straßenverkehrs verantwortlich. Besonders ausgeprägt war die Verlagerung auf diesen Verkehrsträger beim Güterverkehr: Gemessen in Tonnenkilometern hat sich der Straßengüterfernverkehr in Deutschland in den letzten zwanzig Jahren nahezu verdreifacht (Tab. 4.3.1). (OECD, 1993, S. 159)

Tabelle 4.3.1: Eckzahlen zur Verkehrsleistung

Verkehrsträger	Verkehrsleistung				
	1978*	1988*	1990*	1992*	2010**
Personenverkehr (Mrd. Pkm)					
Individualverkehr	449	556	594	610	838
Eisenbahn	38	42	45	48	88
Luftverkehr	10	16	18	20	34
Öffentlicher Straßenpersonenverkehr	70	62	65	69	110
Güterverkehr (Mrd. tkm)					
Straßengüterfernverkehr	73	106	120	140	238
Eisenbahn	58	60	62	57	194
Binnenschiffahrt	52	53	55	56	116

Quellen: * BMV, 1993, S. 198, 218; alte Bundesländer
** BMV, 1992, S. 14; alte und neue Bundesländer

Prognosen zufolge werden die Personen- und Gütertransportleistungen in den nächsten 10 bis 20 Jahren um weitere 60 bis 70% zunehmen. Besondere Mobilitätsentwicklungen sind im grenzüberschreitenden Verkehr zu erwarten (Wachstum um ca. 40% in Europa). Im Güterverkehr wird in Ost-West-Richtung eine Verdreifachung vorhergesagt. (KDrs 12/10a, BASt, S. 190)

Eine bedeutende Steigerung im Ost-West-Verkehr erfolgte bereits in den Jahren 1990 bis 1993 durch die Öffnung der Grenzen zwischen Ost- und Westdeutschland: Nach Angaben des Ifo-Instituts für Wirtschaftsforschung e.V. versechsfachten sich die Gütertransporte durch LKW in Westrichtung auf 15,6 und in Ostrichtung auf 36,6 Mio. t. Im innerdeutschen Personenverkehr wird sogar eine Verachtfachung vorausgesagt.

Ein großer Unsicherheitsfaktor ist der Transitverkehr; hier hängt viel von der zukünftigen Entwicklung der Länder ab, die sich ehemals als „Rat für gegenseitige Wirtschaftshilfe" (RGW-Länder) zusammengeschlossen hatten. Das Bundesverkehrsministerium geht von einer Versiebenfachung im Güterverkehr und einer Zunahme um mehr als 180% im Personenverkehr aus. (KDrs 12/10c, Heinisch, S. 132)

4.3.1.2.2 Besonderes Problemfeld: Verkehr in Innenstädten

Die Entwicklung des Verkehrs in den Städten ist gekennzeichnet durch ein zunehmendes Mobilitätsbedürfnis auf der einen Seite und eine zunehmende Befriedigung dieses Mobilitätsbedarfs durch motorisierten Individualverkehr auf der anderen Seite.

Die Zunahme des Mobilitätsbedürfnisses hat ihre wesentlichen Wurzeln in der Trennung von Wohnung und Arbeitsplatz (ein Vorschlag entsprechend der Charta von Athen aus den 30er Jahren), der Entstehung von Einkaufszentren außerhalb der Innenstädte und der Zunahme von Freizeit. Weitere Faktoren sind die Entvölkerung der Innenstädte durch Konzentration der Dienstleistungen bei gleichzeitiger Auslagerung der Industriebetriebe, steigende Mobilitäts- und Flexibilitätsanforderungen im Beruf und die relative Verteuerung von Wohnraum im Vergleich zur individuellen Mobilität innerhalb der letzten 10 bis 15 Jahre.

Heute entfällt etwa ein Drittel aller Kraftfahrzeugfahrten auf den Freizeitverkehr, eine Entwicklung, die in der Öffentlichkeit noch erheblich unterschätzt wird. Die Belastung in den Innenstädten wird vorwiegend durch Berufs-, Ausbildungs- und Einkaufsverkehr verursacht, wobei die Verkehrsspitzen – und damit auch die Spitzen der Lärm- und Luftbelastung – in den Metropolen durch Pendler verursacht werden. So hat Frankfurt heute nahezu genauso viele Arbeitsplätze wie Einwohner; ähnliches gilt für Düsseldorf, München oder Köln. Sowohl die Zahl der Fahrten als auch die zurückgelegten Weglängen haben sich in den letzten 40 Jahren erheblich erhöht (Abb. 4.3.1).

Die Aufteilung zwischen Umweltverbund (Öffentlicher Personennahverkehr, Fahrradverkehr, Fußgänger) und motorisiertem Individualverkehr (modal split) hat sich erheblich verschoben, wobei die absolute Zahl der Benutzer des öffentlichen Personennahverkehrs (ÖPNV) in den vergangenen Jahrzehnten kaum zugenommen hat, die Zahl der Nutzer des motorisierten Individualverkehrs dagegen explosionsartig gestiegen ist. Beispielhaft kann dies an der Stadt Düsseldorf (Abb. 4.3.2) gezeigt werden: Während die Einwohnerzahl infolge von Wanderungsverlusten sank, stieg die Zahl der Pendler massiv an, wobei die Zahl der Nutzer des ÖPNV stagnierte.

Der modal split stellt sich in verschiedenen Städten unterschiedlich dar, wobei die jeweilige Attraktivität des ÖPNV einen entscheidenden Faktor darstellt. In Abbildung 4.3.3 ist der modal split für alle innerstädtischen Wege – also ohne Pendler (!) – in mehreren Regionen dargestellt. Eine hohe Attraktivität des ÖPNV wird im wesentlichen durch hohe Geschwindigkeiten, hohe Taktfolgen und durch Erschließung in der Fläche gegeben.

Die große Zahl von Fahrzeugbewegungen machen den Kraftfahrzeugverkehr unverträglich mit anderen städtischen Funktionen in den vorhandenen Stadtstrukturen. Dies äußert sich in Lärm, Abgasen, Flächeninanspruchnahme, Unfällen und Einschränkung der Bewegungsfreiheit umweltfreundlicher Verkehrsarten (Rad- und Fußverkehr).

Der Automobilverkehr ist heute in den westdeutschen Städten entscheidend für die Luftbelastung (s. a. Kap. 4.1.2). Dies läßt sich daran erkennen, daß die Stickoxidkonzentrationen in den Großstädten trotz Sanierung industrieller Quellen weitgehend gleichgeblieben sind, während die Schwefeldioxidkonzentrationen sanken. Auch der Katalysator bringt infolge zunehmender Verkehrsleistungen und nicht optimaler Schadstoffumsetzung bei kalten (Kurzstreckenfahrten) oder falsch eingestellten Motoren bisher keine oder zumindest keine wesentliche Senkung der Schadstoffbelastung.

Der Sommersmog, der sich durch hohe Ozonkonzentrationen an den Randgebieten der Städte manifestiert, hat in den letzten Jahren an Bedeutung zugenommen. Ozon (O_3) entsteht bei intensiver Sonneneinstrahlung aus Luftverunreinigungen, die überwiegend aus dem Verkehr stammen (s. Kap. 6.5.3). Während sich das bodennahe Ozon im Bereich

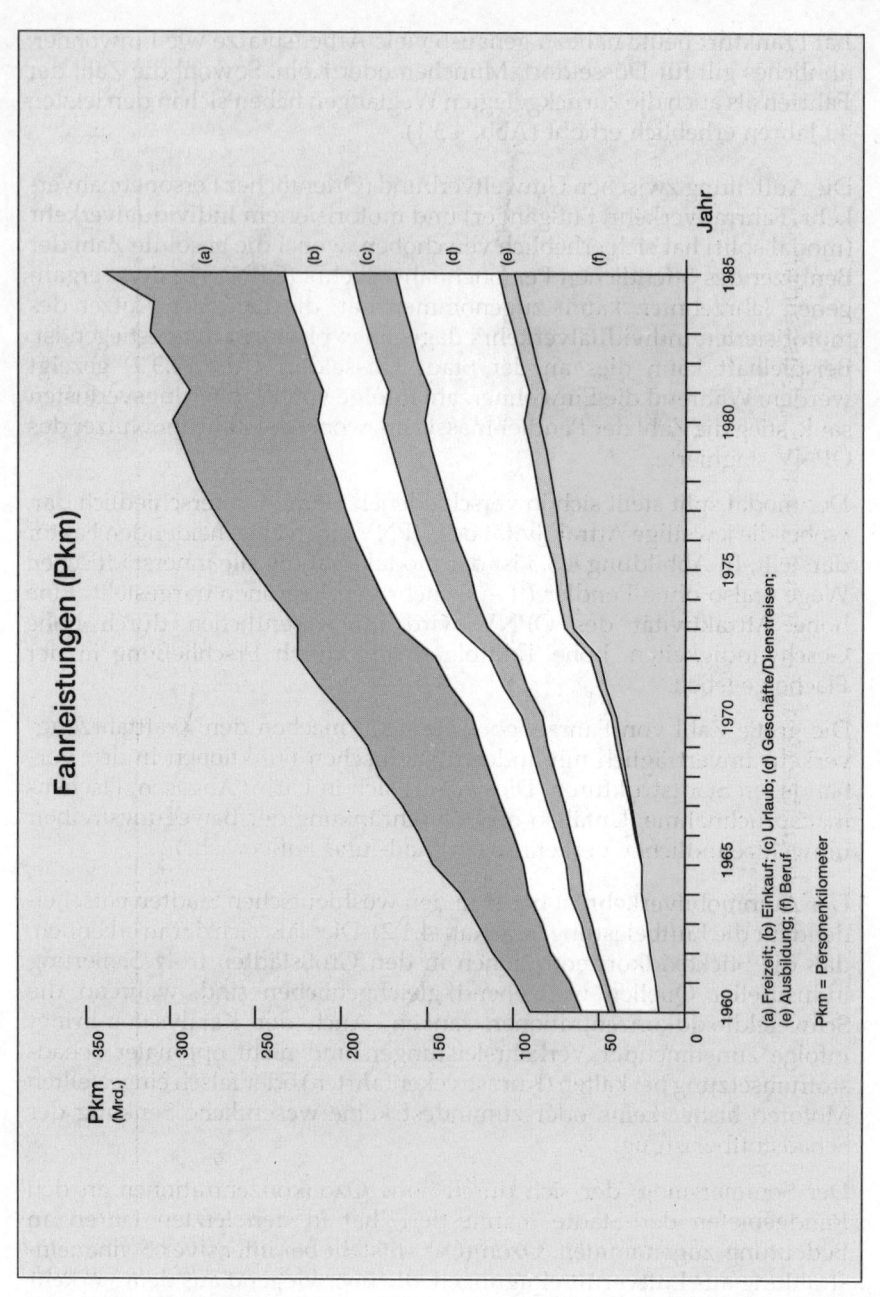

Abb. 4.3.1: **Entwicklung der Gesamtfahrleistungen im motorisierten Individualverkehr (alte Bundesländer)**
Quelle: DIW, 1989, S. 101

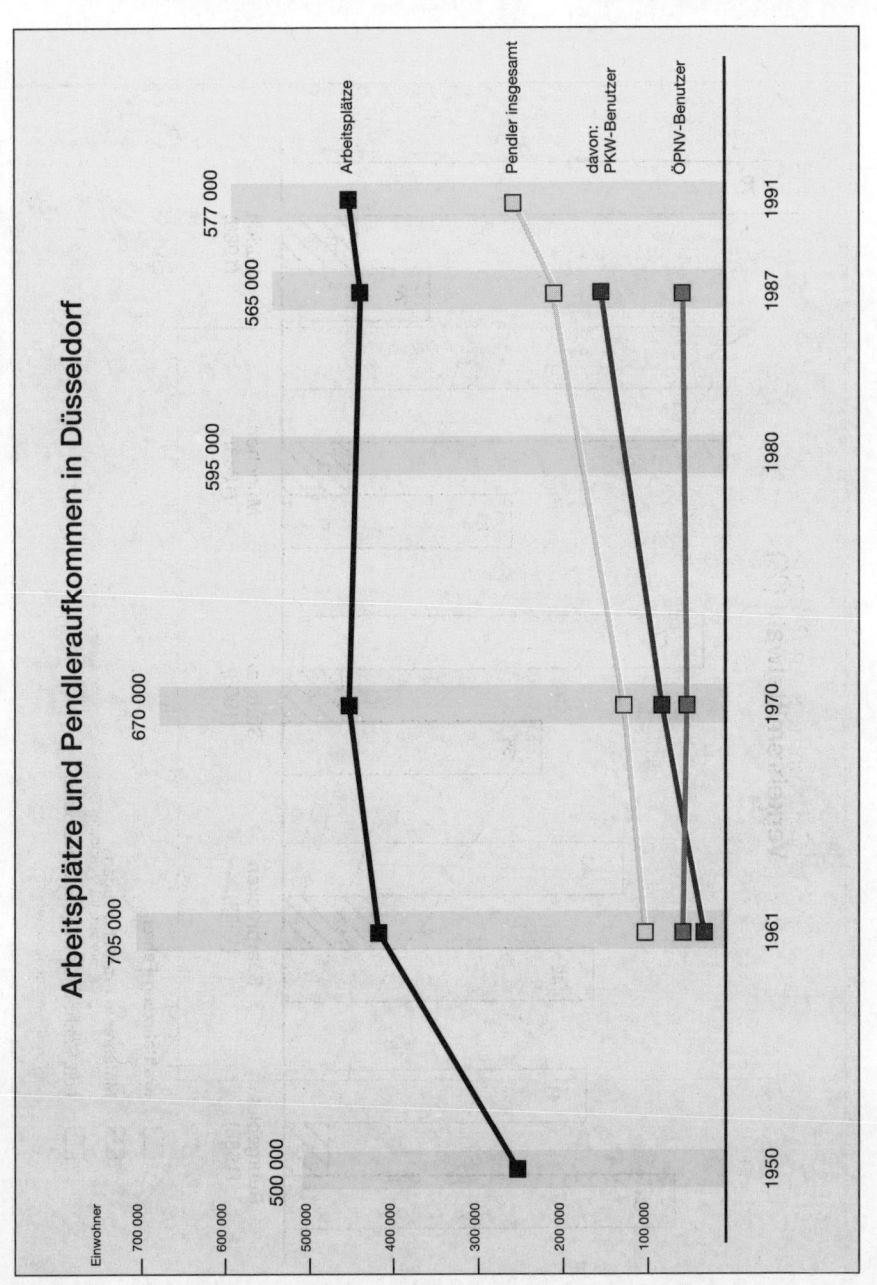

Abb. 4.3.2: Entwicklung von Einwohnerzahl (Balken), Arbeitsplätzen und Pendlerströmen und deren Verteilung auf Individual- bzw. öffentlichen Nahverkehr in Düsseldorf: Gut erkennbar sind Wanderungsverluste bei steigendem Angebot von Arbeitsplätzen, mit der Konseqenz eines kontinuierlichen Anstiegs von Pendlern, die ganz überwiegend das Automobil benutzen.

Quelle: Umweltamt der Stadt Düsseldorf

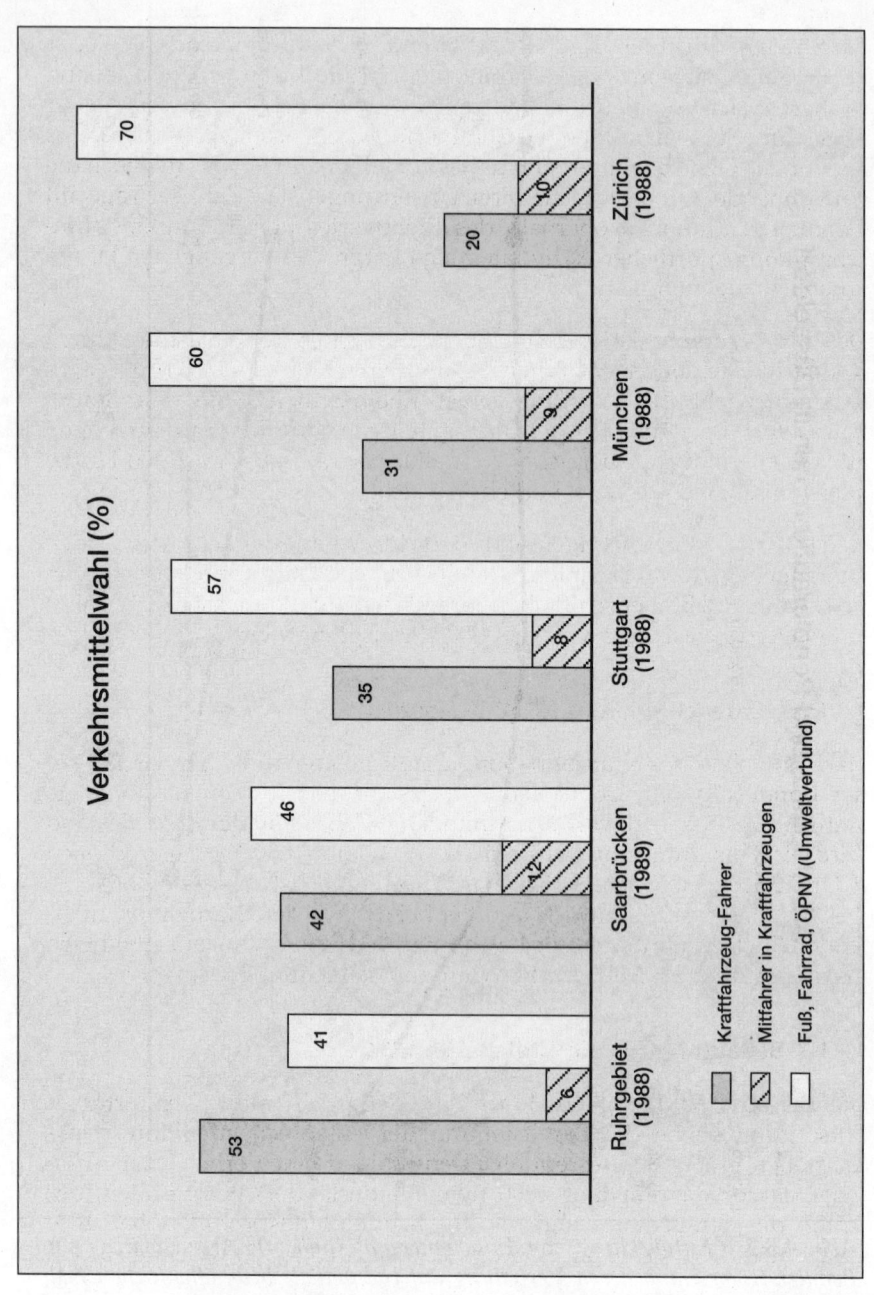

Abb. 4.3.3: Modal-split-Bilanzen für alle innerstädtischen Wege (ohne Pendler).
Quelle: nach VÖV/Socialdata, 1989

der Straßenschluchten durch Reaktion mit Stickstoffmonoxid (NO) oder hochreaktiven chemischen Verbindungen (Radikalen) wieder abbaut, reichert es sich vor allem am Stadtrand an, wobei die Spitzenwerte in der Regel am Spätnachmittag in Sommermonaten erreicht werden. Das bodennahe Ozon beeinträchtigt daher vor allem die Gebiete, in denen die Anwohner der Großstädte ihre Freizeit verbringen. Die Zahl der Tage mit Ozonkonzentrationen oberhalb des Richtwertes von 180 µg/m^3 (Einschränkung sportlicher Aktivitäten etc.) hat in den vergangenen Jahren erheblich zugenommen.

Der LKW-Verkehr ist wesentlicher Verursacher der Belastung durch Rußpartikel in den Innenstädten. So emittieren LKW über 3,5 t zulässiges Gesamtgewicht im Belastungsgebiet Rhein-Schiene-Mitte (Großraum Düsseldorf) bei einem Fahrleistungsanteil von 6% (alle Kraftfahrzeuge/ alle Geschwindigkeitsbereiche) 76% aller Partikel, aber auch ein Drittel aller Emissionen aus dem Verkehrsbereich.

Dabei ist zu berücksichtigen, daß dem LKW-Güterverkehr, der in den vergangenen drei Jahrzehnten bereits erhebliche Transportleistungen von Eisenbahn und Binnenschiff übernommen hat, für die nächsten zehn Jahre ein weiteres Wachstum von ca. 30% vorausgesagt wird.

4.3.1.2.3 Entwicklung des PKW-Bestandes

Nach Angaben des Kraftfahrt-Bundesamtes waren am 1. Januar 1994 in der Bundesrepublik Deutschland insgesamt 49,4 Millionen Fahrzeuge amtlich zugelassen, davon 39,2 Millionen PKW. Allein der PKW-Bestand wird sich bis zum Jahr 2010 auf ca. 45 Millionen Fahrzeuge erhöhen (KDrs 12/10c, Heinisch, S. 132). Damit verbunden ist auch eine Zunahme des Altfahrzeugaufkommens und der bei der Wiederaufarbeitung anfallenden Rückstände (Shredder-Leichtmüllfraktion etc.). Im Jahr 1992 fielen insgesamt über 2,6 Mio. Alt-PKW an, mit steigender Tendenz.

4.3.1.3 Bedeutung für die Volkswirtschaft

Die Bereiche Fahrzeugbau, Wartung/Pflege/Reparatur, Verwertung/ Entsorgung sowie die Bereitstellung der entsprechenden Infrastruktur stellen in der Bundesrepublik Deutschland einen erheblichen Wirtschaftsfaktor dar. Im Jahr 1990 (alte Bundesländer) betrug allein der Anteil des Straßenfahrzeugbaus am Bruttoinlandsprodukt über 10% (254,9 Mrd. DM) (Tab. 4.3.2) (KDrs 12/10a, UBA, S. 7). Wichtig für ein exportorientiertes Land wie die Bundesrepublik Deutschland ist auch hier die Handelsbilanz: Im Jahr 1991 betrug der Überschuß beim Import/

Tabelle 4.3.2: Bruttoproduktionswert des Fahrzeugbaus, Anteil am Bruttoinlandsprodukt und Anzahl der Beschäftigten (1990, alte Bundesländer)

Bereich	Bruttoproduktions-Wert (Mrd. DM)	Anteil am Bruttoinlandsprodukt (%)	Beschäftigte (in 1000)
Straßenfahrzeugbau	254,9	10,6	900
Schiffbau	7,6	0,3	33
Luft- und Raumfahrzeugbau ...	15,3	0,6	78
Stahl- und Metallbau, Schienenfahrzeugbau	32,0	1,3	196

Quelle: KDrs 12/10a, UBA, S. 7

Export von motorisierten und nicht motorisierten Straßenfahrzeugen knapp 18 Milliarden ECU (KDrs 12/10c, StaBA, S. 37).

Die Bruttoanlageninvestitionen (ohne Grunderwerb) für den gesamten Verkehrsbereich sind in den Jahren 1977 bis 1992 (alte Bundesländer) von 12 auf 7% der Bruttoanlageninvestition aller Wirtschaftsbereiche relativ zurückgegangen, absolut jedoch von 30 auf 42,5 Mrd. DM angestiegen. Von diesen Investitionen entfielen im Jahr 1992 rund 25 Mrd. DM auf den Straßenverkehr (inkl. 4,6 Mrd. DM für den ÖPNV), 7,3 Mrd. DM auf die Eisenbahnen und 4,2 Mrd. DM auf die Schiffahrt. Der Rest von rund 5,5 Mrd. DM wurde für den Luftverkehr verwendet. (BMV, 1993, S. 20–21)

Die Brutto-Anlageinvestitionen (ohne Grunderwerb) ausschließlich für den Ausbau und die Erweiterung der Verkehrswege stiegen im gleichen Zeitraum von 17,2 auf 21,7 Mrd. DM an (BMV, 1993, S. 20-21). Diese Zunahme ist relativ gering im Verhältnis zu den im gleichen Zeitraum deutlich angestiegenen Verkehrsleistungen im Güter- und Personenverkehr (Abb. 4.3.4).

Neben den internen Kosten sind gerade für den Verkehrsbereich die externen Kosten von besonderer Bedeutung. Im Gegensatz zu den internen Kosten fließen diese bisher in keine Wirtschaftsrechnung ein und gehen daher in der Regel zu Lasten Dritter. Zu den mobilitätsinduzierten externen Kosten zählen u. a. die Luftverschmutzung, die Boden- und Wasserbelastung, der Verbrauch nicht regenerierbarer natürlicher Ressourcen, die Abfallentsorgung, der Lärm sowie Unfälle, Trennwirkungen und der Flächenverbrauch.

Fahrleistungen und Straßenbauvolumen

Gesamtfahrleistungen im westdeutschen Straßennetz: 100, 103, 106, 106, 113, 120, 126, 129, 135, 137, 140, 144, 144

Westdeutsches Straßenbauvolumen zu konstanten Preisen: 100, 93, 95, 90, 95, 95, 98, 103, 104, 106, 110, 107, 101

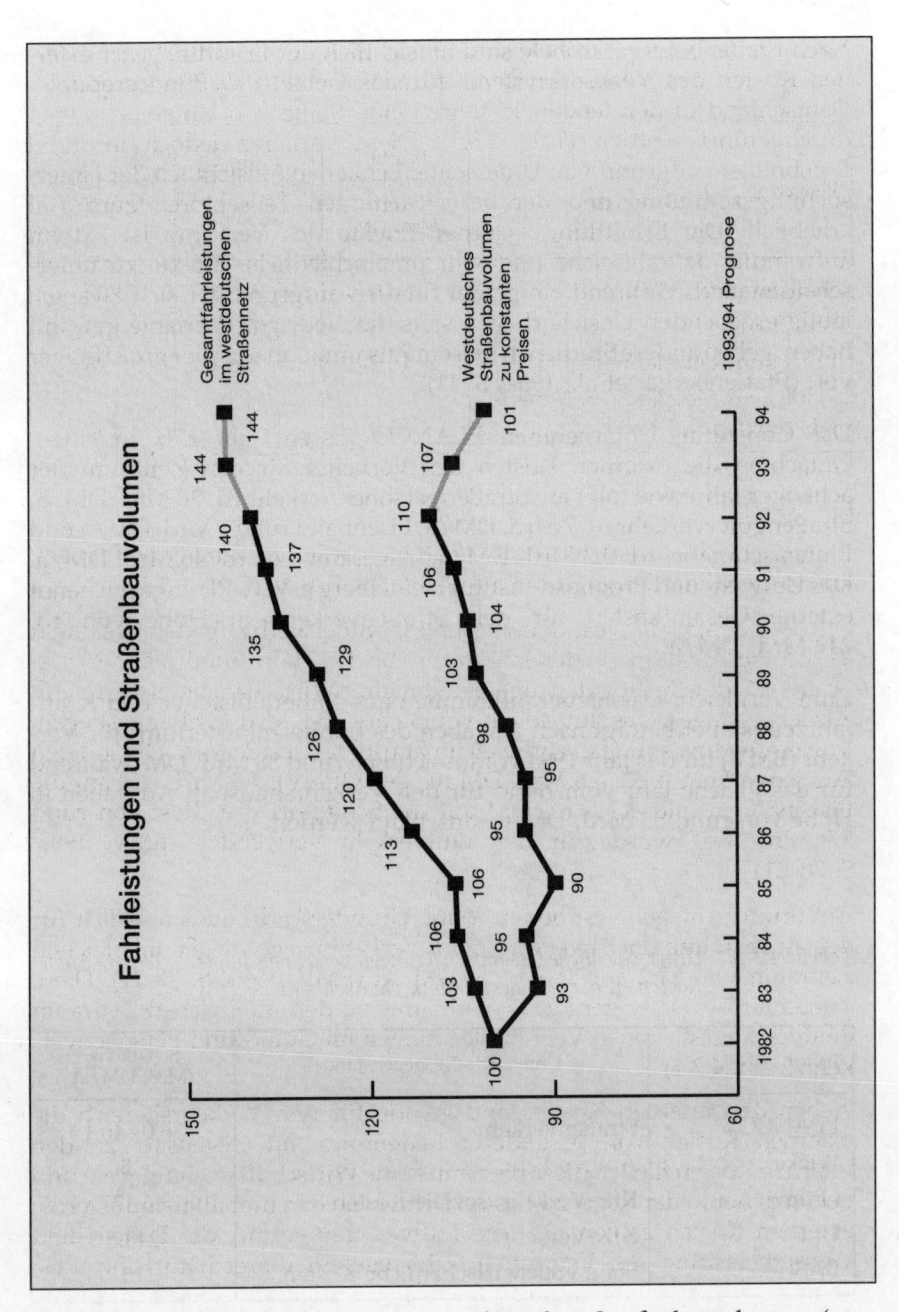

1993/94 Prognose

Jahre: 1982, 83, 84, 85, 86, 87, 88, 89, 90, 91, 92, 93, 94

Abb. 4.3.4: Reale Entwicklung des westdeutschen Straßenbauvolumens (zu konstanten Preisen) und der Gesamtfahrleistungen im westdeutschen Straßennetz (1982 = 100).

Quelle: Hauptverband der Deutschen Bahnindustrie e.V.

Nach Pfaffenberger/Ströbele sind hinsichtlich der Ermittlung der externen Kosten des Verkehrssystems für das Gebiet der Bundesrepublik Deutschland in den letzten 15 Jahren eine Reihe von Untersuchungen durchgeführt worden (Tab. 4.3.3). Diese variieren jedoch in ihren Ergebnissen aufgrund von Unterschiedlichkeiten hinsichtlich der Untersuchungszeiträume und der berücksichtigten Teilsektoren zum Teil erheblich. Die Ermittlung externer Effekte des Verkehrs ist extrem aufwendig, da zahlreiche und sehr unterschiedliche Effekte zu unterscheiden sind. Während einige der Studien aufgrund der sich zwangsläufig ergebenden Unsicherheiten stets die niedrigste Variante gewählt haben, gehen andere Studien in diesem Zusammenhang eher großzügiger vor. (Pfaffenberger et al., 1994, S. 41)

Das Consulting-Unternehmen PLANCO (Essen) gibt z. B. in einem Gutachten die externen Kosten des Verkehrs für den Zeitraum der achtziger Jahre wie folgt an: Straßenpersonenverkehr rd. 38 Mrd. DM/a, Straßengüterverkehr rd. 7 Mrd. DM/a, Eisenbahn rund 1 Mrd. DM/a und Binnenschiffahrt rd. 0,2 Mrd. DM/a, insgesamt also rd. 46 Mrd. DM/a. Das Umwelt- und Prognose-Institut Heidelberg e. V. (UPI) dagegen nennt externe Gesamtkosten für den Straßenverkehr in Höhe von rd. 249 Mrd. DM/a.

Zum Vergleich: Das Steueraufkommen aus Mineralölsteuer und Kraftfahrzeugsteuer beträgt nach Angaben des Bundesministeriums für Verkehr (BMV) für das Jahr 1994 voraussichtlich rund 88 Mrd. DM, während für das gleiche Jahr vom Bund für den Verkehrshaushalt Ausgaben in Höhe von rund 53 Mrd. DM veranschlagt werden.

Tabelle 4.3.3: Unterschiedliche Gesamtschätzungen verkehrsbedingter externer/sozialer Kosten in der Bundesrepublik Deutschland

Autor	Untersuchungsgegenstand	Schätzung (Mrd. DM/a)
PLANCO	Straßenverkehr	36,0–46,1
Wicke	Autoverkehr	> 50
Grupp	Kfz.-Verkehr, soziale Kosten	66–77
UPI	Kfz.-Verkehr	248,5
BASt	Stau, volkswirtschaftliche Kosten	15

Quelle: Pfaffenberger et al., 1994, S. 43

Während die meisten externen Effekte eine von den Verkehrsteilnehmern ausgelöste Belastung für die Allgemeinheit darstellen, zählen die in der Tab. 4.3.3 berücksichtigten Staukosten zu den Belastungen und Störungen, die sich die Verkehrsteilnehmer gegenseitig zufügen. Diese spielen in der aktuellen Diskussion um die Höhe einer möglicherweise einzuführenden Straßenbenutzungsgebühr die entscheidende Rolle.

Trotz der enormen Bandbreite der vorliegenden Gesamtschätzungen machen diese dennoch deutlich, daß der Vorrang individueller Mobilität in der Bundesrepublik Deutschland durch hohe gesellschaftliche Kosten erkauft werden muß. (Pfaffenberger et al., 1994, S. 42–43). Demgegenüber steht allerdings, wie bereits erwähnt, der volkswirtschaftliche Nutzen.

Auf ein breites Interesse in Öffentlichkeit und Politik sind bisher im wesentlichen die Effekte gestoßen, die sich allein aus den betriebsbedingten Emissionen der Fahrzeuge ergeben: Treibhauseffekt (20 bis 25 % aller klimarelevanten Emissionen sind verkehrsbedingt), land- und forstwirtschaftliche Schäden, Smogbildung etc. Etwa 28 % des Endenergieverbrauchs entfielen im Jahr 1990 in der Bundesrepublik Deutschland auf den Betrieb von Kraftfahrzeugen.

Die Konzentration an krebserzeugenden (Benzol, PAK) und anderen verkehrsbedingten Luftschadstoffen (Stickoxide, Ruß, Toluol, Xylol) ist in vielen Ballungsgebieten so hoch, daß die vorgeschlagenen Schwellenwerte zeitweilig erreicht oder überschritten werden. Für die Kommunen wächst der Druck, das gesamte Verkehrsaufkommen zu reduzieren und besser zu organisieren, um Gefahren für die menschliche Gesundheit abzuwehren.

Neben der vieldiskutierten Abgasproblematik sind aber vor allem auch die gewaltigen Stoff- und Energieströme, die für die Produktion und die Entsorgung der Verkehrsträger bereitgestellt werden, von volkswirtschaftlicher Bedeutung. Vor allem die Produktion der Fahrzeuge verschlingt große Mengen an natürlichen Ressourcen. Die PKW enthalten mit 60 bis 70 % den weitaus größten Teil aller Stoffe und Materialien, die für die Bereitstellung aller Verkehrsträger jährlich verbraucht werden (KDrs 12/10c, Baccini, S. 104). In der gesamten deutschen Industrie fließen 10 % aller Metalle und 6 % aller Kunststoffe in die PKW-Produktion ein. Geht man von einem durchschnittlichen Fahrzeuggewicht von 1 000 kg und einem Eisen-/Stahlanteil von 70 % aus, so enthalten die im Jahr 1994 amtlich zugelassenen rund 39 Mio. PKW insgesamt rund 27 Mio. t Eisen und Stahl. Dementsprechend kann der Gesamtbestand der PKW in der Bundesrepublik Deutschland als das größte rollende Rohstofflager im Lande betrachtet werden. Daher sind hier auch die größten Reduktionspotentiale zu sehen.

Die Automobilbranche muß ihre Produkte an den Forderungen des Leitbildes einer nachhaltig dauerhaften Entwicklung messen. Sie muß sich für sinnvolle ökologisch orientierte Langfristkonzeptionen entscheiden und sich als Partner für den Transport von Menschen und Gütern verstehen.

Auch für den Arbeitsmarkt sind die Bereiche Fahrzeugherstellung, Betrieb/Wartung/Pflege/Reparatur und Verwertung/Entsorgung von großer Bedeutung. Im Jahr 1990 (alte Bundesländer) waren im direkten Fahrzeugbau inklusive der entsprechenden Eisen-/Stahlerzeugung ca. 1,2 Millionen Menschen beschäftigt (Tab. 4.3.2). Dies entspricht ca. 4 % der Gesamtbeschäftigtenzahl. Dazu kommen noch die indirekt vom Fahrzeugmarkt abhängigen Arbeitsplätze. Im Verkehrsgewerbe z. B. waren im gleichen Jahr 1,07 Mio. Menschen (ca. 3,7 % der Gesamtbeschäftigtenzahl) und in der Zulieferindustrie für Straßenfahrzeuge ca. 100 000 Menschen tätig. Insgesamt kann angenommen werden, daß etwa jeder sechste Arbeitsplatz direkt oder indirekt vom Fahrzeugmarkt abhängig ist.

Nach Angaben des Kraftfahrt-Bundesamtes ging im Jahr 1993 der Absatz von neuen Kraftfahrzeugen in der Bundesrepublik Deutschland um 17,5 % (Personenkraftfahrzeuge 18,7 %) zurück. Die damit verbundenen Entlassungen und die Kurzarbeit stellen eine erhebliche Belastung des Arbeitsmarktes und der gesamten Volkswirtschaft dar.

4.3.2 Intention und Vorgehen der Enquete-Kommission

4.3.2.1 Intention

Durch die Befriedigung des Mobilitätsbedürfnisses wird ein beachtlicher Teil aller Stoff-, Material- und Energieströme in der Bundesrepublik Deutschland hervorgerufen. Die Enquete-Kommission hat sich zum Ziel gesetzt, einen repräsentativen Teil dieser Ströme zu erfassen, zu analysieren und zu bewerten, um daraus Handlungsempfehlungen für ein Stoffstrommanagement ableiten zu können. Zu diesem Zweck wurden aus Gründen der Praktikabilität vier verschiedene Verkehrsträger beispielhaft ausgewählt:
– für den Personenverkehr PKW und Eisenbahn
– für den Güterverkehr LKW, Eisenbahn und Binnenschiff

Wesentliche Untersuchungsziele waren die Erfassung des In- und Outputs an Stoffen (≥ 1 Gewichtsprozent, inklusive Abfälle, Emissionen) und Energie sowie eine vergleichende Darstellung der Stoff- und Energieeffizienz der Verkehrsträger möglichst unter Berücksichtigung der jeweiligen Infrastrukturanlagen. Dabei sollten folgende Produktlebensabschnitte berücksichtigt werden: der Transport der Rohstoffe (Erze, Öl etc.) zu den weiterverarbeitenden Industrien, die Werkstoffherstellung (Eisen/Stahl, NE-Metalle, Kunststoffe, Glas etc.), der Transport der Werkstoffe zu den Zulieferbetrieben und den Endvertreiberfirmen, die Weiterverarbeitung zu Fahrzeugteilen und -systemen, die Montage, der Gebrauch (ohne Wartung) und die Verwertung/Entsorgung der Fahrzeuge.

Allerdings konnte die Werkstoffherstellung im Rahmen dieser Arbeit nur exemplarisch betrachtet werden. Eine ausführliche Studie dieser Fragestellung war in der Kürze der Zeit nicht möglich. Expertengruppen beschäftigen sich derzeit weltweit damit, Sachbilanzen für Kupfer und Aluminium zu erstellen. Ähnliche Bemühungen gibt es in der Kunststoff- und Stahlindustrie.

Klimarelevante Fragen, die im Zusammenhang mit dem Energieverbrauch während des Betriebs der Fahrzeuge stehen, werden nicht behandelt, da diese primär von der Enquete-Kommission „Schutz der Erdatmosphäre" thematisiert werden. Hier sei auf deren vielfältige Veröffentlichungen verwiesen.

Besondere Berücksichtigung finden allerdings gesundheits- oder umweltrelevante Stoffe, wie Schwermetalle, Lacke, PVC, Dioxine, FCKW und Lösemittel sowie Emissionen und Abfälle, auch wenn diese oft nur in geringen Mengen (<1 Gewichtsprozent) vorkommen.

Neben der gesundheitlichen und ökologischen Bewertung der Stoff- und Energieströme beschäftigte sich die Enquete-Kommission gleichzeitig auch mit den ökonomischen und sozialen Aspekten des Bedürfnisfeldes Mobilität, wenngleich in der Kürze der Zeit nur ein erster Überblick über diese Problematik möglich war.

Die Enquete-Kommission wollte aber nicht nur den Status quo, sondern auch aktuelle Entwicklungstendenzen, mögliche stoffökologische Innovationen und umweltverträgliche Entwicklungslinien sowie Perspektiven für umweltverträgliche Stoffkreisläufe aufzeigen.

Ein entsprechendes Vorhaben ist selbstverständlich nicht ohne eine ausreichende Datenbasis zufriedenstellend realisierbar. Im Rahmen der Untersuchung mußte die Enquete-Kommission feststellen, daß ein wesentlicher Teil der erforderlichen Daten entweder nicht verfügbar war oder aber nicht verfügbar gemacht wurde.

4.3.2.2 Vorgehensweise

Um auf eine umfangreiche Datenbasis zurückgreifen zu können, hat die Enquete-Kommission versucht, die notwendigen Daten und Informationen im Rahmen von zwei Anhörungen, einer zusätzlichen schriftlichen Befragung weiterer Sachverständiger (Datenerhebungsbogen) sowie einer Studie zusammenzutragen. Darüber hinaus führten Kommissionsmitglieder im Rahmen einer auswärtigen Sitzung sowie im Rahmen von Delegationsreisen Gespräche mit den Firmen BMW (Landshut), FIAT (Turin), Toyota (Aichi) und Renault (Paris).

Öffentliche Anhörung

Die öffentliche Anhörung unter dem Titel *"Mobilität – Darstellung, Bewertung und Optimierung von Stoffströmen"* wurde am 6. und 7. Mai 1993 im Brandenburger Landtag zu Potsdam durchgeführt (KDrs 12/10; 12/10 a–f). Die 33 geladenen Sachverständigen aus Forschung, Umweltschutz, Staat und Industrie nahmen Stellung zu Fragen der Produktion, des Gebrauchs und der Verwertung/Entsorgung der Fahrzeuge. Darüber hinaus wurden Fragen der Arbeitsplätze, der Infrastruktur sowie des rechtlichen und sozio-ökonomischen Umfeldes behandelt.

Die Enquete-Kommission bedauert, daß außer einem Vertreter des Verbandes der Automobilindustrie e. V. (VDA) keine Repräsentanten der deutschen Automobilindustrie der Einladung gefolgt sind.

Interne Anhörung

Die nicht öffentliche Anhörung unter dem Titel *"Dioxinbildung beim Recycling von Metallen aus Fahrzeugschrotten"* wurde am 10. November 1993 im Bonner Bundeshaus durchgeführt. Zwei Sachverständige aus der Industrie sowie jeweils ein Sachverständiger aus einem Forschungsinstitut und dem Umweltbundesamt nahmen Stellung zu speziellen Fragen der Dioxinemissionen, der Dioxinentstehung und der Dioxinvermeidung bei der Wiederaufarbeitung von Metallen aus Fahrzeugschrotten.

Datenerhebungsbogen

Im Gegensatz zu der öffentlichen Anhörung beschränkte sich der Datenerhebungsbogen unter dem Titel *"Stoffströme/Stoffbilanzen zur Bereitstellung von Mobilität"* im wesentlichen auf Fragen der Produktion, des Gebrauchs und der Entsorgung der Fahrzeuge. Die Befragung war ausschließlich an die Fahrzeughersteller gerichtet.

Zu den insgesamt 26 befragten Herstellern zählten auch sechs Hersteller der deutschen Automobilindustrie, die die Beantwortung des Datenerhebungsbogens ausschließlich dem VDA zum Zwecke der Aggregation überließen.

Es zeigte sich jedoch, daß die Daten durch den Verband wie auch bereits bei der öffentlichen Anhörung nur sehr zögerlich zur Verfügung gestellt wurden und dies mangels Daten zudem nur lückenhaft erfolgen konnte.

Studie

Zur Zusammenführung und Auswertung der im Rahmen der öffentlichen Anhörung und der zusätzlichen Datenerhebung gewonnenen Daten hat die Enquete-Kommission eine Studie inklusive einer zusätzlichen Literaturrecherche in Auftrag gegeben. Studiennehmer war das Consulting-Unternehmen Fichtner in Stuttgart. Die Studie unter dem Titel *„Beispielorientierte Aufarbeitung des Bedürfnisfeldes Mobilität für eine stoffstromorientierte Diskussion zur Entwicklung stofflicher und politischer Handlungsperspektiven – Stoffluß bei Produktion, Betrieb und Entsorgung verschiedener Fahrzeuge"* wurde im Januar 1994 abgeschlossen (Fichtner, 1994).

Die in den Kapiteln 4.3.3 und 4.3.4 aufgeführten Daten und Aussagen stammen zum großen Teil aus dieser Studie, sofern nicht auf andere Autoren verwiesen wird.

Die nachfolgend aufgeführten Ergebnisse und Aussagen basieren zum Teil auf einer sehr lückenhaften Datenlage und sollten daher unter diesem Vorbehalt betrachtet werden.

4.3.3 Darstellung, Analyse und Vergleich der Stoff- und Energieströme von vier verschiedenen Verkehrsträgern

4.3.3.1 Bilanzgrenzen

Sachliche Bilanzgrenzen

Um eine vergleichende Sachbilanz durchführen zu können, wurden unter den Verkehrsträgern PKW, LKW, Eisenbahn und Binnenschiff zunächst die jeweils gängigsten Typen ausgewählt und näher charakterisiert (Tab. 4.3.4).

Für eine Vergleichbarkeit dieser Verkehrsmittel ist Voraussetzung, daß diese den gleichen Nutzen erfüllen. Da Binnenschiffe nahezu ausschließ-

Tabelle 4.3.4: Charakterisierung der untersuchten Fahrzeugtypen des Personen- und Güterverkehrs

Personenverkehr	Güterverkehr

Pkw:
  Kleinwagen < 1,5 l Hubraum
  Mittelklasse 1,5–1,99 l Hubraum
  Oberklasse ≥ 2 l Hubraum
Bahn (DB):
  ICE-Reisezugwagen
  IR-Reisezugwagen
  Doppelstockwagen
	Lkw:
	  40 t-Lastzug/Anhänger
	Bahn (DB):
	  Schiebewandwagen
	  Containertragwagen
	Binnenschiff:
	  110 m-Motorschiff

Quelle: Fichtner, 1994

lich und Güterschienenfahrzeuge vorwiegend im Güterfernverkehr eingesetzt werden, wurde die Betrachtung auch im Falle der Lastkraftwagen auf den Fernverkehr beschränkt.

Hinsichtlich der Infrastrukturanlagen wurden bei der Untersuchung aus Gründen der Praktikabilität und des Datenzugangs ausschließlich die reinen Fahrwege berücksichtigt, zumal die Umweltbelastungen der sonstigen Infrastruktur (Garagen, Rastplätze, Bahnhöfe etc.) im Vergleich zu denen der Fahrwege in erster Näherung als gering eingeschätzt werden können.

Geographische und zeitliche Bilanzgrenzen

Die Untersuchung der Verkehrsträger und -wege beschränkt sich auf das Gebiet der Bundesrepublik Deutschland, wobei Umweltbelastungen zum Teil auch global betrachtet werden (z. B. Abraum bei der Erzgewinnung). Statistische Daten stammen aus dem Jahr 1990, Literaturdaten in der Regel aus den neunziger Jahren. Bei fahrzeugtypischen Daten wurden ausschließlich Neufahrzeuge berücksichtigt.

Systemgrenzen

Die Untersuchung beginnt bei den Rohstoffen (Erze, Öl etc.) und deren Verarbeitung zu entsprechenden Werkstoffen. Dazu zählen: Eisen und Stahl, Nicht-Eisenmetalle (NE-Metalle), wie z. B. Aluminium und Kupfer, Kunststoffe (Polypropylen (PP), Polyurethan (PU), Polyvinylchlorid

(PVC), Polystyrol (PS), Polyethylen (PE), Polyamid (PA)), Glas und Gummi. Die Untersuchung endet mit der Verwertung/Entsorgung der Fahrzeuge.

Aus Gründen des Datenzugangs wurde die Rohstoffgewinnung (Erzabbau, Erdölförderung etc.) nicht in die Untersuchung einbezogen, obwohl bekannt ist, daß dies mit erheblichen Abraummengen und Energieaufwendungen verbunden ist.

Weiterhin wurden von der Bilanzierung ausgeschlossen:
- Stoffe und Materialien, die bei der Produktion oder Entsorgung mit einem Gewichtsanteil von weniger als 1% auftreten (Ausnahmen: Schwermetalle, Lacke, PVC, polychlorierte Dibenzodioxine/polychlorierte Dibenzofurane (PCDD/PCDF), Fluorchlorkohlenwasserstoffe (FCKW) und Lösemittel sowie Emissionen und Abfälle aufgrund der jeweiligen ökologischen Bedeutung)
- Aufwendungen für die zur Produktion oder Entsorgung erforderlichen Maschinen, Werkzeuge, Anlagen und Gebäude
- ökologisch nicht relevante Hilfs- und Betriebsstoffe
- Transportvorgänge bei der Produktion und der Verwertung/Entsorgung von Fahrzeugen und Fahrwegen (Ausnahme: Rohstoff-/Werkstoffbelieferung)

4.3.3.2 Datenzugang und -verfügbarkeit

Es hat sich als vorteilhaft erwiesen, den Produktlebensweg von Fahrzeugen für eine Bilanzierung der stofflichen und energetischen Aufwendungen in technisch abgrenzbare Einheiten/Module zu zerlegen. Die Zusammenstellung aller verfügbaren Informationen ergab jedoch, daß verwertbare, mehr oder weniger vollständige Angaben nur zu einzelnen Modulen vorlagen. Besonders unbefriedigend zeigte sich die Datenlage für folgende Bereiche:
- Emissionen bei der Produktion, der Wartung/Pflege/Reparatur und der Entsorgung
- Einsatz einiger Problemstoffe
- stoffliche und energetische Aufwendungen für die Wartung/Pflege/Reparatur

Durch die Literaturrecherche konnten Datenlücken insbesondere für den PKW-Bereich zumindest teilweise aufgefüllt werden. Hinsichtlich der Infrastruktur (Straßen, Schienenwege, Binnenschiffahrtswege) lagen vor allem verwertbare Aussagen zum Materialbedarf für die Herstellung der Fahrwege vor.

Die Gründe für die beträchtlichen Datenlücken sind u. a. in der hohen Komplexität der Produktion vielfältigster Fahrzeugtypen und in der Verschiedenartigkeit der in den Fahrzeugen eingesetzten Werkstoffe zu sehen. Darüber hinaus ist ein Trend zu geringeren Fertigungstiefen bis hin zum global sourcing, das heißt der über den gesamten Erdball verteilten Produktion von Teilen eines Fahrzeugs, zu verzeichnen. Dies führt vor allem in der Automobilindustrie zu nahezu unüberschaubaren Verflechtungen zwischen verschiedenen nationalen und internationalen Werken und Zulieferern. Pro Fahrzeug werden insgesamt ca. 5 000 bis 10 000 Teile zusammengefügt, die ihrerseits aus 40 bis 60 verschiedenen Werkstoffen bestehen. Daher sind in die Fahrzeugproduktion eine Vielzahl unterschiedlicher Industriezweige involviert. Vollständige Daten für Stoffstrombilanzen können allenfalls für einzelne Module aus der Produktlinie von Fahrzeugen erhalten werden, sofern die betreffenden Akteure (Industriezweige, Gewerbe) die erforderlichen Daten lückenlos zur Verfügung stellen.

Allerdings kann auch angenommen werden, daß vollständige stoff- und energiestromrelevante Daten aufgrund der Neuartigkeit der Fragestellung für bestimmte Bereiche noch gar nicht vorliegen. Zum Fahrzeug-Recycling z. B. existieren ausschließlich Daten aus dem traditionellen Metallbereich, während sich das Recycling der anderen Werkstoffe noch in der Versuchs- bzw. Umsetzungsphase befindet. Erste Erfahrungen für größere, nichtmetallische PKW-Teile liegen inzwischen vor.

Darüber hinaus ist das Thema Mobilität natürlich auch von politischer Brisanz. Es ist nicht auszuschließen, daß einzelne Unternehmen bzw. Verbände Daten und Informationen zum Teil auch aus strategischen oder sonstigen politischen Gründen zurückgehalten haben. Auch die starke Konkurrenzsituation, vor allem zwischen den nationalen und internationalen Automobilherstellern, dürfte den Datenzugang insgesamt erschwert haben.

Zudem dürfte sich der von der Enquete-Kommission selbst gesteckte Betrachtungsrahmen für die Datenerhebung in dem vorgegebenen engen Zeitrahmen hemmend auf den Datenzugang ausgewirkt haben. Das breite Spektrum der Fragen hat die Kapazitäten bei den befragten Sachverständigen und Unternehmen oft bis zu den Grenzen oder darüber hinaus beansprucht. Zudem traten Probleme mit den Bilanzgrenzen und den Randbedingungen auf.

Obwohl nicht alle ursprünglichen Fragen beantwortet werden konnten, liegt eine große Daten- und Informationsmenge vor. Diese ist hinsichtlich der Qualität (Bilanzgrenzen, Randbedingungen, Detaillierungsgrad,

Aktualität) jedoch sehr heterogen und erlaubt keine umfassende Stoff- und Energieeffizienzermittlung und somit auch keine vergleichende gesamtökologische Bewertung der betrachteten Fahrzeuge über den gesamten Lebensweg. Insofern ist lediglich ein eingeschränkter Vergleich einzelner Lebensabschnitte der Transportmittel möglich.

Weitere Aussagen über die Hintergründe, Bandbreiten und die Validität der ermittelten Daten sowie Verfahrensvorschläge für ähnlich gelagerte zukünftige Vorhaben können im einzelnen der zugrundeliegenden Studie (Fichtner, 1994) entnommen werden.

4.3.3.3 Kurze Beschreibung der Produktlinie von Fahrzeugen

Sämtliche Produktlinien der verschiedenen Fahrzeuge umfassen die Bereiche Produktion, Gebrauch und Verwertung/Entsorgung. Unterschiede betreffen in der Regel Details, die dann berücksichtigt werden müssen, wenn sie zu unterschiedlichen ökologischen Belastungen führen. In Abbildung 4.3.5 sind die wichtigsten Stoffströme und -kreisläufe entlang der Produktlinie von Fahrzeugen dargestellt.

Produktion der Fahrzeuge

Die gesamte Produktlinie zur Herstellung eines Fahrzeugs kann in die 3 Phasen
– Rohstoffproduktion,
– Werkstoffproduktion und
– Fahrzeugproduktion

unterteilt werden. Am Anfang der Produktlinie steht die Rohstoffproduktion mit der Gewinnung von Erzen, Öl etc. (im Rahmen dieser Arbeit unberücksichtigt). Vor der Verarbeitung zu den entsprechenden Werkstoffen erfolgt in der Regel zunächst der Transport in die weiterverarbeitenden Länder. Dort werden aus den Rohstoffen Werkstoffe wie Metalle, Kunststoffe etc. hergestellt. Die Fahrzeugproduktion umfaßt die Herstellung aller Bauteile aus den Werkstoffen, die Vormontage von Bauteilen, Lackierung, Unterbodenschutz etc. und die Endmontage der Fahrzeuge inkl. aller Zwischentransporte.

Im folgenden werden die wichtigsten Fertigungsstufen der Fahrzeugproduktion am Beispiel eines deutschen Automobilherstellers aufgezählt:
1. Schneiden und Pressen der Karosserieteile aus Stahlblechrollen
2. Rohbau des vollständigen Karosseriegerüstes

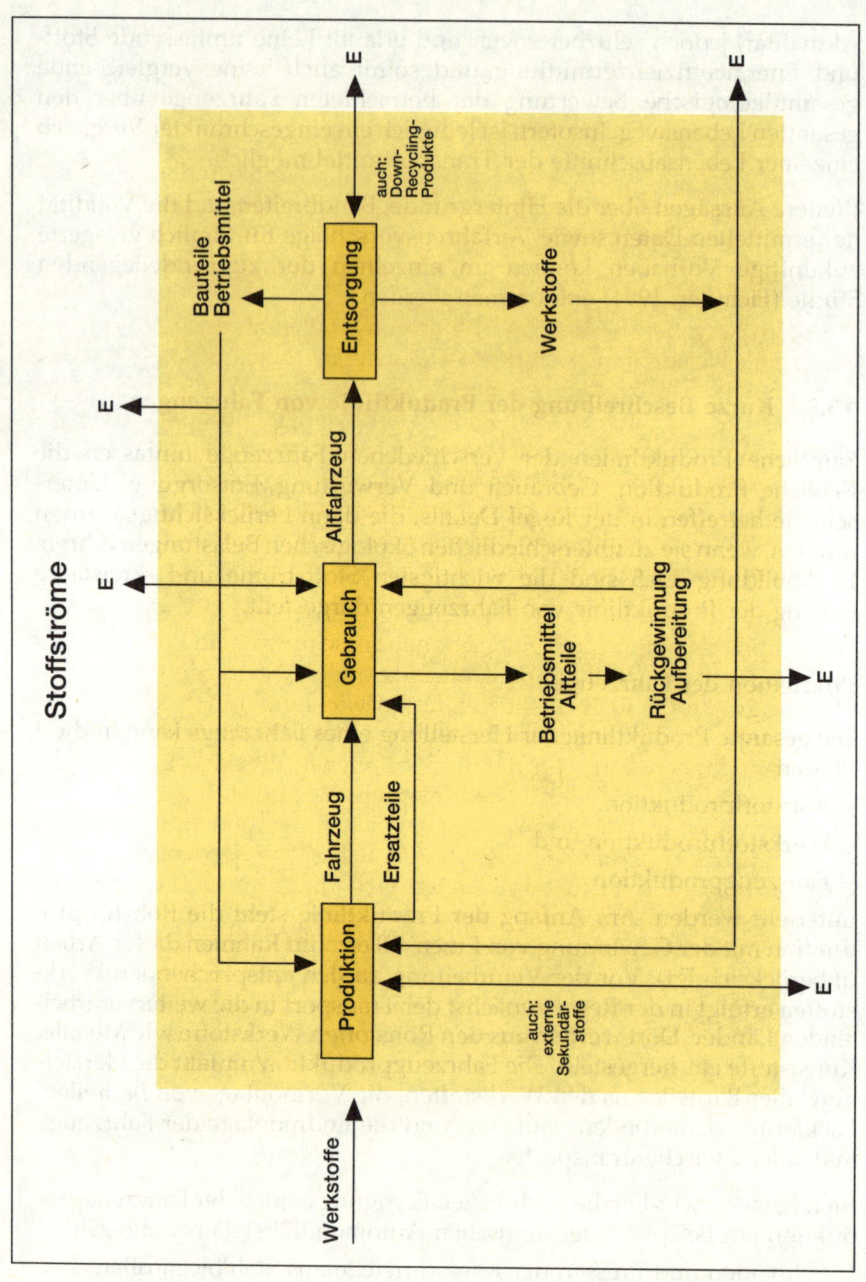

Abb. 4.3.5: Stoffströme innerhalb der Produktlinie von Fahrzeugen (E: externe Stoffströme).
Quelle: nach Fichtner, 1994

3. Grundlackierung des Karosseriegerüstes und der Karosserieteile
4. Dichten und Dämmen des Karosseriegerüstes und der Karosserieteile (Unterbodenschutz, Hohlraumversiegelung etc.)
5. Lackierung (4 bis 7 Schichten)
6. Montage der vollständigen Karosserie (inkl. Armaturenbrett, Elektronik, Sitze, Auskleidungen, Fenster etc.)
7. Endmontage (inkl. Motor, Fahrwerk, Tank etc.)
8. Auffüllen von Betriebsstoffen.

Die Fertigungstiefe bei der Produktion von Straßenfahrzeugen, Schienenfahrzeugen und Binnenschiffen ist allgemein rückläufig. Sie gibt den prozentualen Anteil der jeweiligen betrieblichen Wertschöpfung am Gesamtwert des Fahrzeugs am Ende einer jeweiligen Produktionsstufe an (Verhältnis betriebliche Bruttowertschöpfung zum jeweiligen Bruttoproduktionswert). Am höchsten ist die Fertigungstiefe zur Zeit noch bei den Schienenfahrzeugen, am niedrigsten bei den Straßenfahrzeugen mit 25 bis 45%. Mehr als die Hälfte aller Bauteile eines PKW werden demnach in der Zulieferindustrie gefertigt.

Die Gründe für die sinkende Fertigungstiefe sind im wesentlichen ökonomischer Natur. Zum einen können Forschungs- und Entwicklungskosten damit zum Teil auf die Zulieferbetriebe übertragen werden. Das gleiche gilt für die Risiken, die mit der Entwicklung und Produktion von Fahrzeugteilen verbunden sind. Durch die starke Konkurrenz unter den Zulieferbetrieben und dem damit verbundenen Preisdruck können die extern produzierten Teile zu Niedrigstpreisen eingekauft werden. Andererseits wirkt sich eine derartige Arbeitsteilung und Spezialisierung positiv auf die Qualität der Produkte aus. Neben den eigenen Forschungs- und Entwicklungsleistungen können sich die Fahrzeughersteller auf diese Weise zusätzlich die innovativen Kräfte der im wesentlichen mittelständischen Zulieferbetriebe zunutze machen. Die durch die sinkende Fertigungstiefe erforderlich werdenden Transporte von Automobilteilen (Getriebe, Motoren, Karosserieteile etc.) zwischen weit entfernten Werken werden durch die vergleichsweise niedrigen Transportkosten in Europa begünstigt.

Gebrauch der Fahrzeuge

Die Nutzungsphase von Fahrzeugen umfaßt die Bereiche
– Betrieb
– Wartung und Pflege
– Reparaturen

Während bei der Produktion die Stoffströme besonders relevant sind, sind es hier vor allem die Energieflüsse und Emissionen im Rahmen des Betriebs der Fahrzeuge.

Verwertung/Entsorgung der Fahrzeuge

Die Verwertung/Entsorgung der Fahrzeuge erfolgt in verschiedenen Stufen:
- Trockenlegung
- Wiederverwendung von Teilen (Gebrauchtteilemarkt)
- stoffliche Verwertung (Shreddern, Recycling von Metallen etc.)
- Deponie oder thermische Verwertung (nicht verwertbare Abfälle, z. B. Shredder-Leichtmüllfraktion/Kunststoffe)

Der weitaus größte Stoffstrom aus Altfahrzeugen durchläuft nach der endgültigen Stillegung, der Trockenlegung und der Ersatzteildemontage die Shredderanlagen. Dies betrifft vor allem die Alt-PKW, die zu ca. 95 % (der Rest wird größtenteils exportiert) zunächst zu den Schrottverwertern gelangen. Von dort fließen aus den Fahrzeugen ca. 10 Gewichtsprozent als Altteile in den Gebrauchtteilemarkt. Nach einer Lagerung von durchschnittlich 6 bis 9 Monaten werden ca. 80 % des ausgeschlachteten Schrotts geshreddert, der Rest wird noch mit Scheren behandelt. Auf diese Weise fließt der Großteil des metallischen Fahrzeugschrotts als Sekundärmetall zur stofflichen Verwertung in die Eisen-/Stahlindustrie und in die NE-Metallindustrie zurück, während sich die Verwertung der nicht metallischen Stoffe, wie Kunststoffe, Glas, Textilien, Gummi oder Betriebsstoffe, diesem Standard erst schrittweise nähert (Abb. 4.3.6).

4.3.3.4 Verkehrsleistungen

Für einen Vergleich der Stoff- und Energieströme während des Lebenszyklusses der verschiedenen Fahrzeuge sind aus den erhaltenen absoluten Daten spezifische Größen zu bilden. Eine sinnvolle Bezugsgröße ist die Verkehrsleistung, die das Produkt aus der durchschnittlichen Fahrleistung (in km) während der gesamten Nutzungsdauer und der durchschnittlichen Auslastung (in Personen bzw. Tonnen; inkl. Leerfahrtenanteil) des entsprechenden Fahrzeugs darstellt. Dementsprechend wird im folgenden die Verkehrsleistung
- im Personenverkehr als Personenkilometer (Pkm),
- im Güterverkehr als Tonnenkilometer (tkm)

Output einer Shredderanlage (%)

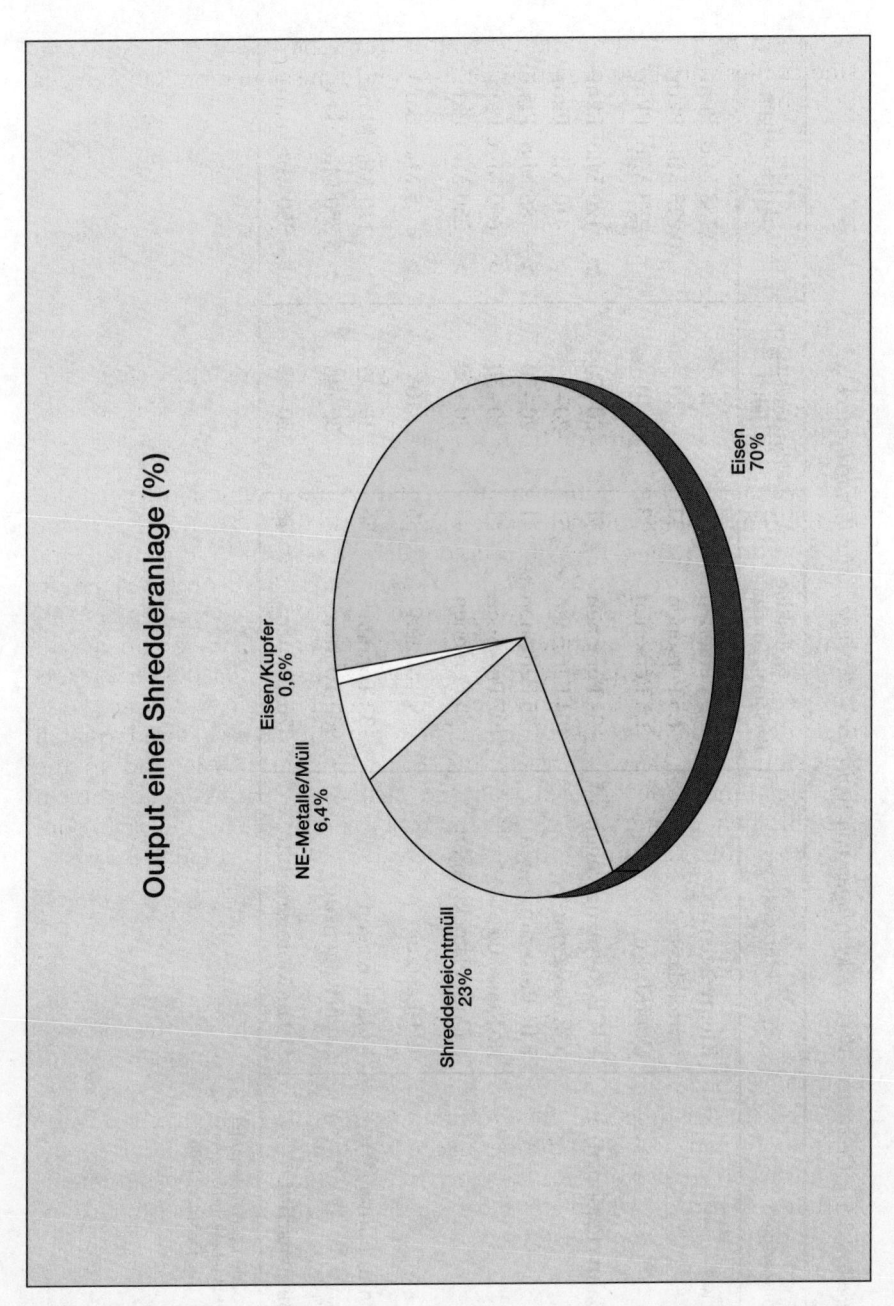

Eisen 70%

Eisen/Kupfer 0,6%

NE-Metalle/Müll 6,4%

Shredderleichtmüll 23%

Abb. 4.3.6: Materialbilanz einer Shredderanlage (Input: 100% Altfahrzeuge).
Quelle: nach Fichtner, 1994

Tabelle 4.3.5: Geschätzte Verkehrsleistungen von typischen Fahrzeugen (alte Bundesländer)

Fahrzeugart	Fahrzeugtyp	Auslastung Personen, Tonnen	%	Nutzungsdauer Jahre	Verkehrsleistung
Pkw	Kleinwagen	1,5 Personen	33	10	0,188 Mio. Pkm
	Mittelklasse	1,5 Personen	33	10	0,225 Mio. Pkm
	Oberklasse	1,5 Personen	33	10	0,285 Mio. Pkm
Bahn (Personen)*)	1 ICE-Reisezugwagen	34 Personen	51	20–30	> 120 Mio. Pkm
	ICE Reisezug	404 Personen	51	20–30	> 1 410 Mio. Pkm
	1 IR-Reisezugwagen	25 Personen	41	20–30	> 86 Mio. Pkm
	IR-Reisezug	197 Personen	41	20–30	> 690 Mio. Pkm
	1 Doppelstockwagen	65 Personen	44	20–30	> 230 Mio. Pkm
Lkw	40 t-Lastzug	9 Tonnen	35	10	> 5 Mio. tkm
Bahn (Güter)**)	1 Güterwagen	32 Tonnen	56	30–40	> 110 Mio. tkm
	Güterwagenzug	960 Tonnen	56	30–40	> 3 350 Mio. tkm
Binnenschiff	110 m-Motorenschiff	1 370 Tonnen	46	30–35	550 Mio. tkm

*) ohne Leerfahrtenanteil
**) Schiebewandwagen
Quelle: Fichtner, 1994

angegeben (Tab. 4.3.5). Dabei ist zu berücksichtigen, daß die Nutzungsdauer von Binnenschiffen durch die staatliche Gewährleistung von Abwrackprämien in der Regel künstlich reduziert wird. Weiterhin ist zu berücksichtigen, daß Inter-City-Express- (ICE-) und Inter-Regio- (IR-) Reisezugwagen sowie Doppelstockwagen bisher noch nicht zur Verwertung/Entsorgung angefallen sind und die angegebene Nutzungsdauer daher jeweils nur eine Schätzung darstellt.

4.3.3.5 Stoffliche Zusammensetzung der Fahrzeuge

Fahrzeuge bestehen in der Regel zu weit über 60% aus metallischen Werkstoffen. Weiterhin enthalten sie Kunststoffe, Glas, Gummi, Lacke und in geringen Mengen u. a. auch Textilien und Holz (Tab. 4.3.6, 4.3.7).

Für die Nicht-Eisenmetalle wurde aus Vereinfachungsgründen nur das Kupfer exemplarisch herangezogen. Die Anteile an Blei (Bleibatterien, Auswuchtgewichte etc.) und Zink (Druckgußteile, Verzinkung etc.) seien daher nur pauschal erwähnt.

Von den im Fahrzeugbau eingesetzten Werkstoffen enthalten lediglich Metalle einen nennenswerten Anteil an Sekundärmaterialien. Die eingesetzten Mengen an Stahl, Aluminium und Kupfer bestehen in der Regel zu 30 bis 40% aus recyceltem Material. Recyclingverfahren für Kunststoffe und Glas werden zur Zeit von den Werkstoffherstellern und der Automobilindustrie entwickelt, so daß für diese Werkstoffe noch ausschließlich auf Primärrohstoffe zurückgegriffen werden muß.

NE-Metalle (insbesondere Aluminium) und Kunststoffe werden im Fahrzeugbau aus Gründen der Gewichtsersparnis immer häufiger eingesetzt. Bei den Kunststoffen spielen auch ökonomische Erwägungen eine Rolle. In PKW werden mehrheitlich Thermoplaste eingesetzt, wobei inzwischen Polypropylen (PP) mit ca. 30% der am häufigsten verwendete Kunststoff ist (Abb. 4.3.7).

Das Recycling insbesondere von Kunststoffen steht erst am Anfang. PVC wird vorwiegend für die Innenausstattung, für Kabelisolierungen sowie als Unterbodenschutz verwendet. Ein 1200 kg schwerer PKW enthält 10 bis 30 kg dieses Kunststoffes, davon allein ca. 10 bis 20 kg als Unterbodenschutz. Der PVC-Anteil in Fahrzeugen ist rückläufig, da insbesondere für die Innenausstattung alternative Werkstoffe wie Polypropylen verwendet werden (s. auch Kap. 4.3.3.6.3, 4.4.4.1.7).

Tabelle 4.3.6: Stoffliche Zusammensetzung typischer Fahrzeuge des Personenverkehrs

	Pkw			Reisezugwagen		
	Klein-wagen	Mittel-klasse	Ober-klasse	ICE	IR	Regional-verkehrs-Doppel-stock-wagen
	%					
Eisen/Stahl	65–75	65 –72	64 –69	44,6	79	69
Aluminium	} 6–7,5	} 6,5–10	} 6,5–10,5	22,5	3	1
Kupfer				} 4,1	1	0,01
sonstige Metalle					k.A.	k.A.
Thermoplaste	5–6	6,5– 8	7,8	} 6,9	} 5	} 12
Duroplaste	1–3	1 – 4	1 – 3			
Elastomere	4–5	3 – 6	3,5			
Glas	3–3,5	3 – 3,5	2,5	5,2	4	3
Gummi	k.A.	k.A.	k.A.	} 9,7	2	k.A.
Lacke	2–2,5	2 – 2,5	2 – 2,5		3	2
Sonstiges	9–11	9 –11	3,6		3	13

Quelle: Fichtner, 1994

Tabelle 4.3.7: Stoffliche Zusammensetzung typischer Fahrzeuge des Güterverkehrs

	40 t-Lkw / Anhänger	Großraum-güterwagen mit Schiebewänden	110 m Motor-tankschiff
	%		
Eisen/Stahl	80–84	ca. 85	ca. 96
Aluminium	} 5–7	ca. 7	ca. 0,2
Kupfer		} ca. 4	ca. 0,5
sonstige Metalle			ca. 0,5
Thermoplaste	1–1,5		} ca. 0,2
Duroplaste	1–3		
Elastomere	4–8		
Glas	1	} ca. 4	
Gummi			
Lacke	} 2		} ca. 2,6
Sonstiges			

Quelle: Fichtner, 1994

Kunststoffeinsatz in PKW (%)

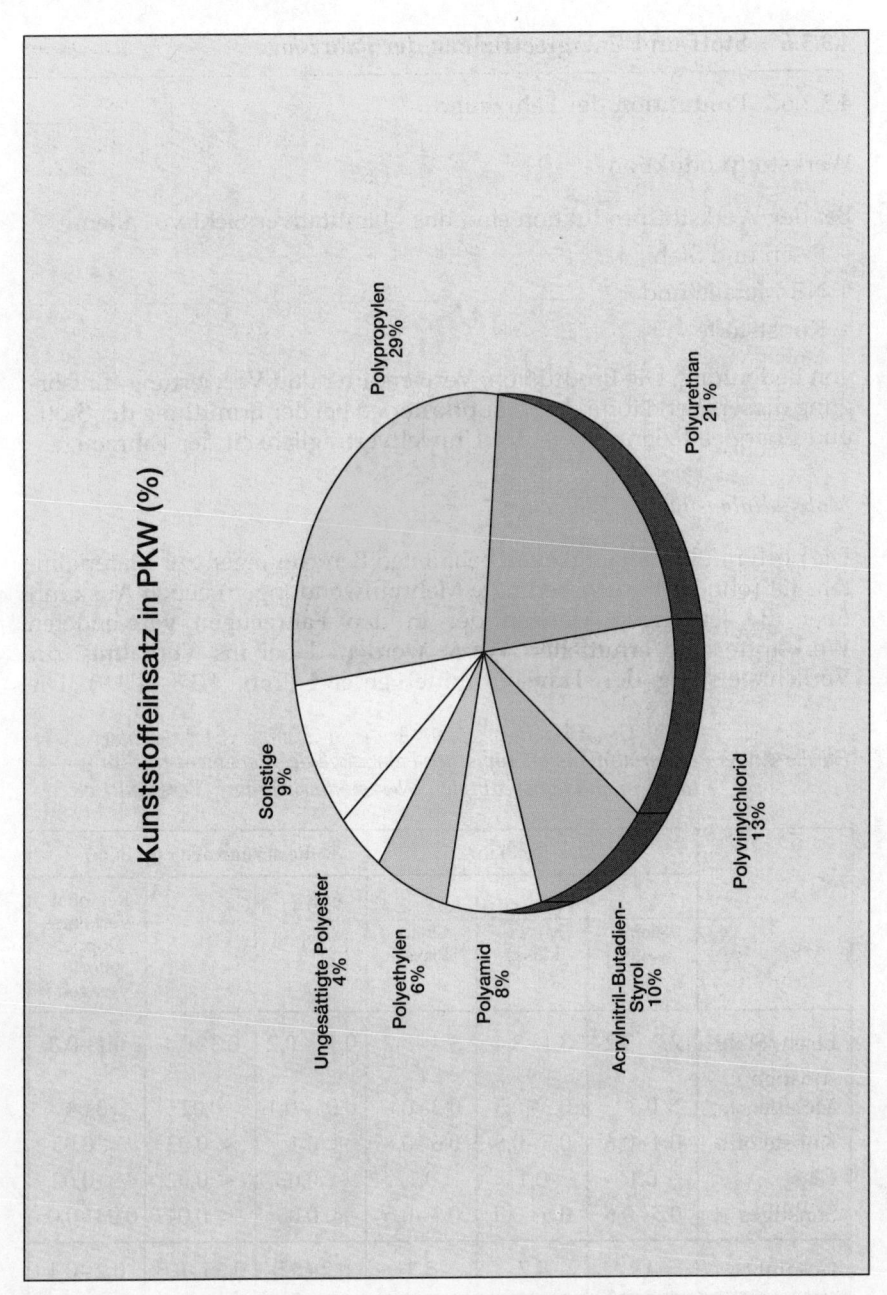

- Polypropylen 29%
- Polyurethan 21%
- Polyvinylchlorid 13%
- Acrylnitril-Butadien-Styrol 10%
- Polyamid 8%
- Polyethylen 6%
- Ungesättigte Polyester 4%
- Sonstige 9%

Abb. 4.3.7:   Mittelwerte des Einsatzes verschiedener Kunststoffsorten im Automobilbau Westeuropas gemessen am Gesamtkunststoffanteil im PKW.
Quelle: nach KDrs 12/10b, VKE, S. 126

4.3.3.6 Stoff und Energieeffizienz der Fahrzeuge

4.3.3.6.1 Produktion der Fahrzeuge

Werkstoffproduktion

Bei der Werkstoffproduktion sind aus quantitativer Sicht vor allem
- Eisen und Stahl,
- NE-Metalle und
- Kunststoffe

von Bedeutung. Die Produktion, Verwendung und Verwertung/Entsorgung dieser Werkstoffe sind Hauptkriterien bei der Ermittlung der Stoff- und Energieeffizienz sowie der Umweltverträglichkeit der Fahrzeuge.

Materialintensität der Fahrzeuge

Die noch mit Ungenauigkeiten behafteten Berechnungen zur Materialintensität (ohne gebrauchsbedingte Mehraufwendungen) geben Auskunft über die jeweiligen Mengen der in den Fahrzeugen verwendeten Werkstoffe. Die ermittelten Werte werden dabei ins Verhältnis zur Verkehrsleistung der Transportmittel gesetzt (Tab. 4.3.8, 4.3.9). Die

Tabelle 4.3.8: *Materialintensität typischer Fahrzeuge des Personenverkehrs (ohne produktionsbedingten Werkstoffmehrbedarf, Verschnitt etc.)*

	Pkw (g/Pkm)			Reisezugwagen (g/Pkm)		
	Klein-wagen	Mittel-klasse	Ober-klasse	ICE	IR	Regional-verkehrs-Doppel-stock-wagen
Eisen/Stahl	2,7–3,2	3,1–3,4	3,4–3,7	0,1 –0,2	0,3–0,4	0,1–0,3
sonstige Metalle....	0,3	0,3–0,5	0,3–0,6	0,05–0,1	0,02	0,04
Kunststoffe	0,4–0,6	0,5–0,8	0,6–0,8	< 0,1	< 0,03	< 0,05
Glas	0,1	0,1	0,1	< 0,03	< 0,02	< 0,02
Sonstiges ..	0,5–0,6	0,5–0,8	0,3–0,5	< 0,05	< 0,04	0,03–0,06
Gesamt ...	4,2	4,7	5,3	0,2–0,5	0,35–0,5	0,2–0,4

Quelle: Fichtner, 1994

Tabelle 4.3.9: Materialintensität typischer Fahrzeuge des Güterverkehrs (ohne produktionsbedingten Werkstoffmehrbedarf, Verschnitt etc.)

	40 t-Lkw/ Anhänger	Großraum- güterwagen mit Schiebewänden	110 m Motor- tankschiff
	g/tkm		
Eisen/Stahl	0,7 –2,2	0,2 –0,3	1,5
sonstige Metalle	0,05–0,2	0,02–0,03	0,02
Kunststoffe	0,05–0,3	} 0,01	<0,01
Glas	0,01–0,03		0,04
Sonstiges	0,02–0,05		
Gesamt	0,9 –2,6	0,2 –0,3	1,6

Quelle: Fichtner, 1994

Materialintensität der Fahrzeuge beeinflußt sowohl die Produktionsmengen an Roh- und Werkstoffen wie auch die zur Verwertung/Entsorgung anfallenden Stoff- und Materialmengen.

Die Berechnungen für den Personenverkehr zeigen, daß die Materialintensität von PKW etwa um den Faktor 10 bis 25 höher ist als die der entsprechenden Schienenfahrzeuge (auch unter der Berücksichtigung, daß auf jeden zehnten bis fünfundzwanzigsten Schienenwagen noch zusätzlich ein Antriebswagen kommt). Ebenso ist die Materialintensität von LKW im Güterverkehr etwa um den Faktor 4 bis 9 höher als die der entsprechenden Schienenfahrzeuge. Binnenschiffe sind in erster Näherung hinsichtlich des spezifischen Werkstoffbedarfs mit LKW vergleichbar. Dabei muß berücksichtigt werden, daß bei Binnenschiffen die Nutzungsdauer durch Abwrackprämien künstlich reduziert wird.

Hinsichtlich der Materialintensität weisen Schienenfahrzeuge demnach sowohl für den Güter- als auch für den Personenverkehr eine deutliche höhere Effizienz als vergleichbare Straßenfahrzeuge und Binnenschiffe auf.

Energieeinsatz für die Produktion

Auf der Basis der hier zugrunde liegenden Daten zur Materialintensität kann unterstellt werden, daß auch der Energieaufwand zur Werkstoffproduktion bezogen auf die Verkehrsleistung bei Schienenfahrzeugen sowohl im Personen- als auch im Güterverkehr tendentiell geringer ist als bei Kraftfahrzeugen und Binnenschiffen.

Der Primärenergieverbrauch zur Produktion von Stahl beträgt ca. 16 GJ/t (Sauerstoff-Blasverfahren = Oxygenstahl), bei hauptsächlicher Verwendung von sekundären Rohstoffen (Stahlschrott) dagegen nur ca. 5 GJ/t (Elektrostahlverfahren = Elektrostahl). Die Gewinnung von Aluminium ist bei Verwendung von sekundären Rohstoffen (Aluminiumschrott) mit ca. 16 GJ/t nicht energieaufwendiger als die Stahlproduktion aus primären Rohstoffen. Primäraluminium ist dagegen mit ca. 170 bis 270 GJ/t extrem energieaufwendig.

Qualitativ hochwertige Kunststoffe, die den Ansprüchen im Fahrzeugbau gerecht werden, können bis heute ausschließlich aus primären Rohstoffen (vorwiegend Erdöl) hergestellt werden. Daher ist der Primärenergieverbrauch mit Werten zwischen 43 und 98 GJ/t für die Produktion von PP, PU und PVC noch relativ hoch. Eine Spitzenstellung nimmt PA mit ca. 160 GJ/t ein; allerdings wird dieser Werkstoff im Automobilbau nur in relativ geringen Mengen eingesetzt.

Hinsichtlich des relativ hohen Energieverbrauchs für die Produktion von Primäraluminium und Kunststoffen ist jedoch zu berücksichtigen, daß die Substitution der schwereren Metalle im Fahrzeugbau durch diese Werkstoffe zu geringeren Fahrzeuggewichten und damit zu geringeren Energieverbräuchen im Rahmen des Betriebs der Fahrzeuge führen kann.

Emissionen

Im Rahmen der Eisen-/Stahl- und Aluminiumproduktion sind neben den gesundheits- und klimarelevanten Abgasen vor allem die Schwermetall- und PCDD/PCDF-Emissionen (s. auch Kap. 4.3.3.6.3) von Bedeutung. So werden bei der Erzeugung jeder Tonne Oxygenstahl Schwermetalle in Mengen von 14 bis 55 g emittiert. Nach Angaben des Umweltbundesamtes wurden durch die Roheisen- und Rohstahlerzeugung im Jahr 1986 auf diese Weise allein insgesamt 4,5 bis 12 t Cadmium, einem natürlichen Bestandteil aller mineralischen Rohstoffe, mit den gewaltigen Abgasmengen der Eisen- und Stahlindustrie freigesetzt (Bätcher/Böhm, 1994, S. 28) (s. auch Kap. 4.1.1).

Abfall

Die Aussagen zur Materialintensität umfassen noch nicht die Abfälle, die bei der Herstellung der für den Fahrzeugbau verwendeten Werkstoffe anfallen. Darüber hinaus fällt bei der Gewinnung von Erzen Abraum an. Dies ist der mengenmäßig größte Anteil; er schwankt jedoch je nach Erzlagerstätte in weiten Bereichen (0 bis 150 t pro Tonne Metall), so daß sich die Angabe von Durchschnittswerten verbietet. Entstehen bedeutende Mengen an Abraum, so kann dies zu erheblichen ökologischen Problemen in dem betroffenen Land führen (z. B. Kupfergewinnung in Papua/Neu-Guinea).

Bei der Herstellung von Eisen und Stahl entstehen in der Industrie pro Tonne Werkstoff insgesamt 416 kg Abfälle. Davon werden über 94 % verwertet. (Phillipp et al., 1992, S. 75–86)

Bei der primären Aluminiummetallherstellung, die ausschließlich aus Tonerde erfolgt, fallen bei der Tonerdeproduktion aus dem Erz 1,4 t Rotschlamm bzw. rund 2 t feuchter Rotschlamm pro Tonne Aluminium als Abfall an. Dieser wird in speziellen Monodeponien abgelagert (GDA, 1993). Darüber hinaus entstehen prozeßbedingt pro Tonne Aluminium 0,18 t sonstige feste Rückstände. Diese werden zum Teil als sekundäre Rohstoffe wieder in den Prozeß zurückgeführt; der Rest wird ebenfalls deponiert (Habersatter/Widmer, 1991).

In der sekundären Aluminiumproduktion fallen 0,4 bis 0,5 t Salzschlacke pro Tonne Aluminium als Rückstand an. Während diese Schlacken früher ebenfalls deponiert wurden, werden sie heute in der Bundesrepublik Deutschland bereits vollständig aufgearbeitet. Der Abfall aus dieser Produktion kann dann gefahrlos deponiert werden. Er beträgt rund 0,1 bis 0,15 t pro Tonne Aluminium.

Bei der Elektrostahl- und der Sekundäraluminiumproduktion sind insgesamt sowohl die Abfallmengen als auch ein Teil der Emissionen (Ausnahme: PCDD/PCDF) aufgrund der Verwendung von Sekundärrohstoffen tendenziell geringer als bei der Oxygenstahl- bzw. Primäraluminiumproduktion.

Bei der Produktion von Kupfer aus sekundären (Schrotte) und primären (Erzkonzentrate mit 28 bis 35 % Kupfer) Rohstoffen fallen 1,1 t Schlacke pro t Kupfer an. Die Schlacke wird weitgehend im Wasserbau oder als Düngemittel verwendet. Weitere Begleitelemente des Kupfers werden als verkaufsfähige Nebenprodukte gewonnen.

Nach Angaben des Verbandes Kunststofferzeugende Industrie e. V. fallen bei der Herstellung von Kunststoffen, wie sie auch im Automobil eingesetzt werden, in der kunststofferzeugenden Industrie ca. 30 bis 70 kg Abfall pro Tonne Kunststoff an.

Fahrzeugproduktion

Im Rahmen der Fahrzeugproduktion werden für die Fertigung und Montage der Bauteile, die Lackierung und die Endmontage neben den oben aufgeführten Werkstoffen weitere Einsatzstoffe (Hilfs-/Betriebsstoffe, Wasser) sowie Energie benötigt. Zu den Hilfs- und Betriebsstoffen zählen:

- technische Gase zum Schneiden, Schweißen, Brennen
- Preßluft für Schleifprozesse
- Schmierstoffe, Bohremulsionen
- Wasch- und Lösemittel

Zu den bei der Fahrzeugproduktion anfallenden Produktionsabfällen und Emissionen zählen:

- Stäube (Schleif-/Strahlstäube)
- Schadstoffemissionen durch Schweißarbeiten
- Lösemittelemissionen (insbesondere aus der Lackierung)
- Luftschadstoffe in Verbindung mit der Energiebereitstellung (hier unberücksichtigt)
- Abwasser (insbesondere aus Wasch- und Spülprozessen)
- Abfälle (Schrotte, Gewerbeabfälle, Problemabfälle, wie Lackschlämme, andere Schlämme und Schmierstoffe)

Im folgenden werden beispielhaft am PKW einige stoffliche und energetische Aspekte der Fahrzeugproduktion beschrieben.

Energieeinsatz

Daten zum Energieeinsatz bei der Fahrzeugproduktion liegen nur von den Herstellern, nicht aber von den Zulieferfirmen vor. Der Strom- und Wärmebedarf für die Produktion von Mittelkasse-PKW beträgt 10,1 bis 13,7 GJ/PKW und für die Produktion von Oberklasse-PKW 7,9 bis 25,2 GJ/PKW (für Kleinwagen liegen keine Daten vor). Das entspricht einem mittleren Primärenergieverbrauch von ca. 36 GJ/PKW und bezogen auf die mittlere Verkehrsleistung einem Verbrauch von ca. 141,1 kJ/Pkm. Zum Vergleich: Für die Produktion eines IR-Reisezugwagens werden bezogen auf die Verkehrsleistung ca. 9 kJ/Pkm Primärenergie benötigt.

Bei diesen Zahlenangeben ist zu berücksichtigen, daß sie nur die im Automobilbereich übliche Fertigungstiefe von 25 bis 45 % repräsentieren. Die tatsächlichen Gesamtenergieaufwendungen dürften demnach noch deutlich höher liegen.

Emissionen

Hinsichtlich der Emissionen ist sowohl bei den PKW als auch bei den anderen Verkehrsträgern vor allem die Fahrzeuglackierung relevant. Dabei handelt es sich im wesentlichen um Lösemittelemissionen mit der Abluft. Klassische Automobillacke enthalten hohe Anteile organischer Lösemittel, die in der Spritzkabine zu über 80% entweichen und unbehandelt in die Atmosphäre gelangen. Lediglich 18% werden nachbehandelt. Mit den traditionellen Lacksystemen und Lackierverfahren können die in der TA-Luft geforderten Grenzwerte von 60 g/m^2 (Unicolor) bis 120 g/m^2 (Metallic) Rohbaukarosserie nicht eingehalten werden.

Daher findet seit einigen Jahren neben der Abluftreinigung zunehmend der Einsatz von Wasserlacken Verwendung. Dadurch werden die Lösemittelemissionen um 15% (Unicolor) bis 60% (Metallic) reduziert. Beim Einsatz von Pulverlacken bleiben Emissionen organischer Lösemittel sogar völlig aus.

Abfall

Bei der Herstellung eines durchschnittlichen Mittelklasse-PKW fallen insgesamt 0,82 (Mitteilung des Umweltbundesamtes) bis 1,5 t (UPI, 1993) Abfall an. Für ein neueres Modell aus der deutschen Automobilproduktion werden 465 kg Abfälle angegeben, die im Werk selbst anfallen, wovon bis zu 390 kg verwertet werden können (Mitteilung des Umweltbundesamtes).

Eine vom Schadstoffcharakter potentielle Umweltbelastung stellen dabei die Lackschlämme dar, die allein bei der PKW-/LKW-Produktion in einer Größenordnung von ca. 30 000 t/a (bis 1990) anfallen. Als umweltrelevante Stoffe enthalten diese vor allem Schwermetalle und Lösemittel und bei Wasserlacken zusätzlich wasserlösliche, organische Restlösemittel (bis zu 15%). Nur bei einer Lackkreislaufführung in der Spritzkabine könnte bei Verwendung von Wasserlacken eine drastische Reduzierung der Lackschlammengen erzielt werden.

Keine Lackschlämme fallen lediglich bei der Verwendung von Pulverlakken an, die darüber hinaus weitere ökologische und verfahrenstechnische Vorteile aufweisen. Hinsichtlich der Optik der lackierten Flächen haben Pulverlackbeschichtungen im Vergleich zu klassischen Lackierungen allerdings Nachteile. Pulverlacke kommen zunehmend zum Einsatz.

Spezielle Schadstoffe

(1) Polychlorierte Biphenyle (PCB)
Die gesetzlichen Regelungen gegen den Einsatz von PCB seit Mitte der siebziger Jahre haben noch nicht dazu geführt, daß PCB-haltige Produkte im Fahrzeugbau bzw. in Altfahrzeugen nicht mehr im Einsatz sind. Dies gilt für:
– Bohröle und Schneideöle (teiloffene Anwendung)
– Transformatoren, Kondensatoren und Kleinkondensatoren in Leuchtstoffröhren (geschlossene Anwendung)
PCB-haltige Bohr- und Schneideöle sind in der Europäischen Union (EU) zwar nicht mehr zugelassen, können sich aber durch Verschleppungen oder Umgehungen noch im Gebrauch befinden.
Leuchstofflampen, die PCB-haltige Kleinkondensatoren enthalten, werden auch heute noch in Schienenfahrzeugen eingesetzt. Die PCB-Menge pro Lampe beträgt durchschnittlich 63 g.
Darüber hinaus wurden PCB und auch PCDD/PCDF in neuen (recyclierten) und alten Motorölen entdeckt. Die PCB stammen u. a. aus der früheren Verwendung in Hydraulikölen. Aufgrund der Persistenz dieser Schadstoffe finden leicht Verschleppungen statt, so daß noch langfristig mit Problemen zu rechnen ist. Die offene Anwendung von PCB ist seit dem Jahr 1978 durch das Bundes-Immissionsschutzgesetz (BImSchG) untersagt. In neuen Produkten dürfen PCB aufgrund der PCB-Verbotsverordnung nicht mehr eingesetzt werden. Alle PCB-haltigen Erzeugnisse müssen bis Ende 1999 aus dem Gebrauch genommen werden.
Für bestimmte PCB besteht der begründete Verdacht eines krebserzeugenden Potentials (DFG, 1993, S. 30). Zudem gelten diese chlorierten organischen Verbindungen als Vorläufersubstanzen von PCDD/PCDF, die auch bereits als Verunreinigung in PCB vorliegen.

(2) Fluorchlorkohlenwasserstoffe (FCKW)
FCKW finden im Fahrzeugbau mit abnehmender Tendenz als Treibmittel für Schaumstoffe und als Kältemittel für Klimaanlagen Verwendung. In neuen Fahrzeugmodellen werden FCKW nicht mehr eingesetzt. Aufgrund der ozonschädigenden Wirkung der FCKW ist vorgesehen, deren Verwendung nach einem Stufenplan der FCKW-Halonverordnung bis spätestens 1995 zu unterbinden (s. auch Kap. 4.1.3).

(3) Asbest
Asbest wurde in Fahrzeugbremsen, Kupplungsbelägen und Motordichtungen eingesetzt. In Binnenschiffen wurde das Fasermaterial zum Teil

als Bestandteil von Antifouling-Farben sowie zu Brandschutz- und Isolierzwecken verwendet.

Da in der Bundesrepublik Deutschland aufgrund der Chemikalienverbots-Verordnung vom 14. Oktober 1993 ein vollständiges Verwendungsverbot für Asbest im Fahrzeugbereich bis Ende 1994 vorgesehen ist, kann davon ausgegangen werden, daß dieser Werkstoff in Neufahrzeugen in der Regel nicht mehr verwendet wird. Lediglich in einigen Auslaufmodellen werden noch asbesthaltige Motordichtungen eingesetzt.

Asbest ist als eindeutig krebserzeugender Arbeitsstoff ausgewiesen (DFG, 1993, S. 21). Aber auch einige der als Asbestersatzstoffe verwendeten künstlichen Mineralfasern stehen im Verdacht, krebserzeugend zu sein.

Während die Asbestproblematik in der Fahrzeugproduktion eine zunehmend untergeordnete Rolle spielt, fällt bei der Wartung und der Entsorgung/Verwertung von Altfahrzeugen Asbest in nicht unerheblichen Mengen an.

Arbeitsbedingungen bei der Fahrzeugproduktion

Von sozialer wie auch volkswirtschaftlicher Bedeutung sind die Arbeitsbedingungen, denen die Arbeitnehmer entlang der Produktlinie der Fahrzeuge ausgesetzt sind. Das gilt insbesondere für Emissionen am Arbeitsplatz, die zum Auftreten von Berufskrankheiten führen können sowie für Berufsunfälle.

Arbeitsschutzbestimmungen

Zum Schutz der Arbeitskräfte existieren in der Bundesrepublik Deutschland u. a. folgende ordnungsrechtliche und freiwillige Arbeitsschutzbestimmungen:
– Chemikaliengesetz (ChemG), insbes. die Gefahrstoffverordnung (GefStVO)
– Technische Regeln für Gefahrstoffe (TRGS)
– Verordnungen des Bundes-Immissionsschutzgesetzes (BImSchG)
– Unfallverhütungsvorschriften
– DIN-Normen und VDE-Bestimmungen
– Betriebsvereinbarungen

Sowohl die Arbeitgeber- als auch die Arbeitnehmerseite halten die geltenden Arbeitsschutzbestimmungen im allgemeinen für ausreichend.

Allerdings fordern die Gewerkschaften einen Ausbau der Arbeitsschutzbestimmungen, insbesondere für den Bereich der Gefahrstoffe.

Diese Aussagen betreffen die derzeitige gesetzliche Situation. Im Zuge des Abbaus der Handelshemmnisse im Rahmen der Verwirklichung des Europäischen Binnenmarktes bestimmen zukünftig jedoch zunehmend europäische Richtlinien und Mindestnormen die Arbeitsschutzbedingungen, deren Auswirkungen bislang nicht abzuschätzen sind. Eventuell mögliche Aufweichungstendenzen können aber auf nationaler Ebene aufgefangen werden.

Probleme treten oftmals auf, wenn es darum geht, die Vorgaben des Arbeitsschutzes in die Praxis umzusetzen. Als Begründung wird vor allem die unzureichende Kontrolle der Anwendung der Bestimmungen genannt. Hier sind die Gewerbeaufsicht, die Berufsgenossenschaften sowie die innerbetrieblichen Aufsichtspersonen gefordert.

Defizite im praktizierten Arbeitsschutz können aufgrund des damit verbundenen Aufwandes insbesondere auch in kleinen und mittelständischen Betrieben auftreten, die den Großteil der Zulieferer sowie der Wartungs- und Reparaturbetriebe darstellen.

Berufskrankheiten

In der Automobilindustrie wurde die Belastung der Arbeitnehmer durch die zunehmende Automatisierung der Fertigungsprozesse stark reduziert. Bei der Produktion von Schienen- und Wasserfahrzeugen überwiegen dagegen derzeit noch manuelle Fertigungsverfahren, die mit deutlich höheren Belastungen verbunden sind.

Insbesondere im Bereich der Zulieferindustrie, aber auch bei der Wartung/Pflege/Reparatur der Fahrzeuge können die Arbeitskräfte u. a. folgenden Emissionen ausgesetzt sein:

– Lärm
– N-Nitrosamine in der Gummiindustrie (krebserzeugend)
– Stäube, Dämpfe, Gase und Rauche in Gießereien
– Styrol bei der Fertigung von styrolhaltigen Harzmassen
– Asbest in Wartungsbetrieben für Bremsen (krebserzeugend)
– Lösemittel bei manuellen Lackierarbeiten

Im Jahr 1991 wurden von der Maschinenbau- und Metall-Berufsgenossenschaft im Bereich der Kraftfahrzeugwartung und -reparatur bei ca. 300 000 Beschäftigten 58 Fälle von anerkannten Berufskrankheiten registriert.

Arbeitsunfälle

In der Automobilindustrie kommen zur Zeit auf 1 Mio. Arbeitsstunden ca. 20 und im Bereich der Wartung und Reparatur von Kraftfahrzeugen ca. 50 meldepflichtige Arbeitsunfälle (verbunden mit einer mehr als dreitägigen Ausfallzeit).

Die Maschinenbau- und Metall-Berufsgenossenschaft gibt für das Jahr 1991 im Bereich der Herstellung von Kraftwagen, Straßenzugmaschinen und Ackerschleppern sowie von Krafträdern, Motorrädern und Fahrrädern einschließlich deren Motoren insgesamt 3 923 anzeigepflichtige Arbeitsunfälle an, während für den Bereich der Instandhaltung (ohne Ackerschlepper) insgesamt 7 774 anzeigepflichtige Arbeitsunfälle registriert wurden (KDrs 12/10 b, Maschinenbau- und Metallberufsgenossenschaft, S. 91).

Im Bereich der Herstellung von Schienenfahrzeugen wurden im gleichen Zeitraum 5 187 anzeigepflichtige Arbeitsunfälle gezählt (KDrs 12/10 c, Heinisch, S. 126).

Zum Vergleich: Im gleichen Zeitraum wurden in der Bundesrepublik Deutschland über 500 000 Verkehrsteilnehmer bei Straßenverkehrsunfällen verletzt (BMV, 1993, S. 152).

4.3.3.6.2 Gebrauch der Fahrzeuge

Die Gebrauchsphase von Fahrzeugen wurde in der Vergangenheit wesentlich intensiver untersucht als die Phasen der Produktion oder der Verwertung/Entsorgung. Das gilt vor allem für den Energieverbrauch im Rahmen des Betriebs der Fahrzeuge. Allerdings sind die in der Gebrauchsphase anfallenden stofflichen und energetischen Gesamt-Aufwendungen für Wartung, Pflege und Reparatur der Fahrzeuge bislang praktisch unbekannt.

Energieverbrauch beim Betrieb der Fahrzeuge

Bei der Betrachtung der Verkehrsträger ist der Energieverbrauch beim Betrieb der Fahrzeuge von herausragender ökologischer und ökonomischer Bedeutung. Dies wird durch den Anteil des zum Betrieb aller Verkehrsträger erforderlichen Primärenergiebedarfs am Gesamtprimärenergiebedarf der Bundesrepublik Deutschland deutlich, der von 14,5 % im Jahr 1980 auf 18,2 % im Jahr 1990 angestiegen ist. Bezogen auf den gesamten Endenergieverbrauch der Bundesrepublik Deutschland betrug der Anteil des Verkehrs im Jahr 1990 sogar 28%. Die meisten Emissionen an Kohlenmonoxid, Stickoxiden und Kohlenwasserstoffen stammen aus dem Bereich des Verkehrs.

Eine Übersicht über den spezifischen Primärenergieverbrauch im Personen- und Güterverkehr ist den folgenden Tabellen (4.3.10, 4.3.11) zu entnehmen.

Der in den beiden Tabellen dargestellte Primärenergieverbrauch umfaßt alle energetischen Aufwendungen für den Antrieb, die Beheizung und die Beleuchtung der Fahrzeuge sowie für direkt mit dem Betrieb im Zusammenhang stehende Aktivitäten (z. B. Rangierfahrten).

Der Vergleich des spezifischen Primärenergieverbrauchs der betrachteten Fahrzeuge führt zu folgendem Ergebnis:
- Der Primärenergieverbrauch pro Personenkilometer ist bei PKW deutlich höher als bei Personenzügen
- Der Primärenergieverbrauch pro Tonnenkilometer ist bei LKW deutlich höher als bei Güterzügen; Binnenschiffe sind aus energetischer Sicht am günstigsten zu betreiben

Bei den PKW ist zu bemerken, daß, obwohl der Energieverbrauch im Verhältnis zur Motorleistung durch technische Weiterentwicklungen gesenkt werden konnte (bei deutschen PKW um bis zu 20%), der durchschnittliche Flottenverbrauch bis heute konstant geblieben ist, da die Fahrzeuge insgesamt größer, schwerer und stärker geworden sind. (KDrs 12/10b, Kutter, S. 66)

Der Flottenverbrauch der LKW dagegen ist in den letzten 10 Jahren um ca. 9%, der der Binnenschiffe um ca. 30% zurückgegangen. Da sich der Fahrzeugpark der Eisenbahn in den letzten 10 Jahren nur unwesentlich verändert hat, sind für diesen Bereich nur unwesentliche Minderungspotentiale zu verzeichnen.

Auch für die Zukunft verbleiben insbesondere für den PKW- und LKW-Betrieb deutliche Reduktionspotentiale im Energieverbrauch durch technische Weiterentwicklungen im Fahrzeugbau. Für PKW z. B. werden weitere Einsparpotentiale von 20 bis 50% vermutet. Bei Eisenbahnen und Binnenschiffen kann die Energieausnutzung im wesentlichen durch eine optimierte Auslastung der Fahrzeuge verbessert werden.

Emissionen beim Betrieb der Fahrzeuge

Aufgrund der bereits rechtskräftigen bzw. geplanten Grenzwertverschärfungen (EG-Richtlinien 70/220/EG, 88/77/EG, 91/441/EG, 91/542/EG)

Tabelle 4.3.10: Abschätzungen des spezifischen Primärenergieverbrauchs im Personenverkehr aus verschiedenen Untersuchungen

	kJ/Pkm			
	Pkw		Bahn	
Zeitrahmen	Nahverkehr	Fernverkehr	Nahverkehr	Fernverkehr
1987	2 560		1 270 (einschließlich S-Bahn, nicht bundeseigene Bahnen)	Dieseltraktion: 1 500 Elektrotraktion: 900
1987	1 420–2 920 (40 %)[1]	990–2 200 (40 %)[1]	Dieseltraktion: 860–950 Elektrotraktion: 760–1 000 (40 %)[1]	Dieseltraktion: 500–980 Elektrotraktion: 440–500 (60 %)[1]
1988	2 550		1 320	
1988	3 110	1 800	820 (37 %)[1]	500 (60 %)[1]
k. A.	–	–	360 (50 %)	600–900 (50 %)

[1]) Zugrunde gelegte Auslastung
Quelle: Fichtner, 1994

Tabelle 4.3.11: *Abschätzungen des spezifischen Primärenergieverbrauchs im Güterverkehr aus verschiedenen Untersuchungen*

Zeit-rahmen	kJ/tkm				
	Lkw		Bahn		Binnenschiffe
	Nahverkehr	Fernverkehr	Nahverkehr	Fernverkehr	Fernverkehr
1987	2 890		680		580
1987	ca. 2 450 (40%)[1]	640–770 (60%)[1]	490–620 (60%)[1] (E-Traktion)	340–410 (60%)[1]	210–510 (60%)[1] (Kanalfahrt)
1988	2 580		670		470
1988	4 280	2 020	–	800 (70%)[1]	600 (70%)[1]

[1] zugrunde gelegte Auslastung
Quelle: Fichtner, 1994

weisen in der Bundesrepublik Deutschland die Schadstoffgehalte in den Verbrennungsabgasen von PKW und LKW, bezogen auf den Personen- bzw. Tonnenkilometer, eine rückläufige Tendenz auf. Vor allem durch den geregelten Dreiwege-Katalysator können die Kohlenmonoxid-, Kohlenwasserstoff- und Stickoxidemissionen um mehr als 90% reduziert werden.

Dieser Wert wird von Katalysatoren allerdings nur im optimalen Temperaturbereich, der zwischen 600 und 650 °C liegt, erreicht. Bei einem Kaltstart erfolgt bis zu einer Katalysatortemperatur von ca. 350 °C zunächst keine bzw. nur eine geringe Schadstoffumsetzung. Im innerstädtischen Kurzstreckenverkehr (< 5 km) wird der 350 °C-Bereich insbesondere bei kalter Witterung unter Umständen gar nicht erreicht. Auch beim Vollastbetrieb können bei einigen Fahrzeugmodellen, bei denen die Lambda-Regelung zur Erhöhung der Leistung abgeschaltet wird, die Schadstoffe nur unzureichend katalytisch umgesetzt werden, da bei der Gemischanfettung aufgrund des Sauerstoffmangels vor allem Kohlenmonoxid und Kohlenwasserstoffe nicht mehr oxidiert werden können. Weiterhin muß berücksichtigt werden, daß die Reduktionspotentiale durch die tendentielle Zunahme der Verkehrsleistungen zum Teil wieder kompensiert werden.

Tabelle 4.3.12: *Spezifische Emissionen des Personenverkehrs im Jahr 1986, unter Berücksichtigung von direkten Abgasemissionen, Verdunstung, sonstigen Verlusten sowie der vorgelagerten Energiekette bis zur Raffinerie/zum Kraftwerk*

	g/Pkm			
	Pkw		Bahn	
	Otto[1]	Diesel	Nahverkehr	Fernverkehr
CO_2	180	150	105	45
CO	14,4	1,4	0,02	0,01
HC	2,5	0,3	0,01	0,01
NO_x	2,4	0,6	0,3	0,15
SO_2	0,03	0,19	0,7	0,3
Staub	0,01	0,18	0,04	0,02

[1] ohne Katalysator
Quelle: Fichtner, 1994

Tabelle 4.3.13: *Spezifische Emissionen des Güterverkehrs im Jahr 1986, unter Berücksichtigung von direkten Abgasemissionen, Verdunstung, sonstigen Verlusten sowie der vorgelagerten Energiekette bis zur Raffinerie/zum Kraftwerk*

	g/tkm		
	Lkw (Fernverkehr)	Bahn	Binnenschiffe
CO_2	140	48	40
CO	0,25	0,15	0,18
HC	0,32	0,07	0,08
NO_x	3,0	0,4	0,5
SO_2	0,18	0,18	0,05
Staub	0,17	0,07	0,03

Quelle: Fichtner, 1994

Tabelle 4.3.14: *Anteilige Emissionen des Straßenverkehrs und des übrigen Verkehrs gemessen an der Gesamtemissionssituation in der Bundesrepublik Deutschland (1990, alte Bundesländer)*

	Gesamtemission (Mio. t)	Straßenverkehr (%)	übriger Verkehr (%)
CO_2	730,0	18,1	4,7
CO	7,3	67,9	3,7
SO_2	1,0	5,1	12,0
NO_2	2,6	58,4	14,7
VOC	2,25	44,4	3,4
Staub	0,45	13,3	4,6

Quelle: BMV, 1993, S. 290–291

Neben Kohlendioxid, Kohlenmonoxid, Kohlenwasserstoffen, Stickoxiden, Schwefeldioxid und Staub fallen beim Fahrzeugbetrieb weitere verbrennungsbedingte Schadstoffemissionen an. Bei Pkw mit Otto-Motoren sind dies:

- Benzol (1989: ca. 40 000 t, entspricht ca. 90 % der gesamten Benzol-Emissionen, s. auch Kap. 4.1.2)
- Toluol (1989: ca. 80 000 t)
- Polyzyklische aromatische Kohlenwasserstoffe (PAK) (1985: ca. 5 bis 7 t, entspricht ca. 20 % der gesamten PAK-Emissionen)
- Formaldehyd (ca. 12 000 t/a, entspricht ca. 80 % der gesamten Formaldehyd-Emissionen)
- Schwefelwasserstoff
- Distickstoffoxid (ca. 12 000 t/a)
- Ammoniak (ca. 1 000 t/a, steigende Tendenz seit Katalysator-Einführung)
- Platin (aus Katalysatoren)
- PCDD/PCDF (insbes. aus verbleiten Kraftstoffen)

Über das Leitungssystem im Automobil verdunstet ca. 1 % des Gesamttreibstoffverbrauchs. Zusätzliche Verluste treten bei der Betankung der Fahrzeuge auf.

Darüber hinaus fallen im Rahmen des Gebrauchs von PKW folgende nicht energieverbrauchsbedingte Stoffe an:

- Motoröl (Befüll- und Leckageverluste, ca. 5 000 t/a)
- Bremsflüssigkeit (Leckageverluste, ca. 180 t/a)
- Kühlflüssigkeit (Leckageverluste, 500 bis 600 t/a)
- Bremsbelagabrieb (ca. 7 000 t/a)
- Reifenabrieb (60 000 bis 75 000 t/a)

Unfallrisiko beim Betrieb der Fahrzeuge

Das Risiko, durch einen Unfall verletzt oder getötet zu werden, ist im Straßenverkehr bedeutend größer als im Schienenverkehr oder in der Binnenschiffahrt (Tab. 4.3.15). Die Ursache ist im Charakter des Individualverkehrs zu suchen, der die Implementierung und Kontrolle aktiver Sicherheitsmaßnahmen erschwert. So kann z. B. der Hauptunfallfaktor „menschliches Versagen" im Straßenverkehr weniger effizient vermieden werden als im Schienenverkehr, bei dem eine wesentlich weiterreichende Automatisierung des Fahr- und Lenkablaufs erfolgt.

Tabelle 4.3.15: *Durch Verkehrsunfälle verletzte und getötete Personen (1990, alte Bundesländer)*

Personenverkehr	Verletzte		Getötete	
	Anzahl	Anzahl/ Mrd. Pkm	Anzahl	Anzahl/ Mrd. Pkm
Straßenverkehr[1]	349 897	483	5 713	7,9
Schienenverkehr	785	18	35	0,8

Güterverkehr	Verletzte		Getötete	
	Anzahl	Anzahl/ Mrd. tkm	Anzahl	Anzahl/ Mrd. tkm
Straßenverkehr	28 770	169	940	5,5
Schienenverkehr[2]	k. A.	6	k. A.	0,6
Binnenschiffahrt[3])	107	2	17	0,3

[1] Individualverkehr, Taxi- und Mietwagenverkehr, öffentlicher Verkehr
[2] grobe Schätzung
[3] deutsche und ausländische Binnenschiffe, einschließlich Betriebs- und sonstige Unfälle
Quelle: Fichtner, 1994

4.3.3.6.3 Verwertung und Entsorgung der Fahrzeuge

PKW

Der überwiegende Anteil (ca. 95%) aller erfaßten Alt-PKW wird zerkleinert (geshreddert, geschnitten) und in der Bundesrepublik Deutschland der weiteren Verwertung/Entsorgung zugeführt. Der verbleibende Rest wird aus betriebswirtschaftlichen Gründen mit zunehmender Tendenz zur Verwertung/Entsorgung ins Ausland exportiert. Die Erfassungsrate für Alt-PKW liegt in der Bundesrepublik Deutschland bei ca. 98%, da sich ein geringer Anteil der statistischen Erfassung durch wilde Deponierung entzieht. Im Jahr 1990 fielen ca. 2,6 Mio. Alt-PKW an, für das Jahr 2000 wird bereits mit 2,9 bis 3,0 Mio. gerechnet.

Die heutige Verwertungsrate eines Alt-PKW, die im wesentlichen durch den hohen Metallanteil bestimmt ist, beträgt 70 bis 75 Gewichtsprozent. Dabei wird der Eisen- und Stahlanteil zu 98 bis 100% (ca. 1 734 Mio. t/a) und der NE-Metallanteil zu 76 bis 95% (ca. 90 000 t/a) dem Recycling zugeführt. Für nichtmetallische Stoffe (Kunststoffe, Gummi, Glas etc.) befinden sich zum Teil Wiederaufarbeitungsverfahren in der Entwicklung.

Für den gewonnenen Shredderschrott werden zusammen mit gutem Neuschrott die höchsten Preise am Markt erzielt. Dies liegt daran, daß Shredderschrotte wie auch Neuschrotte gleichhohe Eisenanteile von mindestens 95% aufweisen.

Probleme bereiten dagegen die zunehmenden Mengen an Shredderleichtmüll. Im Jahr 1988 waren es noch 390 000 t, im Jahr 1993 bereits 450 000 bis 500 000 t. Eine weiter optimierte passive Sicherheit, die forcierte Leichtbauweise zur Kosten- und Treibstoffeinsparung, erhöhte Komfortbedürfnisse der Kunden sowie Lärmschutzmaßnahmen für die Fahrzeuginsassen werden zu einem weiteren Ansteigen des Kunststoff- und, bei gleichbleibender Aufbereitungstechnik, des Shredderleichtmüllanteils führen.

Nach Angaben des Verbandes der Kunststofferzeugenden Industrie e.V. (VKE) belief sich die mit den Alt-PKW anfallende Kunststoffmenge im Jahr 1990 auf ca. 125 000 t, im Jahr 2000 werden bereits 220 000 t erwartet. Hierbei ist berücksichtigt, daß heute etwa 12 Jahre alte PKW zur Verwertung anstehen, deren Kunststoffanteil noch relativ gering ist. Die Kunststoffanteile verbleiben auch wegen ihrer Vielfalt in der Shredderleichtmüllfraktion und sind damit einem werkstofflichen Recycling schwer zugänglich. Nur unwesentliche Mengen werden als Sekundärmaterialien bereitgestellt. (KDrs 12/10b, VKE, S. 112)

Neben dem Kunststoffanteil wird auch der Aluminiumanteil in den Alt-Fahrzeugen ansteigen, während der Anteil an Eisen- und Stahlschrott weiter zurückgeht. Ohne Gegenmaßnahmen wird sich das gesamte Shredderleichtmüllaufkommen in Westeuropa in den nächsten zehn Jahren auf ca. 1 Mio. t verdoppeln. Bisher wurden ca. 95 % des Shredderleichtmülls auf Hausmülldeponien abgelagert.

Im Shredderleichtmüll wurden bis zu 45 ppm PCB (unter anderem aus Betriebsflüssigkeiten) und zum Teil über 100 ppm PAK nachgewiesen. Darüber hinaus können wegen der Verunreinigungen mit PCB auch PCDD/PCDF durch örtlich starke Erhitzungen des Materials beim Shreddervorgang gebildet werden.

Problematisch gestaltet sich auch die Verwertung/Entsorgung der in den Alt-PKW anfallenden Betriebsflüssigkeiten. Diese werden aus den Alt-PKW oftmals nicht entfernt, so daß es im Rahmen der Lagerung (Schrottplatz), der Aufarbeitung (Shredderanlage) und der Wiederverwertung (Schmelzofen) zu Schadstoffeinträgen in Böden, Gewässer und Luft kommen kann (Abb. 4.3.8, Tab. 4.3.16).

Tabelle 4.3.16: *Gefährdungsfaktoren von Betriebsflüssigkeiten*

Betriebsstoff \ Gefährdung von	Mensch	Wasser	Boden	Luft	Gesamt
Ottokraftstoff	4	3	3	3,5	3,4
Dieselkraftstoff	3	3	3	3	3
Motoröl	4	4	3	1	3
Getriebeöl	4	3,5	3	1	2,9
Dämpferöl	4	3,5	3	1	2,9
Bremsflüssigkeit	2,5	3	2,5	1	2,3
Kühlwasser	2	2,5	–	0,5	1,7
Scheibenwaschwasser	1	1,5	–	0,5	1
Batterieflüssigkeit	4	2	2	0,5	2,2

0: unbedenklich 1: leicht bedenklich 2: schwach gefährdend 3: gefährdend 4: stark gefährdend
5: sehr stark gefährdend
Quelle: Fichtner, 1994

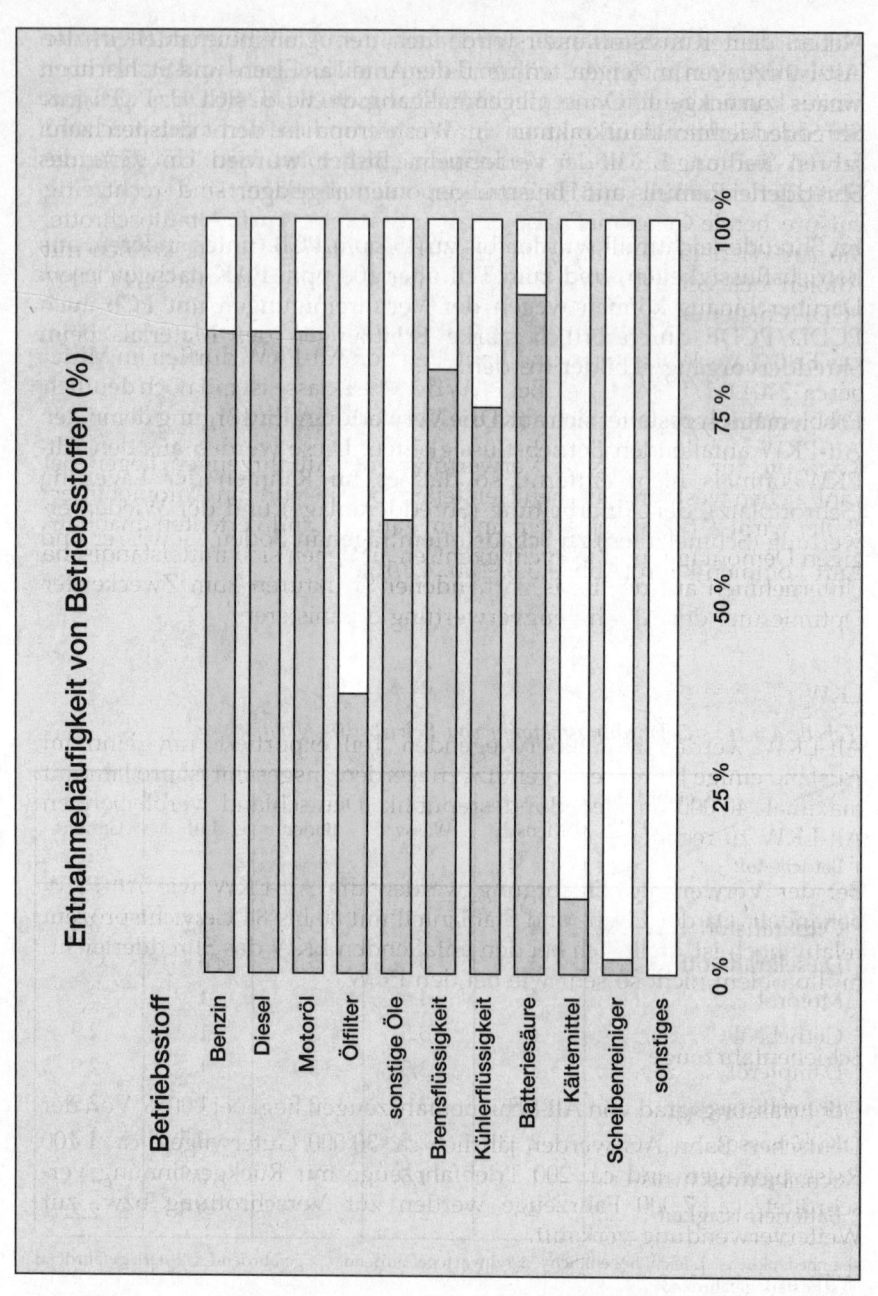

Abb. 4.3.8: Entnahmehäufigkeit der Betriebsstoffe aus 247 untersuchten Autowrackplätzen in Niedersachsen.
Quelle: aus Fichtner, 1994

Mit chlorierten Kohlenwasserstoffen verunreinigte Altöle (PCB-Gehalte bis zu 1 000 ppm) z. B. belasten den Boden und das Grundwasser. Darüber hinaus können sie eine wesentliche Ausgangsquelle für PCDD/PCDF aus der Shredderleichtmüllfraktion werden, wenn diese nicht entsprechend der TA-Siedlungsabfall der Verbrennung zugeführt wird. Um derartige zusätzliche Risiken und Belastungen zu vermeiden, sind rechtzeitig entsprechende Gegenmaßnahmen zu entwickeln. Auch Altautoschrotte, die zur Wiederaufarbeitung in den Schmelzofen gelangen, können mit Altölen belastet sein. Auch hier ergibt sich ein Risiko der PCDD/PCDF-Entstehung.

Die Erlöse aus Wertstoffen und Bauteilen von Alt-PKW dürften im Mittel bei ca. 240 DM/PKW liegen. Bei PKW der Oberklasse ist mit noch deutlich höheren Erlösen zu rechnen. (KDrs 12/10a, UBA, S. 17)

Konzepte für eine bessere Verwertung von Altfahrzeugen liegen bei zahlreichen westeuropäischen Herstellern bereits vor. Ein Automobilhersteller wirbt z. B. mit geplanten und im ganzen Land verteilten unabhängigen Demontage- und Recyclingzentren, in denen sich mittelständische Unternehmen auf der Basis vorhandener Strukturen zum Zwecke der Optimierung der Altfahrzeugverwertung organisieren.

LKW

Alt-LKW werden zum überwiegenden Teil exportiert, um dann im Ausland einige Jahre weitergenutzt zu werden. Insgesamt ist pro Jahr mit maximal 40 000 in der Bundesrepublik Deutschland verbleibenden Alt-LKW zu rechnen.

Bei der Verwertung/Entsorgung werden die Alt-LKW wie Alt-PKW behandelt. Da der Eisen- und Stahlanteil mit 80 bis 84 Gewichtsprozent relativ hoch ist, stellt sich bei den anfallenden LKW das Shredderleichtmüllproblem nicht so sehr wie bei den PKW.

Schienenfahrzeuge

Der Erfassungsgrad von Alt-Schienenfahrzeugen liegt bei 100%. Von der Deutschen Bahn AG werden jährlich ca. 30 000 Güterwagen, ca. 1 100 Reisezugwagen und ca. 200 Triebfahrzeuge mit Rückgewinnung verschrottet, ca. 7 000 Fahrzeuge werden zur Verschrottung bzw. zur Weiterverwendung verkauft.

Während der Wagenkasten bei Schienenfahrzeugen während der gesamten Nutzungsdauer von ca. 30 Jahren erhalten bleibt, werden die

Ausrüstungen im Rahmen der vorgeschriebenen Untersuchungs- und Wartungsfristen entsprechend den jeweiligen Befunden ersetzt. Bei Reisezugwagen werden die Inneneinrichtungen nach ca. 15 Jahren ersetzt und der Anstrich erneuert. Die anfallenden Kunststoffteile, insbesondere geformte glasfaserverstärkte Teile, Polyurethanschäume, Schichtpreßstoffe und Linoleum werden entsorgt.

Die gegenwärtige Recyclingrate für einen Reisezugwagen beträgt ca. 75 Gewichtsprozent. Insgesamt werden von der Deutschen Bahn AG jährlich ca.

- 398 000 t Stahlschrott,
- 1 900 t NE-Schrott,
- 574 t Bleibatterien und
- 350 t Nickel/Cadmium-Batterien

recycelt.

Bei der Verwertung/Entsorgung von Schienenfahrzeugen fallen neben relativ unproblematischen Abfällen, wie Holz (18 000 t), Glas (1 000 t) und Gummi (1 179 t), auch eine Reihe gesundheits- bzw. umweltschädlicher Abfälle an (Tab. 4.3.17).

Tabelle 4.3.17: Gesundheits- bzw. umweltschädliche Abfälle bei der Verwertung/ Entsorgung von Schienenfahrzeugen

Stoff	Menge	Entsorgung
Akkusäure	k. A.	als Sondermüll
Altfette	307 t	als Sondermüll
Altöle	820 t	Verkauf an Vertragsfirmen
Asbest	100 t	über Vertragsfirmen
Batterien	924 t	Rückgabe an Vertragsfirmen
Elektronikschrott	80 t	über Vertragsfirmen
Leuchtstoffröhren	26 500 St.	über Vertragsfirmen
Mineralfasern	4 500 m^3	Deponie
Quecksilber	0,455 t	k. A.

Quelle: Fichtner, 1994

Die Kosten für die Entsorgung von Schienenfahrzeugen betragen für Reisezugwagen ohne Asbestentsorgung 4 000 DM/Fahrzeug und mit Asbestentsorgung 9 000 DM/Fahrzeug, für Güterwagen 3 000 DM/Fahrzeug und für Lokomotiven 62 000 DM/Fahrzeug. Die Erlöse aus der Verschrottung von Schienenfahrzeugen betragen im Durchschnitt rund 4,5 Mio. DM/a (KDrs 12/10c, Heinisch, S. 120).

Binnenschiffe

Die Verwertung/Entsorgung von Binnenschiffen erfolgt auf spezialisierten Abwrackwerften. Im Jahr 1991 wurden insgesamt 132 Motorgüterschiffe und 16 Motortankschiffe mit einem Gesamtgewicht von mehr als 100 000 t abgewrackt.

Die wiederverwendbaren Teile aus Binnenschiffen (10 bis 20 Gewichtsprozent der Einrichtung/Ausrüstung) werden grundüberholt und gehen in den Gebrauchtwaren- bzw. Sammlermarkt. Es sind dies:

- Hauptmotoren
- Generatoren
- Pumpen
- Kompressoren
- E-Motoren und Teile der Elektronikanlage
- Sammlerobjekte

Ein Großteil findet als second-hand-Ware bei der Umrüstung gebrauchter Binnenschiffe Verwendung. Verschalungen, Isolierungen und Einbauteile, für die eine Wiederaufarbeitung entfällt, werden als Abfälle entsorgt. Insgesamt fallen bei der Wiederverwertung/Entsorgung eines Containerschiffes mit einem Gesamtgewicht von 11 000 t ca. 4,4 t Abfälle an. Die Recyclingrate für den anfallenden Schrott beträgt 98 bis 100 Gewichtsprozent.

Dioxinbildung beim Recycling von Metallen aus Fahrzeugschrotten

Die Bildung von polychlorierten Dibenzo-p-dioxinen und Dibenzofuranen (PCDD/PCDF) bei der Aufarbeitung verschiedener Schrotte ist bereits seit Jahren bekannt. Als erste Quelle wurden die Anlagen zur Verschwelung von Altkabeln ausgemacht. Die zumeist kleinen Anlagen mit außerordentlich hohen Dioxin-Konzentrationen in der Abluft wurden im Laufe der achtziger Jahre in der Bundesrepublik Deutschland geschlossen. Kurz darauf wurde bekannt, daß sich PCDD/PCDF auch bei der Gewinnung von Sekundärblei (z. B. aus Altbatterien) und Sekundäraluminium bildet. In einem umfassenden Bericht (MURL, 1991) wurde daraufhin vorgeschlagen, diese Sekundärmetallverhüttung intensiv auf PCDD/PCDF-Quellen zu untersuchen. Mittlerweile liegen zahlreiche Analysen vor, die im wesentlichen im Auftrag des nordrhein-westfälischen Umweltministeriums und des Umweltbundesamtes erstellt wurden. Weitere Ergebnisse resultieren aus der nicht öffentlichen Anhörung der Enquete-Kommission unter dem Titel *Dioxinbildung beim Recycling von Metallen aus Fahrzeugschrotten.*

Demnach sind Sinteranlagen mit insgesamt ca. 400 g Toxizitätsäquivalenten pro Jahr (TE/a) die größten Emittenten von PCDD/PCDF im Bereich der thermischen Metallerzeugung. Diese Anlagen arbeiten nicht mit metallischen Sekundärrohstoffen.

Die PCDD/PCDF-Emissionen der aluminiumproduzierenden Industrie liegen bei ca. 4,5 ng TE/m^3. Dies entspricht einer Gesamtemission von ca. 25 g TE/a.

Ursachen für die Dioxin-Bildung bei der Verhüttung von Schrotten

PCDD/PCDF-Emissionen können sowohl bei der Stahl- als auch bei der Aluminiumproduktion auftreten, wobei dies beim Stahl im wesentlichen auf die Schrottverarbeitung und beim Aluminium auf die Sekundärhütten und die Raffination zurückzuführen ist.

Ursachen bei der Eisen-/Stahlerzeugung sind der natürliche Chloridgehalt der Einsatzstoffe (Erze, Kohle), die Zugabe weiterer Stoffe zum Prozeß sowie Verunreinigungen der eingesetzten Sekundärrohstoffe (Schrotte), sofern sie mit chlorhaltigen organischen Verbindungen (PCB, PVC etc.) belastet sind.

Bei der Aluminiumproduktion ist vor allem der Einsatz von verunreinigten Sekundärrohstoffen (Schrotte) und von Schmelzsalzen für PCDD/PCDF-Emssionen verantwortlich.

Grundsätzlich wird bei der Dioxinbildung von zwei verschiedenen Mechanismen ausgegangen:
- der Synthese aus geeigneten organischen Vorläuferverbindungen (z. B. polychlorierte Biphenyle, chlorierte Phenole, sowie in einem mehrstufigen Mechanismus aus chloraliphatischen Verbindungen)
- der de-novo-Synthese (Dioxinbildung in der Abkühlphase in Rauchgasen aus organischen Resten und Chlor bzw. Salzsäure, katalysiert an Oberflächen)

Beide Mechanismen kommen bei der Sekundärmetallverhüttung bzw. bei vorgelagerten Prozessen in Frage. Man kann davon ausgehen, daß die Dioxinbildung begünstigt wird durch
- ein hohes Angebot an Chlor,
- Temperaturen im Bereich zwischen 200 und 600 °C,
- das Vorhandensein von organisch gebundenem Kohlenstoff sowie durch
- katalytisch wirkende Metalle, vor allem Kupfer, Nickel, aber auch Eisen, wobei Kupfer die mit Abstand beste katalytische Wirkung aufweist. Dabei handelt es sich um temperaturabhängige Gleichgewichtsreaktionen.

Ergebnisse einzelner Untersuchungen verschiedener metallurgischer Prozesse sind in Tabelle 4.3.18 zusammengefaßt.

Erkenntnisse über Fahrzeugschrotte

Der bisherige Recyclingweg für Fahrzeuge beginnt bei der Altautoverwertung, wo zunächst die verwertbaren Teile und Aggregate demontiert werden. Das verbleibende Altfahrzeug wird nach dem Zusammenpressen in Shreddern zerkleinert und in drei Fraktionen separiert: magnetischer Stahlschrott, NE-Metallfraktion, Leichtmüll. Die Stahl- und NE-Fraktion des Shredderschrotts werden an die entsprechenden Hütten zur Wiederaufarbeitung weitergegeben.

Shredderanlagen

Die Shredderanlagen selbst sind nach Angaben des Umweltbundesamtes mit 0,1 bis 0,4 ng TE/m^3 relativ niedrig belastet (im Prinzip kalte Zerlegung, allerdings örtlich Erhitzung des Materials).

Shredderleichtmüll

Shredderleichtmüll wird trotz hoher organischer Belastung heute noch deponiert. Die gesamte Rückstandsmenge liegt derzeit bei über 450 000 t; die Bundesregierung rechnet durch eine Verbesserung der Demontagetechniken mit einer Verringerung bis zum Jahr 2000 auf 300 000 bis 350 000 t/a (Deutscher Bundestag, 1993 b, S. 7). Wesentliche Chlorquellen im Automobil sind der PVC-Unterbodenschutz, PVC-Kabelmäntel und die Innenauskleidung. Der überwiegende Teil des in den Altautos vorhandenen Chlors dürfte sich in der Leichtmüllfraktion befinden; diese ist aufgrund des hohen Chloranteils und entsprechender Mengen an

Tabelle 4.3.18: PCDD-/PCDF-Emissionen aus verschiedenen Quellen der Eisen-/Stahlindustrie und aus Gießereien

Branche/Anlage	PCDD-/PCDF-Konzentrationen im:		Monat der Messung
	Abgas (3 Einzelmessungen) [ng TE/m³]	Filterstaub [ng TE/kg]	
Sinteranlagen			
Anlage 1	1,49 1,06 0,83	411	12/1993
Anlage 2	2,29 2,37 2,27		12/1993
Anlage 3	5,66[1] 2,21[2]	609[1]	10/1993
Anlage 4	2,59		2/1994
Anlage 5[A]	5,5[1] 0,5[3]		
Sekundärentstaubung Oxygen-Stahlwerke			
Werk 1	0,026 0,045 0,04	5 287	11/1992
Werk 2	0,024 0,042 0,063	1 023	8/1992
Werk 3	0,009 0,029 0,013		5/1993
Elektro-Stahlwerke			
E-Ofen 1 Primär- und Sekundärabgas zusammen ..	0,013 0,014	418	1/1992
E-Ofen 2 Primär- und Sekundärabgas zusammen ..	0,010 0,010 0,04	74,4	12/1992
E-Ofen 3 Primär- und Sekundärabgas zusammen ..	0,132 0,099		12/1993
E-Ofen 4 Primärabgas	0,200 0,240 0,249	276[4]	3/1992
Sekundärabgas	0,010 0,023 0,027		

Fortsetzung Tabelle 4.3.18

Branche/Anlage	PCDD-/PCDF-Konzentrationen im:		Monat der Messung
	Abgas (3 Einzelmessungen) [ng TE/m³]	Filterstaub [ng TE/kg]	
Schmelzanlagen, Gießereien			
Heißwindkupolofen	0,048	176	4/1990
Heißwindkupolofen	0,005	1 380	9/1993
Kaltwindkupolofen	0,531	4 850	3/1993
Kaltwindkupolofen	0,065	958	3/1993
Drehrohrofen	0,135	485	9/1993
Induktionsofen	0,003		8/1992
Elektrolichtbogenofen	0,003	175	1/1993

	Abgas (3 Einzelmessungen) [ng TE/m³]
Heißwindkupolofen (zweite Messung)	0,047
Heißwindkupolofen	0,001
Kaltwindkupolofen	0,309
Kaltwindkupolofen	0,696
	0,095
Drehrohrofen	0,574
	0,627
Induktionsofen	0,002
Elektrolichtbogenofen	0,004
	0,005

a) Angaben der VOEST-ALPINE Stahl Linz GmbH
1) nach Elektrofilter
2) nach Gewebefilter
3) nach Wäscher (mit der Versuchsanlage wurden Werte < 0,1 ng TE/m³ erreicht)
4) Staubmischprobe aus Sekundär- und Primärabgasfilteranlage
Quelle: Angrick, 1994

organisch gebundenem Kohlenstoff ohne Zweifel die größte potentielle Dioxinquelle, sofern sie unsachgemäß verbrannt wird. Daher wird entsprechend der „Technischen Anleitung Siedlungsabfall" (TA Siedlungsabfall) für eine Verbrennung unter entsprechenden Bedingungen in einer Anlage nach der 17. Bundesimmissionsschutz-Verordnung (17. BImSchV) gesorgt werden müssen.

Schrottverwertung

In Oxygen-Stahlwerken, in denen der Schrottanteil begrenzt ist, liegen die Dioxinkonzentrationen im Abgas in der Regel unter 0,1ng TE/m^3. Elektro-Stahlwerke nehmen mit 70 bis 80% den größten Teil der Schrotte in der Bundesrepublik Deutschland auf.

Nach Angaben der Stahlindustrie hat der Schrotteinsatz in der Eisen- und Stahlindustrie nur einen geringen Einfluß auf die PCDD/PCDF-Emission. Durch Verwendung des werkseigenen Schrotts kann im übrigen kein Chlor in den Prozeß eingetragen werden.

Geradezu ideale Bedingungen zur Dioxinbildung herrschten bei der Schrottvorwärmung. Die mögliche Belastung der betreffenden Grundstücke sollte beachtet werden. Die Schrottvorwärmung wird in der Bundesrepublik Deutschland im Rahmen der Eisen- und Stahlproduktion nicht mehr betrieben. Höhere Dioxinwerte wurden bei der Elektro-Stahlproduktion nach Einsatz von stark verschmutztem Schrott aus anderen Bereichen gefunden (0,8 ng TE/m^3) (Angrick, 1994).

Aus Erkenntnissen an Müllverbrennungsanlagen (MVA) und Holzfeuerungsanlagen ist zu erwarten, daß keine einfache Abhängigkeit zwischen der Zusammensetzung von Einsatzstoffen, insbesondere ihres Chlorgehaltes und der Dioxinkonzentration im Abgas besteht und daß bei thermischen Prozessen in Anlagen des Metallbereichs, neben der Dioxin-Bildung beim Schmelzprozeß, ein stärkerer Einfluß der de-novo-Dioxinsynthese (Bildung von PCDD/PCDF aus nicht chloriertem organischen Material in Gegenwart einer Chlorquelle) vorliegt. Bei Zunahme von kohlenstoff- und chlorhaltigen Verunreinigungen in den Einsatzstoffen steigen die PCDD/PCDF-Emissionen deutlich an. Als chlorhaltige Verunreinigungen kommen neben PVC-Unterbodenschutz und PVC-Nahtabdichtungsmasse andere mit PVC beschichtete Profile, aber auch chlorhaltige Schneideöle oder Altöle in Frage. Erhöhte Dioxinemissionen können eventuell auch mit der Verwendung hütteneigener Sekundärrohstoffe, die zum Teil chlorhaltige Ölreste enthalten, erklärt werden.

Die Bedeutung von PVC für die Dioxinbildung bestätigen auch Modelluntersuchungen an schwedischen Stahlöfen (Tysklind et al., 1989, S. 705–710).

Bei Aluminium-Umschmelzanlagen kommt es ebenfalls zu deutlich erhöhten Dioxinemissionen. Die Gründe hierfür dürften in der Verwendung von Salzschmelzen, Hexachlorethan und Chlorgasgemischen zur Abdeckung der Schmelze bzw. bei der Raffination zu suchen sein.

Sinteranlagen

Die höchsten Dioxinwerte wurden bisher in Sinteranlagen gefunden; Schrotte werden in Sinteranlagen nicht verwertet. Welche Einsatzstoffe seinerzeit für die hohen Dioxinwerte bei einer Anlage in Dortmund (bis 40 ng TE/m^3) (MURL, 1993, Anlage 3, S. 1) verantwortlich waren, läßt sich heute nicht mehr sagen.

Die genannten Anlagen sind wegen ihrer hohen Abluftmengen allerdings auch bei kleinen Dioxinkonzentrationen bezüglich ihrer Fracht von Interesse.

Bewertung der Ergebnisse

Das Sekundärmetallrecycling ist ein essentieller Bestandteil unseres heutigen Systems zur Verwertung von Abfällen. Es darf auf keinen Fall in Frage gestellt werden. Auf der anderen Seite ist eine Minimierung der Dioxinemissonen zu fordern, da ein Teil der Dioxine als krebserzeugend eingestuft wird und die Belastung der Bevölkerung mit PCDD/PCDF immer noch erheblich über der von BGA und UBA empfohlenen maximalen täglichen Aufnahmemenge von 1 pg/kg liegt (BGA, 1993).

Daher kommt eine Ausschaltung der Quelle „Metalle als Katalysatoren" nicht in Betracht. Nachgeschaltete Abluftreinigungsmaßnahmen sind aufgrund der vielfach hohen Volumenströme wenig effektiv und teuer (Tab. 4.3.19) (Bruckmann/Bröker/Gliwa, 1994). Es hat sich zudem gezeigt, daß die bei den Müllverbrennungsanlagen installierten Koksfilter in ihrer Handhabung erhebliche technische Probleme aufwerfen und beachtliche Kosten bei der Entsorgung verursachen.

Zur Minderung der PCDD-/PCDF-Emissionen hat der Länderausschuß für Immissionsschutz (LAI) für Elektro-Stahlwerke und Aluminium-Umschmelzanlagen folgende prozeßtechnische Maßnahmen vorgeschlagen:
- kurze Öffnungszeiten beim Chargieren
- rasche Abkühlung des Abgases (etwa durch Quenchen)
- verbesserte Staubabscheidung
- Vermeidung von Staubablagerungen im Abgasweg

Tabelle 4.3.19: Einfluß verschiedener Abscheidesysteme auf die PCDD-/PCDF-Emission

Anlagenart/Abscheidesystem	Rohgaskonzentration [ng TE/m³]	Reingaskonzentration [ng TE/m³]
Sinteranlage für Eisenerz:		
Gewebefilter 1 nach Elektrofilter	21,6	10,2
Gewebefilter 2 nach Elektrofilter	7,8	4,3
Krematorium (Biofilter)	0,38	0,004
Zink-Umschmelzanlage	–	0,042
Aluminium-Umschmelzanlage (Gewebefilter Kalk+Koks)	4,3	0,0038

Quelle: Bruckmann/Bröker/Gliwa, 1994

- Minimierung des Abgasvolumens
- Optimierung des Ausbrandes

Das Verbot von Hexachlorethan für die Sekundäraluminiumprodukion wird angestrebt. In jedem Fall sollten jedoch einsatzstoffbezogene Maßnahmen erfolgen. Hierzu gehören die Vermeidung bzw. Verminderung des Eintrages von chlorhaltigen Stoffen. Kontaminierte Öle müssen durch Trockenlegung der Fahrzeuge entfernt werden. Darüber hinaus ist davon auszugehen, daß die PCB-Verunreinigungen in gebrauchten Ölen in den nächsten Jahren weiter abnehmen.

Der Chloreintrag resultiert im wesentlichen aus der Verwendung von PVC als Unterbodenschutz (derzeit ca. 15 000 t/a), im Fahrzeuginnenraum (ca. 10 000 t/a) sowie als Isolationsmaterial für Elektrokabel (ca. 10 000 t/a). Ein nicht quantifizierter Teil des PVC-Unterbodenschutzes gelangt in den Shredderschrott, weil hier mit Anhaftungen zu rechnen ist. Kabelmaterial und Innenraumauskleidung sowie ein großer Teil des Unterbodenschutzes verbleiben in der Shredderleichtmüllfraktion. Eine weitere Reduzierung des PVC-Anteils im Shredderschrott ist anzustreben. Einige ausländische Automobilhersteller werben damit, auf den Einsatz von PVC als Unterbodenschutz zu verzichten. Als Ersatzstoff kommt hierfür Polyurethan in Frage; Polyurethan ist allerdings teurer, hat eine längere Verarbeitungsdauer und vermutlich eine niedrigere Haltbarkeit.

Angesichts der außerordentlich hohen Kosten für zusätzliche Abgasreinigungsmaßnahmen und ihrer bei hohen Volumenströmen und geringen Konzentrationen schlechten Effektivität sollten neben prozeßtechnischen Primärmaßnahmen die einsatzstoffbezogenen Maßnahmen im Vordergrund der Überlegungen stehen (s. auch Deutscher Bundestag, 1993 b, S. 8).

Zusammenfassend ergeben sich im Hinblick auf eine Reduzierung der PCDD/PCDF-Emissionen beim Recycling von Metallen aus Fahrzeugschrotten folgende Forderungen:

- Maßnahmen sollten an der Input-, nicht an der Outputseite ansetzen
- Alt-Fahrzeuge sollten möglichst weitgehend trockengelegt werden, um den Eintrag von Chlor über Öle zu verringern
- auf eine Schrottvorwärmung sollte verzichtet werden
- PVC sollte überwiegend in die Shredderleichtmüllfraktion abgetrennt werden
- PVC sollte unter der Voraussetzung, daß die Alternativen im Hinblick auf die ökonomischen und ökologischen Aspekte nachweislich besser sind, bei PKW im Bereich des Unterbodenschutzes soweit wie möglich substituiert werden

4.3.3.7 Fahrwege

Straßen

Die Leistung der verschiedenen Infrastrukturanlagen besteht in der Zurverfügungstellung von Transportkapazitäten für Personen und Güter in Form von Straßen und Wegen. Da hinsichtlich der erforderlichen Aufwendungen eine exakte Trennung zwischen Personen- und Gütertransport problematisch ist, werden im Rahmen dieser Untersuchung Angaben und Daten allgemein auf 1 km Fahrweg bezogen.

Das Straßennetz hatte im Jahr 1990 in den alten Bundesländern eine Gesamtlänge von knapp 500 000 km. Es setzt sich aus Bundesautobahnen, Bundesstraßen, Landstraßen, Kreisstraßen und Gemeindestraßen zusammen (Tab. 4.3.20). Der Flächenbedarf für Bundesautobahnen beträgt ca. 2,7 ha/km, für Bundesstraßen ca. 0,9 ha/km und für öffentliche Straßen insgesamt im Durchschnitt ca. 0,6 ha/km (KDrs 12/10a, UBA, S. 20).

Die Deckschicht der Bundesautobahnen und Bundesstraßen besteht entweder aus Beton oder aus Bitumen, bei Straßen kleinerer Ordnung

Tabelle 4.3.20: *Das Straßennetz im Jahr 1990 (alte Bundesländer)*

Straßenklasse	Länge [km]	Fläche [km^2] ohne Mittelstreifen, Böschungen etc.
Bundesautobahnen	8 822	235,8
Bundesstraßen	31 100	271,1
Landesstraßen	63 300	420,6
Kreisstraßen	70 700	412,3
Gemeindestraßen	325 000	1 757,9
Summe	498 922	3 097,7

Quelle: Fichtner, 1994

ausschließlich aus Bitumen. Unterhalb der Deckschicht, die unter dem Gesichtspunkt des Stoffeinsatzes nur eine relativ unbedeutende Rolle einnimmt, befinden sich als Fundament weitere massive Trag-, Binde-, Schotter- und Frostschutzschichten. Der gesamte Stoffeinsatz ist für den Bau von Straßen mit Betondeckschicht geringer als bei Straßen mit Bitumendeckschicht.

Zu den Bauwerken im Straßenbau zählen Brücken, Überführungen und Tunnel. Insgesamt befinden sich an den Bundesautobahnen und Bundesstraßen rund 29 000 Brücken und Überführungen. Diese Bauwerke werden vorrangig aus Stahlbeton gefertigt. Für die Erstellung war ein Stoffeinsatz von rund 52 Mio. t Beton und rund 44 Mio. t Stahl erforderlich. Straßentunnel sind zur Zeit auf einer Strecke von ca. 67 km in Betrieb. Für deren Bau wurden rund 2,5 Mio. t Beton und rund 1,6 Mio. t Stahl benötigt.

Darüber hinaus sind folgende Aufwendungen für den Straßenbau erforderlich:
– Verkehrszeichen
– Leit- und Schutzeinrichtungen
– Entwässerungseinrichtungen
– Lärmschutzeinrichtungen (rund 900 000 t, vor allem Beton, Aluminium, Stahl)

Eine Aufschlüsselung der für den Straßenbau erforderlichen Stoffe ist Tabelle 4.3.21 zu entnehmen.

Tabelle 4.3.21: Stoff- und Materialbedarf für den Bau von Straßen mit Bitumendeckschicht

Stoff/Material	kg/m²	t/km
Ober- und Unterbau		
Bituminöse Deckschicht	90,1	559
ungebundene Tragschicht	426,4	2 647
gebundene Tragschicht	264,3	1 640
Summe	780,8	4 846
Sonstige Bauten		
Beton	23,5	146
Stahl	22,9	142
Aluminium	0,1	0,5
Kunststoffe	0,05	0,3
Farbe	16,5	102
Glas	0,05	0,3
sonstiges	0,01	0,1
Summe	63,11	391,2
Gesamtsumme	843,91	5 237,3

Quelle: Fichtner, 1994

Der Energieaufwand für den Straßenbau gliedert sich in folgende Bereiche:
- Energieaufwand für die Produktion von Stoffen und Materialien
- Energieaufwand für den Transport der Stoffe und Materialien
- Energieaufwand für den Bau der Straßen

Der Primärenergieaufwand für den Bau von Bundesautobahnen und untergeordneten Straßen ist Tabelle 4.3.22 zu entnehmen.

Der mögliche Fehler der in Tabelle 4.3.22 dargestellten Werte beträgt allerdings mindestens 30 %, da vor allem sehr unterschiedliche Transportlängen für die eingesetzten Stoffe und Materialien vorliegen und der Aufwand für Bauwerke und Erdbau nur schwer erfaßbar ist. Unter Berücksichtigung dieser Einschränkungen ergibt sich ein durchschnittlicher Primärenergiebedarf für den Straßenbau in Höhe von 468 bis 868 MJ/m².

Tabelle 4.3.22: *Primärenergieaufwand für den Straßenbau unter Berücksichtigung mittlerer Transportentfernungen (ohne Verkehrszeichen, Leit-/ Schutzeinrichtungen etc.)*

Leistung	Primärenergie [MJ/m^2]		
	Bundes-autobahn	alle anderen	Durchschnitt
Materialherstellung für Ober- und Unterbau	510	405	413
Einbau und Transport	60	65	65
Materialherstellung für Bauwerke	51	nicht erfaßt	51
Einbau und Transport	3	nicht erfaßt	3
Erdbau	336	120	136
Summe	960	590	668

Quelle: Fichtner, 1994

Der Primärenergieaufwand für die Produktion von Verkehrszeichen und Leit-/Schutzeinrichtungen etc. wird auf 500 bis 800 MJ/m^2 geschätzt. Unter zusätzlicher Berücksichtigung des Transport- und Einbauaufwandes entspricht dies einem Anteil von mehr als 50% des gesamten Primärenergieaufwandes für den Straßenbau.

Demnach beläuft sich der Gesamt-Primärenergieaufwand für den Straßenbau auf 1,1 bis 1,5 GJ/m^2. Das entspricht rund 7 000 bis 9 000 GJ/km oder – bei einer Gesamtlänge des Straßennetzes von ca. 500 000 km – rund 4 000 Petajoule (10^{15} Joule) (dabei sind Betriebsaufwendungen und Aufwendungen zur Instandhaltung nicht erfaßt). Diese Energiemenge entspricht ca. 28% des Gesamt-Primärenergieaufkommens der Bundesrepublik Deutschland im Jahr 1990.

Die Baukosten für einen Streckenkilometer vierstreifiger Bundesautobahn betragen nach Angaben des Bundesministeriums für Verkehr 12 bis 16 Mio. DM. Dazu kommen jährliche Betriebskosten in Höhe von rund 50 000 DM/km (s. auch Tab. 4.3.24).

Schienenwege

Die gesamte Streckenlänge der Deutschen Bahn AG (alte Bundesländer) betrug im Jahr 1990 rund 61 000 km bei einer effektiven Betriebslänge von rund 27 000 km. Der Flächenbedarf für einen Kilometer Schienenweg

Tabelle 4.3.23: *Stoff- und Materialbedarf für den Bau von Schienenwegen*

Stoff/Material	t/km
Schotter (ohne Bauwerke)	8 590
Beton	1 720
Stahl	330
Kupfer/Bronze	5,5
Aluminium	2,2
Kabel	3,3
Kunststoff	0,2
Summe	10 651,2

Quelle: Fichtner, 1994

beträgt 3 bis 4 ha (KDrs 12/10c, Heinisch, S. 123). Hinsichtlich des Stoff- und Energieaufwandes sind folgende Hauptkomponenten zu berücksichtigen:
- Oberbau (Schiene, Schwellen, Schotter)
- Bauwerke (Tunnel, Brücken)
- Fahrleitung
- Signaleinrichtungen

Der gesamte Stoff- und Materialbedarf für den Bau eines Schienenkilometers ist Tabelle 4.3.23 zu entnehmen.

Der Primärenergieaufwand allein für die Werkstoffproduktion wird auf ca. 8 400 GJ/km Betriebslänge (ohne Bauwerke) geschätzt.

Die Baukosten für einen Streckenkilometer Schienenweg betragen nach Angaben des Bundesministeriums für Verkehr 20 bis 50 Mio. DM, das entspricht etwa dem 2,5fachen der Kosten für den Bau eines vierspurigen Bundesautobahnkilometers. Die gesamten jährlichen Instandhaltungskosten belaufen sich auf ca. 2,3 Mio. DM/km (s. auch Tab. 4.3.24).

Wasserstraßen

In der Bundesrepublik Deutschland sind zur Zeit rund 7 000 km Wasserstraßen für die Binnenschiffahrt nutzbar, darunter 1 500 km

Kanäle. Der Flächenbedarf für eine Kilometer Kanal beträgt ca. 6,5 ha (KDrs 12/10b, Engelkamp, S. 8). Die Brückenbauwerke werden dem Straßen- und Schienenverkehr zugerechnet.

Als Baustoffe für den Kanalbau werden vorwiegend Beton und Stahl verwendet. Für den Rhein-Main-Donau-Kanal wurden folgende Werte ermittelt:

- 544 000 m³ Erdbewegung/km
- 36 750 t Beton/km
- 1 170 t Stahl/km

Der Primärenergieaufwand allein für die Produktion des Stahls beträgt 23 000 GJ/km. Die Kosten für den Bau des Rhein-Main-Donau-Kanals beliefen sich auf ca. 19 Mio. DM/km und liegen damit über den Kosten für einen vierspurigen Bundesautobahnkilometer.

Auf der Basis der vorliegenden Daten sind die Material- und Energieintensität sowie die Investitionskosten der Straßenverkehrswege niedriger als die der Schienenverkehrswege. Dies steht im Gegensatz zu den Material- und Energieintensitäten der entsprechenden Fahrzeuge. Allerdings hängen Aufwand und Kosten sehr von dem jeweils gewünschten Ausbau des Verkehrsweges ab.

Die beschiffbaren Kanäle erfordern von allen drei Verkehrssystemen den höchsten spezifischen Material- und Energiebedarf. Allerdings liegen die Investitionskosten für einen Kilometer Kanal noch unterhalb der Spann-

Tabelle 4.3.24: Zusammenstellung der wichtigsten Daten zu den Infrastrukturanlagen

	Länge [km]	Flächenbedarf [ha/km]	Primärenergieaufwand [GJ/km]	Baukosten [Mio. DM/km]
Straßen	498 900	2,7[1]	7 000–9 000	12–16[1]
Schienen[6]	61 000	3,5	8 400[2]	20–50[9]
Wasserstraßen	7 000[3]	6,5[4]	23 000[5]	19[5]
Stadtbahn Düsseldorf[7] ...	0,5	10,7	k. A.	21
Stadtbahn Düsseldorf[8] ...	9,1	1	k. A.	172

[1] 4-spurige Bundesautobahn
[2] nur Werkstoffproduktion ohne Bauwerke
[3] davon 1 500 km Kanäle
[4] Kanäle
[5] Rhein-Main-Donau-Kanal
[6] Deutsche Bahn AG
[7] Zweigleisig, oberirdisch
[8] Zweigleisig, unterirdisch
[9] Angaben des BMV

Quellen: Fichtner, 1994; [1]), [7]), [8]) Angaben des U-Bahnamtes Düsseldorf

breite des Kapitalbedarfs für einen Kilometer Schienenweg. Darüber hinaus besitzen Kanäle einen deutlich höheren Abschreibungszeitraum.

Hinsichtlich der Wartung der Verkehrswege fallen die sehr hohen jährlichen Kosten für den Schienenverkehr auf. Hier bedarf es noch einer detaillierteren Untersuchung.

Flächenbeanspruchung durch Transportmittel

In Abbildung 4.3.9 ist der spezifische Flächenbedarf in Abhängigkeit von Fahrzeugtyp und Fahrzeuggeschwindigkeit für mehrere straßengebundene Transportmittel im Vergleich zur Straßenbahn wiedergegeben. Die gewählten Geschwindigkeiten repräsentieren den innerstädtischen Verkehr.

Der motorisierte Individualverkehr schneidet hierbei am schlechtesten ab. Mit fallender Geschwindigkeit und steigender Besetzung geht der Flächenbedarf zurück.

Dies ist jedoch eine rein statische Betrachtung, die für ein dynamisches Verkehrsgeschehen nicht aussagekräftig ist. Im realen Straßenverkehr steigt in der Regel mit der Geschwindigkeit die Anzahl der je Zeiteinheit über den Fahrweg fahrenden Fahrzeuge bzw. die Anzahl der transportierten Personen und Güter an. Entscheidend ist der gewählte Abstand zwischen den Fahrzeugen. Im Schienen- und Schiffsverkehr sind wegen der längeren Bremswege größere Abstände erforderlich als im Straßenverkehr.

4.3.4 Innovationen und Perspektiven

Innovationen für zukünftige Mobilitätssysteme gehen auf der einen Seite von der Aufgabenstellung aus, Mobilität für immer mehr Menschen zu immer niedrigeren Kosten zu schaffen und den freien Handel mit Gütern weltweit durch angepaßte Transportsysteme zu erleichtern. Auf der anderen Seite führt die Zunahme an Mobilität zu einer Belastung der Umwelt. Innovationen müssen daher neben der Wirtschaftlichkeit auch ökologische Kriterien umfassen. Für einen fairen Wettbewerb zwischen den Verkehrsträgern muß Sorge getragen werden.

Die Fahrzeugproduzenten sind sich ihrer Bedeutung für die wirtschaftliche Entwicklung, aber auch der durch den Verkehr hervorgerufenen Umweltprobleme mittlerweile bewußt. Sie haben diese Herausforderung angenommen und praktisch jeder Produzent arbeitet an der Lösung

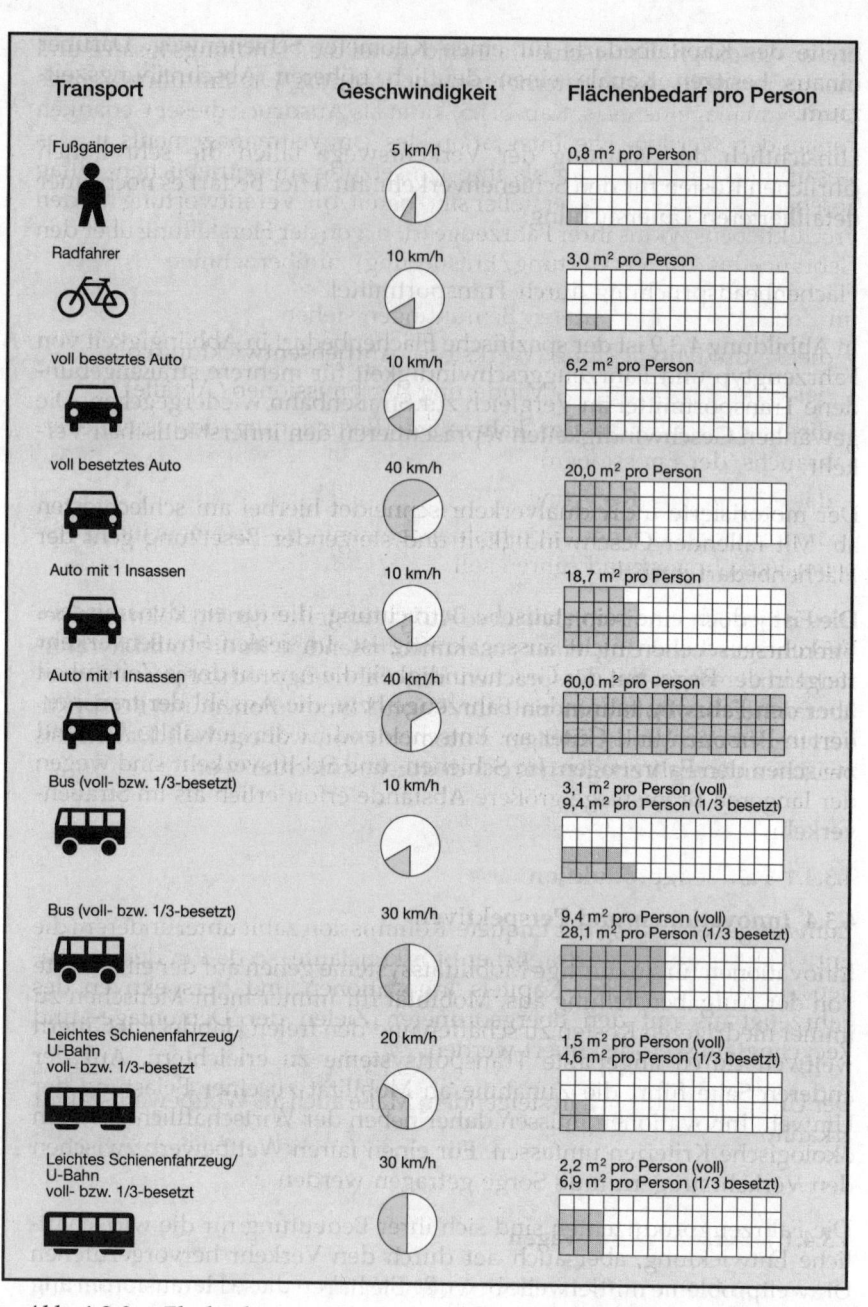

Transport	Geschwindigkeit	Flächenbedarf pro Person
Fußgänger	5 km/h	0,8 m² pro Person
Radfahrer	10 km/h	3,0 m² pro Person
voll besetztes Auto	10 km/h	6,2 m² pro Person
voll besetztes Auto	40 km/h	20,0 m² pro Person
Auto mit 1 Insassen	10 km/h	18,7 m² pro Person
Auto mit 1 Insassen	40 km/h	60,0 m² pro Person
Bus (voll- bzw. 1/3-besetzt)	10 km/h	3,1 m² pro Person (voll) / 9,4 m² pro Person (1/3 besetzt)
Bus (voll- bzw. 1/3-besetzt)	30 km/h	9,4 m² pro Person (voll) / 28,1 m² pro Person (1/3 besetzt)
Leichtes Schienenfahrzeug/ U-Bahn voll- bzw. 1/3-besetzt	20 km/h	1,5 m² pro Person (voll) / 4,6 m² pro Person (1/3 besetzt)
Leichtes Schienenfahrzeug/ U-Bahn voll- bzw. 1/3-besetzt	30 km/h	2,2 m² pro Person (voll) / 6,9 m² pro Person (1/3 besetzt)

Abb. 4.3.9: Flächenbeanspruchung durch verschiedene Transportarten.
Quelle: aus Whitelegg, 1994, S. 23

dieser Aufgaben. Unterschiedlich sind dabei die Handlungsansätze und die zugrundeliegende Unternehmensphilosophie. Die Einführung eines Umweltmanagements (s. Kap. 3.4.5) kann als Ausdruck dieser Gedanken verstanden werden. Die Integration des Umweltmanagements in das Gesamtmanagement kann als ihre Umsetzung im betrieblichen Alltag gesehen werden. Einige Hersteller sind bereit, die Verantwortung für den Produktlebenszyklus ihrer Fahrzeuge (d. h. von der Herstellung über den Gebrauch bis zur Verwertung/Entsorgung) zu übernehmen.

Im Zentrum der innovativen Bemühungen stehen:
– die Produktentwicklung (Werkstoff-, Antriebsentwicklung)
– der Produktionsprozeß (Minderung der Emissionen/Abfälle)
– die Gebrauchsphase der Fahrzeuge (Reduzierung des Energieverbrauchs/der Emissionen)
– das Altfahrzeug-Recycling
– die Entwicklung eines Verkehrsmanagements, das zu einem intergrierten Verkehrsverbund führen soll

Die Enquete-Kommission hat diese Aufgabenstellungen im Rahmen einer öffentlichen Anhörung, einer zusammenfassenden Studie (mit Literaturrecherche) sowie bei Gesprächen mit Fahrzeugproduzenten erörtert. Umfangreiches Datenmaterial zum Kapitel Innovationen und Perspektiven lag für den Verkehrsträger Automobil vor, während die Datenbasis bei den anderen Verkehrsträgern deutlich schlechter war.

4.3.4.1 Fahrzeugproduktion

Zum Aufgabenkatalog der Enquete-Kommission zählt unter anderem die Entwicklung umweltverträglicher Stoffkreisläufe, so daß in den folgenden Abschnitten dieses Kapitels Innovationen und Perspektiven des Fahrzeugbaus mit den übergeordneten Zielen der Demontage- und Recyclingfähigkeit diskutiert werden.

Der Umweltschutz wird in steigendem Maße auch als Wettbewerbsfaktor erkannt.

4.3.4.1.1 Personenkraftwagen

Dieses Kapitel umfaßt die Produktentwicklung sowie den eigentlichen Produktionsprozeß. Die Modellpalette von Fahrzeugen ist heute, bei gleichzeitig steigender Komplexizität der Fahrzeuge, zunehmend diversifiziert. Ermöglicht wird diese Vielfalt durch ein integriertes Engineering, das heißt durch Zusammenarbeit von Entwicklung, Konstruktion und Arbeitsvorbereitung (Computersimulation). Die Maßnahmen zur Schließung von Stoffkreisläufen ergänzen die Aufgabenvielfalt. Sie dienen sowohl der Ressourcenschonung als auch der Vermeidung von Abfällen in der Design- und Produktionsphase.

Produktentwicklung

Die Produktentwicklung erfolgt nach den Kriterien
– Funktion, Qualität, Fahrkomfort, Sicherheit, Wettbewerbsfähigkeit,
– Fahrleistung, Gewicht, Energieverbrauch, Produktlebensdauer und
– Umweltverträglichkeit (Emissionen, Lärm, Abfall, Recyclingfähigkeit),

bei jeweils gleicher Priorität. Aus den Kriterien der Verkaufsstrategie und den Kundenwünschen resultieren für die Hersteller verschiedene Zielkonflikte bei der Fahrzeugentwicklung. Die Verbesserung des Komforts und der passiven Sicherheit, umfangreiche Ausstattungen und die Reduktion der Abgas- und Lärm-Emissionen bedingen in der Regel ein erhöhtes Leergewicht der Fahrzeuge. Zusätzlich führt der Trend zu individuellen Fahrzeugen, wie Cabrios, Off-Road- und Großraum-PKW zu größeren Luftwiderständen. Die Folge sind ein erhöhter Energieverbrauch und steigende Fahrzeugpreise. Auch durch die Entwicklung neuer hochwertiger Techniken zur Verminderung des Energieverbrauchs werden die Verkaufspreise angehoben.

Für den Hersteller muß aus Kostengründen vor allem auch die Großserientauglichkeit von Neuentwicklungen im Vordergrund stehen. Die Markteinführung technischer Innovationen beginnt aus diesem Grund in der Regel im oberen Preissegment, da in diesem Bereich vergleichsweise geringe Stückzahlen gefertigt werden und die Kunden in der Lage und auch bereit sind, für die Neuerungen entsprechende Preise zu zahlen. Mit Hilfe der so gewonnenen Erfahrungen entwickeln die Hersteller die Innovationen gegebenenfalls weiter, um sie der breiten Masse der Verbraucher durch Großserienfertigung in entsprechenden Fahrzeugen zu erschwinglichen Preisen verfügbar zu machen.

Prinzipiell ist die Einführung von Innovationen mit Unsicherheiten über den Erfolg und die preisliche Akzeptanz verbunden, so daß die Unternehmen zum Teil erhebliche finanzielle Risiken zu tragen haben.

Werkstoffe

Die Werkstoffauswahl erfolgt heute nach den Kriterien der Schadstoffvermeidung, der Leichtbauweise und der Recyclingfähigkeit unter gleichzeitiger Beachtung von Sicherheitsaspekten.

Während in den letzten Jahren das Korrosionsverhalten im Vordergrund stand und zur Einführung verzinkter Teile, besserer Lacksysteme und optimierter Stahlblechqualitäten führte, wodurch die Produktlebensdauer („10 Jahre Durchrostungsgarantie") der Automobile erheblich verlängert werden konnte, ist heute die Vermeidung von Schadstoffen ein weiteres Prüfkriterium geworden. Materialien wie Cadmium, Asbest und FCKW werden in neuen Modellen nicht mehr eingesetzt.
Substitutionsprodukte für PVC sind zur Zeit in der Entwicklung.

Kunststoffe

Kunststoffe wurden aufgrund der hervorragenden Funktionseigenschaften in steigendem Umfang im Automobil eingesetzt. Sie ermöglichen außerdem wegen ihres niedrigen spezifischen Gewichts erhebliche Gewichtseinsparungen. Neben der Verwendung für Funktionsteile, wie z. B. Stoßfänger, Seitenaufprallschutz oder Armaturenbrett, eignen sich Kunststoffe daher auch als Karosseriebaumaterial. Nach Angaben eines französischen Automobilherstellers können bei einem Mittelklasse-PKW auf diese Weise ca. 230 kg Gewicht eingespart werden.

Allerdings steht dem die Tatsache gegenüber, daß die Recyclingfähigkeit der gegenwärtig im Automobilbau verwendeten Kunststoffe noch sehr begrenzt ist. Der Trend zur Verminderung der Kunststoffsorten und zur recyclinggerechten Konstruktion entsprechender Bauteile wird zu einer Steigerung der Recyclingquote führen.

In einzelnen neuen Modellen deutscher Hersteller werden bei einem Gesamtkunststoffgehalt von rd. 100 bis 250 kg pro Fahrzeug zum Teil ca. 20 kg Recyclat-Kunststoffe eingesetzt. Die Kennzeichnung von Kunststoffteilen und eine weitestmögliche Vereinheitlichung der verwendeten Kunststoffe zur Unterstützung der Wiederverwertung sind Maßnahmen, die von verschiedenen Automobil- bzw. Teileherstellern derzeit eingeführt werden.

Von einem italienischen Hersteller wurde auch ein Kaskadenrecycling der Kunststoffe vorgeschlagen, und zwar von der Herstellung verschiedener Funktionsträger (z. B. Stoßfänger, Seitenaufprallschutz) bis hin zur Energierückgewinnung, wodurch immerhin die vierfache Verwendung des gleichen Stoffs ermöglicht wird.

Insgesamt wird die Höhe des zukünftigen Kunststoffanteils im Automobil unterschiedlich beurteilt. Das Spektrum reicht von eher stagnierend bis weiter ansteigend.

Metalle

Metalle sind die traditionellen Werkstoffe im Automobilbau. Es ist davon auszugehen, daß sie aufgrund ihrer unbegrenzten Recyclingfähigkeit, der vorhandenen umweltverträglichen Recyclingverfahren und etablierten Logistiksysteme auch im Automobilbau eine Zukunft haben werden. Der Einsatz von Recyclaten ist bereits jetzt sehr hoch und noch steigerbar. Das gilt für alle Metalle wie Eisen, Stahl, Kupfer, Blei und Zink sowie für die Leichtmetalle Aluminium und Magnesium.

Aufgrund seines niedrigen spezifischen Gewichts hat Aluminium bei verschiedenen Funktionsteilen, wie z. B. Motor, Vergaser und Kühler, erhebliche Vorteile gegenüber Stahl, Gußeisen oder Zinkdruckguß. Motoren aus Aluminiumlegierungen sind leichter als vergleichbare Motoren aus Grauguß. Durch zusätzliche Optimierung der Antriebsstränge läßt sich z. B. bei Kleinwagen der Benzinverbrauch um ca. 5% senken. Durch den Bau von Aluminiumkarosserien sind gegenüber vergleichbaren Ausführungen aus Stahl Gewichtseinsparungen von 30 bis 40% möglich. Ein aktuelles deutsches Fabrikat konnte auf diese Weise um 135 kg leichter produziert werden als mit herkömmlicher Stahlkarosserie. Allerdings ist die Herstellung von Stahlrohrrahmen bei größeren Stückzahlen deutlich kostengünstiger. Auch bei anderen Teilen (z. B. Sitze, Türaggregate) sind Gewichtseinsparungen durch die Verwendung von Aluminium möglich und werden zum Teil bereits realisiert.

Bezogen auf die Gesamtkosten von der Herstellung über den Gebrauch bis zur Entsorgung ist ein Fahrzeug mit Aluminiumrahmen kostengünstiger als eines mit Stahlkarosserie (Mariano/Tuler/Owen, 1993, S. 20). Der für die Herstellung von Aluminium im Vergleich zum Stahlblech erforderliche Mehrverbrauch an Energie wird, bei Annahme des ungünstigsten Energiemixes, durch den geringeren Kraftstoffverbrauch des Fahrzeugs bereits nach weniger als 60 000 gefahrenen Kilometern wieder kompensiert.

In diesem Zusammenhang ist darauf hinzuweisen, daß auch in der Stahlindustrie derzeit im Karosseriebau neue Fertigungstechniken entwickelt werden, mit denen herkömmliche Stahlkarosserien und hochfeste Bleche um rund 25% leichter produziert werden können (FAZ, 1994, S. T 1).

Ähnliche Überlegungen wie für das Aluminium gelten für Magnesium, das zudem besser verarbeitbar ist. Darüber hinaus kann es sortenrein recycelt werden und steht nahezu unbegrenzt zur Verfügung. Durch den konsequenten Einsatz dieses Leichtmetalls könnte das Fahrzeuggewicht um bis zu 10% reduziert werden.

Gewichtseinsparung durch entsprechende Werkstoffauswahl ist zwar in vielen Fällen erreicht, jedoch durch Maßnahmen im Hinblick auf mehr Sicherheit (z.B. Aufprallschutz, Stabilität), Lärmschutz und Fahrkomfort (z. B. Automatik, Klimaanlage) überkompensiert worden. Ein Durchbruch ist vielleicht durch Verwendung der Aluminiumkarosserie, verstärkten Kunststoffeinsatz oder neue Fertigungstechniken für Stahl erreichbar. Deutlich reduzierte Kraftstoffverbräuche durch entscheidende Gewichtseinsparungen sind darüber hinaus wohl nur durch schwächer motorisierte oder kleinere Fahrzeuge erreichbar.

Die Wahl des optimalen Werkstoffs für ein bestimmtes Funktionsteil am Automobil ist aufgrund der vielfältigen und sich häufig widersprechenden Anforderungen in Zukunft nur über eine Material- und Energiebilanzierung möglich. Auf Bauteilebene (z. B. Kotflügel) wird dies in der Automobilindustrie zu Optimierungszwecken zum Teil bereits durchgeführt.

Für die Zukunft werden mit Hilfe der Ökobilanzierung auch Ergebnisse zur Bewertung alternativer Antriebs- und Fahrzeugkonzepte (z. B. Wasserstoff-/Elektroantrieb) erwartet.

Produktion

Der Produktionsprozeß hat in den letzten Jahren eine drastische Änderung erfahren. Dies gilt sowohl für die Unternehmensorganisation (Management) als auch für die Produktion (lean production). Vereinfachungsstrategien sollen sich letztlich kostengünstig auf die Produktherstellung auswirken. Durch Abbau hierarchischer Ebenen, Ausbau der Teamarbeit und Aufgabenkonzentrierung sind erhebliche wirtschaftliche Effekte erreicht worden. Auch den Zulieferern, die von Teile-Lieferanten mehr und mehr zu System-Lieferanten werden, kommt dabei eine wichtige Rolle zu. Sie werden in Zukunft eine wichtige Funktion beim Bauteilrecycling von Altautos übernehmen müssen. Dabei ist auch die Kooperation der Werkstofflieferanten gefordert.

Das global-sourcing hat zwar eine große wirtschaftliche Bedeutung für den jeweiligen Automobilproduzenten, es bedingt aber auch eine weltweite Kooperation zur Erhaltung der natürlichen Ressourcen. Dies führt mit steigendem Trend zu einer internationalen Zusammenarbeit, die auch eine Normierung von Materialien und Bauteilen bewirkt. Auch Fragen der Strategie und des Absatzes spielen eine Rolle. Insoweit befindet sich die Industrie in einem Umbruch. Die hiesigen Standorte der deutschen Fahrzeugindustrie werden sich nur durch Steigerung der Innovationsfähigkeit und Kreativität halten lassen.

Die Fertigungstiefe der Automobilproduzenten wird daher weiter sinken. Sie liegt in der Bundesrepublik Deutschland derzeit bei ca. 40% mit einer Schwankungsbreite von 25 bis 45% und deutlich fallendem Trend. Der Umfang des Zuliefertransports wird zwar steigen, das Gesamttransportvolumen innerhalb der Produktionsphase kann jedoch durch eine Gesamtlogistik aller Produzenten gehalten werden.

Diese auf einer gesamtheitlich gestalteten Logistik basierende Umstrukturierung birgt ungeahnte Innovationsmöglichkeiten. Der sich daraus ergebende wirtschaftliche Erfolg ist vor allem durch eine Revolution im Denken und ein neues Verständnis für die Rolle der Mitarbeiter und Kooperationspartner bedingt.

Energieverbrauch

Zwar spielt im Vergleich zum betriebsbedingten Energieverbrauch der Energieverbrauch für die Produktion der Automobile eine eher untergeordnete Rolle (s. Abb. 4.3.10). Für die Umweltverträglichkeit eines Produktionsstandortes hat dieser jedoch eine große Bedeutung. Der Einsatz sauberer Primärenergieträger zur Vermeidung von Schwefeldioxid-Emissionen und der Einsatz moderner Blockheizkraftwerke und Gasdampfturbinen, die Strom- und Wärmeversorgung koppeln, ermöglichen bei der Energiegewinnung einen Wirkungsgrad von ca. 86% gegenüber herkömmlichen Kraftwerken mit einem Wirkungsgrad von nur 35 bis 45%. Durch derartige Einrichtungen zur Energieversorgung der Produktionsstätten werden die knappen fossilen Brennstoffe nicht nur besser genutzt, sondern auch der CO_2-Ausstoß erheblich vermindert. In der Industrie konnte der spezifische Energieverbrauch in den vergangenen Jahren deutlich reduziert werden (Abb. 4.3.11).

Lackierung

Mehr als 10% der in der Bundesrepublik Deutschland verarbeiteten Lacke werden zur Herstellung beziehungsweise zur Reparatur von Automobilen verwendet. Die lackverarbeitende Industrie hat in den vergangenen Jahren zahlreiche Maßnahmen zur Verringerung von Lackabfällen durchgeführt. Dies geschah durch rückstandsarme Beschichtungsverfahren, verfahrenstechnische Optimierung der Betriebsabläufe, Verringerung der erforderlichen Schichtdicke oder Verzicht auf Mehrschichtlackierungen.

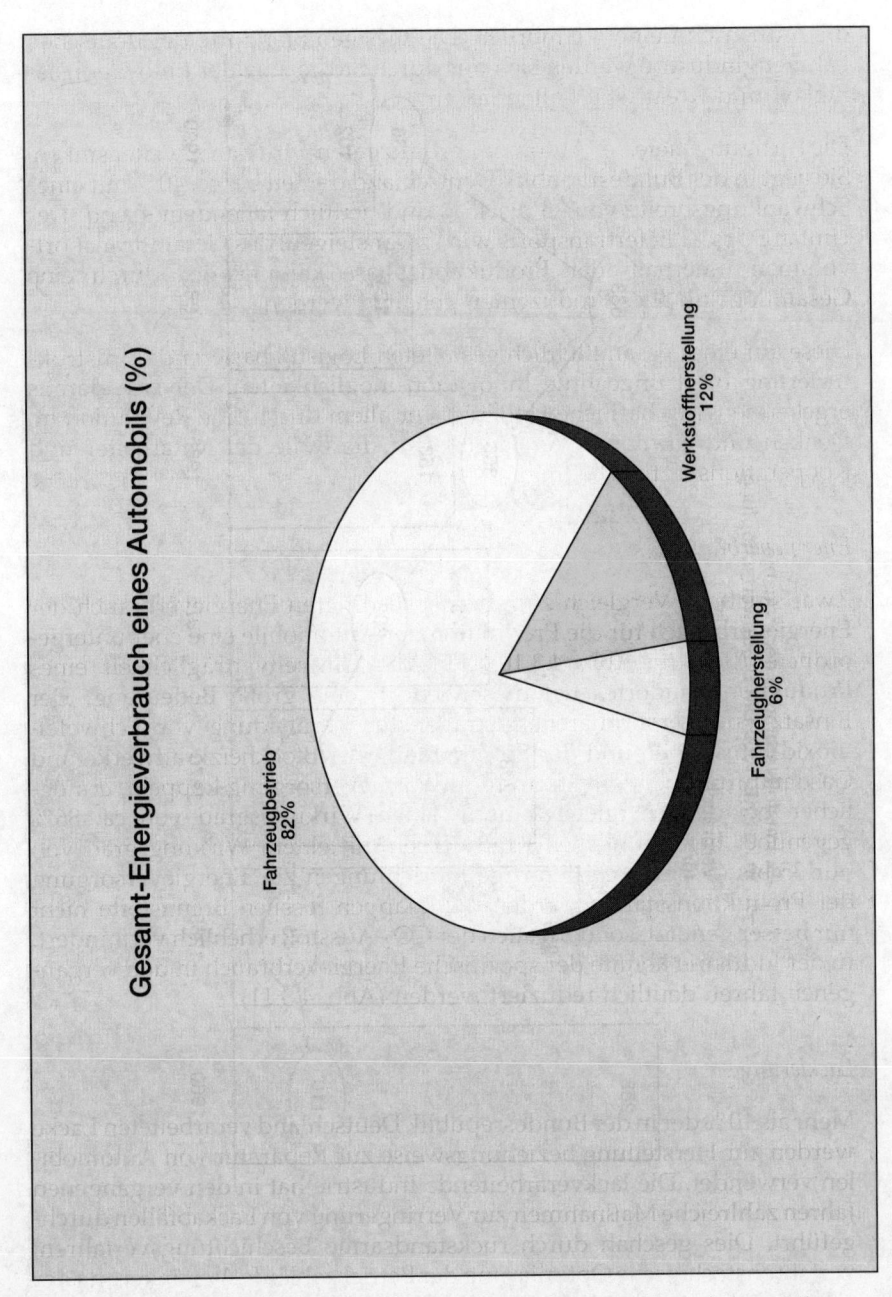

Abb. 4.3.10: *Energieverbrauch im Produktlebenszyklus eines Automobils.*
Quelle: nach Toyota

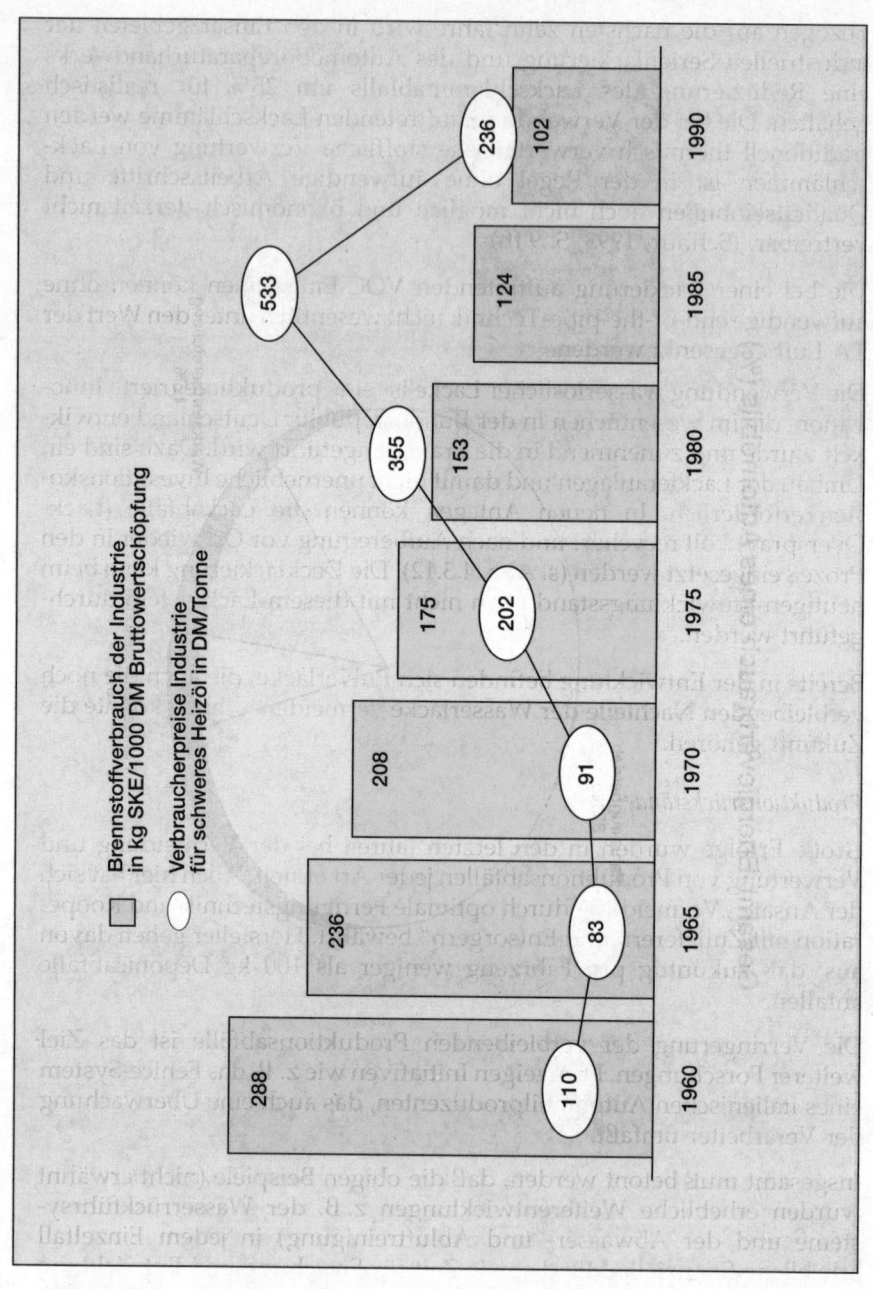

Abb. 4.3.11: Energieverbrauch in der Industrie und Verbraucherpreise für Heizöl in den Jahren 1960 bis 1990 (alte Bundesländer).
Quelle: VIK, 1993, S. 37–40

Bezogen auf die nächsten zehn Jahre wird in den Einsatzgebieten der industriellen Serienlackierung und des Automobilreparaturhandwerks eine Reduzierung des Lackschlammabfalls um 25% für realistisch gehalten. Die bei der Verwendung auftretenden Lackschlämme werden traditionell thermisch verwertet. Die stoffliche Verwertung von Lackschlämmen ist in der Regel ohne aufwendige Arbeitsschritte und Qualitätseinbußen noch nicht möglich und ökonomisch derzeit nicht vertretbar. (Schnur, 1993, S. 9 ff.)

Die bei einer Lackierung auftretenden VOC-Emissionen können ohne aufwendige end-of-the-pipe-Technik nicht wesentlich unter den Wert der TA Luft abgesenkt werden.

Die Verwendung wasserlöslicher Lacke ist eine produktintegrierte Innovation, die im wesentlichen in der Bundesrepublik Deutschland entwickelt wurde und zunehmend in die Praxis eingeführt wird. Dazu sind ein Umbau der Lackieranlagen und damit nicht unerhebliche Investitionskosten erforderlich. In neuen Anlagen können die Lackabfälle (Lack-Overspray) voll recycliert und nach Aufbereitung vor Ort wieder in den Prozeß eingesetzt werden (s. Abb. 4.3.12). Die Decklackierung kann beim heutigen Entwicklungsstand noch nicht mit diesem Lacksystem durchgeführt werden.

Bereits in der Entwicklung befinden sich Pulverlacke, die auch die noch verbleibenden Nachteile der Wasserlacke vermeiden – ihnen könnte die Zukunft gehören.

Produktionsrückstände

Große Erfolge wurden in den letzten Jahren bei der Vermeidung und Verwertung von Produktionsabfällen jeder Art erzielt. Auch hier hat sich der Ansatz „Vermeidung durch optimale Fertigungstechnik und Kooperation mit Zulieferern und Entsorgern" bewährt. Hersteller gehen davon aus, daß zukünftig pro Fahrzeug weniger als 100 kg Deponieabfälle anfallen.

Die Verringerung der verbleibenden Produktionsabfälle ist das Ziel weiterer Forschungen. Dies zeigen Initiativen wie z. B. das Fenice-System eines italienischen Automobilproduzenten, das auch eine Überwachung der Verarbeiter umfaßt.

Insgesamt muß betont werden, daß die obigen Beispiele (nicht erwähnt wurden erhebliche Weiterentwicklungen z. B. der Wasserrückführsysteme und der Abwasser- und Abluftreinigung) in jedem Einzelfall erhebliche finanzielle Mittel sowie Zeit für Forschung und Entwicklung erfordern.

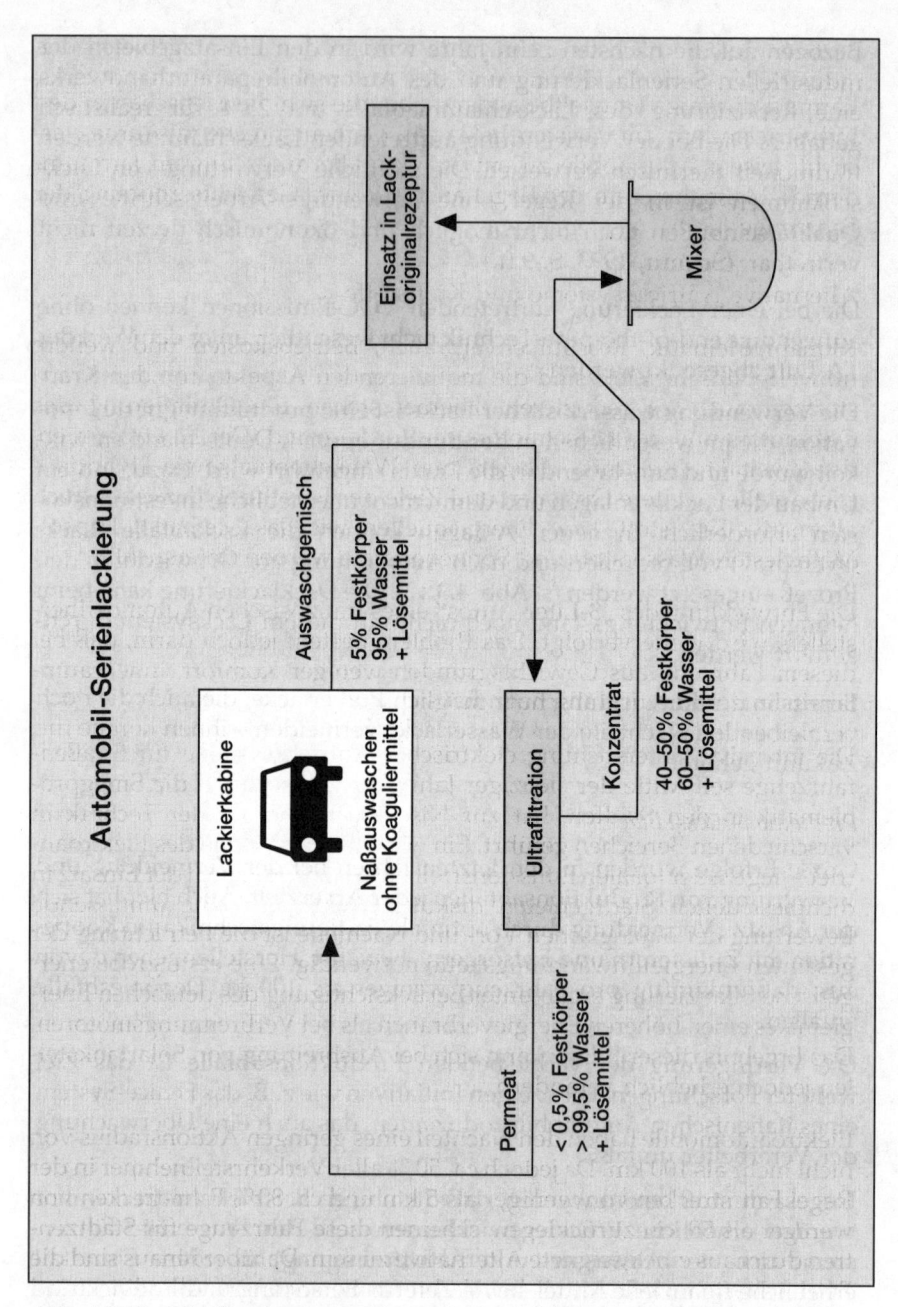

Abb. 4.3.12: Aufbereitungsverfahren für Lackabfälle (Lack-Overspray) in der Automobilserienlackierung.

Quelle: Information Dr. Klaus Christ, Fa. Hoechst AG, „Umweltschonende individuelle Arbeitsmethoden; Verfahrensverbesserungen Stoffkreisläufe"

Lärm

Lärm ist diejenige Umweltbelastung, über die sich die Menschen in den Industrieländern am meisten beklagen. Dementsprechend wurde versucht, leisere Automobile zu entwickeln. Allerdings führten lärmmindernde Maßnahmen in der Regel auch zu einer Gewichtserhöhung der Fahrzeuge.

Alternative Antriebssysteme und Kraftstoffe

Klimaproblematik, Ressourcenverbrauch, Betriebskosten und weitere umweltpolitische Ziele sind die motivierenden Aspekte, um den Kraftstoffverbrauch zu reduzieren. Hierbei stehen die Optimierung des Ottomotors und des Dieselmotors im Vordergrund. Der Elektroantrieb, der Zweitakt-, Keramik-, Mager- und Wankelmotor sowie Hybridantriebe stellen weitere Optionen und Ziele der Forschung dar. Aber auch alternative Kraftstoffe bzw. Energiequellen, wie Gas, Methanol, Rapsöl-Methylester, Wasserstoff und Sonnenenergie werden untersucht.

Die Entwicklung des „3-Liter-Autos" eines französischen Automobilherstellers wird weiterverfolgt. Das Problem besteht jedoch darin, daß bei diesem Fahrzeug aus Gewichtsgründen weniger Komfort, Innenraumlärmschutz und Aufprallschutz möglich ist.

Die intensive Untersuchung elektrischer Antriebssysteme für Straßenfahrzeuge seit Mitte der siebziger Jahre, ausgelöst durch die Smogproblematik in den Städten, hat zur Nischenanwendung der Technik in verschiedenen Bereichen geführt. Ein wesentlicher Vorteil des Elektroantriebs liegt in der lokalen Emissionsfreiheit, so daß vor allem der Einsatz in dichtbesiedelten Stadtgebieten diskutiert wird. Für eine umfassende Bewertung der ökologischen Vor- und Nachteile ist die Betrachtung der gesamten Energieumwandlungskette notwendig. Eine erste grobe energetische Bilanzierung ergab unter Berücksichtigung des deutschen Energiemixes einen höheren Energieverbrauch als bei Verbrennungsmotoren. Das Ergebnis dieser Bilanz kann sich bei Ausbreitung von Solartankstellen jedoch erheblich verändern.

Elektroautomobile haben den Nachteil eines geringen Aktionsradius von nicht mehr als 100 km. Da jedoch ca. 50 % aller Verkehrsteilnehmer in der Regel Fahrstrecken von weniger als 5 km und ca. 80 % Fahrstrecken von weniger als 50 km zurücklegen, scheinen diese Fahrzeuge für Stadtzentren durchaus eine geeignete Alternative zu sein. Darüber hinaus sind die Betriebskosten niedriger als bei Verbrennungsmotoren. Allerdings sind die Investitionskosten noch erheblich höher. Versuchsfahrzeuge mit

Elektroantrieb werden von vielen Fahrzeugherstellern weltweit derzeit im Dauertest betrieben.

Durch die Kombination von Elektro- und Verbrennungsmotor (Hybridmotor) läßt sich gegenüber dem nur mit einem Elektromotor betriebenen Fahrzeug eine größere Reichweite und gegenüber dem nur mit einem Verbrennungsmotor ausgestatteten Fahrzeug eine geringere lokale Schadstoffemission erreichen. Nachteilig ist bei diesem Konzept der beträchtliche technische Aufwand, der sich sowohl in einem vergleichsweise hohen Gewicht als auch in einem hohen Preis des Fahrzeugs bemerkbar macht. In Projektstudien wird die Realisierung von auswechselbaren Antriebsmodulen untersucht, bei denen alternativ Verbrennungs- oder Elektromotoren montiert werden können.

Daneben wird als Batterieersatz die Entwicklung von Brennstoffzellen vorangetrieben, in denen eine fast abgasfreie Reaktion von Wasserstoff und Luft-Sauerstoff stattfindet, die mit hohem Wirkungsgrad Strom liefert. Erste Versuchsfahrzeuge sind bereits im Einsatz.

Die Qualität der Kraftstoffe hatte lange eine geringe Priorität, da die Motoren an die vorhandene Kraftstoffqualität angepaßt wurden. Durch die Entwicklung des geregelten 3-Wege-Katalysators können bei Erreichen der Optimaltemperatur die Schadstoffe fast vollständig umgesetzt werden. Problematisch bleibt der Startbereich, bei dem durch unvollständige Verbrennung Kohlenwasserstoffe entstehen. Dieses Problem soll durch eine Katalysatorheizung überwunden werden, um auch bei Kurzstreckenfahrten eine effektive Emissionsminderung zu gewährleisten. Allerdings wird für den Betrieb eines solchen Aggregats wiederum mehr Energie benötigt.

Die Erhöhung der Oktanzahl kann zu einem niedrigeren Verbrauch (1% Reduktion je Prozentpunkt Oktan) führen. Angestrebt wird, die Oktanzahl auf 100 zu steigern. Die Qualität des Kraftstoffs ist bei den gestiegenen Ansprüchen und hochgetrimmten Motoren von immer größerer Bedeutung. Daher sind inzwischen Lastenhefte entwickelt worden, um die Qualität der Kraftstoffproduktion zu sichern.

Trotz grundsätzlich positiver Haltung gegenüber erneuerbaren Energieträgern empfiehlt die Enquete-Kommission, durch Ökobilanzierung die umweltrelevanten Aspekte dieser Alternativen zu klären, Wege möglicher Optimierung aufzuzeigen und auch ökologisch unsinnige Trends offenzulegen. Ein erstes Beispiel für eine Bilanz ist die Studie des Umweltbundesamtes *Ökologische Bilanz von Rapsöl bzw. Rapsölmethylester als Ersatz von Dieselkraftstoff* (UBA, 1993).

Verkehrsleitsysteme

Verkehrsleitsysteme können dazu beitragen, die Verkehrsabläufe zu harmonisieren, zu koordinieren und sicherer zu gestalten. Insofern spielen sie auch eine wichtige Rolle bei einer möglichst effektiven Vernetzung der verschiedenen Verkehrsträger untereinander. Sinnvoll können derartige Systeme allerdings nur eingesetzt werden, wenn sie nicht ausschließlich einer begrenzten und vermutlich rasch kompensierten Förderung des Individualverkehrs dienen.

4.3.4.1.2 Schienenfahrzeuge

Der Transrapid ist vor allem aus technischer Sicht eine interessante Weiterentwicklung des schienengebundenen Verkehrs. Die ökologischen, ökonomischen und sozialen Aspekte des Transrapids im Vergleich zu anderen Verkehrsträgern sind von der Enquete-Kommission noch nicht abschließend bewertet worden.

4.3.4.2   Altfahrzeug-Recycling

4.3.4.2.1 Personenkraftwagen

Der derzeitige Stand der Altautoverwertung ist in Kapitel 4.3.3.6.3 beschrieben. Aufgrund des hohen Restwertes der Metallteile werden derzeit bereits ca. 75 Gewichtsprozent eines PKW wirtschaftlich verwertet. Damit ist beim Automobil bereits eine hohe Verwertungsrate erreicht. Eine weitere Steigerung stößt bei den heute anfallenden Alt-PKW (Baujahr 1980 bis 1985) auf Schwierigkeiten, da diese weder recyclingfreundlich noch entsorgungsgerecht konstruiert worden sind.

Alle Automobilproduzenten arbeiten daran, die Verwertungsrate mit Hilfe von recyclingfreundlicheren neuen Fahrzeugmodellen weiter zu erhöhen. Experten sind der Ansicht, daß sie durch Einführung neuer Technologien langfristig auf über 90% gesteigert werden kann. In einem Abkommen zwischen dem französischen Staat und den französischen Automobilherstellern ist dieses Ziel für das Jahr 2015 festgelegt worden.

Die Europäische Union hat im Rahmen des „Priority Waste Streams Programme" in Kooperation mit der europäischen Automobilindustrie sowie den wichtigsten Werkstoffproduzenten und Recyclingunternehmen die Bedingungen und technischen Möglichkeiten zur Optimierung

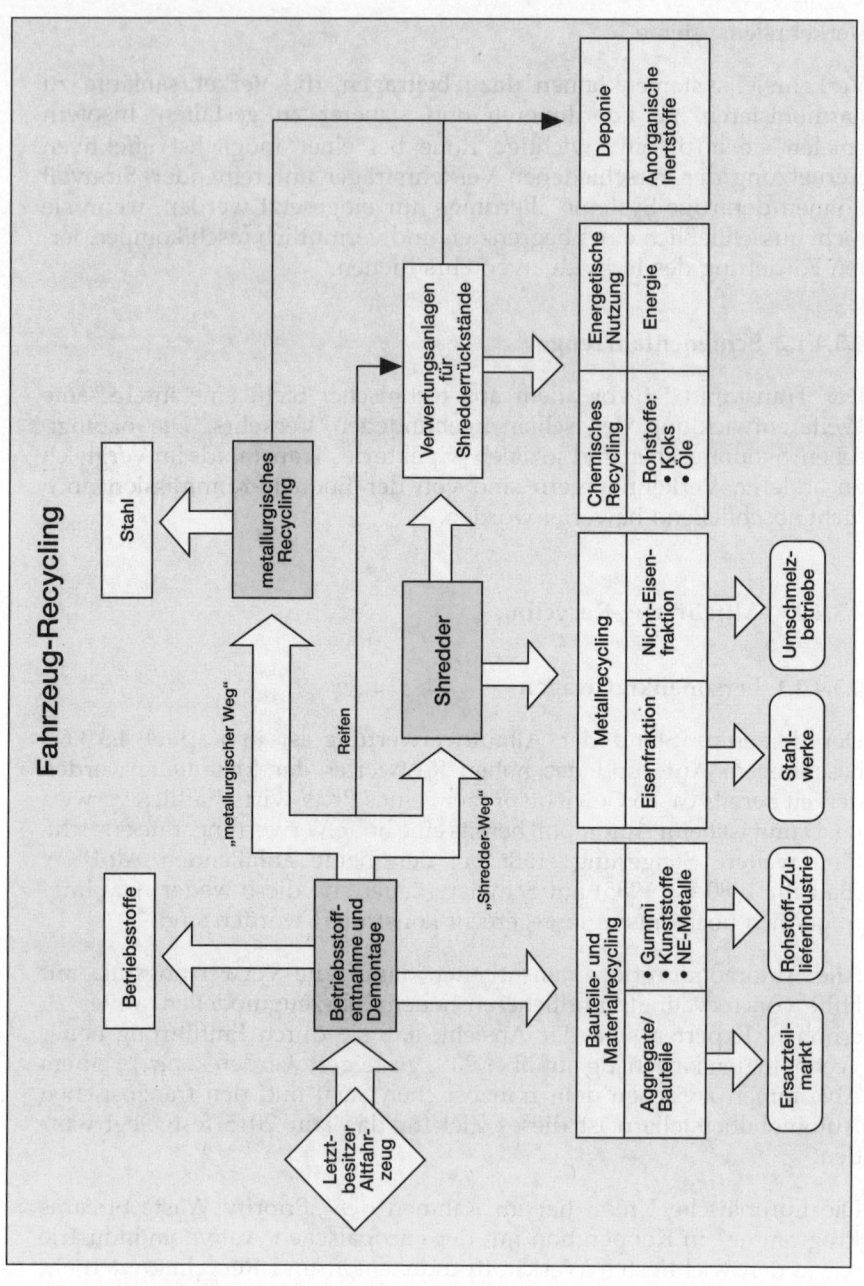

Abb. 4.3.13: Fahrzeug-Recycling – Konzeptbausteine und Materialströme.
Quelle: Wolf, 1993, S. 10

der Altfahrzeugverwertung erarbeitet. Auch die deutsche Automobilindustrie hat im Jahr 1991 mit der Initiative PRAVDA (Projektgruppe Altautoverwertung der deutschen Automobilindustrie) ein entsprechendes Recyclingkonzept vorgelegt. Weitere Konzepte bestehen in anderen westeuropäischen Ländern.

Die Abbildung 4.3.13 stellt die einzelnen Schritte des Altautorecyclings dar. Sie konzentrieren sich auf die Trockenlegung, Demontage und Aufbereitung sowie auf das Getrennthalten, Wiederverwenden und Wiederverwerten von Teilen und Materialien.

Wichtig für das Gesamtkonzept ist die Integration der Werkstoffproduzenten in das Konzept der Recycling-Unternehmen. Ein wesentlicher Beitrag zur Kreislaufschließung ist die verstärkte Wiederverwertung der anfallenden Recyclate im gleichen Wirtschaftskreislauf oder auch in anderen Branchen. Hierbei sollten alle Verfahrensmöglichkeiten prinzipiell als gleichwertig angesehen werden, damit in einem marktwirtschaftlichen System nach ökologischen und ökonomischen Kriterien eine optimale Vorgehensweise gefunden werden kann.

Die Berücksichtigung der Erfordernisse des Recyclings schon bei der Entwicklung und Konstruktion der Fahrzeuge ist die Voraussetzung für eine hohe Verwertungsrate der Fahrzeuge nach ihrem Gebrauch.

Die Realisierung von Stoff- und Materialkreisläufen hängt in hohem Maße davon ab, inwieweit es gelingt, die Eigenschaften der anfallenden Abfälle an die qualitativen und quantitativen Anforderungen der im Fahrzeugbau eingesetzten Stoffe und Materialien anzupassen. Hierzu werden derzeit von der Automobilindustrie und den andern beteiligten Branchen nicht nur entsprechende Techniken, wie z. B. Aufbereitungstechnologien, sondern auch organisatorische Maßnahmen entwickelt.

Die Bereitschaft der Automobilindustrie, die Altautoverwertung durch Entwicklung und Zurverfügungstellung von Methodik, durch recyclinggerechte Produktgestaltung und durch organisatorische Hilfe zu unterstützen, wird durch zahlreiche Beispiele belegt.

Ein deutscher Automobilhersteller sieht seinen Beitrag zum Automobil-Recycling in folgenden Aufgaben:
– Auswahl und Beauftragung der Verwerterbetriebe
– Schulung, Betreuung und Überwachung dieser Betriebe
– Aufbau und Organisation von Stoff- und Materialkreisläufen
– Kennzeichnung der Kunststoffe

- Mitwirkung bei der Erarbeitung und Durchsetzung von Verfahren zur chemischen Verwertung und energetischen Nutzung von Reststoffen
- Recyclinggerechte Auslegung von Neufahrzeugen
- Erarbeitung und Bereitstellung von Wissen für die Betriebsstoffentnahme und Demontage

Trockenlegung

Ziel der Trockenlegung ist die Entnahme von Betriebsflüssigkeiten aus dem Altfahrzeug, um diese anschließend der Wiederverwertung zuzuführen. Bei einem durchschnittlichen Mittelklassefahrzeug fallen etwa 47 kg Material an. Dabei handelt es sich im wesentlichen um Flüssigkeiten wie z. B. Kraftstoff, Motoröl oder Schwefelsäure. Wichtig ist, daß die Flüssigkeiten getrennt gewonnen und der Aufarbeitung zugeführt werden. Weitere Anstrengungen von seiten der Zulieferer (z. B. Kühlflüssigkeiten) sind jedoch noch erforderlich.

Problematisch ist die teilweise noch nicht auf die Trockenlegung ausgerichtete Konstruktion der Fahrzeuge: Beispielsweise ist das Ablassen von Getriebeöl aus automatischen Getrieben mit einem erheblichen Zeit- und Arbeitsaufwand verbunden. Entsprechende Überlegungen und Ansätze erstrecken sich unter anderem auf die trockenlegungsgerechte Gestaltung von flüssigkeitstragenden Bauteilen, den Einbau von Ablaßvorrichtungen oder die Schaffung von Ansatzpunkten zur gewaltsamen Öffnung (Sollbruchstellen) der betreffenden Bauteile. Da heute in einzelnen Betrieben bereits mehr als 98% aller Betriebsstoffe entnommen werden, wird deutlich, daß die technischen Probleme lösbar sind.

Im Rahmen einer werkstattgerechten Trockenlegung können heute innerhalb von 30 Minuten etwa 40 kg wiederverwertbares Material, bei einem durchschnittlichen Trockenlegungsgrad von ca. 70%, entnommen werden. Es ist zu erwarten, daß dieser durch konstruktive Veränderungen noch bedeutend gesteigert werden kann.

Die Kosten der Trockenlegung betragen in der Regel 30 bis 60 DM pro Fahrzeug, wovon mehr als zwei Drittel Arbeitskosten sind. Zur Verringerung des Zeitaufwandes der Trockenlegung sind neben konstruktiven Veränderungen und deren Vereinheitlichung bei allen Automobilen z. B. Arbeitsablaufpläne sowie geeignete Werkzeuge und Aggregate zur Trockenlegung in der Entwicklung.

Neben der Wiederverwertung der Betriebsflüssigkeiten ist die Trockenlegung besonders wichtig, um Verunreinigungen des Shredderschrotts und der Shredderleichtmüllfraktion zu verhindern. Damit wird der möglichen Entstehung von PCDD/PCDF bei der Verwertung/Entsorgung entgegengewirkt.

Demontage

Der Demontageschritt ist im Sinne einer effektiven Wiederverwendung und -verwertung von großer Bedeutung. Dabei wird im wesentlichen noch manuell und damit kostenaufwendig gearbeitet. Die Ausbauteile behalten jedoch einen relativ hohen Wert. Dazu zählen Teile wie Motor, Getriebe, Starterbatterie, Katalysator oder Stoßfänger.

Die Altautoverwertung durch Demontage könnte wirtschaftlich noch erheblich verbessert werden, wenn weitere Bestandteile, wie z. B. Innenauskleidung, Sitze oder Elektronikteile, ebenfalls ausgebaut werden könnten. Damit würde sich gleichzeitig der Anteil des problematischen Shredderleichtmülls drastisch reduzieren. Experten sehen hier Minderungspotentiale von 30 bis 50%. Die Automobilindustrie strebt in Zusammenarbeit mit der Eisen- und Stahlindustrie, den NE-Metallindustrie, der Kunststoffindustrie und der Schrottwirtschaft eine Ausdehnung des Materialrecyclings auf leicht demontierbare Baugruppen an.

Im Rahmen der PRAVDA fand ein Großversuch mit 6 000 PKW an verschiedenen Standorten in enger Kooperation mit Altautoverwertern und Kunststoffherstellern statt. Dabei sollte die chemische Industrie die Verantwortung für die Entwicklung qualitätsgesicherter Recyclate übernehmen.

Zur Unterstützung des Recyclings hat die Automobilindustrie Maßnahmen ergriffen, die sicherstellen sollen, daß von den Herstellern im Rahmen des Produktionsprozesses grundsätzlich die Recyclingfähigkeit von Bauteilen berücksichtigt wird. Die Bewertung der Bauteile und die Dokumentation dieser Bewertungen in den Konstruktionszeichnungen stellt eine entscheidende Verbesserung des Informationsflusses hinsichtlich der Kreislaufeignung sowohl unter ökologischen als auch unter ökonomischen Aspekten dar (Recyclinghandbuch).

Die Optimierung des Demontageschrittes ist, insbesondere in Zusammenhang mit Kunststoffen und NE-Metallen, zur Zeit eine der wichtigsten Aufgaben. Hierzu sind die Werkstoffe, die Bauteile und deren Einbautechnik zu verbessern. Ein Forschungsprojekt (EUREKA), an dem 14 europäische Staaten beteiligt sind, hat zum Ziel, die Recycling-Anforderungen mit Fragen der Sicherheit, der Leichtbauweise, der Kosten und des Umweltschutzes zu kombinieren. Der Forschungsaufwand beträgt rund 100 Mio. DM.

Für die Verwertung demontierter Altautoteile sind entsprechende Produkt-, Werkstoff- oder Rohstoffkreisläufe zum Teil bereits vorhanden. Weitere Techniken müssen, insbesondere für die Kunststoffteile, entwikkelt bzw. ausgebaut werden.

Kunststoffe

Die aus Altautos zu entsorgende Kunststoffmenge betrug im Jahr 1990 ca. 125 000 t. Derzeit werden in Europa etwa 2,5 % der im Automobilbau verwendeten Kunststoffe recycelt.

Diese vergleichsweise geringe Quote resultiert aus der besonderen Modifikation der Kunststoffe, die jeweils speziellen Anforderungen genügen müssen. Bei der Demontage werden sie nach Vorgaben der Automobilhersteller sortiert und einem stofflichen bzw. rohstofflichen Recycling zugeführt.

Stoßfänger aus unterschiedlichen Polypropylen-Werkstoffen lassen sich in der Form aufarbeiten, daß das Recyclat unter anderem auch für weniger anspruchsvolle Verwendungen, wie Stoßfängerträger oder Abdeckungen, nach dem Kaskadenprinzip verwendet werden kann.

Die Beigabe der Recyclate zu Neukunststoffen mit einem Mischungsanteil von 20 bis 30 % vermindert, bei ähnlichen Produktionskosten, in vielen Bereichen die Qualität nur unwesentlich.

NE-Metalle

Hinsichtlich der NE-Metalle handelt es sich bei den derzeitigen Alt-PKW im wesentlichen um Druckgußteile aus Zink oder Aluminium, wie z. B. Türgriffe und Spiegelsockel. Diese können bereits heute problemlos über den Schrotthandel den Werkstoffproduzenten zugeführt werden. Abbildung 4.3.14 zeigt einen Zinkkreislauf für demontierte Zinkdruckgußteile sowie für Stahlwerkstäube aus der Aufarbeitung des Shredderschrotts. Bei kupferhaltigen Kabeln kann der Kupferanteil von Kabelzerlegern aus der PVC-Ummantelung gelöst und der Verwertung zugeführt werden.

Shreddern und Metalltrennung

Das Shreddern ist ein bewährter Verfahrensschritt, bei dem in Zukunft nur noch die Automobilkarosserie zerkleinert und in ihre mechanisch auftrennbaren Bestandteile zerlegt werden soll.

Als Reaktion auf die wachsende Menge an Shredderleichtmüll haben verschiedene Firmen weitergehende Konzepte zur Sortierung bzw.

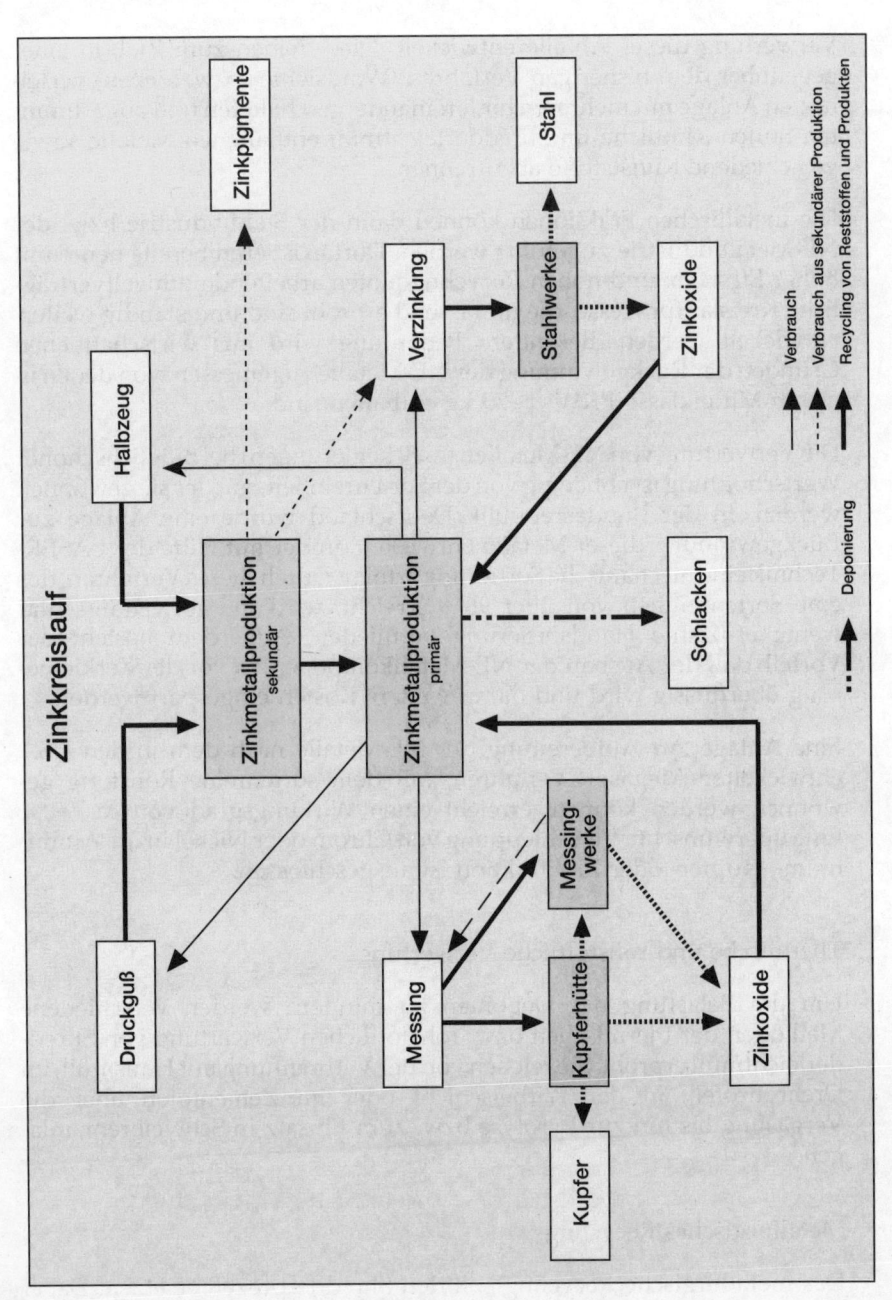

Abb. 4.3.14: Zinkkreislauf in der Bundesrepublik Deutschland.
Quelle: Röpenack, von, 1993

Verwertung dieser Abfälle entwickelt. Diese haben zum Ziel, in einer gegenüber dem bisherigen Verfahren (Windsichter bzw. Sieben) verfeinerten Anlage mit mehreren hintereinandergeschalteten und abgestimmten Stufen sämtliche im Shredderleichtmüll enthaltenen Metalle sowie verschiedene Kunststoffe abzutrennen.

Die metallischen Fraktionen können dann der Stahlindustrie bzw. der NE-Metallindustrie zugeführt werden. Dort existieren bereits heute mit hoher Effizienz und hohen Recyclingquoten arbeitende umweltverträgliche Kreislaufprozesse, die umfassend erprobt sind und ständig weiterentwickelt werden. Besondere Bedeutung wird aus wirtschaftlichen Gründen der Rückgewinnung der NE-Metalle zugemessen, von denen in einem Mittelklasse-PKW ca. 75 kg enthalten sind.

Die Verwertung von NE-Metallen (z. B. Legierungen) bei möglichst hoher Wertschöpfung ist abhängig von der Sortenreinheit, mit der sie gewonnen werden. In der Bundesrepublik Deutschland wurde eine Anlage zur Rückgewinnung dieser Metalle entwickelt, in der mit Hilfe der LASER-Technik eine mechanische Sortierung erfolgt. Durch dieses Verfahren, das eine Sortenreinheit von über 96% erreicht, wird die aufwendige und wenig effiziente Handsortierung vermieden. Außerdem besteht der Vorteil, daß der Ausbau der NE-Metallkomponenten vor der Zerkleinerung überflüssig wird und damit weitere Kosten eingespart werden.

Eine Anlage zur Aufbereitung der NE-Metalle nach dem in den USA entwickelten Megasort-Verfahren, mit dem sortenreine Rohstoffe gewonnen werden können, erreicht einen Wirkungsgrad von ca. 99%. Eine unerwünschte Verschleppung von Chrom oder Nickel in die Aluminium-, Kupfer- oder Zinkfraktion ist ausgeschlossen.

Thermische und rohstoffliche Verwertung

Um die Belastung der Deponien zu mindern werden verschiedene Methoden der thermischen bzw. rohstofflichen Verwertung von Shredderleichtmüll erprobt. Sie reichen von der Verbrennung mit Hausmüll, im Drehrohrofen, in der Wirbelschicht oder im Zementofen über die Vergasung bis hin zur Pyrolyse bzw. zum Einsatz in Schwelbrennanlagen.

Metallurgisches Recycling

Das metallurgische Recycling soll den Shredderprozeß ersetzen. Dabei wird das Altauto nach weitgehender Demontage unzerkleinert zur

Stahlgewinnung eingeschmolzen. Die verbleibenden organischen Bestandteile werden zum Aufkohlen des Roheisens und zur Energiesubstitution im Schmelzprozeß genutzt.

Das Problem bei der erfolgreichen Anwendung des Verfahrens besteht in der Notwendigkeit, bei der Demontage die Kupferkomponenten zu entfernen, um qualitativ hochwertigen Stahl herstellen zu können. Darüber hinaus gehen die Aluminiumanteile verloren, da sie verschlackt werden.

Nach ersten Schätzungen stellt dieser Ansatz, trotz relativ hoher Investitionskosten, auch unter wirtschaftlichen Gesichtspunkten eine Alternative zum herkömmlichen Shredderprozeß dar.

Deponie

In der Bundesrepublik Deutschland fielen im Jahr 1993 rund 500 000 t Shredderleichtmüll an, die überwiegend deponiert wurden. Durch die steigenden Deponiekosten und Qualitätsanforderungen an den Abfall wird auf absehbare Zeit voraussichtlich eine thermische Verwertung/Behandlung nicht zu umgehen sein. Die verfeinerten Demontagetechniken dürften diesen Schritt erst bei Altfahrzeugen aus der heutigen Generation überflüssig machen. Der steigende Anteil an Altautoexporten ist eine mögliche Folge der Deponiekostenentwicklung.

4.3.4.2.2 Lastkraftwagen

Über die Möglichkeiten zur Schließung von Stoffkreisläufen bei Alt-LKW, die im wesentlichen exportiert werden, liegen nur geringe Informationen vor. Im Prinzip sind ähnliche Potentiale wie bei der Altautoverwertung vorhanden. Allerdings ist im Vergleich zu den PKW der Gewichtsanteil der verwerteten Metalle bauartbedingt größer. Es bestehen große Recyclingpotentiale durch die Aufarbeitung von LKW-Motoren und anderen Ausbauteilen, die auch bereits genutzt werden.

4.3.4.2.3 Eisenbahn

Bei Schienenfahrzeugen beträgt der Anteil der dem Recycling zugeführten Stoffe, wie Stahl, Aluminium und Kupfer, heute bereits ca. 80%; eine Steigerung soll durch den Einsatz recycelbarer Materialien für den Innenausbau bei gleichzeitiger Verbesserung der stofflichen Trennung durch eine leicht demontierbare Konstruktion erfolgen.

Als problematisch für den Einsatz von Sekundärmaterialien erweist sich die ansonsten unter dem Gesichtspunkt der Ressourcenschonung positiv zu bewertende lange Nutzungsdauer der Reisezugwagen (20 bis 30 Jahre), da sich in diesem Zeitraum die Anforderungen an die Materialien ändern und gleichzeitig neu entwickelte Stoffe zur Verfügung stehen.

Aus Gründen der Wartung und Unterhaltung der Fahrzeuge sind viele Bauteile (z. B. Puffer, Drehgestelle) bereits vollständig demontierbar konzipiert. Bei Reisezugwagen soll durch den Einsatz von Klettverschlüssen für Innenverkleidungen sowie durch eine Reduzierung der Werkstoffvielfalt und des Anteils nicht wiederverwertbarer Stoffe die Recyclingfähigkeit verbessert werden. Gleichzeitig soll durch die Einführung von Stoff- und Bauteilkennzeichnungen die Identifikation für eine gezielte Demontage und Verwertung ermöglicht werden. Für den ICE wurden Handbücher entwickelt, die den Verwerterbetrieben eine umweltgerechte Altfahrzeugentsorgung erleichtern sollen.

4.3.4.2.4 Binnenschiffe

Der Anteil metallischer Werkstoffe im Binnenschiff liegt derzeit bei über 90%, so daß nur geringe Potentiale einer zusätzlichen Steigerung der Recyclingfähigkeit bestehen. Alle Maßnahmen zur Abwrackung werden in spezialisierten Werften vorgenommen, in denen selbst der geringe Kunststoffanteil (0,2 bis 0,5 Gewichtsprozent) gesammelt und dem Recycling zugeführt wird. Es wird davon ausgegangen, daß sämtliche verwertbaren Rückstände einen Recyclingprozeß durchlaufen.

Weitere Verbesserungsmöglichkeiten werden durch eine Steigerung des Anteils an Sekundärrohstoffen beim Herstellungsprozeß sowie durch den Aufbau logistischer Ketten zur Wiederverwertung gesehen.

4.3.5 Bewertung der Ergebnisse im Bedürfnisfeld Mobilität

Die im Rahmen der Kapitel 4.3.1 bis 4.3.4 zusammengetragenen Fakten über die Material- und Energieverbräuche, die ökonomische und soziale Bedeutung, die Emissionen sowie die Innovationen und Perspektiven des Verkehrsbereichs sollen im folgenden bewertet werden. In diesen Kapiteln wurden die intergenerative Verteilungsgerechtigkeit, der Freiraumschutz, Methoden zur Internalisierung externer Kosten, der soziale Frieden, die Erhaltung von Arbeitsplätzen sowie Gesundheitsaspekte nicht behandelt. Ressourcenschonung und die Erhaltung der Senkenkapazität der Umweltmedien innerhalb einer marktwirtschaftlichen Ordnung standen im Vordergrund der Diskussion. Es wurde versucht, Vor- und Nachteile, Nutzen und Kosten der Mobilität von Menschen und Gütern abwägend darzustellen und daraus Perspektiven für die Zukunft abzuleiten.

4.3.5.1 Materialintensität

Die Enquete-Kommission hat sich die Aufgabe gestellt, die Stoff- und Energieverbräuche im Bedürfnisfeld Mobilität, bezogen auf die drei Verkehrsträger PKW/LKW, Eisenbahn und Binnenschiff sowie die entsprechenden Verkehrswege zu untersuchen. Insgesamt kann festgestellt werden, daß Mobilität in den Industriegesellschaften nicht nur einen ganz erheblichen Anteil am Verbrauch energetischer Ressourcen hat, sondern auch zu großen Umsätzen z. B. an Metallen, Lacken, Holz, Kunststoffen und Gummi führt. Die Personen- und Gütertransportmittel bilden unter ökologischen Gesichtspunkten aber auch ein „rollendes Rohstofflager", dessen Wiederverwendung sicherzustellen ist.

Die Enquete-Kommission hat beispielhaft nur einige Transportmittel miteinander verglichen. Beim Personenverkehr zeigt der Vergleich der Materialintensitäten bezogen auf die Verkehrsleistung, angegeben in Gramm pro Personenkilometer, eine deutliche Überlegenheit aller Arten von Eisenbahnverkehr vor dem motorisierten Individualverkehr (Faktor 10 bis 25). Da der Bereich der Wartung und Reparatur nur am Rande untersucht wurde, ist eine Bewertung speziell dieses Bereichs nicht möglich.

Die Materialintensität der Verkehrswege ist sehr unterschiedlich. Die wenigen zur Verfügung stehenden aussagekräftigen Daten lassen die Schlußfolgerung zu, daß ICE-Strecken mehr als doppelt so materialintensiv wie Bundesautobahnstrecken sind.

Auch war es nicht möglich, die Effizienz der Verkehrsträger im Hinblick auf unterschiedliche Transportstrecken zu untersuchen. So ist etwa für den Transport von Personen über Entfernungen bis etwa 10 km – darunter fallen die meisten Stadtfahrten – das Fahrrad als umweltverträgliches Verkehrsmittel mit geringem Stoffverbrauch im Stadtverkehr eher eine Konkurrenz für das Automobil als die innerstädtischen Bahnen. Dagegen fällt vor allem auf längeren Strecken die Konkurrenz Eisenbahn/Automobil eindeutig zugunsten der Schienenfahrzeuge aus.

Beim Vergleich der Gütertransportmittel schneidet die Eisenbahn im Hinblick auf die Materialintensität bezogen auf die Verkehrsleistung, angegeben in Gramm pro Tonnenkilometer, ebenfalls am besten ab und liegt um den Faktor 4 bis 9 vor LKW und Binnenschiff. Die vergleichsweise hohe Materialintensität des Binnenschiffs wird möglicherweise durch eine zu niedrige durchschnittliche Nutzungsdauer verursacht (Abwrackprämien); es überrascht, daß sich der Vorsprung des Binnenschiffs im spezifischen Energieverbrauch vor dem LKW nicht auch im spezifischen Stoffverbrauch widerspiegelt. Auch für diesen Vergleich fehlt die Einbeziehung des Aufwandes für Wartung und Reparaturen. Hinsichtlich der Baukosten liegt das Verhältnis zwischen den Verkehrswegen Straße und Schiene etwa bei 1 zu 2,5.

Im Fahrzeugbau ist der Energieverbrauch für die Herstellung von PKW erheblich höher als bei Schienenfahrzeugen. In der Betriebsphase, die für den Energieverbrauch im Rahmen der gesamten Produktlinie des Fahrzeugs entscheidend ist, erhält man im Personenverkehr beim PKW eine doppelt so hohe Energieintensität, angegeben in Joule pro Personenkilometer, wie beim Schienenfahrzeug. Im Güterverkehr ist das Verhältnis noch ungünstiger: Der LKW hat eine drei- bis viermal so hohe Energieintensität wie das Schienensystem. Das Binnenschiff hat beim Betrieb den eindeutig niedrigsten spezifischen Energieverbrauch.

Hinsichtlich der Herstellung der Verkehrswege sind die größten Materialmengen bei Kanälen zu bewegen. Dies gilt nicht für natürliche Wasserstraßen wie den Rhein. Allerdings konnte der Vergleich nicht auf die transportierten Güter (Tonnen pro Verkehrsweg) bezogen werden, die auf den jeweiligen Verkehrswegen im Rahmen der Nutzungsdauer insgesamt transportiert werden, so daß die Angaben zur Herstellung der Verkehrswege von geringerer Aussagekraft sind als die Angaben zur Materialintensität der Transportmittel.

Unter den untersuchten Verkehrsmitteln verbraucht das Automobil im Personen- und Gütertransport nicht nur spezifisch, sondern auch absolut die meisten Ressourcen; hier werden auch die höchsten Minderungspotentiale gesehen.

Im Sinne des zukunftsverträglichen Umgangs mit Stoffströmen haben Eisenbahn und Binnenschiff damit insgesamt einen beträchtlichen Vorsprung im Personen- bzw. Gütertransport vor den anderen untersuchten Verkehrsträgern.

4.3.5.2 Emissionen und Abfälle

Die spezifischen Emissionen und Abfälle beim Bau der Verkehrsträger haben entsprechend dem allgemeinen Trend in den vergangenen Jahren deutlich abgenommen; mit einem weiteren Rückgang ist zu rechnen.

Durch die steigende Verwendung von Wasserlacken (inkl. internem Recycling) konnten, neben der Ressourcenschonung, die Luftemissionen und Abfallmengen drastisch reduziert werden. Durch die Einführung von Pulverlacken können weitere Verbesserungen erzielt werden.

Die im Rahmen der Entsorgung anfallenden Abfallmengen nehmen beim Automobil derzeit wegen der steigenden Anzahl von Altfahrzeugen erheblich zu (s. Kap. 4.3.3.6.3). Bei Binnenschiffen ist das spezifische Abfallaufkommen bei der Entsorgung, aber auch bei der Herstellung, relativ gering, da bei derart großen Fahrzeugen ein kompletter „Rückbau" ökonomisch lohnend ist. Bei Eisenbahnen ist eine Wiederverwendung von Waggongrundkörpern bisher durchaus üblich.

Anders ist dies in der Gebrauchsphase: Trotz steigender Durchdringung der deutschen PKW-Flotte mit dem geregelten Drei-Wege-Katalysator scheint ein Teil der Emissionen aus dem Automobilverkehr zu stagnieren (Stickoxide) oder nur wenig abzunehmen (Benzol), wie Messungen in den Innenstädten belegen. Bodennahes Ozon als Folgeprodukt der Emissionen scheint danach sogar zuzunehmen. Es ist bemerkenswert, daß die Bevölkerung die Emission zahlreicher krebserregender Substanzen – an der Spitze Benzol – vergleichsweise klaglos hinnimmt. Hier sind Brüche in der Risikokommunikation und Risikowahrnehmung festzustellen. In dieser Hinsicht sind die Auswirkungen der 23. BImSchV zur Regelung von NO_x, Benzol und Dieselruß von Interesse. Im Gegensatz zum Automobil weist die sich weiter durchsetzende Elektrotraktion bei der Eisenbahn angesichts des mittlerweile SO_2- und NO_x-optimierten Kraftwerkparks besonders geringe spezifische Emissionen auf.

Eine bedeutende Rolle kommt auch den Lärmemissionen zu, die allerdings von der Enquete-Kommission nicht untersucht worden sind.

4.3.5.3 Stoffstromdaten

Aus Sicht der Enquete-Kommission sind die Daten über die jeweiligen Stoffströme für ein effektives Stoffstrommanagement (s. Kap. 4.3.6) noch unzureichend; dies gilt vor allem für die Eisenbahn und das Binnenschiff. Es fehlt auch an der Organisation dieser Daten in der Akteurskette, die im Automobilbau mit seiner niedrigen Fertigungstiefe über die Hersteller von Einzelteilen bis hin zur Eisen-, NE-Metall- und Chemieindustrie zurückreicht. Zur Durchführung von Aufgaben des Stoffstrommanagements bedarf es daher der möglichst umfassenden, transparenten und kompatiblen Datenerhebung und des Datenaustausches.

4.3.5.4 Effizienzsteigerung im Hinblick auf die Material- und Energieströme

Läßt man an dieser Stelle die verkehrspolitischen Fragen außer acht (s. Kap. 4.3.6 und 4.3.7), so lassen sich vor allem für das Automobil erhebliche Möglichkeiten zur effizienteren Nutzung von Material und Energie durch

- geänderte Dimensionierung von Fahrzeug und Antrieb,
- Einführung der Leichtbauweise oder
- verbesserte Materialrückführung aus Alt- in Neufahrzeuge

aufzeigen.

Hinsichtlich des durchschnittlichen Kraftstoffverbrauchs wurden nach Angaben des Bundesministeriums für Verkehr (BMV) im Zeitraum von 1978 bis 1992 beim PKW Einsparungen von rund 10 % erzielt; bei Binnenschiffen konnte der durchschnittliche Kraftstoffverbrauch zwischen 1973 und 1989 sogar um über 50 % gesenkt werden. Der durchschnittliche Flottenverbrauch bei PKW wird durch den Trend zu größeren Fahrzeugen in etwa konstant sein. Beim PKW-Motor sind weitere Ansatzpunkte für Optimierungen vorhanden.

Das „3-Liter-Auto" wäre im Hinblick auf den Energieverbrauch eine Konkurrenz für die Eisenbahn. Ein solches Fahrzeug wird aber nicht allein durch die Verwendung besserer Motoren und durch Leichtbauweise ermöglicht. Die Nutzung von Leichtmetallen (z. B. Aluminium) und materialsparende Techniken in der Verwendung von Stahlblechen („tailored blanks") führen nur zu einer Gewichtsreduktion von rund 10 %. Der vermehrte Einsatz von Kunststoffen zur Gewichtsreduktion kann angesichts der damit verbundenen Entsorgungsprobleme nicht erwartet werden. Notwendig zur Erreichung umweltverträglicherer Fahrzeuge sind weitere Maßnahmen, die den Materialverbrauch weitaus stärker absenken und den Strömungswiderstand reduzieren. Darüber hinaus bedürfte es der Einführung alternativer und schwächerer Antriebssysteme.

Die stoffliche Effizienz läßt sich auch durch ein verstärktes Recycling verbessern. Die in Kapitel 4.3.4 aufgezeigten Entwicklungen versprechen einen Anstieg der Wiederverwertungsrate von jetzt unter 80 auf über 90 %. Dieses Ziel kann aber nur erreicht werden, wenn neben den Metallen auch andere Werkstoffe in größerem Umfang recycliert werden.

Unverzichtbare Voraussetzung hierfür sind:
- bessere Kennzeichnung, insbesondere für Kunststoffe
- Verringerung der Werkstoffvielfalt

- Trockenlegung des Fahrzeugs vor der Demontage
- Verbesserung der Demontierbarkeit

Die Automobilindustrie ist in diesem Bereich besonders aktiv. Allerdings darf die Einführung neuer Werkstoffe nicht zu Erschwernissen beim Recycling führen – hier sind Kompromisse erforderlich.

Verbesserungen sind auch bei der Eisenbahn erforderlich. Die ansonsten positiv einzuschätzende lange Nutzungsdauer von Traktionseinheiten und Waggons kann Probleme bereiten, weil dadurch der Einsatz neuer energie- und materialsparender Techniken verzögert wird.

4.3.5.5 Schad- und Problemstoffe

Früher im Fahrzeugbau eingesetzte Problemstoffe sind infolge entsprechender Regelungen bei Neufahrzeugen nicht mehr im Einsatz; hierzu zählen Asbest (z. B. in Bremsbelägen, Motordichtungen), FCKW (in Klimaanlagen) oder PCB (Kondensatoren in Eisenbahnwaggons). Da sich die Enquete-Kommission bei ihren Recherchen auf wenige, explizit genannte Schadstoffe beschränkt hatte, lassen sich hier nur begrenzte Aussagen machen. Aus der Anhörung zu dem klimarelevanten FCKW-Ersatzstoff R 134 a (s. auch Kap. 4.1.3) ist bekannt, daß Autoklimaanlagen bisher mehr oder weniger „umweltoffen" betrieben wurden. Derartige Betriebsmittelverluste müssen unbedingt in Zukunft durch verbesserte und dichtere Aggregate sowie durch problemlose Wartung und Trockenlegung der Fahrzeuge vor dem Verschrotten vermieden werden.

Aus Sicht des Arbeitsschutzes sind zahlreiche Stoffe, die in der Fahrzeugzulieferindustrie eingesetzt werden, als kritisch zu bewerten (z. B. bei der Herstellung von Reifen- und Gummiartikeln). Einen besonders problematischen Bereich stellt die Wartung und Reparatur von Fahrzeugen dar (z. B. Benzol-Ausdünstungen aus dem Kraftstoffsystem und Anwendung von Entfettungsmitteln).

Von Stoffen, die für das Recycling hinderlich sind (z. B. halogenierte Stoffe), werden die Hersteller angesichts ihres Engagements für die Wiederverwertung von sich aus abrücken.

4.3.5.6 Ökonomische und soziale Bewertung von Mobilität

An dem Nutzen von Mobilität kann kein Zweifel bestehen: Die hohe Mobilität ist eine Errungenschaft für die Menschen in den Industriegesellschaften, ohne die das Leben kaum noch denkbar wäre. Mit einer weiteren Steigerung wird gerechnet. Der ökonomische Nutzen moderner

Transportmöglichkeiten ist gleichfalls unumstritten; ohne diese wäre der internationale Handel im heutigen Ausmaß nicht denkbar. Die Bedeutung der Mobilität spiegelt sich auch in der Bedeutung des Fahrzeugbaus für die Volkswirtschaft wider. Etwa jeder sechste Arbeitsplatz in der Bundesrepublik Deutschland hängt direkt oder indirekt davon ab. Im direkten Fahrzeugbau und im Verkehrsgewerbe z. B. sind insgesamt über 2 Mio. Beschäftigte tätig. Etwa 13% des Bruttoinlandsprodukts werden durch die Bereitstellung von Mobilität in Form von Fahrzeugen erarbeitet.

Mit steigendem Bruttoinlandsprodukt stiegen auch die Verkehrsleistungen überproportional an. Dies hat einerseits mit den logistischen Anforderungen einer modernern, weltweit ausgerichteten Wirtschaft zu tun, andererseits ist es ein Ausdruck des gestiegenen Wohlstands in den Industriestaaten. Mobilität macht die Öffnung der Märkte operationalisierbar.

Allerdings gefährdet das hohe Maß an Mobilität mittlerweile die Grundlagen, die Mobilität attraktiv gemacht haben. Am einfachsten läßt sich dies im Freizeitbereich erkennen: Wenn Landschaften zwecks besserer Erreichbarkeit mit Straßenparkplätzen überladen werden, dann verlieren sie ihre Attraktivität und ihren ökologischen Wert. In den Großstädten stoßen sich wesentliche Funktionen wie Wohnen, Naherholung und gesunde Luft mit dem zunehmenden Automobilverkehr, vielfach begründet durch die Trennung von Wohnen und Arbeit. Die Sperrung des Alpen-Transits für LKW aufgrund einer Volksabstimmung in der Schweiz zeigt sogar einen internationalen Konflikt.

Diese Konflikte haben auch eine ökonomische Seite: Die Kosten der Mobilität umfassen weit mehr als die Aufwendungen zur Bereitstellung und Unterhaltung der Verkehrsträger. Zu den externen Kosten zählen die Unfallfolgekosten durch Verletzung oder Tod sowie materielle Schäden durch Unfälle, die Schäden an der menschlichen Gesundheit, an der Natur, dem Klima oder Gebäuden durch verkehrsbedingte Luftverschmutzung, Erkrankungen infolge Verkehrslärm, der Flächenverbrauch sowie die Zerschneidung von Landschaften und zusammenhängenden Biotopen. Abgesehen von den zuletzt genannten Problemen für die Natur sind die genannten mobilitätsbedingten Schäden im wesentlichen mit dem Automobilverkehr verknüpft, während sich Eisenbahn und Binnenschiff als „umweltverträglicher" darstellen. Die Höhe der externen Kosten ist umstritten. Es fehlt an einer einheitlichen Definition und an einheitlichen Methoden zu ihrer Ermittlung.

Die weiterhin erforderliche und vermutlich steigende Bereitstellung von Mobilität kann daher nur mit erheblichen Veränderungen bei der

Inanspruchnahme (insbesondere verbesserte Auslastung der Fahrzeuge) sowie bei der Herstellung und Entsorgung von umweltverträglicheren Verkehrsträgern einhergehen.

4.3.6 Überlegungen zum Stoffstrommanagement im Bereich Mobilität

4.3.6.1 Ziele des Stoffstrommanagements im Bereich Mobilität

Die Änderung der Stoffströme im Sinne
- eines geringeren Stoff- und Energieverbrauchs entlang der Produktlinie,
- einer Abfallreduzierung,
- einer verbesserten Wiederverwertung und damit
- einer Verringerung des Verbrauchs nicht erneuerbarer Rohstoffe

sind, unter Berücksichtigung ökonomischer und sozialer Aspekte, Ziele eines Stoffstrommanagements im Bedürfnisfeld Mobilität.

4.3.6.2 Folgerungen aus dem Vergleich der Verkehrsträger

Unter Zugrundelegung des Leitbilds einer nachhaltig zukunftsverträglichen Entwicklung muß der durch Mobilität verursachte Stoff- und Energieverbrauch sowie die damit verbundenen Emissionen an Schadstoffen und treibhausfördernden Abgasen ganz erheblich gesenkt werden. Hierzu gibt es vier Wege:
(1) Verkehrsvermeidung
(2) Verlagerung des Verkehrs auf effizientere Transportmittel
(3) Verbesserung des Verkehrsablaufs
(4) Steigerung der Effizienz der einzelnen Transportmittel

Ein unmittelbarer Ansatzpunkt für ein Stoffstrommanagement ergibt sich aus der oben genannten Priorität 4 (direktes Stoffstrommanagement). Die Prioritäten 1 bis 3 haben nur mittelbar etwas mit dem eigentlichen Management von Stoffströmen zu tun (indirektes Stoffstrommanagement); entsprechende Ausführungen finden sich in Kapitel 4.3.7.

(1) Verkehrsvermeidung

Verkehrsvermeidung stößt angesichts der Trennung von Wohnen, Arbeit, Einkauf und Freizeit sowie der Zunahme des internationalen

Handels und der Arbeitsteilung in der Wirtschaft auf größte Probleme. Mobilität ist in den alten Bundesländern, wie auch in anderen Industrieländern, derart angestrebt und gefördert oder zumindest in Kauf genommen worden, daß eine kurzfristige Trendwende undenkbar erscheint. In den neuen Bundesländern wiederholen sich zur Zeit einige Entwicklungen der alten Bundesländer, so z. B. die Verlagerung von Einkaufsmärkten vor die Städte und die massive Zunahme des motorisierten Individualverkehrs.

Der Aspekt der Verkehrsvermeidung spielt heute allenfalls dort eine Rolle, wo der Verkehr aufgrund seiner Massierung zusammenbricht und damit seinen Zweck völlig verfehlt. Beispiele hierfür sind große Stadtagglomerationen in Industrie- und Schwellenländern. Aus den dort ergriffenen Maßnahmen (z. B. Singapur, Amsterdam, Bologna) lassen sich Modelle auch für andere Städte entwickeln. Eine Umorientierung der Stadtplanung hin zur Zusammenführung unterschiedlicher Funktionen ist jedoch erst in den Anfängen erkennbar. Nähere Ausführungen hierzu finden sich in Kapitel 4.3.7. Die Problematik des zunehmenden internationalen und interkontinentalen Personen- und Gütertransports konnte in der Enquete-Kommission in der Kürze der Zeit nicht behandelt werden.

(2) Verlagerung des Verkehrs auf effizientere Transportmittel

Der Vergleich der Stoffeffizienz der hier herangezogenen vier Verkehrsträger fällt, trotz aller Unsicherheiten angesichts der komplizierten und unvollständigen Datenerhebung, noch eindeutiger zuungunsten von PKW und LKW aus als der Vergleich der spezifischen Energieverbräuche der Fahrzeuge. Bei den Verkehrswegen ist die Tendenz weniger deutlich; aufwendige Gleisstrukturen sind offensichtlich materialintensiver als Bundesautobahnen.

Die Enquete-Kommission hat beispielhaft nur einige Transportmittel miteinander verglichen. Daher muß festgehalten werden, daß für den Transport von Personen und geringen Lasten über Entfernungen bis etwa 10 km als umweltverträgliches Verkehrsmittel mit geringem Stoffverbrauch das Fahrrad zur Verfügung steht, das aufgrund seiner offensichtlichen Vorzüge im Sinne einer nachhaltig zukunftsverträglichen Entwicklung in den Vergleich nicht einbezogen wurde. Im umgekehrten Sinn gilt dies für den Flugverkehr vor allem auf Kurzstrecken: Eine vertiefte Untersuchung erscheint nicht notwendig, um hier besonders hohe Stoff- und Energieverbräuche zu belegen.

(3) Verbesserung des Verkehrsablaufs

Zur Verbesserung von Verkehrsabläufen im Sinne einer nachhaltig zukunftsverträglichen Entwicklung trägt die Verknüpfung von Verkehrsträgern bei gegebenem Mobilitätsbedarf bei. Auch wird oft übersehen, daß die Fahrzeuge besser ausgelastet werden können.

(4) Steigerung der Effizienz der einzelnen Transportmittel

Unter Effizienssteigerung wird die Verringerung des spezifischen Verbrauchs an Rohstoffen und Energie entlang der Produktlinie eines Fahrzeugs verstanden. Hierzu stehen zahlreiche Möglichkeiten zur Verfügung (s. u.).

Die Enquete-Kommission weist allerdings darauf hin, daß die derzeitige Fokussierung der Diskussion auf diesen Punkt falsch ist: Zunächst müssen Schwerpunkte bei der Vermeidung von Verkehrsbewegungen und bei der Nutzung der effizienteren Transportmittel gesetzt werden. „Technische Verbesserungen sind erst in einem Gesamtrahmen wirksam, der einen Anreiz für ökologische Verbesserungen schafft" (Fichtner, 1994, S. 4/30).

Ferner muß eine logistische Optimierung aller Verkehrsträger erfolgen, damit das jeweils leistungsfähigere Verkehrsmittel genutzt werden kann. Es ist ein „Master Plan Verkehr" zu erstellen, der insbesondere die Übergänge von einem Verkehrsträger zum anderen berücksichtigt. Auf diese Weise werden Leerfahrten und Minderauslastungen und damit Verkehr vermieden.

4.3.6.3 Ansätze für ein Stoffstrommanagement

Absehbare Innovationen und Innovationspotentiale sind in Kapitel 4.3.4 wiedergegeben. Eine wesentliche Änderung der für den Fahrzeugbau erforderlichen Stoffströme kann – von einer Verlängerung der Produktlebensdauer abgesehen – vor allem für den PKW und in zweiter Linie für LKW und Eisenbahn erwartet werden.

Gewichtswirksame Änderungen der Materialzusammensetzung auf der einen Seite und die Verbesserung der Motorenkonstruktion auf der anderen Seite scheinen die größten Potentiale zur Energieeinsparung im Rahmen des Betriebs der Fahrzeuge zu beinhalten; dies gilt sowohl für Straßenfahrzeuge als auch für schienengebundene Fahrzeuge, während die Energieeinsparung bei Binnenschiffen im wesentlichen durch Veränderungen der Schiffsform und in geringem Maße beim Antrieb zu suchen sind.

Angesichts der dynamischen Entwicklung in den genannten Bereichen wären detaillierte Festlegungen hinsichtlich der zu wählenden Materialien unsinnig. Es bedarf lediglich eines Rahmens, um die oben genannten Ziele gleichberechtigt neben den ökonomischen Zielen der Fahrzeughersteller und -nutzer zu etablieren. Da der betriebsbedingte Energieverbrauch im Rahmen der Produktlinie eines Fahrzeugs den bei weitem bedeutendsten Anteil darstellt, kann dieser in erster Näherung als Maßstab herangezogen werden.

Ein weiterer Maßstab ergibt sich aus der Wiederverwertbarkeit des Fahrzeugs bzw. seiner Teile. Für den Hersteller sollte die Entwicklung umweltverträglicherer Fahrzeuge im Mittelpunkt stehen, die produktlebenszyklusbezogen nach Kriterien der Ressourceneffizienz und der Kreislauffähigkeit seiner Bauteile und Werkstoffe sowie ohne Problemstoffe unter Abfallvermeidung und Emissionsminderung gebaut werden. Um dem derzeitigen Trend der Aufzehrung technischer Vorteile (z. B. Leichtbau, Senkung des Luftwiderstands) durch zunehmende Einbauten und höhere Auslegungsgeschwindigkeiten entgegenzuwirken, können mehrere ordnungsrechtliche und ökonomische Instrumente kombiniert werden, wie z. B. eine Umlegung der Kraftfahrzeugsteuer auf die Mineralölsteuer und eine Flottenbegrenzung für den Kraftstoffverbrauch.

Zur Verbesserung der Wiederverwertung von Fahrzeugen können z. B. Abgaben in Form eines deposit refund (s. Kap. 7.4.2.4) vom jeweiligen Inverkehrbringer (Hersteller oder Importeur) erhoben werden. Diese müßten für alle Fahrzeuge gleichermaßen gelten; sie orientieren sich z. B. am Gesamtgewicht oder am Hubraum und werden nicht werkstoffabhängig festgelegt, um den Fahrzeugherstellern die Suche nach dem jeweils optimalen Kompromiß zwischen den Anforderungen an die Gebrauchsphase und den Anforderungen an die Phase der Verwertung/Entsorgung zu überlassen. Der deponierte Betrag ist nach der Gebrauchsphase auf Nachweis dem Hersteller oder seinem Beauftragten zuzuweisen, um damit die Wiederaufarbeitung oder die Entsorgung der nicht verwertbaren Bestandteile zu finanzieren.

Die Quote für die stoffliche Wiederverwertung wäre im Rahmen einer Verordnung nach § 14 Abfallgesetz (AbfG) festzulegen und angemessen zu dynamisieren. Die Rückgabepflicht für das Fahrzeug sollte beim Letztbesitzer, die Rücknahmepflicht beim Hersteller oder einem von ihm beauftragten Unternehmen liegen. Die Übernahme der Entsorgungskosten durch den Letztbesitzer kann zu erheblichen Vollzugsproblemen (z. B. illegale Abfallbeseitigung, Schein-Export) führen und sollte daher vermieden werden.

Zur Lösung der derzeitigen Probleme kann ein Teil der für Neufahrzeuge einzuzahlenden Beträge bzw. deren Zinsen verwendet werden, da heute erheblich weniger Altfahrzeuge anfallen als Neufahrzeuge zugelassen werden. Der aus dem deposit refund gebildete Fonds kann von einer öffentlich-rechtlich organisierten Vereinigung der Automobilhersteller und Importeure verwaltet werden. Eine Beteiligung der von den Herstellern beauftragten Entsorger an der Verwaltung des Fonds ist auszuschließen. Einer möglichen Kartellbildung im Bereich der Altauto-Entsorgung ist vorzubeugen.

Auch in anderen europäischen Ländern gibt es im Hinblick auf eine Neuordnung des Recyclings von Altautos bereits Konzepte und Ansätze (s. nachfolgender Kasten).

Konzepte zum Recycling von Altautos in Europa

Niederlande:

In den Niederlanden setzt man auf eine gemeinsame Verantwortung und Pflichtenübernahme der Importeure und der Verwertungs- bzw. Entsorgungsunternehmen. Diese sollen zur Lösung der Recyclingaufgaben ein Konsortium bilden. Beim Verkauf eines Neufahrzeugs soll eine Prämie erhoben werden, die in einen Fonds einfließt. Unterschiede in der Prämienhöhe sind nicht vorgesehen, so daß eine recyclingfreundliche Konstruktion nicht belohnt wird. Für das Jahr 2000 ist eine Wiederaufarbeitungsrate von 80 Gewichtsprozent für alle in den Niederlanden zugelassenen PKW vorgesehen. Die restlichen 20 Gewichtsprozent sollen langfristig gesehen nicht mehr deponiert werden, sondern einer umweltverträglichen Verbrennung, wenn möglich mit Wärmerückgewinnung, zugeführt werden.

Schweden:

In Schweden gibt es bereits seit dem Jahr 1976 ein Recyclinggesetz. Danach wird eine spezielle Steuer auf den Neufahrzeugpreis erhoben, die in einen Fonds einfließt. Eine steuerlich günstigere Einstufung z. B. von recyclingfreundlicheren Autos ist nicht vorgesehen, so daß diesbezüglich keine innovativen Anreize für die Automobilhersteller bestehen. De facto hat der Letztbesitzer an den Aufarbeiter zunächst einen größeren Geldbetrag zu entrichten, um sein Fahrzeug dort abgeben zu können. Anschließend erhält er einen Teilbetrag aus dem Fonds zurück.

Frankreich:

In Frankreich geht man pragmatischer vor, indem die jeweiligen Aufgaben der Akteure nach ihren Fähigkeiten bemessen werden. Regierung, Zulieferer für Werkstoffe und Bauteile, Hersteller und Verwerterbetriebe haben in Kooperation miteinander einen Maßnahmenplan zur wirtschaftlichen Lösung der Recyclingaufgaben entwickelt. Nach den quantitativen und qualitativen Demontagezielen dürfen ab dem Jahr 2002 nur noch inertisierte Abfälle deponiert werden. Von jedem PKW soll bis zum Jahr 2002 ein Anteil von 85 Gewichtsprozent und bis zum Jahr 2015 ein Anteil von 95 Gewichtsprozent recycelbar sein.

Zulieferer von Werkstoffen sind für neue Recyclingtechnologien, Hersteller für die Recyclingfreundlichkeit ihrer Produkte und verwendeten Werkstoffe und Verwerterbetriebe für eine umweltfreundliche Aufarbeitung der Altautos verantwortlich.

Der Letztbesitzer ist für die Abgabe des Altfahrzeugs verantwortlich. Anschließend erhält er eine Bescheinigung, die gleichzeitig die Abmeldung des Fahrzeugs bewirkt.

Dieses System ist auf eine wirtschaftliche Aufarbeitung der Alt-PKW ausgerichtet. Alle Akteure entlang der Fahrzeugproduktlinie müssen ihren Beitrag dazu leisten. Der Letztbesitzer muß eventuell anfallende Differenzkosten selbst tragen oder aber er erhält einen Restwert zurück.

Italien und Großbritannien haben eine ähnliche Organisation entwickelt.

Europäische Union:

Die Europäische Union hat im Rahmen ihres „Priority Waste Streams Programme" praktisch das französische Vorbild übernommen. In einer europaweiten Kooperation aller involvierten Akteure einschließlich der Regierungen soll das Aufarbeitungsziel für Altautos ohne Kostensubvention und unter den Bedingungen des freien Marktes erreicht werden. Bis zum Jahr 1998 soll außerdem der Erfassungsgrad von Altfahrzeugen 100% erreichen.

Eine entsprechende Rahmengesetzgebung soll dies sicherstellen. Die einzelnen Schritte der Aufarbeitung entsprechen der Abbildung 4.3.13. Die Akteure der Wirtschaft haben sich auf Druck des Staates die Aufgabe gestellt, das Altautorecycling als wertschöpfende Tätigkeit im ökologischen Rahmen zu gestalten.

4.3.7 Verkehrspolitische Anregungen

Aus den Überlegungen zum Stoffstrommanagement für den Bereich Mobilität ergibt sich die Notwendigkeit, verkehrspolitische Anregungen zu formulieren, da diese erhebliche Rückwirkungen auf die Material- und Energieintensität der betrachteten Verkehrssysteme haben.

Die Favorisierung des motorisierten Individualverkehrs und die damit verbundene Vernachlässigung des öffentlichen Personenverkehrs, die lange Zeit einseitige Förderung des Straßenbaus sowie die Trennung von Wohnen und Arbeit sind wesentliche Ursachen der heutigen Probleme. Vor allem die derzeitige Materialintensität einiger Verkehrsträger verlangt eine Trendwende.

Eine Verringerung der verkehrsbedingten Stoff- und Energieumsätze sowie der Luftbelastungen kann durch ein Bündel von Maßnahmen erreicht werden. Dazu zählen marktwirtschaftskonforme Maßnahmen, die EU-einheitlich sein sollten, sowie ordnungsrechtliche Maßnahmen:

– Umweltverträglichere Verkehrsmittel
  Förderung der Forschung für energiesparsame und die Umwelt weniger belastende Verkehrsträger; weitere Förderung des ÖPNV, vor allem Erleichterung des Zugangs durch Vernetzungen auch zwischen individuellem und öffentlichem Personennah- und Personenfernverkehr; Förderung und Popularisierung des Radverkehrs; steuerliche Unterstützung des car-sharings.

– Innerstädtische Verkehrslenkung
  Park-and-ride-Systeme am Stadtrand, verbunden mit dem Abbau von Langzeitparkplätzen in den Innenstädten; Förderung von Fahrgemeinschaften durch Einrichtung von Sonderspuren sowie durch steuerpolitische Maßnahmen; Signalvorrangschaltung für den ÖPNV; Verringerung von Leerfahrten im ÖPNV; Optimierung der Schnittstellen zwischen den Verkehrssystemen insbesondere hinsichtlich der Umsteigemöglichkeiten; flexible Verkehrssysteme und regionales Management.

- Optimierung der Gütertransportsysteme
  Verstärkte Einführung von Verkehrsmanagement und Informationstechnik im Güterverkehr, z. B. operative Steuerung und Regelung des kombinierten Ladungsverkehrs zur koordinierten Nutzungsmöglichkeit und zur Verhinderung von Leerfahrten; flexible Verkehrssysteme und regionales Management; Optimierung der Schnittstellen zwischen den Verkehrssystemen insbesondere hinsichtlich der Umsteigemöglichkeiten.

- Ökonomische Instrumente
  Übernahme auch der externen Kosten durch den jeweiligen Nutzer des betroffenen Verkehrssystems; Förderung von sowohl ökologisch als auch ökonomisch günstigen Verkehrsträgern und Verkehrsabläufen durch Setzung geeigneter steuerlicher Rahmenbedingungen; aufkommensneutrale, EU-weit harmonisierte Umlage der Kraftfahrzeugsteuer auf die Mineralölsteuer; Förderung emissionsärmerer Fahrzeuge bereits bei der Beschaffung durch entsprechende steuerliche Anreize; gleichrangige Beteiligung aller Verkehrsträger an der Besteuerung des jeweiligen Primärenergieverbrauchs; Verwendung weiterer Mineralölsteuer-Anhebungen ausschließlich für die Förderung öffentlicher Nahverkehrsmittel; Einführung einer progressiv-leistungsabhängigen Steuer für Fahrzeuge des motorisierten Individualverkehrs; einheitliche Besteuerung des Lkw-Verkehrs in der EU, orientiert an den volkswirtschaftlichen Kosten; Harmonisierung der Verkehrsmittelbelastung in Europa.

- Ordnungsrechtliche Probleme
  Deregulierung veralteter bzw. hinderlicher gütertransportrechtlicher Bestimmungen zugunsten marktwirtschaftlich orientierter Mechanismen, z. B. Aufhebung des Kabotageverbots, Wegfall der Werkverkehrsbestimmungen und der Differenzierung zwischen Güternah- und Güterfernverkehr; Harmonisierung der Auflagen für Verkehrsmittel.

- Umdenken bei der Stadtplanung
  Verringerung der Trennung von Wohnen und Arbeit; Ansiedlung z. B. von Bürogebäuden an den Knotenpunkten des öffentlichen Nahverkehrs; Verdichtung citynaher Wohngebiete; Abkehr vom „Eigenheim mit Autobahnanschluß".

- Konstruktion der Straßenfahrzeuge und Kraftstoffentwicklung
  Entwicklung deutlich energiesparenderer Motoren und emissionsarmer Antriebssysteme auch zur CO_2-Minderung; Förderung lärmreduzierter Fahrzeuge; Weiterentwicklung des Katalysators und der Rußfilter; Senkung des Benzolgehalts im Benzin.

Der Rat von Sachverständigen für Umweltfragen formuliert zusammenfassend: „Die wirksamste Form des Schutzes der Umwelt vor den Folgen eines wachsenden Verkehrs ist vor allem in der langfristigen Durchsetzung von Transportpreisen zu sehen, die die tatsächliche Knappheit der natürlichen Lebensgrundlagen und der Verkehrswege widerspiegeln und im übrigen die Steuerung der Mobilität weitestgehend freien Verkehrsmärkten und den davon abhängien individuellen Entscheidungen über die Wahl von Gewerbe- und Wohnstandorten überlassen. Es kann keinem Zweifel unterliegen, daß ökologisch wahre Transportpreise eine beträchtliche Revision der Lebensgewohnheiten, der Produktionsstrukturen und der Raumstruktur auslösen werden, auch wenn diese Revisionen im einzelnen nicht vorhersehbar sind!" (SRU, 1994, Tz. 883)

4.3.8 Übertragbarkeit der aus der Bearbeitung des Bedürfnisfeldes Mobilität gewonnenen Erkenntnisse auf weitere Themenfelder

Das Bedürfnisfeld Mobilität wurde ebenso wie das Thema Textilien/ Bekleidung ausgewählt, um an diesem komplexen Beispiel den Umgang mit schwieriger faßbaren, vernetzten Stoffströmen zu erproben und anhand des ermittelten Sachstands auf induktivem Wege Bewertungen vorzunehmen. Bei aller Untersuchungstiefe diente dieses Bedürfnisfeld – so wie alle von der Enquete-Kommission ausgewählten Themen – lediglich als Beispiel für eine Stoffstromanalyse und -bewertung, so daß der Extrapolation der beispielhaft gewonnenen Erkenntnisse auf andere Themenfelder eine besondere Bedeutung zukommt. In den folgenden Ausführungen wird der Versuch unternommen, diese verallgemeinerbaren Erkenntnisse darzustellen.

Die Bedeutung der ganzheitlichen Betrachtung
des Stoffstroms

Ebenso wie bei den anderen von der Enquete-Kommission gewählten Beispielen zeigt sich auch im Bedürfnisfeld Mobilität die Notwendigkeit, alle Phasen des Produktlebenszyklusses – von der Rohstoffgewinnung bis zur Verwertung/Entsorgung – in Form von Modulen zu betrachten. Diese Vorgehensweise erleichtert den Überblick über die zu ermittelnden Daten und eröffnet die Möglichkeit zu ersten Trendaussagen auch dann, wenn, wie im vorliegenden Fall, nicht zu allen Modulen ausreichend Daten zur Verfügung stehen. Allerdings sind bei einer vergleichenden Betrachtung konkurrierender Systeme, neben einer unerläßlichen Funktionsäquivalenz, für die betreffenden Module gleichgewichtig Daten zu ermitteln.

Es hat sich, ähnlich wie beim Bedürfnisfeld Textilien/Bekleidung, gezeigt, daß nicht die spezifischen Einzelerkenntnisse entlang des Produktlebenszyklusses für das Aufdecken systembedingter Schwachstellen bedeutsam sind, sondern eher die Art des ganzheitlichen methodischen Vorgehens. Dabei kommt es nicht auf eine lückenlose Zusammenstellung aller verfügbaren Daten an. In erster Linie ist die Erfassung aller Module und die Analyse der „wesentlichen" Daten zielführend, wobei das, was qualitativ und quantitativ wesentlich ist, gerade aus der ganzheitlichen Betrachtung des Stoffstroms ermittelt werden kann.

Die besondere Bedeutung der verantwortlichen Akteure
für den Stoffstrom bei sinkender Fertigungstiefe

Anders als beim Bedürfnisfeld Textilien/Bekleidung liegt beim Themenfeld Mobilität eine vergleichsweise geringe Fertigungstiefe vor. Zudem ist die Unternehmensstruktur homogener und hierarchischer strukturiert, d. h. zwischen Automobilhersteller und Zulieferer besteht ein hoher Organisationsgrad und Informationsaustausch. Mit dieser Unternehmensorganisation liegt beim Bedürfnisfeld Mobilität eine Vergleichbarkeit z. B. mit der Elektronikindustrie vor. Sinkende Fertigungstiefe bei gleichzeitig hohem Organisationsgrad und ausgeprägte Unternehmenshierarchie haben für die Erfassung des Stoffstroms und die erforderliche Datenverfügbarkeit unmittelbare Konsequenzen:

Durch die Vielzahl unterschiedlicher Zulieferer wird einerseits der Datenzugang und damit die Stoffstromanalyse erschwert, andererseits ist die Verantwortlichkeit innerhalb der Akteurskette eindeutiger zu identifizieren als beispielsweise beim Bedürfnisfeld Textilien/Bekleidung. Diese Erkenntnis ist für die Formulierung von Empfehlungen von Bedeutung, da sich diese an die verantwortlichen Akteure richten müssen, die den Stoffstrom organisieren.

Schließung bestehender Datenlücken

Wie auch bei den anderen Beispielfeldern zeigt sich bei der Stoffstromanalyse des Bedürfnisfeldes Mobilität, daß zu einigen Modulen nur wenige Erkenntnisse vorliegen: Während die Herstellungs- und die Verwertungs-/Entsorgungsphase der Verkehrsträger noch relativ gut darstellbar sind, fehlen insbesondere zu Wartungs- und Reparaturaufwendungen in der Gebrauchsphase genauere Angaben. Auch Fragen der externen Kosten und des Nutzens der Verkehrssysteme mußten zum Teil offen gelassen werden. Mit einer weiter optimierten Erfassung der Stoffstromdaten könnte jedes einzelne untersuchte Beispielfeld zu einer noch effektiveren Basis für die Weiterentwicklung der Bewertungsmethodik werden und so die Sicherheit im Umgang mit Stoffstromanalysen erhöhen.

4.4 Produktionssektor Chlorchemie

Neben der Untersuchung von Einzelstoffen wie Cadmium, Benzol und R 134a sowie der sogenannten Bedürfnisfelder „Textilien" und „Mobilität", hat die Enquête-Kommission mit der Chlorchemie einen wichtigen Sektor der chemischen Industrie für ihre Betrachtung von komplexen Produktions- und Stoffstromzusammenhängen ausgewählt. Die Chlorchemie bezeichnet jenen Produktionsbereich der chemischen Industrie, der die Herstellung von Chlor, dessen Verwendung für die Produktion von chlorhaltigen Endprodukten sowie den Einsatz von Chlor als Reaktionsvermittler in der Produktion von chlorfreien Produkten umfaßt. Nach Angaben der chemischen Industrie sind 60% des Umsatzes chemischer Erzeugnisse direkt oder indirekt mit der Nutzung von Chlor verbunden. Die Produktions- und Stoffstromzusammenhänge im Bereich der Chlorchemie sind dementsprechend komplex und teilweise nicht leicht überschaubar. Veränderungen in Teilbereichen dieses Gefüges greifen mehr oder weniger weitreichend in andere Teilbereiche ein bzw. wirken sich auf den gesamten Chlorstoffstrom aus.

Mit der Betrachtung der Chlorchemie greift die Enquete-Kommission bewußt ein Thema auf, daß seit einigen Jahren, angestoßen durch Umweltverbände, Gegenstand kontroverser chemiepolitischer Diskussionen ist. Von einigen Umweltverbänden wird der weitgehende Verzicht auf die Nutzung von Chlor und eine damit verbundene langfristige Konversion der Produktions- und Stoffstromzusammenhänge der Chlorchemie gefordert. Unter umweltpolitisch orientierten Sachverständigen herrscht eine differenzierte, vielfach nicht einheitliche Auffassung vor.

Der Sachverständigenrat für Umweltfragen hat 1990 der Bundesregierung sein Gutachten zur Abfallwirtschaft vorgelegt (SRU, 1990), in dem es in Zusammenhang mit der Chlorchemie heißt:

> „Der Rat unterstützt daher alle sinnvollen Bestrebungen, die einem weiteren Ausbau der Chlorchemie vorbeugen können und die darüber hinaus eine tendenzielle Rückbildung ihrer dominierenden Rolle ermöglichen.... Im Hinblick auf den zeitlichen Rahmen der Substituierbarkeit und Rückbildung der Chlorchemie ist zu unterscheiden zwischen chlorhaltigen Produkten ... und chlorhaltigen Reaktionsvermittlern in der Produktion. Während bei ersteren ein möglichst rascher Abbau, beginnend bei den in die Umwelt gelangenden und dort

persistierenden Verbindungen zu fordern und möglich ist, bedarf es bei letzteren der längerfristigen Umstellung." (SRU, 1990, Tz. 752 f.)

Die chemische Industrie trägt hingegen vor, daß die Anwendung der Chlorchemie auch zukünftig ökonomisch sinnvoll und ökologisch vertretbar erscheint, unter der Voraussetzung, daß offene, expositionsrelevante Einträge mit toxischem Wirkprofil in die Umwelt begrenzt bzw. vermieden werden. Die erforderlichen Maßnahmen hierzu seien eingeleitet und in den meisten Fällen bereits abgeschlossen.

In einigen Produktionsbereichen haben sich in den letzten Jahren bereits erhebliche Veränderungen vollzogen, die teilweise zu einem Rückgang von Produktionsmengen geführt haben. Für eine zielgerichtete Fortsetzung des begonnenen Strukturwandels wird von allen beteiligten Akteuren eine Definition der Rahmenbedingungen als dringend notwendig angesehen. Die Enquete-Kommission sieht in einer differenzierten und sachlichen Betrachtung des komplexen Produktionszweiges die Chance, im Sinne ihres Auftrages konkrete Ansatzpunkte für die Entwicklung einer umweltverträglichen Industriegesellschaft aufzeigen zu können.

Dabei orientiert sich die Enquete-Kommission an dem Leitbild der nachhaltig zukunftsverträglichen Entwicklung, welches sowohl ökologische als auch ökonomische und soziale Aspekte umfaßt und zudem in der umweltpolitischen Diskussion breiten Konsens findet. Am Beispiel des Produktionssektors Chlorchemie will die Enquete-Kommission prüfen, welche Veränderungen im Hinblick auf das genannte Leitbild notwendig sind, und welche Auswirkungen sich bei der Verfolgung ökologischer Ziele auf der ökonomischen und sozialen Zielebene abschätzen lassen.

Als konkrete Umsetzungsmöglichkeiten eines nachhaltigen Wirtschaftens werden unter anderem Ansätze wie Stoffeinsatzminderung, Kreislaufführung, Recycling und produktionsintegrierter Umweltschutz diskutiert. Die Enquete-Kommission hat sich zum Ziel gesetzt, die praktische Umsetzung dieser Ansätze beispielhaft an ausgewählten Teilbereichen der Chlorchemie zu überprüfen. Dabei sollen – soweit wie möglich – die ökonomischen, ökologischen und sozialen Konsequenzen mit Blick auf den gesamten Chlorstoffstrom erfaßt werden.

4.4.1 Bedeutung von Chlor in der chemischen Industrie

Chlor ist ein chemisches Element. Für die industrielle Nutzung wird es durch elektrolytische Aufspaltung von Kochsalz unter Gewinnung von Natronlauge und Wasserstoff als elementares Chlor gewonnen. 1991 wurden weltweit 36,5 Mio. t Chlor produziert, davon wurden 3,0 Mio. t (8,3 %) in der Bundesrepublik Deutschland hergestellt.

1993 wurden in der Bundesrepublik Deutschland 2,9 Mio. t Primärchlor, das heißt aus der Chlor-Alkali-Elektrolyse gewonnenes Chlor, in den Chlorstoffstrom eingebracht.

Chlor wird in der klassischen Synthesechemie genutzt, um Moleküle zielgerichtet und meist unter geringem Energieaufwand zu modifizieren. Chloraliphaten und Chloraromaten spielen daher auch trotz des erheblichen Verbrauchsrückgangs dieser Verbindungen bei offenen und teiloffenen Anwendungen eine bedeutende Rolle als Zwischenprodukte bei der Synthese meist chlorfreier Farbstoffe, Medikamente oder Bausteine für Polykondensate, wie beispielsweise Propylenoxid.

Für Chlorierungen, also die Verknüpfung von Chlor mit anderen chemischen Verbindungen, kann neben elementarem Chlor auch aus dem Produktionsverbund zurückgewonnenes Chlor, etwa in Form von Salzsäure (HCl), eingesetzt werden. Der Gesamtchlorbedarf der Chlor-Alkali-Industrie für die Weiterverarbeitung und den Direktverkauf setzt sich zusammen aus Primärchlor, das fast ausschließlich in Chlor-Alkali-Elektrolyseanlagen hergestellt wird, und Sekundärchlor, das auch als recycliertes Chlor bezeichnet werden kann. Sekundärchlor wird meistens in Form von Chlorwasserstoff (HCl, Salzsäure) eingesetzt, der als Nebenprodukt bei Chlorierungsreaktionen und der Verbrennung von chlorhaltigen Produkten anfällt. Der weltweite Chlorbedarf beträgt 52 Mio. t (für 1990; KDrs 12/11 a, Schlegel) und wird zu 65 % durch Primärchlor und zu 35 % durch Sekundärchlor gedeckt.

Die bei Chlorierungen ablaufenden chemischen Reaktionen vollziehen sich meist in hoher Umsetzung. Die Selektivität ist mit Ausnahme radikalischer Reaktionen meist sehr hoch, so daß außer anorganischen Chloriden (Chlorsalzen) vergleichsweise geringe Anteile an organischen Nebenprodukten entstehen.

Die Chlorchemie ist u. a. so erfolgreich, weil sie es ermöglicht, die bei den Chlorierungen anfallenden Kuppel- und Nebenprodukte weitgehend weiterzuverarbeiten. Aus nicht weiter nutzbaren Kuppel- und Nebenprodukten kann durch thermische Spaltung (Verbrennung) Energie und Salzsäure für neue Syntheseprodukte zurückgewonnen werden.

Die heutige Bedeutung der Verwendung von Chlor resultiert aus der jahrzehntelangen Entwicklung dieses Produktionszweiges. Wesentliche Gründe für den industriellen Durchbruch der Chlorchemie sind in der Kuppelproduktion Chlor-Natronlauge zu sehen. Dabei wechselten sich Zeiten ab, in denen die Nachfrage nach Chlor oder die Nachfrage nach Natronlauge überwog. Durch die geringe Nachfrage von Natronlauge bei der Herstellung von Aluminium und Papier überwiegt derzeit die Nachfrage nach Chlor.

Die spezifischen Eigenschaften, die das Chlor organischen Verbindungen verleiht, eröffneten eine breite Palette von Anwendungsmöglichkeiten. So fanden wegen ihrer Schwerentflammbarkeit und ihrer hohen Löslichkeit für Fette Chlorkohlenwasserstoff-Lösemittel als Substitute für nichthalogenierte Lösemittel und Seifen eine breite Anwendung. Die CKW-Lösemittel besitzen ein hohes Lösevermögen für eine breite stoffliche Vielfalt. Diese Lösequalität, die dem Einzelstoff zukommt, wird von keiner anderen Stoffgruppe erreicht, einer der Gründe, warum die CKW in der Vergangenheit die bevorzugten Lösemittel für viele Anwendungsgebiete waren und es auch heute noch sind.

Bei den polychlorierten Biphenylen führten neben der Schwerentflammbarkeit dielektrische Eigenschaften und die Nutzbarkeit als hydrophobe Weichmacher zu einer breiten Anwendungspalette in Farben, in der Elektroindustrie und im Bergbau.

Das zu mehr als 50 Gew.-% aus Chlor bestehende Polyvinylchlorid (PVC) war der erste thermoplastische Massenkunststoff, der sich aufgrund seiner leichten Verarbeitbarkeit den Markt eroberte und andere Werkstoffe verdrängte. Der Einsatz von Chlor in Kunststoffen führte zu einer Verminderung der Inanspruchnahme von Erdölressourcen. Zudem läßt sich Vinylchlorid – der Ausgangsstoff für PVC – via Acetylen auf Kohlebasis gewinnen, so daß Deutschland in der Herstellung dieser Stoffe autark war. Dieser Umstand führte zu einer intensiven Förderung der PVC-Herstellung bereits vor dem Zweiten Weltkrieg und war Grund für die volkswirtschaftliche Präferenz dieses Kunststoffes in der DDR, obwohl die Herstellung von Vinylchlorid auf Kohlebasis mit hohen Belastungen für die Umwelt verbunden war.

In der Bundesrepublik vollzog die chemische Industrie frühzeitig einen Strukturwandel von der Kohlechemie zur Erdölchemie, bei der aus niedrigsiedenen Erdölfraktionen gewonnenes Ethylen als Grundstoff eine Schlüsselstellung bei der Herstellung von Kunststoffen und Chloraliphaten erhielt. Mit der Entwicklung von der „Kohlechemie" zur „Erdölchemie" ging ein Ausbau der Nutzung von Chlor in der chemischen Industrie einher.

Die Produktion von Chlor als Basischemikalie hatte in Deutschland Ende der 80er Jahre mit rund 3,5 Mio. t einen Höhepunkt erreicht und nimmt seither ab. Wesentliche Gründe dürften bei dem Rückgang des Gebrauchs von chlorierten Lösemitteln in Westeuropa, bei dem Montrealer Protokoll für die Fluorchlorkohlenwasserstoffe und bei der Verringerung des Chloreinsatzes in der Zellstoffindustrie zu suchen sein. Dazu kommen der allgemein abnehmende Trend bei der Herstellung von Grundstoffen sowie die Auswirkungen der derzeitigen wirtschaftlichen Situation.

4.4.2 Probleme der Chlorchemie

Die Einführung von Chlor in chemische Verbindungen bringt neben den durchaus erwünschten Produkteigenschaften auch problematische Eigenschaften einzelner Verbindungen oder Gruppen von Verbindungen mit sich, die kritisch betrachtet werden.

So führt die Chlorierung organischer Verbindungen in der Regel zu einer verschlechterten biologischen Abbaubarkeit. Während flüchtige Chlorkohlenwasserstoffe in der Regel in der Atmosphäre photolytisch gespalten werden, gelten viele chlorierte Verbindungen in aquatischen Systemen und in Böden als persistent. Durch eine Verringerung der Wasserlöslichkeit wird mit zunehmendem Chlorierungsgrad die Persistenz in aquatischen Systemen erhöht. Diese Persistenz und die gute Löslichkeit in Fetten führen bei freigesetzten Chlorkohlenwasserstoffen zu einer Anreicherung in Fettgeweben und über die Nahrungskette zu einer Akkumulation.

Viele chlorierte Kohlenwasserstoffe bzw. ihre Metaboliten sind für Mensch und Tier giftig. Als Beispiel seien die lebertoxischen chlorierten Lösemittel und das kanzerogene Vinylchlorid genannt.

Wenn chlorhaltige organische Verbindungen oder Chlorwasserstoff in Gegenwart von organischem Material erhitzt oder unkontrolliert verbrannt werden, können die hochtoxischen polychlorierten Dibenzo-p-dioxine (PCDD) und Dibenzofurane (PCDF) entstehen, wobei bei Temperaturen zwischen 200 °C und 600 °C ein Maximum an Dioxin- bzw. Furanentstehung zu erwarten ist.

Bei der Chlorbleiche, also der Reaktion von Chlor bzw. Chlordioxid mit natürlichen Stoffen wie Holz oder Fasern, entsteht ein Gemisch zahlreicher chlorierter Verbindungen, zu denen erbgutverändernde Stoffe („Mutagene") und auch Dioxine gehören.

Halogenierte Lösemittel haben sich als besonderes Problem für das Grundwasser erwiesen, da sie außerordentlich mobil sind und selbst Beton durchdringen. Tetrachlorethen (PER) und andere chlorierte Ethene können unter noch nicht restlos geklärten Bedingungen im Grundwasser zu Vinylchlorid metabolisiert werden. Sie gefährden in zahlreichen Städten die Trinkwassergewinnung.

Als Desinfektionsmittel bei der Wasserversorgung kann auf Chlor derzeit nicht völlig verzichtet werden. Zwar wurden im Trinkwasserbereich Reaktionsprodukte des Chlors gefunden, die aus mutagener und kanzerogener Sicht bedenklich sind, doch aus Gründen der hygienischen Sicherheit wird man in den nächsten Jahren Chlor oder chlorhaltige

Desinfektionsmittel einsetzen müssen. In der Bundesrepublik Deutschland ist die Chlorung von Trinkwasser bereits auf ein nicht verzichtbares Minimum reduziert.

Die Beseitigung der Abfälle aus chlorchemischen Prozessen durch Verbrennung, die Nutzung chlorierter Zwischenstufen zur Synthese nicht halogenierter Endprodukte und die Zersetzung chlorchemischer Produkte nach Gebrauch führen notwendigerweise zur Bildung von Salzsäure. Soweit sie nicht in Produktionsprozesse zurückgeführt werden kann, wird die Salzsäure überwiegend mit Kalkmilch ($Ca[OH]_2$) oder Natronlauge (NaOH) neutralisiert und als Chlorsalze ($CaCl_2$ bzw. NaCl) entweder deponiert oder mit dem Abwasser ausgeschleust. Letzteres trägt zur Aufsalzung von Binnengewässern bei, die mit erheblichen Beeinträchtigungen dieser Ökosysteme verbunden ist.

4.4.3 Vorgehen und Arbeitsweise der Enquete-Kommission

Wie bereits angesprochen, zeichnet sich die Chlorchemie durch komplexe Produktions- und Stoffstromzusammenhänge aus. Wegen der zeitlichen Beschränkung der Kommissionsarbeit ergab sich die Notwendigkeit, aus den weitgefächerten Bereichen der Chlorchemie prioritär zu behandelnde Stoffe, Stoffgruppen oder Produktionsverfahren auszuwählen. Zur Vorstrukturierung des Diskussionsrahmens wurde eine interne Expertenanhörung am 22. Januar 1993 durchgeführt, um der Auswahl prioritär zu behandelnder Bereiche näherzukommen. Daneben diskutierte die Enquete-Kommission bereits in dieser Arbeitsphase internationale Strukturzusammenhänge der Chlorchemie sowie mögliche Entflechtungsoptionen unter besonderer Berücksichtigung der Kuppelproduktion von Chlor und Natronlauge.

Für eine vertiefte Betrachtung unter jeweils spezifischen Gesichtspunkten wurden drei Produktions- bzw. Anwendungsbereiche der Chlorchemie ausgewählt. Im Hinblick auf eine Überprüfung der konkreten Umsetzbarkeit des Leitbildes der nachhaltig zukunftsverträglichen Entwicklung (sustainable development) war das Augenmerk auf Stoffeinsatzminderung, produktionsintegrierten Umweltschutz, Recycling- und Entsorgungsstrategien und die Kreislaufführung von Stoffen gerichtet:

(1) Polyvinylchlorid (PVC), insbesondere in den Anwendungsbereichen Fensterprofile, Rohre, Fußbodenbeläge, Kabelummantelungen und Verpackung

(2) Chlorierte Kohlenwasserstoffe (CKW), insbesondere deren Anwendung als Lösemittel in den Bereichen Textilreinigung und Metallentfettung

(3) Propylenoxid (PO), Herstellung und Verfahrensalternativen

Zur Erörterung dieser Themenschwerpunkte wurde am 3. und 4. Juni 1993 eine öffentliche Anhörung durchgeführt. Siebenundzwanzig Experten aus den Bereichen der herstellenden und anwendenden Industrie, der Entsorgungs- und Recyclingtechnik, der ökologischen, politischen und marktstrategischen Forschung, des Arbeitsschutzes sowie Vertreter von Bundesbehörden und Gewerkschaften trugen mit der Beantwortung eines umfangreichen Fragenkatalogs (KDrs 12/11) den aktuellen, umfassenden Kenntnisstand in den betrachteten Bereichen der Chlorchemie zusammen. Teilweise waren im Nachgang zu der öffentlichen Anhörung einzelne detaillierte Nachfragen nötig, deren Beantwortung auf schriftlicher Basis erfolgte.

Darüberhinaus wurde ein Teil der öffentlichen Anhörung gezielt dazu genutzt, den aktuellen Stand der chemiepolitischen Diskussion aufzuarbeiten und zu einer Fortführung dieses Dialogs versachlichend beizutragen.

Die nachfolgenden Ausführungen basieren in erster Linie auf den Erkenntnissen, die die Kommission aus den beiden Anhörungen und den ergänzenden Nachfragen gewinnen konnte und beziehen in konkreten Bereichen aktuelle Forschungsarbeiten mit ein.

4.4.4 Produktions- und Anwendungsbereiche

4.4.4.1 Polyvinylchlorid (PVC)

Die Produktion von PVC nimmt aufgrund des hohen Anteils an der Verwendung von Primärchlor eine besondere Stellung innerhalb des Chlorstoffstroms ein. In der Bundesrepublik Deutschland gehen etwa 30% der Primärchlorherstellung in die Produktion von PVC ein. Veränderungen innerhalb der Produktlinie „PVC" wirken sich damit direkt auf die Stoffströme von Chlor und Natronlauge aus.

In der Diskussion über PVC und seine Alternativen steht die Anreicherung von PVC in der Technosphäre und das damit verbundene, schon jetzt absehbare Abfallproblem in der Zukunft im Mittelpunkt. Neben den bestehenden Möglichkeiten, aktuelle und zukünftige Abfallmengen zu quantifizieren, wurden verschiedene derzeit praktizierte und in Planung befindliche Recycling- und Entsorgungskonzepte untersucht.

Gemäß der Zielsetzung der Enquete-Kommission ist es notwendig und sinnvoll, eingehend zu untersuchen, ob Vorteile des PVCs gegenüber anderen Werkstoffen durch unangemessene ökologische und ökonomische Nachteile erkauft werden müssen. In diesem Zusammenhang soll geklärt werden, ob PVC den Grundprinzipien der nachhaltig zukunftsverträglichen Entwicklung gerecht werden kann. Inwieweit Alternativmaterialien im Vergleich zu PVC in diesem Zusammenhang Vorteile aufweisen, wurde nur ansatzweise und nicht abschließend untersucht.

Den mengenmäßig größten Anteil der PVC-Anwendungen stellt mit etwa 60 % der Baubereich dar. Vor allem unter den Aspekten Produktions- und Abfallmengen und zur Untersuchung in diesem Bereich bestehender bzw. potentieller Entsorgungsstrategien wurden beispielhaft die Anwendungsbereiche Fensterprofile, Rohre, Fußbodenbeläge und Kabelummantelungen ausgewählt. Diese Beispiele wurden in Anbetracht der derzeitigen öffentlichen Diskussion um die Anwendung kurzlebiger PVC-Produkte im Verpackungsbereich erweitert.

4.4.4.1.1 Produktion und Verwendung von PVC

Ausgangsstoffe für die Herstellung von PVC sind Chlor und Ethylen. Die Herstellung von Chlor erfolgt durch die Chlor-Alkali-Elektolyse, Ethylen ist ein petrochemisches Produkt, das durch thermisches Cracken von Naphtha hergestellt wird (s. Kap. 4.1.2). Aus den Ausgangsstoffen Chlor und Ethylen wird das Vinylchlorid-Monomer (VCM) hergestellt. In der Bundesrepublik erfolgt diese Herstellung ausschließlich durch die sogenannten „integrierte Oxichlorierung", einer Kopplung der Direktchlorierung (mit Chlor als Ausgangsstoff) und der Oxichlorierung (bei thermischer Spaltung chlorierter Verbindungen anfallender Chlorwasserstoff (HCl) als Ausgangsstoff). Die VCM-Produktion über eine Hydrochlorierung von Acetylen (Ethin) hat heute in der Bundesrepublik Deutschland keine Bedeutung mehr. Die letzten Acetylen-Anlagen sind 1990 bei Buna in Schkopau und 1992 bei Hüls in Marl stillgelegt worden.

Das bei der VCM-Herstellung zunächst entstehende Zwischenprodukt, Ethylendichlorid, wird in thermischen Prozessen zu VCM umgesetzt. Neben VCM und HCl entstehen hierbei auch andere chlorierte Kohlenwasserstoffe. Die Gesamtmenge dieser Nebenprodukte beläuft sich auf etwa 40 000 t, (dies entspricht etwa 20 % der Chlorkohlenwasserstoffrückstände der Bundesrepublik Deutschland pro Jahr). Hiervon werden derzeit etwa 90 % in speziellen Verbrennungsanlagen zu Chlorwasserstoff verbrannt und der Rest (4 000 t) zu Tetrachlormethan (Tetrachlorkohlenstoff, TETRA) und Tetrachlorethen (Perchlorethylen, PER) umgesetzt (Bund-/Länderausschuß für Umweltchemikalien (BLAU), 1992, S. 8).

Die Polymerisation von VCM zu PVC kann über drei Verfahren erfolgen: das Suspensionsverfahren, das Emulsionsverfahren und das Massever-

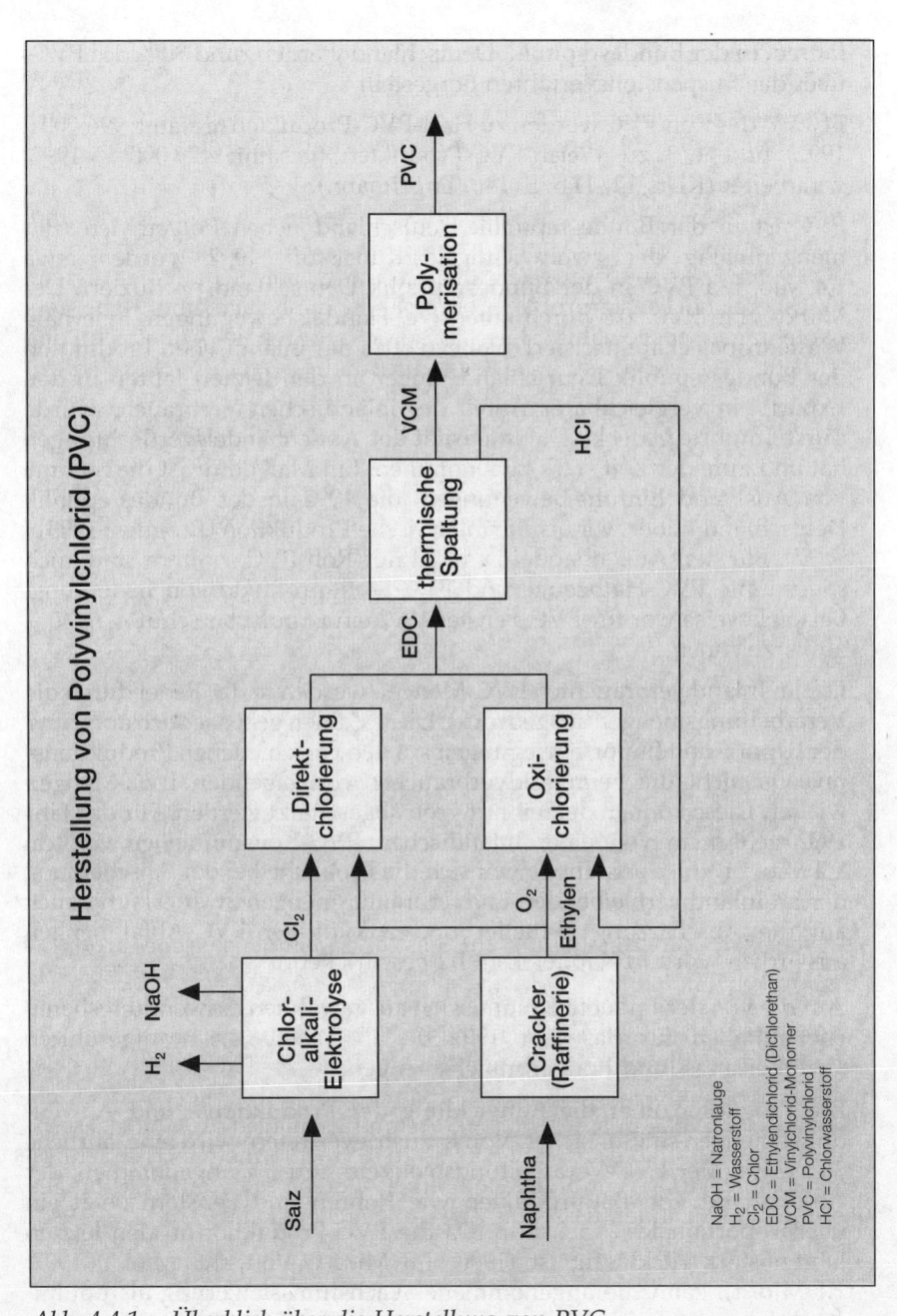

Abb. 4.4.1: Überblick über die Herstellung von PVC.
Quelle: Prognos AG, Konversion Chlorchemie; Enquete-Kommission „Schutz des Menschen und der Umwelt", 1993

fahren. In der Bundesrepublik Deutschland werden rund 80% des PVCs über das Suspensionsverfahren hergestellt.

Etwa ⅔ des Roh-PVC werden zu Hart-PVC-Produkten (gesamt: 996 000 t, 1992) und 1/3 zu Weich-PVC-Produkten (gesamt: 429 000 t, 1992) verarbeitet (KDrs. 12/11 b, S. 146, Engelmann).

PVC ist in der Bundesrepublik Deutschland neben Polyethylen (PE) mengenmäßig der zweitwichtigste Kunststoff. 1992 wurden etwa 1,4 Mio. t/a PVC in der Bundesrepublik Deutschland produziert. Der Markt von PVC ist durch intensive Handelsbewegungen innerhalb Westeuropas charakterisiert. Nahezu 50% der inländischen Produktion der Bundesrepublik Deutschland gingen in den letzten Jahren in den Export, ein vergleichbarer Anteil des inländischen Verbrauchs wurde durch Importe gedeckt. Die Intensität der Außenhandelsverflechtungen hat im Laufe der Zeit stark zugenommen. Ein Maß dafür ist die Summe von Aus- und Einfuhr-Bewegungen, die 1992 in der Bundesrepublik Deutschland höher war als die inländische Produktion (Prognos, 1993b, S. 17). Für den Außenhandel ist nicht nur Roh-PVC sondern sind auch sogenannte PVC-Halbzeuge und PVC-Fertigprodukte von Bedeutung. Beispielsweise war für PVC-Fenster 1992 ein Exportüberschuß von 40% zu verzeichnen.

Die im Inland verbrauchten PVC-Mengen werden in der Regel durch die Verarbeitungsmengen ausgedrückt. Diese Zahlen geben jedoch aufgrund der Export- und Importbewegungen auf den verschiedenen Produktionsniveaus nicht die beim Endverbraucher verbleibenden PVC-Mengen wieder. Diese können derzeit nur grob abgeschätzt werden. Für das Jahr 1992 geht man von einer inländischen PVC-Konsummenge von ca. 1,2 Mio. t PVC/a aus. Inwieweit sich die Probleme bei der Abschätzung der im Inland verbleibenden Endverbrauchsmengen zwangsläufig auch auf die Abschätzung aktueller und zukünftiger PVC-Abfallmengen auswirken, wird in Kapitel 4.4.4.1.2 beschrieben.

Auf die von der Enquete-Kommission ausgewählten Anwendungsbereiche entfallen für das Jahr 1992 die in Tabelle 4.4.1 aufgeführten Verarbeitungs- und Endverbrauchsmengen.

Die Prognosen über die Entwicklung der Produktions- und Anwendungsmengen sind unsicher. Von Industrievertretern wird eine jährliche Steigerung der PVC-Verarbeitungsmenge bis zu 1% angenommen; der Absatzmarkt von Bauprodukten wie Rohren und Fenstern zeigt ein überproportionales Wachstum. Da die PVC-Produktion in den letzten Jahren stark rückläufig ist (1990: 1,6 Mio. t; 1991: 1,3 Mio. t; 1992: 1,1 Mio. t), kann die angenommene Wachstumssteigerung als optimistisch bezeichnet werden.

Tabelle 4.4.1: *Verarbeitungs- und Endverbrauchsmengen von PVC in ausgewählten Anwendungsbereichen in der Bundesrepublik Deutschland für das Jahr 1992*

	Verarbeitung (1992)	Endverbrauch (1992)
Fensterprofile	230 000 t	123 000 t
Rohre, Fittings	310 000 t	284 000 t
Kabelmassen	100 000 t	101 000 t
Fußbodenbeläge	60 000 t	81 000 t
Verpackungen	–	104 000 t

Quellen: Verarbeitungsmengen: KDrs 12/11b S. 239, Tötsch; Endverbrauchsmengen: AgPU, nach Angaben der PVC-Hersteller-Marktforschung, 1994

Die spezifischen Eigenschaften des PVC werden zum einen durch die Wahl des Polymerisationsverfahrens und zum anderen im wesentlichen durch den Zusatz unterschiedlicher Additive erzielt. Diese Additive dienen als Stabilisatoren, Weichmacher, Füllstoffe, Pigmente, Gleitmittel und Flammschutzmittel.

PVC wird in allen Anwendungsbereichen, besonders aber im Bereich langlebiger Produkte stabilisiert, um den thermischen und photochemischen Abbau zu verhindern. In früheren Jahren wurden hauptsächlich Stabilisatoren auf Barium/Cadmium- und Bleibasis eingesetzt. Nach Schätzungen des Umweltbundesamtes wurden in den letzten 15 Jahren insgesamt etwa 5 000 t Cadmium und mehr als 200 000 t Blei in Stabilisatoren verwendet. Der Cadmium-Verbrauch für die PVC-Stabilisierung ist seit 1979 trotz steigender PVC-Produktionsmengen kontinuierlich zurückgegangen. Aus technischer Sicht ist der Einsatz von Cadmiumstabilisatoren heute nicht mehr erforderlich. Für eine Vielzahl von PVC-Erzeugnissen ist nach EG-Richtlinie 91/338 die Anwendung von Cadmium in PVC-Stabilisatoren ab dem 30. Juni 1994 verboten. Fensterprofile sind von diesem Verbot nicht betroffen. Aus technischer Sicht wäre zwar ein generelles Cadmium-Verbot für Stabilisatoren für 1994 realisierbar, würde jedoch die Möglichkeiten des werkstofflichen Recyclings beeinflussen. Bei der Neu-Produktion von Fensterprofilen und anderen Außenprofilen aus Hart-PVC hat sich in den letzten Jahren eine reine Blei-Stabilisierung durchgesetzt. Von 1985 (gesamt: 8 448 t) bis 1990 (gesamt: 9 645 t) stieg der Bleieinsatz für die PVC-Stabilisierung um 14,2 %. Der Einsatz von Calcium/Zink-Stabilisatoren bei Fensterprofilen ist technisch möglich, wird aber derzeit wegen mangelnder Langzeiterfahrungen in Zusammenhang mit den zu leistenden Garantiezeiten zögerlich eingesetzt (Bätcher/Böhm, 1994).

Die Substitution von Cadmium-Stabilisatoren in Weich-PVC-Produkten, mit Ausnahme der Kabelummantelungen, ist weitgehend abgeschlossen. Hier werden heute hauptsächlich Stabilisatoren auf Barium/Zink- oder Calcium/Zinkbasis eingesetzt.

Weichmacher werden vor allem in den Anwendungsgebieten von Kabelmassen, Weichfolien, Bodenbelägen und in der Pastenverarbeitung verwendet. Hier kommen in erster Linie Phthalsäureester und Phosphorsäureester in Betracht. Wichtigste Verbindung ist das Di-2-ethylhexylphthalat (DEHP oder Dioctylphthalat). Von den in der Bundesrepublik Deutschland produzierten Weichmachern (1991: 372 805 t, 1992: 363 643 t) werden etwa 77% für die Herstellung von Weich-PVC verwendet (Bätcher/Böhm/Tötsch, 1992).

Genaue Angaben, über Mengen und Arten der in den Anwendungsbereichen Fenster, Rohre, Fußbodenbelägen, Kabelummantelung und Verpackungen eingesetzten Additive liegen der Kommission nicht vor. Auf die Relevanz der Additive für das Recycling von PVC-Produkten wird an anderer Stelle eingegangen.

4.4.4.1.2 Abfallaufkommen

In der Bundesrepublik Deutschland sind derzeit schätzungsweise 12 Mio. t Alt-PVC im Umlauf. Jährlich werden etwa 1,4 Mio. t Neu-PVC erzeugt, wovon etwa 1,2 Mio. t im Inland verbleiben und zum Endverbraucher gelangen. Ein bestimmter Anteil dieser PVC-Mengen fallen jährlich als Abfall an. Hierbei muß unterschieden werden in Produktionsabfälle, die in der Regel werksintern in den Produktionsablauf zurückgeführt werden, Gewerbeabfälle, die bei der „Installierung" des Produkts entstehen, wie etwa Kabelreste o.ä. und schließlich Post-Consumer-Abfälle, die nach der Beendigung der Gebrauchszeit anfallen. Die folgenden Ausführungen beziehen sich in erster Linie auf die für die Entwicklung künftiger Entsorgungsstrategien relevanten Post-Consumer-Abfälle.

Die letzte Abfallanalyse liegt mehr als zehn Jahre zurück. Wie groß die aktuellen Abfallmengen sind, kann zur Zeit nur abgeschätzt werden. Je nach Anwendungsbereich sind diese Abschätzungen mehr oder weniger genau. Sie beruhen auf Datenmaterial über Produktions- und Verarbeitungsmengen, Export- und Importmengen und den daraus ableitbaren Endverbrauchsmengen. Außerdem beziehen sie die statistische Verteilung der Lebensdauer der jeweiligen Produkte sowie bereits teilweise praktiziertes Recycling mit ein.

Während sich die Abfallmengen kurzlebiger Produkte direkt aus den Endverbrauchsmengen ableiten lassen, ist die Abschätzung der Abfallmengen langlebiger Produkte relativ schwierig. Je nach Produktgruppe ist der Zeitpunkt der Abgabe an den Endverbraucher und der Zeitpunkt des Abfallanfalls um bis zu 40 Jahre verschoben. Beispielsweise wirkt sich der vermehrte Einsatz von PVC-Fenstern in den sechziger und siebziger Jahren erst Ende der neunziger Jahre als deutlicher Anstieg der Abfallmengen aus. Dieser „waste lag" macht genaue Quantifizierungen der aktuellen und zukünftigen Abfallmengen schwierig, wenn nicht gar unmöglich. Hinzu kommt, daß, um beim Beispiel PVC-Fenster zu bleiben, die Lebensdauer des Fensters nicht alleine durch die Haltbarkeit des Werkstoffes begrenzt ist, sondern durch die tatsächliche Nutzungsdauer. So erfolgt der Ausbau eines PVC-Fensters oft entweder im Zuge eines allgemeinen Umbaus, oder wenn Zusatzteile wie etwa Fensterbeschläge versagen.

Das größte Problem bei der Abschätzung des aktuellen und zukünftigen Abfallaufkommens stellt der Mangel an statistischem Material dar, zumal gerade bei langlebigen Produkten auf historische Daten über Produktions- und Verarbeitungs-, Export- und Importmengen zurückgegriffen werden muß. Dieses Datenmaterial kann als ausgesprochen lückenhaft bezeichnet werden. Wenn, wie bereits in Kapitel 4.4.4.1.1 beschrieben, die Einschätzung der Endverbrauchsmengen für das Jahr 1993 schon große Schwierigkeiten bereitet, liegt es nahe, daß die rückblickende Quantifizierung der Endverbrauchsmengen etwa für das Jahr 1965 ungleich schwieriger ist.

Angesichts dieser Probleme überrascht es nicht, daß die von verschiedenen Seiten vorgenommenen Abschätzungen der aktuellen und zukünftigen Abfallmengen stark variieren. Das Umweltbundesamt geht von ca. 300 000 t jährlich im Siedlungsabfall anfallenden PVC-Abfällen aus, wovon 100 000 t auf PVC-Verpackungen entfallen, und rechnet für die nächsten 10 bis 15 Jahre mit einem Zuwachs auf 750 000 t bis 1 Mio. t. Die Arbeitsgemeinschaft der PVC-Industrie, „Arbeitsgemeinschaft PVC und Umwelt" (AgPU) schätzt die derzeitigen Post-Consumer-Abfälle auf 360 000 t und erwartet für das Jahr 2010 einen Anstieg auf etwa 410 000 t. Die Unterschiede in den Prognosen liegen nicht zuletzt darin, welche Recyclingquoten zugrundegelegt werden (s. Kap. 4.4.4.1.3).

4.4.4.1.3 Entsorgungstrategien und Recycling

Die Abschätzung der zukünftigen Abfallmengen stellt eine wichtige Voraussetzung für die Entwicklung von Entsorgungs- und Recyclingstrategien dar. An den aktuellen und absehbaren Abfallmengen können verschiedene Strategien auf ihre Effizienz geprüft werden und gegebenenfalls ergänzende Maßnahmen für die Bewältigung bzw. für ein präventives Nicht-Entstehenlassen zukünftiger Abfallmengen diskutiert werden.

Derzeit bestehen für die Entsorgung von PVC-Abfällen die Möglichkeiten der Deponierung, der Verbrennung und – in Ansätzen – des werkstofflichen Recyclings. Nach Angaben des Bund-Länder-Auschusses für Umweltchemikalien (BLAU) wurden 1989 von den in Siedlungsabfällen vorhandenen 300 000 t PVC-Abfällen ca. 30 % in Hausmüllverbrennungsanlagen verbrannt, der Rest wurde in Deponien abgelagert. Dem werkstofflichen Recycling von Post-Consumer-Abfällen kommt heute noch keine bedeutende Rolle zu, was sich jedoch in den nächsten Jahren ändern kann (s. unter Werkstoffliches Recycling).

Für die zukünftige Entsorgung oder das Recycling von PVC-Abfällen werden folgende Möglichkeiten diskutiert:

(1) Werkstoffliches Recycling,

(2) Chlorrecycling (hier: Monoverbrennung zu Salzsäure) und

(3) Verbrennung mit Hausmüll.

Die Deponierung von PVC-Abfällen wird nur noch kurzfristig als Lösung anzusehen sein, da die TA Siedlungsabfall dies spätestens ab dem 31. Dezember 2004 nicht mehr zuläßt.

(1) Werkstoffliches Recycling

Werkstoffliches Recycling ist prinzipiell für Produktionsabfälle, Gewerbeabfälle und Post-Consumer-Abfälle möglich. Es umfaßt die Demontage, den Rückbau, die Sortierung, Reinigung, Aufbereitung und schließlich die anteilige Verarbeitung zu neuen Produkten.

Unter dem Aspekt, daß nur hochwertige Produkte marktfähig sind, strebt die PVC-Industrie an, PVC-Recyclate in die gleichen Anwendungsbereiche zurückzuführen (Fenster zu Fenstern, Rohre zu Rohren etc.). In diesem Sinne verstandenes werkstoffliches Recycling ist für PVC-Verpackungen nicht möglich.

Durch das werkstoffliche Recycling wird nicht nur der Wert des Polymers sondern auch der Wert der Additive erhalten. Eingehende Untersuchungen an stark belasteten Altfenstern haben gezeigt, daß auch nach jahrzehntelangem Einsatz ein Recycling zu hochwertigen Produkten möglich ist.

Durch die Dominanz von Bauanwendungen mit vergleichsweise großdimensionierten Produkten wird die Logistik der Rückführung vereinfacht.

Zudem werden Bauprodukte meist von Fachfirmen ersetzt, die sowohl über das entsprechende Know-How als auch über die logistischen Voraussetzungen verfügen. Für die wichtigsten PVC-Einsatzgebiete sind bereits Rücknahmeangebote, Rücknahmesysteme oder Pilotprojekte in Deutschland im Aufbau. Zu nennen sind unter anderen die Initiativen des Kunststoffrohrverbandes, des Verbandes der Fenster- und Fassadenhersteller, der Arbeitsgemeinschaft PVC-Bodenbelagsrecycling, der Arbeitsgemeinschaft für das Planenrecycling und die Fenster-Recycling-Initiative (FREI).

Aus der Tatsache, daß Produkte sortenrein gesammelt werden können, ergibt sich jedoch nicht zwingend, daß sie in der gleichen hochwertigen Anwendung wiederverwertet werden können. Sind die Bauteile, wie z. B. Fensterrahmen oder dicke Dachfolien lange Jahre allen Umwelteinflüssen ausgesetzt, so treten Probleme beim werkstofflichen Wiederverwerten auf. Untersuchungen haben gezeigt, daß auch nach 10 bis 20 Jahren zwar kaum Vernetzungsprozesse aufgetreten sind, jedoch eine deutliche Verringerung der Polymer-Kettenlänge und eine damit verbundene Verschlechterung der Festigkeitswerte vorliegt. Aufgrund solcher Effekte muß dem Recyclat Neuware beigemischt werden. Hinzukommt, daß aufgrund der langen Nutzungsphase der Rücklauf an Alt-PVC-Produkten aus dem Baubereich derzeit noch gering ist.

Für die Abschätzung der aktuellen und zukünftigen Abfallmengen, der theoretischen und tatsächlichen werkstofflichen Recyclingmengen und der Verwendung von PVC in Neuware liegen der Enquete-Kommission zwei unterschiedliche Einschätzungen bzw. Berechnungsmodelle vor: Eine Abschätzung nach Angaben der von der Enquete-Kommission in der öffentlichen Anhörung befragten Experten (KDrs 12/11 a–c) und eine Abschätzung nach Angaben der Arbeitsgemeinschaft PVC und Umwelt (AgPU). Da unterschiedliche Eingangsvoraussetzungen zu unterschiedlichen Lösungsansätzen führen, seien an dieser Stelle beide Abschätzungen dargestellt:

Abschätzung des Abfallaufkommens an Post-Consumer-Abfällen und der Verwendung von PVC in Neuware nach Angaben der von der Enquete-Kommission befragten Experten der öffentlichen Anhörung (KDrs 12/11 a–c):

In den vier von der Enquete-Kommission betrachteten Anwendungungsbereichen spielt das Recycling von PVC aus Post-Consumer-Abfällen heute praktisch keine Rolle (KDrs 12/b, Eckstein, Halbekath; KDrs 12/11 c, Ahrens). Der Abschätzung des zukünftig möglichen werkstofflichen Recyclings von PVC werden folgende Ausgangsannahmen zugrundegelegt:

Tabelle 4.4.2 a: Abschätzung des Aufkommens an Post-Consumer-Abfällen und der Verwendung von Recyclat-PVC in Neuware

	Kabel-ummante-lung	Rohre	Boden-beläge	Fenster-profile
Post-Consumer-Abfälle im Jahr 2010	73 000 t	192 000 t	56 000 t	106 000 t
Bedarf an Neuware (entsprechend 1992)	107 000 t	326 000 t	61 000 t	228 000 t
technisch mögliche Recyclat-Zumischung	0 %	20 %	25 %	20 %
Recyclat-Anteil in PVC-Produktion 2010 ..	0 t	65 000 t	15 000 t	45 600 t
zu entsorgende PVC-Abfälle 2010	73 000 t	127 000 t	41 000 t	60 400 t

- Eine 100 %ige Erfassung der PVC-Produkte aus den genannten Anwendungsbereichen ist prinzipiell nicht möglich, wird aber hier für langlebige, relativ gut erfaßbare Produkte angenommen. Für kurzlebige, breit gestreute Produkte ist von Erfassungsquoten weit unter 50 % auszugehen (BLAU, 1992).
- Bei einer optimistischen Annahme einer Produktlebensdauer langlebiger Produkte von 28 Jahren entsprechen die PVC-Abfallmengen der vier Anwendungsbereiche im Jahr 2010 etwa der Einsatzmenge des Jahres 1982 (alte Bundesländer).
- Um Probleme völlig unterschiedlicher Rezepturen zu vermeiden, wird von einem Recycling innerhalb desselben Produktbereiches (Fenster zu Fenstern . . .) ausgegangen.
- Die Zumischbarkeit von PVC-Recyclat zu Neu-PVC ist zu den Quoten möglich, wie sie in der Anhörung von Fachleuten aus der Industrie angegeben wurden.
- Für die „Unterbringung" des Recyclats steht der jeweilige PVC-Bedarf zur Verfügung. Hier wird von dem im Jahr 1992 bestehenden PVC-Bedarf in der Bundesrepublik Deutschland ausgegangen. Dies impliziert, daß kein weiteres Absinken der PVC-Produktion stattfindet.

Aus den oben getroffenen Annahmen ergibt sich, daß in vier logistisch relativ gut erfaßbaren Anwendungsbereichen nur ca. 20 % der im Jahr 2010 anfallenden PVC-Abfälle aus dem Post-Consumer-Bereich werk-

Tabelle 4.4.2b: *Abschätzung des Abfallaufkommens an Post-consumer-Abfällen und der Verwendung von Recyclat-PVC in Neuware (nach Angaben der AgPU)*

	Kabel-ummante-lungen	Rohre	Boden-beläge	Fenster-profile	sonstige Profile	Ver-packung	Gesamt
inländischer Einsatz im Jahre 1993	103 000 t	268 000 t	83 000 t	125 000 t	126 920 t	101 050 t	825 920 t
mittlere Lebensdauer der Produkte	30 Jahre	50 Jahre	15 Jahre	30 Jahre	20 Jahre	1-2 Jahre	
hypothetische PVC-Abfälle im Jahr 2010	75 000 t	71 500 t	75 000 t	62 000 t	111 320 t	45 000 t	439 830 t
Bedarf an Neuware im Jahre 2010	169 000 t	362 000 t	110 000 t	271 000 t	175 000 t	43 000 t	1130 000 t
technisch mögliche Recyclat-Zumischung	30 %	25 %	30 %	60 %	25 %	65 %*) (80 %)	
Recyclat-Anteil in PVC-Produkten im Jahr 2010	50 700 t	71 500 t	33 000 t	62 000 t	44 000 t	28 000 t	289 200 t
zu entsorgende PVC-Abfälle im Jahr 2010	24 300 t	0 t	42 000 t	0 t	67 300 t	17 000 t (9 000 t)	150 600 t

*) HCl-Verwertung (BASF, VEBA, RWE); Rest werkstofflich vermischt

stofflich verwertet werden können und dies trotz unterstelltem gleichbleibendem Bedarf an PVC-Produkten im Vergleich zum Jahr 1992! Sinkt die Verwendung von PVC-Produkten, zum Beispiel aufgrund von Substitution oder Marktsättigung (Ausstattung mit Wohnraum), so läßt sich noch weniger Alt-PVC in Neuware „unterbringen". Dies hätte weiterhin zunehmende PVC-Abfallmengen zur Folge, die dann verbrannt werden müßten. Die Bedeutung eines werkstofflichen Recyclings zur Bewältigung zukünftiger Abfallmengen sollte demnach nicht überschätzt werden.

Abschätzungen des Abfallaufkommens an Post-Consumer-Abfällen und der Verwendung von Recyclat-PVC in Neuware nach Angaben der AgPU:

Der Bedarf an Neuware im Jahr 2010 wurde aus den im Jahre 1992 in den verschiedenen Anwendungsbereichen eingesetzten Mengen an PVC und den im Jahr 1992 eingeschätzten zusätzlichen Zuwächsen berechnet.

Die hypothetischen Mengen an PVC-Abfällen im Jahr 2010 ergeben sich aus dem für die Anwendungsbereiche von der AgPU bis zum Jahre 1992 erhobenen und danach berechneten Einsatz von PVC während der dem Jahr 2010 vorausgehenden Jahre und aus der Lebensdauer der Produkte, für die eine Normalverteilung mit einem für den Verwendungszweck typischen Mittelwert (durchschnittliche Lebensdauer) mit der hierfür charakteristischen Varianz unterstellt wird. Das hypothetische Abfallaufkommen ist als Maximalwert der dem Recycling zuführbaren Post-Consumer-Abfälle zu betrachten. Die dem Recycling im Jahr 2010 zugeführten Mengen hängen von der bis dahin errichteten Erfassungslogistik ab.

Die Menge des Recyclatanteils an der Neuware entspricht der zur Zeit für technisch möglich gehaltenen Recyclatzumischung, kann jedoch nicht höher sein als das hypothetische Abfallaufkommen im Jahr 2010. Die im Jahr 2010 zu entsorgenden PVC-Mengen ergeben sich als Überschußmengen, die hypothetisch im Jahre 2010 als PVC-Abfälle anfallen und nicht zugemischt werden können.

(2) Chlorrecycling (Monoverbrennung zu Salzsäure)

Werkstoffliches Recycling stößt an Grenzen, wenn ökologische und ökonomische Gründe andere Verwertungswege favorisieren. Da PVC zu 57% aus Chlor besteht, muß das Ziel einer chemischen Verwertung die Kreislaufführung des Chlors und die Nutzung des Energieinhaltes der PVC-Abfälle sein.

Bei der Verbrennung von Alt-PVC kann Chlorwasserstoff (HCl), der über das Verfahren der Oxichlorierung wieder in die PVC-Neuproduktion eingeschleust werden kann, oder Natriumchlorid (NaCl), das wieder in die Chloralkali-Elektrolyse zurückgeführt werden kann, gewonnen werden.

Bereits Mitte der 80er Jahre wurde von Seiten der PVC-Hersteller und -verarbeiter ein Konzept propagiert, das die Verbrennung von PVC mit anschließender Gewinnung von NaCl vorsah („Salzkreislauf"). Dieses Konzept barg folgende Probleme in sich:

- Aus der Müllverbrennung ist nur ein stark verunreinigtes Salz zu gewinnen, das vor Einsatz in Chlor-Alkali-Elektrolysen zunächst unter hohem Aufwand gereinigt werden muß.
- Der Reinigungsaufwand steigt überproportional mit der Menge an eingesetztem „MVA-Salz", da kleinere Mengen auch bei höherem Verunreinigungsgrad noch von der Elektrolyse verkraftet werden können.
- Ein rasch steigender NaOH-Bedarf für die Neutralisation von HCl aus MVA'en würde die Kuppelproduktion von Chlor ansteigen lassen, für das wiederum neue Anwendungsfelder gefunden werden müßten.
- Die meisten Müllverbrennungsanlagen in der Bundesrepublik Deutschland sind nicht auf NaOH als Neutralisationsmittel, sondern auf CaO oder $CaCO_3$ ausgelegt.

Aus diesen Gründen wurde das Konzept zwischenzeitlich aufgegeben. Als Angebot für die Entsorgung von Müllverbrennungssalzen wurde es als Pilotprojekt an mehreren Müllverbrennungsanlagen realisiert, an mindestens einer Anlage wieder aufgegeben. In den Folgejahren wurde dann der Entsorgungsweg über HCl bevorzugt, da er kostengünstiger ist und keine NaOH benötigt. Die gereinigte HCl kann dann entweder in den Markt abgegeben oder zur Herstellung von PVC (Oxichlorierung) eingesetzt werden. Deshalb sollten derartige Anlagen in den Werksverbund der PVC-Standorte integriert werden. Primärchlor aus der Chlor-Alkali-Elektrolyse wird durch Sekundärchlor (HCl) ersetzt. Der Energiebedarf für die Chlor-Alkali-Elektrolyse entfällt damit. Dieser Vorteil wird durch den Verzicht auf die Kuppelprodukte Natronlauge und Wasserstoff erkauft.

Das Chlorrecycling-Konzept soll über Garantien der PVC-Verarbeiter mit entsprechenden Lizenzen finanziert werden. Angesichts der Erfahrungen mit dem Dualen System Deutschland („Grüner Punkt") sei darauf hingewiesen, daß damit zwar die Probleme des Imports von Roh-PVC, nicht aber die des Imports von PVC-Produkten berücksichtigt würden;

auch dürfen die divergierenden Interessen der Verarbeiter unterschiedlicher Kunststoff-Produkte nicht unbeachtet bleiben.

Seitens der AgPU wird damit gerechnet, daß zukünftig eine Kapazität an Monoverbrennungsanlagen von 240 000 t PVC jährlich benötigt wird, in denen 144 000 t HCl anfallen. Das erhöhte Angebot an HCl führt zu einer entsprechenden Rückführung der Elektrolysekapazität.

Aus den in Auswertung der öffentlichen Anhörung angestellten Überlegungen zur Entwicklung der PVC-Abfallmengen (s. Tab. 4.4.2a) ergibt sich ein zu verbrennender Überhang von rd. 600 000 t; dabei wird eine Gesamtmenge von 1 Mio. t PVC-Abfällen zugrundegelegt, von denen rund 200 000 t werkstofflich recycliert und weitere 200 000 t in kommunalen Müllverbrennungsanlagen verbrannt werden. Eine Erfassungsquote von 80% vorausgesetzt, würden aus 600 000 t PVC-Abfällen 360 000 t HCl entstehen.

Verbrennung von PVC mit Hausmüll

PVC unterscheidet sich grundsätzlich von anderen Bestandteilen des Hausmülls oder Bauschutts durch das Vorliegen von organisch gebundenem Chlor. Bei der Verbrennung von 1 t PVC entstehen 0,6 t Chlorwasserstoff, der als Salzsäure oder als Chlorid abgetrennt und entsorgt werden muß. Nach früheren Schätzungen rühren 50% des Chlorwasserstoffs in Müllverbrennungsanlagen aus PVC. Der Chlorgehalt der Siedlungsabfälle wurde noch 1983 mit 0,34 bis 0,36% pro Tonne Hausmüll angegeben. Ungefähr die Hälfte des Chlorinputs wurde dem PVC zugeschrieben.

Im Laufe der Jahre 1993 und 1994 wurden rund 500 Anlieferungen bei der Müllverbrennungsanlage Düsseldorf beprobt und auf den Wassergehalt, den Heizwert, Schwermetalle, Chlor, Brom, Jod, Fluor und Schwefel analysiert. Eine Veröffentlichung dieser Untersuchung ist in Vorbereitung. Der Chlorgehalt des Hausmülls liegt danach – bezogen auf die Trockenmasse – bei 0,3% und damit nur geringfügig unter den Werten der bundesweiten Hausmüllanalyse von 1983. Im Sperrmüll liegen die Chlor-Konzentrationen mit 0,45% deutlich höher. Wesentlich höhere Konzentrationen finden sich in den unter der Abfallschlüsselnummer 91201 angelieferten Verpackungsmaterialien und Kartonagen mit etwa 2% Chlor. Mengenmäßig kleinere, aber verständlicherweise hoch konzentrierte Einträge erfolgten über die Abfallschlüsselnummer 54209 – ölverschmutzte Betriebsmittel, Nr. 57116 – PVC-Abfälle und einige andere einschlägige Abfallarten.

Wenn man gemäß der früheren Analyse annimmt, daß die eine Hälfte des Chloreintrags im Hausmüll auf Chlorid selbst und die andere Hälfte auf

PVC zurückzuführen ist, so ist von einem PVC-Gehalt von 0,25 Gew.-% des normalen Hausmülls auszugehen. Der Chloranteil im Bereich der Abfallschlüsselnummer 91 201 läßt keine weiteren Schlüsse zu, da sich die Zusammensetzung der Verpackungsmaterialien aufgrund der derzeitigen Entwicklung durch die Verpackungsverordnung ändern dürfte.

Im Sperrmüll läßt sich der PVC-Anteil direkt ableiten, da hier wenig anorganisches Chlorid zu erwarten ist und der Chloreintrag nahezu ausschließlich auf PVC zurückzuführen ist. Er wird mit etwa 0,8 Gew.-% beziffert. Daß über den Sperrmüll mittlerweile weitaus mehr PVC eingetragen wird als über den Hausmüll, kann auf das Anwachsen des Anteils längerlebiger PVC-Produkte wie beispielsweise Lamellen und PVC-beschichtete Platten zurückgeführt werden.

Ein wesentlicher Kostenfaktor moderner Müllverbrennungsanlagen sind die Aktivkohlefilter. Das Rohgas wird über die Filter geleitet, um es von PCDD/PCDF und flüchtigen Metallen (z. B. metallischem Quecksilber) zu befreien. Die Rohgaskonzentrationen von PCDD/PCDF sind nur in Teilen dem PVC zuzuschreiben. Eine Kostenzuordnung muß von den Anteilen am Chlor-Input ausgehen.

Mehrkosten verursacht PVC durch die notwendige Entsorgung des Chlorwasserstoffs aus der Rauchgasreinigung. Die Kosten hierfür variieren je nach Art der Neutralisation und Entsorgung des Chlorids (Reimann, 1991).

Zur Verdeutlichung der durch PVC verursachten Kosten in Müllverbrennungsanlagen seien die Zusammenhänge am Beispiel der Müllverbrennungsanlage Düsseldorf dargestellt:

Durch PVC verursachte Kosten in Müllverbrennungsanlagen am Beispiel der Müllverbrennungsanlage Düsseldorf

Aufgrund der hohen Inanspruchnahme der Rauchgasreinigung durch Halogene werden Chargen von Monoabfällen, wie Reste aus der PVC-Verarbeitung oder sonstigen ausgehärteten Kunststoffgemischen mit hohem Chloranteil, in der höchsten Entsorgungskategorie eingeordnet. Die Annahmepreise liegen mittlerweile im Bereich von 900 DM/t. Der hohe Chloranteil im Sperrmüll führt allerdings dazu, daß dieser mehr und mehr die Rauchgasreinigung beansprucht. Die Rauchgasreinigung besteht in der Düsseldorfer Müllverbrennungsanlage aus drei hintereinander geschalteten Filterstufen: quasitrockene Rauchgaswäsche, Elektrofilter, Koksfilter. Die Entsorgung der Reststoffe und der Betrieb der Koksfilter stellen die entscheidenden Kostenfaktoren dar. Die Abschreibung und die Betriebskosten der entsprechenden Rauchgasreinigung liegen in diesem Fall bei 3,20 DM umgerechnet auf den Eintrag von 1 kg Chlor.

Mittelfristig ist daraufhinzuarbeiten, daß die öffentliche Hand von durch PVC verursachten Kosten in der Müllverbrennung entlastet wird und diese in die Produktkosten von PVC integriert werden.

4.4.4.1.4 Substitution von PVC

Das Thema der Substitution von PVC wurde bei der Anhörung der Enquete-Kommission nur gestreift, da keine Hersteller von Alternativprodukten, die Auskunft zur Umweltrelevanz, Verwertungsstrategien und Entsorgungskosten ihrer Produkte hätten geben können, geladen waren.

Abgesehen von Spezialprodukten mit besonderen Anforderungsprofilen wie Blutbeutel oder elektrisch leitfähige Bodenbeläge für Reinsträume kann man davon ausgehen, daß es für alle Anwendungen von PVC Werkstoffalternativen gibt, die teilweise von den gleichen Herstellern angeboten werden, welche auch PVC-Produkte herstellen.

Alternative Werkstoffe für PVC in den ausgewählten Anwendungsbereichen sind:

Fensterprofile:	Tropisches, nordisches und einheimisches Holz, Aluminium
Rohre:	PE-HD, PP, PVDF, Polyisobutylen, Steinzeug, Beton, Edelstahl, verzinktes Eisen, Kupfer, Ton
Fußbodenbeläge:	Polyolefine und andere Kunststoffe, Linoleum, Holz, Klinker, Gummi, Stein
Kabelummantelungen:	Polyethylen, Elastomere, Thermoplaste und vernetzte Kunststoffe
Verpackungen:	Polyolefine, PET, Verbundstoffe, Glas

Für eine umfassende Zusammenstellung der zur Verfügung stehenden Alternativprodukte sei auf die Studie der WARTIG-Chemieberatung (Schieffer/Vogt, 1988) verwiesen.

Schon die Tatsache, daß viele Hersteller mehrere Werkstoffalternativen anbieten, legt nahe, daß sich die Produkte nicht nur im Preis, sondern auch im Eigenschaftsbild unterscheiden. Ein seriöser Vergleich dieser Materialien bedarf einer detaillierten Diskussion von Eigenschaftsbild und

Anforderungsprofil z. B. in Form einer Ökolbilanz, wobei man sich klarmachen muß, daß das Anforderungsprofil etwa für die Verpackung von Büromaterialien ein anderes ist, als das für sauerstoffempfindliche Medikamente. Auch differenziert ein Fachmann die Anforderungsprofile für Rohre oder Fenster je nach Einsatzgebiet sehr weitgehend. Dies ist der Grund, warum sich die Werkstoffalternativen oft über Jahrzehnte nebeneinander gehalten haben.

Bei bewußten Entscheidungen für den Einsatz von Alternativmaterialien, wie sie beispielsweise bislang von etwa 50 bis 100 Städten und Gemeinden in der Bundesrepublik Deutschland getroffen wurden (s. Bund-/Länderausschuß für Umweltchemikalien, 1992), waren die Einschätzungen PVC-spezifischer Umweltbelastungen, Entsorgungsprobleme bzw. -kosten und Brandfolgeschäden ausschlaggebend.

4.4.4.1.5 Auswirkungen auf den Chlorstoffstrom

Die Entwicklung des Chlorstoffstroms ist insgesamt durch einen Rückgang des Primärchlorverbrauchs gekennzeichnet. Das Chlorrecycling von PVC durch Monoverbrennung läßt einen vermehrten Anfall von Sekundärchlor (Chlorwasserstoff) erwarten.

Insgesamt befinden sich in der Bundesrepublik Deutschland derzeit ca. 12 Mio. t PVC in der Technosphäre, die zukünftig als Abfall anfallen werden. Unter der Voraussetzung, daß die beschriebenen Methoden des Recyclings beschritten werden, werden sich folgende Auswirkungen auf den Stoffstrom Chlor ergeben:

Auswirkungen des werkstoffliches Recyclings

Sollte es gelingen, ein spiegelbildlich zum Verteilungssystem organisiertes Sammelsystem für verbrauchte Produkte aufzubauen, wird sich die Frisch-PVC-Produktion und damit die Primärchlorproduktion entsprechend verringern. Ein werkstoffliches Recycling in größerem Maßstab ist aufgrund der Langlebigkeit und der teilweise heute noch wenig recyclinggerechten Konstruktion der PVC-Produkte erst nach der Jahrtausendwende zu erwarten. Gleichzeitig ist die Einsatzfähigkeit des Granulats quantitativ begrenzt. Je nach Produktart müssen bis zu 80% Neumaterial zugemischt werden.

Auswirkungen des Chlorrecyclings

Die chemische Industrie setzt in Ergänzung zum werkstofflichen Recycling zukünftig auf Monoverbrennung von PVC unter Rückgewinnung von Chlorwasserstoff als Entsorgungsweg für PVC. Der anfallende Chlorwasserstoff soll über Pipeline direkt in die PVC-Produktion (Ethylendichlorid-Synthese durch Oxichlorierung, s. Abb. 4.4.1) eingespeist werden. Pro Tonne PVC entstehen bei der Monoverbrennung 0,6 t Chlorwasserstoff.

Welche Mengen an Chlorwasserstoff aus der Monoverbrennung insgesamt tatsächlich anfallen werden, hängt jedoch vom Aufbau der Infrastruktur (Rücknahmesysteme, Auf- und Ausbau von Monoverbrennungsanlagen) und der Finanzierbarkeit ab. Eckstein (AgPU) prognostiziert eine Chlorsubstitution in Deutschland von durchschnittlich 100 000 t zwischen den Jahren 2000 und 2010.

Entsprechend der Verringerung des Bedarfs an Primärchlor müssen Chlor-Alkali-Elektrolyse-Kapazitäten stillgelegt und gegebenenfalls größere Mengen an Natronlauge importiert werden. Aufgrund derzeitiger NaOH-Produktionsüberhänge dürfte sich diesbezüglich kurzfristig kein Problem einstellen.

Die obengenannten Zahlen verschieben sich unter Berücksichtigung von Substitutionsprozessen für PVC und andere chlorchemische Produkte noch erheblich, sollen hier aber nur die Größenordnung verdeutlichen, um die es geht. Ein weiteres Problem ist in der internationalen Entwicklung zu sehen: In Ländern mit geringen Vorratsflächen für Deponien sind ähnliche Entwicklungen – TA Siedlungsabfall – wie in der Bundesrepublik Deutschland zu erkennen bzw. zu erwarten. Wenn dort ebenfalls die Monoverbrennung von PVC zu Salzsäure präferiert wird, sind international erhebliche Verwerfungen bei der Laugenherstellung nicht auszuschließen.

Auswirkungen der PVC-Substitution

Eine Reduktion der PVC-Verarbeitungsmengen (PVC aus Primär- und Sekundärchlor) um 50% (Bezugsjahr: 1989) bei gleichzeitigem Aufbau des Sekundärchlor-Recyclings würde zu einem Rückgang der Primärchlor- und Natronlauge-Produktion um etwa 20% führen. Gleichzeitig würden aus der Substitution von PVC verringerte Auffangkapazitäten für Chlorwasserstoff aus dem Sekundärchlor-Recycling resultieren. Die Entsorgungssituation für Chlorwasserstoff verschärft sich also in dem Maße, in dem die umweltpolitische Diskussion zu einer Substitution von PVC führt. Daraus ergibt sich, daß sich die stoffwirtschaftlichen Strategien „PVC-Substitution", „Kreislaufetablierung", „Ausschleusung bzw. Endlagerung von Chlor" sowie „Substitution von Natronlauge" gegenseitig beeinflussen.

4.4.4.1.6 Bewertung und Stoffstrommanagement

Ressourcennutzung

Der Energieverbrauch zur Herstellung von Roh-PVC ist in Tabelle 4.4.3 im Vergleich zu anderen Kunststoffen dargestellt. Die Werte liegen etwa in der gleichen Größenordnung.

Tabelle 4.4.3: Energiebedarf für die Produktion von einem Kilogramm Kunststoff

High Density-Polyethylen (PE-HD)	67,6 MJ
Low Density-Polyethylen (PE-LD)	68,1 MJ
Polyethylenterephthalat (PET)	84,5 MJ
Polypropylen (PP)	71,0 MJ
Polystyrol (PS)	75,3 MJ
HI-Polystyrol (HI-PS)	76,6 MJ
Roh-Polyvinylchlorid	51,1 MJ

Quelle: Habersatter; Widmer, 1991

Die Verhältnisse können sich jedoch je nach Einsatzgebiet der Kunststoffe verschieben. Neben der Herstellung von Roh-PVC sind der Ressourcenverbrauch zur Herstellung der verwendeten Zusatzstoffe, der Energieverbrauch während der Gebrauchs- und Entsorgungsphase und das Materialgewicht des Produkts bzw. die entsprechenden Werte der Alternativmaterialien entscheidend.

Langlebigkeit

Die Verlängerung der Funktionsperiode von Produkten ist ein wirkungsvoller Weg, um Stoffströme zu verringern oder zu verlangsamen. Hierin liegt ein besonderer Vorteil von PVC. PVC ist ein besonders langlebiger Werkstoff, so daß die Lebensdauer von PVC-Rohren oder Fenstern nicht durch die Haltbarkeit des Werkstoffs begrenzt wird, sondern durch die Nutzungsdauer des Produktes.

Die Langlebigkeit eines Stoffes führt jedoch häufig zu Problemen nach der Gebrauchsphase. Der Traum „ein Stoff soll während seiner Gebrauchsphase langlebig sein und danach schnell abbaubar" ist nicht erfüllbar. Es bedarf stoff- und anwendungsspezifischer Antworten für die Phase nach dem Gebrauch eines Produktes.

Recyclingfähigkeit

Wie in Kapitel 4.4.4.1.3 beschrieben, gibt es Möglichkeiten zum Recycling von PVC, die die Industrie zukünftig in stärkerem Maße nutzen will. Vor Erreichen der als technisch möglich erachteten Mengen wiederverwendbaren Alt-PVCs sind noch zahlreiche Probleme beim PVC-Recycling abzuklären:

- Aufbau einer Logistik zur produktspezifischen Erfassung von PVC-Erzeugnissen (im Bausektor relativ leicht zu erreichen bzw. bereits erreicht)
- Abtrennung von Schadstoffen aus PVC-Erzeugnissen
- Verhinderung von Bränden in PVC-Zwischenlagern

Beim Recycling von PVC im Gemisch mit anderen Kunststoffen ist zu bedenken, daß PVC das gemeinsame Recycling mit anderen Thermoplasten aufgrund der Bildung von Salzsäure beim Erwärmen erschwert. PVC kann jedoch aufgrund seiner höheren Dichte von anderen Thermoplasten (PE, PP) abgetrennt werden. Probleme treten aber bei der Trennung von PET auf.

PVC-Produkte, die, sei es aus technischen oder aus organisatorischen Gründen, nicht sortenrein wiederverwertet werden können, stellen ein besonderes Abfallproblem dar. Deshalb müssen sie durch Chlorrecycling verwertet werden.

Die Bedeutung von PVC als Verpackung geht derzeit in der Bundesrepublik Deutschland deutlich zurück, da PVC- durch Polypropylenverpackungen substituiert werden. Gegenwärtig hat PVC nur noch einen Anteil von 4,5% an den Kunststoffverpackungen. Zur Zeit ist das Abfallaufkommen an PVC-Verpackungsmaterialien noch auf ca. 100 000 t/a einzuschätzen. Setzt sich der gegenwärtige Trend fort, wogegen nichts spricht, wird sich diese Menge in den nächsten 10 Jahren um mehr als die Hälfte reduzieren.

Unterstellt man, daß die Lösung der angesprochenen Probleme des werkstofflichen Recyclings gelingt, so ist zu konstatieren, daß werkstoffliches PVC-Recycling zur Lösung der durch PVC verursachten Abfallprobleme dennoch nur begrenzt beitragen wird. Auch die PVC-Industrie sieht daher die Notwendigkeit des Chlorrecyclings durch Verbrennung von PVC-Abfällen.

Abfälle

Viele Faktoren, die zur Ressorcenschonung beitragen, mindern auch die Abfallmenge. Dazu gehören eine abfallarme Produktion und Verarbeitung, materialsparende Konstruktion, lange Nutzungsdauer und ein hochwertiges Recycling. Die Deponierung von Produkten aus organischen Werkstoffen wird mittelfristig keine Rolle mehr spielen. Ein Grund dafür ist, daß der Restwert der Abfälle bei der Deponierung nicht genutzt wird. Wesentlicher ist jedoch, daß man von Deponien abkommen will, in denen undefinierte chemische und biologische Prozesse ablaufen. So hat der Gesetzgeber der Inertisierung den Vorzug gegeben. Die TA-Siedlungsabfall läßt die Deponierung von Produkten mit einem Glühverlust über 5% nur noch begrenzte Zeit zu. Dieses Kriterium erfüllen weder Holz noch PVC noch irgendein anderer organischer Werkstoff.

Rückstände aus der Ethylendichlorid- und Vinylchlorid-Produktion werden bereits heute in spezialisierten Anlagen verbrannt, wobei der entstehende Chlorwasserstoff in die PVC-Produktion zurückgeführt wird (s. Abb. 4.4.1).

Emissionen

Produktion

Die entscheidende Umweltbelastung bei der Kunststofferzeugung ist heute die Energiebereitstellung, da die Erzeugung von elektrischem Strom für die Elektrolyse und den Betrieb der Aggregate und von Wärme zum großen Teil über die Verbrennung fossiler Energieträger erfolgt. Obwohl durch die Umsetzung der Großfeuerungsanlagenverordnung (14. BImSchV) die Emissionen an Schwefeloxiden, Stickoxiden und Stäuben signifikant gemindert wurden, sind diese Emissionen im Verhältnis zu den Emissionen aus den chemischen Umsetzungen hoch. Vor allem konnte keine Minderung der Kohlendioxid-Emission erreicht werden. Langfristig ist eine Umstellung zumindest der Stromerzeugung auf erneuerbare Energiequellen notwendig.

Prozeßspezifische Emissionen der PVC-Herstellung sind heute sehr gering. Die Emissionen an Vinylchlorid betragen für die gesamte Bundesrepublik nur noch 300 t/a (Stand 1989, BLAU-Bericht). Da das Gas in der Atmosphäre rasch abgebaut wird, besteht keine Gefahr der Akkumulation.

Die Entstehung von PCDD und PCDF bei der Produktion von Chlor im Rahmen der Chlor-Alkali-Elektrolyse ist seit langem bekannt. Wesentliche Ursache ist die Verwendung von Graphit-Elektroden; die Dioxin-Rückstände sammeln sich dabei vor allem im Elektrodenschlamm und im Diaphragma-Zement an. Graphit-Elektroden sind ab Anfang der 70er Jahre durch Titanelektroden ersetzt worden, so daß sie keine Dioxinquelle mehr darstellen.. Untersuchungen über die Dioxinbildung bei den neuen Elektrodentypen liegen nicht vor. Schlämme aus den früheren mit Graphitelektroden betriebenen Chlor-Alkali-Elektrolyse-Anlagen können ein erhebliches Altlastenproblem an dem jeweiligen Chemiestandort darstellen (Lutz et al, 1991).

Sämtliche Abwässer aus der Herstellung von Dichlorethan und Vinylchlorid durchlaufen mehrstufige Reinigungsanlagen, wodurch sichergestellt wird, daß die Emissionen im pg/l-Bereich liegen. Aus früheren Sedimentuntersuchungen im Rhein hatten sich Hinweise auf eine mögliche PCDD/PCDF-Emission aus Vinylchlorid-Anlagen ergeben. Bei Untersuchungen von Abwässern an VC-Fabriken wurden in den Niederlanden (Turkstra; Pols, 1989) und bei einer Anlage in der Bundesrepublik Deutschland Emissionskonzentrationen in der Größenordnung von etwa 1 ng/l gefunden (Landesamt für Wasser und Abfall, Nordrhein-Westfalen, unveröffentlichte Ergebnisse von Einleiteruntersuchungen).

Bei der Oxichlorierung kommt es zur Bildung von PCDD/PCDF, die weitgehend über den Klärschlamm abgeschieden werden. Die Konzentrationen im Klärschlamm liegen in einer Größenordnung von 100 bis 500 µg/kg. Hierzu bedarf es einer entsprechend gesicherten Entsorgung (z. B. Hochtemperaturverbrennung). Diese Entsorgung ist bereits für einige VC-Anlagen gesichert. Es wird erwartet, daß für sämtliche betroffenen Anlagen rasch eine technische Lösung gefunden wird.

Über eine PCDD/PCDF-Emission bei der Polymerisation von VC zu PVC liegen keine Erkenntnisse vor. Im Rahmen des nordrhein-westfälischen Chloraromaten-Monitoring-Programms (NRW-Meßprogramm, 1991) wurde empfohlen, die Chlor-Alkali-Elektrolyse sowie die Herstellung von Vinylchlorid, Cyanurchlorid und Chlorbenzolen im Hinblick auf mögliche Emissionen von PCDD (PCDF zu untersuchen. Diese Messungen sind noch nicht abgeschlossen.

Abgesehen vom Ressourcenverbrauch und dem Ausstoß der Kraftwerke entsteht durch die PVC-Produktion keine wesentliche dauerhafte Belastung der Umwelt. Die Enquete-Kommission hat sich allerdings nicht mit der Herstellung von Stoffen beschäftigt, die dem PVC zugefügt werden müssen, um seine technische Brauchbarkeit zu gewährleisten. Dabei handelt es sich insbesondere um Weichmacher, Stabilisatoren und Füllstoffe. Es ist daher nicht auszuschließen, daß durch die Produktion dieser Stoffe ganz andere Umweltschäden entstehen, die letztlich doch dem Stoffstrom von PVC-Produkten zuzurechnen wären. Ein Vergleich mit Alternativmaterialien kann hier nicht vorgenommen werden, da die Enquete-Kommission die produktionsspezifischen Emissionen hier nicht untersucht hat.

Recycling und Verbrennung von PVC-Produkten

In den folgenden Bereichen wird ein Zusammenhang zwischen dem Recycling bzw. der Verbrennung von PVC-Produkten und der Bildung von Schadstoffen (vor allem von Dioxinen) untersucht:

(1) Recycling von PVC-Produkten
(2) Recycling von Produkten mit PVC-Restgehalt (s. Kap. 4.3.4)
(3) Verbrennung von PVC-haltigen Produkten in Holzfeuerungs- und Müllverbrennungsanlagen
(4) Brand von PVC-Produkten

(1) Recycling von PVC-Produkten

Da beim Recycling bzw. der Verbrennung von Reststoffen mit PVC-Anteilen wie Shredderschrott oder Holzreststoffen durch thermische Belastung von PVC die Dioxinbildung in entsprechenden Anlagen erhöht wird, ist nicht auszuschließen, daß auch beim Wiederverwerten von PVC mit einem Anstieg von Schadstoffkonzentrationen in den Abgasen oder im recyclierten Produkt zu rechnen ist.

Bekannt ist, daß Halogenanteile bei der rohstofflichen Verwertung von Kunststoffen (z. B. Hydrierung, Pyrolyse) verfahrenstechnische Probleme verursachen. Über Schadstoffbildungsraten liegen jedoch keine Informationen vor. Das werkstoffliche Recycling sollte keine signifikante Emissionsquelle darstellen, da Temperaturen unterhalb von etwa 200 °C eingehalten werden müssen, um eine Schädigung des PVC zu vermeiden.

Bezüglich der Schadstoffgehalte von PVC-Kabelmaterial vor und nach dem Shreddern liegen Untersuchungen vor, die zeigen, daß bei diesen Prozessen der Schadstoffgehalt (PAH, Chlorbenzole, PCB) in der PVC-Fraktion ansteigt (Kaiser, 1992 a und b). Aus diesen PVC-Fraktionen werden u. a. mit Schadstoffen belastete Christbaumständer, Vogelnisthöhlen und Blumenkübel hergestellt. Hier stellt sich die Frage, inwieweit solche PVC-Fraktionen einer Wiederverwertung zugeführt werden sollten.

Beim rohstofflichen Recycling (Hydrierung, Pyrolyse) oder der Monoverbrennung müssen die heutigen strengen Emissionsgrenzwerte (z. B. für Dioxin 0,1 ng TE/m^3) eingehalten werden.

(2) Recycling von Produkten mit PVC-Restgehalt

(s. Kap. 4.3.4 Mobilität)

(3) Verbrennung von PVC-haltigen Produkten
in Holzfeuerungs- und Müllverbrennungsanlagen

Die Verbrennung PVC-beschichteter Hölzer oder Holzwerkstoffe ist ein Problem vermutlich zahlreicher diffuser Quellen, da beschichtete Bretter in jeder Tischlerei anfallen und eine unkontrollierte Verbrennung nicht zu verhindern ist. Aus Untersuchungen ergeben sich bei diesen Anlagen Dioxinkonzentrationen im Abgas zwischen 0,004 und 9,2 ng TE/m^3 (Wilken, 1993). Die höchsten Konzentrationen ergeben sich beim Einsatz halogenhaltiger Materialien wie Ammoniumchlorid-gehärteter Spanplattenreste bzw. PVC-beschichteter Spanplattenreste. Weiterhin hat die Verbrennungsqualität einen Einfluß auf die Höhe der Dioxinemissionen, die jedoch durch den Eintrag halogenhaltiger Verbindungen verschlechtert werden kann. Sowohl die weitgehende Substitution halogenhaltiger Stoffe bei der Holzverarbeitung (z. B. PVC-Umleimer) als auch die Optimierung der Verbrennungsprozeßführung können zu einer deutlichen Verbesserung der Emissionssituation beitragen. Ein Beispiel hierfür ist eine nachgerüstete mittelgroße 3,1 MW-Anlage zum Verbrennen von PVC-beschichteten Hölzern, die mit Dioxinkonzentrationen von 0,001 und 0,004 ng TE/m^3 den aus Vorsorgegründen angestrebten Grenzwert weit unterschreitet (Mairl, 1994).

(4) Brand von PVC-Produkten

Bei einem Brand halogenhaltiger Verbindungen entstehen mehr oder weniger große Mengen an Dioxinen und Furanen. Dies gilt auch für reines PVC und für alle PVC-Produkte. Dioxine sind in der Regel an Partikel gebunden und lassen sich vor allem im Brandruß und in den Brandrückständen nachweisen.

Unabhängig davon kann sich die schlechte Brennbarkeit von PVC günstig auf die Brandentwicklung auswirken (relativ hohe Entzündungstemperatur, langsamerer Brandfortschritt), was letztlich auch die Gesamtschadstoffemission beeinflußt.

Bei der Bewertung der Dioxinrelevanz von Bränden ist unter dem Emissionsgesichtspunkt vor allem die Luftkonzentration während eines Brandes sowie die Höhe der zusätzlichen Belastung von Böden und Bodenfrüchten oder Gebäudeteilen und Brandrückständen nach einem Brand von Bedeutung. Bisherige Untersuchungen deuten daraufhin, daß hier zwischen offenen Bränden und Bränden in Gebäuden (z. B. Schwelbränden) unterschieden werden kann.

Bei offenen Bränden (z. B. offenen PVC-Lagern) treten in der Regel durch die Brandthermik und Verdünnung der Brandgase keine größeren

Belastungen von Böden und Bodenfrüchten auf. Im Einwirkungsbereich der Rauchgasfahne ist vor allem die Chlorwasserstoff-Konzentration von Bedeutung. Die Belastung der Brandrückstände macht im allgemeinen Arbeitsschutzmaßnahmen bei der Sanierung und Entsorgung erforderlich.

Bei Gebäude- und Wohnungsbränden ist die Situation vor allem bei Schwelbränden hinsichtlich der gebildeten und in Brandrückständen und Rußen nachgewiesenen Dioxinen und Furanen problematischer. Selbst Tage nach dem Brand kann die Raumluftkonzentration in ungünstigen Fällen recht hoch liegen (Rotard, 1992). Auch die Rußkonzentrationen können Werte erreichen, die eine Meldung des Vorfalls nach der Gefahrstoffverordnung erfordern und umfangreiche Schutz- und Sanierungsmaßnahmen notwendig machen. Selbstverständlich muß auch eine sachgerechte Entsorgung der belasteten Brandrückstände sichergestellt werden.

Die Verwendung größerer PVC-Mengen in offener Anwendung kann in bestimmten Verwendungsbereichen kostenaufwendige Sanierungsmaßnahmen erforderlich machen. In speziellen Fällen führt die Dioxin- und Chlorwasserstoffbildung im Brandfall zu Gefahren für Umwelt und Gesundheit (Kemper, 1989).

Gesundheitliche Relevanz von Produktion, Verarbeitung, Nutzung und Recycling von PVC

Produktion und Verarbeitung von PVC

Produktion und Verarbeitung von PVC können wie andere industrielle Verfahren zu Schädigungen des Menschen führen, wenn es an der nötigen Sorgfalt mangelt und Auflagen mißachtet werden. Bei der Produktion von PVC wird ein für den Menschen krebserregender Stoff (VC) gehandhabt. Im Gegensatz zu den frühen 70er Jahren ist die Vinylchlorid-Belastung am Arbeitsplatz heute so gering, daß Neuerkrankungen extrem unwahrscheinlich geworden sind.

Bei der Verarbeitung von PVC können – besonders bei der Verwendung von PVC-Pulver oder -Granulat als Ausgangsmaterial, wie z. B. bei der Herstellung von Fenstern oder Kabeln – Staubbelastungen auftreten. Die PVC-Feinstaubkonzentrationen können zwischen 0,1 mg/m^3 und 10 mg/m^3 liegen (Tenkhoff, 1988). Bei Langzeitexposition oder bei sehr hoher Konzentration wurde bei betroffenen Arbeitnehmern eine Staublungenentwicklung beobachtet (Mastrangelo et al., 1979). Der für PVC-Stäube geltende MAK-Wert von 5 mg/m^3 kann nicht als unbedenklich eingestuft werden, da weniger die Partikelmasse als das Partikelvolumen, das in der Lunge verbleibt, relevant ist (Morrow, 1988).

Bei der Verarbeitung von PVC werden Stabilisatoren auf Basis von Calcium, Barium, Zink, Zinn oder Blei eingesetzt. Gemäß dem Stand der Technik werden diese Verbindungen heute in nicht staubender Form verwendet. Cadmiumverbindungen spielen nur noch eine untergeordnete Rolle und sollten nicht länger verwendet werden. Der MAK-Wert für den Weichmacher DEHP (10 mg/m^3) kann mit großer Sicherheit eingehalten werden.

Produktion und Verarbeitung von PVC-Substituten

Die Frage nach Gesundheitsgefahren bei der Herstellung und Verarbeitung der PVC-Substitute beantwortet die Bundesanstalt für Arbeitsschutz wie folgt:

„Die Substitition von PVC durch andere Materialien kann sich aufgrund möglicher höherer Belastungen der Beschäftigten nachteilig auf den Gesundheitsschutz am Arbeitsplatz auswirken. Dies gilt insbesondere, wenn bei der Verarbeitung handwerkliche Verfahren zur Anwendung kommen. Beispiele hierfür stellen die Substitute Holz und Keramik im Bereich der Bodenbeläge dar.

Eichen- und Buchenholzstaub sind als eindeutig krebserzeugend eingestuft, für andere atembare Holzstäube besteht der begründete Verdacht auf ein krebserzeugendes Potential. Belastungen durch Holzstaub treten bei der Parkettverlegung bei den notwendigen Säge- und Schleifarbeiten auf. Hinzu kommen Belastungen durch Lösemittel beim Grundieren, Kleben, Spachteln und bei der, im Unterschied zu PVC, notwendigen Oberflächenbehandlung des Holzfußbodens. Messungen u. a. der Bau-Berufsgenossenschaft Frankfurt am Main haben gezeigt, daß bei der Parkettverlegung Lösemittelgrenzwerte häufig überschritten waren. Durch die Verwendung lösemittelarmer oder lösemittelfreier Produkte ist zukünftig eine Verringerung der Gefährdung möglich.

Als Ersatz für PVC-Bodenbeläge in Naßbereichen kommen Fußbodenfliesen in Frage. Gesundheitsrisiken beim Verlegen der Fliesen sind insbesondere dann gegeben, wenn chromathaltiger Zement verwendet wird. Auch hier ist durch die Verwendung chromarmer Zemente eine Verringerung der Gefährdung möglich." (KDrs 12/11 a, S. 144 f., Bundesanstalt für Arbeitsschutz)

Vertiefende Informationen sind bei Bedarf auch für andere Ersatzprodukte beizubringen.

Nutzungsphase von PVC-Produkten

PVC als Polymer ist selbst nicht toxisch; es kann wie jeder andere Kunststoff bei großflächiger Anwendung in Innenräumen allerdings wegen seiner geringen Wasserdampfdurchlässigkeit und ggf. auch durch ausgasende Hilfsstoffe negative Wirkungen auf das Raumklima haben.

Gesundheitsgefährdungen können somit nicht nur während der Herstellung sondern auch während des Gebrauchs eines Produktes entstehen. Hierzu hat das Bundesgesundheitsamt 1993 gegenüber der Enquete-Kommission „Schutz des Menschen und der Umwelt" folgendermaßen Stellung genommen:

„Problematisiert werden möglicherweise resultierende Innenraumbelastungen durch Ausgasungen von Vinylchloridmonomeren oder der in manchen Fertigprodukten enthaltenen Weichmacher. Hierzu ist anzumerken, daß ein Nachweis von aus Baumaterialien emittierten VC-Monomeren in Innenräumen im BGA bisher nicht bekannt geworden ist.

In einem kürzlich vorgelegten Gutachten des Instituts für Arzneimittel des Bundesgesundheitsamtes wird davon ausgegangen, daß die Aufnahme des Normalverbrauchers an DEHP, die in erster Linie über Lebensmittel und nur in geringem Maße auch über die Innenraumlauft erfolgt, unter 30 µg/kg Körpergewicht liegt. Es besteht ein hoher Sicherheitsabstand zwischen Dosen mit toxischer Wirkung am Tier und den genannten möglichen Innenraumbelastungen.

Auch die als Bodenbeläge meist für PVC alternativ verwendeten textilen Fußbodenbeläge und Linoleum bestehen aus diversen Einzelkomponenten, die teilweise ein nennenswertes Ausgasungsverhalten zeigen. So werden unter den Einrichtungsgegenständen Teppichböden am häufigsten als Auslöser des Sick Building Syndroms genannt. (...) Auf Einsatz von Zusatzausrüstungen (z. B. Mottenschutz), Fragen der allgemeinen Hygiene ebenso wie die Hausstaubmilbenproblematik sei nur hingewiesen.

In neuesten Publikationen insbesondere aus Dänemark wird den Emissionen aus in Gebäuden verlegtem Linoleumfußboden nachgegangen. Die Studien waren aufgrund massiver Beschwerden über Geruchsbelästigungen in öffentlichen Gebäuden durchgeführt worden (Wolkoff et al., 1993). Mehr als 10 aliphatische Aldehyde und Carbonsäuren konnten nach Einbringungen von neuen, aber auch alten Linoleumfußbodenproben in der Luft von Testkammern nachgewiesen werden. Die hieraus abgeschätzten Innenraumkonzentrationen liegen z. B. für Hexanal einen Monat nach dem Verlegen bei 3 bis 57 µg/m³ Luft. Aliphatische Aldehyde und Carbonsäuren zeichnen sich durch einen ausgesprochen unangenehmen Geruch aus; besonders ungesättigte aliphatische Aldehyde besitzen darüber hinaus ein deutlich schleimhautreizendes Potential."

Recycling

Die Wiederverarbeitung von PVC aus Produktionsrückständen und alten Kunststoffprodukten unterscheidet sich in bezug auf die Stoffbelastung am Arbeitsplatz nicht wesentlich von der Verarbeitung neuer Ware. Lediglich die beim Recycling notwendige Zerkleinerung der Kunststoffprodukte ist mit einer zusätzlichen Gefährdung verbunden, wenn Beschäftigte gegenüber dem bei diesem Verfahrensschritt entstehenden Staub exponiert sind. Für PVC gilt ein Staubgrenzwert von 5 mg/m^3, gemessen als Feinstaub. Neben dem eigentlichen Polyvinylchlorid enthält der Staub auch alle Additive, die dem Rohkunststoff ursprünglich zugesetzt wurden. Die üblichen Einsatzkonzentrationen von Stabilisator-Metallen und Weichmachern sind jedoch so niedrig, daß bei Einhaltung des PVC-Staubgrenzwertes die Grenzwerte für die Additive ebenfalls eingehalten werden.

Asbesthaltige PVC-Bodenbelänge sind vom Recycling auszuschließen.

Orientierende Messungen in der Bodenbelagsrecyclinganlage in Großefehn und bei zwei Betrieben, die Alt-PVC-Fenster aufarbeiten, zeigen, daß der Staubgrenzwert, der Grenzwert für Asbest-Fasern und die Grenzwerte für sämtliche in Frage kommenden Schwermetalle sicher eingehalten werden können. Eine regelmäßige Überprüfung ist notwendig und vorgesehen.

Frühzeitiges Erkennen und Lösen von Arbeitsschutz-Problemen z. B. aufgrund von PVC-Stäuben und die mögliche Entstehung von PCDD/PCDF bedürfen besonderer Beachtung.

4.4.4.1.7 Fazit und Handlungsempfehlungen

Nach Jahren einer intensiv geführten Diskussion ist PVC heute der hinsichtlich seiner Umweltrelevanz bei weitem am besten untersuchte Werkstoff. Im Rahmen dieser Untersuchungen wurden sowohl die Vorzüge von PVC wie seine Langlebigkeit und der geringe Energieverbrauch zur Herstellung offengelegt, als auch Nachteile wie z. B. die hohen Entsorgungskosten durch Chloreintrag in die Müllverbrennung festgestellt.

Die Untersuchungen der Enquete-Kommission haben aber gezeigt, daß eine ökologisch verträgliche Verwertung und Entsorgung von PVC-

Produkten nicht nur möglich ist, sondern auch ein großes ökologisches Verbesserungspotential in diesem Bereich besteht.

Die ökologisch verträgliche Verwertung und Entsorgung von PVC verursacht nicht unerhebliche Kosten. Es ist nicht einzusehen, daß die Allgemeinheit mit den Entsorgungskosten für PVC oder andere Werkstoffe belastet wird. Aus diesem Grund ist dafür Sorge zu tragen, daß die Entsorgungskosten grundsätzlich für alle Werkstoffe in den Produktpreis integriert werden. Die Veränderung der Preisrelationen zwischen den verschiedenen Werkstoffen durch die Internalisierung der Entsorgungskosten führt zu ökologisch vorteilhaften Verschiebungen der Wettbewerbsfähigkeit der verschiedenen Produkte.

Für die Art der Entsorgung wird es je nach Produkt verschiedene Wege geben. Verpackungen – auch solche aus PVC – müssen schon heute weitgehend zurückgenommen werden und ohne finanzielle Beteiligung der öffentlichen Hand verwertet werden. Die im Ausbau befindlichen Anlagen zur rohstofflichen Kunststoffverwertung (Kohleölhydrierungsanlage Bottrop, BASF-Anlage) können Verpackungsabfälle mit dem üblichen PVC-Anteil ohne weiteres verwerten. Sollte irgendeine der angelieferten Fraktionen eine Kostenerhöhung bewirken, so ist es Aufgabe der Betreiber, diese Kosten von den Verursachern zurückzufordern.

Da nach der letzten bundesweiten Hausmüllanalyse 65% des PVC-Gehalts im Hausmüll über Verpackungen eingebracht wird, ist durch diese Maßnahmen eine massive Minderung des PVC-Eintrags in Müllverbrennungsanlagen zu erwarten.

Für das werkstoffliche Recycling von PVC-Bauprodukten existieren heute mehrere von der Industrie betriebene Anlagen. Die Rücknahme ist heute jedoch noch ein freiwilliges Angebot der Branchen. Durch geeignete gesetzliche Regelungen ist dafür zu sorgen, daß sämtliche Bauprodukte – gleich aus welchem Werkstoff – von den jeweiligen Branchen zurückgenommen werden und ohne finanzielle Beteiligung der öffentlichen Hand verwertet oder entsorgt werden. Ähnliche Regelungen sind auch für andere Produktgruppen anzustreben.

Diese Anlagen zur Verwertung von Post-Consumer-Reststoffen haben genauso wie die Anlagen zur Verwertung und Entsorgung von Produktionsresten sämtliche gesetzlichen Auflagen einzuhalten. Es ist dabei grundsätzlich gleichwertig, auf welchem Weg der Betreiber die Auflagen erfüllt, solange die öffentliche Hand nicht mit den Kosten belastet wird.

Für PVC liegen detaillierte Kenntnisse vor über
- Energieverbrauch und Emissionen bei der Herstellung,
- Lebensdauer und Pflegeaufwand sowie
- Produktionskosten inklusive deren Entsorgungskosten.

Bei vielen Werkstoffen, die in der Diskussion als Ersatzmöglichkeiten für PVC genannt wurden, fehlen diese Informationen. Ohne ökonomische oder ökologische Begründung kann die Enquete-Kommission jedoch die Substitution von PVC durch andere Werkstoffe nicht empfehlen. Eine solche Umstellung birgt die Gefahr einer Problemverschiebung, wenn nicht gar einer Verschlechterung des gegenwärtigen Zustandes in sich.

Die Enquete-Kommission schlägt auf Grund ihrer Erkenntnisse und Zielsetzungen die folgenden Maßnahmen vor:

(1) Es ist dafür zu sorgen, daß die Entsorgungs- und Verwertungskosten für PVC wie für die Ersatzstoffe in den Produktpreis integriert werden und die öffentliche Hand von den Entsorgungskosten entlastet wird. Dies kann durch branchenbezogene Rücknahmeverordnungen geschehen.

Für sämtliche Anlagen zur Verwertung und Entsorgung, insbesondere wenn sie Verbrennungsprozesse beinhalten, ist auf strengste Einhaltung aller gesetzlichen Auflagen zu achten.

(2) Die Verwertungsmöglichkeiten für PVC-Produkte sind zu erweitern. Es soll jeweils die ökologisch und ökonomisch optimale Verwendungsart Priorität haben. Dies wird für viele PVC-Produkte das werkstoffliche Recycling sein.

(3) Eine Kennzeichnung für alle Kunststoffprodukte ist zur Unterstützung der Sammellogistik einzuführen.

(4) Das Chlorrecycling (Produktion von HCl aus PVC durch Verbrennung) ist eine notwendige Alternative zum werkstofflichen Recycling, um auch das Chlorpotential in der Technosphäre abzubauen. Die Verwertung von Sekundärchlor bedingt einen entsprechenden Rückbau der Primärchlor-Produktion.

(5) Auf den Neuzusatz von Cadmium zu PVC soll verzichtet werden. Es ist darauf hinzuwirken, daß die EU-Richtlinie in diesem Sinne geändert wird. Schon heute verhindert die EU-Richtlinie durch strenge Grenzwerte (Begrenzung des Cadmium-Gehalts auf 100 ppm) den Einsatz cadmiumhaltiger Recyclate außerhalb der klassischen Einsatzgebiete wie Fensterprofile. Die Entwicklung von Ersatzprodukten für Stabilisatoren auf Bleibasis ist zu forcieren.

(6) Es sind Vinylchlorid-Höchstmengen in allen PVC-haltigen Produkten in der EU und Überprüfungen der Vinylchloridgehalte beim Import-PVC festzulegen.

(7) Sollten im Rahmen weiterer Untersuchungen verwendungsbezogene Probleme mit PVC-Produkten auftreten, die durch die bisher genannten Maßnahmen nicht sachgerecht gelöst werden können, ist über andere Schritte zu entscheiden.

Sondervotum der Kommissionsmitglieder Thea Bock, Ulla Burchardt, Marion Caspers-Merk, Dr. Henning Friege, Prof. Dr. Georges Fülgraff, Dr. Rainer Grießhammer, Dr. Martin Held, Ernst Schwanhold, Jürgen Walter, Reinhard Weis zum Kapitel 4.4.4.1.7 „PVC, Fazit und Handlungsempfehlungen"

„Das Mehrheitsvotum der Mitglieder der Enquete-Kommission zu diesem Punkt ist ein erster, aber insgesamt unzureichender Schritt für einen langfristig verantwortungsvollen Umgang mit PVC. Entsorgungs- und Verwertungsprobleme mit PVC werden im wesentlichen durch PVC-Verbundprodukte verursacht. Über die Forderung nach der ökologisch und ökonomisch besten Verwertungsart für PVC-Produkte hinausgehend, müssen in die Praxis umsetzbare Empfehlungen der Enquete-Kommission genannt werden. Denn durch die Verteilung kurzlebiger Produkte an Millionen von Konsumenten wird beispielsweise eine unter dem Gesichtspunkt des schonenden Umgangs mit Energie vertretbare Sammlung, Sortierung und Reinigung erschwert.

Es ist jedoch an der Zeit, deutliche Konsequenzen aus der jahrelang geführten PVC-Debatte zu ziehen. Schätzungen über das mittelfristige Aufkommen von PVC-Abfällen schwanken zwischen 420 000 t und 1 Mio. t pro Jahr. Diese zu erwartenden Mengen erfordern eine gesellschaftlich akzeptierte und zumindest mittelfristig ökologisch, ökonomisch und sozial tragfähige Lösung. Es muß ein Weg für einen ökologisch verträglichen Umgang mit PVC gefunden werden.

Die obengenannten Kommissionsmitglieder sehen grundsätzlich zwei sich zum Teil ergänzende Wege, das Ziel eines ökologisch verträglicheren Umgangs mit PVC zu erreichen:

a) Einsatz ordnungsrechtlicher Instrumente und

b) ökonomische Instrumente im Zusammenspiel mit freiwilligen Vereinbarungen

(1) Kurzlebige PVC-Produkte und solche langlebigen PVC-Produkte, bei denen werkstoffliches Recycling aufgrund ihres Verteilungsgrades und/oder ihrer Produktzusammensetzung nicht mit vertretbarem Aufwand möglich ist, sind zu substituieren. Zu der ersteren Produktgruppe gehören z. B. Verpackungen und Spielzeug, zu der letzteren z. B. Tapeten und Unterbodenschutz bei Automobilen. Die in diesen Bereichen vorhandenen Alternativen haben sich aus unterschiedlichen Gründen auf dem Markt noch nicht oder noch nicht wieder durchgesetzt. Hier können in einem ersten Schritt auch freiwillige Vereinbarungen abgeschlossen werden.

(2) Für grundsätzlich recyclingfähige PVC-Produkte wie Hart-PVC-Profile und Rohre sind Rücknahme- und Rückgabepflichten einzuführen. Diese Produkte sind grundsätzlich werkstofflich zu verwerten. Bei Überschreiten bestimmter

Schwermetallkonzentrationen im Alt-PVC sollte das Produkt unter HCl- und Energierückgewinnung verbrannt werden, um eine Verschleppung vor allem des giftigen Cadmiums zu vermeiden.

(3) Die Wirtschaft soll durch die Festlegung von Rücknahmeverpflichtungen sich entweder für eine Strategie zur Sicherstellung der Verwertung oder für einen Verzicht auf PVC entscheiden.

(4) Zur Sicherstellung des PVC-Chlor-Kreislaufs für derartige Produkte wird die Einrichtung eines Garantiefonds für die Verwertung verlangt, in den bei Verkauf der Neuprodukte die entsprechende Ausgleichssumme eingezahlt werden muß.

(5) Auf den Einsatz von Verbünden aus PVC und anderen Materialien sollte verzichtet werden, um die Sammlung sortenreinen Materials zu erleichtern und um die Entstehung von Dioxinen bei unkontrollierter Verbrennung zu verhindern. Daher sollte umgehend z. B. auf den Einsatz PVC-beschichteter Hölzer verzichtet werden.

(6) Cadmium-Stabilisatoren für PVC sind kurzfristig durch andere Systeme, wie z. B. Calcium-Zink-Stabilisierungssysteme, zu substituieren. Innerhalb kurzer Übergangsfristen ist auch auf Blei-Stabilisatoren zu verzichten.

(7) Eine Kennzeichnungsverpflichtung ist für alle Kunststoffprodukte zur Unterstützung der Sammellogistik einzuführen.

(8) Eine Ächtung von einzelnen PVC-Produkten kann den Import aus der EG nicht verhindern. Gleichzeitig kann die deutsche Industrie durch Schließung des PVC-Chlor-Kreislaufs ihre Existenz sichern und damit auch ihr Exportgeschäft erhalten, das oft über 50 % ausmacht.

Sowohl der ordnungspolitische wie der ökonomische Weg und Kombinationen daraus sind Lösungsmöglichkeiten, um zu einem ökologisch verträglicheren Umgang mit PVC zu kommen."

Sondervotum des Kommissionsmitglieds Ingeborg Philipp:

„Ich schließe mich dem Sondervotum zum Kapitel 4.4.4.1.7 ‚PVC, Fazit und Handlungsempfehlungen' an."

4.4.4.2 Chlorkohlenwasserstoffe (CKW)

Aus der Stoffgruppe der „Chlorkohlenwasserstoffe" hat die Enquete-Kommission Dichlormethan (Methylenchlorid, DCM), Tetrachlorethen (Perchlorethylen, PER), Trichlorethen (Trichlorethylen, TRI) und 1,1,1-Trichlorethan (Methylchloroform, 1,1,1-TRI) für ihre Betrachtungen ausgewählt. Die ökologische Relevanz der CKW-Lösemittel ergibt sich vor allem aus Gefährdungen der menschlichen Gesundheit durch direkte Exposition am Arbeitsplatz und in der Umgebung von Anlagen zur Herstellung und Anwendung, aber auch durch die diffuse Verteilung und die Persistenz einiger CKW in der Umwelt.

Die Anwendungsmengen von leichtflüchtigen Chlorkohlenwasserstoffen sind in den letzten Jahren stark rückläufig. Die Gründe für diesen Rückgang sind sowohl in der zunehmenden Erkenntnis und umweltpolitischen Diskussion über das Gefährdungspotential der CKW als auch in den daraufhin erfolgten Veränderungen der rechtlichen Rahmenbedingungen für den Gebrauch dieser Stoffe zu suchen. Die Stoffgruppe der CKW-Lösemittel war in den letzten Jahren in besonderem Maße Gegenstand von gesetzlichen Regelungen und Maßnahmen zur Emissionsminderung. Am Beispiel der CKW-Lösemittel versuchte die Enquete-Kommission sich ein Bild von den Folgen der technischen, ökonomischen und logistischen Umstrukturierungen in den Bereichen Herstellung und Anwendung zu verschaffen. Im Vordergrund standen die entwickelten und noch zu entwickelnden Maßnahmen zur Emissionsminderung, insbesondere das im Aufbau begriffene Kreislaufsystem im Sinne einer Chemiedienstleistung, sowie die Substitutionsmöglichkeiten von CKW durch andere Stoffe oder Reinigungstechnologien. Darüberhinaus wurde versucht, die Auswirkungen der Reduktionen auf den gesamten Chlorstoffstrom zu quantifizieren. Die Enquete-Kommission hat über eine allgemeine Betrachtung des Bereichs der CKW-Lösemittel hinaus die Hauptanwendungsbereiche Metallentfettung und Textilreinigung genauer untersucht, um Rückschlüsse für den Umgang mit umweltrelevanten Stoffen zu ziehen, um die Konsequenzen für die betroffenen Branchen kennenzulernen und um die weitere Substitution von CKW-Lösemitteln zu hinterfragen.

Die umweltpolitische Diskussion über die Anwendung von CKW-Lösemitteln konzentrierte sich in den siebziger Jahren vor allem auf das Problem der Kanzerogenität und der Einleitung zum Teil stark mit CKW belasteter Abwässer. So war es noch in den siebziger Jahren Praxis, mit CKW belastete Abwässer um Kläranlagen herumzuleiten, um den biologischen Abbau anderer Stoffe nicht zu stören (Schenkel/Storm, 1990). Intensive Öffentlichkeitsarbeit wurde vor allem von den Wasserwerken geleistet (Aurand, 1982). Die Grundwasserrelevanz der CKW-Lösemittel, die durch die hohe Mobilität dieser Stoffe im Boden und ihre Persistenz im Grundwasser bedingt ist, wurde erst in den achtziger Jahren erkannt. Zahlreiche Altlasten mit massiver Grundwasserverschmutzung, hervorgerufen vor allem durch die unsachgemäße Lagerung von CKW-haltigen Abfällen und den sorglosen Umgang mit diesen Stoffen, sind mittlerweile identifiziert worden. Die Altlastenproblematik mit CKW-Lösemitteln führt zu erheblichen finanziellen Belastungen nicht nur der Anwender als Verursacher von Kontaminationen, sondern auch zahlreicher Kommunen, die selbst die Sanierungskosten tragen müssen, wenn sich kein Verursacher dingfest machen läßt. Exemplarisch sind in

Tabelle 4.4.4: CKW-Altlasten in Düsseldorf: Kosten für die Sanierung in Mio. DM

Nr.	Bezeichnung	Verursacher	Hauptkomponente	(geschätzte) Gesamtkosten der Sanierung	Öffentliche Hände + AAV	Ausgaben bisher Investor oder Entsorgungspflichtiger	Status
1.	Hansaallee	Metallverarbeitung	TRI, PER	5*	–	5*	A
2.	Lierenfeld I	Metallverarbeitung	TRI	1*	–	1*	A
3.	Waagenstraße	Lohndestillation	111, PER, TRI, CIS, VC	25	25	–	B
4.	Innenstadt	Großreinigung	PER	33	20	13	C
5.	Esperantoplatz	Metallverarbeitung, chem. Reinigung	PER	20		2	C
6.	Benrath	Metallverarbeitung	TRI	10*	–	10*	C
7.	Gerresheim	Grundstoffindustrie	PER	1*	–	1*	B
8.	Rath	Gummi/Schaumstoff	PER, TRI	10*	?	3*	B
9.	Hildener Straße	Metallverarbeitung	TRI	5*	?	?	D
10.	Lierenfeld II	Chemiebetrieb, Läger...	111, PER, TRI, CIS, VC	20*	?	?	D
11.	Seestern	Büromaschinen	TRI, TETRA	5*	?	?	D
12.	10 lokale Fälle >100µg/l	div.	CKW	10*	?	?	D
13.	6 lokale Fälle > 40µg/l	div.	CKW	3*	?	?	D
14.	Weitere 140 Fälle > 10µg/l	div.	CKW	?	?	?	E

Fortsetzung Tabelle 4.4.4

Abkürzungen:

A	=	Sanierung abgeschlossen
B	=	Sanierung im Gange
C	=	Teilsanierung im Gange
D	=	Sanierung in Planung bzw. Untersuchungen laufen
E	=	bisher keine Erkundungen
*	=	Kostenschätzung
TRI	=	Trichlorethen
PER	=	Tetrachlorethen
TETRA	=	Tetrachlormethan
111	=	1,1,1-Trichlorethan
CIS	=	CIS-1,2-Dichlorethen
VC	=	Chlorethen (Vinylchlorid)

$\longrightarrow$ Kontaminanten

$\longleftrightarrow$ Metabolite

1. Waagenstraße: CKW_{max} = 180 000 µg/l
   Fahnenlänge: ca. 4 km
   Kosten: ca. 25 Mio. DM

2. Innenstadt: CKW_{max} = 113 000 µg/l
   Fahnenlänge: ca. 4 km
   Kosten: ca. 30 Mio. DM – nur für die Fahne
   – Fahne sehr breit

   Grundstück wird von den Störern saniert.
   Betriebskosten: ca. 200 000 DM/a (Grundwasser)
   Betriebsdauer: ca. 10a (Grundwasser)
   Zusätzliche Bodenluftsanierung + Investitionskosten insgesamt ca. 3 Mio. DM für das Grundstück

3. Esperantoplatz: CKW_{max} = 2 700 µg/l
   Kosten: bisher ca. 3 Mio. DM

4. Annahmen: * CKW_{max} >100 000 µg/l +
   Schätzung   kilometerlange Fahne: ca. 20–30 Mio. DM

   * CKW_{max} >10 000 µg/l +
     begrenzte Fahne: ca. 10 Mio. DM

   * CKW_{max} >1 000 µg/l +
     Fahne: ca. 5 Mio. DM

   * CKW_{max} >100 µg/l +
     lokal begrenzte Fahne, junger Schaden: ca. 1 Mio. DM pro Fall

   * CKW_{max} >40 µg/l: ca. 500 000 DM pro Fall

Nach dem derzeitigen Stand sind von der öffentlichen Hand
– Waagenstraße: 25 Mio. DM (Rückforderung von den Pflichtigen offen)
– Innenstadt: 20 Mio. DM (Vergleich)
– Esperantoplatz: 2 Mio. DM am Esperantoplatz +
   1 Mio. DM bei Maßnahmen
   (Stadt Düsseldorf ist Eigentümer)

bisher ca. 50 Mio. DM für Grundwassersanierungsmaßnahmen in Düsseldorf aufgewendet worden. Weitere 70–80 Mio. DM kommen vermutlich im Laufe der nächsten Jahre hinzu.

30 Mio. DM werden grob geschätzt bisher von Verursachern/Zustandsstörern oder Investoren aufgebracht.

Tabelle 4.4.4 die in Düsseldorf erkannten Chlorwasserstoff-Altlasten aufgeführt. Die bislang angefallenen Kosten verteilen sich auf die öffentlichen Hände (Stadt, Land, Abfallentsorgungs- und Altlastensanierungsverband (AAV): 48 Mio. DM) und Verursacher bzw. Grundstückseigentümer oder Investoren (35 Mio. DM). Die geschätzten Gesamtkosten der Sanierung von CKW-Altlasten liegen für Düsseldorf bei ca. 150 Mio. DM. Auch wenn dieses Beispiel einer Großstadt nicht für Deutschland als repräsentativ angesehen werden kann, zeigt es die vielseitige Problematik der CKW-Altlasten gut auf.

Heute ist man bestrebt, die Fehler der Vergangenheit durch technische Maßnahmen, durch sachgerechten und verantwortlichen Umgang sowie durch ein umfassendes Abfallmanagement zu vermeiden. Eine wichtige Rolle spielen hierbei die Aufklärung und Unterweisung der Anwender.

4.4.4.2.1 Produktion und Verwendung

PER wird überwiegend durch Chlorolyse erzeugt. Als Einsatzstoffe dienen CKW-Rückstände. Weitere Produktionsmöglichkeiten sind die Oxichlorierung von 1,2-Dichlorethan unter Einsatz von HCl und die mehrstufige Chlorierung auf Ethylen- bzw. Acetylenbasis. Das als Nebenprodukt anfallende Tetrachlormethan (Tetra) wird heute in den PER-Prozeß zurückgeführt, bislang diente es als Ausgangsstoff für die Herstellung der FCKW R 11 und R 12. PER dient als Vorprodukt für die Herstellung von TRI.

DCM wird heute hauptsächlich durch die Weiterchlorierung von Methylchlorid hergestellt. Methylchlorid wird unter Einsatz von HCl durch Hydrochlorierung von Methanol gewonnen. DCM kann auch durch direkte Oxichlorierung von Methan hergestellt werden. Hierbei dient ebenfalls HCl als einzige Chlorquelle. Bei der Produktion von PER, TRI und DCM entstehender Chlorwasserstoff (HCl) wird in den Herstellungsprozeß von Methylchlorid (Vorprodukt von DCM) zurückgeführt.

Darüber hinaus besteht eine enge verfahrenstechnische Verzahnung zwischen der Produktion von PER, TRI und DCM und der Herstellung von FCKW. Der Ausstieg aus der FCKW-Produktion wirkt sich so direkt auf die CKW-Produktion aus. PER dient als Vorprodukt für die Herstellung der FCKW R 113, R 114 und R 115. Beim Produktionsmaximum 1987 wurden in der Bundesrepublik Deutschland rund 11 000 t PER für diesen Zweck eingesetzt, die aus der PER-Produktion der EG stammten. Durch den FCKW-Ausstieg wird der Bedarf an PER nur um weniger als 5% vermindert.

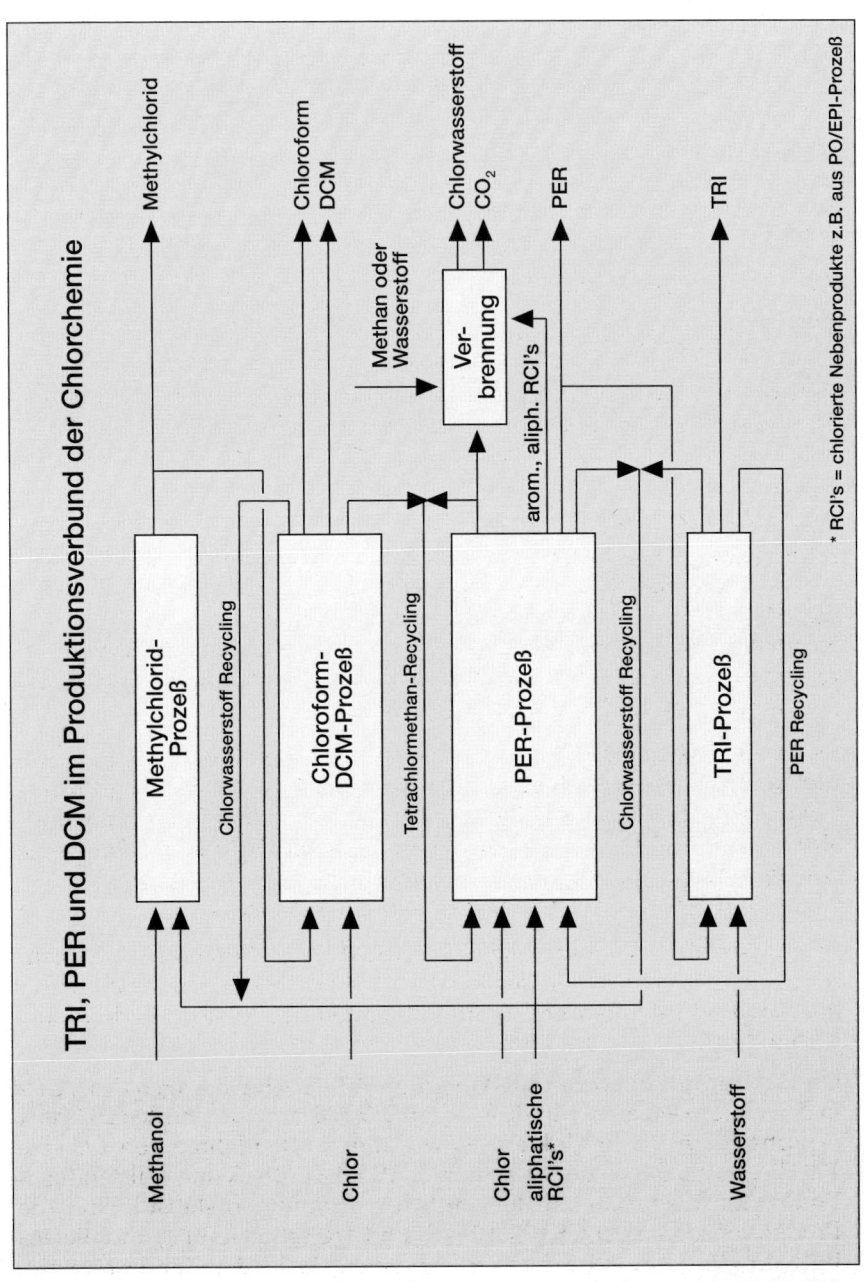

Abb. 4.4.2: Die Herstellung der Chlorkohlenwasserstoffe Trichlorethen (TRI), Tetrachlorethen (PER) und Dichlormethan (DCM) im Produktionsverbund der Chlorchemie.

Quelle: Schematische Darstellung nach Nader, 1993 (KDrs 12/11b, S. 234)

Das zum größten Teil aus der Methanchlorierung (Herstellung von DCM) stammende Tetra wurde bislang in der Produktion der FCKW R 11 und R 12 eingesetzt. Der Ausstieg aus der R 11- und R 12-Produktion führte zum Verlust dieses TETRA-Marktes. Die Methanchlorierung muß daher so optimiert werden, daß die Entstehung von TETRA so gering als möglich gehalten wird. Der nicht vermeidbare Anteil des als Nebenprodukt anfallenden Tetras kann dann entweder thermisch verwertet werden (HCl-Gewinnung) oder wird in den PER-Prozeß eingeführt.

Auch im Zusammenhang mit der Vinylchlorid-Herstellung (s. Kap. 4.4.4.1.1) wurde bereits auf die Verwendung bzw. Entsorgung von CKW-Rückständen hingewiesen.

PER ist außerdem ein Vorprodukt des FCKW-Ersatzstoffes R 134a (s. Enquete-Kommission „Schutz des Menschen und der Umwelt", 1993, S.173 ff.).

Die Herstellung von CKW ist über diese verfahrenstechnischen Wechselwirkungen eng in den gesamten Produktionsverbund der Chlorchemie eingebunden: Während bis vor kurzem die Herstellung von PER eine zentrale Rolle für die Verwendung von CKW-Rückständen gespielt hat, die bei vielen chlorchemischen Prozessen anfallen (z. B. auch bei der Herstellung von Propylenoxid), schwindet diese Bedeutung im Verfahrensverbund, da in zunehmendem Maße CKW-Rückstände unter Rückgewinnung von HCl verbrannt werden.

Da bei der Methanol-Hydrochlorierung, bzw. der Oxichlorierung von Methan Chlorwasserstoff eingesetzt wird, der in verschiedenen Prozessen des Chlorverbundes anfällt (s.a. Auswirkungen auf den Chlorstoffstrom, Kap. 4.4.4.1.5) spielen diese Verfahren der DCM-Herstellung eine wichtige Rolle für den HCl-Verbund. Dies gilt nicht nur für die CKW-Produktion, sondern für die Chlorchemie insgesamt.

Eine wesentliche Veränderung in der DCM-Herstellung oder die Realisierung neuer Prozesse, in denen HCl in größeren Mengen anfällt, wirkt über den HCl-Stoffstrom somit auf andere Teile des Produktionsverbundes.

Die Gesamtproduktion an CKW betrug 1991 – nach Umfragen des VCI – in den neuen und alten Bundesländern 259 000 t; davon wurden 202 000 t exportiert. Für die Produktionsentwicklung in den Jahren von 1986 bis 1992 liegen bezüglich der einzelnen CKW-Lösemittel keine vollständigen Produktionsdaten vor. In der amtlichen Produktionsstatistik sind die Produktionsdaten der CKW 1,1,1-TRI und TRI schon immer, und die des PER für die Jahre 1987 bis 1989 gesperrt, da in der Bundesrepublik Deutschland nur jeweils ein bzw. zwei Hersteller ansässig waren bzw.

Tabelle 4.4.5: Produktion, Import und Export von chlorierten Kohlenwasserstoffen in der Bundesrepublik Deutschland (1991, alte Bundesländer)

	Produktion '91 (kt)	Import '91 (kt)	Export '91 (kt)	Chloranteil (Gew.-%)
Perchlorethylen (PER)	97	13	72	86
Trichlorethylen (TRI)	6	9	2	81
Dichlormethan (DCM)	91	14	71	83
1,1,1-Trichlorethan	17	–	–	80

Quellen: Prognos, 1994; Chloranteile: KDrs 12/11a, S. 101, Schlegel

sind (KDrs 12/11b, Nader). Während der Inlandsabsatz von 1986 bis 1992 drastisch sank, ist ein Rückgang der Exportmengen, soweit überprüfbar, erst in den letzten Jahren erfolgt. Der Export von PER, TRI und DCM ging in diesem Zeitraum um 24 % zurück, während die Verbrauchsmengen um 56 % sanken. Die Produktionsentwicklung ist also nicht direkt mit den inländischen Verbrauchsmengen gekoppelt. Wie aus Tabelle 4.4.5 ersichtlich, ist der bundesdeutsche CKW-Markt stark von Exporten geprägt.

Es wird erwartet, daß sich der rückläufige Trend in der Produktion und im Export auch in Zukunft fortsetzen wird. Neben den Substitutionspro-

Tabelle 4.4.6: Herstellung und Verbrauch von PER in der Bundesrepublik Deutschland in den Jahren 1987 und 1992

	1987	1992
Herstellung	154 000 t	83 900 t
Verbrauch gesamt	76 000 t	38 900 t
Metallbehandlung	31 600 t	13 500 t
Textilreinigung	17 500 t	3 300 t
Zwischenprodukt für R 113/114/115	19 800 t	3 800 t
Zwischenprodukt für Trichlorethen	–	11 400 t
Import	15 210 t	12 870 t
Export	93 600 t	58 500 t
Gesamtmenge eingesetztes Chlor	235 000 t	143 000 t

Quelle: Friege, 1994

Tabelle 4.4.7: Ermittlung der CKW-Verkaufsstrukturen der Bundesrepublik für das Jahr 1992*)

	PER	TRI	DCM	Summe
Direktverkäufe der Hersteller (VCI)	2,3	2,4	9,6	
Verkäufe des Chemiehandels (VCH)	17,5	8,3	11,3	
Chemiehandel (Ost)	–	–	1,5	
Gesamtverkäufe	19,8	10,7	22,4	52,9
davon in:				
– Metallentfettung, Kaltreinigung und Elektronik	13,5	7,1	2,7	23,3
– Textilreinigung	3,1	–	–	3,1
– Entparaffinierung	–	–	0,1	0,1
– Entlacken, Abbeizen	0,1	0,2	3,1	3,4
– Lösemittel für chemische Prozesse/Pharma	–	0,2	6,3	6,5
– Extraktionen	–	–	0,5	0,6
– Klebstoffe und Kunststoffverarbeitung	–	2,2	5,2	7,4
– Aerosole	–	–	0,6	0,6
– Sonstige Anwendungen	1,7	0,7	2,9	5,3
	18,4	10,4	21,5	50,3
nicht zuordnungsbare Angaben von Firmen des Chemiehandels	1,4	0,3	0,9	2,6
	19,8	10,7	22,4	52,9

*) Kombination der Umfragen des VCH und des VCI; die Differenz zur Abschätzung des Gesamt-CKW-Marktes in Deutschland ergibt sich aus der Nichterfassung von Direktimporten aus Drittländern

zessen durch Nicht-CKW-Technologien werden verstärkte Wiederaufarbeitung und effizientere Emissionsminderungsmaßnahmen im Binnen- und Exportmarkt hierfür verantwortlich sein. Wenn sich dieser Trend in Westeuropa weiter fortsetzt, ist nicht auszuschließen, daß mittelfristig weitere CKW-Produktionsanlagen stillgelegt werden (KDrs 12/11b, Nader) (s. auch Kap. 4.4.4.2.5).

Die CKW-Lösemittel besitzen aufgrund der Polarität der Chlor-Kohlenstoffbindung ein hohes Lösevermögen für eine breite stoffliche Vielfalt. Sie reicht von hydrophilen über polare lipophile bis hin zu unpolaren lipophilen Stoffen. Diese Lösequalität wird von keiner anderen Stoffgruppe erreicht.

Die Hauptanwendungsgebiete der CKW sind die Metallentfettung, die Verwendung als Lösemittel in Klebstoffen und bei der Kunststoffverarbeitung, die Verwendung als Lösemittel bei chemischen Synthesen, die Entlackung und die Textilreinigung.

Der Gesamtverbrauch an CKW-Lösemitteln (PER, TRI, DCM, 1,1,1,-TRI) in der Bundesrepublik Deutschland betrug 1992 ca. 63 500 t. Hiervon fallen 55 000 t auf eingesetzte Frischware und 8 500 t auf eingesetzte Recyclate. In Westeuropa betrug 1990 der Gesamtverbrauch 600 000 t (510 000 t Frischware, 90 000 t Recyclate); (KDrs 12/11a, S. 57, Kraef).

Wenngleich es nicht immer hilfreich ist, zwischen umweltoffener und geschlossener Anwendung zu unterscheiden – im EG-Bereich entweichen 75% aller eingesetzten CKW-Lösemittel in die Atmosphäre, während es in der Bundesrepublik Deutschland bei wesentlich strengeren Emissionsgrenzwerten (immer noch!) 53% sind –, soll an dieser Stelle auf die eindeutig als umweltoffen zu bezeichnenden Anwendungen eingegangen werden. Dies sind im wesentlichen:

Tabelle 4.4.8: *Inländischer Jahresverbrauch von CKW-Lösemitteln in umweltoffener Anwendung im Jahr 1992 (Angaben in kt)*

	PER	TRI	DCM	1,1,1-TRI
Abbeizmittel	–	–	6,5	–
Klebstoffe	–	2,0	0,7	0,6
Formtrennmittel	–	–	0,2	–
Entdröhnungsmittel	–	–	0,1	–
technische Aerosole	–	–	0,4	–

Quellen: Stellungnahme des VCI und des UBA gegenüber der Enquete-Kommission „Schutz des Menschen und der Umwelt", 1994

Von insgesamt 11 000 t umweltoffen angewandten CKW-Lösemitteln entfallen nach Angaben des Umweltbundesamtes 8 400 t auf die Anwendung von DCM. Der VCI geht von 6 100 t DCM aus, die aus Verkäufen des Chemiehandels und Direktverkäufen der Hersteller stammen und als umweltoffene Anwendungen eingestuft werden können. Zusätzlich sind 5 100 t DCM über den Chemiehandel vertrieben worden, für die keine eindeutige Anwendung benannt und damit auch keine eindeutige Einstufung in umweltoffene oder geschlossene Anwendung vorgenommen werden konnte.

Anwendungsbereiche Metallentfettung und Textilreinigung

Die Verwendung von TRI und DCM in der Textilreinigung ist in der Bundesrepublik Deutschland verboten (2. BImSchV). Damit ist PER der einzige Chlorkohlenwasserstoff, der in der Textilreinigung zum Einsatz kommt. Während sich aus den Verkaufsstatistiken der chemischen Industrie eine Einsatzmenge von 3 100 t für 1992 ableiten läßt (KDrs 12/11b, S. 204, Nader), gehen Anwender von einer Gesamt-Einsatzmenge von 7 000 t (1992) aus (KDrs 12/11a, S. 133, Zott). Diese Einsatzmengen geben nicht die tatsächlich verwendeten Mengen wieder. Da in der Textilreinigung in der Regel eine betriebsinterne Aufbereitung und Kreislaufführung der Lösemittel praktiziert wird, entspricht die Einsatzmenge derjenigen Menge an Lösemitteln die „zugekauft" werden müssen, um Verluste auszugleichen. Die Einsatzmengen von Frischware und Regeneraten in DIN-Qualität können also den Emissionsmengen gleichgesetzt werden. Wenn eine Rückgewinnungsrate von 98 % veranschlagt wird, kann von einer Gesamtverwendungsmenge von 350 000 t ausgegangen werden.

Unter dem Begriff Metallentfettung/Metallreinigung werden im folgenden die Anwendungen zusammengefaßt, bei denen Öle, Fette, Wachse oder andere Metallbearbeitungshilfsstoffe von Metalloberflächen abgewaschen oder Korrosionsschutzmittel aufgebracht werden. In der Metallentfettung wurden 1992 insgesamt ca. 25 000 t leichtflüchtige CKW-Lösemittel eingesetzt. Die mengenmäßige Aufteilung auf die einzelnen Lösemittel PER, TRI, DCM und 1,1,1-TRI werden in der Abbildung 4.4.3 wiedergegeben. Der Einsatz von DCM in der Metallentfettung ist mit ca. 3 % gering. Bislang wurde DCM für die Dampfentfettung fast ausschließlich in sonderstabilisierter (Propylenoxid) Form eingesetzt. Durch das Verwendungsverbot von PO als Stabilisator entfällt dieser Einsatz seit 1. Januar 1993.

Im Vergleich zu 1986 ergibt sich ein Verbrauchsrückgang von ca. 75 000 t (74 %).

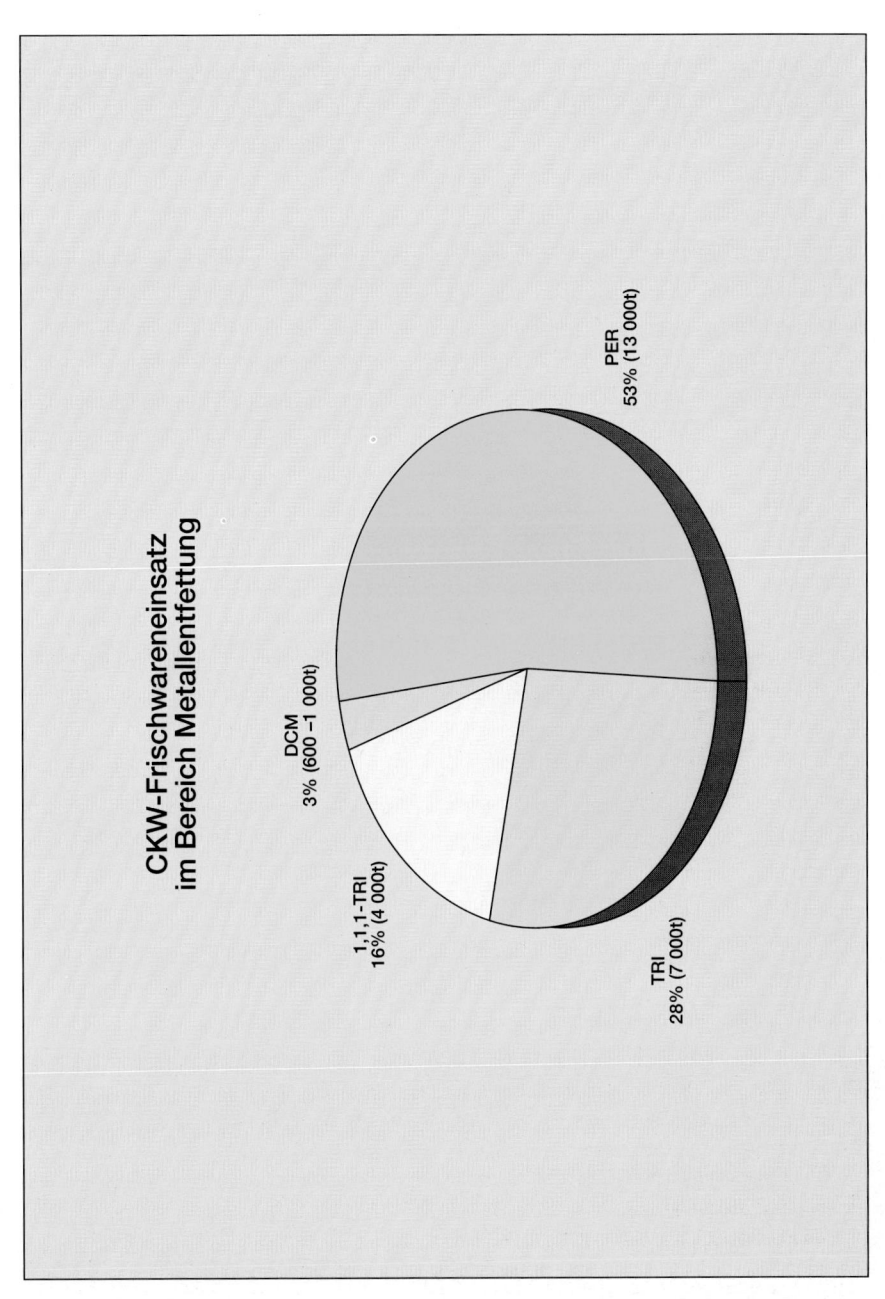

Abb. 4.4.3: CKW-Frischwareneinsatzmengen im Bereich Metallentfettung in der Bundesrepublik Deutschland im Jahr 1992 und ihr prozentualer Anteil an der Gesamteinsatzmenge.
Quelle: KDrs 12/11b, S. 7, Adams

4.4.4.2.2 Emissions- und Verbrauchsentwicklung in der Bundesrepublik Deutschland

Während im Bereich der Textilreinigung die verbrauchten Mengen (7 000 t) mit den emittierten Mengen gleichgesetzt werden können, sind im Bereich Metallentfettung die genauen Emissionsdaten nicht erfaßt. Sie lassen sich über den geschätzten Bestand der Oberflächenbehandlungsanlagen (Befragung von Anlagenherstellern- und -betreibern) und die geschätzte mittlere Emission dieser Anlagen hochrechnen. Daneben ist auch der Anteil aus der Kaltreinigung (CKW-Anwendung außerhalb von Anlagen) zu berücksichtigen (KDrs 12/11b, S. 8, Adams).

Die Abnahme der Emission spiegelt den Austausch ffener Entfettungsanlagen durch geschlossene Anlagen, die Anlagenrationalisierung und den Ersatz von CKW durch Alternativsysteme wieder (KDrs 12/11b, S. 8, Adams).

Bedeutung rechtlicher Rahmenbedingungen

Für die CKW-Lösemittel sind heute umfassende gesetzliche Regelungen vorhanden. Ein erheblicher Druck wurde zunächst durch die Umsetzung der EG-Gewässerschutz- und der EG-Trinkwasserrichtlinie ausgeübt. Der in dieser Richtlinie gesetzte Richtwert von 0,1 µg/l für alle leichtflüchtigen CKW ist in der Bundesrepublik Deutschland zunächst mit einem Grenzwert von 25 µg/l als Summe für die vier Lösemittel Trichlorethen, Tetrachlorethen, 1,1,1-Trichlorethan und Dichlormethan umgesetzt worden; seit 1990 gilt hier der Grenzwert von 10 µg/l.

Als besonders wirksames Instrument zur Verringerung des CKW-Verbrauchs kann die komplementäre Wirkung der 2. BImSchV seit 1986 und der branchenspezifischen Verwaltungsvorschriften zu § 7a WHG gelten. Hinzu traten zunehmend schärfere Vorschriften zum Umgang mit

Tabelle 4.4.9: Entwicklung der geschätzten Emissionsmengen von CKW-Lösemitteln im Bereich der Metallentfettung aus Oberflächenbehandlungsanlagen und der Kaltreinigung außerhalb von Anlagen

	1986	1988	1991
Anlagenbezogene Emissionen	64 000 t	43 000 t	18 000 t
Kaltreinigung	5 000–10 000 t	4 000–6 000 t	2 000–3 000 t

Quelle: KDrs 12/11b, S. 8, Adams

wassergefährdenden Stoffen (§ 19 g–h WHG). Die 2. BImSchV hat in Zusammenwirken mit den Vorschriften zum Umgang mit wassergefährdenden Stoffen und der PER-Begrenzungen für Lebensmittel nach LMBG zu einer deutlichen Verringerung der Verluste in Chemischen Reinigungen geführt.

Druck zur Wiederverwertung entstand durch die Beendigung der Verbrennung von Rückständen der CKW-Produktion auf See sowie durch das Inkrafttreten der HKW-Rücknahmeverordnung (HKW-Abf-V vom 23. Oktober 1989), die im Sinne der Kreislaufführung erstmals Bestimmungen zum Getrenntsammeln und zur Rückgabe von HKW-Abfällen einführte.

Für die umwelt- und gesundheitspolitische Diskussion war die Einstufung von TRI, PER und DCM als krebsverdächting (Anhang IIIB der MAK-Liste) von Bedeutung.

Die Umstellung von Kohlenwasserstoffen auf CKW-Lösemittel bei der Metallentfettung und Chemischreinigung erfolgte in erster Linie auf Grund der Brand- und Explosionsgefahr der Kohlenwasserstoff-Lösemittel. Überlegungen zur Rücksubstitution erfolgten erst, als Mitte der 80er Jahre Maschinen zur Verwendung von Kohlenwasserstoff-Lösemitteln entwickelt waren, die die Kriterien des Explosionsschutzes erfüllten.

Die Altlastenproblematik war für die betroffenen Firmen ein weiterer Grund für den Umstieg auf andere Lösemittel bzw. alternative Reinigungsverfahren. Dieser Umstellungsdruck wäre noch weitaus größer gewesen, wenn die Hersteller zur Finanzierung der Sanierung von CKW-Schadensfällen ohne faßbaren Verursacher herangezogen worden wären.

Aufgrund neuer Erkenntnisse, insbesondere über die humantoxischen Wirkungen von CKW, wurde 1990 die kurzfristige Novellierung der 1986 in Kraft getretenen 2. BImSchV vorgenommen. Im Hinblick auf die Erfahrungen, die bei der Novellierung der 2. BImSchV gesammelt wurden, erscheint es Anlagenherstellern und -betreibern nicht opportun, die Bedingungen der 2. BImSchV vom 10. Dezember 1990 zu verschärfen, da „die Bestimmungen sowohl bezüglich der Emissionsgrenzwerte als auch der Bauweise der Anlagen heute bereits umfassend und weitgehend sind, und weitergehende Anforderungen nicht mehr dem Stand der Technik entsprechen würden" (Bund-/Länderausschuß für Umweltchemikalien, 1991).

Die Produktion und Vermarktung von 1,1,1-Trichlorethan wird durch die EG-Verordnung 3952/92 (Änderung der EG-Verordnung 594/91 über den beschleunigten Verzicht auf Stoffe, die zum Abbau der Ozonschicht führen) geregelt. Nach dieser Verordnung ist die Einstellung zum

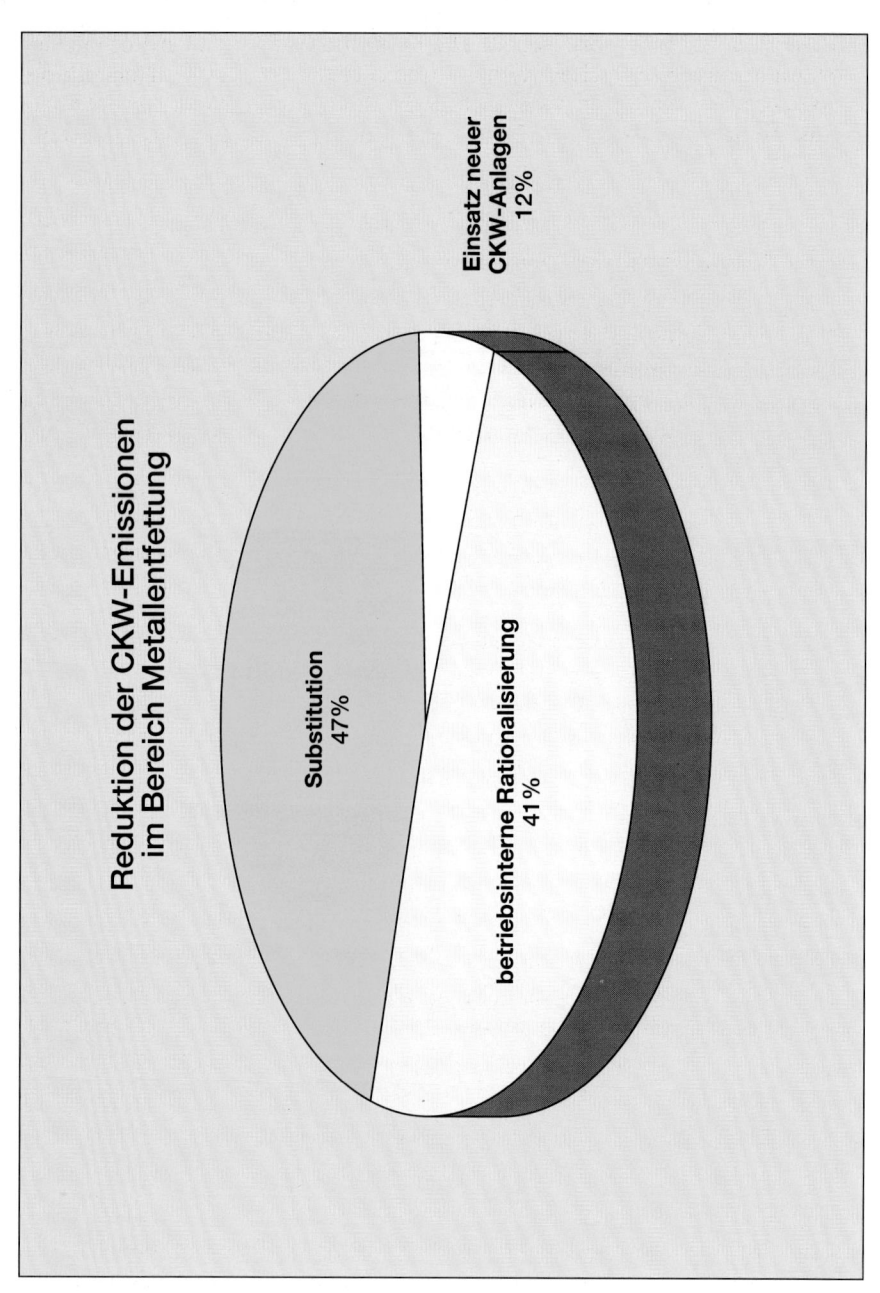

Abb. 4.4.4: *Prozentuale Anteile verschiedener Maßnahmen zur Reduktion der CKW-Emissionen im Bereich Metallentfettung.*
Quelle: KDrs 12/11b S. 13., Adams

31. Dezember 1995 vorgesehen. Die deutsche FCKW-Halon-Verbotsverordnung regelt u. a. Reinigungs- und Lösemittel, deren Herstellung, Inverkehrbringung und Verwendung ab dem 1. Januar 1992 verboten ist. Ausnahmen für essentielle Verwendungen (z. B. 2. BImSchV bis zum 1. Januar 1993) waren möglich.

Reduktion der Einsatzmengen

Die Reduktion der Einsatzmengen beruht sowohl auf der Substitution der CKW-Anwendungen als auch auf einer Verringerung der Verlustquoten durch Emissionsminderungsmaßnahmen. Im folgenden sollen die betrieblichen und überbetrieblichen Maßnahmen unter Bezug auf die jeweiligen gesetzgeberischen Vorgaben dargestellt werden. Es wird unterschieden in organisatorische Maßnahmen bei Transport und Lagerung, Sammlung, Getrennthaltung, Aufarbeitung und Entsorgung, Maßnahmen zur Prozeß- und Verfahrensoptimierung, Einbau nachgeschalteter Technik (Rückhaltemaßnahmen, Schließung von innerbetrieblichen Kreisläufen), Substitutionsmaßnahmen und schließlich Veränderungen von Herstellungsverfahren und Produkten bzw. Prozeßumstellungen, die durch Vermeidung von Reinigungsschritten die Anwendung von CKW-Lösemitteln ganz überflüssig machen. Im folgenden wird zwischen den Bereichen Metallentfettung und Textilreinigung unterschieden.

Im Bereich der Metallentfettung wird die Reduktion der CKW-Emissionsmengen unterschiedlichen Maßnahmen zugeordnet.

Reduktion der Einsatzmengen durch organisatorische Maßnahmen bei Transport und Lagerung von leichtflüchtigen CKW und bei der Sammlung, Getrennthaltung und Aufarbeitung bzw. Entsorgung gebrauchter CKW im Bereich Metallentfettung

Die seit etwa einem Jahr im deutschen Markt eingeführte Verwendung von zwangsgeschlossenen Sicherheits-Transportcontainern (System Safe Chem) reduziert deutlich Emissionsverluste beim Transport und bei der Zwischenlagerung, sowie beim Befüllen und Entleeren der Anlagen. Das gilt sowohl für Frischware als auch für gebrauchte Altware (verschmutzte CKW-Lösemittel).

Das System beinhaltet auch eine Gaspendeleinrichtung, die bei entsprechend ausgerüsteten Anlagen angeschlossen werden kann. Dies ermöglicht einen Druckausgleich zwischen der Anlage und den Containern und erlaubt somit einen weitgehend emissionsfreien Transfer von Lösemitteln (KDrs 12/11b, S. 9, Adams).

Reduktion der Einsatzmengen durch Prozeß- und Verfahrensoptimierung im Bereich Metallentfettung

Die Einführung von Maßnahmen zur Prozeß- und Verfahrensoptimierung beim Einsatz von CKW in der Metallreinigung erfolgte in der Bundesrepublik Deutschland in zwei Stufen: Einer ersten Stufe ab 1985/86, eingeleitet durch die 2. BImSchV von 1986 und vorausgehenden Diskussionen, sowie einer zweiten Stufe ab 1991, bedingt durch die verschärften Anforderungen der novellierten 2. BImSchV von 1990.

In der ersten Stufe richten sich die Maßnahmen zur Prozeß- und Verfahrensoptimierung auf das Ziel aus, die festgelegten Abluftgrenzwerte einzuhalten.

Bei neuen CKW-Anlagen wurden folgende Maßnahmen ergriffen:
– Begrenzung der Badoberfläche,
– Begrenzung des Badvolumens,
– Begrenzung der Anzahl der Bäder (Reinigungskammern),
– tiefgekühlte Kondensations- und Abdunstzonen oder
– Umluft-Kondensations-Trocknung.

Dies führte zu einem verstärkten Einsatz von geschlossenen Einkammersystemen, vergleichbar der Textilreinigung.

Bei Altanlagen erfolgte die Anpassung durch ein Nachrüsten mit adsorptiven Abluftreinigungsanlagen, eine Maßnahme, die sich jedoch überwiegend auf Anlagen mit höheren Verlusten beschränkte. Gründe waren einerseits hohe Investitionskosten für die Nachrüstung, andererseits die Bestimmungen der 2. BImSchV von 1986, die verschiedene Anpassungszeiten in Abhängigkeit der Verluste vorsah. Die Diskussionen über die Novellierung der 2. BImSchV – noch innerhalb der Übergangsfristen – führten zu einer Verunsicherung der Anlagenbetreiber und damit zu einer Investitionsverzögerung.

Unabhängig von den Forderungen der 2. BImSchV regeln einschlägige Bestimmungen des Wasserhaushaltsgesetzes (WHG) den Boden- und Grundwasserschutz der Entfettungsanlagen sowie Lager- und Umschlagplätze (z. B. durch lösemitteldichte Auffangwannen).

In der zweiten Stufe, ab 1991, wurden die Optimierungsmaßnahmen durch die Forderungen der novellierten 2. BImSchV nach allseitig geschlossenen Anlagen und die verschärften Bestimmungen für die Abgabe von Abluft definiert. Die grundsätzliche Forderung nach einer Reinigung der Abluft (Entfallen der Bagatellgrenze von 0,3 kg/h) und der sehr niedrige Grenzwert für die gereinigte Abluft (< 20 mg Lösemittel/m^3) erhöhen nicht nur erneut die Investitionskosten, sondern auch den notwendigen Energiebedarf für eine nachgeschaltete Lösemittelrückgewinnung aus der Abluft über Aktiv-Kohle. Des weiteren erfordert die Einhaltung der Grenzwerte auch im Dauerbetrieb teure Analysengeräte und eine eher aufwendige fachgerechte Überwachung und Wartung der Anlage. Dies mündete in die Entwicklung allseitig geschlossener, absaugfreier Reinigungsanlagen (sowohl als Einkammeranlagen als auch als Mehrkammeranlagen mit Luftschleusentechnik) mit einer Prozeßluftreinigung über interne Luftfilter in einem innerhalb der Anlage geschlossenen Kreislauf.

Genaue Angaben über den Bestand an Entfettungsanlagen in der Bundesrepublik Deutschland und die durch die 2. BImSchV erzielte Bestandsänderung sowie die damit verbundene Verringerung der Gesamtemissionsmengen an CKW-Lösemitteln liegen nicht vor (KDrs 12/11b, S. 11, Adams).

Reduktion der Einsatzmengen durch den Einbau nachgeschalteter Technik (Rückhaltemaßnahmen, Schließung von Kreisläufen) im Bereich Metallentfettung

Reinigungsanlagen, die einen Abluftstrom in die Umgebung abgeben, müssen nach der 2. BImSchV vom 10. Dezember 1990 mit einer nachgeschalteten Lösemittelabscheidevorrichtung zur Reinigung der Abluft ausgerüstet werden. Eine einfache Kondensation des Lösemittels durch Kühlung der Abluft ist nicht ausreichend, um den geforderten Grenzwert <20 mg Lösemittel/m^3 einzuhalten. Zur Abluftreinigung werden überwiegend Adsorptionsanlagen eingesetzt. Bei der Desorption der adsorbierten Lösemittel durch Wasserdampf fällt lösemittelhaltiges Kondensat an. Sofern dieses Kondensat nicht wieder zur Wasserdampferzeugung eingesetzt wird, muß das anfallende Abwasser gereinigt werden. Eingesetzte Techniken sind Luftstrippen, Dampfstrippen, Reinigung über Adsorptionsharze oder Aktiv-Kohle. Nach dem Stand der Technik können Abwasserwerte <0,1 ppm eingehalten werden. Neuere Abluftreinigungstechnologien arbeiten mit Heißluft bzw. Vakuum und erzeugen keine Abwasserströme mehr.

Nach dem Stand der Technik ist es möglich, bei industriellem Behandeln von Werkstücken mit CKW-Lösemittel bei fachgerechter Anwendung der oben beschriebenen Techniken, einen Emissionswert von <20 mg/m^3 im Dauerbetrieb einzuhalten. Bei der Verwendung von DCM kann nach dem Stand der Technik <50 mg/m^3 eingehalten werden. Dies entspricht im Normalfall einem Abscheidegrad von >99%.

Um die Abgabe von Abluft zu vermeiden, wurden geschlossene absaugfreie Anlagen entwickelt. Es handelt sich dabei um gekapselte Anlagen, bei denen der Innenraum, in dem hohe CKW-Konzentrationen herrschen können, von der Umgebung durch eine mit Türen verschließbare Schleuse abgetrennt ist.

Nach Stand der Technik lassen sich mit komplett geschlossenen Anlagen, die mit oben beschriebener anlagenintegrierter Prozeßluftreinigung ausgerüstet sind, Gesamtverluste von weniger als 50 g CKW/h einhalten (KDrs 12/11b, S. 15, Adams).

Reduktion der Einsatzmengen durch die Substitution von CKW durch andere Stoffe im Bereich Metallentfettung

Nach Ansicht des Verbandes Deutscher Maschinen- und Anlagenbau e. V. (VDMA) ist auf den plötzlichen Druck des Gesetzgebers zum Teil mit einem Fluchtverhalten in Ersatzstoffe reagiert worden, anstatt geeignete Ersatzstoffe gezielt auszuwählen und einzusetzen. Aufgrund des in der ersten BImSchV-Fassung von 1986 vorgesehenen TRI-Verbots erfolgte zunächst ein Umstieg auf 1,1,1-Trichlorethan. Dieser Umstieg ist durch die Novelle vom 10. Dezember 1990, durch das Verbot von 1,1,1-TRI und die Rücknahme des Verbots von TRI, wieder aufgehoben worden. Rasch aufeinander folgende Novellierungen der 2. BImSchV werden kritisiert, da dadurch unverhältnismäßig hohe Kosten entstanden (KDrs 12/11a, Zott und Johann).

Der Anteil der CKW-Substitution an der die Abnahme der Emissions- und Einsatzmengen von CKW-Lösemitteln läßt sich an Hand der Daten zum Anlagenbestand in der Bundesrepublik Deutschland (alte Bundesländer) abschätzen. Bei der Substitution von CKW in Metallentfettungsanlagen fanden in der Mehrzahl wässrige Reinigungssysteme (Tenside und Hilfsstoffe wie Phosphate, Silikate, Amine etc.) Verwendung. In einigen Anwendungen von wäßrigen Systemen kann es durch folgende Faktoren zu Problemen kommen:

– die eingeschränkte Anwendungsbreite,
– die eingeschränkte Anwendbarkeit bei schwierigen Oberflächenstrukturen mit engen Bohrungen oder Sacklöchern,
– das Korrosionsrisiko (durch Säurebildung bei Unverträglichkeiten des Öles, Fettes etc. mit dem eingesetzten Lösemittel),
– den hohen Energiebedarf für die Trocknung (9fache Verdampfungsenergie im Vergleich zu CKW) und
– die Gefahr einer Emissionsverlagerung ins Abwasser und daher die Notwendigkeit einer kostspieligen, aufwendigen Abwasserbehandlung.

Die gute Abbaubarkeit von wässrigen Reinigungsmitteln erweist sich vor allem im Schadensfall als vorteilig.

Entzündbare organische Lösemittel werden als Ersatz für CKW bei der Verwendung in Entfettungsanlagen zur Zeit noch in geringem Maße eingesetzt. Ihr Einsatz weist jedoch eine steigende Tendenz auf. Dieser Trend wird gefördert durch die Entwicklung betriebsintern destillierbarer Lösemittelsysteme und durch neue Anlagentechniken mit verbesserter Teiletrocknung.

Bei der Kaltreinigung, also der Reinigung durch Tauchen, Wischen etc. außerhalb von Anlagen, fanden überwiegend 1,1,1-Trichlorethan-Lösemittel Verwendung, die aufgrund der FCKW-Halon-Verbotsverordnung ausgeschieden sind. Der Ersatz der CKW-Lösemittel in der Kaltreinigung ist weitgehend abgeschlossen. Als Substitutionsprodukte werden inzwischen eine große Vielzahl von Gemischen verwendet, die überwiegend auf der Basis von Kohlenwasserstoff-Lösemitteln der VbF-Klassen 2 und 3 aufbauen und die wegen der deutlich schlechteren Reinigungsleistung der KW-Lösemittel aktivierende Zusätze zur Steigerung der Reinigungsleistung enthalten können. Als mögliche Zusätze stehen verschiedene Produkte zur Verfügung. Diese Gemische werden häufig von regionalen Herstellern angeboten. Ihr Einsatz ist insofern nicht unproblematisch, da die Anwender heute nicht über alle ökologisch und toxikologisch relevanten Informationen der Alternativverfahren verfügen oder verfügen können, da sie in vielen Fällen gänzlich fehlen (KDrs 12/11b, Adams).

Nach Aussagen aus dem Arbeitskreis „Ersatzstoffe, Ersatzverfahren und Anwendungsbeschränkungen für CKW-haltige Kaltreiniger" (Ausschuß für Gefahrstoffe, AGS) können bislang keine solchen Substitutionsprodukte vom Ausschuß empfohlen werden.

In bisher geringem, zukünftig eher steigendem Maße finden auch sauerstoffhaltige Lösemittel direkte Anwendung in der Metallentfettung. Oft werden sie jedoch als Zusätze zu den Kohlenwasserstoff-Lösemitteln verwendet.

Reduktion der Einsatzmengen durch die Veränderung von Herstellungsverfahren und Produkten sowie Prozeßumstellungen zur Vermeidung von Reinigungsschritten im Bereich Metallentfettung

Anzumerken sind hier insbesondere organisatorische Veränderungen im Betriebsablauf – wie das Vermeiden der Zwischenlagerung gereinigter Teile, was oft erneute Befettung zur Konservierung, und einen erneuten Reinigungsschritt vor Weiterbehandlung, z. B. Lackierung erfordert – sowie innerbetriebliche Rationalisierungsmaßnahmen wie z. B. das

Zusammenfassen kleinerer Reinigungsanlagen in einer größeren Anlage. Derartige betriebliche, organisatorische Maßnahmen sind wahrscheinlich der Hauptgrund für die insgesamt verringerte Anzahl an Reinigungsanlagen.

Auch im Bereich Textilreinigung sind verschiedene Maßnahmen an der Reduktion der Einsatzmengen beteiligt. Eine wichtige Verschärfung der 1990 novellierten 2. BImSchV, die für viele Chemischreiniger hohe Investitionskosten nach sich zieht, ergibt sich aus § 15 „Allgemeine Anforderungen". Hier ist festgelegt, daß in Räumen im Umfeld von Chemischreinigungen, die dem Aufenhalt von Menschen dienen, eine Raumluftkonzentration von 0,1 mg/m^3 eingehalten werden muß.

Reduktion der Einsatzmengen durch organisatorische Maßnahmen bei Transport, Lagerung, Sammlung, Aufarbeitung, Entsorgung im Bereich Textilreinigung

Durch Erfüllung der Vorgaben nach der 2. BImSchV und Wasserhaushaltsgesetz sind die Emissionen um ca. 90% vermindert worden (KDrs 12/11b, S. 184, Kurz).

Reduktion der Einsatzmengen durch Prozeß- und Verfahrensoptimierung im Bereich Textilreinigung

Hermetisch geschlossene Maschinen und optimierte Warentrocknung im Zusammenwirken mit meßtechnischer Überwachung führten zu folgenden Emissionsreduzierungen (Lösemittelverlust bezogen auf das Gewicht der behandelten Ware): Während die Maschinentechnik *vor* Einführung der 2.BImSchV zu einem Perchlorethylenverlust von 2 bis 4 % führte, liegen die Verluste bei Einsatz neuer Maschinentechnik *nach* 2. BImSchV unter 1 % (KDrs 12/11b, S. 184, Kurz). In welchen Mengen der Einbau nachgeschalteter Technik – Desorption von Perchlorethylen aus den gereinigten Textilien vor dem Bügeln und Finishen mit Rückgewinnung des desorbierten Perchlorethylens – zu einer Reduzierung der Einsatzmengen geführt hat, ist nicht bekannt.

Bei der Lagerung, Befüllung und Entleerung der Reinigungsmaschinen haben der Einsatz von Sicherheitswannen unter Maschinen und Lösemittelfässern, die Verwendung von Rückstandsfässern, die Befüllung der Anlagen mittels Gaspendeltechnik sowie emissionsfreies Entnehmen der Rückstände aus den Destillierbehältern zu einer Reduktion der Emissionen in diesem Bereich auf nahezu Null geführt (KDrs 12/11a, S. 134, Zott).

Reduzierung der Einsatzmengen durch die Substitution von Perchlorethylen durch andere Stoffe bzw. Reinigungstechniken im Bereich Textilreinigung

Die Substitution von CKW-Lösemitteln durch Kohlenwasserstoff-Lösemittel und Wasser (Waschen) dürfte derzeit zu einer Reduktion des PER-Einsatzes zwischen 3% und 5% geführt haben. Weitergehende Veränderungen, die eine Verwendung von Perchlorethylen überflüssig machen, sind derzeit in der Textilreinigung nicht abzusehen.

4.4.4.2.3 Recycling und Kreislaufführung der CKW-Lösemittel in den Anwendungsbereichen

Die Aufarbeitung durch destillative Trennung wird maßgeblich gefördert durch die stoffspezifischen Eigenschaften der CKW. Hierbei spielen die niedrigen Siedepunkte der Einzelstoffe, ihre geringe Neigung zur Bildung von azeotropen Gemischen und der geringe Aufwand zur Abtrennung von Wasser durch die kaum vorhandene Wasserlöslichkeit eine entscheidende Rolle.

PER und TRI verändern sich bei bestimmungsgemäßer Verwendung in Reinigungs- und Entfettungsbädern nicht. Damit liegt das theoretisch erreichbare Verwertungspotential in betriebsinternen und externen Recycling-Verfahren bei 100%.

Unter Anwendungsbedingungen industrieller Aufarbeitungstechniken sind die CKW-Lösemittel theoretisch unbegrenzt einsetzbar. Dieses besondere Stabilitätsprofil wird erreicht durch den Zusatz von anwendungsspezifischen Stabilisatoren oder Stabilisatorsystemen, die katalysierte Zersetzungen der Lösemittel verhindern. Die Anwendung von Stabilisatoren, die als krebserzeugend eingestuft sind, z. B. Propylenoxid und Butylenoxid, ist seit März 1993 (gültige 2. BImSchV) verboten. Wie die neuen anwendungsspezifischen Stabilisatoren hinsichtlich ihrer ökologischen und gesundheitlichen Wirkungen zu bewerten sind, hat die Enquete-Kommission nicht beurteilt.

Die CKW-Lösemittel PER und TRI sind aufgrund ihres Lösevermögens, ihrer Stabilität und der Tatsache, daß sie kaum oder gar nicht mit Reinigungsverstärkern versehen werden müssen, hervorragend für das Recycling, anlagenintern und extern, geeignet. Molekül-Umläufe von 100 und mehr im anlageninternen Recycling sind Stand der Technik. Das gilt für beide Anwendungen: Metallentfettung und Textilreinigung.

In der Textilreinigung wird das Perchlorethylen in einem Kreislauf geführt, der folgende Schritte beinhaltet: 1. Reinigung der Textilien,

2. Trocknen der Textilien und Rückgewinnung des Perchlorethylens durch Kondensation/Adsorption, 3. externe Aufbereitung/Destillation des schmutzigen Lösemittels und 4. Wiederverwendung des rückgewonnenen und aufbereiteten Perchlorethylens.

Hiermit vergleichbar werden auch im Bereich der Metallentfettungsanlagen anlagen- und betriebsinterne Destillationskreisläufe und betriebsexterne Aufbereitung der Lösemittel praktiziert.

Externes Recycling und Logistik

Die CKW-Lösemittel fallen bei ihrer Herstellung als Einzelstoffe in hoher Reinheit an, so daß die in den Anwendungsgebieten geforderten hohen Qualitäten ohne zusätzliche und aufwendige Reinigungsoperationen erreicht werden können. Da sich die Lösemittelqualität unter Anwendungsbedingungen nicht verändert, ist die interne Wiederverwendung theoretisch unbegrenzt häufig möglich. In der Praxis erfolgt jedoch eine Ausschleusung von Lösemittelmengen mit dem Schmutzkonzentrat, die in die externe Wiederverwertung gehen. Bei der Wiederaufarbeitung dieser Reststoffe können Rückgewinnungsraten von 99% erzielt werden in Qualitäten, die eine Verwendung im gleichen Anwendungsbereich ermöglichen. So hat durch Erarbeitung der DIN-Norm 53 978 für Perchlorethylen der Einsatz von Regeneratware in der Textilreinigung einen entscheidenden Impuls erfahren. Regenerate aus Reststoffen der Textilreinigung werden heute in die Textilreinigung zurückgeführt. Die positiven Erfahrungen mit dieser Qualitätsnorm sollen nun auch, auf Initiative der chemischen Industrie, auf die Metallentfettung, also auf die hochstabilisierten TRI- und PER-Qualitäten, erweitert werden.

Die beteiligten Wirtschaftskreise haben die Rücknahme der gebrauchten verschmutzten Lösemittel in Deutschland organisiert. Insbesondere über den Chemikalienhandel und über Logistiksysteme der Aufarbeiter werden auch Kleinmengen (z. B. aus Textilreinigungen) erfaßt. Regelmäßige Abholdienste in kurzen Zeitintervallen vermeiden unnötige Zwischenlagerungen in den Anwenderbetrieben.

Diese Chemie-Dienstleistung beinhaltet neben dem Einsatz von zwangsgeschlossenen Sicherheits-Transportcontainern mit deutlich reduzierten Emissionsverlusten beim Transport, bei der Zwischenlagerung und – durch Gaspendeleinrichtungen – beim Befüllen und Entleeren der Anlagen, die kombinierte Anlieferung der Frischware und Rücknahme der verschmutzten Lösemittel, die Vielfachnutzung der Transportbehälter sowie die Getrennthaltung der einzelnen gebrauchten CKW-Lösemittel.

Die verfügbaren Aufarbeitungstechniken sind so ausgereift, daß die Lösemittel mit hohen Ausbeuten (>99%) und geringen Restgehalten im Rückstand (<1%) zurückgewonnen werden können. Dieser fällt in konzentrierter Form an und läßt sich daher entsorgen.

1992 wurden in der Bundesrepublik Deutschland 8 500 t Regenerat eingesetzt. Die Aufbereitung erfolgt durch spezielle Verwertungsbetriebe. Die Vermarktung der Redestillate erweist sich im Inland als schwierig, was dadurch zum Ausdruck kommt, daß 1992 von den 19 500 t gewonnenen Redestillaten nur 40% im Inland eingesetzt wurden (KDrs 12/11a, S. 63, Kraef).

Nicht aufzubereitende Lösemittelrückstände werden in Sonderabfallverbrennungsanlagen verbrannt. Die Wirtschaftlichkeit der betriebsinternen Aufbereitung ist abhängig von den Kosten der internen Aufbereitung sowie den Kosten für die Abfallentsorgung durch Verbrennung. Für die Wahl der Aufbereitung sind die betrieblichen Rahmenbedingungen, Art und Menge der anfallenden Rückstände und die geforderte Qualität für das Redestillat sowie die Zugriffsmöglichkeiten auf eine Sondermüllverbrennungsanlage, die nicht flächendeckend vorhanden sind, ausschlaggebend (KDrs 12/11b, S. 27, Adams).

Die Entsorgung nicht aufarbeitungsfähiger CKW-Rückstände übernehmen größtenteils die Recyclingfirmen (bei Textilreinigung) bzw. die etablierten Abfallbeseitigungsbetriebe in Sondermüllverbrennungsanlagen im Inland. Nicht unerhebliche Mengen gehen – mit durch Abmischung reduziertem Chloranteil – in die ausländische Zementindustrie.

Zukünftig sollen gebrauchte CKW, die aus technischen, qualitativen oder ökonomischen Gründen nicht in die ursprüngliche Anwendung zurückgehen können, über Sekundär-Kreisläufe (HCl-Rückgewinnung) den Stoffströmen der Chlorchemie wieder zugeführt werden.

Mit den durch die beteiligten Wirtschaftskreise Chemikalienhandel und Recycler aufgebauten Rückholsystemen ist das externe Recycling der anfallenden gebrauchten CKW-Lösemittel gesichert. Die verfeinerten Aufarbeitungsverfahren mit mehrstufigen Destillationsschritten optimieren verstärkt den uneingeschränkten Wiedereinsatz.

Regeneratware geht heute in größeren Mengen in den Export. Dem Einsatz von Redestillatware im Inland von 8 500 t steht eine Exportmenge von 11 000 t gegenüber. Zukünftig sollte der inländische Markt vermehrt aus der Redestillation beliefert werden. Dem entgegenstehende Normen oder Qualitätsanforderungen sollten überprüft werden. Frischware sollte zukünftig nur noch die unvermeidbaren Verluste ersetzen.

4.4.4.2.4 Ersatzstoffe für CKW-Lösemittel

Als Ersatzstoffe für CKW-Lösemittel in den Anwendungsbereichen Metallentfettung und Textilreinigung sind folgende Stoffklassen geeignet:

- Kohlenwasserstoffe (KW),
- sauerstoffhaltige Kohlenwasserstoffderivate (O-KW) wie Alkohole, Ester, Ketone (einzeln oder in Gemischen) und
- wäßrig-chemische Systeme, deren Reinigungswirkung durch Tenside, Phosphate, Silikate und Alkalien (Laugen) erzielt wird.

Die verwendeten Mengen der Ersatzstoffe können derzeit nur abgeschätzt werden und teilen sich wie folgt auf:

Tabelle 4.4.10: Geschätzte Verwendungsmengen von Ersatzstoffen für CKW-Lösemittel für die Bereiche Metallentfettung und Textilreinigung (Datenbezug in Klammern)

Metallentfettung:		
KW	30 000 t	(1992, Shell AG, für Kalt- u. Anlagenentfettung)
KW	2 900 t	(1991, VDMA)
KW/O-KW	5 200 t	(1991, VDMA, Kaltentfettung)
O-KW	1 100 t	(1991, VDMA)
O-KW	4 000 t	(1992, geschätzt aus Europamenge von 12 000 t, CEFIC)
wässrige Systeme		nicht bekannt
Textilreinigung:		
KW	1 000 t	(1992, Shell AG)
O-KW		nicht bekannt
wässrig-chemische Systeme	163 000 t	(1992, IKW, Frankfurt)

Quelle: Deutsch, KDrs 12/11a, S. 5

Vorstehende Daten belegen zum einen die unvollständige Erfassung bzw. Zuordnung und zum anderen die Verwendung von nicht näher definierten Lösemittelgemischen, insbesondere bei Kaltreinigern.

Die Kohlenwasserstofflösemittel dienen derzeit als Ersatz für den ab 1. März 1993 verbotenen FCKW R 113. In der Bundesrepublik Deutschland sind 90 Reinigungsmaschinen mit KW-Lösemitteln im Einsatz, 10 000 Maschinen arbeiten mit PER. Wasser-Tensid-Systeme stellen nach Ansicht des Forschungsinstituts Hohenstein keine ausreichende Alternative dar, da ein Teil der Textilien damit nicht gesäubert werden könne, ohne sie zu schädigen. Das Verfahren stelle jedoch eine ökologisch sinnvolle Ausweitung der Naßreinigungsverfahren in den Textilreinigungsbetrieben dar. Etwa 150 Betriebe arbeiten mit einem derartigen Naßreinigungssystem (KDrs 12/11b, S. 189, Kurz).

Auf die spezifischen Eigenschaften der Substitute soll hier nicht näher eingegangen werden. In Zusammenhang mit der ökologischen und toxischen Relevanz der CKW-Lösemittel wird noch einmal auf die Substitute eingegangen (s. Kap. 4.4.4.2.6).

4.4.4.2.5 Entwicklung des CKW-Lösemittelmarktes und Einfluß der Kreislaufführung und Substitution der CKW-Lösemittel auf den gesamten Chlorstoffstrom

Wie bereits dargestellt ist die Produktion der CKW-Lösemittel durch ihre enge Verflechtung mit zahlreichen Stoffströmen innerhalb der Chlorchemie charakterisiert. Veränderungen im Bereich der Produktion und Verwendung der Lösemittel wirken sich entsprechend auf das Chlor-Natronlauge-Verbundsystem aus (s. auch Kap. 4.4.4.2.1).

Bei einem Rückgang des CKW-Lösemittelmarktes von 180 000 t (1986, alte Bundesländer) auf ca. 10 000 t (2000, alle Bundesländer) würde sich der Bedarf von Primärchlor, die Produktion von Natronlauge und der Anfall an Chlorwasserstoff folgendermaßen verändern: Der Primärchlorbedarf würde sich von 170 000 t auf 8 500 t pro Jahr vermindern. Dementsprechend würde die damit gekoppelte Natronlauge-Produktion von 165 000 t auf 9 300 t pro Jahr zurückgehen. Der vermehrte Anfall von Chlorwasserstoff durch alternative Aufbereitung der Rest-CKW aus der EDC/VC-Produktion kann nicht quantifiziert werden. Hier richtet sich die Reduktion nach der Entwicklung der PVC-Produktionsmengen (KDrs 12/11a, S. 100f., Schlegel).

Der VCI rechnet mit einem Rückgang des CKW-Markts inklusive Regenerate für Lösemittelanwendungen zwischen 1986 (alte BRD) und 2000 (alle Bundesländer) von 180 000 t pro Jahr auf 31 000 t pro Jahr.

Tabelle 4.4.11: CKW-Lösemittel-Markt (Frischware) der Bundesrepublik Deutschland (Angaben in kt; bis 1991 alte Bundesländer)

	1986	1987	1988	1989	1990	1991	1992*)	1993*)	Prognosen*) 2000**)
Perchlorethylen (PER)	45	40	35	30	27	22 (27)*)	16	14	19***)
Trichlorethylen (TRI)	30	25	22	18	14	11 (16)*)	10	9	
1,1,1-Trichlorethan	45	40	35	30	26	17 (18)*)	5	0	–
Dichlormethan (DCM)	60	50	45	37	33	26 (28)*)	24	20	12
Summe	180	155	137	115	100	76 (89)*)	55	43	31

*) Alle Bundesländer
**) Mengen inclusive Recyclingware
***) Summe PER und TRI, Aufteilung variiert abhängig von der zukünftigen arbeitsmedizinischen Beurteilung der Stoffe

Nach Angaben des Umweltbundesamtes wurden 1987 für PER, TRI und DCM 483 000 t Chlor, davon rund 180 000 t für den Inlandsverbrauch, eingesetzt. Auswirkungen auf Kuppelprodukte sind neben dem Rückgang des Chlorverbrauchs nicht sehr erheblich. Die bislang zur PER-Herstellung über Chlorolyse eingesetzten Reststoffe aus anderen chlorchemischen Prozessen werden nunmehr verbrannt, ggf. unter HCl-Gewinnung.

Bei dem vom VCI prognostizierten Rückgang der CKW-Lösemittel und bei Redestillation verbleibender Einsatzmengen ergibt sich für den inländischen Verbrauch eine Verminderung des Chlorbedarfs um rund 200 000 t pro Jahr auf 8 500 t pro Jahr.

Der Rückgang der FCKW-Produktion ist ebenfalls mit einem Rückgang der Primärchlorproduktion verbunden. Das Umweltbundesamt rechnet mit einer Einsparung von 190 000 t. Die Höhe hängt davon ab, welche Ersatzstoffe anstelle der FCKW produziert werden. Wie im Rahmen des Einzelstoffbeispiels R 134a deutlich wurde, ist dieser Markt zur Zeit jedoch noch dynamisch, so daß Abschätzungen äußerst unsicher sind.

Bei der Herstellung der teilhalogenierten FKW R 134a und R 125 fällt das eingesetzte Primärchlor in vollem Umfang als Sekundärchlor an. Das Umweltbundesamt rechnet bis zum Jahr 1995 mit einer Produktion von R 134a in Höhe von 13 000 t. Damit ist ein Sekundärchloranfall in Höhe von 2 100 t Chlorwasserstoff verbunden, der jedoch – um einen Vergleich mit dem Basisjahr 1986 zu ermöglichen – um die Chlorwasserstoff-Menge aus der FCKW-Produktion bereinigt werden muß. Für den anfallenden Chlorwasserstoff müssen ausreichende Auffangmöglichkeiten gewährleistet sein, um Entsorgungsengpässe zu umgehen.

4.4.4.2.6 Bewertung und Stoffstrommanagement

Ökologische und gesundheitliche Relevanz der CKW-Lösemittel

Die physikalisch-chemischen Eigenschaften, die zu der vielseitigen Einsetzbarkeit der CKW-Lösemittel führen, begründen zum Teil auch ihre Toxizität und Umweltgefährlichkeit. Zum Beispiel verfügt 1,1,1-TRI über hohe Persistenz in der Atmosphäre, so daß ein Chloreintrag in die Stratosphäre und damit eine Beteiligung an der Gefährdung der Ozonschicht gegeben ist (ODP von 1,1,1-TRI: 0,12). Die anderen CKW (DCM, PER, TRI) haben Lebensdauern von unter einem Jahr, so daß eine entsprechende Gefährdung der Ozonschicht durch diese Verbindungen nicht besteht. Allerdings wird aufgrund des Abbaus von PER, TRI und 1,1,1-TRI in der Troposphäre eine Beteiligung ihrer Photooxidationsprodukte an den neuartigen Waldschäden vermutet. Insbesondere Trichloressigsäure, ein stark phytotoxisches Herbizid, wurde in Fichtennadeln von geschädigten Gebirgswäldern der Nordalpen, im Schwarzwald und im Erzgebirge nachgewiesen und auf die Photooxidation von CKW zurückgeführt. Die Mechanismen und die Ausbeute der Bildung von Trichloressigsäure infolge des Abbaus von PER, TRI und 1,1,1-TRI sind allerdings noch unklar. In Boden und Wasser sind PER und TRI nahezu persistent, werden also kaum abgebaut. Die damit verbundene Altlastenproblematik wurde bereits dargelegt.

Praktisch alle CKW-Lösemittel sind nachweislich lebertoxisch und haben zentralanästhetische Wirkung. TRI, PER und DCM sind aufgrund des Verdachts eines krebserzeugenden Potentials im Anhang IIIb der MAK-Liste aufgeführt. Die Situation an den Arbeitsplätzen hat sich damit ebenfalls erheblich gebessert. Noch Anfang der 80er Jahre wurde in den Dämpfen flüchtiger CKW förmlich „gebadet". Es verdichten sich inzwischen Hinweise darauf, daß TRI bei hochexponierten Arbeitern zu Nierenkarzinomen geführt hat.

Über die Bildung von Dioxinen im Zusammenhang mit der Produktion von CKW-Lösemitteln gibt es außer für die Perchlorierung keine eindeutigen Hinweise.

Von den Anwendungen der CKW-Lösemittel sind in Destillationsrückständen aus der Textilreinigung PCDD und PCDF in Konzentrationen von 19 µg/kg bis 192 µg/kg (bezogen auf Trockenmasse) festgestellt worden. Eingehende Untersuchungen haben gezeigt, daß als alleinige Ursachen Dioxin-Einträge aus dem Reinigungsgut verschmutzter Kleider bzw. Dioxinbelastungen der Textilien selbst in Frage kommen (Huzinger et al., 1991).

Im Bereich des Arbeitsschutzes ergeben sich beim Umgang mit Lösemitteln – neben akuten und chronischen Gesundheitseffekten – sicherheitsrelevante Fragen durch Entflammbarkeit und/oder Zersetzungsreaktionen. CKW-Lösemittel besitzen keinen Flammpunkt und sind unter normalen Arbeitsbedingungen stabil. Zersetzungen treten allerdings dann ein, wenn CKW an der Luft mit heißen Oberflächen (Zersetzungstemperaturen) in Kontakt kommen. Bei bestimmungsgemäßer Anwendung sind derartige Zersetzungsreaktionen und damit mögliche Phosgenbildung ausgeschlossen.

Ökologische und gesundheitliche Relevanz der Ersatzstoffe

Für verschiedene Chemikalien, die heute als mögliche Ersatzstoffe chlorierter Lösemittel in Frage kommen, sind die Datensätze nicht komplett oder noch nicht öffentlich zugänglich. So sind über die in Chemisch-Reinigungsanlagen eingesetzten Kohlenwasserstoffe lediglich Daten zur akuten Toxizität (LD_{50}) bekannt, während Erkenntnisse über die toxischen Eigenschaften bislang nicht vorliegen. Vor allem fehlen Langzeituntersuchungen zur möglichen krebserzeugenden, erbgutverändernden, sensibilisierenden, geruchsschädigenden und chronisch-toxischen Wirkung der genannten Kohlenwasserstoff-Lösemittel.

Die Kohlenwasserstoff-Lösemittel (KWL) sind im Sinne von § 19 WHG wassergefährdende Flüssigkeiten. Sie sind im Wasser zu maximal 20 mg/l löslich. Die aquatische Toxizität liegt meist oberhalb der Löslichkeitsgrenze. Die Kohlenwasserstoff-Lösemittel sind nicht leicht biologisch abbaubar, in Abwesenheit von Sauerstoff findet im Boden und im Grundwasser kein Abbau statt.

Die Klassifizierung der sauerstoff-haltigen Kohlenwasserstoff-Lösemittel (O-KW) im Rahmen der Bewertung wassergefährdender Stoffe ist derzeit noch nicht abgeschlossen.

Für die CKW-Lösemittel ist eine umfassende gesetzliche Regelung vorhanden. Dies gilt nicht in vollem Umfang für die bereits eingeführten, in der Erprobung befindlichen oder vorgeschlagenen Ersatzstoffe für CKW-Lösemittel, sofern es sich um Kohlenwasserstoffe (KW) oder sauerstoffhaltige Kohlenwasserstoffe (O-KW) handelt, und nur zu einem bestimmten Anteil auch für die chemisch-wäßrigen Systeme.

Aus diesem Tatbestand heraus wurde sowohl vom Bundesgesundheitsamt als auch von der Bundesanstalt für Arbeitsschutz vor einer vorschnellen Substitution der CKW-Lösemittel durch ungeprüfte KW- und/oder O-KW-Lösemittel gewarnt. Zur Vorsicht mahnende Beispiele sind das zur Familie der Terpene gehörende Limonen sowie das Alkan n-Undecan. Limonen ist bei Mensch und Tier akut wenig toxisch. Unverdünnt ist es bei längerem Kontakt haut- und schleimhautreizend. Die bei männlichen Ratten gefundenen Nierentumoren beruhen auf der Interaktion des Stoffes mit einem nur bei dieser Tierspezies gebildeten Protein. Es akkumuliert in der Niere und hat nephrotoxische und als Folge davon kanzerogene Wirkungen. Da der Mensch dieses Protein nicht bildet, ist dieser Befund aus humantoxikologischer Sicht irrelevant. Die vorliegenden Studien zur Langzeittoxizität sind unzureichend, so daß keine Angaben über die Höhe einer Wirkungsschwelle gemacht werden können. Die Ableitung von Grenzwerten, z. B. eines MAK-Wertes ist daher nicht möglich (Greim, 1993). Die toxikologische Datenlage zum n-Undecan ist unzureichend. Es scheint sich um einen wenig toxischen Stoff zu handeln, doch fehlen Langzeitstudien, um das Vorhandensein toxischer Wirkungen und eine Wirkungsschwelle ableiten zu können. Erfahrungen beim Menschen liegen ebenfalls nicht vor (Clayton, 1981).

Eine ähnliche bzw. noch unvollkommenere Situation ist in der gesetzlichen Regelung des Einsatzes von KW- und O-KW-Lösemitteln in den hier zu beurteilenden Anwendungsbereichen zu vermerken: Allein die Vorschriften der TA Luft, die sich allerdings nur auf genehmigungsbedürftige Anlagen – zu denen aber der weitaus überwiegende Teil der Metallentfettungs- und Textilreinigungsanlagen nicht gehört – beziehen, sind einschlägig und werden hilfsweise zur Beurteilung herangezogen. Somit sind Emissionen der KW- und O-KW-Lösemittel ungeregelt, was sich insbesondere bei der troposphärischen Ozonbildung nachteilig auswirkt. Welche Bedeutung den Emissionen aus dem Bereich der Lösemittelanwendungen beizumessen ist, sei an folgenden Zahlenangaben verdeutlicht: Wie das Ministerium für Umwelt, Raumordnung und Landwirtschaft, Nordrhein-Westfalen mitteilt, wurden für das Jahr 1990 in der Bundesrepublik Deutschland eine Gesamt-Emissionsmenge von Kohlenwasserstoffen von ca. 2,6 Mio. Tonnen – ermittelt als VOC (Volatile organic compounds) – verzeichnet. Diese Angabe enthält alle Kohlenwasserstoffe, also auch sauerstoffhaltige sowie auch Chlorkohlenwasserstoffe. Rund 50% der Emissionen stammen aus dem KFZ-Verkehr und 40% aus dem Bereich der Verwendung von Lösemitteln (Reinigung, Anstrichfarben, etc.).

Mit einiger Sicherheit sind die heute eingesetzten wäßrigen Systeme im Hinblick auf die Belastung von Luft, Boden und Grundwasser weniger problematisch, da sie generell besser abbaubar sind. Sie sind jedoch noch nicht ausreichend untersucht, um eine gesamtökologische Bewertung vornehmen zu können.

Schwieriger ist die Lage bei Substitution durch andere organische Lösemittel zu bewerten. Soweit für sie die wesentlichen Eigenschaften bekannt sind, greift nach § 16 Abs. 1 GefstoffV die Ermittlungspflicht nach den Gefahren beim Umgang. Der Arbeitgeber ist z. B. verpflichtet, die Verwendung weniger gefährlicher Produkte zu prüfen. Daher sollte die Substitution von CKW in solchen Fällen weiter vorangetrieben werden. Besonders wichtig ist es, die Zahl der CKW verwendenden Betriebe zu reduzieren, da die Überwachung sonst praktisch nicht möglich ist. Die Anhörung hat gezeigt, daß die Umstellung auf emmissionsarme Technologien noch nicht vollzogen ist. Daneben gibt es noch offene Anwendungen von CKW (Abbeizer), die möglichst schnell auf andere Stoffe umgestellt werden müßten.

Ökonomische Relevanz der Umstellungen

Für die Umstellungen im Bereich der Anlagentechnik war vor allem die 2. BImSchV ausschlaggebend. Aus der Sicht der Maschinen- und Anlagenhersteller sind diese Anforderungen technisch realisierbar, erfordern jedoch ein hohes Maß an Anlagentechnik. Ob die hinsichtlich der Meßtechnik geforderte Genauigkeit in der Praxis erreichbar ist, wird bezweifelt. Die Verordnung hat einen beträchtlichen Sanierungsaufwand bei den Anlagenbetreibern ausgelöst und wird es weiterhin tun, sei es, daß bestehende Anlagen umgerüstet bzw. erneuert werden müssen, oder daß auf neue Anlagen und Fertigungstechniken umgestellt werden muß. Der Anteil der Altanlagen, die bereits den Anforderungen der 2. BImSchV entsprechen und nicht umgerüstet werden müssen, wird als gering eingeschätzt.

Doch nicht nur gesetzliche Regelungen, sondern auch die leidvollen Erfahrungen mit HKW-bedingten Boden- und Grundwasserkontaminationen haben den Ausstieg aus dem Einsatz von HKW im Bereich der Metallentfettung gefördert.

Allerdings sind die Investitionskosten für eine Entfettungsanlage seitdem erheblich gestiegen. Der durchschnittliche Preis für eine CKW-Neuanlage, bezogen auf alle Anlagentypen und -größen, liegt bei ca. 250 000 DM, der Preis für eine vergleichbare Anlage mit wäßrigen Reinigungssystemen um 50 bis 100% höher. Einfache CKW-Dampfentfettungsanlagen wurden durch die technischen Anforderungen der 2. BImSchV um etwa das zehnfache verteuert, CKW-Reinigungsanlagen für mehrstufige Prozesse etwa um den Faktor 2 bis 3.

Die Altanlagen (Baujahr vor 1991) müssen ab 1995 (Ablauf der Übergangsfrist der 2. BImSchV zum 31. Dezember 1994) die gleichen Anforderungen erfüllen wie Neuanlagen. Das bedeutet in den meisten Fällen die Neuanschaffung einer Reinigungsanlage.

Zusätzliche Betriebskosten entstehen durch verkürzte Abschreibung, Nachstabilisierung des Lösemittels, häufigere Lösemittelüberwachung und erhöhten Energiebedarf für die Lösemittelrückgewinnung. Die Nutzungsdauer vorhandener Anlagen wurde durch eine in kurzen Abständen verschärfte Umweltgesetzgebung reduziert. Die Novellierung der 2. BImSchV innerhalb von vier Jahren führte z. B. zu einer Verkürzung der Abschreibungsfrist auf maximal vier Jahre. Bislang konnte mit einer Abschreibungsfrist von mehr als fünfzehn Jahren gerechnet werden. Folge waren erhebliche betriebswirtschaftliche Belastungen. Im internationalen Vergleich erleiden die deutschen Anlagenbetreiber durch stark erhöhte Inverstitionskosten einen Wettbewerbsnachteil. In den alten Bundesländern wurden etwa 1,6 Mrd. DM in neue Reinigungsanlagen investiert. Diesem internationalen Wettbewerbsnachteil der Anlagen*betreiber* stehen zukünftige Wettbewerbsvorteile der Anlagen*hersteller* gegenüber.

Die bei Neuanlagen im Bereich der Oberflächenreinigung und Entlackung zu beobachtende nahezu vollständige Substitution der CKW-Anlagen durch alternative Systeme zeigt, daß deren Reinigungsleistungen gleichwertig sind. Die Reinigungskosten selbst liegen nicht höher als bei CKW-Anlagen, die nach dem Stand der Technik umgerüstet wurden.

Kosten des Recyclats (Textilreinigung): Die Recyclerfirmen entsorgen derzeit Rückstände zu einem Kilopreis von 2 bis 3 DM. Das hieraus zurückgewonnene Recyclat fließt zu einem Kilopreis von etwa 1,05 DM wieder in den Markt ein.

Im internationalen Vergleich erleiden die deutschen Anlagenbetreiber Wettbewerbsnachteile durch erhöhte Investitions- und Betriebskosten. In den alten Bundesländern wurden von 1986–1991 ca. 1,6 Mrd. DM in neue Reinigungsanlagen investiert. Allerdings könnte die deutsche Industrie durch die frühzeitige Umstellung der Anlagen und Prozesse bzw. Verfahren eine Vorreiterrolle in Europa einnehmen und zukünftig – unter dem Aspekt einer absehbaren Verschärfung der europäischen Rechtslage – Wettbewerbsvorteile gegenüber der europäischen Konkurrenz gewinnen.

Die Anschaffungskosten für Anlagen zur Textilreinigung sind heute um ca. 50% höher als für Anlagen vor 1991. Pflege- und Wartungskosten sind um ca. 30% gestiegen. Geringere Kapazität bei gleichen Maschinengrößen bedingt eine Betriebskostensteigerung von 30%. In den letzten drei Jahren haben von 10 000 „heißen Läden" 2 000 ihre Existenz aufgegeben. Diese Entwicklung dürfte sich nach Ablauf der Übergangsregelung der 2. BImSchV fortsetzen. Die Anschaffungskosten für Maschinen, die mit Kohlenwasserstoff-Lösemitteln arbeiten, liegen in der Textilreinigung um 20 bis 30% über denen der PER-Maschinen.

Volkswirtschaftlich positiv zu sehen ist der Wegfall von Folgekosten durch Umwelt- und Gesundheitsgefährdungen: Vor allem im Bereich der Altlastensanierung sind durch den Staat bzw. die Kommunen erhebliche Kosten zu bewältigen. Durch vorsorgende Maßnahmen können die Folgekosten weitgehend reduziert werden. Eine Quantifizierung der externen Kosten, die durch den Einsatz von CKW bereits entstanden sind bzw. entstehen werden, ist bislang nicht erfolgt.

4.4.4.2.7 Fazit und Handlungsempfehlungen

Auf die Verwendung von CKW-Lösemitteln in den diskutierten Bereichen kann aus den zuvor beschriebenen Gründen bis heute nicht verzichtet werden. Wegen des hohen Verteilungsgrades von CKW in den verschiedenen Anwendungen bestehen aber trotz eindeutiger rechtlicher Regelungen (2. BImSchV) Vollzugsprobleme, so daß bislang die umweltpolitischen Ziele dieser Regelungen nicht voll erreicht werden. Die angestrebte Minimierung der CKW-Emissionen ist nur durch konsequentes Schließen der CKW-Stoffkreisläufe zu erreichen.

Von der lösemittelherstellenden Industrie, dem Maschinen- und Apparatebau, von den Recyclingunternehmen und auch vom Chemiehandel – als Bindeglied vor allem zu Mittel- und Kleinbetrieben – sind die Voraussetzungen geschaffen worden, mittels Sicherheitsmaßnahmen für Transport und Zwischenlagerung, Befüllen und Entleeren von Entfettungs- und Textilreinigungsanlagen und durch konstruktive Maßnahmen Emissionen in jeder Form zu minimieren.

Damit dieses Angebot auch angenommen wird, bedarf es der begleitenden Unterstützung der Vollzugsbehörden. Eine Verbesserung des Vollzugs und damit eine konsequente Anwendung der vorhandenen gesetzlichen Regelungen ist eine wesentliche Voraussetzung für die Minimierung der Umweltbelastung durch CKW-Lösemittel.

Für die Minimierung der Belastungen durch CKW-Lösemittel bietet sich neben der Verwendung in geschlossenen Anlagen die vermehrte Anwendung unproblematischer Ersatzstoffe an. Zusammenfassend ist die Enquete-Kommission der Auffassung, daß folgende Rahmenbedingungen zu beachten sind:

(1) Die frühzeitige Anwendung stoffpolitischer Instrumente mit zeitlich abgestuften Plänen zum Vollzug schafft Sicherheit für die Investitionen betroffener Betriebe und gewährleistet in Verbindung mit einer Stoffstromanalyse eine Regelung, die auch Vernetzungen berücksichtigt.

(2) Eine einheitlich gestaltete Dokumentation der Stoffströme auch im Bereich des Handels und der Anwender, die auf Anforderung den Behörden zur Verfügung gestellt wird, ist erforderlich. Die Behörden ihrerseits müssen im Bedarfsfalle für ausgewählte Stoffe regionale und nationale Stoffbilanzen erstellen.

(3) Die Anwendung von CKW in weitgehend geschlossenen Systemen sollte weiterhin möglich sein. Die Verwendung in weitgehend geschlossenen Anlagen*) ist ein erkennbarer Trend, wobei die Hersteller zum Teil zusätzliche Verantwortung im Sinne des Stoffstrommanagements übernommen haben. Die umweltoffenen Anwen-

---

*) Unter geschlossenen Anlagen sind solche Anlagen zu verstehen, deren Emissionsverluste $\leq 10\%$ liegen, bzw. die zu 90% geschlossen sind.

dungen von CKW-Lösemitteln sind rasch zu substituieren; dazu sind – wo noch erforderlich – Ersatzstoffkataloge (z. B. in Form von TRGS) zu erstellen und fortzuschreiben.

(4) Der Einsatz von CKW in den durch die 2. BImSchV erfaßten technischen Anwendungen ist als Stand der Technik akzeptiert. Hier ist es notwendig, weitere Anstrengungen zu unternehmen, um den Lösemittelkreislauf zu verwirklichen. Die bestehende Rechtssetzung ist zu ergänzen durch die Erarbeitung von Regeneratqualitätsnormen, um den Einsatz der Regeneratware sicherzustellen.

(5) Die Substitution von CKW-Lösemitteln ist dort durchzuführen, wo nachweislich unproblematischere Stoffe mit vergleichbar guten Anwendungseigenschaften zur Verfügung stehen.

(6) Die Enquete-Kommission hält es für sinnvoll, technisch realisierbare anspruchsvolle Ziele vorzugeben und diese im betroffenen Wirtschaftsraum (EU) umzusetzen. Eine Übertragung der 2. BImSchV auf europäische Ebene würde auch die Vermarktungschancen emissionsarmer Anlagen über die Bundesrepublik Deutschland hinaus entscheidend verbessern.

(7) Der Vollzug der rechtlichen Regelungen zum Umgang mit CKW wird dadurch erschwert, daß der Stoffstrom nicht als Ganzes betrachtet wird, sondern eine medienbezogene Aufteilung der Zuständigkeiten besteht. Dies betrifft sowohl den dualen Charakter der Gewerbeaufsicht (Arbeitsschutz – Immissionsschutz) als auch die von der Gewerbeaufsicht abgetrennte Zuständigkeit der unteren Wasserbehörden.

(8) Dem Einsatz von Redestillaten im Inland entgegenstehende Normen und Qualitätsanforderungen sollten überprüft werden.

4.4.4.3 Propylenoxid

Propylenoxid dient fast ausschließlich als Zwischenprodukt für die Herstellung von Polyurethanen. Für die Herstellung von Propylenoxid sind verschiedene Synthesewege technisch realisiert worden, die sich vor allem dadurch unterscheiden, welche Nebenprodukte entstehen, und ob in die Synthese die Verwendung von Chlor involviert ist. In der Bundesrepublik wird Propylenoxid ausschließlich über das Chlorhydrinverfahren hergestellt.

Für die Enquete-Kommission diente Propylenoxid als Beispiel für ein unter Verwendung von Chlor hergestelltes chlorfreies Endprodukt. Die zentrale Fragestellung der Enquete-Kommission konzentrierte sich darauf, welche Entscheidungskriterien für die Präferenz des Chlorhydrinverfahrens relevant sind und ob unter ökologischen Gesichtspunkten eine Umstellung auf chlorfreie Herstellungsverfahren sinnvoll erscheint.

4.4.4.3.1 Produktion und Verwendung von Propylenoxid

Propylenoxid wird weltweit an zahlreichen Standorten, darunter vier in der Bundesrepublik Deutschland und fünf in anderen Ländern der EG, hergestellt.

Die für die Herstellung von Propylenoxid zur Verfügung stehenden Verfahren lassen sich in drei Gruppen einteilen:

(1) Chlorhydrinverfahren

(2) indirekte Oxidationsverfahren (Cooxidationsverfahren, Oxiran-Verfahren mit den Neben- bzw. Folgeprodukten TBA/MTBE oder Styrol)

(3) direkte Oxidationsverfahren (nicht-katalytisch, katalytisch)

Großtechnisch werden heute mit jeweils etwa 50%-igem Produktionsanteil der Chlorhydrinprozeß und die indirekten Oxidationsverfahren eingesetzt.

Die wichtigsten Folgeprodukte von Propylenoxid sind die Polyurethane. Da für die Produktion von Polyurethanen mit weltweiten Marktzuwächsen zwischen 5% und 15% gerechnet wird (Ecotec, 1992), sind entsprechende Produktionssteigerungen von Propylenoxid zu erwarten.

In der Bundesrepublik Deutschland ist eine Stagnation bzw. ein Rückgang von Produktion und Produktionswert zu verzeichnen.

Chlorhydrinverfahren

In der Bundesrepublik wird Propylenoxid ausschließlich mittels des Chlorhydrinverfahrens hergestellt. Hierbei wird Propen unter Einsatz von Chlorwasserstoff und Hypochlorit zu Chlorhydrin umgesetzt. Chlorhydrin wird mit einem Überschuß an Alkali (Natronlauge oder Kalkmilch) zu Propylenoxid dehydrochloriert. Für die Herstellung von 1 Tonne Propylenoxid werden etwa 1,3 t Chlor eingesetzt, wobei Chlor die Reaktion von Propen mit Sauerstoff vermittelt. Das Zielprodukt Propylenoxid wird mit einer Ausbeute von 92 bis 94% hergestellt. Als Nebenprodukte entstehen im wesentlichen 1,2-Dichlorpropan und der toxische Dichlordiisopropylether. Dichlordiisopropylether wird weitgehend verbrannt. Dichlorpropan wird gegenwärtig zur Herstellung von Perchlorethylen verwendet oder unter Rückgewinnung von Salzsäure

Tabelle 4.4.12: Produktion von Propylenoxid – Standorte, Kapazitäten

Prozeß	Hersteller	Standort	Land	Kapazität (1000 t/a)
CH (NaOH)	Dow	Stade	D	410
CH (Ca[OH]$_2$)	BASF	Ludwigshafen	D	100
CH (Ca[OH]$_2$)	EC Erdölchemie	Köln	D	135
CH (Ca[OH]$_2$)	Bunawerke	Schkopau	D	50
TBA	Arco	Botlek	NL	260
Styrol	Shell	Moerdijk	NL	160
CH	Enimont	Priolo	I	60
Styrol	Repsol	Puertollano	E	50
TBA	Arco	Fos sur Mer	F	175
CH	–	Rokita	PL	20
CH	–	Riminika	RO	10
CH	–	Nizhnekamsk	SU	50
CH	Sodazo	Tuzla	YU	20
CH	Dow	Freeport, Tx	USA	410
CH	Dow	Plaquemine, La	USA	200
TBA	Arco	Bayport, Tx	USA	535
Styrol	Arco	Channelview, Tx	USA	255
CH	Dow	Sarnia, Ont.	CDN	80
CH	Dow	Aratu	BR	115
CH	Diverse	4 Werke	J	200
Styrol	Arco	2 Werke	J und ROK	225
CH	Diverse	3 Werke	J	40
CH	Diverse	2 Werke	IND	15
		30 Werke		3 585

CH: Chlorhydrin   TBA: Oxiran mit t-Butanol als Kuppelprodukt   Styrol: Oxiran mit Styrol als Kuppelprodukt

Tabelle 4.4.13: *Produktion und Preisentwicklung für Isocyanate, Propylenoxid und Polyurethane in der Bundesrepublik Deutschland (alte Bundesländer)*

Jahr	Isocyanate[1]		Propylenoxid[2]		Polyurethane[3]	
	Produktion (t)	Wert (DM pro t)	Produktion (t)	Wert (DM pro t)	Produktion (t)	Wert (DM pro t)
1987	k.A.	k.A.	536 755	1 586	k.A.	k.A.
1988	k.A.	k.A.	549 422	1 619	k.A.	k.A.
1989	k.A.	k.A.	590 571	1 720	k.A.	k.A.
1990	163 835	5 427	590 422	k.A.	452 303	4 510
1991	153 704	5 267	616 700	k.A.	439 140	4 654
1992	151 001	4 990	560 638	1 437	538 433	4 367

1) Meldenr. 427691
2) Meldenr. 425350
3) Meldenr. 441290
Quelle: Statistisches Bundesamt, Fachserie 4, Reihe 3.1; eigene Berechnungen

403

verbrannt. Wie aus Abbildung 4.4.5 ersichtlich, kann Perchlorethylen zur Herstellung von R 134a verwendet werden. Dichlorpropan wurde auch als Lösemittel zum Beispiel für Bitumen und Nitrolacke verwendet. Die frühere Verwendung als Pestizid wurde mittlerweile wegen der hohen Grundwasserrelevanz von Dichlorpropan eingestellt.

Derzeit werden Verfahren zur Hydrierung des Dichlorpropans zur Umwandlung in Kohlenwasserstoffe und Salzsäure, zur Umwandlung von Dichlorpropan in Epichlorhydrin als Ausgangsprodukt für Epoxidharze oder Glycerin sowie zur Umwandlung von Dichlorpropan in chlorfreie Produkte wie Ester, Halbester oder Glykole geprüft. Es wird damit gerechnet, daß sich mindestens eines dieser Verfahren als weitere Möglichkeit für die Nutzung von Dichlorpropan neben der Herstellung von PER bzw. der Verbrennung durchsetzen wird (KDrs 12/11b, S. 174, Hollmann). Der Trend geht in Richtung Hochtemperaturverbrennung unter Salzsäurerückgewinnung.

Das in die Herstellung von Propylenoxid eingehende Chlor verläßt den Produktionsprozeß in Form der chlorhaltigen Nebenprodukte und im wesentlichen in Form von Salzen. Pro Tonne Propylenoxid entstehen je nach eingesetzten Alkalien ca. 2,4 bis 4,8 Tonnen Natriumchlorid bzw. 0,9 bis 3,0 Tonnen Calciumchlorid.

Legt man für die Bundesrepublik Deutschland für 1992 eine Produktionsmenge von etwa 605 000 t (KDrs 12/11a, S. 88, Roeser) zugrunde, gingen etwa 790 000 t Chlor in die PO-Herstellung ein und verließen den Produktionsstrang als ca. 72 000 t chlorhaltige Nebenprodukte und 1 bis 3 Mio. t Salze. Während die Nebenprodukte weiteren Produktionsabläufen zugeführt oder verbrannt werden, werden die Salzfrachten über die Abwässer in die jeweiligen Vorfluter geleitet. Für das Jahr 1990 errechnet sich ein überschlägiger Salzeintrag von 0,2 bis 0,6 Mio. t Calciumchlorid in den Rhein (Erdölchemie und BASF) sowie 0,9 bis 1,8 Mio. t Natriumchlorid in die Elbe (DOW) (Prognos, 1993a, S. 52).

Die Produktionskapazität der vier Hersteller in der Bundesrepublik Deutschland (Dow Chemical, EC Dormagen, BASF, BUNA) betrug im Jahr 1992 rund 875 000 t. Die Produktionsmengen beliefen sich im selben Jahr auf 605 000 t, der Gesamtverbrauch in der Bundesrepublik Deutschland betrug 402 000 t (KDrs 12/11a, S. 83, Roeser). Etwa 30% der Produktion werden im eigenen Unternehmen weiterverarbeitet, die anderen 70% werden an andere Unternehmen abgesetzt.

Der Gesamtwert der Produktion von Propylenoxid beträgt in der Bundesrepublik Deutschland rund 1 Mrd. DM. Der Preis pro Tonne schwankt recht stark, zwischen 1980 und 1992 schwankten die Jahresmittelwerte zwischen 1 360 DM/t im Minimum und 1 908 DM/t im

Chlorhydrin-Verfahren

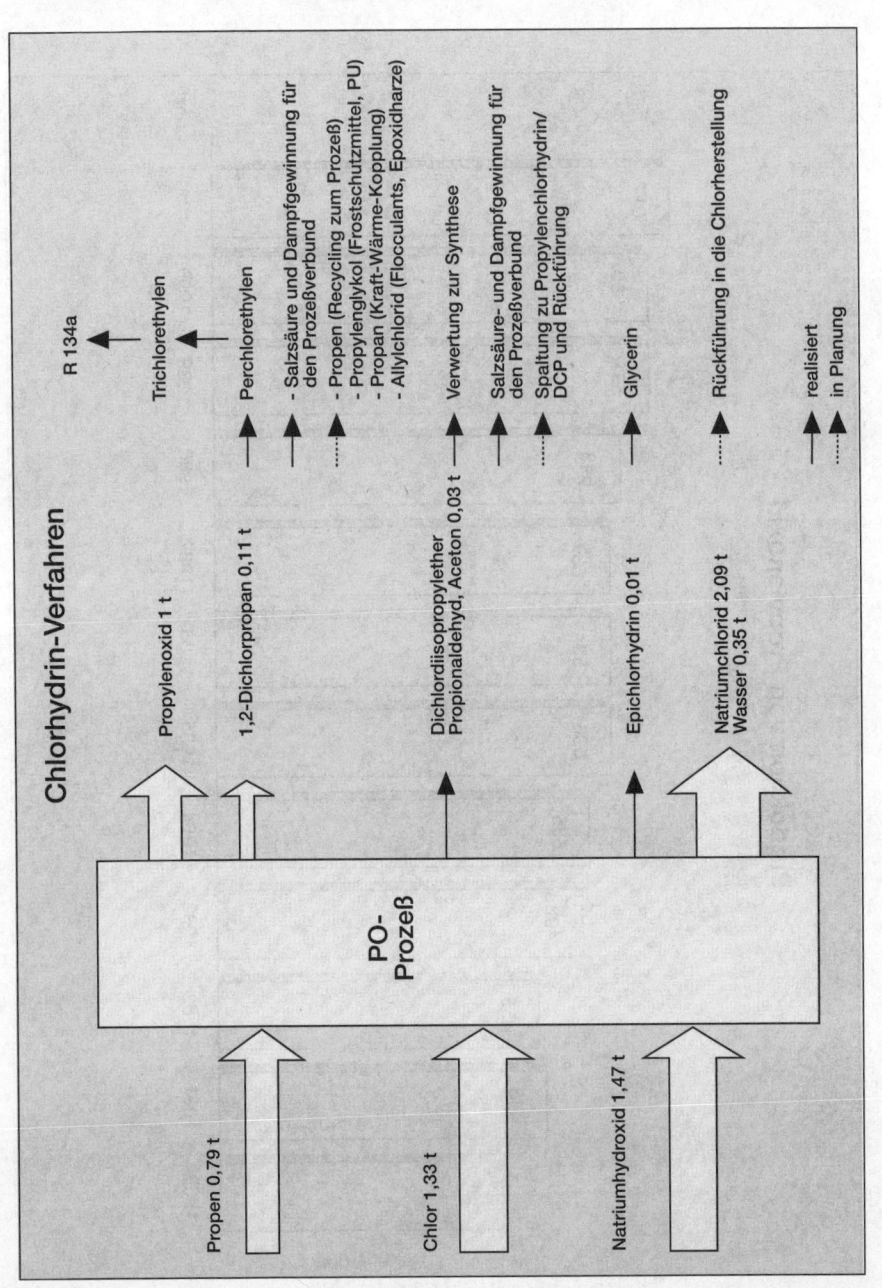

Ausgänge (Produkte/Nebenprodukte):
- Propylenoxid 1 t
- 1,2-Dichlorpropan 0,11 t → Perchlorethylen → Trichlorethylen → R 134a
  - Salzsäure und Dampfgewinnung für den Prozeßverbund
  - Propen (Recycling zum Prozeß)
  - Propylenglykol (Frostschutzmittel, PU)
  - Propan (Kraft-Wärme-Kopplung)
  - Allylchlorid (Flocculants, Epoxidharze)
- Dichlordiisopropylether, Propionaldehyd, Aceton 0,03 t → Verwertung zur Synthese
  - Salzsäure- und Dampfgewinnung für den Prozeßverbund
  - Spaltung zu Propylenchlorhydrin/ DCP und Rückführung
- Epichlorhydrin 0,01 t → Glycerin
- Natriumchlorid 2,09 t, Wasser 0,35 t → Rückführung in die Chlorherstellung

realisiert
in Planung

Eingänge:
- Propen 0,79 t
- Chlor 1,33 t
- Natriumhydroxid 1,47 t

→ PO-Prozeß

Abb. 4.4.5: Schematische Darstellung des Chlorhydrinverfahrens zur Herstellung von Propylenoxid – Ausgangsstoffe, Neben- und Folgeprodukte. Die jeweiligen Mengenangaben beziehen sich auf die Herstellung von einer Tonne Propylenoxid; gestrichelte Pfeile weisen Verfahrenswege aus, die derzeit noch in Entwicklung begriffen sind.

Quelle: nach Hollmann, KDrs 12/11b S. 169

Produktion von Propylenoxid

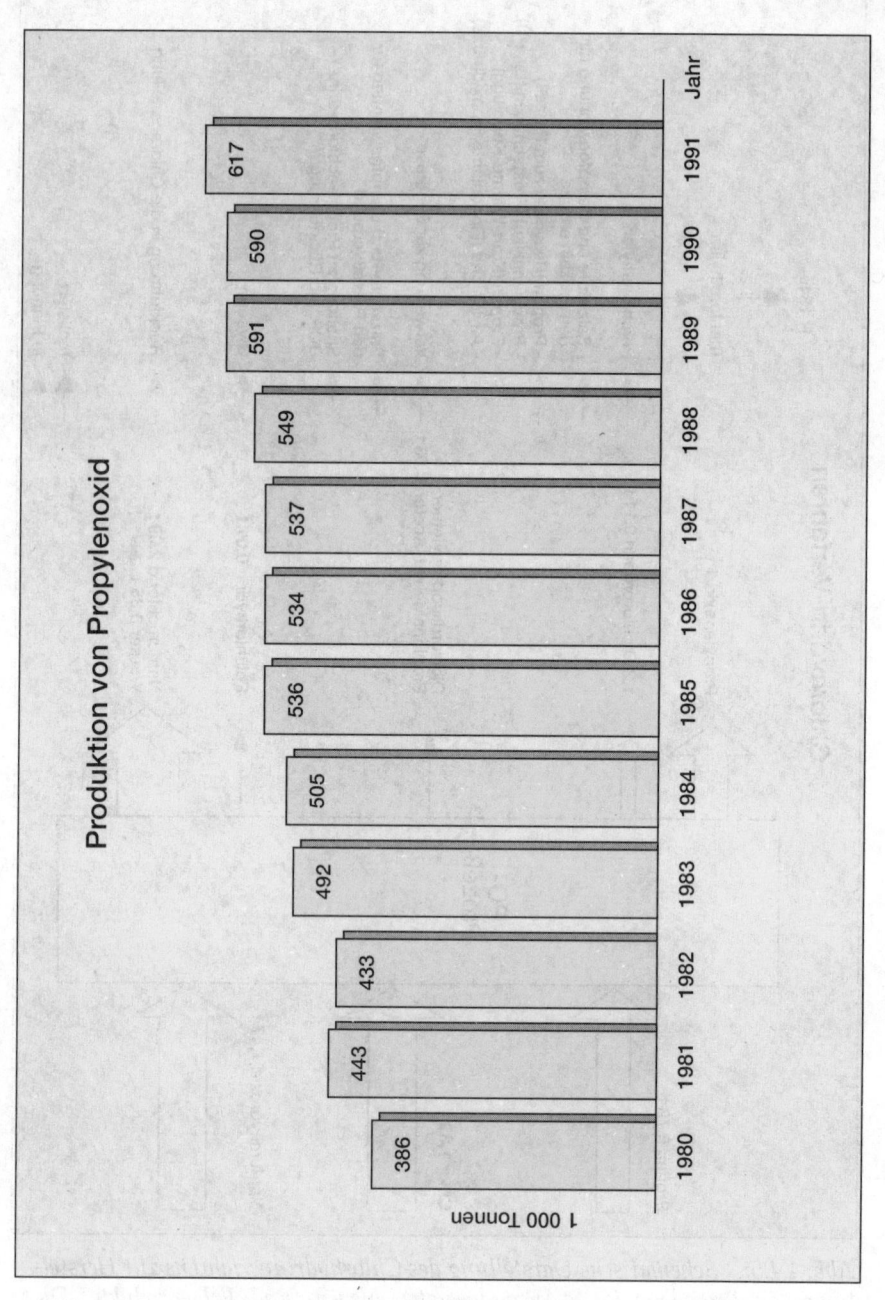

Jahr	1 000 Tonnen
1980	386
1981	443
1982	433
1983	492
1984	505
1985	536
1986	534
1987	537
1988	549
1989	591
1990	590
1991	617

Abb. 4.4.6: Produktionsentwicklung von Propylenoxid in der Bundesrepublik Deutschland (alte Bundesländer) von 1980 bis 1991, Gesamtproduktion in 1 000 t.

Quelle: Statistisches Bundesamt, Fachserie 4

Maximum. Wichtigster preisbestimmender Faktor dürfte der Preis des Einsatzstoffes Propen sein, dessen Preis als Produkt der Erdölchemie wesentlich vom Rohölpreis abhängt (Prognos, 1993a, S. 41).

Ein nennenswerter Anteil der bundesdeutschen Produktion wird ausgeführt. Im Jahr 1992 wurden 242 000 t exportiert (KDrs 12/11a, S. 83, Roeser); dies entspricht etwa 40% der inländischen Gesamtproduktion.

Tabelle 4.4.14: Außenhandel mit Propylenoxid (Angaben in 1000 t)

	1984	1986	1988	1990
Einfuhr (aus)				
Insgesamt	27	20	25	47
Niederlande	26	19	25	45
Ausfuhr (nach)				
Insgesamt	218	219	215	253
Niederlande	113	118	126	140
Benelux	52	54	34	64
England	26	14	15	23
Spanien	5	19	21	1
Frankreich	1	3	8	11

Quelle: Statistisches Bundesamt, Fachserie 7, Außenhandel; Außenhandel nach Waren und Ländern verschiedener Jahrgänge

Hauptsächliches Ausfuhrland sind die Niederlande (1990: 140 000 t). In den Niederlanden ist ein Werk von DOW ansässig, in dem früher ebenfalls mit einer Kapazität von 75 000 t/a PO hergestellt wurde. Daß es sich bei einem erheblichen Teil der Ausfuhren um unternehmensinterne Lieferungen an einen anderen Standort zur Weiterverarbeitung handelt, kann lediglich vermutet werden.

Der Import von Propylenoxid in die Bundesrepublik Deutschland ist mit einer Menge von 47 000 t/a, 1990 von untergeordneter Bedeutung. Wichtigstes Einfuhrland sind die Niederlande (1990: 45 000 t/a), (Prognos, 1993a, S. 42).

Der Chlorverbrauch ist im Vergleich mit anderen Synthesen über chlorierte Zwischenprodukte hoch, und eine erneute Nutzung des Chlors scheidet infolge seines Anfalls in Form von verunreinigten Salzen bislang aus. Zum Vergleich: Für den anderen Synthesebaustein für Polyurethane, Phosgen, werden nur rund 30% der für PO eingesetzten Chlormenge benötigt, welche zudem als Salzsäure weitgehend im Kreis gefahren werden kann.

Folgende Verbesserungsmöglichkeiten für das Chlorhydrin-Verfahren sind derzeit in der Entwicklung:

- Wiederverwertung der im ersten Reaktionsschritt gebildeten Salzsäure,
- Kreislaufführung der Salze bei Verwendung von NaOH als Neutralisationsmittel anstelle von CaO,
- Aufarbeitung von verdünnten Kochsalzlösungen durch Elektrodialyse mit bipolaren Membranen und
- Hydrierung der chlororganischen Nebenprodukte anstatt Verbrennung.

Oxiran-Verfahren

Wichtigster indirekter Oxidationsprozeß zur Herstellung von Propylenoxid ist das Oxiran-Verfahren. Als Sauerstoffüberträger an das Propen dienen hier Hydroperoxide. Neben Propylenoxid entstehen je nach Art des verwendeten Hydroperoxids unterschiedliche Nebenprodukte.

Als Kohlenwasserstoff-Komponente des Hydroperoxids dienen bevorzugt iso-Butan und Ethylbenzol. Bei Verwendung von iso-Butan entstehen als Folgeprodukte pro Tonne Propylenoxid 2,8 t tertiärer Butylalkohol (TBA). Dieses Produkt oder seine Derivate müssen vom Markt aufgenommen werden. Bevorzugt hergestelltes Derivat ist Methyl-t-Butylether (MTBE), welches als Treibstoffzusatz zur Erhöhung der Oktanzahl eingesetzt werden kann.

Wird Ethylbenzol als Kohlenwasserstoff-Komponente des Hydroperoxids eingesetzt, entstehen pro Tonne Propylenoxid 2,5 t 1-Phenylethanol, welcher über Styrol weitgehend zu Polystyrol weiterverarbeitet wird.

Da die Menge der „Nebenprodukte" die Menge des produzierten Propylenoxids um das zwei- bis dreifache übersteigt, kann das Propylenoxid als das eigentliche Nebenprodukt der TBA- bzw. Styrolherstellung angesehen werden.

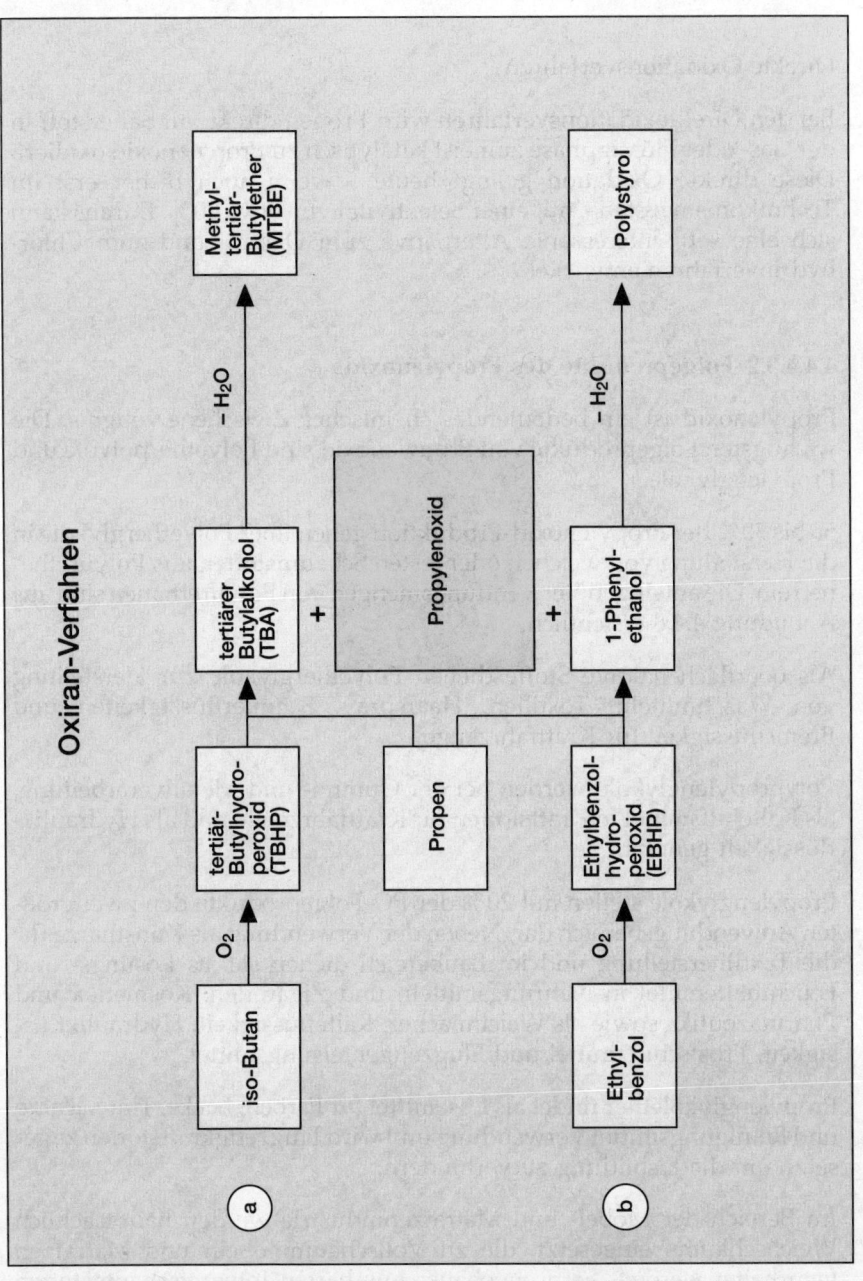

Abb. 4.4.7: Schematische Darstellung des Oxiran-Verfahrens zur Herstellung von Propylenoxid – Ausgangsstoffe, Neben- und Folgeprodukte. Die Menge der „Nebenprodukte" übersteigt die Menge produzierten Propylenoxids um das zwei- bis dreifache, so daß Propylenoxid das eigentliche Nebenprodukt der TBA- bzw. Styrol-Herstellung darstellt.

Quelle: nach Folienserie des Fonds der Chemischen Industrie Nr. 24, 1992, Folie 21

Direkte Oxidationsverfahren

Bei den Direktoxidationsverfahren wird Propen direkt mit Sauerstoff in der Gas- oder Flüssigphase zumeist katalytisch zu Propylenoxid oxidiert. Diese direkte Oxidation gelingt heute – wenn auch bisher erst im Technikumsmaßstab – mit einer Selektivität von etwa 70 %. Daraus kann sich eine sehr interessante Alternative zum Oxiran- und zum Chlorhydrinverfahren entwickeln.

4.4.4.3.2 Folgeprodukte des Propylenoxids

Propylenoxid ist ein bedeutendes chemisches Zwischenerzeugnis. Die wichtigsten Folgeprodukte von Propylenoxid sind Polyetherpolyole und Propylenglykole.

56 bis 70 % der Propylenoxid-Produktion gehen über Polyetherglykole in die Herstellung von weichen oder festen Schaumstoffen aus Polyurethanen ein. Die anteiligen Verwendungsmengen von Polyurethanen sind aus Abbildung 4.4.8 ersichtlich.

Als oberflächenaktive Stoffe dienen Polyetherglykole zur Herstellung von Waschmitteln, Textilien, Haarspray, Schmierflüssigkeiten und Bremsflüssigkeit für Kraftfahrzeuge.

Polypropylenglykole werden bei der Gummi- und Metallverarbeitung, als Kältehilfsmittel in Kraftstoffen für Kraftfahrzeuge und als Hydraulikflüssigkeit genutzt.

Propylenglykole stellen mit 20 % der PO-Folgeprodukte den zweitgrößten Anwendungsbereich dar. Neben der Verwendung als Kunstharze für die Textilherstellung und im Baubereich dienen sie als Lösungs- und Feuchthaltemittel in Nahrungsmitteln und Zigaretten, Kosmetika und Pharmazeutika sowie als Weichmacher, Kälteflüssigkeit, Hydraulikflüssigkeit, Frostschutzmittel und Flugzeugenteisungsmittel.

Propylenglykolether findet als Lösemittel für Farben, Lacke, Tinte, Harze und Reinigungsmittel Verwendung und wird Flugzeugkraftstoffen zugesetzt, um die Eisbildung zu verhindern.

Im Bereich der Möbel- und Matratzenindustrie werden hauptsächlich Weichschäume eingesetzt, die zu Vollschaummöbeln und Matratzen verarbeitet werden. Fernsehgehäuse aus harten Integralschaumstoffen gehören ebenfalls in diesen Bereich. Desweiteren konnte für Polyurethane mit holzähnlicher Oberflächenstruktur ein Markt erschlossen werden.

Aufteilung der Polyurethane nach ihren Anwendungsgebieten in Westeuropa 1988

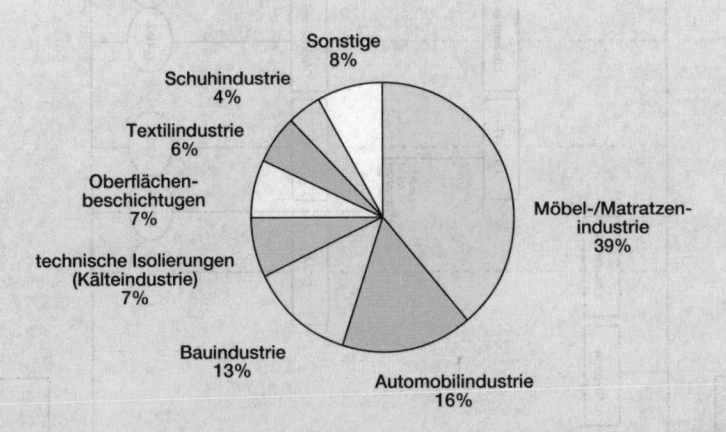

- Sonstige 8%
- Schuhindustrie 4%
- Textilindustrie 6%
- Oberflächenbeschichtugen 7%
- technische Isolierungen (Kälteindustrie) 7%
- Bauindustrie 13%
- Automobilindustrie 16%
- Möbel-/Matratzenindustrie 39%

Aufteilung der Polyurethane nach ihren Anwendungsgebieten in der Bundesrepublik 1988

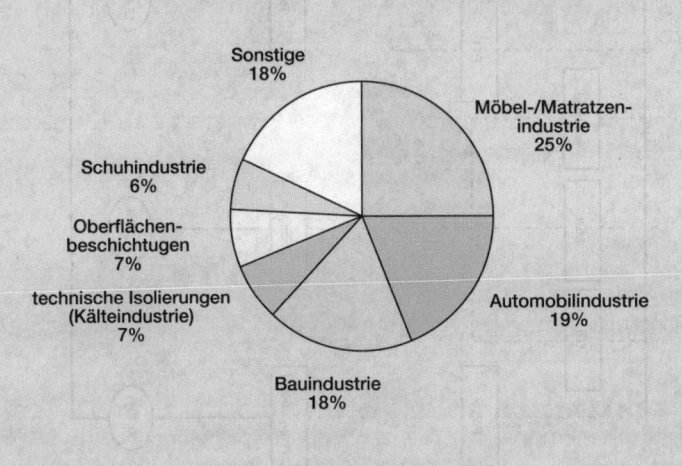

- Sonstige 18%
- Schuhindustrie 6%
- Oberflächenbeschichtugen 7%
- technische Isolierungen (Kälteindustrie) 7%
- Bauindustrie 18%
- Automobilindustrie 19%
- Möbel-/Matratzenindustrie 25%

Abb. 4.4.8: Aufteilung der Polyurethane nach ihren Anwendungsbereichen in Westeuropa und der Bundesrepublik Deutschland, 1988.
Quelle: Ecotec, 1992, S. 17

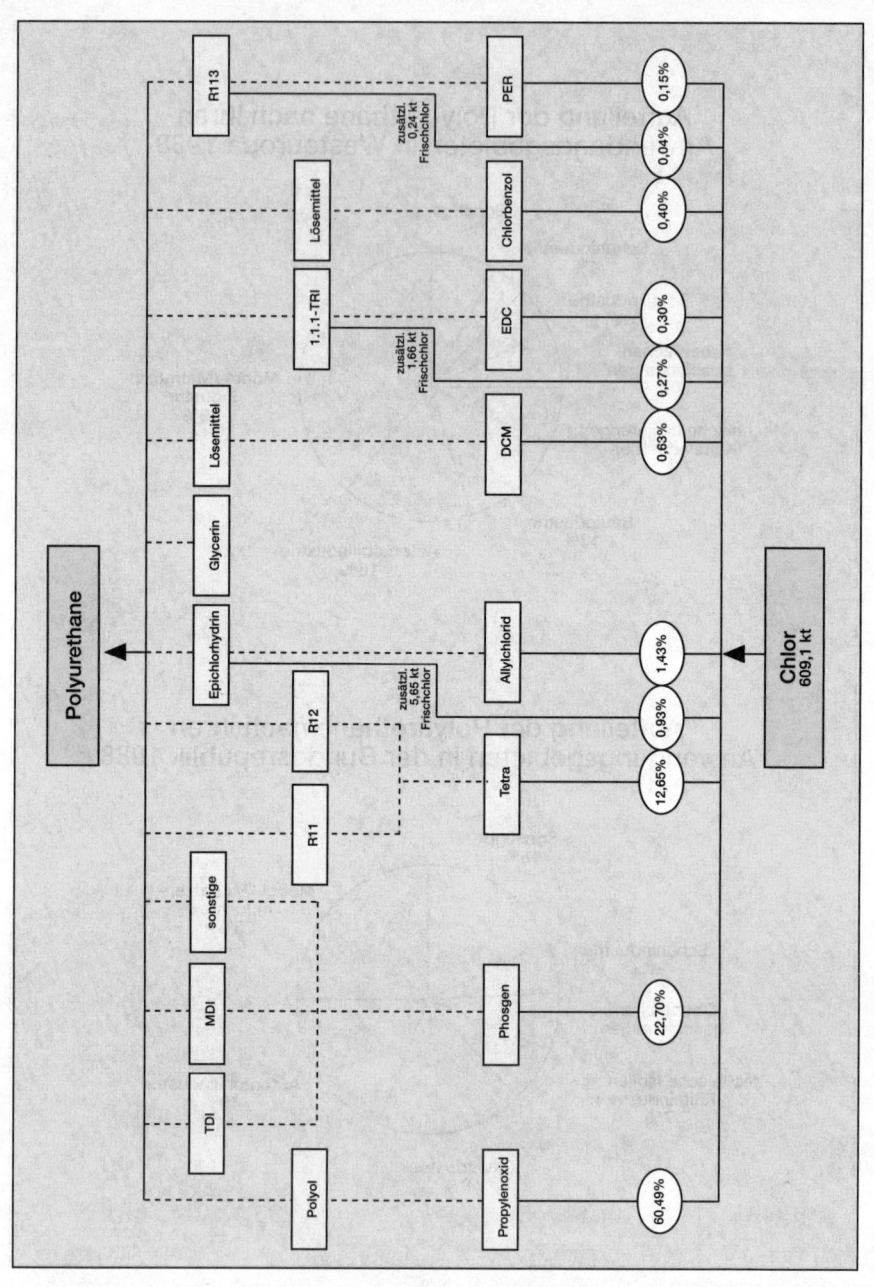

Abb. 4.4.9: Der Gesamtstoffffluß für die Polyurethanproduktion; beteiligte Produktionsschritte und jeweiliger Chlorinput in Prozent.
Quelle: nach Ecotec, 1992, S. 29

Halbharte Integral- und Füllschäume werden hauptsächlich im Automobilsektor verarbeitet. Durch Hinterschäumen von Bezugsstoffen entstehen beispielsweise Autositze. Spezielle Integralschäume finden Einsatz als Aufprallschutz; neuerdings werden auch bei Außenverkleidungen der Fahrzeuge Polyurethane aus sicherheitstechnischen Gründen eingesetzt.

Im Baubereich werden Polyurethan-Schäume als Wärmeisolierung und Türfutter verwendet. Weitere Anwendungsbereiche sind Hartschaumplatten in Sandwich-Bauweise, Dachdämmplatten und Flachdachgullis. Polyurethan-Elastomere können als Sportplatzbeläge dienen. In der Elektroindustrie werden Polyurethane wegen ihres hohen elektrischen Widerstandes als Kabelverteilerkästen, Hausanschlußkästen, Kabelmuffen usw. verwendet.

Als Isoliermaterial zur Wärmedämmung von Kühlgeräten werden heute fast ausschließlich Polyurethane eingesetzt. Sie finden Verwendung in großen industriellen Kühlanlagen bis hin zum Haushaltskühlschrank. Auch als Wärmeisolierung von Fernwärmerohren werden Polyurethane genutzt.

Zur Beschichtung von stark beanspruchten Oberflächen werden Polyurethanlacke wegen ihrer Überlegenheit gegenüber anderen Materialien hinsichtlich der physikalischen Eigenschaften vermehrt eingesetzt.

In der Textilindustrie werden Polyurethane in Lederimitaten und zur Imprägnierung von Stoffen verwendet. Teppiche werden mit Polyurethanen hinterschäumt. In der Schuhindustrie dienen sie hauptsächlich als Sohlen, die aufgeschäumt werden, aber auch beispielsweise als Schalen von Skistiefeln.

In der Verpackungsindustrie finden Polyurethane beispielsweise als Schaumstoffe zum Schutz zerbrechlicher Güter, aber auch als Papier- und Kartonbeschichtung für Lebensmittelverpackungen Verwendung.

Die Polyurethanherstellung stellt einerseits den mengenmäßig bedeutendsten Verwendungsbereich für Propylenoxid bzw. seine Folgeprodukte dar. Andererseits gehen 60% des für die Polyurethanherstellung eingesetzten Chlors über die Herstellung von Propylenoxid in den Stoffluß ein. Daher sei an dieser Stelle auf die Stellung der Propylenoxidherstellung im Gesamtstoffluß der Polyurethanherstellung hingewiesen. Sie wird in Abbildung 4.4.9 dargestellt. Für detailliertere Informationen zur Polyurethan-Produktion sei auf die im Auftrag des Umweltbundesamtes 1992 erstellte Studie des Instituts für chemisch-technische und ökonomische Forschung und Beratung, Ecotec, verwiesen (Ecotec, 1992).

4.4.4.3.3 Verfahrensvergleich und Entscheidungsfaktoren

Nach Aussagen der zur Anhörung geladenen Experten ist ein objektiver Vergleich zwischen dem Chlorhydrin- und dem Oxiranverfahren nur sehr schwer möglich, bzw. wurde bislang nicht vorgenommen. Die Entscheidungen für das eine oder das andere Verfahren beruhen bislang auf rein ökonomischen und standortbedingten Faktoren. Ökologische Vor- und Nachteile der jeweiligen Verfahren wurden bislang nicht vergleichend untersucht. Ökologische Aspekte sind jedoch Bestandteil der Auswahlfaktoren für Produktionsstandorte.

Ökonomische Relevanz

Sowohl die Oxiranverfahren als auch das Chlorhydrinverfahren zeichnen sich dadurch aus, daß neben dem eigentlichen Zielprodukt Propylenoxid die Kuppel- bzw. Nebenprodukte in hohem Maße anfallen. Der mengenmäßig große Anfall an Kuppelprodukten ist wesentlich für die Entscheidung, welches Verfahren zur Propylenoxid-Herstellung derzeit und zukünftig genutzt wird. Daher sei an dieser Stelle explizit auf deren Verwendbarkeit eingegangen.

Die beim Oxiran-Verfahren anfallenden Kuppelprodukte TBA mit 2,5 bis 5 t pro Tonne PO oder Styrol mit 2,2 bis 2,5 t pro Tonne PO lassen sich in weiteren Anwendungen vermarkten, während das beim Chlorhydrin anfallende Salz mit 0,9 bis 4,8 t pro Tonne PO Abfall ist.

Da beim Oxiranverfahren die Variante mit Isobutan als Einsatzstoff und TBA/MTBE als Kuppelprodukt dominiert, wird sie im folgenden genauer betrachtet. Bei diesem Herstellungsverfahren sind pro Tonne erzeugten Propylenoxids ca. 1,7 t Isobutan einzusetzen. Bei der in der Bundesrepublik Deutschland produzierten Propylenoxid-Menge im Jahr 1990 in Höhe von ca. 590 000 t entspräche eine vollständige Umstellung des Verfahrens einer notwendigen Isobutan-Einsatzmenge von mehr als 1 Mio. t Isobutanol. Inwieweit der deutsche und europäische Markt in der Lage sind, diese Mengen zur Verfügung zu stellen, welche Konsequenzen dies an anderer Stelle hätte und welche Voraussetzungen hierfür erfüllt sein müßten, kann nicht definitiv angegeben werden (Prognos, 1993a, S. 47 ff.). Die derzeitige Produktion von Isobutan in der Bundesrepublik Deutschland ist nicht in Statistiken ausgewiesen.

Bei der Herstellung von Propylenoxid mit Isobutan als Einsatzstoff entstehen pro Tonne Propylenoxid 2,16 t tertiären Butanols (TBA). Ausgehend von der PO-Produktionsmenge von 1990 in Höhe von ca. 590 000 t entspräche dies einer TBA-Menge von mehr als 1,2 Mio. t. TBA wird üblicherweise zu Isobuten dehydriert, welches wiederum zur

Herstellung von MTBE eingesetzt werden kann. 1992 wurden in der Bundesrepublik Deutschland 146 000 t MTBE hergestellt. Die Einfuhrmengen von MTBE können nur geschätzt werden, da es in Außenhandelsstatistiken nicht erfaßt ist. Derzeit dürfte diese Menge etwa 500 000 t betragen (Prognos, 1993a, S. 50).

MTBE findet derzeit als hochoktanige Kraftstoff-Komponente in der Bundesrepublik Deutschland mit einem Anteil von 10% am Super-Plus-Kraftstoff Anwendung. Nach den Vorgaben einer EG-Richtlinie vom Dezember 1985 darf dieser Anteil bis zu 15% betragen. Laut den Ergebnissen in den USA durchgeführter Untersuchungen reduzieren sich bei einem 15%-igen MTBE-Kraftstoffanteil die Kohlenwasserstoff-Emissionen um ca. 7% und die CO-Emissionen um ca. 12%, während die Formaldehyd-Emissionen um 25% zunehmen. Der Einfluß auf die CO_2-Emissionen wurde nicht gemessen.

Die in der Bundesrepublik Deutschland betriebenen Anlagen zur Herstellung von Propylenoxid nach dem Chlorhydrinverfahren wurden zwischen 1971 und 1981 in Betrieb genommen (s. Tab. 4.4.15). Eine übliche Lebensdauer der Anlagen kann nicht genau angegeben werden. Die Aggressivität des eingesetzten Chlors, der Salzsäure und der Natronlauge machen spezielle Vorkehrungen notwendig und es wird davon ausgegangen, daß mehr als dreißig Jahre Betriebszeit der Anlagen unwahrscheinlich ist. Das hieße, daß in den nächsten 10–12 Jahren ein neuer Investitionszyklus entsteht, und zwar für alle Chlorhydrinanlagen gleichermaßen, mit Ausnahme der 1981 in Betrieb genommenen Anlagen bei DOW. Es ist davon auszugehen, daß mittlerweile alle Anlagen abgeschrieben sind (Prognos, 1993a, S. 54). Eine Umrüstung der bestehenden Anlagen auf das Oxiranverfahren ist technisch nicht möglich.

Tabelle 4.4.15: Zeitpunkt der Inbetriebnahme der Chlorhydrinanlagen in der Bundesrepublik Deutschland

Hersteller	Kapazität	Inbetriebnahme
DOW	250 000 t	1973
	170 000 t	1981
Erdölchemie	115 000 t	ca. 1971
BASF	70 000 t	vor 1976
Bunawerke	50 000 t	1974 (seit 1938 Ethylenoxid)

Quelle: Prognos, 1993a, S. 54

Vertreter der deutschen Proplylenoxid-Hersteller erachten aus verschiedenen Gründen die Errichtung von Anlagen für das Oxiranverfahren nur für neu zu errichtende Produktionskapazitäten an neuen Industriestandorten als sinnvoll und verweisen hierbei in erster Linie auf den bestehenden Verbund mit Chloralkali-Elektolyse-Anlagen. Für neu zu errichtende Produktionskapazitäten seien als Entscheidungsfaktoren für das Oxiranverfahren nicht unwesentlich die Marktsituation und die logistischen Voraussetzungen sowohl für die Einsatzstoffe als auch die Kuppelprodukte TBA/MTBE bzw. Styrol entscheidend.

Von zusätzlichen Produktionskapazitäten für Styrol wären in Deutschland die Firmen BASF (500 000 t Kapazität), ROW (420 000 t Kapazität) und Hüls AG (250 000 t Kapazität) betroffen; tertiäres Butanol beträfe die Hüls AG (KDrs 12/11b, S. 299, UBA).

Neben der Marktsituation für die beim Oxiranverfahren relevanten Kuppelprodukte wurden als ökonomische Faktoren Löhne, Steuern und Investitionsvergünstigungen angesprochen. Die Investition in die Oxiran-Technologie wurde für verschiedene Standorte in Ländern Westeuropas als attraktiv angesehen (KDrs 12/11a, Roeser), was darauf schließen läßt, daß für die Kuppelprodukte durchaus Vermarktungschancen gesehen werden.

Als Standortvoraussetzungen begünstigen vorhandene Vorfluter das Chlorhydrinverfahren, Märkte für die Kuppelprodukte das Oxiranverfahren. Große Chlorkapazitäten sind wiederum für das Chlorhydrinverfahren günstig, während zur Oxiran-Synthese bestimmte Raffinerieprodukte und -kapazitäten zur Verfügung stehen müssen.

Während die Darstellung der Stoffströme für beide Verfahren vorgenommen werden konnte – allerdings fehlen für das Oxiranverfahren Daten über Nebenprodukte, deren Aufarbeitung und Entsorgung völlig –, sind vergleichende Betrachtungen des jeweiligen Energieeinsatz bislang nicht möglich. Prinzipielle Problematik ist hier die Definition von Systemgrenzen und die Energiezuweisung auf die einzelnen Produkte einer Kuppelproduktion: beim Oxiranverfahren zwischen PO und TBA/MTBE bzw. Styrol ebenso wie bei den Vorstufen des Prozesses (Cracker); beim Chlorhydrinverfahren der Verbund Chlor-Natronlauge-Wasserstoff. Bislang liegen weder für die eingesetzten Ausgangsstoffe, noch für die Verfahren selbst sowie für die End- bzw. Neben- und Kuppelprodukte Energiebilanzdaten vor, die einen Vergleich ermöglichen würden.

Die anstehenden Innovationensentscheidungen für neue PO-Anlagen sollten vor allem unter Berücksichtigung der ökologischen Aspekte frühzeitig getroffen werden.

Ökologische und gesundheitliche Relevanz

Die toxischen Eigenschaften von Propylenoxid sind durch elektrophile Reaktivität der Substanz gekennzeichnet. Propylenoxid ist haut- und schleimhautreizend und führt im Tierversuch bei wiederholter Inhalation von 100 ppm und mehr zu Entzündungen und Tumoren der Atemwege. Aufgrund seiner mutagenen Wirkung in vitro und der kanzerogenen Wirkung in Tierversuchen wurde Propylenoxid in der Stoffgruppe IIIA2 der MAK-Liste eingestuft. Für Propylenoxid kann damit kein Grenzwert festgelegt werden. Der TRK-Wert beträgt 2,5 ppm, dies entspricht einer Konzentration von 6,0 mg/m^3.

Ökobilanzielle Betrachtungen der Herstellungsverfahren wurden von den betroffenen Herstellern bislang entweder gar nicht vorgenommen (Arco-Chemie) oder stecken noch in den Anfängen (DOW, EC-Dormagen). Für das Oxiranverfahren liegen keine Emissionsdaten vor. Nach Aussage der Bundesanstalt für Arbeitsschutz gegenüber der Enquete-Kommission verfügt diese nicht über Hinweise auf mögliche Gesundheitsgefährdungen, aus denen sich ein besonderes Gefährdungspotential für eines der beiden Verfahren ableiten ließe. Die Handhabung von Peroxiden macht es beim Oxiranverfahren erforderlich, besondere Sicherheitsabstände zu anderen Anlagen einzuhalten. Der Bundesanstalt für Arbeitsschutz wurden bislang keine Angaben über genaue Prozeßbedingungen und die konkrete apperative Gestaltung der Anlage zur Verfügung gestellt, so daß über sicherheitstechnische Anforderungen und Probleme keine konkreten Aussagen getroffen werden konnten (KDrs 12/11a, BAU, S. 169).

Die ökologische Relevanz der Salzeinleitungen durch das Chlorhydrinverfahren wird unterschiedlich eingeschätzt. Im Nahbereich der Einleitung muß von negativen Auswirkungen auf die Artenzusammensetzung in den betroffenen Gewässern ausgegangen werden, soweit sie nicht bereits einen natürlichen Chloridgehalt aufweisen. Problematisch sind vor allem schwankende Salzkonzentrationen der eingeleiteten Abwässer, die die Einstellung eines – wenn auch gewässerfremden – Gleichgewichts der sich ansiedelnden Arten erschweren bzw. unmöglich machen. Aufgrund des kontinuierlichen Betriebes von PO-Anlagen erfolgen die Salzeinleitungen im wesentlichen gleichmäßig.

4.4.4.3.4 Fazit und Handlungsempfehlungen

Die der Enquete-Kommission zur Verfügung stehenden Informationen weisen darauf hin, daß die Entscheidung für das eine oder das andere Herstellungsverfahren für Propylenoxid derzeit vorwiegend an ökonomischen und betriebswirtschaftlichen Faktoren und weniger an ökologischen Kriterien orientiert ist. Ein ökobilanzieller Vergleich unter Einbeziehung der Vorprodukte liegt bislang nicht vor.

Aus ökologischen Gesichtpunkten läßt sich anhand der vorliegenden Informationen keine Überlegenheit des einen oder anderen Weges der Herstellung von Propylenoxid ableiten.

Folgende weiterführende Fragen sind zu klären:

- Kann in absehbarer Zeit die katalytische Direktoxidation von Propylen eine Konkurrenz zu den herrschenden PO-Herstellungs-Verfahren bilden? Welche Unterstützungen sind dafür seitens der Bundesregierung erforderlich?

- Ist das Oxiran-Verfahren bei steigendem Bedarf an Polyurethanen eine sinnvolle Alternative für einen Produktionsstandort in den neuen Bundesländern, da dort leistungsfähige Vorfluter fehlen und die Raffinierungskapazitäten in Leuna neu strukturiert werden?

- Kann die Produktion von MTBE bei der von der Enquete-Kommission angestrebten Reduktion des Benzol-Gehaltes im Benzin mehr Bedeutung als Kraftstoffzusatz gewinnen als bisher?

- Kann das Recycling von Polyurethanschäumen zu einer merklichen Verringerung des Propylenoxid-Bedarfs und damit auch zu einer Reduzierung des Chlorverbrauchs beitragen? Welcher Aufwand ist hierfür anzusetzen?

- Aufgrund der Klimaleitprogramme ist grundsätzlich mit einer erhöhten Nachfrage an Wärmedämmung zu rechnen. Eine Abschätzung des dadurch (gesetzlich) ausgelösten Bedarfs und die Erstellung einer vergleichenden Ökobilanz von Wärmedämmaterialien ist geboten und wird von der Enquete-Kommission empfohlen.

4.4.5 Chemiepolitische Diskussion und Perspektiven

4.4.5.1 Nachhaltig zukunftsverträgliche Entwicklung

Mit dem Leitbild einer nachhaltig zukunftsverträglichen Entwicklung gehen Rahmenbedingungen einher, die von allen gesellschaftlichen Gruppen getragen werden müssen. Ohne solche Rahmenbedingungen ist eine Stoffpolitik im Sinne dieses Leitbildes nur sehr schwer denkbar.

Festzustellen ist, daß die Erarbeitung konsensfähiger Rahmenbedingungen zu den vordringlichsten Aufgaben der nahen Zukunft gehört. Da die

Chlorchemie zentraler Bestandteil der chemischen Industrie ist, kommt der Findung breit akzeptierter Rahmenbedingungen eine zentrale Rolle zu.

Die Chlorchemie führte in ihrer ersten Expansionsphase (etwa 1930 bis 1970) zu großen wirtschaftlichen Erfolgen. Erst spät wurde erkannt, daß der breite und umweltoffene Einsatz der Chlororganika zu massiven Problemen für Mensch und Umwelt führte. In der folgenden Phase der Chlorchemie (etwa 1970 bis 1990) wurden die meisten der besonders offensichtlichen Probleme gelöst oder zumindest angegangen. Mehr und mehr zeigte sich, daß die Reaktionen international gesehen unterschiedlich ausfielen und die Bundesrepublik Deutschland und wenige andere Staaten eine Vorreiterrolle einnehmen. Da die ökologischen Probleme der Chlorchemie geringer geworden sind, die ökonomischen und sozialen Probleme der Gesellschaft aber zugenommen haben, ist die Abwägung der ökologischen, ökonomischen und sozialen Aspekte (vgl. hierzu ausführlich Kap. 5.3.2.3) schwieriger geworden. Die Chemieindustrie und die Chlorchemie als tragende Säule sind Schlüsselindustrie der Volkswirtschaft. Mit der Chlorchemie sind ca. 100 Mrd. DM Umsatz und ca. 350 000 Arbeitsplätze direkt verbunden. Weitgehende Änderungen ohne Alternativen und ohne Übergangszeiträume würden hier zu massiven ökonomischen und sozialen Verwerfungen führen.

Einigkeit besteht in der Enquete-Kommission zumindest dahingehend, daß eine „partielle Konversion" der Chlorchemie durch den Einsatz von alternativen Technologien oder Ersatzstoffen befürwortet wird, wenn dies ökologisch erforderlich und wirtschaftlich und sozial vertretbar ist. Im konkreten Fall können diese allgemeinen Begriffe aber sehr unterschiedlich bewertet werden, wie das Beispiel PVC zeigt (vgl. Kap. 4.4.4.1). Umstritten sind dabei weniger die Übergangsprozesse oder -zeiträume und damit auch die Möglichkeiten einer Anpassung (die in der Enquete-Kommission grundsätzlich als notwendig angesehen werden), sondern die Frage, ob die Chlorchemie nach Lösung ihrer offensichtlichsten Probleme „standortpositiv" ist (weil ökologisch ausreichend und auch in Zukunft für die Bundesrepuplik wirtschaftlich erfolgreich) oder „standortnegativ" ist (weil ökologisch problematisch und ohne große wirtschaftliche Zukunft für die Bundesrepublik Deutschland). Umstritten ist auch, ob die inneren Bezüge der Chlorchemie die Verbundproduktionen, stoffliche, technische und ökonomische Zusammenhänge so eng sind, daß die Chlorchemie als zusammenhängender Komplex betrachtet werden kann, oder ob eine solche Betrachtung aufgrund unterschiedlicher Prozesse und Endprodukte nicht sinnvoll ist.

4.4.5.2 Unterschiedliche Positionen in der chemiepolitischen Diskussion

Die Chlorchemie ist in den 70er Jahren durch eine Vielzahl problematischer und zumeist umwelttoffen angewandter Verbindungen zu Recht in Kritik geraten. Beispiele hierfür sind DDT, die polychlorierten Biphenyle (PCB), das Pentachlorphenol (PCP), die Fluorchlorkohlenwaserstoffe (FCKW) u.v.a.m.

Die Einführung von Chlor in das Kohlenstoffgerüst erhöht in der Regel das toxische Potential, wobei sich allerdings ein eindeutiger Zusammenhang zwischen Anzahl der Chlorsubstituenten und dem toxischen Profil nicht erkennen läßt (Henschler, 1994).

Das toxische Potential wird nur dann zum Problem, wenn eine entsprechende Exposition erreicht wird. Beispielsweise können sich höherchlorierte Kohlenwasserstoffe in bestimmten Umweltkompartimenten anreichern.

Während nach Auffassung vieler Umweltverbände, des Sachverständigenrats für Umweltfragen u.a.m. daraus und aus den Erfahrungen der 70 und 80er Jahre ein Pauschalverdacht gegen chlororganische Verbindungen und damit eine vorrangige und systematische Untersuchung der Chlorchemie gerechtfertigt ist, ist nach Auffassung der Industrie die Frage einer Gesundheits- und Umweltverträglichkeit nicht vorrangig für die Chlorchemie, sondern grundsätzlich für alle Chemikalien im Rahmen der Altstoffüberprüfung zu behandeln. Damit verbunden ist die unterschiedliche Einschätzung der Frage, ob die aufgetretenen Probleme der Chlorchemie auch Beleg für eine besondere Problematik der Chlorchemie oder nur Beleg für eine generelle Fehlentwicklung war, Stoffe mit hohem (öko-)toxischem Potential (wie etwa auch bestimmte Schwermetalle) umwelttoffen auszubringen.

Die Kritik der Umweltverbände trug wesentlich dazu bei, daß die obengenannten Probleme der Chlorchemie in der Bundesrepublik erkannt und angegangen wurden. International gesehen läßt die Reaktion zu wünschen übrig: zwar wurden einige der Problemchemikalien in der OECD vergleichbar geregelt, bei anderen Problemchemikalien zog nicht einmal die EG mit, wie etwa das Beispiel Pentachlorphenol aktuell zeigt. Insgesamt gesehen spielten die schon aufgrund der hohen Anlagendichte ökologisch sensibilisierte Bundesrepublik und deren chemische Industrie eine Vorreiterrolle – wie etwa bei den FCKW.

Vereinfacht ausgedrückt konnte aus den Erfahrungen der 70er und 80er Jahre die Lehre gezogen werden, daß Produkte mit hohem toxischem oder ökotoxischem Potential möglichst nicht umwelttoffen eingesetzt werden dürfen. Während dieser Forderung für die oben genannten, besonders problematischen Chlorchemikalien durch Produktionseinstellungen, Verbote und Anwendungsbeschränkungen weitgehend entsprochen wurde, gibt es nach wie vor eine Reihe nicht chlororganischer Stoffe mit vergleichbar hohem toxischem Potential, denen – von Öffentlichkeit, Gesetzgeber und Industrie – viel weniger Aufmerksamkeit geschenkt wird. Beispiele hierfür sind polycyclische Aromaten oder das im Kraftstoff eingesetzte kanzerogene Benzol (vgl. Kap. . . .). Dies wirft die Frage nach der Risikophilosophie bzw. dem Umgang mit Risiken auf.

Im Hinblick auf die gesamte Chemikaliendiskussion führten die Erfahrungen zum Chemikaliengesetz und der Altstoffüberprüfung als einer systematischen Herangehensweise zur gestuften Überprüfung von Chemikalien jeglicher Art nach festgelegten Kriterien. Ein weiterer und aktueller Beitrag zu der systematischen Herangehensweise ist das von der chemischen Industrie in Einführung befindliche Frühwarnsystem. Von Umweltverbänden, dem Sachverständigenrat für Umweltfragen u. a. m. wurde darüber hinaus eine prioritäre Untersuchung der Chlorchemie, zum Teil ein Verbot oder eine Konversion der Chlorchemie gefordert. Die chemische Industrie vertritt demgegenüber die Meinung, daß sie die offensichtlichen Probleme der Chlorchemie adäquat gelöst hat und daß die verbliebenen chlororganischen Chemikalien – wie alle anderen Chemikalien auch und ohne Sonderbehandlung – im Rahmen der Altstoffüberprüfung weiter untersucht werden sollten. Die Entwicklung konsensfähiger Kriterien ist dabei eine der vordringlichsten Aufgaben unserer Gesellschaft. Im Hinblick auf die Chlorchemie heißt das:

- Die Erarbeitung eines vertieften ökologischen Verständnisses der durch die Chlorchemie induzierten Stoffströme und ihren Auswirkungen auf Mensch und Umwelt. Dies setzt die Kenntnis und Berücksichtigung des internationalen Charakters der Chlorströme sowie der damit direkt zusammenhängenden Natronlauge voraus. Aufgrund der erzielten Veränderungen und den bereits eingetretenen Verbrauchsrückgängen bei elementarem Chlor ist die Einstellung eines neuen Gleichgewichtszustandes zwischen Alkalienproduktion, Chlorwasserstoffmarkt und der Primärchlorerzeugung erforderlich. Dieses Gleichgewicht kann nur im internationalen Kontext gefunden werden und muß gezielt angesteuert werden.

- Eine weitere Optimierung chlorchemischer Verfahren und Produkte im Sinne eines integrierten Umweltschutzes (Verminderung der Emission, Verminderung des Stoff- und Energieeinsatzes, weitere Verbesserung der Energiestandards) ist erforderlich.

- Die Erarbeitung und Beachtung von Bewertungsrastern zur verbesserten Prüfung der Auswirkung auf Mensch und Umwelt bei bestimmten

Produkten und Produktgruppen. Entscheidende Vorgaben sind hierbei das Wirkungsprofil des Produktes einerseits und ein ökologisch relevantes Expositionspotential andererseits.

– Bewertung chlorchemischer Produkte mit erkanntem ökologischem Gefährdungspotential nach grundsätzlich gleichen Kriterien, die für chemische Stoffe und Produkte generell angewendet werden. Dies gilt selbstverständlich genauso für Substitutionsprodukte.

4.4.5.3 Strukturveränderungen in der Chlorchemie

Die Chlorchemie steht in permanenter Konkurrenz zu anderen Verfahrens- und Produktstrukturen der Chemie und muß sich gegen diese sowohl in wirtschaftlicher als auch ökologischer Hinsicht behaupten. Während die wirtschaftliche Bedeutung der Chlorchemie trotz eines Rückgangs der Primärchlorproduktion nach wie vor unstrittig erscheint, haben umweltrelevante Aspekte Veränderungsbedarf aufgezeigt. Die Umweltrelevanz der Chlorchemie manifestiert sich dabei vor allem in zwei Teilbereichen: Erstens bei der Betrachtung chlorhaltiger Produktionsrückstände und zweitens bei der Betrachtung emissions- und expositionsrelevanter chlorhaltiger Endprodukte.

Erhebliche Sorge bereiten in diesem Zusammenhang die durch Anreicherung bestimmter Chlorverbindungen induzierten Veränderungen regionaler oder globaler Klimastrukturen, so etwa hinsichtlich eines Abbaus der Ozonkonzentration in der Stratosphäre.

Industrie und Staat haben die Bedeutung dieser Frage erkannt und im Laufe der letzten Jahre eine Reihe von Maßnahmen eingeleitet, die zu einer Entlastung der angesprochenen Probleme führen oder bereits geführt haben.

Als grundsätzliche Strategie gilt es in diesem Zusammenhang, zum einen

– chlorchemische Stoffströme im internen Produktions- und Anwendungsverbund geschlossen zu halten und zum anderen

– offene Einträge chlororganischer Verbindungen in die Umwelt bei erkennbar expositionsrelevantem Risiko zu vermeiden.

– Dissens besteht bei der Forderung, Einträge chlororganischer Verbindungen auch dann zu vermeiden, wenn die Verbindungen noch nicht ausreichend untersucht sind oder wenn unterschiedliche Einschätzungen potentieller Schadwirkungen bestehen.

Einen besonderen Stellenwert nimmt in diesem Kontext die Forderung ein, mögliche Risiken der Bildung von Dioxinen zu minimieren.

Zu wichtigen und bereits laufenden Strukturveränderungen in der Chlorchemie zählen in Deutschland:
- Die Produktionseinstellung vollhalogenierter FCKW bis 1995 und die Entwicklung adäquater Substitutionsmöglichkeiten,
- die Entwicklung geschlossener Kreislaufsysteme für chlorierte Lösemittel. Dieses Konzept umfaßt die Anwendung der Lösemittel in geschlossenen Anlagen, das Sammeln der Rückstände, deren Wiederaufbereitung und einen erneuten Einsatz in geschlossenen Systemen, der vor allem bei Chemisch-Reinigungen Erfolg verspricht.
- die bereits seit Jahren laufenden Anwendungsbeschränkungen oder Produktionseinstellungen bei chlorierten Aromaten sowie
- die Produktionseinstellung persistenter Biozide.

Auch im Verfahrensbereich haben umfangreiche Maßnahmen zu einer deutlichen Verbesserung der Situation geführt.

Vor allem wurden Prozesse der Chlorphenolchemie auf andere Verfahren umgestellt, soweit bei derartigen Prozessen Dioxine als äußerst unerwünschte Kontaminanten entstehen konnten. Die in diesem Zusammenhang von der chemischen Industrie durchgeführten Untersuchungen stellen das umfangreichste und aufwendigste Analysenprogramm dar, das bislang je von der Branche im Rahmen eines gezielten analytischen Einzelprojekts durchgeführt worden ist.

Weitere Maßnahmen zur Dioxinverminderung im Prozeßbereich führten zur Umrüstung der früher verwendeten Graphitelektroden auf Titanelektroden in der Chloralkali-Elektrolyse. Die Entwicklung von Recyclingverfahren, Hochtemperaturverbrennung bei gleichzeitiger Rückgewinnung der Salzsäure oder Hydrierungsprozesse gewinnen zunehmend an Bedeutung.

Dieses und weitere Entwicklungen und die damit erkennbar gewordene Restrukturierung innerhalb der Chlorchemie haben zu einer differenzierten Beurteilung dieser Thematik geführt. Anstelle ursprünglicher Forderungen nach einem „Ausstieg" aus der Chlorchemie haben Überlegungen hinsichtlich der Notwendigkeit bestimmter Umstrukturierungen an Gewicht gewonnen. Eine „partielle Konversion", soweit ökologisch erforderlich und wirtschaftlich vertretbar, wird auch von der Industrie unterstützt. Dies betrifft namentlich eine Reihe ungeklärter Fragen hinsichtlich der Umweltrelevanz beim Eintrag zahlreicher chlorhaltiger Endprodukte.

Im Sinne einer verantwortungsbewußten Stoffstromanalyse sind die Eintragspfade solcher Stoffströme (z. B. der Eintrag von Chlorparaffinen in maritime Gewässer) in die Umwelt präziser als bislang zu erfassen und ihre Umwelteinwirkung bei relevanter Exposition zu überprüfen.

Ob bzw. in welchem Umfange über den bereits heute initiierten Umfang hinaus weitere Kurskorrekturen erforderlich sein werden, hängt stark vom Ergebnis dieser noch ausstehenden Untersuchungen ab.

Eine Sonderstellung nimmt hier das PVC ein (vgl. Kap. 4.4.4.1).

Im Einsetzungsbeschluß des Deutschen Bundestages wurde die Enquete-Kommission u. a. beauftragt,

– eine Bestandsaufnahme und Bewertung wichtiger Problemfelder der industriellen Stoffwirtschaft und ihrer Folgen – unter der Zielsetzung einer umwelt- und gesundheitsverträglichen Chemie – vorzunehmen,

– Perspektiven einer umwelt- und gesundheitsverträglichen Stoffwirtschaft aufzuzeigen und Empfehlungen zu stoffökologischen Innovationen und alternativen Entwicklungslinien abzugeben und

– dem Deutschen Bundestag Empfehlungen für gesetzgeberisches und politisches Handeln zu geben.

Die Enquete-Kommission hat aus dem Bereich der Chlorchemie exemplarisch die Bereiche PVC, Propylenoxid und CKW-Lösemittel näher untersucht und hierzu einzelne Empfehlungen abgegeben. Eine systematische Untersuchung alternativer Entwicklungslinien der Chlorchemie war aus zeitlichen Gründen nicht möglich. Arbeiten hierzu werden bereits durchgeführt, weiterer Forschungsbedarf besteht durchaus.

Die Enquete-Kommission empfiehlt vergleichende Untersuchungen von Entwicklungspfaden der Stoffwirtschaft unter Einbezug ökologischer, ökonomischer, sozialer und technischer Aspekte grundsätzlich dann,

– wenn ein erkennbar hohes ökologisches Risiko vorliegt und Alternativen günstiger erscheinen,

– wenn die betreffende Branche eine hohe volkswirtschaftliche Bedeutung hat und durchgeführte oder nicht erfolgte Umstrukturierungen zu massiven ökonomischen und sozialen Verwerfungen führen können,

– wenn Bereiche der Stoffwirtschaft unter den gesellschaftlichen Gruppen jahrelang grundsätzlich umstritten sind, so daß eine erhebliche Unsicherheit über künftige gesetzgeberische Entscheidungen, aber auch über das Marktverhalten der Verbraucher vorherrscht.

Dies gilt sicherlich für den Bereich der Chlorchemie; ob dieser unter den genannten Aspekten vorrangig zu behandeln sei, blieb in der Enquete-Kommission umstritten.

Die Enquete-Kommission hat mit der Betrachtung der Chlorchemie bewußt ein Thema aufgegriffen, das Gegenstand kontroverser Diskussionen ist, und versucht, den chemiepolitischen Dialog zu versachlichen. Sie empfiehlt, den Dialog auf der jetzt begonnenen Basis fortzusetzen.

5 Bewertung von Stoffströmen

Bewertungen von Sachverhalten und Geschehnissen sind ein Bestandteil des alltäglichen Lebens. Das Wertesystem von Menschen und Gruppen in einer Gesellschaft bewegt sich innerhalb von mehr oder weniger breiten Grenzen, die unter anderem durch gemeinsame Geschichte, Kultur, Religion und die wirtschaftliche Situation geprägt sind. Innerhalb dieser Grenzen verbleibt eine für die Entwicklungsfähigkeit von Gesellschaften notwendige Spannbreite für individuelle Wertmaßstäbe. Die Wertmaßstäbe sind keine feste Größen – sie unterliegen vielmehr dem gesellschaftlichen Wandel.

Im Unterschied zu vielen alltäglichen, bewußten oder unbewußten Bewertungsprozessen verfolgen die Bewertungsverfahren, mit denen sich die Enquete-Kommission beschäftigt, ein vorgegebenes Ziel: den im Titel vorgegebenen „Schutz des Menschen und der Umwelt". So allgemein dieses Ziel formuliert ist, so ist es doch richtungsweisend. Bereits bei den Einzelstoffbeispielen (s. Kap. 4) wurde das gemeinsame Bestreben deutlich, die Gesundheitsgefährdung des Menschen und die Belastung der natürlichen Lebensgrundlagen durch Cadmium, Benzol und R 134a bzw. entlang der textilen Kette, des Chlorbaums und im Bereich der Mobilität einzudämmen. Die relative Nähe der Wertmaßstäbe, die die Mitglieder der Enquete-Kommission an die beispielhaft ausgewählten Stoffströme anlegten, führte dazu, daß in den meisten Fällen einvernehmlich Handlungsbedarf identifiziert werden konnte. Damit zeigte sich, daß trotz des unterschiedlichen Hintergrundes der Mitglieder der Enquete-Kommission ein Grundkonsens über die immanenten Zielvorstellungen bestand. Unterschiede ergaben sich erst bei der Einschätzung der Dringlichkeit und notwendigen Reichweite der zu ergreifenden Maßnahmen.

Die gleiche Grundausrichtung der Wertmaßstäbe in der Enquete-Kommission ermöglichte auch die Einigung auf das Leitbild einer nachhaltig zukunftsverträglichen Entwicklung. Im Verlauf der etwa zweijährigen Arbeit wurde dieses richtungsweisende Leitbild konkretisiert (s. Kap. 3). Im folgenden Kapitel sollen die aus dem Leitbild entwickelten Forderungen in Schutz- und Gestaltungsziele umgesetzt werden. Ziel ist die Bewertung von Stoffströmen und von Instrumenten

des Stoffstrommanagements. Dabei geht es nicht darum, hierarchisierte Kataloge von Bewertungskriterien im Sinne einer Skala aufzustellen. Durch die Erarbeitung bewertungsrelevanter Kriterien sollen vielmehr
- stoffpolitische Diskussionen strukturiert,
- Handlungserfordernisse identifiziert,
- Zielkonflikte im Einzelfall besser erkannt sowie
- Abwägungen zwischen den Folgewirkungen bewußter durchgeführt werden.

Die stoffbezogenen Problemfelder, mit denen sich die Enquete-Kommission beispielhaft beschäftigt hat, sind sehr unterschiedlicher Natur. Ein Ansatz zur Unterscheidung von stoffrelevanten Auswirkungen ist die Raum-Zeit-Skala (s. Abb. 5.1; s. auch Graßl, 1993, S. 78 ff.). In Abhängigkeit von der Reichweite der räumlichen und zeitlichen Wirkung lassen sich unterschiedliche Kategorien von stofflichen Wirkungen identifizieren:

(1) lokal/kurzfristig: Störfälle und Unfälle mit akuten Gefährdungen und lokalen Auswirkungen, die rasch abklingen

(2) global/langfristig: allmählich auftretende, global wirkende Gefährdungen (z. B. Treibhauseffekt)

(3) global/kurzfristig: akut auftretende, global wirkende, aber schnell abklingende Gefährdung (z. B. Ausbruch des Pinatubo)

(4) lokal/langfristig: lokale Anreicherung persistenter Stoffe (z. B. Eintrag von Cadmium in Böden)

Im Zentrum des öffentlichen Interesses stehen überwiegend die akut und lokal wirkenden Stoffe, da ihre Wirkungen unmittelbar erlebbar und frühzeitig erfaßbar sind. Auch zu Beginn der industriellen Stoffwirtschaft wurden die wahrnehmbaren akuten Gesundheitsbeeinträchtigungen z. B. bei Arbeitnehmerinnen und Arbeitnehmern zum wesentlichen Kriterium der Stoffbewertung. Langfristwirkungen wurden erst mit den wachsenden Erfahrungen berücksichtigt. Zeitlich versetzt öffnete sich der Blick erst allmählich von kurzfristig feststellbaren ökologischen Schadwirkungen auf langfristige Folgen (Zerstörung der stratosphärischen Ozonschicht, Anreicherung von Altstoffen in der Technosphäre). Inzwischen hat sich die Diskussion von einer Konzentrierung auf Schadstoffe auf die Mengenbetrachtung von Stoffströmen ausgeweitet.

Gefordert ist daher ein Bewertungsansatz, der möglichst umfassend auch globale und langfristige Aspekte einbezieht. Diesem Anspruch wird das Leitbild einer nachhaltig zukunftsverträglichen Entwicklung in hohem Maß gerecht.

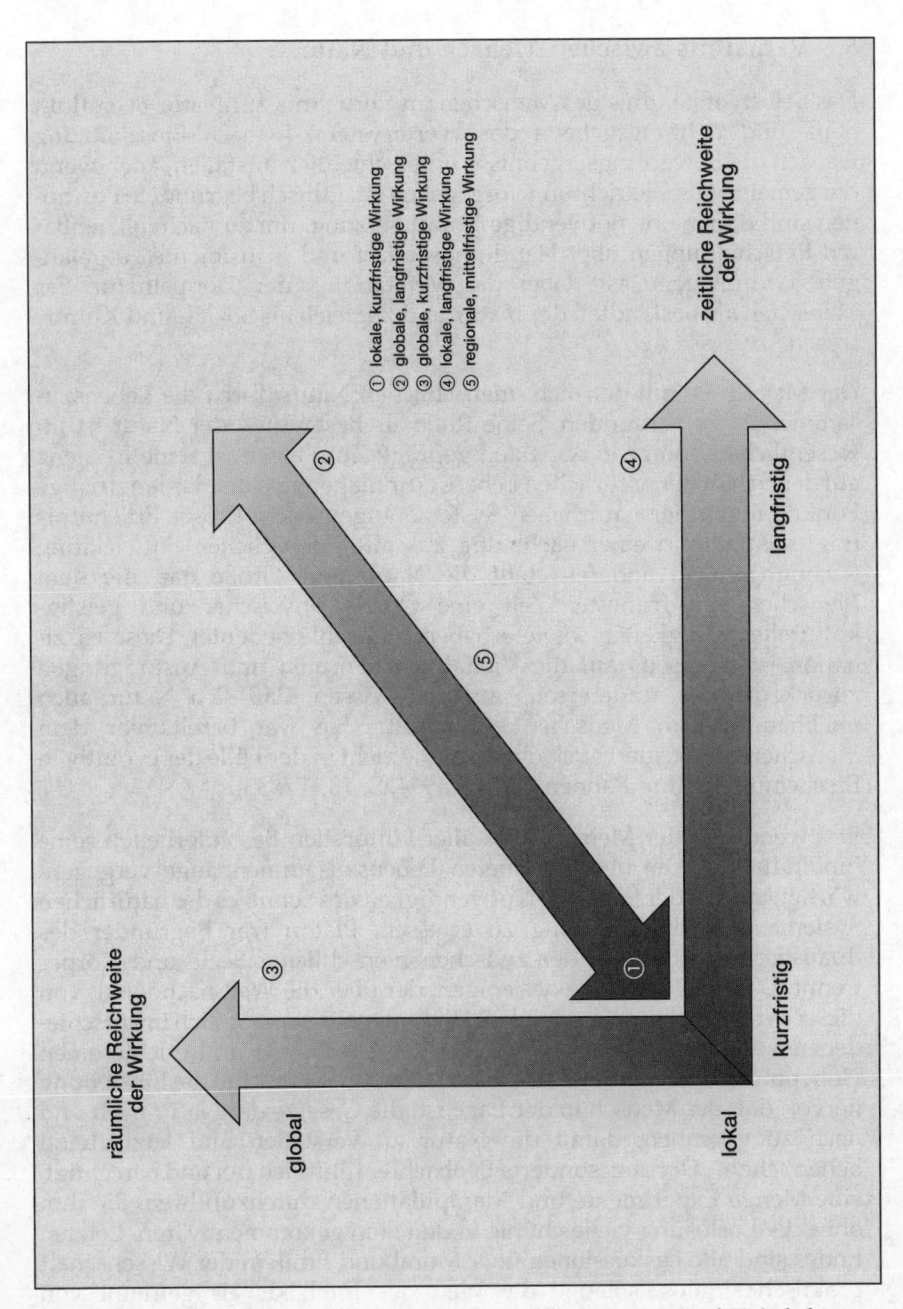

Abb. 5.1: Typisierung von Umweltproblemen nach Raum- und Zeitskalen

5.1 Verhältnis zwischen Mensch und Natur

Das Selbstverständnis des Menschen im Verhältnis zur Natur beeinflußt maß- und richtungsgebend das Wertesystem. Je nach Einschätzung werden die Bewertungsergebnisse unterschiedlich ausfallen, auch wenn die gemeinsame Zielrichtung vorgegeben ist. Ethisch begründete Positionen sind daher eine notwendige Voraussetzung, um zu nachvollziehbaren Entscheidungen über Handlungsbedarf und Instrumente zu gelangen. Grundlegend ist dabei das Verständnis der Doppelnatur des Menschen als Bestandteil der Natur und zugleich als Sozial- und Kulturwesen.

Der Mensch ist mit der nicht-menschlichen Natur durch die Lebenszusammenhänge verbunden. Seine Rolle als Bestandteil der Natur ist im wesentlichen von zwei Aspekten geprägt: Zum einen ist seine Existenz auf den Erhalt der natürlichen Lebensgrundlagen und auf das langfristige Funktionieren der natürlichen Systeme angewiesen. Dieser Erkenntnis trägt das Leitbild einer nachhaltig zukunftsverträglichen Entwicklung Rechnung. Zum anderen stellt die Natur eine Größe dar, die dem Menschen seit frühester Zeit eine Quelle physischer und geistig-kultureller Fähigkeiten sowie erhabener Gefühle bedeutet. Diese Faszination ist einerseits auf die Vielfalt von Formen und Ausprägungen zurückzuführen, andererseits auf das Wissen, daß sich Natur auch unabhängig vom Menschen entwickelt. „Sie war bereits vor dem Menschen, sie existiert auch ohne ihn, sie zieht in der Fülle der evolutiven Erscheinungen ihre Bahnen" (SRU, 1994, S. 18, Tz. 33).

Erst wenn sich der Mensch trotz aller kulturellen Besonderheiten seine Einbindung in die übergeordneten Lebenszusammenhänge vergegenwärtigt, ist er in der Lage, die Notwendigkeit des Schutzes der natürlichen Systeme in vollem Umfang zu erfassen. Platon war Begründer des dualistischen Ansatzes, der zwischen menschlicher Seele und Körper trennt. Damit ist die Seele desjenigen, der über die Welt nachdenkt, von dieser Welt gleichsam geschieden. Dieser Dualismus zog sich in verschiedenen Versionen durch den Verlauf der Geschichte und erlebte einen Höhepunkt während der Zeit der Aufklärung. Sie brachte die Einstellung hervor, daß der Mensch in der Lage ist, die Gesetze der Natur nach und nach zu erkennen, damit die Natur zu verstehen und letztlich zu beherrschen. „Der abgesonderte Beobachter fühlt sich frei und berechtigt, eine Menge Experimente und Manipulationen durchzuführen, die ihm ohne die Loslösung vielleicht nie in den Sinn gekommen wären. Letzten Endes sind alle Diskussionen über Moral und Ethik in der Wissenschaft praktisch sinnlos, solange die Welt des Intellekts als getrennt von physischen Werten angesehen wird" (Gore, 1992, S. 255).

Die Erkenntnis, daß der Mensch Bestandteil der Natur ist, nimmt auf politischer Ebene in dem Maß zu, mit dem die Forderung nach einer nachhaltig zukunftsverträglichen Entwicklung erhoben und konkretisiert wird. Notwendig ist aber auch eine breite Verankerung dieses Gedankens. Dies ist umso schwieriger, je mehr der Mensch von den natürlichen Lebensgrundlagen entfremdet ist. Wird etwa die tägliche Versorgung mit Wasser aus dem Wasserhahn als selbstverständliche Dienstleistung verstanden, wird die Bedeutung der Ressource Wasser und der mit ihrer Bereitstellung verbundenen Stoff- und Energieströme nicht reflektiert. In einem Lebensraum, aus dem die ursprüngliche Natur weitgehend verdrängt wurde, ist die schleichende Zerstörung der natürlichen Lebensgrundlagen auch nicht mehr erfahrbar – und verliert damit an Bedeutung.

Die umfassende Vermittlung des Wissens über die ökologischen und gesundheitlichen Folgen des wirtschaftlichen Handelns ist eine wesentliche Voraussetzung, um das notwendige Ethos für einen verantwortungsbewußten Umgang mit den natürlichen Lebensgrundlagen auszubilden. Um so wichtiger ist es, bereits in der Kindheit und Jugend Freude an Naturerfahrung zu vermitteln.

Doch der Mensch ist nicht nur Bestandteil der Natur, sondern er ist auch wie kein anderes Lebewesen in der Lage, die nicht-menschliche Natur zu verändern. Jedes menschliche Handeln greift in die natürlichen Zusammenhänge ein. Die zunehmenden technisch-wissenschaftlichen Erkenntnisse spielen dabei eine ambivalente Rolle: Sie eröffnen für einen Teil der Menschheit völlig neue Chancen der Lebensgestaltung. Gleichzeitig nimmt die Eingriffstiefe in die natürlichen Zusammenhänge und damit die Reichweite der Handlungen in Raum und Zeit mit der technischen Machbarkeit zu (von Gleich, 1994). Weitreichende Folgen des menschlichen Handelns zeigten sich schon in früheren Zeiten. Beispiele sind die Ausrottung von Großwild durch Überjagen oder die Rodung von Wäldern mit Hilfe von Axt und Feuer. Diese Folgen werden durch sich ergänzende Wirkungen vieler Eingriffe hervorgerufen, die jedoch jeder für sich reversibel sein können. Die Wirkung heutiger Techniken kann bereits über punktuelle Eingriffe zu schwerwiegenden Folgen für die Ökosysteme führen. Ein Beispiel sind die Fluorchlorkohlenwasserstoffe (FCKW), die aufgrund ihrer hervorragenden Gebrauchseigenschaften lange Zeit als Segen der Technik galten. Im konkreten Fall wird es daher immer wieder zu Abwägungen zwischen technischem bzw. sozioökonomischem Nutzen und Schaden an der Natur kommen müssen. Die dargestellten Überlegungen über die Doppelnatur des Menschen bilden den entscheidenden Hintergrund für Abwägungen zwischen Schaden und Nutzen.

Das Spannungsverhältnis zwischen Ökonomie und Ökologie ist grundsätzlich nicht völlig aufzulösen. Die Enquete-Kommission kommt daher zu dem Schluß, daß Handlungsmaxime für das wirtschaftliche Handeln sein muß, langfristig bei den Zeitabläufen des ökonomischen Systems die des ökologischen Systems zu beachten und durch ein ausgewogenes Verhältnis zwischen den beiden Systemen eine Überlastung der natürlichen Lebensgrundlagen zu vermeiden.

5.2 Wissen, Nicht-Wissen, Unsicherheit

Dem Menschen als bewertendem Subjekt sind Grenzen bei der Erfassung und Bewertung von Zusammenhängen gesetzt, da er grundsätzlich nur räumlich und zeitlich beschränkte Ausschnitte der Realität wahrnimmt bzw. wahrnehmen kann (Raum-Zeit-Kategorien nach Kant). Eine weitere Beschränkung stellt die Komplexität der betrachteten Systeme dar. Über diese erkenntnistheoretische Einschränkung hinaus ist das Wissen über stoffliche Wirkungen in natürlichen Systemen nur fragmentarisch. Ist bereits die Erfassung von stoffstrominduzierten Wirkungen auf Ökosysteme nur begrenzt möglich, ist eine integrative Betrachtung des ökologischen, ökonomischen und sozialen Zielbereiches umso schwieriger.

Die Grenzen des Wissens sind auf folgenden Ebenen angesiedelt:

(1) Relative Begrenztheit des Wissens- und Forschungsstandes: Bei dem jeweiligen Wissenschafts- und Forschungsstand handelt es sich um eine Momentaufnahme. Weitere Forschungsanstrengungen können jedoch prinzipiell zugängliches Wissen erschließen. Das Wissen ist damit relativ begrenzt. Der limitierende Faktor ist hier quantitativer Art (Zeit, Geld, Arbeitskraft). Die gesellschaftlichen Rahmenbedingungen bestimmen das Ausmaß und die Schwerpunkte der Bemühungen, die für die Erweiterung des Wissens- und Forschungsstandes aufgewendet werden.

(2) Meßungenauigkeiten: Jede naturwissenschaftliche Größe beinhaltet Meßungenauigkeiten. Zwar gibt es mathematisch-statistische Möglichkeiten, diese bei Bewertungen zu berücksichtigen, doch bleiben Unsicherheiten bestehen.

(3) Komplexität von Systemen: Die Komplexität natürlicher Systeme stellt ein entscheidendes Hindernis zur Erfassung stofflicher Wirkungen dar. Zwar sind die Wirkungen von Stoffen auf einzelne Spezies in einigen Fällen bekannt, doch sind diese Erkenntnisse aufgrund komplexer Beziehungsgeflechte und Rückkopplungen nur einge-

schränkt auf Systeme zu übertragen. Inzwischen gibt es methodische Ansätze, die Antworten auf ökosystemare Fragestellungen geben (GSF, 1993).

Nicht lösbar ist dagegen das Problem, die Reaktionen des Gesamtökosystems in seiner Komplexität jemals zu verstehen. Nach Klöpffer ist es völlig undenkbar, daß „wegen der Vielfalt der Arten und der abiotischen Faktoren, deren Zusammenwirken in Ökosystemen bestenfalls in Ansätzen bekannt ist", die Erfassung systemarer Umweltwirkungen von Stoffen prinzipiell leistbar ist (Klöpffer, 1994a).

(4) Gegenwärtiger Horizont der Problemwahrnehmung: Aussagen über angenommene Umweltwirkungen sind grundsätzlich unvollständig, da zum gegenwärtigen Zeitpunkt nicht alle potentiellen Problemfelder bekannt sind. Diese Grenze verschiebt sich im Verlauf der Zeit mit dem Auftreten neuer Fragen und Problemfelder. Sie ist jedoch prinzipiell nie aufhebbar und wird zu jedem angenommenen Zeitpunkt in der Zukunft weiter bestehen. Das Wissen ist damit absolut begrenzt.

(5) Prognosen: Rahmenbedingungen, deren Kenntnis für die Abschätzung von Umweltwirkungen durch anthropogene Stoffströme notwendig ist, ändern sich mit der Zeit. Diese Änderungen können nicht eindeutig vorherbestimmt, sondern allenfalls prognostiziert werden.

Der Begrenztheit des Wissens ist bei der Bewertung von und beim Umgang mit Stoffströmen im Sinne der Vorsorge Rechnung zu tragen. Vorsorge bedeutet, das Eintreten bekannter Schadwirkungen nach Möglichkeit auszuschließen sowie bislang unbekannte Schadwirkungen zu begrenzen. Hierfür sind Kriterien erforderlich, die zum Umgang mit Nicht-Wissen geeignet sind. Vorsorgekriterien, die prinzipielle Grenzen des Wissens berücksichtigen, sind die Persistenz und die Irreversibilität als Stoff- bzw. Systemeigenschaft. Eng verbunden mit diesen Vorsorgekriterien sind die Fragen nach der zeitlichen und räumlichen Reichweite stofflicher Wirkungen (s. Kap. 5.5).

Gleichzeitig verpflichtet ein in diesem Sinne verstandenes Vorsorgeprinzip alle am Stoffstrom beteiligten Akteure dazu, den Wissensstand über die Auswirkungen von Stoffströmen kontinuierlich voranzubringen.

5.3 Vorgehen

Die Enquete-Kommission näherte sich der Aufgabe, Bewertungskriterien für den am Leitbild sustainable development orientierten Umgang mit

Stoffströmen zu entwickeln, auf zwei Wegen: induktiv durch die Analyse und Bewertung von Einzelstoffbeispielen und Bedürfnisfeldern sowie deduktiv auf der allgemeinen Ebene durch Konkretisierung und Umsetzung des Leitbildes einer nachhaltig zukunftsverträglichen Entwicklung.

Beim *induktiven Vorgehen* werden intuitiv vorstellbare Handlungsoptionen auf die ihnen zugrunde liegenden Bewertungen geprüft. Dazu hat sich die Enquete-Kommission zu Beginn ihrer Arbeit mit drei Einzelstoffen (Cadmium, Benzol sowie R 134a und anderen FCKW-Ersatzstoffen, s. Kap. 4.1) beschäftigt. Zwar war zum Zeitpunkt dieser Arbeitsphase bereits das Leitbild einer nachhaltig zukunftsverträglichen Entwicklung konsensual anerkannt, doch war der Begriff noch wenig konkretisiert. Trotzdem kam die Enquete-Kommission nach eingehender Analyse des Sachstandes zu einhelligen Vorschlägen für Handlungsoptionen – mit Ausnahme des Einzelstoffbeispiels R 134a. Die gemeinsam getragenen Vorschläge wurden auf der Grundlage klar definierter und als vorrangig erkannter Gefährdungspotentiale formuliert und ließen sehr ähnliche Wertmaßstäbe erkennen. Ziel des induktiven Vorgehens ist es, diese Wertmaßstäbe zu bestimmen und zu systematisieren.

Dem *deduktiven Vorgehen* liegen Vorstellungen über eine anzustrebende Gestaltung der vom Menschen umgesetzten Stoffströme zugrunde. Diese werden durch das zentrale Leitbild der Umwelt- und Stoffpolitik – die nachhaltig zukunftsverträgliche Entwicklung – bestimmt. Im Laufe der Arbeit gewann das Leitbild zunehmend Konturen. Dabei setzte sich die Erkenntnis durch, daß der Begriff der Nachhaltigkeit ein Bindeglied zwischen den Bereichen Ökologie, Ökonomie und Soziales darstellt. Die Wechselwirkungen zwischen den Zielbereichen erfordern eine integrierte Betrachtung aller Bereiche. Ausgehend von dem Leitbild ergibt sich der Bewertungsprozeß als Entscheidungskette, die in folgende Abschnitte zu gliedern ist:

(1) *Aufstellung grundlegender Regeln einer nachhaltig zukunftsverträglichen Entwicklung*
Zunächst stellte die Enquete-Kommission grundlegende Regeln einer nachhaltig zukunftsverträglichen Entwicklung auf, die den Ressourcenverbrauch, die Belastbarkeit der Ökosysteme und die Geschwindigkeit der Eingriffe im Verhältnis zur Reaktionsfähigkeit der Ökosysteme betreffen (s. Kap. 3.2.3).

(2) *Aufstellung von Schutz- und Gestaltungszielen*
In einem nächsten Schritt wurden Schutz- und Gestaltungsziele für die Bereiche Ökologie, Ökonomie und Soziales – orientiert am Leitbild – formuliert.

(3) *Entwicklung von Bewertungskriterien*
Auf dieser Basis wurden Bewertungskriterien zur Überprüfung der Auswirkungen von Stoffströmen (Wirkungskriterien) sowie von Instrumenten des Stoffstrommanagements auf die Zielbereiche entwickelt. Diese Kriterien sollten geeignet sein, die zur Beschreibung der Schutz- und Gestaltungsziele relevanten Sachverhalte zu erfassen.

(4) *Ableitung von Indikatoren und Parametern*
Die Bewertungskriterien sind auf Indikatoren und Parameter zu übertragen, um eine Quantifizierung oder Skalierung der Auswirkungen von Stoffströmen und Instrumenten zu ermöglichen.

(5) *Bewertung bezüglich einzelner Schutz- und Gestaltungsziele*
Anhand der mittels Indikatoren und Parametern vorgenommenen Zustandsbeschreibung können ökologische und gesundheitliche Problemfelder und damit der Handlungsbedarf festgestellt werden. Parallel dazu sind im ökonomischen und sozialen Zielbereich auf der Grundlage der Schutz- und Gestaltungsziele die Gestaltungsspielräume zu ermitteln. Die Bestimmung von Handlungsbedarf und Gestaltungsspielräumen ist ein normativer Prozeß, der einer gesellschaftlichen Diskussion bedarf. Eine klare Abgrenzung zum nächsten Schritt in der Bewertungsabfolge, der Prioritätensetzung und der Schaden-Nutzen-Abwägung, ist daher nicht möglich.

(6) *Bewertung durch Gewichtung und Prioritätensetzung unter Einbeziehung von Schaden und Nutzen*
Die Kriterien und Ziele können sowohl innerhalb eines Zielbereiches als auch zwischen verschiedenen Zielbereichen in einem konkurrierenden Verhältnis zueinander stehen. Erforderlich ist daher eine Prioritätensetzung und Gewichtung von Schutz- und Gestaltungszielen. Der auf der Grundlage von Indikatoren und Parametern ermittelten Schadwirkung ist der Nutzen gegenüberzustellen. Notwendig hierfür sind Kriterien zur Erfassung des Nutzens. Die Abwägung von Schaden und Nutzen steht in engem Zusammenhang mit der Prioritätensetzung, da es sich beim Nutzen von Stoffströmen auch um vermiedenen Schaden handeln kann.

Die für das deduktive Vorgehen aufgestellte Sequenz von der Aufstellung grundlegender Regeln bis zur Gewichtung und Schaden-Nutzen-Abwägung in den drei Zielbereichen Ökologie, Ökonomie und Soziales wird in unterschiedlicher Tiefe diskutiert und analysiert. Dabei ist die Gültigkeit des Leitbildes einer nachhaltig zukunftsverträglichen Entwicklung unbestritten. Ökologische einschließlich gesundheitlicher Probleme sind in der Regel Auslöser einer Stoffstrombetrachtung. Bei der ökonomischen und sozialen Dimension stehen die für notwendige Anpassung vorhandenen Spielräume im Vordergrund. Bereits die grundlegenden Regeln beziehen sich vorwiegend auf ökologische Ziele, wobei jedoch wesentliche und ursächliche Querverbindungen zu den Bereichen Ökonomie und Soziales bestehen.

Die einzelnen Arbeitsschritte des induktiven und deduktiven Vorgehens fanden interaktiv statt. Parallel zum deduktiven Vorgehen beschäftigte sich die Enquete-Kommission mit den Bedürfnisfeldern Textilien/ Bekleidung und Mobilität sowie mit dem Bereich der Chlorchemie. In diese Felder flossen die Diskussionsergebnisse aus dem deduktiven Vorgehen bereits ein. Im Verlauf der Arbeit vollzog sich also eine Annäherung zwischen den „von oben" – dem Leitbild – und „von unten" – den Beispielen – abgeleiteten Ergebnissen.

5.3.1 Induktives Vorgehen

Einzelstoffe und Bedürfnisfelder

Die Enquete-Kommission wählte die Einzelstoffe Cadmium und Benzol sowie R 134 a und andere FCKW-Ersatzstoffe in einer frühen Phase ihrer Arbeit als Übungsbeispiele für die Erfassung und Bewertung von Stoffströmen aus. Die Beispiele wurden analysiert, ohne daß vorab systematisch Bewertungskriterien aufgestellt wurden. Die Ergebnisse der Sachstandsanalyse und der Bewertung sind im Zwischenbericht dokumentiert (Enquete-Kommission „Schutz des Menschen und der Umwelt", 1993, S. 106–225). Zeitlich versetzt wurden die Bedürfnisfelder Textilien/ Bekleidung und Mobilität sowie der Produktionssektor Chlorchemie bearbeitet. Hier flossen die Ergebnisse des deduktiven Vorgehens, insbesondere die aus der Konkretisierung des Leitbildes einer nachhaltig zukunftsverträglichen Entwicklung resultierenden grundlegenden Regeln und die daraus ableitbaren Kriterien, bereits in die Bewertung ein. Sachstandsanalyse und Bewertung der Beispielfelder sind in den Kapiteln 4.1 bis 4.4 dargestellt und werden daher an dieser Stelle nicht wieder aufgegriffen.

Auswahlkriterien

Das Schwermetall *Cadmium* und der aromatische Kohlenwasserstoff *Benzol* wurden aus ähnlichen Gründen als relevante Beispiele für eine Stoffstrombetrachtung erachtet. Beide Stoffe führen aufgrund ihrer nachgewiesenen humantoxischen Wirkung und ihrer durch anthropogenen Eintrag bedingten hohen Konzentration in der Umwelt zu einer starken Belastung für die Gesundheit der Bevölkerung.

Die *Cadmium*-Belastung steht in enger Verbindung mit der fehlenden Abbaubarkeit und der hohen Mobilität des Schwermetalls. Cadmium reichert sich in den Umweltmedien und der Nahrungskette an. Gemäß der Raum-Zeit-Skala (s. Abb. 5.1) ist das Schwermetall der Kategorie 4 (lokal/langfristig) zuzuordnen. Cadmium ist ein Kuppelprodukt der Zinkindustrie, für das Möglichkeiten für den Verbleib gefunden werden müssen. Das Einzelstoffbeispiel bot damit gute Voraussetzungen für Überlegungen zum Stoffstrommanagement und für die Abwägung von Nutzen und Schaden durch den Einsatz des Stoffes in verschiedenen Anwendungsbereichen.

Der Stoffstrom von *Benzol* ist durch drei bewertungsrelevante Besonderheiten gekennzeichnet: Zum einen fällt Benzol bei der Nutzung und Verarbeitung von Mineralöl als Bestandteil bestimmter Raffinierungsprodukte zwangsläufig an. Bei der Verwendung von Kraftstoff im Verkehr wird der Benzol-Anteil – soweit nicht verbrannt – freigesetzt. Zum zweiten bildet sich bei der Verbrennung von Kraftstoff zusätzlich neues Benzol. Der Verkehrsbereich ist die hauptsächliche Quelle für die hohe Belastung der Umwelt mit Benzol. Zum dritten ist isoliertes Reinbenzol ein wesentlicher Grundstoff der chemischen Industrie und damit von erheblicher wirtschaftlicher Bedeutung. Demgegenüber steht das hohe Schadstoffpotential des Stoffes durch zentraldepressorische, hämatotoxische, kanzerogene und gentoxische Eigenschaften. Benzol ist ein Beispiel für einen lokal wirkenden Stoff mit hohem toxischen Potential, der akute Gefährdungen hervorruft und für den lokal hohe Expositionen bestehen können. In der Raum-Zeit-Skala ist er der Kategorie 1 (lokal/kurzfristig) zuzuordnen. Die Fragen der Enquete-Kommission zielten insbesondere auf den gesundheits- und umweltpolitischen Umgang mit diesen Risiken, auf die Klärung der Risikowahrnehmung und -akzeptanz in der Bevölkerung und den durch bestehende Produktions- und Konsumstrukturen begrenzten Handlungsspielraum ab.

Die Auswahlkriterien für *R 134a und andere FCKW-Ersatzstoffe* waren vielschichtiger. Die Bedeutung des Beispiels liegt im Ausmaß der Gefährdung für Mensch und Umwelt durch die Zerstörung der stratosphärischen Ozonschicht. Hauptsächliche Verursacher für den Abbau sind die Fluorchlorkohlenwasserstoffe (FCKW). Der Ausstieg aus Produktion und Verwendung von FCKW ist neben dem Treibhauseffekt zum bedeutendsten und dringlichen Thema der umweltpolitischen Diskussion im internationalen Rahmen geworden. Voraussetzung für den Ausstieg ist die Verfügbarkeit von Ersatzstoffen. Der chlorfreie Fluorwasserstoff R 134a stellt als FCKW-Substitut einen raschen Ausstieg in

Aussicht. Aufgrund seines Treibhauspotentials beeinträchtigt er jedoch ein zweites Schutzziel, die Klimastabilität. Dieses für die Ersatzstoffproblematik typische Dilemma stellte den Hintergrund für die Auswahl des Stoffes dar. Im Rahmen der Sachstandsanalyse stand daher die Frage nach dem Beitrag der Ersatzstoffe zum Treibhauseffekt durch direkte Emission oder über die CO_2-Produktion durch die Energieaufnahme im Vordergrund. R 134a ist damit am ehesten Typ 2 (global/langfristig) der Raum-Zeit-Skala (s. Abb. 5.1) zuzuordnen. Das Beipiel bot die Möglichkeit zur Entwicklung von Bewertungskriterien für die Ersatzstoffauswahl, die sich am Leitbild einer nachhaltig zukunftsverträglichen Entwicklung orientieren. Die Bandbreite verschiedener FCKW-Substitute ermöglichte dabei eine vergleichende Betrachtung von Stoffen und Verfahren. Als Vergleichsvarianten wurden das Kohlenwasserstoff-Gemisch Propan/iso-Butan (Haushaltskühlschrank) und eine Zeolith/Wasser-Sorptionsanlage (Autoklimaanlage) untersucht.

Zusammenfassend betrachtet wurde die Auswahl der Einzelstoffbeispiele aus dem Wissen um ihre Schadwirkungen getroffen. Ein hoher Stellenwert wurde hierbei dem Schutz der menschlichen Gesundheit zugemessen. Dies gilt nicht nur für Cadmium und Benzol, sondern indirekt auch für R 134a. Zwar stand hier zunächst der Schutz der stratosphärischen Ozonschicht im Vordergrund, doch wird damit in starkem Maß auch das Ziel des Schutzes menschlicher Gesundheit vor der erhöhten Belastung mit UV-Strahlen verfolgt, die Hautkrebs auslösen können.

Auch in der gängigen Praxis der Stoffbewertung ist die Auswahl der Stoffe motiviert durch das Auftreten gesundheitsbeeinträchtigender oder umweltbelastender Wirkungen und dem Bestreben, diese Wirkungen zu begrenzen. Die unerwünschten Wirkungen bilden den Ausgangspunkt für die Entwicklung von Bewertungskriterien. Damit erklärt sich auch, wieso in den bisherigen Ansätzen zur Stoff- und Produktbewertung (Stoffbewertung nach BUA, MAK etc., Ökobilanzen, Produktlinienanalysen) in der Regel nur Schadwirkungskriterien zur Anwendung kommen.

Vorgehen

Ausgehend von der wissenschaftlichen und öffentlichen Diskussion über die ausgewählten Stoffe bzw. Stoffströme wurden zunächst Fragestellungen zusammengetragen. Sie umfaßten im wesentlichen die in Tabelle 5.1 (siehe folgende Seite) aufgelisteten Kriterien. Auf dieser Basis wurde im Rahmen von Anhörungen und Studien das notwendige Datenmaterial zur Erstellung von Sachstandsanalysen zusammengestellt. Dabei wurde zwischen der Stoffstromanalyse und der Darstellung der Wirkung unterschieden.

Mit der folgenden Phase der Auswertung ging die Bewertung der Informationen einher. Eine Trennung in die einzelnen Schritte des Bewertungsablaufes, wie sie für das deduktive Vorgehen aufgezeigt wurden (s. S. 206), ist nicht möglich. Das Bewertungsverfahren ist vielmehr als Diskussionsprozeß in der Enquete-Kommission zu verstehen, in dessen Verlauf sich eine Fokussierung auf entscheidungsrelevante Kriterien ergab. Dieser Meinungsbildungsprozeß fand in ständiger Rückkopplung mit der Sachstandsanalyse statt. In vielen Fällen war damit eine weitergehende Recherche und eine Vertiefung der Sachstandsanalyse bei den entscheidungsrelevanten Kriterien verbunden. Andere Kriterien verloren an Bedeutung oder wurden erst im Verlauf der Diskussion in die Bewertung einbezogen.

Schutzziele, Bewertungskriterien und Abwägung

Eine explizite Diskussion über Schutzziele oder eine Prioritätensetzung bei den möglichen Schutz- und Gestaltungszielen innerhalb oder zwischen den Zielbereichen Ökologie, Ökonomie und Soziales fand nicht statt. Allerdings waren Zielvorstellungen implizit vorhanden, da die Enquete-Kommission für die Einzelstoffbeispiele – mit Ausnahme von R 134 a – einvernehmliche Handlungsvorschläge entwickelte. Retrospektiv werden daraus Schutzziele und in Ansätzen Prioritäten festgestellt.

Bei allen drei Einzelstoffbeispielen bestand die Zielvorstellung zunächst darin, den Eintrag der Stoffe in die Umwelt so gering wie möglich zu halten. Bei *Cadmium* und *Benzol* stand als Schutzziel die Gesundheit des Menschen im Vordergrund. Bei *R 134a* und den übrigen untersuchten FCKW-Ersatzstoffen kristallisierte sich als prioritäres Schutzziel die Integrität der Ozonschicht heraus, wobei gleichzeitig ein möglichst geringer Beitrag zum Treibhauseffekt angestrebt wurde.

Um zu bestimmen, wie weit die implizit vorhandenen Schutzziele Gesundheit der Menschen und Integrität der Umwelt durch die ausgewählten Einzelstoffe und Beispielfelder beeinträchtigt werden, wurden zunächst die humantoxischen und ökologischen Stoffeigenschaften mit den Kriterien zur Erfassung der Exposition verbunden. Dazu gehören neben Stoffstrom-Daten (u. a. Produktionsmengen, use-pattern, Emissionen entlang der Produktlinie) die Stoffeigenschaften Mobilität, Akkumulierbarkeit und Persistenz, Daten zur Toxikologie und Ökotoxikologie sowie zur Umweltrelevanz (s. Tab. 5.1). Bei Cadmium und Benzol ist die Gesundheits- und Umweltgefährdung gut untersucht und eindeutig nachgewiesen. Daher wurde hier schnell und einvernehmlich Handlungsbedarf festgestellt. Schwieriger gestaltete sich die Bewertung im Fall von R 134a und den anderen untersuchten FCKW-Ersatzstoffen. Hier wurde die Analyse und die Bewertung nach den Anwendungsbereichen (Haushaltskühlschränke, Autoklimaanlagen, Polyurethan-Montageschäume) differenziert. Welches der FCKW-Substitute unter dem Kriterium Treibhauspotential (z. B. im Anwendungsbereich Haushalts-Kühlschrank) relativ überlegen war, und wie hoch der geschätzte Beitrag von R 134a auf den zusätzlichen Treibhauseffekt einzustufen war, wurde zunächst unterschiedlich bewertet.

Der Schwerpunkt der Sachstandsanalyse und damit auch der bewertungsrelevanten Informationen lag bei allen Einzelbeispielen und Bedürfnisfeldern im ökologischen Bereich, welcher im Verständnis der Enquete-Kommission den Bereich der menschlichen Gesundheit mit umfaßt. Diese Schwerpunktsetzung liegt nicht zuletzt in der Tatsache begründet, daß bei der ökologischen Bewertung von Stoffen auf weitaus mehr Erfahrung zurückgegriffen werden kann, als bei einer ökonomischen und sozialen Bewertung. Hier wurden neben den Wirkungen von Stoffströmen auch wirtschaftliche Rückkopplungen abgefragt und in die Bewertung einbezogen (z. B. Recyclingkosten bei R 134a, Substituierbarkeit bei Cadmium, Benzol und R 134a).

Welche Veränderungen im ökonomischen und sozialen Bereich akzeptabel sind, um die Zielvorstellungen im ökologischen Bereich zu verwirklichen, wurde nur in Ansätzen ermittelt. So fehlten beispielsweise detaillierte Daten über die ökonomische Bedeutung (Arbeitsplätze, stoffbezogene Umsätze in der produzierenden und weiterverarbeitenden Industrie) für die untersuchten Stoffe und Substitute.

Jedoch auch ohne detaillierte Daten ergab sich, daß eine grundsätzliche Verhinderung der Freisetzung in keinem der Fälle als praktikabel eingeschätzt wurde. Im Fall *Cadmium* steht der grundsätzlichen Vermeidung die Herkunft des Schwermetalls als Kuppelprodukt bei der Zinkproduktion entgegen. Diese wurde aus wirtschaftlichen Gründen als vorgegeben betrachtet. Cadmium wird aus diesem Grund unvermeidlich in die Technosphäre eingebracht. Ist eine Vermeidung des Cadmiumanfalls nicht möglich – was nur durch eine Einstellung der Zinkproduktion möglich wäre – ist der diffuse Eintrag von Cadmium in die Umwelt zu mindern. Derzeit wird das Schwermetall im wesentlichen in verschiedenen Produkten weiterverwendet, über die der Eintrag in die Umwelt stattfindet. Ein Ersatz wurde von der Enquete-Kommission in denjenigen Fällen befürwortet, in denen eine effektive Kreislaufschließung nicht möglich ist und in denen weniger umweltbelastende Substitute einen gleichen oder ähnlichen Zweck übernehmen können, ohne daß

Tabelle 5.1: *Kriterien zur Erstellung der Sachstandsanalysen für die Einzelstoffbeispiele Cadmium, Benzol und R 134a als Grundlage für die Bewertung der Stoffströme*

	Cadmium	Benzol	R 134a bzw. FCKW-Ersatzstoffe
Stoffstrom	Produktionsmengen Importe Exporte Cd in primären und sekundären Rohstoffen Cd in Produkten Cd in Düngern Cd im Abfall Emissionen Immissionen	Produktionsmengen Verwendung/Gebrauchsmuster Emissionen aus Anwendungsbereichen Emissionen bei Produktion Immissionen	Produktionsmengen Verwendung/Gebrauchsmuster Emissionen aus Anwendungsbereichen Emissionen bei Entsorgung
Ökologische Kriterien	gesundheitliche Wirkung – Krebspotential – chronische Toxizität Ökotoxizität Exposition – Abbaubarkeit – Bioverfügbarkeit – Akkumulierbarkeit – Mobilisierung	gesundheitliche Wirkung – Krebspotential – akute Toxizität – chronische Toxizität Exposition – Abbaubarkeit – Mobilisierung	gesundheitliche Wirkung (indirekt durch Ozonzerstörungspotential) – Hautkrebspotential Exposition – Abbaubarkeit – Akkumulierbarkeit

Fortsetzung Tabelle 5.1

	Cadmium	Benzol	R134a bzw. FCKW-Ersatzstoffe

Ökologische Kriterien	ökologische Wirkung
	– Mikroorganismus
	– Pflanzen
	– Tiere
	– Terrestrische Systeme
	– Hydrosphäre
		ökologische Wirkung
		– Atmosphäre
		– Terrestrische Systeme (Wald)
			ökologische Wirkung
			– Ozonzerstörungspotential
			– Treibhauspotential
			– Ozonbildung
			  in der Troposphäre
			– Energieverbrauch
			  im Anwendungsbereich
			– ökologische Wirkung
			  der Abbauprodukte

Ökonomische Kriterien	ökonomischer Nutzen für die Zinkindustrie ökonomischer Nutzen in den Anwendungsbereichen Recyclingmöglichkeiten Substituierbarkeit technischer Bedarf Gebrauchseigenschaften von Substituten	ökonomischer Nutzen für die verarbeitende Industrie Kosten für Emissionsminderung Substituierbarkeit technischer Bedarf	Preis Entsorgungskosten Entwicklungspotential Recyclingmöglichkeiten Substituierbarkeit Gebrauchseigenschaften
Soziale Kriterien	Cd-exponierte Arbeitnehmer/innen Konsumentenbedarf Gebrauchseigenschaften von Substituten Rahmenbedingungen in Entwicklungsländern	Benzol-exponierte Arbeitnehmer/innen Konsumentenbedarf Risikowahrnehmung und -akzeptanz	Sicherheit/Brennbarkeit Konsumentenbedarf Gebrauchsnutzen der Anwendungstechnologie Rahmenbedingungen in Entwicklungsländern

eine wesentliche Einschränkung des Gebrauchsnutzens zu verzeichnen ist. Da Cadmium in den meisten Anwendungsfeldern leicht substituierbar ist, ist die wirtschaftliche Nutzung der bei der Zinkproduktion anfallenden Cadmiummenge nur begrenzt sinnvoll. Die Enquete-Kommission hat daher die Ausschleusung von Cadmium aus dem Stoffstrom an der Stelle, an der das Schwermetall in konzentrierter Form anfällt, als vorrangig zu verfolgende Strategie vorgeschlagen. Im mengenrelevanten Anwendungsbereich der Nickel-Cadmium-Akkus wurde aufgrund der guten technischen Eigenschaften und der mangelnden Substituierbarkeit von einem Verbot oder Verzicht abgesehen. Hier bestand die Handlungsstrategie in der Senkung der Eintragsmengen durch Optimierung der Recyclingverfahren bzw. der Kreislaufschließung. Wenngleich auch die ökotoxischen Wirkungen des Cadmiums betrachtet wurden, reichten die eindeutigen humantoxischen Wirkungen des Schwermetalls für eine Prioritätensetzung und zur Formulierung eines Handlungsbedarfs aus. Die Abwägung mit ökonomischen Kriterien erfolgte differenziert nach Substitutionsmöglichkeit und -dringlichkeit.

Die Notwendigkeit des Handlungsbedarfs wurde auch beim Einzelstoffbeispiel Benzol mit der Humantoxizität begründet. Eine grundsätzliche Vermeidung der Benzol-Entstehung und Verwendung wurde aufgrund des ökonomischen und sozialen Nutzens nicht empfohlen, da der gesundheitsbelastenden Wirkung des Stoffes auf der Schadensseite die Nutzen des Benzols als Grundstoff der chemischen Industrie, der Nutzen von Kraftstoff, einer wesentlichen Quelle von Benzolemissionen, und damit der derzeitigen Ausgestaltung des Verkehrs andererseits gegenübergestellt wurden. Auch hier mußte ein durch die Nutzungsstrukturen eingeschränkter Handlungsspielraum akzeptiert werden. Eine grundsätzliche Vermeidung der benzolbedingten Risiken wäre nur durch die Aufgabe dieser Strukturen zu ermöglichen, die als nicht praktikabel angesehen wurde.

Bei der Bewertung des Einzelbeispiels R 134a und anderer FCKW-Ersatzstoffe bestand, wie bereits dargestellt, zwar eine Übereinstimmung in der Enquete-Kommission dahingehend, daß gegenüber den prioritären Kriterien Ozonzerstörungspotential und Klimarelevanz andere Kriterien als nachrangig zu betrachten sind. Im Anwendungsbereich Haushalts-Kühlschrank konnte jedoch keine eindeutige Einschätzung erzielt werden, welches der FCKW-Substitute als ökologisch günstigere Variante zu bewerten ist. Unter der Prämisse der Dringlichkeit des FCKW-Ausstiegs wurde an die potentiellen Substitute der Anspruch einer baldmöglichen Verfügbarkeit und Einsatzfähigkeit gestellt. Für Autoklimaanlagen ist R 134a die derzeit einzige marktreife Alternative für FCKW. Aufgrund der bestandsinduzierten Nachfrage wurde R 134a in diesem Anwendungsbereich als dringend erforderliche Lösung der FCKW-Problematik eingeschätzt.

Eine wesentliche Bedeutung bei der Bewertung des Beispiels R 134 a und FCKW-Ersatzstoffe kam dem Kriterium Persistenz zu. Dabei wurde deutlich, daß es sich nicht nur um eine Stoffeigenschaft handelt, sondern vor dem Hintergrund des begrenzten Wissens um die ökologischen und gesundheitlichen Auswirkungen von Stoffen gleichzeitig um ein Vorsorgekriterium. Diese Einschätzung wurde von der gesamten Enquete-Kommission getragen. Allerdings zeigten sich am Beispiel von R 134 a grundsätzlich unterschiedliche Einschätzungen über die Grenzen des Wissens. Während die eine Seite die Persistenz lediglich als Warnsignal bei solchen Stoffen gelten läßt, für die ökologische und gesundheitliche Unverträglichkeiten entweder nicht bekannt oder mit großen Unsicherheiten behaftet sind, bedeutet sie aus Sicht der anderen Seite auch bei gut untersuchten Stoffen ein wesentliches Vorsorgekriterium, da grundsätzlich ein Auftreten bislang unbekannter Wirkungen nicht auszuschließen ist. Diese Diskussion wird im Kapitel 5.5 vertieft.

Zusammenfassend kann festgehalten werden: Die Einzelbeispiele zeigen, daß die Formulierung des Handlungsbedarfs bei nachweislich hoher Toxizität bzw. bei einer globalen Bedrohung – wie der Zerstörung der Ozonschicht – auf der Grundlage weniger, als prioritär eingestufter Kriterien möglich ist. Die Abwägung mit wirtschaftlichen Vorgaben oder bestehenden Verbrauchsstrukturen führt zu einer Einschränkung des Handlungsspielraums.

5.3.2 Deduktives Vorgehen

Eine Verständigung über die potentiellen Ziele und eine möglichst konkrete Zielbestimmung ist Voraussetzung, um zu transparenten und akzeptierten Bewertungsergebnissen zu gelangen. Erst auf dieser Basis kann der Handlungsbedarf festgestellt bzw. können die potentiellen Auswirkungen von Instrumenten des Stoffstrommanagements überprüft werden.

Was schützen wir wovor und warum? lautet die Ausgangsfrage bei der Zielfestlegung. Der Begriff „Schutz" spiegelt grundsätzlich eine defensive Vorgehensweise wider und umfaßt nur die Erhaltung des derzeitigen Zustandes. Umweltpolitisches Handeln kann jedoch auch im positiven Sinn Gestaltungsräume nutzen. Als Beispiel sei auf Bemühungen zur Rekultivierung bereits zerstörter Landschaften verwiesen. Die ursprüngliche Frage muß daher um eine weitere ergänzt werden: Was wollen wir wie und warum gestalten? Die Enquete-Kommission unterscheidet daher zwischen Schutz- und Gestaltungszielen.

Das Leitbild sustainable development gibt, wie bereits in den grundlegenden Regeln eines nachhaltig zukunftsverträglichen Umgangs mit Stoffen zum Ausdruck kommt, drei wesentliche Handlungsprinzipien vor: die Ressourcenschonung, den Erhalt der Tragekapazität der ökologischen Systeme und der menschlichen Gesundheit sowie die Beachtung des Zeitfaktors. Diese Leitlinien verbinden die drei Zielbereiche Ökologie, Ökonomie und Soziales miteinander. Als nachhaltig zukunftsverträglich kann eine Entwicklung nur dann bezeichnet werden, wenn sie die natürlichen Lebensgrundlagen als Grundlage des Wirtschaftens und damit als langfristig notwendige Voraussetzung für einen angemessenen, den sozialen Frieden sichernden Wohlstand erkennt und schützt. Zwischen den Zielbereichen bestehen zahlreiche Wechselbeziehungen, die sowohl antagonistischer als auch synergistischer Natur sein können. Der ursprünglich aus der entwicklungspolitischen Debatte stammende Begriff des sustainable development umklammert die Zielbereiche durch eine gemeinsame Leitvorstellung (s. Kap. 3.3). Die nachfolgend vorgenommene Unterteilung in die Bereiche Ökologie, Ökonomie und Soziales stellt damit lediglich einen Abstraktionsversuch dar, um die Zusammenhänge zu systematisieren und Kategorien für Bewertungskriterien von Stoffströmen und stoffstromrelevanter Maßnahmen zu schaffen. Die ökologischen, ökonomischen und sozialen Ziele stehen nicht unabhängig nebeneinander. Erst die Abwägung zwischen den verschiedenen, möglicherweise konkurrierenden Zielen führt zu einer integrierten Zielperspektive.

Unter dem Begriff *Bewertungskriterien* werden in vielen Fällen der Stoffbewertung oder Technikfolgenabschätzung ausschließlich Kriterien verstanden, die die Wirkungen von Stoffen, Stoffströmen und stoffstromrelevanten Maßnahmen auf sensible Bereiche bzw. Prüffelder erfassen (Wirkungskriterien). Sie beziehen sich nicht nur auf den ökologischen, sondern auch auf den ökonomischen und sozialen Zielbereich.

Neben den Wirkungskriterien existieren jedoch eine Reihe weiterer Bewertungskriterien, die an sehr unterschiedlichen Ebenen ansetzen und die über die einzelnen Zielbereiche hinausgehen. Dazu gehören Kriterien

– zur Festlegung von Akzeptanzschwellen (Akzeptanzkriterien),
– zur Gewichtung von Schutz- und Gestaltungszielen bzw. von Wirkungen (Gewichtungskriterien),
– zur Beschreibung und Gewichtung von Nutzenaspekten (Nutzenkriterien) sowie
– zum Umgang mit Nicht-Wissen und Unsicherheiten (Vorsorgekriterien).

5.3.2.1 Ökologische Schutz- und Gestaltungsziele sowie Bewertungskriterien

Die Diskussion der deduktiven Vorgehensweise im ökologischen Zielbereich orientiert sich an den hier noch einmal genannten sechs Teilschritten (s. Kap. 5.3.):

(1) Aufstellung grundlegender Regeln

(2) Aufstellung von Schutz- und Gestaltungszielen

(3) Entwicklung von Bewertungskriterien (qualitative Problemfeldbeschreibung)

(4) Ableitung von Indikatoren und Parametern (quantitative Bewertungsgrundlage aus stofflicher und systemarer Sicht)

(5) Bewertung bezüglich einzelner Schutz- und Gestaltungsziele

(6) Bewertung durch Gewichtung und Prioritätensetzung unter Einbeziehung von Schaden und Nutzen

Dabei ergibt sich für die Punkte 2 bis 5 die Möglichkeit, ausgehend von einem definierten Schutz- bzw. Gestaltungsziel, eine logische Sequenz bis zur Bewertung zu beschreiben und auch zu operationalisieren. Insoweit lassen sich diese Aspekte 2 bis 5 auch in einer entsprechenden Tabelle mit eindeutiger Reihen- und Zeilenordnung darstellen (s. Tab. 5.2).

Demgegenüber stehen die Teilschritte 1 und 6 gewissermaßen „vor und hinter der Klammer". Während die grundlegenden Regeln in unterschiedlicher Weise mit den Schutzzielen gekoppelt sind, stellt die Diskussion von Gewichtung und Prioritäten unter Einbeziehung der Schaden- und Nutzenabwägung und der Diskussion der entsprechenden Handlungsoptionen einen diskursiven Prozeß dar, der sich einer tabellarischen und gewissermaßen logischen Ordnung entzieht. Wieweit auch hier rationale Methoden zu einer Entscheidungsfindung beitragen können, wird in Kapitel 5.5 diskutiert.

(1) Relevanz der grundlegenden Regeln
für den ökologischen Zielbereich

Zum Verständnis der ökologischen Bedeutung der grundlegenden Regeln bedarf es – in Anknüpfung an Kapitel 3.2.3 – einiger ergänzender Hinweise auf die Probleme, die mit der Ableitung von vier grundlegenden Regeln aus dem Konzept der nachhaltig zukunftsverträglichen Entwicklung verbunden sind.

Bezüglich der 1. *Regel,* welche die Begrenzung der Nutzung erneuerbarer Ressourcen – orientiert an der Regenerationsrate – zum Ziel hat, wird immer wieder auf das Beispiel der Forstwirtschaft verwiesen. Hierbei wird deutlich, daß der Ertragsaspekts der Forstwirtschaft als Kriterium für eine systembezogene ökologische Analyse deutlich zu kurz greift. Sowohl der Einsatz von Monokulturen, die möglicherweise nicht einmal den natürlichen Standortbedingungen entsprechen, sowie die Belastung von Nachbarökosystemen – sei es die Landwirtschaft oder das Grundwasser – müssen in eine ökologisch-systemare Betrachtungsweise einbezogen werden. Aus den vielen offenen Fragen, die sich mit dem Phänomen der Waldschäden verknüpfen lassen, wird deutlich, wie wenig wir heute über diese grundlegenden Fragen wissen.

Entscheidend an dieser Stelle ist jedoch der Hinweis, daß diese Diskussion nicht die Gültigkeit der 1. grundlegenden Regel in Frage stellt, sondern daß es im ökologischen Zielbereich eines umfassenden Systemverständnisses in einem eingegrenzten Bilanzraum bedarf, um die Einhaltung oder Verletzung der Regel beurteilen zu können.

Ein weiterer Aspekt im Hinblick auf die Nutzung erneuerbarer Ressourcen ist heute die weitgehende Entkoppelung des Produktionsstandortes vom Verbrauchsstandort. Der Import von Futtermitteln aus Produktionsstandorten in aller Welt in die Europäische Union und der Verbleib der Reststoffe am Verbrauchsstandort in Europa stellen ein dramatisches Beispiel des Ungleichgewichtes im Rahmen der Nutzung erneuerbarer Ressourcen dar (s. Abb. 5.2a und b).

Die 2. *Regel,* die sich mit der schonenden Nutzung nicht-erneuerbarer Ressourcen befaßt, ist im Hinblick auf Bodenschätze, wie Erdöl oder Mineralien, sofort einleuchtend. Da es hier aber nicht um die Reduktion der Nutzung auf das Nullniveau gehen kann, bleibt die grundlegende Frage offen, woran sich die schonende Nutzung orientieren soll.

Wesentliche Frage der ökologischen Betrachtung ist dabei z. B. nicht als primärer Aspekt die Verfügbarkeit eines Energieträgers an sich, sondern als sekundärer Aspekt die Verlagerung des Kohlenstoffpools aus fossilen Lagerstätten in die Atmosphäre mit den entsprechenden Konsequenzen des Treibhauseffektes.

In ähnlicher Weise ist aus ökologischer Sicht der Abbau von Schwermetallen aus mineralischen Lagerstätten zu betrachten, der zu einer teilweise diffusen Verteilung toxischer Elemente und Verbindungen in die Umwelt führt. Entscheidend ist also, wieweit es den Menschen gelingt, diese Frage der Belastung der Senken sowohl in der Mengenbetrachtung als auch im Zeitmaßstab in den Griff zu bekommen.

Tabelle 5.2: *Ökologische Schutz- und Gestaltungsziele und daraus ableitbare Bewertungskriterien und Indikatoren*

2. Schutz- und Gestaltungsziele	3. Bewertungs- kriterien	4. Indikator/Parameter 4.1. stofflich	4.2. systemar	5. Bewertung Vergleich mit
Gesundheit des Menschen				
- Public Health - Individuelle Gesundheit	Allergie Krebshäufigkeit Krankheitsfall Tod	akute/chronische Toxizität Immuntoxizität: Mutagenität Kanzerogenität Teratogenität	mittlere Lebens- erwartung Sterblichkeit (Krebs/Herz- Kreislauf)	internationalem Standard (WHO) normaler Lebens- erwartung
Struktur von Ökosystemen				
Abiotisch				
- Integrität der Atmosphäre/Luft	Luftverschmutzung/ Photosmog Ozonloch	Kohlenwasserstoff/ NO_x-Konzentration ODP-Wert	Ozonkonzentration Ozonabbau/Jahr	Ozon-Grenzwert natürlicher Ozon- konzentration
- Integrität des Wassers Oberfläche Grundwasser	Eutrophierung Nitrifikation	Eutrophierungs- potential Nitratkonzentration Versauerungspotential Schwermetall- konzentration	Trinkwasser- belastung pH-Gradient	critical load Trinkwasser- Grenzwert (EU) critical load Grenzwert
- Integrität des Bodens	Versauerung Schwermetall- belastung Bodenabnutzung		Erosion Versiegelung	
Biotisch				
- Artenvielfalt/Genpool	Artenverlust/ Reduktion der genetischen Diversität	artenspezifische Ökotoxizität: LD_{50}	Abnahme der DNA-Varianz	natürlicher Breite
- Ökosystemstabilität Wasser	Störung des ökologischen Gleichgewichts	aquatische Ökotoxizität: LC_{50} PEC-Wert	aquatische Ökotoxizi- tät: Artenverschiebung Populationsdynamik	PEC/NEC-Verhältnis natürlichem standort- bezogenen Besatz

Fortsetzung Tabelle 5.2

2. Schutz- und Gestaltungsziele	3. Bewertungs- kriterien	4. Indikator/Parameter 4.1. stofflich	4.2. systemar	5. Bewertung Vergleich mit
– Ökosystemstabilität Boden	Störung des ökologischen Gleichgewichts	terrestrische Ökotoxizität: PEC-Wert	terrestrische Ökotoxizität: veränderte Mikrobenpopulation	PEC/NEC-Verhältnis natürlicher standortbezogener Mikrobenpopulation
– Ökosystemstabilität Pflanzenreich	veränderte Wachstumszonen		regionaler Artenverlust	natürlicher Vegetation
Funktionen von Ökosystemen				
Abiotisch – Klimastabilität	Treibhauseffekt	GWP-Wert	Temperaturanstieg/Jahr	ökologisch verträglicher Anstiegsrate
Biotisch – Nachhaltige (Produktions)funktion Wasser	Fischsterben	LD_{50}	reduzierter Fischbesatz	natürlichem Besatz
– Nachhaltige (Produktions)funktion Boden	Ertragsreduktion		Hektar-Ertrag/Jahr	normalem Ertrag
– Nachhaltiger Pflanzenwuchs	Waldsterben	Schadgaskonzentration (SO_2, NO_X, O_3)	Kronenverlichtung Nadelverlust Nutzholzertrag	gesundem Baumbestand normalem Ertrag
– Erholungsfunktion Landschaft	‚Natur'-Verlust			
Weitere Faktoren				
– Ressourcenschonung	Geruch Lärm	Persistenz	Irreversibilität	

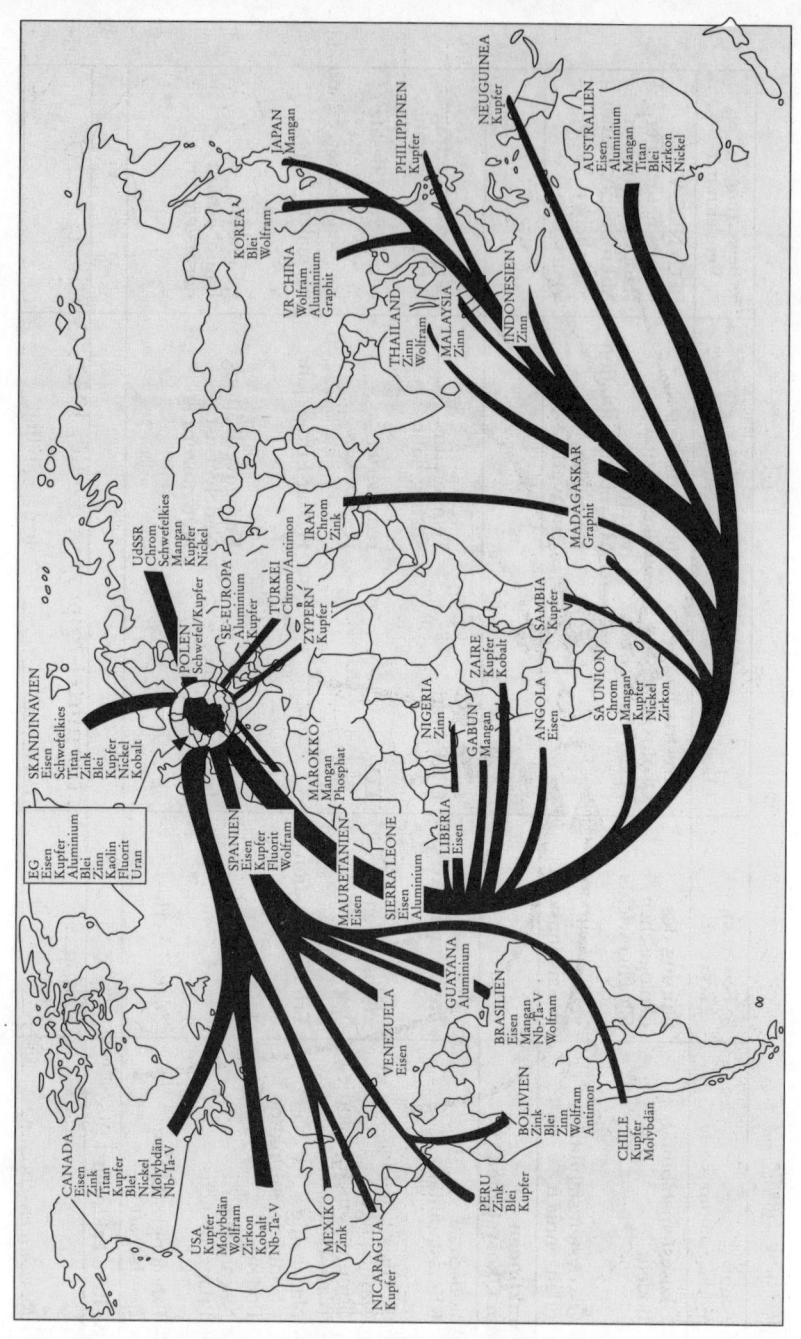

Abb. 5.2a: Beispiel für globale, welthandelsbedingte Verlagerung litosphärisch gebundener Ressourcen in die Bundesrepublik Deutschland.
Quelle: Haber, 1993

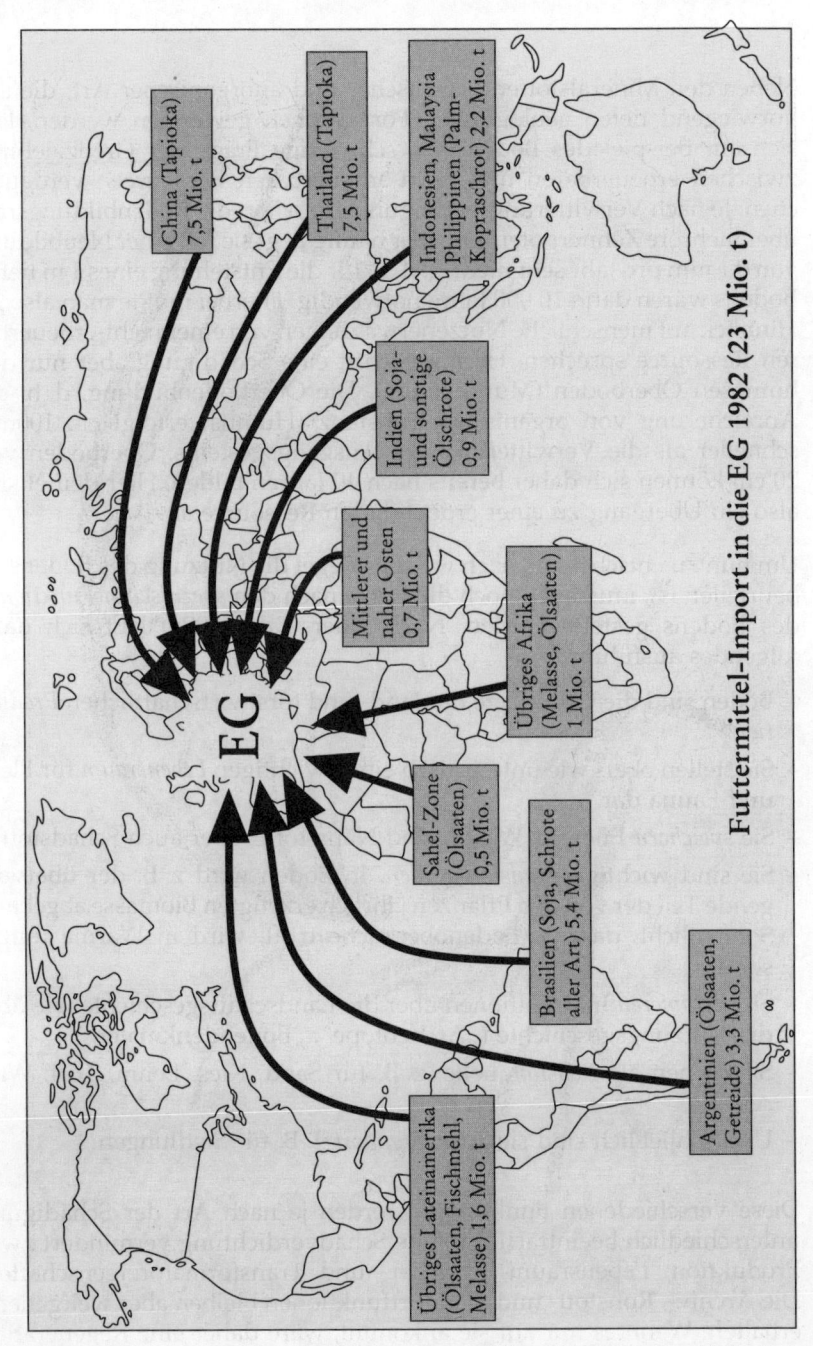

Abb. 5.2b: Beispiel für die über Jahrzehnte erfolgte Verlagerung biologisch erzeugter Ressourcen in die Länder der Europäischen Gemeinschaft.
Quelle: Haber, 1993.

Neben den Mineralstoffen organischer und anorganischer Art, die aus vorwiegend tiefen geologischen Formationen gewonnen werden, läßt sich am Beispiel des Bodens die schwierige Frage der Grenzziehung zwischen erneuerbaren und nicht-erneuerbaren Ressourcen verdeutlichen. Je nach Verwitterungsbedingungen variiert die Bodenbildungsrate über mehrere Zehnerpotenzen. Sehr häufig liegt sie mit einer Neubildung von 0,1 mm pro Jahr sehr niedrig, d. h. für die Entstehung eines 1 m tiefen Bodens wären dann 10 000 Jahre notwendig. Hierbei müßte man also im Hinblick auf menschliche Nutzenerwägungen von einer nicht-erneuerbaren Ressource sprechen. Häufig betrifft eine Schädigung aber nur den humosen Oberboden (Mutterboden). Die Oberbodenbildung, d. h. die Anreicherung von organischer Substanz (Humus) erfolgt ca. 100mal schneller als die Verwitterung des Ausgangsgesteins. Oberböden von 20 cm können sich daher bereits nach 40 Jahren bilden. Hier deutet sich also ein Übergang zu einer erneuerbaren Ressource an.

Um nun zu entscheiden, nach welcher Regel die Nutzung des Bodens zu beurteilen ist, muß auch noch die Frage nach den *spezifischen Funktionen* des Bodens gestellt werden. Nach Auerswald (1994) läßt sich dazu folgendes ausführen:

– Böden sind die Grundlage der land- und forstwirtschaftlichen *Produktion*.
– Sie stellen ober- wie unterirdisch einen wichtigen *Lebensraum* für Flora und Fauna dar.
– Sie *speichern* Energie, Wasser und Nährstoffe, aber auch Schadstoffe.
– Sie sind wichtige *Transformatoren*. In Böden wird z. B. der überwiegende Teil der von den Pflanzen jährlich erzeugten Biomasse abgebaut. Sonnenlicht, das die Bodenoberfläche trifft, wird in Wärme umgesetzt.
– Sie *archivieren* Informationen über die Landschaftsgeschichte wie über die Nutzungsgeschichte („Archeotope", „Bodendenkmäler").
– Sie dienen als *Rohstoff*quelle, z. B. für Sand, Kies, Lehm, Torf, Wasser.
– Und schließlich sind sie auch *Standort* z. B. für Siedlungen.

Diese verschiedenen Funktionen werden je nach Art der Schädigung unterschiedlich beeinträchtigt. Eine Schadverdichtung vermindert zwar Produktion, Lebensraum, Speicher- und Transformatoreigenschaften. Die Archiv-, Rohstoff- und Standortfunktionen bleiben aber weitgehend erhalten. Wenn es nur auf sie ankommt, wäre daher eine Regeneration nicht notwendig.

Die Nutzung einer Funktion kann gleichzeitig eine andere Funktion schädigen. So verringert z. B. die intensive landwirtschaftliche Nutzung der Böden die Bandbreite einzelner Bodeneigenschaften. Dies führt zu einer Vereinheitlichung des Lebensraumes und damit zu einer floristischen und faunistischen Verarmung. Umgekehrt fördert eine Aushagerung zwar die Artenvielfalt, vermindert aber die Produktivität.

Je nach dem, welche Funktion als zentral angesehen wird, kann die Regenerationsfähigkeit ganz unterschiedlich beurteilt werden. In der Vergangenheit wurden vor allem Methoden entwickelt, die Produktivität von Böden zu fördern. Methoden, die Böden als Lebensraum, Speicher und Transformatoren zu regenerieren oder zu verbessern, existieren nur im Ansatz.

Auf drei Funktionen soll näher eingegangen werden, da sie hinsichtlich der Regenerationsfähigkeit eine Sonderstellung einnehmen:

(a) Archivfunktion:

In den Böden sind Informationen über die Landschaftsgeschichte gespeichert, die z. B. als Pollendiagramme in Mooren abgefragt werden können, und uns damit erlauben, mehrere Tausend Jahre zurückzublicken. Auch die Nutzungsgeschichte spiegelt sich in Böden z. B. in Form steinzeitlicher Gruben oder bronzezeitlicher Wölbäcker wieder. Dieses Archiv wird – noch bevor es auch nur annähernd gesichtet wurde – durch die moderne Bodennutzung stark gefährdet. Ursachen sind die tiefgreifende Bodenbearbeitung mit leistungsfähigen Maschinen, großflächige, nivellierend wirkende Bodenbearbeitungsgeräte, Bodenabtrag durch Erosion, Flurbereinigung, Entwässerung, Abgrabung und Überbauung. Dies führt häufig zu einer vollständigen Vernichtung der gespeicherten Informationen. Die Archivinformationen sind nicht regenerierbar.

(b) Rohstofffunktion:

Im Mittel verbraucht jeder Bundesbürger im Verlauf seines Lebens ca. 13 m^3 Torf, 30 m^3 Ton und Lehm, 500 m^3 Sand und Kies und 7 000 m^3 Boden für den Braunkohleabbau (Auerswald, 1994). Die Nutzung dieser Rohstofffunktion beeinträchtigt alle anderen Bodenfunktionen und ist daher besonders kritisch zu sehen. Da sie zu einem totalen Verlust der Böden führt, ist eine Regeneration nur in den langen Zeiträumen möglich, die für die Bodenbildung benötigt werden.

(c) Standortfunktion:

Ökonomen gehen in ihren Überlegungen traditionell von einer Unvermehrbarkeit und Unzerstörbarkeit von Grund und Boden aus. Dies gilt aber nur für den Grund, d. h. die Fläche, aber nicht für den Boden. Da der Verbrauch von Boden durch Siedlungstätigkeit praktisch alle anderen Bodenfunktionen wesentlich beeinträchtigt, hat die ökonomische Grundannahme zu einer falschen Bewertung des Bodens und zur falschen wirtschaftlichen Entwicklung geführt. Daher ist auch die gängige Terminologie verkehrt, die von einem Flächenverbrauch spricht. Es wird Boden verbraucht!

Je nach betrachteter Funktion ist also eine sehr unterschiedliche Regenerierbarkeit gegeben:

Das Archiv ist nicht regenerierbar, während die Standortfunktion sich praktisch unendlich regenerieren läßt. Allerdings wird gerade deren gute Regenerationsfähigkeit zu wenig ausgenützt. Statt Flächenrecycling zu betreiben, wird häufig vorgezogen, neuen Boden zu zerstören.

Als Fazit bleibt: Die Regeneration von Böden dauert zwischen einem Jahr und einer Millionen Jahre. Sie hängt ab von der Bodenneubildung, der zu regenerierenden Bodenfunktion und der Art der Schädigung. Besonders lange bleiben Schäden erhalten, die den Boden vernichten (Erosion, Abgrabung, Überbauung). Je besser eine Belastung durch Böden abgepuffert wird, um so später treten Schäden auf, um so länger dauert aber auch die Regeneration. Für einen wirksamen Schutz unserer Lebensgrundlage ist daher ein langfristiges Denken und Handeln notwendig.

Die 3. Regel, welche die Belastbarkeit unserer Umwelt mit Schadstoffen zum Inhalt hat, ist aus ökologischer Sicht nicht unbestritten. Die Diskussion entfacht sich dabei an dem Begriff „Belastbarkeit" selbst, welcher deshalb irreführend sei, da das Ökosystem auf jede Belastung reagieren müsse und – im positiven oder negativen Sinn – immer ausweichen könne und einen veränderten Zustand anstrebe. Der Begriff Belastbarkeit wird jedoch dann sinnvoll, wenn es gelingt, einen entsprechenden Ökosystem-Ausschnitt zu definieren und dessen Normal- bzw. Gleichgewichtszustand als Maß für Veränderungen oder Wiederherstellung als Reaktion auf Störungen zu nutzen. Am Beispiel der Abwasserbehandlung oder des Einsatzes bioabbaubarer organischer Fremdstoffe (Pflanzenschutzmittel, Textilhilfsmittel) läßt sich zeigen, daß der Eintrag von Fremdstoffen durchaus mit der Fähigkeit der Gewässer oder des Bodens, diese Fremdstoffe zu assimilieren, in Einklang gebracht werden kann. Entscheidend ist dann nicht ihre Qualität, sondern ihre Quantität und Eintragsgeschwindigkeit im Hinblick auf die biotische und abiotische Reaktionskapazität.

Wichtig in diesem Zusammenhang ist die Unterscheidung zwischen abiotischen und biotischen Prozessen sowie die Skalierung, die für die Kompartimente Luft, Wasser und Boden zu unterschiedlichen Betrachtungsweisen und auch Vorgehensweisen führen muß. Auch dazu leisten die Betrachtungen zur Frage der Ressourcendefinition des Bodens im vorangehenden Abschnitt einen Beitrag. Die Begriffe des kritischen Eintrags (critical load) und auch der kritischen Kapazität (critical volume) spielen eine entscheidende Rolle.

Die *4. Regel* lenkt das Augenmerk auf die „inhärente Systemzeit" als wichtige kennzeichnende Größe eines Systems (Kümmerer, 1994, S. 2). Darunter ist die dem System eigene Zeitskala zu verstehen, die sich z. B. daraus ergibt, wie lange es dauert, bis sich das System reproduziert (bei Lebewesen z. B. ihre Generationszeit), bzw. wie lange es dauert, bis das System auf Störungen sichtbar oder meßbar reagiert. Dabei kann es wieder (annähernd) in seinen Ausgangszustand zurückkehren (relaxation, resilience) oder einen neuen „Gleichgewichtszustand" einnehmen. Dadurch ist eine prinzipielle Grenze von zeitnahen Beobachtungs- und Reaktionsmöglichkeiten gegeben: Veränderungen des Systems können nicht unmittelbar nach der Störung bemerkt werden. Störungen, die das System als Ganzes betreffen und sich auf Funktionen bzw. Zusammenhänge im System auswirken, sind wegen ihrer Komplexität, und da sie – in meßtechnischen und menschlichen Zeitskalen betrachtet – sehr langsam ablaufen können, nur schwer zu bemerken. Dies gilt insbesondere für die Stabilität bzw. Elastizität (resilience) und das (Re-)Produktionsverhalten des Systems. So werden Störungen, die bei Pflanzen oder Tieren die Fortpflanzungsmechanismen betreffen, sich auch erst nach einer oder zwei Generationszeiten, d. h. nach Ablauf der inhäranten Systemzeit, manifestieren. Untersuchungs- bzw. Beobachtungszeiten in der Größenordnung von mindestens drei inhäranten Systemzeiten erscheinen deshalb sinnvoll für Schlußfolgerungen dahingehend, ob negative Folgen zu erwarten sind oder nicht. Die Auswahl von Beobachtungszeiträumen anhand der Systemzeiten der betroffenen Systeme ist eine notwendige Bedingung für Aussagen mit Realitätsgehalt hinsichtlich der zu erwartenden Auswirkungen ökologischer (als auch ökonomischer) Risiken. Daher sollte immer auch die für die Fragestellung größte relevante Systemzeit Grundlage für die anzustellenden Untersuchungen sein. Daran hat sich auch der Produktionsanstieg und ggf. der Produktionsausstieg der in das betroffene Ökosystem eingetragenen Stoffe zu orientieren.

Sind es bei kleinen Systemen wie Bakterien noch Änderungen in intrazellulären Stoffkonzentrationen oder Individuenzahlen, so sind es bei komplexeren biologischen Systemen wie einem Biotop Änderungen in

Regelmechanismen, in Stoff- und Energieflüssen, in Verteilungsmustern von Individuen und Populationen oder Funktionen.

Dort, wo anthropogene und ökologische Systeme aneinandergeknüpft sind (z. B. über die Verweildauer von Stoffen in ökologischen Systemen) und ihre inhärente Systemzeiten nicht zueinander passen, kommt es über kurz oder lang zu nachhaltigen Störungen. Weitreichende Konsequenzen ergeben sich dadurch, daß unter dem Einfluß des Menschen für viele Vorgänge in der Natur, wie z. B. Stoff- und Energieumsätze, eine andere Zeitskala vorgegeben wird als die natürlicherweise passende.

Ein wichtiges Kriterium in der Ökotoxikologie ist dabei das der „Irreversibilität" von Veränderungen an Organismen oder Ökosystemen: Im Kontext der Bedeutung der Zeit für die Ökologie scheint es an dieser Stelle eine Schwierigkeit zu geben: Damit Veränderugen überhaupt als solche feststellbar sind, müssen verschiedene Zustände, in denen sich das Ökosystem zu verschiedenen Zeitpunkten befindet, verglichen werden. Es wird also ein Bezugs- bzw. Vergleichszustand benötigt. Es hängt von den betrachteten Zeiträumen und den jeweils betrachteten Systemen und deren Beschreibung ab, welche Änderungen als reversibel bzw. irreversibel einzustufen sind. Die Schwierigkeit liegt in der Definition dieses Bezugszustandes. Da sich natürliche Systeme in ihrer Entwicklung fortwährend ändern, gibt es keinen absoluten und eindeutigen Bezugspunkt. Damit stellt sich die Frage, welcher Entwicklungszustand bzw. welche Zeitpunkte Grundlage des Vergleichs sein sollen. Infolgedessen wird zum Beispiel die Frage nach den Kriterien für Irreversibilität falsch gestellt. Anstatt zu fragen: Wann ist eine Veränderung (in) der Natur irreversibel? müßte richtigerweise die Frage gestellt werden: Wann wird eine Veränderung irreversibel? Änderungen von bzw. in Ökosystemen als solche sind natürlich. Die Frage ist allerdings, innerhalb welcher Zeiträume, mit welcher Geschwindigkeit die Veränderungen stattfinden und damit die Anpassungen der betroffenen Organismen bzw. Ökosysteme erfolgen müssen, um fortbestehen zu können. Immer dann, wenn die Geschwindigkeit der Veränderung der Rahmenbedingungen mit der inhärenten Systemzeit und damit der möglichen maximalen Anpassungsgeschwindigkeit nicht übereinstimmt, kommt es zu weitreichenden Störungen. Eine an sich natürliche Änderung kann allein aufgrund der Unverträglichkeit der Zeitskalen der beteiligten Systeme „irreversibel" werden. Die Elastizität des Systems wurde überfordert, es kommt quasi zum „Bruch". Ursache der Unverträglichkeit ist, daß eine Zeitskala durch den Menschen verändert wurde, die inhärente Systemzeit der Organismen bzw. der Ökosysteme aber nicht verändert werden kann.

Das Beispiel Kohlendioxid zeigt, daß allein durch die Erhöhung der Menge bzw. des Stoffstromes (pro Zeiteinheit mobilisierte Stoffmenge), der im Vergleich zum natürlichen Gesamtumsatz dennoch klein ist, eine als harmlos betrachtete chemische Verbindung langfristig enorme Auswirkungen auf die ökologischen Systeme haben kann.

In der Umweltdiskussion hat der Begriff „Kreislauf" inzwischen eine vorrangige Bedeutung erhalten. Da jeder Kreislauf durch eine systemspezifische Umlaufzeit gekennzeichnet werden kann, wäre darüber vielleicht ein gut definierbarer Zugang zu dem Problem der Bestimmung charakteristischer Zeitmaße gegeben.

Natürliche Systeme stellen in ihrer Entwicklung keinen Kreislauf dar, sondern eine teils elliptische Schraubenlinie, die nur in einer bestimmten Projektion wie ein Kreis bzw. eine Ellipse aussieht. Die natürlichen Zusammenhänge entwickeln sich in der Zeit weiter. So entwickelt ein Baum in jedem Frühjahr wieder neue Blätter, er ist jedoch seit dem vorhergehenden Frühjahr gewachsen; er hat einen Jahresring mehr und ist ein anderer als ein Jahr zuvor. Sogenannte „Kreisläufe" der Natur ähneln in ihrer Entwicklung in der Zeit einer Schraubenlinie, nicht einem Kreis. Technische Stoff- und Energieströme haben wie natürliche eine Richtung in der Zeit, sie sind azeitlich. Der Kreislaufbegriff ist bisher aber hinsichtlich seiner Tragfähigkeit in historischem, naturwissenschaftlichem oder gar philosophischem Sinne nicht einmal ansatzweise definiert bzw. hinterfragt worden. Kreisläufe zu schließen, ist nicht zuletzt aus thermodynamischen, praktischen Gründen unmöglich, da Kreisläufe nicht nur einen qualitativen Charakter, den der Geschlossenheit aufweisen. Sondern sie weisen auch einen quantitativen Charakter, den des Stoffstromes und Energiestromes auf. Teilweise wird deshalb auch von *offenen* Kreisläufen der Natur gesprochen. Aber was ist ein offener Kreislauf?

Es handelt sich beim Bild vom Kreislauf um eine eigenartige *Mischung von statischen Vorstellungen (Kreis-) mit dynamischen Komponenten (-lauf)*: „Die ewige Wiederkehr des immer gleichen". Das Bild vom Kreislauf schließt ein zeitliches Denken im Sinne von Veränderungen, Entwicklungen aus: Nach jedem Durchlauf wird vermeintlich wieder der gleiche Ausgangszustand erreicht. Dies trifft jedoch nur auf rein technisch-mechanische Bewegungsabläufe zu: Es bewegt sich etwas, aber die Zeit „fließt" nicht. Sie sind trotz Bewegung statischer Natur. Dies gilt aber weder für technische noch für natürliche Stoff- und Energieströme. In diesen Fällen haben sich die Rahmenbedingungen – und damit zum Teil auch die Ströme selbst – nach jedem Durchlauf verändert, z. B. infolge des Energieverbrauchs und damit verbundener Emissionen oder infolge der Durchmischung von Stoffen während des Durchlaufs.

(2) Aufstellung von Schutz- und Gestaltungszielen

Bei der Aufstellung von Schutz- und Gestaltungszielen geht die Enquete-Kommission von drei Oberbegriffen aus. Dies sind
- Gesundheit des Menschen,
- Struktur von Ökosystemen sowie
- Funktionen von Ökosystemen.

Wie weit ein vierter Oberbegriff „Ressourcenschonung" in die Betrachtung einzubeziehen ist, bedarf im Hinblick auf die Bedeutung dieses Begriffes in den grundlegenden Regeln noch einer weiterführenden Diskussion.

Es bedeutet keinen Zufall, daß die *Gesundheit des Menschen* an erster Stelle in der Aufzählung der Schutz- und Gestaltungsziele genannt wird. Dieses entspricht sowohl der Intention des Einsetzungsbeschlusses der Enquete-Kommission „Schutz des Menschen und der Umwelt", als auch einer ehrlichen Umgehensweise mit den Problemen des Umweltschutzes aus der Sicht des Menschen, wie es auch Grundtenor der Agenda 21 der Rio-Konferenz ist.

In einer genaueren Betrachtung ist unter diesem Oberbegriff der Aspekt der öffentlichen Gesundheit (public health) und der individuellen Gesundheit des Menschen zu unterscheiden. Bevölkerungsmedizin ist an statistischen Merkmalen orientiert und nimmt die Entwicklung des durchschnittlichen Gesundheitszustandes oder einzelner Gruppen der Bevölkerung in den Blick. Der schwierig in die deutsche Sprache zu übersetzende Begriff public health ist mit öffentlicher Gesundheit oder Bevölkerungsmedizin nur unzureichend beschrieben. Er wird verstanden als Wissenschaft und Praxis der Krankheitsverhütung, Lebensverlängerung und Verbesserung der Lebensqualität durch bevölkerungsbezogene Maßnahmen. Die chemische und physikalische Umwelt beeinflußt Lebensverhältnisse unmittelbar. Die Entwicklung und Realisierung von Schutzzielen ist insofern eine klassische public health-Maßnahme an der Schnittstelle von Umwelt- und Gesundheitspolitik. Voraussetzung ist eine umweltbezogene Gesundheitsberichterstattung oder gesundheitsbezogene Umweltberichterstattung, wie sie in einigen Bundesländern aufgebaut wurde bzw. wird. Hierbei geht es also um generelle Aussagen, deren auf den Einzelmenschen hinzielende Verfeinerung mit großer Vorsicht zu betrachten ist. Es ist eine wichtige Voraussetzung dieser Betrachtungsweise, daß die statistischen Kollektive groß genug sind, um entsprechend gesicherte Aussagen zu machen. Die Epidemiologie ist eine für dieses Themenfeld zentrale Wissenschaftsdisziplin. Sie steht allerdings bei der Untersuchung von Umweltbelastungen und Beeinträchtigungen von Gesundheit und Befinden vor großen inhaltlichen und methodischen Problemen. Umso wichtiger ist eine stetige Entwicklung der Umweltepidemiologie und der bevölkerungsbezogenen Umweltmedizin. Der Begriff public health bezieht über die Epidemiologie hinaus auch weitere Wissenschaftsdisziplinen ein.

Die individuelle Gesundheit, d. h. die reale Betroffenheit des einzelnen Menschen, spielt als Schutzziel für die Betrachtung von Gesundheitsproblemen gerade in der Umweltdiskussion eine weit größere Rolle. So wird die Entscheidung über technische oder politische Maßnahmen vor allem in der lokalen Umwelt weitgehend durch das jeweils individuelle Risikogefühl bestimmt und nicht durch die in größerem Umfang statistisch abgesicherte Risikoanalyse. Auch ist dem einzelnen von einer Krankheit oder vom Tode bedrohten Menschen schwer zu vermitteln, daß sein spezieller Fall im statistischen Mittel keine große Bedeutung besitzt. So müssen die Schutz- und Gestaltungsmaßnahmen diesem Bedürfnis soweit wie möglich Rechnung tragen. Der hohe Stellenwert der Medizin sowie der personellen, strukturellen und finanziellen Aufwendungen unseres Gesundheitssystems reflektieren die besondere Bedeutung dieses Schutzziels. Im Hinblick auf den Umgang mit Stoffen rückt die Toxikologie in den Mittelpunkt des Interesses.

Bei der Betrachtung der Struktur und Funktion von Ökosystemen ist es sinnvoll, zwischen den abiotischen und den biotischen Prozessen zu unterscheiden. Bei den abiotischen Schutzzielen dominiert die chemische und physikalische Betrachtungsweise sowie auch das entsprechende experimentelle und theoretische Grundverständnis der ökologischen Prozesse, sei es bezogen auf die einzelnen Umweltkompartimente oder auf die Gesamtheit der Ökosphäre.

Wesentlich schwieriger ist der Zugang zu den biotischen Prozessen, die sich bis heute häufig einer entsprechenden quantitativen Betrachtung entziehen bzw. einer entsprechenden Vorstufe der Problemdefinition bedürfen. Im Hinblick auf die Struktur von Ökosystemen ist der Begriff der Artenvielfalt als besonders eigenständig herauszuheben. Im übrigen wird der Strukturbereich durch den Begriff Ökosystemstabilität charakterisiert und dominiert. Daß mit diesen Begriffen die Problematik der Erfassung von Fließgleichgewichtszuständen verbunden ist, wird später noch zu diskutieren sein.

Im Hinblick auf die Funktion von Ökosystemen sind sowohl produktionsbezogene Prozesse (Wasser und Boden) als auch naturstabilisierende Funktionen (nachhaltiger Pflanzenwuchs) oder auch die Funktionen der Natur im Blick auf Erholung zu nennen (s. Kap. 3.1).

(3) Entwicklung von Bewertungskriterien

Die Bewertungskriterien beschreiben zunächst das Schadenspotential (hazard) und führen qualitative Begriffe zur Beschreibung eines Schadensbildes ein. Damit werden gewissermaßen Begriffe definiert, die in der umweltpolitischen Diskussion als Schlagworte Bedeutung erhalten. Dabei spielt in der Diskussion der Gesundheit des Menschen das Themenfeld „Krebs" und die damit verbundenen Krankheits- und Todesfälle eine nach wie vor dominierende Rolle, und zwar sowohl für den Bereich der öffentlichen als auch der individuellen Gesundheit. Mit dem Begriff Allergie ist ein weiteres Themenfeld angesprochen, das mit chronischen Erkrankungen mit erheblichem Verlust an Lebensqualität, aber ohne unmittelbare Todesfolgen verbunden ist. In der Richtung der chronischen Erkrankungen ist ein besonderer Entwicklungstrend für zukünftige umweltpolitische Entscheidungen zu diagnostizieren.

Die Bewertungskriterien, die mit der Struktur und Funktion abiotischer Ökosysteme verbunden sind, entsprechen weitgehend den bekannten und in die Umweltdiskussion eingeführten Begriffen, wie Photosmog, Ozonloch, Versauerung und Treibhauseffekt. Aspekte der Bodenabnutzung sollten jedoch in Zukunft auch verstärkt Aufmerksamkeit erfahren.

Im Hinblick auf die biotische Struktur und Funktion von Ökosystemen ist wiederum der Artenverlust als Bewertungskriterium von herausragender und singulärer Bedeutung. Hierbei ist auch häufig der Begriff der Reduktion der genetischen Diversität, der nicht unbedingt mit dem Artenverlust identisch ist, von Bedeutung. Die der Struktur von Ökosystemen zugeordneten Bewertungskriterien der Störung des ökologischen Gleichgewichtes sind zunächst plausibel, bedürfen aber einer genaueren Betrachtung, wenn sie den Ansprüchen einer praktischen Operationalisierung entsprechen sollen. Dies gilt auch für den Begriff veränderter Wachstumszonen in Verknüpfung mit der Ökosystemstabilität im Pflanzenreich. Eher zugänglich im Verständnis als Bewertungskriterien sind die Begriffe des Fischsterbens, Waldsterbens oder der Ertragsreduktion, die bei den biotischen Funktion von Ökosystemen zu nennen sind.

Das Kriterium des Naturverlustes stellt wiederum eine besondere Herausforderung für die weitere Betrachtung im Bewertungsprozeß dar. Die Bewertungskriterien „Geruch" und „Lärm", die eindeutig wiederum den Menschen als Betroffenen in den Mittelpunkt rücken und deren Bedeutung als übergeordnetes Kriterium häufig umstritten ist, ergänzen üblicherweise die vorgenannten Bewertungskriterien.

(4) Ableitung von Indikatoren und Parametern

(a) Stoffliche Betrachtungsweise

Jedem der in Abschnitt 3 genannten Bewertungskriterien läßt sich ein stofflicher Indikator bzw. Parameter zuordnen. Bei dieser Betrachtungsweise steht das Schadstoffpotential der in die Umwelt eingetragenen Fremdstoffe im Vordergrund der Überlegung. Nach wie vor handelt es sich dabei um die Betrachtung einzelner Stoffe und ihrer potentiellen Auswirkungen. Den Bemühungen, der realistischen Bewertungssituation einer gleichzeitigen Belastung durch mehrere Stoffe näherzukommen, ist bislang jedoch noch kein merklicher Erfolg beschieden gewesen (Bolt et al., 1994, S. 85). Bezüglich der Gesundheit des Menschen ist zwischen akuten und chronischen Belastungen zu differenzieren. Meßbare Stoffeigenschaften sind z. B. durch die Begriffe Mutagenität, Kanzerogenität, Teratogenität, Immuntoxizität etc. gekennzeichnet. Diese Parameter bieten unterschiedliche Schlüssel zu Aussagen im Bereich public health und der individuellen Gesundheit. Es ist vorrangig Aufgabe der Disziplin Toxikologie, die Parameter und Indikatoren wissenschaftlich fundiert zu definieren und zu operationalisieren und entsprechende Bewertungsmethoden zu begründen (nähere Ausführungen s. Kasten).

Toxikologische Bewertung von Chemikalien

Für eine Bewertung eines gefährlichen Stoffes ist zunächst das Schadenspotential, d. h. die gefährlichen Stoffeigenschaften, zu betrachten, um anschließend anhand der gegebenen Exposition zu überprüfen, ob mit Wirkungen zu rechnen ist.

Damit ergeben sich die beiden grundsätzlichen Fragestellungen:

(1) Beschreibung der toxischen Wirkungen und des Wirkungsmechanismus (die qualitative Aussage zur Gefährlichkeit)

(2) Abschätzung der Wahrscheinlichkeit für das Auftreten von Gesundheitsschäden bei bestimmter Exposition (die quantitative Aussage zum Risiko)

Dabei gilt, daß Wirkungen und ihre Intensität dosisabhängig sind und mit toxischen Wirkungen zu rechnen ist, wenn die Chemikalien oder ihre Metaboliten in ausreichender Menge und über einen ausreichenden Zeitraum in den für die Toxizität empfindlichen Zielorganen vorliegen. Dies wird durch die verschiedensten Faktoren beeinflußt. Um die Gesundheitsgefährlichkeit einer Chemikalie abschätzen zu können, müssen daher neben den toxischen Wirkungen die zugrundeliegenden Mechanismen, der Expositionsweg, die Toxikokinetik, die Expositionshöhe und -dauer, die Dosis-Wirkungsbeziehung und die Empfindlichkeit der exponierten Personen bekannt sein.

Allgemeine Grundlagen für die toxikologische Bewertung von Chemikalien

Chemikalien können auf verschiedenen Wegen in den Körper gelangen, beispielsweise mit der Nahrung, über die Atemluft, aber auch durch die Haut. Die aufgenommene Menge hängt von der jeweiligen Konzentration in der Luft oder in der Nahrung bzw. von der Menge ab, mit der die Haut in Berührung kommt. Daneben bestimmen auch physikalische Eigenschaften, wie die Löslichkeit in Fett und Wasser oder die Größe der Teilchen, das Ausmaß und die Geschwindigkeit der Aufnahme. Wenn die Substanz eingeatmet oder über die Haut aufgenommen wird, gelangt sie direkt ins Blut und damit zu den einzelnen Organen. Nach Aufnahme aus dem Magen-Darm-Trakt wird sie größtenteils mit dem Blut über ein bestimmtes Blutgefäß, die sogenannte Pfortader, zur Leber transportiert. Dieses Organ besitzt in besonders hohem Maß die Fähigkeit, Fremdstoffe durch chemische Prozesse, die im Inneren der Zellen ablaufen, umzuwandeln und abzubauen. Durch diese Umwandlung können aus der ursprünglichen Substanz sowohl weniger giftige als auch giftigere Folgeprodukte entstehen. Auch die Lunge und die Haut besitzen die Fähigkeit zur Umwandlung von Fremdstoffen, diese unterscheiden sich jedoch qualitativ und quantitativ von der Leber. Dementsprechend können bestimmte Chemikalien zu ganz unterschiedlichen Wirkungen führen, je nachdem, ob sie über die Haut, die Lunge oder den Magen-Darm-Trakt aufgenommen wurden. Im Zielorgan entfaltet die Substanz oder ihr Umwandlungsprodukt schließlich direkt oder nach weiterer Umwandlung die eigentliche Wirkung. Schon daraus ergibt sich die Notwendigkeit, für die einzelnen Expositionswege unterschiedliche Grenzwerte festzulegen.

Ein Teil der Substanz kann über die Niere ausgeschieden, aber auch im Körperfett abgelagert werden oder sich in anderen Organen ohne erkennbare Wirkung anreichern. Diese – nur andeutungsweise beschriebene – Vielfalt von Möglichkeiten läßt sich gegenwärtig weder rechnerisch, mit Hilfe von Computern, noch mit sogenannten Alternativmethoden im Reagenzglas auch nur annähernd erfassen.

Die Situation wird noch dadurch kompliziert, daß große Unterschiede im Verhalten zwischen einzelnen Versuchstierarten und dem Menschen bestehen können. Dementsprechend ist auch nicht zu erwarten, daß die

gleiche Menge einer Chemikalie bei verschiedenen Tierarten und dem Menschen zu vergleichbaren Wirkungen führt. Aus dem bisher Dargestellten ergibt sich, daß für die Abschätzung der Gesundheitsgefährlichkeit einer Chemikalie folgende Punkte untersucht werden müssen:
– Wirkung nach einmaliger und wiederholter Verabreichung
– Aufnahme in den Körper, Verteilung auf die einzelnen Organe und Ausscheidung bei verschiedenen Tierarten, möglichst auch beim Menschen
– Wirkungsmechanismen und Unterschiede in der Wirkung zwischen verschiedenen Tierarten und dem Menschen

Anhand dieser Informationen wird die höchste Dosis ohne erkennbare Wirkung abgeleitet oder, wenn es sich um irreversible Wirkungen handelt, der Stoff als erbgutverändernd oder krebserzeugend eingestuft.

Reversible – irreversible Wirkungen

Die Festlegung von Grenzwerten basiert grundsätzlich auf den Erkenntnissen von Paracelsus: „Alle Dinge sind Gift, allein die Dosis macht, daß ein Ding kein Gift". Durch viele Versuche belegt, besitzen dementsprechend Substanzen, für die diese Aussage zutrifft, eine Wirkungsschwelle. Wird diese Wirkungsschwelle unterschritten, sind keine Effekte zu erwarten. Oberhalb dieser Wirkungsschwelle kommt es im allgemeinen zu einem dosisabhängigen Anstieg der Wirksamkeit. Die Festlegung der Wirkungsschwelle wird allerdings von der Empfindlichkeit der verwendeten Untersuchungsmethode bestimmt und daher auch als „no observed effect level" (NOEL), d. h. Dosis ohne erkennbare Wirkung, bezeichnet. Der NOEL muß daher die empfindlichste Versuchstierspezies und das empfindlichste Organ berücksichtigen und mit Methoden, die den wissenschaftlichen Erkenntnisstand repräsentieren, erarbeitet worden sein.

Für krebserzeugende oder erbgutverändernde Stoffe lassen sich dagegen keine Wirkungsschwellen definieren. Bei solchen Stoffen, die zu Veränderungen des genetischen Materials, der DNS, führen, ist davon auszugehen, daß auch kleinste Dosen zu Schädigungen führen können, die sich nicht zurückbilden, die Wirkung daher als irreversibel anzusehen ist. Dementsprechend summieren sich solche Schäden bei wiederholtem Kontakt und führen letztlich in Abhängigkeit von Gesamtdosis und Zeit zur Entstehung von Tumoren. Die Einhaltung von Grenzwerten für krebserzeugende Chemikalien kann daher nur das Risiko, durch die bestimmte Substanz an Krebs zu erkranken, vermindern, es jedoch nicht ausschließen. Wichtige Voraussetzung für die Festlegung und Qualität von Grenzwerten sind daher Informationen über das Wirkprofil einer Substanz, um zu entscheiden, ob sie zu reversiblen oder irreversiblen Schäden führt. Solche Erkenntnisse sind aus geeigneten in vitro-Untersuchungen, z. B. an Mikroorganismen oder Säugetierzellen, vor allem aber aus Tierversuchen zu gewinnen, die es erlauben, mutagene Wirkungen und Veränderungen der DNS, wie erhöhte DNS-Reparatur oder die Bildung von DNS-Addukten, zu erfassen.

Grenzwerte für krebserzeugende und erbgutverändernde Stoffe, deren Wirkung auf Veränderungen des genetischen Materials der Zellen zurückzuführen sind, besitzen daher eine andere Bedeutung als solche für Stoffe mit reversibler Wirkung. Sie sollten daher anders bezeichnet werden, um von ihnen deutlich unterscheidbar zu sein. Dies trifft bisher nur für Arbeitsstoffe zu, bei denen die Grenzwerte für nicht kanzerogen, d. h. nicht gentoxisch wirkenden Stoffe, als maximale Arbeitsplatzkonzentration (MAK-Werte) bezeichnet werden, während für kanzerogene Stoffe Technische Richtkonzentrationen (TRK-Werte) festgelegt werden.

Von besonderer Bedeutung sind allergische Reaktionen. Sie können bereits bei sehr geringer Menge eines Stoffes ausgelöst werden, wenn der Organismus vorher zumeist durch höhere Exposition sensibilisiert worden ist.

Bestimmung der Dosis ohne erkennbare Wirkung (NOEL)

Zur Bestimmung des NOEL werden Tierversuche durchgeführt, bei denen die Prüfsubstanz täglich über 3 bis 6 Monate je nach voraussichtlichem Expositionsweg des Menschen mit dem Futter, über die Atemluft oder durch Auftragen auf die Haut verabfolgt wird. Dazu sind drei Dosierungen erforderlich, von denen die höchste das toxische Wirkungsspektrum, die mittlere eine dosisabhängige geringere Wirkung und die niedrigste keine Wirkung, d. h. den NOEL ergeben sollen.

Die so gewonnenen Ergebnisse sind durch weitere Erkenntnisse aus Versuchen nach einmaliger oder mehrmaliger Verabreichung, das toxikokinetische Verhalten des Stoffes, d. h. seine Aufnahme in den Organismus, Verteilung, Verstoffwechselung und Ausscheidung bei verschiedenen Tierarten und möglichst auch beim Menschen, sowie Erkenntnisse über den Wirkungsmechanismus und Unterschiede in der Wirkung zwischen verschiedenen Tierarten und dem Menschen zu ergänzen. Besonders wertvoll für die Bewertung der dosisabhängigen Wirksamkeit eines Stoffes beim Menschen sind Erkenntnisse, die z. B. aus Betriebsunfällen oder der werksärztlichen Überwachung exponierter Personen gewonnen worden sind. Je umfassender der Erkenntnisstand über eine Substanz ist, desto sicherer ist der NOEL und damit ein Grenzwert, der davon abgeleitet ist.

Duldbare tägliche Aufnahmemenge (DTA)

Insbesondere für die Festlegung von Grenzwerten in und auf Lebensmitteln wird auf der Basis des NOEL die duldbare tägliche Aufnahme (DTA), die im Englischen als acceptable daily intake (ADI) bezeichnet wird, unter Berücksichtigung eines Sicherheitsfaktors errechnet. Sie bezeichnet diejenige Menge eines Stoffes, die ein Mensch unter Berücksichtigung seines Körpergewichts täglich und lebenslang ohne erkennbares Risiko aufnehmen kann. Die Höhe des Sicherheitsabstandes richtet sich nach der biologischen Bedeutung der toxischen Wirkungen und nach dem Umfang der Kenntnisse über die Substanz. Je mehr die Dosiswirkungsbeziehungen, Wirkungsmechanismen und toxikokinetisches Verhalten bei Tier und Mensch übereinstimmen, desto geringer kann der Sicherheitsabstand zwischen NOEL und DTA angesetzt werden. Unter günstigsten Bedingungen wird der Faktor 10 benutzt. In den meisten Fällen stehen jedoch keine oder nur unzureichende Informationen, z. B. über die Wirkung beim Menschen, zur Verfügung – insbesondere, wenn es sich um neuentwickelte Stoffe handelt. Unter diesen Bedingungen wird im allgemeinen ein Sicherheitsfaktor von 100 angewendet, bei krebserzeugenden Stoffen der Faktor 1000 und mehr. Der Sicherheitsfaktor 100 beruht auf der Annahme, daß der Mensch auf den Stoff bis zu 10 mal empfindlicher reagieren kann als die Versuchstierspezies, an welcher der NOEL festgestellt wurde, und daß die Empfindlichkeit innerhalb der menschlichen Population um den Faktor 10 variiert.

Anhand dieser unterschiedlichen Kriterien für ihre Festlegung lassen sich die folgenden Gruppen von Grenzwerten definieren:

(1) Toxikologisch begründete Grenzwerte

(2) Richtwerte

(3) Vorsorgliche Minimalwerte

(1) Toxikologisch begründete Grenzwerte

Diese Grenzwerte werden für die verschiedensten Bereiche festgelegt, in denen der Mensch gegenüber Chemikalien exponiert sein kann. Da die Kriterien ihrer Festsetzung unterschiedlich sind, besitzen Überschreitungen jeweils unterschiedliche gesundheitliche Bedeutung. Die Kriterien und Vorgehensweisen werden im folgenden näher erläutert.

Grenzwerte und Richtwerte für Arbeitsstoffe

Maximale Arbeitsplatzkonzentrationen (MAK):
MAK-Werte gelten für Arbeitsstoffe, die reversible Wirkungen auslösen, d. h. für die keine Hinweise auf erbgutverändernde oder krebserzeugende Wirkungen vorliegen. Sie definieren die zulässigen Konzentrationen in der Luft an Arbeitsplätzen und gelten für gesunde Erwachsene, die täglich 8 Stunden bei einer wöchentlichen Arbeitszeit von 40 Stunden exponiert sind. Es gilt der Durchschnittswert über einen Arbeitstag bzw. eine Schicht, wobei Höhe und Dauer zulässiger Spitzenwerte für den einzelnen Stoff unter besonderer Berücksichtigung der Toxikokinetik des Stoffes definiert sind. Entscheidend für MAK-Werte ist, daß sie ohne Anwendung von Sicherheitsfaktoren festgelegt werden und damit in der Regel den NOEL darstellen. Bei Überschreitungen von MAK-Werten über die Dauer und Höhe der zulässigen Spitzenwerte hinaus ist daher mit gesundheitlichen Schäden zu rechnen, die durch ärztliche Untersuchungen unter Berücksichtigung aller äußeren Umstände festgestellt werden müssen.

Die Festlegung der MAK-Werte wird ausführlich schriftlich begründet und zusammen mit den verwendeten Informationen veröffentlicht (Forth et al., 1992). Da die Konzeption der Festlegung von MAK-Werten allgemein anerkannt ist, werden von ihnen häufig Grenzwerte für andere Bereiche abgeleitet. Dies ist nur dann zulässig, wenn die einzelnen Substanzen unter Berücksichtigung ihrer speziellen Eigenschaften und den jeweiligen Expositionsbedingungen betrachtet werden, nicht jedoch unter Verwendung konstanter Umrechnungsfaktoren.

Technische Richtkonzentrationen (TRK):
TRK-Werte werden für Arbeitsstoffe festgesetzt, die erfahrungsgemäß beim Menschen bösartige Tumore auslösen oder für die aus experimentellen Daten ein krebserzeugendes Risiko für den Menschen bei einer Exposition am Arbeitsplatz abgeleitet werden kann. Sie gelten also für solche Stoffe, die irreversible Schäden am genetischen System auslösen. Da sich für solche Wirkungen keine unbedenklichen Konzentrationen angeben lassen, kann auch bei Einhaltung der TRK-Werte ein gesundheitliches Risiko nicht ausgeschlossen werden. Bei der Festlegung wird berücksichtigt, ob der TRK-Wert analytisch überprüfbar ist, welche verfahrens- oder lüftungstechnischen Maßnahmen vorhanden oder in naher Zukunft gegeben sind und ob arbeitsmedizinische Erfahrungen oder toxikologische Erkenntnisse ihnen nicht entgegenstehen.

Immissionsgrenzwerte für Luftschadstoffe

Diese Werte gelten für Luftverunreinigungen. Sie sind in der Technischen Anleitung zur Reinhaltung der Luft (TA Luft) festgelegt und sollen entsprechend dem Bundesimmissionsschutzgesetz Menschen sowie Tiere, Pflanzen und andere Sachen vor schädlichen Umwelteinwirkungen, Gefahren, erheblichen Nachteilen und Belästigungen schützen. Es wird zwischen kurzfristigen und langfristigen Belastungen und zwischen Luftkonzentrationen und Ablagerungsraten auf dem Boden unterschieden. Krebserzeugende Stoffe werden separat aufgeführt.

Grundlage für die in der TA-Luft festgelegten Immissionswerte sind die „maximalen Immissionskonzentrationen" (MIK-Werte). Sie werden von einem wissenschaftlichen Gremium, der VDI-Kommission Reinhaltung der Luft, vorgeschlagen und als VDI-Richtlinien veröffentlicht.

Die Werte berücksichtigen das toxische Wirkungsprofil der einzelnen Substanzen und werden mit Sicherheitsfaktoren festgelegt, um zu gewährleisten, daß auch bei besonders empfindlichen Personen keine Gesundheitsstörungen auftreten. Diese Grenzwerte werden als IW1, d. h. Jahresmittelwerte angegeben, und als IW2, d. h. als 98%-Wert der Summenhäufigkeit, der nicht überschritten werden soll (98-Perzentil). Mit gesundheitsschädlichen Wirkungen ist nicht zu rechnen, wenn die Jahresmittelwerte der Immissionskonzentrationen niedriger sind als der IW1-Wert einer Substanz.

(2) Richtwerte

Richtwerte gelten beispielsweise für Blei, Cadmium und Quecksilber in und auf Lebensmitteln pflanzlicher und tierischer Herkunft. Sie werden vom Bundesgesundheitsamt veröffentlicht. Da sie nicht in einer Verordnung festgelegt sind, haben sie einen wenig verbindlichen Charakter. Sie basieren auf den in der Bundesrepublik Deutschland gefundenen Schwermetallkonzentrationen in den Lebensmitteln und es wird als Richtwert diejenige Konzentration festgesetzt, die z. B. von 95% der überprüften Proben der einzelnen Nahrungsmittel nicht überschritten wird. Richtwerte haben damit keine toxikologische Begründung. Man kann allerdings ihre toxikologische Bedeutung abschätzen, indem man sie mit den von der WHO aus epidemiologischen Studien abgeleiteten vorläufig duldbaren wöchentlichen Zufuhrmengen in Beziehung setzt. So würden in der Bundesrepublik Deutschland die WHO-Werte für Blei, Cadmium und Quecksilber um etwa das 1,2fache, 1,9fache bzw. 1,5fache überschritten, wenn in allen Nahrungsmitteln Konzentrationen in Höhe der

Richtwerte vorlägen. Legt man jedoch die tatsächliche Belastung der Nahrungsmittel bei den durchschnittlichen Verzehrgewohnheiten eines Erwachsenen für die Berechnung zugrunde, werden die WHO-Werte für Blei zu etwa 40%, für Cadmium zu ca. 70% und für Quecksilber zu ca. 35% ausgeschöpft.

(3) Vorsorgliche Minimalwerte

In dieser Gruppe sind z. B. Stoffe enthalten, für die sogenannte Grenzwerte in der Verordnung über Trinkwasser und über Wasser für Lebensmittelbetriebe sowie in der Verordnung über Vinylchlorid in Bedarfsgegenständen festgelegt sind. Da die Kontamination von Trinkwasser als besonders sensitives Problem angesehen wird, sind Verunreinigungen des Trinkwassers grundsätzlich unerwünscht (hygienischer Aspekt). Daher orientieren sich einige Grenzwerte an der analytischen Nachweisgrenze; in anderen Fällen wurden dagegen wieder Werte aus technischen Überlegungen oder aufgrund der Geschmacksgrenze festgelegt. Für Nitrat ist ein Grenzwert aus toxikologischer Sicht zum besonderen Schutz von Kleinkindern eingeführt worden. Er liegt deutlich niedriger als die mit Rücksicht auf die „landwirtschaftliche Praxis" der Überdüngung festgelegten Nitrat-Grenzwerte für Gemüse und Salat. In diesem Fall werden aus Vorsorgegründen höhere Sicherheitsfaktoren als bei der Festlegung von Höchstmengen verwendet. Dies wird u. a. auch damit begründet, daß Kleinkinder pro Körpergewicht einen drei- bis viermal höheren Wasserbedarf haben als Erwachsene. Schriftlich festgelegte und damit nachvollziehbare Kriterien für die Vorgehensweise liegen jedoch nicht vor. Darüber hinaus werden, wie das Beispiel Vinylchlorid zeigt, auch für krebserzeugende Stoffe Grenzwerte angegeben. Da sich für solche Stoffe keine unwirksamen Konzentrationen angeben lassen, wird durch ihre Gleichbehandlung mit den übrigen Stoffen eine wissenschaftlich nicht begründbare Vereinheitlichung vorgenommen. Solche Stoffe sollten daher getrennt geregelt werden, um klarzustellen, daß sich auch bei Einhaltung des Wertes die Möglichkeit einer Beeinträchtigung der Gesundheit nicht vollständig ausschließen läßt. Außerdem gibt es für die Einhaltung von Grenzwerten beim Trinkwasser Ausnahmeregelungen, um die allgemeine Verfügbarkeit des unentbehrlichen Gutes Trinkwasser zu gewährleisten.

Neuerdings wird in der Trinkwasserverordnung auch der Begriff „Höchstwerte" für eine Reihe von physikalisch-chemischen, chemischen oder organoleptischen Eigenschaften verwendet, die allerdings nicht unter toxikologischen Gesichtspunkten festgelegt werden.

Probleme bei der Festlegung und Überwachung von Grenzwerten

Grenzwerte sollen zum einen den Menschen vor den gesundheitsschädlichen Auswirkungen einer Exposition gegenüber schädlichen Stoffen schützen, zum anderen eine Handhabe bieten, die Einhaltung bestimmter Konzentrationen zu überwachen und gegebenenfalls Maßnahmen zu ergreifen, um Personen vor der durch die Überschreitung verursachten Exposition zu schützen. Ihr Vorhandensein hat zweifelsohne dazu beigetragen, daß Gesundheitsschäden infolge hoher Belastungen des Menschen durch toxische Substanzen nur selten auftreten. Trotzdem gibt es in diesem Zusammenhang eine Reihe von Problemen, die bisher nicht gelöst worden sind.

Grenzwerte in Lebensmitteln und Verzehrgewohnheiten

Aus der DTA, die die Gesamtmenge eines Stoffes beschreibt, die täglich aufgenommen werden darf, kann unter Berücksichtigung der Verzehrgewohnheiten die duldbare Höchstmenge für einzelne Nahrungsmittel berechnet werden. Höchstmengen in Nahrungsmitteln, die wie Brot oder Kartoffeln in größeren Mengen verzehrt werden, sind daher niedriger als für solche Nahrungsmittel, die entsprechend den Verzehrgewohnheiten nur in geringen Mengen gegessen werden. Die Werte für die Verzehrgewohnheiten stammen aus Erhebungen, die nur die durchschnittlich von der Gesamtbevölkerung aufgenommenen Nahrungsmengen berücksichtigt haben. Bevölkerungsgruppen wie Vegetarier, die von den üblichen Verzehrgewohnheiten abweichen, werden zumindest seit einigen Jahren durch entsprechendes Absenken der Grenzwerte mitberücksichtigt. Wenn die in den Nahrungsmitteln tatsächlich auftretenden Konzentrationen niedriger sind, als die duldbaren Höchstmengen, werden die Höchstmengen aus Vorsorgegründen auf diese Werte abgesenkt.

Die Überwachung der Rückstände von Pflanzenschutzmitteln ergibt z. B., daß bei pflanzlichen Lebensmitteln aus inländischer Produktion nur bei etwa 3 % der untersuchten Proben die Höchstwerte überschritten werden. Da die Höchstmengen große Sicherheitsabstände beinhalten, sind gelegentliche Überschreitungen in einzelnen Produkten gesundheitlich unbedenklich.

Unbefriedigend ist dagegen die Situation bei Verunreinigungen durch die Schwermetalle Blei und Cadmium und die schwer abbaubaren halogenierten, polyzyklischen Kohlenwasserstoffe wie Dibenzodioxine und Dibenzofurane. Letztere reichern sich im Körperfett und damit auch in der Muttermilch an. Aufgrund unserer fehlenden Erfassungsmethoden kann man gesundheitliche Auswirkungen bei üblichen Ernährungsgewohnheiten nicht sicher feststellen. Bei extrem einseitiger Ernährung sind – insbesondere bei den genannten Schwermetallen – gesundheitliche Auswirkungen aber nicht auszuschließen.

Individuelle Unterschiede in der Empfindlichkeit gegenüber Chemikalien

Beim Menschen können große anlagebedingte Unterschiede in der Empfindlichkeit gegenüber einer Substanz bestehen. Dies ist bisher vor allem bei Arzneimitteln genauer untersucht worden. Inwieweit solche Unterschiede auch für andere Chemikalien als Arzneimittel vorkommen, ist bisher zu wenig untersucht worden. Sie sind jedoch zu erwarten. Die Übertragung der Ergebnisse von Tierversuchen auf den Menschen ist daher außerordentlich schwierig. Um zu gesicherten Aussagen zu gelangen, muß eine Vielzahl von Detailinformationen erarbeitet und bei der Bewertung berücksichtigt werden, da diese nur in der Gesamtheit ein verläßliches Bild ergeben. Sie werden zwar teilweise durch die üblichen Sicherheitsabstände abgefangen, doch muß die wissenschaftliche Begründung dieser Sicherheitsabstände vorrangig sein.

Richt- und Referenzwerte für die Boden- und Grundwasserbelastung

Für einige Stoffe im Boden stehen Richtwerte verschiedener Autoren oder Gremien zur Verfügung, wie die Richtwerte von Kloke (1990), die Niederländischen A-, B- und C-Werte (Ministerie van Volkshuisvesting, 1988), oder die Werte der Länderarbeitsgemeinschaft Abfall (LAGA, 1989). Dabei ist jedoch zu berücksichtigen, daß diese Werte nicht toxikologisch begründet sind, sondern sich an Konzentrationen orientieren, die in unterschiedlich belasteten Gebieten gefunden wurden.

Die Richtwerte nach Kloke wurden nach dem Vorsorgeprinzip als Orientierungsdaten für gärtnerische, land- und forstwirtschaftliche Nutzung von Böden erstellt. Sie gewährleisten nur, daß Lebens- und Futtermittel, die auf den genannten Böden produziert werden, nicht mehr als üblich mit Schadstoffen belastet sind. Sie dienen daher z. B. auch als Grundlage für die Klärschlammverordnung.

Die vom Ministerium für Wohnungswesen, Raumordnung und Umwelt der Niederlande herausgegebenen Listen mit Konzentrationen chemischer Stoffe führen jeweils drei Kategorien von Werten zur Beurteilung von Schadstoffkonzentrationen in Böden und Grundwasser auf.

– Referenzwerte A: Konzentrationen in nicht spezifisch belasteten Böden und Grundwässern bzw. Bodenqualitätskriterien

– Schwellenwerte B: für nähere Untersuchungen

– Schwellenwerte C: für Sanierungsuntersuchungen

Die A-Werte für anorganische Stoffe stimmen zum Teil mit Konzentrationen in nicht belasteten Böden und Gewässern, die für organische Stoffe mit den Nachweisgrenzen überein. Für einige der Stoffe werden sog. Bodenqualitätskriterien zur Beurteilung der Multifunktionalität eines Bodens angegeben. Diese Werte variieren und sind unter Berücksichtigung der lokalen Beschaffenheit des Bodens zu ermitteln.

Die C-Werte sind auf die Nutzung als Wohngebiet bzw. zur Trinkwassergewinnung ausgerichtet. Die Kriterien für die Aufstellung dieser Werte sind allerdings im einzelnen nicht nachvollziehbar.

Weitere Vergleichsdaten erhält man durch Gegenüberstellung mit Konzentrationen, die in Böden und Gewässern in nicht spezifisch belasteten Gebieten gefunden wurden (DFG, 1988; Jones et al., 1989; Kloke, 1990; Merian, 1991; Schenck, 1986; VCI, 1989).

Die genannten Richtwerte erlauben jedoch nur die Feststellung, daß Schadstoffkonzentrationen im speziellen Fall im Vergleich zu nicht spezifisch belasteten Böden erhöht sind oder von anderen Gremien vorgeschlagene Richtwerte überschreiten, jedoch keinerlei Rückschlüsse auf die toxikologische Bedeutung der vorhandenen Konzentrationen.

Aus toxikologischer Sicht sind die von verschiedenen Gremien vorgeschlagenen Richtwerte unbefriedigend. Der Rat von Sachverständigen für Umweltfragen hat daher zur Bewertung der Gesundheitsgefährlichkeit kontaminierter Böden für spielende Kinder toxikologisch begründete Richtwerte für einige Schwermetalle vorgeschlagen (SRU, 1990, S. 509). Sie berücksichtigen, daß ein Kind mit einem Körpergewicht von 10 kg täglich beim Spielen 1 g Boden aufnimmt. Außerdem wird davon ausgegangen, daß die gesamte, an inkorporiertem Boden haftende Schwermetallmenge resorbiert wird und die daraus resultierende Belastung die von der WHO festgelegte duldbare tägliche Aufnahme nicht überschreitet. Daraus wurden die folgenden Richtwerte abgeleitet: Arsen 20 mg/kg Boden, Blei 35 mg/kg, Cadmium 10 mg/kg und Quecksilber 7 mg/kg. Diese Werte liegen deutlich über den Werten für die Hintergrundbelastung mit Ausnahme von Erzabbaugebieten oder dergleichen: in der Bundesrepublik Deutschland wird beispielsweise der Bleiwert von 35 mg/kg aufgrund der jahrzehntelangen Belastung mit verbleitem Benzin vor allem in städtischen Bereichen weit überschritten.

Kombinationswirkungen

Kombinationswirkungen sind grundsätzlich immer dann zu erwarten, wenn mehrere gleichzeitig vorhandene Chemikalien vergleichbare Wirkungsmechanismen besitzen und damit z. B. auf bestimmte Organe oder biochemische Funktionen des Organismus einwirken. Beispiele sind

Insektizide wie Phosphorsäureester (E 605), die zu einer Hemmung des Enzyms Acetylcholinesterase führen. Die Folge ist ein verminderter Abbau des Acetylcholins, der zu einer Acetylcholinvergiftung bis zur Lähmung des Atemzentrums im Gehirn, Verengung der Bronchien und erhöhter Flüssigkeitssekretion im Bronchialbereich führen kann (Forth et al., 1992). Für das Auslösen einer Cholinesterasehemmung sind bestimmte für die Einzelsubstanz spezifische Mengen erforderlich. Daraus ist abzuleiten, daß sich die Wirkung verdoppeln oder vervielfachen kann, wenn zwei oder mehrere entsprechend wirkende Stoffe in vergleichbaren Wirkkonzentrationen vorliegen. Es ist jedoch auch abzuleiten, daß mehrere Stoffe, die jeweils in Mengen vorliegen, die z. B. nur $1/1000$ der Wirkkonzentration ausmachen, ohne Wirkung bleiben. Sie besitzen zwar theoretisch ein höheres Wirkpotential als das der Einzelsubstanzen, die Wirkschwelle für eine Hemmung der Acetylcholinesterase wird jedoch nicht erreicht.

Ein weiteres Beispiel soll dies verdeutlichen: Liegen drei Stoffe in Mengen von je $1/1000$ der Wirkkonzentration vor, wird sich das Wirkpotential verdreifachen. Wirkkonzentrationen würden jedoch erst dann erreicht, wenn tausend entsprechend wirkende Stoffe vorlägen. Ebenso ist abzuleiten, daß bei Vorliegen eines Stoffes, dessen Menge verdoppelt werden müßte, um eine Wirkung hervorzurufen, die Anwesenheit eines Stoffes in einer Menge, die hundertfach unter der Wirkkonzentration liegt, nicht zu einer Wirkung führen kann. Die grundsätzlichen Erkenntnisse haben in verschiedenen Regelungen zur Begrenzung von Chemikalien Eingang gefunden. So schreibt die US-amerikanische Kommission zur Festlegung von Grenzwerten am Arbeitsplatz (American Conference of Governmental Industrial Hygienists) vor, daß bei Vorliegen mehrerer Stoffe mit gleichgerichteter Wirkung die Grenzwerte der Einzelstoffe nur den Bruchteil erreichen dürfen, der die Zahl der vorhandenen Stoffe ausmacht. So dürfen bei zehn gleichzeitig vorhandenen Stoffen mit gleicher Wirkung die Einzelsubstanzen nur in Konzentrationen vorliegen, die $1/10$ des jeweiligen Grenzwertes ausmachen.

Einige Beispiele zeigen jedoch, daß gelegentlich die Wirkung stärker zunimmt als es die Wirkung der Einzelsubstanzen erwarten läßt. Tetrachlorkohlenstoff und Alkohol verursachen beide in bestimmten Mengen Leberschäden. Sind beide Stoffe zusammen vorhanden, erhöht sich die leberschädigende Wirkung mehr als es die Summe der Einzelwirkungen erwarten läßt (Klaassen et al., 1991). Ein ähnliches Beispiel ist Isopropanol, das, obwohl es in einer bestimmten Menge selbst nicht toxisch ist, die Lebertoxizität von Tetrachlorkohlenstoff stark erhöht. In solchen Fällen beruht die Wirkungsverstärkung auf einer Hemmung der Entgiftung eines oder mehrerer Stoffe.

Die den abiotischen Schutzzielen der Ökosysteme zugeordneten stofflichen Parameter sind entweder Schadstoffkonzentrationen, Schadstofffrachten oder aus der Fracht abgeleitete Wirkungspotentialwerte. Typische Beispiele von Konzentrationswerten sind die SO_2-, NO_x- oder Benzolkonzentrationen, wie sie im Zusammenhang mit der regionalen oder städtischen Luftverschmutzung ständig gemessen werden. Weiterhin lassen sich beispielsweise Nitratkonzentrationen im Wasserbereich oder Schwermetallkonzentrationen im Boden meßtechnisch eindeutig erfassen. Kriterien, wie der Eutrophierung oder Versauerung von Ökosystemausschnitten, steht bei den Parametern zunächst ein Eutrophierungs- oder Versauerungspotential eines bestimmten Schadstoffes gegenüber. Dahinter steht die Tatsache, daß der Eintrag von entsprechenden Schadstoffen zunächst nur als Fracht in dem Kompartiment Luft bekannt ist. Damit ist ein entsprechendes Wirkungspotential gegeben. Zu welchen Auswirkungen es am Ende jedoch kommt, hängt dann von der Konzentration ab, die sich aus dem Eintrag in einen zu definierenden wässrigen oder terrestrischen Ökosystemausschnitt ergeben.

Beim Ozonlochproblem und beim Treibhauseffekt ordnet man den hier zu betrachtenden Stoffen einen entsprechenden Potentialwert zu: ozon depletion potential (ODP) bzw. global warming potential (GWP). Diese Definitionen basieren auf den bekannten physikalischen Eigenschaften der Stoffe mit Bezug auf den betrachteten Effekt und stellen eine Umrechnung von der absoluten Menge des Stoffes auf seine spezifische Wirkung dar.

Indikatoren und Parameter, welche die biotischen Bereiche der Struktur und Funktion von Ökosystemen betreffen, können insgesamt unter dem Oberbegriff Ökotoxikologie zusammengefaßt werden. Bei der Ökotoxikologie handelt es sich um einen der zur Zeit intensiv diskutierten Begriffe der Ökosystemforschung. Bis heute handelt es sich bei der Ökotoxikologie vorrangig um eine pragmatische Übertragung humantoxischer Vorgehensweisen (s.o.) auf einzelne ausgewählte Arten der *aquatischen* Tierwelt. Gleichzeitig wird aber allgemein anerkannt, daß damit das ökologische Wirkungsspektrum insbesondere mit Blick auf die indirekten Wirkungen nicht erfaßt werden kann, sondern daß es dazu einer *ökosystemaren* Betrachtungsweise bedarf (s. Kasten). Dazu wurde kürzlich eine umfassende Problemanalyse und Bestandsaufnahme zur Bewertungspraxis sowie zum Stand der wissenschaftlichen Entwicklung neuer Bewertungsmethoden aus ökosystemarer Sicht vorgelegt. Hier werden in den kommenden Jahren wesentliche Fortschritte zu erzielen sein.

Aufgaben und Möglichkeiten der Ökotoxikologie

Die Ökotoxikologie befaßt sich mit den wissenschaftlichen Grundlagen und Methoden, mit deren Hilfe Störungen von *Ökosystemen* durch anthropogene stoffliche Einflüsse und durch Strahlen identifiziert sowie bewertet werden, um die Belastbarkeit herauszufinden. Eine ökotoxikologische Bewertung kann nur über die *gleichwertige Betrachtung* von strukturellen und funktionellen Parametern (unter Berücksichtigung der jeweiligen Standortausprägung und -verknüpfung) erfolgen, da ein Ökosystem nur über seine Strukturen und Funktionen zu verstehen ist. Wirkungen, die durch anthropogene Einflüsse hervorgerufen werden, können direkter oder indirekter Natur sein, wobei die indirekten Wirkungen eine Konsequenz ökosystemarer Verknüpfungen sind.

Unter *ökosystemaren Strukturen* (Zustandsgrößen) sind im wesentlichen zu verstehen:

- abiotische Umwelt
- Diversität genetischer Informationen innerhalb einzelner Arten
- Artenvielfalt
- Verknüpfung von Arten innerhalb von Nahrungsnetzen und weiteren Verknüpfungen zwischen Populationen
- Verteilung der Arten in Raum und Zeit

Ökosystemare Funktionen (Leistungen) sind im wesentlichen:

- Primärproduktion (Autotrophie)
- Konsumation (Heterotrophie)
- Stoffkreisläufe, auch unter Berücksichtigung der biotischen Beeinflussung des globalen Klimas
- Energiefluß
- Informationsflüsse
- Evolution
- Fähigkeit zur kurz- und langfristigen Erholung gegenüber Störungen (Elastizität und Resilienz).

Als Maßstäbe für die Bewertung struktureller und funktioneller Veränderungen im Ökosystem existieren im Sinne eines umfassenden Naturschutzes zwei unterschiedliche allgemeine Schutzziele:

- Erhaltung einer standortgerechten *maximalen* Artenvielfalt und der daraus resultierenden ökosystemaren Funktionen im Sinne von umfassendem Naturschutz (Maximierungsprinzip)

- Erhaltung der *optimalen* Artenvielfalt in einer Kulturlandschaft, die sich an den gewünschten ökosystemaren Funktionen im Sinne einer nachhaltigen Bewirtschaftung (sustainable development) orientiert (Optimierungsprinzip unter Berücksichtigung sozioökonomischer Bedingungen)

Die Umsetzung der aus diesen Schutzzielen ableitbaren Strategien zur Schadenserkennung und Bewertung folgt dem Gesichtspunkt, daß sich bestimmte ökosystemare Strukturen verändern lassen. Die sich hieraus ergebenden ökosystemaren Funktionen müssen synchron hinsichtlich ihrer Optimierung untersucht werden.

Eine gleichwertige Betrachtungsweise von strukturellen und funktionellen Parametern wird notwendig, da in einem Ökosystem keine strukturellen, sondern allenfalls funktionelle Redundanzen auftreten. Werden Tests auf Funktionalität als alleiniges ökotoxikologisches Kriterium herangezogen, geht man stillschweigend von der nicht haltbaren Annahme einer strukturellen Redundanz aus. Folglich werden neue Techniken benötigt, mit denen Struktur-Ermittlungen auch für solche Biozönosen durchgeführt werden können, die bisher nicht über morphologisch-taxonomische Kriterien erfaßt werden konnten und deshalb einseitig nur über funktionelle Parameter charakterisiert und bewertet wurden. Dies gilt in besonderem Maße für mikrobielle Biozönosen.

Neben der Erhebung struktureller Parameter besteht in dem Einsatz von Biomarkern eine weitere Möglichkeit, den Belastungszustand von Ökosystemen oder Ökosystemausschnitten zu erfassen.

Als *Biomarker* im engeren Sinne sind molekularbiologische und biochemische „Antworten" von Organismen oder Populationen auf Streßbedingungen zu verstehen. Sinnvoll ist der Einsatz von solchen Biomarkern, die artübergreifend im Organismenreich verbreitet sind, entsprechend dem sinnvollen Gebrauch von Summenparametern in der abiotischen Umwelt. Neben diesen Biomarkern (im engeren Sinne) sollen Systemantworten auch auf anderen Ebenen, wie Verhalten oder Morphologie und Physiologie (Biomarker im weiteren Sinne) erfaßt werden. Die auslösenden Streßbedingungen können dabei Belastungen mit xenobiotischen Stoffen sein. Durch die Kombination verschiedener, sich in den Aussagen ergänzender biologischer Tests ergibt sich ferner die Möglichkeit, die Wirkungen von Stressoren frühzeitig sowie auch Situationen von multipler Einwirkung zu erkennen und zu bewerten.

Für die meisten dieser biologischen und ökologischen Testparameter steht eine Bewertungsstrategie, die auf Kausalitäten aufbaut, allerdings noch aus. Wohl aber läßt sich eine vergleichende phänomenologische Bewertung zum Beispiel anhand der mathematischen Verbandstheorie durchführen, die berücksichtigt, daß sich die Antworten der Organismen oder Organismengesellschaften nicht zwingend zu einem einzigen Rangfolgenindex zusammenfassen lassen.

Im Mittelpunkt ökotoxikologischer Arbeiten steht die Frage nach ökosystemaren Schadwirkungen: Welche Veränderungen sind als Schädigung oder Schaden aufzufassen? Unter Schädigung ist hierbei die räumlich begrenzte und reversibel nachteilige Veränderung (innerhalb der Elastizität von Ökosystemen), unter Schaden die irreversible Veränderung von Strukturen und/oder Funktionen (Überschreitung der Resilienz) zu verstehen.

Die Beantwortung dieser Frage hat die jeweiligen Nutzungen des Ökosystems oder seines Ausschnittes sowie die natürliche Variabilität zu berücksichtigen. Es sind hierzu für die jeweiligen Schutzziele die optimalen Struktur- und Funktionsparameter zu erheben und zu etablieren.

Zur Festlegung der optimalen Zustände und Funktionen sind mathematische Ökosystem- und Nutzungsmodelle unumgänglich. Die Bewertung sollte insbesondere über die Dynamik der Erholung des Ökosystems nach einer Belastung erfolgen. Mathematische Modelle (Simulationsmodelle) helfen, durch Identifikation der relevanten Prozesse die wesentlichen Einflußgrößen festzustellen und die Übertragbarkeit auf verschiedene Szenarien zu gewährleisten, um hieraus Handlungsstrategien abzuleiten. Simulationsmodelle sind insbesondere zur Voraussage unterschiedlicher stabiler Zustände (Systemantworten unter Streß) zu entwickeln.

Als Managementkonzept für eine nachhaltige Bewirtschaftung der ökosystemaren Ressourcen auf der Erde erscheint die Entwicklung von critical load-Modellen für die ökotoxisch relevanten Stoffe sinnvoll und auch machbar. Die kritischen Eintragsgrößen sollten von Wirkgrößen (wie optimale Artenvielfalt und den daraus resultierenden Funktionen) abgeleitet werden.

Ökosystemar begründete Untersuchungs- und Handlungsstrategien bei anthropogenen Belastungen haben sich an der Auswahl der prioritär zu untersuchenden Chemikalien zu orientieren. Im Vordergrund der ökotoxikologischen Einzelstoff-Studien und Bewertungen stehen solche, zum Teil in großen Mengen erzeugten Substanzen, deren Immissionen primär nicht über human-toxikologisch begründete Grenzwerte reguliert werden. Hierzu zählen beispielsweise: Pflanzenschutzmittel, Pestizide, anorganische Dünger, landwirtschaftliche Wirtschaftsabfälle (wie Gülle), Waschmittel, Säurebildner (wie SO_2, NO_x), Komponenten des photochemischen Smogs (wie O_2, NO_x, Kohlenwasserstoffe) (GSF, 1994, S. 5–9).

Im Hinblick auf *Artenvielfalt und Artenverlust* bietet der klassische Zugang, z. B. die Bestimmung entsprechender LD_{50}-Werte für einzelne Arten, noch am ehesten eine klare Aussage. Damit wird die Existenzfähigkeit oder Bedrohung einer Art durch eine definierte Exposition eindeutig beschrieben. Bezüglich der Ökosystemstabilität des Wassers oder der Störung des ökologischen Gleichgewichtes wird in der heutigen Praxis eine Serie von Tests mit Spezies aus unterschiedlichen Ernährungsstufen als pragmatische Näherung an eine systemare Betrachtungsweise benutzt. Voraussetzungen für derartige Betrachtungen sind Dosis/Wirkungsbeziehungen. In diesem Zusammenhang stellt der sogenannte PEC-Wert (predicted environmental concentration) einen Zugang zur Bewertung, und zwar im Vergleich zu sogenannten NEC-Werten (NEC: no effect concentration), dar. Im Gegensatz zur aquatischen Ökotoxikologie, bei der man einen zumindest pragmatischen Zugang auf der Basis heutiger Methoden gefunden hat, steht die terrestrische Ökotoxikologie noch ganz am Anfang.

(b) Systemare Betrachtungsweise

Bei diesen Indikatoren und Parametern steht das Öko*system*, in dem ein Schutzziel verwirklicht werden soll, im Vordergrund des Interesses. Entsprechende Parameter, die der Gesundheit des Menschen zuzuordnen sind, wären die mittlere Lebenserwartung oder die Sterblichkeit oder der Gesundheitszustand (Invaliditätsgrad). Bei den der abiotischen Struktur und Funktion von Ökosystemen zuzuordnenden Parametern handelt es sich einerseits um Konzentrationen oder Zustandsbeschreibungen oder – wo dieses verfügbar ist – um Geschwindigkeiten der Veränderung eines Umweltparameters. Zur ersten Gruppe gehören die Ozonkonzentrationen beim Photosmog oder die Versiegelung des Bodens in Verbindung mit der Integrität des Bodens. Zur zweiten Gruppe gehören beispielsweise der Ozonabbau in der Troposphäre pro Jahr, die Geschwindigkeit der pH-Veränderung in einem Gewässer oder der beobachtete Temperaturanstieg pro Jahr im Zusammenhang mit dem Treibhauseffekt.

Den biotischen Aspekten sind systembezogene Aussagen zuzuordnen, die zunehmend auch experimentell verfügbar werden. Im Hinblick auf die Artenvielfalt kann die Abnahme der Varianz des Genpools (DNA-Varianz) als systemare Meßgröße herangezogen werden.

Über die Artenverschiebung und die Populationsdynamik der Tier- oder Mikrobenwelt kann die Ökosystemstabilität des Wassers und des Bodens einer strukturbezogenen Bewertung zugänglich gemacht werden. Den biotischen *Funktionen* von Ökosystemen stehen bei der Produktionsfunktion verschiedene Parameter gegenüber, die den Besatz eines Ökosystems

(Fischbesatz) oder den Ertrag (Hektarertrag/Jahr in der Landwirtschaft) beschreiben. Für die anderen Funktionen steht eine Parameterdefinition überwiegend noch aus.

Zwei Begriffe, die unter den Indikatoren/Parametern eine besonders herausragende und grundsätzliche Bedeutung haben, sind die *Persistenz* als Stoffeigenschaft und die *Irreversibilität* als Systemeigenschaft.

Zur Begründung der grundsätzlichen Bedeutung von Persistenz und Irreversibilität, besonders im vorsorgenden Umweltschutz, kann auf verschiedene Publikationen und Schriftstücke verwiesen werden (Klöpffer, 1994b; Meerkamp van Embden, 1994; Schweißfurth-Stiftung, 1994).

(5) Bewertung einzelner Schutz- und Gestaltungsziele

Die Bewertung einer Umweltbelastung bezüglich der Beeinträchtigung eines Schutz- oder Gestaltungsziels erfordert den Vergleich der feststellbaren oder prognostizierbaren Auswirkungen mit geeigneten Standards. Während die stofflichen und systemaren Parameter oder Indikatoren nach Abschnitt (4) überwiegend an naturwissenschaftlichen oder technischen Gesetzen und Methoden orientiert und objektivierbar sind, ist die Festsetzung der Vergleichsstandards ein überwiegend normativer Prozeß. Letztendlich handelt es sich in der Stoffstrombewertung um umwelt*politische* Vorgaben. Eine effektive Umweltpolitik benötigt klar definierte und differenziert ausgestaltete umweltpolitische Ziele. In der Bundesrepublik Deutschland besteht derzeit noch kein durchgängiges Konzept ökologischer Schutz- und Gestaltungsziele. Die deutsche Gesetzgebung nennt eine Reihe allgemeiner, meist qualitativer Ziele, die der Sicherung bestimmter Umweltfunktionen dienen. Um eine verbindliche Leitlinie bei der Verwirklichung ökologischer Ziele im Stoffstrommanagement zu erhalten, sollten Umweltziele auf verschiedenen Ebenen festgelegt werden. Ausgehend von globalen Vorstellungen, sind zunächst nationale Umweltziele zu formulieren, wie dies beispielsweise im Niederländischen National Environmental Policy Plan (NEPP) aus dem Jahr 1989 vorgenommen wurde. Die Festlegung nationaler Umweltqualitätsziele berücksichtigt jedoch nicht die regional unterschiedlichen Nutzungs- und Belastungsintensitäten. Erforderlich ist daher eine Ergänzung um regionale Umweltqualitätsziele. Die Festlegung konkreter stoff- und medienbezogener Umweltqualitätsziele kann nicht auf rein naturwissenschaftlicher Ebene erfolgen, da es keine Meßgrößen gibt, die die Qualität von Wasser, Boden, Luft in einem einheitlichen Indikator angeben. Es gibt lediglich Indikatorensysteme, die Hinweise auf den Belastungszustand der ökologischen Systeme geben bzw. das Schadenspotential von Stoffen beschreiben. Mit ihrer Hilfe können Qualitätsziele definiert, nicht jedoch ermittelt werden. Eine konsensuale Antwort auf die Frage, welcher Zustand der Umwelt unter Berücksichtigung der sozialen und ökonomischen Aspekte anzustreben ist, müssen Gesellschaft und Parteien in demokratischen, partizipatorischen und zwangsläufig auch konflikterfüllten Verfahren suchen. Hierbei ist eine Beteiligung von Behörden, Wissenschaft, der Gewerkschaften sowie der Verbraucher- und Umweltverbände unumgänglich. Es handelt sich um eine gemeinsame Aufgabe der Gesellschaft, denn ohne Einvernehmen, welche Zielvorgaben und dazugehörigen Bewertungskriterien zugrundegelegt werden sollen, wird eine konsensfähige Abschätzung der Chancen, aber auch möglicher Risiken industriell induzierter Stoffströme kaum möglich sein.

Besonders deutlich wird diese Problematik bei der Diskussion des ersten Schutzzieles, der Gesundheit des Menschen. Die außerordentlich umfassende Definition der anzustrebenden Gesundheitsstandards der Bevölkerung und des Einzelmenschen nach der WHO ist äußerst schwierig zu operationalisieren. Im Grundsatz bleibt nur immer der Weg, den Zustand zu verbessern, da es nie zu viel Gesundheit sowohl im Bevölkerungsmittel als für den einzelnen geben kann.

Einer naturwissenschaftlichen Operationalisierung sind am ehesten die abiotischen Struktur- und Funktionsparameter zur Beurteilung der Ökosysteme zugänglich. So stellt die über lange Zeiträume natürliche Ozonkonzentration in der Troposphäre einen mit Sicherheit definierbaren und anzustrebenden Vergleichswert für die Abweichung von der troposphärischen Ozonkonzentration dar. In ähnlicher Weise läßt sich für die Frage der Klimastabilität und dem damit verbundenen Treibhauseffekt möglicherweise eine ökologisch verträglich Anstiegsrate der globalen Temperatur als Vergleichswert festlegen. So ist es nicht verwunderlich, daß bisher die Diskussion der CO_2-Reduktionsziele das einzige konkrete Beispiel für die Festlegung eines Umweltstandards ist.

Zur Bewertung der Integrität der aquatischen oder terrestrischen Ökosysteme haben sich die critical load-Konzepte bewährt. Hierbei wird von einer natürlichen durch geochemische Prozesse vorgegebenen Veränderung der Zustandsgrößen des Wassers oder des Bodens als kapazitätsbegrenzend für den Eintrag von eutrophierenden oder säurebildenden Schadstoffen aus der Luft ausgegangen. So ist die vergleichende Betrachtung der Verwitterungsrate des Bodens und der damit verbundenen Pufferkapazität für den Eintrag saurer Substanzen für verschiedene Bodentypen und verschiedene Schadstoffeinträge (SO_2, NO_x) experimentell und modellmäßig prognostisch unterlegt (Nagel et al., 1994; UBA, 1994).

Die biotischen Prozesse bezüglich der Struktur und Funktion von Ökosystemen bilden demgegenüber wieder ein schwierigeres Bewertungsfeld. Bei der Artenvielfalt ist nach den Beschlüssen der Rio Konferenz die maximale Artendiversität das eine anzustrebende Ziel. Angesichts der Tatsache, daß ständig neue Arten entdeckt werden, ist hier natürlich auch die Frage nach dem echten Vergleich zu stellen. Andererseits ist unbestritten, daß seit langem dokumentierte Arten inzwischen auf der Erde nicht mehr vorhanden oder in ihrer Existenz gefährdet sind. Hier läßt sich also eindeutig ein Handlungsbedarf definieren. Entscheidend ist vielmehr die Frage, ob es aus rein ethischer Sicht um die Artenvielfalt als solche oder aus mehr nutzungsbezogener Sicht um die Erhaltung des Genpools als Naturkapital und Ressource für die Zukunft des Menschen geht.

Bezüglich der Wirkung von Einzelstoffen auf die biotischen Komponenten unserer Ökosysteme steht bislang die Einzelstoffbetrachtung und damit verbunden z. B. das Konzept des PEC/NEC Verhältnisses (PEC: predicted environmental concentration; NEC: no effect concentration) als Handlungs- bzw. Entscheidungsinstrument im Vordergrund (Beispiel Niederlande). Der ökosystemaren Strukturen und Funktion entsprechend kann dieses jedoch nur ein Hilfsmittel in der ökologischen Beurteilung sein. Vielmehr muß es darum gehen, den natürlichen standortbezogenen Artenbesatz des Ökosystems Wasser, die natürliche standortbezogene Mikrobengemeinschaft eines Bodens oder die natürliche Vegetation eines Pflanzenbereiches als Vergleich heranzuziehen.

Bei den biotischen Funktionen könnte für die Produktion von Biomasse vorrangig der „normale" Ertrag ein vernünftiges Vergleichsmaß darstellen. Gerade bei diesen Bewertungen ist aber die in der Einleitung dieses Abschnitts angesprochene Problematik der normativen Festsetzung von Vergleichsstandards wiederum von ganz markanter Bedeutung.

Der in der Einleitung dieses Kapitels unter (6) genannte Schritt der Bewertung durch Gewichtung und Prioritätensetzung unter Einbeziehung von Schaden und Nutzen sprengt die Darstellung an dieser Stelle. Zu dieser Frage sei auf die folgenden Kapitel (Kap. 5.4 bis 5.6) verwiesen.

5.3.2.2 Ökonomische Schutz- und Gestaltungsziele sowie Bewertungskriterien

Die Erhaltung der natürlichen Lebensgrundlagen ist die Voraussetzung für die langfristige Sicherung des Wirtschaftens und damit für einen angemessenen Wohlstand. Aus dem Leitbild der nachhaltig zukunftsverträglichen Entwicklung läßt sich deshalb unmittelbar die übergeordnete Ausrichtung für den ökonomischen Zielbereich ableiten. Übergreifende Zielrichtung ist der Erhalt des Naturkapitals im Zeitablauf. Nicht nur die Bedürfnisse der heute lebenden Menschen sind zu berücksichtigen. Die kommenden Generationen haben denselben Anspruch auf eine Umwelt, in der man leben kann, wie wir.

Im Kapitel 3 (Leitbilder einer Stoffpolitik) wurden hierzu in einem ersten Schritt grundlegende Regeln einer nachhaltig zukunftsverträglichen Entwicklung formuliert und näher ausgeführt (s. Kap. 3.2.3).

(1) Herleitung ökonomischer Schutz- und Gestaltungsziele

Die ökonomischen Schutz- und Gestaltungsziele können aus zwei „Wurzeln" abgeleitet werden: Der Erhalt des Naturkapitals und der Erhalt der wirtschaftlichen Funktionsfähigkeit.

Aus der übergreifenden Zielrichtung, das Naturkapital zu erhalten, können für den ökonomischen Zielbereich Schutz- und Gestaltungsziele abgeleitet werden. Wenn das Naturkapital erhalten werden muß, so erfordert das auf der Inputseite des Wirtschaftsprozesses die Schonung der natürlichen Ressourcen, während auf der Outputseite die Tragekapazität der Ökosysteme erhalten bleiben muß. Damit lassen sich nicht nur grundlegende ökologische Zielrichtungen aus dem Leitbild einer nachhaltig zukunftsverträglichen Entwicklung ableiten und begründen, sondern der Erhalt des Naturkapitals kann auch in wirtschaftlicher Zielrichtung ausformuliert werden. In seiner Ableitung aus dem Leitbild stellt er eine Wurzel der in der Tabelle aufgeführten ökonomischen Schutz- und Gestaltungsziele dar (s. Tab. 5.3). Diese Schutz- und Gestaltungsziele sind auf den Umgang mit Stoffen gerichtet, um langfristig die natürlichen Voraussetzungen des Wirtschaftens zu sichern.

Hiervon sind solche ökonomischen Ziele zu unterscheiden, die bei der Instrumentierung eines integrierten Stoffstrommanagements beachtet werden müssen. Eine nachhaltig zukunftverträgliche Entwicklung ist schwer zu realisieren, wenn es zu ökonomischen Krisen im großen Maßstab und zu Entwicklungsbrüchen kommt (s. Kap. 3.3.2).

Der Erhalt der wirtschaftlichen Funktionsfähigkeit stellt die zweite Wurzel für die Ableitung von Zielen dar. Wie dieser Typ von ökonomischen Zielen im einzelnen auszuwählen und auszuformen ist, wird unten näher begründet.

Beide genannten Wurzeln bestimmen in gleicher Weise die von der Enquete-Kommission für den Umgang mit Stoffen vorgeschlagenen ökonomischen Schutz- und Gestaltungsziele. Diese Stränge laufen jedoch nicht einfach nebeneinander her, sondern es gibt wichtige inhaltliche Berührungspunkte. Dies kann am Gestaltungsziel „Dauerhaft verträgliches Wirtschaftswachstum" gut verdeutlicht werden: In der Wirtschaftspolitik spricht man üblicherweise in der Tradition der Wachstumstheorie und des sogenannten „magischen Vierecks" von einem „angemessenen Wirtschaftswachstum". Im Rahmen des übergeordneten Leitbildes für eine Stoffpolitik ist diese ökonomische Zielrichtung weiterzuentwickeln. Es kann nicht darum gehen, die ökonomischen Wachstumspotentiale in wenigen Jahren oder Jahrzehnten auszuschöpfen. Vielmehr müssen die Voraussetzungen für ein nachhaltig zukunftsverträgliches Wirtschaftswachstum erfüllt werden. „Angemessen" heißt dann aber auch, daß auf das Naturkapital Rücksicht zu nehmen ist, wodurch ökologische Gesichtspunkte zum genuinen Bestandteil der Wirtschaftspolitik werden.

(2) Strukturierung der ökonomischen Schutz- und Gestaltungsziele

Die in der Übersicht enthaltenen ökonomischen Ziele sind verschiedenen Ebenen zuzuordnen, was nicht immer trennscharf möglich ist.

In einer marktwirtschaftlichen Grundordnung kommt den individuellen Akteuren des Wirtschaftsprozesses – Produzenten, Handel, Arbeitnehmern und Verbrauchern – eine entscheidende Bedeutung zu. Deshalb stehen die auf der individuellen Ebene anzusetzenden Ziele an erster Stelle.

Es folgt die wirtschaftliche Stabilität, die nicht zu verwechseln ist mit einer Konservierung bestehender Zustände. Gerade das Leitbild einer nachhaltig zukunftsverträglichen Entwicklung will nicht konservieren, sondern verlangt nach einer energischen Umorientierung und Weiterentwicklung der Ökonomie in Richtung auf ein Wirtschaften, das mit den natürlichen Erfordernissen in Einklang ist. Die ohnehin ständig ablaufenden Veränderungsprozesse und Strukturverschiebungen sind durch geeignete Rahmenbedingungen in dieser Richtung zu unterstützen.

Die unter „Erhalt und Weiterentwicklung der marktwirtschaftlichen Strukturen" sowie „Erhalt und Weiterentwicklung der marktwirtschaftlichen Funktionsfähigkeit" aufgeführten Schutz- und Gestaltungsziele sollen ebenfalls unterstreichen, daß Wandel und Entwicklungsdynamik dem Leitbild immanent sind. Es kann nicht einfach darum gehen, Stoffströme und Instrumente des Stoffstrommanagements an den bestehenden Strukturen und Funktionen zu messen. Die Marktwirtschaft zeichnet sich durch eine hohe Anpassungsfähigkeit aus. Dies ist zu nutzen, um die Wirtschafts- und Lebensweise auf eine dauerhaft verträgliche Entwicklung umzuorientieren und weiterzuentwickeln. Hierzu finden sich nähere Ausführungen in Kapitel 3.4 zu strategischen Handlungsansätzen einer Stoffpolitik sowie in den Kapiteln 6 und 7 zum Stoffstrommanagement und zu den Instrumenten.

Es soll darauf hingewiesen werden, daß auch eine etwas anders geartete Einteilung der Schutz- und Gestaltungsziele denkbar wäre, in der die spezifischen, aus dem Leitbild im engeren Sinne abgeleiteten Ziele in einer Einheit zusammengefaßt werden. Da bei der Strukturierung der ökonomischen Ziele eine Parallelität zum ökologischen und sozialen Zielbereich angestrebt war, wurde die vorliegende Einteilung gewählt.

In der folgenden Tabelle finden sich die von der Enquete-Kommission ausgewählten ökonomischen Schutz- und Gestaltungsziele sowie die daraus abgeleiteten ökonomischen Bewertungskriterien (s. Tab. 5.3).

(3) Auswahl der ökonomischen Schutz- und Gestaltungsziele und deren Begründung

Individuelle Ebene

Freiheit ist in Form von individueller Freiheit und Handlungsautonomie in einer entwickelten Marktwirtschaft von zentraler Bedeutung. Sie wird deshalb an erster Stelle genannt. Die Abfolge der Nennungen soll keine Rangfolge implizieren. Dieses Ziel ist hier so gefaßt, daß es auch die individuellen Entwicklungschancen und damit die Voraussetzungen für individuelle Freiheit umfaßt.

Für die Konkretisierung und praktische Anwendung der ökonomischen Schutz- und Gestaltungsziele in Bewertungskriterien und Indikatoren und deren Anwendung auf Stoffströme und Instrumente des Stoffstrommanagements sind der *räumliche* und *zeitliche Bezugsrahmen* festzulegen. Die Ziele und Kriterien können hierbei einerseits auf nationale Räume hin, andererseits aber auch auf übergeordnete Regionen und im weltweiten Maßstab international Anwendung finden.

Dies kann an dem zuerst aufgeführten Ziel Freiheit und Entfaltungschancen illustriert werden. Entsprechend dem übergeordneten Leitbild einer nachhaltig zukunftsverträglichen Entwicklung kommt der Verteilungsgerechtigkeit zwischen den derzeit lebenden Menschen eine große Bedeutung zu. Deshalb sind die Entwicklungschancen gerade der in den Ländern des Südens und Mittel- und Osteuropas lebenden Menschen zentraler Bestandteil des Leitbilds. Es ist gerade ein Vorzug dieses Leitbildes, daß nicht – wie sonst vorherrschend – die verschiedenen Zielbereiche entsprechend dem Ressortdenken bzw. der Arbeitsteilung nebeneinander herlaufen, sondern aufeinander bezogen werden. Die aufgelisteten Ziele sind hinsichtlich ihrer nationalen und internationalen Zuordnung unterschiedlich gewichtet.

Die folgenden Ziele beziehen sich ebenfalls auf individuelle Entfaltungschancen und damit auf die individuellen Voraussetzungen des Wirtschaftens. Sie sind jedoch in aggregierter Betrachtung zugleich von gesamtwirtschaftlicher Bedeutung. Ihre Vernachlässigung würde auf gesellschaftlicher und wirtschaftlicher Ebene die Umsetzung des Leitbildes einer nachhaltig zukunftsverträglichen Entwicklung erschweren. So geht es, wie in Kapitel 3.2.3 angesprochen, bei dem Ziel Bildungschancen in aggregierter Sicht auch um Erhalt und Fortentwicklung des Humankapitals. An diesen Zielen werden die engen Zusammenhänge zwischen ökonomischen und sozialen Zielbereichen sichtbar.

Wirtschaftliche Stabilität

Auf makroökonomischer Ebene werden in der Literatur eine Vielzahl von wirtschaftspolitischen Zielen genannt. Mit den in unserer Liste aufgeführten Zielen ist kein Anspruch auf Vollständigkeit verbunden.

Die ersten vier Ziele unter dieser Rubrik entsprechen dem in nahezu allen wirtschaftspolitischen Zielkatalogen enthaltenen „magischen Viereck" der Wirtschaftspolitik, wie es auch im Stabilitäts- und Wachstumsgesetz seinen Ausdruck findet. Wie ausgeführt, ist das Wachstumsziel entsprechend dem Leitbild einer nachhaltig zukunftsverträglichen Entwicklung fortzuentwickeln.

Eine nachhaltig zukunftsverträgliche Entwicklung ist nicht gewährleistet, wenn hohe Inflationsraten für die Wirtschaftsakteure große Unsicherheiten mit sich bringen. Gerade in Deutschland sind die Erfahrungen mit einer Hyperinflation und den daraus folgenden gesellschaftlichen Instabilitäten besonders in Erinnerung, und es gibt leider auch zahlreiche Beispiele in anderen Teilen der Erde, die die Bedeutung dieses Stabilitätsziels unterstreichen.

Während einzelne Maßnahmen des Stoffstrommanagements die Geldwertstabilität kaum beeinträchtigen können, ist dieses Ziel bei der Grundorientierung des Stoffstrommanagements zu beachten (als zusammenfassende Grundregel: keine zu abrupten Veränderungen, sondern verläßliche Entwicklung der Rahmenbedingungen).

Ebenso ist ein länger anhaltendes Ungleichgewicht in den Außenhandelsströmen für das Wirtschaften nicht tragbar. Verwerfungen sind die Folge. Dieses Ziel ist seit vielen Jahren – nicht aufgrund der Stoffpolitik, sondern aufgrund anderer Entwicklungen – nachhaltig gestört und Ursache für viele internationale Krisenmomente.

Tabelle 5.3: Ökonomische Schutz- und Gestaltungsziele und daraus abgeleitete ökonomische Bewertungskriterien

Schutz-/Gestaltungsziele	Ökonomische Bewertungskriterien/Indikatoren
Individuelle Ebene	
Freiheit und Entfaltungschancen Gesundheit Mobilität Soziale Sicherheit Bildungschancen	Human Development Index (HDI) Vertragsfreiheit etc. Indikatoren nach WHO Erreichbarkeit wichtiger Zielorte Erfüllung von Grundbedürfnissen (Kennziffern für Erreichbarkeit von Arbeitsstätten, Schulen, Einkauf, Grundversorgung etc.) Altersarmut, Notfälle etc. (Kennziffern zur Alterssicherung, Sicherung für unvorhergesehene Notfälle etc.) Bildung nach Herkunft, Geschlecht etc. geschichtet (Kennziffern für Analphabetismus; Versorgung mit Schulen, Durchlässigkeit von Schulen etc.)
Wirtschaftliche Stabilität	
dauerhaft verträgliches wirtschaftliches Wachstum Geldwertstabilität Außenhandelsbalance Stabilität der Beschäftigung/Annäherung an Vollbeschäftigung Wettbewerbsfähigkeit Stetigkeit der wirtschaftlichen Entwicklung	Ökosozialprodukt (Ansätze zu umweltökonomischer Gesamtrechnung, Veränderungsraten des ökologisch bereinigten BSP) Inflation (Inflationsraten je Zeiteinheit und betrachtetem Wirtschaftsraum) Außenhandelssaldo (Veränderungsraten) Arbeitslosigkeit (Arbeitslosenrate bezogen auf Erwerbspersonenpotential etc.) Ausschläge am Arbeitsmarkt (Veränderungen der Arbeitslosenrate Monopolisierung (Marktanteile je Branche bzw. relevantem Markt, kritische Größen) internationale Wettbewerbsfähigkeit Konjunkturausschläge (Schwankungen des BSP bzw. des ökologisch bereinigten BSP) Strukturbrüche, Zeitverlauf von Branchenindikatoren im betrachteten Wirtschaftsraum

Fortsetzung Tabelle 5.3

Schutz-/Gestaltungsziele	Ökonomische Bewertungskriterien/Indikatoren
Erhalt und Weiterentwicklung der marktwirtschaftlichen Strukturen	
Ressourcenschonung/Erhalt des Naturkapitals auf der Input-Seite	Übernutzung erneuerbarer Ressourcen (Operationalisierung der 1. grundlegenden Regel einer nachhaltig zukunftsverträglichen Entwicklung) Übernutzung nicht-erneuerbarer Ressourcen zu reinen Konsumzwecken (Operationalisierung der 2. grundlegenden Regel)
Artenvielfalt	Artenverlust und Einengung des Genpools (Indikatoren: durchschnittliche natürliche Evolution zu anthropogen bedingtem Artenverlust)
Branchenvielfalt	Branchenverarmung, Strukturdominanz (Branchenkennziffern je betrachtetem Wirtschaftsraum)
Unternehmensvielfalt	Einengung des Spektrums der Betriebsgrößen (Kennziffern für Verteilung der Betriebsgrößenklassen etc.) Überalterung von Unternehmen und Unternehmensstrukturen
Qualifikationsvielfalt	Verengung von Qualifikationen (Indikatoren insbesondere bezogen auf relativ junge Qualifikationen)
Erhalt und Weiterentwicklung der marktwirtschaftlichen Funktionsfähigkeit	
Assimilationskapazitäten natürlicher Senken erhalten Erhalt des Naturkapitals auf der Output-Seite	Überlastung der Senken (Operationalisierung der 3. grundlegenden Regel einer nachhaltig zukunftsverträglichen Entwicklung)
Innovationsfähigkeit	Status-Quo-Verteidigung (nicht nur output-Indikatoren wie aufgewendete FuE-Mittel, sondern Kennziffern aus der Patentstatistik; Anteile neuer Werkstoffe, die den Grundregeln entsprechen etc.)
Krisenfestigkeit	Krisenanfälligkeit bzw. mangelnde wirtschaftliche Resilience

Die Bedeutung des auf den Faktor Arbeit ausgerichteten Ziels ist in der aktuellen Situation nicht weiter zu unterstreichen. Einerseits ist das Ziel einer „annähernden Vollbeschäftigung" Teil dieses Ziels, da eine länger anhaltende Unterbeschäftigung sowohl für die Betroffenen als auch für die gesellschaftliche Stabilität schwer erträglich und damit die Voraussetzungen einer nachhaltig zukunftsverträglichen Entwicklung schlecht sind. Andererseits ist auch die Stabilität der Beschäftigung von Bedeutung, da zu starke kurzfristige Schwankungen auf dem Arbeitsmarkt ebenso Gefahren einer zunehmenden ökonomischen und gesellschaftlichen Instabilität in sich bergen.

Die Wettbewerbsfähigkeit ist als weiteres Stabilitätsziel aufgeführt. Sie sollte – entsprechend der ausgeführten entwicklungspolitischen Dimension des Leitbilds – für das Stoffstrommanagement nicht nur auf nationaler Ebene, sondern auch bezogen auf die internationalen Entwicklungen beachtet werden.

Das Leitbild einer nachhaltig zukunftsverträglichen Entwicklung kann nicht in wenigen Jahren umgesetzt und dann als abgeschlossen betrachtet werden. Vielmehr gibt es die Richtung für einen lange anhaltenden Prozeß wirtschaftlichen Strukturwandels vor. Größere wirtschaftliche Krisen und Instabilitäten können diese erforderliche Umorientierung erschweren. Die wirtschaftlichen Entwicklungen und die darauf bezogenen gesellschaftlichen Reaktionen der jüngsten Vergangenheit belegen dies nachdrücklich. Bei etwaigen schwerwiegenden Einbrüchen in der Zukunft wäre mit erneuten Verzögerungen bei der Umsetzung des verbalen Konsenses in Richtung einer nachhaltig zukunftsverträglichen Entwicklung zu rechnen. Dem Ziel Stetigkeit der wirtschaftlichen Entwicklung kommt deshalb ebenfalls Bedeutung zu.

An diesem Ziel läßt sich beispielhaft ein weiterer allgemeiner Aspekt der ökonomischen Ziele verdeutlichen: Dieses Ziel ist einerseits bei der Ausrichtung der Instrumente des Stoffstrommanagements zu beachten, insbesondere bei der übergreifenden Umorientierung in Richtung marktwirtschaftlicher Instrumente für die Umsetzung der grundlegenden Regeln (s. Kap. 7). Andererseits gilt umgekehrt für die anderen Politikbereiche, daß dort ebenfalls dieses Ziel zu beachten ist, um die angesprochenen Rückwirkungen und damit Zeitverluste zu vermeiden.

Erhalt und Weiterentwicklung der marktwirtschaftlichen Strukturen

In diesem Zielbündel stehen zwei sehr unterschiedliche Arten von Zielen nebeneinander. Hinter den Zielen Branchen-, Unternehmens- und Qualifikationsvielfalt steht die Überlegung, daß die Anpassungsfähigkeit der marktwirtschaftlichen Strukturen von der Dezentralität und Mischung der Wirtschaftsstruktur in hohem Maße beeinflußt wird. Beispielsweise können bei regionalen Monopolstrukturen bzw. ausgeprägter Strukturdominanz einer Branche bzw. einiger weniger großer Unternehmen im Krisenfall große Verwerfungen die Folge sein.

Dem stehen auf der anderen Seite zwei Ziele gegenüber, die unmittelbar aus dem Leitbild abgeleitet sind. Die ökonomische Bedeutung der Ressourcenschonung wurde im vorliegenden Bericht ausführlich dargelegt (s. Kap. 3.2.3). Da vermutlich eher noch ungewohnt, sei die Aufnahme des Ziels Artenvielfalt/genetische Ressourcen nicht nur in die ökologische, sondern auch in die ökonomischen Ziele etwas eingehender erläutert.

Lange Zeit wurde vernachlässigt, daß die Artenvielfalt, wie sie in der natürlichen Evolution ohne Zutun des Menschen entstand, für die Stabilität der natürlichen Lebensgrundlagen von großer Bedeutung und damit relevant für die Voraussetzungen des Wirtschaftens auf längere Sicht ist (WBGU, 1994). Darüber hinaus stellt die damit verbundene Vielfalt genetischer Ressourcen auch direkt einen wirtschaftlichen Faktor dar. Dies wurde erst in dem Moment deutlich, in dem insbesondere durch das sehr rasche Abholzen der tropischen Regenwälder ein unwiederbringlicher Verlust an Artenvielfalt in sehr kurzen Zeiträumen vonstattengeht.

Die wirtschaftliche Bedeutung sei an einem Beispiel erläutert: Lange Zeit waren die Züchtungsbestrebungen beispielsweise bei den bedeutenden Nahrungsmittelpflanzen einseitig vom Ziel Ertragssteigerung auf kurze Frist hin beherrscht. Damit wurden qualitative Eigenschaften vernachlässigt, die jedoch im Zeitablauf gerade auch von ökonomischer Bedeutung sein können. Die Eingrenzung des genetischen Potentials vieler Kulturpflanzen auf wenige in kurzer Frist ertragreiche Sorten führte jedoch im Zeitablauf zu einer verringerten Widerstandsfähigkeit und zur Ausbreitung spezialisierter Pflanzenschädlinge und Schaderreger. Dies bringt zum einen ökologische Probleme aufgrund von Resistenzbildungen der Erreger gegenüber Pestiziden mit sich (siehe das Anwendungsfeld Textilien/Bekleidung im Kapitel 4.2). Zum anderen sind damit aber auch ökonomische Folgewirkungen verbunden, da ständig neue Mittel zu entwickeln sind und zusätzliche Kosten entstehen bzw. die Erträge im Zeitablauf absinken können. Wildpflanzen sind eine notwendige Quelle, um den Genpool der Kulturpflanzen zu vergrößern und um gezielt erwünschte Eigenschaften – insbesondere auch Robustheit gegenüber Schaderregern – in bestehende Kultursorten einzukreuzen.

Dieses Beispiel macht zugleich deutlich, daß eine Überlappungszone wie in diesem Falle zwischen dem ökonomischen und ökologischen Zielbereich besteht. Gleichermaßen wird aber auch deutlich, daß im jeweiligen Zielbereich spezifische Momente im Vordergrund stehen.

Erhalt und Weiterentwicklung der marktwirtschaftlichen Funktionsfähigkeit

Die ökonomische Bedeutung des Erhalts des Naturkapitals auf der Output-Seite wurde ebenfalls bereits ausführlich beschrieben. Ebenso wurde detailliert auf die Bedeutung des Innovationspotentials für die Umorientierung in Richtung einer nachhaltig zukunftsverträglichen Entwicklung aufmerksam gemacht (s. Kap. 3.4.1).

Bei den ökonomischen Zielsetzungen werden üblicherweise Ziele in Richtung Optimierung ökonomischer Kenngrößen formuliert. Im Rahmen des Stoffstrommanagements bzw. allgemeiner formuliert des Umgangs mit Stoffströmen erscheint es der Enquete-Kommission wichtig zu sein, nicht ausschließlich auf Optimierungen zu setzen, sondern die Krisenfestigkeit und Anpassungsfähigkeit der Wirtschaft in den Vordergrund zu stellen. Eine Krisenanfälligkeit und damit mangelnde Resilienz ist nicht nur in ökologischer Hinsicht zentral, sondern ihr kommt in ökonomischer und sozialer Perspektive ebenfalls eine große Bedeutung zu. Je frühzeitiger beispielsweise globale und langfristig wirkende Probleme mit Stoffströmen erkannt werden, desto eher kann die wirtschaftliche Anpassungsfähigkeit von Marktwirtschaften damit fertig werden. Als Beispiel sei die Erkenntnis über die Schädigung der stratosphärischen Ozonschicht durch die FCKW genannt. Je abrupter ein Umsteuern der Stoffströme erforderlich ist, desto stärker kann diese Zielsetzung verletzt sein.

(4) Ableitung von Bewertungskriterien und Indikatoren

Vergleichbar zum ökologischen Zielbereich sind nun in einem weiteren Schritt aus diesen Zielen die ökonomisch für den Umgang mit Stoffen und Stoffströmen relevanten Bewertungskriterien bzw. Indikatoren abzuleiten. Wie der Tabelle 5.3 zu entnehmen ist, ergeben sich bei einigen Zielen die Bewertungskriterien unmittelbar. Der ökonomische Zielbereich wurde bewußt nicht analog zum ökologischen Zielbereich ausdifferenziert, da er entsprechend des Auftrages der Enquete-Kommission – wie er bereits durch die Überschrift „Schutz des Menschen und der Umwelt" zum Ausdruck kommt – und dem vorgegebenen knappen Zeitrahmen nicht vergleichbar intensiv behandelt werden konnte. Bei der Ausgestaltung der Instrumente und deren Wirkungen sind jedoch die drei Zielbereiche Ökologie einschließlich Gesundheit, Ökonomie und Soziales gleichgewichtig.

Prinzipiell lassen sich die ökonomischen Ziele jedoch in ähnlicher Weise weiter konkretisieren und operationalisieren wie ökologische Ziele. So ist ein wichtiges ökonomisches Schutzziel beispielsweise die Geldwertstabilität. Als Bewertungskriterium bietet sich die Inflationsrate an, für die eine Bandbreite von akzeptablen Werten angegeben wird – so etwa im Maastrichter Vertrag als ein Kriterium zum Beitritt zur Währungsunion. Dieses Beispiel ist deshalb so interessant, weil sich die als akzeptabel angesehene Bandbreite im Laufe der Zeit verändert hat. In Zeiten einer auf lange Jahre hin anhaltenden Geldwertstabilität war sie mit ein bis drei Prozent niedrig, um sich danach, als die Inflationsraten allgemein anstiegen, gleichfalls zu erhöhen.

Für den konkreten Bewertungsvorgang sind daneben die zeitlichen und räumlichen Systemgrenzen als Bezugsgrößen festzulegen. Beispielsweise kann die als akzeptabel erscheinende Inflationsrate für eine bestimmte Volkswirtschaft oder für einen übergeordneten Wirtschaftsraum, wie etwa die Europäische Union, als Bezugsgröße gewählt werden. Andererseits können aber auch globale Kennziffern für die Industriestaaten und für nach anderen Merkmalen geschichtete Staatengruppen als Bezugsgröße herangezogen werden. Typischerweise werden jährliche Inflationsraten als Maßstab verwendet. Auch gleitende Durchschnittswerte über Jahre hinweg gemittelt können als Indikatoren Verwendung finden.

Für die weiteren genannten Ziele könnten Konkretisierung und Operationalisierung in vergleichbarer Weise erfolgen. Besonders aufschlußreich ist dies im Falle des dauerhaft verträglichen Wirtschaftswachstums. Der übliche Wohlfahrtsindikator, das Bruttosozialprodukt für einen bestimmten Wirtschaftsraum je Jahr, ist für das weiterentwickelte Ziel nicht mehr aussagekräftig, wenn er als Indikator zugrundegelegt wird. Derzeit wird an einer Kenngröße für die wirtschaftliche Wohlfahrt gearbeitet (Leipert, 1989; Radermacher, 1993). Dabei werden die dem Bruttosozialprodukt zugrundeliegenden Nettoumsätze bereinigt; beispielsweise um ökologisch und gesundheitlich induzierte Defensivausgaben. In der Tabelle ist dies durch den Begriff „Ökosozialprodukt" und den damit in Verbindung stehenden Ansätzen für eine umweltökonomische Gesamtrechnung berücksichtigt.

Für die Festlegung der räumlichen und zeitlichen Systemgrenzen bei der Operationalisierung der ökonomischen Bewertungskriterien ist zu beachten, daß diese für die verschiedenen Ziele sehr unterschiedlich sind. Im ausgeführten Beispiel der Geldwertstabilität ist eine Zuordnung nach den ökonomisch-politischen Grenzen wie Volkswirtschaften und Wirtschaftsregionen (EU, NAFTA etc.) angemessen. Für Ziele wie Erhalt der Artenvielfalt/genetische Ressourcen sind dagegen beispielsweise naturräumliche Vorgaben zu beachten.

(5) Gewichtung der Ziele und Kriterien sowie Ziel-Mittel-Konflikte

Wie den von der Enquete-Kommission bearbeiteten Einzelbeispielen und Anwendungsfeldern zu entnehmen ist, werden die ökonomischen Ziele je nach Beispiel und Bereich unterschiedlich gewichtet (zu Gewichtung: s. Kap. 5.5). So standen beim Fallbeispiel Benzol dem Schutzziel menschliche Gesundheit in der Abwägung insbesondere ökonomische und soziale Nutzenaspekte gegenüber. Dies führte im Ergebnis dazu, daß die anfängliche Zielvorstellung „Ausschluß der Belastung durch Benzol" in Richtung „Minimierung der Belastung durch Benzol" verschoben wurde.

Angesichts der aktuellen Probleme auf dem Arbeitsmarkt kam selbstverständlich dem Ziel Stabilität der Beschäftigung/Annäherung an Vollbeschäftigung in der Arbeit der Enquete-Kommission eine hohe Bedeutung zu. Bei der Ausgestaltung der Instrumente des Stoffstrommanagements dürften Ziele wie beispielsweise die Innovationsfähigkeit, Branchen- und Unternehmensvielfalt von besonderer Bedeutung sein.

Bei der erforderlichen Abwägung ist zum einen eine Gewichtung und Prioritätensetzung der einzelnen Ziele und der daraus abgeleiteten Indikatoren vorzunehmen. Die Ziele können dabei teilweise in die gleiche Richtung zeigen, sie können aber auch, wie bei dem kurz angedeuteten Fallbeispiel Benzol, gegenläufig sein (trade-offs). Dieser typische Fall erfordert unvermeidlicherweise eine entsprechende Abwägung. Ebenso ist vielfach mit Ziel-Mittel-Konflikten zu rechnen. Als weiteres ökonomisches Kriterium ist deshalb beim Einsatz der Instrumente des Stoffstrommanagements auf Effizienz zu achten (s. Kap. 7).

Sondervotum von Prof. Dr. Paul Klemmer zum Kapitel 5.3.1.2:

„Der Kommissionsbericht geht letztlich von der Vorstellung aus, die Ökologie-, Ökonomie- und Sozialverträglichkeit könne man in kardinal meßbaren Größen zum Ausdruck bringen, gewichten und miteinander vergleichen. In den Wirtschaftswissenschaften besteht weitgehend Übereinstimmung darüber, daß sich die gesellschaftliche Wohlfahrt nicht über Kriterien greifen läßt. Insofern ist die in diesem Abschnitt durchklingende Erwartung, dies sei machbar, meiner Ansicht nach eine gefährliche Utopie."

5.3.2.3 Soziale Schutz- und Gestaltungsziele sowie Bewertungskriterien

Eine dauerhafte soziale Entwicklung einer demokratischen Gesellschaft (sustainable society) ist ebenso Voraussetzung für die langfristige Sicherung unserer Lebensqualität, wie der Erhalt unserer natürlichen Lebensgrundlagen. Das Leitbild einer nachhaltig zukunftsverträglichen Entwicklung schließt damit die Interessen künftiger Generationen ebenso wie die der derzeit lebenden Generation im Sinne der Verteilungsgerechtigkeit ein.

Dieses Leitziel, das nicht nur ökologischen und ökonomischen, sondern gerade sozialen Fehlentwicklungen entgegensteuert, zeichnet sich dadurch aus, daß es die hohe Dynamik der Marktwirtschaft durch Schaffung geeigneter Rahmenbedingungen nutzt und sie in Richtung auf die Entwicklung einer stoff- und energieeffizienteren und damit umweltschonenden Wirtschafts- und Lebensweise wirken läßt.

(1) Herleitung sozialer Schutz- und Gestaltungsziele

Die Lebensqualität und Lebenschancen sind in hohem Maße davon abhängig, ob sich der Mensch in Einklang mit seiner Umgebung befindet. Der Erhalt der natürlichen Lebensgrundlagen ist dabei eine wesentliche Voraussetzung für die Funktionsfähigkeit und die Fortentwicklung einer Gesellschaft. Denn eine Gesellschaft, die ihre ökologischen Lebensgrundlagen zerstört, zerstört gleichfalls ihre wirtschaftlichen Grundlagen. Eine funktionsfähige Wirtschaft – unter der Voraussetzung einer ausreichenden Verteilungsgerechtigkeit – sichert einen angemessenen materiellen Wohlstand für den einzelnen. Erst ab einem bestimmten Wohlstandsniveau ist die freie Entfaltung individueller Lebensentwürfe möglich. Wer am Rande des Existenzminimums lebt, dessen Leben und Trachten ist auf die Befriedigung der täglichen Grundbedürfnisse ausgerichtet. Hier besteht eine eindeutige Abhängigkeit zwischen den drei Zielbereichen.

Gleichzeitig enthält der soziale Zielbereich bedeutende Voraussetzungen, die zur Verfolgung der ökologisch orientierten Zielsetzungen des Leitbildes einer nachhaltig zukunftsverträglichen Entwicklung notwendig sind. Dies sei nur an einigen Beispielen erläutert. In einer Gesellschaft, in der hohe Arbeitslosigkeit vorherrscht, werden realistischerweise ökologisch motivierte Vorstellungen einen geringen Stellenwert einnehmen. Die Akzeptanz in der Bevölkerung ist in demokratischen Staaten jedoch eine Voraussetzung, um eine effektive Umweltpolitik realisieren zu können. Daher gilt es, ähnlich wie im ökonomischen Bereich, die Anpassungszeiten der sozialen Strukturen bei der Durchsetzung umweltpolitischer Maßnahmen zu berücksichtigen. Ein entscheidender Einfluß auf den Akzeptanzgrad kommt dabei den gesellschaftlichen Werten zu. Diese sind nicht starr, sondern durchaus veränderlich. In einem vorurteilslosen gesellschaftlichen Klima beispielsweise sind neue Lebensstile denkbar, die eine familiengerechte Neuverteilung der Arbeit ermöglichen, bei der Männer stärker in die Hausarbeit, Erziehungs- und

Beziehungsarbeit eingebunden sind – dadurch verlieren sie nicht, sondern gewinnen an Lebensqualität. Der damit verbundene Wertewandel von der derzeitigen Erfolgs- und Konsumorientierung zu neuen Lebensstilen könnte entscheidenden Einfluß auf die Akzeptanz für Maßnahmen zum Schutz der natürlichen Lebensgrundlagen schaffen.

Dies ist gerade im Hinblick auf eine nachhaltige, zukunftsverträgliche ökonomische, ökologische und soziale Entwicklung notwendig. Wenn heute Vorsorge für die Zukunft betrieben wird, erweitern sich die Entscheidungs- und Handlungsspielräume unserer Kinder. Nachhaltige Entwicklung verfolgt mithin langfristige Ziele. Zur Erreichung dieser Ziele ist das Bedenken des sozialen Ist- und eines möglichen Soll-Zustandes erforderlich.

Denn wir müssen uns klar machen, wer zuallererst und am meisten Nachteile erleiden wird, wenn die derzeitigen Probleme für die Zukunft nicht gelöst werden. Der Lauf der Geschichte läßt nur eine Antwort zu: Die schwächsten Glieder in unserer Gesellschaft werden am stärksten zu leiden haben, sollten die Zukunftsprobleme uns zu beherrschen beginnen; denn sie waren schon immer die ersten, die historische Fehlleistungen am leidvollsten zu tragen hatten – und dies dann am längsten und am schwersten.

Diese Überlegungen machen deutlich, daß eine nachhaltig zukunftsverträgliche Entwicklung nur auf den Weg gebracht werden kann, wenn es keine drastischen sozialen Krisen und extremen gesellschaftlichen Verwerfungen gibt, die den eingeschlagenen Pfad gefährden. Im Rahmen der Leitbilddiskussion sustainable development ist eine Stoffpolitik zu entwickeln, die den Anforderungen einer sustainable society entsprechen (Heins, 1994, S.20).

In der folgenden Tabelle finden sich die von der Enquete-Kommission ausgewählten sozialen Schutz- und Gestaltungsziele sowie die daraus abgeleiteten sozialen Bewertungskriterien (s. Tab. 5.4).

(2) Strukturierung der sozialen Schutz- und Gestaltungsziele

Die in der Übersicht enthaltenen sozialen Ziele sind – ebenso wie die ökonomischen und ökologischen Ziele – verschiedenen Ebenen zuzuordnen, wobei in diesem Kapitel den auf die menschliche Gesundheit ausgerichteten Zielen der Vorrang eingeräumt wird. Denn die Sicherung der Gesundheit in der Definition der Weltgesundheitsorganisation (WHO) als Zustand des vollständigen physischen, geistigen und sozialen Wohlbefindens verstanden, ist eine wesentliche Voraussetzung für die weiteren Zielebenen.

Als nächste Zielebene ist die soziale Stabilität aufgeführt. Analog zu dem Begriff der ökonomischen Stabilität (s. Kap. 5.3.2.2) wird auch hier nicht der Erhalt des Status quo angestrebt, sondern ein Zustand, der möglichst große Spielräume für eine nachhaltig zukunftsverträgliche Entwicklung bietet, ohne tiefgreifende soziale Spannungen hervorzurufen. Nur wer die Vielfalt sozialer Strukturen mit ihrer Ausgewogenheit zwischen sozialer Einbindung und individueller Gestaltungsfreiheit gewährleistet, der kann sicher sein, daß es zu keinen massiven Brüchen in den Strukturen kommt und kontinuierliche Übergänge gewährleistet bleiben.

Da Innovationsfähigkeit und Wertewandel die wesentlichen Ansatzpunkte für die Umsetzung des Leitbildes einer Stoffpolitik sind, kommt der Sicherung der Entwicklungs- und Funktionsfähigkeit sozialer Strukturen besondere Bedeutung zu. Sie ist von der Demokratiefähigkeit einer Gesellschaft und ihrer Fähigkeit abhängig, den Polarisierungsgrad bei den Interessengegensätzen möglichst gering zu halten. Der Erhalt und der Verbleib in sozialen Strukturen sowie der soziale Zusammenhalt von einzelnen gesellschaftlichen Gruppen hängt entscheidend davon ab, ob sich die Dynamik der Entwicklung außer an ökonomischen in Zukunft auch mehr an sozialen Erfordernissen orientiert.

(3) Auswahl der sozialen Schutz- und Gestaltungsziele
und deren Begründung

Sicherung der Gesundheit

Durch technischen Fortschritt konnte in den vergangenen Jahrzehnten in den Industrienationen zwar die Lebenserwartung verlängert und die medizinische Versorgung Kranker gewährleistet werden, doch steigt die Anzahl von Zivilisationskrankheiten an. Daß der Umgang mit Stoffströmen dabei eine Rolle spielt, wurde schon in einer frühen Phase der Industrialisierung deutlich (z. B. Arsenvergiftungen in der Farbenindustrie, Pseudo-Krupp). Die Gestaltung von Stoffströmen übt ihre Wirkung jedoch nicht nur auf den Körper, sondern auch auf die Psyche aus. Zerstörte Landschaften, schlechte Luftqualität, vergiftete Strände belasten das psychische Wohlbefinden.

Für eine zukünftige Gesellschaft ergeben sich daraus folgende Forderungen an ein Stoffstrommanagement:
– Keine gesundheitliche Beeinträchtigung von Personen entlang der Produktlinie (Rohstoffgewinnung, Verarbeitung, Ver- und Gebrauch, Entsorgung): z. B. Arbeits-, Gesundheits- und Verbraucherschutz

Tabelle 5.4: *Soziale Schutz- und Gestaltungsziele sowie daraus abgeleitete Bewertungskriterien*

Schutz- und Gestaltungsziele	Bewertungskriterien/Indikatoren
Sicherung der Gesundheit	
– physische Gesundheit	Gesundheitszustand des Menschen (public health, individuelle Gesundheit)
– soziale Voraussetzungen für psychische Gesundheit	
Materielle Grundsicherung	Arbeit bzw. Einkommen
Qualität der Arbeit	Arbeitssicherheit/Arbeitsplatzbelastung; Entfaltungsmöglichkeiten; den Fähigkeiten entsprechende Beschäftigung
Gesellschaftliche Anerkennung und Soziale Würde	Sinnstiftung, Anerkennung
Möglichkeiten zur Entfaltung individueller Lebensentwürfe	Selbstbestimmungsgrad (Veränderung des sozialen und ökonomischen Umfeldes in menschenverträglichem Tempo; Erhalt der Lern- und Kommunikationsmöglichkeit etc.); Gleichberechtigung von Alt und Jung, Mann und Frau
– Grundbedürfnisbefriedigung	Wohnen, Nahrung und Kleidung

noch Tabelle 5.4

Schutz- und Gestaltungsziele	Bewertungskriterien/Indikatoren
Sicherung der sozialen Stabilität	
– Friedenssicherung	Krisenanfälligkeit (dual use etc.)
– Verteilungsgerechtigkeit und Chancengleichheit	soziale Spannungen; Bildungszugang
– soziale Sicherung	Versorgungssicherheit (Krankheit, Alter, Notlagen)
– Partizipationsmöglichkeiten	Partizipationsgrad (Teilhabe- und Gestaltungsmöglichkeiten auf staatlicher Ebene, Tarifrechte, innerbetriebliche Mitbestimmungsmöglichkeiten)
Sicherung der Entwicklungs- und Funktionsfähigkeit einer Gesellschaft	
– kulturelle Vielfalt	Toleranz, Religionsfreiheit (Fähigkeit zur Integration von Minderheiten etc.)
– Vielfalt sozialer Strukturen	Freiräume für unterschiedliche Lebensformen; Möglichkeiten, sich gesellschaftlich zu organisieren
– sozialer Zusammenhalt	Kommunikationsqualität; Polarisierungsgrad (unüberwindbare Interessengegensätze, unvereinbare Ideologien, mangelnde Kompromißfähigkeit); Generationenvertrag; Solidaritätsprinzip
– Bildungs- und Informationsangebot	Lernfähigkeit, Lernbereitschaft

- Friedensfördernde Produktion
- Integrität der natürlichen Umwelt (s. Kap. 5.3.1 „Ökologischer Zielbereich")

Die Weltgesundheitsorganisation (WHO) definiert die Gesundheit noch umfassender – über das Freisein von Krankheit und Gebrechen hinausgehend – als Zustand des völligen geistigen und sozialen Wohlbefindens. Das anzustrebende Stoffstrommanagement muß daher im Rahmen einer nachhaltig zukunftsverträglichen Entwicklung zur Bewältigung folgender Anforderungen beitragen:

- Materielle Grundsicherung durch Verfügbarkeit von Wohnung und Einkommen – ob mit oder ohne Erwerbstätigkeit

Die Grundbedürfnisbefriedigung ist eine wesentliche Voraussetzung, die Freiheitsgrade in Gesellschaften auszufüllen und die freie Wahl individueller Lebensentwürfe zu ermöglichen. Insbesondere in Entwicklungs- und Schwellenländern ist dies häufig nicht gewährleistet. Das Leitbild einer nachhaltig zukunftsverträglichen Entwicklung schließt jedoch die intergenerative Verteilungsgerechtigkeit explizit mit ein. Unter Gesichtspunkten der globalen sustainable society kommt es daher darauf an, in einem ersten Schritt für alle Menschen auf der Erde kosteneffizient und mit minimalem Input wenigstens die Grundbedürfnisse zu befriedigen. Dafür benötigen wir eine neue Logik des (internationalen) Wirtschaftens.

Erste Schritte sowie Spielräume sofortigen Handelns könnten vor allem im Bereich der internationalen Handels- und Finanzpolitik liegen – führen aber dann notwendig zu Konflikten. Der Internationale Währungsfonds stützt seine Politik auch auf das Ziel der Rückzahlungsfähigkeit – und verstärkt damit in den Ländern des Südens, aber auch des Ostens, die Tendenz zur Exportorientierung bei der Produktion. Eine weitere Folge ist der Niedergang öffentlicher Infrastrukturen und das Aufbrechen der Vermögenswerte der Schuldnerländer für die Interessen westlicher Anleger.

- Möglichkeiten zur Entfaltung individueller Lebensentwürfe; dazu gehört insbesondere unter Stoffstromaspekten die Sinnstiftung und Anerkennung durch die Arbeit.

Auf der individuellen Ebene erfüllt Arbeit nicht nur die Aufgabe der Einkommenssicherung, sondern sichert auch die für die psychische Gesundheit notwendige gesellschaftliche Sinnhaftigkeit und Anerkennung. Das Prädikat gesellschaftlicher Wertschätzung, das einer Arbeit verliehen wird, gibt den Arbeitenden Selbstbewußtsein, Selbstachtung, Würde. Die Gesellschaft gibt ihnen zu verstehen, daß sie gebraucht werden, um auf die säkularen und globalen Herausforderungen eine

Antwort zu finden, daß sie den politischen Willen hat, die Grundbedürfnisse aller Menschen zu befriedigen und die eigene Wirtschaftsform so zu transformieren, daß sie auf die jetzt lebenden Menschen und die kommenden Generationen übertragbar ist, und daß sie das, was politisch gewollt ist, auch finanzieren kann. Die gesellschaftliche Anerkennung sowie die soziale Würde ist die erste soziale Dimension nicht nur menschlicher Arbeit, sondern einer sustainable society. Eng verbunden damit ist das Recht auf Bildung und Aufklärung.

Sicherung der sozialen Stabilität

Soziale Stabilität ist eng mit einer ausreichenden Verteilungsgerechtigkeit verbunden. Das gilt sowohl für den nationalen Raum als auch global.

Eine wesentliche Grundlage für die soziale Stabilität ist die Chancengleichheit beim Zugang zu Bildung, Arbeit und Einkommen. Mit der Massenarbeitslosigkeit wächst aber menschliches Elend und soziale Sprengkraft heran.

Unmittelbare Folge solcher Entwicklungen ist die soziale Polarisierung, innerhalb der Städte, innerhalb Deutschlands, in Europa wie auf der globalen Ebene, d. h. das Auseinanderdriften von Arm und Reich. Je mehr sich aber die sozio-ökonomischen Unterschiede verstärken, desto mehr entstehen Migration aus den armen in die reichen Gebiete; regionale Polarisierung mit Wohlstandszonen auf der einen, Entleerungsgebieten und den Gefahren und Kosten passiver Sanierung auf der anderen Seite, Konflikt, Kriminalität und (auch sexuelle) Gewalt, Krankheit und Sucht, die dann ihrerseits wieder „Reparaturkosten" in beträchtlicher Höhe oder Selbstverstärkung nach sich ziehen. Wenn solche Kosten nicht finanziert werden können und daraus Frustrationen entstehen und wenn darüber hinaus die Parteien des extremistischen Randes dies aufgreifen, dann ist das Ausdünnen der politischen Mitte eine leicht nachvollziehbare Konsequenz.

Wenn nun möglichst viele Menschen an der gesellschaftlich organisierten Arbeit beteiligt werden sollen, müssen neue Produkte und Produktionsverfahren sowie neue Formen der Produktions- und Arbeitsorganisation entdeckt und entwickelt werden, die den säkularen und globalen Herausforderungen gerecht werden. Eine umweltorientierte Arbeitspolitik kann sich indessen nicht darin erschöpfen. Es geht um eine fundamentale Umsteuerung der Wirtschaft durch eine Rahmensetzung, die eine andere Definition der einzelwirtschaftlichen Rentabilität erzwingt und einen veränderten qualitativ reicheren Lebensstil ermöglicht.

Eine Entwicklung kann unter sozialen Aspekten nur dann zukunftsverträglich sein, wenn die mit ihr verbundenen Transformationen von der Gesellschaft hingenommen werden. Das erfordert, daß die Bürger politische Entscheidungsprozesse auch nachvollziehen können, daß sie die Notwendigkeit getroffener Entscheidungen einsehen und deshalb nicht mit Wahlenthaltung, mit der Flucht zu radikalen Parteien, oder mit Aufruhr reagieren. Hier liegt eine Nagelprobe der Demokratie, die sich als System des geregelten Konflikts bzw. als Wettbewerb um die Zustimmung freier Bürger versteht. Soweit es zu Wohlstandsverlusten kommt, setzt eine nachhaltig zukunftsverträgliche Entwicklung nicht nur eine ausreichende soziale Sicherung voraus, sondern auch lernfähige und lernbereite Bürger, die notfalls bereit sind, solche Verluste im eigenen, längerfristigen Interesse oder im Interesse anderer Menschen hinzunehmen. In diesem Zusammenhang kommt insbesondere dem Ziel Bedeutung zu, dem/der Einzelnen Zugang zu Bildungs- und Informationsmöglichkeiten zu gewähren. Eine Solidargemeinschaft wird auch umso größere Chancen haben, je besser die Möglichkeiten zur Partizipation und je höher die Bereitschaft zur Übernahme von Verantwortung ist.

Aber die Fähigkeit einer Gesellschaft, notwendige und schmerzhafte Anpassungsprozesse zu bewältigen, ist begrenzt. Wenn also ökologische Belange im Sinne einer nachhaltig zukunftsverträglichen Entwicklung berücksichtigt werden, kann man nicht ohne weiteres sicher sein, daß die notwendigen Schritte immer gesellschaftlich akzeptiert werden, zumal wenn sich der Verteilungsspielraum verringert.

Sicherung der Entwicklungs- und Funktionsfähigkeit einer Gesellschaft

Es kann nicht erwartet werden, daß das Vollbeschäftigungsziel im herkömmlichen Sinn allein durch Wirtschaftswachstum erreicht wird, es müssen andere Wege gesucht werden, möglichst viele arbeitsfähige und arbeitswillige Menschen an der gesellschaftlich organisierten Arbeit zu beteiligen. Welches Modell sich auch immer anbieten mag, eines müssen alle Modelle beinhalten: Die gesellschaftlich notwendige Arbeit muß fair zwischen Männern und Frauen verteilt werden.

Eine familiengerechte Neuverteilung könnte für die Männer bedeuten, daß sie ihr Volumen an der Erwerbsarbeit reduzieren und ihren Anteil an materieller Hausarbeit, Erziehungs- und Beziehungsarbeit erhöhen; dadurch verlieren sie nicht, sondern gewinnen an Lebensqualität. Den Frauen muß entsprechend ihren Interessen der Zugang zu allen Formen und Positionen der Erwerbsarbeit erleichtert werden. Für beide ist demgemäß eine flexible Gestaltung der Erwerbsarbeit anzubieten, die auf die individuelle Biographie sowie eine partnerschaftliche bzw. familiäre Lebensplanung Rücksicht nimmt.

Umwelt- und Ressourcenbelastung in den Mangelgesellschaften ist eine Folge der Armut. Sie kann in der Tat nur behoben werden durch ansteigenden allgemeinen Wohlstand (was nur scheinbar ein Widerspruch in sich ist). Dies gilt gleichermaßen für die Zunahme der Bevölkerung. Überall dort, wo der materielle Wohlstand ein menschenwürdiges Niveau erreicht hat und existentielle Grundbedürfnisse befriedigt werden, wo Systeme sozialer Sicherung existieren und funktionieren und wo insbesondere die Bildung von Frauen einen hohen Stellenwert hat, sinken die Geburtenraten. Dagegen sind bloße Bevölkerungsprogramme von nur beschränkter Wirkung. Es ist daher nicht immer sinnvoll, den Entwicklungsgesellschaften Strukturanpassungsprogramme und öffentliches Sparen aufzuerlegen. Dies gilt vor allem dann, wenn durch diese Maßnahmen der Aufbau und die Leistungsfähigkeit solcher sozialer Infrastrukturen wie soziale Sicherung, Bildung und Gesundheit beeinträchtigt werden.

Natürlich wird ein gesellschaftlicher Kurswechsel in Richtung auf ein zukunftsverträgliches soziales System für Industrie- und Entwicklungsländer vielfältige Schwierigkeiten bereiten und auch nicht ohne besitzstandsverteidigende Widerstände einzelner gesellschaftlicher Gruppierungen ablaufen. Deshalb haben behutsame, berechenbare und auf gesellschaftlichen Konsens beruhende Strategien, in der Politik und Wirtschaft eng zusammenzuarbeiten, die größte Chance auf Erfolg. Wichtig ist, daß die Zielsetzungen und der Handlungsrahmen zwischen Politik und Wirtschaft einvernehmlich und langfristig festgelegt wird. Umweltpolitik darf nicht je nach tagespolitischer Wahrnehmung der Prioritäten ständigem Wandel unterworfen sein.

Der Erhalt und die Sicherung sozialer Funktionen sind notwendige Voraussetzungen für die breite Akzeptanz des Leitbildes einer nachhaltig zukunftsverträglichen Entwicklung. Dazu gehört vor allem das Ziel des sozialen Zusammenhalts in einer Gesellschaft, der sich in der Qualität der Kommunikation und dem Grad der Polarisierung äußert. Nur wenn die Bereitschaft zur Auseinandersetzung und zum Dialog zwischen verschiedenen Interessen besteht, ist es möglich, daß Veränderungen im Sinne eines sustainable development gesellschaftlich tragfähig werden.

Die Einbindung des/der einzelnen in soziale Strukturen und eine Definition der Individuen auch über die Solidargemeinschaft ist die Grundlage, um die dem Leitbild einer nachhaltig zukunftsverträglichen Entwicklung inhärenten Forderungen nach dem Generationenvertrag und dem Solidaritätsprinzip Rechnung tragen zu können.

5.3.2.4 Konkretisierung und Operationalisierung ökonomischer und sozialer Bewertungkriterien

In Verfolgung des Leitbildes einer nachhaltig zukunftsverträglichen Entwicklung sollen bei stoffbezogenen Regelungen ökologische, ökonomische und soziale Ziele beachtet werden. Ökologische Bewertungskriterien sind bereits konkretisiert und in Bewertungsgremien operationalisiert worden. Ökonomische und soziale Ziele (s. Kap. 5.3.2.2 und 5.3.2.3) wurden bisher bei stoffbezogenen Regelungen in unterschiedlichem Maß berücksichtigt.

- Sie werden nicht formal berücksichtigt (weder im Regelungstext noch in Bewertunsgremien), fließen aber implizit mit ein.
- Sie werden formal und inhaltlich berücksichtigt, wie etwa im Ausschuß für Gefahrstoffe (AGS; s. Kap. 5.6.1), aber nicht konkretisiert. So bezieht der AGS etwa technische „Machbarkeit", Wirtschaftlichkeit und volkswirtschaftlichen Nutzen in Entscheidungen mit ein, ohne hierfür systematisch Indikatoren zu nennen.
- Sie werden in Ausnahmefällen formal und inhaltlich und mit Bewertungskriterien erfaßt, etwa bei den Kosten-Nutzen-Analysen, die bei staatlichen Maßnahmen von erheblicher finanzieller Bedeutung durchgeführt werden müssen.

Für den Einbezug ökonomischer und sozialer Ziele in Entscheidungen ist es vordringlich, diese soweit wie möglich mit Bewertungskriterien zu konkretisieren. Übliche Beispiele sind hierfür Arbeitsplätze pro Produkteinheit, Schadensvermeidungskosten pro Emissionseinheit, externe Kosten, induzierte Defensivausgaben im Gesundheitswesen, Personalbedarf zum Vollzug eines Gesetzes, Subventionskosten pro Produkteinheit (vgl. etwa Rapsölmethylester-Studie des Umweltbundesamtes, UBA, 1993). Aber auch für spezielle Fragestellungen gibt es vergleichende Konkretisierungsmöglichkeiten, etwa für indirekte finanzielle Auswirkungen in der Verbundproduktion bei Stillegung einer Anlage oder über den Zusammenhang zwischen den Weltmarktpreisen für nachwachsende Rohstoffe und dem Einkommen von Landarbeitern.

Bei der Konkretisierung solcher Bewertungskriterien zeigt sich oft, daß hier erhebliche Interpretationsspielräume bestehen (etwa bei der Zurechnung von Arbeitsplätzen auf eine Produkteinheit, bei der Bestimmung externer Kosten, bei der Wahl der Diskontrate bei Kosten-Nutzen-Analysen etc.). Dies spricht nicht gegen eine Konkretisierung (zumal diese Interpretationsspielräume bei ökologischen Bewertungskriterien vergleichbar auftreten), sondern verlangt geradezu nach einer Konkretisierung und Offenlegung von Interpretationsspielräumen.

Sondervotum von Prof. Dr. Paul Klemmer zum Kapitel 5.3.2.4

„Ich vertrete unter Bezugnahme auf die breite wissenschaftliche Diskussion zur Nutzen-Kosten-Analyse die Auffassung, daß es nicht möglich sein wird, das ökonomische Anliegen in wenigen Bewertungskriterien zutreffend zum Ausdruck zu bringen."

5.4 Bewertung von Belastungen bezüglich der Beeinträchtigung einzelner Schutz- und Gestaltungsziele

Wie in Kapitel 5.3 (Vorgehen) entwickelt, geht es im Bewertungsschritt 5 darum, anhand der mittels Indikatoren und Parametern vorgenommenen Zustandserhebung ökologische und/oder gesundheitliche Problemfelder durch den Vergleich mit anerkannten Vorgaben zu erkennen und möglichen Handlungsbedarf festzustellen.

Die vorgenannten „anerkannten" Vorgaben sind das Ergebnis normativer Diskussions- und Entscheidungsprozesse, die in der umweltpolitischen Diskussion z. B. als Umweltziele eingeführt sind. Dabei handelt es sich im Sinne des Leitbildes einer nachhaltig zukunftsverträglichen Entwicklung um die drei Zielbereiche Ökologie, Ökonomie und Soziales, wobei in der Regel – von ökologischen Vorgaben ausgehend – die Gestaltungsspielräume im ökonomischen und sozialen Zielbereich zu ermitteln sind.

Der Vorgehensweise in Kapitel 5.3 folgend, bietet der ökologische Zielbereich bislang die konkretesten Ansätze und besten Chancen, das Konzept zu erläutern. In den „Umweltzielen" sind entsprechend „Umweltqualitätsziele", die auf einzelne Schutz- und Gestaltungsziele bezüglich des ökologischen Zielbereiches ausgerichtet sind, enthalten. In einer weniger anspruchsvollen, aber vielleicht eher praktizierbaren Form, kann man von Vergleichsstandards sprechen.

Während aber die stofflichen und systemaren Parameter oder Indikatoren nach Punkt 4 in der Tabelle 5.2 überwiegend an naturwissenschaftlichen oder technischen Gesetzen und Methoden orientiert und objektivierbar sind, ist die Festsetzung der Umweltqualitätsziele und Vergleichsstandards ein überwiegend normativer Prozeß. So stellt etwa der Rat von Sachverständigen für Umweltfragen fest: „Ein Werturteil darüber, ob eine Veränderung negativ ist oder eine Schadwirkung darstellt, kann nur im Sinne einer anthropozentrischen Zielvorstellung getroffen werden. Hier wird eine weitere normative Komponente deutlich, die der Bewußtmachung im gesellschaftlichen Raum sowie einer politischen Partizipation an entsprechenden Entscheidungsprozessen bedarf." (SRU, 1994, S. 56, Tz. 104)

Wie in Kapitel 5.3.2.1, Abschnitt 5 (S. 226) dargestellt, orientiert sich die Stoffstrombewertung an umweltpolitischen Vorgaben. Notwendig ist daher in Abstimmung mit globalen Zielsetzungen die Festlegung von Umweltzielen auf nationaler Ebene. Die Ziele sind mit zeitlichen Maßstäben zu versehen. Inwieweit einzelne Umweltziele einer Regionalisierung bedürfen, ist eine offene Frage. Indikatorensysteme bieten eine Hilfestellung, um den Belastungszustand der ökologischen Systeme bzw. das Schadenspotential von Stoffen beschreiben.

Welcher Zustand der Umwelt unter Berücksichtigung sozialer und ökonomischer Aspekte anzustreben ist, kann jedoch nicht auf rein naturwissenschaftlicher Basis erfolgen, sondern muß im gesellschaftlichen Diskurs geschehen.

Entsprechend einigte sich die Enquete-Kommission für das Schutzziel menschliche Gesundheit auf den Grundsatz, daß der gesundheitliche Zustand sowohl im Bevölkerungsmittel als auch für den Einzelnen generell zu verbessern ist (s. Kap. 5.3.2.1, Abschnitt 5).

Sowohl im public health-Bereich als auch bei der Betrachtung individueller Gesundheitsaspekte werden wissenschaftlich fundierte Methoden eingesetzt, um – bei gegebener Belastung mit (Fremd-) Stoffen – auch quantitative Aussagen über das Ausmaß der Abweichung vom „Normalzustand" zu erhalten. Die Auswahl bzw. Verfügbarkeit einer unbelasteten Vergleichsregion stellt das wesentliche Problem der epidemiologischen Bewertung dar. Auch bei der individuellen Gesundheit ist der Vergleichsmaßstab verständlicherweise schwer zu finden (s. Kasten zur Toxikologie in Kap. 5.3.2.1).

Das sprungartig zunehmende Wissen über die genetische Disposition bezüglich einzelner Krankheiten läßt den Begriff des „unit risk" bzw. der „unit dose" problematisch erscheinen, obwohl sich dieses Konzept z. B. im Strahlenschutz – weltweit gibt es grundsätzlich keine „Nullemissionen" – international bewährt hat (Jacobi, 1991, S. 72 ff.).

Eine besonders intensiv diskutierte Problematik ist die Bewertung der Dioxinbelastung am Arbeitsplatz und in der Bevölkerung.

Wie bereits dargestellt, lassen sich die abiotischen Struktur- und Funktionsparameter zur Beurteilung von Ökosystemen am ehesten naturwissenschaftlich operationalisieren. So kann die über lange Zeiträume stabile natürliche Methankonzentration in der Troposphäre als ein mit guter Verläßlichkeit definierbarer und anzustrebender Vergleichswert für die beobachtete Abweichung gelten. Grundsätzlich gibt es aber bei Vergleichen mit ökologischen Normzuständen das Problem der natürlichen Variabilität und Dynamik von Ökosystemen.

Ein Hilfsinstrument zur Bewertung von Einzelstoffen stellt das PEC/ NEC-Verhältnis dar (PEC: predicted environmental concentration; NEC: no effect concentration; s. Kasten zur toxikologischen Bewertung von Chemikalien in Kap. 5.3.2.1).

Zur Lösung des Problems der Expositionsabschätzung (PEC-Wert) können Modellrechnungen zur Ausbreitung, Verteilung und Transformation von Stoffen herangezogen werden. Solche Modelle sind grundsätzlich verfügbar. Ihre Leistungsfähigkeit hängt jedoch von der Komplexität der Fragestellung ab. Im Hinblick auf die Abschätzungen über zukünftige Entwicklungen (Prognosen) sind mathematische Modelle unverzichtbar. Dies wird um so klarer, je mehr sich die Umweltdiskussion von der Betrachtung momentaner statischer Belastungszustände zur Prozeßbetrachtung in der zeitlichen Dimension verlagert. Die besondere Bedeutung dieser Entwicklung hat die Enquete-Kommission durch die Formulierung der vierten Grundregel hervorgehoben.

Ausbreitung von Schadstoffen

Problemstellung

Die Umweltgefährlichkeit einer Chemikalie einschließlich ihrer Zersetzungsprodukte für Mensch, Tiere und Pflanzen wird durch
– die Höhe und Dauer der Konzentration (Exposition) sowie
– die nachteilige Wirksamkeit (Toxizität und Ökotoxizität) bestimmt.

Die Abschätzung der Exposition erfordert die Charakterisierung der Freisetzung-, Transport- und Umwandlungsvorgänge einer Chemikalie in den Umweltkompartimenten Luft, Boden und Wasser. Sie hat zum Ziel,
– Konzentrationsverläufe in abiotischen und biotischen Umweltausschnitten zu ermitteln,
– ein besseres Verständnis der expositionsbestimmenden Prozesse zu erreichen sowie
– belastete Ökosysteme, Populationen oder Organismen (und damit Umweltgefahren) zu erkennen.

Die folgenden Betrachtungen beziehen sich ausschließlich auf die Exposition. Die zur Herleitung der Umweltgefährlichkeit zusätzlich notwendige Bewertung der Toxizität/Ökotoxizität ist nicht Gegenstand dieser Betrachtung.

Methoden

Für die Expositionsabschätzung sind folgende Prozesse von Bedeutung:
- Emissionsstärken und Emissionsmuster
- Strömung und Transport (Advektion, Dispersion, heterogener Transport)
- Austausch zwischen den Umweltmedien (Volatilisation, Adsorption an Boden und Sedimenten, Löslichkeit in Wasser und Fett, Bioakkumulation)
- Transformation (Phototransformation, Hydrolyse, Biodegradation)

Die Behandlung dieser Prozesse in Modellansätzen hängt entscheidend von der Fragestellung ab. Je nachdem welches Umweltkompartiment für den Transport, die Verteilung und den Abbau einer Chemikalie dominiert, stehen Luft-, Oberflächenwasser- und Boden/Grundwasser-Modelle zur Verfügung. Austauschvorgänge über die Kompartimentsgrenze können jedoch nur durch Mehr-Kompartiment-Modelle behandelt werden. Aber auch diese sind nicht universell anwendbar, sondern räumliche und zeitliche Auflösung sind an den Dimensionen der Modellgebiete und den Zeitkonstanten der Prozesse orientiert. Die Palette reicht von lokalen Störfallfolgenabschätzungen über Expositionsberechnungen für Risikoabschätzungen im regionalen Rahmen bis hin zu globalen Verteilungsmodellen.

Insbesondere die Anwendung von Modellen zur Vorsorge, Früherkennung und Prognose ist in den vergangenen Jahren zunehmend wichtiger geworden, da sich der Schwerpunkt von der Beseitigung von Umweltbelastungen durch technische Maßnahmen in Richtung Vorsorge verschoben hat.

Die Qualität eines Modells nimmt zu, je genauer die zugrundeliegenden Mechanismen kausal beschrieben werden können. Dem stehen die Anzahl und die Ungenauigkeit der eingehenden Parameter gegenüber, die mit zunehmender Komplexität des Modells ansteigen. Die Güte eines Modells mißt sich deswegen daran, ob die Fragestellung hinreichend beantwortet werden kann. Dies muß anhand des Vergleichs mit Experimenten o.ä. im Sinne einer Modell-Validierung überprüft werden.

Es gibt grundsätzlich zwei unterschiedliche Ziele, die derzeit bei der Modellierung verfolgt werden:
- die möglichst genaue Abbildung von Naturvorgängen in ihrer ganzen Komplexität (Simulationsmodelle) sowie

– die Entwicklung vereinfachter Modelle, die nur zur Beantwortung bestimmter Fragen dienen (Evaluationsmodelle)

Daten

Für modellmäßige Berechnungen der Ausbreitung und Verteilung von Schadstoffen in der Umwelt werden grundsätzlich Umweltdaten und Stoffdaten benötigt. Zu den Umweltdaten gehören z. B. meteorologische Daten (Ausbreitungsgeschwindigkeit, Ausbreitungsrichtung u. a.). Diese werden in einigen Fällen bereits routinemäßig erhoben. Zu den Stoffdaten gehören Verteilungskoeffizienten (zwischen Gas-, Wasser- und Lipidphase). Die dazu notwendigen Labordaten liegen in vielen Fällen vor. Schwieriger sind realistische Daten über die Abbaubarkeit in der Umwelt zu erhalten. Während die chemischen und photochemischen Prozesse des Abbaus in der Luft relativ gut bekannt sind, bestehen erhebliche Unsicherheiten beim biotischen Abbau im Wasser oder im Boden. Ebenso sind kontinuierliche Emissionsdaten nur begrenzt verfügbar.

Anwendungsbeispiel: Benzol

Die Möglichkeiten der Modellierung bei der Bewertung des Umweltgefährdungspotentials soll nachfolgend am Beispiel der Ausbreitung und Verteilung des Benzols dargestellt werden, eines Stoffes, den die Enquete-Kommission als Fallbeispiel genauer betrachtet hat (Enquete-Kommission „Schutz des Menschen und der Umwelt", 1993, S. 137ff.).

Die genannten Ergebnisse sind mit einem Kompartimentmodell (Matthies/Trapp, 1994) gewonnen worden. In diesem Modell wird das Gebiet der Bundesrepublik Deutschland in die Umweltmedien Boden, Luft, Staub, Pflanzen, Wasser, Sedimente und Fisch unterteilt. Es wird weiter vorausgesetzt, daß die Konzentration in den jeweiligen Umweltmedien homogen verteilt ist und dem thermodynamischen Gleichgewichtswert entspricht. Die Geschwindigkeit der Phasenübergänge wird nicht berücksichtigt. Das verwendete Modell liefert Kenntnisse über

– die Akkumulation in Pflanzen, Fischen, Böden oder Sedimenten,

– die Gesamtabbaurate (Persistenz) im System,

– die Mobilität, d. h. die Frachten über Luft und Flüsse aus dem Modellgebiet heraus sowie

– die mittleren Konzentrationen und Mengen in den Umweltmedien.

Die in der Bundesrepublik Deutschland 1991 emittierte Menge an Benzol betrug 56 100 t (Enquete-Kommission „Schutz des Menschen und der Umwelt", 1993, S. 148). Da die wesentlichen Emissionsquellen das

Kraftfahrzeugbenzin sind, kann in erster Näherung angenommen werden, daß die Emmissionsstärke in etwa gleich über dem Gesamtbereich der Bundesrepublik Deutschland verteilt ist. Das Konzentrationsverhältnis zwischen Luft und Bodenoberfläche läßt sich aus der Annahme eines Gleichgewichts aus den bekannten Verteilungsdaten berechnen. Die Abbaugeschwindigkeit des Benzols durch die Reaktion von OH-Radikalen in der Luft entspricht einer Lebensdauer von etwa 14 Tagen. Die entsprechende Lebensdauer im Boden beträgt 12 Tage (Rippen, 1993). Mit der folgenden Simulation ist beabsichtigt, die Einstellung der Konzentration des Benzols in der Luft und im Boden nach Beginn der Emissionen und auch das Verhalten der Konzentration nach Emissionsstop zu berechnen. Das Ergebnis (Matthies/Trapp, 1994) ist in Abbildung 5.3 gezeigt.

Das gezeigte Ergebnis ist folgendermaßen zu verstehen:

(1) Aufgrund der relativ raschen Abbaubarkeit des Benzols wird bei konstanter Emmissionsstärke bereits innerhalb von 3 Monaten sowohl im Boden als auch in der Luft eine stationäre Konzentration erreicht (Fließgleichgewicht).

(2) Im Fließgleichgewicht befinden sich ca. 3100 Tonnen Benzol in der Luft, aber nur 0,7 Tonnen im Boden. Benzol ist also vor allem als Luftschadstoff ein Problem.

(3) Benzol weist kein hohes Akkomodationsverhalten auf, ist aber sehr mobil, da sich die Hauptmenge in der Luft befindet.

(4) Die Persistenz von Benzol ist relativ gering. Werden sämtliche Emissionen spontan gestoppt, gehen innerhalb weniger Monate die Benzolkonzentration, sowohl in der Luft als auch im Boden auf nahezu 0 zurück. Das setzt natürlich voraus, daß kein weiterer Eintrag aus den Nachbarländern erfolgen würde.

(5) Die berechneten Konzentrationen in der Luft betragen 1,5 µg/m^3 und im Boden 7 ng/kg. Tatsächlich werden in ländlichen Gebieten Benzolkonzentrationen von unter 1 µg/m^3 und an Hauptverkehrsstraßen bis zu 30 µg/m^3 gemessen. Die nachgewiesenen Konzentrationen im Boden sind kleiner als 60 ng/kg (Enquete-Kommission „Schutz des Menschen und der Umwelt", 1993, S. 152).

Aufgrund der rigiden Annahmen (gleichförmige Verteilung der Emissionen, gleiche Konzentration in Luft und Boden) ist die Genauigkeit des angewandten Modells begrenzt. Die berechneten mittleren Konzentrationen werden in ländlichen Gebieten unterschritten und in Belastungsgebieten überschritten. Sie gelten auch jeweils nur für die Troposphäre (bis in Höhen von 6 000 m) und für den Oberboden (bis in Tiefen von 15 cm).

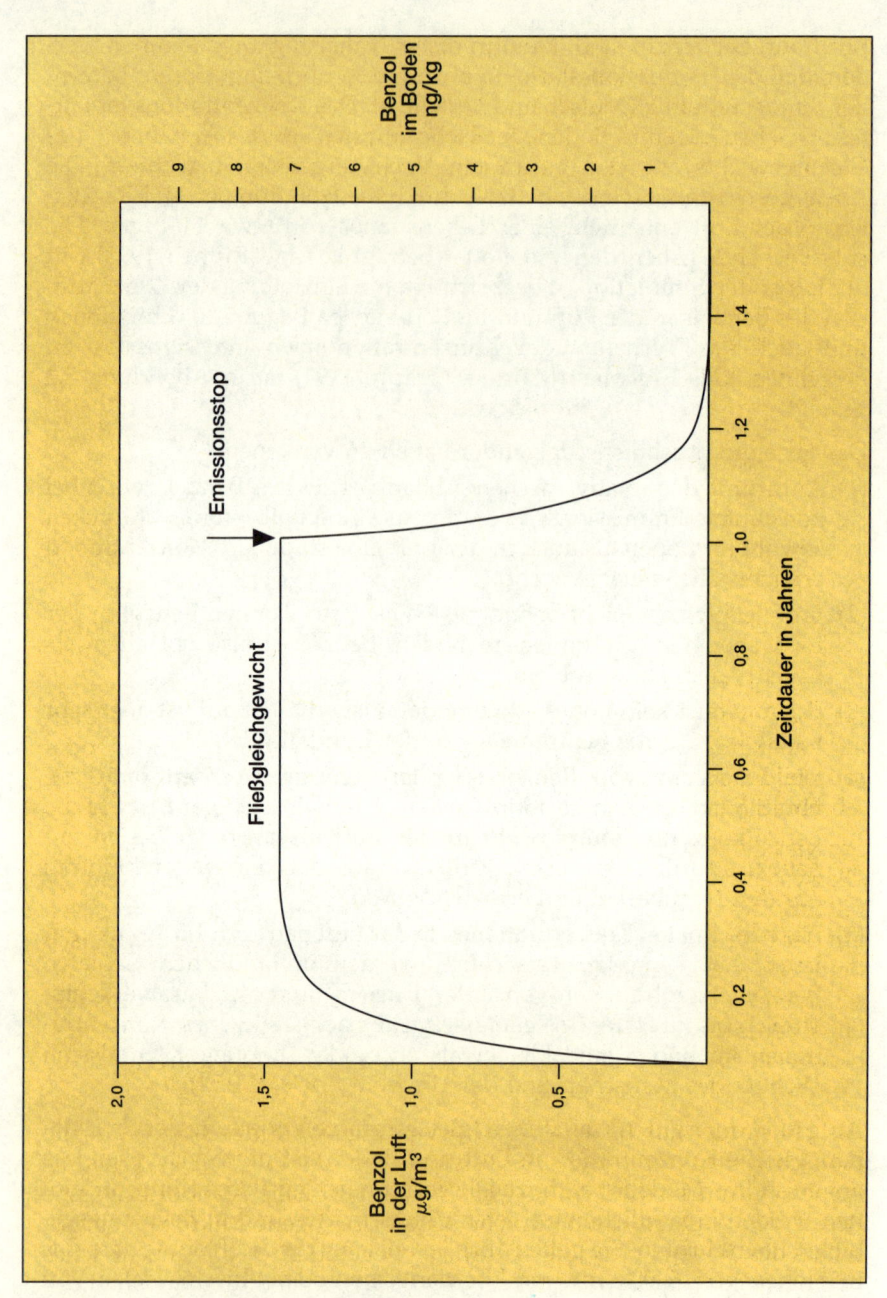

Abb. 5.3: Simulation des Verhaltens von Benzol in Luft und Boden. Modellgebiet Bundesrepublik Deutschland, Szenario: gleichförmige Emissionen von 56 000 t beginnend bei t = 0, Emissionsstopp nach t = 1 Jahr.
Quelle: Matthies/Trapp, 1994

Für eine Berücksichtigung nicht flächengleicher Emissionen und in Abhängigkeit von der Entfernung zu den Emittenten und den meteorologischen Bedingungen stehen entsprechende Ausbreitungsmodelle (Lagrange-Modelle), wie sie z. B. in der TA-Luft vorgeschrieben sind, zur Verfügung. Der Rechen- und Datenaufwand bei solchen Ausbreitungsmodellen nimmt mit der Zahl der Emissionsquellen für einzelne Gebiete und Situationen deutlich zu.

Zur quantitativen Bewertung des Temperaturanstiegs durch den Treibhauseffekt könnte sowohl eine – zu einem gegebenen Zeitpunkt – fixierte Normkonzentration als auch möglicherweise eine ökologisch als verträglich angesehene begrenzte Anstiegsrate der Konzentration der Treibhausgase dienen. So läßt sich z. B. nach der ersten Option der zusätzlich durch CO_2 ausgelöste Treibhauseffekt mit Hilfe der heutigen (356 ppm) bzw. präindustriellen (288 ppm) Konzentration zu PEC/NEC = 1,27 charakterisieren. Angesichts dieser klaren Quantifizierung des Risikos wurde ein CO_2-Reduktionsziel beschlossen, das aber nur das weitere Ansteigen des PEC/NEC-Verhältnisses verlangsamt.

Zur Bewertung der Integrität der aquatischen oder terrestrischen Ökosysteme hat sich in ähnlicher Weise das critical load-Konzept bewährt. Dabei wird von einer natürlichen, durch geochemische Prozesse vorgegebenen Veränderung der Zustandsgrößen des Wassers oder des Bodens als kapazitätsbegrenzend für den Eintrag von eutrophierenden oder säurebildenden Schadstoffen aus der Luft ausgegangen (s. Kap. 5.3.2.1, Abschnitt 5).

Schwieriger ist die Bewertung der Struktur und der Funktion von Ökosystemen. Besondere Bedeutung kommt dem Schutzziel Artenvielfalt zu. Zwar besteht aufgrund des nachweislichen Verlustes von Arten auf der Erde eindeutig Handlungsbedarf, doch stellt sich die Frage nach dem Vergleichsmaßstab, da ständig neue Arten entdeckt werden. Entscheidend für die Bewertung des Schutzziels ist die Frage, ob es aus rein ethischer Sicht um die Artenvielfalt als solche oder aus mehr nutzungsbezogener Sicht um die Erhaltung des Genpools als Ressourcen für die Zukunft des Menschen geht.

Als Hilfsmittel zur Bewertung der Wirkung von Einzelstoffen auf die biotischen Strukturen der Ökosysteme kann das PEC/NEC-Verhältnis dienen. Grundsätzlich sollte jedoch der natürliche standortbezogene Besatz des Wassers, die natürliche standortbezogene Mikrobengemeinschaft des Bodens oder die natürliche Vegetation des Pflanzenreiches herangezogen werden. Hierzu sei auf die Diskussion um den Stand der Ökotoxiologie verwiesen (s. Kasten in Kap. 5.3.2.1).

Bei den biotischen Funktionen könnte für die Produktion von Biomasse vorrangig der standorttypische Ertrag ein vernünftiges Vergleichsmaß darstellen. Gerade bei diesen Bewertungen ist aber die in der Einleitung dieses Abschnitts angesprochene Problematik der normativen Festsetzung von Vergleichsstandards wiederum von ganz markanter Bedeutung.

5.5 Bewertung durch Gewichtung verschiedener Schutz- und Gestaltungsziele unter Einbeziehung von Schaden und Nutzen

Die Diskussion der besonders schwierigen Frage einer Prioritätensetzung bzw. einer Nutzen-Schaden-Abwägung erfordert eine sorgfältige Unterscheidung der verschiedenen Bewertungssituationen.

Die Notwendigkeit von Abwägungen ergeben sich beispielsweise in folgenden typischen Situationen:

Abwägung des Nutzens eines Stoffes bzw. eines Produktes in einer bestimmten Anwendung

(1) gegenüber dem damit verbundenen möglichen Schaden, z. B. im Rahmen der Arzneimittelzulassung;

(2) bei der Abschätzung des (relativen) Beitrags verschiedener Stoffe in Hinblick auf die Beeinträchtigung eines bestimmten Schutz- und Gestaltungsziels, z. B. beim Vergleich verschiedener Treibhausgase;

(3) bei der vergleichenden Beurteilung des Handlungsbedarfs im Fall konkurrierender Schutz- und Gestaltungsziele, z. B. bei Substitutionsproblematiken.

Bei Abwägungen zwischen konkreten Optionen ist zusätzlich ein effizienterer Mitteleinsatz zu berücksichtigen. Hierauf wird ausführlicher in Kapitel 7 eingegangen.

Interessant erscheint der Hinweis auf ein im Verfassungs- und Verwaltungsrecht geltendes Abwägungsverfahren, das sich aus der Prüfung des Grundsatzes der Verhältnismäßigkeit herleitet (grundsätzlich dazu BVerfGE 7, S. 198ff.). Das Prinzip der Verhältnismäßigkeit verlangt ein angemessenes Verhältnis zwischen angewendetem Mittel (Eingriff) und dem verfolgten Ziel, das darin bestehen muß, ein Rechtsgut oder -interesse zu schützen. Diese Ziel-Mittel-Relation wird dreifach geprüft. Die ergriffene Maßnahme respektive die Rechtsregelung muß *geeignet, notwendig und verhältnismäßig* (im engeren Sinne) sein, um das angestrebte Ziel zu erreichen oder zumindest zu fördern. *Geeignet* ist ein Mittel, das zum Erreichen des angestrebten Zwecks tauglich ist. *Notwendig* ist eine Maßnahme erst, wenn kein anderes Mittel zur Verfügung steht, das angestrebte Ziel gleich wirksam zu erreichen oder zu fördern. *Verhältnismäßig* im engeren Sinne ist ein Eingriff, wenn die Bedeutung des zur Geltung zu bringenden Rechtsgutes unter Berücksichtigung der Intensität des Eingriffs nicht außer Verhältnis zu dem Rechtsgut steht, welches zurücktreten muß. Im Kern geht es also um eine Rechtsgüterabwägung, in welcher sich das gesetzgeberische Ziel und die Wirkung des zu seiner Verwirklichung eingesetzten Mittels gegenüberstehen (Ziel-Mittel-Relation).

Situative Unterschiede stellen für Bewertungsprozesse ein weiteres schwerwiegendes Problem dar. Im Hinblick auf die Bewertung von Stoffströmen scheinen dazu folgende Belastungssituationen charakteristisch abgrenzbar:

(1) akute und vorrangig kurzfristige Gefährdung für Mensch und Umwelt, z. B. als Folge eines Unfalls oder Störfalls;

(2) direkte, aber langfristige Belastungssituation z. B. durch krebserregende Stoffe (z. B. Benzol, Cadmium) mit der Notwendigkeit und Möglichkeit einer konkreten Gefahrenabwehr;

(3) indirekte, aber langfristige Belastungssituation mit ökologischen Langfristwirkungen (z. B. CO_2, FCKW) mit Gefahrenabwehr in unterschiedlichen Zeitrahmen.

Für die Stoffpolitik ist es wichtig, daß Maßnahmen zur Gefahrenabwehr der ersten beiden Stufen nicht gegen die in der dritten Kategorie genannten Schutz- und Gestaltungsziele ausgespielt werden. Dies kann mit dem Bild der Feuerwehr bzw. einem medizinischen Notfall unterstrichen werden: Im Prinzip ist es sinnvoll, präventiven Maßnahmen zur Verringerung der Gefahr des Ausbruchs von Feuer und von Krankheit Vorrang zu geben. Wenn aber aktuell ein Brand ausgebrochen bzw. ein Mensch krank ist, wäre es töricht, lange über präventive Maßnahmen zu debattieren.

5.5.1 Nutzen-Schaden-Abwägung

Nutzen-Schaden-Abwägung in der Praxis des Arzneimittelwesens und im Bereich des Pflanzenschutzes

Im folgenden werden zunächst einige Beispiele genannt, bei denen die Nutzen-Schaden-Abwägung in der Zulassungspraxis von Wirkstoffen bereits lange etabliert ist und auch mit Erfolg praktiziert wird. Die Übertragbarkeit dieser aus dem Stoffrecht stammenden Beispiele ist noch zu prüfen.

Am weitesten ist diese Entwicklung im Arzneimittelwesen und im Bereich der Pflanzenschutzmittel vorangeschritten. So ist im Arzneimittelbereich der Übergang von der alten medizinischen Tradition des nihil nocere zu einem Grundsatz der Abwägung zwischen Chancen und Risiken vollzogen. Bei der Zulassung von Arzneimitteln wird dem Nutzen – der medizinischen Wirkung – das gesundheitliche Risiko – durch Nebenwirkungen – gegenübergestellt. Darüber hinaus erfolgt eine individuelle Chancen-Risiko-Abwägung in der Praxis des Arztes. Auch der Patient, der sich über die in der Packungsbeilage aufgeführten Nebenwirkungen informiert, führt diese Abwägung durch. Im Arzneimittelbereich liegt eine Besonderheit vor: Hier kommt der gleichen Person der Nutzen zugute, die auch den potentiellen Schaden zu tragen hat.

Das Pflanzenschutzgesetz sieht ebenfalls eine Abwägung zwischen dem Nutzen eines Pflanzenschutzmittels und seinen möglichen negativen Folgewirkungen vor. Unter Nutzen ist seine Wirksamkeit gegen Schaderreger oder Schädlinge zu verstehen. Pflanzenschutzmittel dürfen dagegen nicht angewendet werden, „soweit der Anwender damit rechnen muß, daß ihre Anwendung schädliche Auswirkungen, insbesondere auf den Naturhaushalt, hat" (Gesetz zum Schutz der Kulturpflanzen – Pflanzenschutzgesetz – vom 15. September 1986, § 6, Abs. 1). Auch ist die Anwendung auf Freilandflächen verboten, soweit sie nicht landwirtschaftlich, forstwirtschaftlich oder gärtnerisch genutzt werden. In Ausnahmefällen unterliegt die Abwägung dem Ermessen der zuständigen Behörden. Ausnahmen sind dann erlaubt, „wenn der angestrebte Zweck vordringlich ist und mit zumutbarem Aufwand auf andere Weise nicht erzielt werden kann und überwiegend öffentliche Interessen, insbesondere des Schutzes von Tier und Pflanzenarten, nicht entgegenstehen" (ebenda, § 6, Abs. 3). Deutlich wird hierbei, daß im Gegensatz zum Arzneimittelbereich Schaden und Nutzen ungleich verteilt sind.

Sowohl im Arzneimittelgesetz als auch im Pflanzenschutzgesetz wird unter dem Begriff Nutzen ein vermiedener Schaden verstanden. Damit wird in beiden Bereichen eine Abwägung zwischen verschiedenen Schäden vorgenommen. Der Rat von Sachverständigen für Umweltfragen prägt den Begriff der „Übelabwägung" (SRU, 1994, S. 29, Tz. 56) und weist darauf hin, daß das grundsätzliche Problem, zwischen zwei Übeln entscheiden zu müssen, nicht allein durch die Handlungsmaxime der Übelminimierung im Sinne der Reduktion des inkaufzunehmenden Übels abgedeckt werden kann. Die Handlungsmaxime der Übelabwägung sieht darüber hinaus grundsätzlich die Wahl zwischen (mindestens) zwei Übeln vor. „Menschliches Handeln bleibt in Konfliktsituationen grundsätzlich auf den Weg des Abwägens verwiesen, soll es sich als moralisch verantwortliches Handeln erweisen" (SRU, 1994, S. 29, Tz. 55).

Diese Einschätzung gründet auf der Erkenntnis, daß es keine folgenlose Enthaltung gibt.

In diesem Sinne hat die Enquete-Kommission – ohne dies explizit zu benennen – bei der Bewertung der Einzelstoffe (s. Kap. 4.1 und Kap. 5.2) eine Abwägung zwischen verschiedenen potentiellen bzw. existierenden Übeln vorgenommen. Dies sei am Einzelstoffbeispiel Benzol illustriert: So wählte die Enquete-Kommission nicht etwa die Enthaltung als Zielvorstellung – konkret: Ausschluß der Belastung durch Benzol – sondern nahm eine Abwägung zwischen verschiedenen ökologischen, wirtschaftlichen und sozialen Aspekten vor, die letztlich zu einer differenzierten Perspektive zur Minderung der Benzolbelastung führte.

Risikoakzeptanz

Für die Abwägung von Nutzen und Schaden bzw. Nutzen und Risiken ist die Frage der Risikoakzeptanz von Bedeutung. Dies führt zu Gesichtspunkten wie Risikowahrnehmung, -information, Interpretation von Information etc. Ohne die Ergebnisse der sozialwissenschaftlichen Risikoforschung im einzelnen ausführen zu können, seien doch die für die Stoffpolitik wichtigsten Punkte zusammengefaßt.
- Ein Risiko wird umso schwerwiegender eingestuft, je höher das Ausmaß des Schadens bzgl. seiner zeitlichen und räumlichen Reichweite ist. Subjektiv werden danach nicht einfach Eintrittswahrscheinlichkeit und Schadensausmaß multipliziert, sondern das Katastrophenpotential wird höher gewichtet.
- Ferner werden freiwillig eingegangene Risiken anders eingeschätzt als unfreiwillig zu tragende Risiken (Renn, 1994, S. 14).
- Eng verknüpft damit ist eine unterschiedliche Einschätzung von Risiken in Abhängigkeit davon, ob sie kontrollierbar sind.
- Zum Teil kann auch der Neuigkeitsgrad von Risiken die Wahrnehmung beeinflussen, doch ist dies gegenüber den zuvor genannten Einflußgrößen von geringer Bedeutung.

In der Diskussion über Risiko und Risikoakzeptanz wurden zum Teil von technisch ausgerichteten Risikoexperten nach der Versicherungsformel berechneten Risiken, die sich auf wenige Schadensarten beziehen (in der Regel Tote oder Verletzte), die subjektiven Risikoeinschätzungen in der Art gegenübergestellt, daß die ersten als real und die zweiten als „rein subjektiv" im Sinne von verzerrt verstanden werden. Dies verkennt, daß die genannten Faktoren der Risikoeinschätzung ebenso real sind wie die Abschätzungen von Eintrittswahrscheinlichkeiten. So ist es verständlich, wenn die Risikoakzeptanz sich mit dem Grad der Betroffenheit ändert.

Beispielsweise wird eine eigene Krankheit bzw. die Krankheit eines nahestehenden Menschen, die bestimmten Stoffen bzw. Unfällen zugeschrieben wird, die Risikoakzeptanz beeinflussen. Vergleichbares gilt für konkrete Planungen an einem bestimmten Standort.

Richtig ist zugleich, daß die Risikowahrnehmung bezogen auf subjektive Eintrittswahrscheinlichkeiten durch unterschiedliche Einflußgrößen verzerrt werden kann. Zu beachten ist ferner, daß Risikoakzeptanz wesentlich von der Einbindung der Öffentlichkeit in Entscheidungen abhängt. Skepsis gegenüber umweltrelevanten Planungen und mangelnde Risikoakzeptanz sind Ausdruck dafür, daß viele Bürgerinnen und Bürger eine Vereinnahmung ihrer Lebenswelt durch Bürokratie und technische Umweltveränderung ohne entsprechende Einbindung in Entscheidungen erfahren. „Der Prozeß der Entscheidungsfindung ist ebenso bedeutend wie die Entscheidung selbst. Mit zunehmendem Bildungsstand und ökonomischem Wohlstand wächst der Wunsch nach Teilhabe an der Entscheidungsfindung, vor allem dann, wenn die persönliche Lebenswelt betroffen ist" (Renn, 1994, S. 15). Damit hat gerade der Fortschritt in Industrie und Wissenschaft, der diese Risiken hervorruft und feststellbar macht, einen gesellschaftlichen Wohlstand erzeugt, der es ermöglicht, sich mit technikbedingten Sicherheitsproblemen auseinanderzusetzen.

Wie an den Beispielen der Arzneimittelzulassung und der Pflanzenschutzmittel dargestellt, wird die Akzeptanz von Umweltrisiken auch dadurch beeinflußt, daß Risiko und Nutzen in der Regel ungleich verteilt sind. „In der Regel fällt der Nutzen meist bei einer Menge meist anonymer Konsumenten oder Produzenten an, während überwiegend die Standortbevölkerung das Risiko trägt. Dies führt zu perzipierten Verletzungen des Fairness-Prinzips. Ungleiche Risiko-Nutzen-Verteilung kann nur bei allseits geschätzten Einrichtungen (wie etwa Rehabilitationszentren für Drogensüchtige) mit entsprechender Überzeugungsarbeit überbrückt werden. Ist dagegen der eindeutige Rückgriff auf altruistische Motive nicht möglich, erfolgt in der Regel die Ablehnung" (Renn, 1994, S. 15f.). Ähnliches gilt für die Risikoakzeptanz von Produkten.

Konkretisierung stoffpolitischer Abwägungen unter Einbeziehung von Nutzenaspekten

Rehbinder hebt hervor, daß bei gesetzlichen Regelungen die allgemeine Zielsetzung oder allgemeine Stoffziele nicht ausreichen. Sie müssen für Stoffe und Produkte im Zusammenhang mit der Verwendung und dem Nutzen nach dem Grundsatz der Eignung, Erforderlichkeit und Verhältnismäßigkeit konkretisiert werden (Rehbinder, 1994, S. 11 ff.):

- Die etwa im Arzneimittel- und Pflanzenschutzrecht verankerte *Wirksamkeitsprüfung* kann nach Rehbinder nur auf Schadstoffe und nicht auf allgemeine Stoffe angewendet werden.

- Eine *relative Bedarfs- und Nutzenprüfung* (also der Vergleich mit stofflichen Substituten oder nicht-stofflichen Alternativen gemäß dem Prinzip der Stoffdienstleistung) ist im geltenden Recht, z. B. im Arzneimittel-, Pflanzenschutz- und Chemikalienrecht, verankert. Sie könnte prinzipiell auf alle Stoffe ausgeweitet werden; dem stehen allerdings die Menge der dabei zu untersuchenden Stoffe bzw. Produkte entgegen, ebenso wie marktwirtschaftliche Bedenken.

- Die *absolute Bedarfs- bzw. Nutzenprüfung* kommt nach Rehbinder nur bei einem offensichtlichen Mißverhältnis zwischen Nutzen und Risiken in Betracht – wenn also einem geringen Nutzen hohe Risiken entgegenstehen (Rehbinder, 1994, S. 17f.). Diese Ansicht vertritt auch Lübbe-Wolff. Zentrale Steuerung von Stoffströmen und Produkteigenschaften nach Maßgabe von Nutzen- und Bedarfsbestimmungen greift außerdem weitaus intensiver als die für das traditionelle Umweltordnungsrecht charakteristische Vorgabe peripherer Emissionsminderungstechniken in die Funktionsprinzipien der Marktwirtschaft ein, deren Kern darin besteht, daß stoff- und produktionsbezogene Kosten-Nutzen-Entscheidungen dezentral am Markt getroffen werden (Lübbe-Wolff, 1994, S. 132). Am Beispiel von Autoklimaanlagen hat die Enquete-Kommission über eine Risiko-Nutzen-Abwägung diskutiert und konnte keinen Konsens darüber erzielen, ob die ökologischen Risiken von R 134a-Emissionen aus Autoklimaanlagen unter dem Aspekt des Gebrauchsnutzens akzeptabel sind (s. Enquete-Kommission „Schutz des Menschen und der Umwelt", 1993, S. 220 und 222).

Die Erfahrungen und der methodische Stand der traditionellen Kosten-Nutzen-Analyse werden in der Studie *„Bewertungskriterien für soziale Folgewirkungen stoffwirtschaftlicher Innovationen"* von Pfaffenberger/Ströbele vorgestellt und bewertet (Pfaffenberger/Ströbele, 1994, S. 9ff.), wobei sie darauf hinweisen, daß schon die monetäre Bewertung der Umweltbelastungen schwierig ist. Die Gutachter kommen zu dem Schluß, daß es *das* allgemeingültige monetäre Bewertungsverfahren nicht gebe, denn jedes Verfahren habe bestimmte Vor- und Nachteile. Typische Probleme bei der Kosten-Nutzen-Analyse sind:

- Die Wahl der Diskontrate ist bei Kosten-Nutzen-Analysen entscheidend und meist umstritten. Je höher die Rate gewählt ist, umso geringer werden künftige Kosten und Nutzen bewertet (Pfaffenberger et al., 1994, S. 19ff.).

- Kosten-Nutzen-Analysen eignen sich eher zur Bewertung von „kleineren" Veränderungen gegenüber dem status quo als zur Bewertung von großen Systemwechseln oder Weichenstellungen wie etwa der Gentechnik (Pfaffenberger et al., 1994, S. 141).
- Kosten-Nutzen-Analysen können grenzüberschreitende Veränderungen und Einflüsse nur schwer erfassen.

In der Bundesrepublik Deutschland ist die praktische Bedeutung von Kosten-Nutzen-Analysen – anders als in den USA – nur gering. Mit der Umsetzung der Haushaltsreform wurde zwar im Jahr 1970 eine neue Regelung in die Bundeshaushaltsordnung aufgenommen, die Kosten-Nutzen-Analysen bei staatlichen Maßnahmen von erheblicher finanzieller Bedeutung vorschreibt; die Anzahl durchgeführter Kosten-Nutzen-Analysen ist dennoch gering. Die meisten der durchgeführten Kosten-Nutzen-Analysen stammen aus den Bereichen Wasserwirtschaft und Verkehrsinfrastruktur. Pfaffenberger/Ströbele weisen allerdings darauf hin, daß Kosten-Nutzen-Analysen in denjenigen Bereichen eine größere und neuere Bedeutung zukommen könnte, in denen aufgrund bereits fortgeschrittener Regulierung nur marginale weitere Verbesserungen hohe Kosten verursachen können.

5.5.2 Vergleichende Bewertung verschiedener Belastungen bezogen auf ein Schutzziel

Sowohl bei der Beurteilung der gleichzeitigen Wirkung mehrerer Stoffe als auch bei Entscheidungen über alternative Einsatz- oder Regulationsmöglichkeiten steht die Frage nach der relativen Bedeutung einzelner Stoffe im Vergleich zu anderen mit gleichwertiger Wirkung zur Debatte.

Ein Beispiel aus dem Schutzzielbereich menschliche Gesundheit ist der Vergleich der krebserzeugenden Wirkung verschiedener Luftschadstoffe. Dazu hat der Länderausschuß für Immissionsschutz (LAI) Beurteilungsmaßstäbe für krebserzeugende Luftschadstoffe entwickelt. Wenn das Risiko für die Exposition gegenüber krebserzeugenden Stoffen bestimmt ist, können die Risiken einzelner Stoffe bei bestimmter Exposition miteinander verglichen werden, vor allem um Prioritäten für expositionsmindernde Maßnahmen zu setzen.

Der Länderausschuß für Immissionsschutz hat in seinem 1992 vorgelegten Bericht Beurteilungsmaßstäbe zur Begrenzung des Krebsrisikos von sieben als kanzerogen angesehenen Luftverunreinigungen vorgeschlagen. Sie basieren auf Berechnungen, die unter folgenden Voraussetzungen vorgenommen worden sind:

- Annahme eines maximal zu tolerierbaren Krebsrisikos durch Luftverunreinigungen von 1 : 2 500
- Verwendung des unit-risk-Konzeptes
- Annahme eines Hintergrundrisikos, das sich aus der Schadstoffbelastung der Luft in ländlichen Gebieten ergibt
- die genannten Stoffe werden als komplette Kanzerogene angesehen, für die sich keine Wirkschwellen definieren lassen

Als wesentlicher Vorteil dieses Verfahrens gilt, daß Krebsrisiken durch verschiedene Stoffe miteinander verglichen werden können. Die Ergebnisse dieser vergleichenden Beurteilung sind in Tabelle 5.5 zusammengefaßt.

Ob eine derartig ermittelte Prioritätensetzung tatsächlich zulässig ist, wird jedoch kontrovers diskutiert, da verschiedene Annahmen bzw. unsichere Abschätzungen zugrundeliegen, die das Ergebnis insgesamt in Frage stellen können.

Im einzelnen werden die Beurteilungsmaßstäbe aus folgenden Gründen kritisiert:
- Die Annahme eines akzeptablen Krebsrisikos von 1 : 2 500 ist willkürlich gegriffen, denn es besteht kein gesellschaftlicher Konsens in Deutschland über die Höhe eines akzeptablen Krebsrisikos.
- Das standardisierte Risiko (unit-risk) beruht auf einer linearen Extrapolation von Untersuchungen bei wesentlich höheren Konzentrationen in den niedrigeren Konzentrationsbereich. Die Ableitung beruht auf Tierversuchen, wobei Speziesunterschiede hinsichtlich Pharmakokinetik und Wirkung zum Teil nicht berücksichtigt wurden, oder auf epidemiologischen Untersuchungen ohne präzise Angaben zur Exposition. Damit sind die Angaben zum unit-risk sehr ungenau und mit Fehlern bis zu einer Größenordnung und mehr behaftet.
- Durch die Einteilung in die drei Gruppen „organische Verbindungen", „anorganische Verbindungen" und „sonstige Verbindungen" entsteht eine willkürliche Gewichtung der Schadstoffe.
- Es wird davon ausgegangen, daß z. B. Cadmium oder Arsen generell als krebserzeugend angesehen werden. Tatsächlich sind nur bestimmte Verbindungen dieser Metalle kanzerogen, so daß es nicht gerechtfertigt ist, die gemessene Metallkonzentration als solche für die Abschätzung des Krebsrisikos heranzuziehen.
- Die Bewertung der kanzerogenen Stoffe berücksichtigt nicht den Wirkungsmechanismus dieser Stoffgruppe. So werden die Dioxine als komplette Kanzerogene angesehen, was nicht dem wissenschaftlichen Erkenntnisstand entspricht.

- Die geometrische Reihung der Schadstoffe innerhalb der Gruppen erlaubt zwar das Hinzufügen von weiteren Schadstoffen, aber auch hier erfolgt ein Festlegen auf nicht begründete Zahlenangaben.
- Andere Aufnahmewege als der Luftpfad werden für die Abschätzung des Risikos außer acht gelassen. Infolgedessen wird Cadmium falsch bewertet. Der LAI weist zwar auf dieses Problem hin, hält aber an seinen unit-risks für den Luftpfad fest.

Unter Berücksichtigung dieser Kritik wurden die vorgeschlagenen Werte nicht, wie ursprünglich vorgesehen, als Grenzwerte, sondern als Beurteilungsmaßstäbe bezeichnet. Sie sollen eine Orientierungshilfe für die Beurteilung vorgefundener Konzentration geben und bei Überschreiten zu Minimierungsmaßnahmen führen. Diese wertvolle Funktion der Richtwerte sollte man nicht unterschätzen. Zum Erreichen des Benzolwertes (LAI-Wert: 2,5 µg/m^3) sind im Entwurf der Verordnung zur Durchführung der 23. BImSchV folgende Übergangswerte vorgesehen: 15 µg/m^3 ab 1995; 10 µg/m^3 ab 1998. Für die Summe der Dibenzodioxine und Dibenzofurane hat der LAI-Unterausschuß für Wirkungsfragen 150 fg TE/m^3 als Orientierungswert vorgeschlagen.

Tabelle 5.5: *Ergebnisse der vergleichenden Beurteilung von krebserzeugenden Luftschadstoffen*

Schadstoff	Beurteilungsmaßstäbe des Länderausschusses für Immissionsschutz (LAI)		
	unit-risk[a]	unit-dose[b]	Beurteilungsmaßstab[c]
Arsen, anorg. Arsenverbindungen ...	4 ·10^{-3}	2,5 ng/m^3	5 ng/m^3
Asbest	2 ·10^{-5}	50 F/m^3	88 F/m^3
Benzol	9 ·10^{-6}	1,1 µg/m^3	2,5 µg/m^3
Cadmium, Cadmiumverbindungen	1,2·10^{-2}	0,83 ng/m^3	1,7 ng/m^3
Dieselrußpartikel	7 ·10^{-5}	0,14 µg/m^3	1,5 µg/m^3
Benzo-(a)pyren	7 ·10^{-2}	0,14 ng/m^3	1,3 ng/m^3
2,3,7,8-TCDD	1,4	7,1 fg/m^3	16 fg/m^3

[a] unit-risk: Krebsrisiko bei lebenslanger (70 Jahre) Exposition gegenüber einer Konzentration von 1µg/m^3
[b] unit-dose: Dosis, bei der ein zusätzlicher Krebskranker auf 100 000 Personen zu erwarten ist
[c] Beurteilungsmaßstab: vom LAI berechnete Konzentration, unterhalb der Luftschadstoffkonzentrationen liegen sollen
Quelle: LAI, 1992

Von besonderer Bedeutung für die Verwendung von Daten zum Risiko von Chemikalien ist die Notwendigkeit, daß in verschiedenen Bereichen unserer Gesellschaft eine Grundsatzdiskussion über das zu akzeptierende Risiko geführt wird.

Als illustrierendes Beispiel der vergleichenden Bewertung verschiedener Stoffe aus dem ökologischen Schutzzielbereich, und zwar der abiotischen Struktur, kann die Analyse des Treibhauseffekts dienen (s. Kasten).

Vergleichende Bewertung verschiedener Stoffe am Beispiel des zusätzlichen Treibhauseffekts

Zum zusätzlichen Treibhauseffekt tragen eine Reihe von Gasen, vor allem Kohlendioxid (CO_2), Methan (CH_4), Distickstoffoxid (N_2O), Ozon (O_3) und Fluorchlorkohlenwasserstoffen (FCKW) bei. Der Handlungsbedarf für einzelne Stoffe im Sinne einer Begrenzung der Veränderungen im Ökosystem läßt sich dann herleiten und priorisieren, wenn

– der Gesamteffekt quantifizierbar ist und
– die einzelnen Stoffbeiträge bekannt sind.

Diese Voraussetzungen sind für den obengenannten Fall bezüglich ihrer Treibhauswirkung gegeben.

Nach einem Berechnungsschema, das nicht nur den Zustand, sondern vor allem auch die Dynamik (Konzentrationsveränderungen pro Zeiteinheit) des Treibhauseffekts in Betracht zieht, lassen sich Priorisierungsfaktoren (Pf_i) herleiten.

Die Einzelbeiträge lassen sich aus ihren relativen Effektpotentialen (REP), multipliziert mit einer Konzentrationsüberhöhung ($c-c_n$), berechnen. Der Gesamteffekt wird wie folgt erfaßt:

(1) $\sum_i REP_i \, (c_i-c_{ni})$

Dabei repräsentiert i die Einzelstoffe. REP im Sinne dieser Analyse sind die global warming potential (GWP) -Werte des Treibhauseffektes. Unter Berücksichtigung der dynamischen Größen für Ökosystemveränderung – die gegenwärtige Geschwindigkeit der Veränderung, ausgedrückt durch den relativen zeitlichen Konzentrationsanstieg $\Delta c_i / c_i \Delta t$, sowie die Zeitdauer der Reversibilität, τi – lassen sich folgende Priorisierungsfaktoren (PF_i), herleiten:

(2) $PF_i = \dfrac{REP_i \, (c_i - c_{ni})}{\sum REP_i \, (c_i - c_{ni})} \cdot \tau_i \dfrac{\Delta c_i}{c_i \Delta t}$

Die Anwendung dieser Beziehung auf die einzelnen Stoffe, die zum Treibhauseffekt beitragen, ist in Tabelle 5.6 (s. folgende Seite) wiedergegeben. Das Interessante und Wichtige dieser Analyse ist der Unterschied der Spalten GWP_i (c_i-c_{ni}) und PF_i. Während erstere die relativen Beiträge jeder Komponente i zum gesamten anthropogenen Treibhauseffekt wiedergibt, weicht die Reihung in der PF_i-Spalte als Ergebnis der Berücksichtigung der Zeitkonstanten von diesen deutlich ab. Während z. B. das CO_2 zum gegenwärtigen anthropogenen Treibhauseffekt den größten Einzelbeitrag leistet und auf R 12 nur ein Zehntel des CO_2-Anteils entfällt, besteht der größere Handlungsbedarf, ausgedrückt durch den PFi-Wert, beim R 12. Dies ist eine Folge seiner hohen Konzentrationsanstiegsrate von 4% pro Jahr (im Jahre 1990).

5.5.3 Konkurrierende Schutz- und Gestaltungsziele

Die priorisierende Bewertung im Hinblick auf konkurrierende Schutzziele ist in der Realität des Umweltschutzes eine besonders häufig auftretende Problematik. Besonders typisch ist diese Frage bei der Entscheidung über Substitutionsprozesse, wie sie die Enquete-Kommission u. a. bei den Fallbeispielen „FCKW-Ersatzstoffe", „Chlorchemie" und „Textilien/Bekleidung" behandelt hat.

Ein qualitativer, aber im Grunde sehr undifferenzierter Weg ist die Entscheidung auf der Grundlage zeitlicher und örtlicher Wirkungsweise (s. Abb. 5.1 und Kap. 5.3) dann, wenn aufgrund des Vorsorgeprinzips die Parameter Persistenz und Irreversiblität ohne zusätzliche Wirkungsanalyse und -diskussion praktisch alleine entscheidend sein sollen. Dem steht die Auffassung entgegen, daß eine solche Reduktion der ökologischen Wirkungsanalyse auf einen einzelnen Kennwert weder aus ökosystemarer noch aus stofflicher Sicht gerechtfertigt ist. Vielmehr gilt es, mit der Raum-Zeit-Analyse im Blick, eine der ökologischen Belastungssituation entsprechende differenzierte Betrachtung zu gewährleisten.

Versucht man in diesem Sinne die in Tabelle 5.2 genannten Schutzziele hinsichtlich der vier Parameter

– räumliche Betroffenheit,
– zeitliche Änderung,
– Halbwertzeit der Reversibilität und
– Irreversibilitätsgrad

auf einer Skala von 1 bis 5 (1: sehr niedrig/sehr klein; 5: sehr hoch/groß) zu charakterisieren, so ergibt sich beispielsweise eine Datenlage nach

Tabelle 5.6: *Priorisierung von Stoffen bezüglich eines Schutz- und Gestaltungszieles mit Hilfe von Priorisierungsfaktoren (PF_i-Werte) am Beispiel des Kriteriums Treibhauseffekt (Zellner et al., 1994)*

i	GWP_i	c_i/ppm	c_{ni}/ppm	c_i-c_{ni}/ppm	$GWP_i \cdot (c_i-c_{ni})$/ppm	τ_i/Jahr	$\Delta c_i/c_i \cdot \Delta t$/ Jahr^{-1}	PF_i
CO_2	1	354	280	74	74	120	0,004	0,23
CH_4	21	1,72	0,7	1,02	21,4	10	0,01	0,014
N_2O	206	0,31	0,28	0,03	6,2	150	0,0025	0,015
O_3	2 10^3	0,03	0,01	0,02	40	0,1	0,005	$1,3 \cdot 10^{-4}$
FCKW R 11	$12,4 \cdot 10^3$	$2,8 \cdot 10^{-4}$	0	$2,8 \cdot 10^{-4}$	3,5	60	0,04	0,055
FCKW R 12	$15,8 \cdot 10^3$	$4,8 \cdot 10^{-4}$	0	$4,8 \cdot 10^{-4}$	7,6	120	0,04	0,24
H-FKW R 134a	$9,6 \cdot 10^3$	$3,5 \cdot 10^{-5}$	0	$3,5 \cdot 10^{-5}$	0,33	16	0,04	0,0014

GWP_i relatives Treibhauspotential des Einzelstoffes i bezogen auf gleiche Mengen (Molzahlen)
c_i mittlere Konzentration des Einzelstoffes i im Jahr 1992. Lediglich der Wert für H-FKW 134a gilt für die Hälfte der 90er Jahre
c_i-c_{ni} Konzentrationsüberhöhung des Einzelstoffes i
τ_i atmosphärische Lebensdauer des Einzelstoffes i (Zeitdauer der Reversibilität)
$\frac{\Delta c_i}{c_i \Delta t}$ relativer zeitlicher Konzentrationsanstieg
PF_i Priorisierungsfaktor des Einzelstoffes i

Tabelle 5.7: *Priorisierung verschiedener Schutz- und Gestaltungsziele sowie von Bewertungskriterien bezüglich der übergeordneten Kriterien räumliche Betroffenheit, zeitliche Änderung, Halbwertzeit der Reversibilität und Irreversibilität*

	Räumliche Betroffenheit	Zeitliche Änderung	Halbwertszeit der Reversibilität	Irreversibilität	Priorisierungsfaktor (Pf)
Treibhauseffekt	++	+	++	±	+5
Ozonzerstörung ...	++	++	++	±	+6
Eutrophierung	–	±	±	–	–2
Versauerung	–	±	±	––	–3
Photosmog	–	+	––	––	–4
Bodenverbrauch ...	–	±	+	––	–2
Artenverlust	±	–	++	++	+3
Ressourcenverbrauch	+	+	++	++	+6
Ertragsverluste	±	±	±	–	–1
Waldsterben	+	+	++	±	+4
Lärm	––	+	––	––	–5
Geruch	––	±	––	––	–6

++ sehr hoch/sehr groß
+ hoch/groß
± mäßig
– niedrig/klein
–– sehr niedrig/sehr klein
Quelle: Zellner et al., 1994

Tabelle 5.7. (Daß die einzelnen Wertziffern jeweils kritisch infragegestellt, d. h. erhöht oder erniedrigt werden können, ist unbestritten, aber für die hier geführte Grundsatzdiskussion unerheblich.)

Bezüglich der einzelnen Parameter (Spalten) können die verschiedenen Schutzziele direkt verglichen und damit hierarchisiert werden. Allerdings dürfen die Zahlen nicht, wie in der Umweltdiskussion häufig beobachtet, innerhalb der Reihen addiert und dann verglichen werden. Dieses Verfahren verletzt die Beachtung der unterschiedlichen Qualität der Schutzziele.

Unter Benutzung mathematischer Ansätze wurde kürzlich eine graphische Methode (Hasse-Diagramm) in die Umweltdiskussion eingeführt, die eine der komplexen, nicht linearen Situation entsprechende Darstellung von Prioritätenverhältnissen erlaubt (Brüggemann et al., 1994). Solche Hasse-Diagramme entstehen mathematisch, wenn Objekte nicht

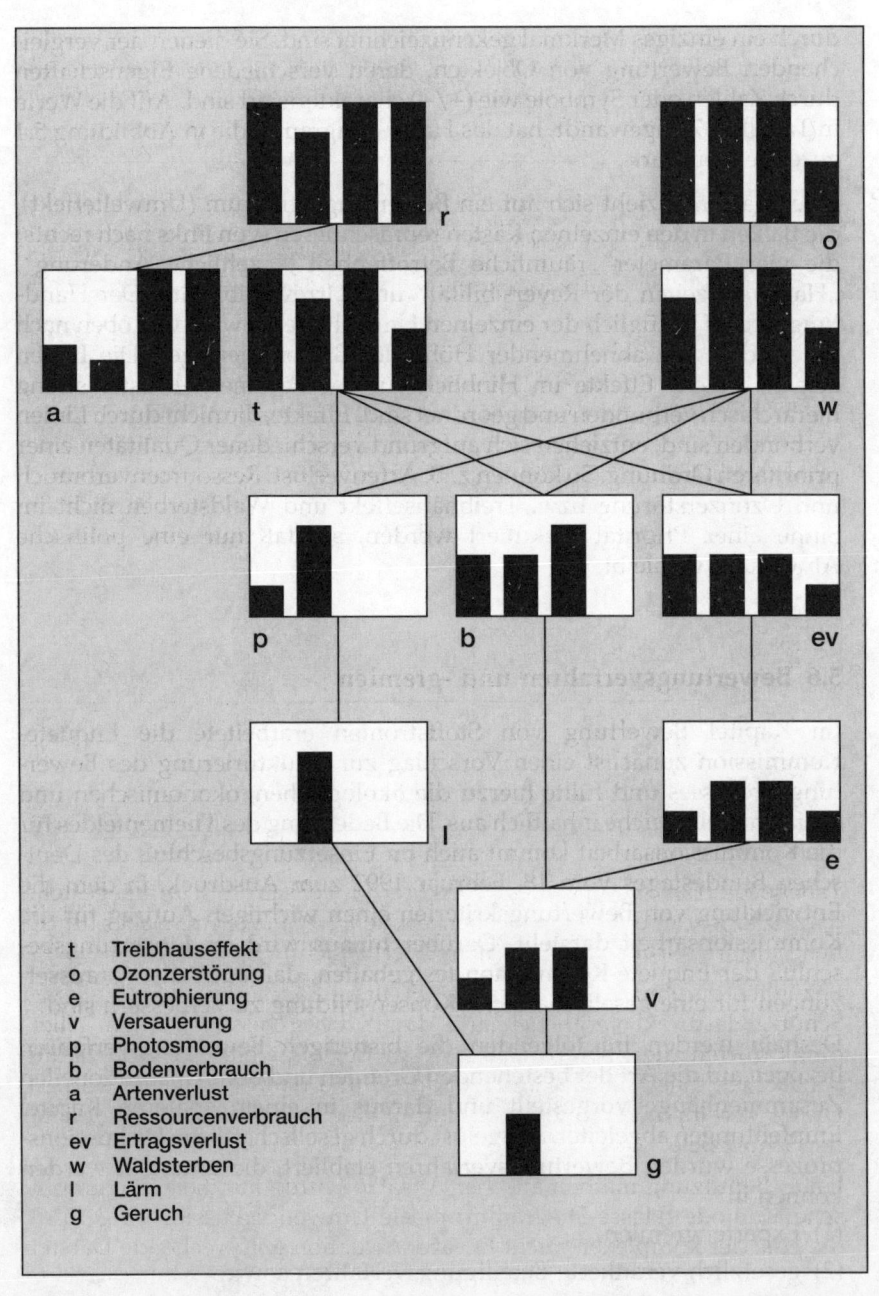

t Treibhauseffekt
o Ozonzerstörung
e Eutrophierung
v Versauerung
p Photosmog
b Bodenverbrauch
a Artenverlust
r Ressourcenverbrauch
ev Ertragsverlust
w Waldsterben
l Lärm
g Geruch

Abb. 5.4: Verbandstheoretische Darstellung (Hasse-Diagramm) der Priorisierung von Umwelteffekten.
Quelle: Brüggemann et al., 1994; Zellner et al., 1994

durch ein einziges Merkmal gekennzeichnet sind. Sie dienen der vergleichenden Bewertung von Objekten, deren verschiedene Eigenschaften durch Zahlen oder Symbole wie (+/−) charakterisiert sind. Auf die Werte in Tabelle 5.7 angewandt, hat das Hasse-Diagramm die in Abbildung 5.4 gezeigte Struktur.

Jeder Kasten bezieht sich auf ein Bewertungskriterium (Umwelteffekt), die Balken in den einzelnen Kästen repräsentieren (von links nach rechts) die vier Parameter „räumliche Betroffenheit", „zeitliche Änderung", „Halbwertszeiten der Reversibilität" und „Irreversibilität". Der Handlungsbedarf bezüglich der einzelnen Umwelteffekte wird von oben nach unten, d. h. mit abnehmender Höhe der Balken, geringer. Die Linien zeigen, welche Effekte im Hinblick auf das Parameter-Muster streng hierarchisch verbunden und geordnet sind. Effekte, die nicht durch Linien verbunden sind, entziehen sich aufgrund verschiedener Qualitäten einer prioritären Ordnung. So können z. B. Artenverlust, Ressourcenverbrauch und Ozonzerstörung bzw. Treibhauseffekt und Waldsterben nicht im Sinne einer Priorität diskutiert werden, so daß nur eine politische Abwägung verbleibt.

5.6 Bewertungsverfahren und -gremien

Im Kapitel Bewertung von Stoffströmen erarbeitete die Enquete-Kommission zunächst einen Vorschlag zur Strukturierung des Bewertungsprozesses und füllte hierzu die ökologischen, ökonomischen und sozialen Zielbereiche inhaltlich aus. Die Bedeutung des Themenfeldes für die Kommissionsarbeit kommt auch im Einsetzungsbeschluß des Deutschen Bundestages vom 18. Februar 1992 zum Ausdruck, in dem die Entwicklung von Bewertungskriterien einen wichtigen Auftrag für die Kommissionsarbeit darstellt. Darüber hinaus wird im Einsetzungsbeschluß der Enquete-Kommission festgehalten, daß auch die Voraussetzungen für eine gesellschaftliche Konsensbildung zu verbessern sind.

Deshalb werden im folgenden die bisherigen Bewertungsverfahren bezogen auf die Art der bestehenden Gremien und deren institutionellen Zusammenhänge vorgestellt und daraus in einem späteren Kapitel Empfehlungen abgeleitet. Ausgelöst durch gesellschaftliche Diskussionsprozesse wurden Bewertungsverfahren etabliert, die unterteilt werden können in

(1) Expertengremien,

(2) gesetzlich verankerte Beteiligungsverfahren sowie

(3) selbstorganisierte, freiwillige Bewertungsverfahren.

5.6.1 Expertengremien

Umwelt- und gesundheitsrelevante Bewertungen durch Sachverständige spielen heute im Rahmen gesetzlicher Regelungen, wie beispielsweise dem Bundesimmissionsschutzgesetz, dem Chemikaliengesetz und zahlreichen EU-Richtlinien und Verordnungen, in erster Linie in Genehmigungs- und Kontrollverfahren, eine wichtige Rolle. Neben der Beurteilung von Produktionsverfahren und neu zu errichtenden Produktionsanlagen sind die Bewertungsverfahren hauptsächlich auf die Beurteilung von Einzelstoffen ausgerichtet. Für die verschiedenen Bereiche Umwelt-, Gesundheits- und Arbeitsschutz existieren unterschiedliche Gremien.

Im Auftrag der Enquete-Kommission führte das Institut für sozialökologische Forschung (ISOE) die vergleichende Untersuchung *„Sammlung von Methoden und Kriterien, nach denen Sachverständigengremien Stoffe bewerten"* durch (Kluge et al, 1994). Dort wurden die Bewertungsgremien auf ihre spezifische Aufgabenstellung, ihre Vorgehensweise und Methodik der Stoffbewertung, die angewendeten Bewertungskriterien und die von ihnen betrachteten Schutzgüter untersucht. Die für die Untersuchung ausgewählten Gremien und die Grundlagen für ihre Einrichtung seien im folgenden in der gebotenen Kürze dargestellt. Die wichtigsten Ergebnisse der Studie sowie weitere Sachverständigengremien, die nicht in der Untersuchung berücksichtigt worden sind, werden nachfolgend beschrieben.

Die Senatskommission der Deutschen Forschungsgemeinschaft zur Prüfung gesundheitsschädlicher Arbeitsstoffe (MAK-Kommission)

Die MAK-Kommission wurde vom Senat der Deutschen Forschungsgemeinschaft (DFG) eingerichtet, um die wissenschaftlichen Grundlagen des Schutzes der Gesundheit vor toxischen Stoffen am Arbeitsplatz zu erstellen. Die wichtigsten praktischen Ergebnisse der Kommissionsarbeit sind wissenschaftliche Empfehlungen zur Aufstellung von maximalen Arbeitsplatz-Konzentrations- (MAK-) und biologische Arbeitsstoff-Toleranz- (BAT-) Werten, zur Einstufung krebserzeugender Arbeitsstoffe und zur Bewertung fruchtschädigender und erbgutschädigender Wirkungen sowie die Erarbeitung und Evaluierung analytischer Methoden zur Kontrolle der Exposition und zur Überprüfung von Grenzwerten des Gesundheitsschutzes am Arbeitsplatz. Die MAK-Kommission betrachtet die Gesundheit als höchsten Wert, den sie nicht gegen andere Gesichtspunkte abwägt. In der Diskussion und Entscheidungsfindung werden deshalb ausschließlich wissenschaftliche Argumente im Hinblick auf die Gesundheit am Arbeitsplatz berücksichtigt. Andere Aspekte, wie konkurrierende sozialpolitische, ökonomische, technologische und nichtwissenschaftliche Gründe, bleiben ausgeschlossen. Der DFG-Senat will das Verlangen nach Beteiligung von anderen als mit gesundheitlichen Aspekten des Arbeitsschutzes vertrauten Sachverständigen an den Diskussionen der MAK-Kommission nicht erfüllen. Eine gesellschaftliche Einflußnahme soll erst im Anschluß stattfinden. Die DFG veröffentlicht jährlich die Arbeitsergebnisse der MAK-Kommission in der MAK- und BAT-Werte-Liste und übermittelt sie außerdem dem Bundesministerium für Arbeit und Sozialordnung. Dieses prüft die Empfehlungen unter Berücksichtigung auch nicht-wissenschaftlicher Gesichtspunkte und kann ihnen – unverändert oder geändert – in geeigneter Form Rechtsverbindlichkeit als Grundlage des Arbeitsschutzes verleihen (DFG, 1992).

In die MAK-Kommission werden Mitglieder ad personam in ihrer Eigenschaft als sachkundige Vertreter berufen und nicht als Vertreter der Institutionen oder Unternehmen, in denen sie tätig sind. Wissenschaftler aus Institutionen, die direkt beraten werden sollen (z. B. Landesbehörden mit hoheitlichen Aufgaben oder die Berufsgenossenschaften), können nur als ständige Gäste mit beratender Stimme berufen werden, erhalten jedoch kein Stimmrecht.

Die Einschätzungen und Einstufungen der MAK-Kommission waren bis zum Jahr 1992 die Basis für die Einstufung von Stoffen in der Gefahrstoffverordnung (GefStoffV) nach Chemikaliengesetz (ChemG), welche ihrerseits wiederum die Grundlage für alle weiteren Stoffgesetze, so z. B. für die Stoffliste der Störfallverordnung (StörfallV) darstellte. Dies hat sich durch die erforderlich gewordene Umsetzung des EU-Rechts in nationales Recht seit kurzem geändert. Prioritär sind nunmehr die EU-Einstufungen, welche durch die entsprechenden Verordnungen und Regeln des Bundesarbeitsministers und des Bundesumweltministers nach Überprüfung durch nationale Gremien umgesetzt werden. Wo diese EU-Listen Lücken aufweisen, gelten – nach einem Aushandlungsprozeß in den Gefahrstoffausschüssen – weiterhin ersatzweise die MAK-Einstufungen.

Der Ausschuß für Gefahrstoffe beim Bundesminister für Arbeit und Sozialordnung (AGS)

Der AGS soll den Bundesarbeitsminister beraten. Die Beratungsfunktion für den Bundesumweltminister ist seit November 1993 durch die Novelle der Gefahrstoffverordnung (GefStoffV) entfallen. Im Mittelpunkt der Beratungstätigkeit steht die Präzisierung von unbestimmten Rechtsbegriffen der Gefahrstoffverordnung, in der die Aufgaben des AGS festgelegt worden sind. Der AGS soll Regeln und Erkenntnisse über den

Umgang mit Gefahrstoffen ermitteln und legt hierzu beispielsweise als Grenzwerte für die Luft am Arbeitsplatz für krebserzeugende Stoffe, für die zur Zeit keine toxikologisch-arbeitsmedizinisch begründeten MAK-Werte aufgestellt werden können, technische Richtkonzentrationen (TRK-Werte), fest. Er soll außerdem dem jeweiligen Stand der Technik und Medizin entsprechende Vorschriften zum Umgang mit gefährlichen Stoffen vorschlagen (§ 44, Abs. 2, GefStoffV).

Verschiedene wirtschaftliche Interessen- und Berufsverbände sowie Bundesbehörden und andere Institutionen, aber auch „die Wissenschaft" haben das Recht, eine bestimmte Anzahl von Vertretern als sachverständige Mitglieder in den AGS zu entsenden (§ 44 Abs. 1, GefStoffV).

Das Beratergremium für umweltrelevante Altstoffe der Gesellschaft Deutscher Chemiker (BUA)

Das BUA führt die im Chemikalienrecht für erforderlich gehaltene Bewertung der „alten Stoffe" durch. „Neue Stoffe" müssen vor ihrer Vermarktung nach dem Chemikaliengesetz (ChemG) angemeldet und von den zuständigen Bundesbehörden überprüft werden. Stoffe die vor dem Stichtag 18. September 1981 bereits auf dem Markt waren, sind „alte Stoffe". Hier müssen Kriterien für die Beurteilung der Stoffe erst ermittelt werden. Die Bundesregierung hat die Aufarbeitung dieser Stoffe an ein wissenschaftliches Gremium in privater Trägerschaft delegiert, da die Prüfung von ca. 100 000 Altstoffen sowohl aus Kapazitäts- als auch aus Kostengründen von Behördenseite alleine nicht bewerkstelligt werden kann. Das Gremium ist im Jahr 1982 bei der Gesellschaft Deutscher Chemiker (GDCh) eingerichtet worden und besteht aus jeweils fünf als Person benannten Vertretern aus der chemischen Industrie und aus Behörden sowie sechs Vertretern aus der Wissenschaft, von denen einer den Vorsitz innehat.

Kommission „Bewertung wassergefährdender Stoffe" beim Beirat des Bundesumweltministeriums „Lagerung und Transport wassergefährdender Stoffe" (KBwS)

Die KBwS soll dazu beitragen, die Paragraphen 19g bis 19l des Wasserhaushaltsgesetzes (WHG) umzusetzen. Der Schutz der Gewässer gegenüber wassergefährdenden Stoffen, also definitionsgemäß solchen, die geeignet sind, nachhaltig die physikalische, chemische und biologische Beschaffenheit nachteilig zu verändern, soll über deren Identifizierung hinaus durch die Einstufung nach ihrem Gefährdungspotential in vier Wassergefährdungsklassen (WGK 0 bis 3) erleichtert werden.

In dieser zunächst vom Bundesgesundheitsamt und dann lange Jahre vom Bayrischen Landesamt für Wasserwirtschaft geleiteten Kommission sind Experten aus Bund, Ländern und Industrie beteiligt. Die KBwS wurde wissenschaftlich vom Bayrischen Landesamt für Wasserwirtschaft bzw. wird vom Bundesgesundheitsamt zugearbeitet.

Der gemeinsame „Bund/Länder-Arbeitskreis Qualitätsziele"
(BLAK QZ)

Auf Beschluß der Länderarbeitsgemeinschaft Wasser (LAWA) und des Bundesumweltministeriums ist aus einer informellen ad-hoc-Arbeitsgruppe, in der Vertreter der Fachverwaltungen aus Bund und Ländern zusammenarbeiteten, im Jahr 1986 der gemeinsame „Bund/Länder-Arbeitskreis Qualitätsziele" entstanden. Er erhielt den Auftrag, Grundsätze zur Ableitung von Qualitätszielen zum Schutz oberirdischer Gewässer sowie Vorschläge für Immissionsnormen für bestimmte gefährliche Stoffe zu erarbeiten. In Anlehnung an § 7a des Wasserhaushaltsgesetzes (WHG) untersuchte der BLAK QZ solche Stoffe, die wegen der Besorgnis einer Giftigkeit, Langlebigkeit, Anreicherungsfähigkeit oder einer krebserzeugenden, fruchtschädigenden oder erbgutverändernden Wirkung als gefährlich zu bewerten sind. Insgesamt hat der BLAK QZ siebenundzwanzig Stoffe bewertet. Er verfolgte bei seiner Arbeit das Ziel, für die zukünftige umweltpolitische Gestaltung verwendbare Qualitätsziele für Oberflächengewässer zu entwickeln. Es werden hier nicht Emissionsnormen für den Eintrag von gefährlichen Stoffen erarbeitet, sondern Mindestqualitätsziele als Immissionsnormen für die Oberflächengewässer aufgestellt. In seiner ursprünglichen Form – als Bund-Länder-Arbeitskreis – wurde der BLAK QZ im Herbst 1993 aufgelöst.

Sachverständigenausschuß bei der Biologischen Bundesanstalt für
Landwirtschaft und Forsten (SVA)

Nach § 33, Abs. 5 des Pflanzenschutzgesetzes, soll der Sachverständigenausschuß bei der Biologischen Bundesanstalt für Landwirtschaft und Forsten (SVA) vor der Entscheidung über die Zulassung und vor einer Rücknahme bzw. dem Widerruf einer Zulassung von chemischen Pflanzenschutzmitteln gehört werden und die entsprechenden behördlichen Entscheidungen mittels einer Bewertung unterstützen. Der SVA kommentiert und bewertet die schriftlichen Stellungnahmen der Zulassungsbehörden.

Die Mitglieder des SVA sollen Kompetenzen aus den Bereichen Pflanzenschutz, Gesundheits-, Umwelt- und Naturschutz repräsentieren. Die personelle Zusammensetzung des SVA ist ebenso wie sein Aufgabenbereich in § 2 der Pflanzenschutzverordnung geregelt: Er besteht aus 25 Mitgliedern, die von der Biologischen Bundesanstalt für Landwirtschaft und Forsten (BBA) ad personam berufen werden. Dem SVA gehören nicht nur Vertreter aus der phytomedizinischen Forschung, sondern auch Angehörige der Pflanzenschutzdienste an, die in den Ländern die Offizialberater im Pflanzenschutzbereich sind. Hierdurch wird im Gegensatz zu den anderen Kommissionen die Einbeziehung des Anwenderwissens garantiert. Beispielsweise geben die Praktiker bei der Wiederzulassung von Altmitteln detaillierte Hinweise darüber, zu welchen Zeiten und in welchen Kulturen diese Mittel keine Wirkung erzielen. Vereinzelt kommen auch Hinweise auf nicht-indizierte Anwendungen zur Sprache. Zusätzlich nehmen Vertreter der Zulassungsbehörde (Biologische Bundesanstalt) und der beiden Einvernehmensbehörden (Bundesgesundheitsamt und Umweltbundesamt) an den Sitzungen des SVA teil. Mit der – bezogen auf die unterschiedlichen Schutzgüter – ausgewogenen Zusammensetzung stellt der SVA ein Modell für die Beteiligung praktischen Wissens an der Stoffbeurteilung dar.

Den in der Studie berücksichtigten Gremien gemeinsam ist die Beurteilung der Wirkungen von Stoffen oder Verfahren auf die menschliche Gesundheit bzw. die Umwelt. Die Beurteilungen erfolgen auf der Grundlage naturwissenschaftlicher Untersuchungen und hängen von der wissenschaftlichen Nachweisbarkeit von Wirkungen ab. Damit ist die Reichweite der herangezogenen Bewertungskriterien auf den ökologischen Zielbereich einschließlich gesundheitlicher Auswirkungen begrenzt und bezieht die von der Enquete-Kommission zusätzlich vorgeschlagenen Zielbereiche Ökonomie und Soziales in der Regel nicht mit ein.

Die Auswahl der zu untersuchenden Stoffe findet zumeist außerhalb der Bewertungsgremien statt. Vielfach beruht die Auswahl auf externen Anregungen oder externen Stofflisten, aus denen ggf. Teilmengen ausgewählt werden. Die Kriterien für die Auswahl der untersuchten Stoffe sind vielfach nicht transparent.

Beispielsweise arbeitet die MAK-Kommission nach Aussage der Studie quasi „auf Zuruf". Sie geht externen Hinweisen und Verdachtsmomenten nach, die von Sachverständigen aus der MAK-Kommission geäußert werden. „Betriebsärzte, Hersteller und Anwender von Industriechemikalien, damit befaßte Forschungsinstitute sowie Aufsichtsbehörden und andere staatliche Einrichtungen werden gebeten, der MAK-Kommission weitere, bisher noch nicht erfaßte Arbeitsstoffe mit erwiesenem oder vermutetem krebserzeugenden Potential mitzuteilen" (DFG, 1993). Neben der Fokussierung auf das Merkmalskriterium „Kanzerogenität" geht die MAK-Kommission jedoch auch anderen Hinweisen nach. Eine Liste der im Bewertungsverfahren befindlichen Stoffe wird alljährlich veröffentlicht; die MAK-Kommission bittet die Fachwelt auch hier um die Übermittlung von Erfahrungen sowie wissenschaftlichen bzw. technischen Angaben.

Der AGS geht Problemen und Anfragen aus dem für Gefahrstoffe zuständigen Bundesministerium und der MAK-Kommission nach. Außerdem prüft er Hinweise, die aus der Praxis herangetragen oder von Sachverstängigen des AGS geäußert werden. Wo es nicht alleine um die Kennzeichnung von gefährdenden Stoffen im Sinne der Gefahrstoffverordnung (GefStoffV) geht, sondern Hinweise zum Umgang mit diesen Stoffen abzuleiten sind, bezieht der AGS auch sozioökonomische Kriterien mit ein. So werden technische Machbarkeit, Wirtschaftlichkeit, volkswirtschaftlicher Nutzen und Risiko eines evtl. Todesfalls und Risikoakzeptanz mit berücksichtigt. Allerdings fehlt in Ermangelung eines interdisziplinären Rahmenkonzepts eine systematische Abwägung dieser Kriterien mit den naturwissenschaftlichen Merkmalskriterien. Hinsichtlich der Zusammensetzug des Ausschusses sei darauf hingewiesen, daß im Gegensatz etwa zur MAK-Kommission oder zum BUA, verschiedene wirtschaftliche Interessen- und Berufsverbände sowie Bundesbehörden und andere Institutionen am AGS beteiligt sind.

Anders als bei den oben genannten Gremien sind beim Beratergremium für umweltrelevante Altstoffe (BUA) der Gesellschaft Deutscher Chemiker die Auswahl- und Bewertungskriterien gut dokumentiert. Aus den über 100 000 Altstoffen wurden zunächst nach den Kriterien „Stoffe, die in der Umwelt vorkommen" und „Stoffe von industrieller Bedeutung" ausgewählt und anschließend weiter selektiert. Letzteres Kriterium wurde durch die Größe „Jahresproduktion von über 1 000 t" quantifiziert. Stoffe, für die bereits umfangreiche Datensammlungen vorhanden waren, die nicht direkt vermarktet werden, die in der Umwelt stabil sind oder die unter Spezialgesetze fallen, sind von der Bewertung ausgeschlossen bzw. zurückgestellt worden. Die Darstellung der weiteren Auswahlkriterien würde hier zu weit führen; es sei auf die Literatur verwiesen (Bayer/Fleischhauer, 1993; BUA, 1992; Pohle, 1993; BUA, 1992).

Bei der (öko)toxikologischen Bewertung werden in der Regel Einzelstoffe – und diese als Reinstoffe – untersucht. Die Sachverständigen(gremien) gehen im allgemeinen von dem paracelsischen Modell aus: „Alle Dinge sind Gift, nichts ist ohne Gift. Die Dosis macht, daß ein Ding kein Gift ist." Danach wird die (öko)toxikologische Wirkung des betrachteten Stoffes allein von der Variable „Dosis" abhängig gesehen und weitere mögliche Variablen (z. B. sonstige Schwächung des potentiellen Zielorganismus oder die Kombinationswirkung von Stoffen) werden aus unterschiedlichen Gründen nicht in Betracht gezogen (zu Kombinationswirkungen s. Studie im Auftrag der Enquete-Kommission *„Kenntnisstand und Bewertungskriterien für Kombinationswirkungen von Chemikalien"*, Bolt et al., 1994).

Außerdem bleiben – nach den Ergebnissen der Studie – wesentliche Stadien im Lebenszyklus der Stoffe ausgeklammert. Beispielsweise werden Stoffeigenschaften, die nach dem Gebrauch auftreten können, wie z. B. die Recyclierbarkeit oder die Eigenschaften von bei der Produktion anfallenden Koppel- und Nebenprodukten, in die Bewertung bislang nicht miteinbezogen. Ebenso finden Analysen der Gebrauchsmuster (use pattern) keine Berücksichtigung.

Der Bewertungsprozeß der betrachteten Gremien läßt sich herkömmlicherweise in drei unterschiedliche Stufen unterteilen, die allerdings im tatsächlichen Ablauf der Bewertungsverfahren nicht immer deutlich voneinander abzugrenzen sind:

Stufe 1: Experimentell und/oder durch eine epidemiologisch orientierte ex-post-Beobachtung wird überprüft, ob eine Exposition des Stoffes zu Wirkungen führt, die Anzeichen für Risikopotentiale bieten.

Stufe 2: Sind solche Anzeichen für gesundheitliche oder ökotoxikologische Risiken gegeben, muß beurteilt werden, ob die Wirkungsanalyse eindeutig ist bzw. wo die entsprechenden Aussagen methodische Grenzen haben. Diese Anzeichen sind unter anderem die akute Toxizität oder subchronische Toxizität im Tierversuch. Erst wenn Erkenntnisse aus Tierversuchen, weiteren in-vitro-Untersuchungen und in Einzelfällen auch epidemiologischen Studien „zweifelsfrei" vorliegen, wird ein Stoff als umwelt- oder gesundheitsgefährdend eingestuft. Die eigentliche Bewertungsmethode besteht damit darin, zu bewerten, welche der bekannten Ergebnisse überhaupt als valide gelten.

Stufe 3: Im Anschluß an diese beiden Schritte ist zu bewerten, was die empirischen Wirkungsanalysen für den weiteren Umgang mit diesem Stoff bedeuten. Zumindest dieser letzte Schritt ist – auch nach Ansicht fast aller im Rahmen der Studie befragten Sachverständigen – nicht rein wissenschaftlich durchführbar, sondern erfordert gesellschaftliche Übereinkünfte.

Inwieweit bereits in die ersten beiden Schritte, die Stoffauswahl und die Auswahl der Kriterien, in hohem Umfang gesellschaftliche Übereinkünfte und nicht-wissenschaftliches Wissen einfließen, ist nach Aussage der Studie bei Naturwissenschaftlern und Medizinern umstritten. So wird das Ergebnis der Untersuchungen beispielsweise davon beeinflußt, welche Literatur veröffentlicht oder wie gut sie zugänglich ist. Diese Umstände hängen von hochgradig sozial bestimmten Prozessen ab. Auch die Entscheidung, welche Kriterien und Methoden einem Schutzziel zugeordnet sind, oder welcher Indikator für welches Kriterium steht, ist sozial geprägt.

Offen bleibt, inwieweit eine naturwissenschaftliche Beurteilung der Stoffe und eine politische Bewertung voneinander zu trennen sind. Nach Aussage der Studie lassen sich Auseinandersetzungen innerhalb oder auch zwischen den verschiedenen Gremien daran festmachen, welche Kosten-Nutzen-Kalküle bestimmten Stoffbewertungen vorausgesetzt werden. Dies hängt nicht nur mit der Interessengebundenheit von Erkenntnissen zusammen, sondern auch mit den disziplinären Traditionen, den Denkstilen und Paradigmen, dem Vorwissen, dem Kenntnisstand über außerhalb des eigenen Forschungsschwerpunktes liegende Folgeprobleme und nicht zuletzt mit dem soziokulturellen Milieu, in dem sich fachliche Diskurse abspielen (Kluge et al., 1994, S. 17).

Ausgehend von der Grundannahme, daß in den bestehenden Gremien eine Bereitschaft zu einer selbstorganisierten Reform vorhanden ist, faßt ISOE zusammen, daß eine Reflektion und teilweise Revision der Hintergrundaxiomatik dazu führen kann, zukünftig Gefahrenverdachtsmomente in höherem Maße zu berücksichtigen, und daß Schäden an der Umwelt bzw. Kranke und Tote nicht so lange in Kauf genommen werden müssen, bis eine wissenschaftlich sicher nachweisbare Kausalität bestätigt wird. Eine Überprüfung der transwissenschaftlichen Annahmen, die in die Bewertungen mit einfließen, sollte unter Beteiligung von Sozialwissenschaftlern vorgenommen werden. An der Erarbeitung gesellschaftlicher Konventionen zur Bewertung sollten alle relevanten gesellschaftlichen Gruppen beteiligt werden (Kluge et al., 1994, S. 38).

In der Studie von ISOE konnten nur einige ausgewählte Bewertungsgremien näher untersucht werden. Es existieren darüber hinaus eine Reihe weiterer Sachverständigengremien, in denen Bewertungen vorgenommen werden. Weitere Gremien sind in der Planung. So soll beim Bundesministerium für Umwelt, Naturschutz und Reaktorsicherheit eine „Chemikaliensicherheitskommission" eingerichtet werden. Teilweise gehen diese Bewertungen über eine reine Stoffbewertung hinaus bis hin zur Formulierung ökologisch-gesundheitlicher Ziele. Beispielhaft seien im folgenden einige derartige Gremien – ohne Anspruch auf Vollständigkeit – angesprochen.

Rat von Sachverständigen für Umweltfragen (SRU)

Auf nationaler Ebene ist insbesondere auf den Rat von Sachverständigen für Umweltfragen (SRU) zu verweisen. Seit dem Jahr 1990 ist dieser

Sachverständigenrat zur Beratung beim Bundesministerium für Umwelt, Naturschutz und Reaktorsicherheit eingerichtet (damit wurde der Erlaß zu dessen Einrichtung aus dem Jahr 1971 beim Bundesministerium des Innern ersetzt). In seinem Umweltgutachten des Jahres 1994 macht es sich der Rat zur Aufgabe, methodische Grundlagen für die Umsetzung der im Leitbild sustainable development angelegten Zielperspektiven zu entwickeln. In seinem Gutachten sieht der Sachverständigenrat eine „Orientierungshilfe für die Vermittlung zwischen wissenschaftlicher Primärforschung und Politik" (SRU, 1994, S. III).

Wissenschaftlicher Beirat Globale Umweltveränderungen (WBGU)

Im Frühjahr 1992 hat die Bundesregierung den Wissenschaftlichen Beirat Globale Umweltveränderungen (WBGU) berufen. Unter besonderer Beachtung der Fortentwicklung der im Jahr 1992 in Rio de Janeiro beschlossenen internationalen Vereinbarungen soll der Beirat in einem jährlichen Gutachten zur Lage der globalen Umwelt die daraus resultierenden gesellschaftlichen Konsequenzen beschreiben. Neben konkreten Empfehlungen für umweltpolitisches Handeln an die Bundesregierung, formuliert der Beirat weiteren Forschungsbedarf. In seinem Gutachten des Jahres 1993 unternimmt der Beirat den Versuch einer „Ganzheitsbetrachtung des Systems Erde" sowie – unter Berücksichtigung der Komplexität der Umweltproblematik – der Schaffung einer analytischen Basis, anhand derer die Auswirkungen aktueller Probleme, wie Treibhauseffekt, Abnahme der biologischen Vielfalt u. a. m. auf das Gesamtsystem bewertet werden können (WBGU, 1993).

Informal Working Group on Priority Setting (IPS)

Die IPS wurde auf Anregung der EG-Kommission eingerichtet. Im Jahr 1992 wurde das Niederländische Umweltministerium von der EG-Kommission beauftragt, in Zusammenarbeit mit Experten aus der Industrie und Sachverständigen aus verschiedenen EU-Mitgliedsstaaten eine Methode zur Auswahl und Prioritätensetzung von Stoffen zu erarbeiten, die ein signifikantes Risiko für Mensch und Umwelt besitzen. Die Notwendigkeit einer systematischen Prioritätensetzung steht in engem Zusammenhang mit der Verordnung des Rates zur Untersuchung und Kontrolle von Umweltrisiken durch Chemikalien (EG-Kommission, 1992), mit der Erklärung der EU-Minister zur dritten Nordsee-Schutz-Konferenz im März 1990 und zur Ratsrichtlinie 76/464/ECC zum Schutz der Gewässer (EG-Kommission, 1976). Ziel der IPS ist die Entwicklung einer einheitlichen Methode für die Auswahl und Prioritätensetzung anhand von Expositionsdaten, toxischen Effekten in den jeweiligen Zielkompartimenten und Gesundheitsgefahren. Die Arbeitsergebnisse des Niederländischen Umweltministeriums werden in der Arbeitgruppe diskutiert und mit bereits bestehenden Methoden zur Prioritätensetzung abgeglichen, um eine gemeinsame Methode zu entwickeln.

Society of Environmental Toxicology and Chemistry (SETAC)

Ein ebenfalls auf internationaler Ebene arbeitendes Gremium stellt die SETAC dar, ein Gremium, das sich aus Vertreterinnen und Vertretern aus Wissenschaft, Industrie, Behörden und unabhängigen Instituten zusammensetzt. Insgesamt zählen 3 000 Wissenschaftlerinnen und Wissenschaftler aus mehr als 30 Ländern weltweit zu den Mitgliedern der SETAC. Die SETAC erarbeitet wissenschaftliche und methodische Grundlagen für Ökobilanzen (life-cycle assessment) und prüft ihre praktische Umsetzbarkeit. Ziel ist es, die Durchführung von life-cycle-assessments zu vereinfachen und die Entwicklungen in internationaler Abstimmung zu koordinieren.

VN-Kommission für nachhaltige Entwicklung (CSD)

Zur Überwachung und Koordinierung der Beschlüsse der Konferenz für Umwelt und Entwicklung der Vereinten Nationen in Rio im Jahr 1992 wurde die VN-Kommission für nachhaltige Entwicklung (CSD) eingerichtet. Der VN-Kommission gehören 53 Staaten an. Hier werden auf internationaler Ebene übergreifende Bewertungsverfahren festgelegt, die zur Beurteilung der Strategien und der Erfolge der eingeleiteten oder einzuleitenden Umsetzungsmaßnahmen der Rio-Vereinbarungen herangezogen werden. Die Reichweite der Bewertungsverfahren geht dementsprechend über rein (öko)toxikologische Bewertungen hinaus und bezieht die Zielbereiche Ökonomie und Soziales mit ein.

5.6.2 Gesetzlich verankerte Beteilungsverfahren

In den genannten Sachverständigengremien steht bei den im engeren Sinne auf Bewertungsfragen zugeschnittenen Bewertungsgremien die naturwissenschaftliche Expertise im Vordergrund. Damit sind jeweils auch Bewertungen verknüpft, ohne daß jedoch – von wichtigen Ausnahmen abgesehen – bereits bewußt gesellschaftliche Interessenvertretungen in diese Bewertungsverfahren einbezogen werden. Als wichtige Ausnahme wurde der AGS genannt, in dem unterschiedliche gesellschaftliche Gruppen repräsentiert sind und der von seiner Aufgabenstellung entscheidungsnäher ausgestaltet ist.

Auf einer anderen gesetzlichen Ebene ist dagegen die Beteiligung von Betroffenen im Bewertungs- und Entscheidungsprozeß ausdrücklich im Rahmen gesetzlicher Regelungen vorgeschrieben. Zu nennen sind hier beispielsweise das Bundesimmissionsschutzgesetz, Raumordnungs-Verwaltungsverfahrensgesetz, die Bauleitplanung, Planfeststellungsverfahren u.a (zu einer Übersicht über die rechtlichen Regelungen und technischen Normen sowie übergreifend zu Fragen der Stoffpolitik siehe Pohle, 1991).

Die Verordnung über genehmigungsbedürftige Anlagen (4. BImSchV) beispielsweise sieht bei bestimmten Anlagen die Beteiligung von Bürgerinnen und Bürgern am Genehmigungsverfahren vor. Nach § 10 des Bundesimmissionsschutzgesetzes (BImSchG) haben Betroffene die Möglichkeit, innerhalb einer Frist von vier bis sechs Wochen nach Auslegung der genehmigungsrelevanten Unterlagen Einwendungen vorzubringen. Wer als betroffen gilt, wird in der Regel großzügig ausgelegt. Allerdings dürfen nur Einzelpersonen privatrechtlich begründete Einwände vorbringen. Den betroffenen Bürgerinnen und Bürgern wird während eines Erörterungstermins die Möglichkeit gegeben, anlagenbezogene Fragen zu stellen und ihre Argumente vorzubringen. Dem Erörterungstermin folgt der Abwägungsprozeß. Dabei prüft die Genehmigungsbehörde – unter Einbeziehung der übrigen beteiligten Behörden – das Vorhaben erneut. Ergebnis des Abwägungsprozesses ist der Genehmigungsbescheid, der entweder die Ablehnung, die Genehmigung des unveränderten Antrags oder die Genehmigung unter mehr oder weniger hohen Auflagen bzw. Einschränkungen vorsieht. Sollten weiterhin Bedenken gegenüber dem Genehmigungsbescheid bestehen, bleibt den betroffenen Bürgerinnen und Bürgern die (kostenpflichtige) Möglichkeit, Rechtsmittel (Widerspruch oder Klage) zu ergreifen.

Zwischen gesetzlich verankerten Beteiligungsverfahren und Initiativen zur Beteiligung Betroffener bzw. Interessierter an formellen Entscheidungen – beispielsweise auf kommunaler Ebene oder auf der Ebene von Landkreisen – bestehen fließende Übergänge. Im Zusammenhang mit der Stoffpolitik sind insbesondere Initiativen in Verbindung mit Abfallbehandlungsanlagen und Deponien zu nennen.

5.6.3 Selbstorganisierte Bewertungsverfahren

Neben den Sachverständigengremien, die in der Regel auf nationaler oder internationaler Ebene offiziell eingesetzt sind, und gesetzlich verankerten Beteiligungsverfahren, in denen gesellschaftliche Gruppen bzw. Betroffene einbezogen werden, sind als dritte Kategorie selbstorganisierte Bewertungsverfahren zu nennen. Für die Stoffpolitik sind sie besonders bedeutsam, da sie sich auf die zuvor genannten Zugänge zu Bewertungen auswirken. Die Enquete-Kommission konnte im Rahmen ihrer Arbeit hierzu keine systematische Aufarbeitung leisten. Deshalb werden im folgenden beispielhaft einige selbstorganisierte Bewertungsverfahren aufgeführt, um die Bandbreite der Möglichkeiten anzudeuten.

Als erstes Beispiel für ein selbstorganisiertes Bewertungsverfahren sei eine Initiative genannt, in der, angeregt durch die Firma Schering, Experten mit unterschiedlichstem Hintergrund zusammen mit Vertretern des Unternehmens und dem Verein Tierversuchsgegner Berlin der Frage nachgingen, inwieweit Alternativen zu Tierversuchen zur Risikoabschätzung verfügbar und methodisch gleichwertig sind (Tierversuchsgegner Berlin/Schering AG, 1988). Dieses Beispiel ist deshalb so interessant, weil vergleichsweise schwierige methodische Fragen zur Bewertung für die Toxizität von Stoffen nicht ausschließlich von Wissenschaftlern diskutiert wurden. Vielmehr wurden bewußt gegenläufige Interessen einbezogen.

Ein weiteres Beispiel für selbstorganisierte Bewertungsverfahren ist das von der Firma Procter & Gamble initiierte Projekt zu Waschmitteln und Gewässerschutz. Das Institut für Europäische Umweltpolitik (IEUP) koordinierte einige Gesprächsrunden zu dieser Thematik, in der systematisch die unterschiedlichen Interessen einbezogen und die zentralen Bewertungsfragen aufgearbeitet wurden. Die erklärte Zielsetzung dieser Initiative war das Herausarbeiten fachlicher und interessenbezogener Übereinstimmungen und Divergenzen im Zusammenhang mit dem Themenkreis Waschmittel und Gewässerschutz sowie die Kommentierung der verbleibenden unterschiedlichen Sacheinschätzungen und Bewertungen (von Weizsäcker, 1986).

In einer zweiten Runde wurde eine Ausweitung auf die übergreifende Themenstellung Wasserversorgung und Gewässerschutz vorgenommen. Hierzu wurde die gleiche Verfahrensweise zur Einbeziehung unterschiedlicher Institutionen und Interessen gewählt (von Weizsäcker, 1989). Auch in der zweiten Stufe wurden die Ansatzpunkte zum Konsens sowie Dissenspositionen herausgearbeitet. Unterschiedliche Bewertungsansätze wurden den jeweiligen Interessen zugeordnet.

Der regionale Problemdruck führte in den vergangenen Jahren insbesondere bei größeren Altlasten sowie bei Standorten für Müllbehandlungsanlagen und möglichen Deponien dazu, über gesetzlich verankerte Beteiligungsverfahren hinaus selbstorganisierte Bewertungsverfahren einzuleiten. Die Initiatoren sind in diesen Fällen recht unterschiedlich. Typisch ist, daß – entsprechend der in den Vereinigten Staaten bereits in den 70er Jahren entwickelten Mediationsverfahren – an derartigen

Verfahren unterschiedliche Institutionen und Interessensgruppen beteiligt werden. Gleichzeitig werden die Verfahren so gestaltet, daß die Vertreterinnen und Vertreter der relevanten unterschiedlichen Fachdisziplinen in die entsprechenden Verfahrensstufen einbezogen werden (zur Übersicht über derartige Verfahren siehe Calließ/Striegnitz, 1991). In der Bundesrepublik Deutschland wurde insbesondere das Mediationsverfahren zur Deponie Münchehagen bekannt (Calließ/Striegnitz, 1991). Für Verfahren zu regional eingegrenzten Altlasten ist es kennzeichnend, daß sie durch akuten Problem- und Entscheidungsdruck – verstärkt durch die hohen Sanierungskosten – ausgelöst werden. In der Regel sind die gesetzlich vorgesehenen Verfahren zwar formal zum Umgang mit Altlasten ausreichend, doch sind sie in der Regel zur Gewährleistung der erforderlichen Akzeptanz vor Ort nur begrenzt geeignet, da die systematische Aufarbeitung und Trennung von relevanten Sachaussagen und interessenbedingten Bewertungsansätzen nicht im Verfahrensablauf vorgesehen ist.

Zu erwähnen ist in diesem Zusammenhang ferner das Projekt eines integrierten Stoffstrommanagements („Integrated Substance Chain Management"), das vom Verband der niederländischen chemischen Industrie (VNCI) und den für Umwelt und Wirtschaft zuständigen niederländischen Ministerien in Auftrag gegeben und von der Unternehmensberatungsfirma McKinsey betreut wurde (VNCI, 1991). Gegenstand des Projektes ist eine Verfahrensmethode, mit deren Hilfe ökologisch und ökonomisch geeignete Maßnahmen zur Reduzierung stoffbedingter Umweltbelastungen erarbeitet werden sollten. Hierzu wurde die Verbindung einer möglichst umfassenden Faktenbasis mit einem transparenten Bewertungsverfahren unter Beteiligung relevanter gesellschaftlicher Gruppen erprobt. Die unterschiedlichen Organisationen und Interessenverbände (Ministerien, Wirtschaftsverbände, Unternehmen, Wissenschaftler, Umweltverbände etc.) wurden über einen Projektbeirat beteiligt. Das VNCI-Modell lieferte der Enquete-Kommission in methodischer Hinsicht interessante und wichtige Anregungen für das integrierte Stoffstrommanagement. Darüber hinaus ist es jedoch besonders erwähnenswert als Beispiel für ein Bewertungsverfahren, bei dem von vornherein ökologische und ökonomische Bewertungskriterien einbezogen und gegeneinander abgewogen wurden. Wie auch in einigen anderen derartigen Verfahren konnte in diesem Projekt nicht zu allen in Angriff genommenen Themen und Fallbeispielen Übereinkunft erzielt werden. Grundsätzliche Differenzen insbesondere zwischen den Vertretern der Industrie und der Umweltverbände führten dazu, daß keine gemeinsamen Handlungsempfehlungen zu den in die Untersuchung einbezogenen PVC-Fensterrahmen ausgesprochen werden konnten.

Als Beispiele für einzelne Stoffe und Themenbereiche übergreifende Verfahren seien abschließend die Tutzinger Gespräche der Evangelischen Akademie Tutzing zur Chemiepolitik sowie das vom Umwelt-Forum Frankfurt initiierte Projekt „Förderung chemiepolitischer Verständigungsprozesse" genannt. Diese Ansätze sind von den zuvor beschriebenen Initiativen dadurch zu unterscheiden, daß unabhängig von Einzelkontroversen bzw. der Bewertung von Einzelstoffen versucht wurde, die stoffpolitische Debatte zu strukturieren und dabei Unterschiede und Übereinstimmungen in den Interessen und daraus abgeleiteten Bewertungen zu erarbeiten. Dies geschah in der Evangelischen Akademie Tutzing in Form von Veranstaltungen, deren Ergebnisse publiziert wurden (Held, 1988, 1991). In dem Frankfurter Projekt wurde von dem beauftragten Beratungsbüro für diskursive Projektarbeiten und Planungsstudien (Ueberhorst unter Mitarbeit von de Man) ein systematisches Design gewählt, in das Vertreter des Verbandes der chemischen Industrie (VCI), der Industriegewerkschaft Chemie-Papier-Keramik (IG Chemie), des Bundes für Umwelt und Naturschutz (BUND) und des Öko-Instituts Freiburg einbezogen wurden. Das Besondere dieses Ansatzes liegt darin, daß systematisch bestimmte Bewertungsfragen bearbeitet und von den Vertretern der unterschiedlichen Interessengruppen kommentiert wurden, um so Übereinstimmungen und Unterschiede herauszuarbeiten (Umwelt Forum Frankfurt, 1990 und 1992). Allerdings wurde die Abschlußerklärung des Forums vom VCI nicht mitgetragen.

Neben den genannten Zugängen und Beispielen existieren zahlreiche weitere im Inland und in anderen Industriestaaten, in denen Bewertungsfragen in unterschiedlichen Stufen der jeweiligen Prozesse systematisch behandelt werden. Vielfach spielen in diesen Verfahren insbesondere Fragen der Risikoakzeptanz (empirisch feststellbare Schwellen, bei denen Risiken akzeptiert werden) und Kriterien zur Abschätzung von Akzeptabilität eine Rolle (im Unterschied zur Akzeptanz bezieht sich die Frage der Akzeptabilität auf normative Festlegung dessen, was noch zu akzeptieren ist). Wie in Kapitel 5.5 dargelegt, wird die Aktzeptabilität von einer Vielzahl von Aspekten – unter anderem Nutzen, Kosten, Effizienz – bestimmt. Wichtig ist allgemein, daß bei einer übergreifenden gesellschaftlichen Bewertung bzw. der Einbeziehung breiterer gesellschaftlicher Interessen in die Bewertungsprozesse diese Fragen umfassender behandelt werden, als dies in den naturwissenschaftlich bestimmten Sachverständigengremien heute der Fall ist.

In diesen Gremien wird vorrangig danach gesucht, ob naturgesetzlich begründete Wirkungsschwellen feststellbar sind (sogenannte thresholds), unterhalb derer keine toxischen und ökotoxischen Wirkungen der Stoffe zu erwarten sind. Diese Schwellen werden dann vielfach als Indikatoren für Festlegungen verwandt, oberhalb derer Risiken nicht zu akzeptieren sind. Hervorzuheben ist jedoch, daß auch derartige naturgesetzlich findbare Wirkungschwellen nicht gleichzeitig Akzeptanzschwellen gleichzusetzen sind, da eine Vielzahl von Bewertung und Abwägungen ergänzend eingeht. Dabei ist insbesondere auf die Abwägung von Risiken und Nutzen hinzuweisen. Für Stoffe, die Krebs auslösen, sowie für gentoxisch wirkende Stoffe sind bis auf wenige Ausnahmen keine Wirkungsschwellen bekannt. In diesen Fällen werden auch in naturwissenschaftlich bestimmten Sachverständigengremien notwendigerweise Schwellen der Akzeptabilität nach anderen Kriterien festgelegt.

Mit den strukturellen Veränderungen in der Risikogesellschaft (Beck, 1986) stellen sich neue Anforderungen an die bestehende Kultur der politischen Auseinandersetzung. Die vom Leitbild einer nachhaltig zukunftsverträglichen Entwicklung geforderten Veränderungen können nicht ohne Kontroversen im konfliktträchtigen und äußerst komplexen Spannungsfeld zwischen Ökonomie, Ökologie und Sozialem ablaufen. Die üblichen politischen und rechtlichen Instrumente des Staates reichen nicht aus, um eine einvernehmliche Lösung der Kontroversen zu ermöglichen. Nach Ueberhorst und Burns wird in unseren gegenwärtigen Politikformen Demokratie zu wenig als sozialer Lern- und Konsensfindungsprozeß verstanden und praktiziert, sondern zu stark durch Abstimmungen bestimmt (Ueberhorst/Burns, 1988).

Ein Instrument zur Konsensfindung und zur Feststellung von Akzeptanz sowie zur Herausarbeitung von Dissenspunkten ist der Diskurs. Die Beteiligung aller Betroffenen im Rahmen diskursiver Verfahren ist eine notwendige Voraussetzung für Akzeptanz. Dabei kommt der umfassenden Vermittlung des Sachstandes hohe Bedeutung zu. Diskursive Verfahren ermöglichen dabei den Abbau von Polarisierungen in der Risikodebatte und die Erweiterung des Blickwinkels über die eigenen Interessen hinaus.

„Wissen ohne Partizipation verletzt das Grundrecht eines fairen Interessenausgleichs zwischen den verschiedenen Parteien; Partizipation ohne Wissen führt zum Dilletantismus und damit zu Handlungsfolgen, die sich niemand wünschen kann. Der kooperative Diskurs versucht beiden gerecht zuwerden: die Handlungsfolgen müssen rational durchdacht und die damit verbundenen Interessen fair ausgehandelt werden." (Renn/Webler, 1994, S. 49f.)

Der Diskurs erfordert drei wesentliche Voraussetzungen:

(1) Die angemessene Beteiligung der Menschen, die direkt oder indirekt betroffen sind, ist zu gewährleisten. Die angemessene Beteiligung

bezieht sich dabei nicht lediglich auf die Weitergabe von Informationen an die Betroffenen, sondern schließt ihre Mitwirkung ein.

(2) Gleichzeitig ist sicherzustellen, daß der Bewertungsprozeß auf der Basis des bestmöglichen Sachstands des Wissens verläuft.

(3) Das Verfahren sollte transparent und nachvollziehbar sein. Die Werte und Interessen der Beteiligten sind dabei aufzuzeigen.

Für selbstorganisierte Bewertungsverfahren sind verschiedene methodische Konzepte entwickelt worden. Zu nennen sind hier beispielhaft das von Ueberhorst entwickelte und im Projekt des Frankfurter Umwelt Forums angewandte Konzept des sogenannten K4-Prozesses einer „kooperativen Konzeptualisierung komplexer Kontroversen" (Stadt Frankfurt/M./Umwelt Forum Frankfurt, 1991) oder das von Renn und Weber vorgeschlagene Verfahren des „Kooperativen Diskurses" (Renn/Webler, 1994, S. 45 ff.). In diesem letztgenannten Verfahrenskonzept wird versucht, den Bewertungsproblemen gerecht zu werden, die sich daraus ergeben, daß unser Wissen über ökologische, ökonomische und soziale Wirkungszusammenhänge immer globaler, komplexer und spezialisierter wird und gleichzeitig die von Entscheidungen Betroffenen Mitspracherechte an der Gestaltung ihrer Lebenswelt einfordern. Der Schwerpunkt dieses Verfahrenskonzeptes liegt im Versuch, kompetente Entscheidungen unter angemessener Beteiligung Betroffener zu erreichen.

Die Enquete-Kommission war aufgrund der nur begrenzt verfügbaren Bearbeitungszeit nicht in der Lage, die Fragen der gesellschaftlichen Akzeptanz, wie sie sich in den selbstorganisierten Bewertungsverfahren widerspiegeln, systematisch aufzuarbeiten. Beispielsweise wäre hier zu klären: Wann ist Akzeptanz erreicht? Wer soll die Risiken von Stoffen bzw. die Auswirkungen von Maßnahmen des Stoffstrommanagements akzeptieren (Allgemeinheit, Wählerinnen/Wähler, Interessengruppen, Akteure entlang der Stoffströme und Produktlinien, spezifische Betroffene, Konsumentinnen und Konsumenten etc.)? Im Rahmen des Leitbilds einer nachhaltig zukunftsverträglichen Entwicklung stellen sich darüber hinaus weitergehende, methodisch schwierige Fragen: In welcher Form können die Interessen der anderen derzeit lebenden Menschen einbezogen werden, die über großmaßstäbliche Wirkungen beispielsweise in Form des Treibhauseffekts oder der Verletzung der stratosphärischen Ozonschicht in einer Erdgemeinschaft mit uns leben, aber über die wirtschaftlichen Prozesse von Märkten und in Wahlprozessen der politischen Ebene mit uns nur sehr lose verknüpft sind? Methodisch noch schwieriger sind die Fragen, die durch eine angemessene Berücksichtigung der Interessen der nachfolgenden Generationen aufgeworfen werden (Hampicke, 1994).

5.7 Forschungsbedarf

Im Rahmen der Diskussion des Bewertungsprozesses sind in den vorangehenden Kapiteln nahezu alle Bereiche der Umwelt- und Gesundheitsforschung, und zwar sowohl aus ökologischer als auch aus ökonomischer und sozialer Sicht angesprochen. Forschungsbedarf kann im folgenden jedoch nur insoweit formuliert werden, wie er für die Bewertungsmethode grundsätzlich relevant ist, d. h. daß objektorientierte Fragen außer Betracht bleiben müssen. Soweit es sich um Fragen der Entwicklung des Leitbildes einer nachhaltig zukunftsverträglichen Entwicklung handelt, sind die Forschungsaspekte bereits in Kapitel 3.4.1 behandelt.

Damit wurde der erste der sechs Schritte des in Kapitel 5.3 systematisierten Bewertungsablaufes berücksichtigt. Die Festlegung bzw. Definition der Schutz- und Gestaltungsziele (Schritt 2) sowie der qualitativen Bewertungskriterien (Schritt 3) ist ein weitgehend normativer Prozeß (s. hierzu nachfolgende Empfehlungen).

Entscheidend für die Operationalisierung ist die mit den Begriffen Indikatoren/Parameter verbundene Quantifizierung von Effekten (Schritt 4) und die soweit wie möglich objektivierbare Festlegung der jeweiligen Vergleichsgrößen bzw. Standards. Hierzu konnten nach dem heutigen Stand des Wissens für den ökologischen Zielbereich schon wesentlich genauere Vorstellungen entwickelt werden als für die ökonomischen und sozialen Zielbereiche. Auf dieses Ungleichgewicht in der Ausfüllung der drei Zielbereiche Ökologie, Ökonomie und Soziales und ihren Zusammenhängen sei deutlich hingewiesen, aber auch darauf, daß die Enquete-Kommission mit den Ausführungen in Kapitel 5.3.2 glaubt, einen wichtigen Schritt zur Systematisierung eines integrierten Bewertungskonzepts getan zu haben. In der Beachtung dieses Ungleichgewichts liegt eine wichtige forschungspolitische Aufgabe zur Umsetzung des Leitbildes.

Wenn im folgenden wiederum die ökologisch/gesundheitlichen Fragestellungen im Vordergrund stehen, ist dies keine Wertung zur grundsätzlichen Bedeutung, sondern eine Reflektion des schon erreichten Wissensstandes, den es konsequent auszubauen gilt (zum ökonomischen Forschungsbedarf zur Konkretisierung des Leitbildes sustainable development und der damit verbundenen Bewertungsfragen auch Costanza, 1991). Dabei seien folgende Punkte genannt:

(1) Im Schutzzielbereich menschliche Gesundheit ist es methodisch vor allem der public health-Bereich, bei dem in der Bundesrepublik Deutschland ein erheblicher Nachholbedarf besteht. Die gezielte Förderung lokaler Schwerpunkte an den Hochschulen, aber auch der

institutionellen Forschung müssen zur Verbesserung der Basis unserer Gesundheitspolitik verstärkt und langfristig konzipiert fortgesetzt werden.

(2) In den ökologischen Schutzzielbereichen ist es der Bereich der Ökotoxikologie, der sich als zentrales Forschungsfeld ergibt. In der Humantoxikologie steht für die Einzelstoffbewertung ein wissenschaftlich ausgefeiltes und in der Praxis bewährtes Beurteilungssystem zur Verfügung, während bzgl. der Beurteilung von Kombinationswirkungen und der Risikoabschätzung bei kanzerogenen Stoffen noch erheblicher Forschungsbedarf besteht. Auch in der Beurteilung von Umwelteinflüssen auf Ökosysteme ist eine weitgehende Unsicherheit festzustellen. Entscheidende Herausforderung ist hier der Schritt von der Betrachtung einzelner Spezies (z. B. Fischtest) zu einer streng ökosystemaren Betrachtungsweise. Das GSF-Forschungszentrum für Umwelt und Gesundheit hat eine Bestandsaufnahme vorgelegt und Empfehlungen zur weiteren Vorgehensweise ausgesprochen (GSF, 1993).

Zur systematischen Entwicklung der Ökotoxikologie empfiehlt die Enquete-Kommission ein Schwerpunkt-Forschungsprogramm. Dabei ist die wissenschaftliche Fundierung von Vergleichswerten zur Festlegung von Konzentrationen, Frachten bzw. Strukturen eine methodisch vorrangige Frage. Den Methoden zur mathematischen Modellierung als grundlegendem Prognoseteilinstrument ist in diesem Kontext der Betrachtung (öko)systemarer Prozesse besondere Aufmerksamkeit zu schenken. Durch den Aufbau eines entsprechenden Forschungsschwerpunkts wird die Bewertung von Fragen zur Artendiversität bzw. genetischen Vielfalt sowie der Struktur und Funktion von Ökosystemen entscheidend profitieren.

(3) Eine wichtige Kenngröße für die Bewertung von Schadstoffen ist die Exposition, d. h. die Dauer und Höhe der Einwirkung auf den Menschen oder Ökosysteme. Expositionsdaten können in Einzelfällen gemessen werden, müssen aber meistens aus Modellansätzen zur Stoffausbreitung in der Umwelt hergeleitet werden. Erheblicher Forschungsbedarf besteht bzgl. der Geschwindigkeit und der Einstellung von Verteilungsgleichgewichten zwischen den Umweltkompartimenten sowie der Geschwindigkeit des biotischen Abbaus in Gewässern und Böden.

(4) In der Analyse von Ökosystemen und ihres Reaktionsverhaltens ist der Faktor Zeit von herausragender Bedeutung (s. Ausführungen zur vierten grundlegenden Regel in Kap. 3.2.3.4). Hinausführend über eine bislang eher statische Betrachtungsweise ist den Forschungsar-

beiten zur Umweltdynamik und zu Geschwindigkeiten relevanter Prozesse besondere Aufmerksamkeit zu widmen.

(5) Unverzichtbare Basis jeder Bewertung ist die Verständigung über bzw. Festlegung von Vergleichswerten. Unabhängig von der schwierigen Frage nach der Objektivierbarkeit eines „natürlichen Zustands" müssen Konzepte gefördert werden, die zur Lösung dieses Problemkomplexes beitragen. In diesem Rahmen scheinen besonders die Begriffe

– kritische Konzentration (critical level),
– kritischer Eintrag (critical load) sowie
– kritischer Zustand/Struktur (critical structure)

einen Weg aufzuzeigen, den es durch intensive Forschung experimentell und theoretisch zu untermauern bzw. hinsichtlich seiner Tragfähigkeit zu überprüfen gilt.

Notwendige Voraussetzung für die Bewertungspraxis ist eine entsprechend gesicherte Datenbasis. Internationale Bemühungen der VN und ihrer Unterorganisationen zum Aufbau globaler Umweltbeobachtungssysteme (Global Climate Observation System, GCOS) zeigen hierzu den Weg.

Erheblicher Forschungsbedarf besteht hinsichtlich der Systematik bei der Auswahl der Beobachtungsparameter und der Beobachtungspunkte bzw. Flächen sowie ihrer nationalen und internationalen Harmonisierung. Der auch in Deutschland aufgrund der Länderkompetenz stark zersplitterte Ansatz ist auf Dauer weder wissenschaftlich noch finanziell vertretbar (Nutzung der dezentralen Strukturen unter Verbesserung der Koordination und Vergleichbakeit von Meßprogrammen und Daten). Zur Frage des Meßwertprogrammes gehört auch die Problematik der Qualitätssicherung bei der Meßwerterhebung; Probenahme, Repräsentativität der Meßstelle, Zeitfenster der Beobachtung sowie die jeweilige natürliche Schwankungsbreite seien als Stichworte genannt.

Das zur Umweltbeobachtung gesagte gilt im übertragenen Sinne auch für die Gesundheitsberichterstattung.

(6) Eine wesentliche Zielsetzung der Umweltbeobachtung ist die Prognose als Grundlage für vorsorgendes Handeln. So beruhen die politischen Entscheidungen über CO_2-Reduktionsziele unvermeidlicherweise auf mathematischen Modell-Szenarien mit all ihren Unsicherheiten, sowohl hinsichtlich der „Wahrheit" des Modells als auch der konkreten Informationsbasis. Den Problemen der mathematischen Modellierung als unverzichtbarem Bestandteil der Analyse und Prognose des Verhal-

tens komplexer Systeme ist ein hoher Forschungsbedarf zuzuordnen mit entsprechenden Anforderungen an Mathematik, Informatik und Systemwissenschaft in interdisziplinärer Verknüpfung mit den angewandten ökologischen Wissenschaften. Die Leistungsfähigkeit der Modelle gilt es sowohl im Hinblick auf die Verknüpfung „historischer" Umweltentwicklungen mit den prognostischen Entwicklungen als auch im Vergleich von genau untersuchbaren Modellökosystemen mit realen Freilandbeobachtungen zu überprüfen.

(7) In struktureller Hinsicht weist die Enquete-Kommission auf die Bedeutung der Verknüpfung von Forschung und Lehre hin. Zusätzlich zur Entwicklung von Bewertungskriterien und Systemen, die vor allem an den Universitäten und in den Großforschungseinrichtungen erfolgt, ist eine möglichst aktuelle und umfassende Wissensvermittlung auf diesem Gebiet notwendig. Hierfür müssen neue Strukturen an den Universitäten und Hochschulen gefunden werden. Disziplinübergreifende Kommunikation und Kooperation sind weiter voranzutreiben, und der Umweltschutzgedanke im Sinne des Leitbildes einer nachhaltig zukunftsverträglichen Entwicklung hat den gesamten akademischen Bereich zu durchdringen.

Neben dem nochmaligen Hinweis auf die hier nicht detailliert behandelten ökonomischen und sozialen Zielbereiche sei abschließend noch einmal der Begriff Risiko aufgegriffen, der in vielfältiger Weise auch die drei Zielbereiche verknüpft. Für eine konsensuale Bewertung sind nicht nur objektivierbare Kriterien notwendig, sondern darüber hinaus ein Grundkonsens über das Risiko, das die Gesellschaft bzw. der Einzelne zu akzeptieren bereit ist. Insoweit stellt das Themenfeld der „Risiko-Kommunikation" ein vorrangiges Forschungsgebiet dar.

5.8 Empfehlungen

Beim derzeitigen Bearbeitungsstand des Themenfeldes Bewertung von Stoffströmen gibt die Enquete-Kommission folgende Empfehlungen:

- Entsprechend dem Leitbild der Stoffpolitik sind in Verfahren zur Beurteilung und in Entscheidungen über den Umgang mit Stoffen und über das Stoffstrommanagement über den gesundheitlich-ökologischen Zielbereich hinaus explizit der ökonomische und soziale Zielbereich einzubeziehen.
- Für die Weiterentwicklung und Unterstützung integrierter Bewertungsverfahren wird die Fortführung der von der Enquete-Kommission begonnenen Bemühungen um eine Systematisierung ökologischer, öko-

nomischer und sozialer Schutz- und Gestaltungsziele sowie daraus abgeleiteter Indikatoren empfohlen. Dazu gehört auch die Formulierung von nationalen Umweltzielen.

– Der Förderung von Methoden für konsensorientierte Abwägungs-, Diskussions- und Entscheidungsprozesse kommt hohe Bedeutung zu, insbesondere da es keine allgemeingültigen Gewichtungsfaktoren für unterschiedliche Indikatoren geben kann und Zielkonflikte zwischen verschiedenen Schutz- und Gestaltungszielen unvermeidlich sind.

– Bei Unfällen oder Störfällen sowie beim Erkennen von toxischen oder ökotoxischen Wirkungen von Stoffen ist zur akuten Gefahrenabwehr zügiges und entschlossenes Handeln erforderlich. Sieht man von dieser Art der Gefahrenabwehr ab, ist den Stoffen, die beispielsweise durch kritische Anreicherungen in natürlichen Kreisläufen (Stickstoff, Kohlenstoff etc.) global und langfristig auf die Lebensgrundlagen einwirken, Vorrang einzuräumen (weitreichende Raum-Zeit-Skalen).

– Zur Berücksichtigung unvermeidbarer Grenzen des Wissens und angesichts der Gefahr zeitlich verzögert auftretender Wirkungen auf großräumige dynamische ökologische Systeme und die Gesundheit des Menschen sind Vorsorgekriterien besonders zu beachten.

– Die Beachtung der Grenzen des Wissens und der daraus ableitbaren Vorsorgekriterien erfordert die Fortentwicklung und Überprüfung bestehendem Wissens. Die notwendige Ergänzung zu den Vorsorgekriterien ist deshalb die Verpflichtung zur Verbesserung des Erkenntnisstandes, wie dies auch in den übrigen Empfehlungen der Enquete-Kommission zum Ausdruck kommt.

– Die gesellschaftliche Diskussion zu Fragen der Akzeptanz von Stoffrisiken in der Industriegesellschaft ist aktiv voranzubringen. Die Ergebnisse dieses Diskussionsprozesses sind notwendige Voraussetzung zur besseren „Fundierung" der Bewertungsverfahren in den zuständigen Gremien.

– Die Bewertungsverfahren müssen im Hinblick auf eine umfassende Berücksichtigung der sechs grundsätzlichen Bewertungsschritte (s. Kap. 5.3) weiterentwickelt werden (integriertes Bewertungsverfahren).

– Die Enquete-Kommission unterstützt die derzeitige Initiative zur Schaffung eines dem AGS parallelen Bewertungsgremiums in Form einer Chemikaliensicherheitskommission. Angesichts seiner Aufgabenstellung sollten ihr, wie es in § 20b des Chemikaliengesetzes vorgesehen ist, Vertreter aus der chemischen Industrie und anderen stoffintensiven Branchen, Vertreter aus den Umweltverbänden, den Verbraucherorganisationen und den Gewerkschaften angehören. Für eine enge Verzahnung der beiden Gremien sowie für eine Verbindung zu parlamentarischen Entscheidungsprozessen ist Sorge zu tragen.

- Die Enquete-Kommission unterstützt internationale Entwicklungen, bei denen über den gesundheitlich-ökologischen Bereich hinausgehend übergreifend Bewertungskriterien zum Leitbild sustainable development in die Bewertung des Umgangs mit Stoffen und in das Stoffstrommanagement einbezogen werden.
- Institutionen und Initiativen zu selbstorganisierten Bewertungsverfahren zum Umgang mit Stoffen sind als Schritt zu einer stärkeren gesellschaftlichen Beteiligung zu unterstützen (beispielhaft etwa die neugegründete Akademie für Technikfolgenabschätzung in Baden-Württemberg).
- Die stoffrelevanten Bewertungsverfahren werden zunehmend in Gremien, die Ökobilanzen erstellen, de facto weiter operationlisiert. Deshalb gibt die Enquete-Kommission zu bedenken, ob nicht für den weiteren Prozeß der Entwicklung und Standardisierung von Ökobilanzen eine unabhängige Einrichtung zur Begleitung des Bewertungsprozesses einzurichten ist. Arbeiten hierzu finden in der Fachdiskussion über Ökobilanzen und in verschiedenen Gremien (z. B. NAGUS/DIN, SETAC) statt.
- Im integrierten Bewertungskonzept steht der Begriff Risiko direkt oder indirekt mit vielen Entscheidungen in Verbindung. Risikoforschung – risk assessment und risk communication einschließend – soll zur Verringerung dieses gesellschaftlichen Grundproblems beitragen.
- Bei der Analyse des Forschungsbedarfs wurde der Ökotoxikologie besondere Bedeutung zuerkannt. Aufbauend auf den positiven Erfahrungen in der Humantoxikologie regt die Enquete-Kommission an, z. B. im Rahmen eines Schwerpunkt-Förderprogramms der Deutschen Forschungsgemeinschaft (DFG) die systematische Entwicklung der Ökotoxikologie voranzubringen.

6 Management von Stoffströmen

Stoffstrommanagement ist die Antwort auf den umweltpolitischen Paradigmenwechsel am Ende der achtziger Jahre. Die Grenzen der medial organisierten, emissions- und anlagenbezogenen und der einzelstoffbezogenen Umweltpolitik wurden zunehmend deutlich. Die Betrachtung der Anwendungsfelder von Stoffen statt der Einzelstoffe, der Produkte statt der Produktion und der Produktlinien statt der Produktionsanlagen hatte eine Verschiebung in Richtung systemarer Stoffstromdarstellungen und komplexer Produktbetrachtungen unter dem Motto „von der Wiege bis zur Bahre" zur Folge. Diese Verschiebung von Sichtweisen muß mit einer Umorientierung von einem reaktiven zu einem proaktiven Umweltschutz verbunden werden. Stoffstrommanagement ist ein Ansatz, um zusammen mit betrieblichem Umweltmanagement (s. Kap. 3.4.5) und im Rahmen geeigneter stoffpolitischer Instrumente (s. Kap. 7) der Verwirklichung einer nachhaltig zukunftsverträglichen Entwicklung näher zu kommen.

6.1 Begriffsdefinition der Enquete-Kommission

Zentrales Leitbild für den Umgang mit Stoffen ist für die Enquete-Kommission das der nachhaltig zukunftsverträglichen Entwicklung, das weitgehend mit den Oberzielen – Erhalt der natürlichen Lebensgrundlagen – und – Erhalt der wirtschaftlichen und sozialen Entwicklungsfähigkeit – umschrieben wurde. Damit wird eine gesamtgesellschaftliche Aufgabe beachtlicher globaler Ausrichtung beschrieben, die allerdings der Operationalisierung bedarf.

Im Rahmen der Diskussion um die Umsetzung des Leitbildes einer nachhaltig zukunftsverträglichen Wirtschaftsentwicklung haben sich Begriff und Inhalte grundsätzlicher Regeln (s. Kap. 3) durchgesetzt. Daran anknüpfend wird der aktiv gestaltende Umgang mit Stoffen auf allen Ebenen der Verantwortung häufig als „Stoffstrommanagement" gekennzeichnet.

Management heißt zielgerichtete Lenkung und Führung, Organisation, Planung, Realisierung und Kontrolle und wird u. a. im Sinne der unternehmerischen Betriebsführung verwendet. Die Übertragung dieses Verständnisses von Management auf die Gesamtwirtschaft könnte als ein Plädoyer für eine planwirtschaftliche Stoffstrompolitik ausgelegt werden, was jedoch nicht beabsichtigt ist.

Management bedeutet im stoffpolitischen Zusammenhang auch, daß Stoffströme durch entsprechende Änderungen der Rahmenbedingungen in eine z. B. umweltverträglichere Richtung gelenkt werden. Diese Rahmenbedingungen sollten in einer marktwirtschaftlichen Wirtschaftsordnung so gestaltet werden, daß die Marktkräfte im Sinne einer nachhaltig zukunftsverträglichen Entwicklung wirken.

Unter einem Stoffstrom wird der Weg eines Stoffes von seiner Gewinnung als Rohstoff über die verschiedenen Stufen der Veredlung bis zur Stufe der Endprodukte, den Gebrauch/Verbrauch des Produktes, ggf. seine Wiederverwendung/Verwertung bis zu seiner Entsorgung verstanden (Enquete-Kommission „Schutz des Menschen und der Umwelt", 1993, S. 301).

Zur Konzipierung eines so verstandenen Stoffstrommanagements ist es erforderlich, sowohl die naturwissenschaftlich-technische Seite der Stoffstromproblematik als auch ihre wirtschaftliche und soziale Seite genauer zu betrachten.

Vom Menschen in Gang gesetzte Stoffströme können in vielfältiger und vernetzter Weise in die Umwelt eingreifen. Je nach Verwendung und Kombination mit anderen Stoffen können die den Produktlebenszyklus begleitenden Stoffströme ganz unterschiedliche Wirkungen entfalten. Zur systematischen Einbeziehung dieser unterschiedlichen Auswirkungen und damit auch der bisher externalisierten Kosten in wirtschaftliche Entscheidungsprozesse ist eine Stoffstrombetrachtung erforderlich, die vor einem Werkstor beginnt, weit danach erst endet und überdies zahlreiche Querverbindungen zu berücksichtigen hat. Stoffstrommanagement geht in diesem Sinne also weit über die klassische innerbetriebliche Stoffstromverwaltung hinaus.

Unternehmen und ihre Verbände sind sich der Notwendigkeit eines integrierten Managements, das neben den herkömmlichen Aspekten des Managements – Erhaltung von Wettbewerbsfähigkeit und Einhaltung der Unternehmensziele – die ökologischen Aspekte mit einbezieht, zunehmend bewußt. Wichtig ist insbesondere die Haltung des verantwortlichen Managers, da das Stoffstrommanagement als zielorientierte, verantwortliche, effiziente und ganzheitliche Beeinflussung von Stoffströmen auf die Entscheidungskompetenz der Entscheidungsträger angewiesen ist. Diese Haltung des Managements wird durch die Kriterien für ein Umweltmanagement beschrieben. Die dieser Entscheidungskompetenz zugrundeliegende Sachkompetenz darf nicht nur auf die oberste Führungsebene beschränkt sein, sondern muß alle Organisationsebenen in einem Informationsaustausch von oben nach unten und von unten nach oben umfassen. Diese Tätigkeit wird als direktes Stoffstrommanagement bezeichnet.

Der Erfolg des Stoffstrommanagements eines Akteurs (z. B. eines Unternehmens) ist in hohem Maße von seinem Zugang zu Informationen, von der Kooperation mit anderen Akteuren und von den Rahmenbedingungen abhängig. Die Fülle unterschiedlicher Informationen, die für ein zielgerichtetes Stoffstrommanagement erforderlich sind, muß einerseits vom Akteur selbst bereitgestellt werden und andererseits von dritter Seite (national wie international) zur Verfügung gestellt werden. Dabei müssen externe Akteure über den Informationsaustausch hinaus immer berücksichtigt und kooperativ eingebunden werden, da Eingriffe eines Akteurs in einen Stoffstrom in der Regel direkte Auswirkungen auf andere Akteure haben. Ein Stoffstrommanagement ergibt sich dabei in der Kette aus vielen Beiträgen unterschiedlicher Akteure.

Der Staat hat hierbei vorrangig die Aufgabe, für geeignete Rahmenbedingungen zu sorgen. Dazu gehört die Formulierung von Umweltzielen, die Beeinflussung wirtschaftlicher Rahmenbedingungen, eine entsprechende Förderung von Bildung, Forschung und Entwicklung sowie die Unterstützung von Kommunikations- und Kooperationsprozessen, wenn diese von den Akteuren nicht selbständig organisiert werden können, aber aus Gründen des Gemeinwohls in Gang gebracht werden sollen. Die Ausgestaltung dieser Rahmenbedingungen wird als indirektes Stoffstrommanagement bezeichnet. Auch hierzu ist die gleiche Informationstiefe wie für das direkte Stoffstrommanagement erforderlich.

Direkte Eingriffe durch den Staat – direktes Stoffstrommanagement – sollten sich – orientiert am Vorsorgeprinzip – auf Stoffe mit einem hohen gesundheitlichen oder ökologischen Gefährdungspotential beschränken.

Kurz gefaßt kann man Stoffstrommanagement daher wie folgt beschreiben:

Unter dem Management von Stoffströmen der beteiligten Akteure wird das zielorientierte, verantwortliche, ganzheitliche und effiziente Beeinflussen von Stoffsystemen verstanden, wobei die Zielvorgaben aus dem ökologischen und dem ökonomischen Bereich kommen, unter Berücksichtigung von sozialen Aspekten. Die Ziele werden auf betrieblicher Ebene, in der Kette der an einem Stoffstrom beteiligten Akteure oder auf der staatlichen Ebene entwickelt.

Im Vordergrund sollte immer die Effizienz stehen, was den Akteur Staat auf das Setzen von Rahmenbedingungen, beispielsweise von Umweltzielen, spezialisiert, während die Wirtschaft der eigentlich handelnde Akteur ist, der stets mit anderen Akteuren (Anspruchsgruppen) in einer marktorientierten Wechselwirkung steht. Dies ist jedoch ein Prozeß, der im gegenseitigen Verständnis mit wechselseitiger Informationsübergabe, also iterativ, abläuft.

Neben diesen beiden Akteuren des Stoffstrommanagements – Staat und Wirtschaft – gibt es zahlreiche weitere Anspruchsgruppen, die Stoffströme durch ihr Handeln und Verhalten beeinflussen, jedoch nicht im Sinne der vorstehenden Definition Stoffströme zielgerichtet lenken, also kein Stoffstrommanagement ausüben. Hierunter sind u. a. Konsumenten, Gewerkschaften und Umweltverbände zu verstehen.

6.2 Ziele und Prinzipien des Stoffstrommanagements

Stoffstrommanagement ist keine Erfindung der Umweltpolitik. Es findet auf Unternehmensebene mit dem Ziel der Kosteneffektivität und der Effizienz als Teil unternehmerischen Handelns selbstverständlich und schon immer statt. Mit dem Einzug des Umweltmanagements in die Unternehmen treten auch auf der Unternehmensebene dort, wo Umweltgefährdungen noch nicht in den Preisen zum Ausdruck kommen, ökologische Ziele wie Emissions- oder Abfallminimierung neben das Ziel der Kostenminimierung. Art und Geschwindigkeit dieser Zielerweiterung hängt unter anderem auch von dem Staats- und Marktrahmen ab, in dem ein Unternehmen agiert.

Das Management von Stoffströmen verfolgt unterschiedliche Ziele, je nachdem, welche politischen, wirtschaftlichen oder unternehmerischen Interessen vorrangig verfolgt werden oder welche individuellen Werte handlungsleitend sind. Je stärker die notwendige Entlastung von Umweltkompartimenten (Atmosphäre, Meere etc.) oder die Erhaltung der Leistungsfähigkeit natürlicher Funktionen (Abbaumechanismen in Böden, Oberflächenwasser etc.) im Vordergrund stehen, desto mehr kommt es darauf an, die Ströme bestimmter Stoffe und ggf. auch Energieströme zu beeinflussen. Alle Stoffströme münden in natürliche Senken ein, die zum Teil an der Grenze ihrer Belastbarkeit angelangt sind; hier gilt es dann vor allem, die jeweils verantwortlichen Stoffströme zu verlangsamen. Die Betonung des Schutzes der menschlichen Gesundheit erfordert vorrangig eine Verringerung des Eintrags von „Schadstoffen" in die Umwelt. Diese Ziele können, sofern die Preise nicht die ökologische Wahrheit sagen, in Konflikt treten mit dem unternehmerischen Ziel der Kosteneffizienz und Preiswürdigkeit, wovon der Konsument gleichermaßen profitiert. Der Interessenausgleich zwischen ökologischen und einzelwirtschaftlichen Zielen erfolgt dann nicht von selbst. Es wäre naiv, dies zu erwarten oder vorauszusetzen oder die wirtschaftlichen Akteure deshalb zu tadeln, weil sie diesen Ausgleich nicht von sich aus herbeiführen.

Die Enquete-Kommission sucht nach Wegen, die unterschiedlichen Interessen nicht nur transparenter zu machen, sondern die Ziele zusammenzuführen bzw. für die Ziele ein gemeinsames Optimum zu finden. Ziel des ökologischen Stoffstrommanagements sollte es sein, mit den vorhandenen Mitteln die größtmögliche Verbesserung der Umwelt zu erreichen. Dieses Prinzip sollte die Basis für eine vernünftige Prioritätensetzung im Stoffstrommanagement sein. Daraus folgt, daß neben ökologischen auch ökonomische Analysen und Bewertungen erforderlich sind, um eine möglichst hohe Allokationseffizienz zu erzielen.

Es sei noch einmal darauf hingewiesen, daß die Erwartungen an die „natürlichen" Akteure des Stoffstrommanagements – Produzenten, Handel, Konsumenten, „Entsorger" – nicht überzogen werden dürfen. Diese Akteure brauchen allerdings einen Rahmen, den der subsidiäre Akteur Staat schaffen muß, um sie zu veranlassen, ökologische Motive in einem vernünftigerweise gewünschten Ausmaß in ihre Kalküle einzubeziehen (s. Kap. 3).

Der Staat kann, soll und will nicht den gesamten Lebenslauf aller Produkte unter Einbeziehung aller relevanten Stoffströme in und zwischen jeder Produktionsstufe beschreiben und beherrschen. Ein solches Verständnis von Stoffstrommanagement ist unrealistisch und ineffektiv für die Lösung von Umweltproblemen. Es konterkariert das tatsächlich angestrebte Prinzip. Vielmehr soll sich die Regelungstiefe an den von einzelnen Stoffen in der Umwelt ausgehenden Risiken und an der Belastung von Senken durch Stoffströme bzw. Stoffumsätze orientieren. Das Instrumentarium reicht daher von freiwilligen Maßnahmen, der Formulierung neuer Informationspflichten, dem Ordnungsrecht, Abgaben bis hin zur Festlegung von Mengenzielen (s. Kap. 7).

Wo immer möglich, sollte der Staat sich darauf beschränken, einen Rahmen für das selbständige Handeln der Wirtschaftssubjekte am Markt zu setzen und diesem ökologische Ziele vorzugeben oder diese zu beschreiben. Er wird sich allerdings jeweils weitergehende Maßnahmen vorbehalten müssen, wenn diese Ziele nicht erreicht werden.

Der staatlich gesetzte Rahmen sollte neben allgemeinen Vorschriften nur wenige Zieldaten beziehungsweise das Verfahren zur Aufstellung von Zieldaten beschreiben. Idealerweise müßten externe Effekte in die Marktpreise internalisiert werden. In dem Maße aber, wie das tatsächlich nicht der Fall ist und Änderungen in dieser Richtung nicht realisiert werden können, sind allgemeine Vorschriften erforderlich, deren Inhalte folgendermaßen beschrieben werden können:

- Allgemeine Verpflichtung von Akteuren im Stoffstrommanagement zum schonenden Umgang mit Stoffen und Energie
- Aufforderung zur Herstellung langlebiger und reparaturfreundlicher Güter sowie Einforderung entsprechender Normen
- Grundsätze für Kennzeichnungen für Produkte im Hinblick auf Inhaltsstoffe, Energiebedarf für die Gebrauchsphase, Entsorgungs- bzw. Verwertungswege
- Rahmenregeln für das betriebliche Öko-Audit und Umweltmanagement
- Verfahren zur Setzung von allgemeinverpflichtenden Umweltzielen.

Beim Entwurf solcher Rahmenvorschriften ist auf wirtschaftliche Verhältnismäßigkeit zu achten. Umweltziele sind eine Voraussetzung für die Entwicklung von Einzelzielen für das Management von Stoffströmen. Die Enquete-Kommission hält die Erarbeitung von Umweltzielen als Orientierung des Stoffstrommanagements für dringend erforderlich. Die bisherigen Ansätze zur Erarbeitung solcher Umweltziele reichen nicht aus.

6.3 Herangehensweise der Enquete-Kommission

Die Enquete-Kommission hat sich dem Thema Stoffstrommanagement in ähnlicher Weise wie dem Thema „Bewertung" (s. Kap. 5) sowohl auf induktivem als auch auf deduktivem Wege genähert. Sie hat sich einerseits mit dem konkreten Stoffstrommanagement der Fallbeispiele und Bedürfnisfelder und andererseits auf der Grundlage von Studien, Anhörungen und einer Klausurtagung mit allgemeinen Konzepten für ein Stoffstrommanagement auseinandergesetzt.

Bei der Behandlung der Fallbeispiele und Bedürfnisfelder wurden Stoffstromanalysen erarbeitet, Akteure identifiziert und ökonomische, soziale und rechtliche Rahmenbedingungen betrachtet. Auf der Basis ökologischer, ökonomischer und sozialer Kriterien wurden die betrachteten Stoffstromsysteme und die korrespondierenden Akteursbeziehungen auf Handlungsbedarfe und Handlungsmöglichkeiten hin untersucht. Auf dieser Basis hat die Enquete-Kommission konkrete Empfehlungen für das Stoffstrommanagement der untersuchten Fallbeispiele und Bedürfnisfelder ausgesprochen (s. Kap. 4 und Enquete-Kommission „Schutz des Menschen und der Umwelt", 1993).

Am Beginn der Diskussion der Enquete-Kommission über allgemeine Konzepte eines Stoffstrommanagements stand die Beschäftigung mit der von der niederländischen chemischen Industrie entwickelten Methode eines integrierten Stoffstrommanagements (VNCI-Modell, s. Enquete-Kommission „Schutz des Menschen und der Umwelt", 1993, S. 282). Bei einer Delegationsreise nach Den Haag im Januar 1993 wurde dieses Konzept mit den verantwortlichen Beteiligten diskutiert und seine Stellung im Rahmen der niederländischen Umweltpolitik erkundet. Im Rahmen einer internen Anhörung hat sich die Enquete-Kommission mit verschiedenen Konzepten für die Erfassung von Stoffströmen auseinandergesetzt. Dabei wurden das in der Schweiz entwickelte Konzept zur Erfassung regionaler Stoffströme (Brunner, 1992), das bei der Generaldirektion XI der EG-Kommission angesiedelte Projekt „Analyse prioritärer Abfallströme" und das beim Wuppertal-Institut für Klima-Umwelt-Energie entwickelte Konzept zur Entwicklung eines an der Materialintensität pro Serviceeinheit (MIPS) orientierten Grobindikators für Umweltbelastungen vorgestellt und diskutiert.

Zur Unterstützung der systematischen Behandlung der Themen „Stoffstromanalyse" und „Stoffstrommanagement" wurden von der Enquete-Kommission Studien in Auftrag gegeben, deren Ergebnisse Ende 1993 im Rahmen einer Klausurtagung vorgestellt und diskutiert wurden. Die Prognos AG hat in der Studie *„Erfassung von Stoffströmen aus naturwissenschaftlicher und wirtschaftswissenschaftlicher Sicht zur Schaffung eines Datenbasis für die Entwicklung eines Stoffstrommanagements"* u. a. bestehende Konzepte zur Beschreibung von Stoffströmen und eine Übersicht über ökologisch und ökonomisch relevante Stoffströme in der Bundesrepublik erstellt (Prognos, 1994). Die von de Man erarbeitete Studie beschreibt *„Akteure, Entscheidungen und Informationen im Stoffstrommanagement"* (de Man, 1994). Beide Studien sind in Kooperation zwischen den Studiennehmern und in Zusammenarbeit mit der Enquete-Kommission erarbeitet worden. Dabei verschob sich der Schwerpunkt von den ursprünglich im Vordergrund stehenden Fragen zu den Methoden der Stoffstromanalyse zur Problematik der Entwicklung von Konzepten und Organisationsformen eines Stoffstrommanagements.

6.4 Diskussions- und Sachstand im Stoffstrommanagement

6.4.1 Fragestellungen beim Stoffstrommanagement

Zur Beschreibung der konkreten Merkmale eines Stoffstrommanagements ist es zunächst erforderlich, die allgemeinen Elemente zu betrachten, die im Stoffstrommanagement eine Rolle spielen. Dies sind
- die Akteure (Personen, Organisationen etc.), die am Management von Stoffströmen beteiligt sind,
- die Ziele dieser Akteure,
- modellhafte Vorstellung der für das Ziel relevanten Stoffströme und Stoffstromsysteme,
- Informationen über den aktuellen Zustand des Systems (Stoffströme und Akteure) und
- Instrumente, mit denen die Akteure Stoffströme zielgerichtet beeinflussen können.

Angewandt auf das oben definierte Stoffstrommanagement bedeutet dies, daß die Akteure ein Ziel für das Stoffstrommanagement haben müssen. Dies kann ein wirtschaftlich/technisches Ziel, aber auch ein ökologisches Ziel sein. Es bedeutet zudem, daß der Akteur eine für sein Ziel adäquate Beschreibung vom Stoffstromsystem besitzt, daß er das Stoffstromsystem kennt und versteht: dieses Modell soll es ihm ermöglichen, „Stellschrauben" für die von ihm gewünschten Systemänderungen zu identifizieren.

Damit die notwendigen Systemänderungen definiert werden können, müssen ausreichende Informationen über den Zustand verfügbar sein, in dem sich das Stoffstromsystem befindet. Schließlich müssen geeignete Instrumente vorhanden sein, mit denen die gewünschten Systemänderungen herbeigeführt werden können (de Man, 1994, S. 5).

Aus den allgemeinen Elementen eines effektiven Stoffstrommanagements entwickelte die Enquete-Kommission korrespondierende Leitfragen, denen in den nachfolgenden Kapiteln nachgegangen wird:
- Was ist die Rolle des Staates? Was sind die Rollen der anderen Akteure?
- Welche Ziele verfolgen die Akteure? Wie lassen sich unterschiedliche Ziele miteinander vereinbaren?
- Welches sind die besten Strategien für die einzelnen Akteure? Was ist für ein geeignetes Zusammenspiel der Akteure zu beachten?

- Welche Informationen benötigen die einzelnen Akteure? Wie können die einzelnen Informationsquellen abgestimmt werden?
- Welche Instrumente benötigen die einzelnen Akteure? Was ist für die Wechselwirkung der einzelnen Instrumente zu beachten?

Beleuchtet man den neuen Terminus Stoffstrommanagement sowohl aus naturwissenschaftlicher und ökonomischer Sicht als auch aus politischer Sicht, so ist in jedem Fall festzustellen, daß es verschiedene Akteure gibt: Staat, Produktionsunternehmen, Handelsunternehmen, Verbände, Gewerkschaften, Konsumenten etc. Diese haben unterschiedliche Aufgaben und Ziele im Stoffstrommanagement. Daraus läßt sich folgern, daß es „das" Stoffstrommanagement als konkrete Vorgehensweise nicht gibt. Allerdings gibt es verallgemeinerbare Schritte im Ablauf eines Stoffstrommanagements, die für alle Aufgabentypen gleichermaßen gelten. Um diese Schritte geht es im folgenden Kapitel.

6.4.2 Schritte eines Stoffstrommanagements

Die einzelnen Komponenten bzw. Schritte im Stoffstrommanagement sind in Abbildung 6.1 dargestellt:

(1) Zielfestlegung

(2) Stoffstromanalyse

(3) Stoffstrombewertung

(4) Entwicklung von Strategien

(5) Durchführung und Kontrolle.

Dieses Schema ist gleichermaßen für alle „Akteure" eines Stoffstrommanagements (staatliche Organe auf Bund-, Länder- und kommunaler Ebene, Unternehmen, Verbände etc.) und alle Ebenen von Stoffstromproblemen (global, national, regional, lokal) anwendbar, wenn auch im konkreten Fall mit unterschiedlichen Schwerpunkten und unterschiedlicher Tiefe. In der Praxis ist das Schema als Prozeß zu verstehen und anzuwenden (6).

Im folgenden werden einige Erläuterungen zu den einzelnen Schritten gegeben (de Man, 1994; Prognos, 1994):

(1) Zielfestlegung

Zunächst muß festgelegt werden, welche Ziele erreicht werden sollen und welche Stoffströme erfaßt werden müssen. Gleichzeitig müssen die

Schritte eines Stoffstrommanagements

Ziele: ökologisch, ökonomisch, sozial

Zielfestlegung

Stoffstromanalyse
- Stoffanalyse: Auswahl relevanter Stoffströme
- Strukturanalyse der Stoffströme
- Quantifizierung der Stoffströme

Stoffstrombewertung
- Operationalisierung v. Zielen: Indikatoren (z.B. critical loads)
- Soll-ist-Vergleich (anhand der Indikatoren)
- Festlegung von Prioritäten für Maßnahmen

Entwicklung von Strategien
- Auswahl von Operationen/Maßnahmen
- Wirkungsanalyse der Maßnahmen
- Bewertung und Entscheidung über Maßnahmen

Durchführung und Kontrolle

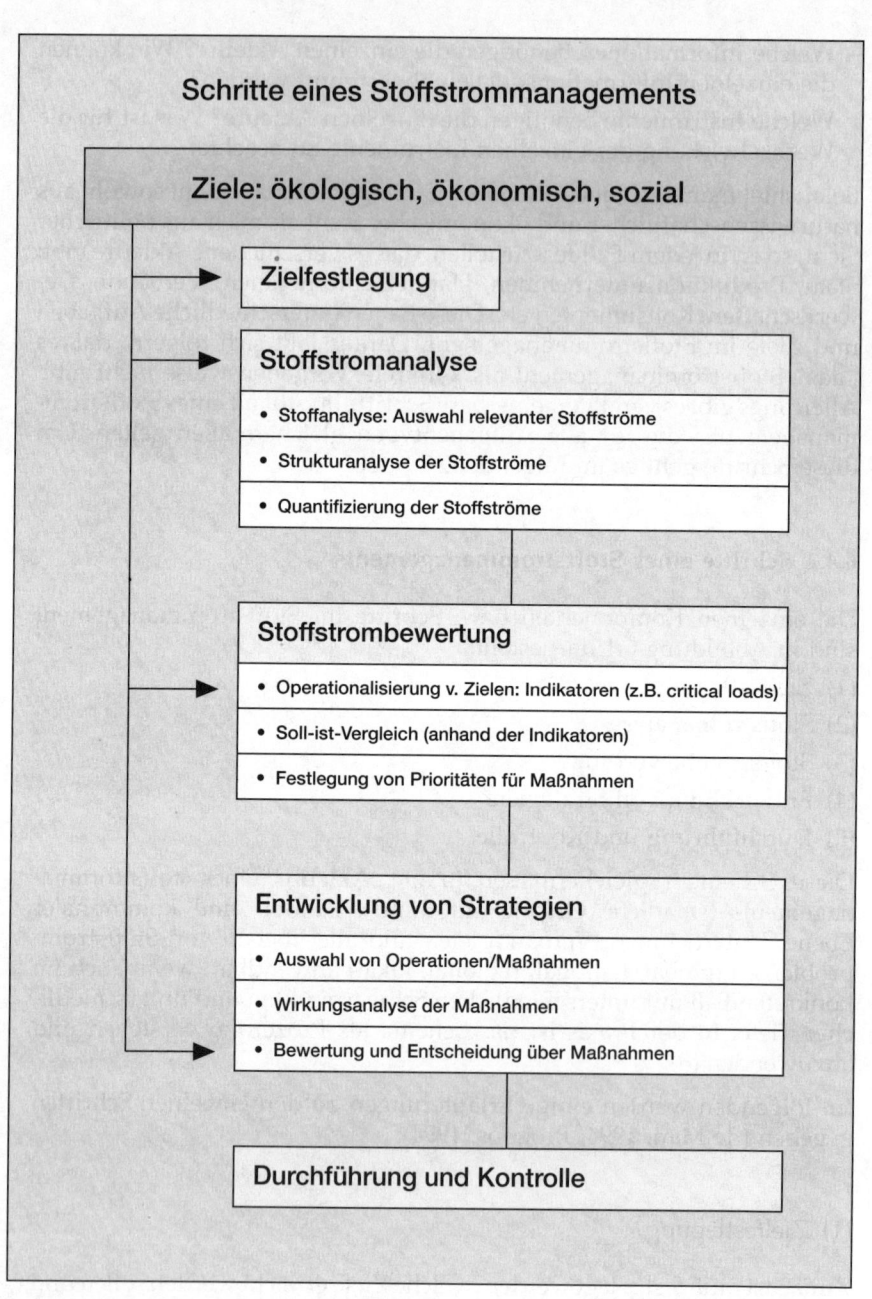

Abb. 6.1: Schritte eines Stoffstrommanagements. Quelle: nach Prognos, 1994, S. 14

aktuellen Rahmenbedingungen und ihre Veränderbarkeit festgestellt werden.

(2) Stoffstromanalyse

Die Stoffstromanalyse dient im wesentlichen der Schaffung einer fundierten Grundlage für weitere Schritte im Stoffstrommanagement. Im einzelnen geht es dabei um die Fragen:
– Welche Stoffströme sind relevant? (Stoffanalyse)
– In welchen Prozessen und von welchen Akteuren werden diese Stoffe umgesetzt? (Strukturanalyse)
– In welchen Mengen werden die Stoffe umgesetzt, aus der Umwelt entnommen und in die Umwelt eingetragen? (Quantifizierung)

Anstoß für die Durchführung einer Stoffstromanalyse kann u. a. ein vorhandenes oder die Vermutung eines Umweltproblems sein. Beispielsweise können Verdachtsmomente bezüglich der ökologischen Bedenklichkeit eines Anwendungsbereiches (z. B. chlororganische Lösemittel in umweltoffener Anwendung) ein Unternehmen, das solche Stoffe herstellt oder verarbeitet, zu einer Stoffstromanalyse veranlassen, etwa um die für das Unternehmen mengenmäßig relevanten Einzelstoffe aus der Stoffgruppe zu ermitteln, um die Höhe von direkten Emissionen dieser Stoffe an verschiedenen Stellen des Produktionsprozesses oder um die mit den hergestellten Produkten ausgeschleusten Mengen der Stoffe zu bestimmen.

Geht es im Stoffstrommanagement nicht primär um einen Stoff oder eine Stoffgruppe, sondern um einen bestimmten Produktionsprozeß, ein Unternehmen oder ein Produkt, so ist eine Vorabklärung und Auswahl der relevanten Stoffe erforderlich, da nicht alle Stoffströme, die mit dem betreffenden Prozeß oder Produkt zusammenhängen, analysiert werden können noch sollten.

Wesentliches Merkmal einer Stoffstromanalyse ist deren möglichst umfassender ganzheitlicher Charakter. Das heißt, Ansatzpunkt der Analyse sind nicht notwendigerweise die Emissionen einzelner Schadstoffe oder einzelne Anlagen, sondern die Stoffströme als Ganzes sowie die relevanten Wechselwirkungen zwischen Stoff- und Güterströmen. Darüber hinaus wird mit diesem Konzept die Beschränkung der umweltpolitischen Problemsicht auf einzelne Umweltmedien (Luft, Boden, Wasser) verlassen. Verlagerungseffekte zwischen Umweltmedien können so frühzeitig erkannt werden.

Aus der quantitativen Darstellung der Stoffströme (z. B. in Form von Stoffbilanzen) und den daraus resultierenden Emissionen in die Umwelt lassen sich mit einer solchen systemorientierten Sichtweise auch die wesentlichen Ansatzpunkte für Maßnahmen erkennen. Beispielsweise können anhand der Stoffstromanalyse neben der Höhe des Schadstoffeintrags in die Umwelt auch die wesentlichen Emissionsquellen (einzelne Anlagen, Industriezweige etc.) und die mit dem jeweiligen Stoffstrom verbundenen wichtigsten Produktströme festgestellt werden.

Die Beschreibung der Stoffströme in Form von Zahlen und Fakten als Ergebnis der Stoffstromanalyse umfaßt zunächst den Status quo. Interessanter für die Entwicklung von Maßnahmen ist jedoch meist die Frage, wie sich die Stoffströme in der Zukunft entwickeln werden. Unter Anwendung geeigneter Verfahren können auf der Grundlage der bestehenden Situation im Rahmen der Stoffstromanalyse Prognosen oder Szenarien der zukünftigen Entwicklung erarbeitet werden.

(3) Stoffstrombewertung

Ein Stoffstrommanagement beinhaltet darüber hinaus eine Stoffstrombewertung. Dabei geht es um die Frage:
– Können die mit den Stoffströmen verbundenen Wirkungen im Hinblick auf ökologische, ökonomische und soziale Ziele akzeptiert werden?

Die Bewertung im Stoffstrommanagement orientiert sich an ökologischen, ökonomischen und sozialen Zielen (s. Kap. 3.3). Ausgehend von den grundlegenden Regeln einer nachhaltig zukunftsverträglichen Entwicklung wurden in Kapitel 5 Schutz- und Gestaltungsziele formuliert und Bewertungskriterien zur Überprüfung der Auswirkungen von Stoffströmen und Instrumenten des Stoffstrommanagements dargestellt. Anhand von Indikatoren und Parametern, die diesen Bewertungskriterien zugeordnet sind, kann eine Quantifizierung oder Skalierung der Auswirkungen von Stoffströmen einerseits und Maßnahmen des Stoffstrommanagements andererseits erfolgen. Durch Bewertung einzelner Schutz- und Gestaltungsziele und Abwägung zwischen den unterschiedlichen Zielbereichen (dem ökologischen, dem ökonomischen und dem sozialen) ist eine begründete Prioritätensetzung und Gewichtung möglicher Optionen im Stoffstrommanagement zu erreichen.

(4) Entwicklung von Strategien

Der Schritt „Entwicklung von Strategien" zielt auf die Beantwortung der Frage ab:

- Welcher Mix von Maßnahmen ist am besten geeignet, die Stoffströme entsprechend den vorgegebenen Zielen zu beeinflussen?

Die Entwicklung von Strategien setzt zunächst eine Auswahl von Maßnahmen zur Gestaltung der Stoffströme voraus, die grundsätzlich anwendbar sind. Je nachdem, wer Akteur ist, kann es sich dabei sowohl um konkrete technisch-organisatorische Maßnahmen (auf der Unternehmensebene) als auch um umweltpolitische Maßnahmen bzw. Zielvorgaben handeln.

Entscheidungen über die durchzuführenden Maßnahmen beruhen auf der Analyse der ökologischen, ökonomischen und sozialen Wirkungen der Maßnahmen. Aufgrund der vielfältigen Zusammenhänge und Wechselwirkungen in realen Stoffstromsystemen können die einzelnen Maßnahmen nicht unabhängig voneinander betrachtet werden, denn sie beeinflussen sich gegenseitig (z. B. Kompensationseffekte). Wichtig ist deshalb die Entwicklung und Umsetzung eines aufeinander abgestimmten, koordinierten Mixes von Maßnahmen (konsistente Strategien). Dies ist gerade in einem vernetzten Produktionsverbund, wie ihn typischerweise die chemische Industrie darstellt, von besonderer Bedeutung, denn aufgrund der Komplexität der Wechselwirkungen sind die Wirkungen von einzelnen Eingriffen in ihrer Konsequenz oft nicht ohne weiteres erkennbar. Dies macht den Einsatz entsprechender Konzepte zur Beschreibung von Stoffströmen, wie in Kapitel 6.4.6 beschrieben, notwendig.

Entscheidungen über Maßnahmen oder Strategien im Stoffstrommanagement erfolgen aufgrund der Bewertung von deren Wirkungen. Dies setzt wiederum voraus, daß entsprechende Bewertungskriterien für die Abschätzung der Wirkungen von Instrumenten und Maßnahmen verfügbar sind (s. Kap. 7).

Im Stoffstrommanagement bilden Zielfestlegung, Stoffstromanalyse, Stoffstrombewertung und Strategieentwicklung den Schwerpunkt. Diese Komponenten stellen den Prozeß der Entscheidungsvorbereitung dar. Dabei geht es um eine zielgerichtete, koordinierte und hinsichtlich der erzeugten Wirkungen bewußte Vorgehensweise, um einen aufeinander abgestimmten Einsatz verschiedener Maßnahmen zu erreichen.

(5) Durchführung und Kontrolle

Stoffstrommanagement beinhaltet abschließend auch die folgende Frage:
- Wie können die Strategien praktisch umgesetzt werden, und werden die erhofften Wirkungen der Strategie erreicht?

Die Implementierung der Maßnahmen erfolgt auf umweltpolitischer Ebene, z. B. in Form entsprechender Gesetzgebung oder auf betrieblicher Ebene, z. B. in Form von Investitionen in verbesserte Anlagen. Nötig erscheint darüber hinaus auch eine Rückkopplung der tatsächlichen Wirkungen der umgesetzten Maßnahmen in Form einer Erfolgskontrolle, die gegebenenfalls zu einer Überarbeitung der Maßnahmenpläne führen kann.

(6) Stoffstrommanagement als Prozeß

Die Komponenten bzw. Schritte eines Stoffstrommanagements Zielfestlegung, Stoffstromanalyse, Stoffstrombewertung, Entwicklung von Strategien sowie Umsetzung und Kontrolle sollten nicht als „starres" Ablaufschema verstanden werden. Vielmehr handelt es sich praxisorientiert um einen iterativen Prozeß.

Von der Vermutung eines Problems (z. B. Umweltbelastung durch einen Stoff X) bis zur Umsetzung konkreter Maßnahmen (z. B. Lenkungsabgabe auf Stoff X) müssen die einzelnen Schritte möglicherweise mehrmals in iterativen Sequenzen mit unterschiedlicher Detailliertheit durchlaufen werden.

Beispielsweise kann das Ziel, eine festgestellte Umweltbelastung zu beheben, Auslöser für die Durchführung einer groben „Stoffstromanalyse" sein, um im Sinne einer Relevanzabschätzung zunächst mögliche wichtige Verursacher (Emissionsquellen) zu ermitteln. Aufgrund dieser Erkenntnisse können dann detailliertere Stoffstromanalysen der relevanten Prozesse oder Produkte durchgeführt werden, die gegebenenfalls als Grundlage für weitere Schritte zur Prioritätensetzung hinsichtlich Maßnahmen und zur Entwicklung und Bewertung von Maßnahmen und Strategien verwendet werden können.

Die bisherigen Ausführungen haben auch deutlich gemacht, daß man für die Durchführung der verschiedenen Schritte im Stoffstrommanagement Ziele benötigt (s. Kap. 3 und 5). Zum Teil können die Ziele aber erst im Verlauf des Prozesses des Stoffstrommanagements konkretisiert werden, da z. B. genaue Aussagen über Emissionsquellen und -mengen oder die Verteilung, Anreicherung und Umwandlung der betrachteten Stoffe in der Umwelt erst nach Durchführung von Stoffstromanalysen getroffen werden können und somit erst im Laufe des Prozesses des Stoffstrommanagements eine Grundlage für die Festsetzung beispielsweise konkreter Emissionsziele vorliegt.

Dies unterstreicht, daß das Stoffstrommanagement als iterativer Prozeß aufzufassen ist, in welchem auch die Ziele schrittweise konkretisiert werden. Der Ablauf des Stoffstrommanagements weist Ähnlichkeiten mit bekannten Schemata, z. B. für die Ökobilanzierung, auf.

Die Festsetzung der Zielvorgaben ist zunächst eine politische Aufgabe (s. Kap. 5), die von den jeweiligen Akteuren für ihren speziellen Wirkungsraum (z. B. unternehmensintern) angepaßt und konkretisiert werden müssen.

6.4.3 Gezielte Vereinfachung des Stoffstrommanagements

Für die Lösung von Aufgaben im Stoffstrommanagement werden in der Regel nur begrenzte Informationen zur Verfügung stehen. Insbesondere bei ökologischen Fragestellungen spielt das Nicht-Wissen eine große Rolle. Dennoch muß es möglich sein, verschiedene Managementoptionen so zu beschreiben, daß eine nachvollziehbare Entscheidung getroffen werden kann.

Ein guter Entscheidungsprozeß wird dadurch gekennzeichnet, daß die am Anfang verhältnismäßig große Zahl von im Prinzip zur Diskussion stehenden Handlungsalternativen auf der Basis von Argumenten schrittweise reduziert wird, bis am Ende des Prozesses eine bestimmte Alternative ausgewählt und durchgeführt wird. Für den Charakter der Daten und Modelle, die zur Unterstützung der Argumente verwendet werden, hat dieser Selektionsprozeß zur Folge, daß am Anfang Modelle und Daten benötigt werden, die eine erste Auswahl vieler Optionen ermöglichen, während am Ende detaillierte Modelle und Daten zur Unterstützung der operativen Entscheidung und deren Umsetzung gefragt sind. Es hängt vom unmittelbaren Entscheidungskontext ab, welche Informationen man braucht und mit welcher Genauigkeit.

Das praktische Stoffstrommanagement sollte davon gekennzeichnet sein, daß

- jede stoffstrombezogene Analyse mit einer akteursbezogenen Analyse,
- jede Analyse des bestehenden Zustandes mit einer Suche nach Alternativen und

- jede technische (ökologische, verfahrenstechnische, organisationstechnische) Analyse mit einer Analyse der wirtschaftlichen Effizienz (cost effectiveness) verbunden ist.

Für die Entscheidungsvorbereitung im Stoffstrommanagement hat dies reale Konsequenzen:

Managementbezogene Stoffstrommodelle sollen nicht komplexer und größer sein als für den Entscheidungskontext relevant ist. Es geht nicht darum, theoretisch optimale Entscheidungen treffen zu können, sondern es genügt, eine Grundlage für vernünftige Entscheidungen zu schaffen, wobei das Risiko einer Fehlentscheidung in akzeptablen Grenzen bleiben soll. Die Kosten der Entscheidungsvorbereitung sollen mit diesem Risiko in Einklang gebracht werden.

Praktische Managementzusammenhänge erfordern den jeweiligen Managementzielen entsprechende vereinfachte Modellierungen der relevanten Stoffströme. In der Versöhnung entgegengesetzter Anforderungen, einerseits den systemaren Charakter der Stoffströme weitgehend zu berücksichtigen und anderseits zu einer die Entscheidung ermöglichenden Vereinfachung zu kommen, besteht die große praktische und intellektuelle Herausforderung der zukünftigen Instrumente des Stoffstrommanagements.

De Man und Prognos (de Man, 1994, S. 12ff.; Prognos, 1994, S. 20) formulieren folgende Kriterien für eine gezielte managementbezogene Vereinfachung von Stoffstrommodellen:

- Problemorientierung:

    Die Modelle sollen nur die Stoffströme beschreiben, die mit dem zur Diskussion stehenden Problem in Verbindung stehen.

- Erhaltung des systemaren Charakters:

    Trotz aller Vereinfachung soll der systemare Charakter erhalten bleiben. Vor allem geht es hier um die Zusammenhänge zwischen den mit unterschiedlichen Akteuren in der Produktlinie verbundenenen Stoffströmen.

- Begrenzung auf umweltrelevante Teilsysteme:

    Nicht alle Stoffströme müssen bis ins Detail modelliert werden. Stoffströme, die keinen großen Beitrag zur Umweltbelastung leisten, können ausgeblendet werden. Konzepte zur Erfassung von Stoffströmen sollten „Modelle" sein, die der Reduktion der Komplexität der realen Stoffstromsysteme in einer für die jeweiligen Problemstellungen geeigneten Weise dienen, ohne die grundlegenden Zusammenhänge zu vernachlässigen.

- Prozeßorientiertes iteratives Vorgehen:
  Anstatt den Entscheidungsprozeß als einen linearen Ablauf (z. B. Analyse, Bewertung, Entscheidung, Kontrolle) zu organisieren, wird einige Male ein gleich strukturierter Prozeß durchlaufen, wobei eine zunehmende Detaillierung angestrebt wird. Die Phasen in einem solchen Prozeß sind zum Beispiel: „Problemdefinierung", „Erarbeitung von Optionen", „weitere Auswahl von Optionen" und „definitive Entscheidung". In jeder Phase finden eine Analyse, eine Entwicklung alternativer Optionen, eine vergleichende Bewertung und Entscheidungen statt.

- Orientierung an der Entscheidung und der Entscheidungsphase:
  Die Modelle sollen dazu geeignet sein, die Alternativen zu beschreiben, die tatsächlich Gegenstand einer praktisch möglichen Entscheidung sind. Dabei soll die Art der Beschreibung sich auch an der jeweiligen Entscheidungsphase orientieren. Für die Phase der Problemdefinition sind meistens allgemeine, wenig detaillierte Beschreibungen einer Vielzahl von Optionen geeignet, während die Modelle in späteren Phasen der Entscheidungsumsetzung dazu geeignet sein müssen, die Folgen einer kleineren Selektion von Optionen genauer zu beschreiben.

- Einflußmöglichkeiten des Entscheidungsträgers:
  Modelle für praktische Entscheidungen im Stoffstrommanagement sollen sich im allgemeinen auf die Teile der komplexen Stoffstromsysteme begrenzen, auf welche der Entscheidungsträger faktisch Einfluß ausüben kann und welche der Entscheidungsträger wahrnehmen kann. Es kann aber auch notwendig sein, Modelle zu entwickeln, die einem Akteur zeigen, auf welche Teile des Stoffstromsystems er Einfluß entwickeln sollte. Ein gutes Beispiel ist der Textilproduzent, der zwar heute noch wenig Einfluß auf den Anbau von Baumwolle ausübt, aber diesen Einfluß aus Gründen der Gesamtverantwortung der Akteure in der „textilen Kette" entwickeln sollte (Arge Textil, 1994).

- Kosteneffektivität der betrachteten Systemeingriffe:
  Stoffstrommanagementmodelle sollen nicht nur den heutigen Zustand, sondern vor allem auch alternative Zustände, die durch gezielte Systemeingriffe entstehen, beschreiben können. Nun sollte man nicht alle möglichen Systemeingriffe modellmäßig beschreiben, sondern sich auf diejenigen Eingriffe beschränken, die eine günstige Kosteneffektivität aufweisen, d. h. ein günstiges Verhältnis zwischen erreichter Entlastung der Umwelt und den damit verbundenen Kosten.

Für das Stoffstrommanagement werden somit problemangepaßte Vereinfachungsstrategien benötigt. Im folgenden werden beispielhaft drei mögliche Strategien beschrieben:

Unternehmensbezogene Betrachtung

Eine übliche Strategie zur Vereinfachung von Stoffströmen führt zu einer unternehmensbezogenen Betrachtung. Den Fokus dieser Betrachtung bilden die realen Einflüsse des Unternehmens auf Stoffströme. Das Stoffstromsystem wird aus der Sicht des Unternehmens definiert. Dabei tritt eine starke Einengung der zu betrachtenden Teilsysteme auf. Diese ist an dem Beitrag des Unternehmens zur Entstehung eines Umweltproblems in einem stromaufwärts oder stromabwärts gelegenen Teil der Produktionskette und dem faktischen Einfluß des Unternehmens auf andere Akteure in der Produktionskette orientiert. Diese unternehmensbezogene pragmatische Vorgehensweise, wie sie z. B. von McKinsey für die niederländische chemische Industrie entwickelt wurde (VNCI, 1992), ist vor allem für konkrete Managemententscheidungen auf der Unternehmensebene brauchbar.

Stoffbezogene Betrachtungen

Eine weitere übliche Vereinfachungsstrategie von Stoffströmen ist die Fokussierung auf einen Stoff (chemische Verbindung, Element) und dessen Verbreitung durch technische und natürliche Systeme. Diese Betrachtung bedient sich der in der technischen Chemie üblichen Darstellung von Stoffstammbäumen. Ein Beispiel für diese Vorgehensweise sind die Chlorhandbücher des Umweltbundesamtes (UBA, 1991 b; UBA, 1992).

Bei jedem Produktionsschritt verzweigt sich der Stoffstrom. Ein Stoffstrom geht in mehrere neue Stoffströme über. Je länger der Weg ist, den man beschreiben will, um so komplizierter wird die Stoffstromanalyse. Stoffstrommodelle dieser Art sind hilfreich bei der Identifizierung von Schwachstellen, d. h. bei der Feststellung von Umweltbelastungen, die durch den betrachteten Stoff in technischen Prozessen, Unternehmen, Industriebranchen oder bestimmten Produktgruppen verursacht werden. Diese Art der Betrachtung liegt beispielsweise dem Vorgehen der Enquete-Kommission beim Fallbeispiel Cadmium zugrunde. Weniger geeignet erscheint eine solche Methode für das praktische unternehmensbezogene Stoffstrommanagement.

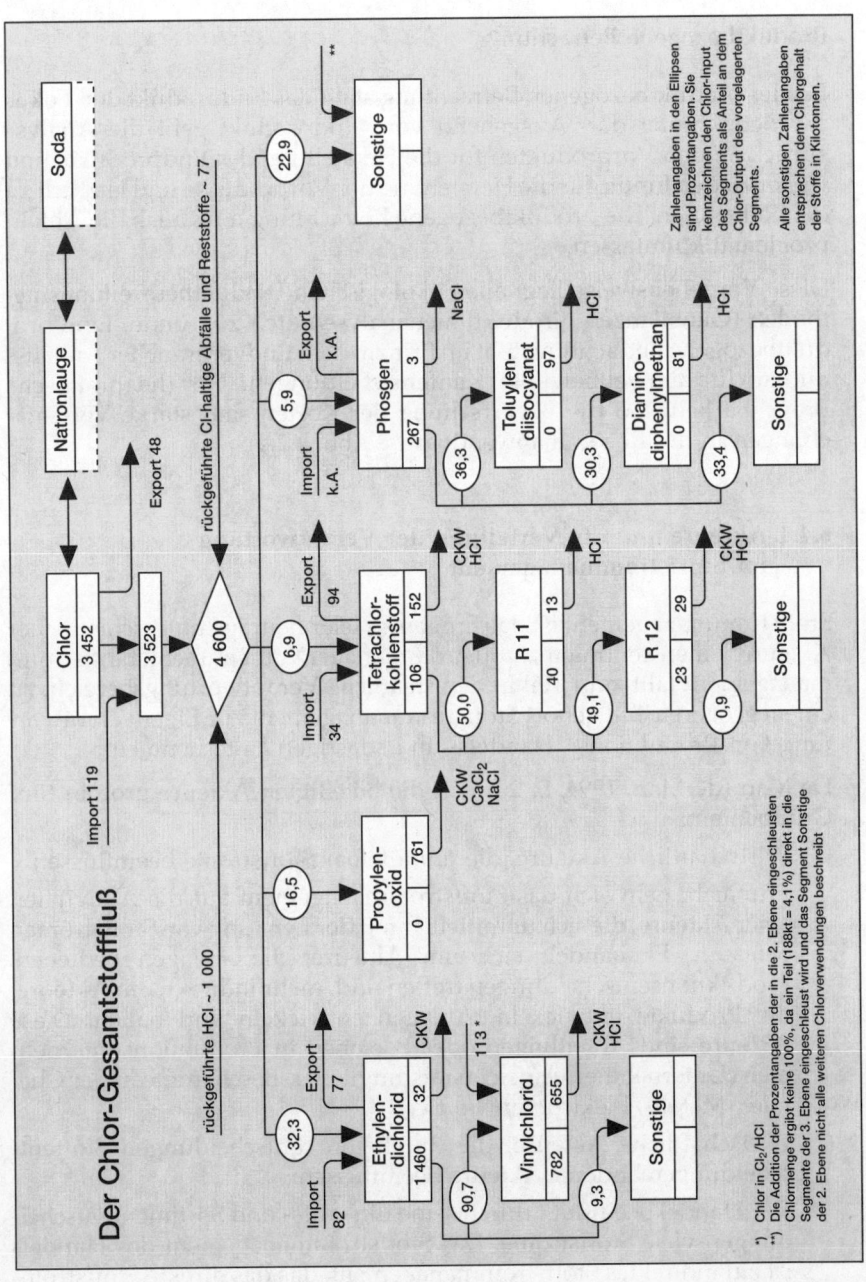

Abb. 6.2: Der Chlor-Gesamtstofffluß.   *Quelle: nach UBA, 1991b, S. 31*

Produktbezogene Betrachtung

Bei der produktbezogenen Betrachtung stellt das Endprodukt den Fokus der Betrachtung dar. Ausgehend vom Endprodukt geht die Analyse zurück zu den Vorprodukten für die Herstellung des Endprodukts und weiter zu den Inputs für die Herstellung der Vorprodukte und letztlich zu den Rohstoffen. Die produktbezogene Betrachtung muß auch die Abfallproblematik umfassen.

Diese Vorgehensweise liegt allen ökologischen Produktbeurteilungsmethoden (Ökobilanzen, Produktlinienanalysen etc.) zugrunde. Eine produktbezogene Betrachtung gibt im Prinzip dem Endverbraucher Anhaltspunkte für umweltbewußte Kaufentscheidungen. Für die praktische Brauchbarkeit und die Beherrschung der Kosten sind starke Vereinfachungen in der Regel unabwendbar (s. Abb. 4.2.4).

6.4.4 Akteure und die Verteilung der Verantwortung im Stoffstrommanagement

Stoffstrommanagement ist das Ergebnis vieler Beiträge unterschiedlicher Akteure. Einen zentralen „Stoffstrommanager" gibt es nicht. Stoffstrommanagement fällt zum Teil in den staatliche Verantwortungsbereich, zu einem größeren Teil gehört Stoffstrommanagement zur Eigenverantwortung von Produktions-, Handels- und sonstigen Unternehmen.

De Man (de Man, 1994, S. 20) teilt die beteiligten Akteure grob in fünf Gruppen ein:

(1) Wirtschaftliche Akteure, die unmittelbar Stoffströme beeinflussen:

Primär bezieht sich das Stoffstrommanagement auf die Aktivitäten jener Akteure, die sich unmittelbar mit der Lenkung von Stoffströmen befassen. Es handelt sich um Akteure, die Anlagen bedienen, Produktionsentscheidungen treffen und, mehr indirekt, um Akteure, die Produkte entwickeln, Anlagen entwickeln und bauen. Diese Akteure sind Abteilungen oder Personen in Produktionsunternehmen (Unternehmer, Aufsichtsratsmitglieder, Beschäftigte in der Chemie-, Metall-, Elektrobranche etc.).

(2) Wirtschaftliche Akteure, die durch ihre Entscheidungen Stoffentscheidungen anderer Akteure beeinflussen:

Der Handel beeinflußt durch seine Einkaufs- und Sortimententscheidungen viele Stoffströme. Das Stoffstrommanagement des Handels ist ein indirektes Stoffstrommanagement, das das direkte Stoffstrommanagement motivieren kann. Ähnliches gilt für die Aktivitäten anderer Akteure (z. B. Banken, Versicherungen), die oft nur sehr indirekt das direkte Stoffstrommanagement lenken.

(3) Wirtschaftliche Akteure, die dem Stoffstrommanagement einer Branche oder eines Produktionsverbundes Rahmenbedingungen setzen (Industrieverbände, Rohstoffkartelle etc.):

Wirtschaftliche Verbandsstrukturen sind für das Stoffstrommanagement von Interesse, wenn sie für das Stoffstrommanagement in den Unternehmen günstige Rahmenbedingungen schaffen können. Dies kann sich auf die Zentralisierung von Informationssystemen und Sachverstand beziehen oder auf die Überwindung von Problemen, die mit der Konkurrenz zwischen Unternehmen oder der Verteilung von Kosten zwischen Unternehmen verbunden sind. Neben den traditionellen horizontalen Verbänden können vertikal organisierte Verbundstrukturen eine stimulierende Rolle im Stoffstrommanagement spielen.

(4) Staatliche bzw. administrative Akteure, die Rahmenbedingungen für das Stoffstrommanagement der wirtschaftlichen Akteure setzen (Legislative, Exekutive):

Das Stoffstrommanagement (hier: das Management von Rahmenbedingungen für das Management von Stoffströmen) dieser Akteure bezieht sich auf Aktivitäten, die das primäre Stoffstrommanagement ermöglichen oder befördern.

(5) Sonstige Akteure, die das Stoffstrommanagement aller übrigen zu beeinflussen suchen:

Dies sind Verbraucherorganisationen, Umweltverbände, Gewerkschaften, gegebenenfalls auch Akteure, die sich mit Normung befassen.

Verbraucherinnen und Verbraucher beeinflussen durch ihr Kauf- und Konsumverhalten die Stoffströme, ohne daß sie diese in der Regel gezielt bei ihren Kaufentscheidungen beeinflussen.

6.4.5 Informationsbasis für das Stoffstrommanagement

So wenig wie es „das Stoffstrommanagement" oder „den zentralen Stoffstrommanager" gibt, kann es auch nicht „die Datenbasis für das Stoffstrommanagement" geben. Unterschiedliche Akteure brauchen in Abhängigkeit von den betrachteten Stoffströmen und Entscheidungsphasen unterschiedliche Daten.

Im folgenden sollen einige wichtige Aspekte der für das Stoffstrommanagement benötigten Daten näher untersucht werden:

- die fachwissenschaftliche Zuordnung der Daten,
- die zentralen Informationstypen und
- die Qualität der Daten und Datengrundlage.

Fachwissenschaftliche Zuordnung der Daten

Die für das Stoffstrommanagement benötigten Daten stammen aus verschiedenen Wissensbereichen (de Man, 1994, S. 48):
- Ein kleiner Teil der Informationen und Daten ist technisch-naturwissenschaftlicher Natur. Es sind die Stoffstromdaten im engeren Sinne.
- Ein anderer Teil der Daten bezieht sich auf die ökologischen Effekte der Stoffströme.
- Sehr wichtig sind technologische Daten im Hinblick auf alternative Produktionsverfahren und deren ökologische Effekte und funktional äquivalente Produkte oder Dienstleistungen.
- Für die meisten stoffstrombezogenen Entscheidungen sind zudem wirtschaftliche Informationen erforderlich; z. B. Informationen über Investitionskosten, Produktionskosten, Organisationskosten.
- Selbstverständlich spielen zudem normative Daten wie Grenzwerte, Bewertungskriterien usw. eine wichtige Rolle bei der Prioritätensetzung.
- Schließlich sind in manchen Zusammenhängen Informationen über geeignete Organisationsformen für das Stoffstrommanagement, einschließlich Entscheidungsverfahren, gefragt.

Abhängig vom jeweiligen Entscheidungskontext gibt es große Variationen in bezug auf die erforderliche Präzision der Daten, die Aggregationsebene, die zu betrachtenden Systemgrenzen und die erforderliche Detaillierung. Trotz dieser erheblichen Heterogenität müßte es möglich sein, einige allgemeine Aussagen über ein „typisches" Informationspaket für das Stoffstrommanagement zu formulieren.

Zentrale Informationstypen

De Man (de Man, 1994, S. 50) nennt drei bzw. mit Alternativprüfung sechs Informationstypen (A–E):
- Eigentliche Stoffstromanalyse:
    A. Stoffstromanalyse
        Es geht hier um die Beschreibung der bestehenden Stoffströme. Die dazu benötigten Daten haben eine einfache Form (Fließgrößen von

bestimmten Stoffen/Stoffgemischen zwischen bestimmten Punkten im Stoffstromsystem) und sind empirisch-statistischer Natur. Die Komplexität einer Stoffstromanalyse entsteht nicht durch einen komplexen Charakter der Daten, sondern durch die Vielzahl der zu analysierenden Einzelstoffströme, die zusammen ein Stoffstromsystem bilden.

B. Stoffstromgestaltung

Die Beschreibung alternativer Stoffströme erfordert zum Teil empirisch geprüfte, zum Teil aber auch hypothetische Daten über die Stoffstromcharakteristiken alternativer technischer System. Eine ökologisch optimale Stoffstromgestaltung wird nicht selten neue Produktionsverfahren einbeziehen, die noch nicht hundertprozentig unter realen Bedingungen geprüft sind.

– Akteursbezogene Analyse:

C. Analyse der Beziehungen zwischen den Akteuren

Eine solche Analyse umfaßt die wirtschaftlichen und informellen Verbindungen und Barrieren zwischen Akteuren in der bestehenden Akteurskette, ihre Kooperationsformen und Konflikte und leitet daraus die Chancen und Probleme für das Stoffstrommanagement ab. Die Daten haben einen organisationswissenschaftlichen Charakter und sind empirischer Natur.

D. Neugestaltung der Beziehungen zwischen den Akteuren

Bei der Gestaltung alternativer Akteursketten geht es um die Frage, welche (praktisch zu realisierende) Akteurskette für die Aufgabe des Stoffstrommanagements besser geeignet wäre. Die Daten sind hypothetischer und zum Teil spekulativer Natur. Mit einer Umgestaltung von Akteursketten für das Stoffstrommanagement im Sinne einer ökologischen Zielführung besteht noch sehr wenig Erfahrung. Die Unsicherheiten, die bei einer solchen Umgestaltung bestehen, sind noch größer als im technologischen Bereich. Eine Akteurskettengestaltung ist kein starrer Entwurf, sondern schließt Lernprozesse ein und dient der Optimierung.

Die Neugestaltung der Beziehungen zwischen Akteuren kann erforderlich werden, beispielsweise bei Änderungen im Bereich der Produkthaftung, bei einer angestrebten Erhöhung der Wirtschaftlichkeit eines Prozesses oder auch bei der Änderung staatlicher Rahmenbedingungen. Die Änderung der Beziehungen zwischen Akteuren setzt in der Regel deren Einverständnis voraus.

- Analyse der wirtschaftlichen Effizienz:
  E. Wirtschaftliche Analyse alternativer Stoffströme (im Vergleich zum bestehenden Stoffstrom)
  Diese Analyse basiert auf der technischen Analyse. Die Daten sind nur zum Teil empirisch zu bestimmen, zum Teil aber auch hypothetischer Natur.
  F. Wirtschaftliche Analyse alternativer Akteursketten (im Vergleich zur bestehenden Akteurskette)
  Es geht hier um eine Einschätzung der wirtschaftlichen Effekte der geänderten Organisationsform, vor allem um Effekte auf die Verteilung von Kosten bzw. Erträgen und um Koordinationskosten.

Die Informationstypen A–F haben in Abhängigkeit vom jeweiligen Akteur und von der Entscheidungsphase ein unterschiedliches Gewicht bei Stoffstrommanagemententscheidungen. Ein gutes Informationssystem für ein Stoffstrommanagement sollte im Prinzip Modelle und Daten aller sechs obengenannten Informationstypen umfassen. In Kapitel 6.6 wird insbesondere auf die notwendigen Informationen zur Erfüllung staatlicher und privatwirtschaftlicher Aufgaben näher eingegangen.

Wie oben gezeigt wurde, basiert ein kleiner Teil der erforderlichen Daten auf empirisch-statistischem Wissen: „Diese Feststellungen haben für die künftige Stoffstrompolitik und für das künftige Stoffstrommanagement eine große Bedeutung. In politischen und wissenschaftlichen Auseinandersetzungen wird nicht selten der Eindruck erweckt, daß die Probleme des Stoffstrommanagements zu einem großen Teil lediglich durch die Erstellung guter empirischer Stoffstromdatenbasen zu beseitigen wären. Dies ist leider nicht der Fall: Stoffstromdaten stellen nur eine kleine Komponente der insgesamt erforderlichen Informationen dar und empirisch-statistische Daten in bezug auf bestehende Stoffströme sind für die Neugestaltung von Stoffströmen und Akteursketten nicht hinreichend. ... Stoffstrommanagement kann in der Regel nicht von einem ‚grand design' ausgehen, sondern umfaßt Lernprozesse. Diese Lernprozesse umfassen auch die Suche nach zur Zeit noch nicht vorhandenen Informationen." (de Man, 1994, S. 55)

Qualität der Daten und Datenbasen

Im Rahmen des Stoffstrommanagements sollten auch die Informationsströme effizient gestaltet werden. Dies beinhaltet die Sicherung des Datenzugangs, der Datenqualität, aber auch der optimalen Zuordnung zu den Akteuren. Aus der Kombination der Spannbreite Allgemeine Daten/

Spezifische Daten und Lokale Akteure/Zentrale Akteure leitet de Man (de Man, 1994, S. 57) drei sinnvolle Kombinationen bzw. Datenbasen ab:

(1) Zentrale Datenquellen für allgemeine Daten

Es ist logisch und aus wirtschaftlichen Gründen sinnvoll, die Daten, die für mehrere oder alle Akteure relevant sind, in einheitlicher Weise zu erheben und bereitzustellen. Es geht hier vor allem um allgemeine und globale Stoffstromanalysen, stoffbezogene Daten, Datenbasen über Technologien und normative Daten (wie Grenzwerte, Bewertungskriterien, stoffstrompolitische Prioritäten, usw.). Die Zugänglichkeit der Daten für Dritte orientiert sich am öffentlichen Interesse einerseits und der notwendigen Wahrung von Betriebsgeheimnissen anderseits.

(2) Betriebsinterne Informationssysteme über spezifische Umweltbelastungen

Solche Informationssysteme gehören zum internen Managementsystem eines Unternehmens. Rahmenbedingungen für die Qualitätssicherung der Informationen können extern zentral (staatlich) geregelt sein, aber die Verwaltung des Informationssystems liegt beim lokalen Akteur (z. B. dem Unternehmen). Zu unterscheiden sind:

– Betriebsintern ausgerichtetes Stoffstrommanagement:
   Die interne Optimierung von Produktionsprozessen unter ökologischen und wirtschaftlichen Gesichtspunkten.
– Externes Stoffstrommanagement:
   Die Verantwortung gegenüber anderen wirtschaftlichen Akteuren in der Kette bezüglich der verwendeten Chemikalien, des Verbrauches von Rohstoffen und Energie, der verwendeten Produktionsprozesse einschließlich deren Emissionen usw.
– Externe Legitimation:
   Die Legitimation sowohl gegenüber dem Staat (Behörden) als auch in Richtung der Öffentlichkeit.

Der Staat soll vor allem stimulieren, daß die wirtschaftlichen Akteure über eigene dezentrale Informationssysteme verfügen, anstatt die Datenbasen für das Stoffstrommanagement zu zentralisieren. Der Beitrag des Staates besteht hier aus der Unterstützung (mit finanziellen Mitteln oder mit „Know-how") des Aufbaus solcher Datenbasen und aus Maßnahmen für die Qualitätssicherung der Informationsströme.

(3) Zentrale Datenquellen in bezug auf spezifische Daten

Nur unter spezifischen Umständen könnte es erforderlich sein, spezifische Daten zentral zu speichern, zum Beispiel, wenn es um besonders umweltgefährdende Stoffe geht.

Zur Verfügbarkeit von Informationen stellt de Man (de Man, 1994, S. 60) fest, daß folgende informationsbedingte Hemmnisse für das Stoffstrommanagement bestehen:
- mangelnde Verfügbarkeit von Primärdaten,
- fehlende Daten zur Analyse und Gestaltung von Akteursketten,
- fehlende Daten zur Erarbeitung alternativer Optionen sowie
- zu starke Konzentration auf „wissenschaftliche Sicherheit" (statt Einigung auf Konventionen).

6.4.6 Neue ökologische Publizitätspflichten für Unternehmen

Je nach konkreter Problemstellung können die für eine Aufgabe im Stoffstrommanagement relevanten Produktlinien und Stoffströme sehr komplex und verzweigt sein. Die Realität der anthropogenen Stoffumsätze ist gekennzeichnet durch eine große Zahl von Stoffen, die in einer Vielzahl von Produkten enthalten sind und über eine Vielzahl von Produktions- und Umwandlungsprozessen miteinander in Beziehung stehen. Für die Durchführung von Entscheidungen über effiziente Maßnahmen im Rahmen eines Stoffstrommanagements müssen die Stoffstromsysteme aber nicht bis ins letzte Detail bekannt sein. Oft genügt die Kenntnis der wichtigsten Zusammenhänge.

Konsens besteht darüber, daß es notwendig ist, unternehmensinternes Wissen über Vermeidungsmöglichkeiten von Stoffeinsätzen oder Umweltauswirkungen durch Publizitätsvereinbarungen bzw. -pflichten zu mobilisieren. Dadurch böte sich den Unternehmen die Möglichkeit, sich ökologisch zu profilieren und Zusatzgewinne zu erzielen; gleichzeitig würden sich neue Möglichkeiten der gesellschaftlichen Kontrolle eröffnen. Allerdings besteht noch Unklarheit darüber, wie derartige Publizitätspflichten auszugestalten wären.

Will man aber das unternehmensinterne Wissen über die ökologische Effizienz des Produzierens mit Hilfe gesetzlich fixierter Informationspflichten – etwa analog zu den bereits schon jetzt bestehenden Rechnungslegungspflichten – einer breiteren Öffentlichkeit zugänglich machen, um die zwischenbetriebliche Abstimmung zu erleichtern und die gesellschaftliche Kontrolle zu verbessern, muß man Vereinbarungen darüber treffen, was ökologisch von Belang ist.

Der Stoffstrommanagementansatz ist gekennzeichnet von dem Übergang von der strikten emissionsquellenbezogenen Analyse (end of the pipe-Prinzip) zur stoffstrombezogenen Analyse, von der getrennten Betrachtung einzelner Umweltmedien (Luft, Wasser, Boden) zur umweltmedienübergreifenden Sichtweise, von der eindimensionalen Bewertung von Maßnahmen (z. B. ozonzerstörend) zur mehrdimensionalen Analyse und Bewertung (ökologisch, ökonomisch, sozial) und von der Orientierung an Einzelmaßnahmen zur Ableitung aufeinander abgestimmter Maßnahmenbündel.

Neben den hier im Mittelpunkt stehenden Konzepten und Modellen, die sich explizit auf umweltbezogene Fragestellungen beziehen, können auch die konventionellen Informationssysteme wichtige Informationsgrundlagen für ein Stoffstrommanagement liefern. Insbesondere auf Unternehmensebene (innerbetriebliche Stoffströme) ist die stoffstromorientierte Sichtweise nicht neu, wenn sie auch in der Regel primär auf technisch-ökonomische, nicht umweltbezogene Zielsetzungen orientiert ist. Die betrieblichen Informationssysteme, wie das Rechnungswesen, die Materialwirtschaft, Energie- und Stoffbilanzen können somit angemessene und wichtige Informationsgrundlagen für ein Stoffstrommanagement liefern.

Die Prognos AG hat in ihrer Studie *„Erfassung von Stoffströmen aus naturwissenschaftlicher und wirtschaftswissenschaftlicher Sicht zur Schaffung einer Datenbasis für die Entwicklung eines Stoffstrommanagements"* 31 Konzepte zur Erfassung von Stoffströmen im Stoffstrommanagement systematisch untersucht (Prognos, 1994, S. A-7ff.). Die von Prognos gewählte Systematik für die Beschreibung dieser Konzepte kann Tabelle 6.1 entnommen werden. Es finden sich neben einer Kurzbeschreibung u. a. Informationen über die Zielsetzung, die Akteure, die Methodik und die verwendeten Indikatoren.

Die Einteilung der untersuchten Konzepte durch Prognos erfolgte in vier Gruppen und orientiert sich an den Schritten eines Stoffstrommanagements (s. Kap. 6.4.2):

(1) Konzepte mit Schwerpunkt auf Stoffstromanalysen
(2) Konzepte mit Schwerpunkt auf Stoffstromanalysen und Bewertung
(3) Konzepte mit Schwerpunkt auf Strategieentwicklung
(4) Konzepte mit Schwerpunkt auf Umsetzung

Tabelle 6.1: Steckbrief eines Konzeptes zur Beschreibung von Stoffströmen

Kurzbeschreibung:	„Priority Waste Streams Management" bezeichnet ein Programm der EG, in dem für fünf, aufgrund ihrer ökologischen Relevanz als prioritär eingestufte Abfallarten Strategien zur Vermeidung, Verwertung und Entsorgung entwickelt und umgesetzt werden sollen. Das Konzept bezieht sich vorwiegend auf die Organisation des Prozesses der Strategieentwicklung, der eine weitgehende Partizipation der betroffenen Gruppen gewährleisten soll. Dabei wird ein stufenweises Vorgehen von der Projektvorbereitung über die Analyse und Strategieentwicklung bis zur Implementierung verfolgt, wobei auf jeder Stufe in Diskussionsrunden Zwischenergebnisse erarbeitet werden sollen. Das Konzept beruht insofern auf einer stoffstrom-orientierten Sichtweise, als neben der Entsorgung auch die vorgelagerten Prozesse der Produktion und Produktverwendung einbezogen werden sollen. Anwendungen: „priority waste streams" sind Altreifen (Ergebnisse liegen vor), halogenierte Kohlenwasserstoffe (Beginn 1990), Altautos (Beginn 1991), Bauschutt (Beginn 1992), Krankenhausabfälle (Beginn 1992)
Autoren	Projektgruppe aus Vertretern der Betroffenen unter Hinzuziehung von Beratern
Anwender (Akteure)	● derzeit: Staat, Produzenten, Handel ● (zusätzlich) potentiell: Kettenverbund

Entscheidungskontext	● derzeit
	  – Entscheidungsphase: Stoffstromanalyse, -bewertung, Strategieentwicklung, Umsetzung
	  – Entscheidungstyp: stoffstromorientiert
	● (zusätzlich) potentiell
	  – Entscheidungsphase: –
	  – Entscheidungstyp: –

Derzeitige Anwendungen	Abfallströme, Schwerpunkt liegt auf Vermeidungs- und Verwertungsmöglichkeiten (siehe oben)
Potentielle Anwendungen	– (der Entscheidungsprozeß als solcher ist auf beliebige Stoffstromprobleme anwendbar)
Zielsetzung	Entwicklung und Umsetzung eines Maßnahmenplans für die Steuerung der ausgewählten „priority waste streams" entsprechend der Zielhierarchie („Zielleiter"): Vermeidung – Wiederverwendung – Verwertung – Verbrennung – Deponierung; Konsens der beteiligten Gruppen

noch Tabelle 6.1

Methodik	Stoffstromanalyse und -steuerung in partizipativem Prozeß durch Ermittlung und Bewertung von Vermeidungs-, Verwertungs- und Entsorgungsmaßnahmen; stofforientiert (Abfallstoffe); technisch-ökonomischer Ansatz; Systemgrenzen: Ökonomie (Produktverwendung/Konsum, Verwertung/Entsorgung) und Deponie; zeitliche Ausrichtung: langfristig, zukunftsorientiert

Indikatoren für die Umweltrelevanz	● Ressourcenverbrauch: –
	● Umweltqualitätsindikatoren: –
	● Emissionsindikatoren
	   – Frachten: Abfallmengen
	   – Konzentrationen: –

Steuerungsmöglichkeiten	„Steuerungsmaßnahmen": administrative und umweltpolitische Eingriffe (z. B. EG-Richtlinie, EG-Verordnung, freiwillige Vereinbarungen, etc.), basierend auf einer Analyse und Bewertung möglicher Maßnahmen der einzelnen Akteure
Indikatoren zur Bewertung von Maßnahmen zur Stoffstromsteuerung	Maßnahmenplan ist Ergebnis eines partizipativen Prozesses, in dem die Bewertungsindikatoren definiert werden; Basis ist die „Zielleiter" (siehe oben, „Zielsetzung"); grundsätzlich soll neben ökologischen Kriterien (z. B. Emissionen alternativer Maßnahmen) die technische, ökonomische und soziale Machbarkeit berücksichtigt werden
Bemerkungen	Problematik: Im Zentrum stehen Vermeidung und Verwertung, d. h. Maßnahmen am Ende der Stoffkette Rohstoff – Produktion – Verwendung – Abfall; Interdependenzen verschiedener „Abfallströme"; Problematik der „Zielleiter"; es ist fraglich, ob Vermeidungsmaßnahmen grundsätzlich höher zu bewerten sind als Verwertung/Entsorgung; Eignung: als Managementansatz I.8. eines Organisationskonzepts zur Umsetzung konsensfähiger Steuerungsstrategien Fazit: als allgemeiner Managementansatz verwendbar, Konzept als solches macht aber keine Aussagen über Methoden zur Beschreibung der Stoffströme

Quelle: Prognos, 1994, S. A-59f

In der ersten Gruppe werden Konzepte zusammengefaßt, die auf die Beschreibung der Struktur und Größe der für eine bestimmte Fragestellung relevanten Stoffströme abzielen. Grundlage praktisch aller Konzepte zur Analyse von Stoff- und Güterströme sind Stoff- und Energiebilanzen. Je nach Bilanzraum und Betrachtungsgegenstand sind hier globale biogeochemische Stoffkreisläufe, globale Ressourcenstatistiken, Analysen des Produktionsverbundes bestimmter Stoffgruppen, nationale Stoffstatistiken und -bilanzen, regionale Stoffstromanalysen und spezielle Einzelstoffbilanzen zuzuordnen. (Baccini/Brunner, 1990; Hofmeister, 1993)

Zur Gruppe der Konzepte, bei denen neben den Stoffstromanalysen auch bewertende Schritte enthalten sind, zählen Technikfolgenabschätzung, Produktökobilanzen und Produktlinienanalysen. Technikfolgenabschätzungen beruhen auf prozeßbezogenen Stoffstromanalysen, d. h. Zielsetzung ist die Bilanzierung und Bewertung der von einer Anlage ausgehenden oder mit einer bestimmten Technologie verbundenen Stoffströme und deren Verteilung. Die Technikfolgenabschätzung schließt auch wirtschaftliche und soziale Aspekte in die Bewertung ein. Produktökobilanzen und Produktlinienanalysen bilanzieren die mit einem Produkt über den gesamten Lebenszyklus verbundenen Stoffströme. Die Produktlinienanalyse entspricht insofern der Technikfolgenabschätzung, da hier über die ökologischen Wirkungen hinaus ebenfalls wirtschaftliche und soziale Bewertungskriterien einbezogen werden. Eine Sonderrolle spielen in dieser Gruppe die Konzepte für einen Grobindikator „Materialintensität pro Serviceeinheit" (MIPS) und für die ökologische Erweiterung der Volkswirtschaftlichen Gesamtrechnung (Umweltökonomische Gesamtrechnung, UGR). Beide Ansätze sind auf die Entwicklung von Bewertungsmaßstäben ausgerichtet, ohne daß sie bislang allen Bewertungsansprüchen genügen.

Zu den Konzepten, bei denen neben der Stoffstromanalyse und -bewertung die Strategieentwicklung im Vordergrund steht, werden Konzepte für eine ökologische Abfallwirtschaft und auf betrieblicher Ebene die Konzepte des produktionsintegrierten Umweltschutzes in der chemischen Industrie und generell Konzepte einer umweltorientierten Produktplanung und Prozeßsteuerung gezählt. Hierbei handelt es sich um Konzepte für anlagentechnische Maßnahmen, die aus einer Gesamtbetrachtung innerbetrieblicher Stoffströme abgeleitet werden und die eine Optimierung nach ökologischen, technischen und ökonomischen Kriterien zum Ziel haben. Konzepte für eine ökologische Abfallwirtschaft sind darauf ausgerichtet, Lösungsansätze für Entsorgungsprobleme bereits am Anfang von Produktlinien, also bei der Gestaltung von Produkten und Produktionsprozessen, zu finden.

Bei den Konzepten mit Schwerpunkt bei der Umsetzung von Maßnahmen handelt es sich vorwiegend um Organisationsformen oder Managementansätze zur Gestaltung und Strukturierung effizienter Entscheidungsprozesse, die auf einer stoffstromorientierten Sichtweise beruhen. Das von der niederländischen chemischen Industrie in Kooperation mit den für Umwelt und Wirtschaft zuständigen Ministerien entwickelte Konzept des „Integrated Substance Chain Management" ist eine entscheidungsprozeßorientierte Methode zur Ableitung von Maßnahmen für Unternehmen und Unternehmensgruppen (z. B. auch im Sinne von „Akteursketten", d. h. Kooperationen der Akteure entlang einer Stoffkette). Es setzt die Anwendung entsprechender Konzepte zur Stoffstromanalyse und Wirkungsanalyse von Maßnahmen voraus und gibt eine generelle Vorgehensweise zur Ableitung von Maßnahmen vor. Das EG-Programm „Priority Waste Stream Management" zielt auf der Basis eines partizipativen Prozesses mit Beteiligung von Vertretern der wichtigsten betroffenen Gruppen auf die Entwicklung und Festlegung von Maßnahmen zur Verminderung des Abfallaufkommens in ausgewählten Bereichen ab (z. B. Gebrauchtwagen, halogenierte Kohlenwasserstoffe). Für die Beurteilung der Maßnahmen wird die Zielhierarchie „Vermeiden – Wiederverwenden – Verwerten – Verbrennen – Deponieren" vorgegeben. Zu den Konzepten mit Schwerpunkt bei der Umsetzung von Maßnahmen werden von Prognos auch das Ökocontrolling und das Ökoaudit gezählt. Beide Konzepte liefern Beiträge zur organisatorischen Durchführung eines Stoffstrommanagements auf der betrieblichen Ebene.

Während für die ersten beiden Schritte des Stoffstrommanagements (Stoffstromanalyse und Bewertung) bereits teilweise ausgereifte Methoden (z. B. Stoff- und Energiebilanzen, Ökobilanzen, Technikfolgeabschätzung) zur Verfügung stehen, sind im Bereich der Strategieentwicklung und der Umsetzung sowohl für den Akteur Staat als auch für den Akteur Wirtschaft nur vereinzelte Stoffstrommanagementkonzepte (z. B. EG-Programm „Priority Waste Stream Management", produktionsintegrierter Umweltschutz) vorhanden.

6.5 Relevante Stoffströme für das Stoffstrommanagement

Die Enquete-Kommission „Schutz des Menschen und der Umwelt" hat eine erste Auswahl ökologisch relevanter Stoffströme und Anwendungsfelder für ein Stoffstrommanagement identifiziert. Ausgangspunkt der Betrachtung bilden die ökologischen Problemfelder aus dem Nationalen Niederländischen Umweltplan (NEPP) (s. Kap. 6.7.2), welche auf sechs Problemfelder reduziert wurden, die schwerpunktmäßig die Überlastung der Umwelt durch Stoffeinträge betreffen (dritte grundlegende Regel, s. Kap. 3.2.3.3):

(1) Treibhauseffekt
(2) Abbau des stratosphärischen Ozons
(3) Photooxidation
(4) Versauerung von Böden und Gewässern
(5) Eutrophierung von Gewässern
(6) Eintrag toxischer und ökotoxischer Stoffe in die Umwelt

Der Identifizierung der ökologisch relevanten Stoffströme liegt in Anlehnung an die von der Prognos AG im Auftrag der Enquete-Kommission erstellten Studie (Prognos, 1994) eine emissionsseitige Betrachtungsweise zugrunde. Generell sollten Emissionsminderungsziele für das Stoffstrommanagement aus Umweltqualitätszielen abgeleitet werden. Prognos entwickelte ökologische und ökonomische Auswahlkriterien und -indikatoren, welche die bedeutsamen Eigenschaften der Stoffe und Stoffströme möglichst umfassend erfassen sollten (vergl. Kap. 5). Die für ein Stoffstrommanagement zentralen Bereiche

– Erschöpfung natürlicher Ressourcen und
– Deponierung von Abfällen

wurden in der Studie nicht behandelt.

Unter dieser wesentlichen Einschränkung wird in den folgenden Kapiteln eine Übersicht über die aus emissionsseitiger Betrachtung für ein Stoffstrommanagement relevanten Stoffströme gegeben und es werden die damit verbundenen Anwendungsfelder herausgestellt. Auf die ausführliche Darstellung der ökonomischen und sozialen Relevanz der Stoffe wird an dieser Stelle verzichtet. Diesbezüglich sei u. a. auf die obengenannte Studie verwiesen. (s. Kap. 5; Prognos, 1994)

6.5.1 Problembereich „Treibhauseffekt"

Die wesentlichen klimarelevanten Spurengase in der vom Menschen unbeeinflußten Atmosphäre sind Wasserdampf (H_2O), Kohlendioxid (CO_2), Methan (CH_4), Ozon (O_3) und Distickstoffoxid (N_2O, „Lachgas"). Sie lassen die kurzwellige Sonnenstrahlung ungehindert in Richtung Erdoberfläche passieren, absorbieren aber die von der Erdoberfläche abgegebene Wärmestrahlung und führen damit zu einer Erwärmung der bodennahen Luftmassen. Die Konzentrationen dieser Spurengase nehmen durch die großen anthropogenen Emissionsmengen zu und führen zusammen mit den industriell produzierten Fluorchlorkohlenwasserstoffen (FCKW) zu einer Verstärkung des Treibhauseffekts. Es gilt mittlerweile als wissenschaftlich gesichert, daß dieser anthropogene Treibhauseffekt eine zunehmende Erwärmung der Erdatmosphäre und damit globale Klimaveränderungen verursachen wird, deren Auswirkungen derzeit noch nicht übersehbar sind. Die Enquete-Kommission „Schutz der Erdatmosphäre" benennt als mögliche Folgen einer Zunahme der mittleren Temperatur an der Erdoberfläche u. a. höhere Windgeschwindigkeiten (und damit Häufung von Stürmen insbesondere in den Tropen), Anstieg des Meeresspiegels, veränderte Niederschlagsmengen und Verschiebung von Klimazonen (Enquete-Kommission „Schutz der Erdatmosphäre", 1992, S. 11 ff.).

Die Klimawirksamkeit eines atmosphärischen Spurengases wird durch das (Langzeit-)Treibhauspotential (Global Warming Potential, GWP) und durch seine Konzentration in der Atmosphäre bestimmt. Der Anteil der einzelnen Treibhausgase am anthropogenen Treibhauseffekt in den achtziger Jahren beträgt:

- *Kohlendioxid* (50%),
- *FCKW* (22%),
- *Methan* (13%),
- *Distickstoffoxid* (5%) sowie
- *Stickoxide, flüchtige organische Verbindungen,* u. a. (7%)
  in ihrer Eigenschaft als indirekt treibhausrelevante Vorläufersubstanzen des troposphärischen Ozons (s. Abb. 6.3; s. Kap. 6.5.3 und Kap. 6.5.4; Enquete-Kommission „Schutz der Erdatmosphäre", 1992, S. 53).

Kohlendioxid (CO_2)

Kohlendioxid entsteht bei allen fossilen Verbrennungsprozessen und ist derzeit und zukünftig der bedeutendste Verursacher des Treibhauseffektes. 1990 wurden in der Bundesrepublik Deutschland (früheres Bundesgebiet und Gebiet der ehemaligen DDR) über 1 Mrd. t CO_2 emittiert. Bezogen auf die Endverbrauchssektoren entfallen davon auf die Industrie 40% und auf Haushalte, Kleinverbraucher und Verkehr jeweils 20% (Enquete-Kommission „Schutz der Erdatmosphäre", 1992, S. 64ff.; UBA, 1994 a, S. 233).

Da die Emission von CO_2 direkt an die Nutzung fossiler Energieträger gekoppelt ist, führen alle Energiesparmaßnahmen zu einer Verminderung der Emissionen. Verschiedene fossile Energieträger weisen unterschiedliche Emissionen pro Energieeinheit auf.

Anthropogener Treibhauseffekt
(Anteile in %)

- Kohlendioxid 50%
- FCKW 22%
- Methan [1] 13%
- troposphärisches Ozon [2] 7%
- Distickstoffoxid 5%
- Sonstige 3%

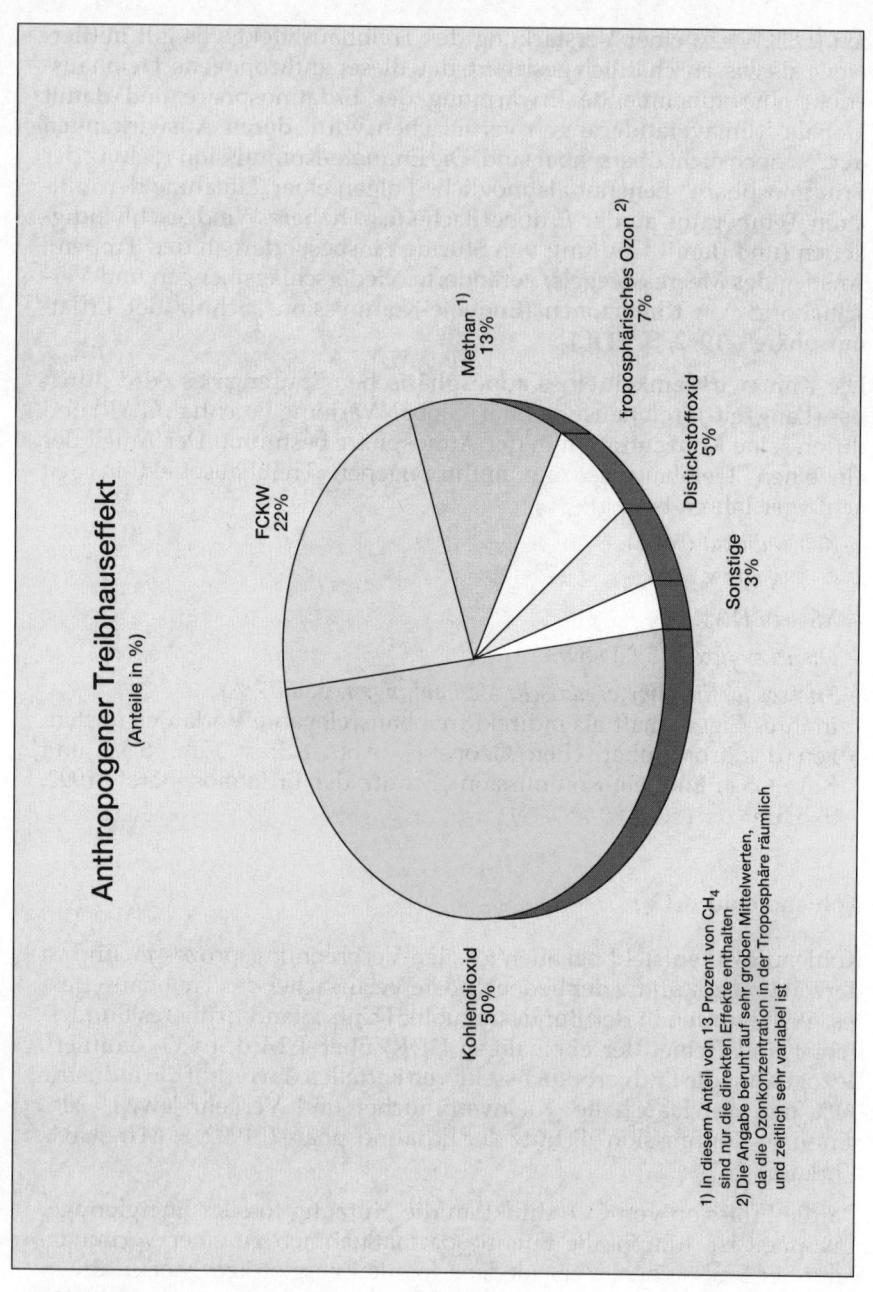

[1] In diesem Anteil von 13 Prozent von CH_4 sind nur die direkten Effekte enthalten
[2] Die Angabe beruht auf sehr groben Mittelwerten, da die Ozonkonzentration in der Troposphäre räumlich und zeitlich sehr variabel ist

Abb. 6.3: Der Anteil der einzelnen Treibhausgase am anthropogenen Treibhauseffekt in den achtziger Jahren dieses Jahrhunderts

Fluorchlorkohlenwasserstoffe (FCKW)

FCKW werden hauptsächlich als Kältemittel, zur Herstellung von Schäumen und als Lösemittel verwendet. Die Emissionsraten der FCKW sind bisher sehr unbestimmt, aber es kann davon ausgegangen werden, daß sie aufgrund der eingeleiteten Maßnahmen (vgl. Kap. 6.5.2) stark rückläufig sind. Ein verstärkter Einsatz von teilhalogenierten H-FCKW und FKW als mögliche Ersatzstoffe für die FCKW ist wegen ihres Beitrages zum Treibhauseffekt und ggf. zur Ozonzerstörung möglichst zu vermeiden (Enquete-Kommission „Schutz der Erdatmosphäre", 1992, S. 87f.).

Methan (CH_4)

Methan wird hauptsächlich bei der Massentierhaltung (Fermentation durch Wiederkäuer), der Biomasseverbrennung und -verrottung, beim Kohlebergbau sowie bei der Gewinnung und Verarbeitung von Erdöl und Erdgas freigesetzt. In der Bundesrepublik Deutschland (früheres Bundesgebiet und Gebiet der ehemaligen DDR) wurden 1990 ca. 3,9 Mio. t Methan emittiert. Hauptquellen sind dabei die Landwirtschaft und Müll- bzw. Klärschlammdeponien. (UBA, 1994 c, S. 235 ff.)

Distickstoffoxid (N_2O)

Distickstoffoxid wird durch nitrifizierende und denitrifizierende Mikroorganismen in Ozeanen, Oberflächengewässern und Böden gebildet, sowie bei der Verbrennung von Biomasse und fossilen Energieträgern und bei industriellen Prozessen emittiert. Die globale Gesamtemission und die Verteilung auf die einzelnen Quellen sind nur mit relativ großer Fehlerbreite bekannt. Nach einer Studie des Umweltbundesamtes werden in der Bundesrepublik Deutschland jährlich ca. 0,2 bis 0,3 Mio. t N_2O emitiert. Davon sind die industriellen Prozesse (35–40%), gefolgt von der Landwirtschaft (31–38%) die größten Emittenten, gefolgt von den Gewässern (12–22%). Demgegenüber spielen die Verbrennung von fossilen Brennstoffen (Kraftwerke) und die Abwasserreinigungsanlagen eine geringere Rolle. Als relativ unbedeutend können beim gegenwärtigen Kenntnisstand auch der Verkehrsbereich sowie die Kompostierung und Biomasseverbrennung eingeschätzt werden (Schön/Walz, 1993, S. 177ff.). N_2O trägt nicht nur zum Treibhauseffekt bei, sondern ist auch an der Zerstörung des stratosphärischen Ozons beteiligt (s. Kap. 6.5.2).

Die Enquete-Kommission „Schutz der Erdatmosphäre" hat sich intensiv mit dem Treibhauseffekt auseinandergesetzt. Detaillierte Ausführungen zum gegenwärtigen wissenschaftlichen Sachstand sowie Empfehlungen können ihren Publikationen entnommen werden. So fordert die Enquete-Kommission „Schutz der Erdatmosphäre" beispielsweise eine Verminderung der energiebedingten CO_2-Emissionen in den Industrieländern um 80% bis 2050 bezogen auf das Basisjahr 1987. (Enquete-Kommission „Schutz der Erdatmosphäre", 1990, S. 868; 1992, S. 177)

6.5.2 Problembereich „Abbau des stratosphärischen Ozons"

Etwa 90% des gesamtem atmosphärischen Ozons (O_3) befinden sich in der Stratosphäre, d. h. in 12 bis 40 Kilometern Höhe. Das stratosphärische Ozon wird durch Photolyse des molekularen Luftsauerstoffes (O_2) gebildet. Die Ozonschicht hat in den letzten 20 Jahren deutlich abgenommen. Sie ist infolgedessen nicht mehr ausreichend in der Lage, die für Flora und Fauna gefährliche UV-B-Strahlung abzuschirmen. (Enquete-Kommission „Schutz der Erdatmosphäre", 1992, S. 14 und S. 43)

„Eine erhöhte UV-B-Strahlung wird erhebliche Konsequenzen für Menschen, Tiere, Landpflanzen und Lebensgemeinschaften in den Ozeanen haben. Eine dramatische Zunahme der Hautkrebserkrankungen und vermehrt auftretende Augenschädigungen sind nur einige der prognostizierten Auswirkungen, die die Menschen betreffen werden. So ist von einer deutlichen Erhöhung des Risikos, an Hautkrebs und Augenleiden zu erkranken, auszugehen. Im Laufe der kommenden Jahrzehnte ist zu erwarten, daß die Flora und Fauna durch erhöhte UV-B-Strahlung geschädigt wird. Zudem kann die Schädigung des marinen Planktons dramatische Konsequenzen für die Nahrungskette in den Weltmeeren bewirken. Eine erhöhte UV-B-Strahlung wird demnach die Kohlenstoffspeicherung in der terrestrischen Biomasse und vor allem den Meeren verringern und somit zu einer zusätzlichen Verstärkung des Treibhauseffektes führen." (Enquete-Kommission „Schutz der Erdatmosphäre", 1992, S. 14)

Andere Wirkungen wie die Störung des Immunsystems werden diskutiert.

Der chemisch bedingte Ozonabbau in der Stratosphäre ist hauptsächlich auf Chlor- und Bromverbindungen
- (insbesondere vollhalogenierte) *Fluorchlorkohlenwasserstoffe* (FCKW),
- (insbesondere bromhaltige) Halone und
- bestimmte *Chlorkohlenwasserstoffe* (CKW) sowie auf
- Distickstoffoxid (N_2O)

zurückzuführen. Diese Stoffe tragen gleichzeitig als Treibhausgase zur anthropogen verursachten Erwärmung der Erdatmosphäre bei (s. Kap. 6.5.1).

Fluorchlorkohlenwasserstoffe und Halone

Vollhalogenierte FCKW und Halone stellen chemisch sehr inerte Verbindungen dar, die nahezu ausschließlich in der Stratosphäre photolytisch abgebaut werden. Die dabei entstehenden Halogenradikale sind für den Ozonabbau verantwortlich. Ein Chlorradikal kann bis zu 10 000 Ozonmoleküle abbauen, bevor es aus dem Reaktionszyklus entfernt wird. Brom zerstört Ozon noch 30 bis 120 mal effektiver als Chlor. Teilhalogenierte Fluorchlorkohlenwasserstoffe (H-FCKW) werden zum größten Teil bereits in der Troposphäre abgebaut und weisen ein geringeres, aber nicht zu unterschätzendes Ozonzerstörungs- und Treibhauspotential auf als die bisher eingesetzen FCKW.

Die Bedeutung insbesondere von chlor- und bromhaltigen Verbindungen in bezug auf den Ozonabbau in der Stratosphäre charakterisiert das Ozonabbaupotential (ODP), welches relativ zu Trichlorfluormethan (FCKW R 11) bestimmt wird. Der stratosphärische Ozonabbau wird durch eine Reihe weiterer Faktoren begünstigt. Nach heutigem Forschungsstand wird in den nächsten Jahrzehnten vor allem N_2O eine größere Rolle spielen. (Enquete-Kommision „Schutz der Erdatmosphäre", 1992, S. 42 und S. 84 ff.).

Distickstoffoxid (N_2O)

Distickstoffoxid gelangt als troposphärisch inertes Gas bis in die Stratosphäre und wird dort photolytisch zu Stickoxiden, überwiegend zu Stickstoffmonoxid (NO) umgesetzt. NO ist direkt am Ozonabbau beteiligt. Andererseits fördern Stickoxide die Bildung von Chlornitrat und dämpfen so die ozonzerstörende Wirkung des Chlors.

Mit dem Wiener Übereinkommen zum Schutz der Ozonschicht und dem Montrealer Protokoll (1987) sowie mit Nachfolgeverhandlungen der Vertragspartner in den vergangenen Jahren sind internationale Regelinstrumentarien auf den Weg gebracht worden, die den Ausstieg aus Produktion und Verwendung von FCKW vorsehen. Die für die Bundesrepublik Deutschland geltenden Regelungen sind größtenteils in der FCKW-Halon-Verbotsverordnung vom 6. Mai 1991 niedergelegt. Sie verbietet das Inverkehrbringen, die Verwendung und teilweise auch die Herstellung der halogenierten FCKW, Halone, sowie von Tetrachlorkohlenstoff und Methylchloroform stufenweise bis zum Jahr 1995. Das teilhalogenierte Dichlorfluormethan (R 22) wird erst ab dem Jahr 2000 verboten.

6.5.3 Problembereich „Photooxidation"

Unter Photosmog versteht man hohe Konzentrationen von Photooxidantien – insbesondere Ozon – in bodennahen Luftschichten. Bodennahes (troposphärisches) Ozon stellt eine Gefahr für die menschliche Gesundheit dar und leistet einen bedeutenden Beitrag zum Treibhauseffekt (s. Kap. 6.5.1). Photooxidantien sind sekundäre Schadstoffe, die aufgrund luftchemischer Prozesse aus den Vorläufersubstanzen

– *Stickoxide* und

– *flüchtige organische Verbindungen* (Volatile Organic Compounds, VOC)

gebildet werden.

Ozon entsteht bei der durch intensive Sonneneinstrahlung geförderten Oxidation von Kohlenmonoxid (CO) und flüchtigen Kohlenwasserstoffen (VOC) in Gegenwart von Stickstoffmonoxid (NO). Bei diesem Prozeß wird NO zu Stickstoffdioxid (NO_2) oxidiert, das durch seine Photolyse Ozon entstehen läßt. Die verschiedenen VOC unterscheiden sich dabei teilweise deutlich in ihrer Reaktivität und können u. a. mit dem Photochemischen Ozonbildungspotential (POCP) beschrieben werden.

Die ozonbildenden Luftverunreinigungen NO_x und VOC stammen in der Bundesrepublik Deutschland im Sommer überwiegend aus dem Verkehr. Wegen gestiegener Fahrleistungen sind die Emissionen des Verkehrs trotz der Einführung des Dreiwege-Katalysators in den vergangenen Jahren angestiegen. Über bereits eingeleitete Maßnahmen hinaus liegt im Verkehrsbereich das größte Potential für die Reduktion der Ozonvorläufersubstanzen. (Prognos, 1994, S. D-33)

Stickoxide (NO_x)

Da die Stickoxide auch zu den sauren Niederschlägen beitragen, können Einzelheiten Kapitel 6.5.4 entnommen werden.

Flüchtige organische Verbindungen (VOC)

In der Bundesrepublik Deutschland wurden 1990 etwa 3,05 Mio. t ozonrelevante flüchtige organische Verbindungen (ohne Methanquellen wie Bergbau, Landwirtschaft, Deponien etc.) emittiert. Davon stammen 1,58 Mio. t aus dem Verkehrsbereich und 1,2 Mio. t wurden bei der Verwendung von Lösemitteln emittiert. Die Emissionen aus der Lösemittelanwendung bestehen aus einer Vielzahl von Stoffen, welche hauptsächlich in der lackverarbeitenden, der chemischen und der klebstoffverarbeitenden Industrie freigesetzt werden (s. Kap. 4.4.2.2.1).

Die Bundesrepublik Deutschland hat zur Erfüllung ihrer Verpflichtungen aus der Genfer Luftreinhaltekonvention (Genfer-Protokoll, s. Kap. 6.5.4) erfolgreich immissionsschutzrechtliche (z. B. TA Luft, 20. BImSchV, 21. BImSchV) und verkehrbezogene Regelungen (z. B. Einführung schärferer Grenzwerte) eingeleitet. Diese Maßnahmen reichen zum (flächendeckenden) Erreichen bestehender Luftqualitätsrichtwerte für Ozon jedoch nicht aus. (Prognos, 1994, S. D-35f.; UBA, 1994a, S. 235)

6.5.4 Problembereich „Versauerung von Böden und Gewässern"

Saure Niederschläge entstehen durch die Oxidation von
- *Schwefeldioxid*,
- *Stickoxiden* und
- *Ammoniak*

in der Troposphäre und dem nachfolgenden Auswaschen der entstehenden Säuren mit dem Regen. Sie schädigen die Flora und führen zu Materialschäden. Das Potential einer Verbindung zur Versauerung wird in Säureäquivalenten (Acid Equivalents, AE) angegeben als Quotient der Anzahl der abspaltbaren Wasserstoffionen und des Molekulargewichts, gemessen. Aufgrund der komplexen, erst ansatzweise bekannten Wirkungszusammenhänge zwischen sauren Niederschlägen und Baumschäden stellen die Säureäquivalente kein wirklich geeignetes Maß für die ökologische Schädlichkeit der Säurebildner dar. Sowohl Schwefeldioxid- als auch Stickoxidemissionen sind unmittelbar mit der Nutzung fossiler Energieträger verbunden.

Atmosphärische Einträge und direkte, zum Teil unsachgemäße Aufbringung von Wirtschaftdünger, Gülle und Mineraldünger führen zu einer steigenden Stickstoffmenge in den Böden. Ein beachtlicher Teil der Stickstoffverbindungen gelangt durch Ausspülen in das Grundwasser, wo er zu relativ langlebigen Stoffdepots führt. So steigt die Nitrat-Konzentration im Grundwasser ländlicher Gebiete seit Jahren um etwa 1 mg/l jährlich. Diese Konzentrationszunahme ist vor dem Hintergrund der Werte von wenigen mg/l in unbelastetem Grundwasser und der Tatsache, daß 0,4% des abgegebenen Trinkwassers in der Bundesrepublik

Deutschland über dem Nitratgrenzwert von 50 mg/l liegt, zu sehen. Sie steht damit dem flächendeckenden Grundwasserschutz entgegen und gefährdet eine ordnungsgemäße Trinkwasserversorgung. (Aurand, 1982, S. 99 ff.; BGBl, 1990, S. 2622)

Stickoxide (NO_x)

Stickoxide resultieren aus Verbrennungsprozessen mit hohen Temperaturen. Dabei entsteht zunächst überwiegend NO, das anschließend in der Atmosphäre zu NO_2 umgewandelt wird. Die weitere Oxidation von NO_2 durch starke Oxidantien (z. B. O_3, OH-Radikale) in Gegenwart von Wassertropfen führt zur Bildung von Salpetersäure. NO_x entstehen weiterhin bei den gleichen mikrobiologischen Prozessen, in denen auch N_2O gebildet wird (Denitrifikation, Nitrifikation). Neben ihrem Beitrag zu sauren Niederschlägen gehören die Stickoxide ferner zu den Vorläufersubstanzen von troposphärischem Ozon und tragen so auch zum Treibhauseffekt und zum Sommersmog bei.

1990 wurden in der Bundesrepublik Deutschland (früheres Bundesgebiet und Gebiet der ehemaligen DDR) etwa 3,2 Mio. t Stickoxide (angegeben als NO_2) emittiert. Der größte Teil davon stammt aus dem Verkehrsbereich (2,1 Mio. t) und dem Energieumwandlungssektor (Kraft- und Fernheizwerke, Raffineriefeuerungen, Kokereien; 0,91 Mio. t). (Enquete-Kommission „Schutz der Erdatmosphäre", 1992, S. 87; UBA, 1994 a, S. 233)

Schwefeldioxid (SO_2)

Schwefeldioxid wird bei der Verbrennung schwefelhaltiger Brennstoffe freigesetzt. Es ist ein schleimhautreizendes ätzendes Gas. Nach Oxidation des SO_2 zu Schwefeltrioxid entsteht mit Wasser die aggressive Schwefelsäure.

In der Bundesrepublik Deutschland (früheres Bundesgebiet und Gebiet der ehemaligen DDR) wurden 1990 ca. 5,8 Mio. t SO_2 emittiert, davon entfielen auf die alten Bundesländer lediglich 1 Mio. t. Die Emissionswerte in den neuen Bundesländern sind stark rückläufig. (UBA, 1994 a, S. 233)

Ammoniak (NH_3)

In der Bundesrepublik Deutschland wurden 1990 etwa 0,76 Mio. t Ammoniak emittiert. Über 90 % der Emissionen stammen aus der

Landwirtschaft. Die bedeutendsten Quellen sind die Ausbringung von Mist und Gülle zur Düngung der Felder und die Weidehaltung. Ferner wird Ammoniak bei der Stallhaltung und der Mist- bzw. Güllelagerung frei. Durch Oxidationsreaktionen kann gasförmiges Ammoniak zu Stickoxiden reagieren. Auf diesem Weg trägt es zum sauren Regen sowie zur Eutrophierung von Gewässern bei. (UBA, 1994 a, S. 235)

Genfer Luftreinhaltekonvention

Für die Problembereiche „Versauerung" sowie „Photooxidation" (s. Kap. 6.5.3) spielt das „Übereinkommen über weiträumige grenzüberschreitende Luftverunreinigungen" (Genfer Luftreinhaltekonvention) von 1979 eine wichtige Rolle. Es wurde im Rahmen der Wirtschaftskommission der Vereinten Nationen für Europa (UN/ECE) verhandelt.

Das Helsinki-Protokoll (1985) begründet die Verpflichtung, die jährlich anfallenden Schwefelemissionen spätestens bis 1993 um mindestens 30% gegenüber dem Stand von 1980 zu reduzieren. Die Umsetzung auf dem Verordnungsweg (13. BImSchV, 1. BImSchV, TA Luft etc.) hat in den alten Bundesländern bereits zu Erfolgen geführt. Da eine weitere Verbesserung der Luftqualität in Europa für notwendig gehalten wird, haben die Vertragsstaaten im Juni 1994 in Oslo ein Folgeprotokoll unterzeichnet. Sie verpflichten sich damit, ihre Gesamtschwefelemissionen individuell bis zu den Jahren 2000, 2005 und 2010 auf bestimmte Obergrenzen verbindlich zurückzuführen. Danach muß z. B. die Bundesrepublik Deutschland ihre Schwefelemissionen um 83% bis 2000 und um 87% bis 2005 gegenüber dem Niveau von 1980 verringern.

Das Sofia-Protokoll von 1988 enthält die völkerrechtliche Verpflichtung, bis 1994 die jährlichen nationalen Stickoxidemissionen auf den Stand von 1987 einzufrieren. Die Bundesrepublik Deutschland hat sich darüber hinaus zu einer Reduktion der Stickoxidemissionen bis 1998 um 30% gegenüber dem Niveau von 1986 verpflichtet.

Ein drittes Protokoll im Rahmen der Genfer Luftreinhaltekonvention betrifft den Abbau flüchtiger organischer Verbindungen (VOC). Die Vertragsstaaten verpflichteten sich 1991 in Genf die VOC bis 1999 im Vergleich zu den Werten von 1988 um ebenfalls 30% zu reduzieren. (Enquete-Kommission „Schutz der Erdatmosphäre", 1992, S. 159; Wüster, 1992)

6.5.5 Problembereich „Eutrophierung von Gewässern"

Unter Eutrophierung versteht man die Anreicherung von Pflanzennährstoffen (z. B. Verbindungen des Kohlenstoffs, Stickstoffs, Phosphors, Calciums, Magnesiums u.a.) in Oberflächengewässern und die damit einhergehenden nachteiligen Folgen. Die Überdüngung führt – insbesondere während der Sommermonate – zu einer übermäßigen Vermehrung von pflanzlichem Plankton. Der aerobe Abbau des abgestorbenen, kurzlebigen Planktons bewirkt eine erhöhte Sauerstoffzehrung im Wasser mit negativen Folgen für den Fischbestand und die Selbstreinigungskraft des Gewässers. Außerdem sind zum Teil toxische Abbauprodukte von Algen (algenbürtige Toxine) zu berücksichtigen, die bereits in niedrigen Konzentrationen als Geruchs- und Geschmacksstoffe in Erscheinung treten können. Die für die Eutrophierung bedeutsamsten anthropogenen Einträge in Gewässer sind

– *Stickstoff* (überwiegend als Nitrat und Ammonium) und

– *Phosphor* (überwiegend als Phosphat).

Stickstoff

Stickstoff tritt in Gewässern vorwiegend in Form von Ammonium (NH_4+) und Nitrat (NO_3-) auf. Anorganisch gebundener Stickstoff ist unmittelbar pflanzenverfügbar und wird in organisch gebundenen Stickstoff überführt (Proteine). Neben seinem Beitrag zur Eutrophierung belastet Ammonium den Sauerstoffhaushalt des Wassers durch die sehr sauerstoffzehrende mikrobielle Nitrifikation von Ammonium-Stickstoff zu Nitrat. Dieser Prozess ist stark temperaturabhängig und erfolgt überwiegend in der warmen Jahreszeit.

1990 wurden in der Bundesrepublik Deutschland (früheres Bundesgebiet und Gebiet der ehemaligen DDR) etwa 1,04 Mio. t Stickstoff in die Oberflächengewässer eingetragen. Davon stammten über 60% direkt oder indirekt aus der Landwirtschaft, 28% aus kommunalen Kläranlagen und 9% von industriellen Direkteinleitern.

Ein Großteil der diffusen Stickstoffeinträge in die Oberflächengewässer erfolgt über das Grundwasser (ca. 39%). Insofern ist das Grundwasser beim Problembereich „Eutrophierung" zu berücksichtigen. (UBA, 1994 a, S. 428; 1994 c, S. 19 ff.)

Phosphor

Phosphor nimmt in Gewässern in der Regel die Rolle eines für die Pflanzen wachstumslimitierenden Elements ein. Die Erhöhung der Konzentration an Phosphor ist zumeist mit einer Intensivierung des Algenwachstums in stehenden oder langsam fließenden Gewässern verbunden.

Der Phosphoreintrag in die Oberflächengewässer der Bundesrepublik Deutschland wurde 1990 auf ca. 100 000 t geschätzt. Die Haupteintragsquellen sind die Landwirtschaft mit 48%, kommunale Kläranlagen (inklusive industrielle Indirekteinleiter) mit 38%, Regenwasserbehandlung mit 8% sowie industrielle Direkteinleiter mit 6%.

Entsprechend den Mindestanforderungen an die Abwasserreinigung gemäß § 7a Wasserhaushaltsgesetz ist in den nächsten Jahren vorgesehen, das Abwasser aus kommunalen Kläranlagen weitgehend von Stickstoff- und Phosphorverbindungen zu befreien. Damit treten die diffusen Quellen zunehmend in den Vordergrund. Der Anteil der Landwirtschaft an den gesamten Phosphor- und Stickstoffeinträgen wird proportional stark zunehmen, während für bestimmte Bereiche (insbesondere Kläranlagen und Industrie) erhebliche Reduktionen der Nährstoffeinträge in Gewässer prognostiziert werden. (UBA, 1994 a, S. 429; 1994 c, S. 19 ff. und S. 4 f.)

6.5.6 Problembereich „Eintrag toxischer und öko-toxischer Stoffe in die Umwelt"

Der Problembereich „Eintrag toxischer und ökotoxischer Stoffe in die Umwelt" zeichnet sich durch die Vielzahl der zu betrachtenden Stoffe aus. So enthält beispielsweise das „European Inventory of Existing Chemical Substances" (EINECS) ca. 100 000 Substanzen, von denen allerdings nur eine erheblich geringere Zahl einer näheren Betrachtung bedarf.

Die Umweltwirkungen toxischer oder ökotoxischer Stoffe ergeben sich aus den Stoffeigenschaften und der Exposition. In beiden Bereichen sind häufig erhebliche Kenntnislücken gegeben und es bestehen besondere Schwierigkeiten, die Wirkungen einzelner Stoffe im Zusammenhang mit anderen Stoffen auf ökosystemare Strukturen und Funktionen zu bestimmen. Daher sollte zunächst solchen Stoffen besondere Aufmerksamkeit gewidmet werden, die sich durch geringe Abbaubarkeit (Persistenz) und das Risiko irreversibler Wirkungen auszeichnen (s. Kap. 5.3.2.1). Beispielhaft für die Vielschichtigkeit der Einträge schädigender Stoffe in die Umwelt gilt der konservative Grundwasserbereich. Toxische und mutagene Stoffe wie polycyclische aromatische Kohlenwasserstoffe, halogenierte Lösemittel, radioaktive Substanzen, Pestizide, polyhalogenierte Bi- und Terphenyle, Schwermetalle sowie Düngemittel stammen vor allem aus Altlasten und Deponien, undichten Kanälen und Tanks, landwirtschaftlich genutzten Flächen und Transportwegen (Straßen, Schienenwege, Binnenwasserstraßen).

Trotz einiger systematischer Erhebungen der Grundwasserqualität, besteht ein Wissensdefizit für die ökosystemare Bedeutung dieser Substanzen und ihrer Abbauprodukte (Metaboliten). Generelle Aussagen über den Problembereich „Eintrag toxischer und ökotoxischer Stoffe in die Umwelt" sind daher mit großen Unsicherheiten behaftet. Aus diesem Grund kommt medien- und branchenbezogenen Informationen in diesem Bereich weiterhin große Bedeutung zu.

Arbeitsschutz

Von vorrangigem Interesse im Arbeitschutz sind humantoxische Stoffe, denen gegenüber Arbeitnehmer häufig in einer Weise und in einem Ausmaß ausgesetzt sind, daß hieraus nicht hinnehmbare Risiken resultieren. Die ökologisch ausgelöste Umsteuerung von Stoffströmen kann neben dem Verlust von Arbeitsplätzen auch zur Schaffung von neuen und neuartigen Arbeitsplätzen führen bzw. die Änderung von Arbeitsbedingungen bedeuten, wie sich am Beispiel der Altstoffwiederverwertung eindrucksvoll zeigen läßt. Die sich hierbei ergebenden Arbeitsschutzprobleme lassen sich in der Regel auf prinzipiell bekannte Fragestellungen zurückführen, denen der tradierte Arbeitsschutz mit seinem Maßnahmenrepertoire zu begegnen versucht.

Der Wirksamkeit dieses Maßnahmenrepertoires stehen aber im wesentlichen zwei Tatsachen entgegen:

- es bestehen massive Wissenslücken bezüglich der Humantoxizität von Stoffen zur stofflichen Exposition von Arbeitnehmern,
- Klein- und Mittelbetriebe haben erhebliche Schwierigkeiten bei der Anwendung des Maßnahmenrepertoires. Ursächlich für die Anwendungsprobleme sind u. a. mangelndes Fachwissen, die Vielzahl und Kompliziertheit der Vorschriften und die Kosten der zu treffenden Maßnahmen.

Für die Berücksichtigung des Arbeitsschutzes im Stoffstrommanagement sind folgende Aspekte zu betonen:

- Die toxikologische und arbeitsmedizinische Charakterisierung von Stoffen und ausgewählten Stoffgemischen sowie die Erhebung von Belastungsdaten
- Grundregelungen für den Umgang mit allen Stoffen (als Konsequenz aus den bestehenden Wissenslücken)
- Belebung der Anwendung von Schutzmaßnahmen in Klein- und Mittelbetrieben durch die Nutzung überbetrieblicher Strukturen in den verschiedenen Branchen, die Einbeziehung der Arbeitnehmer selbst in den betrieblichen Arbeitsschutz, die Bildung des unternehmerischen Bewußtseins u. a. m.
- Die Beeinflussung der chemischen Produkt- und Prozeßinnovation im Sinne der Entwicklung von mensch- und umweltverträglichen Produkten und Verfahren, durch Verbesserung der Informationsflüsse (d. h. Markttransparenz, Wirksamwerden von Marktmechanismen), durch die gezielte Ablösung von Gefahrstoffen, denen besondere Risiken anhaften, unter Vorgabe überschaubarer Zeiträume, durch die Förderung einer intelligenten Innovation, durch bonus/malus-Elemente bei der Vermarktung neuer Stoffe u. a. m.

Die bisherige Erfahrung mit Instrumenten des Arbeitsschutzes beschränkt sich im wesentlichen auf das Ordnungsrecht und das proaktive Handeln der Wirtschaft. Diese Erfahrung läßt sich mit der Aussage zusammenfassen, daß proaktives Handeln ohne Ordnungsrecht nicht auskommt, andererseits aber eine nicht ersetzbare Ergänzung zum Ordnungsrecht darstellt. In ökonomischen Instrumenten zur Umsteuerung der Stoffströme wird auch für die Anliegen des Arbeitsschutzes eine bedeutsame Möglichkeit für die Zukunft gesehen.

6.6 Die Rolle der Akteure im Stoffstrommanagement

Die Diskussion in der Enquete-Kommission zum Management von Stoffströmen hat ebenso wie die Studie von de Man gezeigt, daß sich ein Stoffstrommanagement aus den vielen Beiträgen unterschiedlicher Akteure ergibt. In den vorhergehenden Kapiteln wurden bereits die Ziele und Prinzipien eines Stoffstrommanagements (s. Kap. 6.2), die unterschiedlichen Akteure und die Verteilung der Verantwortung im Stoffstrommanagement (s. Kap. 6.4.4) sowie die Anforderung an Daten und die benötigten Kenntnisse für das Stoffstrommanagement beschrieben (s. Kap. 6.4.5). Im folgenden sollen die Aufgaben einzelner Akteure beispielhaft vorgestellt werden. (de Man, 1994)

6.6.1 Produktionsunternehmen

Produktionsunternehmen sind direkt handelnde Akteure im Stoffstrommanagement. Durch ihren Bedarf an Rohstoffen und Vorprodukten, den Betrieb von Anlagen, das Inverkehrbringen von Produkten, das Auftreten von Emissionen und ihr Abfallaufkommen befinden sich Produktionsunternehmen an den Knotenpunkten des Stoffstromsystems. Die einzelnen Beiträge von Produktionsunternehmen zum unternehmensübergreifenden Stoffstrommanagement stellen isoliert betrachtet keine besonderen Neuerungen gegenüber dem Standard dar, der von einem Unternehmen mit einem Umweltmanagementsystem erwartet werden kann. Eine neue, auf die Nutzung von Synergieeffekten setzende Qualität erhält das Stoffstrommanagement erst durch die betriebsinterne und betriebsübergreifende Koordination verschiedener Einzelmaßnahmen.

Bisher waren im Bereich der Wirtschaft Werkstofffragen, Materialpreise und die Verfügbarkeit der Rohstoffe Anlaß zu sorgfältigen Analysen, die heute als Stoffstromanalysen bezeichnet werden. Es ging dabei immer um die Optimierung bei der Beschaffung und Verwendung eines Stoffes. In den 70er Jahren kam die Erfassung von Emissionen in die Medien Luft und Wasser hinzu sowie Mitte der 80er Jahre die Abfallproblematik. Diese bereits vorhandenen Elemente eines Stoffstrommanagements müssen in Zukunft in die umfassende Managementaufgabe integriert werden.

Die Aufgaben eines Produktionsunternehmens im Stoffstrommanagement lassen sich systematisch in fünf Schritte aufteilen: die Zielsetzung, die Analyse und die Bewertung von Stoffströmen, die Entwicklung von Strategien und die Durchführung und Kontrolle praktischer Maßnahmen (s. Kap. 6.4.2).

Stoffstromanalysen und Handlungsansätze

Bei der Stoffstromanalyse eines Unternehmens geht es um die Analyse der bestehenden und möglicher alternativer Stoffströme aus der Sicht des Unternehmens. Durch die Analyse der bestehenden betrieblichen Stoffströme verschafft sich das Unternehmen den Überblick über seine Stoffbilanz und seine Beiträge zu gesundheitlich oder ökologisch relevanten Stoffströmen. Hierzu gehört insbesondere die detaillierte Erfassung von Emissionen und Abfällen und deren genaue Zuordnung zu einzelnen Verfahrensschritten und Anlagen. Zur Bestimmung der eigenen Beiträge zu relevanten Stoffströmen ist u. U. ein Vergleich der betrieblichen Stoffdaten mit unternehmensexternen Analysen (durch wissenschaftliche oder staatliche Institutionen oder durch Verbände) erforderlich. Die Analyse möglicher alternativer Stoffströme umfaßt die systematische Erkundung von Verbesserungsmöglichkeiten im Rahmen interner Entscheidungen oder in Kooperation mit anderen Unternehmen. Verbesserungsmöglichkeiten können sich auf die Optimierung bestehender Produktionsverfahren oder auf die Entwicklung alternativer Verfahren und Produkte beziehen. Die Handlungsansätze im Rahmen des betrieblichen Umweltmanagements und überbetrieblicher Kooperationen reichen vom integrierten Umweltschutz bis zum ökologischen Design von Produkten und Dienstleistungen (s. Kap. 3.4). Die Analyse der Stoffströme und Handlungsansätze ist die Grundlage für die Formulierung von Optionen für konkrete Maßnahmen.

Erstellung von Prioritäten

Die Erstellung von Prioritäten im Stoffstrommanagement von Produktionsunternehmen umfaßt eine Kombination von detaillierten Stoffstromanalysen und -bewertungen mit betriebswirtschaftlichen Analysen. Betriebsinformationen, Möglichkeiten der Produktion und Marktanalysen werden dabei mit externen Informationen aus Datenbanken und Medien verbunden und zu einer Entscheidungsbasis komprimiert. Bei größeren Betrieben ist eine solche Informationserstellung durch eigene Anstrengungen möglich, kleinere Unternehmen bedürfen dagegen der Unterstützung durch z. B. Branchenverbände oder auch durch den Staat. So können die Optionen mit der höchsten Kosteneffektivität ermittelt werden, d. h. solche Lösungen, bei denen im Verhältnis zu den aufgewendeten finanziellen und sonstigen (personellen, logistischen etc.) Mitteln die größten ökologischen Verbesserungen erzielt werden können.

Durchführung und Kontrolle praktischer Maßnahmen

Die Durchführung und Kontrolle von praktischen Maßnahmen im Stoffstrommanagement hängt abgesehen von dem unterschiedlichen Schwerpunkt der Problemstellung von den gleichen organisatorischen und institutionellen Faktoren ab, die auch für das betriebliche Umweltmanagement wichtig sind. Hierzu gehören organisatorische Voraussetzungen (Informationssysteme, Motivationssysteme), Anforderungen an die Qualifikation der Mitarbeiter und adäquate Verantwortungsstrukturen. Die Zielsetzung für ein Stoffstrommanagement liegt immer im Verantwortungsbereich der obersten Führungsebene eines Unternehmens. Die Entscheidungskompetenz dagegen ist nicht nur auf die oberste Führungsebene beschränkt, sondern hat sich entsprechend der modernen

Organisationsstruktur auf mehrere Ebenen abgestuft verlagert. Die Verbindung von Sachkompetenz mit wirkungsvollem Informationsaustausch von oben nach unten und von unten nach oben ist zusammen mit einer breit verteilten Entscheidungskompetenz eine wichtige Voraussetzung für die Umsetzung der komplexen Aufgaben eines Stoffstrommanagements.

Auf betrieblicher Ebene können die Betriebsbeauftragten für Umweltschutz – entsprechend der einschlägigen Gesetze und Verordnungen (§ 11a AbfG, § 21a WHG, § 53 BImSchG bzw. 5. BImSchV, § 5 Abs. 2 12. BImschV, § 11 Abs. 4 GefStoffV, u. a.) – eine wichtige Rolle im Stoffstrommanagement spielen. Sie sind bisher dafür verantwortlich, die Einhaltung der durch den Staat vorgegebenen rechtlichen Rahmenbedingungen in den Unternehmen zu kontrollieren. Zu ihren Aufgaben zählen Dokumentations- und Informationspflichten und vor allem die Beratung der Unternehmensleitung. Die Betriebsbeauftragten haben unmittelbares Vortragsrecht. Sie haben im Normalfall keine direkte Produktionsverantwortung, sondern sind für die ökologischen Belange auf allen Betriebsebenen zuständig. Die Aufgaben der Betriebsbeauftragten sollten den medien- und betriebsübergreifenden Anforderungen des Stoffstrommanagements entsprechend neu bestimmt werden. Für ein zielorientiertes erfolgreiches Stoffstrommanagement im Sinne einer nachhaltig zukunftsverträglichen Entwicklung kann ein reger Informationsfluß zwischen Betriebsbeauftragten, den betriebswirtschaftlichen Abteilungen, die für die ökonomischen Belange zuständig sind, und dem Betriebsrat eines Unternehmens, der die sozialen Belange der Arbeitnehmer vertritt, förderlich sein.

Das Stoffstrommanagement bedarf auch der Erfolgskontrolle. Sie erfolgt einerseits auf den verschiedenen Hierarchieebenen im Rahmen der betrieblichen Erfolgskontrolle. Andererseits erfolgt die Kontrolle über den Markt, den Wettbewerb und die anderen konkurrierenden Akteure in einer marktorientierten Wechselwirkung. Damit werden auch die Folgen von Managemententscheidungen erfaßt und bewertet. Diese Kontrolle ist je nach Zielsetzung zwar überwiegend ökonomischer Natur, kann aber auch ökologische Aspekte miterfassen. Eine öffentliche Kontrolle der Ergebnisse des Stoffstrommanagements einzelner Unternehmen wäre nur dann möglich, wenn entsprechende Daten offengelegt würden. Besonders wichtig wäre es, das Erreichen der nationalen Umweltziele und den Beitrag einzelner Branchen oder Unternehmen zu verfolgen. Unter der Voraussetzung, daß es möglich ist, einen gemeinsamen Rahmen für die Umweltberichterstattung zu finden, wäre das die geeignete Form zur Veröffentlichung solcher wesentlichen Daten. (s. Kap. 7.4.3.1.2)

Bei der Vermittlung der von Produktionsunternehmen erzielten Fortschritte im Stoffstrommanagement in den Markt und damit an den Verbraucher sind Handelsunternehmen wichtige indirekte Akteure im Stoffstrommanagement.

6.6.2 Handelsunternehmen, Banken und Versicherungen

6.6.2.1 Handelsunternehmen

Handelsunternehmen zählen zu den wirtschaftlichen Akteuren, die durch ihre Entscheidungen das Stoffstrommanagement anderer Akteure beeinflussen. Die Aktivitäten des Handels bestehen grundsätzlich aus dem Zusammenbringen von Produkten (oder Vorprodukten) unterschiedlicher Produzenten und dem Verkauf dieser Produkte an Konsumenten oder industrielle Verbraucher. Zu der Verantwortung für die mit diesen Warenströmen verbundenen Stoffströme kommen mit Aktivitäten wie der Verpackung, dem Transport und der Gestaltung der Verkaufsstätten weitere stoffstromrelevante Tätigkeiten des Handels.

Die Aktivitäten im Stoffstrommanagement durch den Handel lassen sich im wesentlichen in input- und outputorientierte Entscheidungen unterteilen (de Man 1994, S. 39 f.).

Zu den inputorientierten Entscheidungen gehören die Einkaufs- und Sortimentsentscheidungen. Durch die Aufnahme von Produkten in ihr Sortiment und deren Ausschluß oder Ausgliederung (Auslistung) haben Handelsunternehmen wesentlichen Einfluß auf Produktionsentscheidungen. Dieser Einfluß geht über Auswahlentscheidungen bezüglich auf dem Markt befindlicher Produkte und Anbieter hinaus, indem Handelsunternehmen von ihren Zulieferern nach ihren Vorstellungen spezifizierte Produkte herstellen lassen und bestimmte Anforderungen bezüglich der Herstellungsverfahren an ihre Lieferanten stellen. Solche Anforderungen können auch Auswirkungen auf die Vorlieferanten der Lieferanten und Produzenten haben. Auf diese Beziehungen zwischen Handel und Produzenten wird in Kapitel 6.7.1 unter dem Aspekt der Kooperationen im Stoffstrommanagement eingegangen.

Die outputorientierten Entscheidungen von Handelsunternehmen betreffen die Preisgestaltung, die Werbung, die avisierten Märkte und Käuferschichten und die mit den Waren angebotenen Informationen und Dienstleistungen (Sortimentspräsentation und Gestaltung der Warenhäuser). Outputorientierte Entscheidungen können beispielsweise durch das Angebot umweltverträglicher Produkte, ökologischer Informationen oder umweltrelevanter Dienstleistungen einen Beitrag zum Stoffstrommanagement liefern.

Alle diese Entscheidungen haben einen Einfluß auf die mit den Produkten verbundenen Stoffströme. Vor allem große Handelsunternehmen können durch ihren Einfluß auf Produktströme und damit zusammenhängende Stoffströme eine zentrale Rolle im Stoffstrommanagement spielen. Die Möglichkeiten des Akteurs Handel, diese Rolle im Sinne einer nachhaltig zukunftsverträglichen Entwicklung auszufüllen, sind durch zwei Faktoren begrenzt: die große Zahl der Produkte und die Länge und Komplexität der Produktlinien. Es ist dem Handel bereits aus wirtschaftlichen Gründen kaum möglich, alle von ihm vertriebenen Produkte ökologisch zu bewerten. Die Produktvielfalt erfordert demzufolge die Entwicklung und Verwendung von effektiven Methoden für eine schnelle Beurteilung der ökologischen Relevanz von Produkten. Für die Überwindung der durch die Länge und Komplexität der Produktlinie bedingten Probleme kann die Entwicklung branchenübergreifender Informations- und Managementstrukturen hilfreich sein. (s. Kap. 7.4.3.3.2)

6.6.2.2 Banken

Banken haben in ihrer Geschäftstätigkeit im Bereich Finanzdienstleistungen kein direktes Interesse am Stoffstrommanagement. In der Vergangenheit spielten deshalb Umweltaspekte bei den Vergabekriterien für Kredite in der Regel keine Rolle. Wenngleich heute noch wenig beachtet, wird in Zukunft wahrscheinlich neben den Versicherungen (s. Kap. 6.6.2.3) auch den Banken im Stoffstrommanagement eine wachsende Bedeutung zukommen:

(1) Das Bewußtsein wächst zunehmend, daß ein weniger umweltfreundliches Unternehmen auch ein größeres Risiko für den Kreditgeber darstellen kann, da das Risiko größer ist, aufgrund behördlicher Auflagen/Stillegung oder durch Unfälle in Zahlungsschwierigkeiten zu kommen.

(2) Darüber hinaus werden die Banken verstärkt mit der Kreditgeberhaftung konfrontiert, welche als Ausstrahlung der anglo-amerikanischen Rechtsprechung in der Europäischen Union an Bedeutung gewinnt. Die Kreditgeberhaftung kann als eine spezielle Form der Produkthaftung bezeichnet werden; die Banken haften für Schäden, welche beim Kunden durch ihre Produkte – Kredite – entstehen, d. h. beispielsweise für ökologische Schäden, die sich aus dem Anlagenbetrieb ergeben.

(3) Wachsende Bedeutung erlangt auch für die Banken – ganz analog zu den Produktionsunternehmen – der Imagegewinn durch positives Umweltverhalten. Sowohl für Anleger als auch für Kreditnehmer können Umweltargumente eine Rolle spielen. Aus der Kenntnis der Einflußmöglichkeiten von Banken sind Kunden zunehmend interessiert, daß an die Kreditvergabe ökologische Kriterien angelegt werden, wie die Gründung der Ökobank und die zunehmende Auslegung von Ökofonds auch bei anderen Banken zeigen.

(4) Banken haben aufgrund ihrer Stellung im Markt erheblichen Einfluß auf Investitionsentscheidungen. Ob sie diesen Einfluß in Zukunft stärker als bisher von Investitionen in ökologisch innovative Entwicklungen geltend machen werden, wird wesentlich von den gesetzlichen Rahmenbedingungen abhängen.

Entsprechend wird von den Banken selbst zunehmend die Notwendigkeit anerkannt, eine aktive Rolle im Umweltschutz zu spielen. In einer von dem United Nations Environment Programme (UNEP) initiierten Erklärung „Banking and the Environment – Statement by Banks on the Environment and Sustainable Development" verpflichteten sich weltweit ca. 30 Banken zu einer nachhaltig zukunftsverträglichen Entwicklung. Im Mittelpunkt der Erklärung steht die Verbesserung des Umweltmanagements der Banken, die Orientierung des Risikomanagements und der Kreditvergabe an den ökologischen Auswirkungen sowie die entsprechende Förderung des öffentlichen Bewußtseins.

Für ein internationales Stoffstrommanagement spielt die Weltbank eine wesentliche Rolle. Durch ihre Kreditvergabe hat sie einen erheblichen Einfluß auf Investitionen in vielen Entwicklungsländern. Die Programme der Weltbank sollten grundsätzlich an den grundlegenden Regeln und Kriterien einer nachhaltig zukunftsverträglichen Entwicklung ausgerichtet werden. Ansätze hierfür, die in der Umweltabteilung der Weltbank entwickelt werden, sind zu unterstützen und umzusetzen.

6.6.2.3 Versicherungen

Die Versicherungen sind ein wenig beachteter, aber keineswegs bedeutungsloser Akteur im Stoffstrommanagement. Sie haben ein Interesse an der Vermeidung von Störfällen bzw. an einem möglichst glimpflichen Ausgang derselben und der Senkung der Produktionsrisiken, da sie möglichst geringe Schadenszahlungen leisten möchten. Sie nehmen beispielsweise Einfluß auf die Wahl von Baumaterialien durch ihre

Einstufung von Brandrisiken und Brandschäden, die durch unterschiedliche Baustoffe verursacht werden. Insbesondere sind sie an einer Kalkulierbarkeit des Risikos interessiert. Insofern sind die Versicherungen ein Akteur im Wirtschaftsgeschehen, der indirekt auf das Stoffstrommanagement der Versicherungsnehmer (Produktionsunternehmen) einwirkt.

Durch positive Anreize, wie kostenlose Information, Beratung etc. sowie Selbstbeteiligungen, Deckungsbegrenzungen, Staffelung der Prämienhöhe nach den Sorgfaltsvorkehrungen des Versicherungsnehmers etc. und in gewissen Fällen auch durch die Verweigerung des Versicherungsschutzes gelingt es den Versicherungen, die Produktionsunternehmen zu Investitionen zu veranlassen, welche das Störfallrisiko bzw. die Risiken der Produktion und zum Teil auch der Produkte senken. Zugleich wird das ökologische Engagement der Unternehmen gesteigert. Zur Wahrnehmung dieser Aufgabe setzen die Versicherungen technische Experten ein. Diese Spezialisten können wichtige Akteure im Stoffstrommanagement sein, da sie über profunde Kenntnisse über die Schwachstellen von Produktionsunternehmen verfügen und darüber hinaus in der Lage sind, Verbesserungsvorschläge zu machen.

In der Versicherungswirtschaft muß zwischen Erst- und Rückversicherern unterschieden werden. Die Rückversicherer versichern zum einen die Erstversicherer (z.B. Kfz-Haftpflichtversicherer) und übernehmen zum anderen Risiken mit großem Schadensausmaß, indem sie das Schadensrisiko über eine große Zahl von Beteiligten verteilen. Die Rückversicherer besitzen aus langjähriger und weltweiter Schadenserfahrung umfangreiches Know-how. Ihre Bedeutung für das Stoffstrommanagement wird wahrscheinlich in den nächsten Jahren deutlich zunehmen. In den vergangenen Jahren wurden die Rückversicherer durch große Schäden durch Naturkatastrophen erheblich belastet. Dabei wird angenommen, daß ein zunehmender Teil der Naturkatastrophen (Sturmschäden, Überschwemmungen) letztlich anthropogen verursacht ist. Es ist zu erwarten, daß die Rückversicherer ihre Versicherungsstrategie grundsätzlich ändern werden. Die Vorgaben der Rückversicherer an die Erstversicherer, beispielsweise im Rahmen des erweiterten Umwelthaftungsgesetzes von 1991, sind von großem Einfluß auf die Investitionsentscheidungen der Unternehmen und damit auch auf ihr Umweltmanagement. Vom Umwelthaftungsgesetz sind allerdings praktisch nur kleine Störfälle und Abweichungen vom Normalbetrieb erfaßt; nicht erfaßt werden Summations- und Distanzschäden und damit alle größeren Umweltschäden. Dies engt den möglichen Beitrag der Versicherer für ein Stoffstrommanagement entscheidend ein.

6.6.3 Wirtschaftsverbände

Wirtschaftsverbände als Branchenverbände, Arbeitgebervereinigungen oder zentrale Bundesverbände der Wirtschaft – von Industrie, Handwerk und Dienstleistung – tragen keine direkte Verantwortung im Stoffstrommanagement. Sie können jedoch die Stoffströme stark beeinflussen, indem sie die Schaffung günstiger Rahmenbedingungen für das Stoffstrommanagement beeinflussen. Durch die Vermittlung und Erarbeitung von Informationen und Bereitstellung von Sachverstand unterstützen sie die Unternehmen bei der Lösung ihrer Aufgaben.

Die Wirtschaftsverbände wirken damit als Berater und Mittler und als Moderator sowohl zwischen den Einzelunternehmen als auch gegenüber dem Staat. Sie sind gleichzeitig Sprachrohr der Wirtschaft sowie Ansprechpartner der Wirtschaft und des Staates im gegenseitigen Verhältnis zueinander.

Innerhalb der Wirtschaft können sie helfen, Hemmnisse zu beseitigen, die durch Konkurrenz und die Kostensituation der Einzelunternehmen entstehen. Sie bündeln auf der anderen Seite die Ansichten der Einzelunternehmen, so daß in allgemeinen Fragen gemeinsame Positionen formuliert und gegebenenfalls der Staat auf die Verbände bei Anfragen zukommen kann.

Als Mittel zur Erreichung derartiger Ziele sind auch Selbstverpflichtungen entlang der Produktlinie geeignet, die die Wirtschaftsverbände organisieren könnten.

Ihre Aufgabe besteht auch in der Motivation der Unternehmen für neue als wichtig erkannte Fragestellungen. Ein Beispiel ist die derzeit diskutierte Einführung eines Umweltmanagementsystems in das Managementsystem eines Einzelakteurs mit dem Ziel der Schaffung eines integrierten Gesamtmanagements.

Die Verbände können so zur Umweltverantwortung der Unternehmen beitragen und dabei gleichzeitig möglichst gleiche Bedingungen für die Einzelakteure schaffen. Auf der anderen Seite ist es Aufgabe der Verbände, den Staat bei der Formulierung seiner gesetzlichen Vorhaben zu beraten, z. B. bei der Setzung von Rahmenrichtlinien für ein Stoffstrommanagement. Bei dieser Aufgabe sollte vordringlich auf die Schaffung von Freiräumen für innovatives Handeln hingewirkt werden, um die Wettbewerbsfähigkeit der Unternehmen und damit den Wohlstand aller zu stärken.

Aufgrund der internationalen Wirtschaftsverflechtungen muß die Schaffung gleicher Rahmenbedingungen auch international abgesichert werden. Dazu können die Verbände beispielsweise über die Welthandelsorganisation (WTO) oder über entsprechende Aktivitäten in der Europäischen Union beitragen.

6.6.4 Staat

In einer sozialen Marktwirtschaft werden Stoffströme von der Rohstoffgewinnung bis zur Entsorgung oder Wiederverwertung durch den Staat auf verschiedene Arten beeinflußt.

Herausgehoben aus dem Geflecht anderer Akteure, spielt der Staat aufgrund seiner demokratischen Legitimation eine Sonderrolle. So setzt er beispielsweise in bestimmten Wirtschaftsbereichen Produktion und Preis fest, wirkt durch Subventionen und fragt selbst am Markt Güter und Dienstleistungen nach. Durch sein Eingreifen trägt er dafür Sorge, daß das Zusammenspiel von Angebot und Nachfrage am Markt zu gesamtwirtschaftlich erwünschten und sozial verträglichen Ergebnissen führt.

Im Rahmen des Stoffstrommanagements kommt dem Staat auch im Hinblick auf die Beeinflussung internationaler Stoffströme besondere Verantwortung zu. Erfolgversprechende Wege zur Sicherung einer nachhaltigen Entwicklung sieht die Kommission z. B. bei den Bemühungen um die internationale Harmonisierung der Wettbewerbsbedingungen im Sinne der Etablierung verbindlicher Sozial- und Umweltstandards im Rahmen der Welthandelsordnung (GATT) bzw. in der Europäischen Union. Über die Förderung eines fairen internationalen Wettbewerbs hinaus sollte der Staat – z. B. durch die geeignete Ausgestaltung der Vergabekriterien für Entwicklungshilfe – internationale Anreize für den verantwortungsvollen Umgang mit der Umwelt setzen.

Ein direktes Steuern aller privat erzeugten Stoffströme durch den Staat müßte zwangsläufig an den begrenzten Mitteln und dem begrenzten Wissen einer zentralen Lenkungsbehörde scheitern, so daß diese Aufgabe in weiten Bereichen dezentral auf einzelne Akteure – Produzenten, Konsumenten, Handel, Arbeitgeber und Arbeitnehmer – verteilt bleibt.

In einer ökologischen und sozialen Marktwirtschaft müssen Stoffströme neben der Orientierung an ökonomischen und sozialen Belangen auch unter Berücksichtigung ökologischer Gesichtspunkte im Sinne des Gemeinwohls gestaltet werden. Als Repräsentanten der Bevölkerung ist es Aufgabe der parlamentarischen Gremien, Umweltqualitätsziele zu definieren, diese Ziele zu operationalisieren und sie letztlich durch eine Veränderung der rechtlichen und ökonomischen Rahmenbedingungen für den Umgang mit der Natur und ihrer Nutzung umzusetzen. Auf diese Weise sollen die Wertschätzungen der Bürger für die Umwelt als knappes

Gut, im Sinne des Verbrauchs nicht erneuerbarer Ressourcen und einer endlichen Belastbarkeit der Ökosysteme, in die Entscheidungen der einzelnen Akteure integriert werden.

Über die Vorgabe von Umweltqualitätszielen hinaus muß es dabei Aufgabe des Staates sein, die übrigen Akteure durch geeignete Rahmenbedingungen zu einer Beteiligung an einem ökologisch orientierten Stoffstrommanagement zu motivieren. Das Vertrauen auf individuelles, freiwilliges Engagement reicht nicht aus, die drängenden Probleme in diesem Bereich zu lösen.

Die erfolgreiche Umsetzung des Stoffstrommanagements besteht darin, Umweltschutz zum selbstverständlichen Handlungsprinzip für alle werden zu lassen. Für den Staat bedeutet dies die Integration ökologischer Gesichtspunkte in alle Politikfelder. Umweltpolitik muß in den verschiedensten politischen Bereichen als Querschnittsaufgabe gestaltet werden und rechtliches Gewicht erhalten. Ein wichtiges Element dazu könnte ein medienübergreifendes Stoffrecht sein.

Er muß darüber hinaus dafür Sorge tragen, daß möglichst alle Akteure die von ihnen verursachten Kosten unterlassener Umweltvorsorge und der Inanspruchnahme von Umwelt selbst tragen. Nach dem Verursacherprinzip als maßgeblicher Leitlinie staatlicher Umweltpolitik müssen sich diese Kosten in ehrlichen Preisen niederschlagen. Die Umweltvorsorge wird dadurch begünstigt, daß Umweltschutz um so teurer wird, je später er einsetzt.

Um seine Aufgaben wahrnehmen zu können, braucht der Staat valide und zuverlässige Informationen. Aus diesem Grund optimiert er die Informationsflüsse, die ihm Kenntnis vermitteln von

– den Zusammenhängen des Stoffstromsystems, dem Zustand der Umwelt im bestehenden Stoffstromsystem, ihren vielfältigen Funktionen und dem Ausmaß anthropogener Eingriffe und

– den Vernetzungen des sozialen und wirtschaftlichen Systems und deren Zustand, d. h. dem Zusammenwirken der gesellschaftlichen Akteure und der Art und Weise, wie diese Stoffströme lenken.

Um auch Unternehmen und Verbraucher besser in Informationsströme zu integrieren, ist der Staat darüber hinaus bestrebt, den Akteuren notwendige Informationen zur Verfügung zu stellen und den Informationsaustausch auch zwischen den wirtschaftlichen und sonstigen Akteuren zu verbessern.

Im Bereich der Industriepolitik erweist sich der Zugang zu den benötigten Informationen dabei oftmals als problematisch. Deshalb ist es wichtig, einerseits grundsätzliche Informationspflichten von Industrie und Handel festzulegen und andererseits Wege zu finden, wie die Vertraulichkeit der Daten gewährleistet werden kann.

Wie die genannten Zielsetzungen am besten erreicht werden können, d. h. auf welche Weise das informelle Zusammenwirken einer Menge verschiedener Akteure am besten organisiert werden soll, kann abschließend noch nicht beurteilt werden. Die Enquete-Kommission hält hierbei jedoch die Ansätze, bei denen Unternehmen und Bürger verantwortlich an dieser Aufgabe beteiligt werden, für besonders interessant. Die Bandbreite der diskutierten Maßnahmen reicht von gesetzlichen Informationspflichten für Unternehmen, wie sie etwa für Schadstoffe im Toxic Release Inventory in den USA oder in den Offenlegungspflichten in der Schweiz bestehen, bis hin zu den freiwilligen Initiativen von Unternehmen im Rahmen des Öko-Audits wie sie auf Ebene der Europäischen Union entwickelt wurden.

Ein weiterer Problemkreis ist die Strukturierung und Bewertung der vorhandenen Informationen. Dazu müssen unter staatlicher Beteiligung Gremien geschaffen werden, die das bestehende Ausmaß der Nutzung der Umwelt bewerten. Auf der Grundlage einer Analyse von Stoffströmen gilt es, ökologische Mißstände durch einen Vergleich der angestrebten Umweltziele mit dem gegenwärtigen Zustand zu identifizieren und damit umweltpolitischen Handlungsbedarf abzuleiten. Der Feststellung von Handlungsbedarf als erstem Schritt muß die Entwicklung alternativer Handlungsoptionen mit dem Ziel einer größeren Umweltverträglichkeit folgen.

Dabei muß der Staat die verschiedenen Handlungsoptionen vergleichend bewerten, verschiedene Auswirkungen gegeneinander abwägen. Hierbei hat er gesamtgesellschaftlich auftretende Kosten jedweder Art zu berücksichtigen. Über die Betrachtung ökologischer Erfordernisse hinaus sind deshalb insbesondere die ökonomischen Aspekte und die sozialen Auswirkungen der betrachteten Maßnahmen in einen Bewertungsprozeß einzubeziehen.

Um eine möglichst vollständige und ausgewogene Berücksichtigung gesellschaftlicher Interessen bei der Ausgestaltung konkreter staatlicher Maßnahmen sicherzustellen, ist eine angemessene Beteiligung von Repräsentanten aller relevanten gesellschaftlichen Gruppen – von den Umwelt- und Verbraucherverbänden über die Gewerkschaften bis zu den Wirtschaftsverbänden – zu gewährleisten. Die beteiligten Gruppen sollten in die Lage versetzt werden, auf der Basis eines vergleichbaren Informationsstandes mit zu beraten.

In der Bundesrepublik Deutschland kann staatliches Wirken auf die weit entwickelten nationalen Standards aufbauen. Im Bereich der Gefahrenabwehr bleibt das Umweltordnungsrecht als gesetzlicher Rahmen einer ökologischen und sozialen Marktwirtschaft auch weiterhin unverzichtbar (s. Kap. 7.4.1). Ergänzt werden muß es durch marktwirtschaftliche Komponenten (s. Kap. 7.4.2). Wichtige Elemente könnten in diesem Zusammenhang sein:

– Die wirkungsvolle Ausgestaltung des Umwelthaftungsrechts im Sinne einer Gefährdungshaftung.

– Die Verstärkung ökonomischer Anreize im Sinne einer finanziellen Belastung umweltschädigenden Verhaltens und einer Entlastung besonders umweltfreundlichen Verhaltens.

In diesem Zusammenhang wurde in der Enquete-Kommission auch eine Neugestaltung der staatlichen Mittelverteilung auf den Gebieten der Forschungsförderung diskutiert. Synergieeffekte durch gezielte Förderung umweltverträglicher FuE-Vorhaben einerseits und Steuergutschriften bzw. verbesserten Abschreibungsmöglichkeiten für den Einsatz der daraus resultierenden unverträglichen Entwicklungen andererseits erscheinen besonders erfolgversprechend.

Insgesamt ist es erforderlich, durch die Schaffung entsprechender Rahmenbedingungen proaktives Handeln zu fördern und so einen Beitrag zur Aufhebung betriebswirtschaftlicher Barrieren zu leisten (s. Kap. 7.4.3), wie z. B.

– die Verbesserung der Informationsgrundlage von Produzenten und Konsumenten im Sinne einer Förderung privater Informationsinstrumente wie z. B. von Umweltzeichen oder des Öko-Audits und

– die Verbesserung des Wissensstandes der Akteure durch die Schaffung geeigneter Bildungsmöglichkeiten.

Das begrenzte Verständnis der funktionalen Zusammenhänge in einer sich ständig verändernden Umwelt und in den nicht minder komplexen sozialen und wirtschaftlichen Systemen macht die Verbesserung von Informationsströmen als Grundlage staatlicher Entscheidungen notwendig. Je nach Ansatzpunkt für ein Stoffstrommanagement sind für Einzelstoffe, Stoffströme, Produkte und Unternehmen Analysen und Bewertungsverfahren gefordert, für deren Weiterentwicklung eine Förderung von Wissenschaft und Forschung im naturwissenschaftlichen wie auch im gesellschaftswissenschaftlichen Bereich unerläßlich ist (s. Kap. 7.4.3.4).

Um neue Lösungen für die Bewältigung der anstehenden Zukunftsaufgaben zu finden und einen ethisch verantwortlichen Umgang mit der Natur sicherzustellen, ist der Staat aufgrund seiner Verantwortung für das Wohlergehen heutiger und zukünftiger Bürger verpflichtet, Wissenschaft, Forschung und Technik in diesen Bereichen voranzutreiben und Innovationen bei umweltverträglichen Technologien, Produktionsverfahren und Produkten zu fördern. Eine wichtige Rolle spielt in diesem Zusammenhang die gesellschaftliche Akzeptanz der neu entwickelten Technologien. Es ist Aufgabe des Staates, sich um eine ausgewogene Information der Öffentlichkeit über die damit einhergehenden Risiken und Chancen zu bemühen.

Erst die Mobilisierung der unternehmerischen Kreativität und des individuellen Verantwortungsbewußtseins der Bürger als Triebkräfte in einem Suchprozeß zur Entwicklung und dem Einsatz umweltverträglicher Techniken und Produkte schaffen die Voraussetzungen für eine effektive und effiziente Veränderung des Umgangs mit Stoffen, die den Erhalt des Wirtschafts- und Lebensstandorts in einer intakten Umwelt sichern.

6.6.5 Sonstige Akteure

6.6.5.1 Gewerkschaften

Die Gewerkschaften zählen zu den Akteuren, die bereits auf vielen Ebenen der Verantwortung an der Gestaltung der Stoffströme mitwirken und dies auch in Zukunft verstärkt tun wollen.

(1) Als Interessenvertreter der Arbeitnehmer in den Betrieben übernehmen die Gewerkschaften einen Teil der Verantwortung im Stoffstrommanagement. Dies gilt besonders auch im Zusammenhang mit Arbeits-, Gesundheits- und Umweltschutz.

Hierfür ist unter anderem eine umfassende Qualifizierung und Motivation der Mitarbeiter, eine fortdauernde Aus- und Weiterbildung, eine erweiterte Mitbestimmung in Fragen des Umweltschutzes, der Ausbau des betrieblichen Vorschlagwesens und die Verfügbarkeit von Informationen hilfreich.

Bei einem Stoffstrommanagement geht es um mehr als nur um die Gefahren für die Gesundheit der Arbeitnehmer eines Betriebes bei der Produktion oder Verarbeitung von Produkten. Für die Vermeidung darüber hinausgehender Gefahren für die Umwelt und die Menschen und für die Entwicklung von innovativen umweltverträglichen Produkt- und Dienstleistungsangeboten sind motivierte und gut informierte Arbeitnehmer, die kommunikativ und kreativ sind, unerläßlich.

(2) In den Aufsichtsräten nehmen die gewählten Arbeitnehmervertreter ihre Verantwortung bei anstehenden Entscheidungen wahr, die auch

die Entscheidung für oder gegen eine Produktlinie betreffen können.

Durch diese Möglichkeit der Mitbestimmung bei der Gestaltung von Stoffströmen sind die Gewerkschaften auf der Managementebene eines Unternehmens ebenfalls am Stoffstrommanagement beteiligt.

(3) Darüber hinaus gehören die Gewerkschaften zu den wirtschaftlichen Akteuren, die für das Stoffstrommanagement einer Branche oder eines Produktionsverbundes Rahmenbedingungen mitgestalten.

Dabei vertreten die Gewerkschaften die sozialen Interessen beim Setzen der Rahmenbedingungen für ein Stoffstrommanagement unter den Gesichtspunkten von Arbeits-, Gesundheits- und Umweltschutz, Lebensqualität, Arbeit und damit gesellschaftlicher Anerkennung, Selbstbewußtsein, Selbstachtung und Würde.

Die Rolle der Gewerkschaften beim Stoffstrommanagement ist sicherlich noch zu erweitern und zu vertiefen, besonders auch in Richtung auf eine Mittlerfunktion zwischen den ökonomischen Anforderungen und den ökologischen Problemen. Denn sie sind die Interessenvertreter der Menschen, für die Arbeit zur Lebensqualität ebenso dazu gehört, wie eine weitgehend intakte Umwelt.

6.6.5.2 Verbraucher und Verbraucherverbände

Nur eine kritische, nachfragende und aufgeklärte Kundschaft kann verantwortungsbewußt kaufen und konsumieren. Dadurch bieten sich wesentliche Anreize für neue und umweltverträgliche Produkte. Die vom Akteur Verbraucher am Markt und über die Verbraucherverbände aktiv vorgetragenen Wünsche und Forderungen nach umweltverträglichen Produkten sind häufig Anlaß zu Verhandlungen der Verbraucherzentralen mit den Akteuren Produktionsunternehmen und Handel sowie staatlichen Dienststellen.

Als Verbraucher sind alle Menschen Akteur im Stoffstrommanagement. Die grundsätzlichen Handlungsmöglichkeiten von Verbrauchern im Stoffstrommanagement lassen sich folgenden Schwerpunkten zuordnen (Verbraucherzentrale NRW, 1991, S. 28 ff.):

(1) Positiver Verzicht

Unter positivem Verzicht versteht man Bedürfnisverzicht und damit Verzicht auf ein entsprechendes Produkt bzw. einen Bedürfniswechsel.

Beispiel: Extra weiche Kleidung bzw. Weichspüler; jederzeit verfügbare Kühlung im Auto bzw. Autoklimaanlage.

(2) Verhaltensalternative

Hier wird das Bedürfnis nicht durch ein Produkt, sondern durch ein Verhalten bzw. eine Tätigkeit gedeckt. Beispiel: Schachspiel zwischen zwei Personen statt Schachcomputer.

(3) Wahl der umweltschonendsten Produktalternative:

Hier wird das Bedürfnis durch ein möglichst wenig umweltschädliches Produkt gedeckt. Beispiel: „Blaue Engel-Produkte."

(4) Gesundheits- und umweltschonender Produktgebrauch

Das einmal gekaufte Produkt wird sachgerecht, umweltschonend und gesundheitsschonend gebraucht.

(5) Wahl der umweltschonendsten Entsorgung bzw.
    Vorsortierung für das Recycling.

Das zunehmende Umweltbewußtsein der Verbraucher zeigt sich immer deutlicher im Kauf- und Konsumverhalten und in den gestellten Anforderungen an Produkte. Das eigene Verhalten wird immer öfter auf die möglichen Belastungen für die Umwelt und für die eigene Person überprüft. Dabei werden die bisher berücksichtigten wirtschaftlichen und sozialen Kriterien durch ökologische ergänzt.

Damit der Verbraucher seine Ziele erreichen kann, muß er die Möglichkeit erhalten, indirekt mitbestimmen zu dürfen, nach welchen Kriterien Produkte hergestellt und Dienstleistungen angeboten werden. Verbesserte Produktinformationen und Produktinformationszeichen können hier eine wesentliche Rolle spielen.

Verbraucher können zum Stoffstrommanagement auch durch einen gesundheits- und umweltschonenden Produktgebrauch beitragen. Beim Wäschewaschen können beispielsweise der Stromverbrauch und damit die CO_2-Emissionen je nach Waschverhalten (Beladung, Temperaturwahl) um den Faktor 3 bis 4 (bezogen auf ein Kilogramm gewaschene Wäsche) differieren.

Bei der Entsorgung von Konsumgütern sind die Anbieter von Rücknahme- und Recyclingsystemen auf die Rückgabe der Produkte angewiesen und damit auch auf die Bereitschaft der Verbraucher, dies zu tun. Wichtig ist dabei die Akzeptanz der angebotenen Systeme durch die Verbraucher, denn durch die Entwicklung neuer Rücknahme- und Recyclingangebote und -pflichten ergeben sich für sie zusätzliche Belastungen. Davon sind vor allem Frauen betroffen, da diese überwiegend die Hausarbeit durchführen.

Die bisher vorgetragenen Überlegungen zeigen, daß die Verbraucher durch Produktauswahl und Verhalten einen wichtigen Beitrag zum Stoffstrommanagement leisten können. Obwohl das Umweltbewußtsein in der Bevölkerung stark ausgeprägt ist, besteht jedoch eine große Diskrepanz zum tatsächlichen Handeln. Die individuelle Entscheidungsfreiheit ist eingeschränkt, da die Verbraucher auf das Angebot von öffentlicher und industrieller Seite angewiesen sind. Sie können also nur versuchen, die Managemententscheidungen durch ihr Verhalten zu beeinflussen. Das ökologische Design eines Autos oder Kühlschranks können die Verbraucher dagegen nicht direkt gestalten. Darüber hinaus fehlen auch finanzielle Anreize für ökologisch sinnvolles Handeln. So bestehen teilweise preisliche Aufschläge in beträchtlicher Höhe auf umweltverträgliche Produkte. Nach Untersuchungen der Verbraucherzentrale Nordrhein-Westfalen sind folgende wichtige Hemmnisse zu sehen:

– fehlender individueller Nutzen umweltverträglichen Handelns (Bequemlichkeit, soziale Anerkennung)

– Fehleinschätzung bzw. Überschätzung der Umweltverträglichkeit des individuellen Verhaltens

– unzureichende Beitragsmöglichkeiten des einzelnen bei fortschreitender globaler Umweltzerstörung (Ohnmachtgefühl).

Da die individuellen Handlungsmöglichkeiten der Verbraucher beschränkt sind, benötigen sie für die Durchsetzung ihrer Interessen (z. B. Einführung von Umweltzeichen, gesetzliche Regelungen über die Produkthaftung, unlautere Werbung etc.) Interessenvertretungen: die Verbraucherverbände.

Die Verbraucherverbände als unabhängige und kompetente Institutionen nehmen hier eine wichtige Mittlerfunktion ein. Sie erfüllen einerseits die eher traditionelle, aber komplexer gewordene Aufgabe der Verbraucherberatung. In den vergangenen Jahren haben die Verbraucherorganisationen die Beratung im Sinne ökologisch bewußten Konsums teilweise umstrukturiert und fördern so eine Entwicklung des Verbraucherverhaltens hin zu neuen Werthaltungen. Andererseits übernehmen sie die

Aufgabe einer politischen Interessenvertretung der Verbraucher, indem sie versuchen, Einfluß auf die Anbieter und auf die politische Willensbildung zu nehmen, z. B. über eine breite Öffentlichkeitsarbeit, Mobilisierung der Verbraucher oder Mitwirkung bei der Beratung von Umwelt- und Verbraucherschutzgesetzgebung. (s. Kap. 7.4.3.4.1)

6.6.5.3 Umweltverbände und Bürgerinitiativen

Auch Umweltverbände und Bürgerinitiativen können nur indirekt zum Stoffstrommanagement beitragen. Schwerpunkte der Arbeit von Umweltverbänden und -initiativen sind:

– Naturschutzinitiativen und -aktivitäten,

– sektorale Aktivitäten wie Verkehrspolitik, Energiepolitik oder Landwirtschaftspolitik,

– medienbezogene Aktivitäten (Luft- und Wasserreinhaltung, Abfallvermeidung),

– stoff- bzw. chemiepolitische Aktivitäten,

– anlagenbezogene Aktivitäten (Produktionsanlagen und Abfallbehandlungsanlagen) sowie

– produktpolitische Aktivitäten.

Umweltbewußte Bürgerinnen und Bürger und Umweltgruppen bzw. Bürgerinitiativen spielen eine nicht zu unterschätzende Rolle für den Wandel der Wertvorstellungen und die Entwicklung ökologischer Lebensstile (s. Kap. 3.4.6).

Die Umweltverbände bündeln die häufig regional geprägten Umweltinteressen ihrer Mitglieder und bemühen sich um deren politische Durchsetzung. Ihre Aufgabe besteht darin, auf umweltrelevante Mängel an konkreten Fällen und in politischen Konzepten hinzuweisen, an globale Zusammenhänge zu erinnern, eine Lobby für die natürlichen Lebensgrundlagen zu bilden und darüber hinaus zu versuchen, ein Gegengewicht gegen einseitige politische und ökonomische Interessen zu bilden, die zu Lasten der Umwelt bzw. der natürlichen Lebensgrundlagen gehen. Dabei beziehen sie über die ökologischen Gesichtspunkte hinaus verstärkt wirtschaftliche und soziale Aspekte mit ein.

Während in den 70er und Anfang der 80er Jahre der Schwerpunkt der Arbeit bei einzelnen Anlagen oder Stoffen lag, ist es seit Mitte der 80er Jahre ein besonderes Anliegen der Umweltverbände, übergreifende Konzepte zu entwerfen und durchzusetzen. Die Forderung nach einer Chemiepolitik wurde erstmals 1984 vom BUND erhoben (Friege, 1984).

Die Arbeitsformen der Umweltverbände und -initiativen und umweltbewußter Bürger und Bürgerinnen sind vielfältig. Sie reichen von Öffentlichkeitsarbeit, öffentlichkeitswirksamen Aktionen, Einwendungen gegen Genehmigungsverfahren bis hin zu Stellungnahmen zu Gesetzentwürfen. Das kritische Hinterfragen von Informationen der Industrie und der Versprechen der Politik gehört ebenfalls dazu.

Die Arbeit der Umweltverbände ist mittlerweile in eine neue Phase eingetreten. So werden sie zunehmend als fachkompetente Partner anerkannt und in zahlreiche Umweltausschüsse und -gremien berufen. In dieser Funktion erfüllen die Umweltverbände eine wichtige gesellschaftliche Aufgabe, die entsprechend – auch finanziell – unterstützt werden muß. Damit ist keine Basisfinanzierung verbunden.

Die Kooperation der Umweltverbände mit anderen Akteuren des Stoffstrommanagements hat in den letzten Jahren zugenommen, es gibt eine partielle Zusammenarbeit und Vereinbarung mit Produktionsunternehmen, Handelsunternehmen und Gewerkschaften. Die Arbeit der Verbraucher- und Umweltverbände ist heute stark auf die Änderung von Verhaltensweisen im Sinne einer neuen Werthaltung (Leitbild nachhaltig zukunftsverträgliche Entwicklung) gerichtet.

6.7 Kooperationen

Kooperationen können als motivationsfördernde und flexible Instrumente in der Stoffpolitik unter geeigneten Bedingungen Synergieeffekte nutzen und dadurch effizientere Wege zum Erreichen vorgegebener Ziele ermöglichen. Synergieeffekte können sich im Stoffstrommanagement aufgrund der Komplexität der Stoffströme und der Heterogenität der Akteure ergeben, die an einer Produktlinie „von der Wiege bis zur Bahre" beteiligt sind.

Die stoffpolitischen Ziele einer nachhaltig zukunftsverträglichen Entwicklung können von einzelnen Akteuren bzw. Unternehmen in der Regel nicht alleine realisiert werden. Die Fallbeispiele und Bedürfnisfelder, die die Enquete-Kommission untersucht hat, zeigen, daß Umweltprobleme in vielen Fällen nicht allein auf der Wertschöpfungstufe gelöst werden können, auf der sie auftreten. Die Vernetzung des Stoffsystems bedingt, daß für die Ausschöpfung ökologischer Verbesserungspotentiale mehrere Akteure zusammenwirken müssen. Eine Reduzierung von Gefahrstoffen in Produkten kann von dem Hersteller der Produkte nur erreicht werden, wenn der Lieferant der Vorprodukte (beispielsweise von Textilhilfsmitteln, von Bauteilen für elektronische Geräte oder Kraftfahrzeuge) entsprechende Anforderungen erfüllt. Andererseits haben einzelne Produktionsumstellungen beim Stoffhersteller aufgrund der Kuppelproduktion oft Folgewirkungen auf andere Anwendungsgebiete. Eingriffe eines Akteurs in einen Stoffstrom haben durch dieses Vernetzungsproblem in der Regel direkte Auswirkungen auf andere Akteure. Zur Bestimmung optimaler Angriffspunkte für ökologische Verbesserungen in einer Produktlinie, zu ihrer effektiven und effizienten Umsetzung und zur Vermeidung von Hemmnissen und unerwünschten Folgewirkungen ist daher im Stoffstrommanagement das Zusammenwirken mehrerer Akteure erforderlich.

Für den Vollzug umweltrechtlicher Regelungen stellt vor allem das beim Einsatz nachsorgender Umwelttechnologien auftretende Problem der Verlagerung von Umweltbelastungen von einem Medium in ein anderes den Anlaß für koordiniertere und kooperative Vorgehensweisen dar. Auf der Arbeitsebene ergeben sich aus pragmatischen Gründen Kooperationsbeziehungen zwischen Vollzugsbehörden und Unternehmen.

Die staatliche Ebene steht angesichts des Vernetzungsproblems und des Verlagerungsproblems vor der Schwierigkeit, den Handlungsbedarf, der sich aus der Formulierung von Umweltzielen ergibt, effektiv in Maßnahmen umzusetzen. Der Staat ist hierbei auf die Kooperation der wirtschaftlichen Akteure angewiesen, die ihrerseits von dieser Kooperation profitieren, wenn dadurch beispielsweise zusätzliche ordnungsrechtliche Maßnahmen entfallen und für sie günstige Wege zum Erreichen eines vorgegebenen Zieles erarbeitet werden können.

Es gibt somit sowohl für die wirtschaftlichen als auch für die staatlichen Akteure im Stoffstrommanagement gute Gründe für Kooperationen. Dabei darf nicht übersehen werden, daß Kooperationen in einer auf Konkurrenz und Arbeitsteilung ausgerichteten Gesellschaft nicht der Regelfall sind, sondern in einem Spannungsverhältnis zu marktwirtschaftlichen Mechanismen stehen. Kooperationen sind daher Ausnahmefälle, die nur funktionieren, wenn sie gut begründet sind und bestimmte Voraussetzungen erfüllt sind (Steger, 1994):

(1) Es muß ein gemeinsames Interesse am Erreichen eines eindeutig formulierten Zieles bestehen.

(2) Das Ziel muß durch die Kooperation kostengünstiger, schneller und wirksamer erreicht werden.

(3) Es kann eine faire Verteilung des Nutzens der Kooperation gesichert werden.

(4) Eine hinreichende Kommunikations- und Kooperationsfähigkeit der beteiligten Akteure (Diskursfähigkeit, rationale Begründung von Interessen etc.) muß bestehen.

(5) Die Schnittstellen unterschiedlicher Interessen und Aufgaben müssen identifizierbar und genau beschreibbar sein.
(6) Die Kooperation darf dem Organisationsinteresse und Rollenverständnis der beteiligten Akteure nicht widersprechen.
(7) Der Wettbewerb darf nicht beeinträchtigt werden.

Der entscheidungsvorbereitende Charakter des Stoffstrommanagements bedingt, daß sich die Kooperation der Akteure zunächst auf die Bereitstellung und den Austausch von Informationen über die relevanten Bereiche des Stoffsystems und der Akteurskette konzentriert (s. Kap. 7.4.3.2).

Modelle für die Organisation der Kooperation müssen unter Berücksichtigung der folgenden Aspekte konzipiert werden (Arge Textil, 1994 a, S. 14):
- Welche Ziele sollen erreicht werden?
- Welchen Einfluß haben die Partner sowohl aufeinander als auch auf die Zielsetzung?
- In welcher Weise werden die Informationsbeziehungen geregelt?
- Wie werden die Aufgaben verteilt?

6.7.1 Hersteller-Nutzer-Kooperationen

Die Kooperationen zwischen Herstellern und Nutzern von Stoffen oder Produkten lassen sich in drei für das Stoffstrommanagement relevante Typen einteilen (Arge Textil, 1994 a, S. 14 ff.):
(1) Beim „upstream-Modell" wird die Kooperation durch veränderte Anforderungen der Akteure am Ende der Produktlinie (Verbraucher, Handel) initiiert.
(2) Beim „downstream-Modell" geht die Kooperation von dem Hersteller und dem Anbieter aus.
(3) Der „Kettenverbund" ist ein neues Kooperationsmodell für das Stoffstrommanagement, das Elemente der vorgenannten Modelle verbindet.

(1) Upstream-Modell

Mit zunehmenden ökologiebezogenen Anforderungen der Verbraucher üben einzelne Akteure am Ende der Produktionskette, insbesondere der Handel, Druck auf das Stoffstrommanagement der stromaufwärts positionierten Akteure aus. Die Anforderungen an die Lieferanten betreffen nicht nur die stoffliche Zusammensetzung des Endproduktes, sie umfassen auch Anforderungen an Produktionsverfahren, wie z. B. den Verzicht auf die Chlorbleiche oder ökologische Methoden beim Anbau regenerierbarer Ressourcen.

Diese Anforderungen können entweder schrittweise stromaufwärts weitergegeben werden (lineares upstream-Modell) oder von einem Akteur, beispielsweise einem Handelsunternehmen, gegenüber den relevanten Produzenten in der Produktlinie formuliert werden (zentralisiertes upstream-Modell). Aufgrund der Beteiligung von mehreren Akteuren aus unterschiedlichen Branchen und zum Teil unterschiedlichen Ländern ist die Kommunikation gering. Deshalb erfolgen allenfalls einfache Kooperationen z. B. beim Ausschluß eines Stoffes. Bei komplexeren Zusammenhängen ist oft schon die Kommunikation zwischen den Akteuren nicht möglich. Das Funktionieren einer zentralisierten Koordination durch ein Produktions- oder Handelsunternehmen am Ende einer Produktlinie setzt eine starke Marktposition dieses Unternehmens voraus, das darüber hinaus über eine gute Organisationsstruktur und ein gut entwickeltes Qualitätssicherungssystem verfügen muß. Der Versandhandel und die großen Warenhausketten erfüllen diese Bedingungen bereits weitgehend (s. Kap. 6.6.2.1).

Das Engagement eines Unternehmens im Sinne des zentralisierten upstream-Modells bedeutet eine erhebliche Erweiterung seiner Einflußsphäre und der ökologischen Qualitätssicherung. Das Haupthemmnis für eine über die bestehenden positiven Ansätze hinausgehende Umsetzung des Stoffstrommanagements nach dem upstream-Modell liegt bei den Informationslücken zwischen Stoffwissen und Marktwissen (s. Kap. 4.2.7). Für das upstream-Modell besteht unter den derzeitigen Rahmenbedingungen nur in speziellen Marktsegmenten ein hinreichender Anreiz.

(2) Downstream-Modell

Die Beziehungen zwischen Stoffherstellern und Anwendern sind häufig durch eine initiierende Rolle der Anbieter für Innovationen in den Anwendungsbereichen geprägt. Die chemische Industrie sieht ihre Aufgaben – beispielsweise in bezug auf die Textilindustrie als Abnehmerbranche – traditionell nicht nur produktbezogen, sondern als Problempaket von Anlagenberatung, Kooperation mit den Faser- und Textilmaschinenherstellern, Entwicklung neuer Verfahren unter Einbeziehung moderner Wirtschaftlichkeitsrechnung bis zu den marktgerechten Produkten. Die Innovationen für die Textilveredelung erfolgen weitgehend bei den der chemischen Industrie zuzurechnenden Lieferanten der Chemiefasern, der Farbmittel und der Hilfschemikalien. Zwischen Chemikalienlieferanten und deren direkten Anwendern findet in der textilen Kette ein recht intensiver Austausch über ökologische Fragestellungen statt. Eine kettenübergreifende Verantwortung (d. h. direkte Kontakte zu Konfektionierung, Handel, Verbraucherorganisationen) besteht allerdings bisher kaum (Arge Textil, 1994, S. 19).

Aufgrund ihrer starken Stellung gegenüber den Anwendern und aufgrund ihres hohen Anteils an Innovationen verfügen die Stoffhersteller über erhebliche Möglichkeiten, ökologische Verbesserungen in der Produktlinie zu initiieren. Diese Möglichkeiten können einerseits durch allzu enge ordnungsrechtliche Anforderungen eingeschränkt sein, die zu wenig Anreize enthalten, weitergehende Innovationen zu entwickeln. Andererseits sind die Möglichkeiten dadurch begrenzt, daß die Lieferanten keine Anforderungen an ihre Abnehmer formulieren, sondern nur Informationen liefern und beraten können. (Arge Textil, 1994 a, S. 19 f.)

(3) Kettenverbund

Aufgrund der Analyse der bestehenden Kooperationsbeziehungen zwischen Herstellern und Nutzern hat die Arbeitsgemeinschaft Textil in der für die Enquete-Kommission erstellten Studie *„Die Organisation des ökologischen Stoffstrommanagements – Gestaltung der textilen Kette"* ein Kooperationsmodell entwickelt, das als Kettenverbund bezeichnet wird. In diesem Modell sorgen die Glieder der Produktionskette gemeinsam für das Stoffstrommanagement und schaffen dafür eine neue Institution, den Kettenverbund. „Der Kettenverbund ist das vertikale Pendent zum horizontal organisierten Industrieverband. Im Kettenverbund sind Vertreter der unterschiedlichen Produktionsglieder vertreten." (Arge Textil, 1994 a, S. 21 f.).

Ansätze für derartige vertikale Strukturen gibt es bereits in einzelnen Wirtschaftsbereichen wie beispielsweise der Glasindustrie oder der CKW-Lösemittelindustrie, bei der die Kettenorganisation die Logistik für das Recycling organisiert (s. Kap. 4.4.2.2.3).

Am Beispiel der textilen Kette wurden Aufgabenschwerpunkte eines solchen Kettenverbundes exemplarisch herausgearbeitet, wobei die Struktur und Organisationsform des Kettenverbundes zunächst offen gelassen wurden (s. Kap. 4.2):

– Klärung der Relevanz von Stoffströmen,
– Erhebung von Informationen,

- Sicherung von der Informationsqualität,
- Organisation eines geeigneten Informationsaustauschs und
- Dokumentation von Informationen.

„Der Vorteil eines solchen Kettenverbundes liegt in der Kombination der Stärken der beiden genannten Organisationsformen des Stoffstrommanagements. Die Stärke des ‚upstream'-Modells liegt in der starken Position [z. B. des Handels, d. Verf.] gegenüber den stromaufwärts gelegenen Akteuren. Die Stärke des ‚downstream'-Modells liegt in der technischen Überlegenheit und im Innovationspotential der Stoffproduzenten. Ein Kettenverbund könnte beides zusammenbringen." (Arge Textil, 1994 a, S. 22)

Die Chancen für ein Stoffstrommanagement im Kettenverbund werden wesentlich davon abhängen, welche Rahmenbedingungen der Staat dafür schafft.

6.7.2 Kooperationen Wirtschaft-Staat

In der Umweltpolitik hat das Kooperationsprinzip theoretisch einen hohen Stellenwert. Ihm zufolge sollen Normadressaten und Behörden zusammenarbeiten, um die Ziele gemeinsam zu erreichen. In der Praxis überwiegt noch das klassische an Verboten und Geboten orientierte Verwaltungshandeln. Als dynamischer Politikbereich, der sich laufend an veränderte Problemstellungen und Rahmenbedingungen anpassen muß, und der immer stärker in andere Politikbereiche integriert wird, sollte die Umweltpolitik das zur Verfügung stehende Instrumentarium breiter nutzen. Insbesondere Stoffpolitik und Stoffstrommanagement, die ökologische, ökonomische und soziale Ziele gleichermaßen im Auge haben, müssen auf motivationsfördernde, flexible und effiziente Instrumente setzen, bei denen Kommunikation, ökonomische Anreize und Kooperationen im Vordergrund stehen (s. Kap. 7.4.3.2).

Kooperation bedeutet aus staatlicher Sicht, daß Vorschriften nicht einfach hoheitlich erlassen werden, sondern daß als notwendig erkannte Regelungen in einem gemeinsamen Vorgehen, beispielsweise in Form von Branchenabkommen, herbeigeführt werden. Durch ein solches Vorgehen können Synergieeffekte genutzt werden, die beiden Parteien, Staat und Wirtschaft, zugute kommen können. Das Zustandekommen solcher Synergieeffekte ist jedoch an bestimmte Bedingungen geknüpft, die insbesondere die Unterschiedlichkeit staatlicher und unternehmerischer Aufgaben und Interessen berücksichtigen müssen.

Der Staat zielt bei der Festlegung von Zielen und Rahmenbedingungen der Stoffpolitik auf die Sicherung der Lebensbedingungen und der natürlichen Grundlagen des Wirtschaftens und damit auf die Sicherung von Kollektivgütern ab. Unternehmen beanspruchen unter Konkurrenzbedingungen Nutzungsrechte. Sie sind von Maßnahmen zur Ressourcenschonung und Schadstoffreduzierung kurzfristig meist negativ betroffen, auch wenn diese Maßnahmen langfristig ökonomische Vorteile bieten. Der Staat ist auch bei kooperativen Verfahren der fordernde Partner, der im Interesse des Gemeinwohles Anforderungen an die Wirtschaft artikuliert, die ihrerseits zunächst ihre Partikularinteressen in den Vordergrund stellt.

Diese unterschiedlichen Aufgaben und Interessen von Staat und Wirtschaft müssen bei einem kooperativen Vorgehen offengelegt und berücksichtigt werden. Die folgenden Bedingungen sollten daher vor Beginn einer Kooperation überprüft werden:

(1) Über das Ziel einer Kooperation muß ein weitgehender Konsens bestehen, d. h. über das zu lösende Problem und die übergeordneten Ziele und Bewertungskriterien muß im Grundsatz Einvernehmen herrschen.

(2) Die Verteilung von Nutzen und Lasten bei verschiedenen Optionen im Stoffstrommanagement muß offengelegt werden und unter den verschiedenen Akteuren fair verhandelbar sein.

(3) Die möglichen Ergebnisse der Kooperation müssen erkennbare Vorteile gegenüber nicht-kooperativen Lösungen haben.

Unter diesen Bedingungen können Branchenabkommen wichtige Funktionen für das Stoffstrommanagement erfüllen. Die Wirtschaftsverbände sind dabei für die Beschaffung und Vermittlung von Informationen, für die Aktivierung von Sachverstand und für die Entwicklung von Optionen wesentlich mitverantwortlich. Sie sorgen dafür, daß durch Branchenabkommen gleiche Rahmenbedingungen geschaffen werden, um Konkurrenznachteile für einzelne Unternehmen zu vermeiden und eine akzeptable Verteilung von Nutzen und Kosten herbeizuführen. Die Importeure sind einzubeziehen.

Bei der Umsetzung kooperativer Lösungen sind Wirtschaftsverbände als Berater, Mittler, Moderatoren und Ansprechpartner für die Mitgliedsfirmen gefordert. Sie vermitteln für die betriebliche Praxis Informationen, stellen Sachverstand zur Verfügung, motivieren für neue Wege und sorgen mit für eine adäquate Verteilung der Verantwortlichkeiten entlang der Produktlinie.

Umgekehrt dienen Wirtschaftsverbände als Sprachrohr für ihre Mitgliedsfirmen und geben dem staatlichen Kooperationspartner Rückmeldungen über die Umsetzung und Praktikabilität der getroffenen Vereinbarungen.

Auf der internationalen Ebene liegen die Aufgabenschwerpunkte für stoffpolitisch begründete Kooperationen zwischen der Wirtschaft und staatlichen oder internationalen Institutionen bei dem Transfer von Wissen und Technologien, die für eine nachhaltig zukunftsverträgliche Entwicklung relevant sind, und bei dem Bemühen um die Entwicklung global anerkannter Mindestumweltstandards. (s. Kap. 7.4.3.2)

Branchenabkommen

Vereinbarungen, wie z. B. Selbstverpflichtungen oder Branchenabkommen, sind Reaktionen der Wirtschaft auf staatlich signalisierten Handlungsbedarf. Sie sind in der Vergangenheit dadurch zustandegekommen, daß Umwelt- oder Gesundheitsprobleme auftraten, zu deren Regelung staatlicherseits unterschiedliche Optionen für geeignete Maßnahmen erwogen und diskutiert wurden. Bei ordnungsrechtlichen Maßnahmen wie Verordnungen stand der Staat dabei u. a. vor der Unsicherheit, wie eine solche Regelung unter den Restriktionen der EG-Harmonisierungsbestimmungen umsetzbar sei. Die betroffene Industrie befand sich entsprechend in einem Zustand der Rechts- und damit Planungsunsicherheit. Die typische Konstellation für das Zustandekommen von Branchenabkommen oder Selbstverpflichtungen bestand bislang darin, daß die Industrie unter Druck – nicht zuletzt der öffentlichen Meinung – stand und das Zustandekommen einer gesetzlichen Regelung relativ wahrscheinlich war (Steger, 1994). Als ein erfolgreiches Branchenabkommen kann das Abkommen über Asbest gelten. Die Umstellung auf asbestfreie Produkte konnte durch dieses Abkommen schneller erreicht werden, als dies durch eine Verordnung möglich gewesen wäre. Der Erfolg dieses Abkommens ist u. a. auf das hohe öffentliche Interesse und die Durchsetzungsfähigkeit des Verbandes gegenüber den Mitgliedsfirmen zurückzuführen. Andere Branchenabkommen haben dagegen nicht zu dem angestrebten Ergebnis geführt. Hierfür kann die Vereinbarung über die Verwendung von Mehrwegsystemen in der Getränkeindustrie als Beispiel gelten. Diese Vereinbarung konnte von dem Verband gegen die widerstrebenden Interessen der Mitgliedsfirmen nicht durchgesetzt werden. Es bestand hier auch kein hinreichender Druck durch glaubhafte Handlungsalternativen des Gesetzgebers. Die Beispiele zeigen, daß Selbstverpflichtungen und Branchenabkommen nicht durch den guten Willen der wirtschaftlichen Akteure zustande kommen, sondern ein anerkannter Handlungsbedarf und staatlicherseits eine entsprechende Handlungsbereitschaft vorhanden sein müssen. Dazu gehört auch, daß die Verbände, die Branchenabkommen bzw. Selbstverpflichtungen abschließen, die Branche einigermaßen vollständig repräsentieren und die Einhaltung der eingegangenen Verpflichtungen durch die einzelnen Unternehmen der Branche durchsetzen können müssen. Die Kontrollierbarkeit der Verpflichtungen muß gewährleistet sein. Bei Nichterreichen der zeitlich gesetzten Ziele muß ein geeignetes ordnungsrechtliches Instrumentarium zur Verfügung stehen. (s. Kap. 7.4.3.2.2)

Der nationale Umweltpolitikplan der Niederlande (NEPP)

Der Dutch National Environmental Policy Plan (NEPP) stellt einen kooperativen Ansatz zur Umsetzung des Konzeptes des Sustainable Development in nationale Politik dar. Mit diesem 1989 entwickelten Plan hat sich die niederländische Regierung das Ziel gesetzt, bis zum Jahr 2010 die Nutzung von Umweltressourcen als Rohstoffquellen und als Aufnahmemedium für Reststoffe auf ein Niveau zurückzuführen, das den Kriterien einer nachhaltig zukunftsverträglichen Entwicklung entspricht. Der NEPP ist von Anbeginn in einem kooperativen Prozeß entwickelt worden, an dem alle relevanten gesellschaftlichen Gruppen (target groups) und die verschiedenen Ebenen der Regierung (national, regional und lokal) beteiligt wurden. Die niederländische Umweltpolitik setzt auf ein gemeinsames Verständnis von Umweltproblemen und Lösungswegen. Durch diese kooperative Beteiligung sollen alle, die an der Umsetzung des Plans und der Maßnahmen mitwirken müssen bzw. davon betroffen sind, auf die Ziele eingeschworen werden. Darüber hinaus soll die Akzeptanz und Praktikabilität des Planes erhöht werden. Der NEPP verkennt nicht, daß auf dem Weg zu einer nachhaltig zukunftsverträglichen Entwicklung Kompromisse bzw. Abwägungen zwischen ökologischen, ökonomischen und sozialen Belangen erforderlich sind.

Der NEPP beschränkt sich auf eine überschaubare Anzahl prioritärer ökologischer Problemfelder. Dadurch erleichtert er eine Validierung ökologischer Einflüsse und führt zu überschaubaren Resultaten. Durch die Quantifizierung von Umweltzielen im NEPP wird die Möglichkeit geschaffen, Erfolge oder Mißerfolge zu evaluieren und Zielvorgaben entsprechend zu modifizieren. Der NEPP soll hierzu im vierjährigen Turnus fortgeschrieben werden. Dabei sollen Erfahrungen und Ergebnisse der vorangegangenen Planperiode, neue wissenschaftliche Erkenntnisse und veränderte ökonomische und soziale Rahmenbedingungen zur

Modifikation der Zielvorgaben berücksichtigt und genutzt werden. Die Auswahl der Problemfelder erscheint angemessen und auf deutsche Verhältnisse übertragbar. Die Festsetzung von Wichtungsfaktoren erscheint dagegen für einzelne Untersuchungen als willkürlich und problematisch.

Anders als bei der Festlegung des Reduktionszieles für CO_2 in der Bundesrepublik Deutschland benennt der Plan zeitlich gestaffelte Zwischenziele und selektiert die dazu notwendigen bereichsspezifischen Maßnahmen. Er definiert also Schritte und Maßnahmen zur Erreichung der Reduktionsziele. Damit bietet der NEPP den betroffenen Gruppen zeitliche Spielräume für eine Planung ihrer Anpassungsreaktionen.

Nach fünfjähriger Laufzeit kann der nationale Umweltpolitikplan der Niederlande noch nicht abschließend beurteilt werden. Es zeichnet sich jedoch bereits ab, daß die gesteckten Ziele nicht im geplanten Ausmaß erreicht werden können bzw. längere Umsetzungsfristen in Kauf genommen werden müssen. Dennoch hat die Existenz von quantitativen Umweltzielen einen unschätzbaren Wert für die Entwicklung von konkreten Umsetzstrategien auf allen Ebenen der niederländischen Umweltpolitik. Sie bilden einen festen Bezugsrahmen, für den es in den Niederlanden einen breiten Konsens gibt, und tragen in Verbindung mit den zeitlich gestaffelten Zwischenzielen und der branchenbezogenen Aufschlüsselung erheblich zur Strukturierung und Versachlichung der öffentlichen Diskussion bei.

Die Ziele des nationalen Umweltpolitikplanes der Niederlande (NEPP):

Der NEPP unterscheidet fünf Ebenen der Umwelt
- global
- kontinental
- fluvial (durch Fließgewässer verbundene Ebene)
- regional
- lokal

und zeigt die auf diesen Ebenen bestehenden Umweltprobleme auf. Für jede dieser Ebenen werden quantitative Zielvorgaben zur Reduktion der ebenenspezifischen Umweltbelastungen (Emissionen etc.) bis zum Jahr 2010 gesetzt. Die ehrgeizigen quantitativen Zielvorgaben orientieren sich an den jeweiligen Aufnahmekapazitäten der Umwelt. Die Ableitung der quantitativen Ziele ist allerdings anhand des NEPP nicht immer nachvollziehbar. Zum Erreichen dieser Reduktionsziele wurde ein zeitlichgestaffelter Plan entwickelt, der quantitative Zwischenziele formuliert, diejenigen Maßnahmen aufzeigt, die zum Erreichen dieser Zwischenziele erforderlich sind, und quantitative Vorgaben für notwendige Reduktionen in den verschiedenen Verursacherbereichen (Landwirtschaft, Industrie, Verkehr, Haushalte etc.) festlegt. Bei der Festlegung der Zwischenziele, der notwendigen Maßnahmen und bereichsbezogenen Vorgaben werden ökonomische, gesellschaftliche und technologische Realisierungsaspekte berücksichtigt. Folgende Maßnahmen werden im NEPP unterschieden:

- auswirkungsorientierte Maßnahmen (Sanierungsmaßnahmen),
- emissionsorientierte Maßnahmen (nachgeschaltete Rückhaltetechnik),
- volumenorientierte Maßnahmen (Reduzierung der Nutzung von Produktionsmitteln und Produkten, z. B. der Nutzung von Autos),
- strukturorientierte Maßnahmen (structural source-oriented measures), womit Maßnahmen gemeint sind, bei denen durch Änderungen von Produktions- und Konsumptionsprozessen Emissionen verringert werden. (KDrs 12/13c, Coenen/Kopfmüller, S. 39)

Als Grundlage des niederländischen Konzepts werden neun ökologische Problemfelder (environmental themes) vorgegeben:

1. Treibhauseffekt (global warming)
2. Ozonabbau (ozon depletion)
3. Versauerung (acidification)
4. Eutrophierung (eutrophication)
5. Photooxidation (photochemical ozone formation)
6. Verteilung giftiger Substanzen (dispersion of toxic substances)
7. Deponierung von Abfällen (disposal of waste)
8. Beeinträchtigung (disruption)
   - Geruch
   - Unfallgefahr
9. Erschöpfung natürlicher Ressourcen (depletion of natural resources)

Nicht berücksichtigt ist hierbei als weiteres wichtiges Problemfeld der Artenschutz, bzw. die einem solchen zugrundeliegende Forderung nach Erhaltung der genetischen Vielfalt.

6.8 Beispielhafte Ansätze für ein Stoffstrommanagement

Anhand der Fallbeispiele und Bedürfnisfelder wurden bereits im Zwischenbericht der Enquete-Kommission und im vorliegenden Bericht (s. Kap. 4 und Enquete-Kommission „Schutz des Menschen und der Umwelt", 1993) Ansätze für ein Stoffstrommanagement beschrieben. Insbesondere bei dem Bedürfnisfeld Textilien/Bekleidung erfolgte die Erarbeitung konkreter Vorschläge für ein Stoffstrommanagement in der textilen Kette in enger Rückkopplung mit der Diskussion über das allgemeine Konzept eines Stoffstrommanagements. In diesem Abschnitt soll am Beispiel von Cadmium bzw. Textilien/Bekleidung reflektiert werden, inwieweit die allgemeinen Aussagen zum Konzept eines Stoffstrommanagements mit den Erkenntnissen aus der Bearbeitung der Fallbeispiele bzw. Bedürfnisfelder in Übereinstimmung zu bringen sind, und welche Schlußfolgerungen sich daraus wiederum ziehen lassen.

6.8.1 Fallbeispiel Cadmium

Stoffstromanalyse

Für Cadmium lag der Enquete-Kommission – durch die in Auftrag gegebenen Studien und die Ergebnisse der Anhörungen – zu einem frühen Zeitpunkt eine umfassende Stoffstromanalyse vor, in der erstmals der gesamte Cadmium-Stoffstrom vollständig bilanziert worden ist. Durch einen Vergleich zwischen Daten der Jahre 1980, 1986 und 1989 konnten auch Trends aufgezeigt werden. Die Stoffstromanalyse des Cadmiums zeigte typische Probleme der Beschaffung von Informationen über Stoffstromsysteme auf. Während Daten über die Cadmiumgehalte in Rohstoffen sowie die Cadmiumströme der ersten Produktionsstufen (Metallurgie, Zwischenprodukte etc.) gut verfügbar sind, erwies es sich als schwierig, im Bereich der Endprodukte die in Warenströme mündenden Stoffströme weiter zu verfolgen und verläßliche Daten zu finden. Das am Beispiel der textilen Kette bereits beschriebene Problem, das Stoffwissen der Akteuere am Anfang der Akteurskette mit dem Markt- bzw. Warenwissen der Akteure am Ende der Kette zu verbinden, zeigte sich auch bei diesem Beispiel sehr deutlich. Insbesondere war es nicht möglich, die mit dem Import und Export von Fertigprodukten verbundenen Cadmiumströme zu ermitteln. Trotz dieser strukturell bedingten Informationsbarriere konnte eine nach Ansicht der Enquete-Kommission hinreichende Datenbasis für die Bewertung des Cadmium-Stoffstromes und die Formulierung von Handlungsempfehlungen erstellt werden.

Dies zeigt die Richtigkeit des pragmatischen Ansatzes (s. Kap. 6.4) zur Informationsbeschaffung im Stoffstrommanagement.

Bewertung

Über die Humantoxizität des Cadmiums, sein Verhalten in der Umwelt und die Exposition lagen der Enquete-Kommission gesicherte Erkenntnisse vor, die eine konsensuale Feststellung des Handlungsbedarfs ermöglichten. Die Informationen über die beteiligten Akteure, die ökonomische Bedeutung und die ökologische und gesundheitliche Relevanz unterschiedlicher Bereiche des Stoffstromsystems ermöglichten es, Problemschwerpunkte zu identifizieren und zu gewichten und Handlungsansätze zu ermitteln.

Maßnahmen und Instrumente

Die für die Lösung der Cadmiumproblematik von der Enquete-Kommission vorgeschlagenen Maßnahmen umfassen das gesamte Spektrum umweltpolitischer bzw. stoffpolitischer Instrumente. Sie reichen von Anwendungsverboten über Kennzeichnungs-, Rücknahme- und Verwertungspflichten bis zu Empfehlungen für kooperative Lösungen.

Neue Akzente werden in den Handlungsempfehlungen zum Cadmium vor allem an drei Stellen gesetzt:

(1) Durch den Vorschlag, wesentliche Mengen des Cadmiums bereits am Anfang der Produktlinie, bei der Aufarbeitung primärer und sekundärer Rohstoffe in der Zinkindustrie auszuschleusen, hat die Enquete-Kommission Anregungen für eine kooperative Lösung zwischen einem wirtschaftlichen Akteur, der Zinkindustrie, und dem Staat gegeben. Zur Umsetzung dieses Vorschlages ist die Lösung schwieriger ordnungspolitischer Fragen erforderlich, die nur unter direkter Beteiligung der verantwortlichen Akteure geleistet werden kann.

(2) Die Abwägung von Kosten bzw. Schäden und Nutzen bezüglich unterschiedlicher Verwendungsgebiete von Cadmium und Cadmiumverbindungen hat u. a. zu der Empfehlung geführt, in dem Hauptanwendungsgebiet, den NC-Akkus, auf eine Schließung des Cadmiumkreislaufs hinzuwirken. Für die Umsetzung dieser Empfehlung ist das Zusammenwirken aller Akteure der Produktlinie erforderlich. Die Hersteller der NC-Akkus müssen ebenso wie die Hersteller von Geräten, in denen diese Akkus eingesetzt werden, durch recyclinggerechte Produktgestaltung Voraussetzungen für eine

Kreislaufschließung schaffen. Der Handel muß sich in Kooperation mit Herstellern und „Entsorgern" an der Schaffung einer effektiven Recyclinglogistik beteiligen und die Endverbraucher durch Information und Beratung zur Beteiligung am Recycling motivieren. Die Metallindustrie muß die erforderlichen Verarbeitungskapazitäten für Alt-Akkus bereitstellen und der Staat muß durch die Festlegung von Kennzeichnungs-, Rückgabe-, Rücknahme- und Verwertungspflichten etc. die Rahmenbedingungen schaffen. In der geplanten Batterieverordnung nach § 14 Abfallgesetz ist die Erhebung eines Pfandes für NC-Akkus und andere Batterien nicht vorgesehen, obwohl eine effektive Kreislaufschließung ohne ein spürbares Pfand kaum vorstellbar ist. Aus der Fülle der genannten Aufgaben ergibt sich, daß für eine optimale Gestaltung des Cadmiumkreislaufs bei NC-Akkus ein kooperatives Vorgehen aller beteiligten Akteure erforderlich ist. Als Modell für die Organisation einer solchen Kooperation bietet sich ein „Kettenverbund" an, wie er am Beispiel der textilen Kette in Kapitel 4.2.7 beschrieben und im Kapitel 6.7 allgemein diskutiert wird.

(3) Ein weiterer Ansatzpunkt für einen derartigen Kettenverbund ergibt sich aus den Empfehlungen der Enquete-Kommission zur Verminderung des Cadmiumeintrags über Düngemittel. Die an diesem Teil des Cadmium-Stoffstromsystems beteiligten Akteure umfassen die Lieferanten und Verarbeiter der Rohphosphate, die Düngemittelhersteller, den Düngemittelhandel und die Landwirtschaft. Der Staat ist auch hier gefordert, die Rahmenbedingungen durch Senkung von Grenzwerten oder technischen bzw. organisatorischen Standards festzulegen. Als interessante neue Entwicklung im Stoffstrommanagement von Düngemitteln sieht die Enquete-Kommission die Initiative der Landwirtschaftskammer Rheinland an, bei der Landwirte im Umgang mit der elektronischen Datenverarbeitung (EDV) ausgebildet und mit Programmen vertraut gemacht werden, mit denen ein ökonomisch und ökologisch optimaler Einsatz von Düngemitteln berechnet werden kann. Es sollte überprüft werden, ob diese Initiative als Anknüpfungspunkt für die Organisation eines Kettenverbundes genutzt werden kann, um die Empfehlungen der Enquete-Kommission zur Minderung des Cadmiumeintrags über Düngemittel umzusetzen.

6.8.2 Bedürfnisfeld Textilien/Bekleidung

Anwendungsfelder und insbesondere das Bedürfnisfeld Textilien/Bekleidung erfordern einen wesentlich größeren Aufwand zur Ermittlung des Sachstandes für Bewertungen und Empfehlungen als Einzelstoffe. Die Vorschläge der Enquete-Kommission für ein Stoffstrommanagement konzentrieren sich aus diesem Grund nur auf ausgewählte Aspekte der Produktlinie sowie auf die Verbesserung des Informationsaustausches zwischen den Akteuren der textilen Kette. Zur Überwindung der Informationsbarrieren zwischen Stoffwissen und Marktwissen wurde die Einführung eines neuen Akteurs vorgeschlagen, der hauptsächlich dazu beitragen soll, die Kommunikation zwischen Textilveredlern und Konfektionären unter ökologischer Perspektive zu organisieren. Warenbegleitbriefe und Öko-Label komprimieren wesentliche Informationen für die jeweiligen Adressaten: Produktionsunternehmen in der Kette bzw. Konsumenten. Eine von dem Studiennehmer COGNIS vorgeschlagene Checkliste zur ökologisch orientierten Beschaffung von Bekleidung könnte dazu beitragen, wesentliche Problemfelder zu identifizieren und die Transaktionskosten der Beschaffungsstellen zu senken. Die Arbeiten zur textilen Kette sind die Grundlage für die Typisierung möglicher Kooperationen im Stoffstrommanagement zwischen Herstellern und Nutzern von Stoffen und Produkten.

Wesentliches Ziel der Beschäftung mit dem Bedürfnisfeld Textilien/Bekleidung war für die Enquete-Kommission auch die Überprüfung der allgemeinen Methodik des Stoffstrommanagements an Hand eines vergleichsweise komplexen Beispieles. Bei komplexen Sachverhalten kommt der Zielfestlegung (erster Schritt im Stoffstrommanagement) eine besondere Bedeutung zu. Es muß mit Hilfe von Auswahlkriterien eine geeignete Schwerpunktsetzung vorgenommen werden. In der Regel reicht für diesen Zweck zunächst schon eine grobe Stoffstromanalyse aus, die einen ersten Überblick erlaubt. Sobald die Bereiche identifiziert sind, die einer detaillierten Betrachtung unterzogen werden sollen, kann analog zu den Einzelbeispielen vorgegangen werden.

Die Erfahrungen mit dem Bedürfnisfeld Textilien/Bekleidung zeigen, daß der „Mut zur Lücke" und exemplarische Stoffstromanalysen in Verbindung mit der Analyse der Akteursbeziehungen und der Rahmenbedingungen ein Stoffstrommanagement auch für komplexe Themenfelder möglich machen. Das in Kapitel 6.4 beschriebene allgemeine Konzept eines Stoffstrommanagements ist durchaus auf komplexe Anwendungsfelder übertragbar. Eine ausführliche Darstellung des Stoffstrommanagements im Bereich Textilien/Bekleidung ist Kapitel 4.2.7 zu entnehmen.

6.8.3 Schlußfolgerungen aus den Fallbeispielen und Bedürfnisfeldern für das Stoffstrommanagement

- Anhand der einzelstoffbezogenen Fallbeispiele (Cadmium, Benzol etc.) konnte gezeigt werden, daß die Methodik des Stoffstrommanagements (5-Stufen-Modell) prinzipiell geeignet ist, Schwachstellen zu ermitteln und Handlungsansätze aufzuzeigen. Selbst bei unzureichender Datenlage (Datenlücken) kann die Methodik des Stoffstrommanagements voraussichtlich erfolgreich angewandt werden bzw. können plausible Umsetzungsoptionen benannt werden.

- Für komplexere Anwendungsfelder (z. B. Bedürfnisfeld Textilien/Bekleidung) müssen die Schritte eines Stoffstrommanagements mehrfach durchlaufen werden. In einem ersten Durchgang ist eine Übersicht über das Stoffstromsystem, die Akteursbeziehungen und die Rahmenbedingungen zu erarbeiten, um Problemschwerpunkte und Handlungsfelder zu identifizieren. Auf der Basis einer solchen Grobübersicht kann eine Prioritätensetzung im Hinblick auf die Auswahl der Problembereiche und Handlungsfelder erfolgen, zu denen umsetzungsorientierte Optionen für ein Stoffstrommanagement erarbeitet werden sollen. Unter der Bedingung des Erhalts der wesentlichen Zusammenhänge, muß dabei eine Reduktion der Komplexität vorgenommen werden. Methoden zur Ermittlung von Prioritäten sind bis heute nur vereinzelt vorhanden (z. B. Schwachstellenanalyse). Sobald die Aufgabe geeignet eingeschränkt ist (z. B. Reduktion auf die Veredlungsstufe oder Beschränkung auf den Anbau einer Faserart), kann die Methodik des Stoffstrommanagements analog der einzelstoffbezogenen Fallbeispiele angewendet werden.

- Als ein wesentliches Hindernis für die Durchführung eines Stoffstrommanagements wurde der Informationsverlust entlang der Produktlinie identifiziert (Arge Textil, 1994 a); selbst bei den vergleichsweise einfachen Fallbeispielen. Als eine wesentliche Ursache für Informationsprobleme im Stoffstrommanagement wurde die geringe Kompatibilität stoffbezogener Informationen und warenbezogener Informationen erkannt. Während auf den ersten Stufen einer Produktlinie stoffbezogene Informationen (z. B. über Rohstoff- oder Grundstoffbedarf, Kuppelprodukte, Emissionen etc.) verfügbar sind, dominieren bei den endproduktnahen Stufen warenspezifische Informationen (Gütermengen, Umsatzzahlen etc.). Diese Probleme sind nur teilweise lösbar. Der Informationsfluß kann jedoch pragmatisch deutlich verbessert werden. Die Enquete-Kommission hat bzgl. der untersuchten Beispiele viele Vorschläge zur Verbesserung des Informationsflusses gemacht (z. B. beim Bedürfnisfeld Textilien/Bekleidung: Warenbegleitbriefe,

Checkliste zur ökologischen Produktbewertung, Öko-Label). Es kann auch nicht darum gehen, möglichst alle Informationen weiterzugeben, sondern die richtigen Informationen müssen dem jeweiligen Akteur zum richtigen Zeitpunkt zur Verfügung stehen. Die Systeme zur Qualitätssicherung, welche von den Produktionsunternehmen entwikkelt wurden, zeigen eine Möglichkeit, wie diese Aufgabe gelöst werden kann. Sie müßten um Angaben zur ökologischen Qualität der Stoffe und Produkte erweitert werden.

- Die Betrachtung der Fallbeispiele und Bedürfnisfelder hat auch bestätigt, daß sich der Informationsbedarf für ein Stoffstrommanagement nicht auf naturwissenschaftlich-technische Informationen beschränkt, sondern daß auch wirtschaftliche, rechtliche und organisationswissenschaftliche Informationen erforderlich sind. Neben die Stoffstromanalyse tritt somit die Analyse der Akteure in der Produktlinie (Akteurskette sowie Unternehmensstruktur) und auch eine Analyse der rechtlichen Rahmenbedingungen sowie der wirtschaftlichen Effizienz der Maßnahmen.

- Wie bei den Fallbeispielen und Bedürfnisfeldern deutlich wurde, ergibt sich aus den untersuchten Ansätzen eines Stoffstrommanagements die Schlußfolgerung, daß es nicht auf die Entwicklung neuer oder spezieller Instrumente für die Stoffpolitik ankommt. Vielmehr ist ein Instrumentenmix erforderlich, der den speziellen Problemen eines Stoffstromsystems, den unterschiedlichen Akteuren, den vernetzten Produktionsbeziehungen, den (internationalen) Handelsverflechtungen und den gegebenen rechtlichen Rahmenbedingungen Rechnung trägt. Tendenziell kommt dabei informatorischen und organisatorischen Instrumenten sowie ökonomischen Anreizen besondere Bedeutung zu (s. Kap. 7.4.2 und 7.4.3).

Der Anspruch des Konzepts eines Stoffstrommanagements, auf der Grundlage der Kenntnis des Stoffstromsystems und der beteiligten Akteure effektive und effiziente Wege zur Lösung der identifizierten Probleme zu finden, konnte bei den untersuchten Fallbeispiel und Bedürfnisfeldern im Prinzip erfüllt werden. Die Enquete-Kommission hat mit ihren Stoffstromanalysen, Bewertungen und Handlungsempfehlungen in einem entscheidungsvorbereitenden Schritt Ansatzpunkte für ein Stoffstrommanagement der Fallbeispiele und Bedürfnisfelder aufgezeigt. Die konzeptionellen Überlegungen zur Methode eines Stoffstrommanagements zeigen darüber hinaus Möglichkeiten und Wege zur Umsetzung dieser Handlungsempfehlungen auf und geben Anregungen für analoge Vorgehensweisen in bezug auf weitere relevante Einzelstoffe und Bedürfnisfelder.

6.9 Empfehlungen

Die Umweltpolitik erfährt eine neue Orientierung durch die Vorgabe klarer stoffpolitischer Ziele. Dies führt zu einer stärkeren Betonung des medienübergreifenden Ansatzes, der Erfassung von Massenströmen, der gleichzeitigen und abgewogenen Berücksichtigung von ökologischen, ökonomischen und sozialen Aspekten in einer kooperativen und diskursiven Vorgehensweise sowie der Betonung und Förderung von proaktivem unternehmerischem Handeln. Eine Möglichkeit der Umsetzung dieses neuen Ansatzes bietet das Stoffstrommanagement.

Stoffstrommanagement gründet auf dem Problemverständnis der raumzeitlichen Dimensionen von Wirkungen anthropogener Stoffströme und ist am Leitbild einer nachhaltig zukunftsverträglichen Entwicklung, den grundlegenden Regeln und den Handlungsansätzen der Stoffpolitik orientiert. Der Schwerpunkt des Stoffstrommanagements ist auf entscheidungsvorbereitende Schritte ausgerichtet, in denen in Form eines Suchprozesses der Frage nachgegangen wird, durch welche Maßnahmen, durch welche Akteure und an welcher Stelle im Stoffstrom bzw. Stoffsystem ein stoffpolitisches Ziel erreicht werden kann. Zur Aufdeckung von ökologisch effektiven und ökonomisch effizienten Wegen zur Erreichung stoffpolitischer Ziele ist eine Reduktion von Komplexität erforderlich, die gleichzeitig Handlungsmöglichkeiten aufzeigt und dem systemaren Charakter der Problemstellung gerecht wird. Das Stoffstrommanagement ist zunächst akteursoffen und instrumentenoffen.

Ziele

Die konkreten Ziele des Stoffstrommanagements ergeben sich aus der Analyse der Problemlage und der Handlungsmöglichkeiten. Für eine effektive Entscheidungsfindung ist die Orientierung an übergeordneten Zielen und Bewertungskriterien (s. Kap. 3.3 und Kap. 5) einerseits und die Konzentration auf realisierbare Optionen andererseits erforderlich. Hinsichtlich der ökologischen Problembereiche sind klare umweltpolitische Ziele (nachfolgend als „Umweltziele" bezeichnet) vorzugeben. Die Enquete-Kommission folgt der Auffassung des Rates von Sachverständigen für Umweltfragen, der die Bestimmung umweltpolitischer Ziele im Sinne von handlungsorientierten Beschreibungen der sachlich, räumlich und zeitlich angestrebten Umweltqualität und damit auch die Bestimmung der maximal zulässigen Nutzung der Umwelt als eine grundlegende Voraussetzung der Umweltpolitik ansieht (SRU 1994, S. 16, Tz 28).

Es wird daher als vorrangige Aufgabe des Staates im Stoffstrommanagement angesehen, Umweltziele zu definieren und mit Hilfe einer Veränderung der Rahmenbedingungen durchzusetzen.

Umweltziele sind als ein Kompromiß zwischen Umweltqualitätszielen einerseits und ökonomischen und sozialen Zielen sowie technischen und logistischen Aspekten andererseits zu verstehen. Sie umfassen – orientiert an prioritären Problembereichen – ein Bündel von Zielen mit festgelegtem Zeitrahmen. Als Beispiel für ein solches Vorgehen ist der nationale Umweltpolitikplan der Niederlande (National Environmental Policy Plan – NEPP) anzusehen (s. Kap. 6.7).

Akteure

Für eine erfolgreiche Umsetzung des Stoffstrommanagements muß Umweltschutz zum selbstverständlichen Handlungsprinzip für alle werden. Für die Wirtschaft bedeutet das die Praktizierung eines betrieblichen Umweltmanagements und betriebs- bzw. branchenübergreifend die Beteiligung am Stoffstrommanagement in der Akteurskette. Zum Beitrag des Staates für ein Stoffstrommanagement gehört die Gestaltung der Rahmenbedingungen und die Identifizierung der Branchen und Wirtschaftsbereiche, die zum Erreichen von stoffpolitischen Zielen und speziell von Umweltzielen vorrangig anzusprechen sind. Verbraucher können durch die Nachfrage nach umweltverträglichen Produkten und durch die Entwicklung nachhaltig zukunftsverträglicher Lebensstile wichtige Anstöße für das Stoffstrommanagement geben.

Kooperationen und Informationsaustausch

Der akteursoffene und instrumentenoffene Charakter des Stoffstrommanagements läßt der Kooperation und dem Informationsaustausch zwischen den an einer stoffpolitischen Gestaltungsaufgabe potentiell beteiligten Akteuren einen hohen Stellenwert zukommen. Anlässe für eine Kooperation in der Akteurskette können sich durch Anforderungen der Akteure am Ende der Kette (Handel, Verbraucher; upstream-Modell), durch Produktionsumstellungen bei den Stoffproduzenten (downstream-Modell) oder durch staatliche Zielvorgaben ergeben.

Als Verfahren, daß seinen Schwerpunkt im Bereich der Entscheidungsvorbereitung hat, ist das Stoffstrommanagement auf die Verfügbarkeit und den Austausch von Informationen zwischen den Akteuren angewiesen. Es gehört daher zu den Aufgaben der indirekten Akteure im Stoffstrommanagement (Verbände, Handel, Banken, Versicherungen,

Gewerkschaften, Umwelt- und Verbraucherorganisationen etc.) und des Staates, den Akteuren notwendige Informationen zur Verfügung zu stellen und ihren Informationsaustausch zu erleichtern. Gut dokumentierte Daten über Stoffströme sind eine unverzichtbare Voraussetzung für die Bewertung von Umweltauswirkungen. Für die direkten Akteure im Stoffstrommanagement sind daher grundsätzlich Dokumentations- und Informationspflichten im Sinne einer betrieblichen Stoffbuchhaltung für Problemstoffe festzulegen, die als Informationsgrundlage für den eigenen Beitrag im Stoffstrommanagement benötigt werden, den Informationsfluß in der Akteurskette gewährleisten und (im Bedarfsfall und in der Regel in aggregierter Form) staatlichen Institutionen und der Öffentlichkeit zugänglich zu machen sind.

Die Aktivitäten legitimierter Gremien unter Beteiligung der gesellschaftlichen Gruppen (z. B. der Wirtschaft und ihren Spitzenverbände, der Gewerkschaften, der Umwelt- und Verbraucherverbänden, der Wissenschaft), die die Grundlage zur Formulierung von Umweltzielen bearbeiten, sind zu koordinieren und ggf. zu erweitern. Hierfür sind möglichst zuverlässige Informationen erforderlich über

– das Stoffstromsystem und dessen Einfluß auf die Struktur und Funktionen der Umwelt und über

– die Vernetzungen des sozialen und ökonomischen Systems mit dem Stoffstromsystem, d. h. über das Zusammenwirken der gesellschaftlichen Akteure und über die Art und Weise, wie diese Stoffströme lenken.

Proaktives Handeln

Die Komplexität der Stoffströme bedingt einen Wissensvorsprung der direkten Akteure in Detailfragen, der eigenverantwortliches Handeln durch die Unternehmen im Rahmen politisch vorgegebener Ziele und Pflichten ökologisch effektiver und ökonomisch effizienter erscheinen läßt als staatliche Einzelregelungen. Stoffstrommanagement setzt daher auf ein vorausschauendes Handeln der Unternehmen, ein „proaktives Handeln". Unternehmen sind dazu aufgefordert, antizipierend tätig zu werden, „indem sie mögliche, in der Zukunft auftretende Probleme, Gefahren oder Schäden reflektieren und abschätzen, bevor die Verwaltung überhaupt eine hinreichende Informationsgrundlage hat, um tätig werden zu können, oder indem sie über staatliche Auflagen hinausgehen." (Fülgraff/Reiche 1990, S. 104).

Ansätze für eine Bereitschaft zum proaktiven unternehmerischen Handeln zeigen sich in der Charta für eine langfristig tragfähige Entwicklung der Internationalen Handelskammer (ICC), dem Responsible-Care-Programm der chemischen Industrie sowie den Zielen und Aktivitäten umweltorientierter Unternehmensverbände wie dem Bund junger Unternehmer (BJU), Bundesdeutscher Arbeitskreis für Umweltbewußtes Management (B.A.U.M.), future oder Unternehmensgrün.

Proaktives Handeln der wirtschaftlichen Akteure muß durch staatliche Rahmensetzung belohnt und gefördert werden. Durch die Vorgabe von Umweltzielen formuliert die Politik die Erwartungen an das Handeln der wirtschaftlichen Akteure. Proaktives Verhalten von Unternehmen ist auch als Reaktion auf politische Zielvorgaben zu verstehen, die zunächst instrumentenoffen vorgegeben werden. Es geht staatlichem Handeln zeitlich voraus und kann staatliche Maßnahmen überflüssig machen, wenn die vorgegebenen Ziele durch proaktives Handeln bereits erreicht wurden. Der Staat muß sich jedoch die Option offenhalten, unter Beachtung notwendiger Anpassungszeiten gesellschaftlich akzeptierte und für notwendig erachtete Ziele mit den ihm zur Verfügung stehenden Mitteln durchzusetzen. Die dann anzuwendenden Instrumente müssen so gestaltet sein, daß für Unternehmen, die durch proaktives Handeln staatlichen Maßnahmen vorgreifen, eine Anreizwirkung besteht.

Für die Einführung eines Stoffstrommanagements hält die Enquete-Kommission folgende Schritte für erforderlich:

– Der Gesetzgeber muß einen klaren normativen Kontext für das Stoffstrommanagement schaffen. Hierzu gehört insbesondere die Entwicklung von Umweltzielen für den Umgang mit Stoffen, daraus abgeleitete stoffpolitische Forderungen sowie die Formulierung allgemeiner Vorschriften und Verhaltensregeln.

– Die staatliche Festlegung von Umweltzielen erfolgt auf der Grundlage des Leitbildes einer nachhaltig zukunftsverträglichen Entwicklung (s. Kap. 3) und sollte umgehend begonnen werden. An der Erarbeitung nationaler Umweltziele sind relevante gesellschaftlichen Gruppen zu beteiligen. Darüber hinaus sollten die internationalen Vorarbeiten in anderen Staaten (Niederlande, Schweden, Schweiz etc.) einbezogen werden.

– Zur Umsetzung der aus den Umweltzielen abgeleiteten stoffpolitischen Forderungen ist Stoffstrommanagement ein geeignetes Instrument.

– Zur Konkretisierung der von der Enquete-Kommission diskutierten Konzepte für ein Stoffstrommanagement sind insbesondere Methoden für die Organisation von Akteursketten und Entscheidungsprozessen anhand konkreter Problem- und Aufgabenfelder weiterzuentwickeln. Neben Modellen zur Beschreibung der relevanten Bereiche des Stoffstromsystems sind hierfür vor allem Modelle für die Kooperation zwischen den Akteuren in der Produktionskette und für die Kooperation zwischen dem Staat und der Akteurskette zu entwickeln.

– Informationssysteme für das Stoffstrommanagement müssen neben technisch-naturwissenschaftlichen Daten des bestehenden Stoffstromsystems vor allem Informationen über die Akteure und die zur Wahl stehenden Alternativen beinhalten.

– Hierzu sind die staatlichen Informationssysteme zu reformieren und um stoffpolitische Informationen zu ergänzen.

– Der Aufbau dezentraler Informationssysteme für ein Stoffstrommanagement ist durch die Festlegung von Standards und durch staatliche Unterstützung (mit finanziellen Mitteln und „Know-how") zu fördern. Dafür sind Qualitätssicherungssysteme zu entwickeln und die Umsetzung des betrieblichen Öko-Audits insbesondere für kleine und mittlere Betriebe durch unterstützende Maßnahmen zu fördern.

– Zur Durchführung des Stoffstrommanagements durch die Akteure sind Informations-, Kennzeichnungs- und Dokumentationspflichten erforderlich.

– Zur Schaffung geeigneter internationaler Rahmenbedingungen für ein Stoffstrommanagement ist auf die Etablierung von internationalen Mindestumweltstandards hinzuwirken (z. B. im Rahmen der WTO, bei der Vergabe von Hermes-Bürgschaften und bei entwicklungspolitischen Vorhaben). Die internationale Durchsetzung von Umweltstandards sollte ein vorrangiges nationales Ziel beim Aufbau der WTO sein.

Sondervotum von Prof. Dr. Paul Klemmer zum Kapitel 6
(sowie zu den Kapiteln 3.4.5 und 7.4.3):

„1. Ich bedaure die verwirrende Breite und sprachliche Ungenauigkeit weiter Passagen dieses Kapitels, die Spielraum für unterschiedlichste Interpretationen und wirtschaftspolitische Schlußfolgerungen lassen. Insbesondere werden die Grenzen zwischen dem staatlichen Verantwortungsbereich und der Eigenverantwortlichkeit der privaten Akteure nicht richtig deutlich gemacht. Gefordert wird letztlich eine ‚freiwillige' systemare Stoffstromanalyse und -bewertung durch die Wirtschaft selbst, die einerseits über den engeren Unternehmensbereich hinausgehen soll, andererseits aber auch die Mobilisierung betriebsinternen Wissens verlangt. Unklar bleibt hierbei, wie eine solche systemare Stoffstromanalyse – aufbauend auf validen und vergleichbaren Daten – erreicht werden kann, für welche Stoffe sie erbracht werden soll und inwieweit die Mobilisierung betriebsinterner Informationen mit dem Datenschutz vereinbar ist.

2. Alle Marktvorgänge stellen bereits eine Art ‚Stoffstrommanagement' dar. Unklar bleibt, warum es nicht ausreicht, über Internalisierungsstrategien die Lenkungsfunktion dieses Abstimmungssystems zu verbessern, sondern parallel dazu ein weiteres, ökologisch orientiertes Abstimmungssystem geschaffen werden soll.
3. Unklar ist auch die Festlegung und Rolle der verschiedenen Akteure. So ist den Ausführungen eine Präferenz für eine neue Form überbetrieblicher Mitbestimmung (etwa unter Einbeziehung von Verbraucher- und Umweltverbänden) herauszulesen. Die mit einem solchen Schritt verbundenen ordnungspolitischen Probleme werden ausgeblendet."

7 Instrumente der Stoffpolitik

Als Instrumente der Umweltpolitik werden die Maßnahmen bezeichnet, mit deren Hilfe die Ziele der Umweltpolitik durchgesetzt werden sollen. In diesem Bericht finden die Bemühungen, aus Konzepten einer Stoffpolitik sowie aus Stoffstromdarstellungen Konsequenzen für die Praxis zu ziehen, an verschiedenen Stellen ihren Niederschlag. So hat die Enquete-Kommission aus dem Leitbild einer nachhaltig zukunftsverträglichen Entwicklung die in Kapitel 3 genannten vier grundlegenden Regeln abgeleitet. Ausgehend von diesem Leitbild und den vier grundlegenden Regeln für den Umgang mit Ressourcen, Stoffeinträgen und den zeitlichen Dimensionen von Eingriffen in die Umwelt und deren Reaktionsvermögen wurde in Kapitel 6 die Diskussion um die zielorientierte Gestaltung der Stoffströme, das Stoffstrommanagement, geführt. Ein Stoffstrommanagement unter dem Leitbild einer nachhaltig zukunftsverträglichen Entwicklung kann als das allgemeine Programm zur Lösung der dargestellten Umwelt- und Verteilungsprobleme gesehen werden. Dieses Programm gilt es zu differenzieren und in praktisch umsetzbare Maßnahmen fortzuentwickeln. Aus der beispielhaften Darstellung einiger Stoffströme (s. Kap. 4) hat die Enquete-Kommission spezifische Handlungsempfehlungen abgeleitet. Aus dem Leitbild einer nachhaltig zukunftsverträglichen Entwicklung hat sie ökonomische, ökologische und soziale Schutz- und Gestaltungsziele entwickelt (s. Kap. 5).

An dieser Stelle folgt eine kritische Darstellung stoffpolitischer Instrumente vor dem Hintergrund des bisherigen Diskussionsstandes. Insoweit kommt die Enquete-Kommission ihrem Auftrag gemäß dem Einsetzungsbeschluß nach, an den Deutschen Bundestag Empfehlungen für gesetzgeberisches und politisches Handeln zu richten. Eine präzise Ausgestaltung einzelner Instrumente und deren Komposition zu einem Maßnahmenbündel konnte die Enquete-Kommission in der zur Verfügung stehenden Zeit nicht erreichen.

Im Hinblick auf die Einbindung der Bundesrepublik Deutschland in die Europäische Union, aber auch in internationale Vertragswerke lassen sich stoffpolitische Ziele nur soweit durchsetzen, wie sie mit den Regelungen des europäischen Unionsrechtes und des General Agreement on Trade and Tariffs (GATT) in Einklang stehen (s. Kap. 4.2.4.2.6). Aufgrund des Vorrangs des europäischen Unionsrechts vor nationalem Recht darf eine deutsche allgemeine Stoffpolitik nicht im Widerspruch zu Richtlinien und Verordnungen der Europäischen Union stehen, wie zum Beispiel zur 7. Änderungsrichtlinie der Richtlinie für die Einstufung, Verpackung und Kennzeichnung gefährlicher Stoffe respektive der Altstoff-Verordnung oder zur geplanten Richtlinie des Rates über die integrierte Vermeidung und Verminderung der Umweltverschmutzung. Daher sollte noch stärker eine kooperative Politik entwickelt werden, die von vorneherein auf europäische Lösungen setzt und Lösungsmodelle offensiv in die europäische Debatte einbringt.

7.1 Zielvorgaben

Aufgrund der knapp bemessenen Zeit seit der Einsetzung konnte die Enquete-Kommission kein derartiges Zielbündel vorschlagen, wie es etwa im nationalen Umweltpolitikplan der Niederlande (NEPP) festgelegt wurde (vgl. Kap. 6.7.2). Die nachstehenden Ausführungen können sich deswegen nur auf die allgemeine Eignung bzw. die allgemeinen Vor- und Nachteile der Instrumente beziehen.

Die Enquete-Kommission ist zur einvernehmlichen Auffassung gelangt, daß Instrumente einer Stoffpolitik nur vor dem Hintergrund bestimmter Zielvorgaben im Zusammenhang mit einer nachhaltigen Stoffwirtschaft bewertet werden können. Dieses Ziel kann zum einen durch den effektiveren Einsatz bestehender Instrumente (z. B. durch Reregulierung des Ordnungsrechts) erreicht werden, erfordert aber andererseits weitere Umweltschutzmaßnahmen.

Unbestritten ist das grundsätzliche Ziel der Risikominderung aufgrund der Produktion und der Verwendung potentiell gefährlicher Stoffe nach den international anerkannten Methoden des risk assessment. Zur Erreichung dieses Zieles stehen vor allem ordnungsrechtliche Instrumente sowie Haftungsregelungen an. Der Vorteil des Ordnungsrechts wird darin gesehen, daß es meist unausweichlich und unmittelbar zur Verminderung von Schadstoffemissionen führt. Sein Nachteil besteht darin, daß Vollzugsdefizite auftreten und die umweltpolitischen Ziele meist ineffizient erreicht werden.

Ebenso unumstritten ist in der Enquete-Kommission das umweltpolitische Ziel der Internalisierung externer Effekte. Es läßt sich schlagwortartig mit der Forderung „Die Preise müssen die ökologische Wahrheit sagen" umschreiben. Dies läßt sich dann erreichen, wenn Umwelt als ein knappes Produktionsgut in die betriebswirtschaftliche Kostenrechnung eingeht und Angebot und Nachfrage mitbestimmt. Die Enquete-Kommission ist der Ansicht, daß grundsätzlich bei der Auswahl der Instrumente zunächst geprüft werden soll, inwieweit die Lenkungsfunktion der Märkte verbessert werden kann.

Ein Schwerpunkt im Verantwortungsbereich des Staates ist die Setzung von Umwelt(qualitäts)zielen und von Rahmenbedingungen. Über die Vorgabe von Umwelt(qualitäts)zielen hinaus muß es dabei Aufgabe des Staates sein, die übrigen Akteure durch geeignete Rahmenbedingungen zu einer Beteiligung an einem ökologisch orientierten Stoffstrommanagement zu motivieren. Das Vertrauen auf individuelles, freiwilliges Engagement reicht nicht aus, die drängenden Probleme in diesem Bereich zu lösen.

Das umweltpolitische Ziel der allgemeinen Reduktion der Stoffströme wird nur von einem Teil der Enquete-Kommission vertreten. Nach Ansicht der Befürworter soll dieses Ziel durch verminderten Materialeinsatz, durch Verminderung der sich im Umlauf befindlichen Schadstoffe und durch eine weniger materialintensive Wirtschaftsweise vor allem in den Industrieländern erreicht werden. Neben ökonomischen Instrumenten und freiwilligen Maßnahmen muß hier auch der Vorschlag eines Allgemeinen Stoffrechts geprüft werden, welches neben dem Schutz vor Schadstoffen Rahmenrichtlinien für einen ressourcen- und senkenschonenden Umgang mit Stoff- und Materialströmen vorsieht.

Die Umweltpolitik muß sich auf die Prinzipien der ökologischen, sozialen Marktwirtschaft besinnen. Dies hat auch Folgen für die einzusetzenden Instrumente.

Der Staat muß die Zielrichtung seiner Umweltpolitik, die Erhaltung und Verbesserung der natürlichen Umwelt, offen und eindeutig darlegen. Er setzt rechtliche und ökonomische Rahmenbedingungen für den Umgang mit der Natur und für ihre Nutzung. Innerhalb dieses Rahmens müssen Anreize für selbstverantwortliches und umweltschonendes individuelles Verhalten gegeben werden. Dazu sind die ökologischen Rahmenbedingungen bis auf weiteres regelmäßig und in kalkulierbarer Weise zu verschärfen und in Marktsignale umzusetzen. Umweltpolitik muß vom Krisenmanagement auf eine berechenbare Vorsorgepolitik, von Maßnahmenorientierung auf Zielorientierung umgestellt werden.

Zentrale Forderung an die Umweltpolitik in einer ökologischen, sozialen Marktwirtschaft ist eine Verknappung des Rechts, die Umwelt als kostengünstigen Produktionsfaktor und als Konsumgut zu nutzen. Dies muß mit einer Verteuerung dieses Rechts einhergehen, so daß in den Preisen die Knappheit und der hohe Wert ökologischer Ressourcen zum Ausdruck kommen.

Marktkonforme Umweltpolitik muß auch prüfen, ob die ausbeuterische Nutzung einer Ressource nicht auf mangelhaft spezifizierte Eigentumsrechte zurückzuführen ist, und muß gegebenenfalls solche Rechte definieren und zuordnen. Der Staat kann damit eine Reihe umweltpolitischer Maßnahmen entbehrlich machen. Eigentumsrechte bewirken in der Regel, daß ein privates Interesse an einer nachhaltigen Nutzung einer Ressource entsteht, die sonst frei zugänglich wäre und deshalb zu intensiv genutzt würde. Dabei ist jedoch zu bedenken, daß bei nicht erneuerbaren Ressourcen eine nachhaltige Nutzung nicht möglich ist.

Im Rahmen des Stoffstrommanagements mißt die Enquete-Kommission dem Staat auch im Hinblick auf die Beeinflussung internationaler Stoffströme besondere Verantwortung zu. Erfolgversprechende Wege zur Sicherung einer nachhaltigen Entwicklung sieht sie z. B. bei den Bemühungen um die internationale Harmonisierung der Wettbewerbsbedingungen im Sinne der Etablierung verbindlicher Sozial- und Umweltstandards im Rahmen der Welthandelsordnung (GATT) bzw. in der Europäischen Union.

Die Europäische Union sollte zur treibenden Kraft einer globalen Umweltpolitik werden. Sie hätte das ökonomische Gewicht, das zur Durchsetzung internationaler Strategien unverzichtbar ist. Ohnehin liegt die Kompetenz für die Außenhandelspolitik ihrer Mitgliedsstaaten bei der Union. Innerhalb der Europäischen Union sollte die Bundesrepublik Deutschland eine Vorreiterrolle einnehmen. Auch die Weltbank sollte globale Umweltverantwortung übernehmen und ihre Kreditvergabe in diesem Sinne instrumentalisieren: Die Vergabe von Krediten könnte etwa von der Einhaltung der Umweltstandards abhängig gemacht werden, wie sie den Konferenzen von Stockholm und Rio und den daraus folgenden Abkommen entsprechen.

Zu den Hauptproblemen bei der Durchsetzung einer globalen Umweltpolitik gehört die mangelnde internationale Solidarität dort, wo international konzertierte Lösungen erforderlich wären. Im Interesse der Umwelt sollte deshalb versucht werden, die Vorteile zu kompensieren, wie sie für einzelne Länder aus dem „Nichtbeitritt" zu einer internationalen Lösung resultieren.

In internationalen Konventionen – Beispiele sind das FCKW-Abkommen in Montreal, Oslo und Paris Commissions (OSPARCOM), das Baseler Übereinkommen von 1989 zur Regelung des grenzüberschreitenden Transport gefährlicher Abfälle – liegt die eigentliche Chance für ein international verbindliches Stoffstrommanagement. Nationale Alleingänge lösen globale Umweltprobleme nicht und beeinträchtigen darüber hinaus die Ökonomie- und Sozialverträglichkeit der Umweltpolitik.

7.2 Bewertungskriterien

Die kritische Darstellung der Instrumente in den Teilkapiteln 7.4.1 bis 7.4.3 folgt den genannten Zielrichtungen und legt folgende Bewertungskriterien zugrunde:

- Treffsicherheit im Hinblick auf die Akteure und Kompetenzebenen und deren optimalen Einbezug sowie Schwerpunktsetzung

  Zielgruppen sind: wirtschaftliche Akteure, die unmittelbar Stoffströme beeinflussen, und solche, die durch ihre Entscheidungen Stoffentscheidungen anderer Akteure beeinflussen; Wirtschaftsakteure, die dem Stoffstrommanagement einer Branche oder einer Produktionskette Rahmenbedingungen setzen; staatliche bzw. administrative Akteure, die dem Stoffstrommanagement wirtschaftlicher Akteure Rahmenbedingungen setzen; schließlich sonstige Akteure, die das Stoffstrommangement der übrigen zu beeinflussen versuchen, wie Verbraucherorganisationen, Umweltverbände, Gewerkschaften, Medien oder Gremien, die sich mit Normung befassen (de Man, 1994, S. 20). Das Büro für Technikfolgenabschätzung des Deutschen Bundestages (TAB) teilt die Akteure in Produzenten, Anlagenbetreiber, Anwender, Händler, Akteure im Dienstleistungssektor, Konsumenten und Entsorger ein (TAB, 1993, S. 39, S. 46f.). Die ökologische Treffsicherheit zielt zudem auf politische Kompetenzebenen bzw. Handlungsebenen, auf Adressaten des Vollzugs und auf Schwerpunktsetzung.

- Treffsicherheit im Hinblick auf Stoff- und Güterkategorien und zeitliche Treffsicherheit

  Hierbei handelt es sich um Ressourcen, Schadstoffe, Rio-Stoffe (die durch den Eintrag eher großer Mengen, eher zeitverzögert und eher global wirken) oder auch um Kategorien von Gütern wie Verbrauchs- oder Produktionsgüter. Das Kriterium betrifft zudem die zeitliche Wirksamkeit bzw. die Geschwindigkeit der umweltpolitischen Zielerreichung, die Differenzierung nach Medien und Zeitverlauf des Wirkungseintritts sowie die Effizienz. Die statische Effizienz geht von einem festen umweltpolitischen Ziel aus, während die dynamische Effizienz die laufende Anpassung an ein veränderliches Ziel beinhaltet. Es ist zu prüfen, mit welchen Kosten die gesetzten Ziele erreicht werden. Nach Verabschiedung von Regelungen ist die prognostizierte Zielerreichung in den folgenden Jahren mit einer systematischen Erfolgskontrolle zu überprüfen.

- Treffsicherheit im Hinblick auf optimale problemorientierte Informationsbereitstellung
Zum Vollzug von Gesetzen ist in der Regel der Zugang zu bestimmten Daten notwendig. Dieser sollte klar definiert sein und der Zugang zu Daten oder deren Ermittlung sollte geregelt sein.
- Ökologische Wirksamkeit, die sich an festgelegten Umweltzielen, an einem nachhaltigen Stoffstrommanagement, an Treffsicherheit im Hinblick auf alle Umweltmedien und die Produktlinien orientiert.
- Die Summe aus Schadstoffreduktionskosten und Schadenskosten, ggf. mit einer Kosten-Wirksamkeits-Analyse, sollte minimiert werden.
- Politische Durchsetzbarkeit und Akzeptanz; rechtliche Zulässigkeit
- Praktikabilität und Vollzugsfreundlichkeit
- Harmonisierung mit inter- oder supranationalem Recht und mit anderen Instrumenten
- Ökonomieverträglichkeit
- Sozialverträglichkeit
- Vereinbarkeit mit der freiheitlichen Ordnung

Es ist nicht möglich und wenig sinnvoll, eine allgemeine Rangordnung der Kriterien anzugeben. Dies hat sich implizit bereits bei der Diskussion um die ökologischen, ökonomischen und sozialen Schutz- und Gestaltungsziele gezeigt. Die Postulierung eines Konflikts zwischen diesen Zielen und die daraus folgende Vorstellung, man könne durch einen Zielverzicht auf einer Ebene die beiden anderen Ziele leichter erreichen, bedeutet geradewegs, sich von der politischen Gesamtverantwortung freizuzeichnen. Übertragen auf die Bewertung der Instrumente heißt dies, daß dringend davon abzuraten ist, diesem Kriterium Vor- und jenem Kriterium Nachrangigkeit einzuräumen, mit der Absicht, schneller zu Ergebnissen zu gelangen. Vielmehr ist das Instrumentarium so zu gestalten, daß alle Kriterien hinreichend erfüllt werden, wenn auch einzelne Kriterien wie die Vereinbarkeit des Instrumentes mit der freiheitlichen Ordnung im Prinzip den Rang einer notwendigen Bedingung haben. Jedoch geht die kritische Prüfung über die Erfüllung/Nichterfüllung des Kriteriums hinaus, so daß nach dem Verhältnis des Instrumentes zur freiheitlichen Ordnung gefragt werden muß. Hierfür können die Kriterien

- Erhalt eines maximalen individuellen Handlungsspielraums,
- weitgehende Zulassung unternehmensexterner Austauschprozesse,
- Verknüpfung mit Gewinn- und Verlusteffekten und
- Kalkulierbarkeit der Umweltpolitik

herangezogen werden.

Die Auswahl geeigneter Instrumente steht im engen Zusammenhang mit den in den Kapiteln 3.3 und 5.3.2 benannten und diskutierten ökologischen, ökonomischen und sozialen Schutz- und Gestaltungszielen. Die Frage ist letztlich, welches stoffstromorientierte Instrumentenbündel diese Ziele maximal und zugleich ausgewogen umsetzt.

Bei der Bewertung der Instrumente sollten die zu erwartenden und die potentiellen Nebenwirkungen der Maßnahmen – gleichsam im Wege einer Folgenabschätzung – berücksichtigt werden. Während zum Beispiel ökonomische Nebenwirkungen mit dem Kriterium ökonomische Effizienz abgefragt werden – nämlich Implementierungs-, Vollzugs- und Kontrollkosten sowie die Kosten des Mißbrauchs – werden soziale Nebeneffekte nicht notwendigerweise mit dem Kriterienraster erfaßt. Aufgrund dieser Schwierigkeiten kann der Bewertungsprozeß nicht weiter methodisiert und auf diese Weise nachvollziehbarer gestaltet werden. In die Bewertung fließen insgesamt die genannten Kriterien und Zielvorgaben sowie die ökologischen, ökonomischen und sozialen Schutz- und Gestaltungsziele ein (s. o.). Den Hintergrund der Bewertung bildet schließlich die individuelle Werthaltung.

7.3 Unterscheidung der Instrumente

Stoffpolitische Instrumente können nach verschiedenen Kriterien klassifiziert werden. In der Literatur findet sich keine einheitliche Klassifizierung, zum Teil widersprechen sich die Klassifizierungen (beispielsweise wird Haftungsrecht entweder unter Ordnungsrecht oder unter ökonomischen Instrumenten eingeordnet).

Die Enquete-Kommission hat im Hinblick auf die Auswahl von Instrumenten drei strategische Optionen untersucht und hierzu Studien vergeben, deren Ergebnisse die Grundlage der nachstehenden Darstellung bilden:
- Zur Internalisierung externer Kosten (vgl. Kap. 7.4.2) werden vorrangig ökonomische Instrumente eingesetzt. Sie wecken gleichzeitig ein Eigeninteresse der Marktteilnehmer an einer ökologischen Ausrichtung von Produktion und Konsum.
- Ordnungsrechtliche Instrumente wurden untersucht im Hinblick auf eine mögliche Reregulierung des Stoffrechts (Vereinheitlichung des Umweltrechts in einem Umweltgesetzbuch, Ausrichtung an medienübergreifenden und produktlinienübergreifenden Aspekten, Abbau von Vollzugsdefiziten).

– Freiwillige und informatorische Instrumente können ein proaktives Verhalten der Marktteilnehmer fördern.

Im heutigen Umweltrecht herrscht das *Ordnungsrecht* vor, das seinen Ursprung im Polizeirecht hat. Beim ordnungsrechtlichen Instrumentarium handelt es sich um die klassische Materie zur Abwehr von Gefahren in Form von Ge- und Verboten. In einem von der Enquete-Kommission in Auftrag gegebenen Gutachten wird innerhalb umweltordnungsrechtlicher Regelungen zwischen stoffbezogenen und medienbezogenen Rechtsvorschriften unterschieden (Ewers und Brenck, 1994, S. 1). Letztere unterteilen die Gutachter in emissions-, umweltqualitäts- und nutzenorientierte Strategien (Ewers und Brenck, 1994, S. 18f.). Zum Umweltordnungsrecht zählt man im allgemeinen das Stoff- und Produktrecht und das medien- und anlagenbezogene Recht. Der Rat von Sachverständigen für Umweltfragen unterscheidet die Vielzahl ordnungsrechtlicher Instrumente hinsichtlich des Ansatzes, des Zeitpunktes und der Intensität des staatlichen Eingriffes. Sehr häufig finden sich Eröffnungskontrollen wie Zulassungs-, Anmelde- und Anzeigeverfahren vor Aufnahme einer umweltbelastenden Tätigkeit, die konzeptionell beim Anlagenbetrieb oder bei einer bestimmten Tätigkeit (z. B. Umweltnutzung oder Inverkehrbringen von Stoffen, Zubereitungen oder Erzeugnissen) ansetzen. Hinzu kommen präventive oder repressive Verbote und Beschränkungen, von denen gegebenenfalls Ausnahmen und Befreiungen erteilt werden können. Schließlich finden sich Ermächtigungen zum Einschreiten gegen eine umweltbelastende Tätigkeit im Einzelfall – besonders im Bereich der Überwachung. Der Intensität und der Zielrichtung des Eingriffes nach lassen sich Kontrollentscheidungen, in denen lediglich die Vereinbarkeit einer Tätigkeit mit den gesetzlichen Anforderungen überprüft wird, von solchen der Bewirtschaftung unterscheiden, mittels derer die an sich untersagte Umweltnutzung nach Maßgabe bestimmter Grundsätze einzelnen Nutzern gestattet wird (SRU, 1994, Tz. 297).

Ökonomische Instrumente sollen umweltpolitische Ziele vor allem mit möglichst geringen Kosten erreichen, indem die Kosten der Umweltnutzung in das einzelwirtschaftliche Kalkül einbezogen werden. Ökonomische Instrumente zielen darauf ab, eine Zuweisung knapper Umweltnutzungsspielräume, die Lenkung von Stoffströmen bzw. die Reduktion der Nutzung von Umweltressourcen über ökonomische Impulse, das heißt über selektive (umweltorientierte) Ertrags- und Kosteneffekte zu induzieren. Die Gutachter Ewers und Brenck (1994, S. 190) unterscheiden ökonomische Instrumente ohne ein staatliches Bewirtschaftungskonzept wie Haftungsregelungen von solchen, die ein staatliches Bewirtschaftungskonzept voraussetzen, das heißt, die es erfordern, daß der Staat den

Umfang der Umweltnutzung im vorhinein festlegt und die notwendigen rechtlichen Voraussetzungen schafft. Hierzu gehören denkbare ökonomische Optimierungsmodelle, handelbare Umweltnutzungsrechte (Zertifikate), Abgaben auf meßbare Umweltbelastungen, wie zum Beispiel Emissionsabgaben und Produktabgaben, Abgabenlösungen für diffuse Quellen wie zum Beispiel immissionsorientierte Abgaben sowie deposit-refund-Systeme.

Neben ordnungsrechtlichen und ökonomischen Instrumenten gibt es *informatorische und freiwillige Maßnahmen,* die vielfach im Vorfeld gesetzlicher Vorgaben ergriffen werden. Sie werden teilweise auch als *proaktive* Instrumente bezeichnet. Ein im Auftrag der Enquete-Kommission angefertigtes Gutachten geht von folgender Definition aus: „Unter proaktivem Verhalten eines Unternehmens sind Maßnahmen und Programme zu verstehen, die zur Verwirklichung der stoffstrompolitischen Zielsetzung beitragen, ohne daß dieses Verhalten direkt gesetzlich vorgeschrieben ist" (Führ, 1994, S. 8). In erster Linie sind hiermit als wirtschaftliche Akteure Unternehmer angesprochen; der Begriff läßt sich aber auch auf andere Akteure, z. B. öffentliche Beschaffer oder umweltbewußte Verbraucher anwenden. Hierunter zählen Maßnahmen wie Umweltmanagement der Unternehmen und die betriebliche Umweltrechnungslegung, das ökologische Marketing, zum Beispiel durch die Kennzeichnung und Auszeichnung von Produkten und Unternehmen („Blauer Engel", „Öko-Audit"), Kooperationen der beteiligten Akteure und die Umweltkommunikation mit allen Akteuren und der Öffentlichkeit. Im Gutachten werden folgende informatorische und freiwillige Maßnahmen im einzelnen behandelt:

- Umweltmanagement und Umwelt-Audit

- eco-rating (Bewertung in Form einer Notenskala der ökologischen Auswirkungen von Unternehmen, insbesondere für Investoren und Kreditgeber)

- betriebliche Umweltrechnungslegung

- Umweltberichtssysteme (Toxic Release Inventory, USA)

- betriebliche Umweltschutzkonzepte

- betriebliche Produktökobilanzen und Produktlinienanalysen

- überbetriebliche Produktökobilanzen und Produktlinienanalysen

- Sortimentsumstellung im Handel

- Umweltzeichen

- Kooperationen auf Verbandsebene

- Kooperationen auf Firmenebene
- lokale Umweltschutzvereinbarungen („good neighbor agreements")
- Hersteller/Nutzer-Kooperation („Design for the Environment")

Hinzuzufügen sind Kooperationen der Firmen entlang der Wertschöpfungskette.

Die bisher aufgeführten Instrumente sind zusammenfassend als Instrumente zu kennzeichnen, bei denen die Stoffströme und deren direkte beziehungsweise indirekte Gestaltung im Mittelpunkt stehen. Die nicht intendierten Wirkungen anderer Politik- und Regelungsbereiche auf Stoff- und Energieströme gehen in Richtung Erhöhung und Beschleunigung, zum Teil aber auch in die entgegengesetzte Richtung. Das Leitbild der nachhaltig zukunftsverträglichen Entwicklung verlangt, die Politik- und Regelungsbereiche, die nicht unmittelbar auf Umwelt und Gesundheit ausgerichtet sind, in Zukunft verstärkt in die Überlegungen einzubeziehen. Deshalb werden in diesem Kapitel auch beispielhaft Regelungen und Tatbestände beschrieben, mit denen die große Bedeutung von Regelungs- und Politikbereichen mit nicht intendierten Wirkungen auf Stoffströme veranschaulicht wird.

7.4 Kritische Darstellung der Instrumente

7.4.1 Ordnungsrechtliche Instrumente

Ordnungsrechtliche Instrumente stellen das traditionelle und auch heute noch ganz überwiegend verwendete Instrumentarium des Umweltrechts dar. In der Praxis hat sich eine Vielzahl ordnungsrechtlicher Instrumente entwickelt, die sich hinsichtlich des Ansatzes, des Zeitpunktes und der Intensität des staatlichen Eingriffs unterscheiden.

Ordnungsrechtliche Instrumente – im Grunde Ge- und Verbote – setzen primär auf die beiden Hebel „command and control" und verlangen für einen erfolgreichen Einsatz eine handlungsfähige und durchsetzungskräftige Verwaltung bzw. Vollzugsbehörde. Da sie dann recht schnell wirken, eignen sie sich gut für ein schnelles Handeln bei der Abwehr offenkundiger Gefahren. Mit ihrem Einsatz wird versucht, bestimmte hoheitliche Vorstellungen nicht nur bezüglich der Höhe zulässiger Umweltbeanspruchungen, sondern auch bezüglich des Umgangs mit bestimmten Stoffen (Positivlisten) bzw. Schadstoffen (Negativlisten) durch die Ausübung von Zwang und damit die im Sinne des Gemeinwohls teilweise drastische Beschneidung von individuellen Interessen umzusetzen.

Gebote schreiben in der Regel ein bestimmtes Verhalten, eine bestimmte Technik etc. vor. Verbote dagegen schließen nur bestimmte Verhaltensweisen, Stoffe, Techniken etc. aus, lassen somit häufig einen erheblich größeren Freiheitsspielraum als Gebote. Insofern können Verbote unter bestimmten Bedingungen marktwirtschaftskonformer sein als Gebote. Durch den Einsatz dieser Instrumente können beispielsweise anlagenspezifische Emissionsgrenzwerte als Genehmigungsvoraussetzungen festgeschrieben, der Einsatz bestimmter Stoffe oder Produktionsverfahren reglementiert oder bestimmte Verhaltensweisen verboten oder vorgeschrieben werden (vgl. am Beispiel der Abfallwirtschaft: Hecht, 1993, S. 479 ff.). Verstöße gegen die Vorgaben haben öffentlich-rechtliche Sanktionen zur Folge.

Auch in Zukunft wird eine vorsorgende Umweltpolitik nicht ohne ordnungsrechtliche Mittel wie Gebote und Verbote auskommen. Aus volkswirtschaftlichem Blickwinkel sind ordnungsrechtliche Instrumente differenziert zu beurteilen. Ihr Einsatz ist einerseits vor allem in der Form von Verboten, die ein klassisches Instrument zur Begrenzung von Handlungsspielräumen zum Schutze Dritter sind, notwendig, um Schäden zu verhindern oder zu begrenzen und bestimmte gesellschaftlich unerwünschte Schäden zu reduzieren. Sie sind andererseits in dem Bereich tendenziell ineffizient, in dem es darum geht, gesellschaftlich (mehrheitlich) akzeptierte Umweltnutzungen, die zu Belastungen der Umweltmedien führen, wirksam auf die verschiedenen Nachfrager nach diesen Nutzungen zu verteilen, weil sie keine Anreize setzen, dezentrales Wissen zu nutzen, und weil sie, je pauschalierter sie eingesetzt werden, das Ziel der gesamtwirtschaftlichen Kosteneffizienz nicht ermöglichen. Ein differenzierter Einsatz ermöglicht eine gewisse Annäherung an dieses Ziel der Kosteneffizienz des Instrumenteneinsatzes. Ein Stoffverbot über allgemein gesellschaftlich akzeptierte Grundwerte und Verfahrensnormen hinaus bedarf eingehender Kosten-Nutzen-Analysen (Rehbinder, 1994, S. 66 f.).

Im Gegensatz zu den ökonomischen Instrumenten und den informatorischen und freiwilligen (proaktiven) Instrumenten wurden von der Enquete-Kommission die einzelnen ordnungsrechtlichen Instrumente nicht im Detail untersucht (Ausnahme: Chemikaliengesetz und Bundesimmissionsschutzgesetz). Eine systematische Analyse des gesamten Regelungsbereichs mit Darstellung und Folgenabschätzung der Normen wäre aufgrund der Komplexität und Fülle auch nicht durchführbar. Allerdings liegen mit den Studien von Lübbe-Wolff, Müller und Rehbinder konkrete Hinweise auf Vollzugsdefizite sowie erste Analysen vor.

7.4.1.1 Bewertung des ordnungsrechtlichen Instrumentariums aus ökonomischem und ökologischem Blickwinkel

Das Instrumentarium der Verbote und Gebote kann zumeist mit dem Problem nachteiliger ökonomischer Nebenwirkungen verbunden sein, insbesondere mit Kostenineffizienz und Vollzugsdefiziten.

Die undifferenzierte Anwendung ordnungsrechtlicher Instrumente, beispielsweise von Emissionsgrenzwerten nach dem Stand der Technik kann mit dem Problem nachteiliger ökonomischer Nebenwirkungen, insbesondere mit Kostenineffizienz, verbunden sein, weil die individuelle Situation einzelner Umweltbelaster nicht berücksichtigt wird. Die Folge ist, daß ein vorgegebenes Umweltqualitätsziel nicht oder nur zufällig mit den geringsten volkswirtschaftlichen Kosten erreicht wird. Umweltnutzer mit hohen (Grenz-)Vermeidungskosten bezüglich einer Minderung der Umweltbeanspruchung werden zu gleichen Minderungsmaßnahmen angehalten wie solche Umweltbeanspruchen mit geringeren (Grenz-)Vermeidungskosten. Unter dem Blickwinkel einer möglichst kostengünstigen Verwirklichung eines politisch definierten Umweltqualitätsstandards wäre es dagegen von Vorteil, wenn Minderungsmaßnahmen dort ergriffen werden, wo dies in Relation zu anderen Belastungsquellen am kostengünstigsten möglich ist. Es muß jedoch festgehalten werden, daß empirisch abgesicherte Kostenvergleiche zwischen ordnungsrechtlichen und einzelnen ökonomischen Instrumenten noch fehlen.

Ordnungsrechtliche Instrumente liefern für Umweltbelaster des weiteren nur geringe Anreize, Belastungen über das hoheitlich vorgegebene Maß hinaus zu reduzieren, eventuell auch keinen Anreiz hoheitlich vorgegebene Standards kostengünstiger als bis jetzt zu verwirklichen. Das Verbot, bestimmte Emissionsmengen zu überschreiten oder das Gebot, bestimmte Stoffe einzusetzen, ist in der Regel damit verknüpft, daß zugelassene Emissionen und Stoffe – abgesehen von Zahlungen für die Abfallbeseitigung – kostenlos bzw., soweit die Anlagen den ordnungsrechtlichen Anforderungen genügen, quasi kostenlos in die Umwelt eingebracht werden dürfen. Verbesserungen der Technik oder der Einsatz von umweltschonenderen Stoffen führen eventuell dazu, daß strengere hoheitliche Anforderungen an die Reduzierung der Umweltbelastung gestellt werden, so daß prinzipiell mögliche Kosteneinsparungen aufgehoben werden (Weimann, 1991, S. 192) bzw. der Einsatz bestimmter weniger umweltbelastender Stoffe generell vorgegeben wird. Hier besteht die Gefahr, daß sowohl die Emissionsminderung bei der Produktion und der Verwendung von Gütern als auch die Minderung von Risiken aus dem Umgang mit Produkten nur noch extern vorangetrieben werden können, während für die Umweltbelaster selbst derartige Anreize zur Minderung von Umweltbelastungen fehlen.

Beispiele für Gebote, die eine Minderung von Umweltbelastungen anstreben, sind die Rücknahmeverpflichtungen, die eventuell verknüpft mit Rückgabeverpflichtungen eine Reduktion von Stoffumsätzen oder die Vermeidung von Abfällen erreichen sollen. So wird über die Rücknahmeverpflichtung der Produzent/Vertreiber eines Gutes dazu verpflichtet, dieses am Ende der Nutzung wieder zurückzunehmen. Durch das zusätzliche Vorgeben von Zielwerten über die Stoffumsätze wird den Unternehmen damit in Form von Geboten eine umweltschonendere Wirtschaftsweise auferlegt. Eine Ergänzung der Rücknahmeverpflichtung kann hierbei durch die Einführung eines Pfandsystems erfolgen. Bei einem staatlich initiierten Pfandsystem werden die Produzenten und der Handel zur Einführung eines derartigen Systems aufgefordert. Über dessen Einführung soll der Anreiz zur Rückgabe erhöht werden. Die ökologische Effektivität dieses Mittels ist aber nicht eindeutig. Empfehlenswert erscheint dieses Instrument daher nur für Stoffe, bei denen die Trennung von anderen aufgrund bestimmter Stoffeigenschaften dringend erforderlich erscheint. Vorbehalte müssen geäußert werden, wenn als Ziel eine allgemeine Stoffreduzierung im Vordergrund steht. Vorbehalte ergeben sich auch aus dem Tatbestand, daß die ökonomische Effizienz dieses Instruments kritisch beurteilt wird (Ewers und Brenck, 1994, S. 175 ff.).

Um den technischen Fortschritt zu fördern und zu etablieren, wird der Einsatz ordnungsrechtlicher Instrumente vielfach mit der Vorgabe verknüpft, daß der „Stand der Technik" zu verwirklichen ist. Durch diese Verbindung wird es nur in Grenzen möglich, die Statik des Rechts und die Dynamik der technischen Entwicklung miteinander in Einklang zu bringen. Die Kenntnisse über den von einzelnen Anlagenbetreibern oder -herstellern weiterentwickelten „Stand der Technik" werden mit einer deutlichen Zeitverzögerung bekannt und übernommen. Hier bietet es sich an, das Know-how über diesbezügliche technische Weiterentwicklungen systematisch und zeitnah zu sammeln und zugänglich zu machen.

Ordungsrechtliche Instrumente eignen sich vor allem zur Gefahrenabwehr bzw. zur Regulierung von Schadstoffen, wobei einerseits die Kosteneffizienz eingeschränkt ist, andererseits die Auswirkungen in der Regel gut kalkulierbar sind. Sie haben bisher zu einer drastischen Senkung der Emissionen geführt. Allerdings kann die vorwiegend ordnungsrechtlich ausgerichtete Umweltpolitik zu internationalen Wettbewerbsverzerrungen führen. Bei aller Kritik am Ordnungsrecht muß freilich insoweit berücksichtigt werden, daß kein anderes Instrument in Sicht ist, welches den Umgang mit Tausenden von Schadstoffen optimieren kann.

Unter *ökologischem* Blickwinkel ist der Einsatz ordnungsrechtlicher Instrumente insofern von Vorteil, als – bei gesichertem Vollzug – politisch definierte Umweltqualitätsziele sicher erreicht werden. Gerade bei ordnungsrechtlichen Instrumenten kann aber von gesichertem Vollzug nicht ohne weiteres ausgegangen werden. Aus unternehmerischer Sicht bietet das ordnungsrechtliche Instrumentarium den Vorteil, daß es, sofern es nicht zu extern forcierten Änderungen des „Standes der Technik" kommt, kalkulierbar ist. Einmal eingeräumte „kostenlose" Nutzungsrechte an der Umwelt haben Bestand, sofern nicht hoheitlich neue Kenntnisse über die Belastungen gewonnen und beispielsweise über Grenzwerte umgesetzt werden oder richterliche Entscheidungen Nutzungsrechte entwerten.

Ansatzpunkte für staatliche Umweltziele sollten im allgemeinen die Immissionsfrachten sein, die für die Immissionsbelastung abgegrenzter Regionen verantwortlich sind. Nachteilig ist im Hinblick auf den Einsatz ordnungsrechtlicher Instrumente, daß es mit Hilfe des Ordnungsrechts bislang nicht ausreichend möglich war, lokal bzw. regional differenzierte Umweltqualitätsziele umzusetzen. Die räumlich abgestufte Vorgabe von Emissionsfrachten für Anlagen im Rahmen einer dem jeweiligen Ökosystem angemessenen Festsetzung der Gesamtbelastung mit Schadstoffen ist jedoch wichtige Grundlage einer regionalisierten Umweltpolitik. Notwendig ist hierzu ein Paradigmenwechsel – weg von der Betrachtung der Konzentrationen hin zur Betrachtung der tatsächlich in die Umwelt abgegebenen Schadstofffrachten. Mit der Verbesserung der Meßtechnologie scheint eine solche Lösung greifbar. Die Umstellung von Genehmigungen von der Bescheidlösung auf die Meßlösung eröffnet die Möglichkeit, ökonomische Instrumente zur Steuerung von Emissionsfrachten in eng begrenzten Räumen einzusetzen. Es hat sich allerdings gezeigt, daß es schwierig ist, die hierzu notwendigen Veränderungen des Ordnungsrechtes durchzuführen.

7.4.1.2 Defizite des stoffbezogenen Umweltrechts

In den von der Enquete-Kommission vergebenen Gutachten von Ewers und Brenck, Rehbinder, Lübbe-Wolff und Müller werden die Defizite des stoffbezogenen Umweltrechts und des Vollzugs im Medien- und Anlagenrecht sowie im geltenden Stoffrecht untersucht. Nachfolgend werden die Ergebnisse referiert.

Mängel des kodifizierten Stoffrechts

Beim *Schadstoffrecht* werden folgende Mängel und Lücken identifiziert (Rehbinder, 1994, S. 27–31):

- starke Betonung von technik- und medienbezogenen Aspekten, Vernachlässigung stoffbezogener Aspekte;
- Mangel an Koordination und Integration im Stoffrecht;
- Lücke im Bodenschutz;
- Betonung auf Änderung der Freisetzung von Stoffen, keine Strategie im Hinblick auf geringeren Einsatz von Stoffen (mit Ausnahmen von Wasch- und Reinigungsmittelgesetz und Chemikaliengesetz);
- fehlende Strategie gegen indirekte Freisetzung gefährlicher Stoffe über Produkte;
- Mangel an generellem Stoffmonitoring, fehlende Transparenz der Stoffströme (mit Ausnahmen wie etwa beim Pflanzenschutzgesetz).

Bei der *Ressourcenschonung* werden entlang der Produktlinie folgende Mängel und Lücken ermittelt (Rehbinder, 1994, S. 34–37):

- Ressourcenschutz nur ansatzweise, etwa im Berg-, Forst- und Wasserrecht
- nur ansatzweise Berücksichtigung des Stoffeinsatzes bei der Produktion
- keine Berücksichtigung von Produktdesign und Produktverwendung, mit wenigen Ausnahmen
- fehlende Transparenz der Stoffströme

Die Defizite am Beispiel des *Stoff- bzw. Chemikalienrechts* werden wie folgt benannt (Ewers und Brenck, 1994, S. 14 ff.):

- Zentrale Aufgabe des Chemikaliengesetzes ist es, Informationen über potentielle Gesundheits- und Umweltgefahren neuer Chemikalien zu gewinnen, auf deren Grundlage regulative Maßnahmen beschlossen werden können. Ein präventives Verbot von Stoffen, bevor diese in den Verkehr gelangen, ist nur in Ausnahmefällen möglich, obwohl die Eingriffsschwelle mit der Novellierung des Chemikaliengesetzes gesenkt wurde.
- Die Dominanz der Informationen über die Wirkung der Stoffe gegenüber Expositionsdaten sowie der Verzicht auf die Ermittlung der mit Stoffen verbundenen Nutzen schließen eine sachgerechte Vorabentscheidung in der Regel aus.
- Die unterschiedliche Behandlung von alten und neuen Stoffen ist ökologisch und ökonomisch fragwürdig.

Die Defizite des *anlagen-* bzw. *medienbezogenen* Rechts werden am Beispiel des Bundesimmissionsschutzgesetzes dargestellt und bewertet (Ewers und Brenck, 1994, S. 17–33).

Als Fazit läßt sich danach aus ökologischer Sicht festhalten, daß
- die an Umweltqualitätszielen orientierte Festlegung von Immissionsgrenzwerten trotz zum Teil berechtigter Kritik prinzipiell einen adäquaten Ansatz bei der Abwehr von Gesundheitsgefahren darstellt und
- die zum Schutz ökologischer Elemente oder Funktionen festgelegten Immissionsgrenzwerte unzureichend sind und daher das zentrale Steuerungsdefizit der emissionsorientierten Strategie nicht beheben können.

Darüber hinaus sieht Lübbe-Wolff im Umweltrecht noch eine Reihe vollzugshinderlicher Eigenschaften (1994, S. 78–112):
- Gültigkeit des Opportunitätsprinzips im Umweltrecht (Einschreiten steht im Ermessen der Behörde), Fehlen klarer Vollzugimperative;
- weite Ermessensregelungen bei Anpassungs- und Sanierungsfristen (Toleranzfristen), bei veränderten normativen Bedingungen beziehungsweise festgestellten Normenverstößen;
- Rechtsunsicherheiten durch Komplexität, Normenfülle nach Ländern und nach Sachgebieten; unterschiedliche Informations- und Betretungsrechte und Anordnungsbefugnisse;
- Rechtsunsicherheiten durch unzureichende Verknüpfung anlagen- und betriebsbezogener Umweltgesetze – zum Beispiel die unzureichende Verknüpfung oder Harmonisierung zwischen Abfallgesetz und Bundesimmissionsschutzgesetz im Bereich der nicht genehmigungsbedürftigen Anlagen;
- Normenmangel durch Vorherrschen unbestimmter Generalklauseln (wie „schädliche Umwelteinwirkungen"; „Stand der Technik", „erforderlich"; „technisch nicht möglich oder unzumutbar" etc.) ohne oder mit viel zu spät erlassenen Ausführungsvorschriften.

Vollzugsdefizite

Die Untersuchung von Lübbe-Wolff im Auftrag der Enquete-Kommission hat neben den Mängeln der Regelungstatbestände und vollzugshinderlichen Eigenschaften eine Reihe von Defiziten des Vollzugs offengelegt. Im Umweltschutz gibt es danach erhebliche Vollzugsdefizite, vor allem im antragsunabhängigen Vollzug. Als wesentliche Gründe für die Vollzugsdefizite sind dem Gutachten zufolge zu nennen:

- Mängel in der Organisation und der personellen Ausstattung der Umweltverwaltungen und
- Vollzugsabgeneigte Motivationen auf Seiten aller Beteiligten.

Die *personelle Ausstattung* in der Umweltverwaltung ist ungenügend und hat mit dem seit den 70er Jahren deutlich gestiegenen Aufgabenwachstum nicht Schritt gehalten. So wurden beispielsweise die Vollzugsaufgaben der unteren Wasserbehörden durch die abwasserrechtlichen Anforderungen bei indirekten Einleitungen mit einem Schlag um ein Vielfaches erhöht. So sind nach einem Bericht der Bundesregierung über die Anwendung und die Auswirkungen des Chemikaliengesetzes (BT-Drucksache 10/5007, S. 24) für den Vollzug dieses Gesetzes in den Ländern „in der Regel keine neuen Personalstellen verfügbar gemacht worden".

Vollzugsabgeneigte Motivationen gibt es auf Seiten der vollziehenden Behörde und bei den Vollzugsadressaten (im wesentlichen Unternehmen), auf Behördenseite vergleichsweise geringer als auf seiten der Vollzugsadressaten (Lübbe-Wolff, 1994, S. 175 f.). Dies gilt in erster Linie für den antragsunabhängigen Vollzug, weil beim antragsabhängigen Vollzug (z. B. bei Genehmigungsverfahren) der Antragsteller naturgemäß eine hohe Motivation hinsichtlich des Fortgangs des Verfahrens hat.

Die Motivationsmängel auf der Behördenseite sind weniger Ausdruck fehlender individueller Bereitschaft als vielmehr verursacht durch die Mängel in der Organisation und in der personellen Ausstattung. Die wesentlichen Motivationsmängel der Unternehmen im antragsunabhängigen Vollzug sind dadurch begründet, daß die Unternehmen (zu Recht) befürchten, daß sie letztlich zu gewinnmindernden Auflagen oder Investitionen veranlaßt werden. Wo keine Genehmigungs- oder Zulassungserfordernisse existieren, muß die Behörde die Normverstöße aufdecken und, sofern sie bestritten werden, beweisen, ohne diesbezüglich auf eigene Kooperationsinteressen der Normadressaten zählen zu können. Darüber hinaus sind die Kompetenzen der Umweltbehörden in den alten Bundesländern traditionell isoliert, und integriertes Handeln der Fachleute ist unmöglich, welches aber aufgrund der komplexen Problemstellungen gefordert wäre.

Die Vollzugsdefizite wurden in den neuen Bundesländern speziell am Beispiel von Sachsen und Sachsen-Anhalt untersucht (Müller, 1994), wobei deutlich wird, daß diese einerseits den typischen Vollzugsdefiziten entsprechen, wie sie auch in den alten Bundesländern zu verzeichnen sind (Lübbe-Wolff, 1994), andererseits zu einem großen Teil auf Probleme der Übergangsphase zurückzuführen sind. Besonders hervorzuheben sind hier die Übergangssituation im Umweltrecht und die schlechte wirtschaftliche Situation. Die vollzugshinderlichen Eigenschaften des „altbundesdeutschen" Umweltrechts werden durch die Übergangssituation im Umweltrecht für die neuen Bundesländer potenziert (Müller, 1994, S. 69 ff.). Müller verweist darauf, daß bei Investitionen in Anlagen und Maßnahmen zur Schaffung von Arbeitsplätzen und damit zur Verbesserung der bestehenden ökonomischen und sozialen Situation Verschlechterungen im ökologischen Bereich in Kauf genommen werden. Das Umweltbewußtsein sei darüber hinaus wenig entwickelt (Müller, 1994, S. 94 ff.). In der Übergangszeit wurden anfangs vielerorts Umweltdezernate gegründet, die dann in der nächsten Phase aufgelöst bzw. zu Umweltämtern abgewertet wurden. Müller interpretiert dies als ein „Zurückdrängen des Umweltschutzes als Folge der tatsächlichen Entwicklung in den einzelnen Kreisen und der damit offenkundig hervorgetretenen erheblichen wirtschaftlichen, finanziellen und sozialen Probleme, deren unmittelbare Lösung sich als vordringlich erwies" (Müller, 1994, S. 29).

Andererseits gibt es – wenn auch vereinzelt – Beispiele für eher positive Ausgangssituationen. Während etwa in den alten Bundesländern die historisch gewachsene Verwaltungsorganisation des Umweltschutzes auf Kreisebene stark zergliedert ist, sind in Sachsen und Sachsen-Anhalt das Umweltordnungs- und Umweltplanungsrecht meist in einer Behörde und einem Amt konzentriert. Dies erfolgte zum Teil bewußt unter dem Ziel einer ganzheitlichen Betrachtung, zum Teil erklärt sich die Struktur aus der ökologischen Konzentration auf ein Fachorgan zu DDR-Zeiten.

7.4.1.3 Reformbedarf für das stoffbezogene Umweltrecht und Neukonzeption eines Stoffgesetzes

Aus allgemeinen Überlegungen und der Betrachtung der Defizite des stoffbezogenen Ordnungsrechts leiten sich nach Rehbinder Zielsetzungen im Hinblick auf Schadstoffe und auf Riostoffe und Ressourcen („Allgemeine Stoffpolitik") ab.

Bei *Schadstoffen* nennt Rehbinder folgende Rangfolge der Zielsetzungen (1994, S. 7 f.):
- Reduzierung des Stoffumlaufs (stufenweise Verminderung der Menge von Schadstoffen);
- Verminderung der Anzahl der im Umlauf befindlichen Schadstoffe;
- Reduzierung des Eintrags bzw. der Freisetzung von Schadstoffen (geschlossene Kreisläufe, Wiederverwendung oder -verwertung,

Reduzierung der Emissionen, Vermeidung von Abfällen, schonende Anwendung je nach Art und Verwendungszweck der Stoffe);
- Abbaubarkeit freigesetzter Stoffe;
- gegebenenfalls Schutzmaßnahmen beim Rezeptor und als Hilfsziel;
- Transparenz hinsichtlich gefährlicher Eigenschaften, Verwendungszwecke und Stoffströmen.

Bei den *Riostoffen* und *Ressourcen* nennt Rehbinder folgende Prioritäten (1994, S. 11):

- Reduzierung der Menge von Stoffen bei erheblicher Knappheit von Stoffen oder kritischer Belastung der Umweltmedien durch Bewirtschaftung, Verminderung des Stoffeinsatzes pro Produkt und bessere Stoffnutzung bei der Verwendung;
- Verlängerung der Umlaufdauer von Stoffen (Erhöhung der Lebensdauer von Produkten);
- Verminderung von Stoffverlusten insbesondere durch Regelungen über die Verwertung und die Stoffvermischung;
- Transparenz hinsichtlich Stoffumlauf, Stoffeinsatz und Stoffströmen.

Über Rangordnung und Zielsetzungen ist in der Enquete-Kommission bisher keine Einigung erzielt worden.

Das Nebeneinander von stoff-, anlagen- und medienbezogenen Regelungen mit den damit verbundenen Unterschieden in der Risikoermittlung, die Art und Intensität staatlicher Regulierung beeinflussen, wird allgemein kritisiert und eine gewisse Bereinigung des Stoffrechts daher befürwortet. Allerdings handelt es sich bei den Gesetzen mit unterschiedlichen Schutzzielen um recht verschiedene Regelungsinhalte in den Bereichen Lebensmittel, Tabak, Arzneimittel, gefährliche Transportgüter, Stoffe im Sinne von Chemikalien und Stoffe im Sinne von Stoffgemischen nach dem Abfallrecht etc.

Reformbedarf wird daher im Hinblick auf eine Gesamtoptimierung über alle Umweltmedien bei immissionsschutzrechtlichen Verfahren gesehen (Rehbinder, 1994, S. 44).

Ansätze für Rechtsvereinfachungen des stoffbezogenen Umweltrechts

Im Rahmen der Untersuchung zu Vollzugsdefiziten im stoffstrombezogenen Ordnungsrecht wurde auch die Sinnhaftigkeit einer Deregulierung untersucht, um den Forderungen nach Vermeidung von Fehlentwicklungen und „dirigistischen Entgleisungen" im Ordnungsrecht gerecht zu werden. So erwartet vor allem die Industrie vom Abbau rechtlicher und administrativer Hemmnisse für Innovationen sowie einer konsequenten Deregulierung der Genehmigungsverfahren eine Verbesserung der staatlichen Voraussetzungen für einen Fortschritt des hohen Umweltschutzniveaus.

In der Studie von Lübbe-Wolff wird deutlich unterschieden zwischen Rechtsvereinfachung unter Zielverzicht (Deregulierung) und Verbesserung der Effizienz bei gleichen Zielen (Reregulierung) (1994, S. 156 ff.). Als grundsätzliche Möglichkeiten für eine Reregulierung können gelten:
- vollzugsfreundlichere Instrumente beziehungsweise Regelungstechniken (Lübbe-Wolff, 1994, S. 112 ff.);
- Vereinheitlichungs- und Entfrachtungsmöglichkeiten beim Ordnungsrecht (Lübbe-Wolff, 1994, S. 153 ff.);
- Entdifferenzierung des Umweltrechts durch Nivellierung gestufter Regelungen;
- Zielvorgaben statt Mittelvorgaben, wenn sichergestellt ist, daß die angestrebten Ziele auch ohne detaillierte Mittelvorgaben erreicht werden;
- Rechtsvereinfachungen durch Senkung des Abstimmungsbedarfs zwischen Behörden und Vollzugsadressaten;
- mehr Spielraum für Absprachen mit Behörden und freiwillige Vereinbarungen;
- Teilprivatisierung des Vollzugs.

Die hohe Komplexität des Umweltrechts beruht unter anderem darauf, daß fast überall die rechtlichen Anforderungen in außerordentlich fein gestufter Weise an Sachverhaltsunterschiede im jeweiligen Normbereich angepaßt sind. Das Potential für Rechtsvereinfachungen durch Entdifferenzierung ist im Prinzip hoch (Lübbe-Wolff, 1994, S. 159 ff.).

Ein besonders gewichtiges Moment zur Reregulierung wird der Teilprivatisierung des Vollzugs zugemessen. Die Umweltverwaltung kann in gewissem Umfang durch eine Privatisierung von ihr wahrgenommener Aufgaben entlastet bzw. unterstützt werden. Dafür bieten sich – so ausdrücklich Lübbe-Wolff – zwei Möglichkeiten an:
- formale Übertragung von Aufgaben auf Sachverständige, auf Betreiber oder Produzenten oder andere Dritte (Lübbe-Wolff, 1994, S. 27–56),
- Vollzugsunterstützung durch Nutzung der externen Interessen der Öffentlichkeit und der Arbeitnehmer (Lübbe-Wolff, 1994, S. 214–224)

Eine Aufgabenverlagerung sieht Lübbe-Wolff nur dann als zulässig an, wenn sichergestellt ist, daß die Zuverlässigkeit der Aufgabenerfüllung mit der der Behörde vergleichbar ist. Im Sinne eines Funktionssplittings sollten Anordnungs- und Durchsetzungsbefugnisse den Behörden vorbehalten bleiben, während sich die private Überwachungstätigkeit auf reine Prüfungsaufgaben beschränken sollte (Lübbe-Wolff, 1994, S. XVI). Eine systematische Übertragung von (Dauer-)Aufgaben sollte grundsätzlich nur in Form einer speziellen gesetzlichen Ermächtigung erfolgen, in der auch geeignete Vorkehrungen zur Sicherung der Qualität und Objektivität der Aufgabenerfüllung festgelegt sind.

In bestimmten Fällen (wo allenfalls kleinere haftungsrelevante Schäden entstehen könnten) erscheint eine Kombination aus sachverständiger Eigenüberwachung und Gefährdungshaftung mit Versicherungspflicht möglich.

Die Nutzung der externen Vollzugsinteressen der Öffentlichkeit und der Arbeitnehmer bietet sich an, weil einerseits die Vollzugsmotivationen auf der Betreiber- und Behördenseite eher ungünstig sind, andererseits es „in der Öffentlichkeit ein lebhaftes Interesse an der Beachtung umweltrechtlicher Vorschriften" gibt (Lübbe-Wolff, 1994, S. 214). Dieses Interesse kann und sollte für den Vollzug genutzt werden, die wichtigsten Instrumente sind hierfür Publizität und Klagerechte.

Folgende Regelungen könnten die Publizität verbessern (Lübbe-Wolff, 1994, S. 216 ff.):

- freier Zugang zu Umweltinformationen (Der vorliegende Entwurf der Bundesregierung zur Umsetzung der EG-Richtlinie wird von Lübbe-Wolff in diesem Zusammenhang harsch kritisiert.),
- öffentliche Vollzugsberichterstattung im Sinne einer systematischen Gegenüberstellung von Vollzugsbedarf, tatsächlich geleisteter Vollzugsarbeit und Vollzugserfolg;
- Erweiterung der Beteiligungsrechte der Arbeitnehmer in Angelegenheiten des betrieblichen Umweltschutzes.

Bei den Klagerechten heben Lübbe-Wolff und Führ (Studie: *„Ansätze für proaktive Strategien zur Vermeidung von Umweltbelastungen im internationalen Vergleich"* 1994, siehe dazu Kap. 7.4.3 *Informatorische und freiwillige Maßnahmen*) die Notwendigkeit hervor, durch Einführung der Verbandsklage den Vollzug zu verbessern (Lübbe-Wolff, 1994, S. 222–224 und Führ 1994, S. 11 und S. 111).

Ein effektiver Vollzug des Umweltrechts kann nach Lübbe-Wolff neben der Bündelung der Vollzugskompetenzen durch flankierende Instrumente außerhalb des Umweltordnungsrechts unterstützt werden, beispielsweise durch das Straf- und Ordnungswidrigkeitenrecht, durch die präventive Wirkung des Haftungsrechts und durch den Einsatz von

Steuerrecht, Subventions- und Beschaffungswesen (1994, S. 210 f., s. dazu Kap. 7.4.2 *Ökonomische Instrumente*).

Gesetzliche Rahmenbedingungen – Neukonzeption eines Stoffgesetzes

Der Vorschlag von Rehbinder für die Neukonzeption eines Stoffrechts basiert auf der Festlegung von Umweltzielen beziehungsweise Zielwerten für Stoffmengen, wie sie ansatzweise im Niederländischen Nationalen Umweltpolitikplan (NEPP) entwickelt wurden. Allerdings hält es Rehbinder für wichtig, die Festlegung und Durchsetzung von Zielwerten nicht dem rein politischen Prozeß zu überlassen, sondern die Festlegung als rechtlich relevantes Ergebnis durch strukturierten Abwägungsprozeß mit Wirkung für nachfolgende Einzelentscheidungen auszugestalten (Rehbinder, 1994, S. 48). Er schlägt hierfür vor, das Chemikaliengesetz zu einem Stoffgesetz zu erweitern, das folgende Regelungselemente enthält (Rehbinder, 1994, S. 48–58):

- Regelungen über den Anwendungsbereich des Gesetzes;
- allgemeine Grundsätze staatlicher Schadstoff- und allgemeiner Stoffpolitik;
- schadstoff- beziehungsweise stoffbezogene Grundpflichten aller Akteure im Produktlebenszyklus;
- Ermächtigung für die Festlegung schadstoff- beziehungsweise stoffbezogener Zielwerte;
- Ermächtigung für die Umsetzung dieser Zielwerte und über die bei der Umsetzung zu verwendenden Instrumente; dabei angemessene Berücksichtigung des Anteils des Stoffes am Gesamtrisiko für Mensch und Umwelt und der Menge des Stoffes am gesamten Stofffluß (Rehbinder, 1994, S. 57);
- Verfahrensregelungen, zum Beispiel durch Festlegung von Kooperationspflichten aller beteiligten Behörden und Schaffung von Kooperationsgremien (Rehbinder, 1994, S. 58).

Im gesamten Umweltrecht – so die Untersuchungen für die Enquete-Kommission – könnte der Vollzug durch die Einführung des Legalitätsprinzips, durch die Einführung klarer Vollzugsimperative und durch die rechtzeitige bzw. gleichzeitige Konkretisierung von Generalklauseln verbessert werden. Mittels Entdifferenzierung und Ersatz von Mittelvorgaben durch Zielvorgaben, flankiert durch eine Verbesserung des Straf- und Ordnungswidrigkeitenrechts, ließe sich der Vollzug effektivieren. Eine Ausweitung der Zuständigkeiten der betrieblichen Arbeitnehmervertretung und der Entscheidungsbefugnisse des betrieblichen Beauftragten für Umweltschutz als integraler Bestandteil unternehmerischer Selbstverantwortung könnte sich als Weichenstellung in Richtung einer nachhaltig zukunftsverträglichen Entwicklung erweisen.

7.4.2 Ökonomische Instrumente

Ökonomische Instrumente haben zum Ziel, die Knappheit von (staatlich definierten) Umweltspielräumen preiswirksam werden zu lassen, um hierdurch eine ökonomisch effizientere Koordination der Nachfrage nach diesen Umweltnutzungsspielräumen und ihrem Angebot herbeizuführen. Das geschieht durch die Auferlegung zusätzlicher Kosten in Form von Steuern, Abgaben, Zertifikaten usw. sowie durch die Induzierung umweltorientierter Gewinne (bei Zertifikaten). Das bestehende Ordnungsrecht muß beim Einsatz von ökonomischen Instrumenten berücksichtigt werden. Von ökonomischen Instrumenten erwartet man einen dynamischen Effekt. Die betreffenden Akteure sollen fortwährend motiviert werden, effiziente Verfahren zur Verminderung von Umweltbelastungen zu entwickeln. Ökonomische Instrumente werden bereits seit längerer Zeit diskutiert.

7.4.2.1 Umweltabgaben

Umweltabgaben sind die am häufigsten und seit langem genannte Kategorie umweltpolitischer Instrumente zur Internalisierung externer Effekte. Umweltabgaben im finanzwissenschaftlichen Sinne sind begrifflich Öko-Steuern, Sonderabgaben, Gebühren und Beiträge, die sich nach der Existenz und der Art der Zweckbindung unterscheiden (SRU, 1994, Abb. I.18, S. 151). Im engeren Sinn haben sie die Aufgabe, Anreize zur Verminderung von Umweltbelastungen zu setzen.

Dem Ansatzpunkt nach lassen sich Umweltabgaben in Produkt-, Verfahrens-, Emissions- und Immissionsabgaben einteilen. Bei Umweltabgaben handelt es sich um öffentlich-rechtlich erzwungene Geldleistungen, die der Staat zur Durchsetzung von Umweltanliegen erhebt. Hinsichtlich ihres Einsatzzieles kann man grob zwischen außerfiskalischen und fiskalischen Funktionen unterscheiden. Bei den ersteren – den sogenannten Lenkungsabgaben – geht es vornehmlich um die Beeinflussung umweltrelevanter Verhaltensweisen und Verfahren, um die Reduzierung von Emissionsmengen, die Zurückdrängung umweltschädlicher Produkte usw. Bei der zweiten, der fiskalischen Funktion geht es überwiegend um die Bereitstellung öffentlicher Finanzmittel.

Umweltabgaben dienen dazu, die Nutzung der Umwelt mit einem staatlichen Preis zu belegen. Im theoretischen Idealfall der „Pigou-Steuer" kann die Höhe der Abgaben die Kosten der verursachten negativen externen Effekte widerspiegeln, das heißt die Kosten, die in der Kalkulation von umweltbelastenden Wirtschaftseinheiten keine Berücksichtigung finden, sondern Dritten ohne Entschädigung aufgebürdet werden. Die damit verbundenen Informations- und Bewertungsprobleme sind jedoch in der Praxis nicht zu bewältigen. Praktisch werden Abgaben, sofern ihnen nicht eine reine Finanzierungsfunktion zukommt, deshalb in Form eines Standard-Preis-Ansatzes angewandt. Hier wird – analog zum Ordnungsrecht – ein politisch definierter Umweltstandard vorgegeben, und es wird versucht, über die Erhebung eines Preises für die Umweltnutzung eben diesen Standard zu erreichen. Bemessungsgrundlagen sind Emissionsmengen, Produktmengen, stoffliche Inputs, Produktionsverfahren u. a. Wo letztlich zur Verwirklichung eines umweltpolitisch definierten Qualitätsstandards angesetzt wird, ob am Input eines Prozesses, am Prozeß oder am Output, ist im Einzelfall zu entscheiden. Je gröber allerdings der Ansatzpunkt für die Bemessungsgrundlage ist, wenn beispielsweise bei Produkten angesetzt wird, um einen speziellen Schadstoff zu belasten, desto ungenauer wird die Steuerungswirkung sein und desto größer wird die Gefahr, daß über eine politische Definition von umweltpolitischen Handlungsspielräumen hinaus direkt in Produktions-, Verteilungs- und Verwendungsprozesse von Gütern eingegriffen wird. Bemessungsgrundlagen, die vor der Quelle, über die die Umwelt in Anspruch genommen wird, ansetzen, sind nur zu rechtfertigen, wenn die unmittelbare Quelle der Umweltbelastung nicht identifiziert werden kann oder ein direkter Zusammenhang mit dieser besteht.

7.4.2.1.1 Sonderabgaben

Ein im Auftrag der Enquete-Kommission angefertigtes Gutachten stellt die schwedische Stickoxidabgabe, die große Heizkraftwerke als zentrale Verursacher zu entrichten haben, als besonders wirksam dar (Führ, 1994, S. 79). Die Abgabe beträgt 4 500 ECU pro Tonne, während die durchschnittlichen Vermeidungskosten bei 1 100 ECU für eine Tonne liegen. Die erhobenen Abgaben werden an den Kreis der Abgabenzahler auf der Basis der produzierten Kilowattstunden rückverteilt, so daß der Anreiz erhöht wird, mit unterdurchschnittlichen Emissionen Energie zu produzieren. Technische Innovationen werden angeregt. Kleinere Anlagen sind wegen der dort vergleichsweise hohen Meß- und Kontrollkosten von der Abgabe ausgenommen. Die Akzeptanz der schwedischen Stickoxidabgabe ist hoch, weil das Aufkommen an den Kreis der Abgabenzahler zurückverteilt wird. Bei näherer Betrachtung zeigt sich jedoch, daß eine Kombination aus Ordnungsrecht und Abgaben zu dem Ergebnis geführt hat. Daher läßt sich eine Aussage über die Effizienz der Umweltabgaben nicht ableiten.

Nach Auffassung ihrer Befürworter sollen sich Umweltabgaben für Ressourcen und für Stoffe eignen, die durch den Eintrag eher großer Mengen, eher zeitverzögert und eher global wirken, wie z. B. für Stoffe, die Struktur und Funktionen der Erdatmosphäre verändern. Grundsätzlich eignen sie sich für Schadstoffe, vorausgesetzt sie sind leicht und in Gruppen erfaßbar (z. B. Lösungsmittel in Lacken). Ein konkretes Umweltziel bzw. Emissionsziel sollte vorgegeben sein, die Emissionen sollten leicht zu messen oder anderweitig zu bestimmen sein. Die Abgabe sollte ausreichend hoch sein. Es sollte eindeutig geklärt sein, ob Umweltabgaben flankierend zum Ordnungsrecht oder unabhängig davon eingesetzt werden, da dies eine unterschiedliche Ausgestaltung erfordert. Umweltabgaben sind im Prinzip vollzugsfreundlich. Ihnen wird eine Akzeptanz zugeschrieben, wenn die erhobene Abgabe an den Kreis der Abgabenzahler (und hier an die innovativeren Abgabenzahler) zurückgezahlt wird. Innerhalb von Umweltabgaben sollen Emissionsabgaben oder Abgaben auf Inhaltsstoffe von Produkten zu bevorzugen sein, Immissionsabgaben und pauschale Produktabgaben gelten jedoch als problematisch.

Die Adressaten kennen die Höhe der Belastung, allerdings sind Anpassungsreaktionen der Wirtschaft nicht vorhersehbar. Hinzu kommt, daß Abgaben grundsätzlich schwer zu ändern sind, auch wenn die Umstände dies erfordern.

Sonderabgaben werden somit nach diesen Auffassungen, sofern sie zur Umsetzung politisch definierter Qualitätsstandards der Umwelt mit Blickrichtung auf eine Kosteninternalisierung dienen, insofern positiv beurteilt, als sie einerseits eine Reduzierung von Umweltbelastungen dort mit sich bringen, wo die Anpassung relativ kostengünstig erfolgen kann. Andererseits wird auch ein gewisser Anreiz erwartet, Belastungen im Laufe der Zeit weiter zu reduzieren, wenn Abgabensätze politisch zu niedrig angesetzt sind, weil die tatsächlichen Schadenskosten als zu gering oder die Vermeidungskosten als zu hoch angesehen werden.

7.4.2.1.2 Ökologische Steuerreform

In letzter Zeit wird die Verstärkung steuerlicher Anreize im Sinne einer finanziellen Belastung umweltschädigenden Verhaltens und einer Entlastung besonders umweltfreundlichen Verhaltens als ein wichtiges Element marktwirtschaftlicher Lösungen diskutiert.

Die Enquete-Kommission hat sich u. a. mit dem Vorschlag für eine ökologische Neuordnung des Steuersystems befaßt, an dem zwei Kommissionsmitglieder mitgearbeitet haben (Bonus, Walter et al., 1994).

Der Vorschlag geht davon aus, daß unter den Aspekten Abbau der Arbeitslosigkeit und besserer Schutz der Umwelt die herkömmlichen Steuern grundsätzlich neu zu definieren und entsprechend neu zu gestalten sind. Das gegenwärtige Steuersystem begünstige Arbeitslosigkeit und Umweltzerstörung. Es verhindere mehr rentable Arbeitsplätze, indem es den Einsatz von Arbeit und Kapital verteuere, also weniger lohnend mache. Und es schade der Umwelt, indem es weitgehend auf die Option verzichte, durch Umweltsteuern und -abgaben knappen Ressourcen und Senken einen sichtbaren Preis zu geben und so einen sparsamen Umgang mit ihnen zu erzwingen.

Weiter führen die Verfasser aus, daß die erforderliche ökologieverträgliche Umformung des Steuersystems zugleich ökonomie- und sozialverträglich sein müsse. Auf lange Sicht erscheint es ihnen sinnvoll, das bestehende Steuersystem durch ein anderes zu ersetzen, dessen Steuergrundlagen weit mehr als bisher an ökologischen Tatbeständen anknüpfen müßten. Das gesamte Steueraufkommen darf – so die Autoren – jedoch nicht weiter erhöht werden, das heißt, jede neue Steuer muß von einer entsprechenden Senkung oder Streichung einer ergiebigen klassischen Steuer begleitet sein. In diesem Zusammenhang müssen danach alle Steuern auf den Prüfstand. Die Gewerbesteuer, die nur einen Bruchteil der Unternehmen, vorwiegend Großunternehmen, erfasse, könne zugunsten ökologiebezogener Steuern herabgesetzt werden. Die Einkommensteuer/Lohnsteuer verteuere gezielt den Arbeitseinsatz in der Produktion und sei daher schon vom Ansatz her beschäftigungsfeindlich. Da sie weder ökonomie- noch ökologieverträglich sei, müsse sie teilweise ersetzt, ihre Sozialverträglichkeit aber unbedingt erhalten werden.

Im Rahmen eines umweltverträglichen Steuersystems sei deshalb eine „Arbeitsteilung der Steuerarten" erforderlich. Dabei sind nach Ansicht der Verfasser des Vorschlages umweltpolitische Lenkungsaufgaben durch Ökosteuern anzustreben, worunter sie Steuern mit ökologisch relevanten Größen (z. B. Lärm- und Schadstoffemissionen) als Steuergrundlage verstehen. Die nach ihrer Ansicht notwendige Umverteilung – d. h. die soziale Komponente – sollte anderen, dafür besser geeigneten Instrumenten anvertraut werden. Eine ökologieorientierte Neuordnung des Steuersystems würde sich auf Preislösungen stützen. Hier würden vom Staat nicht mengenmäßige Kontingente fixiert, sondern die Preise von Umweltnutzungen. Der Gesetzgeber hätte die Preise vor dem Hintergrund eines Mengenzieles festzulegen. Dem Vorschlag zufolge sind zwar Preislösungen ökologisch weniger treffsicher als Mengenlösungen; dafür aber politisch besser zu handhaben, weil es dem Bürger einleuchtet, daß Umweltschutz „nicht zum Nulltarif" zu haben ist. Preislösungen erlaubten es bei entsprechenden Übergangslösungen den Betroffenen, allzu abrupte Anpassungen an die Umweltziele zu vermeiden. In dieser Flexibilität liege ein gewichtiger Vorteil. Der Zeitbedarf, der typisch für Preislösungen sei, sollte daher nicht irritieren, weil er ihre Wirksamkeit grundsätzlich nicht beeinträchtige.

Im Rahmen einer ökologieverträglichen Umformung des Steuersystems wäre auch an eine modifizierte Preislösung zu denken, folgern die Verfasser des Papieres. Steuergutschriften oder verbesserte Abschreibungsmöglichkeiten könnten solchen Unternehmen gewährt werden, die bereit seien, neueste Technologien einzusetzen, bevor diese als Stand der Technik allgemeinverbindlich würden. Damit werde es den Unternehmen ermöglicht, modernste ökologische Anlagen in Betrieb zu nehmen und die Emissionen zu verringern. Ein solches Verfahren hätte den Vorteil, daß es Anreize für den Standort Deutschland bieten, Arbeitsplätze sichern und ein gewaltiges Innovationspotential freisetzen würde.

Von Teilen der Wirtschaft wird dagegen gegenüber Vorschlägen zur ökologischen Neuorientierung des Steuersystems grundsätzliche Kritik vorgebracht. So ist die Idee einer Veränderung der steuerlichen Belastungsstruktur zwar theoretisch interessant, einer praktischen Umsetzung stehen jedoch zahlreiche Bedenken aus ordnungspolitischen, finanzpolitischen und verteilungspolitischen Gründen entgegen.

7.4.2.2 Lizenzen oder Zertifikate

Das Konzept der Lizenzen oder Zertifikate besteht darin, daß der Staat als „Eigentümer" der Umweltmedien den tolerierbaren Umfang der Umweltnutzung bestimmt und entsprechend diesem Umfang handelbare Nutzungsrechte herausgibt. Anschließend können die Wirtschaftssubjekte die Umweltnutzungsrechte auf dem freien Markt handeln. Die endgültige Verteilung der Nutzungsrechte bleibt also dem Markt überlassen. Der sich herausbildende Marktpreis, der Zertifikatskurs, bestimmt die Entscheidungen zwischen Inanspruchnahme der Umwelt und Vermeidung. Somit spiegelt er den Knappheitspreis wider.

Die politische Vorgabe der Zertifikatsmenge und die Ermittlung des Kurses über den Markt sind Vorzüge einer solchen Lösung gegenüber dem ordnungsrechtlichen Instrumentarium, erweisen sich zugleich jedoch als großes politisches Hemmnis für ihre Durchsetzung (SRU, 1994, Tz. 342).

Lizenz- oder Zertifikatslösungen eignen sich tendenziell zur Internalisierung externer Effekte. Lizenzen erfordern neben der Definition von zulässigen Umweltbeanspruchungen exakt spezifizierte individuelle Eigentumsrechte an Emissionen. Hinsichtlich der ökologischen Effektivität sind Zertifikate den übrigen Lösungen überlegen, da sie die insgesamt zulässigen Belastungen direkt (und nicht auf Umwegen) fixieren. Sie können gemeinsam mit Abgaben und Haftungsregelungen die Kriterien der statischen und dynamischen ökonomischen Effizienz erfüllen, was ordnungsrechtliche Lösungen nicht vermögen (s. o.). In vielen Fällen wird die Anwendung von Lizenzlösungen durch die Kleinheit von Märkten oder Handelsvolumina eingeschränkt. Gegenwärtig erfüllen vor allem die CO_2-Emissionen wichtige Voraussetzungen für Lizenzlösungen.

Als Beispiel für eine Lizenzlösung stellt Führ (1994, S. 82 f.) in seinem Gutachten für die Enquete-Kommission das US-amerikanische Luftreinhaltegesetz von 1990 für Schwefeldioxid- und Stickoxidemissionen aus Kraftwerken vor (Clean Air Act).

Zertifikate setzen voraus, daß ein festes Mengenziel – ökologisch begründet – formuliert wird. Wenn keine Stufenregelung eingebaut wird, so das Gutachten von Ewers und Brenck (1994, S. 136), sind Zertifikate dynamisch ineffizient. Sie führen theoretisch nicht zu einer Änderung der Gesamtemissionsmengen, sondern nur zu einer Kostenoptimierung bei der Vermeidung. Verringerungen können sich nur ergeben, wenn der Staat die Vorgaben verschärft oder von vornherein zeitlich abstuft. Rehbinder sieht in seinem für die Enquete-Kommission erstellten Gutachten in der „Formulierung eines starren Mengenzieles (...) die eigentliche und durchaus problematische staatliche Intervention. Eine Stoffbewirtschaftung mittels eines Systems von Lizenzen (Zertifikaten), die auf einem künstlich organisierten Markt nach Knappheitspreisen zu erwerben sind, mag den Betroffenen Flexibilität geben und dem Staat ‚Verteilungsprobleme' abnehmen. Die künstliche Verknappung des Zugangs zu natürlichen Ressourcen hat jedoch einschneidende Auswirkungen auf die wirtschaftlichen Möglichkeiten der Betroffenen, die nicht im voraus zu berechnen sind. Wegen der unabsehbaren disruptiven Wirkungen im wirtschaftlichen (und sozialen) Bereich wird die Lizenzlösung daher vielfach abgelehnt (...) Angesichts wissenschaftlicher

Unsicherheiten und der Verteilungskonflikte, die aus den erwarteten negativen wirtschaftlichen Auswirkungen resultieren, muß damit gerechnet werden, daß es im politischen Prozeß zu einer Verwässerung der Mengenziele kommt, wodurch die ökologische Wirksamkeit in Frage gestellt wäre" (Rehbinder, 1994, S. 68). Man muß indessen hinzufügen, daß dieselbe Gefahr auch bei Abgaben besteht, die im politischen Prozeß ebenfalls verwässert werden können.

Die Gutachterin Lübbe-Wolff (1994, S. 152) hält die ökonomische Effizienz einer Zertifikatlösung dann für hoch, wenn der durch das Zertifikat erzielte Vermeidungskostenvorteil deutlich höher liegt als die zusätzlichen Vollzugs- und Transaktionskosten. Als Beispiel führt sie Schätzungen der US-amerikanischen Luftreinhaltepolitik an, denen zufolge die bis Ende 1985 von der US-amerikanischen Umweltbehörde EPA erfaßten rund 200 Transaktionen Emissionsvermeidungskosten in Höhe von ca. 800 Millionen Dollar eingespart haben. Demgegenüber werten Ewers und Brenck in ihrem Gutachten für die Enquete-Kommission (1994, S. 169) die im Rahmen des Emissions Trading geschätzten insgesamt erreichten Kosteneinsparungen von mehreren Hundert Millionen bis mehreren Milliarden US-Dollar, die der amerikanischen Wirtschaft durch den Clean Air Act entstehen, als eher geringfügig.

Für Lizenzen spricht, wie Ewers und Brenck feststellen, daß diese Lösung auch hinreichend starke Anreize für den umwelttechnischen Fortschritt gibt. Beispiele sind die Stadt Basel und Basel Landschaft (1994, S. 206).

Kritisch sind Praktikabilität und Vollzugsfreundlichkeit von Lizenzlösungen zu sehen. Lübbe-Wolff vertritt die Ansicht, daß die Relation von Vollzugsaufwand und ökologischem Steuerungserfolg ungünstig sei (1994, S. 151).

Zusammenfassend läßt sich ableiten, daß sich Lizenzen oder Zertifikate grundsätzlich für Ressourcen und für solche Stoffe eignen, die durch den Eintrag eher großer Mengen, eher zeitverzögert und eher global wirken. Bedingungen sind: Ein konkretes Umweltziel bzw. Emissionsziel muß vorgegeben sein, die Emissionen müssen leicht zu messen oder anderweitig zu bestimmen sein. Das Emissionsziel muß ausreichend hoch sein und im Zeitablauf dann abgesenkt werden, falls man eine weitere Reduktion erreichen möchte. Zudem kann die Erstausgabe von Zertifikaten aus Akzeptanzgründen wohl nur als Gratisabgabe erfolgen, und die Gefahr dünner Märkte muß verhindert werden. Der Vollzugsaufwand bei bisherigen Zertifikatslösungen ist je nach Ausgestaltung hoch. Diese stellten allerdings keine „echten" Zertifikate dar, sondern eher ordnungsrechtliche Auflagensysteme, die einen inner- und zwischenbetrieblichen Austausch von Emissionsrechten zulassen. Derartige Kompensationslösungen sind vor allem deshalb entwickelt worden, weil sich die Zertifikatslösungen nicht politisch durchsetzen konnten.

7.4.2.3 Umwelthaftungsrecht

Das Haftungsrecht hat generell zwei Funktionen: die Ausgleichsfunktion für verursachte Schäden und die – durch das Eigeninteresse an einer Schadensvermeidung – geweckte Präventionsfunktion. Haftungsregeln legen fest, in welcher Form und in welchem Ausmaß der Verursacher eines Schadens den Schaden kompensieren muß. Sie sind als ökonomische Instrumente der Stoffpolitik deshalb von Interesse, weil von ihnen ein Anreiz ausgeht, die Wirkungen der eigenen Handlungen auf Dritte und in der eigenen Entscheidung zu berücksichtigen. Soweit das Haftungsrecht in der Umweltpolitik zum Einsatz gelangt, geht es nicht vorrangig um die Kompensation von Schäden als vielmehr um die Anreizwirkung auf potentielle Haftpflichtige, schadenverhütende und schadenmindernde Vorkehrungen zu treffen. Insoweit ist sie ein Mittel zur Internalisierung externer Effekte, oder genauer, zur Internalisierung der Folgenverantwortung, wie die Gutachterin Lübbe-Wolff (1994, S. 135) meint.

Ist der Umweltbelaster zum Ausgleich sämtlicher durch ihn verursachten Schäden verpflichtet, liegt eine Gefährdungshaftung vor. Ist er nicht zum Schadenersatz verpflichtet, wenn er ein hoheitlich vorgegebenes Sorgfaltsniveau eingehalten hat, liegt eine Verschuldenshaftung vor. Im letztgenannten Fall werden dem Umweltbelaster nicht die vollen Kosten seiner Tätigkeit in Rechnung gestellt, so daß das Ausmaß umweltbelastender Aktivitäten im Vergleich zur Gefährdungshaftung möglicherweise zu hoch ausfällt. Eine Gefährdungshaftung setzt zudem dauerhafte Anreize für die Umweltnutzer, das Emissionsniveau sowie die Eintrittswahrscheinlichkeiten für Schäden, evtl. auch die möglichen Schadenshöhen weiter zu senken, da auf diese Weise erwartete Gesamtkosten gesenkt werden können.

Mit haftungsrechtlichen Regelungen neben ordnungsrechtlichen lassen sich im Prinzip Schadstoffe beeinflussen. Eine wirkungsvolle Ausgestaltung des Umwelthaftungsrechts im Sinne einer Gefährdungshaftung mit Beweislastumkehr stellt ein wichtiges marktwirtschaftliches Instrument dar. Das Gutachten des Instituts für ökologische Wirtschaftsforschung (IÖW, 1994, S. 31) im Auftrag der Enquete-Kommission bezeichnet die Gefährdungshaftung als die ökonomisch effizienteste Form des Schadensrechts. Ein Haftungsregime in Form einer Gefährdungshaftung bietet gegenüber den anderen umweltpolitischen Instrumenten den

Vorteil, daß auf politischer Ebene keine Belastungsobergrenzen definiert und keine Informationen über die Höhe der (Grenz-)Vermeidungskosten erlangt werden müssen. Vielmehr wird das spezifische Wissen der Umweltnutzer um effiziente Möglichkeiten zur Minderung von Umweltbelastungen aktiviert. Im Gegenzug tritt allerdings das Problem auf, daß für die potentiell Geschädigten möglicherweise Anreize verlorengehen, selbst Vorsorgemaßnahmen zu ergreifen.

Nach dem geltenden Umwelthaftungsgesetz (UmweltHG) sind nur die Betreiber genehmigungsbedürftiger Anlagen nach der 4. Verordnung des Bundesimmissionsschutzgesetzes (4. BImSchV) und von Müllverbrennungsanlagen und Mülldeponien haftpflichtig, ohne daß dafür sachliche Gründe sprechen. Die Gutachter Ewers und Brenck (1994, S. 35) und Lübbe-Wolff (1994, S. 208) folgern, das Umwelthaftungsgesetz werde damit in seiner Breitenwirkung entscheidend eingeschränkt. So wird beispielsweise das Versprühen von Pflanzenschutzmitteln, das Befördern, Lagern und Ab- und Umfüllen gefährlicher Stoffe oder die Abfallablagerung außerhalb von Anlagen nicht erfaßt. Im jüngsten Vorschlag zu einem allgemeinen Umweltgesetzbuch wird die Haftung auf die Herstellung und Nutzung gefährlicher Stoffe ausgedehnt, vergleichbar dem niederländischen Haftungsrecht.

Zudem kann die Umwelthaftung grundsätzlich bei den meisten Umweltschäden wie etwa beim Waldsterben nicht greifen. Die Gutachter Ewers und Brenck ergänzen, daß zum Schutz wildlebender Tiere, des Klimas, des Meeres und – zum überwiegenden Teil – des Grundwassers und der Gewässer kein systematischer Anreiz besteht, weil Privateigentum an diesen Bestandteilen ökologischer Systeme nicht oder nur teilweise besteht. Ebenso wenig wirkt es bei Summations- und Distanzschäden, also den wesentlichen Umweltproblemen, an denen in der Regel verschiedene Schadensquellen beteiligt sind, weil die gesamtschuldnerische Haftung nicht geregelt ist. Läßt man die vollzugsunterstützende Wirkung beiseite, so die Gutachter weiter, ist die eigenständige Funktion des Umwelthaftungsgesetzes auf Störfälle und kleinräumige Umweltschäden begrenzt. Im US-amerikanischen Haftungsrecht wurde dieses Defizit teilweise beseitigt, indem dem Staat als „Schutzherren" natürlicher Ressourcen das Recht auf Kompensation zuerkannt wird.

Nach den von der Enquete-Kommission in Auftrag gegebenen Gutachten eignet sich das Umwelthaftungsrecht für Schadstoffe, aber nicht für Ressourcen und für solche Stoffe, die durch den Eintrag eher großer Mengen, eher zeitverzögert und eher global wirken. Die Umwelthaftung erfordert theoretisch keine staatlichen Vorgaben (kein staatliches „Bewirtschaftungskonzept"). Zur praktischen Wirkung sind eine Reihe von

Voraussetzungen notwendig. Der Schadens- und Kausalitätsnachweis muß möglich sein wie auch die Kompensation im Schadensfall. Letzteres kann durch eine Versicherungspflicht geregelt werden. Nach dem Gutachten von Führ hängt die Wirkung des Haftungsrechts entscheidend von der Anspruchsstellungs- und Anspruchsdurchsetzungswahrscheinlichkeit ab (1994, S. 82). Inwieweit tatsächlich Umweltschäden von den Haftungsregelungen erfaßt werden, bestimmt die Qualität der Anreizwirkung. Im Hinblick auf das geltende Umwelthaftungsgesetz wird übereinstimmend von den Gutachtern Ewers und Brenck, Führ und Lübbe-Wolff festgestellt, daß die Beweislastumkehr beim Normalbetrieb von Anlagen, das Fehlen einer gesamtschuldnerischen Haftung, die Haftungsbeschränkung, die Beschränkung auf bestimmte Anlagen sowie die Ausklammerung der Stoffe vom Regelungsbereich die Wirkung entscheidend abschwächen.

Die allgemeinen Aussagen zum Umwelthaftungsrecht gelten auch für das *Produkthaftungsrecht*. Der generell für alle Produkte wirkende Haftungsgedanke wird beim geltenden Haftungsrecht durch den Ausschluß von Entwicklungsrisiken, durch den Ausschluß von Altprodukten und durch die Haftungsbeschränkung beim Transport, bei der Lagerung und beim Umgang mit Produkten entscheidend abgeschwächt.

Haftungsregelungen können gemeinsam mit Abgaben und Lizenzen die Kriterien der statischen und dynamischen ökonomischen Effizienz erfüllen, was ordnungsrechtliche Instrumente nicht vermögen (s. o.). Gegenüber Abgaben und Zertifikaten ermöglicht das Haftungsrecht, Aktivitäten nicht pauschal zu sanktionieren, sondern nur tatsächlich eingetretene Schädigungen. In der Stoffpolitik ist dieses Instrument besonders wichtig, weil die Gefährlichkeit der Stoffe in der Regel vom Zusammenhang mit der Verwendung abhängt (SRU, 1994, Tz. 350). Haftungsregelungen eignen sich vor allem für Chemikalien, weil es aufgrund der hohen Zahl (100 000 Altstoffe) praktikabel erscheint, von der unsicheren ex-ante-Betrachtung zur ex-post-Betrachtung überzugehen.

In engem Zusammenhang mit dem Haftungsrecht steht die Versicherbarkeit von Umweltschäden. Mit diesen Schäden sind nicht nur versicherungstechnische Risiken, sondern auch das mögliche Versagen des Versicherungsmarktes gemeint. Der Sachverständigenrat für Umweltfragen plädiert daher für eine Risikoverteilung zwischen den Versicherern, Deckungsbegrenzungen, Selbstbeteiligungen und eine Staffelung der Prämien nach den Sorgfaltsvorkehrungen des Versicherungsnehmers (SRU, 1994, Tz. 351).

So verstanden erscheinen Umwelthaftpflichtversicherungen sinnvoll zu sein, die dazu führen, daß Risiken von Unternehmen (zum Teil) auf

Versicherungen übertragen werden. Verschiedene Beispiele zeigen die unterschiedliche Ausgestaltung und positive Wirkung einer Umwelthaftpflichtversicherung auf. Führ zeigt an einem Beispiel in Schweden, daß nicht nur aktuelle Schäden erfaßt, sondern u. a. auch verjährte Schäden einbezogen werden (1994, S. 115).

In die Betrachtung von Haftungsregelungen gehört auch die *Kreditgeberhaftung*. Sie macht über den Anlagenbetreiber hinaus den Kreditgeber für Umweltschäden haftbar. Diese mögliche Haftung hat bei den Kreditgebern dazu geführt, umweltschädliches Verhalten als entscheidungsrelevantes Kriterium bei der Kreditvergabe zu berücksichtigen und so Einblicke in die unternehmerischen Entscheidungen hinsichtlich der Umweltrelevanz von Investitionsobjekten zu erlangen. Sie sollte auf Fälle beschränkt bleiben, in denen der Kreditgeber direkten Einfluß auf betriebliche Entscheidungen ausüben kann.

Ewers und Brenck zeigen am Beispiel des amerikanischen Haftungsrechts, wie Regelungen zur Verjährung von Haftungsansprüchen, zur gesamtschuldnerischen Haftung, zum Kausalitätsnachweis und zur Haftung bei Umweltschäden so gestaltet werden können, daß das Haftungsrecht besser greifen kann (Ewers und Brenck, 1994, S. 219 ff.).

Die Enquete-Kommission hat sich am Beispiel der chlorierten Kohlenwasserstoffe (CKW) mit der Altlastenproblematik beschäftigt. Unsachgemäße Handhabung, Entsorgung und Wiederaufbereitung dieser Stoffe haben zu zahlreichen Altlasten geführt, deren Verursacher (Handlungsstörer im Sinne des Polizeirechts) oft nicht mehr greifbar sind. In derartigen Fällen wird häufig auf den Grundstückseigentümer (Zustandsstörer im Sinne des Polizeirechts) zurückgegriffen, was aber zu unzumutbaren Härten führen kann. Die Kosten der Sanierung eines CKW-Schadens können um ein Vielfaches über dem Grundstückswert liegen. Eine große Zahl von Schadensfällen wird dann von der öffentlichen Hand im Wege der Ersatzvornahme saniert, wobei die anfallenden Kosten in der Regel dauerhaft bei den Gemeinden verbleiben und die kommunalen Haushalte belasten, wie dies am Beispiel der Stadt Düsseldorf gezeigt worden ist.

Da die Sanierung der in den vergangenen Jahrzehnten entstandenen Altlasten sich noch über viele Jahre hinziehen wird, sollte ein Weg gefunden werden, die öffentlichen Hände – soweit sie nicht selbst z. B. als Deponiebetreiber für die Schäden verantwortlich sind – bei der Sanierung derartiger Schadensfälle ohne greifbaren Verursacher zu entlasten.

Hierzu sind im Laufe der achtziger Jahre mehrere Modelle entwickelt worden. So z. B. das nordrhein-westfälische Lizenzmodell. Es beruht auf der gesetzlich fixierten Vergabe von Lizenzen für die Abfallbehandlung und Deponierung; aus den Lizenzentgelten gewährt das Land dem durch das Gesetz gebildeten Abfallentsorgungs- und Altlastensanierungsverband (AAV) Mittel u. a. für die Finanzierung von Altlastensanierungen in Fällen, bei denen der Verursacher nicht mehr greifbar ist. In den Entscheidungsgremien des AAV sind Industrie, Handwerk, Kommunen, Entsorgungswirtschaft etc. vertreten. Daneben besteht das Kooperationsmodell in Rheinland-Pfalz, in dem Behörden und Wirtschaft gemeinsam die Bewertung von Altlasten vornehmen und ggf. die Sanierung finanzieren.

In anderen Bundesländern sind ebenfalls Modelle entwickelt worden mit dem Ziel, die Altlasten zu finanzieren. Es bedarf einer effizienten bundeseinheitlichen Lösung derartiger Altlastenprobleme. Die Enquete-Kommission spricht sich dafür aus zu prüfen, welche dieser Regelungen hierfür am besten geeignet ist.

7.4.2.4 Deposit refund-Systeme

Gemeinsames Prinzip der deposit refund-Systeme ist, daß jeder potentielle Verursacher eines Umweltschadens eine Abgabe (deposit) zu hinterlegen hat, die zurückgezahlt wird (refund), wenn bestimmte Bedingungen erfüllt sind. Unterscheidet man die einzelnen Systeme nach ihrem Ansatzpunkt in der Verursachungskette, lassen sich drei Formen von deposit refund-Systemen unterscheiden: Es gibt klassische Pfandregelungen für Produkte, wie etwa für Getränkeverpackungen oder für Batterien. Bei stoffbezogenen deposit refund-Systemen verfällt der Anspruch auf Rückzahlung der Abgabe bereits bei der Emission bzw. der unerwünschten Entsorgung eines Stoffes oder Produktes. Die Abgabe ist für die gesamte in die Wirtschaft eingeführte Stoffmenge zu entrichten, die beim Nachweis einer als tolerabel angesehenen Deponierung im weitesten Sinne zurückerstattet wird. Aufgrund der möglichen Rückzahlung wird die Abgabe nur auf Emissionen erhoben und ist somit eine indirekte Emissionsabgabe. Bei wirkungsbezogenen deposit refund-Systemen (environmental bonds) hingegen verfällt der Anspruch auf Rückzahlung erst, wenn eine bestimmte Umweltwirkung eingetreten ist bzw. wenn ein vorgegebenes Umweltziel nicht erreicht wird. Wirkungsbezogene deposit refund-Regelungen, die einen zivilrechtlichen Anspruch des Staates gegenüber Unternehmen begründen, stellen einen Spezialfall haftungsrechtlicher Regelungen und eine ex-post-Regulierung dar. Unter bestimmten Voraussetzungen können sie sinnvoll sein, da sie den Schutzgüter-Kreis des Haftungsrechts um Umweltgüter erweitern.

Die Bandbreite dieser Instrumente reicht von der erzwungenen Einführung eines privatwirtschaftlichen Systems über eine Abgaben-/Subventionslösung für Stoffe bis hin zu privatrechtlichen Verträgen zwischen Wirtschaftssubjekten und dem Staat.

Das von Ewers und Brenck für die Enquete-Kommission angefertigte Gutachten spricht sich gegen staatlich initiierte Pfandsysteme aus, da diese in der Regel ökologisch und ökonomisch ineffizient seien und einen hohen Vollzugsaufwand erforderten. Im Einzelfall könnten sie sinnvoll sein, wenn dies eine Kosten-Nutzen-Analyse zeigen würde, und wenn:

- Produkte aufgrund des inhärenten Gefährdungspotentials ihrer Inhaltsstoffe getrennt entsorgt werden müssen,
- die Belastung des Verbrauchers mit den Entsorgungskosten aller Wahrscheinlichkeit nach keinen Einfluß auf die Entscheidung des Produzenten bezüglich des Produktdesigns auslöst (Ob diese Bedingung erfüllt ist, wird insbesondere für langlebige Gebrauchsgüter und für Abfälle aus der Produktion bestritten) und
- keine kostengünstigeren Alternativen zur Lösung des qualitativen Problems zur Verfügung stehen, etwa eine Kennzeichnungspflicht zur Identifizierung von Inhaltsstoffen, eine nachträgliche Trennung bzw. eine Abgabendifferenzierung nach der „Reinheit" des Abfallstroms zur Trennung der Abfallstoffe (Ewers und Brenck, 1994, S. 129).

Deposit refund-Systeme eignen sich auch für diffuse Stoffquellen. Aufgrund der Möglichkeit, die Abgabe gestaffelt zurückzuzahlen, läßt sich hier eine sortenreine Erfassung von Stoffen erreichen. Das Instrument ist ebenfalls nur selektiv einsetzbar, will man ordnungspolitische Fehlentwicklungen vermeiden.

7.4.3 Informatorische und freiwillige Maßnahmen

Die bisher beschriebenen Instrumente – Instrumente des Ordnungsrechts und ökonomische Instrumente – gelangen zum Einsatz, nachdem Gefährdungspotentiale für Mensch und Umwelt erkannt worden und – zumindest in Einzelfällen – Schäden aufgetreten sind. Es gibt eine Reihe von Umweltschutzmaßnahmen, die weit davor ansetzen, bevor Schäden aufgetreten und Risiken wissenschaftlich anerkannt sind. Diese basieren überwiegend auf Informationen und werden in der Regel freiwillig eingesetzt.

Ein über den reaktiven Umweltschutz hinausgehendes Handeln der Industrie ist schon deshalb geboten, weil die Umweltpolitik in der Regel erst nach der Markteinführung eines Produktes oder Stoffes und oft erst nach Jahren, wenn Schäden größeren Ausmaßes sichtbar oder nachweisbar geworden sind, eingreifen kann. Von daher halten Fülgraff und Reiche einen proaktiven („rechtzeitigen") Umweltschutz der Unternehmen für geboten, der auf der antizipierenden Abschätzung von Gefährdungs- und Schadpotentialen beruht (Schenkel u. Storm, 1990).

Der Begriff des proaktiven Umweltschutzes wird auch von der Europäischen Kommission verwendet. In einem Entwurf der Europäischen Kommission über das Mandat des Europäischen Komitees für Normung (CEN) heißt es, Ziel der Verordnung zum Öko-Audit (vgl. dazu Kap. 7.4.3.1.2) sei es, ein *proaktives*, systematisches Herangehen an ein Umweltmanagement der Unternehmen anzuregen (Europäische Kommission, Doc. XI/856/93).

Die Enquete-Kommission hat daher neben ordnungsrechtlichen und ökonomischen Instrumenten einer Stoffpolitik informatorische und freiwillige Maßnahmen untersuchen lassen. Das Gutachten *„Ansätze für proaktive Strategien zur Vermeidung von Umweltbelastungen im internationalen Vergleich"* stellt die Breite dieser Maßnahmen im Vorfeld gesetzlicher Regelungen vor (Führ, 1994). Die Enquete-Kommission zieht jedoch die Bezeichnung informatorische und freiwillige Maßnahmen dem Begriff proaktive Strategien vor und versteht darunter die Maßnahmen, die ein aktives Verhalten in Richtung eines vorbeugenden Umweltschutzes fördern, ohne daß dies gesetzlich vorgeschrieben ist.

Im Mittelpunkt informatorischer und freiwilliger Strategien steht die Entscheidungsfindung im Unternehmen. Weitere Akteure sind z. B. öffentliche Beschaffer und Verbraucher. Da unternehmerische Aktivitäten von den Rahmenbedingungen maßgeblich bestimmt werden, liegt es im Verantwortungsbereich des Staates, einerseits hinreichend deutliche Steuerungssignale zu setzen, andererseits jedoch genügend große Freiräume für innovatives Verhalten offenzulassen. Die Verpflichtung zu nationalen Umweltzielen als normative Festlegungen kann im weitesten Sinne auch als ein Handeln nach dieser Strategie verstanden werden. Führ nennt als Beispiel den Nationalen Umweltplan der Niederlande und das US-amerikanische 33/50 Programm (Führ, 1994, S. 134f. u. S. 41).

Die Bereitstellung von Informationen wird auch als „der Königsweg des Umweltschutzes" bezeichnet (Führ, 1994, S. 174). Lübbe-Wolff fordert in ihrem Gutachten für die Enquete-Kommission die Inpflichtnahme der Produzenten u. a. für die informatorische Bewältigung der durch ihre Produktion verursachten Steuerungsprobleme, nämlich durch Verpflichtung zur Offenlegung stoffbezogener Daten und zur Erstellung von Stoffflußbilanzen (Lübbe-Wolff, 1994, S. 135).

Die Vermittlung von Informationen kann zum einen auf privater Ebene zur Anwendung kommen, zum anderen als hoheitliches umweltpolitisches Instrument. Im ersten Fall dient dieses Instrument insbesondere der Verbesserung von Absatzchancen der Produkte, der Akzeptanzsteigerung von Verfahren und Produkten. Trotz des möglichen Mißbrauchs hat ein derartiges Instrument seinen Platz, weil es auch dazu dienen kann, Informationsdefizite abzubauen. Gelangen Informationen als hoheitliches umweltpolitisches Instrument zur Anwendung, kommt ihnen eine eigenständige ergänzende sowie ausführende Funktion zu. Unter ausführendem Blickwinkel dient dieses Instrument vor allem der Umsetzung von Geboten, wenn diese eine Kennzeichnungspflicht verlangen. Die ergänzende Funktion bezieht sich darauf, Informationen über Einzelheiten der Anwendung anderer umweltpolitischer Instrumente zu vermitteln.

Die hier diskutierten Instrumente zeichnen sich in der Regel durch Freiwilligkeit aus. Zahlreiche Initiativen und Maßnahmen eines „rechtzeitigen Umweltschutzes" von Unternehmen und Wirtschaft sind freiwillige, zum Teil spontane Aktivitäten. Ebenso werden Branchenvereinbarungen und Selbstverpflichtungen zum Umweltschutz – zumeist als Absprachen mit dem Staat – grundsätzlich freiwillig getroffen. Absprachen können als Tauschgeschäft zwischen hoheitlichen Organen und umweltbeanspruchenden Wirtschaftseinheiten interpretiert werden, bei dem von seiten der Wirtschaft Maßnahmen zugesagt werden, die zur Minderung von Umweltbelastungen führen, worauf von hoheitlicher Seite im Gegenzug auf den Erlaß von Regelungen verzichtet wird. Ein derartiges Tauschgeschäft wird aber nur dann zu einem erfolgreichen Abschluß gebracht werden können, wenn beide Seiten daraus Vorteile ziehen. Für die Wirtschaft liegen Vorteile u. a. darin, daß in die getroffenen Vereinbarungen deren Kenntnisse und Vorstellungen einfließen und die private Entscheidungsfreiheit innerhalb des vereinbarten Rahmens unberührt bleibt. Für staatliche Organe sind Vorteile darin zu sehen, daß langwierige und aufwendige Gesetzgebungsverfahren entfallen, so daß politische Ziele prinzipiell zügig umgesetzt werden können. Da das Ergebnis von Absprachen auf einem Konsens der Beteiligten beruht, sind Vollzugsdefizite nicht zu befürchten.

Eine Kategorisierung informatorischer und freiwilliger Instrumente ist problematisch und wenig sinnvoll. Die kritische Darstellung der Instrumente folgt der Logik, daß ein Teil dieser Instrumente auf der *Ebene der produzierenden Unternehmen* als einzelner Wirtschaftseinheiten ansetzt (Kap. 7.4.3.1). Andere Instrumente basieren auf der *Kooperation* der Unternehmen miteinander oder mit Dritten, in der Regel mit dem Staat oder mit Nachbarschaft oder Öffentlichkeit (Kap. 7.4.3.2). Wieder andere

Instrumente sind im *Dienstleistungssektor*, der den Handel einschließt, angesiedelt (Kap. 7.4.3.3). Eine vierte Gruppe umfaßt solche Instrumente, die an die *Nachfrager* von Gütern gerichtet sind. Dieses sind an erster Stelle die Verbraucher, aber auch der Staat als öffentlicher Beschaffer und Bauherr. In dieser Gruppe werden auch die Instrumente zur *Information für die Öffentlichkeit* behandelt (Kap. 7.4.3.4). Schließlich richtet sich das Instrument *Umweltbildung* an die Allgemeinheit und an spezifische Gruppen (Kap. 7.4.3.5). Umweltbildung gehört jedoch im Unterschied zu den vorher genannten Instrumenten in den Kernverantwortungsbereich des Staates.

7.4.3.1 Betriebsbezogene Umweltmanagement- und Umweltberichtssysteme

Wie im Kapitel Leitbilder (Kap. 3.4.5) ausgeführt, stellt die Einführung eines Umweltmanagementsystems die Voraussetzung eines effizienten Stoffstrommanagements dar, da derartige Systeme darauf abzielen, den Umweltschutz in alle Aufgabenfelder, Tätigkeiten, Produkte und Produktionen eines Unternehmens zu integrieren.

Die Grenzen zwischen den Instrumenten Umweltmanagementsysteme (Öko-Audit), betriebliche Umweltrechnungslegung, Umweltberichtssysteme und Umweltbilanzen sind zum Teil fließend und deren Inhalte zum Teil deckungsgleich.

7.4.3.1.1 Betriebliches Umweltmanagement

Das betriebliche Umweltmanagement geht von einer Integration des Umweltschutzes in das Management zur Vermeidung unternehmerischer Risiken durch Umweltbelastungen aus (Führ, 1994, S. 20). Betriebliche Umweltmanagementsysteme zielen auf eine systembezogene Integration des Umweltschutzes in das Unternehmensmanagement. Sie dienen zum einen zur Kontrolle der Einhaltung gesetzlicher Umweltanforderungen durch das Management des Unternehmens. Darüber hinaus sind sie ein geeignetes Instrument zur Umsetzung umweltpolitischer Zielsetzungen und -strategien eines Unternehmens. Umweltaspekte werden systematischer in das unternehmerische Verhalten einbezogen.

Die Einführung von Umweltmanagementsystemen und deren Überprüfung im Rahmen von Audits haben durchweg einen positiven Einfluß auf das Umweltverhalten der Unternehmen. Allein die Tatsache, daß Umweltfragen systematisch durchgearbeitet werden, führt in der Regel dazu, daß Optimierungspotentiale sichtbar werden.

Die Kombination von Umweltmanagement und Umweltberichten wurde durch die Einführung des neuen Instruments Öko-Audit weiterentwickelt.

Die von der Europäischen Gemeinschaft (EG) eingeführte Verordnung über die freiwillige Beteiligung von gewerblichen Unternehmen an einem Umweltmanagement- und Betriebsprüfungssystem (Öko-Audit-Verordnung – EWG-Verordnung Nr. 1836/93) legt die Anforderungen an ein Umweltmanagement-System und das Umweltaudit fest. Die Verordnung zielt darauf ab, die Eigenverantwortung der Unternehmen für die Umwelt zu fördern und eine neue „Unternehmenskultur" in bezug auf den Umweltschutz zu entwickeln. Das Umweltmanagement des Unternehmens ist regelmäßig und systematisch zu überprüfen (Audit). Die Verordnung setzt auf Freiwilligkeit und dient dazu, den betrieblichen Umweltschutz von Unternehmen zu verbessern. Weiterhin werden teilnehmende Unternehmen verpflichtet, die Öffentlichkeit über ihr Umweltverhalten zu unterrichten.

Auf Kriterien zur Bewertung des umweltorientierten Umweltmanagements der Unternehmen, die sich an dem System der Verordnung beteiligen, hat die EG verzichtet. Neben der Einhaltung der in den verschiedenen EG-Mitgliedsstaaten sehr unterschiedlichen gesetzlichen Umweltanforderungen hat die EG in der Verordnung als Ziel der Umweltpolitik von Unternehmen das Kriterium der „wirtschaftlich vertretbaren Anwendung der besten verfügbaren Technik" aufgenommen.

Dieses Kriterium bietet aus Sicht der Industrie den Unternehmen die nötige Flexibilität, um die jeweils geeignete Maßnahme zu ergreifen. Die Einführung von Kriterien zur Bewertung des umweltorientierten Managements sind aus Sicht der Industrie nicht geeignet, die Wirkung der Öko-Audit-Verordnung zu verbessern.

Öko-Audits zielen in erster Linie auf die interne Stärkung des Unternehmens, in zweiter Linie erst auf die Öffentlichkeit. In den Niederlanden wird besonderer Wert auf die Beteiligung von Arbeitnehmern gelegt (Führ, 1994, S. 18f.).

Bei Öko-Audits und Umweltberichten der Unternehmen haben die Unternehmen die Möglichkeit einer Einengung oder Schwerpunktsetzung, die so getroffen wird, daß oft eine Konzentration auf staatlich geregelte Stoffe bzw. Emissionen erfolgt. Eine Schwäche des Öko-Audits sieht der Sachverständigenrat für Umweltfragen darin, daß das Instrument auf die Bewertung des Umweltmanagements konzentriert ist, die eigentlichen Umweltbelastungen, vor allem den Energie- und Ressourcenverbrauch eines Unternehmens nicht bilanziert, so daß der Rat langfristig für eine Ergänzung um Umweltbilanzen plädiert (SRU, 1994, Tz. 335). Beim Öko-Audit ergibt sich eine hohe Treffsicherheit durch die spezifisch auf den Betrieb bezogene Prüfung, durch die Einführung des Umweltmanagementsystems und eine möglichst standardisierte Umweltberichterstattung, die für die interne Materialwirtschaft und Kostenträgerrechnung, für Ökoaudits, Umweltberichte und Ökobilanzen genutzt werden kann (Führ, 1994, S. 33).

Die Wirkung des Instruments hängt sehr stark von der Bereitschaft der Unternehmen ab, sich der Verordnung zu unterziehen (vgl. Führ, 1994, S. 12 ff., siehe auch: Prognos, 1994, S. A 64 f.). Staatliche Eingriffe und Detailregelungen können die Bereitschaft, das Instrument einzusetzen, vermindern. Weiterhin ist auf das Informationskostenproblem zu verweisen. Unternehmen, die im Wettbewerb stehen, haben Kosten aus der Anwendung der EG-Öko-Audit-Verordnung und, sofern kein Wettbewerbsvorteil aus dem Zeichen entsteht, somit einen Kostennachteil gegenüber Wettbewerbern. Ein weiteres Problem liegt in der Offenlegung der Informationen auch für die Wettbewerber. Vielfach wird auch befürchtet, daß das Öko-Audit Vorstufe einer selektiven Industriepolitik unter ökologischen Vorzeichen werden könnte.

Bei den bisher durchgeführten Pilot-Öko-Audits konnten – abgesehen von Audits in Großbritannien und der Schweiz – keine konkreten Ansatzpunkte für Kostenreduzierungen gefunden werden; dennoch wird davon ausgegangen, daß Öko-Audits letztlich zu Kostenminderungen führen.

7.4.3.1.2 Umweltberichtssysteme

Die betriebliche Umweltrechnungslegung ist – zusammen mit dem Umweltmanagement – Voraussetzung für die betriebsinterne Entscheidungsfindung, sie ist aber auch im Sinne eines Öko-Marketings extern orientiert und dient der Information der Öffentlichkeit. Eine Harmonisierung dieser verschiedenen Zielsetzungen ist anzustreben; dies gilt vergleichbar für die Abstimmung zwischen Öko-Audit, Ökobilanzen, Produktentwicklung und betrieblicher Kostenrechnung (Führ, 1994, S. 9 ff. und S. 171 ff.). Der Verband der Chemischen Industrie (VCI) sieht die betriebliche Umweltrechnungslegung bereits als von der Öko-Audit-Verordnung der EG und die freiwilligen Maßnahmen der chemischen Industrie im Rahmen ihres „Responsible Care"-Programm abgedeckt.

Im Rahmen ihrer freiwilligen „Responsible Care"-Initiative hat die chemische Industrie eine detaillierte Empfehlung zur Veröffentlichung von Emissionsdaten zur Umweltberichterstattung verabschiedet, die zum Teil über die Anforderungen der Öko-Audit-Verordnung zur Umweltberichterstattung hinausgehen. Zahlreiche größere Unternehmen der chemischen Industrie veröffentlichen schon seit einiger Zeit zum Teil detaillierte Informationen.

Das in den USA entstandene Instrument des *Toxic Release Inventory* (TRI) stellt ein staatlich induziertes Umweltberichtssystem dar, um die Transparenz des Umweltverhaltens von Unternehmen zu verbessern. Gleichzeitig soll damit eine Anreizfunktion auf Unternehmen ausgeübt werden (Führ, 1994, S. 35). Das TRI ist als ein Teil eines US-amerikanischen Regelwerks zur Reduzierung industrieller Risiken (Emergency Planning and Community Right-to-Know-Act) entstanden. Bestimmte Unternehmen unterliegen einer Meldepflicht bezüglich bestimmter Stoffe, die über einer bestimmten Produktionsmenge liegen; die Meldungen werden im TRI zusammengefaßt. Die Öffentlichkeit kann auf diese Informationen über die Umweltbehörde EPA (Environmental Protection Agency) zentral zugreifen. Die Verpflichtung zur Informationsbereitstellung kann von den Behörden durchgesetzt werden (Führ, 1994, S. 35 ff.). Zum Teil werden die Ergebnisse des TRI auch genutzt, um ratings (Rangfolgen) zwischen den einzelnen Unternehmen aufzustellen (Führ, 1994, S. 38).

Von der US-EPA oder einzelnen Bundesstaaten wurden auch Programme zur Reduktion toxischer Stoffe initiiert, wobei das TRI die Möglichkeit zur Erfolgskontrolle bietet. Beispiele hierfür sind:

- Das 33/50-Programm: Mit dem Programm sollen 17 ausgewählte Stoffe des TRI bis Ende 1992 um 33%, bis Ende 1995 um 50% reduziert werden. 60% der angeschriebenen Großunternehmen entschlossen sich zur Teilnahme (Führ, 1994, S. 41);
- der Toxic Use Reduction Act von Massachusetts (ausführlich dazu: Führ, 1994, S. 45 ff.).

Im Rahmen des TRI ist es zu einer deutlichen Reduzierung der gemeldeten Emissionen gekommen, wobei diese Erfolge natürlich auch aus anderen umweltpolitischen Maßnahmen resultieren können. Problematisch ist die Konzentration auf absolute Mengen statt auf Mengen pro Produkteinheit, anders dagegen beim Massachusetts Toxic Use Reduction Act.

Ein spezielles Instrument auf dem Gebiet der Umweltberichtssysteme, der Umweltinformation, gleichsam eine Beratungsleistung stellt das *eco-rating* dar. Das eco-rating lehnt sich an das betriebswirtschaftliche rating an (financial rating). Der Schwerpunkt des eco-rating liegt auf der Analyse der ökologischen Auswirkungen, die von den Unternehmen verursacht werden. In Form einer Notenskala soll das „ecological standing" des Unternehmens bewertet werden, um potentiellen Anlegern und Investoren eine Abschätzung der Risiken und Gewinnmöglichkeiten an die Hand zu geben. Dazu soll das unternehmerische Umweltverhalten anhand von ökologischen Chancen und Risiken der Herstellungsverfahren, des Produkts und der Entsorgung bewertet werden.

Durch das Instrument des eco-rating sollen Kapitalströme in besonders umweltfreundliche und Rendite-trächtige Unternehmen gelenkt und das Anlageverhalten von Geldgebern beeinflußt werden.

Aufgrund der vorgenommenen Einschätzungen und Bewertungen der Unternehmen können Verhaltensweisen in der Vergangenheit erkannt und Prognosen für die Zukunft aufgestellt werden. Um die Akzeptanz dieses Instruments zu erhöhen, ist eine Transparenz und Plausibilität der Bewertungskriterien erforderlich. Weiterhin sollten die Daten allgemein zugänglich gemacht werden (vgl. Führ, 1994, S. 26 ff.). Ein nicht zu vernachlässigender Faktor ist die Reputation der „Rating-Agentur", die Rückschlüsse auf die Datenqualität zuläßt.

7.4.3.1.3 Ökomarketing

Das *Ökomarketing* stellt eine vom Unternehmen aus betriebene Kommunikation mit den Verbrauchern, zum Teil auch gegenüber dem Handel dar. Langfristig läßt sich Ökomarketing nur durchhalten, wenn die Fakten hierzu nachweisbar und nachprüfbar sind. Führ schlägt eine Lockerung des Verbots für vergleichende Werbung und Stärkung von Kennzeichnungspflichten wie etwa dem Umweltzeichen vor, ergänzt um eine Einführung gesetzlicher Garantiefristen (Führ 1994, S. 168 ff.). Diese Instrumente, die die Rolle des Verbrauchers und auch des Handels betreffen, werden in den Abschnitten 7.4.3.3.1 und 7.4.3.4 näher behandelt.

7.4.3.1.4 Ökobilanzen und Produktlinienanalysen

Einordnung von Ökobilanzen und Produktlinienanalysen
in das Stoffstrommanagement

Ökobilanzen und Produktlinienanalysen sind im Zwischenbericht der Enquete-Kommission „Schutz des Menschen und der Umwelt" ausführlich behandelt worden (1993, S. 72 ff.). Im Fazit wurde u. a. festgehalten, daß viele der Hoffnungen, Befürchtungen und umweltpolitischen Streitpunkte, die sich eigentlich eher auf das allgemeine Stoffstrommanagement beziehen, stellvertretend an Ökobilanzen und Produktlinienanalysen ausgetragen werden. Die teilweise vorhandene Euphorie in der Vergangenheit, Ökobilanzen als das allumfassende Analyse-, Informations- und Entscheidungsinstrument bei Fragen des (produktbezogenen) Umweltschutzes anzusehen, ist in der Öffentlichkeit und der Fachwelt zunehmend einer deutlich realistischeren Einschätzung gewichen. Die sich abzeichnende Erkenntnis, daß Ökobilanzen nur einen Teil der Umweltaspekte in Produktlebenswegen abbilden können, hat Bedeutung für die Bewertung des Werkzeuges Ökobilanzen selbst.

Unter dem Vorbehalt der weiteren nationalen und internationalen Abstimmungen und Erfahrungen mit dem Einsatz von Ökobilanzen kann dieses Werkzeug dennoch eine wichtige Ergänzung zu dem bestehenden Instrumentarium darstellen, wird aber etablierte Werkzeuge nicht ersetzen. So werden zum Beispiel wie bisher Fragen lokaler Gefährdungspotentiale etwa mit erprobten Ansätzen der Stoffbeurteilung (risk management) neben Ökobilanzen zu behandeln sein.

Nachdem die Enquete-Kommission in der Zwischenzeit eine grundsätzliche Strukturierung des Stoffstrommanagements und der Aufgaben der verschiedenen Akteure vorgenommen hat (s. Kap. 6), kann nun eine Einordnung von Ökobilanzen und Produktlinienanalysen vorgenommen werden. Gesetzte Umweltziele werden im Rahmen des Stoffstrommanagements der Akteure umgesetzt. Dabei spielt die Optimierung von Produktlinien mit Hilfe von Ökobilanzen eine wichtige Rolle.

Stoffstrommanagement, Akteure, Ökobilanzen, Produktlinienanalysen

Die verschiedenen Akteure haben unterschiedliche Interessen an den Instrumenten Ökobilanzen und Produktlinienanalysen:
– Produktionsunternehmen setzen Ökobilanzen einerseits zur unternehmensinternen Optimierung ein, andererseits zum Vergleich mit anderen Produkten. Kleine und mittlere Unternehmen arbeiten derzeit kaum mit oder an Ökobilanzen. Hierfür stehen ihnen weder ausreichend Personal noch ausreichend finanzielle Mittel zur Verfügung; zudem ist oft der Datenzugang beschränkt. Letzteres kann auch bei Großunternehmen eine Rolle spielen. Zunehmend werden deshalb Ökobilanzen auf Verbandsebene durchgeführt. Bei der unternehmensinternen Produktoptimierung spielen betriebswirtschaftliche Aspekte und teilweise soziale Aspekte seit jeher eine wichtige Rolle; diese werden – mit Ausnahmen – aber getrennt von der Ökobilanzierung behandelt und fließen am Ende in die Entscheidungsfindung mit ein.

- Handelsunternehmen (die eine Vielzahl von Produkten im Sortiment haben) führen in der Regel keine Ökobilanzen durch. Sie sind an einem screening ihrer Sortimentsprodukte und an der Kommunikation von Ökobilanzergebnissen (z. B. mit Hilfe von Gütesiegeln) interessiert.
- Umwelt- und Verbraucherverbände führen in der Regel aus finanziellen Gründen selbst keine Ökobilanzen und Produktlinienanalysen durch. Sie sind allerdings an den Ergebnissen interessiert, um diese als Grundlage für ökologisch motivierte Kaufentscheidungen zu nutzen.
- Arbeitnehmer und Gewerkschaften haben bislang keine Ökobilanzen und Produktlinienanalysen durchgeführt. Sie sind an der betriebsinternen Optimierung von Produkten, an umweltpolitischen Weichenstellungen und speziell an Fragen des Arbeitsschutzes und sozialen Aspekten (z. B. Arbeitsplätze) interessiert. In diesen Zusammenhang gehört das geplante Projekt der IG Chemie-Papier-Keramik „Perspektiven für eine umweltverträgliche Automobilindustrie".
- Öffentliche Stellen setzen Ökobilanzen und Produktlinienanalysen zur umweltpolitischen Weichenstellung (Vorbereitung und Begründung) und zur Verbraucheraufklärung ein. Eine Sonderrolle spielt das Beschaffungswesen. Hier befinden sich öffentliche Stellen aufgrund der Vielzahl der eingesetzten Produkte in einer ähnlichen Schwierigkeit wie Handel und Verbraucher.

Methodik

Die Enquete-Kommission hat im Zwischenbericht den Stand der Methodik ausführlich erörtert. In der Zwischenzeit wurden auf nationaler wie auf internationaler Ebene Diskussionen mit dem Ziel der Normung begonnen bzw. weitergeführt, die eine internationale Standardisierung des Werkzeuges Ökobilanzen zum Ziel haben. Bei dieser Diskussion sind die gesellschaftlichen Gruppen involviert und in einer Reihe von praktischen Anwendungsbeispielen wurde das Werkzeug Ökobilanzen weiter erprobt. Erwähnenswert erscheint hierbei die Tatsache, daß Ökobilanzen sowohl von Behörden (zum Beispiel vom Umweltbundesamt), von der Industrie (Einzelunternehmen, Branchen, Branchengruppen) sowie in Einzelfällen auch von der Gewerkschaft und von Umweltverbänden initiiert werden.

Zusammenfassend kann festgehalten werden, daß verschiedene Akteursgruppen das Werkzeug Ökobilanzen weiter intensiv erproben und ein erhebliches Bedürfnis in bezug auf eine internationale Standardisierung der Methodik besteht. Zunehmend klarer scheint auch der prinzipielle

Aussagewert solcher Untersuchungen zu werden. Sowohl die Abbildung der real gegebenen Vernetzung wirtschaftlicher Abläufe entlang von Produktlebenswegen als auch das objektivierbare Erfassen der mit einem solchen System verbundenen globalen Umweltlastpotentiale (einschließlich der groben Lastverteilung) können wichtige Informationen für unternehmensinterne Optimierungsüberlegungen enthalten und zudem zur Begründung von politischen Entscheidungen dienen. Der Normierungsprozeß selbst verläuft aus Sicht der Enquete-Kommission zufriedenstellend.

Bewertung

Die Entwicklung eines Bewertungssystems für Ökobilanzen ist bislang nicht befriedigend, auch wenn berücksichtigt werden muß, daß hier eine schwierige Aufgabe vorliegt. Die Bewertungsmodelle sind entweder zu stark aggregiert (z. B. Ökopunkte-Modell) oder für Marktentscheidungen nicht (z. B. MIPS-Konzept) oder zu wenig operationalisierbar (wie eine qualitativ-argumentative Bewertung) oder nehmen keinen Bezug auf nationale Umweltziele oder andere Zielvorgaben.

Die nationalen und internationalen Diskussionen zu solchen Umweltzielen sind (von einigen nationalen Modellen abgesehen, wie dem der Niederlande) noch in einer relativ frühen Phase. In der internationalen Diskussion im Rahmen der internationalen Organisation für Standardisierung (ISO) werden Vorschläge des Abgleichs der in Ökobilanzen (Sachbilanz, Wirkungsbilanz) erarbeiteten Informationen mit umweltpolitischen Zielvorgaben bislang nicht aufgegriffen, wohl hingegen im Rahmen der Gesellschaft für Umwelttoxikologie und -chemie (SETAC). Die Enquete-Kommission unterstützt die Entwicklung eines Bewertungssystems, das auf solchen Umweltzielen fußt. An dieser Stelle muß darauf hingewiesen werden, daß bestimmte andere Fragestellungen mit erheblicher Umweltschutzrelevanz (zum Beispiel human-/ökotoxikologische Gefährdungsabschätzungen, Lärmbeeinträchtigungen, Arbeitsplatzsicherheit etc.) durch Ökobilanzen per se nicht erschließbar sind.

Einbezug ökonomischer und sozialer Aspekte

Der Methodenstreit zwischen Ökobilanzen und Produktlinienanalysen ist wenig fruchtbar und durch praktische Entwicklungen überholt.

Bei einigen durchgeführten, laufenden und geplanten Projekten (Ökovergleich von Trinkwasser- und Abwasserrohrleitungssystemen/VCI; Abfallmanagement bei Kunststoffen/VCI; Perspektiven für eine umweltverträgliche Automobilindustrie/IG Chemie-Papier-Keramik; Rapsölmethylester-Studie/UBA; Produktlinienanalyse Holz und Papier/ Umwelt- und Landwirtschaftsministerium Baden-Württemberg) werden bzw. wurden bestimmte ökonomische und soziale Aspekte, die für die Gesamtfragestellung relevant sind, zusätzlich zu der Ökobilanz erhoben und getrennt dargestellt (Arbeitsplatzeffekte, Arbeitsschutz, ökonomische Implikationen, Subventionsbedarf, soziale Bedeutung des Waldes etc.). Wenngleich Überlegungen zur gesellschaftlichen Bewertung und Prioritätensetzung noch ganz am Anfang stehen, ist eine Erweiterung der Ökobilanzmethode zur sozioökologischen Gewinn- und Verlustrechnung auch bei der Produktbewertung denkbar und wird von gewerkschaftlicher Seite angestrebt. Der Einbezug sozioökonomischer Aspekte bedarf der methodischen und praktischen Weiterentwicklung.

Ausblick

Einer „produktedeckenden" Anwendung dieses neuen Werkzeuges steht der erhebliche Aufwand entgegen, der nach bisheriger Erfahrung zur Erstellung einer Ökobilanz erforderlich ist. Daneben ist zu beachten, daß in der Regel für die Erarbeitung von Ökobilanzen branchen- und länderübergreifende Kooperationen nötig sind.

Die bisher von der Industrie erarbeiteten und veröffentlichten Sachbilanzmodule (Sachbilanzdaten für Teillebenswege), wie zum Beispiel die entsprechenden europäischen Datensätze für die Standardpolymere, stellen wichtige Basisinformationen dar und können die Erarbeitung von Produktbilanzen erheblich erleichtern bzw. zum Teil erst ermöglichen.

In der Enquete-Kommission ist umstritten, ob darüber hinaus eine systematische Ökobilanz-Erstellung für die wichtigsten Grundmodule beziehungsweise Produktgruppen erfolgen soll. Bei der Erstellung von Ökobilanzen gibt es bei der Datenerhebung große Schwierigkeiten. Der Datenzugang ist nicht geregelt, so daß die Erstellung von Ökobilanzen für Unternehmen, insbesondere kleine und mittlere Unternehmen, und für öffentliche Stellen erschwert sein kann oder nicht möglich ist. Im Hinblick auf dezentrale betriebliche und staatliche Informationssysteme und Qualitätssicherungssysteme sollte dabei wie beim Stoffstrommanagement generell verfahren werden (vgl. Kap. 6.9).

Bei öffentlich eingesetzten Produktbilanzen spielen die Begleitung und Prüfung eine wichtige Rolle. Im Zwischenbericht wurde deutlich, daß durch Vorentscheidungen im scoping das Endergebnis von Produktbilanzen beeinflußt werden kann. Daraus ergibt sich die Forderung, öffentlich eingesetzte Ökobilanzen und Produktlinienanalysen durch

Projektwerkstätten zu begleiten („Projektwerkstätten"). Eine weitere Möglichkeit besteht in peer reviews durch ein externes Expertenteam, das die Erstellung der Produktbilanzen begleitet und am Schluß ein kurzes Kommentargutachten vorlegt. Diskutiert wird auch die Einführung von vereidigten Ökobilanzprüfern (vergleichbar den Wirtschaftsprüfern).

Die Kommunikation von Ökobilanzergebnissen für den einzelnen Verbraucher ist bislang nicht ausreichend behandelt worden. Eine Möglichkeit stellen Umweltzeichen dar, die das Einhalten bestimmter Bedingungen garantieren, die aus Ökobilanzen abgeleitet wurden. Allerdings wird es nicht immer möglich und sinnvoll sein, Umweltzeichen zu vergeben.

7.4.3.2 Kooperationen

7.4.3.2.1 Branchenspezifische Kooperationen

Die Bedeutung von branchenspezifischen Kooperationen wurde bereits allgemein in Kapitel 6.7 und speziell für den Bereich Textilien in Kapitel 4.2 geschildert. Im Ausland gibt es auch bereits praktizierte Programme. Führ beschreibt die US-amerikanischen Kooperations-Programme *„Green Star"* und *„Design for the Environment"* (Führ, 1994, S. 146 ff. und S. 159 ff.).

Das Kooperationsprogramm *„Green Star"* (Beteiligte sind Firmen, die US-amerikanische Umweltbehörde EPA, teilweise Umweltverbände u. a.) hat zum Ziel, „Innovationsbarrieren durch gezielte Hilfestellungen zu überwinden und durch Effizienzgewinn Umweltentlastungen zu erzielen" (Führ, 1994, S. 146).

Ausgangspunkt war eine Initiative zur Raumbeleuchtung („Green Lights"), die inzwischen auch auf Computer („Green Stars") und Raumklimatisierung („Green Building") übertragen worden ist. Die beteiligten Firmen verpflichten sich, ihre Betriebseinrichtungen auf Optimierungspotentiale hinsichtlich der Energieeinsparpotentiale zu überprüfen und diese umzusetzen, wo:

1. dies ökonomisch gewinnbringend ist und
2. sich dadurch die Arbeitsbedingungen verbessern.

Dabei ist jährlich über die erzielten Verbesserungen zu berichten.

Das Programm wird dort umgesetzt, wo es für die Unternehmen innerhalb kurzer Zeit realisierbare ökonomische Einsparpotentiale gibt.

Eine weitere Voraussetzung ist die Beteiligung einer Anzahl möglichst homogener Unternehmen, um den Verwaltungsaufwand in der begleitenden Behörde zu reduzieren (Führ, 1994, S. 146 ff.)

Das Kooperationsunternehmen „Green Star" zielt in erster Linie auf Großunternehmen und große Beschaffer, weil dort die größten Einsparerfolge zu erreichen sind, und auf Produkte, die auch bei sehr verschiedenen Firmen ein ähnliches Einsatzspektrum haben (z. B. Energiesparlampen, Computer).

Durch die Behebung von innovationshemmenden informatorischen Defiziten ist die ökologische Effizienz des freiwilligen „Green-Star"-Programms groß. Die Einsparerfolge bei der Raumbeleuchtung sollen nach Angaben der EPA mittlerweile einen solchen Umfang haben, daß sie ausreichen, um sieben Atomkraftwerke zu ersetzen oder die Staaten New Hampshire und Vermont vollständig mit Strom zu versorgen. Die beträchtlichen ökonomischen Einsparpotentiale, z. B. bei Energiesparlampen, spiegeln sich darin wider, daß bereits innerhalb eines Jahres 30–60% der Investitionssummen eingespart werden konnten (Führ, 1994, S. 146 und 149). Aufgrund der hohen ökonomischen und ökologischen Effizienz und des in der Werbung verwendbaren „Green Star"-Symbols ist die Akzeptanz groß. Auf Behördenseite arbeiten US-weit nur 20 Personen, weil bei einer Vielzahl von Unternehmen sehr homogene Lösungen verwirklicht werden können (Führ, 1994, S. 149). Durch die Freiwilligkeit des Instruments gibt es keine Widersprüche zu geltendem Recht.

Ein anderes Beispiel stellt das EPA-Programm *„Design for the Environment"* dar. Das Ziel dieses Ansatzes ist es, einen Kommunikationsprozeß zwischen Herstellern und gewerblichen Nutzern in Gang zu setzen, um ausgehend von konkreten Handlungsfeldern gemeinsam über Produkte und Produktveränderungen nachzudenken. Über die Einbindung aller relevanten Akteure an einem Produktionsprozeß können so für bestimmte „Stoffdienstleistungen" optimierte stoffliche und/oder verfahrenstechnische Lösungen entwickelt werden und dabei gleichzeitig ökonomisch tragfähig die Umweltwirkungen verringert werden (Führ, 1994, S. 159).

Im Unterschied zu dem auf Großunternehmen ausgerichteten Kooperationsprogramm „Green Star" zielt das Kooperationsprogramm „Design for the Environment" auf kleine und mittlere Unternehmen, in der ersten Phase auf Druckereien und Wäschereien bzw. chemische Reinigungen.

7.4.3.2.2 Freiwillige Selbstverpflichtungen und Vereinbarungen

Freiwillige Kooperationslösungen stellen die instrumentelle Umsetzung des umweltrechtlichen Kooperationsprinzips dar (Führ, 1994, S. 141). Zu unterscheiden sind *einseitige Informations- und Selbstverpflichtungen* von *vertraglich festgelegten Kooperationsvereinbarungen*.

Das Grundprinzip besteht in der Freiwilligkeit der Industrie, Maßnahmen aus eigener Initiative zu ergreifen, um staatlichem Handeln vorauszueilen oder gar staatliches Handeln überflüssig zu machen. Dabei besteht kein rechtlicher Anspruch seitens des Staates auf die Erfüllung dieser Zielvorstellungen (Führ, 1994, S. 141).

Kooperationsvereinbarungen, Absprachen können auf freiwilliger Basis zwischen Unternehmen (Kooperationsabkommen auf Firmenebene, lokale Umweltschutzvereinbarungen, Hersteller/Nutzer-Kooperationen) sowie zwischen Unternehmen und Verbrauchern getroffen werden. Unter umweltpolitischen Überlegungen sind aber vor allem die freiwilligen Vereinbarungen zwischen einzelnen Unternehmen oder Branchen und dem Staat interessant. Für eine Stoffpolitik sind im Grunde Kooperationsabkommen für alle Stoffe denkbar, was jedoch noch nichts über ihre Zweckmäßigkeit sagt. Über Kooperationsabkommen wird den Unternehmen die Möglichkeit gegeben, ohne rechtliche Vorgaben die vereinbarten Ziele „freiwillig" zu erreichen. Häufig wird die Freiwilligkeit über die Androhung anderer Instrumente „gefördert".

Grundsätzlich hat dieses Instrument den Vorteil, daß den Unternehmen der individuelle Handlungsspielraum erhalten bleibt. Sein Einsatz ist an gewisse Voraussetzungen gebunden. Je homogener die Interessen bzw. je ähnlicher die einzelwirtschaftlichen Kostenverläufe sind, desto eher ist ein Konsens herbeizuführen. Insofern erscheint es nur selektiv einsetzbar und selbst dort bezüglich der Effizienz schwer zu beurteilen.

Absprachen sind auch nicht ohne Probleme. Tendenziell kann darüber hinaus mit einer Einhaltung von Absprachen gerechnet werden, wenn die staatlichen Organe bereits während der Verhandlungen deutlich machen können, daß es bei Nichteinhaltung von Absprachen zu (strengeren) gesetzlichen Regelungen kommen wird, und wenn die Umweltbelaster bei Einhaltung der Zusagen keine gravierenden wirtschaftlichen Nachteile erwarten. Grundsätzlich wird allerdings dann, wenn Verhandlungsabschlüsse zwischen staatlichen Organen und Branchenorganisationen getroffen werden, das Problem eines Freifahrerverhaltens einzelner branchenzugehöriger Unternehmen bestehen. Inwieweit diesem begegnet werden kann, hängt von den verbandsinternen Sanktionsmöglichkeiten ab.

Entsprechend wird die ökologische Effizienz der Vereinbarungen im Vergleich zu anderen möglichen Instrumenten teilweise bestritten, wie Führ beispielhaft an der Selbstverpflichtung der Aerosolindustrie zu FCKW-Spraydosen zeigt (Führ, 1994, S. 142). Nach Auffassung der chemischen Industrie ist die Selbstverpflichtung der Aerosolindustrie zu FCKW-Spraydosen ein hervorragendes Beispiel für gelungene freiwillige Vereinbarungen, wie in einem Gutachten von Steger (BDI, 1992) dargestellt ist. Im Rahmen der durch die Selbstverpflichtungen oder Vereinbarungen vorgegebenen quantitativ festgelegten Ziele wird die ökologische Effizienz jedenfalls in der Regel hoch eingeschätzt.

Aufgrund der freiwilligen Teilnahme der Unternehmen und der geringen Transaktionskosten kann davon ausgegangen werden, daß die Vereinbarungen jedenfalls regelmäßig ökonomisch effizient sind.

Die Akzeptanz der Vereinbarungen ist bei den beteiligten Akteuren (in der Regel Unternehmen und Staat) naturgemäß groß, bei den Arbeitnehmer-, Umwelt- und Verbraucherverbänden gibt es teilweise massive Kritik, nicht zuletzt, weil sie nicht in das Zustandekommen eingebunden sind (Führ, 1994, S. 144). Die politische Durchsetzbarkeit ist gleichwohl beträchtlich.

Die bisherigen Vereinbarungen wurden u. a. auch deshalb geschlossen, um langwierigen Verhandlungen auf EU-Ebene zu entgehen; durch den gemeinsamen Binnenmarkt werden jedoch zunehmend Vereinbarungen auf EU-Ebene notwendig. Gegen Verbandsabsprachen können insoweit wettbewerbsrechtliche Einwände im Sinne einer Kartellbildung erhoben werden (Führ, 1994, S. 144).

7.4.3.2.3 Kooperationen Unternehmen-Anwohner

Unter Kooperationen von Unternehmern mit Anwohnern lassen sich viele in der Ausgestaltung zum Teil aber sehr unterschiedliche Kooperationen zusammenfassen. Gemeint sind räumliche, „echte" Nachbarn (Anwohner eines Unternehmens; in den USA spricht man von „good neighbour agreements"), aber auch Arbeitnehmer, Einleiter und Anwohner eines Flusses (wie bei der nach dem Fluß benannten schweizerischen Glatt-Kommission) sowie Behörden. Die Bedeutung solcher Vereinbarungen ist je nach kultureller und rechtssystematischer Tradition unterschiedlich hoch. In Japan gab es 1990 etwa 30 000 solcher Vereinbarungen; in der Bundesrepublik Deutschland gibt es sie nur vereinzelt, aber mit steigender Tendenz (Führ, 1994, S. 152 ff.).

Auf lokaler Ebene gilt es, ökonomisch und ökologisch tragfähige Strategien für Unternehmen zu entwickeln. In diesen Prozeß sollten zugleich alle beteiligten Akteure aus der „Nachbarschaft" eingebunden werden, um tragfähige Konzepte für eine dauerhaft lebensfähige Struktur zu schaffen (Führ, 1994, S. 152).

Voraussetzung für den Abschluß lokaler Umweltschutzvereinbarungen ist die Bereitschaft der Beteiligten vor Ort, sich auf einen derartigen Lösungsweg einzulassen. Diese Bereitschaft kann sich vor allem aus Störfällen ergeben, aufgrund derer sich alle Beteiligten zusammensetzen und einen Dialog in Gang setzen. Gerade solche Maßnahmen sind zu unterstützen, welche die generelle Dialogbereitschaft fördern.

7.4.3.3 Ökologische Dienstleistungen und Umstellungen im Handel

7.4.3.3.1 Öko-Dienstleistungen

Da das Konzept von Öko-Dienstleistungen bislang nicht systematisch untersucht wurde, hat die Enquete-Kommission dazu ein Gutachten *„Elemente volkswirtschaftlichen und innerbetrieblichen Stoffstrommangements (Ökoleasing, Chemiedienstleistungen)"* vergeben (IÖW, 1994), deren Ergebnisse nachfolgend ausführlicher dargestellt werden.

Der bisher in der chemiepolitischen Diskussion übliche Begriff „Chemiedienstleistung" wird vom IÖW ersetzt durch den Begriff bzw. das Konzept der „funktionsorientierten ökologischen Optimierung", um ihn von traditionellen Dienstleistungen der Chemieindustrie abzugrenzen (IÖW, 1994, S. 8). Die Grundidee der ökologischen Funktionsorientierung beruht dem Gutachten zufolge darauf, daß materielle Güter als Problemlösung für bestimmte Funktionen verstanden werden. Ein Beispiel für die Unterscheidung zwischen einem Gut und der Funktion, die es erfüllt, ist Strom einerseits und Arbeit, Wärme, Licht andererseits. Die Stoßrichtung des Konzepts liegt darin, daß diejenige Problemlösung für eine gegebene Funktion gewählt wird, die

– einen möglichst geringen Stoffumsatz impliziert,

– das Kriterium hochwertiger Recyclierbarkeit erfüllt und

– ein Minimum an öko- und humantoxikologischen Risiken mit sich bringt (IÖW, 1994, S. 122).

Als Hauptchance stellen die Gutachter das Erkennbarwerden ökologischer Optimierungspotentiale durch die Veränderung des Blickwinkels vom Produkt zur Funktion heraus, z. B. bei Rasenmähern oder Schlagbohrmaschinen in Privathaushalten, die nur selten genutzt werden. Als Hauptrisiko wird ein möglicher strukturkonservativer Effekt genannt.

Ein weiteres Risiko besteht dem Gutachten zufolge darin, daß die beabsichtigte Substitution des Produkts durch eine Dienstleistung in der Praxis vielmehr zu einer Ergänzung bzw. Erweiterung der Handlungsmöglichkeiten und damit zu einer Vergrößerung der involvierten Stoffströme führen kann. Das IÖW führt als Beispiel an, daß Computer mit angeschlossenem Drucker noch den Papierverbrauch beschleunigt hätten (IÖW, 1994, S. 9 ff. und S. 122).

Instrumente einer ökologischen Funktionsorientierung werden in der Studie des IÖW näher untersucht und nach allgemeinen Überlegungen im Hinblick auf Gütertypen und den üblichen rechtssystematischen Überlegungen beurteilt.

Näher behandelt werden folgende Instrumente:

- *Ökoleasing am Beispiel von CKW-Lösemitteln* (IÖW, 1994, S. 22 f., 32 ff. und 38–78),
- *„least-cost-planning" am Beispiel von Düngemitteln* (IÖW, 1994, S. 23 f., 34 ff. und 79–108) und
- *Stoffagenturen am Beispiel von Bauprodukten* (IÖW, 1994, S. 109 ff.).

Es zeigt sich, daß die Beurteilung der einzelnen Instrumente differenziert erfolgen muß und keineswegs von einer pauschalen Eignung gesprochen werden kann.

Ökoleasing

Die drei Dimensionen Art der Vertragsgestaltung, Gattung des Leasingobjekts und Wartungsvereinbarung müssen zur ökologischen Optimierung je nach Produkt unterschiedlich kombiniert werden. Speziell für das Ökoleasing sollten folgende Bedingungen gelten: Es muß sich um ein herstellernahes Leasing ohne Kaufoption in der Form des „operating leasing" (jederzeit kündbar) handeln. Der Leasingnehmer muß der Endbesitzer des Leasinggutes sein. Interessant sind in der Studie die Erörterung weiterer Aspekte und Rahmenbedingungen für ein Ökoleasing-Modell und die Probleme eines „Zwangsleasing" (IÖW, 1994, S. 38–49). An verschiedenen Beispielen (car-sharing, Lufthansa) wird gezeigt, daß Leasing nicht zwangsläufig, sondern nur unter bestimmten Bedingungen ökologischer als das klassische Produkt ist.

Die in allgemeiner Form erörterte Idee eines „Zwangsleasing" wird am Beispiel der CKW-Lösemittel konkretisiert und letztlich als nicht verfassungskonform verworfen (IÖW, 1994, S. 63–72).

Im Gutachten des IÖW werden auch die Rahmenbedingungen für die Ausgestaltung freiwilliger privatrechtlicher Ökoleasing-Verträge erörtert.

Dabei wird die Idee eines gesetzlich geregelten Modells für Ökoleasing-Verträge – etwa analog den nicht völlig frei festlegbaren Mietverträgen für Wohnungen – entwickelt (IÖW, 1994, S. 73–75); allerdigs wird zumindest in einer Fußnote (S. 74) die aufgrund der vielfältigen Nutzung von CKW-Lösemitteln möglicherweise zu schwierige Festlegung auf eine Regelung problematisiert.

Least-cost-planning

Auch das Konzept des „least-cost-planning" (Minimalkostenplanung) wird stoffpolitisch ins Spiel gebracht. Es soll im Bereich der Stoffpolitik auf Verbrauchsgüter angewendet werden, um dort den Verbrauch ökologisch schädlicher Produkte einzuschränken. Der Nutzen für den Anwender wird in der Verringerung von Haftungsansprüchen aus dem Gebrauch bestimmter Produkte gesehen. Um die ökologische Wirksamkeit dieses Instruments zu erhöhen, werden vielfach begleitende Maßnahmen gefordert. So müßten als schädlich deklarierte Produkte verteuert werden, um einen Anreiz bei den Verbrauchern zu setzen, den Einsatz dieser Güter zu reduzieren oder auf umweltfreundlichere Substitute auszuweichen. Am Beispiel der Düngemittelindustrie können Schwächen dieses Instruments aufgezeigt werden, die auf Ausgestaltungsprobleme hinweisen.

Das „least-cost-planning" wird vom IÖW allgemein und am Beispiel der Düngemittel erörtert. Das Spezifische am „least-cost-planning", das im monopolisierten Energiebereich entwickelt wurde, ist der zusätzliche Einbezug des Einsparungspotentials der Nachfrageseite (demand-side) in die Kostenplanung des Unternehmens.

Die Darstellung im Gutachten benennt die ökologischen und ökonomischen Aspekte des Mineral-Düngemittelmarktes. Es wird hervorgehoben, daß das ökologische Optimum der Düngemittelausbringung unter dem ökonomischen Optimum und dieses wiederum unter dem Ertragsmaximum liegt. In der Praxis zeigt sich – so das Gutachten –, daß deutlich zu viel Dünger ausgebracht wird (IÖW, 1994, S. 85). Bei der Diskussion der Ziele und Voraussetzungen für eine ökologisch orientierte Düngemittelwirtschaft unter Einbezug des Wirtschaftdüngers werden Änderungen der Gülleverordnung und eine Verteuerung des Mineraldüngers gefordert, die im Hinblick auf das „least cost planning-Konzept" untersucht werden.

Die beiden wichtigsten Voraussetzungen für die erfolgreiche Anwendung des „least-cost-planning" sind dem Gutachten zufolge:

– Eine Einsparung auf der Nachfrageseite muß billiger sein als der Zubau von Produktionskapazitäten auf der Angebotsseite.

– Es müssen hohe Markteintrittsbarrieren existieren, so daß das Angebot von Einsparungsdienstleistungen nicht zu einer unmittelbaren Verschlechterung der Konkurrenzsituation des Anbieters führt.

Beide Voraussetzungen sind im Düngemittelbereich in dieser Form nicht gegeben. Die zusätzlichen Kosten für eine Düngemitteleinsparung dürften die eingesparten Herstellkosten für die weniger abgesetzten Mengen übersteigen. Ferner gibt es keine nennenswerten Markteintrittsbarrieren: Düngemittel werden dort gekauft, wo sie am kostengünstigsten sind. Deshalb bedarf es veränderter Rahmenbedingungen des Markthandelns, damit das Konzept des „least-cost-planning" erfolgreich auf die Düngemittelwirtschaft angewendet werden kann. Dazu können zählen:

– eine Düngemittelabgabe,
– Festlegung von Höchstmengen des Düngemitteleinsatzes per Verordnung,
– ein Fachkundenachweis des Düngemittelanwenders.

Die vorgeschlagenen Instrumente werden allgemein rechtlich (wie oben beim „Zwangsleasing") und vor dem Hintergrund des Düngemittelgesetzes und der geplanten Düngemittelanwendungs-Verordnung als Umsetzung der EG-Nitrat-Richtlinie geprüft. Die Vereinbarkeit mit dem EU-Recht wird bejaht; die Beurteilung einer Düngemittelabgabe bleibt dabei allerdings offen.

Stoffagenturen und „contracting"

Der Begriff der Stoffagentur ist analog zu dem der Energieagentur gebildet worden. Energieagenturen haben zum Ziel, den Energiekunden Einsparungs- und Substituierungsmöglichkeiten des Energieverbrauchs bei gleichzeitiger Funktionserfüllung aufzuzeigen (IÖW 1994, S. 24). Das IÖW schlägt vor, dieses Prinzip auf den allgemeinen Stoffbereich zu übertragen.

Stoffagenturen sollen demnach Einsparungs- und Substitutionsmöglichkeiten für ökologisch problematische Stoffe und Güter informatorisch vermitteln. Stoffagenturen können für alle Gütertypen eingesetzt werden, die ein ökologisches Problem darstellen und für die ökologische Optimierungsmöglichkeiten in der Anwendung bestehen. Ziel der Stoffagenturen ist es, den Verbrauchern Vorschläge und Konzepte ökologisch verträglicherer Substitute zu unterbreiten. Stoffagenturen sollen den Verbrauchern und Unternehmen helfen, die Kosten der Informationsbeschaffung zu senken. Der Verbraucher besitzt nach Ansicht der Befürworter dieser Agenturen nicht die Transparenz über Produktalternativen. Hier sollen die

Stoffagenturen weiterhelfen. Die erforderliche Objektivität sowie der notwendige Informationsstand (etwa bei der Einführung neuer Produkte oder Stoffe) müßten allerdings gewährleistet werden.

Aus den USA wird hier von einigen Erfahrungen berichtet: Das „Green-Star-Programm" (s. dazu Kap. 7.4.3.2.1) konzentriert sich auf die Informationsvermittlung und die Einführung bei schwerpunktmäßig ausgewählten Produkten (vgl. Führ, 1994, S. 146 ff. und Kap. 7.4.3.2.1). Für toxische Stoffe wurde im Rahmen des Massachusetts Toxic Use Reduction Plan ein entsprechendes Institut eingerichtet (Führ, 1994, S. 53 ff.), in der Bundesrepublik gibt es Abfallagenturen als Vorbilder.

7.4.3.3.2 Sortimentsumstellung im Handel

Handelsunternehmen stehen an der Schnittstelle zwischen Produzenten und Verbrauchern. Damit kann der Handel den Einsatz umweltfreundlicher Produkte im Rahmen einer Sortimentsumstellung forcieren („ecology-pull-Strategie").

Besonders stark kann der Einfluß einer nach umweltverträglichen Kriterien ausgerichteten Angebotspolitik durch

– eine bewußte Lieferantenauswahl unter ökologischen Gesichtspunkten,

– eine direkte Einflußnahme auf den Lieferanten hinsichtlich Produktgestaltung und Produktbeschaffenheit wirken.

Der Umweltaspekt kann als Marketinginstrument im Handel genutzt werden, zur Umstellung des Sortiments hin zu einem ökologisch orientierten Angebot. Eine fundierte Produktbewertung ist bei oft mehreren zehntausend Artikeln im Sortiment meist nicht möglich. Weiterhin muß beachtet werden, daß eine Sortimentsumstellung nur dort möglich ist, wo seitens der Verbraucher die entsprechende Nachfrage vorhanden ist. Die Sortimentsumstellung im Handel stellt eher eine Managementstrategie als ein Instrument dar.

7.4.3.4 Umweltinformationen für Nachfrager

7.4.3.4.1 Information der Verbraucher

Für das proaktive umweltbewußte Verhalten von Verbrauchern und entsprechende Marktentscheidungen spielen Umweltinformationen, Produktbewertungen bzw. -kennzeichnungen und Klagerechte eine wichtige Rolle; gleiches gilt auch für das Wettbewerbsrecht (vergleichende Werbung). Umweltinformationen werden entsprechend auch als „Königsweg" des Umweltschutzes beschrieben. Proaktives Handeln ist nicht nur bei Produktionsunternehmen, sondern auch bei Handelsunternehmen (Sortimentsumstellung, vgl. Kap. 7.4.3.3.2 und Führ, 1994, S. 69 ff.), im öffentlichen Beschaffungswesen (s. Kap. 7.4.3.4.2) und durch umweltorientiertes Kauf- und Gebrauchsverhalten der Verbraucher möglich (Führ, 1994, S. 129 ff.). Wichtige Instrumente wie Ökobilanzen und Produktlinienanalysen sowie Ökoleasing sind bereits behandelt worden. Insoweit wird deutlich, wie vielschichtig und übergreifend sich die Klaviatur informatorischer und freiwilliger Maßnahmen darbietet. Dies wird auch deutlich an der Forderung von Führ, für die staatliche Umweltplanung und Schwerpunktsetzung Stoffstromregister für die wichtigsten Stoffe und Produkte zu schaffen (Führ, 1993, S. 8). Beispiele hierfür sind nach Führ das Toxic Release Inventory oder der weiterentwickelte Massachusetts Toxic Use Reduction Plan (s. Kap. 7.4.3.1.1; Führ, 1994, S. 45 ff.).

Die Vermittlung von Informationen kann zum einen auf privater Ebene zur Anwendung kommen, zum anderen als hoheitliches umweltpolitisches Instrument. Im ersten Fall dient dieses Instrument der Verbesserung von Absatzchancen der Produkte, der Akzeptanzssteigerung von Verfahren und Produkten u. ä. Trotz des möglichen Mißbrauches hat ein derartiges Instrument seinen Platz, weil es auch dazu dienen kann, Informationsdefizite abzubauen. Kommen Informationen als hoheitliches umweltpolitisches Instrument zur Anwendung, kommt ihnen sowohl eine eigenständige als auch eine ergänzende sowie eine ausführende Funktion zu. Unter ausführendem Blickwinkel dient dieses Instrument vor allem der Umsetzung von Geboten, wenn diese eine Kennzeichnungspflicht verlangen. Die ergänzende Funktion bezieht sich darauf, Informationen über Einzelheiten der Anwendung anderer umweltpolitischer Instrumente zu vermitteln.

Produktkennzeichnungen und Umweltzeichen

Die Funktionsfähigkeit des marktwirtschaftlichen Wettbewerbs setzt auf seiten der Nachfrager einen Informationsstand voraus, der ein ihren tatsächlichen Präferenzen entsprechendes Nachfrageverhalten ermöglicht. Während dem Nachfrager relevante Entscheidungsparameter wie Produktpreise und Gebrauchswert normalerweise, teils aufgrund staatlicher gesetzter Rahmenbedingungen, ohne weiteres zugänglich oder spätestens beim Gebrauch erfahrbar sind, kann er die Umweltverträglichkeit von Stoffen oder Produkten normalerweise nicht aus eigener Anschauung und Erfahrung beurteilen und entsprechende Präferenzen daher weniger leicht als preis- und sonstige qualitätsbezogene Präferenzen marktgemäß zur Geltung bringen. Funktionsfähiger Wettbewerb in diesem Bereich erfordert daher eine Verbesserung informatorischer Voraussetzungen der Konsumentensouveränität. Dazu bietet es sich an, über den wettbewerbs- und lebensmittelrechtlichen Schutz des Verbrauchers vor irreführender Werbung hinaus Kennzeichnungspflichten zu erweitern, einfache Orientierungen durch geschützte Bezeichnungen und Gütesiegel zu ermöglichen und die Zulässigkeit objektiver, nicht wettbewerbsverzerrender Verbraucherinformationen durch öffentliche Träger auf klarere gesetzliche Grundlagen zu stellen (Lübbe-Wolff, 1994, S. 133 f.).

Eine Auflockerung des Wettbewerbsrechts könnte unter Umständen zu einer Verbesserung der Informationen führen. In der Bundesrepublik Deutschland ist die vergleichende Werbung untersagt. Über die Erlaubnis einer vergleichenden Werbung bezüglich des Stoffeinsatzes bzw. der umweltrelevanten Parameter könnte das Ziel einer stoffstrombewußteren Wirtschaftsweise erreicht werden (vgl. Führ, 1994, S. 124 ff.). Dies würde aber voraussetzen, daß die umweltrelevanten Parameter überprüfbar sind und vom Verbraucher nachvollzogen werden können. Da letzteres nicht immer gewährleistet ist, könnte aber auch die Verwirrung steigen.

Durch die prinzipielle Entscheidung zum Kauf eines Produkts bzw. der Entwicklung eines entsprechenden Bedürfnisses und durch den Kauf möglichst umweltfreundlicher Produkte können Verbraucher am Markt eine Nachfrage in Richtung umweltfreundlicher Produkte ausüben. Voraussetzung hierfür ist eine ausreichende Kenntnis der Umwelt- und Gesundheitseinflüsse, die durch das Produkt bedingt sind. Hierfür sind eine Reihe von Kennzeichnungen entwickelt worden, die allerdings überwiegend nur Teilaspekte der gesamten Produktlinie betreffen (vgl. auch die Ausführungen zu Textilkennzeichnungen in Kap. 4.2).

In der Bundesrepublik Deutschland und in den wichtigsten Industrieländern gibt es übergreifende Kennzeichnungen in Form eines „Umweltzeichens" für ausgewählte Produkte (Führ, 1994, S. 129 ff.). Durch die EG-Verordnung über ein gemeinschaftliches System zur Vergabe eines Umweltzeichens (EWG-Verordnung Nr. 880/92) ist auf EU-Ebene ein einheitliches „eco label" eingeführt worden. Bestehende und zukünftige Zeichen auf nationaler Ebene bleiben davon jedoch unberührt. Mit den Umweltzeichen sollen Produkte ausgewiesen werden, die relativ umweltfreundlicher sind als Vergleichsprodukte. Voraussetzung ist die Erfüllung bestimmter Vergabekriterien nach dem Prinzip der ganzheitlichen Betrachtungsweise („von der Wiege bis zur Bahre"). Teilweise sollen dabei Ökobilanzen erarbeitet werden.

Bei allen Umweltzeichen, die auf eine Verbesserung der Informationen abzielen, ist Voraussetzung, daß eine Normierung der Umweltzeichen vorab festgelegt wird. Es muß sichergestellt sein, daß eine ausreichende Anzahl von Produktgruppen und Produkten einbezogen wird und Vergabekriterien existieren, die eine Standardisierung zulassen. Die Überprüfbarkeit der Kriterien, mit denen für ein umweltbewußteres Produkt geworben wird, muß möglich sein.

Die zentralen Akteure sind die nachfragenden Verbraucher und die Unternehmer, die sich mit einem Produkt für das Umweltzeichen bewerben bzw. dieses erhalten. Beim europäischen Umweltzeichen ist die Beteiligung der Verbraucher- und Umweltverbände – anders als beim deutschen Umweltzeichen – gering (Führ, 1994, S. 130). In der Regel werden nur „zentrale" Umweltauswirkungen bzw. entsprechende Stoffemissionen betrachtet.

Durch die zum Teil durchgeführten Produkt-Ökobilanzen und die ausführlich festgelegten Vergabebedingungen werden vergleichsweise viele Informationen erhoben, beim unmittelbaren Kauf ist der Informationswert allerdings gering; Führ schlägt hier die Beifügung eines „Beipackzettels" vor (Führ, 1994, S. 132).

Die ökologische Effizienz der bisherigen Umweltzeichen ist nicht eindeutig zu bestimmen, da keine systematische Erfolgskontrolle durchgeführt wird. Aus der Anzahl der bisher ausgezeichneten Endprodukte, die sich allerdings auf eher wenige Produktgruppen konzentrieren, kann nicht direkt auf eine Umweltentlastung geschlossen werden. Die Praktikabilität der Umweltzeichen ist gleichwohl hoch, beim bundesdeutschen Umweltzeichen gibt es hier bereits eine langjährige Erfahrung.

Die Akzeptanz der Umweltzeichen beim Verbraucher hängt im großen Maße von den Stellungnahmen von Umwelt- und Verbraucherverbänden zu Umweltzeichen bzw. deren Mitentscheidungsbefugnis bei der Bestimmung der Vergabekriterien ab (Führ, 1994, S. 133).

7.4.3.4.2 Öffentliches Beschaffungswesen

Das öffentliche Beschaffungswesen unterliegt hinsichtlich der Vergabe von Aufträgen der Verdingungsordnung für Leistungen. Damit ist der Handlungsspielraum gegenüber „freien Einkäufern" eingeschränkt. Jedoch kann bei der öffentlichen Beschaffung eine Fokussierung auf bestimmte Eigenschaften vorgenommen werden, die nicht nur unter Kostenaspekten verglichen werden müssen, z. B. die bewußte Hervorhebung der Umweltverträglichkeit von Produkten (COGNIS, 1994 b, S. 13 ff.).

7.4.3.4.3 Umweltinformationen für die Öffentlichkeit

Über die Nachfragekomponente hinaus erhalten Umweltinformationen für die Öffentlichkeit eine eigenständige Bedeutung. So wird teilweise in den von der Enquete-Kommission vergebenen Untersuchungen die nicht ausreichende Transparenz beziehungsweise die bislang nicht ausreichende Zugänglichkeit von Umweltinformationen kritisiert. Rehbinder analysiert das geltende Recht im Hinblick auf die Transparenz und stellt fest, daß eine ausreichende Transparenz zwar hinsichtlich der Eigenschaften von Schadstoffen, nicht jedoch hinsichtlich der Schadstoffströme gewährleistet sei (1994, S. 33 und 37). Ewers und Brenck monieren am geltenden Chemikalienrecht „die geringe Transparenz der Entscheidungen, die fehlende Öffentlichkeitsbeteiligung" (1994, S. 15). Lübbe-Wolff stellt bei ihrer Untersuchung über Vollzugsdefizite fest: „Vollzugsdefizite gedeihen am besten im Dunkeln. Das Licht der Öffentlichkeit bekommt ihnen weniger gut" (1994, S. 214).

Rehbinder diskutiert Instrumente zur Verwirklichung der stoffpolitischen Zielvorstellungen; insbesondere schlägt er vor,

– Regelungen zur Information und Transparenz auszuweiten, z. B. durch Ausweitung auf den gesamten Produktlebenszyklus, unter Konzentration der Informationspflicht auf den Hersteller von Erzeugnissen (1994, S. 58–62);

– die Partizipation der Öffentlichkeit beziehungsweise generell der „beteiligten Kreise" deutlich zu erhöhen (1994, S. 72f.).

Im Hinblick auf den Vollzug von Gesetzen fordert Lübbe-Wolff eine öffentliche Vollzugs-Berichterstattung im Sinne einer systematischen Gegenüberstellung von Vollzugsbedarf und tatsächlich geleisteter Vollzugsarbeit. Auch für Arbeitnehmer fordert Lübbe-Wolff besondere Informationsrechte in Angelegenheiten des betrieblichen Umweltschutzes (Lübbe-Wolff, 1994, S. 219ff.).

Die vorgenannten Ansätze gehen davon aus, daß systematisch Daten erhoben werden müssen, um zielgerichtete umweltpolitische Maßnahmen abzuleiten. Dem Staat kommt dabei die Aufgabe zu, allgemeine Rahmenbedingungen aufzustellen. Die Verbraucher sollen über erweiterte Informationsgrundlagen Entscheidungen treffen und den Unternehmen Leistungsanreize zur Entwicklung umweltverträglicherer Produkte liefern. Unternehmen sollten für ihr umweltrelevantes Verhalten ausgezeichnet werden, sowohl positiv wie auch negativ (Öko-Audit, eco-rating).

Die Übergänge zwischen einer offensiven Berichterstattung der Unternehmen (z. B. das selbstveranlaßte Öko-Audit, Ökobilanzen und Umweltberichte) und zum Teil ordnungsrechtlich nachgefragten Informationen, wie dem TRI oder gemäß dem Umweltinformationsgesetz, sind zum Teil fließend. Der wesentliche Unterschied liegt in der Art der Verpflichtung und in der Systematik (Führ, 1994, S. 174f.).

Die Förderung der Vertretung von Gemeinwohlinteressen, z. B. durch Einführung des Verbandsklagerechts, kann nach Ansicht von Führ wesentlich zu einer Stärkung des Umweltschutzes beitragen (Führ, 1994, S. 11 und S. 111). Das Instrument der Verbandsklage würde es Umweltschutzverbänden ermöglichen, Unternehmen auf unterlassenen Umweltschutz zu verklagen, sofern daraus Schäden für die Umwelt entstanden sind. Voraussetzung für die Verbandsklage wäre die weitere Anerkennung von Umweltschäden als Gemeinwohlinteresse. Entsprechende Erfahrungen gibt es in den Niederlanden und anderen Industrieländern. Die dort gemachten Erfahrungen werden von Lübbe-Wolff als positiv bezeichnet (Lübbe-Wolff, 1994, S. 223 f.). Die Kommission konnte sich aus Zeitgründen keine Meinung zu der von Führ befürworteten Verbandsklage bilden.

Der Rat der Europäischen Gemeinschaften hat die Richtlinie über den freien Zugang zu Informationen über die Umwelt (EWG-Verordnung Nr. 313/90 vom 7. Juni 1990) erlassen. Ziel dieser Richtlinie ist es, den freien Zugang zu den bei Behörden vorhandenen Informationen über die Umwelt sowie die Verbreitung dieser Informationen zu gewährleisten und die grundlegenden Voraussetzungen festzulegen, unter denen derartige Informationen zugänglich gemacht werden sollen (Artikel 1). In der Bundesrepublik Deutschland gilt das Umweltinformationsgesetz vom 9. Juli 1994.

Mit ihrem „Responsible Care-Programm" will die chemische Industrie Sicherheit, Gesundheit und Umweltschutz – unabhängig von ordnungsrechtlichen Vorgaben – verbessern und Vertrauen und Akzeptanz der Bürger gewinnen (s. Kap. 3.4.4). Hierzu hat der VCI sich im Jahre 1986 Umweltleitlinien gegeben und die Zielvorgabe gesetzt, durch sachliche Information der Öffentlichkeit dafür zu sorgen, daß Eigenschaften und Auswirkungen chemischer Stoffe und Produkte richtig bewertet werden können.

Wendet man „Responsible Care" auf Produkte an, so handelt es sich um ein verantwortungsvolles Management der Gesundheits-, Sicherheits- und Umweltaspekte eines Produktes. Der europäische Chemieverband (CEFIC) nennt ein derartiges Produktmanagement, das alle Stadien im Lebensweg des Produktes abdeckt, „Product Stewardship-Programm". Es soll durch kontinuierliche und kosteneffektive Maßnahmen aktuelle und potentielle Risiken vermindern, die mit der Erzeugung, Verpackung, Distribution, dem Umgang, Gebrauch und der Entsorgung von Produkten verbunden sind.

7.4.3.5 Umweltbildung

Während der Begriff Umweltkommunikation die Bereitstellung und Vermittlung von Umweltinformationen durch Unternehmen und den Dialog mit Staat, Öffentlichkeit und Nachbarschaft umfaßt, zielen Maßnahmen der Umweltbildung auf das Bildungssystem. Nach Ansicht des Sachverständigenrates für Umweltfragen beinhaltet Umweltbildung die Vermittlung von ökologischen Schlüsselqualifikationen zur Bewältigung der Umweltkrise (SRU, 1994, Tz. 406). Der Rat sieht die entscheidende ökologische Schlüsselqualifikation in dem grundlegenden Verstehen des umweltethischen Prinzips der Retinität. Mit Retinität wird die Gesamtvernetzung der Kulturwelt mit der Natur gekennzeichnet. Als generelle Informationsinstrumente empfiehlt der Sachverständigenrat die Einführung eines Berichtssystems für Umweltbildung, die Einrichtung einer Umweltbildungsdatenbank, die Durchführung von Kongressen zur Umweltbildung, eine verstärkte Evaluation von Modellvorhaben und Projekten sowie die Durchführung von Forschungsprogrammen mit dem Schwerpunkt Umweltbildung (SRU, 1994, Tz. 72). Der Rat schlägt umweltbildungspolitische Maßnahmen im einzelnen für Schule, berufliche Bildung, Hochschule, Weiterbildung und übergreifend für alle Bereiche vor (SRU, 1994, Tab. I.16).

7.4.4 Indirekte Wirkungen auf Stoffströme anderer Politik- und Regelungsbereiche

In allen Politikbereichen gibt es eine Vielzahl von rechtlichen Regelungen, Infrastrukturmaßnahmen, steuerlichen bzw. Subventionstatbeständen, die auf Stoff- und Energieströme in Richtung Erhöhung und Beschleunigung, zum Teil aber auch in der entgegengesetzten Richtung wirken. Das Leitbild der nachhaltig zukunftsverträglichen Entwicklung verlangt, die Politik- und Regelungsbereiche, die nicht unmittelbar auf Umwelt und Gesundheit ausgerichtet sind, in Zukunft verstärkt in die Überlegungen einzubeziehen.

Deshalb werden in diesem Kapitel auch beispielhaft Regelungen und Tatbestände beschrieben, mit denen die große Bedeutung gerade der nichtintendierten Regelungs- und Politikbereiche veranschaulicht werden kann.

Wie aus den Ausführungen zum *Bedürfnisfeld Mobilität* (s. 4.3) bereits deutlich wurde, gibt es im Rahmen der Verkehrs-, Regional- und Strukturpolitik eine große Zahl von Regelungen, die unmittelbar auf die Art der Mobilität Einfluß nehmen und damit die Stoff- und Energieströme unmittelbar beeinflussen. Beispielsweise gibt es eine rechtliche Verpflichtung, beim Bau von Privatwohnungen ebenso wie von Firmengebäuden, Geschäften etc. eine entsprechende Zahl von Parkplätzen zur Verfügung zu stellen („Stellplatzzwang"). Diese Regelung hat unmittelbar zur Folge, daß die Zahl der PKW und das Verkehrsaufkommen beeinflußt wird. Selbst weniger weitgehende Detailregelungen in der derzeitigen Auslegung der Steuergesetze haben weitreichende Wirkungen auf die Stoff- und Energieströme. Beispielsweise wird nach geltender Rechtslage die Bereitstellung von Parkplätzen für die Arbeitnehmer von Unternehmen nicht als geldwerter Vorteil im Sinne des Einkommensteuerrechts gesehen. Dagegen ist die Zur-Verfügung-Stellung eines Job-Tickets für die Bediensteten nach bisheriger Rechtsprechung pauschal zu versteuern. Daß durch diese Gestaltung der Rahmenbedingungen die Verkehrsmittelwahl unmittelbar beeinflußt wird und von ihr die Energie- und Stoffströme sowie die daraus folgenden Emissionen und weiteren ökologischen sowie gesundheitlichen Folgen abhängig sind, liegt auf der Hand. Ebenso gehen von den aus Sicherheitsgründen erlassenen technischen Normen und Sicherheitsvorschriften beispielsweise bezüglich der Überprüfung der Verkehrstauglichkeit von Fahrzeugen unmittelbar Auswirkungen auf deren Lebensdauer und damit die Stoff- und Energieströme aus.

Es ist offensichtlich, daß eine Beeinflussung der Stoff- und Energieströme über eine entsprechende Internalisierung, wie sie oben im Zusammenhang der ökonomischen Instrumente diskutiert wurde, durch eine entsprechende Anpassung dieser aus anderen Zielfestlegungen erwachsenen Regelungen entsprechend der Ausrichtung auf eine nachhaltig zukunftsverträgliche Entwicklung mitanzupassen sind.

Für die *Raum- und Siedlungspolitik*, die im engen Zusammenhang mit Mobilität steht, ließen sich vergleichbar entsprechende Beispiele anführen. Dies läßt sich bereits an ganz wenigen Stichworten aufzeigen. Beispielsweise erfolgte die Gebietsreform im westlichen Teil Deutschlands in den 60er und 70er Jahren mit der Begründung, daß effektive Verwaltungseinheiten erforderlich sind; (die damalige Argumentation Bezug nehmend auf den Stand der seinerzeit eher zentralisierend wirkenden Computertechnik ist angesichts der zwischenzeitlich technischen Entwicklungen interessant). Dadurch wurden aber die Wege vielfach verlängert. Vergleichbar war in der Schulpolitik eine entsprechende zentralisierende Tendenz lange Zeit vorherrschend.

Im Rahmen des Kapitels Forschung und Entwicklung (Kapitel 3.4.1) wurde bereits auf die *Forschungs- und Technologiepolitik* eingegangen. Beispielsweise wurden in den vergangenen Jahren eine ganze Reihe von Forschungsprojekten gefördert, in denen Überlegungen, die Stoff- und Energieeffizienz zu steigern und Anstrengungen in Richtung der Schließung von Stoffkreisläufen (besser: haltbare Werkstoffe mit geringeren Umweltbelastungen etc.) im Mittelpunkt stehen. Auf der anderen Seite gibt es aber nach wie vor wichtige Bereiche der FuE-Politik, in denen Anreize in die entgegengesetzte Richtung auf eine Steigerung und Beschleunigung der Stoffströme ausgehen.

Auch im Bereich der *Landwirtschaftspolitik* gibt es gegenläufige Anreize. Zum einen läuft die Agrarpolitik immer noch in der Grundausrichtung dahin gehend, daß die Bauern verstärkt rationalisieren und die Produktion intensivieren müssen. Die damit zunehmende Mechanisierung und ein steigender Stoffmitteleinsatz sind zu beachten. Zwischenzeitlich gibt es jedoch auch gegenläufige Tendenzen. Beispielsweise wurde die Beratungspraxis dahin gehend geändert, daß integriertem Pflanzenschutz und ökologischem Landbau ein viel stärkeres Gewicht beigemessen wird.

Diese Beispiele ließen sich über alle Felder der Politik hinweg verlängern. Zusammenfassend kann formuliert werden: Ergänzend zu den Instrumenten mit einer intendierten direkten Wirkung auf die Stoff- und Energieströme sind die anderen Politikfelder und Regelungsbereiche systematisch und kontinuierlich in der Ausrichtung auf das Leitbild der nachhaltig zukunftsverträglichen Entwicklung weiterzuentwickeln.

Dies kann mit dem Querschnittaspekt Finanzierung verglichen werden. So wie bei jeder Maßnahme, ob Gesetz, Infrastrukturmaßnahme, nachgesetzliche Regelung etc. anzugeben ist, welche Kosten dadurch entstehen, ist in Zukunft ergänzend auszuweisen, inwieweit Anreize in Richtung auf eine Steigerung und Beschleunigung von Stoff- und Energieströmen ausgehen bzw. inwieweit gegenteilig Anreize und Wirkungen zu erwarten sind.

Dies bedeutet nicht, daß damit die anderen Zielfestlegungen zwangsweise nachrangig sind. Vielmehr wird zum Ausdruck gebracht, daß in die Abwägung aller Politikbereiche die Gestaltungsregeln des Leitbilds der nachhaltig zukunftsverträglichen Entwicklung einzubeziehen sind, ebenso wie im Bereich der Umwelt- und Gesundheitspolitik soziale und ökonomische Ziele in der Abwägung zu beachten sind.

7.5 Prüfaufträge

Die Enquete-Kommission hat über Auswahl, Gewichtung und Anwendung der beschriebenen stoffpolitischen Instrumente noch keine eingehende Diskussion führen können. Dies war u. a. auch deshalb nicht möglich, weil stoffpolitische Instrumente und Umweltziele aufeinander bezogen sein müssen. Bei der Verfolgung von Umweltzielen gilt es, ökonomische und soziale Aspekte mit zu berücksichtigen. Stoffpolitische

Umweltziele sind bislang nur ansatzweise diskutiert worden. Dennoch lassen sich Felder beschreiben, auf denen vorrangiger Untersuchungs- und Handlungsbedarf besteht.

Im folgenden werden einzelne Felder aufgelistet, die zugleich Prüfaufträge für eine Enquete-Kommission in der nächsten Wahlperiode sein können:

- Wie können nationale und internationale Umweltziele aufgestellt und operationalisiert werden? (s. Kap. 3.3.1; 3.4.5; 5.3.2.1; 6.1; 6.6.4; 6.7.2; 6.9; 7.1)
- Wo liegt Handlungsbedarf für eine Modernisierung des Ordnungsrechts? (s. Kap. 7.4.1)
- Wie kann der Knappheit der Umweltgüter durch Einbezug externer Effekte in interne Kosten Rechnung getragen werden? (s. Kap. 7.4.2)
- Wie kann proaktives Verhalten politisch gefördert werden? (s. Kap. 6.9; 7.4.3)
- Wie können Instrumente einzeln oder in Kombination eingesetzt werden, um konkrete Umweltziele treffsicher und effizient zu erreichen? (s. Kap. 7.2)
- Welche Voraussetzungen und welche politischen Anstöße sind erforderlich und angemessen, um das Stoffstrommanagement für ökologische Ziele zu optimieren? (s. Kap. 6)
- Wie können technische, soziale und gesellschaftliche Innovationen gefördert werden, um die Voraussetzungen für eine nachhaltig zukunftsverträgliche Entwicklung des Wirtschaftens zu schaffen? (s. Kap. 3.4; 6.9)

8 Empfehlung zur Fortsetzung der Arbeit der Enquete-Kommission in der nächsten Wahlperiode

In den zweieinhalb Jahren der Tätigkeit der Enquete-Kommission „Schutz des Menschen und der Umwelt – Bewertungskriterien und Perspektiven für umweltverträgliche Stoffkreisläufe in der Industriegesellschaft" sind wesentliche Teile des Auftrages, der im Einsetzungsbeschluß des Deutschen Bundestages formuliert worden ist, bearbeitet worden.

Dazu gehören am Leitbild einer nachhaltig zukunftsverträglichen Entwicklung (sustainable development) ausgerichtete grundlegende Regeln des Umgangs mit Stoffen, die Auseinandersetzung mit der Bedeutung des Produktionsfaktors Natur als Engpaßfaktor für die wirtschaftliche Entwicklung, die Beschreibung von ökonomischen, ökologischen und sozialen Kriterien für eine nachhaltig zukunftsverträgliche Entwicklung, die Erarbeitung des Konzeptes des Stoffstrommanagements als innovationsorientierte Strategie zur Überwindung umweltbedingter Knappheiten und die Untersuchung geeigneter politischer und ökonomischer Rahmenbedingungen und Instrumente. Die Kommission hat diese Schwerpunkte einerseits durch Weiterführung konzeptioneller Ansätze der nationalen und internationalen Umwelt- und entwicklungspolitischen Diskussion und andererseits durch die Bearbeitung konkreter Fallbeispiele herausgearbeitet. Eine zufriedenstellende, fundierte Ausarbeitung dieser Schwerpunktbereiche konnte in der kurzen zur Verfügung stehenden Zeit noch nicht erfolgen.

Der im Auftrag enthaltene Anspruch, Leitbilder und Entwicklungspfade für die zukünftige Entwicklung der Stoffwirtschaft in der Industriegesellschaft unter Berücksichtigung ökologischer, ökonomischer und sozialer Kriterien herauszuarbeiten, konnte erst ansatzweise eingelöst werden.

Die Kommission schlägt dem Deutschen Bundestag vor, in der nächsten Wahlperiode die Arbeit mit folgenden Schwerpunkten fortzusetzen:
– Entwicklung von Umweltzielen (z. B. Emissionsreduktionsziele) als Orientierungsrahmen für das Stoffstrommanagement und die Stoffpolitik

- Operationalisierung grundlegender Regeln für eine nachhaltig zukunftsverträgliche Stoffwirtschaft
- Benennung, Operationalisierung und Gewichtung von ökologischen, ökonomischen und sozialen Bewertungskriterien im Hinblick auf eine effektive und effiziente Entscheidungsfindung im Stoffstrommanagement und in der Stoffpolitik
- konzeptionelle und beispielorientierte Weiterentwicklung von Bewertungsverfahren und Managementmethoden eines akteursübergreifenden Stoffstrommanagements unter besonderer Berücksichtigung diskursiver und kooperativer Vorgehensweisen
- Prüfung und Weiterentwicklung der Einsatzmöglichkeiten von Ökobilanzen, Stoffstromanalysen und Produktlinienanalysen
- Entwicklung von Strategien zur Förderung innovativer, ressourcenschonender und schadstoffvermeidender Verfahren, Produkte und Strukturen
- Bewertung der Handlungsoptionen und der anzuwendenden ökonomischen, ordnungsrechtlichen und informatorischen Instrumente zur Förderung eines innovativen Stoffstrommanagements und zur Durchsetzung von Umweltzielen
- Prüfung und Konkretisierung einer ökologischen Steuerreform zur Umsetzung des Leitbildes einer nachhaltig zukunftsverträglichen Entwicklung und Ableitung entsprechender Empfehlungen
- Entwicklung von Szenarien zur Erreichung des übergeordneten Leitbilds einer nachhaltig zukunftsverträglichen Entwicklung, einschließlich der Analyse der Entwicklungsgeschichte nicht zukunftsverträglicher Konsummuster und Lebensstile
- Beschreibung der gesellschaftlichen Innovationen und des Wandels von Werthaltungen und Entscheidungsmustern als Voraussetzung für eine nachhaltig zukunftsverträgliche Entwicklung

Anhang

Deutscher Bundestag
12. Wahlperiode

Drucksache 12/1951

16. 01. 92

Sachgebiet 1101

Beschlußempfehlung und Bericht
des Ausschusses für Umwelt, Naturschutz und Reaktorsicherheit
(17. Ausschuß)

zu dem Antrag der Fraktion der SPD
— Drucksache 12/1290 —

Einsetzung einer Enquete-Kommission „Schutz des Menschen und der Umwelt
— Bewertungskriterien und Perspektiven für umweltverträgliche Stoffkreisläufe
in der Industriegesellschaft"

A. Problem

Unter dem Eindruck einer aktuellen und politisch relevant gewordenen Problematik einer integrierten Stoffpolitik verlangt der Antrag der Fraktion der SPD die Einsetzung einer Enquete-Kommission „Schutz des Menschen und der Umwelt — Bewertungskriterien und Perspektiven für umweltverträgliche Stoffkreisläufe in der Industriegesellschaft", die sich aus 13 Mitgliedern des Deutschen Bundestages und 13 Sachverständigen zusammensetzen soll.

B. Lösung

Einsetzung einer Enquete-Kommission, die den aus der Beschlußempfehlung ersichtlichen Auftrag erhält.

Einstimmigkeit im Ausschuß

C. Alternativen

Keine

D. Kosten

wurden nicht erörtert.

Beschlußempfehlung

Der Bundestag wolle beschließen:

I.

Zur Vorbereitung parlamentarischer Entscheidungen über mögliche weitere Maßnahmen zum Schutz von Mensch und Umwelt vor Gefahrstoffen sowie über Perspektiven für umweltverträgliche Stoffkreisläufe in der Industriegesellschaft wird eine Enquete-Kommission „Schutz des Menschen und der Umwelt — Bewertungskriterien und Perspektiven für umweltverträgliche Stoffe und Stoffkreisläufe in der Industriegesellschaft" gemäß § 56 der Geschäftsordnung des Deutschen Bundestages eingesetzt.

Die Enquete-Kommission hat den Auftrag, Bewertungskriterien und Perspektiven für umweltverträgliche Stoffkreisläufe in der Industriegesellschaft zu entwickeln. Hierfür sind die Chancen und Risiken von Stoffen, Stoffströmen und Stoffkreisläufen, auch in Verbindung mit Energieeinsatz, Verfahrenstechniken und Funktionszusammenhängen, sowie die volkswirtschaftlichen Kosten und Nutzen aufzuarbeiten. Dazu gehören:

— Bestandsaufnahme der wichtigsten Problemkreise der industriellen Stoffwirtschaft einschließlich ihrer historischen Entwicklungszusammenhänge und Erarbeitung von Lösungsansätzen;

— Entwicklung wissenschaftlich begründeter und gesellschaftlich konsensfähiger Bewertungskriterien für vergleichende Ökobilanzen;

— Bewertung von Anwendungsfeldern, größeren Stoffgruppen und Endprodukten sowohl aus der Perspektive der erzeugenden und der verarbeitenden Wirtschaft wie auch aus der Perspektive der Endverbraucher;

— Darstellung möglicher Entwicklungsalternativen bei der Gewinnung, Verarbeitung und Entsorgung von Stoffen (Zukunftspfade) unter Berücksichtigung technischer, ökonomischer, ökologischer und sozialer Parameter;

— Vertiefung des chemie- und industriepolitischen Dialogs, um die Voraussetzungen für eine gesellschaftliche Konsensbildung zu verbessern;

— Abgabe von Empfehlungen an den Deutschen Bundestag für gesetzgeberisches und politisches Handeln.

II.

Der Deutsche Bundestag beauftragt die Enquete-Kommission deshalb, insbesondere folgende Fragestellungen zu bearbeiten:

1. **Bestandsaufnahme und Bewertung wichtiger Problemfelder der industriellen Stoffwirtschaft und ihrer Folgen unter der Zielsetzung einer umwelt- und gesundheitsverträglichen Chemie**

* Bestimmung zentraler Problembereiche, Begriffsanalyse und Begriffsdefinition;

* exemplarische Entwicklung von Methoden und Kriterien für die Bilanzierung und die Bewertung wichtiger Stoffflüsse (z. B. Stickstoffverbindungen, Schwermetalle, Chlorbilanz sowie weiterer Halogenverbindungen) über die gesamte Kette von Rohstoffen über Produktion und Produkte bis hin zu Wiederverwendung, -verwertung und Entsorgung, auch im Vergleich zu anderen Stoffgruppen, und in Abhängigkeit zu dem jeweiligen Transportmedium (Wasser, Boden, Luft);

* Bestandsaufnahme und Bewertung nationaler und internationaler (vor allem EG-Recht und OECD) stoffbezogener Regelungen (einschließlich Arbeits-, Gesundheits- und Verbraucherschutz) sowie der dafür zuständigen Institutionen [insbesondere Beratergremien für umweltrelevante Altstoffe (BUA), Beratergremium der BG Chemie, Ausschuß für Gefahrstoffe, MAK-Kommission];

* Vergleich zwischen den stoffbezogenen Standards in Westeuropa und in anderen wichtigen OECD-Ländern;

* Auswirkungen des EG-Binnenmarktes und Erarbeitung von Vorschlägen zur Festlegung verbindlicher umweltpolitischer Mindeststandards in der EG mit der Möglichkeit weitergehender nationaler Regelungen.

2. **Perspektiven einer umwelt- und gesundheitsverträglichen Stoffwirtschaft — Empfehlungen zu stoffökologischen Innovationen und alternativen Entwicklungslinien**

* Stoffliche Belastungen der Biosphäre (stoffökologischer Bezugsrahmen) und Festlegung von Qualitätszielen unter Berücksichtigung des Vorsorgeprinzips;

* Entwicklung von Bewertungskriterien einer ökologischen Stoffwirtschaft (umweltpolitische Prinzipien, Kriterien der Umwelt- und Gesundheitsverträglichkeit, einschließlich der Berücksichtigung von Langzeitwirkungen, Synergismen und begrenztem Wissen, sowie Minimierungsgebote etc.);

* Bewertungsmethoden und Kriterien für die Ökobilanzierung einzelner Stoffe und Produkte in vergleichbaren Anwendungsfeldern auf ihre Umweltrelevanz (Ökobilanzen);

* gesellschaftliche Aspekte der Stoffwirtschaft:

    — Akzeptanzfragen, größere Öffentlichkeit und Transparenz über Erzeugung und Verwendung chemischer Produkte;

    — positive und negative Bedeutung wirtschaftlicher, industrie- und gesundheitspolitischer Auswirkungen der chemischen Industrie;

- langfristige Wettbewerbschancen und Möglichkeiten der Innovationsförderung;
* Möglichkeiten stoffökologischer Innovationen und umweltverträglicher Entwicklungslinien, möglichst Aufzeigen beispielhafter Anwendungen und Anwendungsfelder;
* institutionelle und politische Bedingungen für eine ökologische Stoffwirtschaft;
* gesellschaftliche Mitgestaltungsmöglichkeiten, Qualifizierungsbedingungen sowie Mitbestimmung für Arbeitnehmer und Betriebsvertretungen.

3. **Empfehlungen für eine umwelt- und gesundheitsverträgliche Stoffwirtschaft unter Berücksichtigung**
* von Kosten-Nutzen-Abschätzungen;
* der Abwägung gesellschaftlicher Chancen und Risiken unter Berücksichtigung insbesondere von Sozialverträglichkeit und Friedensverträglichkeit;
* des Versuchs der Bestimmung eines „sozialen Nettonutzens".

III.

Der Deutsche Bundestag bittet die zuständigen Ministerien, eine enge und kontinuierliche Zuarbeit der Bundesinstitutionen

— Umweltbundesamt,

— Bundesgesundheitsamt,

— Bundesanstalt für Arbeitsschutz,

— Bundesforschungsanstalt für Naturschutz und Landschaftsökologie

sicherzustellen. Außerdem soll das

— Büro für Technikfolgenabschätzung des Deutschen Bundestages (TAB)

beteiligt werden.

IV.

Die Kommission setzt sich aus 13 Mitgliedern des Deutschen Bundestages und 13 Sachverständigen zusammen. Für die Mitarbeit der Gruppen wird dieselbe Regelung getroffen wie für die Enquete-Kommission „Schutz der Erdatmosphäre".

Bonn, den 11. Dezember 1991

Der Ausschuß für Umwelt, Naturschutz und Reaktorsicherheit

Dr. Wolfgang von Geldern   Dr. Norbert Rieder   Michael Müller (Düsseldorf)
                          Dr. Jürgen Starnick   Dr. Klaus-Dieter Feige

Vorsitzender   Berichterstatter

Bericht der Abgeordneten Dr. Norbert Rieder, Michael Müller (Düsseldorf), Dr. Jürgen Starnick, Dr. Klaus-Dieter Feige

I.

Der Antrag der Fraktion der SPD — Drucksache 12/1290 — wurde in der 52. Sitzung des Deutschen Bundestages am 30. Oktober 1991 dem Ausschuß für Umwelt, Naturschutz und Reaktorsicherheit federführend und den Ausschüssen für Wirtschaft, für Gesundheit und für Forschung, Technologie und Technikfolgenabschätzung zur Mitberatung überwiesen.

Der Ausschuß für Gesundheit hat in seiner Sitzung am 13. November 1991 dem Antrag der Fraktion der SPD einstimmig zugestimmt und dem federführenden Ausschuß empfohlen, den gesundheitspolitischen Fragen im Untersuchungsauftrag der Enquete-Kommission einen besonderen Schwerpunkt zukommen zu lassen.

Der Ausschuß für Forschung, Technologie und Technikfolgenabschätzung hat in seiner Sitzung am 13. November 1991 dem Antrag der Fraktion der SPD unter der Maßgabe zugestimmt, daß

1. der federführende Ausschuß den Auftrag der Kommission präzisiert;

2. in die Aufgabenstellung im Abschnitt II, 2., 5. Einschub folgende Ergänzung eingefügt wird: „... möglichst Aufzeigen beispielhafter Anwendungen und des vorhandenen Forschungsbedarfs.";

3. in Abschnitt III der zweite Satz gestrichen wird, da die Auftragsvergabe für TA-Untersuchungen an das Büro für Technikfolgenabschätzung des Deutschen Bundestages durch den Ausschuß für Forschung, Technologie und Technikfolgenabschätzung erfolge.

Der Ausschuß für Umwelt, Naturschutz und Reaktorsicherheit hat den Antrag der Fraktion der SPD in seiner Sitzung am 4. Dezember 1991 erstmalig beraten und die Berichterstatter gebeten, auf der Basis des vorliegenden Antrags eine gemeinsame Beschlußempfehlung zu erarbeiten.

Die Erstfassung dieser von den Fraktionen der CDU/ CSU, SPD und FDP sowie der Gruppe BÜNDNIS 90/ DIE GRÜNEN erarbeiteten Beschlußempfehlung lag dem Ausschuß für Wirtschaft in seiner Sitzung am 11. Dezember 1991 vor. Er empfahl mehrheitlich, dort

— den Absatz „Stoffliche Belastungen ... des Vorsorgeprinzips;" (Abschnitt II, 2., erster *) zu streichen und

— im Abschnitt II, 3., zweiter * die Worte „unter Berücksichtigung insbesondere von Sozialverträglichkeit und Friedensverträglichkeit" zu streichen.

Einstimmig wurde empfohlen, zwei weitere Veränderungen im Text für die zu erarbeitenden Fragestellungen vorzunehmen. Im übrigen wurde dem Entwurf der interfraktionell erarbeiteten Beschlußempfehlung zugestimmt.

II.

Der Ausschuß für Umwelt, Naturschutz und Reaktorsicherheit hat in seiner 20. Sitzung am 11. Dezember 1991 den Antrag der Fraktion der SPD, den Entwurf der von den Berichterstattern gemeinsam erarbeiteten Beschlußempfehlung der Fraktionen der CDU/CSU, SPD und FDP sowie der Gruppe BÜNDNIS 90/DIE GRÜNEN sowie die Empfehlungen der mitberatenden Ausschüsse beraten.

Grundsätzlich war man sich einig, daß angesichts der aktuellen und politisch relevant gewordenen Problematik einer integrierten Stoffpolitik die Einsetzung einer Enquete-Kommission zu dieser Thematik wünschenswert sei. Der vorgelegten Beschlußempfehlung wurde im Grundsatz zugestimmt. Die vom Ausschuß für Wirtschaft einstimmig empfohlenen Textveränderungen wurden übernommen.

Die Fraktion der SPD erklärte, man sei nicht bereit — wie von den Koalitionsfraktionen und dem Ausschuß für Wirtschaft erwogen —, a priori auf den Versuch zu verzichten, Kriterien für die Sozial- und Friedensverträglichkeit von Stoffkreisläufen in der Industriegesellschaft zu definieren, zumal die Frage der Sozial- und Friedensverträglichkeit auch Bestandteil bisheriger Untersuchungsaufträge von Enquete-Kommissionen gewesen sei. Die Fraktion der SPD unterstrich die Notwendigkeit derartiger wissenschaftlicher Begriffsdefinitionen, die einen Beitrag zur Rationalisierung realer Probleme leisteten.

Die Fraktion der CDU/CSU stellte klar, daß sie die Aufnahme der Sozial- und Friedensverträglichkeit in den zu berücksichtigenden Kriterienkatalog für eine umwelt- und gesundheitsverträgliche Stoffwirtschaft ablehne, da man eine Überfrachtung der Enquete-Kommission mit Aufgaben befürchte, die wegen ihrer Unbestimmtheit zur Grunderreichung des wesentlichen Zielsetzung nicht beitrügen.

Die Fraktion der FDP stellte fest, daß mit dem Kompromißvorschlag der Auftrag an die Enquete-Kommission präzisiert worden sei, und warnte ebenfalls davor, die Enquete-Kommission mit Aufgaben wie der Festlegung von Kriterien für noch undefinierte Themenfelder wie der Sozial- und Friedensverträglichkeit zu überfrachten. Die Arbeit der Enquete-Kommission solle so gestrafft werden, daß sie in die Lage versetzt werde, am Ende dieser Legislaturperiode einen Bericht vorzulegen, in dem die wesentlichen Anliegen, die in der interfraktionellen Beschlußempfehlung formuliert wurden, aufgearbeitet seien.

Die Gruppe BÜNDNIS 90/DIE GRÜNEN begrüßte es, daß die Position der Sozial- und Friedensverträglichkeit in der Beschlußempfehlung enthalten sei und verlangte vor dem Hintergrund der Erfahrung mit der Enquete-Kommission „Schutz der Erdatmosphäre", daß angesichts der Komplexität der Aufgabe die Arbeitsmöglichkeiten von Fraktionen und Gruppen annähernd gleichwertig gestaltet würden.

Der Ausschuß für Umwelt, Naturschutz und Reaktorsicherheit empfiehlt dem Deutschen Bundestag einstimmig, den Antrag auf Drucksache 12/1290 in der Fassung der Beschlußempfehlung anzunehmen.

Bonn, den 16. Januar 1992

Dr. Norbert Rieder   Michael Müller (Düsseldorf)   Dr. Jürgen Starnick   Dr. Klaus-Dieter Feige
Berichterstatter

Glossar

Abfall
Abfälle sind alle Stoffe, denen sich ein Besitzer entledigt, entledigen will oder entledigen muß. Eine Übersicht über die Gruppierung der Abfallarten gibt der Anhang I der Richtlinie 91/156/EWG wieder. Die Zweckbestimmung wird vom Besitzer/Erzeuger unter Berücksichtigung der Verkehrsanschauung beurteilt.
Abfälle sind unterteilt in Abfälle zur Verwertung (Verfahrensmöglichkeiten regelt Anhang II B der Richtlinie 91/156/EWG) und Abfälle zur Entsorgung/Beseitigung (Verfahrensmöglichkeiten regelt Anhang II A der Richtlinie 91/156/EWG). Die Abfälle zur Verwertung sind unterteilt in besonders überwachungsbedürftige, überwachungsbedürftige und nicht überwachungsbedürftige Abfälle. Die Abfälle zur Entsorgung sind unterteilt in überwachungsbedürftige und besonders überwachungsbedürftige Abfälle.

Abraum
Abraum sind Rückstände, die beim Aufsuchen, Gewinnen, Aufbereiten und Konzentrieren von primären Rohstoffen entstehen. In Deutschland unterliegen sie in der Regel der Bergaufsicht. Sie sind nicht Gegenstand des Abfallgesetzes und daher auch kein Abfall im Sinne dieses Gesetzes. Gleichwohl ist die „Unterbringung" von Abraum mit z. T. großen Problemen verbunden.
→ Abfall

AFEAS (Alternative Fluorocarbon Environmental Acceptability Study)
Forschungsprogramm der weltweit führenden Industrieunternehmen, die sich mit der Entwicklung von FCKW-Ersatzstoffen in Zusammenhang mit PAFT (Programme for Alternative Fluorocarbon Toxicity Testing) befassen, insbesondere zur Überprüfung human- und ökotoxischer Wirkungen der Alternativprodukte.
→ Fluorchlorkohlenwasserstoffe, Fluorkohlenwasserstoffe, Treibhauseffekt

Altstoff
Altstoffe sind Stoffe, die vor dem 18. September 1981 im Bereich der Europäischen Gemeinschaften in Verkehr gebracht wurden. Sie sind im europäischen Altstoffverzeichnis EINECS (European Inventory of Existing Commercial Substances) erfaßt. Altstoffe können ohne Anmelde- bzw. Mitteilungsverfahren hergestellt und in Verkehr gebracht werden. Durch EG-Verordnung (Altstoffverordnung Nr. 793/93 EWG) werden Hersteller von Altstoffen mit jährlichen Produktionen >1 000 t zur Erstellung von Datensätzen verpflichtet.
→ Neue Stoffe, Chemikaliengesetz

Anwendung
offene Anwendung: Direktemissionen während der Gebrauchsphase von 50–100 %;
teiloffene Anwendung: Direktemissionen während der Gebrauchsphase von 10–50 % (z. B. Autoklimaanlage);
geschlossene Anwendung: Direktemissionen während der Gebrauchsphase unter 10 % (z. B. Kühlschrank).

BAT
best available technology
→ Stand der Technik

Benzol
Einfachster aromatischer Kohlenwasserstoff der Summenformel C_6H_6, der als natürlicher Bestandteil von Rohöl in bestimmten Raffinierungsfraktionen enthalten ist, aber z. B. auch bei der Verbrennung von Kraftstoffen neu gebildet wird.

Berufspartizipateur
Umweltverbandsvertreter, die ihre Überlebenslegitimation in der dauerhaften Beteiligung an konsensualen, kommunikativen Gemeinschaftsprozessen zur Abwicklung komplexer Kontroversen definieren und den dafür notwendigen Unterhalt aus der Gemeinlast schöpfen.
→ Chemiepolitischer Dialog, Ofenbeirat

Biosphäre
Die Bereiche der Umweltkompartimente, die von lebenden Organismen einschließlich des Menschen besiedelt sind.
→ Umweltkompartiment

Cadmium
Ein in der Natur weit verbreitetes toxisches Element, das im wesentlichen zusammen mit Zink auftritt und deshalb in Kuppelproduktion gewonnen wird.

Chemiedienstleistung
Unter Chemiedienstleistung wird das Konzept der ökologischen Funktionsoptimierung verstanden. Materielle Güter werden somit als Problemlösung für bestimmte Funktionen aufgefaßt. Dazu können Stoffe oder Produkte im Leasing-Verfahren zur Nutzung angeboten werden, die nach Gebrauch zurückgenommen und aufgearbeitet werden. Darüber hinaus können auch komplette Verfahren zur Erfüllung bestimmter Aufgaben angeboten werden.

Chemiepolitik
Betrachtungsweise von Stoffen, bei der positive und negative Wirkungen – auch von Neben- und Umwandlungsprodukten – abgeschätzt werden. Dabei sind alle Phasen von der Produktion über den Gebrauch bis zur Beseitigung zu beurteilen. Eine so definierte, auf einen sozialen Nettonutzen des Einsatzes von Chemikalien abzielende Chemiepolitik wurde 1984 vom BUND als neuer Politikbereich gefordert. Die Industrie interpretiert den Begriff weit umfassender und bezieht die Belange der gesamten Umwelt- und Industriepolitik mit ein.
→ Chemiepolitischer Dialog

Chemiepolitischer Dialog
Sammelbegriff für verschiedene öffentlich, aber auch nichtöffentlich ausgetragene Kontroversen und Diskussionen über chemierelevante Themen. Ein chemiepolitischer Dialog kam Anfang der achtziger Jahre nach einer Reihe von schweren Unfällen der Chemieindustrie auf, an dem sich Umweltorganisationen, politische Parteien, Chemieindustrie, Gewerkschaften und andere gesellschaftliche Gruppen beteiligten. Zentraler Gegenstand des chemiepolitischen Dialoges sind Leitbilder einer Stoffpolitik.
→ Leitbilder, Chemiepolitik

Chemikaliengesetz
Zweck des Chemikaliengesetzes ist es, den Menschen und die Umwelt vor schädlichen Einwirkungen gefährlicher Stoffe zu schützen. Das Chemikaliengesetz setzt in seiner neuesten Fassung, die am 1. August 1994 in Kraft getreten ist, in weiten Teilen die 7. Änderungsrichtlinie der EG-Richtlinie über die Einstufung, Kennzeichnung und Verpackung gefährlicher Stoffe um. Das Gesetz schreibt vor, daß neue Stoffe auf mögliche gefährliche Eigenschaften zu prüfen sind.
→ Neue Stoffe, Altstoffe

Chlor-Recycling
Alle mehr oder weniger energieintensiven Verwertungsverfahren, bei denen Chlor in unterschiedlicher Form im Kreislauf gefahren wird, z. B. Monoverbrennung chlorhaltiger Produkte zur Rückgewinnung von Chlorwasserstoff oder Kreislaufführung von Methylchlorid bei der Siliconsynthese. Bei dem in Planung befindlichen Chlorrecycling durch Monoverbrennung von Alt-PVC soll der anfallende Chlorwasserstoff über das Verfahren der Oxichlorierung zur Herstellung von Neu-PVC eingesetzt werden.
→ PVC

Critical loads
Schwellenwerte für Eintragsraten von Schadstoffen, z. B. von Verbrennungsrückständen wie Schwefel- und Stickstoffverbindungen, bis zu denen nach dem aktuellen Stand der wissenschaftlichen Erkenntnis keine signifikanten Schädigungen bei den gewählten Senken zu erwarten sind. Die Senken können z. B. Wälder (Waldböden), Gewässer oder Grundwasser sein, die als natürliche Produktionsgrundlagen (z. B. für Holz, Fische, Trinkwasser) oder zum „direkten" Konsum (z. B. Erholung) erhalten werden sollen.
→ Critical levels, Senke

Critical levels
Schwellenwerte für gasförmige Schadstoffe, die Konzentrationen angeben, bis zu denen nach dem aktuellen Stand der wissenschaftlichen Erkenntnis keine signifikanten Schädigungen bei dem gewählten Rezeptor auftreten. Bei ihnen wird die Konzentration des betreffenden Gases als Masse pro Volumen Luft angegeben.
→ Critical loads, Senke

De-novo-Synthese
Ungewollte Entstehung komplexerer chemischer Verbindungen (z. B. PCDD/PCDF) in Abwesenheit von bereits existierenden geeigneten Vorläuferverbindungen unter bestimmten thermischen und katalytischen Bedingungen.

Deposition
Ablagerung von natürlichen oder anthropogenen Stoffen auf Oberflächen (z. B. säurehaltige Niederschläge auf Waldgebiete).

Diffuser Eintrag
Aus unspezifischen Quellen gestreuter und dadurch schlecht kontrollierbarer Eintrag von Stoffen in die Umweltkompartimente.
→ Umweltkompartimente

DIN
Kurzbezeichnung für Deutsches Institut für Normung, das korporatives Mitglied der internationalen Normungsorganisation ISO ist. Der Normenausschuß Grundlagen des Umweltschutzes bearbeitet u. a. im Unterausschuß Produktökobilanzen Standardisierungen.
→ Ökobilanz

eco-label
Kennzeichnung für Produkte, die bestimmten Kriterien hinsichtlich ihrer Umweltauswirkungen genügen. Im engeren Sinne die von der EU anvisierten Umweltzeichen für bestimmte Produktgruppen.

End-of-pipe
Gesamtheit der emissions- oder abfallmindernden Maßnahmen, die erst am Ende eines Produktionsprozesses (z. B. Abluftfilter, Abwasserreinigung) ansetzen. Eine Alternative ist der produktionsintegrierte Umweltschutz, bei dem durch Wahl der Einsatzstoffe und der Technologie Emissionen vermieden werden.
→ Produktionsintegrierter Umweltschutz, Nachsorgender Umweltschutz, Integrierter Umweltschutz

Energetische Verwertung
Energetische Verwertung beinhaltet den Einsatz des Abfalls als Ersatzbrennstoff und entspricht in der technischen Durchführung der thermischen Behandlung von Abfällen.
→ Abfall

Entsorgung/Beseitigung
Umweltverträgliche Entsorgung von Abfall, vorzugsweise im Inland. Einzelheiten sind im Anhang II A der Richtlinie 91/156/EWG festgelegt. Die Entsorgung ist in Einzelfällen auch gemeinwohlverträglich durchzuführen.
→ Abfall

Epidemiologie
Wissenschaft von der Entstehung, Verbreitung, Bekämpfung und den sozialen Folgen von zeitlich und örtlich in besonders starkem Maße auftretenden Epidemien, zeittypischen Massenerkrankungen und Zivilisationsschäden.

Fertigungstiefe
Prozentualer Anteil der jeweiligen betrieblichen Wertschöpfung am Gesamtwert des Produkts am Ende einer jeweiligen Produktionsstufe (Verhältnis betriebliche Bruttowertschöpfung zum jeweiligen Bruttoproduktionswert).

Flottenverbrauch
Gemittelter Kraftstoffverbrauch aller Einheiten einer Fahrzeugkategorie, wie z. B. Personenkraftwagen oder Lastkraftwagen. Der Flottenverbrauch wird u. a. durch technische Maßnahmen zur Kraftstoffeinsparung sowie durch die Leistungsauslegung der Fahrzeuge beeinflußt.

Fluorchlorkohlenwasserstoffe (FCKW)
Industriell hergestellte organische Verbindungen mit Chlor- und Fluoratomen. Während vollhalogenierte FCKW ausschließlich aus Kohlenstoff und Halogenen bestehen, enthalten teilhalogenierte FCKW (H-FCKW) zusätzlich Wasserstoffatome. FCKW schädigen die Ozonschicht und tragen zum Treibhauseffekt bei.
→ Ozonzerstörungspotential, Treibhauseffekt, Treibhauspotential (Global Warming Potential, GWP)

Fluorkohlenwasserstoffe (FKW)
Industriell hergestellte organische Verbindungen mit Fluoratomen. Im Gegensatz zu den FCKW sind sie chlorfrei. Sie besitzen kein direktes Ozonzerstörungspotential, tragen jedoch zum Treibhauseffekt bei.
→ Fluorchlorkohlenwasserstoffe

General Agreement on Tariffs and Trade (GATT)
Seit 1947 bestehendes multilaterales Vertragswerk (Allgemeines Zoll- und Handelsabkommen), welches eine funktionale Teilnachfolge der gescheiterten International Trade Organization (ITO) angetreten hat. Um eine Erhöhung des Lebensstandards, die Verwirklichung der Vollbeschäftigung, eine Steigerung der Produktion und des Austausches von Waren zu erreichen, sollen die Zölle und andere Handelsschranken systematisch abgebaut sowie die Diskriminierung im internationalen Handel beseitigt werden. Das GATT regelt auf weltweiter Basis die Rechte und Pflichten im internationalen Handel und wird 1995 in ein neues umfassendes Regelwerk überführt, deren Implementierung und Weiterentwicklung von der neugegründeten Welthandelsorganisation (WTO) durchgeführt wird.
→ Welthandelsorganisation

Gefährlicher Abfall
Ein Abfall ist als gefährlich einzustufen, wenn er ein oder mehrere Kriterein aus den Richtlinien des Rates (91/689/EWG) über gefährliche Abfälle erfüllt. Die Kriterien orientieren sich an der möglichen Verwendung des Abfalls, also der Verwertung, der Entsorgung oder dem Transport.

Global sourcing
Weltweite Beschaffung von Rohstoffen, Werkstoffen, Bauteilen oder -systemen für die Herstellung eines Produktes.

Global Warming Potential (GWP)
→ Treibhauspotential

Inert
Bezeichnung von Stoffen, die nicht reaktiv sind.

Integrierter Umweltschutz
Bezeichnung für Umweltschutz-Maßnahmen, die durch Wahl der Einsatzstoffe, der Verfahren und Technologien umweltschädliche Einflüsse vermeiden (produktionsintegrierter Umweltschutz) und Bezeichnung für Produkte, bei deren Entwicklung bereits auf niedrigste Umweltbelastungen entlang des Lebensweges hingewirkt wird (produktintegrierter Umweltschutz).

Intergenerativ
Mehr als eine (Menschen-)Generation betreffend.

Intragenerativ
Die gleichzeitig lebenden (Menschen-) Generationen betreffend.

Kabotageverbot
Verbot für Lastkraftwagen im Werkverkehr, z. B. auf der Rückfahrt vom Zielort zum Werk, Beförderungen für andere Auftraggeber durchzuführen. Diese Bestimmung des Güterkraftverkehrsgesetzes kann zu vermehrten Leerfahrten führen.

Kombinationswirkung
Bezeichnung für das Zusammenwirken mehrerer Faktoren auf ein Organ, auf einen Organismus oder eine Organismengemeinschaft.

Konfektionierung
Von lat.: confectio = Anfertigung, Vollendung. Bezeichnung für die Endbehandlung von Produkten, um diese zu optimaler Verwendung für den Verbraucher zu präparieren. Bei der Bekleidungsherstellung umfaßt die Konfektionierung die Schritte Zuschneiden, Fügen (z. B Nähen, Kleben od. Schweißen) sowie Formen.

Kreislaufwirtschaft
In der Kreislaufwirtschaft werden die Stoffströme durch alle am Produktzyklus Beteiligten weitgehend so geführt, daß eine möglichst häufige und möglichst emissionsarme und ressourcenschonende Nutzung von Stoffen auf hohem Wertschöpfungsniveau stattfindet. Der Begriff ist insofern mißverständlich, als es aufgrund von thermodynamischen Gesetzmäßigkeiten und des Unterschiedes zwischen idealen und realen Prozessen „Kreisläufe" nur unter Energiezufuhr und Ein- und Ausschleusung von Stoffen geben kann, Kreisläufe also nicht geschlossen sind.
→ Stoffstrom, Abfall

Kuppelprodukt
Kuppelprodukte sind Produkte, die bei der Erstellung eines Gutes aus naturgesetzlicher und verfahrenstechnischer Notwendigkeit zwangsläufig teils in festem und teils in bestimmter Bandbreite variierendem Verhältnis zueinander anfallen.

Länderausschuß für Immissionsschutz (LAI)
eines von verschiedenen Koordinierungsgremien für die umweltpolitischen Bund-Länder-Aktivitäten. Er befaßt sich mit dem Rechtsbereich des Bundesimmissionsschutzgesetzes und erfüllt die Funktion einer frühzeitigen Einbeziehung der Länder in rechtstechnische Überlegungen des Bundes.

Lean Production
„Schlanke Produktion"; effektivierter, gestraffter Produktionsprozeß zur Kosteneinsparung, oft verbunden mit einem Absinken der Fertigungstiefe.

Leitbild
Wahrnehmungs-, denk-, entscheidungs- und verhaltensleitende Grundvorstellungen (Bilder) in der Gesellschaft. Konsensuale Leitbilder können durch Identifikation vorhandener Leitbilder und deren Weiterentwicklung im diskursiven Prozeß erarbeitet werden. Leitbilder existieren auf unterschiedlichen Ebenen. Unter Leitbildern einer Stoffpolitik werden Entwürfe für Entwicklungs- und Gestaltungsalternativen anthropogener Stoffströme verstanden, d. h. der Stoffströme, in die der Mensch gegenüber natürlichen Prozessen handelnd eingreift.
→ Nachhaltig zukunftsverträgliche Entwicklung

MAK-Wert
Maximale Arbeitsplatzkonzentration (MAK) ist die Konzentration eines Stoffes in der Luft am Arbeitsplatz, bei der im allgemeinen die Gesundheit der Arbeitnehmer nicht beeinträchtigt wird.
→ TRK-Wert

Massenerhaltungssatz
Lehrsatz, der besagt, daß Masse weder durch chemische noch durch physikalische Vorgänge verloren geht oder neu geschaffen werden kann.

Materialfluß
Verkettung aller Vorgänge beim Gewinnen, Be- und Verarbeiten von Gütern innerhalb festgelegter Bereiche. Zum Materialfluß gehören alle Formen des Durchlaufens von Arbeitsgegenständen (z. B. Material, Stoffmengen, Datenträger) durch ein System.

Materialintensität
Bedarf an Werkstoffen für die Herstellung einer Einheit definierter Erzeugnisse, beispielsweise Fahrzeuge, bezogen auf die jeweilige Verkehrsleistung.

Mineralisierung (Mineralisation)
Abbau organischer Stoffe bis zur anorganischen bzw. mineralischen Stufe durch die Einwirkung von abbauenden Mikroorganismen und Pilzen, z. B. bei der Humusbildung, oder durch Druck- und Temperaturerhöhung (Verbrennung, Kohleentstehung).

Modal split
Arbeitsteilung zwischen verschiedenen Verkehrsträgern.

Monoverbrennung
Gezielte Verbrennung getrennt gesammelter einheitlicher Stoffe oder Produkte in einer speziell dafür errichteten Anlage zur Rückgewinnung bestimmter Wertstoffe (Salzsäure, Metalle).
→ Chlorrecycling

Mobilisierung
Freisetzung eines Stoffes aus einem gebundenen, i. d. R. nicht bioverfügbaren Zustand in eine transportable (z. B. gelöste) und zumeist auch bioverfügbare Form.

Mutagenität
Erbgutverändernde Wirkung von Substanzen und Strahlung.

Nachhaltigkeit
Aus der Forstwirtschaft stammender Begriff, der ein Kriterium für eine am Erhalt des Bestandes orientierte Bewirtschaftung des Waldes beschreibt. Im weiteren Sinn charakterisiert Nachhaltigkeit eine Entwicklung, die dem Konzept eines „sustainable development" folgt. Nachhaltigkeit ist hier gleichbedeutend mit sustainability.
→ sustainable development, nachhaltig zukunftsverträgliche Entwicklung

Nachhaltig zukunftsverträgliche Entwicklung
Aus dem umwelt- und entwicklungspolitischen Konzept des sustainable development abgeleitetes Leitbild einer Stoffpolitik, das eine Entwicklung anstrebt, die den Idealen der intragenerativen und intergenerativen Verteilungsgerechtigkeit und der Erhaltung des Naturkapitals verpflichtet ist.
→ sustainable development, intergenerativ, intragenerativ, Leitbild, Naturkapital, Stoffpolitik

Nachsorgender Umweltschutz
Bezeichnung für Umweltschutzmaßnahmen, die nach der Entstehung von Emissionen im weitesten Sinne (Abluft, Abwasser, Abfälle, Lärm etc.) ansetzen.
→ Vorsorgender Umweltschutz, End-of-pipe

Naturkapital
Die Gesamtheit der Produktivität aller erneuerbaren und erschöpflichen natürlichen Ressourcen und Ökosysteme.
→ ökologisches Kapital

Nebenprodukte
Stoffe oder Produkte, die bei der gezielten Herstellung von definierten Produkten prozeßbedingt anfallen.
→ Kuppelprodukt

Neue Stoffe
Stoffe, die nach dem Stichtag 18. September 1981 erstmals in den Europäischen Gemeinschaften in Verkehr gebracht wurden oder werden. Diese müssen nach dem Chemikaliengesetz, das am 1. Januar 1982 in Kraft getreten ist, zuletzt geändert am 14. März 1990, bereits vor dem Inverkehrbringen nach festgelegten Kriterien auf

mögliche gefährliche Eigenschaften geprüft und bei der Anmeldestelle nach dem Chemikaliengesetz bei der Bundesanstalt für Arbeitsschutz angemeldet werden.
→ Altstoffe, Chemikaliengesetz

Nutzen-Kosten-Analyse
Instrument zur Beurteilung von staatlichen und betrieblichen Entscheidungen; durch eine systematische, möglichst vollständige Aufarbeitung der relevanten Nutzen und Kosten der einzelnen Maßnahmen und eine Gesamtbeurteilung werden Entscheidungssituationen transparenter.

Ökobilanzen
Ökobilanzen analysieren den gesamten Lebensweg (Produktlinie) eines Produktes (Entnahme und Aufbereitung von Rohstoffen, Herstellung, Distribution und Transport, Gebrauch, Verbrauch und Entsorgung), analysieren die ökologischen Wirkungen und bewerten die längs des Lebensweges auftretenden Stoff- und Energieumsätze und die daraus resultierenden Umweltbelastungen.
→ Produktlinienanalysen

Ökologisches Design
Art der Gestaltung von Produkten und Produktionsprozessen, die darauf abzielt, daß in die Umwelt bestimmungsgemäß freigesetzte Stoffe oder Produkte, z. B. Waschmittel, möglichst umweltverträglich sind.
→ Integrierter Umweltschutz

Ökologisches Kapital
Die Gesamtheit aller erneuerbaren und nicht erneuerbaren natürlichen Ressourcen.
→ Naturkapital

Ökologie
Wissenschaft von den Wechselwirkungen der Lebewesen untereinander und mit ihrer unbelebten Umwelt.

Ökotoxikologie
Wissenschaft von den Auswirkungen von Stoffen auf die belebte Umwelt.
→ Toxikologie

Ofenbeirat
Dialogorientierte, proaktive Einrichtung eines führenden Schweizer Chemieunternehmens zur präventiven Aufklärung beteiligter gesellschaftlicher Gruppierungen, z. B. Anlieger, Umweltverbände und Behördenverteter, zur Einbindung in die Planung, Entwicklung und den Betrieb einer Sondermüllverbrennungsanlage.
→ Chemiepolitischer Dialog

Ozonschutzschild
Gebräuchliche Bezeichnung für die Wirkung, die die Ozonschicht der Erdatmosphäre auf die Biosphäre ausübt. Die Ozonschicht umgibt die Erde in 15 bis 30 km Höhe und absorbiert die energiereiche UV-Strahlung der Sonne. Die Zerstörung der Ozonschicht führt zu einer Erhöhung der haut- und zellschädigenden UV-B-Strahlung in

Bodennähe. Hauptverursacher der Ozonzerstörung sind die Fluorchlorkohlenwasserstoffe (FCKW).
→ Fluorchlorkohlenwasserstoffe

Ozonzerstörungspotential (ODP – Ozon Depletion Potential)
Maß für die relative Ozonabbaufähigkeit von chemischen Verbindungen. Bezugsgröße ist FCKW 11, dessen ODP-Wert mit 1 festgesetzt ist.
→ Total Equivalent Warming Impact (TEWI)

Persistenz
Beständigkeit gegenüber biologischem, chemischem bzw. physikalischem Abbau.

Phytotoxizität
Giftigkeit gegenüber Pflanzen.

Primäre Rohstoffe
aus ihrer natürlichen Umgebung entnommene Grundstoffe der belebten oder unbelebten Natur im ursprünglichen oder angereicherten Zustand. (Roherze werden durch Aufbereitungsverfahren zu Erzkonzentraten angereichert, ohne daß eine chemische Veränderung dadurch stattfindet.)
→ Sekundärer Rohstoff

Produktintegrierter Umweltschutz
→ Integrierter Umweltschutz

Produktionsintegrierter Umweltschutz
→ Integrierter Umweltschutz

Produktlebenszyklus
Zeitspanne, die alle Phasen der Herstellung, des Gebrauchs und der Verwertung/Entsorgung eines Produktes umfaßt.

Produktlinie
Produktlinien umfassen die Stoffströme für alle Stufen eines Produkts von der Entnahme und Aufbereitung von Rohstoffen bis hin zum Gebrauch und Verbrauch von Produkten sowie die anschließende Entsorgung bzw. Wiederaufbereitung/-verwertung.

Je nach Realisierung der Kreislaufführung unterscheidet man offene, teiloffene und geschlossene Produktlinien.

Offene Produktlinie: Direktemissionen über die gesamte Produktlinie, bezogen auf eine Funktionseinheit: 50–100 %

Teiloffene Produktlinie: Direktemissionen über die gesamte Produktlinie, bezogen auf eine Funktionseinheit: 10–50 %

Geschlossene Produktlinie: Direktemissionen über die gesamte Produktlinie, bezogen auf eine Funktionseinheit: < 10 %

Produktlinienanalyse
Naturwissenschaftliche und technische Beschreibung des gesamten Lebensweges (Produktlinie) eines Produktes (Entnahme und Aufbereitung von Rohstoffen, Herstellung, Distribution und Transport, Gebrauch, Verbrauch, Entsorgung), Beschreibung der ökologischen, ökonomischen und sozialen Wirkungen längs des Lebensweges auftretenden Stoff- und Energieumsätze und der daraus resultierenden Umweltbelastungen und sozioökonomischen Wirkungen. Produktlinienanalysen erfassen, analysieren und bewerten auch den Nutzen eines Produktes in einer Kosten-Nutzen-Abwägung.

Produkt- und Produktionsverantwortung
Wer Erzeugnisse entwickelt, herstellt, be- und verarbeitet, inverkehrbringt, vertreibt oder verwendet, trägt zur Erfüllung der Ziele der abfallarmen Kreislaufwirtschaft, soweit dies in Rechtsverordnungen festgelegt ist, die Produktverantwortung. Diese beeinhaltet insbesondere die mehrfache Verwendbarkeit, technische Langlebigkeit, deren Eignung zur umweltverträglichen Verwertung und Entsorgung sowie sonstiger Maßnahmen zur Sicherung der umweltverträglichen Verwertung und Entsorgung von Erzeugnisse. Die genauen Grenzen der Verantwortung werden produktbezogen durch Verordnungen zum Abfallgesetz festgelegt.
→ Verursacherprinzip

PVC
Polyvinylchlorid, chlorhaltiger Kunststoff, der z. B. für Rohre, Fensterrahmen, Fußbodenbeläge, Elektroinstallationen und Verpackungen verwendet wird.
→ Chlorrecycling, Monoverbrennung

Quelle
Ort des Ursprungs von Stoffen.
→ Senke

R 134 a
Teilhalogenierter Fluorkohlenwasserstoff (H-FKW) der Formel CF_3CH_2F (1,1,1,2-Tetrafluorethan), der als Ersatzstoff für FCKW eingesetzt wird. Er besitzt im Gegensatz zu diesen kein Ozonzerstörungspotential und trägt in weit geringerem Maß zum zusätzlichen anthropogenen Treibhauseffekt bei.
→ Fluorchlorkohlenwasserstoffe, Ozonzerstörungspotential

Recycling
Erneute oder wiederholte Verwendung oder Verwertung von Abfällen oder von Rückständen eines Produktionsprozesses oder von Produkten oder Teilen von Produkten. Dementsprechend ist ein Recyclat oder Regenerat ein aus sekundärem Rohstoff durch Recycling zurückgewonnener Roh- oder Werkstoff.

Chemisches Recycling: Gesamtheit aller Verwertungsverfahren, bei denen durch chemische Umwandlung wieder Wertstoffe (Sekundärrohstoffe) gewonnen werden

Rohstoffliches Recycling: Chemisches Recyclingverfahren, bei dem die Produkte bis zur untersten Rohstoffstufe abgebaut werden (Rohöl, Chlorwasserstoff)

Werkstoffliches Recycling: Recyclingverfahren, bei dem die Werkstoffeigenschaften im wesentlichen erhalten bleiben (Kunststoff, Glas)
→ Stoffliche Verwertung, Sekundärer Rohstoff

Ressource
Im weiteren Sinne alle Bestände der Produktionsfaktoren Arbeit, Natur und Kapital, die bei der Produktion von Gütern eingesetzt werden können. Im engeren Sinn werden unter Ressourcen das natürliche Kapital, Rohstoffe, Energieträger und Umweltmedien verstanden, wobei zwischen (bedingt) erneuerbaren und nicht erneuerbaren Ressourcen unterschieden werden kann. Dem Bericht liegt die engere Begriffsbildung zugrunde.
→ Naturkapital, Quellen, Senken

Sekundärer Rohstoff
Ein Rohstoff, der als Nebenprodukt angefallen ist oder aus der Abfallwirtschaft kommt, direkt oder nach Aufbereitung eingesetzt wird und Ausgangsmaterial für Produktionsprozesse ist.
→ Primärer Rohstoff, Recycling

Senke
Ein Umweltkompartiment, in dem Stoffe angereichert werden und aus diesem ggf. durch Abbauvorgänge eliminiert werden können.
→ Quelle

SETAC
(Society of Environmental Toxikology and Chemistry)
Internationale Vereinigung von Wissenschaftlern aus Industrie, Behörden und Umweltverbänden, die sich maßgeblich an der Ausgestaltung des Instruments Ökobilanzen beteiligt.

Sinteranlage
Anlage zum Verdichten, Agglomerieren und Stückigmachen pulverförmiger oder feinkörniger Stoffe durch Erhitzen.

Stand der Technik
Stand der Technik im Sinne der Gefahrstoffverordnung ist der Entwicklungsstand fortschrittlicher Verfahren, Einrichtungen oder Betriebsweisen, der die praktische Eignung der Maßnahme zum Schutz der Gesundheit der Beschäftigten gesichert erscheinen läßt. Bei der Bestimmung des Standes der Technik sind insbesondere vergleichende Verfahren, Einrichtungen oder Betriebsweisen heranzuziehen, die mit Erfolg in der Praxis erprobt worden sind. Gleiches gilt für den Stand der Arbeitsmedizin und der Hygiene sowie zur Begrenzung von Emissionen nach Bundesimmissionsschutzgesetz. Der Stand der Technik ist zu unterscheiden einerseits von den anerkannten Regeln der Technik sowie andererseits vom Stand von Wissenschaft und Technik.

Stoffe
Chemische Elemente oder chemische Verbindungen, wie sie natürlich vorkommen oder hergestellt werden, einschließlich der Verunreinigungen und der für die Vermarktung erforderlichen Hilfsmittel.
→ Chemikaliengesetz

Stoffliche Verwertung
Die stoffliche Verwertung beinhaltet den Ersatz von primären Rohstoffen durch die Gewinnung von sekundären Rohstoffen aus Abfällen bzw. deren direkten Einsatz für den ursprünglichen Zweck und umfaßt sowohl die werkstoffliche als auch die rohstoffliche Verwertung. Eine Schadstoffbeseitigung ist keine stoffliche Verwertung.
→ Recycling

Stoffpolitik
umfaßt die Gesamtheit der politischen Maßnahmen, mit denen Einfluß auf Art und Umfang der Stoffbereitstellung, der Stoffnutzung sowie der Abfallbehandlung und -lagerung genommen wird, um angesichts der Begrenztheit der Ressourcen und der eingeschränkten Belastbarkeit der Umweltmedien die stoffliche Basis der Wirtschaft langfristig zu sichern.
→ Chemiepolitik

Stoffstrom
Der Weg eines Stoffes von seiner Gewinnung als Rohstoff über die verschiedenen Stufen der Veredelung bis zur Stufe des Endprodukts, den Gebrauch/Verbrauch des Produktes, ggf. seine Wiederverwendung/Verwertung bis zu seiner Entsorgung.
→ Stoffstrommanagement, Integrierter Umweltschutz (u. Produktlinie)

Stoffstrommanagement
Stoffstrommanagement ist das zielorientierte, verantwortliche, ganzheitliche und effiziente Beeinflussen von Stoffströmen oder Stoffsystemen, wobei die Zielvorgaben aus dem ökologischen und ökonomischen Bereich kommen, unter Berücksichtigung von sozialen Aspekten. Die Ziele werden auf betrieblicher Ebene, in der Kette der an einem Stoffstrom beteiligten Akteure oder auf der staatlichen Ebene entwickelt.
→ Stoffstrom, Integrierter Umweltschutz

Subsidiaritätsprinzip
Gesellschafts- und sozialpolitisches Prinzip, nach dem übergeordnete Einheiten (z. B. Länder) nur die Aufgaben erfüllen sollen, die auf untergeordneter Ebene (z. B. Gemeinden) bzw. von nichtstaatlichen Organisationen nicht übernommen werden können.

Substitution
Ersatz bzw. Austausch von Stoffen, Produkten oder Dienstleistungen gegen ebensolche mit vergleichbaren Nutzungseigenschaften.

Sustainable development
Hier in der Übersetzung „nachhaltig zukunftsverträgliche Entwicklung" verwendeter Begriff, der für ein umwelt- und entwicklungspolitisches Konzept steht, das u. a. durch den Brundtlandbericht formuliert und auf der UN-Konferenz für Umwelt und Entwicklung 1992 in Rio de Janeiro weiterentwickelt wurde. Für die Enquete-Kommission kennzeichnet dies das übergreifende Leitbild der Stoffpolitik.
→ Leitbilder, Stoffpolitik, Nachhaltig zukunftsverträgliche Entwicklung

Technikfolgenabschätzung (TA)
Das planmäßige, systematische, organisierte Vorgehen, das den Stand der Technik und ihre Entwicklungsmöglichkeiten analysiert und unmittelbare und mittelbare technische, wirtschaftliche, gesundheitliche, ökologische, humane, soziale und andere Folgen dieser Technik und möglicher Alternativen mit Hilfe von Szenarientechniken abschätzt.

Textile Kette
Synonymer Begriff zu Produktlinie im Zusammenhang mit dem Sektor Textilien, der sämtliche Produktionsstufen von der Faserprimärproduktion bis zur Konfektionierung, die Gebrauchsphase und die Entsorgung von Textilien umfaßt.
→ Produktlinie

Total Equivalent Warming Impact (TEWI)
Konzept zur Berechnung des äquivalenten Gesamtbeitrags einer Produktanwendung zum Treibhauseffekt. Dabei werden die direkten Beiträge (z. B. Kältemittelemissionen eines Kühlschranks) und die indirekten Beiträge (z. B. CO_2-Emissionen durch elektrische Energieerzeugung für den Betrieb eines Kühlschranks) addiert und in äquivalenten CO_2-Mengen angegeben.
→ Treibhauseffekt, Fluorchlorkohlenwasserstoffe

Toxikologie
Wissenschaft von den schädigenden Wirkungen natürlicher oder anthropogener Stoffe auf lebende Organismen.

Treibhauseffekt
Ausgelöst durch Gase in der Atmosphäre, die die kurzwelligen Sonnenstrahlung nahezu ungehindert bis zur Erde passieren lassen und die langwelligen, von der Erde abgestrahlten Wärmestrahlungen absorbieren, liegt die Temperatur in der Bodennähe ca. 30 Prozent höher als die Strahlungstemperatur des Systems Erde-Atmosphäre (natürlicher Treibhauseffekt). Der Anstieg menschlich bedingter Spurengase (CO_2, N_2O, CH_4, FCKW, FKW) in der Atmosphäre wird voraussichtlich eine zusätzliche Temperaturerhöhung in Bodennähe auslösen.
→ Total Equivalent Warming Impact (TEWI),
   Treibhauspotential (Global Warming Potential, GWP)

Treibhauspotential (Global Warming Potential, GWP)
Maß für die relative Klimawirksamkeit eines Gases. Bezugsgröße ist das wichtigste Treibhausgas Kohlendioxid (CO_2), dessen GWP-Wert mit 1 festgelegt ist. Die GWP-Werte hängen von der Wärmeabsorptionseigenschaft der Gase sowie ihrer Verweilzeit in der Atmosphäre ab.
→ Treibhauseffekt, Total Equivalent Warming Impact (TEWI)

TRK-Wert
Technische Richtkonzentration (TRK) ist die Konzentration eines Stoffes in der Luft am Arbeitsplatz, die nach dem Stand der Technik erreicht werden kann. Die Technische Richtkonzentration gilt für krebserzeugende Stoffe oder für krebsverdächtige Stoffe, für die keine maximale Arbeitsplatz-Konzentration (MAK-Wert) angegeben werden kann. Für diese Stoffe dient die Technische Richtkonzentration als

Anhaltspunkt für zu treffende Schutzmaßnahmen und die meßtechnische Überwachung am Arbeitsplatz sowie die medizinische Überwachung der Arbeitnehmer.
→ MAK-Wert

Umweltkompartiment
Abgrenzbare Ausschnitte aus der Umwelt, wie z. B. Boden, Wasser, Luft, Biota (Gesamtheit aller Lebewesen).
→ Umweltmedien

Umweltmanagement
umfaßt diejenigen Aspekte des Managements, die eine umweltorientierte Unternehmenspolitik bestimmen, implementieren sowie der Umsetzungskontrolle dienen. Es beinhaltet die Einführung ökologischer Aspekte in alle Bereiche betrieblicher Tätigkeit – Beschaffung, Produktion, Produkte, Ressourcenverbrauch, Störfallvorsorge, Lärmschutz, Ausbildung etc. – sowie Zulieferer und die Kommunikation mit der Öffentlichkeit und den Dialog mit Arbeitnehmern und Arbeitnehmervertretern.
→ Stoffstrommanagement

Umweltmedien
Umweltmedien oder Umweltkompartimente bezeichnen Wasser, Boden, Luft und Biomasse als homogene Räume in ihrem Vermögen, Stoffe aufzunehmen, zu verteilen, gegebenenfalls um- oder abzubauen oder anzureichern und sie in ein anderes Medium abzugeben.
→ Umweltkompartiment

Umweltqualitätsziele
sind durch Indikatoren operationalisierte Umweltziele. Es handelt sich damit um quantitative umweltpolitische Vorgaben, die mit Angaben zur zeitlichen und räumlichen Dimension versehen sind.
→ Umweltziele

Umweltverträglichkeitsprüfung (UVP)
Nach dem Gesetz zur Umsetzung der Richtlinie des Rates vom 27. Juni 1985 über die Umweltverträglichkeitsprüfung bei bestimmten öffentlichen und privaten Projekten (UVP-Gesetz) vom 12. Februar 1990 (BGBl. I S. 205), zuletzt geändert am 20. Juni 1990 (BGBl. I S. 1080) sind die Umweltauswirkungen bestimmter Vorhaben auf Menschen, Tiere, Pflanzen, Boden, Luft, Klima und Landschaft sowie Kultur- und Sachgüter einschließlich der Wechselwirkungen frühzeitig und umfassend zu ermitteln, zu beschreiben und zu werten.

Umweltqualitätsziele
sind durch Indikatoren operationalisierte Umweltziele. Es handelt sich damit um umweltpolitische Vorgaben, die mit Angaben zur zeitlichen und räumlichen Dimension versehen sind.

Umweltziele
sind qualitative oder quantitative umweltpolitische Vorgaben, die auf das Erreichen oder Einhalten einer bestimmten Umweltqualität ausgerichtet sind. Bei der Bestimmung von Umweltzielen fließen neben ökologischen Erfordernissen auch ökonomi-

sche und soziale Ziele sowie technische und logistische Aspekte ein. Sie umfassen
– orientiert an prioritären Problembereichen – ein Bündel von Zielen mit festgelegtem
Zeitrahmen. Dabei sind Unterschieden Rechnung zu tragen.
→ Umweltqualitätsziele

Unit-risk-Wert
Maß für das Krebsrisiko, bezogen auf einen Expositionszeitraum von 70 Jahren bei einer Konzentration von 1 mg krebserzeugender oder krebsverdächtiger Substanz pro m^3.

Use-pattern
Branchenübergreifendes Verteilungs- und Gebrauchsmuster.

Verbandstheorie
Mathematisches Modell zur Anordnung von Elementen, die nicht hierarchisierbar sind.

Verkehrsleistung
Produkt aus der im Rahmen der Gebrauchsphase eines Fahrzeugs insgesamt beförderten Zahl an Personen oder Gütern (Tonnen) und der insgesamt erbrachten Fahrleistung (Kilometer) unter Berücksichtigung der durchschnittlichen Auslastung und des Leerfahrtenanteils, angegeben in Personen- oder Tonnenkilometern: (Transportkapazität [Pers./t] – (100 – Auslastung) [%] – Leerfahrtenanteil [%]) x Fahrleistung [km] = Verkehrsleistung [Pkm/tkm].

Verursacherprinzip
Das Verursacherprinzip ist neben dem Vorsorge- und dem Kooperationsprinzip eines der umweltpolitischen Grundprinzipien. Danach ist der Verursacher für eine von seinem Verhalten drohende Umweltzerstörung verantwortlich.
→ Produkt- und Produktionsverantwortung

Verwertung
Die Rückführung von Abfall in den Stoffkreislauf.
→ Recycling

Vorsorgender Umweltschutz
Vorsorgende Umweltschutz ist die Gesamtheit aller Maßnahmen, die unmittelbar oder mittelbar dazu dienen, Umweltschäden oder -belastungen gar nicht erst entstehen zu lassen (z. B. produkt-, produktionsintegrierter Umweltschutz, Technikfolgenabschätzung).
→ Integrierter Umweltschutz

Weiterverwendung
Die Benutzung eines gebrauchten Produkts für einen anderen Zweck.
→ Recycling

Weiterverwertung
Wiederholter Einsatz von Stoffen und Produkten in einem anderen als dem bereits durchlaufenen Produktions- oder Verarbeitungsprozeß.
→ Recycling

Welt-Textil-Abkommen
Das erste Multifaserabkommen – auch Welttextilabkommen (WTA) genannt – wurde 1974 abgeschlossen und ist dem GATT angegliedert. Dem WTA gehören 43 Länder und die EU an.
→ GATT

Welthandelsorganisation (WTO)
Die Vertragsparteien des GATT haben sich beim Abschluß der Uruguay-Runde, im April 1994 in Marrakesch, auf die Gründung einer Welthandelsorganisation (World Trade Organization, WTO) geeinigt. Sie ist eine mit eigener Rechtspersönlichkeit ausgestattete Organisation mit ständigem Sitz in Genf und wird ab 1995 die Beschlüsse der Uruguay-Runde des GATT (Final Act) umsetzen und weiterentwickeln. Die wesentlichen Weiterentwicklungen des GATT-Vertragswerkes im Rahmen der Uruguay-Runde betreffen ein neues umfassend geregeltes Streitschlichtungsverfahren, die Übereinkommen über den Handel mit Dienstleistungen sowie zum Schutz geistiger Eigentumsrechte.
→ GATT

Wiederverwendung
Die erneute Benutzung eines gebrauchten Produktes für den gleichen Verwendungszweck.
→ Recycling

Wiederverwertung
Wiederholter Einsatz von Stoffen und Produkten in einem Produktions- oder Verarbeitungsprozeß.
→ Recycling

Xenobiotika (syn.: Fremdstoffe)
Stoffe, die aufgrund ihrer Struktur und biologischen Eigenschaften der Biosphäre fremd sind. Xenobiotika werden auschließlich synthetisch hergestellt.

Zwischenprodukte
In der Chemie verwendeter Begriff zur Bezeichnung von Halbfabrikaten, die aus Rohstoffen gewonnen werden, um daraus die für den Endverbraucher bestimmten Produkte oder Erzeugnisse zu synthetisieren.

Abkürzungsverzeichnis

a	Jahr
AAV	Abfallentsorgungs- und Altlastensanierungsverband
AbfG	Abfallgesetz
ADI	Acceptable daily intake
AFEAS	Alternative Fluorocarbon Environmental Acceptability Study
AgPU	Arbeitsgemeinschaft PVC und Umwelt
AGS	Ausschuß für Gefahrstoffe
Akh	Arbeitskraftstunden
AOX	Adsorbierbares organisches Halogen
Arge Textil	Arbeitsgemeinschaft Textil
BASt	Bundesanstalt für Straßenbau
BAT	Best available technology
BAT	Biologischer Arbeitsplatztoleranzwert
BAU	Bundesanstalt für Arbeitsschutz
BDI	Bundesverband der Deutschen Industrie
BEP	Best environmental practice
BGA	Bundesgesundheitsamt
BImSchG	Bundesimmissionsschutzgesetz
BImSchV	Bundesimmissionsschutzverordnung
BLAU	Bund-/Länderausschuß für Umweltchemikalien
BMA	Bundesministerium für Arbeit und Sozialordnung
BMBW	Bundesministerium für Bildung und Wissenschaft
BMFT	Bundesministerium für Forschung und Technologie
BML	Bundesministerium für Ernährung, Landwirtschaft und Forsten
BMU	Bundesministerium für Umwelt, Naturschutz und Reaktorsicherheit
BMV	Bundesministerium für Verkehr
BMWi	Bundesministerium für Wirtschaft
BSB	Biologischer Sauerstoffbedarf
BT	Bundestag

BUA	Beratergremium für umweltrelevante Altstoffe
BUND	Bund für Umwelt- und Naturschutz Deutschland
BVerfGE	Entscheidungen des Bundesverfassungsgerichts
BVWP	Bundesverkehrswegeplan
Cd	Cadmium
CEFIC	Conseil Européen des Fédérations de l'Industrie Chimique (Europäischer Chemieverband)
CEN	Comité Européen de Normalisation
CH	Chlorhydrin
ChemG	Chemikaliengesetz
CKW	Chlorkohlenwasserstoffe
CMT	Cancerogen, mutagen, teratogen
COGNIS	Gesellschaft für Bio- und Umwelttechnologie
CSB	Chemischer Sauerstoffbedarf
CSD	Commission on Sustainable Development (VN-Kommission für nachhaltige Entwicklung)
d	Tag
DCM	Dichlormethan (Methylenchlorid)
DDT	Dichlordiphenyltrichlorethan (Insektizid)
DEHP	Di-2-ethylhexylphthalat oder Dioctylphthalat
DFG	Deutsche Forschungsgemeinschaft
DIE	Deutsches Institut für Entwicklungspolitik
DIN	Deutsches Institut für Normung
DNA	Deoxyribonucleic acid (Erbsubstanz)
DNS	Desoxyribonucleinsäure
DTA	Duldbare tägliche Aufnahmemenge
DTB	Dialog-Textil-Bekleidung
DTPA	Diethylentriaminpentaessigsäure
DVGW	Deutscher Verband für das Gas- und Wasserfach
ECC	European Communities Council
ECE	Wirtschaftskommission der Vereinten Nationen für Europa
ECU	European Currency Unit
EDC	Ethylendichlorid (1,2-Dichlorethan)
EDTA	Ethylendiamintetraessigsäure
EDV	Elektronische Datenverarbeitung
EG	Europäische Gemeinschaft

EINECS	European Inventory of Existing Commercial Substances
EO	Ethylenoxid
EPA	Environmental Protection Agency (US-amerikanische Umweltschutzbehörde)
EWG	Europäische Wirtschaftsgemeinschaft
FAO	Food and Agriculture Organization (United Nations)
FCKW	Fluorchlorkohlenwasserstoff
fg	Femtogramm (10^{-15} g)
FhG	Fraunhofergesellschaft
FKW	Fluorkohlenwasserstoff
FuE	Forschung und Entwicklung
GATT	General Agreement on Tariffs and Trade
GCOS	Global Climate Observation System
GDCh	Gesellschaft Deutscher Chemiker
GefStoffV	Gefahrstoffverordnung
Gew.-%	Gewichtsprozent
GJ	Gigajoule (10^9 Joule)
GMP	Good Manufactoring Praxis
GSF	Forschungszentrum für Umwelt und Gesundheit
GTZ	Gesellschaft für technische Zusammenarbeit
GVT	Gute Veredlungspraxis Textilien
GWP	Global Warming Potential
h	Stunde
H-FCKW	Teilhalogenierter Fluorchlorkohlenwasserstoff
H-FKW	Teilhalogenierter Fluorkohlenwasserstoff
ha	Hektar
HCH	Hexachlorcyclohexan (Lindan)
HDI	Human Development Index
HKW	Halogenierter Kohlenwasserstoff
ICC	International Commercial Cooperation (Internationale Handelskammer)
IDNDR	International Decade for Natural Desaster Reduktion (UN-Programm)
ILO	International Labor Organization
IÖW	Institut für ökologische Wirtschaftsforschung
IPM	Integrated Pest Management

IRM	Insecticide Resistance Management
ISI	Institut für Systemtechnik und Innovationsforschung
ISO	International Organization for Standardization
ISOE	Institut für sozial-ökologische Forschung
IVC	Industrieverband Chemiefaser
J	Joule
KDrs	Kommissionsdrucksache
kj	Kilojoule (10^3 Joule).
kt	Kilotonne (10^3 Tonnen)
KW	Kohlenwasserstoff
kWh	Kilowattstunde (10^3 Wattstunden)
LAI	Länderausschuß für Immissionsschutz
LAS	Lineare Alkylbenzolsulfonate
LAWA	Länderarbeitsgemeinschaft Wasser
LD_{50}	Lentale Dosis bei der 50% der Individuen sterben
LMBG	Lebensmittel- und Bedarfsgegenstände-Gesetz
M.S.T.	Markenzeichen schadstoffgeprüfte Textilien
MAK	Maximale Arbeitsplatzkonzentration
MFA	Multifaserabkommen
MIK	Maximale Immissionskonzentrationen
MIPS	Materialintensität pro Serviceeinheit
MJ	Megajoule (10^6 Joule)
MTBE	Tertiär Butylmethylether
MUT	Programmgruppe Mensch-Umwelt-Technik
MVA	Müllverbrennungsanlage
NAFTA	North American Free Trade Agreement
NAGUS	Normenausschuß „Grundlagen des Umweltschutzes"
NE-Metall	Nicht-Eisenmetall
NEC	No effect concentration
NEPP	National Environmental Policy (Nationaler Niederländischer Umweltplan)
ng	Nanogramm (10^{-9} Gramm)
NGO	Non-governmental Organization
NIC	Newly industrializing countries
NOEL	No observed effect level
NOTA	Niederländische Organisation für Technikbewertung

NO$_x$	Sammelbezeichnung für alle bei Verbrennungsvorgängen entstehenden gasförmigen Stickoxide mit unterschiedlichen Oxidationsstufen.
NRO	Nichtregierungsorganisation
O-KW	Sauerstoffhaltige Kohlenwasserstoffderivate wie Alkohole, Ester, Ketone oder in Gemischen
ODP	Ozone Depletion Potential
OECD	Organization for Economic Cooperation and Development
OH-Radikal	Hydroxylradikal
ÖPNV	Öffentlicher Personennahverkehr
p. a.	Per annum, pro Jahr
PA	Polyamid
PAH	Polycyclic aromatic hydrocarbons (polycyclische aromatische Kohlenwasserstoffe)
PAK	Polycyclische aromatische Kohlenwasserstoffe
PAN	Polyacrylnitril
PARCOM	Paris Convention for the Prevention of Marine Pollution
PCB	Polychlorierte Biphenyle
PCDD/PCDF	Polychlorierte Dibenzodioxine/Polychlorierte Dibenzofurane
PCP	Pentachlorphenol
PCT	Polychlorierte Terphenyle
PE	Polyethylen
PE-HD	High Density-Polyethylen; Polyethylen hoher Dichte
PE-LD	Low Density-Polyethylen; Polyethylen niedriger Dichte
PEC	Predicted environmental concentration
Pentajoule	10^{15} Joule
Per	Tetrachlorethen
PES	Polyester
PET	Polyethylenterephthalat
PFI	Political Freedom Index
pH-Wert	Negativer dekadischer Logarithmus der Wasserstoffionenkonzentration (Säuregrad)
PIC	Prior Informed Consent
Pkm	Personenkilometer; Maßeinheit für die Verkehrsleistung (s. Glossar).
PO	Polypropylenoxid
POCP	Photochemisches Ozonbildungspotential

PP	Polypropylen
ppm	Parts per million (1 : 10^6 als Angabe bei Verunreinigungen)
PS	Polystyrol
PU	Polyurethan-Elastomere
PVC	Polyvinylchlorid
PVDF	Polyvinylidenfluorid
PWMI	Eco-Profiles of the European Plastics Industry
R 11	Trichlorfluormethan (CCl_3F; FCKW)
R 12	Dichlordifluormethan (CCl_2F_2; FCKW)
R 22	Chlordifluormethan ($CHClF_2$; H-FCKW)
R 113	1,1,2-Trichlortrifluorethan (CCl_2FCClF_2; FCKW)
R 114	1,2-Dichlortetrafluorethan ($CClF_2CClF_2$; FCKW)
R 115	Chlorpentafluorethan ($CClF_2CF_3$; FCKW)
R 134 a	Tetrafluorethan (CHF_2CHF_2; H-FKW, FCKW-Ersatzstoff)
RWI	Rheinisch-Westfälisches Institut für Wirtschaftsforschung
s	Sekunde
SETAC	Society of Environmental Toxicology and Chemistry
SKE	Steinkohleeinheiten; nach dem Einheiten-Gesetz unzulässige, in der Technik dennoch vielgebrauchte Energieeinheit, die dem mittleren Energiegehalt von 1 kg Steinkohle entspricht
SRU	Rat von Sachverständigen für Umweltfragen
StörfallV	Störfallverordnung
t	Tonne
TA Luft	Technische Anleitung zur Reinhaltung der Luft
TA Siedlungsabfall	Technische Anleitung Siedlungsabfall
TAB	Büro für Technikfolgen-Abschätzung des Deutschen Bundestages
TBA	Trichlorbenzoesäure
TE	Toxizitätsequivalente; mit Hilfe von Toxizitätsfaktoren (TCDD = 1) berechnete Menge oder Konzentration eines PCDD-/PCDF-Gemisches, die direkt vergleichbar ist mit der gleichen Menge/Konzentration des hochtoxischen „Seveso-Giftes" Tetrachlordibenzodioxin (TCDD).
TEGEWA	Verband der Textilhilfsmittel-, Lederhilfsmittel-, Gerbstoff- und Waschrohstoffindustrie
Tetra	Tetrachlormethan
TEWI	Total Equivalent Warming Impact

tkm	Tonnenkilometer; Maßeinheit für die Verkehrsleistung (s. Glossar).
TRGS	Technische Regeln für Gefahrstoffe
TRI	Toxic Release Inventory
Tri	Trichlorethylen
TRK	Technische Richtkonzentration
TSB	Textile Surveillance Body
Tz.	Textziffer
UBA	Umweltbundesamt
UFOPLAN	Umweltforschungsplan des BMU
UGR	Umweltökonomische Gesamtrechnung
UmweltHG	Umwelthaftungsgesetz
UN	United Nations
UN/ECE	United Nations Economic Commission for Europe
UNCED	United Nations Conference on Environment and Development
UNCTAD	United Nations Conference on Trade and Development
UNDP	United Nations Development Programme
UNEP	United Nations Environment Programme
UPI	Umwelt- u. Prognose-Institut Heidelberg
UTECH	Umwelttechnologieforum, Berlin
VbF	Verordnung über brennbare Flüssigkeiten
VC	Vinylchlorid (Chlorethen)
VCH	Verlag Chemie
VCI	Verband der Chemischen Industrie
VCM	Vinylchlorid-Monomer
VDA	Verband der Automobilindustrie
VDE	Verband Deutscher Elektrotechniker
VDI	Verein Deutscher Ingenieure
VDMA	Verband Deutscher Maschinen- und Anlagenbau
VKE	Verband Kunststofferzeugende Industrie
VN	Vereinte Nationen
VNCI	Association of the Dutch Chemical Industry
VO	Verordnung
VOC	Volatile organic chemicals (flüchtige organische Chemikalien)
VÖV	Verband öffentlicher Verkehrsbetriebe

W	Watt
WBGU	Wissenschaftlicher Beirat der Bundesregierung Globale Umweltveränderungen
WGK	Wassergefährdungsklasse
WHG	Wasserhaushaltsgesetz
WHO	World Health Organization (Weltgesundheitsorganisation)
WTA	Welt Textil-Abkommen
WTO	World Trade Organization (Welthandelsorganisation)

Verzeichnis der Abbildungen und Tabellen

Abbildungen Seite

4.2.1:	Übersicht über Naturfasern, die im textilen Bereich verwendet werden	112
4.2.2:	Übersicht über Chemiefasern, die im textilen Bereich verwendet werden	113
4.2.3:	Stoffstrombetrachtung der Hauptlinie entlang der textilen Kette	116
4.2.4:	Stoffstrombetrachtung der Haupt- und Nebenlinien entlang der textilen Kette	117
4.2.5:	Darstellung der einzelnen Verarbeitungsschritte zwischen Rohölgewinnung und Chemiefaserproduktion	127
4.2.6:	Durchschnittliche Verwendungszeit und Kaufhäufigkeit von verschiedenen Oberbekleidungstextilien	136
4.2.7:	Entwicklung in der westdeutschen Bekleidungsindustrie seit 1970	170
4.2.8:	Arbeitskosten in der Textilindustrie	172
4.2.9:	Übertragung der aus dem Leitbild einer nachhaltig zukunftsverträglichen Entwicklung hergeleiteten ökologischen Parameter auf die Sachstandsergebnisse	186
4.2.10:	Kooperationsmodell für die textile Kette	193
4.3.1:	Entwicklung der Gesamtfahrleistungen im motorisierten Individualverkehr (alte Bundesländer)	230
4.3.2:	Entwicklung von Einwohnerzahl, Arbeitsplätzen und Pendlerströmen und deren Verteilung auf Individual- bzw. öffentlichen Nahverkehr in Düsseldorf	231
4.3.3:	Modal-split-Bilanzen für alle innerstädtischen Wege	232

		Seite
4.3.4:	Reale Entwicklung des westdeutschen Straßenbauvolumens und der Gesamtfahrleistungen im westdeutschen Straßennetz	235
4.3.5:	Stoffströme innerhalb der Produktlinie von Fahrzeugen	246
4.3.6:	Materialbilanz einer Shredderanlage	249
4.3.7:	Mittelwerte des Einsatzes verschiedener Kunststoffsorten im Automobilbau Westeuropas	253
4.3.8:	Entnahmehäufigkeit der Betriebsstoffe aus 247 untersuchten Autowrackplätzen in Niedersachsen	272
4.3.9:	Flächenbeanspruchung durch verschiedene Transportarten	290
4.3.10:	Energieverbrauch im Produktlebenszyklus eines Automobils	297
4.3.11:	Energieverbrauch in der Industrie und Verbraucherpreise für Heizöl in den Jahren 1960 bis 1990 (alte Bundesländer)	298
4.3.12:	Aufbereitungsverfahren für Lackabfälle (Lack-overspray) in der Automobilserienlackierung	300
4.3.13:	Fahrzeug-Recycling-Konzeptbausteine und Materialströme	304
4.3.14:	Zinkkreislauf in der Bundesrepublik Deutschland	309
4.4.1:	Überblick über die Herstellung von PVC	337
4.4.2:	Die Herstellung der Chlorkohlenwasserstoffe Trichlorethen (TRI), Tetrachlorethen (PER) und Dichlormethan (DCM) im Produktionsverbund der Chlorchemie.	371
4.4.3:	CKW-Frischwareneinsatzmengen im Bereich Metallentfettung in der Bundesrepublik Deutschland im Jahr 1992 und ihr prozentualer Anteil an der Gesamteinsatzmenge	377
4.4.4:	Prozentuale Anteile verschiedener Maßnahmen zur Reduktion der CKW-Emissionen im Bereich Metallentfettung	380
4.4.5:	Schematische Darstellung des Chlorhydrinverfahrens zur Herstellung von Propylenoxid – Ausgangsstoffe, Neben- und Folgeprodukte	405
4.4.6:	Produktionsentwicklung von Propylenoxid in der Bundesrepublik Deutschland (alte Bundesländer) von 1980 bis 1991	406
4.4.7:	Schematische Darstellung des Oxiran-Verfahrens zur Herstellung von Propylenoxid-Ausgangsstoffen, Neben- und Folgeprodukten	409
4.4.8:	Aufteilung der Polyurethane nach ihren Anwendungsbereichen in Westeuropa und der Bundesrepublik Deutschland	411

		Seite
4.4.9:	Der Gesamtstofffluß für die Polyurethanproduktion	412
5.1:	Typisierung von Umweltproblemen nach Raum- und Zeitskalen	429
5.2a und 5.2b:	Beispiele für globale, welthandelsbedingte Verlagerungen von litosphärisch gebundenen und biologisch erzeugten Ressourcen in die Bundesrepublik Deutschland bzw. in die Länder der Europäischen Gemeinschaft, wo sie in großen Stoffanreicherungen und -vermischungen wirken und großenteils als Abfälle enden.	450/451
5.3:	Simulation des Verhaltens von Benzol in Luft und Boden – Modellgebiet Bundesrepublik Deutschland	508
5.4:	Verbandstheoretische Darstellung (Hasse-Diagramm) der Priorisierung von Umwelteffekten	523
6.1:	Schritte eines Stoffstrommanagements	556
6.2:	Der Chlor-Gesamtstofffluß	565
6.3:	Der Anteil der einzelnen Treibhausgase am anthropogenen Treibhauseffekt in den achtziger Jahren dieses Jahrhunderts.	580

Tabellen

4.2.1:	Mengenmäßiger Anteil der unterschiedlichen Bekleidungssegmente in der Bundesrepublik Deutschland (1990, alte Bundesländer)	114
4.2.2:	Mengenverteilung der Textilhilfsmittel auf die einzelnen Einsatzgebiete in der Bundesrepublik Deutschland (1990, alte Bundesländer)	133
4.2.3:	Primärenergieverbrauch für die Pflege von privater Arbeitskleidung	138
4.2.4:	Struktur und Entwicklung der Ausfuhr – Welt und Entwicklungsländer (EL) – nach Produktgruppen: 1980–1991	164
4.2.5:	Prozentualer Anteil der Textil- und Bekleidungsexporte an Gesamtexporten ausgewählter Entwicklungsländer	165
4.2.6:	Bekleidungs-, Textil- und Fertigwarenimporte in v. H. vom jeweiligen Endverbrauch in der EG, den USA und Japan	166
4.2.7:	Arbeitsgemeinschaft Textil: Überblick über Empfehlungen zu neuen Handlungsmöglichkeiten und entsprechenden Ansätzen staatlicher Unterstützung	195

		Seite
4.2.8:	COGNIS GmbH: Vorschlag für einen Warenbegleitbrief	196
4.2.9:	COGNIS GmbH: Vorschlag für eine Checkliste zur ökologischen Produktwerbung	198
4.3.1:	Eckzahlen zur Verkehrsleistung	227
4.3.2:	Bruttoproduktionswert des Fahrzeugbaus, Anteil am Bruttoinlandsprodukt und Anzahl der Beschäftigten (1990, alte Bundesländer)	234
4.3.3:	Unterschiedliche Gesamtschätzungen verkehrsbedingter externer/sozialer Kosten in der Bundesrepublik Deutschland ...	236
4.3.4:	Charakterisierung der untersuchten Fahrzeugtypen des Personen- und Güterverkehrs	242
4.3.5:	Geschätzte Verkehrsleistungen von typischen Fahrzeugen ..	250
4.3.6:	Stoffliche Zusammensetzung typischer Fahrzeuge des Personenverkehrs	252
4.3.7:	Stoffliche Zusammensetzung typischer Fahrzeuge des Güterverkehrs	252
4.3.8:	Materialintensität typischer Fahrzeuge des Personenverkehrs	254
4.3.9:	Materialintensität typischer Fahrzeuge des Güterverkehrs ..	255
4.3.10:	Abschätzungen des spezifischen Primärenergieverbrauchs im Personenverkehr aus verschiedenen Untersuchungen	265
4.3.11:	Abschätzungen des spezifischen Primärenergieverbrauchs im Güterverkehr aus verschiedenen Untersuchungen	266
4.3.12:	Spezifische Emissionen des Personenverkehrs im Jahr 1986, unter Berücksichtigung von direkten Abgasemissionen, Verdunstung, sonstigen Verlusten sowie der vorgelagerten Energiekette bis zur Raffinerie/zum Kraftwerk	267
4.3.13:	Spezifische Emissionen des Güterverkehrs im Jahr 1986, unter Berücksichtigung von direkten Abgasemissionen, Verdunstung, sonstigen Verlusten sowie der vorgelagerten Energiekette bis zur Raffinerie/zum Kraftwerk	267
4.3.14:	Anteilige Emissonen des Straßenverkehrs und des übrigen Verkehrs gemessen an der Gesamtemissionssituation in der Bundesrepublik Deutschland (1990, alte Bundesländer)	268
4.3.15:	Durch Verkehrsunfälle verletzte und getötete Personen (1990, alte Bundesländer)	269
4.3.16:	Gefährdungsfaktoren von Betriebsflüssigkeiten	271

		Seite
4.3.17:	Gesundheits- bzw. umweltschädliche Abfälle bei der Verwertung/Entsorgung von Schienenfahrzeugen	274
4.3.18:	PCDD-/PCDF-Emissonen aus verschiedenen Quellen der Eisen-/Stahlindustrie und aus Gießereien	278
4.3.19:	Einfluß verschiedener Abscheidesysteme auf die PCDD-/PCDF-Emission	282
4.3.20:	Das Straßennetz im Jahr 1990 (alte Bundesländer)	284
4.3.21:	Stoff- und Materialbedarf für den Bau von Straßen mit Bitumendeckschicht	285
4.3.22:	Primärenergieaufwand für den Straßenbau unter Berücksichtigung mittlerer Transportentfernungen	286
4.3.23:	Stoff- und Materialbedarf für den Bau von Schienenwegen	287
4.3.24:	Zusammenstellung der wichtigsten Daten zu den Infrastrukturanlagen	288
4.4.1	Verarbeitungs- und Endverbrauchsmengen von PVC in ausgewählten Anwendungsbereichen in der Bundesrepublik Deutschland für das Jahr 1992	339
4.4.2 a:	Abschätzung des Aufkommens an Post-Consumer-Abfällen und der Verwendung von Recyclat-PVC in Neuware	344
4.4.2 b:	Abschätzung des Abfallaufkommens an Post-Consumer-Abfällen und der Verwendung von Recyclat-PVC in Neuware nach Angaben der AgPU	345
4.4.3:	Energiebedarf für die Produktion von einem Kilogramm Kunststoff	353
4.4.4:	CKW-Altlasten in Düsseldorf: Kosten für die Sanierung in Mio. DM	368
4.4.5:	Produktion, Import und Export von chlorierten Kohlenwasserstoffen in der Bundesrepublik Deutschland (1991, alte Bundesländer)	373
4.4.6:	Herstellung und Verbrauch von PER in der Bundesrepublik Deutschland in den Jahren 1987 und 1992	373
4.4.7:	Ermittlung der CKW-Verkaufsstrukturen der Bundesrepublik für das Jahr 1992	374
4.4.8:	Inländischer Jahresverbrauch von CKW-Lösemitteln in umweltoffener Anwendung im Jahr 1992	375

Seite

4.4.9:	Entwicklung der geschätzten Emissionsmengen von CKW-Lösemitteln im Bereich der Metallentfettung aus Oberflächenbehandlungsanlagen und der Kaltreinigung außerhalb von Anlagen	378
4.4.10:	Geschätzte Verwendungsmengen von Ersatzstoffen für CKW-Lösemittel für die Bereiche Metallentfettung und Textilreinigung	390
4.4.11:	CKW-Lösemittel-Markt (Frischware) der Bundesrepublik Deutschland (bis 1991, alte Bundesländer)	392
4.4.12:	Produktion von Propylenoxid – Standorte, Kapazitäten	402
4.4.13:	Produktion und Preisentwicklung für Isocyanate, Propylenoxid und Polyurethane in der Bundesrepublik Deutschland, (alte Bundesländer)	403
4.4.14:	Außenhandel mit Propylenoxid	407
4.4.15:	Zeitpunkt der Inbetriebnahme der Chlorhydrinanlagen in der Bundesrepublik Deutschland	415
5.1:	Kriterien zur Erstellung der Sachstandsanalysen für die Einzelstoffbeispiele Cadmim, Benzol und R134 a als Grundlage für die Bewertung der Stoffströme	441
5.2:	Ökologische Schutz- und Gestaltungsziele und daraus ableitbare Bewertungskriterien und Indikatoren	448
5.3:	Ökonomische Schutz- und Gestaltungsziele und daraus abgeleitete ökonomische Bewertungskriterien	485
5.4:	Soziale Schutz- und Gestaltungsziele und daraus ableitbare Bewertungskriterien	495
5.5:	Ergebnisse der vergleichenden Beurteilung von krebserzeugenden Luftschadstoffen	518
5.6:	Priorisierung von Stoffen bezüglich eines Schutz- und Gestaltungszieles mit Hilfe von Priorisierungsfaktoren (PF_i-Werte) am Beispiel des Kriteriums Treibhauseffekt	521
5.7:	Priorisierung verschiedener Schutz- und Gestaltungsziele sowie von Bewertungskriterien bezüglich der übergeordneten Kriterien räumliche Betroffenheit, zeitliche Änderung, Halbwertzeit der Reversibilität und Irreversibilität	522
6.1:	Steckbrief eines Konzeptes zur Beschreibung von Stoffströmen	574

Literaturverzeichnis

Angrick, M. (1994): UBA-Dioxin-Meßprogramm an Anlagen zur Herstellung und Verarbeitung von Stahl und Eisen – Erste Ergebnisse und Folgerungen. Vortrag im Rahmen des 37. UTECH-Seminars am 24./25. Februar 1994 in Berlin (Tagungsband), Berlin.

Arge Textil (1994a): Stoff- und Informationsströme in der Produktlinie Bekleidung (Vorstudie); in: Umweltverträgliches Stoffstrommanagement – Konzepte Instrumente Bewertung. Studien im Auftrag der Enquete-Kommission des Deutschen Bundestages „Schutz des Menschen und der Umwelt" (Hg.), Bd. 4, Bonn.

Arge Textil (1994b): Die Organisation des ökologischen Stoffstrommanagements; in: Umweltverträgliches Stoffstrommanagement – Konzepte Instrumente Bewertung. Studien im Auftrag der Enquete-Kommission des Deutschen Bundestages „Schutz des Menschen und der Umwelt" (Hg.), Bd. 4, Bonn.

Aston, J.; H. Seymour (1988): The New Public Health. Philadelphia.

Auerswald, K. (1994): Regenerierbarkeit von Böden; in: Ökosystem Boden – ausgebeutet und zerstört? Journalistenseminar Information und Umwelt, Bd. 13, GSF-Forschungszentrum für Umwelt und Gesundheit (Hg.), Neuherberg.

Aurand, K.; et al. (1982): Nitrat- und Nitritgehalt von Trinkwassern in der Bundesrepublik Deutschland; in: Nitrat – Nitrit – Nitrosamine in Gewässern. Deutsche Forschungsgemeinschaft (Hg.), Symposium aus Anlaß des Abschlusses des Schwerpunktprogramms Nitrat, Nitrit, Nitrosamine in Gewässern, Weinheim.

Baccini, P.; P. H. Brunner (1990): The Metabolism of the Anthroposphere. Heidelberg.

Baccini, P. (1993): Wie steuern wir die Stoffwechselprozesse einer Volkswirtschaft; in: Stoffökologische Perspektiven der Abfallwirtschaft – Grundlagen und Umsetzung. H. Sutter, M. Held (Hg.), Berlin.

Bätcher, K.; E. Böhm; W. Tötsch (1992): Untersuchung über die Auswirkungen geplanter gesetzlicher Beschränkungen auf die Verwendung, Verarbeitung und Substitution von Cadmium in Produkten. Umweltforschungsplan des BMU, Bericht Nr. 10408320, Bonn/Berlin.

Bätcher, K.; E. Böhm (1994): Zusammenfassende Darstellung des Kenntnisstandes zu Cadmium-Stoffströmen in der Bundesrepublik; in: Umweltverträgliches Stoffstrommanagement – Konzepte Instrumente Bewertung. Studien im Auftrag der Enquete-Kommission des Deutschen Bundestages „Schutz des Menschen und der Umwelt" (Hg.), Bd. 3, Bonn.

Bayer, E.; G. Fleischhauer (1993): Status Report on the Testing Activities According to the German Program for the Existing Chemicals. Chemosphere (26).

BDI – Bundesverband der Deutschen Industrie (Hg.) (1992): Freiwillige Kooperationslösungen im Umweltschutz. Köln.

Beck, U. (1986): Risikogesellschaft – Auf dem Weg in eine andere Moderne. Frankfurt/M.

Becktepe, C.; T. Strütt-Bringmann (Hg.) (1992): Der Stoff, aus dem die Kleider sind. Verbraucher Initiative, Bonn.

Behrendt, S.; et al. (1994): Neue Eisenzeit – Der Hersteller eines entsorgungsfreundlichen Farbfernsehgerätes verzichtet weitgehend auf Kunststoffe. Müllmagazin (1/94).

Bernhardt, A. (1875): Geschichte des Waldeigentums, der Waldwirtschaft und Forstwissenschaft in Deutschland. Berlin/Aalen.

BGA – Bundesgesundheitsamt (Hg.) (1993): Dioxine und Furane – Ihr Einfluß auf Umwelt und Gesundheit. Bundesgesundheitsblatt (36).

BGBl – Bundesgesetzblatt (1990): Verordnung über Trinkwasser und über Wasser für Lebensmittelbetriebe (Trinkwasserverordnung). Teil I, Bonn.

Biervert, B.; M. Held (Hg.) (1994): Veränderungen im Naturverständnis der Ökonomik; in: Das Naturverständnis der Ökonomik – Beiträge zur Ethikdebatte in den Wirtschaftswissenschaften. Frankfurt/M./New York.

BLAU – Bund-/Länderausschuß für Umweltchemikalien (1991): Maßnahmen zur Vermeidung und Verringerung des Eintrags leichtflüchtiger Chlorkohlenwasserstoffe in die Umwelt. Bericht an die Umweltministerkonferenz, Berlin.

BLAU – Bund-/Länderausschuß für Umweltchemikalien (1992): Auswirkungen auf die Umwelt bei der Herstellung, Verwendung, Entsorgung und Substitution von PVC. Bericht an die Umweltministerkonferenz, Düsseldorf.

BMU – Bundesministerium für Umwelt, Naturschutz und Reaktorsicherheit (Hg.) (1992): Bericht der Bundesregierung über die Konferenz der Vereinten Nationen für Umwelt und Entwicklung im Juni 1992 in Rio de Janeiro. Bonn.

BMU – Bundesministerium für Umwelt, Naturschutz und Reaktorsicherheit (Hg.) (1993): Konferenz der Vereinten Nationen für Umwelt und Entwicklung im Juni 1992 in Rio de Janeiro – Klimakonvention, Konvention über die biologische Vielfalt, Rio-Deklaration, Walderklärung. Umweltpolitik – Eine Information des Bundesministeriums für Umwelt, Naturschutz und Reaktorsicherheit, Bonn.

BMV – Bundesministerium für Verkehr (Hg.) (1992): Bundesverkehrswegeplan 1992. Berlin.

BMV – Bundesministerium für Verkehr (Hg.) (1993): Verkehr in Zahlen – 1993. Berlin.

Bödeker, W. (1990): Zur Häufigkeit tödlicher und nichttödlicher Pestizidvergiftungen – Eine Betrachtung nationaler und internationaler Morbiditäts- und Mortalitätsstatistiken; in: Pestizide und Gesundheit. W. Bödeker, C. Dümmler (Hg.), Karlsruhe.

Bolt, H. M.; G. Westphal, F. Riemer (1994): Kenntnisstand und Bewertungskriterien für Kombinationswirkungen von Chemikalien; in: Umweltverträgliches Stoffstrommanagement – Konzepte Instrumente Bewertung. Studien im Auftrag der Enquete-Kommission des Deutschen Bundestages „Schutz des Menschen und der Umwelt" (Hg.), Bd. 3, Bonn.

Bonus, H.; et al. (1994): Wirtschafts- und Lebensstandort Deutschland – Elemente ökologisch-sozialer Marktwirtschaft. IG Chemie-Papier-Keramik (Hg.), Hannover.

Brandt, H. (1989): Die Baumwollerzeugung afrikanischer Länder – Internationale Wettbewerbsfähigkeit und ökologische Probleme. Berlin.

Brandt, H.; I. Suhrer (1989): Klimaschwankungen, Getreideproduktion und Früherkennung von Versorgungslücken in ausgewählten Sahelländern. Berlin.

Bruckmann, P.; G. Bröker; H. Gliwa (1994): Dioxin-Emissionen aus Industrie, Verkehr und weiteren Quellen – Emissionsbegrenzung und Minderung. Vortrag im Rahmen des 37. UTECH-Seminars am 24./25. Februar 1994 in Berlin (Tagungsband), Berlin.

Brüggemann, R.; B. Münzner; E. Halfon (1994): An Algebraic/Graphical Tool to Compare Ecosystems with Respect to their Pollution – the German River Elbe as an Example. Chemosphere, 28 (5).

Brunner, P. H. (1992): Der regionale Stoffhaushalt – Methodik, Resultate und Folgerungen. Österreichische Wasserwirtschaft, 44 (3/4).

BUA – Beratergremium umweltrelevante Altstoffe der Gesellschaft Deutscher Chemiker (1992): Altstoffbeurteilung – Ein Beitrag zu Verbesserung der Umwelt. Gesellschaft Deutscher Chemiker (GDCh) (Hg.), Frankfurt/M.

Calließ, J.; M. Striegnitz (Hg.) (1991): Um den Konsens streiten – Neue Verfahren der Konfliktbearbeitung in Verhandlungen. Dokumentation einer Tagung der Evangelischen Akademie Loccum vom 21.–23. April 1989, Loccumer Protokolle, Rehburg-Loccum.

Clayton, G. D. (Hg.) (1981): Patty's Industrial Hygiene and Toxicology. New York.

COGNIS – Gesellschaft für Bio- und Umwelttechnologie mbH (1994a): Textilien/Kleidung (Vorstudie); in: Umweltverträgliches Stoffstrommanagement – Konzepte Instrumente Bewertung. Studien im Auftrag der Enquete-Kommission des Deutschen Bundestages „Schutz des Menschen und der Umwelt" (Hg.), Bd. 4, Bonn.

COGNIS – Gesellschaft für Bio- und Umwelttechnologie mbH (1994b): Untersuchung des Bekleidungsverbrauchs einer bundesdeutschen Behörde; in: Umweltverträgliches Stoffstrommanagement – Konzepte Instrumente Bewertung. Studien im Auftrag der Enquete-Kommission des Deutschen Bundestages „Schutz des Menschen und der Umwelt" (Hg.), Bd. 4, Bonn.

Costanza, R. (Hg.) (1991): Ecological Economics – The Science and Management of Sustainability. New York.

DECHEMA – Deutsche Gesellschaft für Chemisches Apparatewesen, Chemische Technik und Biotechnologie e. V.; et al. (Hg.) (1990): Produktionsintegrierter Umweltschutz in der chemischen Industrie. Frankfurt/M.

Deutscher Bundestag (Hg.) (1993a): Verwendung gesundheitsgefährdender Stoffe bei Textilien. Antwort der Bundesregierung auf die Große Anfrage, BT-Drucksache 12/6497, Bonn.

Deutscher Bundestag (Hg.) (1993b): Altautoschrott-Verordnung und Verminderung von Stoffströmen – Antwort der Bundesregierung auf die Kleine Anfrage. BT-Drucksache 12/5583, Bonn.

DFG – Deutsche Forschungsgemeinschaft (Hg.) (1988): Polychlorierte Biphenyle – Bestandsaufnahme über Analytik, Vorkommen, Kinetik und Toxikologie. Mitteilung XIII der Senatskommission zur Prüfung von Rückständen in Lebensmitteln, Weinheim.

DFG – Deutsche Forschungsgemeinschaft (Hg.) (1992): MAK- und BAT-Werte-Liste 1992. Senatskommission zur Prüfung gefährlicher Arbeitsstoffe, Mitteilung 28, Weinheim.

DFG – Deutsche Forschungsgemeinschaft (Hg.) (1993): MAK- und BAT-Werte-Liste 1993. Senatskommission zur Prüfung gefährlicher Arbeitsstoffe, Mitteilung 29, Weinheim.

Dierkes, M. (1985): Gesellschaft, Technik – Auf dem Wege zu einem neuen gesellschaftlichen Umgang mit der Technik; in: Umwelt, Wirtschaft, Gesellschaft – Wege zu einem neuen Grundverständnis. Wildemann (Hg.), Stuttgart.

DIN – Deutsches Institut für Normung e. V. (1994): Grundsätze produktbezogener Ökobilanzen. DIN-Mitt. 73 (3), Berlin.

DIW – Deutsches Institut für Wirtschaftsforschung (1989): Gesamtverkehrsplan Nordrhein-Westfalen. Ministerium für Stadtentwicklung, Wohnen und Verkehr des Landes Nordrhein-Westfalen (Hg.), Dortmund.

Ecotec – Institut für chemisch-technische und ökonomische Forschung und Beratung (1992): Kuppelproduktion von Chlor und Natronlauge – Alternativen und deren Folgen. Studie im Auftrag des Umweltbundesamtes, München.

EG – Kommission der Europäischen Gemeinschaften (1976): Council Directive of 4 May 1976 on Pollution Caused by Certain Dangerous Substances Discharged into the Aquatic Environment of the Community. 76/464/EEC, Official Journal L 129, Brüssel.

EG – Kommission der Europäischen Gemeinschaften (1992a): Für eine dauerhafte und umweltgerechte Entwicklung – Fünftes Umweltaktionsprogramm der EG. KOM(92) 23/II endg., Brüssel.

EG – Kommission der Europäischen Gemeinschaften (1992b): Proposal for a Council Regulation on the Evaluating and Control of the Environmental Risks of Existing Substances. COM(90) 227 final, Common Position 5333/92, Brüssel.

Enquete-Kommission des Deutschen Bundestages „Schutz der Erdatmosphäre" (Hg.) (1990): Schutz der Erde – Eine Bestandsaufnahme mit Vorschlägen zu einer neuen Energiepolitik. Bd. 2, Bonn.

Enquete-Kommission des Deutschen Bundestages „Schutz der Erdatmosphäre" (Hg.) (1992): Klimaänderung gefährdet globale Entwicklung – Zukunft sichern – jetzt handeln. Bonn.

Enquete-Kommission des Deutschen Bundestages „Schutz des Menschen und der Umwelt" (Hg.) (1993): Verantwortung für die Zukunft – Wege zum nachhaltigen Umgang mit Stoff- und Materialströmen. Bonn.

Ewers, H.-J.; A. Brenck (1994): Divergenz zwischen Stoff- und Wertströmen – Ökonomische Lösungen des Problems der Gefährlichkeit von Stoffen; in: Umweltverträgliches Stoffstrommanagement – Konzepte Instrumente Bewertung. Studien im Auftrag der Enquete-Kommission des Deutschen Bundestages „Schutz des Menschen und der Umwelt" (Hg.), Bd. 2, Bonn.

FAZ – Frankfurter Allgemeine Zeitung (1994): Quantensprung in der Automobiltechnik? 13. April 1994.

FICHTNER (1994): Beispielorientierte Aufarbeitung des Bedürfnisfeldes Mobilität für eine stoffstromorientierte Diskussion zur Entwicklung stofflicher und politischer Handlungsperspektiven – Stofffluß bei Produktion, Betrieb und Entsorgung verschiedener Fahrzeuge; in: Umweltverträgliches Stoffstrommanagement – Konzepte Instrumente Bewertung.

Studien im Auftrag der Enquete-Kommission des Deutschen Bundestages „Schutz des Menschen und der Umwelt" (Hg.), Bd. 5, Bonn.

Fonds der chemischen Industrie (1992): Die Chemie des Chlors und seiner Verbindungen. Folienserie des Fonds der chemischen Industrie, Nr. 24, Frankfurt/M.

Forth, W.; et al. (Hg.) (1992): Allgemeine und spezielle Pharmakologie und Toxikologie. Mannheim.

Friege, H. (1984): Chemiepolitik – BUND fordert einen neuen Politikbereich. BUND-Positionen, 10, Bonn.

Friege, H. (1994): Produktionsprozesse und -gestaltung – Chemie. Handbuch Umweltschutz – Grundlagen und Praxis, Bd. 15 (in Vorbereitung).

Führ, M. (1994): Ansätze für proaktive Strategien zur Vermeidung von Umweltbelastungen im internationalen Vergleich; in: Umweltverträgliches Stoffstrommanagement – Konzepte Instrumente Bewertung. Studien im Auftrag der Enquete-Kommission des Deutschen Bundestages „Schutz des Menschen und der Umwelt" (Hg.), Bd. 2, Bonn.

Fülgraff, G.; J. Reiche (1990): Proaktiver Umweltschutz; in: Umwelt, Politik, Technik, Recht. W. Schenkel, P.-C. Storm (Hg.), Berlin.

GDA – Gesamtverband der Deutschen Aluminiumindustrie e. V. (1993): Aluminium und Rotschlamm. Düsseldorf.

Geißler, S.; et al. (1993): Eco-Design-Fiebel für Anwender. Wien.

Gesamttextil (Hg.) (1991): Jahrbuch der Textilindustrie. Frankfurt/M.

Gleich, A. von (1994): Stellungnahme zum Werkstattgespräch „Ökologische Bewertungskriterien für den anthropogenen Umgang mit Stoffströmen". Schweisfurth-Stiftung, 13.–14. Januar 1994, München.

Gore, A. (1992): Wege zum Gleichgewicht – Ein Marshallplan für die Erde. Frankfurt/M.

Graßl, H. (1993): Umwelt- und Klimaforschung – Von ungewohnten Raum-Zeit-Skalen für Politik und Öffentlichkeit; in: Ökologie der Zeit – Vom Finden der rechten Zeitmaße. M. Held, K. A. Geißler, S. Hirzl (Hg.), Stuttgart.

Greim, H. (Hg.) (1993): Toxikologisch-arbeitsmedizinische Begründung von MAK-Werten. Weinheim.

GSF – Gesellschaft für Strahlenforschung, Forschungszentrum für Umwelt und Gesundheit (1994): Ökotoxikologie – Bestandsaufnahme und Perspektiven für ein ökosystemares Bewertungskonzept. GSF-Bericht 40/93, Oberschleißheim.

Haber, W. (1993): Ökologische Grundlagen; in: Umweltschutz – Grundlagen und Praxis. K. Buchwald, W. Engelhardt (Hg.), Bd. 1, Bonn.

Habersatter, K.; F. Widmer (1991): Ökobilanz von Packstoffen. Bundesamt für Umwelt, Wald und Landschaft (Hg.), Schriftenreihe Umwelt (132), Bern.

Hampicke, U. (1994): Marktethik, Zukunftsethik und fragile Natur; in: Das Naturverständnis der Ökonomik. B. Bievert, M. Held (Hg.), Beiträge zur Ethikdebatte in den Wirtschaftswissenschaften, Frankfurt/M./New York.

Hauff, V. (Hg.) (1987): Unsere gemeinsame Zukunft – Der Brundtland-Bericht der Weltkommission für Umwelt und Entwicklung. Greven.

Hecht, D. (1993): Von der Abfallwirtschaft zur Kreislaufwirtschaft; in: Wirtschaftsdienst. Institut für Wirtschaftsforschung (Hg.), 73. Jg., Hamburg.

Heins, B. (1994): Nachhaltige Entwicklung aus sozialer Sicht. Zeitschrift für angewandte Umweltforschung (1).

Held, M. (Hg.) (1988): Chemiepolitik – Gespräche über eine neue Kontroverse. Weinheim.

Held, M. (Hg.) (1991): Leitbilder der Chemiepolitik – Stoffökologische Perspektiven in der Industriegesellschaft. Frankfurt/M./New York.

Hofmeister, S. (1993): Von der Abfallentsorgung zur Stoffflußplanung als Instrument einer vermeidungsorientierten Abfallwirtschaft; in: Stoffökologische Perspektiven der Abfallwirtschaft – Grundlagen und Umsetzung. H. Sutter, M. Held (Hg.), Berlin.

Horstmann, M.; S. McLachlan (1994): Textiles as a Source of Polychlorinated Dibenzo-p-dioxins and Dibenzofurans (PCDD/F) in Human Skin and Sewage Sludge. Environmental Science and Pollution Research, 1 (1).

Huzinger, O.; et al. (1991): Vermeidung dioxinhaltiger Rückstände bei der industriellen Herstellung und Anwendung chlororganischer Produkte. Forschungsbericht BMFT 145 05 308, Universität Bayreuth.

IÖW – Institut für ökologische Wirtschaftsforschung (1994): Elemente volkswirtschaftlichen und innerbetrieblichen Stoffstrommanagements (Ökoleasing, Chemiedienstleistung); in: Umweltverträgliches Stoffstrommanagement – Konzepte Instrumente Bewertung. Studien im Auftrag der Enquete-Kommission des Deutschen Bundestages „Schutz des Menschen und der Umwelt" (Hg.), Bd. 2, Bonn.

IVC – Industrievereinigung Chemiefaser e. V. (Hg.) (1990): Die Chemiefaser-Industrie in der Bundesrepublik Deutschland. Frankfurt/M.

Jacobi, W. (Hg.) (1991): Strahlenschutz und Umwelt. Publikationsreihe Fortschritte im Strahlenschutz, Jubiläumstagung, Aachen, 30. September – 3. Oktober 1991, Köln.

Jones, K.C.; et al. (1989): Organic Contaminants in Welsh Soils – Polynuclear aromatic Hydrocarbones. Environmental Science and Technology, 23 (5).

Kaiser, C.; et al (1992a): Residues in Recycled Goods from Shredded Plastics. Fresenius Envir. Bull. (1).

Kaiser, C.; et al (1992b): Residues in Recycled Goods from Shredded Plastics. Fresenius Envir. Bull. (2), II Communication.

Kemper, J. (1989): Ein Schwelbrand und seine Folgen – Geschehnisse in der Telefonvermittlungsstelle Düsseldorf/Oberkassel. Fernmeldeamt 3 (Hg.), Hausmitteilung, Juni 1989, Düsseldorf.

Kitschelt, H. (1983): Politik und Energie – Energie-Technologiepolitiken in den USA, der Bundesrepublik, Frankreich und Schweden. Frankfurt/M./New York.

Klaasen, C. D.; M. O. Amdur; J. Doull (Hg.) (1991): Casarett and Doull's Toxikology. New York.

Klemmer, P. (1994): Sustainable Development – Die wirtschafts- und gesellschaftspolitische Perspektive – Ressourcen- und Umweltschutz um jeden Preis?; in: Sustainable Development – Leitziel auf dem Weg in das 21. Jahrhundert. G. Voss (Hg.), Köln.

Kloke, A. (1990): Orientierungsdaten für tolerierbare Gesamtgehalte einiger Elemente in Kulturböden; in: Bodenschutz – Ergänzbares Handbuch der Maßnahmen und Empfehlungen für Schutz, Pflege und Sanierung von Böden, Landschaft und Grundwasser. D. Rosenkranz, G. Ensele, H. M. Harres (Hg.), Berlin.

Klöpffer, W. (1994a): Persistenz und Abbaubarkeit in der Beurteilung des Umweltverhaltens anthropogener Chemikalien. Zeitschrift für Umweltwissenschaften und Schadstoffforschung, Umweltchem. Ökotox, 6 (2).

Klöpffer, W. (1994b): Stellungnahme zum Werkstattgespräch „Ökologische Bewertungskriterien für den anthropogenen Umgang mit Stoffströmen". Schweisfurth-Stiftung, 13.–14. Januar 1994, München.

Kluge, T.; E. Schramm; W. Hien (1994): Sammlung von Methoden und Kriterien, nach denen Sachverständigengremien Stoffe bewerten; in: Umweltverträgliches Stoffstrommanagement – Konzepte Instrumente Bewertung. Studien im Auftrag der Enquete-Kommission des Deutschen Bundestages „Schutz des Menschen und der Umwelt" (Hg.), Bd. 3, Bonn.

Kümmerer, K. (1994): Systemare Betrachtungen in der Ökotoxikologie. Zeitschrift für Umweltwissenschaften und Schadstoffforschung, Umweltchem. Ökotox. 6 (1).

LAGA – Länderarbeitsgemeinschaft Altlasten (Hg.) (1993): Informationsschrift Altablagerungen und Altlasten. Abfallwirtschaft in Forschung und Praxis (37), 2. Aufl., Berlin.

LAI – Länderausschuß für Immissionsschutz (1992): Krebsrisiko durch Luftverunreinigungen. Ministerium für Umwelt, Raumordnung und Landwirtschaft des Landes Nordrhein-Westfalen (Hg.), Düsseldorf.

Leipert, C. (1989): Die heimlichen Kosten des Fortschritts – Wie Umweltzerstörung das Wachstum fördert. Frankfurt/M..

Leisinger, K. M. (1993): Hoffnung als Prinzip; Bevölkerungswachstum – Einblicke und Ausblicke. Basel/Boston/Berlin.

Liebisch, A.; M. Deppe; A. Dyck (1992): Einsatz von Schädlingsbekämpfungsmitteln im nichtagrarischen Bereich – Dokumentation und Expositionsanalyse. Umweltbundesamt (Hg.), Texte 44/92, Berlin.

Lübbe-Wolff, G. (1994): Modernisierung des umweltbezogenen Ordnungsrechts; in: Umweltverträgliches Stoffstrommanagement – Konzepte Instrumente Bewertung. Studien im Auftrag der Enquete-Kommission des Deutschen Bundestages „Schutz des Menschen und der Umwelt" (Hg.), Bd. 2, Bonn.

Lutz, G.; et al. (1991): Müllmagazin (3).

Mairl, K. (1994): Dioxin-Emissionen aus Industrie, Verkehr und weiteren Quellen. Vortrag im Rahmen des 37. UTECH-Seminars am 24./25. Februar 1994 in Berlin (Tagungsband), Berlin.

Man, R. de (1994): Erfassung von Stoffstömen aus naturwissenschaftlicher und wirtschaftswissenschaftlicher Sicht – Akteure, Entscheidungen und Informationen im Stoffstrommanagement; in: Umweltverträgliches Stoffstrommanagement – Konzepte Instrumente Bewertung. Studien im Auftrag der Enquete-Kommission des Deutschen Bundestages „Schutz des Menschen und der Umwelt" (Hg.), Bd. 1, Bonn.

Mariano, S. A.; F. R. Tuler; W.S. Owen (1993): Comparing Steel and Aluminium Auto Structures by Technical Cost Modeling. JOM (The Journal of the Minerals, Metals and Materials Society), June 1993.

Mastrangelo, G.; et al. (1979): Polyvinyl Chloride Pneumoconiosis – Epidemiological Study of Exposed Workers. J. Occup. Med. (21).

Matthies, M.; S. Trapp (1994): Berechnung des Verhaltens von Schadstoffen in der Umwelt. Ein Lehrbuch (in Vorbereitung).

Meadows, D.; et al. (1972): The Limits to Growth; deutsch (1973): Die Grenzen des Wachstums. Reinbek.

Meerkamp van Embden, J. C. (1994): Stellungnahme zum Werkstattgespräch „Ökologische Bewertungskriterien für den anthropogenen Umgang mit Stoffströmen". Schweisfurth-Stiftung, 13.–14. Januar 1994, München.

Merian, E. (1991): Metalle in der Umwelt. Weinheim.

Ministerie van Volkshuisvesting (Hg.) (1988): Ruimtelijke Ordening en Milieubeheer – Leidraad Bodensanering. (4. Aufl.) S, Gravenhahage.

Morrow, P. E. (1988): Possible Mechanism to Explain Dust Overloading of Lungs. Fund. Appl. Toxicol. (10).

Müller, R.; M. Heber (1994): Darstellung der Vollzugsdefizite bei der kommunalen Umsetzung umweltrechtlicher Normen am Beispiel der Bundesländer Sachsen und Sachsen-Anhalt; in: Umweltverträgliches Stoffstrommanagement – Konzepte Instrumente Bewertung. Studien im Auftrag der Enquete-Kommission des Deutschen Bundestages „Schutz des Menschen und der Umwelt" (Hg.), Bd. 2, Bonn.

MURL – Ministerium für Umwelt, Raumordnung und Landwirtschaft des Landes Nordrhein-Westfalen (Hg.) (1991): Chloraromaten – Herkunft und Transfer. Düsseldorf.

MURL – Ministerium für Umwelt, Raumordnung und Landwirtschaft des Landes Nordrhein-Westfalen (Hg.) (1993): Bericht über Messungen von Dioxin-Emissionen und -Immissionen sowie Dioxin-Minderungsmaßnahmen im Land Nordrhein Westfalen. Stand 14. Oktober 1993, Düsseldorf.

Nagel, H.-D.; G. Smiatek; B. Werner (1994): Das Konzept der kritischen Eintragsraten als eine Möglichkeit zur Bestimmung von Umweltbelastungen und Qualitätskriterien. Gutachten im Auftrag des Rates von Sachverständigen für Umweltfragen (in Vorbereitung).

Nationales Komitee zur Vorbereitung der UN-Konferenz für Umwelt und Entwicklung in Brasilien (1992): Perspektiven einer weltweiten umweltverträglichen Entwicklung – Zeit zu handeln. Bundesministerium für Umwelt, Naturschutz und Reaktorsicherheit (Hg.), Bonn.

OECD – Organization for Economic Cooperation and Development (1992): The OECD Environment Industry-Situation, Prospects and Government Policies. Paris.

OECD – Organisation für wirtschaftliche Zusammenarbeit und Entwicklung (1993): Umweltpolitik auf dem Prüfstand – Bericht der OECD zur Umweltsituation und Umweltpolitik in Deutschland. Bonn.

Pearce, D.; et al. (1990): Sustainable Development – Economics and Environment in the Third World. Brookfield.

Pfaffenberger, W.; et al. (1994): Bewertungskriterien für soziale Folgewirkungen stoffwirtschaftlicher Innovationen – Ökobilanzen und Schattenpreise ökologischer Ressourcen in der ökonomischen Theorie; in: Umweltverträgliches Stoffstrommanagement – Konzepte Instrumente Bewertung. Studien im Auftrag der Enquete-Kommission des Deutschen Bundestages „Schutz des Menschen und der Umwelt" (Hg.), Bd. 3, Bonn.

Philipp, J. A.; et al. (1992): Recycling in der Stahlindustrie. Stahl und Eisen, 112 (12).

Pohle, H. (1991): Chemische Industrie – Umweltschutz, Arbeitsschutz, Anlagensicherheit; rechtliche und technische Normen – Umsetzung in der Praxis. Weinheim u. a..

Prognos (1993a): Konversion Chlorchemie. Endbericht der Vorstudie im Auftrag des Hessischen Ministeriums für Umwelt, Energie und Bundesangelegenheiten, Basel.

Prognos (1993b): Konversion Chlorchemie. Zwischenbericht der Hauptstudie im Auftrag des Hessischen Ministeriums für Umwelt, Energie und Bundesangelegenheiten, Basel.

Prognos (1994): Erfassung von Stoffströmen aus naturwissenschaftlicher und wirtschaftswissenschaftlicher Sicht zur Schaffung einer Datenbasis für die Entwicklung eines Stoffstrommanagements; in: Umweltverträgliches Stoffstrommanagement – Konzepte Instrumente Bewertung. Studien im Auftrag der Enquete-Kommission des Deutschen Bundestages „Schutz des Menschen und der Umwelt" (Hg.), Bd. 1, Bonn.

Radermacher, W. (1993): Nachhaltiges Einkommen. Gedanken zur Naturbewertung in der umweltökonomischen Gesamtrechnung. Wirtschaft und Statistik (5).

Rehbinder, E. (1994): Konzeption eines in sich geschlossenen Stoffrechts; in: Umweltverträgliches Stoffstrommanagement – Konzepte Instrumente Bewertung. Studien im Auftrag der Enquete-Kommission des Deutschen Bundestages „Schutz des Menschen und der Umwelt" (Hg.), Bd. 2, Bonn.

Reimann, D. O. (1991): PVC-zuordbare, rauchgasseitige Mehrkosten bei der Restabfallverbrennung. Müll und Abfall (10).

Renn, O.; et al. (1986): Sozialverträglichkeit unterschiedlicher Energiesysteme. Zeitschrift für Umweltpolitik und Umweltrecht (2).

Renn, O.; T. Webler (1994): Konfliktbewältigung durch Kooperation in der Umweltpolitik – Theoretische Grundlagen und Handlungsvorschläge; in: Kooperationen für die Umwelt. OIKOS – Umweltökonomische Studenteninitiative an der Hochschule St. Gallen (Hg.), Chur/Zürich.

Rippen, G. (1993): Handbuch Umweltchemikalien – Stoffdaten, Prüfverfahren, Vorschriften. Landsberg/Lech.

Robey B.; et al. (1994): Familienplanung in Entwicklungsländern. Spektrum der Wissenschaft (2/94).

Röpenack, von, A. (1993): Zinkkreislauf in der Bundesrepublik Deutschland. Vortrag im Rahmen der Jahrestagung der Wirtschaftsvereinigung Metalle in München am 17. März 1993, Düsseldorf.

Rogall, H. (1991): Strategien zur entsorgungsfreundlichen Gestaltung von Produkten. Abfallwirtschaftsjournal, 3 (11).

Römpp, H. (1989): Römpp Chemie Lexikon. J. Falbe, M. Regitz (Hg.), Stuttgart.

Rosenkranz, B.; E. Castello (1989): Leitfaden für gesunde Textilien. Hamburg.

Rotard, W. (1992): PCDD/PCDF in Brandrückständen.

Schenk, H. P. (1986): Tabellierte Einzelbestimmungen organischer Stoffe in der Umwelt. Literaturrecherche für den Bereich der Bundesrepublik Deutschland, Stuttgart.

Schenkel, W.; P.-C. Storm (Hg.) (1990): Umwelt, Politik, Technik, Recht. Berlin.

Schieffer, B.; K. Vogt (1988): Substitution von Polyvinylchlorid. WARTIG-Chemieberatung GmbH, Lahntal.

Schnur, P. (1993): Verwertung von Lackresten und Lackschlämmen aus Sicht der Lackindustrie; in: Dokumente zu Lacken und Farben – Sinnvolle Verwertung von Lackrückständen – Heute und Morgen. Deutsches Lackinstitut (Hg.), Frankfurt/M.

Schön M.; R. Walz (1993): Emissionen der Treibhausgase Distickstoffoxid und Methan in Deutschland. Umweltbundesamt (Hg.), Berichte 9/93, Berlin.

Schweisfurth-Stiftung (1994): Ökologische Bewertungskriterien für den anthropogenen Umgang mit Stoffströmen – Auswertung des Werkstattgesprächs der Schweisfurth-Stiftung am 13.–14. Januar 1994 in München (in Vorbereitung).

SRU – Rat von Sachverständigen für Umweltfragen (1978): Umweltgutachten 1978. Deutscher Bundestag (Hg.), BT-Drucksache 8/1938, Bonn.

SRU – Rat von Sachverständigen für Umweltfragen (1987): Umweltgutachten 1987. Deutscher Bundestag (Hg.), BT-Drucksache 11/1568, Bonn.

SRU – Rat von Sachverständigen für Umweltfragen (1990): Sondergutachten Abfallwirtschaft. Deutscher Bundestag (Hg.), BT-Drucksache 11/8493, Bonn.

SRU – Rat von Sachverständigen für Umweltfragen (1994): Umweltgutachten 1994 – Für eine dauerhaft-umweltgerechte Entwicklung. Deutscher Bundestag (Hg.), BT-Drucksache 12/6995, Bonn.

Steeman, J. W. M.; P. v. Cooten; H. Jacobs (1981): Energiekosten und Chemiefaserproduktion. Chemiefasern/Textilindustrie, Dezember 1981.

Steger, U. (1994): Unternehmen am Verhandlungstisch – Neue Strategien im Umweltschutz; in: Kooperationen für die Umwelt. OIKOS – Umweltökonomische Studenteninitiative an der Hochschule St. Gallen (Hg.), Chur/Zürich.

Stiftung Arbeit und Umwelt (1994): Neue Wege zur Erfassung und Verwertung von Sekundärrohstoffen; in: Umweltverträgliches Stoffstrommanagement – Konzepte Instrumente Bewertung. Studien im Auftrag der Enquete-Kommission des Deutschen Bundestages „Schutz des Menschen und der Umwelt" (Hg.), Bd. 5, Bonn.

TAB – Büro für Technikfolgen-Abschätzung beim Deutschen Bundestag (1993): Abfallvermeidung und Hausmüllentsorgung – Vermeidung und Verminderung von Haushaltsabfällen. TAB-Arbeitsbericht Nr. 16 (Langfassung), Bonn.

Tenkhoff, N. (1988): Mitteilung an die MAK-Kommission; in: Gesundheitsschädliche Arbeitsstoffe – Toxikologisch-arbeitsmedizinische Begründung von MAK-Werten.

Tierversuchsgegner Berlin e. V. (1988): Symposium Alternatives to Animal Experiments in Risk Assessment. Schering AG (Hg.), Berlin.

Turkstra, D.; H. D. Pols (1989): Chemosphere (18).

Tysklind, M.; et al. (1989): PCDD- and PCDF-Emissions from Scrap Metal Melting Processes at a Steel Mill. Chemosphere (19).

UBA – Umweltbundesamt (Hg.) (1991a): Entwicklung eines Verfahrens zur ökologischen Beurteilung und zum Vergleich verschiedener Wasch- und Reinigungsmittel. Texte 16/91, (1) u. (2), Berlin.

UBA – Umweltbundesamt (Hg.) (1991b): Handbuch Chlorchemie I – Gesamtstoffluß und -bilanz. Texte 55/91, Berlin.

UBA – Umweltbundesamt (Hg.) (1992): Handbuch Chlorchemie II – Ausgewählte Produktlinien. Texte 42/92, Berlin.

UBA – Umweltbundesamt (Hg.) (1993): Ökologische Bilanz von Rapsöl bzw. Rapsölmethylester als Ersatz von Dieselkraftstoff (Ökobilanz Rapsöl). Texte 4/93, Berlin.

UBA – Umweltbundesamt (Hg.) (1994a): Daten zur Umwelt 1992/93. Berlin.

UBA – Umweltbundesamt (Hg.) (1994b): Entwicklung eines Verfahrens zur ökologischen Beurteilung und zum Vergleich verschiedener Waschmittel. FuE-Vorhaben 102 07 202, Berlin (in Vorbereitung).

UBA – Umweltbundesamt (Hg.) (1994c): Stoffliche Belastung der Gewässer durch die Landwirtschaft und Maßnahmen zu ihrer Verringerung. Berichte 2/94, Berlin.

UBA – Umweltbundesamt (Hg.) (1994d): Umweltqualitätsziele, Umweltqualitätskriterien und -standards – Eine Bestandsaufnahme. Texte, Berlin (in Vorbereitung).

UBA – Umweltbundesamt (Hg.) (1994e): Umweltsurvey II – Messung und Analyse von Umweltbelastungen in der Bundesrepublik Deutschland 1990–1991. Bundesministerium für Umwelt, Naturschutz und Reaktorsicherheit (Hg.), Umwelt (1), Bonn.

Ueberhorst, R.; T. Burns (1988): Creative Democracy – Systematic Conflict Resolution and Policymaking in a World of High Science and Technology. New York.

Umwelt Forum Frankfurt (1990): Planungsstudie und diskursanalytische Vorstudien zur Förderung chemiepolitischer Verständigungsprozesse. Stadt Frankfurt, Umweltdezernat, Frankfurt/M./Elmshorn.

Umwelt Forum Frankfurt (1992): Zweite Frankfurter Studie zur Förderung chemiepolitischer Verständigungsprozesse. Stadt Frankfurt, Umweltdezernat, Frankfurt/M./Elmshorn.

UNCED – United Nations Conference on Environment and Development (1992): Proposal of the Chairman of the Preparatory Committee for UNCED on the Rio Declaration on Environment and Development. Rio de Janeiro.

UNDP – United Nations Development Programme (1990): Human Development Report. Oxford.

UNDP – United Nations Development Programme (1991): Human Development Report. New York u. a.

UNDP – United Nations Development Programme (1992): Human Development Report. New York.

UNEP – United Nations Environment Programme (1992): Montreal Protocol 1991 – Assessment-Report of the Refrigeration, Air Conditioning and Heat Pumps. Technical Options Committee, December 1991, New York.

UPI – Umwelt- und Prognose-Institut Heidelberg e. V. (1993): ÖKO-Bilanz eines Autolebens. UPI-Berichte (25), 2. erw. Aufl., Heidelberg.

VCI – Verband der Chemischen Industrie (1989): Ableitung von Bodenrichtwerten. VCI in Zusammenarbeit mit dem Gesamtverband des Deutschen Steinkohlebergbaus und dem Bundesverband der Deutschen Industrie, Frankfurt/M.

Verbraucherzentrale Nordrhein-Westfalen (1991): Schlechtwetter für unser Klima. Düsseldorf.

VIK – Verband der Industriellen Energie- und Kraftwirtschaft e. V. (Hg.) (1993): Statistik der Energiewirtschaft 1992/93. Essen.

VNCI – Verband der Niederländischen Chemischen Industrie (1992): Integrated Substance Chain Management. Leidschendam.

VÖV – Verband öffentlicher Verkehrsbetriebe/Socialdata (1989): Einschätzungen zur Mobilität. Köln.

WBGU – Wissenschaftlicher Beirat der Bundesregierung „Globale Umweltveränderungen" (1994): Welt im Wandel – Grundstruktur globaler Mensch-Umwelt-Beziehungen; in: Bericht der Bundesregierung „Globale Umweltveränderungen", Jahresgutachten 1993. Deutscher Bundestag (Hg.), BT-Drucksache 12/7144, Bonn.

WCED – World Commission on Environment and Development (1987): Our Common Future (The Brundtland-Report). Oxford.

Weimann, J. (1991): Umweltökonomik – Eine theorieorientierte Einführung. Berlin.

Weizsäcker, E.-U. von (Hg.) (1986): Waschen und Gewässerschutz – ein Konflikt kommt zur Sprache. Karlsruhe.

Weizsäcker, E.-U. von (Hg.) (1989): Gutes Trinkwasser – wie schützen? Konflikte um Wasserversorgung und Gewässerschutz. Karlsruhe.

Weltbank (1990): Weltentwicklungsbericht 1990. Washington D.C..

Weltbank (1992): Weltentwicklungsbericht 1992; Entwicklung und Umwelt – Kennzahlen der Wirtschaftsentwicklung. Bonn u. a..

Weltbank (1993): Toward Environmental Strategies for Asia. Washington.

Whitelegg, J. (1994): Zeitverschmutzung. UVP-Report (1).

Wilken, M. (1993): Ermittlung und Verminderung der Emissionen von halogenierten Dioxinen und Furanen aus thermischen Prozessen – Holzfeuerungsanlagen. Umweltbundesamt (Hg.), Forschungsbericht 10403365/06, Berlin.

Wolf, H.-H. (1993): Umweltphilosophie und Produktverantwortung in der Automobilindustrie. Vortrag im Rahmen des 2. Umweltsymposiums der BMW AG in München am 29. November 1993, München.

Wolkoff, P.; et al. (1993): Dokumentation of Field and Laboratory Emission Cell „FLEC" – Identification of Emission Processes from Carpet, Linoleum, Point and Sealant by Modeling. Indoor Air (3).

Wüster, H. (1992): The Convention on Long-Range Transboundary Air Pollution – Its Achievements and its Potential; in: Acidification Research – Evaluation and Policy Application, Proceedings of an International Conference, Studies in Environmental Science. T. Schneider (Hg.), Amsterdam.

Zellner, R.; J. Klein; R. Brüggemann (1994): (in Vorbereitung).

Verzeichnis der Kommissionsdrucksachen

Nr.	Titel	Datum
1	**Fragen- und Sachverständigenkatalog** für eine öffentliche Anhörung der Enquete-Kommission „Schutz des Menschen und der Umwelt" am 24./25. September 1992 zum Thema: „Ökobilanzen/Produktlinienanalysen" (vergl. KDrs 12/3) (liegt auch in englischer Sprache ohne eigene Nummer vor)	22. Juli 1992
2	**Fragen- und Sachverständigenkatalog** für eine öffentliche Anhörung der Enquete-Kommission „Schutz des Menschen und der Umwelt" am 22./23. Oktober 1992 zum Thema: „Benzol" (liegt auch in englischer Sprache ohne eigene Nummer vor)	19. August 1992

Nr.	Titel	Datum

2a **Stellungnahmen der Sachverständigen**   13. Oktober 1992
zu dem Fragenkatalog (KDrs 12/2)
für die öffentliche Anhörung
am 22./23. Oktober 1992

Enthält Stellungnahmen folgender Sachverständiger:
    Dr. Gunter Alfke
    Dr. Rainer Frenzel-Beyme
    Prof. Dr. Hartmut Dunkelberg
    Wolfgang Hien
    Dr. Gunter Meyer
    Dr. Hans-Jürgen Moschke
    Dr. Richard Ott
    Dr. Georg Ruhrmann
    Prof. Dr. Robert Snyder
    Dr. Peter Wiedemann
    Bundesanstalt für Arbeitsschutz,
    Dortmund (BAU)
    Umweltbundesamt, Berlin (UBA)

2b **Stellungnahmen der Sachverständigen**   20. Oktober 1992
zu dem Fragenkatalog (KDrs 12/2)
für die öffentliche Anhörung
am 22./23. Oktober 1992

Enthält Stellungnahmen folgender Sachverständiger:
    Prof. Dr. W. Mücke
    Prof. Dr. H.-W. Schlipköter
    Prof. Dr. G. Zimmermeyer

2c **Stellungnahmen der Sachverständigen**   27. Oktober 1992
zu dem Fragenkatalog (KDrs 12/2)
für die öffentliche Anhörung
am 22./23. Oktober 1992

Enthält Stellungnahmen folgender Sachverständiger:
    Dr. J. Schuster
    Dr. G. Alfke
    Umweltbundesamt, Berlin (UBA)

Nr.	Titel	Datum

3 **Fragen- und Sachverständigenkatalog** 25. September 1992
für eine öffentliche Anhörung der Enquete-
Kommission „Schutz des Menschen und
der Umwelt" am 24./25. September 1992
zum Thema: „Ökobilanzen/Produktlinien-
analysen" (mit aktualisierter Liste der Sachverständigen)

3 a **Stellungnahmen der Sachverständigen** 9. September 1992
zu dem Fragenkatalog (KDrs 12/1)
für die öffentliche Anhörung
am 24./25. September 1992

Enthält Stellungnahmen folgender Sachverständiger:

Dipl. Chem. Armin Radünz
Prof. Dr.-Ing. E. H. Helmut Schaefer
Prof. Dr.-Ing. chem. Paul Fink

zu 3-a **Ergänzung** 23. September 1992
Prof. Dr.-Ing. E. H. Helmut Schaefer

3 b **Stellungnahmen der Sachverständigen** 11. September 1992
zu dem Fragenkatalog (KDrs 12/1)
für die öffentliche Anhörung
am 24./25. September 1992

Enthält Stellungnahmen folgender Sachverständiger:

Prof. Dr. Walter Klöpffer
Dipl. Volksw. Frieder Rubik

Nr.	Titel	Datum

3c **Stellungnahmen der Sachverständigen**   11. September 1992
zu dem Fragenkatalog (KDrs 12/1)
für die öffentliche Anhörung
am 24./25. September 1992
Enthält Stellungnahmen folgender Sachverständiger:

    Dr. Ing. Eberhard Jochem
    Dr. Karl Heinz Feuerherd
    Dipl.-Ing. oec. Frank Joachim Möller
    Dr. Gert-Walter Minet

3d **Stellungnahmen der Sachverständigen**   11. September 1992
zu dem Fragenkatalog (KDrs 12/1)
für die öffentliche Anhörung
am 24./25. September 1992

Enthält Stellungnahmen folgender Sachverständiger:
    Prof. Dr. Ian Boustead
    Prof. Dr. Udo de Haes

3e **Stellungnahmen der Sachverständigen**   15. September 1992
zu dem Fragenkatalog (KDrs 12/1)
für die öffentliche Anhörung
am 24./25. September 1992

Enthält Stellungnahmen folgender Sachverständiger:
    Dipl. Chem. Dieter Gremler
    Dr. Reinhard Pfriem
    Dipl. Ing. Carl-Otto Gensch
    Dr. Achim Schorb

Nr.	Titel	Datum

3f **Stellungnahmen der Sachverständigen**   23. September 1992
zu dem Fragenkatalog (KDrs 12/1)
für die öffentliche Anhörung
am 24./25. September 1992

Enthält Stellungnahmen folgender Sachverständiger:

Jan A. Wesseldijk
Allan Astrup Jensen

3g **Stellungnahmen der Sachverständigen**   23. September 1992
zu dem Fragenkatalog (KDrs 12/1)
für die öffentliche Anhörung
am 24./25. September 1992

Enthält Stellungnahmen folgender Sachverständiger:

Dr. Manfred Marsmann
Bundesgesundheitsamt (BGA)
Prof. Dr. Karl-Heinrich Hansmeyer

3h **Stellungnahmen der Sachverständigen**   23. September 1992
zu dem Fragenkatalog (KDrs 12/1)
für die öffentliche Anhörung
am 24./25. September 1992

Enthält Stellungnahmen folgender Sachverständiger:

Umweltbundesamt (UBA)
Prof. Dr. Wolfgang Ströbele
Dr.-Ing. Marina Franke

Nr.	Titel	Datum

4 **Stellungnahmen** 21. Oktober 1992
vor der Enquete-Kommission „Schutz des
Menschen und der Umwelt" am 25. Juni
1992 zum Thema: „Ökobilanzen/Produkt-
linienanalysen"

Enthält Stellungnahmen folgender Sachver-
ständiger:
  Dr. Rainer Grießhammer
  Umweltbundesamt (UBA)
  Prof. Dr. Joachim Krüger
  Dr. Manfred Marsmann

5 **Stellungnahmen** 21. Oktober 1992
vor der Enquete-Kommission „Schutz des
Menschen und der Umwelt" am 10. September 1992 zum Thema: „Cadmium"

Enthält Stellungnahmen folgender Sachver-
ständiger:
  Dipl.Ing. Dieter Balzer
  Dr. Eberhard Böhm
  Prof. Dr. Helmut Greim
  Dr. Klaus Isermann
  Umweltbundesamt (UBA)
  Bundesanstalt für Arbeitsschutz (BAU)

5a **Antworten auf die ergänzenden Fragen** 28. Oktober 1992
zur internen Anhörung zum Thema: „Cad-
mium" am 10. September 1992 in Bonn

6 **Fragen- und Sachverständigenkatalog** 30. Oktober 1992
für eine öffentliche Anhörung der Enquete-
Kommission „Schutz des Menschen und
der Umwelt" am 3./4. Dezember 1992 zum
Thema: „Ökobilanz/Produktlinienanalyse
am Beispiel des FCKW-Ersatzstoffes R 134a
und anderer Ersatzstoffe bzw. Technologien"

Nr.	Titel	Datum

6 a **Stellungnahmen der Sachverständigen** 17. November 1992
zu dem Fragenkatalog (KDrs 12/6)
für die öffentliche Anhörung
am 3./4. Dezember 1992

Enthält Stellungnahmen folgender Sachverständiger:

Patrick Hofstetter
Bundesanstalt für Arbeitsschutz (BAU)
Uta von Winterfeldt
Mathias Pauls
Dr. Albrecht Meyer
Prof. Dr. Karl-Heinz Becker

6 b **Stellungnahmen der Sachverständigen** 17. November 1992
zu dem Fragenkatalog (KDrs 12/6)
für die öffentliche Anhörung
am 3./4. Dezember 1992

Enthält Stellungnahmen folgender Sachverständiger:

Dr. Christoph Brühl
Dr. Olmstead
Jörn Schwarz
Dr. Manfred Nonnenmann

6 c **Stellungnahmen der Sachverständigen** 19. November 1992
zu dem Fragenkatalog (KDrs 12/6)
für die öffentliche Anhörung
am 3./4. Dezember 1992

Enthält Stellungnahmen folgender Sachverständiger:

Dr. Sigismund Hug
Dr. André Leisewitz
Prof. Dr. Helmut Lotz
Prof. Dr. med. Harry Rosin
George M. Rusch
Dr. Rudolf Staab

Nr.	Titel	Datum

6d **Stellungnahmen der Sachverständigen**   24. November 1992
zu dem Fragenkatalog (KDrs 12/6)
für die öffentliche Anhörung
am 3./4. Dezember 1992

Enthält Stellungnahmen folgender Sachverständiger:

Karl Breidenbach
Archie McCulloch
Phillip D. Fairchild
Wolfgang Luppe
Patrick Hofstetter
Umweltbundesamt, Berlin (UBA)

6e **Stellungnahmen der Sachverständigen**   1. Dezember 1992
zu dem Fragenkatalog (KDrs 12/6)
für die öffentliche Anhörung
am 3./4. Dezember 1992

Enthält Stellungnahmen folgender Sachverständiger:

J. Franklin
A. Kraemer
Bundesministerium für Umwelt, Naturschutz und Reaktorsicherheit,
Bonn (BMU)
Bundesministerium für Wirtschaft,
Bonn
(BMWi)

6f **Stellungnahmen der Sachverständigen**   4. Dezember 1992
zu dem Fragenkatalog (KDrs 12/6)
für die öffentliche Anhörung
am 3./4. Dezember 1992

Enthält Stellungnahmen folgender Sachverständiger:

Maurice Verhille
Dr. Volrad Wollny
Jean M. Lupinacci
Bundesgesundheitsamt, Berlin (BGA)

Nr.	Titel	Datum

7 **Bericht des Bundesministers für Umwelt,** 5. November 1992
   Naturschutz und Reaktorsicherheit
   Prof. Dr. Klaus Töpfer, am 5. November
   1992 zum Kommissionsauftrag

8 **Fragen- und Sachverständigenkatalog** 22. Januar 1993
   für eine öffentliche Anhörung der Enquete-
   Kommission „Schutz des Menschen und
   der Umwelt" am 16./17. März 1993 zum
   Thema: „Die Stoffe, aus denen unsere Kleider sind – Stoffströme in der textilen Bekleidungskette"

8a **Stellungnahmen der Sachverständigen** 1. März 1993
   zu dem Fragenkatalog (KDrs 12/8)
   für die öffentliche Anhörung
   am 16./17. März 1993

   Enthält Stellungnahmen folgender Sachverständiger:

   Dipl.-Volksw. Friedrich Aumann
   Prof. Dr. Hartmut Brandt
   Assessor Jürgen Dax
   Dr. Dieter Hansen
   Dr. Wolf D. Hartmann
   Prof. Dr. Hartwig Höcker
   Walter Holthaus
   Klaus Kammerbeek
   Prof. Dr. Jürgen Mecheels
   Prof. Dr. Ing. Lothar Meckel
   Dr. Raul A. Moll
   Hermann Paschen
   Siegfried Regenberg
   Rudolf Schuler
   Frank Tiedtke
   Dr. Cornelia Voß
   Uwe Wagner

Nr.	Titel	Datum

8 b **Stellungnahmen der Sachverständigen**   2. März 1993
zu dem Fragenkatalog (KDrs 12/8)
für die öffentliche Anhörung
am 16./17. März 1993

Enthält Stellungnahmen folgender Sachverständiger:
> Dr. Konrad Neundörfer/
> Dr. Heinz U. Schüer
> Gesamtverband der Textilindustrie,
> Eschborn
> Textil. Ing. Günther Schmidt
> BASF AG, Ludwigshafen
> Harald Schönberger, Gottenheim
> Umweltbundesamt, Berlin (UBA)
> Bundesanstalt für Arbeitsschutz,
> Dortmund (BAU)

8 c **Stellungnahmen der Sachverständigen**   24. März 1993
zu dem Fragenkatalog (KDrs 12/8)
für die öffentliche Anhörung
am 16./17. März 1993

Enthält Stellungnahmen folgender Sachverständiger:
> Dr. Reinier de Man
> Anna Nieß
> Dr. Konrad Neundörfer,
> Dr. Heinz Schüer
> Caroline Raffauf
> Doris Reiter-Argyriadis
> Bernhard Rosenkranz
> Mathias Schek

Nr.	Titel	Datum

8 d **Stellungnahmen der Sachverständigen** zu dem Fragenkatalog (KDrs 12/8) für die öffentliche Anhörung am 16./17. März 1993   30. März 1993

Enthält Stellungnahmen folgender Sachverständiger:

> Prof. Dr. Gerhard Egbers
> Jürgen Knirsch
> Isa Renner

9 **Bericht des Bundesministers für Forschung und Technologie** Dr. Heinz Riesenhuber, am 10. Dezember 1992 zum Kommissionsauftrag   10. Dezember 1992

10 **Fragen- und Sachverständigenkatalog** für eine öffentliche Anhörung der Enquete-Kommission „Schutz des Menschen und der Umwelt" am 6./7. Mai 1993 zum Thema: „– Mobilität – Darstellung, Bewertung und Optimierung von Stoffströmen"   17. Februar 1993

10 a **Stellungnahmen der Sachverständigen** zu dem Fragenkatalog (KDrs 12/10) für die öffentliche Anhörung am 6./7. Mai 1993   15. April 1993

Enthält Stellungnahmen folgender Sachverständiger:

> Umweltbundesamt, Berlin (UBA)
> Bundesanstalt für Arbeitsschutz, Dortmund (BAU)
> Bundesanstalt für Straßenwesen, Bergisch-Gladbach (BASt)
> Bundesanstalt für Güterfernverkehr, Köln (BAG)

Nr.	Titel	Datum

10b **Stellungnahmen der Sachverständigen**   15. April 1993
zu dem Fragenkatalog (KDrs 12/10)
für die öffentliche Anhörung
am 6./7. Mai 1993

Enthält Stellungnahmen folgender Sachverständiger:

Dr. rer. pol. P. Engelkamp
Prof. Dr. Ing. Hans H. Heuser
Prof. Dr. Ing. Eckhard Kutter
Maschinenbau- und Metallberufsgenossenschaft, Düsseldorf
Verband Kunststofferzeugende Industrie e.V., Frankfurt
Dr. Peter-Jörg Kühnel

10c **Stellungnahmen der Sachverständigen**   21. April 1993
zu dem Fragenkatalog (KDrs 12/10)
für die öffentliche Anhörung
am 6./7. Mai 1993

Enthält Stellungnahmen folgender Sachverständiger:

Statistisches Bundesamt, Wiesbaden
Prof. Dr. Dieter Haubold
Prof. Dr. Peter Baccini
Dipl. Ing. Roland Heinisch

10d **Stellungnahmen der Sachverständigen**   29. April 1993
zu dem Fragenkatalog (KDrs 12/10)
für die öffentliche Anhörung
am 6./7. Mai 1993

Enthält die Stellungnahme des folgenden Sachverständigen:

Prof. Dr. Gunter Zimmermeyer

Nr.	Titel	Datum

10e **Stellungnahmen der Sachverständigen**   14. Mai 1993
zu dem Fragenkatalog (KDrs 12/10)
für die öffentliche Anhörung
am 6./7. Mai 1993

Enthält Stellungnahmen folgender Sachverständiger:

    Dr. Karl Otto Schallaböck
    Dr. Oliver Worm

10f **Stellungnahmen der Sachverständigen**   14. Mai 1993
zu dem Fragenkatalog (KDrs 12/10)
für die öffentliche Anhörung
am 6./7. Mai 1993

Enthält die Stellungnahme des folgenden Sachverständigen:

    Horst Neumann

11 **Fragen- und Sachverständigenkatalog**   23. März 1993
für eine öffentliche Anhörung der Enquete-Kommission „Schutz des Menschen und der Umwelt" am 3./4. Juni 1993 zum Thema: „Chlorchemie"

11a **Stellungnahmen der Sachverständigen**   17. Mai 1993
zu dem Fragenkatalog (KDrs 12/11)
für die öffentliche Anhörung
am 3./4. Juni 1993

Enthält Stellungnahmen folgender Sachverständiger:

    E. J. Deutsch
    Prof. Dr. H. P. Johann
    H. Kraef
    Dr. J. C. Meerkamp van Embden
    J. Roeser
    Dr. W. Schlegel
    Dr. A. Stüwe
    M. Zott
    Bundesanstalt für Arbeitsschutz, Dortmund (BAU)

| Nr. | Titel | Datum |

11b **Stellungnahmen der Sachverständigen**   24. Mai 1993
zu dem Fragenkatalog (KDrs 12/11)
für die öffentliche Anhörung
am 3./4. Juni 1993

Enthält Stellungnahmen folgender Sachverständiger:

Dr. H.-N. Adams
J. Eckstein
Dr. A. Engelmann
J. Halbekath
Dr. G. Hollmann
J. Kurz
Prof. Dr. F. Nader
Dr. W. Tötsch
Umweltbundesamt, Berlin (UBA)

11c **Stellungnahmen der Sachverständigen**   28. Mai 1993
zu dem Fragenkatalog (KDrs 12/11)
für die öffentliche Anhörung
am 3./4. Juni 1993

Enthält Stellungnahmen folgender Sachverständiger:

A. Ahrens
P. Kripzak
Dr. W. Schlegel
Dr. Jansen in de Wal

12 **Referat des Vorsitzenden der Enquete-**   30. März 1993
Kommission „Schutz des Menschen und der Umwelt"
Ernst Schwanhold, MdB, anläßlich der Konstituierung des Arbeitskreises „Umwelt und Industrie" der Deutsch-Portugiesischen Industrie- und Handelskammer am 30. März 1993 in Lissabon

Nr.	Titel	Datum

13 **Einführungstext, Fragen- und Sachverständigenkatalog** 23. Juni 1993
für eine öffentliche Anhörung der Enquete-Kommission „Schutz des Menschen und der Umwelt" am 7. Oktober 1993 zum Thema: „Leitbilder einer Stoffpolitik" (liegt auch in englischer Sprache ohne eigene Nummer vor)

13a **Stellungnahmen der Sachverständigen** 15. September 1993
zu dem Fragenkatalog (KDrs 12/13) für die öffentliche Anhörung am 7. Oktober 1993

Enthält Stellungnahmen folgender Sachverständiger:

    Prof. Dr. Klaus M. Leisinger
    Dr. Jürgen Wiemann
    Prof. Dr. Ernst-Ulrich von Weizsäcker
    Prof. Dr. David Pearce
    Prof. Dr. Helmut Sihler

13b **Stellungnahmen der Sachverständigen** 28. September 1993
zu dem Fragenkatalog (KDrs 12/13) für die öffentliche Anhörung am 7. Oktober 1993

Enthält Stellungnahmen folgender Sachverständiger:

    Deutsche Gesellschaft für Technische Zusammenarbeit mbH (GTZ), Eschborn
    Dr. Andreas Troge, UBA

13c **Stellungnahmen der Sachverständigen** 30. September 1993
zu dem Fragenkatalog (KDrs 12/13) für die öffentliche Anhörung am 7. Oktober 1993

Enthält Stellungnahmen folgender Sachverständiger:

    Dr. Dieter Hockel und Reinhold Konstanty
    Dipl. Volksw. R. Coenen und Dipl. Volksw. J. Kopfmüller

Nr.	Titel	Datum

13 d **Stellungnahmen der Sachverständigen**   5. Oktober 1993
zu dem Fragenkatalog (KDrs 12/13) für die
öffentliche Anhörung am 7. Oktober 1993

Enthält Stellungnahmen folgender Sachverständiger:
- Prof. Dr. Herwig Hulpke
- Dr. Arnim von Gleich
- Prof. Dr. Karl-Heinrich Hansmeyer

13 e **Stellungnahmen der Sachverständigen**   26. Oktober 1993
zu dem Fragenkatalog (KDrs 12/13) für die
öffentliche Anhörung am 7. Oktober 1993

Enthält die Stellungnahme der folgenden Sachverständigen:
- Mme Jacqueline de Larderel